16년 연속 판매량 1위

YES24 기준 가맹사업거래상담사 부문
2010~2025년

좌측 가맹거래사 1차 필기
기출문제해설

우측 가맹거래사 1차 필기
한권합격

YES24 기준 가맹사업거래상담사 부문 월별 베스트

2010년 4개월(9~12월) / 2011년 11개월(1~2월, 4~12월) / 2012년 9개월(1~6월, 8~9월, 11월) /
2013년 5개월(5~6월, 9~10월, 12월) / 2014년 10개월(1~2월, 5~12월) / 2015년 12개월 / 2016년 12개월 /
2017년 12개월 / 2018년 12개월 / 2019년 7개월(1~5월, 11~12월) / 2020년 12개월 /
2021년 12개월 / 2022년 12개월 / 2023년 12개월 / 2024년 12개월 / 2025년 4개월(1~4월)

머리말

가맹거래사는 2002년 11월 1일 시행된 가맹사업거래의 공정화에 관한 법률에 의해 신설된 공정거래위원회 주관 국가공인자격증으로 21C 유통혁신의 꽃으로 불리는 프랜차이즈 산업의 전문가 양성을 위해 신설되었다.

프랜차이즈(가맹)란 가맹본부가 가맹점사업자로 하여금 자기의 영업표지를 사용하여 상품 또는 용역을 판매하도록 함과 아울러 이에 따른 경영 및 영업활동 등에 대한 지원·교육을 하며 가맹점사업자는 이에 대한 대가로 가맹금을 지급하는 계속적인 거래관계를 말한다. 그런데 국내 프랜차이즈 산업은 도입 초기부터 꾸준한 성장세를 기록하고 있으면서도 적지 않은 수의 가맹본부가 영세한 규모로 운영되어 가맹금을 지급받는 가운데 가맹점사업자에게 적절한 지원·교육을 제공하지 않고 있다. 또한, 대형 가맹본부의 경우 자신의 우월한 지위를 이용하여 가맹사업자에게 부당한 요구를 하거나 부적법한 통제를 가하는 경우도 드물지 않다. 이에 따라 가맹점사업자 또는 예비창업자에게 가맹사업 전반에 관해 조언해 줄 전문가로서 가맹거래사라는 자격증이 각광을 받고 있다.

가맹거래사는 가맹사업자의 권익보호뿐만 아니라 가맹본부가 제반법령을 준수하도록 하며 가맹본부의 브랜드 및 노하우와 가맹희망자의 자본을 연결해주는 중간매개자로서의 역할을 수행할 것으로 기대된다. 본서는 수험생들이 가맹거래사 자격시험의 1차 과목인 경제법, 민법, 경영학을 쉽게 준비할 수 있도록 세심하게 기획된 수험서로서 다음과 같은 특징으로 구성되었다.

본서의 특징

❶ 2025년에 시행된 최신기출문제를 수록하여 최근 시험의 출제경향을 파악할 수 있다.
❷ 각 과목별 출제범위와 특성에 알맞게 편집·구성하여 이론을 일목요연하게 정리하였다.
❸ 중요 학설, 판례 등 수험생이 꼭 알아야 할 내용은 별도로 묶어 정리하였다.
❹ 각 챕터마다 실전유형에 가장 근접한 형태의 핵심문제들을 수록하여 본인 스스로의 성취도를 바로 확인해 볼 수 있도록 하였다.
❺ 모든 문제마다 강의식 해설을 덧붙여 반복학습 및 보강학습이 가능하도록 구성하였다.

목표를 정하고 끊임없이 노력하여 얻은 성취의 결과는 무엇보다도 소중한 여러분의 자산이 될 것이다. 열심히 준비하여 부디 여러분이 원하는 것을 성취하기 바란다.

편저자 씀

가맹거래사 시험안내

○ 응시자격

❶ 제1차 시험 : 제한 없음
❷ 제2차 시험 : 제1차 시험에 합격한 자 또는 제1차 시험을 면제 받은 자
❸ 결격사유(가맹사업거래의 공정화에 관한 법률 제27조 제2항)
  - 미성년자 · 피성년후견인 또는 피한정후견인
  - 파산선고를 받고 복권되지 아니한 자
  - 금고 이상의 실형의 선고를 받고 그 집행이 종료(종료된 것으로 보는 경우를 포함한다)되거나 집행을 받지 아니하기로 확정된 후 2년이 경과되지 아니한 자
  - 금고 이상의 형의 집행유예를 받고 그 집행유예기간 중에 있는 자
  - 가맹거래사의 등록이 취소된 날부터 2년이 경과되지 아니한 자

○ 시험일정(2025년 기준)

구 분	접수기간	시험일정	합격자 발표기간
제1차 시험	2월 3일~2월 7일 추가접수기간 : 2월 27일~28일	3월 8일	4월 16일
제2차 시험	5월 19일~5월 23일 추가접수기간 : 6월 12일~13일	6월 21일	8월 13일

○ 시험과목 및 시험시간

구 분	교 시	입실완료	시험시간	시험과목	비 고
제1차 시험	1교시	09:00	09:30~11:30 (120분)	• 경제법[독점규제 및 공정거래에 관한 법령(제3장 기업 결합의 제한 및 경제력 집중의 억제를 제외한다) 및 약관의 규제에 관한 법령] • 민법(제1편 총칙, 제2편 물권 및 제3편 제2장 계약만 해당한다) • 경영학	객관식 5지택일형 (과목당 40문항)
제2차 시험	1교시	09:00	09:30~11:10 (100분)	가맹사업거래의 공정화에 관한 법령 및 실무	주관식 (논술형 1문항, 서술형 2문항)
	2교시	11:30	11:40~13:20 (100분)	가맹계약에 관한 이론 및 실무	

❖ 본 시험정보는 Q-Net에 게시된 2025년 가맹거래사 시험정보를 바탕으로 작성된 것으로, 정확하고 자세한 확인을 위하여 시험 전 최신 공고사항을 반드시 직접 확인하시기 바랍니다.

이 책의 구성과 특징

가맹거래사 출제빈도표

최근 기출문제 빈출내용 및 빈도 분석

출제연도 및 출제영역 문제유형	2021년 경제법	2021년 민법	2021년 경영학	2022년 경제법	2022년 민법	2022년 경영학	2023년 경제법	2023년 민법	2023년 경영학	2024년 경제법	2024년 민법	2024년 경영학	2025년 경제법	2025년 민법	2025년 경영학	세부영역별 합계
1. 독점규제 및 공정거래에 관한 법령	30	–	–	30	–	–	30	–	–	30	–	–	30	–	–	150*
2. 약관의 규제에 관한 법령	10	–	–	10	–	–	10	–	–	10	–	–	10	–	–	50*
3. 민법총칙	–	17	–	–	17	–	–	18	–	–	20	–	–	17	–	89*
4. 물권법	–	6	–	–	9	–	–	6	–	–	4	–	–	6	–	31
5. 계약총칙	–	4	–	–	2	–	–	–	–	–	–	–	–	–	–	
6. 계약각칙	–	13	–	–	12	–	–	–	–	–	–	–	–	–	–	
7. 기업회계	–	–	10	–	–	–	–	–	–	–	–	–	–	–	–	
8. 경영학 총론	–	–	8	–	–	–	–	–	–	–	–	–	–	–	–	
9. 조직행동론	–	–	4	–	–	–	–	–	–	–	–	–	–	–	–	
10. 인적자원관리론	–	–	1	–	–	–	–	–	–	–	–	–	–	–	–	
11. 마케팅론	–	–	3	–	–	–	–	–	–	–	–	–	–	–	–	
12. 재무관리론	–	–	4	–	–	–	–	–	–	–	–	–	–	–	–	
13. 생산·운영관리론	–	–	10	–	–	–	–	–	–	–	–	–	–	–	–	

출제빈도표

최근 5년간(2021~2025년) 가맹거래사 시험에 출제된 영역을 분석하여 수록하였습니다. 출제빈도표를 통해 집중적으로 공부해야 할 부분이 어디인지 파악하고 공부계획을 수립해 보세요.

과목별 학습방법

1과목 경제법

경제법은 1차 합격의 핵심입니다. 독점규제 및 공정거래에 관한 법률 및 시행령과 약관의 규제에 관한 법률을 충분히 숙지해야 합니다. 가장 분량이 적으면서 문제가 반복적으로 출제되는 경향이 있기 때문에 경제법에서만큼은 점수를 따고 간다는 생각으로 임해야 합니다. 본서에 담긴 이론과 적중예상문제를 잘 익힌다면 경제법 고득점 취득은 어렵지 않을 것입니다.

2과목 민법

민법은 양이 방대하기 때문에 쉽지 않습니다. 평소에 법을 공부해보지 않았던 분들은 법의 용어가 생소하고 어려울 수 있으므로 더욱 힘들게 느껴질 수 있습니다. 그러나 법적인 용어들을 정확히 알려고 하기보다는 반복 기출된 조문과 판례를 중심으로 내용을 익힌다는 생각으로 접근하는 것이 좋습니다. 따라서 기출 문제를 많이 풀어보아야 하며, 본서에 나온 이론과 적중예상문제를 소화한다면 충분히 고득점을 받을 수 있습니다.

3과목 경영학

가맹거래사 경영학은 전공자가 아니라면 접근하기 다소 어려울 수 있습니다. 매년 출제되는 문제가 자주 바뀌고 경영학 전반에 걸친 이론이 압축되어 있으므로 범위가 방대합니다. 따라서 경영학 공부에는 전략적인 접근이 필요합니다.

가맹거래사에서 출제되는 내용의 경영학 자체는 어렵다고 보기는 힘들지만 중요 이론도 못지 않게 잡다한 이론들도 자주 출제되는 경향을 보입니다. 그러므로 빈출된 중요 이론들을 중심으로 보되, 그 외 이론들은 넓고 얕게 학습하는 것이 중요합니다. 또한 회계학에서는 계산문제가 많이 나오기 때문에 본서에 나온 계산식을 익히고 들어가는 것이 중요합니다.

모든 이론을 숙지하고 고득점을 받는 것이 가장 좋은 방법입니다. 하지만 시간이 충분히 않다면, 경제법에서 고득점을 달성하고 경영학은 과락을 면하는 전략이 현실적인 방법이라고 할 수 있겠습니다.

과목별 학습방법

전공자가 아니더라도 쉽게 접근할 수 있도록 경제법, 민법, 경영학 3과목의 이론을 상세하게 풀어 설명했습니다. 공부하기 전에 과목별 학습방법을 읽어보고 전략적으로 접근하면 합격이 어렵지 않습니다.

합격의 공식 Formula of pass | 시대에듀 www.sdedu.co.kr

연도별 기출이론 표시

지난 16년 동안의 기출데이터를 분석하여 핵심이론만을 담았습니다. 또한, 각 연도에 기출된 이론을 따로 표시함으로써 수험생들이 직관적으로 중요이론을 파악할 수 있도록 하였습니다.

적중예상문제

각 챕터마다 공부한 이론을 잊지 않도록 핵심이론 및 법령을 반영한 적중예상문제를 수록하였습니다.

이 책의 구성과 특징

해설로 다시 보는 중요이론

앞서 공부한 핵심이론, 찾기 어려운 법령 및 관련 판례까지 바로 확인할 수 있도록 각 문제 하단에 자세한 해설을 수록하였습니다. 문제를 풀며 어려웠던 부분을 자세하게 설명해주는 해설과 함께 완벽하게 공부해 보세요.

핵심개념 체크

이론마다 반복 기출되었던 문장들은 별색으로 표시했습니다. 기출이론 중에서도 빈출되었던 이론들은 반드시 짚고 넘어가야 합니다.

판례와 참고로 보충학습

법조문에는 나오지 않지만 기출되었던 관련 판례들을 같이 수록하였습니다. 또한, 중심이론을 보충할 자료를 참고로 수록하였으니 참고해 보세요.

2025년 기출문제 수록

2025년에 시행된 기출문제를 수록하였습니다. 모든 학습이 끝나면 최신기출문제를 풀어 보면서 자신의 실력을 점검해 보고 취약한 부분은 어디인지 파악해 보세요.

가맹거래사 출제빈도표

최근 기출문제 빈출내용 및 빈도 분석

출제연도 및 출제영역 / 문제유형	2021년 경제법	2021년 민법	2021년 경영학	2022년 경제법	2022년 민법	2022년 경영학	2023년 경제법	2023년 민법	2023년 경영학	2024년 경제법	2024년 민법	2024년 경영학	2025년 경제법	2025년 민법	2025년 경영학	세부 영역별 합계
1. 독점규제 및 공정거래에 관한 법령	30	–	–	30	–	–	30	–	–	30	–	–	30	–	–	150*
2. 약관의 규제에 관한 법령	10	–	–	10	–	–	10	–	–	10	–	–	10	–	–	50*
3. 민법총칙	–	17	–	–	17	–	–	18	–	–	20	–	–	17	–	89*
4. 물권법	–	6	–	–	9	–	–	6	–	–	4	–	–	6	–	31
5. 계약총칙	–	4	–	–	2	–	–	4	–	–	4	–	–	5	–	19
6. 계약각칙	–	13	–	–	12	–	–	12	–	–	12	–	–	12	–	61*
7. 기업회계	–	–	10	–	–	10	–	–	8	–	–	10	–	–	10	48*
8. 경영학 총론	–	–	8	–	–	9	–	–	9	–	–	5	–	–	6	37
9. 조직행동론	–	–	4	–	–	5	–	–	3	–	–	4	–	–	3	19
10. 인적자원관리론	–	–	1	–	–	1	–	–	3	–	–	4	–	–	2	11
11. 마케팅론	–	–	3	–	–	8	–	–	5	–	–	9	–	–	10	35
12. 재무관리론	–	–	4	–	–	7	–	–	4	–	–	5	–	–	5	25
13. 생산·운영관리론	–	–	10	–	–	–	–	–	8	–	–	3	–	–	4	25

★는 특히 빈번히 출제된 영역

과목별 학습방법

1과목 경제법

경제법은 1차 합격의 핵심입니다. 독점규제 및 공정거래에 관한 법률 및 시행령과 약관의 규제에 관한 법률을 충분히 숙지해야 합니다. 가장 분량이 적으면서 문제가 반복적으로 출제되는 경향이 있기 때문에 경제법에서만큼은 점수를 따고 간다는 생각으로 임해야 합니다. 본서에 담긴 이론과 적중예상문제를 잘 익힌다면 경제법 고득점 취득은 어렵지 않을 것입니다.

2과목 민 법

민법은 양이 방대하기 때문에 쉽지 않습니다. 평소에 법을 공부해보지 않았던 분들은 법의 용어가 생소하고 어려울 수 있으므로 더욱 힘들게 느껴질 수 있습니다. 그러나 법적인 용어들을 정확히 알려고 하기보다는 반복 기출된 조문과 판례를 중심으로 내용을 익힌다는 생각으로 접근하는 것이 좋습니다. 따라서 기출 문제를 많이 풀어보아야 하며, 본서에 나온 이론과 적중예상문제를 소화한다면 충분히 고득점을 받을 수 있습니다.

3과목 경영학

가맹거래사 경영학은 전공자가 아니라면 접근하기 다소 어려울 수 있습니다. 매년 출제되는 문제가 자주 바뀌고 경영학 전반에 걸친 이론이 압축되어 있으므로 범위가 방대합니다. 따라서 경영학 공부에는 전략적인 접근이 필요합니다.

가맹거래사에서 출제되는 내용의 경영학 자체는 어렵다고 보기는 힘들지만 중요 이론들 못지않게 잡다한 이론들도 자주 출제되는 경향을 보입니다. 그러므로 빈출된 중요 이론들을 중심으로 보되, 그 외 이론들은 넓고 얕게 학습하는 것이 중요합니다. 또한 회계학에서는 계산문제가 많이 나오기 때문에 본서에 나온 계산식을 익히고 들어가는 것이 중요합니다.

모든 이론을 숙지하고 고득점을 받는 것이 가장 좋은 방법입니다. 하지만 시간이 충분하지 않다면, 경제법에서 고득점을 달성하고 경영학은 과락을 면하는 전략이 현실적인 방법이라고 할 수 있겠습니다.

합격수기

ID : jisoo6***

안녕하세요. 저는 대학에서 경제학을 전공하고 전공 관련 자격증을 준비 중인 취업준비생입니다. 대학 재학 시절 친하게 지내던 몇몇 선배님들과 교수님들로부터 가맹거래사 업무와 자격증에 대해 들으면서 자연스럽게 관심을 갖게 되었습니다.

저는 시험 보기 1년 전부터 공부하기 시작했고 처음 6개월 정도는 책을 정독하면서 이론을 공부했습니다. 제1과목은 제 전공분야라 큰 어려움은 없었고 제2과목도 전공은 아니지만 법령에서 주로 문제가 출제되어 기출문제 및 법령 위주로 공부를 했습니다. 그런데 제3과목 경영학은 경영학 이론들이 나와서 많이 어렵더라구요. 특히 재무관리와 관련해서 계산식이 나오는데 그 부분이 많이 어려웠습니다. 용어도 많이 생소했고요. 그래서 이 기간 동안 주로 3과목 위주로 공부했어요. 경제신문이나 뉴스를 보면서 용어도 익히고 일부러 계산문제를 많이 풀었습니다.

그리고 다음 4개월 정도는 문제 위주로 공부했어요. 문제를 많이 풀면서 틀린 문제나 어려운 문제 중심으로 관련 이론을 공부하고 따로 정리한 요약집을 봤습니다. 마지막 2개월은 기출문제를 중심으로 공부를 했는데 기출문제에서 출제가 많이 되는 것 같더라구요. 문제를 약간 바꾸는 응용 위주의 방식으로 매년 비슷한 문제가 출제되는 것 같아요. 따라서 이론 공부가 어느 정도 되면 기출문제를 중심으로 공부하는 것도 좋은 방법이 될 거라 생각합니다.

ID : eogus7***

가맹거래사에 합격하고 이렇게 합격수기를 남기니 꿈만 같네요. 저는 대학에서 경영학을 전공했고 졸업 후에도 몇 년간 기업에서 재무 관련 업무를 봤습니다. 그리고 이직을 하기 위해 가맹거래사 시험을 봤는데요.

시험공부를 하면서 특히 가맹거래사와 관련된 법을 공부하는 게 힘들었습니다. 전 기본적으로 책에 수록된 이론 중 '기출'이라고 표시된 이론을 중심으로 공부했습니다. 해당 이론을 공부하고 그와 관련된 다른 이론을 찾아 공부하다 보니 처음엔 책이 너무 두꺼워 부담스러웠는데 나중에는 익숙해지더라구요. 그리고 저는 이론과 문제풀이를 병행해서 공부했어요. 그렇게 하니까 이론 복습도 되고 이론이 어떻게 문제로 응용되어 나오는지 감도 잡혀서 좋았습니다. 이 밖에 틀린 문제는 따로 표시하고 정리해서 오답노트를 만들어 시험 직전에는 그것만 보면서 다녔고요. 문제 밑에 기본적으로 달린 해설과 함께 관련 이론을 요약해서 보니까 괜찮더라구요. 기출문제도 따로 많이 풀었는데 나왔던 문제가 비슷하게 또 출제되어 자연스럽게 복습의 효과도 있었습니다. 시험을 준비하시는 분들에게 저의 학습방법이 참고가 되었으면 합니다.

이 책의 목차

1과목 경제법

CHAPTER 01 독점규제 및 공정거래에 관한 법령 · 003
적중예상문제 · 066

CHAPTER 02 약관의 규제에 관한 법령 · 099
적중예상문제 · 117

2과목 민 법

CHAPTER 01 민법총칙 · 129
적중예상문제 · 204

CHAPTER 02 물권법 · 228
적중예상문제 · 299

CHAPTER 03 계약총칙 · 316
적중예상문제 · 347

CHAPTER 04 계약각칙 · 363
적중예상문제 · 449

이 책의 목차

3과목 경영학

CHAPTER 01 기업회계 ··· **475**
적중예상문제 ··· **500**

CHAPTER 02 경영학 총론 ··································· **512**
적중예상문제 ··· **548**

CHAPTER 03 조직행동론 ····································· **570**
적중예상문제 ··· **595**

CHAPTER 04 인적자원관리론 ······························ **615**
적중예상문제 ··· **640**

CHAPTER 05 마케팅론 ··· **657**
적중예상문제 ··· **689**

CHAPTER 06 재무관리론 ····································· **708**
적중예상문제 ··· **718**

CHAPTER 07 생산·운영관리론 ···························· **725**
적중예상문제 ··· **749**

부록 최신기출문제

2025년 제23회 기출문제 ······································ **759**

가맹거래사 1차 필기 한권합격

제 1 과목

경제법

CHAPTER 01 독점규제 및 공정거래에 관한 법령
CHAPTER 02 약관의 규제에 관한 법령

남에게 이기는 방법의 하나는 예의범절로 이기는 것이다.

– 조쉬 빌링스 –

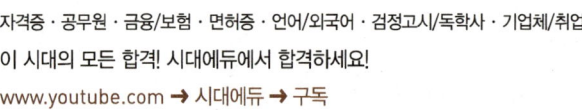

제1과목 경제법

CHAPTER 01 독점규제 및 공정거래에 관한 법령

> **출제 포인트**
>
> 2009년부터 공정거래법에 약관규제법을 추가하여 "경제법"이란 과목으로 출제되었다. 민법과 경영학에 비해 상대적으로 난이도는 낮은 편이지만 2차 시험과 연계되는 과목이며 실무에서도 쓰이는 과목이므로 간과해서는 안 된다. 전 범위에서 고르게 출제되지만 시장지배적 사업자 지위의 남용금지, 재판매가격유지행위의 제한, 과징금 등에서 꾸준히 출제되고 있으므로 본 기본서를 통해 학습한다면 좋은 성과가 있을 것이다.

제1절 총 칙

1 개 설

근대 서구에서는 자본주의가 발달함에 따라 보이지 않는 손(Invisible Hand)에 의하여 시장경제질서가 자동 조절되므로 시장은 사적 자치에 맡겨져야 하고 국가의 시장개입은 시장질서를 왜곡시키므로 가급적 자제하여야 한다는 자유방임주의가 널리 주장되었다. 하지만 경제를 자유방임주의에 맡긴 결과, 여러 가지 폐단이 나타났는데, 그중 대표적인 것이 독점기업의 등장과 그로 인한 폐해였다.

독점기업은 시장에서 규모의 경제를 실현함으로써 이익을 극대화할 수 있었으나, 자원의 최적 배분과 능률적 이용을 저해하는 등 시장의 자율조정기능을 마비시키고, 소비자의 이익을 침해하는 등 많은 폐해를 가져왔다. 또한, 시장 실패의 부작용으로 빈부 격차의 심화, 공공재(公共財)의 생산 부족, 공공재 외의 재화의 공급과잉에 따른 경기 침체, 심각한 환경 오염 문제 등도 나타났다. 이와 같은 시장 실패를 경험한 후, 국가가 독점을 규제하고 사회 간접 자본을 확충하며 효율적 자원 배분 등을 위해 시장기능의 일정 부분을 담당해야 한다는 주장이 점차 설득력을 갖게 되었고, 그 결과 국가가 적극적으로 시장에 개입하기 시작하였다.

한편, 민주주의, 자본주의 등 국가의 근간을 이루는 통치이념에 비추어 볼 때 국가가 시장에 개입하더라도 그 한계는 명백히 존재하므로, 통치이념의 테두리 안에서 국가가 시장경제질서에 개입하기 위해서는 시장개입의 내용, 정도, 방법 등을 구체적으로 규정한 법이 필요하게 되었고, 여기에서 경제법이 태동하게 되었다. 이때 각종 경제법 중에서 경제헌법이라고 일컬어질 정도로 핵심적 지위를 차지하고 있는 법이 바로 독점규제 및 공정거래에 관한 법률이다.

독점규제 및 공정거래에 관한 법률을 처음으로 제정한 국가는 미국이다. 1890년에 미국이 셔먼법(The Sherman Act)을 제정한 이래 서구 각국은 독점규제에 관한 각종 법률을 제정·운용하여 왔다. 우리나라도 1980년 12월 31일 독점규제 및 공정거래에 관한 법률(이하 공정거래법)이 제정되어 그간 유효경쟁의 확보 및 창의적 기업환경 조성에 크게 기여하여 왔다.

2 각국의 공정거래법

일본에서는 독점규제법(실무에서는 "공정거래법"을 선호)이라는 용어를 사용하고 있으며, 미국에서는 반독점법(Anti Trust Law), 영국에서는 경쟁법(Competition Law)으로 부르고 있다.

(1) 미 국

셔먼법이 제정되던 19C 후반 미국은 급속한 산업화와 고도성장을 이룩하였는데, 대량생산화 경향은 대기업의 형성을 촉진시켰고 점차 소수의 대기업 및 개인에게 경제력이 집중되는 현상이 일어났다. 시장지배력이 강화된 대기업들은 자신의 이익을 극대화하고자 시장에서 경쟁을 배제하는 각종 기업결합(企業結合)을 도모하였다.

당시 독점 및 경쟁제한에 대한 법적 규제는 주로 관습법과 주법(州法)을 통해서 이루어졌으나, 이들만으로는 미국 전역(全域)에서 나타나는 독과점문제를 해결하는 데 어려움이 많았다. 이러한 시대적 상황 아래 1890년 거래제한행위와 독점행위를 불법화하고 이를 처벌하는 셔먼법(The Sherman Act)이 제정되었다. 그런데 셔먼법은 규정 형식이 지나치게 추상적인 탓에 법원이 그 해석에 관한 광범위한 재량권을 갖게 되었는데, 연방 대법원이 그 해석에 있어 합리성의 원칙을 채택하지, 이 법에 위반되었다고 판단되는 경우가 거의 없었다.

이에 따라 1914년 클레이턴법(The Clayton Act)과 연방거래위원회법(The Federal Trade Commission Act)이 제정되었다. 클레이턴법에서는 가격차별, 배타적 거래 등 규제의 대상이 되는 행위를 구체화하였다. 또한, 규제 대상이 되는 행위의 효과가 경쟁을 상당히 제한할 우려가 있거나 독점상태를 초래할 가능성이 있는 경우에 불법이라고 규정한 점에서 모든 거래제한행위와 독점행위를 위법으로 선언한 셔먼법과 달랐다. 클레이턴법은 이른바 3배 배상제도를 규정하고 있는데 이에 따르면 피해자는 손해액의 3배와 소송비용을 청구할 수 있었다.

한편, 연방거래위원회법은 불공정한 경쟁방법(Unfair Methods of Competition), 불공정하거나 기만적인 행위 등을 위법한 것이라고 규정함으로써 새로운 형태의 경쟁제한행위에 대해 유연하게 대처할 수 있도록 하였다.

> **참고** 합리성의 원칙
> 합리성의 원칙은 행위의 내용, 행위자의 시장 지배력, 행위의 목적, 관련 시장에서의 경쟁에 미치는 효과 등을 종합적으로 평가하여 어떤 행위의 위법성을 판단하여야 한다는 것을 말한다. 합리성의 원칙이 적용되면 반경쟁적인 효과나 경쟁에 대한 실제적인 해악을 원고가 입증해야 한다.

(2) 독 일

독일의 공정거래법에는 부정경쟁방지법(경제정의 우선)과 경쟁제한금지법(경쟁의 자유 우선)이 있다. 부정경쟁방지법은 1909년에 제정된 법률로서 부정한 경쟁방법을 금지시키는 것을 목적으로 한다.

경쟁제한금지법은 2차대전 후 미국을 주축으로 한 점령군이 제정한 반카르텔법에 바탕을 둔 것으로서, 미국 공정거래법의 영향을 많이 받았다. 이 법의 목적은 사적 자치의 본질이 침해되지 않는 정도 내에서 사적 자치를 제한하여 경쟁의 자유를 확보하는 것으로서, 경쟁제한 계약, 경쟁제한적인 사실행위, 시장지배적 지위의 남용, 기업결합 등에 관하여 규정하고 있다.

(3) 일 본

일본에서는 2차대전 후 연합군의 경제 민주화 정책에 따라 재벌의 해체, 경제력 집중 배제, 카르텔의 제거 등 일련의 반독점계획이 시행되었다. 이후 1947년에 사적독점의 금지 및 공정거래확보에 관한 법률이 제정되었는데, 이는 전후 과도기적 경제 민주화 조치에 의해 억제되었던 독점적 기업결합과 카르텔에 의한 경쟁제한행위가 부활하는 것을 방지하고자 하는 것이었다.

[외국의 입법례]

국가명	법 명	제정연도	내용 및 특색
미 국	셔먼법	1890	최초의 공정거래법, 추상적 규정형식
	클레이턴법	1914	규제대상 구체화, 경쟁제한성 요건요구
	연방거래위원회법	1914	입법으로 명시되지 않은 형태의 경쟁제한행위에 유연하게 대응
독 일	부정경쟁방지법	1909	부정한 경쟁행태 금지
	경쟁제한금지법	1957	계약자유·결사자유에 의한 경쟁제한 금지
일 본	사적독금법	1947	과도한 경제력 집중 억제, 경쟁제한행위 방지
EU	카르텔법	1957	유럽공동체조약 제85조, 제86조

3 공정거래법의 개관

(1) 목 적 12 13 15 17 18 19 22 23 24 25 기출

공정거래법은 사업자의 시장지배적 지위의 남용과 과도한 경제력의 집중을 방지하고, 부당한 공동행위 및 불공정거래행위를 규제하여 공정하고 자유로운 경쟁을 촉진함으로써 창의적인 기업활동을 조장하고 소비자를 보호함과 아울러 국민경제의 균형있는 발전을 도모함을 목적으로 한다.

(2) 시장구조 개선제도

① 기업결합의 제한
  ㉠ 경쟁 제한적 기업결합 금지(주식취득, 임원겸임, 합병, 영업양수, 회사설립 참여)
  ㉡ 불공정한 방법에 의한 기업결합 금지
② 경제력 집중의 억제
  ㉠ 지주회사의 규제
  ㉡ 일정규모 이상인 기업집단의 규제(상호출자금지, 출자총액제한, 채무보증제한, 금융·보험회사의 의결권제한)

(3) 거래행태 개선제도

① 시장지배적 지위의 남용금지(시장구조 개선 제도로 보는 견해도 있음)
② 부당한 공동행위의 제한
③ 불공정거래행위의 금지
④ 사업자단체의 경쟁제한행위 금지
⑤ 재판매가격유지행위의 제한

(4) 국외행위에 대한 적용 16 기출

공정거래법은 국외에서 이루어진 행위라도 국내시장에 영향을 미치는 경우에는 적용한다.

4 공정거래법 관련 용어 12 14 18 20 기출

(1) 사업자 12 14 23 기출

제조업, 서비스업, 또는 그 밖의 사업을 하는 자를 말한다. 사업자의 이익을 위한 행위를 하는 임원·종업원(계속하여 회사의 업무에 종사하는 사람으로서 임원 외의 사람을 말한다)·대리인 및 그 밖의 자는 사업자단체에 관한 규정의 적용에 있어서는 이를 사업자로 본다.

(2) 지주회사

주식(지분 포함)의 소유를 통하여 국내회사의 사업내용을 지배하는 것을 주된 사업으로 하는 회사로서 자산총액이 대통령령으로 정하는 금액 이상인 회사(①, ②)를 말한다.

이 경우 주된 사업의 기준은 회사가 소유하고 있는 자회사의 주식가액의 합계액(자산총액 산정 기준일 현재의 재무상태표상에 표시된 가액을 합계한 금액)이 해당 회사 자산총액의 100분의 50 이상인 것으로 한다.

> ① 해당 사업연도에 설립되었거나 합병 또는 분할·분할합병·물적분할을 한 경우에는 설립등기일·합병등기일 또는 분할등기일 현재의 재무상태표상 자산총액이 5천억 원(벤처지주회사의 경우 300억 원) 이상인 회사
> ② ① 외의 회사의 경우에는 직전 사업연도 종료일(사업연도 종료일 전의 자산총액을 기준으로 지주회사 전환신고를 하는 경우에는 해당 전환신고 사유의 발생일) 현재의 재무상태표상의 자산총액이 5천억 원(벤처지주회사의 경우 300억 원) 이상인 회사

(3) 자회사

지주회사로부터 대통령령으로 정하는 기준(①, ②)에 따라 그 사업내용을 지배받는 국내회사를 말한다.

> ① 지주회사의 계열회사일 것
> ② 지주회사가 소유하는 주식수가 제14조(특수관계인의 범위) 제1항 제1호 또는 제2호의 자 중 최다출자자가 소유하는 주식수와 같거나 그보다 많을 것

(4) 손자회사

자회사로부터 대통령령으로 정하는 기준(①, ②)에 따라 사업내용을 지배받는 국내회사를 말한다.

> ① 자회사의 계열회사일 것
> ② 자회사가 소유하는 주식수가 제14조(특수관계인의 범위) 제1항 제1호 또는 제2호의 자 중 최다출자자가 소유하는 주식수와 같거나 그보다 많을 것. 다만, 자회사가 소유하는 주식이 다음의 자가 소유하는 주식수와 같은 경우는 제외한다.
> 　가. 자회사의 지주회사
> 　나. 지주회사의 다른 자회사

(5) 기업집단

동일인이 다음의 구분에 따라 대통령령으로 정하는 기준에 따라 사실상 그 사업내용을 지배하는 회사의 집단을 말한다.

> • 동일인이 회사인 경우 그 동일인과 그 동일인이 지배하는 하나 이상의 회사의 집단
> • 동일인이 회사가 아닌 경우 그 동일인이 지배하는 둘 이상의 회사의 집단

(6) 계열회사 18 25 기출

둘 이상의 회사가 동일한 기업집단에 속하는 경우에 이들 각각의 회사는 서로 상대방의 계열회사라 한다.

(7) 사업자단체

그 형태가 무엇이든 상관없이 둘 이상의 사업자가 공동의 이익을 증진할 목적으로 조직한 결합체 또는 그 연합체를 말한다.

(8) 임 원 10 17 기출

다음의 어느 하나에 해당하는 사람을 말한다.
① 이 사
② 대표이사
③ 업무집행을 하는 무한책임사원
④ 감 사
⑤ ①부터 ④까지의 규정 중 어느 하나에 준하는 사람
⑥ 지배인 등 본점이나 지점의 영업 전반을 총괄적으로 처리할 수 있는 상업사용인

(9) 재판매가격유지행위

사업자가 상품 또는 용역을 거래할 때 거래상대방인 사업자 또는 그 다음 거래단계별 사업자에 대하여 거래가격을 정하여 그 가격대로 판매 또는 제공할 것을 강제하거나 그 가격대로 판매 또는 제공하도록 그 밖의 구속조건을 붙여 거래하는 행위를 말한다.

(10) 시장지배적 사업자 18 24 25 기출

일정한 거래분야의 공급자나 수요자로서 단독으로 또는 다른 사업자와 함께 상품이나 용역의 가격·수량·품질 그 밖의 거래조건을 결정·유지 또는 변경할 수 있는 시장지위를 가진 사업자를 말한다. 이 경우 시장지배적 사업자를 판단할 때에는 시장점유율, 진입장벽의 존재 및 정도, 경쟁사업자의 상대적 규모 등을 종합적으로 고려한다.

(11) 일정한 거래분야 10 15 18 기출

거래의 객체별·단계별 또는 지역별로 경쟁관계에 있거나 경쟁관계가 성립될 수 있는 분야를 말한다.

(12) 경쟁을 실질적으로 제한하는 행위

일정한 거래분야의 경쟁이 감소하여 특정 사업자 또는 사업자단체의 의사에 따라 어느 정도 자유로이 가격·수량·품질 그 밖의 거래조건 등의 결정에 영향을 미치거나 미칠 우려가 있는 상태를 초래하는 행위를 말한다.

(13) 여 신 25 기출

국내금융기관이 행하는 대출 및 회사채무의 보증 또는 인수를 말한다.

(14) 금융업 또는 보험업

통계청장이 고시하는 한국표준산업 분류상 금융 및 보험업을 말한다. 다만, 일반지주회사는 금융업 또는 보험업을 영위하는 회사로 보지 아니한다.

> **참고 유효경쟁**
> 공정거래법은 공정하고 자유로운 경쟁의 촉진을 직접적인 목적으로 하고 있다. 그런데 현실의 시장경제환경하에서 완전경쟁을 구현한다는 것은 거의 불가능하다. 각각의 경제주체마다 선천적이든 후천적이든 경제적 실력의 차이가 엄연히 존재하기 때문이다. 이에 따라 현실적으로 실행이 가능한 경쟁기준으로써 도입된 것이 '유효경쟁' 개념이다. 즉, 완전경쟁의 조건을 모두 갖추지는 못하더라도 일정 수준의 경쟁요소를 충족시키면 경쟁이 유효하게 존재하는 것으로 보는 것이다.

제2절 시장지배적 지위의 남용금지

1 개 요 11 12 16 24 기출

(1) 의 의

① 시장지배적 사업자란 일정한 거래분야의 공급자나 수요자로서 단독으로 또는 다른 사업자와 함께 상품이나 용역의 가격·수량·품질 그 밖의 거래조건을 결정·유지 또는 변경할 수 있는 시장지위를 가진 사업자를 말한다(법 제2조 제3호).
② 이 법에 의해 규제받는 것은 시장지배적 지위 자체가 아니라 그 지위를 남용하여 불공정하게 시장에 영향을 미치는 행위이다.
③ 시장지배적 지위의 판단에 있어서 외형적으로 독과점 지위를 누리는 경우뿐만 아니라 다른 사업자에 비해 월등한 지위를 가지고 있거나 일단의 사업자가 전체로서 시장환경에 영향을 미칠 수 있는 경우 시장지배력을 갖는 것으로 본다.
④ 해당 사업자와 그 계열회사는 이를 하나의 사업자로 본다는 영 제2조 제2항의 간주규정은 시장지배적 사업자의 추정에도 적용된다.

(2) 시장지배적 지위의 판단 ▨13 ▨17 ▨20 기출
① 시장지배적 사업자를 판단함에 있어서는 시장점유율, 진입장벽의 존재 및 정도, 경쟁사업자의 상대적 규모 등을 종합적으로 고려한다.
② 시장지배적 사업자에는 공급자뿐만 아니라 상품 또는 용역의 수요자도 해당된다.
③ 시장점유율이라 함은 법 제5조(시장지배적 지위의 남용금지)의 규정에 위반한 혐의가 있는 행위의 종료일이 속하는 사업연도의 직전 사업연도 1년 동안에 국내에서 공급 또는 구매된 상품 또는 용역의 금액 중에서 해당 사업자가 같은 기간 동안 국내에서 공급 또는 구매한 상품 또는 용역의 금액의 비율로 한다. 다만, 시장점유율을 금액기준으로 산정하기 어려운 경우에는 물량기준 또는 생산능력기준으로 산정할 수 있다.
④ 시장지배적 사업자의 판단에 관하여 필요한 세부기준은 공정거래위원회가 정하여 고시한다.

(3) 시장지배적 사업자의 추정 ▨10 ▨11 ▨12 ▨13 ▨14 ▨15 ▨18 ▨19 ▨21 ▨22 ▨25 기출
일정한 거래분야에서 시장점유율이 다음의 어느 하나에 해당하는 사업자(일정한 거래분야에서 연간 매출액 또는 구매액이 80억 원 미만인 사업자는 제외한다)는 시장지배적 사업자로 추정한다.
① 하나의 사업자의 시장점유율이 100분의 50 이상
② 셋 이하의 사업자의 시장점유율의 합계가 100분의 75 이상. 이 경우 시장점유율이 100분의 10 미만인 사업자는 제외한다.

2 남용행위의 유형 ▨10 ▨11 ▨12 ▨13 ▨14 ▨15 ▨16 ▨17 ▨18 ▨20 ▨22 ▨23 기출

(1) 부당한 가격결정
① 시장지배적 사업자는 상품의 가격이나 용역의 대가를 부당하게 결정·유지 또는 변경하는 행위를 하여서는 아니 된다(법 제5조 제1항 제1호).
② 상품의 가격이나 용역의 대가(이하 "가격"이라 한다)를 부당하게 결정·유지 또는 변경하는 행위는 정당한 이유 없이 가격을 수급의 변동이나 공급에 필요한 비용(같은 종류 또는 유사한 업종의 통상적인 수준의 것으로 한정한다)의 변동에 비하여 현저하게 상승시키거나 근소하게 하락시키는 행위로 한다(영 제9조 제1항).
③ 공정거래위원회는 시장지배적 사업자가 가격을 부당하게 결정·유지 또는 변경하였다고 볼만한 상당한 이유가 있을 경우 관계행정기관의 장이나 물가조사업무를 수행하는 공공기관에 가격에 관한 조사를 의뢰할 수 있다(영 제10조).

(2) 부당한 출고조절
① 시장지배적 사업자는 상품의 판매 또는 용역의 제공을 부당하게 조절하는 행위를 하여서는 아니 된다(법 제5조 제1항 제2호). 여기서 규제의 대상이 되는 것은 출고조절(품목의 생산 또는 판매를 중단·감축하거나 출고를 증감시키는 행위) 자체가 아니라 '부당한 출고조절'만이 금지된다.

② 상품의 판매 또는 용역의 제공을 부당하게 조절하는 행위란 다음 행위를 말한다(영 제9조 제2항).
  ㉠ 정당한 이유 없이 최근의 추세에 비추어 상품 또는 용역의 공급량을 현저히 감소시키는 행위
  ㉡ 정당한 이유 없이 유통단계에서 공급부족이 있음에도 불구하고 상품 또는 용역의 공급량을 감소시키는 행위

(3) 부당한 사업활동의 방해 16 19 기출

① 시장지배적 사업자는 다른 사업자의 사업활동을 부당하게 방해하는 행위를 하여서는 아니 된다.
② 다른 사업자의 사업활동을 부당하게 방해하는 행위는 직접 또는 간접으로 다음 행위를 하여 다른 사업자의 사업활동을 어렵게 하는 행위를 말한다(영 제9조 제3항).
  ㉠ 정당한 이유 없이 다른 사업자의 생산활동에 필요한 원재료 구매를 방해하는 행위
  ㉡ 정상적인 관행에 비추어 과도한 경제상의 이익을 제공하거나 제공할 것을 약속하면서 다른 사업자의 사업활동에 필수적인 인력을 채용하는 행위
  ㉢ 정당한 이유 없이 다른 사업자의 상품 또는 용역의 생산·공급·판매에 필수적인 요소의 사용 또는 접근을 거절·중단하거나 제한하는 행위
  ㉣ 그 밖에 ㉠부터 ㉢까지의 방법 외의 다른 부당한 방법에 따른 행위를 하여 다른 사업자의 사업활동을 어렵게 하는 행위 중 공정거래위원회가 정하여 고시하는 행위

(4) 시장진입의 제한 24 기출

① 시장지배적 사업자는 새로운 경쟁사업자의 참가를 부당하게 방해하는 행위를 하여서는 아니 된다.
② 새로운 경쟁사업자의 참가를 부당하게 방해하는 행위는 직접 또는 간접으로 다음의 행위를 하여 새로운 경쟁사업자의 신규진입을 어렵게 하는 행위를 말한다(영 제9조 제4항).
  ㉠ 정당한 이유 없이 거래하는 유통사업자와 배타적 거래계약을 체결하는 행위
  ㉡ 정당한 이유 없이 기존 사업자의 계속적인 사업활동에 필요한 권리 등을 매입하는 행위
  ㉢ 정당한 이유 없이 새로운 경쟁사업자의 상품 또는 용역의 생산·공급·판매에 필수적인 요소의 사용 또는 접근을 거절하거나 제한하는 행위
  ㉣ 그 밖에 ㉠부터 ㉢까지의 방법 외의 다른 부당한 방법에 따른 행위를 하여 새로운 경쟁사업자의 신규진입을 어렵게 하는 행위 중 공정거래위원회가 정하여 고시하는 행위

(5) 경쟁사업자의 배제 및 소비자이익의 침해 25 기출

① 시장지배적 사업자는 부당하게 경쟁사업자를 배제하기 위하여 거래하거나 소비자의 이익을 현저히 저해할 우려가 있는 행위를 하여서는 아니 된다(법 제5조 제1항 제5호).
② 부당하게 경쟁사업자를 배제하기 위하여 거래하는 행위는 다음의 행위를 말한다(영 제9조 제5항).
  ㉠ 부당하게 통상거래가격에 비하여 낮은 가격으로 공급하거나 높은 가격으로 구입하여 경쟁사업자를 배제시킬 우려가 있는 행위
  ㉡ 부당하게 거래상대방이 경쟁사업자와 거래하지 않을 것을 조건으로 그 거래상대방과 거래하는 행위

③ 독과점적 시장구조의 개선 10 19 24 기출

과거 우리나라는 정부 주도의 성장 우선정책을 강력하게 시행하였는데 그 수단으로 사용된 각종 인·허가제도 등 진입장벽으로 인해 독과점적 시장구조가 형성·고착화되었다. 이에 따라 공정거래법에서는 독과점적 시장구조를 개선하고 유효경쟁을 촉진하기 위해 다음과 같은 규정을 두고 있다.

(1) 개선시책

① 공정거래위원회는 독과점적 시장구조가 장기간 유지되고 있는 상품이나 용역의 공급시장 또는 수요시장에 대하여 경쟁을 촉진하기 위한 시책을 수립·시행하여야 한다(법 제4조 제1항).
② 공정거래위원회는 시책을 추진하기 위하여 필요한 경우에는 관계행정기관의 장에게 경쟁의 도입 또는 그 밖에 시장구조의 개선 등에 관하여 필요한 의견을 제시할 수 있다. 이 경우 관계행정기관의 장은 공정거래위원회의 의견을 검토한 후 검토결과를 공정거래위원회에 송부하여야 한다(법 제4조 제2항).
③ 공정거래위원회는 제1항에 따른 시책을 추진하기 위하여 다음의 업무를 수행할 수 있다(법 제4조 제3항).
　㉠ 시장구조의 조사 및 공표
　㉡ 특정 산업의 경쟁상황 분석, 규제현황 분석 및 경쟁촉진 방안 마련
④ 공정거래위원회는 사업자 및 사업자단체에 제3항의 업무를 수행하기 위하여 필요한 자료의 제출을 요청할 수 있다(법 제4조 제4항).
⑤ 공정거래위원회는 제3항 및 제4항의 사무를 대통령령으로 정하는 바에 따라 다른 기관에 위탁할 수 있다(법 제4조 제5항).

(2) 사무의 위탁

① 공정거래위원회는 법 제4조 제5항에 따라 시장구조의 조사 및 공표에 관한 사항, 자료의 제출 요청 등의 사무를 관계행정기관의 장이나 정부출연연구기관의 장에게 위탁할 수 있다(영 제8조 제1항).
② 시장구조의 조사 또는 공표사무를 위탁받은 기관의 장은 위탁사무의 처리내용을 공정거래위원회에 통보해야 한다(영 제8조 제2항).

④ 위반행위의 효과 13 17 19 22 기출

(1) 시정조치 12 14 23 25 기출

① 공정거래위원회는 남용행위가 있을 때에는 그 시장지배적 사업자에게 가격의 인하, 해당 행위의 중지, 시정명령을 받은 사실의 공표 또는 그 밖에 필요한 시정조치를 명할 수 있다(법 제7조 제1항).
② 공정거래위원회는 남용행위를 한 회사인 시장지배적 사업자가 합병으로 소멸한 경우에는 해당 회사가 한 남용행위를 합병 후 존속하거나 합병에 따라 설립된 회사가 한 행위로 보아 제1항의 시정조치를 명할 수 있다(법 제7조 제2항).

③ 공정거래위원회는 남용행위를 한 회사인 시장지배적 사업자가 분할되거나 분할합병된 경우에는 분할되는 시장지배적 사업자의 분할일 또는 분할합병일 이전의 남용행위를 다음의 어느 하나에 해당하는 회사의 행위로 보고 제1항의 시정조치를 명할 수 있다(법 제7조 제3항).
  ㉠ 분할되는 회사
  ㉡ 분할 또는 분할합병으로 설립되는 새로운 회사
  ㉢ 분할되는 회사의 일부가 다른 회사에 합병된 후 그 다른 회사가 존속하는 경우 그 다른 회사
④ 공정거래위원회는 남용행위를 한 회사인 시장지배적 사업자가 「채무자 회생 및 파산에 관한 법률」 제215조에 따라 새로운 회사를 설립하는 경우에는 기존 회사 또는 새로운 회사 중 어느 하나의 행위로 보고 제1항의 시정조치를 명할 수 있다(법 제7조 제4항).

(2) 과징금 24 기출
① 매출액(대통령령이 정하는 사업자의 경우 영업수익)의 6%를 초과하지 아니하는 범위 안에서 과징금을 부과할 수 있다.
② 매출액이 없는 경우 등에는 20억 원을 초과하지 아니하는 범위 안에서 과징금을 부과할 수 있다.

(3) 벌 칙
① 시장지배적 사업자가 남용행위를 한 경우에는 3년 이하의 징역 또는 2억 원 이하의 벌금에 처한다. 이때 징역과 벌금은 병과할 수 있다.
② 공정거래위원회의 시정조치 또는 금지명령에 응하지 않은 경우에는 2년 이하의 징역이나 1억 5천만 원 이하의 벌금에 처한다.

제3절 부당한 공동행위의 제한

1 개 요

부당한 공동행위란 사업자가 계약·협정·결의 등의 방법으로 부당하게 다른 사업자와 공동으로 경쟁을 제한하는 일정한 행위를 할 것을 합의하는 것을 의미한다. 공동행위가 기업들 간의 과도한 경쟁을 막고 중복투자를 피할 수 있으며 가격을 안정시키는 등 장점이 없는 것은 아니지만 결과적으로 하나의 사업자가 시장을 지배하는 독점과 같은 효과를 가지므로 독점에 따른 폐해를 그대로 드러낼 수 있다. 또한, 공동행위에 참여하지 않는 기업이나 신규로 시장에 진입하려는 기업은 부당하게 피해를 볼 수 있다.

2 부당한 공동행위의 요건 10 12 14 17 기출

(1) 독립적인 복수의 사업자
① 복수의 사업자들 사이에 공동행위에 대한 의사의 연락이 있어야 한다.
② 공정위 심결에 따르면 수평적 경쟁사업자 간의 공동행위만을 인정하고 있으며, 거래단계를 달리하는 사업자 간의 공동행위는 인정하지 않고 있다.

(2) 공동행위 11 13 15 16 21 기출
① 부당한 공동행위가 되기 위해서는 사업자가 다른 사업자와 공동으로 일정한 행위를 할 것을 합의하여야 한다.
② 이 경우 합의사항을 실행하지 않았어도 합의의 존재만으로 공동행위가 있었던 것으로 본다.
③ 합의의 방식은 사업자 간의 명시적 방법뿐만 아니라 묵시적 방법에 의한 의사의 연락도 가능하다.
④ 어느 한쪽의 사업자가 당초부터 합의에 따를 의사도 없이 진의 아닌 의사표시에 의하여 합의한 경우라고 하더라도 다른 쪽 사업자는 당해 사업자가 합의에 따를 것으로 신뢰하고 당해 사업자는 다른 사업자가 합의를 위와 같이 신뢰하고 행동할 것이라는 점을 이용함으로써 경쟁을 제한하는 행위가 된다.
⑤ 부당한 공동행위에 대한 합의는 어떠한 거래분야나 특정한 입찰에 참여하는 모든 사업자들 사이에서 이루어질 필요는 없고 일부의 사업자들 사이에서만 이루어진 경우에도 그것이 경쟁을 제한하는 행위로 평가되는 한 부당한 공동행위가 성립한다.

(3) 경쟁제한성
① 사업자들의 공동행위라고 해서 모두 법 위반은 아니며 부당하게 경쟁을 제한하는 공동행위만 규제하는 것이 원칙이다.
② 가격 및 생산량 제한, 입찰담합 등 법률에 규정된 행위에 대해서는 당연 위법의 법리가 적용되어 경쟁을 실질적으로 제한하는 단계에 이르지 않더라도 부당한 공동행위가 된다.

3 부당한 공동행위의 유형 및 추정 13 14 17 18 22 기출

(1) 부당한 공동행위의 유형 10 11 15 16 18 19 21 23 24 25 기출
① 가격협정
㉠ 가격을 결정, 유지 또는 변경하는 가격협정은 가장 기본적인 형태의 카르텔이다.
㉡ 가격협정의 구체적 형태로는 가격확정, 인상률 또는 마진 설정 등이 있다.
㉢ 부당한 공동행위 사례로 자주 거론되는 것이 입찰담합인데 최저가 경쟁입찰에서의 담합은 대부분 가격협정에 해당한다. 이에 반해 입찰지역을 구분하는 것은 시장분할협정에 해당한다.

> **심결례 Q 12개 일간신문사의 부당한 공동행위**
>
> 서울시에 본사를 두고 전국을 대상으로 일간신문을 발간·판매하는 C일보사, J일보사, D일보사 등 12개 신문사는 간담회, 한국신문협회판매협의회의 총회 등을 통하여 구체적 인상방안을 논의하였고, 12개 일간신문사들이 1992년 12월 30일~31일 각각 자기의 신문에 구독료 인상에 대한 사보를 게재하고, 1993년 1월 1일부터 구독료를 월 5천 원에서 6천 원으로 인상하였다.
> 공정거래위원회는 12개 일간신문사들이 위와 같이 구독료를 공동으로 결정·유지·변경한 행위는 암묵적 합의를 통하거나 합의가 없는 경우에도 결과적으로 가격이 같은 수준으로 결정되어 시행되고 있다면 일간신문 판매시장에 있어서 경쟁을 실질적으로 제한하는 부당한 공동행위라고 판정하고 3개월 이내에 이미 인상하기로 합의한 내용파기 및 당해 위반행위 중지명령, 시정명령받은 사실의 신문공표 등의 시정조치를 내렸다.

② 거래조건협정
  ㉠ 거래조건협정이란 상품 또는 용역의 거래조건이나 그 대금 또는 대가의 지급조건을 정하는 행위이다.
  ㉡ 거래조건협정의 예로는 판매시기, 보증기간, 계약체결 및 해지의 제한 등이 있다.

> **심결례 Q 5개 신용카드회사의 거래조건 및 가격협정**
>
> K신용카드, B신용카드 등 5개 신용카드회사는 공동의 모임을 통하여 할부구매 최저금액의 인상, 할부기간의 단축, 수수료율 인상에 공동으로 합의하고 1988년 8월 1일부터 이를 시행하였다.
> 공정거래위원회는 위와 같은 행위가 판매조건 및 가격(수수료)을 공동으로 결정하는 행위로 신용카드 시장의 자유로운 경쟁을 제한하는 행위라고 판정하고 합의사항 즉시 파기, 부당한 공동행위의 중지의 시정권고 조치를 내렸는데, 시정권고를 한 것은 동 행위가 당시 재무부의 행정지도 사항을 공동으로 따랐다는 점을 고려한 것이었다.

③ 공급제한협정
  상품의 생산·출고·수송 또는 거래의 제한이나 용역의 거래를 제한하는 행위는 가격에 간접적으로 영향을 미치므로 부당한 공동행위에 해당한다.

> **심결례 Q 6개 정유회사의 부당한 공동행위**
>
> 6개 정유회사는 석유제품의 국내인수 및 한국군 군납시장에서의 판매경쟁을 제한할 목적으로 1981년 1월 1일부터 1982년 6월 30일까지 18개월간의 판매실적을 토대로 회사별, 유종별 기준 시장점유율을 정하여 1982년 7월 1일부터 이 기준점유율에 따라 판매물량을 유지하기로 합의하고 이를 시행하여 왔다.
> 공정거래위원회는 이러한 행위는 상품의 생산·출고·수송을 제한하는 행위에 해당하고 휘발유 등 11개 유종의 국내인수 및 한국군 군납시장에서의 경쟁을 실질적으로 제한하는 부당한 공동행위로 인정하였다. 이에 따라 공정거래위원회는 피심인들에게 위 합의를 즉시 파기하고, 피심인 각자가 생산 또는 판매하는 석유제품의 월별·유종별 판매실적을 시정명령 수령일로부터 1년 동안 보고할 것과 과징금을 납부할 것을 명하였다.

④ 거래지역·상대방제한협정
　㉠ 거래지역 또는 거래상대방을 제한하는 행위는 시장의 경쟁성을 직접 제한하는 행위로서 부당한 공동행위에 해당한다.
　㉡ 거래지역 제한의 예로는 시장분할 등을 들 수 있고 거래상대방 제한의 예로는 거래처 선택자유의 제한 등을 들 수 있다.

> **심결례 ○ 8개 빙과류도매업자의 부당한 공동행위**
> 피심인들은 빙과류 등의 도매업을 영위하는 자들로서 상호 경쟁을 회피하기 위해 다른 도매업자의 거래처를 침범하는 것을 금지하고, 슈퍼마켓 등 소매점에 대한 빙과류 공급가격을 정하는 등 경주빙과협의회 약정서를 작성·체결한 사실이 있다.
> 공정거래위원회는 위 행위가 협정의 방법으로 다른 사업자의 거래상대방을 제한하는 행위 및 가격을 결정한 행위에 해당되고, 또한 피심인들이 경주시 지역 일반소매점의 수요량 대부분을 공급하고 있는 점을 감안할 때 위 행위는 경주시 지역 빙과류 유통분야에서의 경쟁을 실질적으로 제한한 것으로 인정하여 당해 행위중지 및 법 위반사실의 공표를 명하였다.

⑤ 설비조정협정
　생산 또는 용역의 거래를 위한 설비의 신설 또는 증설이나 장비의 도입을 방해하거나 제한하는 행위를 함으로써 장래의 수요나 공급에 부정적인 영향을 끼친다면 이는 부당한 공동행위에 해당한다.

⑥ 상품의 종류·규격제한협정
　상품 또는 용역의 생산·거래 시에 그 상품 또는 용역의 종류·규격을 제한하는 행위도 신규상품의 시장 진입을 방해하는 등 시장의 경쟁성을 제한한다면 부당한 공동행위에 해당한다.

⑦ 회사 등의 설립협정
　영업의 주요 부분을 공동으로 수행·관리하거나 수행·관리하기 위한 회사 등을 설립하는 행위는 부당한 공동행위에 해당할 수 있다. 같은 업종의 여러 회사가 공동판매회사(신디케이트)를 설립하여 가맹 기업의 제품을 판매하는 것이 좋은 예이다.

> **심결례 ○ 7개 LP가스판매업자들의 부당한 공동행위**
> 피심인들은 액화석유가스의 안전사업관리법 제3조의 규정에 따라 중구청으로부터 액화석유가스판매사업 허가를 취득하여 주로 상가나 일반가정을 대상으로 LP가스판매업을 영위하는 사업자들로서 구 산업자원부의 LP가스판매소 통합시책에 호응하여 가스판매업계의 현대화 및 소비자편익을 증진한다는 목적으로 모임을 갖고, 중구소재 LP가스판매소를 사실상 통합하여 공동판매소를 설립하여 운영하기로 합의하고 공동판매소의 정관에 해당하는 중구LP가스판매협회 가정관(假定款)을 확정한 사실이 있다.
> 공정거래위원회는 일반적으로 상가나 가정 등 LP가스 수요자들은 인근의 판매업소로부터 가스를 구입하므로 중구 관내를 일정한 거래분야로 볼 수 있는바, 피심인들의 공동회사를 설립키로 한 행위에 있어 실행을 하지 못한 점은 인정되나 중구 관내에 소재하는 12개 LP가스판매소 중 피심인 6개 업소의 시장점유율이 60% 이상인 점을 고려할 때, 피심인들이 공동판매소를 설립키로 합의한 행위는 중구지역의 LP가스 소매업 분야에서의 경쟁을 실질적으로 제한하는 행위에 해당하는 것으로 판단하여 당해 정관의 파기를 명하였다.

⑧ 입찰담합 16 19 기출

입찰 또는 경매에 있어 낙찰자, 경락자, 입찰가격, 낙찰가격 또는 경락가격, 그 밖에 대통령령으로 정하는 사항(㉠, ㉡, ㉢)을 결정하는 행위
㉠ 낙찰 또는 경락의 비율
㉡ 설계 또는 시공의 방법
㉢ 그 밖에 입찰 또는 경매의 경쟁 요소가 되는 사항

⑨ 다른 사업자의 사업 방해 24 기출

다른 사업자(그 행위를 한 사업자를 포함한다)의 사업활동 또는 사업내용을 방해·제한하거나 가격, 생산량, 그 밖에 대통령령으로 정하는 정보(원가, 출고량, 재고량, 거래조건 등)를 주고받음으로써 일정한 거래분야에서 경쟁을 실질적으로 제한하는 행위는 부당한 공동행위에 해당되어 금지된다.

> **심결례 Q 경인지역 L햄 11개 대리점사업자의 부당한 공동행위에 대한 건**
>
> L햄 경인지점의 신규 대리점인 H물류가 경인지역의 G마트슈퍼연합회 및 K마트슈퍼연합회 등과 L햄의 햄과 소시지의 공급계약을 체결하고 피심인들의 판매가격보다 저가로 제품을 공급하자, 피심인들은 동 회사의 저가판매로 인한 영업상의 손실과 동사가 판매힌 L햄 및 소시지 제품이 자신들에게 반품된다는 등의 이유로, H물류에게 L햄이 공급하는 제품을 저가로 판매하지 말 것과 가격표 배포를 중지하여 줄 것을 요구하였다. 이후 피심인들은 H물류가 K마트에 제품을 공급하는 등 자신들의 요구가 수용되지 않자, 기존대리점 외에는 일반제품의 출하를 중지할 것과 출하가 중단되지 않을 경우 대리점 영업활동을 포기하겠음을 결의하여 L햄 경인지점에 통보(2회)하고, 경인지점을 방문하거나 전화를 통하여 동일한 내용의 요구를 반복하여 L햄 경인지점이 피심인들의 영업활동포기 등 반발을 우려하여 1998.5.18.부터 H물류에게 제품출고를 중단하게 하였다.
> 공정거래위원회는 피심인들이 L햄 경인지점의 햄 및 소시지 총매출액의 73.8%를 점유하고 있는 점을 감안할 때 피심인들의 위 행위가 경인지역 L햄 및 소시지 판매시장에서의 경쟁을 실질적으로 제한하는 행위로 인정하여 당해 행위중지 및 법 위반사실의 공표를 명하였다.

(2) 부당한 공동행위의 추정(법 제40조 제5항)

둘 이상의 사업자가 다음의 어느 하나에 해당하는 경우에는 그 사업자들 사이에 공동으로 부당한 공동행위의 어느 하나에 해당하는 행위를 할 것을 합의한 것으로 추정한다.

① 해당 거래분야, 상품·용역의 특성, 해당 행위의 경제적 이유 및 파급효과, 사업자 간 접촉의 횟수·양태 등 제반 사정에 비추어 그 행위를 그 사업자들이 공동으로 한 것으로 볼 수 있는 상당한 개연성이 있을 때
② 제1항의 행위(제9호의 행위 중 정보를 주고 받음으로써 일정한 거래분야에서 경쟁을 실질적으로 제한하는 행위를 제외한다)에 필요한 정보를 주고받은 때

4 공동행위의 인가

(1) 인가 요건 10 11 12 13 14 15 17 23 24 기출

다음의 어느 하나에 해당하는 목적을 위하여 하는 경우로서 대통령령으로 정하는 요건에 해당하고 공정거래위원회의 인가를 받은 경우에는 허용된다.

① 불황극복을 위한 산업구조조정(영 제45조 제1항 제1호)
  ㉠ 해당 산업 내 상당수 기업이 불황으로 인해 사업활동에 곤란을 겪을 우려가 있을 것
  ㉡ 해당 산업의 공급능력이 현저하게 과잉상태에 있거나 생산시설 또는 생산방법의 낙후로 생산능률이나 국제경쟁력이 현저하게 저하되어 있을 것
  ㉢ 기업의 합리화를 통해서는 ㉠ 또는 ㉡의 상황을 극복할 수 없을 것
  ㉣ 경쟁을 제한하는 효과보다 산업구조조정의 효과가 더 클 것

② 연구·기술개발(영 제45조 제1항 제2호)
  ㉠ 해당 연구·기술개발이 산업경쟁력 강화를 위해 매우 필요하며 그 경제적 파급효과가 클 것
  ㉡ 연구·기술개발에 소요되는 투자금액이 과다하여 한 사업자가 조달하기 어려울 것
  ㉢ 연구·기술개발성과의 불확실에 따른 위험분산을 위해 필요할 것
  ㉣ 경쟁을 제한하는 효과보다 연구·기술개발의 효과가 클 것

③ 거래조건의 합리화(영 제45조 제1항 제3호)
  ㉠ 거래조건의 합리화로 생산능률의 향상, 거래의 원활화 및 소비자의 편익증진에 명백하게 기여할 것
  ㉡ 거래조건의 합리화 내용이 해당 사업분야의 대부분의 사업자들에게 기술적·경제적으로 가능할 것
  ㉢ 경쟁을 제한하는 효과보다 거래조건의 합리화의 효과가 클 것

④ 중소기업의 경쟁력 향상(영 제45조 제1항 제4호)
  ㉠ 공동행위에 따라 중소기업의 품질·기술향상 등 생산성 향상이나 거래조건에 관한 교섭력 강화가 명백할 것
  ㉡ 공동행위에 참가하는 사업자 모두가 중소기업자일 것
  ㉢ 공동행위 외의 방법으로는 대기업과 효율적으로 경쟁하거나 대기업에 대항하기 어려운 경우에 해당할 것

(2) 인가의 한계

공동행위의 목적 등이 인가요건에 해당하더라도 다음의 어느 하나에 해당하는 경우 이를 인가를 해서는 안 된다(영 제45조 제2항).
① 해당 공동행위의 목적을 달성하기 위하여 필요한 정도를 초과하는 경우
② 수요자 및 관련 사업자의 이익을 부당하게 침해할 우려가 있는 경우
③ 참가사업자 간에 공동행위의 내용과 관련하여 부당한 차별이 있는 경우
④ 해당 공동행위에 참가하거나 탈퇴하는 것을 부당하게 제한하는 경우

(3) 인가의 절차

① 인가의 신청(영 제46조 제1항)

공동행위의 인가를 받으려는 자는 대표사업자(이하 공동행위대표사업자)를 선정하여 다음의 사항이 포함된 신청서를 공정거래위원회에 제출해야 한다.
- ㉠ 신청인의 명칭 및 소재지(대표자의 성명 및 주소를 포함)
- ㉡ 공동행위의 내용
- ㉢ 공동행위의 사유
- ㉣ 공동행위의 기간
- ㉤ 참가사업자의 수
- ㉥ 참가사업자의 사업내용
- ㉦ 참가사업자의 명칭 및 소재지(대표자의 성명 및 주소를 포함)

② 인가증의 교부

공정거래위원회가 신청을 받아 인가하는 경우에는 신청인에게 인가증을 발급하여야 한다.

③ 결정기간

공정거래위원회는 인가신청을 받은 경우에는 그 신청일부터 30일 이내에 이를 결정하여야 하나(30일 이내의 범위에서 기간 연장 가능).

④ 인가 신청내용의 공시

공정거래위원회는 인가를 위해 필요하다고 인정하는 경우 30일 이내의 범위에서 그 인가 신청내용을 공시하여 이해관계인의 의견을 들을 수 있다.

⑤ 인가된 공동행위 폐지

공동행위대표사업자가 해당 공동행위를 폐지한 경우 지체 없이 그 사실을 공정거래위원회에 알려야 한다.

5 공동행위의 효과 16 19 20 기출

(1) 시정조치(법 제42조)

① 공정거래위원회는 부당한 공동행위가 있을 때에는 그 사업자에게 해당 행위의 중지, 시정명령을 받은 사실의 공표 또는 그 밖에 필요한 시정조치를 명할 수 있다.

② 합병, 분할, 분할합병 또는 새로운 회사의 설립 등에 따른 위의 시정조치에 관하여는 제7조 제2항부터 제4항까지의 규정을 준용한다. 이 경우 "시장지배적 사업자"는 "사업자"로 본다.

(2) 과징금 10 11 15 18 기출

① 매출액의 20%를 초과하지 아니하는 범위 안에서 과징금을 부과할 수 있다.

② 매출액이 없는 경우 등에는 40억 원을 초과하지 아니하는 범위 안에서 과징금을 부과할 수 있다.

③ 공정거래위원회가 부당한 공동행위에 대한 조사를 개시하지 아니한 경우 해당 위반행위가 종료된 날부터 7년이 지나면 과징금을 부과할 수 없다.
④ 과징금 산정에 있어 부당한 공동행위가 종료한 날은 그 합의에 기한 실행행위가 종료한 날을 의미한다.

(3) 계약의 사법상 무효
부당한 공동행위를 할 것을 약정하는 계약 등은 해당 사업자 간에서는 그 효력을 무효로 한다(법 제40조 제4항).

(4) 벌 칙
부당한 공동행위의 금지에 관한 규정을 위반한 경우에는 3년 이하의 징역 또는 2억 원 이하의 벌금에 처한다(징역과 벌금은 병과가능).

(5) 자진신고자에 대한 감면제도 10 11 12 14 16 18 21 23 기출
① 다음의 어느 하나에 해당하는 자(소속 전·현직 임직원을 포함한다)에 대해서는 시정조치나 과징금을 감경 또는 면제할 수 있고, 고발을 면제할 수 있다(법 제44조 제1항).
  ㉠ 부당한 공동행위의 사실을 자진신고한 자
  ㉡ 증거제공 등의 방법으로 공정거래위원회의 조사 및 심의·의결에 협조한 자
② 시정조치 또는 과징금을 감경 또는 면제받은 자가 그 감경 또는 면제받은 날부터 5년 이내에 새롭게 부당한 공동행위의 금지를 위반하는 경우에는 제1항에 따른 감경 또는 면제를 하지 아니한다(법 제44조 제2항).
③ 시정조치나 과징금을 감경 또는 면제받은 자가 그 부당한 공동행위와 관련된 재판에서 조사과정에서 진술한 내용과 달리 진술하는 등 대통령령으로 정하는 경우에 해당하는 경우에는 제1항에 따른 시정조치나 과징금의 감경 또는 면제를 취소할 수 있다(법 제44조 제3항).
④ 공정거래위원회 및 그 소속 공무원은 사건처리를 위하여 필요한 경우 등 다음에서 정하는 경우를 제외하고는 자진신고자 또는 공정거래위원회의 조사 및 심의·의결에 협조한 자의 신원·제보 내용 등 자진신고나 제보와 관련된 정보 및 자료를 사건 처리와 관계없는 자에게 제공하거나 누설해서는 아니 된다(법 제44조 제4항).
  ㉠ 사건처리를 위해 필요한 경우
  ㉡ 자진신고자 등이 해당 정보 및 자료를 제공하는 데 동의한 경우
  ㉢ 해당 사건과 관련된 소송의 제기, 수행 등에 필요한 경우
⑤ 시정조치 또는 과징금이 감경 또는 면제되는 자의 범위와 감경 또는 면제의 기준·정도 등과 정보 및 자료의 제공·누설 금지에 관한 세부 사항은 대통령령에 따라 공정거래위원회가 정한다.

(6) 자진신고자 등에 대한 감경 또는 면제의 기준 14 16 18 19 22 기출

① 공정거래위원회가 조사를 시작하기 전에 자진신고한 자로서 다음의 모두에 해당하는 경우에는 과징금 및 시정조치를 면제한다.
  ㉠ 부당한 공동행위임을 입증하는 증거를 단독으로 제공한 최초의 자일 것. 다만, 공동행위에 참여한 둘 이상의 사업자가 공동으로 증거를 제공하는 경우에도 이들이 실질적 지배관계에 있는 계열회사이거나 회사의 분할 또는 영업양도의 당사회사로서 공정거래위원회가 정하는 요건에 해당하면 단독으로 제공한 것으로 본다.
  ㉡ 공정거래위원회가 부당한 공동행위에 대한 정보를 입수하지 못했거나 부당한 공동행위임을 입증하는 증거를 충분히 확보하지 못한 상태에서 자진신고했을 것
  ㉢ 부당한 공동행위와 관련된 사실을 모두 진술하고 관련 자료를 제출하는 등 조사 및 심의·의결이 끝날 때까지 성실하게 협조했을 것
  ㉣ 그 부당한 공동행위를 중단했을 것
② 공정거래위원회가 조사를 시작한 후에 조사 등에 협조한 자가 다음의 모두에 해당하는 경우에는 과징금을 면제하고 시정조치를 감경하거나 면제한다.
  ㉠ 공정거래위원회가 부당한 공동행위에 대한 정보를 입수하지 못했거나 부당한 공동행위임을 입증하는 증거를 충분히 확보하지 못한 상태에서 조사 등에 협조했을 것
  ㉡ ①의 ㉠, ㉢ 및 ㉣에 해당할 것
③ 공정거래위원회가 조사를 시작하기 전에 자진신고하거나 공정거래위원회가 조사를 시작한 후에 조사에 협조한 자가 다음의 모두에 해당하는 경우에는 과징금의 100분의 50을 감경하고 시정조치를 감경할 수 있다.
  ㉠ 부당한 공동행위임을 입증하는 증거를 단독으로 제공한 두 번째의 자(부당한 공동행위에 참여한 사업자가 2개이고, 그중 한 사업자인 경우는 제외)일 것
  ㉡ ①의 ㉢ 및 ㉣의 요건에 모두 해당할 것
  ㉢ ① 또는 ②에 해당하는 자진신고자 등이 자진신고하거나 조사 등에 협조한 날부터 2년 이내에 자진신고하거나 조사 등에 협조했을 것
④ 부당한 공동행위로 인하여 과징금 부과 또는 시정조치의 대상이 된 자가 그 부당한 공동행위 외에 그 자가 관련되어 있는 다른 부당한 공동행위에 대하여 ① 또는 ②의 요건을 충족하는 경우에는 그 부당한 공동행위에 대하여 다시 과징금을 감경 또는 면제하고 시정조치를 감경할 수 있다.
⑤ ①부터 ④까지의 어느 하나에 해당하는 자가 다음의 어느 하나에 해당하는 경우에는 시정조치 및 과징금을 감경하거나 면제하지 않는다.
  ㉠ 다른 사업자에게 그 의사에 반하여 해당 부당한 공동행위에 참여하도록 강요하거나 이를 중단하지 못하도록 강요한 사실이 있는 경우
  ㉡ 일정 기간 동안 반복적으로 법 제40조 제1항을 위반하여 부당한 공동행위를 한 경우

제4절 불공정거래행위의 금지

1 서 설

(1) 의 의

불공정거래행위라 함은 사업자가 공정한 거래를 저해할 우려가 있는 행위를 하거나 계열회사 또는 다른 사업자로 하여금 그러한 행위를 하도록 하는 것을 말한다. 공정거래법은 크게 시장구조자체를 경쟁적인 구조로 만들기 위한 규정(예컨대, 시장의 독점을 방지하기 위한 기업결합금지나 경제력 집중의 억제)과 주어진 시장구조하에서 기업의 경쟁 제한적 행위를 규제하기 위한 규정(예컨대, 시장지배적 지위의 남용행위금지 및 불공정거래행위 금지 등)으로 나눌 수 있다. 이러한 분류에서 보면 불공정거래행위는 불공정한 시장구조 형성에 대한 우려 때문이 아니라, 주어진 시장환경에서 경쟁질서를 저해할 우려가 있기 때문에 규제하는 것이다. 연혁적으로 보면 불공정거래행위의 금지규정은 경제력 집중억제나 독과점규제에 대한 보충적 지위에서 출발하였지만 국내시장 개방 등 경제환경이 변화하면서 점점 더 중요성이 더해지고 있다. 특히 우리나라에서와 같이 유통구조가 계열화되어 있는 상황에서는 불공정거래행위의 발생소지가 높아 이에 대한 규제의 필요성 내지 중요성이 크게 부각되고 있다.

(2) 불공정거래행위의 구분

불공정거래행위는 적용대상에 따라 일반불공정거래행위(공정거래법 시행령)와 특수불공정거래행위(공정위 고시)로 구분할 수 있으나 규정근거가 다를 뿐 위반 시의 법적 효과가 다른 것은 아니다.

① 일반불공정거래행위
일반불공정거래행위는 모든 사업분야에 공통적으로 적용되는 불공정거래행위, 즉 모든 사업분야에서 통상적으로 발생되거나 발생할 우려가 있는 불공정거래행위를 말한다.

② 특수불공정거래행위
특수불공정거래행위란 특정한 사업분야 또는 특정 행위에만 적용되는 불공정거래행위를 말한다. 특수불공정거래행위라고 해서 일반불공정거래행위보다 강력하게 규제하는 것은 아니며 단지 행위 유형을 구체적으로 제시한 것이다. 다음은 공정거래위원회 고시로 지정된 대표적 불공정거래행위 유형이다.
　㉠ 대규모 소매점에 있어서의 불공정거래행위
　㉡ 병행수입에 있어서의 불공정거래행위
　㉢ 신문업에 있어서의 불공정거래행위

(3) 다른 규정과의 관계

① 시장지배적 사업자의 행위가 시장지배적 지위의 남용과 불공정거래행위에 동시에 해당하는 경우 두 가지 금지규정이 경합하여 적용된다.
② 그러나 양자는 과징금 및 형벌에 있어서 차이가 있으며 적용대상에 있어서 시장지배적 지위의 남용금지규정의 범위가 한정되므로 특별규정에 해당한다.
③ 따라서 특별법 우선의 원칙에 따라 시장지배적 지위의 남용금지 위반으로 규제하는 것이 타당하다.

구 분	시장지배적 지위남용행위	불공정거래행위
배 경	시장에서의 지위에서 나온 행위	시장에서의 행태에서 나온 행위
지 위	특별법적 지위(특정 사업자규제)	일반법적 지위(일반사업자규제)
위법성 판단	위법성 판단이 비교적 쉽다.	위법성 판단이 어렵다.

(4) 위법성 판단

불공정거래행위 유형에 해당하더라도 모든 행위가 위법행위는 아니며 그 행위가 정당한 이유가 없거나 부당하여야 한다. 그런데 불공정거래행위 유형에 해당하는 행위 중에서 '정당한 이유 없이'라고 표현된 행위들은 '부당하게'라고 표현된 행위보다 공정한 거래를 해할 우려가 매우 크므로 이러한 행위가 있으면 원칙적으로 위법인 것으로 추정한다. 이에 반해 '부당하게'라고 표현된 행위들은 이러한 행위가 있었다고 해서 위법으로 추정되는 것은 아니며 구체적인 심사를 거쳐 당해 행위가 부당하다고 판정되어야 위법행위가 된다. 실무에서 불공정거래행위를 판단함에 있어서는 공정거래저해성이 중요한 의미를 가지는데, 여기에는 경쟁의 침해 여부, 거래당사자의 자유의사 억압 여부, 경쟁수단의 공정성 여부가 주요 기준이 된다.

① 원칙적 위법행위

정당한 이유 없이 다음의 행위를 하는 경우 당연위법행위에 해당한다.
㉠ 공동의 거래거절
㉡ 계열회사를 위한 차별
㉢ 계속거래상의 부당염매

② 원칙적 적법행위 중 위법행위

불공정거래행위로 열거된 행위 중 원칙적 위법행위 이외의 행위를 부당하게 행한 경우도 위법행위에 해당하며 공정거래위원회가 위법성을 입증할 책임을 부담한다.

2 일반불공정거래행위 10 11 15 16 17 18 19 20 21 22 23 24 기출

(1) 거래거절 12 19 기출

① 의 의

㉠ 거래거절이라 함은 부당하게 거래의 개시를 거절하거나 계속적인 거래관계를 중단하는 행위 등을 말한다.
㉡ 거래거절행위는 사적자치의 원칙상 당연히 할 수 있으므로 거래조건 등의 불충족 등을 이유로 거래를 거절하는 경우는 위법행위에 해당하지 않는다. 따라서 구체적인 경우 공정한 거래를 저해할 우려가 있는 거래거절의 경우에만 금지된다.

② 유 형

㉠ 공동의 거래거절

정당한 이유 없이 자기와 경쟁관계에 있는 다른 사업자와 공동으로 특정 사업자에게 거래의 개시를 거절하거나 계속적인 거래관계에 있는 특정 사업자에 대하여 거래를 중단하거나 거래하는 상품 또는 용역의 수량이나 내용을 현저히 제한하는 행위를 말한다. 여기서 정당한 이유란 합리적인 가격에 의해 거래를 거절하는 경우, 시장점유율이 낮은 사업자들이 거래를 거절하는 경우 등을 의미하므로 이러한 이유 없이 거절하는 것은 불공정거래행위에 해당한다.

ⓒ 그 밖의 거래거절

부당하게 특정 사업자에 대하여 거래의 개시를 거절하거나 계속적인 거래관계에 있는 특정 사업자에게 거래를 중단하거나 거래하는 상품 또는 용역의 수량이나 내용을 현저히 제한하는 행위를 말한다. 여기서 '부당하게'란 판매목표강제, 재판매가격유지 등 공정거래법상 위법한 목적을 위한 경우와 오로지 거래상대방의 사업활동에 타격을 주기 위해 거래를 거절하는 경우 등이 해당된다.

> **심결례** H화장품의 거래거절행위
>
> H화장품은 자사와 거래하기 전부터 경쟁사제품을 취급하고 있던 제주 중앙대리점에게 ㉠ 자기의 제품만을 취급할 것, ㉡ 자사제품의 가격을 인하하여 판매하지 말 것을 요구하고, 대리점이 이에 불응하자 물품공급을 중단하였다.
> 공정거래위원회는 H화장품의 ㉠의 행위가 독립된 사업자인 대리점의 자유영업활동을 부당하게 구속하고 경쟁사의 거래기회를 감소시켜 동종제품 간의 경쟁을 감소시키는 행위이며, ㉡의 행위는 자신의 책임 아래 가격을 결정하여 판매할 수 있는 대리점의 자유로운 영업활동을 부당하게 구속하여 대리점의 가격경쟁을 감소시키는 행위라고 판정하고 당해 위반행위의 중지명령과 함께 시정명령을 받았다는 사실의 신문공표 등의 시정조치를 내렸다.

(2) 차별적 취급

① 의 의

㉠ 차별적 취급이라 함은 사업자가 부당하게 거래상대방을 차별하여 현저하게 유리하거나 불리하게 취급하는 행위를 말한다.

㉡ 가격이나 거래조건 등에 차이가 있더라도 그것이 수요의 변동, 상품의 대량구매, 운송비 등에 따른 원가차이의 반영 등에 기인한 합리적인 차별인 경우에는 위법하지 않으나, 시장에서 우월한 지위에 있는 사업자가 공정거래법상 위법한 목적달성을 위해 차별적인 취급을 행하는 경우에는 차별을 받는 사업자의 경쟁기능에 중대한 영향을 미치므로 이는 위법행위에 해당한다.

② 유 형 12 21 24 기출

㉠ 가격차별

부당하게 거래지역 또는 거래상대방에 따라 현저하게 유리하거나 불리한 가격으로 거래하는 행위를 말한다.

㉡ 거래조건차별 22 기출

부당하게 특정 사업자에 대하여 수량·품질 등의 거래조건이나 거래내용에 관하여 현저하게 유리하거나 불리한 취급을 하는 행위를 말한다.

㉢ 계열회사를 위한 차별

정당한 이유 없이 자기의 계열회사를 유리하게 하기 위하여 가격·수량·품질 등의 거래조건이나 거래내용을 현저하게 유리하거나 불리하게 하는 행위를 말한다.

② 집단적 차별

집단으로 특정 사업자를 부당하게 차별적으로 취급해 그 사업자의 사업활동을 현저하게 유리하거나 불리하게 하는 행위를 말한다.

> **심결례 ◎ H제과의 부당한 차별적 취급행위**
>
> H제과는 1993년 1년간 제과용 원료인 유지류의 구입대금을 지급하면서 자신의 계열사에게는 평균결제기간이 77일인 어음을 지급하였으나, 다른 회사인 S현미유(주)에게는 결제기간이 90일인 어음을 지급하였으며, 자신의 공장 신증축공사를 발주하면서 자신의 계열사인 L건설 등에는 하자이행보증을 면제해 주면서, 다른 건설회사에게는 하자이행보증을 하도록 요구하였다.
> 공정거래위원회는 위와 같은 행위가 구입대금 결제조건 및 건설공사의 담보조건에 관하여 자신의 계열사와 다른 회사를 차별적으로 취급한 것으로 보고 동 위반행위의 중지명령을 내렸다.

(3) 경쟁사업자의 배제 12 기출

① 의 의
  ㉠ 경쟁사업자의 배제라 함은 사업자가 시장에서 부당하게 경쟁사를 배제하기 위하여 거래하는 행위를 가리킨다.
  ㉡ 이때의 경쟁사업자란 현재의 경쟁사업자뿐만 아니라 잠재적 사업자도 포함한다.

② 유 형
  ㉠ 부당염매 16 23 25 기출
    자기의 상품 또는 용역을 공급하는 경우에 정당한 이유 없이 그 공급에 소요되는 비용보다 현저히 낮은 대가로 계속 공급하거나 그 밖에 부당하게 상품 또는 용역을 낮은 대가로 공급하여 자기 또는 계열회사의 경쟁사업자를 배제시킬 우려가 있는 행위를 말한다.
  ㉡ 부당고가매입
    부당하게 상품 또는 용역을 통상거래가격에 비하여 높은 대가로 구입하여 자기 또는 계열회사의 경쟁사업자를 배제시킬 우려가 있는 행위를 말한다.

> **심결례 ◎ A상사의 장기계약상의 부당염매**
>
> 피심인은 H중공업이 실시한 태안화력발전소 1, 2호기의 발전설비용 터빈유 초도물량 입찰에 경쟁사업자인 K에너지(주) 등 4개 사업자와 함께 참가하여 1원에 낙찰받은 사실이 있으며, 이에 따라 H중공업과 1원에 물품공급계약을 체결한 사실이 있다.
> 이에 대하여 공정거래위원회는 "피심인이 터빈유 1,032드럼을 1원에 공급하기로 계약한 계약금액 1원은 피심인의 구입원가에도 훨씬 미치지 못하는 현저히 낮은 가격일 뿐만 아니라, 터빈유의 수요처의 입찰 당시 예정가격에 비교해 볼 때도 현저히 낮은 가격에 해당된다는 점, 그리고 발전소의 터빈유는 초도물량 입찰 시 경쟁사업자를 배제시키면, 향후 20년간 독점공급체제를 갖추게 되어 독점이윤을 확보할 수 있게 된다는 점을 이용하여 피심인은 의도적으로 본건 터빈유 입찰에서 1원에 응찰함으로써 애초부터 경쟁사업자(4개 업체)를 완전히 배제시키고 물품공급상 장기 독점적 지위를 구축하게 되었다는 점에서 공정한 거래를 저해할 우려가 있는 행위"이며, 장기간 동안 상품을 거래하는 계약에 있어서 부당하게 낮은 대가로 계약함으로써 "자기의 경쟁사업자를 배제시킬 우려가 있는 행위"로 인정하였다.

(4) 부당한 고객유인 13 25 기출

① 의 의
부당한 고객유인이라 함은 부당하게 경쟁자의 고객을 자기와 거래하도록 유인하는 행위를 말한다.

② 유 형

㉠ 부당한 이익에 의한 고객유인
정상적인 거래 관행에 비추어 부당하거나 과대한 이익을 제공 또는 제공할 제의를 하여 경쟁사업자의 고객을 자기와 거래하도록 유인하는 행위를 말한다.

㉡ 위계에 의한 고객유인
부당한 표시·광고 외의 방법으로 자기가 공급하는 상품 또는 용역의 내용이나 거래조건 그 밖에 거래에 관한 사항을 실제보다 또는 경쟁사업자의 것보다 현저히 우량 또는 유리한 것으로 고객을 오인시키거나 경쟁사업자의 것이 실제보다 또는 자기의 것보다 현저히 불량 또는 불리한 것으로 고객을 오인시켜 경쟁사업자의 고객을 자기와 거래하도록 유인하는 행위를 말한다.

㉢ 그 밖의 부당한 고객유인
경쟁사업자와 그 고객의 거래에 대하여 계약성립의 저지, 계약불이행의 유인 등의 방법으로 거래를 부당하게 방해하여 경쟁사업자의 고객을 자기와 거래하도록 유인하는 행위를 말한다.

> **심결례 ◎ C체인사업부의 부당한 고객유인**
> 피심인 C체인사업부는 D맥주와 "O캠프" 맥주가맹점의 상표권 사용계약을 체결하고 일간지를 통하여 "O캠프" 맥주가맹점 모집을 위한 홍보의 일환으로 "O캠프 새봄맞이 사은대잔치"를 실시하면서 "O캠프" 맥주가맹점 이용자에 대하여 경품류 가액한도액을 훨씬 초과하는 승용차, 컴퓨터, 여행권 등을 제공하였다. 이에 대하여 공정거래위원회는 일반적인 사회통념에 비추어 과다하다고 인정되는 상품을 제공하는 방식으로 "O캠프" 맥주가맹점 매출을 늘려 향후 맥주가맹점을 영위하고자 하는 고객으로 하여금 자신이 제공하는 실내장식을 하면 마치 원활한 가맹점 운영이 보장되는 것처럼 오인시킬 우려가 있는 부당한 고객유인행위를 하였다고 하여 부당한 고객유인행위를 하지 말라는 시정명령을 하고 시정명령받은 사실을 공표하도록 하였다.

(5) 거래강제

① 의 의

㉠ 거래강제라 함은 거래상대방으로 하여금 부당하게 경쟁자의 고객을 자기와 거래하도록 강제하는 행위를 말한다.

㉡ 이는 사업자의 자유로운 의사결정의 침해라고 볼 수 있으며, 이로 인한 가격·품질·서비스에 의한 경쟁이 제한된다는 점에서 불공정거래행위로서 규제된다.

② 유 형 13 14 17 21 23 24 25 기출

㉠ 끼워팔기
거래상대방에 대하여 자기의 상품 또는 용역을 공급하면서 정상적인 거래관행에 비추어 부당하게 다른 상품 또는 용역을 자기 또는 자기가 지정하는 사업자로부터 구입하도록 하는 행위를 말한다.

ⓒ 사원판매

부당하게 자기 또는 계열회사의 임직원에게 자기 또는 계열회사의 상품이나 용역을 구입 또는 판매하도록 강제하는 행위를 말한다.

ⓒ 그 밖의 거래강제

정상적인 거래관행에 비추어 부당한 조건 등 불이익을 거래상대방에게 제시하여 자기 또는 자기가 지정하는 사업자와 거래하도록 강제하는 행위를 말한다.

> **심결례 🔍 7개 예식장업체의 끼워팔기**
>
> 피심인들 중 G예식장과 C웨딩프라자는 예식장업 및 대중음식점을 영위하는 사업자들로서 자기의 예식장을 이용하는 고객들에게 자기의 예식장을 무료임대하는 조건으로 자기의 음식점을 이용하도록 한 사실이 있으며, P예식장 대표 등 5명은 예식장 임대계약 체결 시 자기 예식장의 결혼의상, 앨범사진, 신부화장 등 부대용품을 이용하지 않으면 예식장을 임대해 줄 수 없다는 조건으로 고객들에게 부대용품 이용을 강요한 사실이 있다.
> 이에 대해 공정거래위원회는 피심인 등이 예식장이란 상호를 사용하면서 예식장 요금은 무료로 하는 대신 자기의 음식점을 이용하지 않으면 예식장을 임대해 주지 않는 행위는 정상적인 거래관행에 비추어 부당하게 자기 음식짐을 이용하도록 실질적으로 강요한 끼워팔기 행위이며, 피심인 등이 자기의 결혼의상점에서 결혼의상을 이용하지 않으면 예식장을 임대해 주지 않는 행위도 정상적인 거래관행에 비추어 부당하게 자기의 결혼의상을 이용하도록 한 끼워팔기 행위이며 거래강제행위에 해당하는 것으로 인정하였다.

(6) 거래상 지위의 남용

① 의 의

ⓐ 거래상 지위의 남용이라 함은 자기의 거래상 지위를 이용하여 상대방과 부당하게 거래하는 행위를 말한다.

ⓑ 여기서 '거래상의 지위'란 상대방의 거래활동에 상당한 영향을 미칠 수 있는 정도의 지위이어야 한다.

② 유 형 10 12 13 14 16 18 20 22 24 기출

ⓐ 구입강제

거래상대방이 구입할 의사가 없는 상품 또는 용역을 구입하도록 강제하는 행위를 말한다.

ⓑ 이익제공강요

거래상대방에게 자기를 위하여 금전·물품·용역 그 밖의 경제상 이익을 제공하도록 강요하는 행위를 말한다.

ⓒ 판매목표강제

자기가 공급하는 상품 또는 용역과 관련하여 거래상대방의 거래에 관한 목표를 제시하고 이를 달성하도록 강제하는 행위를 말한다.

ⓓ 불이익제공

ⓐ, ⓑ, ⓒ에 해당하는 행위 외의 방법으로 거래상대방에게 불이익이 되도록 거래조건을 설정 또는 변경하거나 그 이행과정에서 불이익을 주는 행위를 말한다.

◎ 경영간섭

거래상대방의 임직원을 선임·해임하는 경우에 자기의 지시 또는 승인을 얻게 하거나 거래상대방의 생산품목·시설규모·생산량·거래내용을 제한함으로써 경영활동을 간섭하는 행위를 말한다.

> **심결례 Q D백화점의 불이익제공**
>
> D백화점은 자신의 계열사인 D쇼핑의 장외시장주식 공개입찰매각과 관련하여 자신의 거래상의 우월적인 지위를 이용하여 자금사정도 곤란하고 주식투자경험도 없는 자신의 57개 입점업체들로 하여금 총 매각예정주의 22%에 해당하는 주식을 응찰, 계약하도록 강요하였다.
> 이에 대하여 공정거래위원회는 통상 주식투자자가 자신의 자금력이나 당해 주식의 향후 전망, 경기상황 등을 판단하여 자율적인 판단과 결정에 의해 매입하는 것이 정상적인 주식매입형태임에도 불구하고 D백화점이 자신의 거래상의 지위를 부당하게 이용하여 계열회사의 주식을 입점업체로 하여금 매입하게 하는 것은 거래상의 지위를 남용한 행위라고 하여 이러한 행위를 하지 말라는 시정명령과 함께 시정명령받은 사실을 공표하도록 하였다.

(7) 구속조건부거래 20 22 기출

① 의 의

구속조건부거래라 함은 거래의 상대방의 사업활동을 부당하게 구속하는 조건으로 거래하는 행위를 말한다.

② 유 형

㉠ 배타조건부거래

부당하게 거래상대방이 자기 또는 계열회사의 경쟁사업자와 거래하지 아니하는 조건으로 그 거래상대방과 거래하는 행위를 말한다.

㉡ 거래지역 또는 거래상대방의 제한

상품 또는 용역을 거래하는 경우에 그 거래상대방의 거래지역 또는 거래상대방을 부당하게 구속하는 조건으로 거래하는 행위를 말한다.

> **심결례 Q 문구업체 M의 거래지역제한 등**
>
> 피심인 M은 종합 문구류 등을 제조, 판매하는 사업자로서 피심인과 대리점계약을 체결한 전국 34개 대리점은 소매문구점에 피심인의 제품을 공급하고 있으며 소매문구점과 피심인으로부터 직접 물품을 공급받는 M플라자는 소비자에게 피심인의 제품을 판매하고 있다. 피심인은 대리점과 체결한 계약서에서 대리점의 판매지역을 제한하고 판매지역 이외의 지역에서 영업행위를 한 경우, 대리점계약서상의 각 조항에 위배되는 행위를 하거나 피심인이 경영방침을 따르지 아니하는 경우에는 계약해지 또는 상품공급을 중단할 수 있도록 정한 사실이 있으며, 대리점계약서를 통하여 각각 물적 담보의 증액을 요청할 수 있도록 함과 아울러 채무이행담보를 위해 백지당좌수표를 요구하고 있으며 이를 이행하지 않을 경우 계약해지 또는 물품공급중단을 할 수 있도록 하였고, 이 계약의 해석권을 피심인에게 귀속토록 한 사실이 있다.
> 이에 따라 공정거래위원회는 위와 같은 피심인의 행위는 부당한 거래지역제한 행위이며 부당한 거래조건을 설정하여 거래상대방에게 불이익이 되도록 한 행위로 인정하였다.

(8) 사업활동 방해

① 의 의
  ㉠ 사업활동의 방해라 함은 사업자가 다른 사업자의 사업활동을 부당하게 방해하는 행위를 말한다.
  ㉡ 경쟁시장에서 한 경제주체의 사업활동은 다른 경제주체의 이익과 모순되기 마련이므로 다른 사업자의 사업활동을 심히 곤란하게 할 정도로 방해하여야 규제의 대상이 된다.

② 유 형 **17 21 23** 기출
  ㉠ 기술의 부당이용
    다른 사업자의 기술을 부당하게 이용하여 다른 사업자의 사업활동을 상당히 곤란하게 할 정도로 방해하는 행위를 말한다.
  ㉡ 인력의 부당유인·채용
    다른 사업자의 인력을 부당하게 유인·채용하여 다른 사업자의 사업활동을 상당히 곤란하게 할 정도로 방해하는 행위를 말한다.
  ㉢ 거래처 이전 방해
    다른 사업자의 거래처 이전을 부당하게 방해하여 다른 사업자의 사업활동을 상당히 곤란하게 할 정도로 방해하는 행위를 말한다.
  ㉣ 그 밖의 사업활동 방해
    ㉠, ㉡, ㉢ 외의 부당한 방법으로 다른 사업자의 사업활동을 심히 곤란하게 할 정도로 방해하는 행위를 말한다.

> **심결례 ◯ L쇼핑(주)의 사업활동 방해행위에 대한 건**
>
> 피심인인 L쇼핑(주)는 피심인의 납품업체인 R제과가 H백화점 부산점에 최초로 과자류를 납품하자 R제과에 대하여 H백화점 부산점에서 판매되는 R제과의 과자류가 피심인의 매장에서 판매되는 가격보다 싸게 판매된다는 이유로 항의를 하고, 피심인의 매장에서 철수하라는 등의 압력을 가하여 피심인에 대한 매출액 의존도가 높아 피심인과의 거래를 계속 유지할 필요성이 큰 R제과로 하여금 H백화점 부산점에서 판매 중인 위 과자류 판매잔량을 전부 매입·회수하는 방법 등으로 H백화점 부산점에 과자류를 공급하지 못하도록 한 사실이 있다.
> 거래당사자에 대한 거래참여의 자유, 거래처선택의 자유, 거래조건설정의 자유 등 자유의사의 보장은 시장에서 공정한 경쟁이 이루어지기 위한 전제조건이다. 따라서 피심인이 자신의 전국매장에서의 구매력을 이용하여 거래의존도가 높은 납품 및 입점업체들로 하여금 H백화점에 납품 또는 입점을 못하도록 한 피심인의 이 사건행위는 동 납품 및 입점업체들의 의사의 자유를 침해한 행위에 해당되므로 그 방법에 있어 부당성이 인정된다.

(9) 부당한 표시·광고

표시·광고의 공정화에 관한 법률과 동법 시행령의 제정시행에 따라 본 호는 삭제되었으며, 대신 "부당한 표시·광고행위의 유형 및 기준지정고시(공정거래위원회고시 제2019-11호)"가 마련되어 있다.

(10) 부당한 지원행위 11 기출

① 의 의
 ㉠ 부당한 지원행위라 함은 부당하게 특수관계인 또는 다른 회사에 대하여 가지급금, 대여금, 인력, 부동산, 유가증권, 상품·용역·무체재산권 등을 제공하거나 상당히 유리한 조건으로 거래하는 행위와 다른 사업자와 직접 상품·용역을 거래하면 상당히 유리함에도 불구하고 거래상 실질적인 역할이 없는 특수관계인이나 다른 회사를 매개로 거래하는 행위를 말한다.
 ㉡ 이는 일반적으로 부당내부거래라고 하는데 부실한 계열기업을 존속하게 하고 비계열기업의 사업활동을 부당하게 저해하는 등의 폐해가 있으므로 공정거래법에서 규제하고 있다.

② 유 형 10 14 16 17 19 21 22 기출
 ㉠ 부당한 자금지원
  부당하게 특수관계인 또는 다른 회사에게 가지급금·대여금 등 자금을 상당히 낮거나 높은 대가로 제공 또는 거래하거나 상당한 규모로 제공 또는 거래하여 과다한 경제상 이익을 제공함으로써 특수관계인 또는 다른 회사를 지원하는 행위를 말한다.
 ㉡ 부당한 자산·상품 등 지원
  부당하게 특수관계인 또는 다른 회사에 대하여 부동산·유가증권·무체재산권 등 자산 또는 상품·용역을 현저히 낮거나 높은 대가로 제공 또는 거래하거나 상당한 규모로 제공 또는 거래하여 과다한 경제상 이익을 제공함으로써 특수관계인 또는 다른 회사를 지원하는 행위를 말한다.
 ㉢ 부당한 인력지원
  부당하게 특수관계인 또는 다른 회사에게 인력을 현저히 낮거나 높은 대가로 제공 또는 거래하거나 상당한 규모로 제공 또는 거래하여 과다한 경제상 이익을 제공함으로써 특수관계인 또는 다른 회사를 지원하는 행위를 말한다.
 ㉣ 부당한 거래단계 추가 등
  다른 사업자와 직접 상품·용역을 거래하면 상당히 유리함에도 불구하고 거래상 역할이 없거나 미미한 특수관계인이나 다른 회사를 거래단계에 추가하거나 거쳐서 거래하는 행위, 그리고 거래단계에 추가하거나 거쳐서 거래하면서 그 특수관계인이나 다른 회사에 거래상 역할에 비해 과도한 대가를 지급하는 행위를 말한다.

③ 특수관계인에 대한 부당한 이익제공 금지 15 17 18 23 기출
 공시대상기업집단에 속하는 국내 회사는 특수관계인, 동일인이 단독으로 또는 다른 특수관계인과 합하여 발행주식 총 수의 100분의 20 이상의 주식을 소유한 국내 계열회사 또는 그 계열회사가 단독으로 발행주식 총 수의 100분의 50을 초과하는 주식을 소유한 국내 계열회사와 다음의 어느 하나에 해당하는 행위를 통하여 특수관계인에게 부당한 이익을 귀속시키는 행위를 하여서는 아니 된다. 이 경우 다음에 해당하는 행위의 유형 및 기준은 대통령령으로 정한다.
 ㉠ 정상적인 거래에서 적용되거나 적용될 것으로 판단되는 조건보다 상당히 유리한 조건으로 거래하는 행위
 ㉡ 회사가 직접 또는 자신이 지배하고 있는 회사를 통하여 수행할 경우 회사에 상당한 이익이 될 사업기회를 제공하는 행위
 ㉢ 특수관계인과 현금, 그 밖의 금융상품을 상당히 유리한 조건으로 거래하는 행위

㉣ 사업능력, 재무상태, 신용도, 기술력, 품질, 가격 또는 거래조건 등에 대한 합리적인 고려나 다른 사업자와의 비교 없이 상당한 규모로 거래하는 행위

> **심결례 ◎ H기업집단 계열회사의 부당지원행위**
>
> D항공 등 대규모 기업집단 H소속 8개 계열회사는 자신의 계열회사로서 3년 연속 적자회사인 H투자증권(주)이 주주배정 방식으로 실시한 유상증자에 참여하면서 현재 주가보다 높은 가격으로 청약하는 등 유상증자에 현저하게 유리한 조건으로 참여하는 방법을 통하여 H투자증권(주)에 과다한 경제상 이익을 제공하였고, D항공 등 「H」 소속 3개 사는 계열회사인 H투자증권(주)가 발행한 후순위 사모사채에 대하여, 후순위사채는 무보증·무담보의 채권으로서 만기 전에는 상환이 금지되며 파산 시 다른 채무를 상환하고 잔여재산이 있는 경우에만 변제가 가능하기 때문에 이자율이 시중금리보다 월등히 높아야 함에도 불구하고, 시중금리보다 월등히 낮은 금리로 인수하는 방법 등을 통해 인수함으로써 과다한 경제상의 이익을 제공하였다. 또한, H해운 등 「H」 소속 5개 사는 계열회사인 G해운(주) 등 6개 사가 발행한 기업어음(CP)을 85회에 걸쳐 정상할인율보다 현저히 낮은 금리를 적용하여 고가로 매입하는 방법으로 동 계열사를 지원하였으며, H중공업은 계열회사인 H종합금융(주)의 발행어음상품에 비계열회사 예금이자율보다 낮은 이자율로 1,210억원을 예치하는 방법으로 동 계열사를 지원하였다.

③ 특수불공정거래행위

(1) 대규모소매업에 있어서의 특정 불공정거래행위

공정거래위원회는 대규모소매점이 자신의 거래상의 지위를 부당하게 남용하는 것을 규제함으로써 대규모소매점과 입점 및 납품업체 상호 간의 공정한 거래관계를 유도하기 위하여 공정거래위원회는 "대규모소매업에 있어서의 특정 불공정거래행위의 유형 및 기준지정"을 고시하여 구체적으로 다음 행위를 특정 불공정행위로 지정하여 규제하고 있다.

> ① 부당반품 ② 부당감액
> ③ 부당한 지급지연 ④ 부당한 강요행위
> ⑤ 부당한 수령거부 ⑥ 판촉비용 등의 부당강요
> ⑦ 부당한 경제상 이익 수령 ⑧ 사업활동 방해
> ⑨ 서면계약체결의무 및 부당한 계약변경 등 불이익제공

(2) 병행수입에 있어서의 불공정거래행위

① 병행수입이라 함은 독점수입권자에 의해 당해 외국상품이 수입되는 경우 제3자가 다른 유통경로를 통하여 진정상품을 국내 독점수입권자의 허락없이 수입하는 것을 말한다.
② 현재 지식재산권 보호를 위한 수출입통관사무처리에 관한 고시를 통하여 병행수입이 허용되고 있다.
③ 법령상의 허용에도 불구하고 이를 부당하게 저해하는 불공정거래행위를 규제하기 위하여, 공정거래위원회는 '병행수입에 있어서의 불공정거래행위의 유형'을 고시하여 이를 특수불공정거래행위로서 규제하고 있다.

④ 구체적으로 규제되는 행위 유형은 다음과 같다.
   ㉠ 해외 유통경로로부터의 진정상품 구입방해
   ㉡ 판매업자에 대한 병행수입품의 취급제한
   ㉢ 병행수입품을 취급한 판매업자에 대한 차별적 취급
   ㉣ 병행수입품을 취급한 판매업자에 대한 제품 공급거절 및 중단
   ㉤ 병행수입품을 취급하는 소매업자에 대한 독점수입품의 판매제한

(3) 신문업에 있어서의 불공정거래행위 및 시장지배적 지위남용행위의 유형 및 기준
① '신문'이라 함은 일반일간신문, 특수일간신문, 일반주간신문 및 특수주간신문으로 영리목적으로 발행하는 신문을 말한다.
② '무가지'라 함은 신문발행업자 또는 신문판매업자가 신문판매업자 또는 구독자에게 공급하는 유료신문을 제외한 신문을 말하며 판촉용 신문과 예비용 신문 등을 포함한다(낙도, 군부대 등에 무료로 제공하는 신문이나 호외로 제공하는 신문은 제외).
③ 구체적으로 규제되는 행위 유형
   ㉠ 무가지 및 경품류 제공
   ㉡ 부당한 고객유인행위
   ㉢ 거래상 지위남용행위
   ㉣ 차별적 취급행위
   ㉤ 거래강제행위
   ㉥ 신문판매업자에 대한 배타조건부 거래행위
   ㉦ 거래거절행위
   ㉧ 시장지배적 지위남용

> ※ 경품류 제공에 관한 불공정거래행위의 유형 및 기준 지정고시
> "경품류 제공에 관한 불공정거래행위의 유형 및 기준 지정고시"는 2016.7.1.부터 폐지되었다. 이는 최근 소비자 인식 제고, 실시간 상품 비교가 가능한 정보인프라, 다양한 유통채널 간 경쟁 강화 등으로 경품제공을 통한 불공정거래행위 발생 가능성이 현저히 감소한 현실을 반영하고, 기업이 다양한 마케팅 수단을 활용하여 기업 간 경쟁을 활성화할 수 있도록 하기 위함이다.

4 공정경쟁규약 20 기출

(1) 의 의 17 기출
공정경쟁규약이라 함은 사업자 또는 사업자단체가 부당한 고객유인을 방지하기 위하여 자율적으로 정한 규약을 말한다.

(2) 심사요청 12 22 24 기출

사업자 또는 사업자단체는 공정거래위원회에 이러한 공정경쟁규약이 법 제45조 제1항 제4호의 규정에 위반하는지 여부에 대한 심사를 요청할 수 있으며, 심사를 요청받은 공정거래위원회는 그 결과를 심사의 요청을 받은 날부터 60일 이내에 신청인에게 통보하여야 한다.

5 보복조치의 금지

(1) 의 의

사업자가 분쟁조정을 신청하거나 불공정거래행위를 신고한 자 등에 대하여 거래상의 보복조치를 하는 것을 금지하고, 이를 위반한 자에 대한 시정조치 명령, 과징금 및 형벌 부과를 규정함으로써, 불공정거래행위에 대한 규제를 강화하여 공정하고 자유로운 경쟁이 이루어지도록 하기 위한 조치이다.

(2) 유 형 23 기출

사업자는 불공정거래행위 및 재판매가격거래유지행위와 관련하여 다음의 어느 하나에 해당하는 행위를 한 사업자에게 그 행위를 한 것을 이유로 거래의 정지 또는 물량의 축소, 그 밖에 불이익을 주는 행위를 하거나 계열회사 또는 다른 사업자로 하여금 이를 하도록 하여서는 아니 된다.
① 분쟁조정 신청
② 신 고
③ 공정거래위원회의 조사에 대한 협조

6 위반행위의 효과

(1) 시정조치 17 기출

공정거래위원회는 불공정거래행위의 금지규정에 위반하는 행위가 있을 때에는 해당 사업자에 대하여 필요한 시정조치를 명할 수 있다.
① 해당 불공정거래행위, 재판매가격유지행위 또는 특수관계인에 대한 부당한 이익제공행위의 중지 및 재발방지를 위한 조치
② 해당 보복조치의 금지
③ 계약조항의 삭제
④ 시정명령을 받은 사실의 공표
⑤ 그 밖에 필요한 시정조치

(2) 과징금 11 15 18 25 기출

① 공정거래위원회는 제45조(불공정거래행위의 금지) 제1항(제9호는 제외한다), 제46조(재판매가격유지행위의 금지) 또는 제48조(보복조치의 금지)를 위반하는 행위가 있을 때에는 해당 사업자에게 대통령령으로 정하는 매출액의 4%를 초과하지 아니하는 범위에서 과징금을 부과할 수 있다. 다만, 매출액이 없는 경우 등에는 10억 원을 초과하지 아니하는 범위에서 과징금을 부과할 수 있다.

② 공정거래위원회는 제45조(불공정거래행위의 금지) 제1항 제9호 또는 같은 조 제2항, 제47조(특수관계인에 대한 부당한 이익제공 등 금지) 제1항 또는 제3항을 위반하는 행위가 있을 때에는 해당 특수관계인 또는 회사에 대통령령으로 정하는 매출액의 10%를 초과하지 아니하는 범위에서 과징금을 부과할 수 있다. 다만, 매출액이 없는 경우 등에는 40억 원을 초과하지 아니하는 범위에서 과징금을 부과할 수 있다.

(3) 벌 칙 15 기출
① 제45조(불공정거래행위의 금지) 제1항(제1호·제2호·제3호·제7호 및 제9호는 제외한다)을 위반하여 불공정거래행위를 한 자는 2년 이하의 징역 또는 1억 5천만 원 이하의 벌금에 처한다.
② 제45조(불공정거래행위의 금지) 제1항 제9호, 제47조(특수관계인에 대한 부당한 이익제공 등 금지) 제1항 또는 제4항을 위반한 자는 3년 이하의 징역 또는 2억 원 이하의 벌금에 처한다.

제5절 사업자단체

1 서 설

(1) 의 의 10 12 14 17 18 19 20 21 24 25 기출
① 사업자단체란 그 형태가 무엇이든 상관없이 둘 이상의 사업자가 공동의 이익을 증진할 목적으로 조직한 결합체 또는 그 연합체를 말한다. 사업자단체는 사업자 간의 상호 협조 하에 공동행위를 함으로써 당해 기업 내지 경제 전반에 긍정적인 영향을 끼치는 측면도 없지 않으나 가격 및 수급조절, 외부사업자 배제 등과 같이 경쟁을 제한하는 활동을 하게 되는 경우가 많기 때문에 이를 규제하는 것이다.
② 사업자의 이익을 위한 행위를 하는 임원, 종업원, 대리인, 기타의 자는 사업자단체에 관한 규정의 적용에 있어서는 이를 사업자로 본다. 이는 임원 등이 개인명의로 단체에 가입하거나 활동하는 경우에 실제로는 그 자가 소속하고 있는 사업체의 이익을 위하여 활동하는 경우가 많기 때문에 규정의 실효성을 높이기 위해 이들을 사업자단체에 포함시키고 있다.
③ 공동의 이익이란 사업활동에 따른 경제적 이익을 말하므로, 종교·학술 등 비영리를 목적으로 하는 단체는 사업자단체에 해당하지 않는다. 다만, 정관상 비영리단체를 표방하더라도 실제에 있어 영리적 목적을 추구한다면 영리단체로 볼 수 있다.
④ 사업자단체의 사업자는 동종사업자에 국한하지 않는다.
⑤ 사업자단체는 계속적인 조직으로서의 실체를 가진다면 명칭·형태 여하를 불문하며, 법인격을 가질 필요도 없다.

(2) 사업자단체의 지회·지부
사업자단체의 지회나 지부라 하더라도 해당 행위에 대해 독자적인 예산이나 의사결정구조를 가지는 등 사업자단체의 요건을 충족한다면 하나의 사업자단체로 인정될 수 있다.

2 사업자단체의 금지행위 　10　11　12　14　15　16　17　18　19　20　21　22　23　24　25　기출

(1) 부당한 공동행위

사업자단체는 공정거래법 제40조에 규정된 부당한 공동행위에 의한 경쟁제한행위를 해서는 안 된다(사업자단체의 경쟁제한행위에 대해서는 부당한 공동행위의 인가규정이 준용).

> **심결례** (사)대한약사회 대구광역시지부의 경쟁제한행위
>
> (사)대한약사회 대구광역시지부는 1천 원 이하의 의약품은 표준소매가격으로 판매하기로 결의한 후, 표준소매가격보다 낮게 판매하고 있는 대형약국에 대하여 의약품 판매가격을 표준소매가 수준으로 인상할 것을 요구하였으며, 제약회사에 대하여 표준소매가격보다 20% 이상 할인하여 판매하는 약국에 대하여는 의약품 공급을 즉시 중단하고, 그러한 내용을 약국과의 거래약정서에 명기하도록 하는 내용의 각서를 요구하였다.
> 공정거래위원회는 이러한 행위는 공동으로 가격을 결정·유지·변경하고, 다른 사업자의 사업활동이나 사업내용을 방해하거나 제한하는 행위에 해당되어 대구광역시지역 의약품 판매시장에서의 경쟁을 실질적으로 제한하는 행위로 사업자단체의 금지행위라고 하여 시정명령을 내렸다.

(2) 사업자수의 제한행위

사업자단체는 일정한 거래분야에 있어서 현재 또는 장래의 사업자수를 제한하는 행위를 해서는 아니 된다.

(3) 구성사업자의 사업내용·활동제한행위

사업자단체는 구성사업자의 사업내용 또는 활동을 부당하게 제한하는 행위를 해서는 아니 된다.

> **심결례** 대한손해보험협회의 구성사업자에 대한 사업활동 제한행위
>
> 대한손해보험협회는 손해보험회사들이 보험질서 유지를 위해 제정한 공정경쟁질서 유지에 관한 상호협정을 운용하는 과정에서 비전속대리점인 甲이 3차례에 걸쳐 한겨레신문 등을 통해 자동차보험가입자에게 엔진오일할인권, 경정비할인권 등의 특별이익을 제공하겠다는 약속행위를 함에 따라 비전속대리점이 동 상호협정을 위반하여 보험모집을 했을 경우 모집된 보험을 인수한 손해보험회사에만 제재금을 부과하여야 함에도 불구하고 특별이익제공약속행위로 인한 보험의 인수 여부와는 관계없이 동 약속행위 자체만으로 甲과 대리점계약을 체결한 11개 구성사업자 모두에게 전체 보험계약 실적을 기준으로 제재금을 부과하는 등 특별이익제공약속과 무관한 손해보험회사들의 정상적인 사업활동을 부당하게 제한하는 행위를 하였다.
> 이에 공정거래위원회는 공정거래법 제26조 제1항 제3호 위반을 이유로 구성사업자에 대한 사업활동 제한행위를 하지 말라는 시정명령 및 시정명령을 받은 날부터 30일 이내에 시정명령을 받은 사실을 자신의 모든 구성사업자에게 서면으로 통지토록 하였다.

(4) 불공정거래행위 및 재판매가격유지행위의 교사·방조
사업자단체는 사업자에게 불공정거래행위 또는 재판매가격유지행위를 하게 하거나 이를 방조하는 행위를 해서는 아니 된다.

> **심결례 Q 음반거래질서정상화협의회의 재판매가격유지강요행위**
> 피심인 음반거래질서정상화협의회는 이사회의 결의로 재판매가격유지계약을 체결하지 않은 음반물제작자와 도매상에 대하여 음반물 공급 및 판매를 하지 않기로 합의하고, 또 그 후 재판매가격을 결정하여 이를 구성사업자에게 통보하였다.
> 이에 대하여 공정거래위원회는 음반물의 재판매가격유지행위는 제작사 및 도매상의 독자적인 판단에 따라 시행되어야 한다고 결정하고 재판매가격유지행위를 하지 말라는 시정명령 및 시정명령받은 사실을 구성사업자에게 서면으로 통지하도록 하였다.

(5) 사업자단체 활동지침 23 기출
공정거래위원회는 사업자가 사업자단체 금지행위규정의 내용을 용이하게 파악하여 위반행위를 예방하기 위하여 필요한 경우 사업자단체가 준수하여야 할 지침(사업자단체 활동지침)을 제정·고시할 수 있다. 이 경우 관계행정기관의 장의 의견을 들어야 한다.

3 금지위반의 효과 11 기출

(1) 시정조치 22 25 기출
① 공정거래위원회는 사업자단체의 금지행위를 위반하는 행위가 있을 때에는 그 사업자단체(필요한 경우 관련 구성사업자를 포함)에 해당 행위의 중지, 시정명령을 받은 사실의 공표, 그 밖에 필요한 시정조치를 명할 수 있다.
② 합병, 분할, 분할합병 또는 새로운 회사의 설립 등에 따른 제1항의 시정조치에 관하여는 제7조(시정조치) 제2항부터 제4항까지의 규정을 준용한다. 이 경우 "시장지배적 사업자"는 "사업자단체"로 본다.

(2) 과징금 18 20 23 기출
① 사업자단체의 금지행위를 위반한 사업자단체에 대하여 10억 원의 범위 안에서 과징금을 부과할 수 있다.
② 법 제51조 제1항 제1호 위반행위에 참가한 사업자에 대하여는 대통령령이 정하는 매출액의 20%를 초과하지 아니하는 범위 안에서 과징금을 부과할 수 있다. 다만, 매출액이 없는 경우 등에는 40억 원을 초과하지 아니하는 범위 안에서 과징금을 부과할 수 있다.
③ 공정거래위원회는 사업자단체의 금지행위 중 법 제51조 제1항 제2호~제4호에 해당되는 금지행위(사업자 수의 제한행위, 구성사업자의 사업내용·활동 제한행위, 불공정거래행위 및 재판매가격 유지행위의 교사·방조행위)를 행한 사업자에 대하여는 대통령령으로 정하는 매출액의 10%를 초과하지 아니하는 범위에서 과징금을 부과할 수 있다. 다만, 매출액이 없는 경우 등에는 20억 원을 초과하지 않는 범위에서 부과할 수 있다.

(3) 벌 칙 20 기출

① 3년 이하의 징역 또는 2억 원 이하의 벌금

사업자단체의 금지행위 중 부당한 공동행위에 의한 경쟁제한행위를 한 자(법 제51조 제1항 제1호)

② 2년 이하의 징역 또는 1억 5천만 원 이하의 벌금

사업자단체의 금지행위 중 구성사업자(사업자단체의 구성원인 사업자를 말한다)의 사업내용 또는 활동을 부당하게 제한하는 행위를 한 자(법 제51조 제1항 제3호)

제6절 재판매가격유지행위의 제한

1 개 요

(1) 의 의 22 24 기출

① 재판매가격유지행위란 사업자가 상품 또는 용역을 거래할 때 거래상대방인 사업자 또는 그 다음 거래단계별 사업자에 대하여 거래가격을 정하여 그 가격대로 판매 또는 제공할 것을 강제하거나 그 가격대로 판매 또는 제공하도록 그 밖의 구속조건을 붙여 거래하는 행위를 말한다.

② 재판매가격유지행위는 불공정거래행위 중 구속조건부 거래에 해당하지만, 공정거래법은 별도의 규정을 통해 이를 규제하고 있다.

③ 재판매가격유지행위는 소매업자가 고객을 유인하기 위해 상표품(브랜드 제품)을 미끼상품으로 제공함에 따라 가격질서가 위협받자 이에 대한 제조업체의 대응책으로 고안된 것이다.

(2) 재판매가격유지행위의 경제적 의의 24 기출

① 재판매가격유지행위는 상품의 가격을 안정시키므로 소비자들이 상품을 어디서나 유사한 가격으로 구입할 수 있어 가격에 대해 신뢰를 가질 수 있게 하고 서비스 등에 의한 비가격경쟁을 촉진할 수 있으며, '상표 간의 경쟁'을 촉진할 수 있다는 장점이 있다.

② 그러나 유통업자는 독립된 사업자로서 자신 소유의 상품에 대하여 가격을 스스로 결정할 수 있어야 함에도 불구하고 재판매가격유지행위는 이에 대해 제한을 가하는 것이므로 이는 가장 기본적인 형태의 불공정거래행위에 해당한다고 할 수 있다.

③ 또한 재판매가격유지행위는 경쟁사업자 간의 가격경쟁을 제한함으로써 결국 가격상승을 초래하여 물가상승의 요인이 될 수 있다.

④ 따라서 재판매가격유지행위는 부당성에 대한 심사가 필요없는 당연위법행위에 해당한다.

2 재판매가격유지행위의 규제 10 12 14 17 기출

(1) 재판매가격유지행위의 금지 11 15 18 19 20 기출
① 사업자는 재판매가격유지행위를 하여서는 안 된다. 재판매가격유지행위는 거래단계에 따라 도매가격 또는 소매가격을 유지하는 행위이지만, 현실적으로 소매가격을 일정수준으로 유지하는 데 주로 사용되며 도매가격의 유지를 위해 사용되는 경우는 흔하지 않다.
② 재판매가격유지행위에는 최저가유지행위와 최고가유지행위가 있다. 전자는 상품이나 용역을 일정한 가격 이상으로만 거래하도록 하는 것이며, 후자는 일정한 가격 이하로만 거래하도록 하는 것을 말한다. 재판매가격유지행위는 원칙적으로 금지행위이다.

> **심결례** D맥주(주)의 재판매가격유지행위
> D맥주(주)는 단일서식을 마련하여 전국에 걸쳐 있는 814개 가맹점과 O비어체인 가입약정을 체결하였는데, 약정의 내용 중에 "생맥주 및 안주의 판매가격은 甲[D맥주(주)]이 정하는 가격을 필히 준수한다"고 규정하여 갑이 지정한 가격에 판매하도록 하였다.
> 공정거래위원회는 이러한 피심인의 계약행위는 재판매가격유지행위로서 위법으로 보아, D맥주(주)의 그 가맹점 간에 체결된 가입약정 중 문제된 내용을 삭제하도록 하였다.

(2) 금지의 예외 20 22 24 25 기출
① 정당한 이유(법 제46조 제1호)
  ㉠ 효율성 증대로 인한 소비자후생 증대효과가 경쟁제한으로 인한 폐해보다 큰 경우 등 재판매가격유지행위에 정당한 이유가 있는 경우에는 허용된다.
  ㉡ 이는 소매업자 간의 지나친 가격경쟁을 방지하고, 이를 통하여 생산자 및 소비자를 보호하기 위해서이다.
② 저작물
  ㉠ 저작권법에 따른 저작물 중 관계 중앙행정기관의 장과의 협의를 거쳐 공정거래위원회가 고시하는 출판된 저작물(전자출판물을 포함한다)인 경우에는 허용된다.
  ㉡ 저작권법에 의한 권리행사에는 공정거래법이 적용되지 않지만, 재판매가격유지행위는 저작권법에 의한 권리의 행사라고 볼 수 없으므로, 공정거래법은 별도의 규정을 통해 저작물의 재판매가격유지행위를 인정하고 있다.
  ㉢ 저작물의 재판매가격유지행위를 인정하는 이유는 저작물의 문화상품적 특성을 고려하여 비인기품목이나 신규상품이라 하더라도 소비자들이 시장에서 접할 수 있도록 지원하기 위한 것이다.

(3) 권장소비자가격

① 권장소비자가격(희망소비자가격)이란 생산자가 상품의 가격정보를 소비자에게 제공하기 위하여 상품에 표시하는 가격을 말한다.
② 권장소비자가격 제도는 생산업자 또는 수입업자가 단지 권장 또는 참고하게 할 목적으로 소비자가격을 표시하는 제도라 할 수 있으므로 비구속적이라는 점에서 재판매가격유지행위와는 구별된다. 따라서 권장소비자가격의 준수가 강요되지 않고 비구속적인 상태에 머무르는 한 이는 위법행위에 해당하지 않는다.
③ 하지만 유통계열화에 따라 생산자와 판매업자가 점점 더 밀접한 관계가 되고 있는 현실을 감안할 때, 생산자는 가격의 준수를 강요하지 않고 단순한 가격의 제시 내지 권장만으로도 재판매가격유지행위와 같은 효과를 낼 수 있기 때문에, 권장가격제도가 재판매가격행위금지의 탈법수단으로 활용될 수 있다는 문제점이 있다.

(4) 위탁판매

① 위탁판매는 위탁자가 정하는 가격·조건 등에 따라 수탁자가 거래하므로 재판매가격유지금지규정이 규제대상에 해당하지 않는 것이 원칙이다.
② 형식적으로 위탁판매의 형태를 취하더라도 거래의 실제에 있어서 수탁자가 독립된 사업자로 인정되는 경우 이는 재판매가격유지행위에 해당할 수 있다.

3 위반행위의 효과 12 13 기출

(1) 시정조치(법 제49조)

① 공정거래위원회는 법 제46조(재판매가격유지행위의 금지)를 위반하는 행위가 있을 때에는 해당 사업자에게 부당한 이익제공행위의 중지 및 재발방지를 위한 조치, 해당 보복조치의 금지, 계약조항의 삭제, 시정명령을 받은 사실의 공표, 그 밖에 필요한 시정조치를 명할 수 있다.
② 합병, 분할, 분할합병 또는 새로운 회사의 설립 등에 따른 제1항의 시정조치에 관하여는 법 제7조(시정조치) 제2항부터 제4항까지의 규정을 준용한다. 이 경우 "시장지배적 사업자"는 "사업자"로 본다.

(2) 과징금(법 제50조) 17 23 기출

① 매출액의 4%를 초과하지 아니하는 범위에서 과징금을 부과할 수 있다.
② 매출액이 없는 경우 등에는 10억 원을 초과하지 아니하는 범위에서 과징금을 부과할 수 있다.

제7절 전담기구

1 개 요

(1) 의 의

① 공정거래위원회는 국무총리 소속의 장관급 중앙 행정기관이자 합의제 준사법기관으로서 경쟁정책을 수립·운영하며 공정거래 관련 사건을 심결·처리하는 역할을 담당한다. 공정거래위원회는 장관급 독립된 기관으로서 어느 누구의 간섭이나 지시도 받지 않고 독자적으로 업무를 수행할 수 있다.

② 공정거래위원회는 의사결정기구인 위원회와 실무기구인 사무처로 구성되어 있다. 위원회는 9명으로 이루어져 있으며, 공정거래 관련 사건을 심의·결정하는 역할을 한다. 위원장과 부위원장은 국무총리의 제청으로 대통령이 임명하고, 기타 위원들은 위원장의 제청으로 대통령이 임명 또는 위촉하며 임기는 3년이다. 사무처는 경쟁정책을 직접 입안·추진하거나 공정거래 관련 사건을 조사하여 위원회에 상정하고 위원회의 결정에 따라 처리하는 역할을 한다.

③ 공정거래위원회는 현재 경쟁촉진, 소비자 주권 확립, 중소기업의 경쟁기반 확보 및 경제력 집중억제 등 크게 4가지의 업무를 수행하고 있으며 이를 위하여 독점규제 및 공정거래에 관한 법률 등을 운용하고 있다.

(2) 공정거래위원회의 설치(법 제54조 및 제55조)

① 공정거래법에 의한 사무를 독립적으로 수행하기 위하여 국무총리 소속하에 중앙행정기관으로서 공정거래위원회를 둔다.

② 공정거래위원회는 정부조직법 제2조(중앙행정기관의 설치와 조직)의 규정에 의한 중앙행정기관으로서 다음 소관사무를 수행한다. 21 기출

  ㉠ 시장지배적 지위의 남용행위 규제에 관한 사항
  ㉡ 기업결합의 제한 및 경제력 집중의 억제에 관한 사항
  ㉢ 부당한 공동행위 및 사업자단체의 경쟁제한행위 규제에 관한 사항
  ㉣ 불공정거래행위, 재판매가격유지행위 및 특수관계인에 대한 부당한 이익제공의 금지행위 규제에 관한 사항
  ㉤ 경쟁제한적인 법령 및 행정처분의 협의·조정 등 경쟁촉진정책에 관한 사항
  ㉥ 다른 법령에서 공정거래위원회의 소관으로 규정된 사항

(3) 공정거래위원회의 국제협력 25 기출

① 정부는 대한민국의 법률 및 이익에 반하지 아니하는 범위에서 외국정부와 이 법의 집행을 위한 협정을 체결할 수 있다.

② 공정거래위원회는 제1항의 협정에 따라 외국정부의 법집행을 지원할 수 있다.

③ 공정거래위원회는 제1항의 협정이 체결되어 있지 아니한 경우에도 외국정부의 법집행 요청 시 동일하거나 유사한 사항에 관하여 대한민국의 지원요청에 따른다는 요청국의 보증이 있는 경우에는 지원할 수 있다.

(4) 공정거래위원회의 주요 업무

① 경쟁촉진
- ㉠ 각종 진입장벽 및 영업활동을 제한하는 반경쟁적 규제를 개혁하고 경쟁 제한적 기업결합을 규율함으로써 경쟁적 시장환경을 조성한다.
- ㉡ 시장지배적 지위남용행위, 부당한 공동행위, 기타 각종 불공정거래행위를 금지함으로써 시장에서의 공정한 경쟁질서를 확립한다.
- ㉢ 정부 각 부처에서 정책을 수립할 때 경쟁의 원리가 중요한 요소로 고려되도록 하기 위하여 정부에 경쟁원리를 확산시킨다(경쟁주창).

② 소비자 주권 확립
- ㉠ 소비자에게 일방적으로 불리하게 만들어진 약관조항을 시정하고 표준약관을 보급함으로써 불공정 약관으로 인한 소비자 피해를 방지한다.
- ㉡ 허위·과장의 표시·광고를 시정하고 소비자 선택에 꼭 필요한 중요정보를 공개하도록 함으로써 소비자가 정확한 정보를 바탕으로 합리적인 선택을 할 수 있도록 한다.
- ㉢ 할부거래, 방문판매, 전자상거래 등 특수한 거래분야에서 나타날 수 있는 특수한 유형의 소비자 피해를 방지한다.

③ 중소기업 경쟁기반 확보
- ㉠ 하도급 대금 지급, 물품수령 등 하도급 거래에서 발생할 수 있는 대형업체들의 각종 불공정행위를 시정함으로써 중소 하도급업체의 발전기반을 확보한다.
- ㉡ 대형 유통업체, 가맹사업본부 등이 거래상의 우월적 지위를 이용하여 중소입점·납품업체, 가맹점에게 행하는 각종 불공정행위를 시정한다.

④ 경제력 집중 억제
대기업 집단 계열사 간 상호 출자·채무보증 금지, 부당내부거래 억제 제도 등을 운영함으로써 선단식 경영체제의 문제점을 시정한다.

2 공정거래위원회의 구성 12 14 15 16 17 18 19 20 25 기출

(1) 정족수
공정거래위원회는 위원장 1인 및 부위원장 1인을 포함한 9인의 위원으로 구성하며, 그중 4인은 비상임위원으로 한다.

(2) 임 명
공정거래위원회의 위원은 독점규제 및 공정거래 또는 소비자분야에 경험이나 전문지식이 있는 자로서 다음의 어느 하나에 해당하는 사람 중에서, 위원장과 부위원장은 국무총리의 제청으로 대통령이 임명하고 그 밖의 위원은 위원장의 제청으로 대통령이 임명 또는 위촉한다. 이 경우 위원장은 국회의 인사청문을 거쳐야 한다.
① 2급 이상 공무원(고위공무원단에 속하는 일반직공무원을 포함)의 직에 있던 사람
② 판사·검사 또는 변호사의 직에 15년 이상 있던 사람

③ 법률·경제·경영 또는 소비자 관련 분야 학문을 전공하고 대학이나 공인된 연구기관에서 15년 이상 근무한 자로서 부교수 이상 또는 이에 상당하는 직에 있던 사람
④ 기업경영 및 소비자보호활동에 15년 이상 종사한 경력이 있는 사람

(3) 위원의 지위
① 위원장과 부위원장은 정무직으로 하고, 그 밖의 상임위원은 고위공무원단에 속하는 일반직공무원으로서 국가공무원법 제26조의5에 따른 임기제 공무원으로 보한다.
② 위원장·부위원장 및 사무처의 장은 정부위원이 된다.

(4) 위원의 임기 22 25 기출
공정거래위원회의 위원장, 부위원장 및 다른 위원의 임기는 3년으로 하고, 한 차례만 연임할 수 있다.

(5) 위원의 정치운동 금지
위원은 정당에 가입하거나 정치운동에 관여할 수 없다.

(6) 위원의 신분보장
위원은 금고 이상의 형의 선고를 받거나, 장기간의 심신쇠약으로 직무를 수행할 수 없게 되는 경우를 제외하고는 그 의사에 반하여 면직 또는 해촉되지 아니한다.

(7) 위원장
① 위원장은 국무총리의 제청으로 대통령이 임명하며, 공정거래위원회를 대표한다.
② 위원장은 국무회의에 출석하여 발언할 수 있다.
③ 위원장이 부득이한 사유로 직무를 수행할 수 없을 때에는 부위원장이 그 직무를 대행하며, 위원장과 부위원장이 모두 부득이한 사유로 직무를 수행할 수 없을 때에는 선임상임위원 순으로 그 직무를 대행한다.

3 공정거래위원회의 회의 10 11 13 14 15 18 20 기출

(1) 회의의 구분
공정거래위원회의 회의는 위원 전원으로 구성하는 회의(전원회의)와 상임위원 1인을 포함한 위원 3인으로 구성하는 회의(소회의)로 구분한다.
① 전원회의 13 24 기출
  ㉠ 전원회의의 의사는 위원장이 주재하며, 재적위원 과반수의 찬성으로 의결한다.
  ㉡ 전원회의는 다음 사항을 심의·의결한다.
    ⓐ 공정거래위원회 소관의 법령이나 규칙·고시 등의 해석 적용에 관한 사항
    ⓑ 법 제96조(이의신청)의 규정에 의한 이의신청
    ⓒ 소회의에서 의결되지 아니하거나 소회의가 전원회의에서 처리하도록 결정한 사항

ⓓ 규칙 또는 고시의 제정 또는 변경
ⓔ 경제적 파급효과가 중대한 사항
ⓕ 그 밖에 전원회의에서 처리하는 것이 필요하다고 인정하는 사항
② 소회의 `17` `23` 기출
㉠ 소회의는 전원회의 관장사항 외의 사항을 심의·의결하며, 상임위원이 주재한다.
㉡ 구성위원 전원의 출석과 출석위원 전원의 찬성으로 의결한다.
㉢ 공정거래위원회에 5개 이내의 소회의를 둔다(영 제59조 제1항).

(2) 회의의 운영

① 심의·의결 등의 공개 여부 `14` `23` 기출
㉠ 공정거래위원회의 심리와 의결은 공개한다. 다만, 사업자 또는 사업자단체의 사업상의 비밀을 보호할 필요가 있다고 인정할 때에는 그러하지 아니하다.
㉡ 공정거래위원회의 심리는 구술심리를 원칙으로 하되, 필요한 경우 서면심리로 할 수 있다.
㉢ 공정거래위원회의 사건에 관한 의결의 합의는 공개하지 아니한다.
② 심판정의 질서유지 `12` 기출
전원회의 및 소회의의 의장은 심판정에 출석하는 당사자·이해관계인·참고인 및 참관인 등에게 심판정의 질서유지를 위하여 필요한 조치를 명할 수 있다.
③ 위원의 제척·기피·회피 `11` `13` `22` 기출
㉠ 위원은 다음의 어느 하나에 해당하는 사항에 관한 심의·의결에서 제척된다. 이는 심의·의결 등의 공정성을 유지하기 위해서이다. 또한, 당사자는 위원에게 심의·의결의 공정을 기대하기 어려운 사정이 있는 경우에는 기피신청을 할 수 있으며 위원장은 이 기피신청에 대하여 위원회의 의결을 거치지 아니하고 결정한다. 위원 본인이 제척이나 기피 사유에 해당하는 경우에는 스스로 그 사건의 심의·의결을 회피할 수 있다.
ⓐ 자기나 배우자 또는 배우자였던 사람이 당사자이거나 공동권리자 또는 공동의무자인 사건
ⓑ 자기가 당사자와 친족이거나 친족이었던 사건
ⓒ 자기 또는 자기가 속한 법인이 당사자의 법률·경영 등에 대한 자문·고문 등으로 있는 사건
ⓓ 자기 또는 자기가 속한 법인이 증언이나 감정을 한 사건
ⓔ 자기 또는 자기가 속한 법인이 당사자의 대리인으로서 관여하거나 관여하였던 사건
ⓕ 자기 또는 자기가 속한 법인이 사건의 대상이 된 처분 또는 부작위에 관여한 사건
ⓖ 자기가 공정거래위원회 소속 공무원으로서 해당 사건의 조사 또는 심사를 한 사건
㉡ 기피를 신청하고자 하는 자는 위원장에게 그 원인을 명시하여 신청해야 한다.
㉢ 기피사유는 기피를 신청한 날부터 3일 이내에 서면으로 소명해야 한다.
㉣ 기피신청을 받은 위원은 지체 없이 기피신청에 대한 의견서를 위원장에게 제출해야 한다.
㉤ 위원이 심의·의결을 회피하고자 할 때에는 위원장의 허가를 받아야 한다.

(3) 위원의 서명·날인

① 의결서의 작성
공정거래위원회가 공정거래법 위반 여부에 관한 사항을 심의·의결하는 경우 의결 내용 및 그 이유를 명시한 의결서로 하여야 하고, 의결에 참여한 위원이 그 의결서에 서명·날인하여야 한다.

② 의결서의 경정
공정거래위원회는 의결서 등에 오기, 계산착오, 그 밖에 이와 유사한 오류가 있는 것이 명백한 때에는 신청에 의하거나 직권으로 경정할 수 있다.

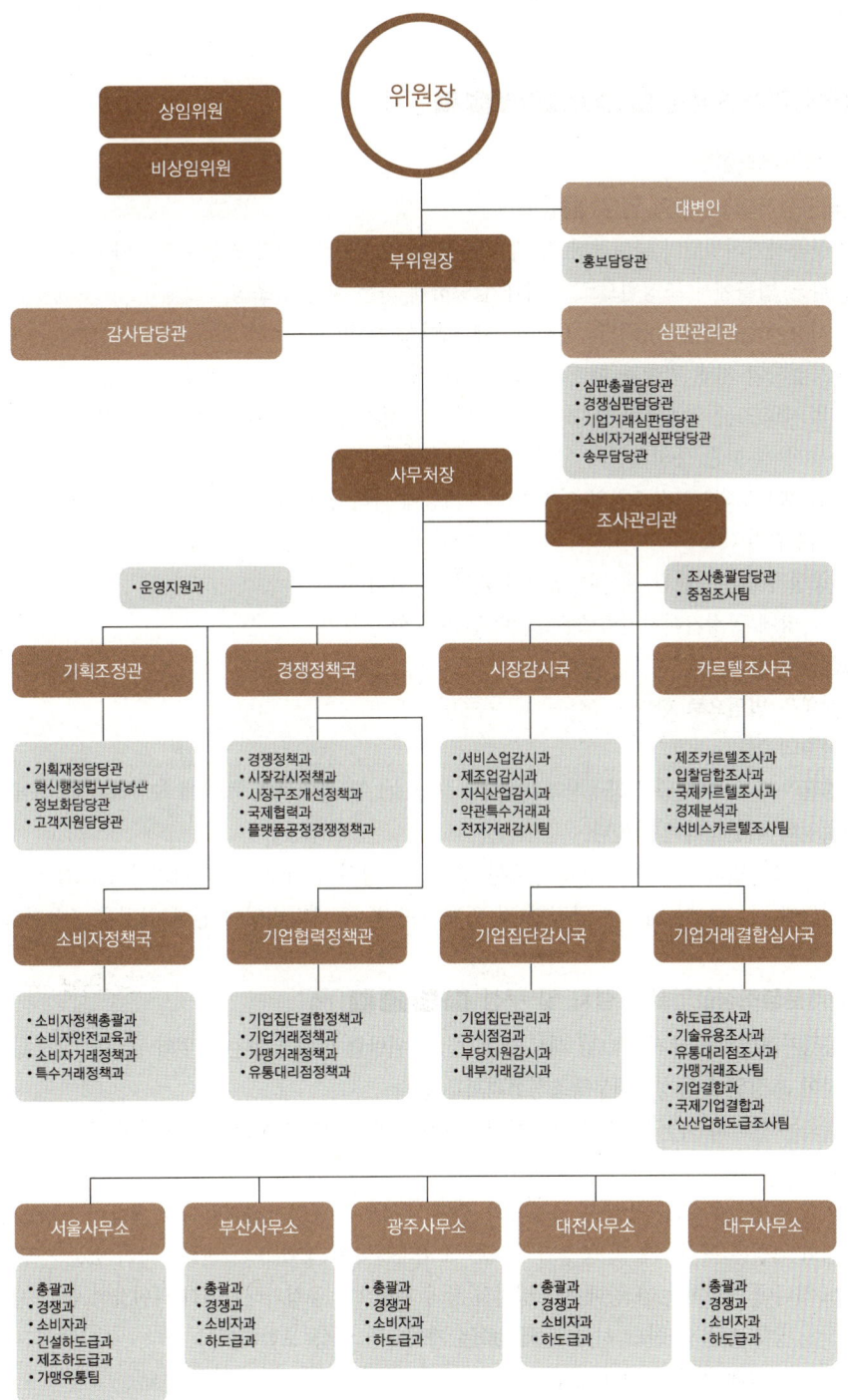

[공정거래위원회 조직도]

〈출처 : 공정거래위원회 홈페이지〉

(4) 법 위반행위의 판단시점

공정거래위원회가 이 법에 위반되는 사항에 대하여 의결하는 경우에는 그 사항에 관한 심리를 종결하는 날까지 발생한 사실을 기초로 판단한다.

4 한국공정거래조정원 10 11 12 14 15 16 17 기출

(1) 한국공정거래조정원

① 한국공정거래조정원의 업무 11 기출
   ㉠ 불공정거래행위의 금지규정(법 제45조 제1항)을 위반한 혐의가 있는 행위와 관련된 분쟁의 조정
   ㉡ 다른 법률에서 조정원으로 하여금 담당하게 하는 분쟁의 조정
   ㉢ 시장 또는 산업의 동향과 공정경쟁에 관한 조사 및 분석
   ㉣ 사업자의 거래 관행과 행태의 조사 및 분석
   ㉤ 법 제90조(동의의결의 절차) 제7항에 따라 공정거래위원회로부터 위탁받은 법 제89조(동의의결) 제3항에 따른 동의의결의 이행관리
   ㉥ 법 제97조의2(시정조치의 이행관리) 제2항에 따라 공정거래위원회로부터 위탁받은 시정조치의 이행관리
   ㉦ 공정거래와 관련된 제도와 정책의 연구 및 건의
   ㉧ 그 밖에 공정거래위원회로부터 위탁받은 사업

② 조정원의 성격
   조정원은 법인으로 한다.

③ 조정원의 장
   조정원의 장은 법 제57조(공정거래위원회의 구성 등) 제2항의 어느 하나에 해당하는 자 중에서 공정거래위원회 위원장이 임명한다.

④ 정부는 조정원의 설립과 운영에 필요한 경비를 예산의 범위에서 출연하거나 보조할 수 있다.

⑤ 조정원에 관하여 이 법에서 규정한 것 외에는 민법 중 재단법인에 관한 규정을 준용한다.

(2) 공정거래분쟁조정협의회의 설치 및 구성 17 18 19 25 기출

① 불공정거래행위의 금지규정(법 제45조 제1항)을 위반한 혐의가 있는 행위와 관련된 분쟁을 조정하기 위하여 조정원에 공정거래분쟁조정협의회를 둔다.

② 협의회는 협의회 위원장 1인을 포함하여 9명 이내의 협의회 위원으로 구성하며, 위원장은 상임으로 한다.

③ 협의회 위원장은 위원 중에서 조정원의 장의 제청으로 공정거래위원회 위원장이 위촉한다.

④ 협의회 위원은 독점규제 및 공정거래 또는 소비자분야에 경험 또는 전문지식이 있는 자로서 다음의 어느 하나에 해당하는 자 중에서 조정원의 장의 제청으로 공정거래위원회 위원장이 임명 또는 위촉한다. 이 경우 다음의 어느 하나에 해당하는 자가 1명 이상 포함되어야 한다.
   ㉠ 4급 이상의 공무원 직에 있던 사람
   ㉡ 판사·검사 또는 변호사의 직에 7년 이상 있던 사람

ⓒ 법률·경제·경영 또는 소비자 관련 분야 학문을 전공하고 대학이나 공인된 연구기관에서 7년 이상 근무한 사람으로서 부교수 이상 또는 이에 상당하는 직에 있던 사람
ⓔ 기업경영, 소비자보호활동 및 분쟁조정활동에 7년 이상 종사한 경력이 있는 사람
⑤ 협의회 위원의 임기는 3년으로 한다.
⑥ 협의회 위원 중 결원이 생긴 때에는 보궐위원을 위촉하여야 하며, 그 보궐위원의 임기는 전임자의 남은 임기로 한다.
⑦ 공정거래위원회 위원장은 협의회 위원이 직무와 관련된 비위사실이 있거나 직무태만, 품위손상 또는 그 밖의 사유로 위원으로 적합하지 아니하다고 인정되는 경우 그 직에서 해임 또는 해촉할 수 있다.

(3) 협의회의 회의 23 기출
① 협의회 위원장은 협의회의 회의를 소집하고 그 의장이 된다.
② 협의회는 재적위원 과반수의 출석으로 개의하고, 출석위원 과반수의 찬성으로 의결한다.
③ 협의회 위원장이 부득이한 사유로 직무를 수행할 수 없는 때에는 공정거래위원회 위원장이 지명하는 협의회 위원이 그 직무를 대행한다.
④ 조정의 대상이 된 분쟁의 당사자인 사업자는 협의회에 출석하여 의견을 진술할 수 있다.

(4) 협의회 위원의 제척·기피·회피
① 협의회 위원은 다음의 어느 하나에 해당하는 경우에는 해당 분쟁조정사항의 조정에서 제척된다.
  ㉠ 자기나 배우자 또는 배우자였던 사람이 분쟁조정사항의 분쟁당사자이거나 공동권리자 또는 공동의무자인 경우
  ㉡ 자기가 분쟁조정사항의 분쟁당사자와 친족이거나 친족이었던 경우
  ㉢ 자기 또는 자기가 속한 법인이 분쟁조정사항의 분쟁당사자의 법률·경영 등에 대한 자문·고문 등으로 있는 경우
  ㉣ 자기 또는 자기가 속한 법인이 증언이나 감정을 한 경우
  ㉤ 자기 또는 자기가 속한 법인이 분쟁조정사항의 분쟁당사자의 대리인으로서 관여하거나 관여하였던 경우
② 분쟁당사자는 협의회 위원에게 협의회의 조정에 공정을 기하기 어려운 사정이 있는 때에 협의회에 그 협의회 위원에 대한 기피신청을 할 수 있다.
③ 협의회 위원이 제척·기피사유에 해당하는 경우에는 스스로 해당 분쟁조정사항의 조정에서 회피할 수 있다.

(5) 조정의 신청 등 18 19 20 22 24 기출
① 불공정거래행위의 금지규정인 법 제45조 제1항을 위반한 혐의가 있는 행위로 인하여 피해를 입은 사업자는 분쟁조정신청서를 공정거래분쟁조정협의회에 제출함으로써 분쟁조정을 신청할 수 있다. 분쟁조정을 신청하려는 자는 다음의 사항이 기재된 서면(분쟁조정신청서)을 협의회에 제출해야 한다.
  ㉠ 분쟁당사자의 성명과 주소(분쟁당사자가 법인인 경우에는 법인의 명칭, 주된 사무소의 소재지, 그 대표자의 성명과 주소를 말한다)
  ㉡ 분쟁조정 신청의 취지와 그 이유
  ㉢ 대리인의 성명과 주소(대리인이 있는 경우로 한정)

ⓔ 분쟁조정신청서에 첨부할 서류
  ⓐ 분쟁조정 신청의 원인과 사실을 증명하는 서류
  ⓑ 분쟁조정 신청인의 위임장(대리인이 있는 경우로 한정)
  ⓒ 그 밖에 분쟁조정에 필요한 증거서류나 자료
ⓜ 협의회는 분쟁조정의 신청을 받은 경우 신청인인 분쟁당사자에게 접수증을 내어주고, 공정거래위원회와 다른 분쟁당사자에게 분쟁조정 신청 관련 서류의 사본을 송부해야 한다.
ⓗ 협의회가 공정거래위원회로부터 분쟁조정 의뢰를 받은 경우 그 사실을 분쟁당사자에게 알려야 한다.
ⓢ 협의회는 분쟁조정의 신청 또는 분쟁조정 의뢰에 대해 보완이 필요하다고 인정하는 경우 상당한 기간을 정하여 보완을 요구할 수 있다. 이 경우 그 보완에 드는 기간은 법 제77조 제4항 제2호에 따른 기간에 산입하지 않는다.
② 공정거래위원회는 신고가 접수된 경우 협의회에 그 행위 또는 사건에 대한 분쟁조정을 의뢰할 수 있다.
③ 협의회는 분쟁조정 신청을 받거나 분쟁조정 의뢰를 받았을 때에는 즉시 그 접수사실 등을 대통령령으로 정하는 바에 따라 공정거래위원회 및 분쟁당사자에게 통지하여야 한다.
④ 분쟁조정의 신청은 시효중단의 효력이 있다. 다만, 신청이 취하되거나 각하된 경우에는 그러하지 아니하다.
⑤ ④ 단서의 경우에 6개월 내에 재판상의 청구, 파산절차 참가, 압류 또는 가압류, 가처분을 하였을 때에는 시효는 최초의 분쟁조정의 신청으로 인하여 중단된 것으로 본다.
⑥ 중단된 시효는 다음의 어느 하나에 해당하는 때부터 새로이 진행한다.
  ㉠ 분쟁조정이 이루어져 조정조서를 작성한 때
  ㉡ 분쟁조정이 이루어지지 아니하고 조정절차가 종료된 때

(6) 조정 등 19 21 22 25 기출

① 협의회는 분쟁당사자에게 분쟁조정사항에 대하여 스스로 합의하도록 권고하거나 조정안을 작성하여 제시할 수 있다.
② 협의회는 해당 분쟁조정사항에 관한 사실을 확인하기 위하여 필요한 경우 조사를 하거나 분쟁당사자에 대하여 관련 자료의 제출이나 출석을 요구할 수 있다.
  ㉠ 분쟁당사자에 대하여 출석을 요구하려는 때에는 시기 및 장소를 정하여 출석요구일 7일 전까지 분쟁당사자에게 통지하여야 한다. 다만, 분쟁당사자가 미리 동의하거나 그 밖에 긴급한 사정이 있는 경우에는 출석요구일 전까지 알릴 수 있다.
  ㉡ 통지를 받은 분쟁당사자는 협의회에 출석할 수 없는 부득이한 사유가 있는 경우에는 미리 서면으로 의견을 제출할 수 있다.
③ 협의회는 다음의 어느 하나에 해당하는 행위 또는 사건에 대하여는 조정신청을 각하하여야 한다. 이 경우 협의회는 분쟁조정이 신청된 행위 또는 사건이 ㉣에 해당하는지에 대하여 공정거래위원회의 확인을 받아야 한다.
  ㉠ 조정신청의 내용과 직접적인 이해관계가 없는 자가 조정신청을 한 경우
  ㉡ 이 법의 적용대상이 아닌 사안에 관하여 조정신청을 한 경우

ⓒ 위반혐의가 있는 행위의 내용·성격 및 정도 등을 고려하여 공정거래위원회가 직접 처리하는 것이 적합한 경우로서 대통령령으로 정하는 기준에 해당하는 행위
ⓔ 조정신청이 있기 전에 공정거래위원회가 조사를 개시한 사건에 대하여 조정신청을 한 경우. 다만, 공정거래위원회로부터 시정조치 등의 처분을 받은 후 분쟁조정을 신청한 경우에는 그러하지 아니하다.
④ 협의회는 조정신청을 각하하거나 조정절차를 종료한 경우에는 다음의 사항이 기재된 분쟁조정종료서를 작성한 후 그 사본과 관련 서류를 첨부하여 공정거래위원회에 보고해야 한다.
ⓐ 분쟁당사자의 일반현황
ⓑ 분쟁의 경위
ⓒ 조정의 쟁점
ⓓ 조정신청의 각하 또는 조정절차의 종료사유
⑤ 협의회는 다음의 어느 하나에 해당되는 경우에는 조정절차를 종료해야 한다.
ⓐ 분쟁당사자가 협의회의 권고 또는 조정안을 수락하거나 스스로 조정하는 등 조정이 성립된 경우
ⓑ 분쟁조정의 신청을 받은 날 또는 공정거래위원회로부터 분쟁조정의 의뢰를 받은 날부터 60일(분쟁 당사자 양쪽이 기간연장에 동의한 경우에는 90일로 한다)이 지나도 조정이 성립하지 아니한 경우
ⓒ 분쟁당사자의 어느 한쪽이 조정을 거부하는 등 조정절차를 진행할 실익이 없는 경우
⑥ 협의회는 조정신청을 각하하거나 조정절차를 종료한 경우에는 대통령령으로 정하는 바에 따라 공정거래위원회에 조정의 경위, 조정신청 각하 또는 조정절차 종료의 사유 등을 관계 서류와 함께 지체 없이 서면으로 보고하여야 하고 분쟁당사자에게 그 사실을 통보하여야 한다.
⑦ 공정거래위원회는 조정절차 개시 전에 시정조치 등의 처분을 하지 아니한 분쟁조정사항에 관하여 조정절차가 종료될 때까지 해당 분쟁당사자에게 시정조치 및 시정권고를 하여서는 아니 된다.

(7) 조정조서의 작성과 그 효력 21 기출

① 협의회는 분쟁조정사항에 대하여 **조정이 성립된 경우** 조정에 참가한 위원과 분쟁당사자가 기명날인하거나 서명한 **조정조서를 작성**한다.
② 협의회는 분쟁당사자가 조정절차를 개시하기 전에 분쟁조정사항을 스스로 조정하고 조정조서의 작성을 요청하는 경우에는 그 조정조서를 작성하여야 한다.
③ 분쟁당사자는 조정에서 합의된 사항의 이행결과를 공정거래위원회에 제출하여야 한다.
④ 공정거래위원회는 조정절차 개시 전에 시정조치 등의 처분을 하지 아니한 분쟁조정사항에 대하여 합의가 이루어지고, 그 합의된 사항을 이행한 경우에는 시정조치 및 시정권고를 하지 아니한다.
⑤ 조정조서를 작성한 경우 조정조서는 재판상 화해와 동일한 효력을 갖는다.

제8절　조사절차 등　14 22 기출

1 규제절차　10 11 12 기출

(1) 의의
공정거래위원회의 사건 처리절차는 심사절차와 심결절차로 나누어진다.
① 심사절차
　㉠ 법 위반에 대한 신고가 접수되거나 언론 등을 통하여 법 위반 단서가 포착되면 관련 국이나 관할 지방사무소는 당해 사건의 심사에 착수한다. 사건심사는 관련 서류에 대한 조사, 당사자들의 진술청취, 전문가들로부터의 의견청취, 법적 검토 등의 과정으로 진행된다. 심사과정에서 당사자들에게는 의견 개진의 기회가 주어지며, 취득된 업무상 비밀은 보호된다.
　㉡ 심사관(담당 국장 또는 지방사무소장)은 심사과정을 거쳐 당해 사건이 법적 조치가 필요하다고 판단하면 심사보고서를 작성하여 위원회에 상정한다. 위원회에 상정된 심사보고서는 관련 피심인에게도 송부되며 심사보고서에 대한 의견제출의 기회도 부여된다.
② 심결절차
　㉠ 심사관이 사건을 위원회에 상정하면 위원들은 먼저 제출된 심사보고서와 피심인의 의견서 등을 검토한다. 그리고 피심인들에게는 심판일시 및 장소 등이 통보된다. 심판정에서의 심의절차는 심사관의 의견진술, 피심인의 의견진술, 증거조사절차, 심사관조치의견, 피심인의 최후진술 등의 순서로 이루어진다. 피심인은 이 과정에서 직접 또는 변호인 등 대리인을 통하여 의견을 개진할 수 있다.
　㉡ 위원회는 이러한 과정을 거쳐 당해 사건의 법 위반 여부를 최종 결정하고 법 위반인 경우에는 과징금 부과, 위반행위 중지명령 등 시정조치를 취하고 경우에 따라서는 검찰에 고발하기도 한다. 위원회의 결정내용은 의결서의 형태로 작성되어 관련 당사자들에게 송부된다.

(2) 법 위반행위의 인지·신고　16 17 21 기출
① 직권에 의한 인지
　㉠ 현행법은 직권규제주의를 취하고 있으므로 직권에 의한 인지 및 조사가 원칙이다.
　㉡ 따라서 신고인의 신고가 있더라도 이는 공정거래위원회의 직권발동을 촉구하기 위한 단서제공에 불과하다.
② 신고에 의한 인지
　㉠ 누구든지 공정거래법의 규정에 위반되는 사실이 있다고 인정할 때에는 그 사실을 공정거래위원회에 신고할 수 있다. 이는 규제의 효율성을 제고하기 위한 규정이다.
　㉡ 신고는 원칙적으로 서면에 의하여야 하나 예외적으로 긴급을 요하거나 부득이한 사유가 있는 경우에는 전화 또는 구두로 신고할 수 있다(영 제71조).
③ 통지의무
공정거래위원회는 법 위반행위의 조사결과 및 처분의 내용을 사건 당사자에게 서면으로 통지하여야 한다.

④ 시 효
　㉠ 원 칙 22 기출
　　공정거래위원회는 다음의 기간이 경과한 후에는 이 법의 위반행위에 대하여 시정조치를 명하지 아니하거나 과징금을 부과하지 아니한다.
　　ⓐ 이 법의 위반행위에 대하여 조사를 개시한 경우 조사개시일로부터 5년
　　ⓑ 이 법의 위반행위에 대하여 조사를 개시하지 아니한 경우 해당 위반행위의 종료일로부터 7년
　㉡ 예 외
　　법원의 판결에 따라 시정조치 또는 과징금 부과처분이 취소된 경우로서 그 판결이유에 따라 새로운 처분을 하는 경우에는 시효기간이 지났어도 시정조치를 명하거나 과징금을 부과하는 것이 가능하다.

(3) 위반행위의 조사

① 조사를 위한 처분 22 기출
　공정거래위원회는 공정거래법의 시행을 위하여 필요하다고 인정할 때에는 다음 사항의 처분을 할 수 있다(법 제81조 제1항).
　㉠ 당사자, 이해관계인 또는 참고인의 출석 및 의견의 청취
　㉡ 감정인의 지정 및 감정의 위촉
　㉢ 사업자, 사업자단체 또는 이들의 임직원에게 원가 및 경영상황에 관한 보고, 그 밖에 필요한 자료나 물건의 제출 명령 또는 제출된 자료나 물건의 일시 보관

② 소속공무원에 의한 조사
　㉠ 현장조사 등 23 기출
　　공정거래위원회는 공정거래법의 시행을 위하여 필요하다고 인정할 때에는 그 소속공무원으로 하여금 사업자 또는 사업자단체의 사무소 또는 사업장에 출입하여 업무 및 경영상황, 장부·서류, 전산자료·음성녹음자료·화상자료 그 밖에 대통령령으로 정하는 자료나 물건을 조사하게 할 수 있으며, 사업자 또는 사업자단체의 사무소나 사업장과 공정거래위원회의 출석요구서에 지정된 장소에서 당사자, 이해관계인 또는 참고인의 진술을 들을 수 있다. 조사공무원은 법 제59조(전원회의 및 소회의 관장사항) 제1항 또는 제2항에 따른 심의·의결 절차가 진행 중인 경우에는 조사를 하거나 당사자의 진술을 들어서는 아니 된다. 다만, 조사공무원 또는 당사자의 신청에 대하여 전원회의 또는 소회의가 필요하다고 인정하는 경우에는 그러하지 아니하다. 당사자의 진술을 들었을 때에는 대통령령으로 정하는 바에 따라 진술조서를 작성하여야 한다(법 제81조 제2항 내지 제5항 및 영 제75조 제1항).
　㉡ 자료의 제출·영치
　　위 규정에 따라 조사를 하는 공무원은 증거인멸의 우려가 있는 경우에 한하여 사업자, 사업자단체 또는 이들의 임직원에 대하여 조사에 필요한 자료나 물건의 제출을 명하거나 제출된 자료나 물건을 일시 보관할 수 있다(법 제81조 제6항 및 영 제75조 제3항).

ⓒ 증표의 제시

위 규정에 따라 조사를 하는 공무원은 그 권한을 표시하는 증표를 관계인에게 제시하여야 한다(법 제81조 제9항).

③ 조사 등의 연기신청(법 제85조) 14 기출

공정거래위원회로부터 처분 또는 조사를 받게 된 사업자 또는 사업자단체가 천재지변 그 밖에 대통령령이 정하는 사유(아래 ㉠, ㉡, ㉢)로 인하여 처분을 이행하거나 조사를 받기가 곤란한 경우에는 처분 또는 조사를 연기하여 줄 것을 신청할 수 있다.

㉠ 합병·인수, 회생절차개시, 파산 또는 그 밖에 이에 준하는 절차의 진행
㉡ 권한 있는 기관에 장부·증거서류가 압수 또는 일시 보관
㉢ 화재 또는 재난 등으로 인하여 사업자 및 사업자단체의 사업수행에 중대한 장애 발생

(4) 시정권고

① 의 의

공정거래위원회는 공정거래법의 규정에 위반하는 행위가 있는 경우에 해당 사업자 또는 사업자단체에 시정방안을 정하여 이에 따를 것을 권고할 수 있다(법 제88조 제1항).

② 서면기재사항 22 기출

시정권고는 법 위반 내용, 권고사항, 시정기한, 수락 여부 통지기한, 수락거부 시의 조치를 명시한 서면으로 하여야 한다(영 제78조).

③ 수락 여부의 통지

㉠ 시정권고를 받은 자는 이를 통지받은 날부터 10일 이내에 해당 권고를 수락하는지에 관하여 공정거래위원회에 통지하여야 한다(법 제88조 제2항).
㉡ 시정권고를 수락한 때에는 공정거래법의 규정에 의한 시정조치가 명하여진 것으로 본다.

(5) 동의의결 12 13 14 15 16 18 19 20 21 25 기출

① 신청(법 제89조 제1항)

공정거래위원회의 조사나 심의를 받고 있는 사업자 또는 사업자단체는 해당 조사나 심의의 대상이 되는 행위로 인한 경쟁제한상태 등의 자발적 해소, 소비자 피해구제, 거래질서의 개선 등을 위하여 동의의결을 하여 줄 것을 공정거래위원회에 신청할 수 있다. 다만, 해당 행위가 다음의 어느 하나에 해당하는 경우에는 동의의결이 아닌 이 법에 따른 심의 절차를 진행하여야 한다.

㉠ 해당 행위가 법 제40조(부당한 공동행위의 금지) 제1항에 따른 위반행위인 경우
㉡ 법 제129조(고발) 제2항에 따른 고발요건에 해당하는 경우
㉢ 동의의결이 있기 전에 신청인이 신청을 취소하는 경우

② 동의의결 여부의 결정(법 제89조 제3항 및 제4항) 24 기출

공정거래위원회는 해당 행위의 사실관계에 대한 조사를 마친 후 시정방안(해당 행위의 중지, 원상회복 등 경쟁질서의 회복이나 거래질서의 적극적 개선을 위하여 필요한 시정방안, 소비자와 다른 사업자 등의 피해를 구제하거나 예방하기 위하여 필요한 시정방안)이 다음의 요건을 모두 갖추었다고 판단되는 경우에는 해당 행위 관련 심의 절차를 중단하고 시정방안과 같은 취지의 동의의결을 할 수 있다.

이 경우 신청인과의 협의를 거쳐 시정방안을 수정할 수 있다. 공정거래위원회의 동의의결은 해당 행위가 이 법에 위반된다고 인정한 것을 의미하지 아니하며, 누구든지 신청인이 동의의결을 받은 사실을 들어 해당 행위가 이 법에 위반된다고 주장할 수 없다.
- ㉠ 해당 행위가 이 법을 위반한 것으로 판단될 경우에 예상되는 시정조치, 그 밖의 제재와 균형을 이룰 것
- ㉡ 공정하고 자유로운 경쟁질서나 거래질서를 회복시키거나 소비자, 다른 사업자 등을 보호하기에 적절하다고 인정될 것

③ 동의의결의 절차(법 제90조)
- ㉠ 동의의결 절차의 개시여부 결정 23 기출
  공정거래위원회는 신속한 조치의 필요성, 소비자 피해의 직접 보상 필요성 등을 종합적으로 고려하여 동의의결 절차의 개시 여부를 결정하여야 한다.
- ㉡ 의견제출 기회의 제공
  동의의결 전에 30일 이상의 기간을 정하여 해당 행위의 개요, 관련 법령 조항, 시정방안, 해당 행위와 관련하여 신고인 등 이해관계인의 이해를 돕는 그 밖의 정보(사업상 또는 사생활의 비밀 보호나 그 밖에 공익상 공개하기에 적절하지 아니한 것은 제외) 등의 사항을 신고인 등 이해관계인에게 통지하거나 관보 또는 공정거래위원회의 인터넷 홈페이지에 공고하는 등의 방법으로 의견을 제출할 기회를 주어야 한다.
- ㉢ 공정거래위원회는 위 ㉡의 사항을 관계행정기관의 장에게 통보하고 그 의견을 들어야 하며 벌칙의 규정이 적용되는 행위에 대해서는 검찰총장과 협의하여야 한다.
- ㉣ 공정거래위원회는 동의의결을 하거나 이를 취소하는 경우에는 전원회의 및 소회의 관장사항의 구분에 따른 회의의 심의·의결을 거쳐야 한다.
- ㉤ 동의의결을 받은 신청인은 동의의결의 이행계획과 이행결과를 공정거래위원회에 제출하여야 한다.

④ 동의의결의 취소(법 제91조)
- ㉠ 취소의 경우
  - ⓐ 동의의결의 기초가 된 시장상황 등 사실관계의 현저한 변경 등으로 인해 시정방안이 적정하지 아니하게 된 경우
  - ⓑ 신청인이 제공한 불완전하거나 부정확한 정보로 인하여 동의의결을 하게 되었거나, 신청인이 거짓 또는 그 밖의 부정한 방법으로 동의의결을 받은 경우
  - ⓒ 신청인이 정당한 이유 없이 동의의결을 이행하지 아니하는 경우
- ㉡ 위 ⓐ에 따라 동의의결을 취소하는 경우 신청인이 동의의결을 신청하면 공정거래위원회는 법 제89조부터 제92조까지의 규정을 적용하여 다시 동의의결을 할 수 있다.
- ㉢ 위 ⓑ 또는 ⓒ에 따라 동의의결을 취소하는 경우 공정거래위원회는 법 제89조 제3항에 따라 중단된 해당 행위 관련 심의절차를 계속하여 진행할 수 있다.

⑤ 이행강제금의 부과 13 기출
공정거래위원회는 정당한 이유 없이 동의의결 시 정한 이행기한까지 동의의결을 이행하지 아니한 자에게 동의의결이 이행되거나 취소되기 전까지 이행기한이 지난 날부터 1일당 200만 원 이하의 이행강제금을 부과할 수 있다.

(6) 위원회의 심의 · 의결

① 심의의 주체와 방식
  ㉠ 공정거래위원회는 조사 결과에 따라 재심사명령, 심의절차종료, 무혐의, 종결처리, 조사 등 중지, 주의촉구, 경고, 시정권고 및 시정명령 등의 의결을 할 수 있다.
  ㉡ 심의의 주체는 회의(전원회의 · 소회의)이며, 위원들의 합의에 의해 의결이 성립한다.

② 과징금 납부명령
공정거래위원회는 해당 위반행위에 관하여 과징금을 부과할 수 있는 근거규정이 있는 경우에 의결을 거쳐 과징금의 납부를 명할 수 있다.

③ 의견진술기회의 부여(법 제93조)
  ㉠ 공정거래위원회는 공정거래법의 규정에 위반되는 사항에 대하여 시정조치를 명하거나 과징금을 부과하기 전에 당사자 또는 이해관계인에게 의견을 진술할 기회를 주어야 한다.
  ㉡ 당사자 또는 이해관계인은 공정거래위원회의 회의에 출석하여 그 의견을 진술하거나 필요한 자료를 제출할 수 있다.

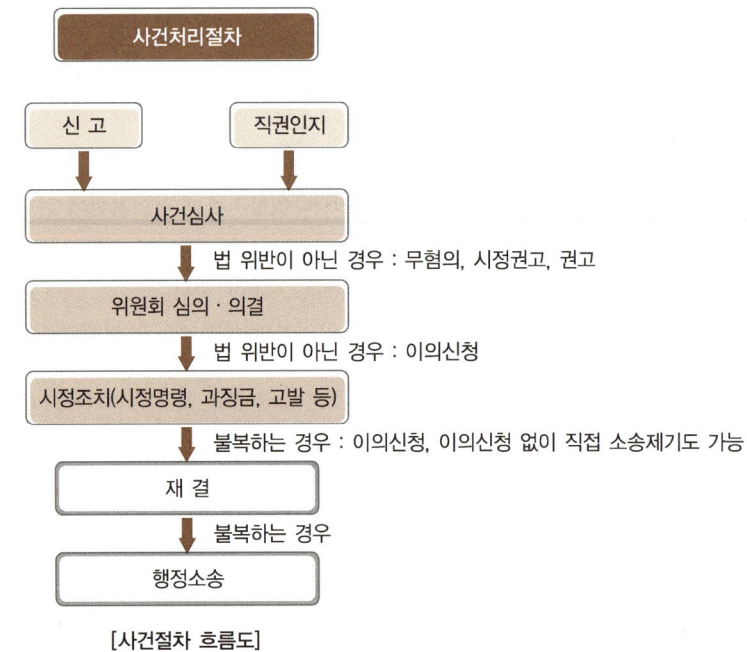

[사건절차 흐름도]

2 불복절차 10 16 17 19 20 기출

(1) 이의신청

① 이의신청기간
공정거래위원회의 처분에 대하여 불복이 있는 자는 그 처분의 통지를 받은 날부터 30일 이내에 그 사유를 갖추어 공정거래위원회에 이의신청을 할 수 있다.

② 재결기간

공정거래위원회는 이의신청에 대하여 60일 이내에 재결을 하여야 한다. 다만, 부득이한 사정으로 그 기간 내에 재결을 할 수 없을 경우에는 30일의 범위 안에서 결정으로 그 기간을 연장할 수 있다(법 제96조 제2항).

③ 재결기간 연장사유

"부득이한 사정"이라 함은 다음과 같다(영 제82조 제3항).
㉠ 처분의 위법 또는 부당 여부를 판단하기 위하여 시장의 범위·구조·점유율·수출입 동향 등에 관한 조사·검토 등 별도의 경제적 분석이 필요한 경우
㉡ 처분의 위법 또는 부당 여부를 판단하기 위하여 고도의 법리적 분석·검토가 필요한 경우
㉢ 이의신청의 심리과정에서 새로운 주장 또는 자료가 제출되어 이의 조사에 장기간이 소요되는 경우
㉣ 당사자 또는 이해관계인 등이 진술을 거부하거나 자료를 제때에 제출하지 아니하는 등 조사에 협조하지 않은 경우

④ 절차의 속행

이의신청이 제기되더라도 처분 등의 절차가 계속해서 진행되는 것이 원칙이다. 이는 이의신청의 남용을 막기 위한 입법정책적 고려에서 채택된 것이다.

(2) 집행정지

① 의 의

공정거래위원회는 시정조치를 부과받은 자가 이의신청을 제기한 경우로서 그 시정조치의 이행 또는 절차의 속행으로 인하여 발생할 수 있는 회복하기 어려운 손해를 예방하기 위하여 필요하다고 인정하는 때에는 당사자의 신청이나 직권으로 그 시정조치의 이행 또는 절차의 속행에 대한 정지를 결정할 수 있다(법 제97조 제1항).

② 결정의 취소

공정거래위원회는 집행정지의 결정을 한 후에 집행정지의 사유가 없어진 경우에는 당사자의 신청이나 직권으로 집행정지의 결정을 취소할 수 있다.

(3) 행정소송

① 소의 제기기간

공정거래위원회의 처분에 대하여 불복의 소를 제기하고자 할 때에는 처분의 통지를 받은 날 또는 이의신청에 대한 재결서의 정본을 송달받은 날로부터 30일(불변기간) 이내에 이를 제기하여야 한다.

② 소의 제기절차 13 기출

현행 행정소송법상 행정심판제도는 임의적 절차에 해당하므로 이의신청절차를 거칠 필요없이 바로 행정소송을 제기할 수 있도록 하고 있다.

③ 전속관할 15 24 기출

불복의 소는 공정거래위원회의 소재지를 관할하는 서울고등법원을 전속관할로 한다.

제9절 법 위반행위에 대한 제재 16 기출

1 손해배상 10 11 12 14 15 20 21 기출

(1) 공정거래법상 손해배상제도의 특색

① 손해배상책임 23 24 25 기출

㉠ 사업자 또는 사업자단체는 이 법의 규정을 위반함으로써 피해를 입은 자가 있는 경우에는 해당 피해자에 대하여 손해배상의 책임을 진다. 다만, 사업자 또는 사업자단체가 고의 또는 과실이 없음을 입증한 경우에는 그러하지 아니하다.

㉡ ㉠에도 불구하고 사업자 또는 사업자단체는 법 제40조, 제48조 또는 법 제51조 제1항 제1호를 위반함으로써 손해를 입은 자가 있는 경우에는 그 자에게 발생한 손해의 3배를 넘지 아니하는 범위에서 손해배상책임을 진다. 다만, 사업자 또는 사업자단체가 고의 또는 과실이 없음을 입증한 경우에는 그러하지 아니하고, 사업자가 법 제44조 제1항의 어느 하나에 해당하는 경우 그 배상액은 해당 사업자가 법 제40조를 위반하여 손해를 입은 자에게 발생한 손해를 초과해서는 아니 된다.

㉢ 법원은 배상액을 정할 때에는 다음의 사항을 고려하여야 한다. 다만, 사업자가 법 제44조 제1항(부당한 공동행위의 사실을 자진신고 한 자, 증거제공 등의 방법으로 조사에 협조한 자)의 어느 하나에 해당하는 경우 그 배상액은 해당 사업자가 법 제40조(부당한 공동행위의 금지)를 위반함으로써 손해를 입은 자에게 발생한 손해를 초과해서는 아니 된다.

  ⓐ 고의 또는 손해 발생의 우려를 인식한 정도
  ⓑ 위반행위로 인한 피해 규모
  ⓒ 위법행위로 인하여 사업자 또는 사업자단체가 취득한 경제적 이익
  ⓓ 위반행위에 따른 벌금 및 과징금
  ⓔ 위반행위의 기간·횟수 등
  ⓕ 사업자의 재산상태
  ⓖ 사업자 또는 사업자단체의 피해구제 노력의 정도

㉣ 법 제44조 제1항(부당한 공동행위의 사실을 자진신고 한 자, 증거제공 등의 방법으로 공정거래위원회의 조사 및 심의·의결에 협조한 자)의 어느 하나에 해당하는 사업자가 배상책임을 지는 경우에는 다른 사업자와 공동으로 법 제40조(부당한 공동행위의 금지)를 위반하여 손해를 입은 자에게 발생한 손해를 초과하지 아니하는 범위에서 민법 제760조에 따른 공동불법행위자의 책임을 진다.

② 손해액의 인정

이 법을 위반한 행위로 인하여 손해가 발생된 것은 인정되나 그 손해액을 입증하기 위하여 필요한 사실을 입증하는 것이 해당 사실의 성질상 매우 곤란한 경우에 변론 전체의 취지와 증거조사의 결과에 기초하여 상당한 손해액을 인정할 수 있다.

(2) 기록의 송부 등(법 제110조)
법원은 법 제109조(손해배상책임)에 따른 손해배상청구의 소가 제기되었을 때 필요한 경우 공정거래위원회에 대하여 해당 사건의 기록(사건관계인, 참고인 또는 감정인에 대한 심문조서, 속기록 및 그 밖에 재판상 증거가 되는 모든 것을 포함)의 송부를 요구할 수 있다.

(3) 일반 불법행위책임과의 관계
① 공정거래법의 위반에 따른 책임은 민법상의 일반 불법행위책임의 일종으로 사업자의 공정거래법 위반행위가 민법상의 불법행위의 요건에 해당하는 경우에는 두 가지 청구권이 경합한다.
② 공정거래법은 양 청구권의 선택적 청구를 인정하고 있으므로 청구권자가 어느 한 청구권을 행사하여 만족을 얻으면 다른 청구권은 소멸한다.

2 행정적 규제 11 기출

(1) 시정조치 10 15 기출
① 의 의
  공정거래위원회는 규정을 위반하는 행위가 있는 때에는 가격의 인하, 해당 행위의 중지, 시정명령을 받은 사실의 공표 등 시정을 위해 필요한 조치를 명할 수 있다.
② 법 위반사실 공표명령의 위헌결정
  법 위반사실의 공표명령은 과잉금지원칙의 위배, 무죄추정의 원칙 위배 등으로 인하여 위헌결정이 내려졌다. 이에 따라 현재 공정거래위원회는 '법 위반사실' 대신 '공정거래위원회로부터 시정명령을 받은 사실'의 공표를 명하고 있다.

(2) 과징금 10 11 14 15 18 20 기출
① 과징금의 부과
  과징금은 행정제재의 일종인 동시에 부당이득의 환수라는 성격을 가진다. 공정거래위원회는 위반행위를 한 사업자 등에 대한 과징금 부과에 관하여 재량권을 가지지만 과징금을 부과하는 경우에는 다음의 사항을 고려하여야 한다.
  ㉠ 위반행위의 내용 및 정도
  ㉡ 위반행위의 기간 및 횟수
  ㉢ 위반행위로 인해 취득한 이익의 규모 등
② 합병 등의 경우
  ㉠ 공정거래위원회는 공정거래법을 위반한 회사인 사업자가 합병으로 소멸한 경우에는 해당 회사가 행한 위반행위를 합병 후 존속하거나 합병에 따라 설립된 회사가 행한 행위로 보아 과징금을 부과·징수할 수 있다.
  ㉡ 공정거래위원회는 공정거래법을 위반한 회사인 사업자가 분할되거나 분할합병된 경우 분할되는 사업자의 분할일 또는 분할합병일 이전의 위반행위를 다음의 어느 하나에 해당하는 회사의 행위로 보고 과징금을 부과·징수할 수 있다.

ⓐ 분할되는 회사
ⓑ 분할 또는 분할합병으로 설립되는 새로운 회사
ⓒ 분할되는 회사의 일부가 다른 회사에 합병된 후 그 다른 회사가 존속하는 경우 그 다른 회사
ⓒ 공정거래위원회는 공정거래법을 위반한 회사인 사업자가 채무자 회생 및 파산에 관한 법률 제215조에 따라 새로운 회사를 설립하는 경우에는 기존 회사 또는 새로운 회사 중 어느 하나의 행위로 보고 과징금을 부과·징수할 수 있다.

③ **부과기준**
㉠ 과징금의 부과기준은 대통령령으로 정하며, 이에 따라 산정된 과징금은 과징금 부과 시의 참작사유를 참작하여 이를 가중 또는 감경할 수 있다.
㉡ 위반행위의 과징금 부과기준 14 19 기출

위반행위 유형	세부 유형	산정기준
시장지배적 지위남용행위	시장지배적 지위남용행위	관련 매출액에 100분의 6을 곱한 금액의 범위에서 관련 매출액에 중대성의 정도별로 정하는 부과기준율을 곱하여 산정. 다만, 법 제13조 제3항의 어느 하나에 해당하는 경우에는 20억 원 이내에서 중대성의 정도를 고려하여 산정
경제력집중억제규정 위반행위	지주회사의 행위제한 등 위반행위	법 제38조 제3항에 따른 금액에 100분의 20을 곱한 금액의 범위에서 법 제38조 제3항 각 호에 따른 금액에 중대성의 정도별로 정하는 부과기준율을 곱하여 산정
	상호출자 행위	위반행위로 취득 또는 소유한 주식의 취득가액에 100분의 20을 곱한 금액의 범위에서 취득가액에 중대성의 정도별로 정하는 부과기준율을 곱하여 산정
	순환출자 행위	위반행위로 취득 또는 소유한 주식의 취득가액에 100분의 20을 곱한 금액의 범위에서 취득가액에 중대성의 정도별로 정하는 부과기준율을 곱하여 산정
	계열회사에 대한 채무보증행위	채무보증액에 100분의 20을 곱한 금액의 범위에서 채무보증액에 중대성의 정도별로 정하는 부과기준율을 곱하여 산정
부당한 공동행위 등	부당한 공동행위	관련 매출액에 100분의 20을 곱한 금액의 범위에서 관련 매출액에 중대성의 정도별로 정하는 부과기준율을 곱하여 산정. 다만, 법 제13조 제3항의 어느 하나에 해당하는 경우에는 40억 원 이내에서 중대성의 정도를 고려하여 산정
	사업자단체 금지행위	10억 원의 범위에서 위반행위의 종료일이 속한 연도의 사업자단체의 연간예산액에 중대성의 정도별로 정하는 부과기준율을 곱하여 산정. 다만, 연간예산액을 산정하기 곤란한 경우에는 10억 원의 범위에서 중대성의 정도를 고려하여 산정
	사업자단체 금지행위 참가행위	관련 매출액에 100분의 10을 곱한 금액의 범위에서 관련 매출액에 중대성의 정도별로 정하는 부과기준율을 곱하여 산정. 다만, 법 제13조 제3항의 어느 하나에 해당하는 경우에는 40억 원의 범위에서 중대성의 정도를 고려하여 산정

불공정거래행위 등	불공정거래행위 (부당한 지원행위 제외)	관련 매출액에 100분의 4를 곱한 금액의 범위에서 관련 매출액에 중대성의 정도별로 정하는 부과기준율을 곱하여 산정. 다만, 법 제13조 제3항의 어느 하나에 해당하는 경우에는 10억 원의 범위에서 중대성의 정도를 고려하여 산정
	재판매가격유지행위	
부당한 지원행위	부당한 지원행위	평균매출액에 100분의 10을 곱한 금액의 범위에서 지원하거나 지원받은 지원금액에 중대성의 정도별로 정하는 부과기준율을 곱하여 산정. 다만, 지원금액의 산출이 어렵거나 불가능한 경우 등에는 그 지원성 거래규모의 100분의 10을 지원금액으로 봄
특수관계인에 대한 부당한 이익제공행위 등	특수관계인에 대한 부당한 이익제공행위 등	평균매출액에 100분의 10을 곱한 금액의 범위에서 거래 또는 제공한 위반금액(정상적인 거래에서 기대되는 급부와의 차액)에 중대성의 정도별로 정하는 부과기준율을 곱하여 산정. 다만, 위반금액의 산출이 어렵거나 불가능한 경우 등에는 그 거래 또는 제공 규모의 100분의 10을 위반금액으로 봄
보복조치	보복조치	관련매출액에 100분의 4를 곱한 금액의 범위에서 관련매출액에 위반행위의 중대성 정도별로 정하는 부과기준율을 곱하여 산정. 다만, 법 제13조 제3항의 어느 하나에 해당하는 경우에는 10억 원의 범위에서 중대성의 정도를 고려하여 산정

④ 과징금의 납부기한의 연장 및 분할납부
  ㉠ 연장 및 분할납부사유 21 22 기출
    공정거래위원회는 과징금의 금액이 대통령령으로 정하는 기준을 초과하는 경우로서 다음의 어느 하나에 해당하는 사유로 인하여 과징금 납부의무자가 과징금 전액을 일시에 납부하기가 어렵다고 인정될 때에는 그 납부기한을 연장하거나 분할납부하게 할 수 있다. 이 경우 필요하다고 인정할 때에는 담보를 제공하게 할 수 있다.
    ⓐ 재해 또는 노난 등으로 재산에 현저한 손실이 생긴 경우
    ⓑ 사업여건의 악화로 사업이 중대한 위기에 처한 경우
    ⓒ 과징금의 일시납부에 따라 자금사정에 현저한 어려움이 예상되는 경우
    ⓓ 그 밖에 ⓐ 내지 ⓒ에 준하는 사유가 있는 경우
  ㉡ 신청기간 24 기출
    과징금 납부의무자가 과징금 납부기한의 연기 또는 분할납부를 신청하려는 경우에는 그 납부를 통지받은 날부터 30일 이내에 공정거래위원회에 신청하여야 한다.
  ㉢ 납부기한의 연장
    납부기한의 연장은 납부기한 다음 날부터 2년을 초과할 수 없다.
  ㉣ 분할납부
    분할된 납부기한의 간격은 6개월, 분할 횟수는 6회를 초과할 수 없다.
  ㉤ 취소사유 23 기출
    공정거래위원회는 납부기한이 연기되거나 분할납부가 허용된 과징금 납부의무자가 다음 중 하나에 해당하게 된 때에는 납부기한의 연기 또는 분할납부 결정을 취소하고 일시에 징수할 수 있다.

　　　　ⓐ 분할납부 결정된 과징금을 그 납부기한까지 납부하지 아니한 경우
　　　　ⓑ 담보의 변경 또는 그 밖에 담보보전에 필요한 공정거래위원회의 명령을 이행하지 아니한 경우
　　　　ⓒ 강제집행, 경매의 개시, 파산선고, 법인의 해산, 국세 또는 지방세의 체납처분 등으로 과징금의 전부 또는 잔여분을 징수할 수 없다고 인정되는 경우
　　　　ⓓ 위 ㉠에 따른 사유가 해소되어 과징금을 일시에 납부할 수 있다고 인정되는 경우
　⑤ 과징금의 연대납부의무 20 기출
　　㉠ 과징금을 부과받은 회사인 사업자가 분할 또는 분할합병되는 경우(부과일에 분할 또는 분할합병되는 경우를 포함한다) 그 과징금은 다음의 회사가 연대하여 납부할 책임을 진다.
　　　ⓐ 분할되는 회사
　　　ⓑ 분할 또는 분할합병으로 인하여 설립되는 회사
　　　ⓒ 분할되는 회사의 일부가 다른 회사에 합병된 후 그 다른 회사가 존속하는 경우의 그 다른 회사
　　㉡ 과징금을 부과받은 회사인 사업자가 분할 또는 분할합병으로 해산되는 경우(부과일에 해산되는 경우를 포함한다) 그 과징금은 다음의 회사가 연대하여 납부할 책임을 진다.
　　　ⓐ 분할 또는 분할합병으로 인하여 설립되는 회사
　　　ⓑ 분할되는 회사의 일부가 다른 회사에 합병된 후 그 다른 회사가 존속하는 경우의 그 다른 회사
　⑥ 과징금의 징수 및 체납처분
　　㉠ 가산금
　　　공정거래위원회는 과징금 납부의무자가 납부기한까지 과징금을 납부하지 아니한 경우에는 납부기한의 다음 날부터 납부한 날까지의 기간에 대하여 연 40%의 범위에서 은행의 연체이자율을 고려하여 가산금을 징수한다. 이 경우 가산금을 징수하는 기간은 60개월을 초과할 수 없다.
　　㉡ 독 촉
　　　과징금 납부의무자가 납부기한까지 과징금을 납부하지 아니하였을 때에는 기간을 정하여 독촉을 한다. 과징금 납부의무자에 대한 독촉은 납부기한 경과 후 15일 이내에 서면으로 하여야 하며 독촉장을 발부하는 경우 체납된 과징금의 납부기한은 발부일부터 10일 이내로 한다.
　　　지정한 기간 안에 과징금 및 가산금을 납부하지 아니한 때에는 국세체납처분의 예에 따라 징수가 가능하다.
　　㉢ 공정거래위원회는 과징금 및 가산금의 징수 또는 체납처분에 관한 업무를 국세청장에게 위탁할 수 있다.
　⑦ 과징금 환급가산금
　　공정거래위원회가 이의신청의 재결 또는 법원의 판결 등의 사유로 과징금을 환급하는 경우에는 과징금을 납부한 날부터 환급한 날까지의 기간에 대하여 대통령령으로 정하는 바에 따라 환급가산금을 지급하여야 한다. 다만, 법원의 판결에 따라 과징금 부과처분이 취소되어 그 판결이유에 따라 새로운 과징금을 부과하는 경우에는 당초 납부한 과징금에서 새로 부과하기로 결정한 과징금을 공제한 나머지 금액에 대해서만 환급가산금을 계산하여 지급한다.

⑧ 결손처분 18 20 21 23 25 기출
  ㉠ 공정거래위원회는 과징금·과태료, 그 밖에 공정거래법에 따른 징수금의 납부의무자에게 다음의 어느 하나에 해당하는 사유가 있는 경우에는 결손처분을 할 수 있다.
    ⓐ 체납처분이 끝나고 체납액에 충당된 배분금액이 체납액에 미치지 못하는 경우
    ⓑ 징수금 등의 징수권에 대한 소멸시효가 완성된 경우
    ⓒ 체납자의 행방이 분명하지 아니하거나 재산이 없다는 것이 판명된 경우
    ⓓ 체납처분의 목적물인 총재산의 추산가액이 체납처분비에 충당하고 남을 여지가 없음이 확인된 경우
    ⓔ 체납처분의 목적물인 총재산이 징수금 등보다 우선하는 국세, 지방세, 전세권·질권 또는 저당권으로 담보된 채권 등의 변제에 충당하고 남을 여지가 없음이 확인된 경우
    ⓕ 징수할 가망이 없는 경우로서 대통령령으로 정하는 사유에 해당되는 경우
  ㉡ 결손처분을 할 때에는 지방행정기관 등 관계 기관에 대하여 체납자의 행방 또는 재산의 유무를 조사하고 확인하여야 한다.

3 형사적 제재 10 11 18 20 기출

(1) 벌 칙 20 23 기출
  ① 3년 이하의 징역 또는 2억 원 이하의 벌금(법 제124조)
    ㉠ 시장지배적 지위의 남용금지를 위반하여 남용행위를 한 자
    ㉡ 탈법행위의 금지를 위반하여 탈법행위를 한 자
    ㉢ 시정조치의 이행확보, 순환출자에 대한 의결권 제한, 금융회사·보험회사 및 공익법인의 의결권 제한 또는 시정조치의 이행확보를 위반하여 의결권을 행사한 자
    ㉣ 제18조(지주회사 등의 행위제한 등) 제2항부터 제5항까지의 규정을 위반한 자
    ㉤ 제19조(상호출자 제한기업 집단의 지주회사 설립제한)를 위반하여 지주회사를 설립하거나 지주회사로 전환한 자
    ㉥ 제20조(일반지주회사의 금융회사 주식 소유 제한에 관한 특례) 제2항 또는 제3항을 위반한 자
    ㉦ 제21조(상호출자의 금지 등) 또는 제22조(순환출자의 금지)를 위반하여 주식을 취득하거나 소유하고 있는 자
    ㉧ 제24조(계열회사에 대한 채무보증의 금지)를 위반하여 채무보증을 하고 있는 자
    ㉨ 제40조(부당한 공동행위의 금지) 제1항을 위반하여 부당한 공동행위를 한 자 또는 이를 하도록 한 자
    ㉩ 제45조(불공정거래행위의 금지) 제1항 제9호, 제47조(특수관계인에 대한 부당한 이익제공 등 금지) 제1항 또는 제4항을 위반한 자
    ㉪ 제48조(보복조치의 금지)를 위반한 자
    ㉫ 제51조(사업자단체의 금지행위) 제1항 제1호를 위반하여 사업자단체의 금지행위를 한 자
    ㉬ 제81조(위반행위의 조사 등) 제2항에 따른 조사 시 폭언·폭행, 고의적인 현장진입 저지·지연 등을 통하여 조사를 거부·방해 또는 기피한 자

② 2년 이하의 징역 또는 1억 5천만 원 이하의 벌금(법 제125조)
　㉠ 제7조 제1항, 제14조 제1항, 제37조 제1항, 제42조 제1항, 제49조 제1항 및 제52조 제1항에 따른 시정조치에 따르지 아니한 자
　㉡ 제31조(상호출자 제한기업 집단 등의 지정 등) 제4항에 따른 자료제출 요청에 대하여 정당한 이유 없이 자료제출을 거부하거나 거짓의 자료를 제출한 자
　㉢ 제31조(상호출자 제한기업 집단 등의 지정 등) 제5항을 위반하여 공인회계사의 회계감사를 받지 아니한 자
　㉣ 제45조(불공정거래행위의 금지) 제1항(제1호·제2호·제3호·제7호 및 제9호는 제외한다)을 위반하여 불공정거래행위를 한 자
　㉤ 구성사업자(사업자단체의 구성원인 사업자를 말한다)의 사업내용 또는 활동을 부당하게 제한하는 행위를 위반하여 사업자단체의 금지행위를 한 자
　㉥ 제81조(위반행위의 조사 등) 제1항 제3호 또는 같은 조 제6항에 따른 보고 또는 필요한 자료나 물건을 제출하지 아니하거나 거짓의 보고 또는 자료나 물건을 제출한 자
　㉦ 제81조(위반행위의 조사 등) 제2항에 따른 조사 시 자료의 은닉·폐기, 접근 거부 또는 위조·변조 등을 통하여 조사를 거부·방해 또는 기피한 자

③ 1억 원 이하의 벌금(법 제126조)
　㉠ 지주회사의 설립 또는 전환의 신고를 하지 아니하거나 거짓으로 신고를 한 자
　㉡ 해당 지주회사 등의 사업내용에 관한 보고서를 제출하지 아니하거나 거짓으로 보고서를 제출한 자
　㉢ 주식소유현황 또는 채무보증 현황의 신고를 하지 아니하거나 거짓으로 신고를 한 자
　㉣ 거짓으로 감정을 한 제81조(위반행위의 조사 등) 제1항 제2호에 따른 감정인

④ 2년 이하의 징역 또는 2천만 원 이하의 벌금(법 제127조 제1항)
　국내외에서 정당한 이유 없이 비밀유지명령을 위반한 자. 다만, 비밀유지명령을 신청한 자의 고소가 없으면 공소를 제기할 수 없다.

⑤ 2년 이하의 징역 또는 200만 원 이하의 벌금(법 제127조 제2항)
　비밀엄수의 의무를 위반한 자

(2) 과태료(법 제130조) 14 15 18 기출
① 사업자, 사업자단체, 공시대상 기업집단에 속하는 회사를 지배하는 동일인 또는 그 동일인의 특수관계인인 공익법인이 다음의 어느 하나에 해당하는 경우에는 1억 원 이하, 회사·사업자단체·공익법인의 임원 또는 종업원, 그 밖의 이해관계인이 다음의 어느 하나에 해당하는 경우에는 1천만 원 이하의 과태료를 부과한다.
　㉠ 제11조(기업결합의 신고) 제1항, 제2항 또는 제6항에 따른 기업결합의 신고를 하지 아니하거나 거짓의 신고를 한 자 또는 같은 조 제8항을 위반한 자
　㉡ 제20조(일반지주회사의 금융회사 주식 소유 제한에 관한 특례) 제3항 제2호·제3호를 위반하여 금융업 또는 보험업을 영위한 자

ⓒ 제20조(일반지주회사의 금융회사 주식 소유 제한에 관한 특례) 제4항·제5항에 따른 보고를 하지 아니한 자 또는 주요 내용을 누락하거나 거짓으로 보고를 한 자
ⓔ 제26조(대규모내부거래의 이사회 의결 및 공시)부터 제29조(특수관계인인 공익법인의 이사회 의결 및 공시)까지의 규정에 따른 공시를 하는 경우에 이사회의 의결을 거치지 아니하거나 공시를 하지 아니한 자 또는 주요 내용을 누락하거나 거짓으로 공시한 자
ⓜ 제32조(계열회사 등의 편입 및 제외 등) 제3항에 따른 자료제출 요청에 대하여 정당한 이유 없이 자료를 제출하지 아니하거나 거짓의 자료를 제출한 자
ⓗ 제81조(위반행위의 조사 등) 제1항 제1호를 위반하여 정당한 이유 없이 출석을 하지 아니한 자
ⓢ 제87조(서면실태조사) 제2항에 따른 자료제출 요구에 대하여 정당한 이유 없이 자료를 제출하지 아니하거나 거짓의 자료를 제출한 자

② 제66조(심판정의 질서유지)를 위반하여 질서유지의 명령을 따르지 아니한 사람에게는 100만 원 이하의 과태료를 부과한다.
③ 과태료는 대통령령으로 정하는 바에 따라 공정거래위원회가 부과·징수한다. 이 경우 ①의 ⓔ에 따른 과태료는 공정거래위원회가 시정 여부, 위반의 정도, 위반의 동기 및 그 결과 등을 고려하여 대통령령으로 정하는 기준에 따라 면제할 수 있다.
④ 과태료의 부과·징수에 관하여는 제102조(과징금 부과) 제2항부터 제4항까지의 규정을 준용한다. 이 경우 "과징금"은 "과태료"로 본다.

(3) 양벌규정(법 제128조)

법인(법인격이 없는 단체를 포함)의 대표자나 법인 또는 개인의 대리인, 사용인, 그 밖의 종업원이 그 법인 또는 개인의 업무에 관하여 제124조부터 제126조까지의 어느 하나에 해당하는 위반행위를 하면 그 행위자를 벌하는 외에 그 법인 또는 개인에게도 해당 조문의 벌금형을 과(科)한다. 다만, 법인 또는 개인이 그 위반행위를 방지하기 위하여 해당 업무에 관하여 상당한 주의와 감독을 게을리하지 아니한 경우에는 그러하지 아니하다.

(4) 고발(법 제129조) 15 16 18 19 20 24 기출

① 제124조 및 제125조의 죄는 공정거래위원회의 고발이 있어야 공소를 제기할 수 있다.
② 공정거래위원회는 제124조 및 제125조의 죄 중 그 위반의 정도가 객관적으로 명백하고 중대하여 경쟁질서를 현저히 해친다고 인정하는 경우에는 검찰총장에게 고발하여야 한다.
③ 검찰총장은 ②에 의한 고발요건에 해당하는 사실이 있음을 공정거래위원회에 통보하여 고발을 요청할 수 있다.
④ 공정거래위원회가 ②에 따른 고발요건에 해당하지 아니한다고 결정하더라도 감사원장, 중소벤처기업부장관, 조달청장은 사회적 파급효과, 국가재정에 끼친 영향, 중소기업에 미친 피해 정도 등 다른 사정을 이유로 공정거래위원회에 고발을 요청할 수 있다.
⑤ 공정거래위원회는 ③ 또는 ④에 따른 고발요청이 있는 때에는 검찰총장에게 고발하여야 한다.
⑥ 공정거래위원회는 공소가 제기된 후에는 고발을 취소할 수 없다.

제10절 적용 제외 및 보칙

1 적용 제외 12 19 25 기출

(1) 법령에 따른 정당한 행위(법 제116조)

① 의 의 17 기출
  ㉠ 공정거래법은 사업자 또는 사업자단체가 다른 법령에 따라 하는 정당한 행위에 대해서는 적용하지 아니한다.
  ㉡ 공정거래법은 시장에서의 공정하고 자유로운 경쟁을 촉진시키는 것을 그 목적으로 하고 있지만 당해 사업 또는 시장 등의 특수성으로 인하여 경쟁제한이 합리적이라고 인정되는 경우 공익적 차원에서 예외를 인정하고 있는 것이다.

② 행정지도 등의 불인정 13 기출
  법령에 따라 그 행위가 정당한 경우에만 적용이 배제되는 것이므로 행정지도 등에 의한 경쟁제한행위는 정당한 행위로 인정되지 않는다.

> **참고** 행정지도
>
> 행정지도는 법적 근거의 유무에 불구하고 행정청이 일정한 목적을 달성하기 위해 기업 등에 대하여 조언과 설득 등을 통하여 지도하는 것을 말한다. 행정지도는 법률의 근거 유무에 따라 법률에 근거한 행정지도와 법률에 근거하지 않는 행정지도로 구분된다. 법률에 근거한 행정지도는 행정작용법상 지도 또는 권고에 대한 구체적인 근거규정이 있는 경우를 말하며, 법률에 근거하지 않는 행정지도는 행정작용법상 근거규정 없이 다만 행정조직법상 부여된 권한을 행사하는 경우를 말한다. 법적 근거가 있는 행정지도는 법령에 따른 정당한 행위에 해당되는 경우 공정거래법의 적용이 배제되나 법적 근거가 없는 행정지도는 배제 여부에 대하여 논란이 있다. 행정지도와 관련한 공정거래법상의 문제는 주로 카르텔과 관련하여 나타나고 있으며 이는 사업자들 간에 의해서뿐만 아니라 행정청의 행정지도에 의해서 유발되는 경우도 있다.

> **판례** 서울고판 1992.1.29., 91구2030
>
> 행정지도는 비권력적 사업행위에 불과한 것이어서 그에 따름이 강제되는 것이 아니므로 사업자단체로서는 독자적으로 독점규제 및 공정거래에 관한 법률 위반 여부를 판단하여 행동하여야 하고, 위 법의 운영은 행정부 내에서 독립된 지위를 가진 공정거래위원회의 권한으로 되어 있으므로, 사업자단체가 주무관청인 상공부(현 산업통상자원부)의 행정지도에 따라 시정명령의 대상이 되는 행위를 하게 된 것이라 하더라도 그것만으로 위법성이 조각된다거나 또는 그 시정을 명함이 금반언의 원칙에 반한다고 할 수는 없다.

(2) 무체재산권의 행사행위(법 제117조)

① 의 의
  공정거래법의 규정은 저작권법, 특허법, 실용신안법, 디자인보호법 또는 상표법에 따른 권리의 정당한 행사라고 인정되는 행위에 대해서는 적용하지 아니한다.

② 취 지
이는 무체재산권의 특수성을 인정하여 그 권리자에게 독점적 지위를 인정함으로써 창작활동, 기술개발 등을 촉진시키려는 취지이다.

③ 적용범위
무체재산권의 행사행위라고 하더라도 저작권법 등의 법률이 정한 범위 내에서 정당한 행위로 인정되는 경우에 한해 독점적 지위를 인정받을 수 있다. 따라서 권리를 남용하거나 부당하게 사용하는 경우에는 공정거래법의 적용을 받는다.

> **참고** **무체재산권**
>
> 무체재산권은 무형의 재산적 이익을 배타적으로 지배할 수 있는 권리를 말한다. 사람의 정신적인 산출물을 대상으로 하는 권리의 총칭으로 지적재산권 또는 지식재산권이라고도 하며, 특허권, 실용신안권, 디자인보호권(의장권), 상표권 등 발명·상표 등 아이디어와 기술 자체를 보호함으로써 산업발전을 도모하고자 하는 산업재산권과 문예·학술·음악 등에 관한 창작을 대상으로 문화창달을 목적으로 하는 저작권이 대표적이다. 오늘날 과학적 발명 및 정신적 창작이 산업사회에서 차지하는 비중이 증대함에 따라 무체재산권의 보호를 위한 제도적 장치가 더욱 강화되고 있으며 국가 간 무역분쟁의 대상이 되기도 한다. 공정거래법은 각종 무체재산권법에 의한 권리(독점권)의 행사라고 인정되는 행위에 대하여는 동법 적용을 제외하고 있다. 그러나 이 경우에도 재판매가격유지행위 등 무체재산권에 부여된 그 권리의 범위를 넘어 행사되는 경우에는 공정거래법의 적용대상이 된다. 또한, 동법은 사업자 또는 사업자단체에 대하여 무체재산권 등과 관련한 부당한 국제계약체결을 금지하고 있다.

(3) 일정한 조합의 행위(법 제118조) 11 14 15 25 기출

① 원 칙
공정거래법의 규정은 다음의 요건을 갖추어 설립된 조합(조합의 연합회 포함)의 행위에 대하여는 이를 적용하지 아니한다.
㉠ 소규모의 사업자 또는 소비자의 상호부조를 목적으로 할 것
㉡ 임의로 설립되고, 조합원이 임의로 가입 또는 탈퇴할 수 있을 것
㉢ 각 조합원이 평등한 의결권을 가질 것
㉣ 조합원에게 이익배분을 하는 경우에는 그 한도가 정관에 정하여져 있을 것

② 적용배제의 예외
당해 조합이 불공정거래행위를 하거나 부당하게 경쟁을 제한하여 가격을 인상하게 되는 경우에는 공정거래법이 적용된다.

2 보 칙 10 20 기출

(1) 비밀엄수의무

이 법에 따른 직무에 종사하거나 종사하였던 위원, 공무원 또는 협의회에서 분쟁조정업무를 담당하거나 담당하였던 사람 또는 동의의결 이행관리 업무를 담당하거나 담당하였던 사람은 그 직무상 알게 된 사업자 또는 사업자단체의 비밀을 누설하거나 이 법의 시행을 위한 목적 외에 이를 이용해서는 아니 된다.

(2) 경쟁제한적인 법령 제정의 협의

① 협 의

관계행정기관의 장은 사업자의 가격·거래조건의 결정, 시장진입 또는 사업활동의 제한, 부당한 공동행위 또는 사업자단체의 금지행위 등 경쟁제한사항을 내용으로 하는 법령을 제정 또는 개정하거나, 사업자 또는 사업자단체에 경쟁제한사항을 내용으로 하는 승인 또는 그 밖의 처분을 하려는 경우에는 미리 공정거래위원회와 협의하여야 한다.

② 통 지

㉠ 관계행정기관의 장은 경쟁제한사항을 내용으로 하는 예규·고시 등을 제정하거나 개정하려는 경우에는 미리 공정거래위원회에 통보하여야 한다.

㉡ 관계행정기관의 장은 경쟁제한사항을 내용으로 하는 승인 또는 그 밖의 처분을 한 경우에는 해당 승인 또는 그 밖의 처분내용을 공정거래위원회에 통보하여야 한다.

③ 의견 제시 **14** 기출

㉠ 공정거래위원회는 통보를 받은 경우에 해당 제정 또는 개정하려는 하는 예규·고시 등에 경쟁제한사항이 포함되어 있다고 인정되는 경우에는 관계행정기관의 장에게 해당 경쟁제한사항의 시정에 관한 의견을 제시할 수 있다.

㉡ 협의 없이 제정 또는 개정된 법령과 통보 없이 제정 또는 개정된 예규·고시 등이나 통보 없이 한 승인 또는 그 밖의 처분에 관하여도 또한 같다.

(3) 공정거래 자율준수 문화의 확산

① 공정거래위원회는 경쟁촉진의 일환으로 공정거래 자율준수 문화를 확산시키기 위한 시책을 마련하고 추진할 수 있다.

② 공정거래위원회는 공정거래위원회 소관 법령을 자율적으로 준수하기 위하여 내부준법제도(이하 "공정거래 자율준수제도"라 한다)를 운영하는 사업자를 대상으로 그 운영상황에 대하여 평가(이하 "공정거래 자율준수평가"라 한다)를 할 수 있다.

③ 공정거래 자율준수평가를 받으려는 사업자는 대통령령으로 정하는 바에 따라 공정거래위원회에 신청하여야 한다.

④ 공정거래위원회는 공정거래 자율준수제도를 활성화하기 위하여 공정거래 자율준수평가를 받은 사업자를 대상으로 대통령령으로 정하는 바에 따라 그 평가 결과 등에 근거하여 시정조치 또는 과징금 감경이나 포상 또는 지원 등을 할 수 있다.

⑤ 공정거래위원회는 공정거래 자율준수평가를 신청한 사업자에 대하여 대통령령으로 정하는 바에 따라 그 평가에 소요되는 비용을 부담하게 할 수 있다.

⑥ ①부터 ⑤까지 외에 공정거래 자율준수평가의 기준 및 절차 등에 필요한 사항은 대통령령으로 정한다.

(4) 자율준수평가기관의 지정 등

① 공정거래위원회는 공정거래 관련 분야에 대하여 전문성이 있는 기관 또는 단체를 대통령령으로 정하는 바에 따라 공정거래 자율준수평가기관(이하 "평가기관"이라 한다)으로 지정하여 공정거래 자율준수평가에 관한 업무(이하 "평가업무"라 한다)를 수행하게 할 수 있다.

② 공정거래위원회는 평가기관이 다음의 어느 하나에 해당하는 경우에는 평가기관의 지정을 취소하거나 1년 이내의 기간을 정하여 업무의 정지를 명할 수 있다. 다만, ㉠ 또는 ㉥에 해당하면 그 지정을 취소하여야 한다.
  ㉠ 거짓이나 부정한 방법으로 지정을 받은 경우
  ㉡ 업무정지명령을 위반하여 그 정지 기간 중 평가업무를 행한 경우
  ㉢ 고의 또는 중대한 과실로 제120조의2(공정거래 자율준수 문화의 확산) 제6항에 따른 공정거래 자율준수평가의 기준 및 절차를 위반한 경우
  ㉣ 정당한 사유 없이 평가업무를 거부한 경우
  ㉤ 파산 또는 폐업한 경우
  ㉥ 그 밖에 휴업 또는 부도 등으로 인하여 평가업무를 수행하기 어려운 경우

(5) 관계행정기관의 장의 협조
① 의견청취 23 기출
  공정거래위원회는 공정거래법의 시행을 위하여 필요하다고 인정할 때에는 관계행정기관의 장이나, 그 밖의 기관 또는 단체의 장의 의견을 들을 수 있다.
② 조사의뢰 등
  공정거래위원회는 공정거래법의 시행을 위하여 필요하다고 인정할 때에는 관계행정기관의 장이나, 그 밖의 기관 또는 단체의 장에게 필요한 조사를 의뢰하거나 필요한 자료를 요청할 수 있다.
③ 협조의뢰
  공정거래위원회는 공정거래법의 규정에 의한 시정조치의 이행을 확보하기 위하여 필요하다고 인정하는 경우에는 관계행정기관의 장이나, 그 밖의 기관 또는 단체의 장에게 필요한 협조를 의뢰할 수 있다.

(6) 권한의 위임·위탁
공정거래위원회는 공정거래법의 규정에 의한 권한의 일부를 대통령령이 정하는 바에 의하여 소속기관의 장이나, 특별시장·광역시장, 특별자치시장·특별자치도지사 또는 도지사에게 위임하거나, 다른 행정기관의 장에게 위탁할 수 있다.

CHAPTER 01 적중예상문제

제1절 총칙

01 독점규제 및 공정거래에 관한 법률상 '임원'에 해당하는 자로 옳지 않은 것은?

① 대표이사에 준하는 사람
② 감사
③ 지배주주
④ 지배인
⑤ 업무집행을 하는 무한책임사원

해설

임원이라 함은 이사·대표이사·업무집행을 하는 무한책임사원·감사나 이에 준하는 사람 또는 지배인 등 본점이나 지점의 영업 전반을 총괄적으로 처리할 수 있는 상업사용인을 말한다(독점규제 및 공정거래에 관한 법률 제2조 제6호).

02 독점규제 및 공정거래에 관한 법률에 대한 설명으로 옳지 않은 것은? (다툼이 있으면 판례에 따름)

① 이 법은 창의적인 기업 활동을 조장하고 소비자를 보호함을 목적으로 한다.
② 이 법은 국외에서 이루어진 행위에 대해서는 국내시장에 영향을 미치더라도 적용되지 않는다.
③ 이 법은 공정하고 자유로운 경쟁을 촉진함을 직접적인 목적으로 한다.
④ 이 법은 국민경제의 균형있는 발전을 도모함을 목적으로 한다.
⑤ 국가도 사경제의 주체로서 활동하는 경우에는 이 법에 따른 사업자가 될 수 있다.

해설

② 이 법은 국외에서 이루어진 행위라도 국내시장에 영향을 미치는 경우에는 적용한다(독점규제 및 공정거래에 관한 법률 제3조).

정답 01 ③ 02 ②

03 독점규제 및 공정거래에 관한 법률의 적용범위에 관한 설명 중 옳지 않은 것은?

① 경제활동을 하는 사업자는 적용대상이 된다.
② 국가나 지방자치단체도 적용대상이 될 수 있다.
③ 저작권법, 특허법에 의한 권리의 행사라고 인정되는 행위에 대하여는 적용되지 않는다.
④ 사업자의 종업원은 적용대상이 될 수 없다.
⑤ 자유업에 종사하는 자도 적용대상이 될 수 있다.

> 해설
> ④ 사업자의 이익을 위한 행위를 하는 임원·종업원·대리인 및 그 밖의 자는 사업자단체에 관한 규정의 적용에 있어서는 이를 사업자로 본다(독점규제 및 공정거래에 관한 법률 제2조 제1호).

04 경제법의 특징을 설명한 것 중 옳지 않은 것은?

① 경제법은 자본주의 경제의 발전과정에서 나타난 모순을 극복하고 국가의 경제에 대한 통제를 규범화하기 위하여 나타나게 되었다.
② 경제법은 국가가 경제정책을 효율적으로 수행하기 위하여 제정한 모든 법규범의 총체이다.
③ 경제법은 자유방임주의에 입각한 근대 시민법원리의 모순을 직시하고 이를 부정하는 바탕 위에서 새로운 법원리를 구성하고 있다.
④ 경제 외적 목적을 추구하기 위한 법률도 때로는 경제정책적인 목적을 위하여 이용되는 경우가 있으며 이 경우에는 그 한도에서 경제법으로서의 성격을 가지게 된다.
⑤ 경제법은 국가의 경제에 대한 간섭을 통하여 시장기구를 유지하고 보완하는 기능을 수행하고 있다.

> 해설
> ③ 경제법이 근대 시민법원리를 전면 부정했다기보다는 수정자본주의적 입장에서 시민법원리의 모순과 문제점을 시정·보완했다고 보아야 할 것이다.

05 독점규제 및 공정거래에 관한 법률상 용어의 정의로 옳지 않은 것은?

① 일정한 거래분야 : 거래의 객체별·단계별 또는 지역별로 경쟁관계에 있거나 경쟁관계가 성립될 수 있는 분야
② 임원 : 이사·대표이사·유한책임사원·감사나 상업사용인
③ 여신 : 국내금융기관이 행하는 대출 및 회사채무의 보증 또는 인수
④ 경쟁을 실질적으로 제한하는 행위 : 일정한 거래분야의 경쟁이 감소하여 특정 사업자 또는 사업자단체의 의사에 따라 어느 정도 자유로이 가격·수량·품질 기타 거래조건 등의 결정에 영향을 미치거나 미칠 우려가 있는 상태를 초래하는 행위
⑤ 재판매가격유지행위 : 거래가격을 정하여 그 가격대로 판매 또는 제공할 것을 강제하거나 그 가격대로 판매 또는 제공하도록 그 밖의 구속조건을 붙여 거래하는 행위

해설

임원이란 이사·대표이사·업무집행을 하는 무한책임사원·감사나 이에 준하는 사람 또는 지배인 등 본점이나 지점의 영업 전반을 총괄적으로 처리할 수 있는 상업사용인을 말한다(독점규제 및 공정거래에 관한 법률 제2조 제6호).

제2절 시장지배적 지위의 남용금지

01 독점규제 및 공정거래에 관한 법률에서 명시하고 있는 시장지배적 지위의 남용행위가 아닌 것은?

① 상품의 판매를 부당하게 조절하는 행위
② 다른 사업자의 사업활동을 부당하게 방해하는 행위
③ 새로운 경쟁사업자의 참가를 부당하게 방해하는 행위
④ 소비자의 이익을 현저히 저해할 우려가 있는 행위
⑤ 부당하게 경쟁자의 고객을 자기와 거래하도록 유인하는 행위

해설

⑤ 부당하게 경쟁자의 고객을 자기와 거래하도록 유인하는 행위는 불공정거래행위에 해당한다(독점규제 및 공정거래에 관한 법률 제45조 제1항 제4호).

시장지배적 지위의 남용금지(독점규제 및 공정거래에 관한 법률 제5조)
- 상품의 가격이나 용역의 대가를 부당하게 결정·유지 또는 변경하는 행위
- 상품의 판매 또는 용역의 제공을 부당하게 조절하는 행위
- 다른 사업자의 사업활동을 부당하게 방해하는 행위
- 새로운 경쟁사업자의 참가를 부당하게 방해하는 행위
- 부당하게 경쟁사업자를 배제하기 위하여 거래하거나 소비자의 이익을 현저히 해칠 우려가 있는 행위

02 독점규제 및 공정거래에 관한 법률상 시장지배적 사업자에 관한 설명으로 옳지 않은 것은?

① 시장지배적 사업자를 판단함에 있어서는 경쟁사업자의 상대적 규모를 고려한다.
② 일정한 거래분야에서 시장점유율이 50%인 사업자는 시장지배적 사업자로 추정된다.
③ 일정한 거래분야에서 셋 사업자의 시장점유율의 합계가 70%인 경우 그 사업자들은 모두 시장지배적 사업자로 추정된다.
④ 일정한 거래분야에서 시장점유율이 10% 미만인 사업자는 시장지배적 사업자로 추정되지 않는다.
⑤ 시장지배적 사업자의 추정규정을 적용함에 있어서 해당 사업자와 그 계열회사는 이를 하나의 사업자로 본다.

> **해설**
> ③ 셋 이하의 사업자의 시장점유율의 합계가 100분의 75 이상인 경우 시장지배적 사업자로 추정한다. 이 경우 시장점유율이 100분의 10미만인 사업자는 제외한다(독점규제 및 공정거래에 관한 법률 제6조 제2호).
> ① 동법 제2조 제3호
> ②·④ 동법 제6조
> ⑤ 동법 시행령 제11조 제3항

03 독점규제 및 공정거래에 관한 법률상 시장지배적 지위의 남용행위 가운데 새로운 경쟁사업자의 참가를 부당하게 방해하는 행위에 해당하는 것은?

① 부당하게 상품을 통상거래가격에 비하여 낮은 대가로 공급하는 행위
② 정당한 이유 없이 거래하는 유통사업자와 배타적 거래계약을 체결하는 행위
③ 정당한 이유 없이 최근의 추세에 비추어 상품의 공급량을 현저히 감소시키는 행위
④ 부당하게 거래상대방이 경쟁사업자와 거래하지 아니할 것을 조건으로 그 거래상대방과 거래하는 행위
⑤ 정당한 이유 없이 상품의 가격을 수급의 변동이나 공급에 필요한 비용의 변동에 비하여 현저하게 상승시키는 행위

> **해설**
> 새로운 경쟁사업자의 참가에 대한 부당한 방해행위(독점규제 및 공정거래에 관한 법률 시행령 제9조 제4항)
> • 정당한 이유 없이 거래하는 유통사업자와 배타적 거래계약을 체결하는 행위
> • 정당한 이유 없이 기존 사업자의 계속적인 사업활동에 필요한 권리 등을 매입하는 행위
> • 정당한 이유 없이 새로운 경쟁사업자의 상품 또는 용역의 생산·공급·판매에 필수적인 요소의 사용 또는 접근을 거절하거나 제한하는 행위
> • 위 행위 외의 부당한 방법으로 새로운 경쟁사업자의 신규진입을 어렵게 하는 행위로서 공정거래위원회가 정하여 고시하는 행위

04 독점규제 및 공정거래에 관한 법률상 독과점적 시장구조의 개선을 위한 공정거래위원회의 역할에 관한 설명으로 옳지 않은 것은?

① 공정거래위원회는 독과점적 시장구조가 장기간 유지되고 있는 상품의 공급시장에 대하여 경쟁을 촉진하기 위한 시책을 수립·시행하여야 한다.
② 공정거래위원회는 독과점적 시장에 대한 경쟁 촉진 시책을 추진하기 위하여 필요한 경우에는 관계행정기관의 장에게 경쟁의 도입에 관하여 필요한 의견을 제시할 수 있다.
③ 공정거래위원회는 독과점적 시장에 대한 경쟁 촉진 시책을 수립·추진하기 위하여 시장구조를 조사하여 공표한다.
④ 공정거래위원회는 사업자에 대하여 시장구조의 조사·공표를 위하여 필요한 자료의 제출을 요청할 수 있다.
⑤ 공정거래위원회는 독과점적 시장구조의 조사와 공표에 관한 사무를 다른 기관에 위탁할 수 없다.

해설
⑤ 공정거래위원회는 독과점적 시장구조의 조사와 공표에 관한 사무를 대통령령이 정하는 바에 의하여 다른 기관에 위탁할 수 있다(독점규제 및 공정거래에 관한 법률 제4조 제5항).

05 일정한 거래분야에서 사업자들의 시장점유율이 아래와 같다고 할 때 독점규제 및 공정거래에 관한 법률상 시장지배적 사업자로 추정되는 사업자를 모두 고른 것은? (단, 각 사업자의 매출액은 90억 원 이상이며 상호 간 계열관계에 있지 아니함)

> A : 35%,   B : 25%,   C : 18%,   D : 15%,   E : 7%

① A
② A, B
③ A, B, C
④ A, B, C, D
⑤ A, B, C, D, E

해설
시장지배적 사업자의 추정(독점규제 및 공정거래에 관한 법률 제6조)
일정한 거래분야에서 시장점유율이 다음의 어느 하나에 해당하는 사업자(일정한 거래분야에서 연간 매출액 또는 구매액이 80억 원 미만인 사업자는 제외한다)는 시장지배적 사업자로 추정한다.
• 하나의 사업자의 시장점유율이 100분의 50 이상
• 셋 이하의 사업자의 시장점유율의 합계가 100분의 75 이상. 다만, 이 경우에 시장점유율이 100분의 10 미만인 자를 제외한다.

06 독점규제 및 공정거래에 관한 법률상 시장지배적 지위의 남용금지 규정에 관한 설명으로 옳지 않은 것은?

① 시장지배적 사업자는 일정한 거래분야의 공급자뿐만 아니라 수요자도 해당될 수 있다.
② 시장지배적 사업자의 추정의 규정을 적용함에 있어서 해당 사업자와 그 계열회사는 이를 하나의 사업자로 본다.
③ 시장지배적 지위의 남용에 대한 시정조치로서 공정거래위원회는 가격의 인하를 명할 수 있다.
④ 공정거래위원회는 시장지배적 사업자가 남용행위를 한 경우에는 당해 사업자에 대하여 대통령령이 정하는 매출액에 100분의 6을 곱한 금액을 초과하지 아니하는 범위 안에서 과징금을 부과할 수 있다.
⑤ 일정한 거래분야에서 연간 매출액 또는 구매액이 100억 원 미만인 사업자는 시장지배적 지위의 남용금지 규정의 적용에서 제외된다.

> **해설**
> ⑤ 일정한 거래분야에서 연간 매출액 또는 구매액이 80억 원 미만인 사업자는 시장지배적 지위의 남용금지 규정의 적용에서 제외된다(독점규제 및 공정거래에 관한 법률 제6조).

제3절 부당한 공동행위의 제한

01 독점규제 및 공정거래에 관한 법률에서 명문으로 금지하고 있는 부당한 공동행위의 유형에 속하지 않는 것은?

① 영업의 주요 부문을 공동으로 관리하기 위한 회사를 설립하는 행위
② 거래상대방을 제한하는 행위
③ 상품 또는 용역의 거래조건을 정하는 행위
④ 경쟁자의 고객을 자기와 거래하도록 유인하는 행위
⑤ 상품의 생산・출고・수송을 제한하는 행위

> **해설**
> ④ 경쟁자의 고객을 자기와 거래하도록 유인하는 행위는 부당한 공동행위가 아니라 불공정거래행위의 유형에 해당한다.

02 독점규제 및 공정거래에 관한 법률상 부당한 공동행위에 대한 설명 중 옳지 않은 것은?

① 부당한 공동행위를 할 것을 약정하는 계약은 사업자 간에 있어서는 무효이다.
② 부당한 공동행위라도 중소기업의 경쟁력 향상을 위하여 예외적으로 허용될 수 있다.
③ 부당한 공동행위가 예외적으로 허용되기 위해서는 공정거래위원회의 인가를 받아야 한다.
④ 부당한 공동행위가 성립하기 위해서는 사업자 간의 명시적 합의가 있어야 한다.
⑤ 공정거래위원회는 부당한 공동행위를 한 사업자가 그 사실을 신고한 경우에는 신고자에 대하여 시정조치나 과징금을 감경 또는 면제할 수 있다.

해설
④ 사업자 간에 명시적 합의가 없더라도 부당한 공동행위로 인정될 수 있다.

03 독점규제 및 공정거래에 관한 법률상 부당한 공동행위에 관한 설명으로 옳은 것은? (다툼이 있으면 판례에 따름)

① 수 차례의 합의가 1개의 부당한 공동행위로 되기 위해서는 위반행위 기간 전체에 걸쳐 합의의 당사자가 동일하여야 한다.
② 입찰에 참가하여 들러리를 서주는 등 입찰합의의 실행을 묵시적으로 동의한 경우에도 부당한 공동행위가 성립한다.
③ 부당한 공동행위에 관한 심사의 기준은 행정안전부가 정하여 고시할 수 있다.
④ 부당한 공동행위를 한 사업자는 대통령령이 정하는 매출액에 100분의 10을 곱한 금액을 초과하지 아니하는 범위 안에서 과징금을 부과받을 수 있으나 매출액이 없는 경우에는 과징금을 부과받지 않는다.
⑤ 부당한 공동행위로 인하여 피해를 입은 자라도 공동행위를 한 사업자에 대하여 손해배상을 청구할 수는 없다.

해설
① 기본원칙에 관한 합의 또는 각 합의의 구체적 내용이나 구성원 등에 일부 변동이 있었다고 하더라도 부당한 공동행위에 관한 수차례의 합의를 계속하여 온 경우에는 그와 같은 일련의 합의는 전체적으로 하나의 부당한 공동행위로 본다(공동행위 심사기준 Ⅲ. 부당한 공동행위의 수와 기간 1. 부당한 공동행위의 수 참조).
③ 부당한 공동행위에 관한 심사의 기준은 공정거래위원회가 정하여 고시한다(독점규제 및 공정거래에 관한 법률 제40조 제6항).
④ 대통령령이 정하는 매출액에 100분의 20을 곱한 금액을 초과하지 아니하는 범위 안에서 과징금을 부과할 수 있다. 다만, 매출액이 없는 경우 등에는 40억 원을 초과하지 아니하는 범위 안에서 과징금을 부과할 수 있다(동법 제43조).
⑤ 사업자 또는 사업자단체는 이 법의 규정을 위반함으로써 피해를 입은 자가 있는 경우에는 해당 피해자에 대하여 손해배상의 책임을 진다(동법 제109조 제1항).

04 독점규제 및 공정거래에 관한 법률에서의 부당한 공동행위에 관한 설명으로 옳은 것은?
① 사업자 간의 공동행위가 부당하게 경쟁을 제한하지 않은 경우에는 허용된다.
② 부당한 공동행위를 할 것을 약정하는 계약 등은 사업자 간에 있어서 여전히 유효하나 제3자에 대하여는 이를 무효로 본다.
③ 사업자들 사이의 합의가 묵시적인 경우에는 공동행위가 성립되지 않는다.
④ 부당한 공동행위라 하더라도 산업합리화, 연구·기술개발 등의 목적을 위하여 필요한 경우 공정거래위원회는 주무부장관과의 협의를 거쳐 이를 인가하여야 한다.
⑤ 부당한 공동행위를 한 사업자가 그 사실을 공정거래위원회에 신고한 경우 신고자에 대하여는 시정조치 또는 과징금을 감경 또는 면제하여야 한다.

해설
② 사업자 간에 있어서는 무효이나 제3자에 대해서는 구체적 사항에 따라 다르다.
③ 법 제19조 제1항은 '부당하게 경쟁을 제한하는 행위에 대한 합의'를 금지하고 있는데 그 합의에는 명시적 합의뿐 아니라 묵시적인 합의도 포함된다(대판 2015.12.24., 2013두25924).
④ 공정거래위원회가 인가하는 경우 주무부장관과 협의를 거칠 필요가 없다.
⑤ 시정조치 등의 감면은 임의적 사항이다.

05 독점규제 및 공정거래에 관한 법률상 부당한 공동행위의 금지에 대한 과징금 부과에 관한 설명으로 옳지 않은 것은? (다툼이 있으면 판례에 따름)
① 과징금 산정에 있어 위반행위의 개시일은 합의에 따른 행위를 현실적으로 하였을 때를 기준으로 한다.
② 공정거래위원회는 위반행위로 인해 사업자가 취득한 이익이 적은 경우 과징금을 낮게 부과할 수 있다.
③ 공정거래위원회가 부당한 공동행위에 대한 조사를 개시하지 아니한 경우 해당 위반행위가 종료된 날부터 7년이 지나면 과징금을 부과하지 아니한다.
④ 과징금 산정에 있어 부당한 공동행위가 종료한 날은 그 합의에 기한 실행행위가 종료한 날을 의미한다.
⑤ 사업자들이 공동행위를 위한 기본적 원칙에 합의를 하고 수회에 걸쳐 회합과 합의를 계속해온 경우에는 합의의 구체적인 내용이나 구성원에 변경이 있더라도 위반행위는 하나로 보아야 한다.

해설
① 특별한 사정이 없는 한 부당한 공동행위로 인한 과징금 산정에 있어 위반행위의 개시일은 합의일을 기준으로 함이 상당하다(대판 2008.09.25., 2007두3756).

06 독점규제 및 공정거래에 관한 법률 제40조에서 부당한 공동행위의 유형으로 규정하고 있지 않은 것은?

① 집단으로 특정 사업자를 차별하는 행위
② 상품 대금의 지급조건을 정하는 행위
③ 상품의 출고를 제한하는 행위
④ 거래상대방을 제한하는 행위
⑤ 입찰에 있어 낙찰가격을 결정하는 행위

> **해설**
>
> 부당한 공동행위의 금지(독점규제 및 공정거래에 관한 법률 제40조 제1항)
> 사업자는 계약·협정·결의 또는 그 밖의 어떠한 방법으로도 다른 사업자와 공동으로 부당하게 경쟁을 제한하는 다음의 어느 하나에 해당하는 행위를 할 것을 합의(부당한 공동행위)하거나 다른 사업자로 하여금 이를 하도록 하여서는 아니 된다.
> • 가격을 결정·유지 또는 변경하는 행위
> • 상품 또는 용역의 거래조건이나 그 대금 또는 대가의 지급조건을 정하는 행위
> • 상품의 생산·출고·수송 또는 거래의 제한이나 용역의 거래를 제한하는 행위
> • 거래지역 또는 거래상대방을 제한하는 행위
> • 생산 또는 용역의 거래를 위한 설비의 신설 또는 증설이나 장비의 도입을 방해하거나 제한하는 행위
> • 상품 또는 용역의 생산·거래 시에 그 상품 또는 용역의 종류·규격을 제한하는 행위
> • 영업의 주요 부문을 공동으로 수행·관리하거나 수행·관리하기 위한 회사 등을 설립하는 행위
> • 입찰 또는 경매에 있어 낙찰자, 경락자, 입찰가격, 낙찰가격 또는 경락가격 그 밖에 대통령령으로 정하는 사항을 결정하는 행위
> • 그 밖의 행위로서 다른 사업자(그 행위를 한 사업자를 포함)의 사업활동 또는 사업내용을 방해·제한하거나 가격, 생산량, 그 밖에 대통령령으로 정하는 정보를 주고받음으로써 일정한 거래분야에서 경쟁을 실질적으로 제한하는 행위

07 부당한 공동행위의 금지에 관한 다음 사항 중 맞지 않는 것은?

① 사업자는 다른 사업자와 공동으로 부당하게 경쟁을 제한하는 행위를 하여서는 안 된다.
② 부당한 공동행위의 유형으로 거래지역 또는 거래상대방을 제한하는 행위도 포함된다.
③ 중소기업의 경쟁력 향상을 위한 공동행위는 공정거래위원회의 인가 없이도 할 수 있다.
④ 부당한 공동행위를 할 것을 약정하는 계약 등은 사업자 간에 있어서는 무효이다.
⑤ 부당한 공동행위에 관한 합의는 명시적인 합의뿐만 아니라 묵시적인 방법에 의할 수도 있다.

> **해설**
>
> 부당한 공동행위 금지 규정은 중소기업 경쟁력 향상 등 법률이 정하는 목적을 위하여 행하여지는 경우로서 대통령령으로 정하는 요건에 해당하고 공정거래위원회의 인가를 받은 경우에는 이를 적용하지 아니한다(독점규제 및 공정거래에 관한 법률 제40조 제2항 참조).

08 독점규제 및 공정거래에 관한 법률상 부당한 공동행위의 자진신고자 등에 대한 책임감면제도에 관한 설명으로 옳은 것은? (다툼이 있으면 판례에 따름)

① 부당한 공동행위의 사실을 자진신고한 자와 조사에 협조한 자에게는 형사고발을 면제하여야 한다.
② 첫 번째 자진신고자에게는 과징금의 100분의 50을 감경하고, 시정조치를 면제한다.
③ 자진신고자로서 감면대상에 해당하는지 여부 및 감면순위에 대한 판단은 해당 사업자가 부당한 공동행위의 적발에 기여한 정도와는 무관하다.
④ 공정거래위원회는 자진신고자 등의 신원이 공개되지 아니하도록 해당 사건을 분리 심리할 수 있으나 의결은 부당한 공동행위 사건과 함께 이루어져야 한다.
⑤ 2개 사업자만이 부당한 공동행위에 참여하는 경우 그중 두 번째 자진신고자에게는 과징금 및 시정조치를 감경하지 않는다.

해설
① 부당한 공동행위의 사실을 자진신고한 자와 조사에 협조한 자에 대하여는 시정조치나 과징금을 감경 또는 면제할 수 있고 고발을 면제할 수 있다(독점규제 및 공정거래에 관한 법률 제44조 제1항 참조).
② 공정거래위원회가 조사를 시작하기 전에 자진신고한 자로서 부당한 공동행위임을 입증하는 데 필요한 증거를 단독으로 제공한 최초의 자, 공정거래위원회가 부당한 공동행위에 대한 정보를 입수하지 못하였거나 부당한 공동행위임을 입증하는 데 필요한 증거를 충분히 확보하지 못한 상태에서 조사에 협조 하였을 것, 부당한 공동행위와 관련된 사실을 모두 진술하고 관련 자료를 제출하는 등 조사가 끝날 때까지 성실하게 협조하였을 것, 그 부당한 공동행위를 중단하였을 것 등 이 모두에 해당하는 경우 과징금을 면제하고, 시정조치를 감경하거나 면제한다(동법 시행령 제51조 제1항 제3호 참조).
③ 해당 사업자가 부당한 공동행위의 적발에 기여한 정도에 따라 자진신고자로서 감면대상 여부 및 감면순위에 대한 판단이 결정된다.
④ 공정거래위원회는 자진신고자나 조사에 협조한 자의 신청이 있으면 자진신고자 등의 신원이 공개되지 아니하도록 해당 사건을 분리 심리하거나 분리 의결할 수 있다(동법 시행령 제51조 제6항 참조).

09 독점규제 및 공정거래에 관한 법률상 부당한 공동행위에 관한 설명으로 옳지 않은 것은? (다툼이 있으면 판례에 따름)

① 사업자가 다른 사업자로 하여금 부당한 공동행위를 행하도록 하는 행위는 제40조 제1항에 위반된다.
② 합의는 반드시 명시적 합의뿐 아니라 묵시적인 합의도 포함된다.
③ 부당한 공동행위를 할 것을 약정하는 계약 등은 사업자 간에 있어서는 이를 무효로 한다.
④ 합의는 부당한 공동행위의 외형만 일치한다면 공동성에 대한 정황증거 없이도 추정된다.
⑤ 일정한 거래분야라 함은 거래의 객체별·단계별 또는 지역별로 경쟁관계에 있거나 경쟁관계가 성립될 수 있는 분야를 말한다.

해설

②·④ '합의'에는 명시적 합의뿐 아니라 묵시적인 합의도 포함된다고 할 것이지만(대판 2003.2.28., 2001두1239 등 참조), 이는 둘 이상 사업자 사이의 의사의 연락이 있을 것을 본질로 하므로 단지 법 규정 각 호에 열거된 부당한 공동행위가 있었던 것과 일치하는 외형이 존재한다고 하여 당연히 합의가 있었다고 인정할 수는 없고 사업자 간 의사연결의 상호성을 인정할 만한 사정에 대한 증명이 있어야 한다(대판 2013.11.28., 2012두17421).
① 사업자는 계약·협정·결의 또는 그 밖의 어떠한 방법으로도 다른 사업자와 공동으로 부당하게 경쟁을 제한하는 법 제40조 제1항 각 호의 어느 하나에 해당하는 행위를 할 것을 합의(부당한 공동행위)하거나 다른 사업자로 하여금 이를 하도록 하여서는 아니 된다(독점규제 및 공정거래에 관한 법률 제40조 제1항).
③ 부당한 공동행위를 할 것을 약정하는 계약 등은 사업자 간에 있어서는 이를 무효로 한다(동법 제40조 제4항).
⑤ 일정한 거래분야라 함은 거래의 객체별·단계별 또는 지역별로 경쟁관계에 있거나 경쟁관계가 성립될 수 있는 분야를 말한다(동법 제2조 제4호).

10 독점규제 및 공정거래에 관한 법률상 부당한 공동행위가 대통령령이 정하는 요건에 해당하고 공정거래위원회의 인가를 받아 예외적으로 허용될 수 있는 목적으로 규정하고 있는 것은?

① 고용 확대
② 경영 합리화
③ 기업 구조조정
④ 거래조건의 합리화
⑤ 소비자 보호

해설

부당한 공동행위의 금지(독점규제 및 공정거래에 관한 법률 제40조 제2항)
부당한 공동행위가 다음의 어느 하나에 해당하는 목적을 위하여 하는 경우로서 대통령령으로 정하는 요건에 해당하고 공정거래위원회의 인가를 받은 경우에는 적용하지 아니한다.
• 불황극복을 위한 산업구조조정
• 연구·기술개발
• 거래조건의 합리화
• 중소기업의 경쟁력 향상

11 부당한 공동행위의 인가 절차에 대한 설명으로 옳지 않은 것은?

① 공동행위의 인가를 받고자 하는 자는 신청서를 공정거래위원회에 제출해야 한다.
② 공정거래위원회는 인가의 신청이 있을 시에 10일 이내에 인가여부를 결정해야 한다.
③ 공동행위의 인가신청에 대하여 필요한 경우 이해관계인의 의견을 들을 수 있다.
④ 인가신청내용의 공시가 있는 경우 그 기간은 30일 이내로 한다.
⑤ 사업자가 인가된 공동행위를 폐지하는 경우 이를 공정거래위원회에 신고하여야 한다.

해설

인가의 신청이 있을 시에 공정거래위원회는 30일 이내에 인가여부를 결정하여야 하며 30일 이내의 범위에서 기간의 연장이 가능하다(독점규제 및 공정거래에 관한 법률 시행령 제46조 제3항).

제4절 　불공정거래행위의 금지

01 독점규제 및 공정거래에 관한 법률상 불공정거래행위의 유형을 연결한 것으로 옳지 않은 것을 모두 고른 것은?

> ㄱ. 경쟁사업자의 배제행위 – 부당염매, 부당한 자금지원
> ㄴ. 구속조건부 거래행위 – 거래지역의 제한, 거래상대방의 제한
> ㄷ. 부당한 고객유인행위 – 위계에 의한 고객유인, 구입강제
> ㄹ. 거래상 지위의 남용행위 – 사원판매, 판매목표강제
> ㅁ. 사업활동 방해행위 – 기술의 부당이용, 인력의 부당채용

① ㄱ, ㄴ, ㄹ
② ㄱ, ㄷ, ㅁ
③ ㄱ, ㄷ, ㄹ
④ ㄴ, ㄹ, ㅁ
⑤ ㄷ, ㄹ, ㅁ

해설
ㄱ. 부당한 자금지원은 부당한 지원행위에 속한다.
ㄷ. 구입강제는 거래상 지위의 남용행위에 속한다.
ㄹ. 사원판매는 거래강제에 속한다.

02 다음 중 공정거래위원회가 제정 또는 개정하여 현재 시행하고 있는 행정규칙이 아닌 것은?

① TV 홈쇼핑사업자의 특정 불공정거래행위에 대한 위법성 심사지침
② 대규모소매업에 있어서의 특정 불공정거래행위의 유형 및 기준 지정고시
③ 병행수입에 있어서의 불공정거래행위의 유형고시
④ 경품류 제공에 관한 불공정거래행위의 유형 및 기준 지정고시
⑤ 신문업에 있어서의 불공정거래행위 및 시장지배적 지위남용행위의 유형 및 기준

해설
경품류 제공에 관한 불공정거래행위의 유형 및 기준 지정고시는 2016년 7월 1일부터 폐지되었다.

정답　01 ③　02 ④

03 독점규제 및 공정거래에 관한 법률에서 불공정거래행위의 유형 중 부당하게 경쟁자를 배제하는 행위에 속하는 것은?

① 끼워팔기
② 사원판매
③ 이익제공강요
④ 판매목표강제
⑤ 부당염매

해설

부당하게 경쟁자를 배제하는 행위(독점규제 및 공정거래에 관한 법률 시행령 별표 2)
- 부당염매 : 자기의 상품 또는 용역을 공급하는 경우에 정당한 이유 없이 그 공급에 소요되는 비용보다 현저히 낮은 대가로 계속하여 공급하거나 그 밖에 부당하게 상품 또는 용역을 낮은 대가로 공급함으로써 자기 또는 계열회사의 경쟁사업자를 배제시킬 우려가 있는 행위
- 부당고가매입 : 부당하게 상품 또는 용역을 통상거래가격에 비하여 높은 대가로 구입하여 자기 또는 계열회사의 경쟁사업자를 배제시킬 우려가 있는 행위

04 예식장을 운영하는 사업자가 예식장사용계약을 체결하기 위해 방문한 고객에게 해당 고객의 의사에 반하여 자기가 지정하는 특정 음식점을 이용하는 조건으로 계약을 체결한 후 예식장을 사용하도록 하였다. 이 경우에 독점규제 및 공정거래에 관한 법률의 법적 평가로서 가장 옳은 것은?

① 거래거절행위
② 경쟁사업자배제행위
③ 부당한 고객유인행위
④ 차별적 취급행위
⑤ 거래강제행위

해설

거래강제행위(독점규제 및 공정거래에 관한 법률 시행령 별표 2 불공정거래행위의 유형 및 기준 5)
- 끼워팔기 : 거래상대방에게 자기의 상품 또는 용역을 공급하면서 정상적인 거래관행에 비추어 부당하게 다른 상품 또는 용역을 자기 또는 자기가 지정하는 사업자로부터 구입하도록 하는 행위
- 사원판매 : 부당하게 자기 또는 계열회사의 임직원에게 자기 또는 계열회사의 상품이나 용역을 구입 또는 판매하도록 강제하는 행위
- 그 밖의 거래강제 : 정상적인 거래관행에 비추어 부당한 조건 등 불이익을 거래상대방에게 제시하여 자기 또는 자기가 지정하는 사업자와 거래하도록 강제하는 행위

05 독점규제 및 공정거래에 관한 법률이 규정하고 있는 '부당하게 다른 사업자의 사업활동을 방해하는 행위'가 아닌 것은?

① 기술의 부당이용
② 인력의 부당유인·채용
③ 거래처 이전 방해
④ 그 밖의 사업활동 방해
⑤ 부당한 표시광고

해설
부당하게 다른 사업자의 사업활동을 방해하는 행위(독점규제 및 공정거래에 관한 법률 시행령 별표 2)
• 기술의 부당이용
• 인력의 부당유인·채용
• 거래처 이전 방해
• 그 밖의 사업활동 방해

06 사업자 또는 사업자단체가 공정경쟁규약을 정하는 것은 주로 어떤 행위를 방지하기 위함인가?

① 거래거절
② 차별적 취급
③ 구속조건부 거래
④ 거래상 지위남용
⑤ 부당한 고객유인

해설
사업자 또는 사업자단체는 부당한 고객유인을 방지하기 위하여 자율적으로 규약(공정경쟁규약)을 정할 수 있다.

07 다음 중 독점규제 및 공정거래에 관한 법률이 규정하고 있는 불공정거래행위의 기준에 해당하지 않는 것은?

① 부당하게 거래를 거절하거나 거래의 상대방을 차별하여 취급하는 행위
② 자기의 거래상의 지위를 부당하게 이용하여 상대방과 거래하는 행위
③ 부당하게 경쟁자의 고객을 자기와 거래하도록 유인하거나 강제하는 행위
④ 다른 사업자와 상품의 생산 또는 거래 시에 그 상품의 종류 또는 규격을 제한하는 행위
⑤ 부당하게 경쟁자를 배제하는 행위

정답 05 ⑤ 06 ⑤ 07 ④

> **해설**

④는 부당한 공동행위의 유형이다.

불공정거래행위의 금지(독점규제 및 공정거래에 관한 법률 제45조 제1항)
- 부당하게 거래를 거절하거나 거래의 상대방을 차별하여 취급하는 행위
- 부당하게 경쟁자를 배제하는 행위
- 부당하게 경쟁자의 고객을 자기와 거래하도록 유인하거나 강제하는 행위
- 자기의 거래상의 지위를 부당하게 이용하여 상대방과 거래하는 행위
- 거래의 상대방의 사업활동을 부당하게 구속하는 조건으로 거래하거나 부당하게 다른 사업자의 사업활동을 방해하는 행위
- 부당하게 특수관계인 또는 다른 회사에 대하여 가지급금·대여금·인력·부동산·유가증권·상품·용역·무체재산권 등을 제공하거나 상당히 유리한 조건으로 거래하는 등의 행위를 통하여 특수관계인 또는 다른 회사를 지원하는 행위
- 다른 사업자와 직접 상품·용역을 거래하면 상당히 유리함에도 불구하고 거래상 실질적인 역할이 없는 특수관계인이나 다른 회사를 매개로 거래하는 행위를 통하여 특수관계인 또는 다른 회사를 지원하는 행위
- 위 이외의 행위로서 공정한 거래를 해칠 우려가 있는 행위

08 독점규제 및 공정거래에 관한 법률상의 불공정거래행위 중 거래거절에 관한 설명으로 옳지 않은 것은? (다툼이 있으면 판례에 따름)

① 부당하게 거래를 거절하는 행위는 금지된다.
② 정당한 이유 없이 자기와 경쟁관계에 있는 다른 사업자와 공동으로 특정 사업자에 대하여 거래의 개시를 거절하는 행위는 공동의 거래거절이다.
③ 부당하게 특정 사업자에 대하여 거래의 개시를 거절하는 행위는 기타의 거래거절이다.
④ 기타의 거래거절은 개별 사업자가 그 거래 상대방에 대하여 하는 이른바 개별적 거래거절을 가리킨다.
⑤ 기타의 거래거절은 거래거절이라는 행위 자체로 바로 불공정거래행위에 해당한다.

> **해설**

⑤ 거래거절은 공동의 거래거절과 기타의 거래거절로 나뉜다.

기타의 거래거절
부당하게 특정 사업자에 대하여 거래의 개시를 거절하거나 계속적인 거래 관계에 있는 특정 사업자에 대하여 거래를 중단하거나 거래하는 상품 또는 용역의 수량이나 내용을 현저히 제한하는 행위이다.

09 다음 중 독점규제 및 공정거래에 관한 법률상 차별적 취급의 유형에 해당하지 않는 것은?

① 가격차별
② 거래조건차별
③ 집단적 차별
④ 계열회사를 위한 차별
⑤ 지역적 차별

> **해설**

⑤ 독점규제 및 공정거래에 관한 법률 시행령 제52조 관련 별표 2 제2호 참조

10 독점규제 및 공정거래에 관한 법률상 경쟁사업자의 배제에 관한 설명으로 옳지 않은 것은?

① 계절상품에 대한 원가 이하의 처분은 부당염매에 해당하지 않는다.
② 시장가격 수준으로 계속하여 공급함으로써 경쟁사업자가 배제된 경우에도 부당염매에 해당된다.
③ 경쟁사업자를 시장에서 배제할 목적으로 경쟁자가 구입할 수 없는 정도의 높은 가격으로 원료를 매점하는 경우 부당고가매입에 해당된다.
④ 경쟁사업자의 배제와 관련한 판매가격과 매입가격의 규제는 공정한 경쟁의 유지와 촉진을 위한 것이다.
⑤ 부당고가매입으로 인하여 자기 또는 계열회사의 경쟁자를 배제시킬 우려가 있어야 한다.

> **해설**
> 부당염매란 자기의 상품 또는 용역을 공급함에 있어서 정당한 이유 없이 그 공급에 소요되는 비용보다 현저히 낮은 대가로 계속하여 공급하거나 기타 부당하게 상품 또는 용역을 낮은 대가로 공급함으로써 자기 또는 계열회사의 경쟁사업자를 배제시킬 우려가 있는 행위를 말한다. 따라서 시장가격 수준으로 상품 또는 용역을 공급하는 행위는 부당염매에 해당된다고 보기 어렵다.

11 독점규제 및 공정거래에 관한 법률상 불공정거래행위의 유형 중 부당한 지원행위로 규정하고 있지 않은 것은?

① 부당한 거래단계 추가
② 부당한 입찰기회 부여
③ 부당한 자금지원
④ 부당한 상품지원
⑤ 부당한 자산지원

> **해설**
> 부당한 지원행위(독점규제 및 공정거래에 관한 법률 시행령 별표 2 불공정거래행위의 유형 및 기준 9)
> - 부당한 자금지원 : 특수관계인 또는 다른 회사에게 가지급금·대여금 등 자금을 상당히 낮거나 높은 대가로 제공 또는 거래하거나 상당한 규모로 제공 또는 거래하는 행위
> - 부당한 자산·상품 등 지원 : 특수관계인 또는 다른 회사에게 부동산·유가증권·무체재산권 등 자산 또는 상품·용역을 상당히 낮거나 높은 대가로 제공 또는 거래하거나 상당한 규모로 제공 또는 거래하는 행위
> - 부당한 인력지원 : 특수관계인 또는 다른 회사에 대하여 인력을 상당히 낮거나 높은 대가로 제공 또는 거래하거나 상당한 규모로 제공 또는 거래하는 행위
> - 부당한 거래단계 추가 등
>   - 다른 사업자와 직접 상품·용역을 거래하면 상당히 유리함에도 불구하고 거래상 역할이 없거나 미미한 특수관계인이나 다른 회사를 거래단계에 추가하거나 거쳐서 거래하는 행위
>   - 다른 사업자와 직접 상품·용역을 거래하면 상당히 유리함에도 불구하고 특수관계인이나 다른 회사를 거래단계에 추가하거나 거쳐서 거래하면서 그 특수관계인이나 다른 회사에 거래상 역할에 비하여 과도한 대가를 지급하는 행위

정답 10 ② 11 ②

12 독점규제 및 공정거래에 관한 법률상 불공정거래행위의 금지 규정에 관한 설명으로 옳지 않은 것은?

① 계열회사로 하여금 불공정거래행위를 행하도록 하는 행위도 금지된다.
② 불공정거래행위의 위법성을 판단하기 위해서는 공정한 거래를 저해할 우려가 있는지를 고려하여야 한다.
③ 부당한 지원행위의 상대방은 시정조치 및 과징금의 부과 대상이 아니다.
④ 사업자가 자신의 불공정거래행위를 신고한 사업자에 대하여 거래의 정지 등 보복조치를 한 경우 공정거래위원회는 해당 보복조치의 중지를 명할 수 있다.
⑤ 공정거래위원회는 공정경쟁규약의 심사를 요청받은 날부터 60일 이내에 심사결과를 신청인에게 통보하여야 한다.

해설
③ 부당한 지원행위의 상대방도 과징금의 부과 대상이 될 수 있다.
①·② 독점규제 및 공정거래에 관한 법률 제45조 제1항
④ 동법 제49조
⑤ 동법 시행령 제53조

13 주식회사 甲은 유아용 의류 등을 판매하는 사업자로서 자기와 별개의 사업자인 대리점들에게 상품을 판매함에 있어 이들로부터 부동산, 동산 등의 담보물을 제공받았음에도 불구하고 거래기간 중 이와는 별도로 백지당좌수표를 보관해 오면서 대금 결제기일이 아직 남았음에도 불구하고 결제기일 이전에 백지당좌수표를 사용하여 대금을 회수함으로써 부도를 내게 하거나 예고 없이 백지당좌수표에 미수금 전액을 기재하여 대금을 회수함으로써 부도를 내게 하는 등 거래상대방인 대리점들에게 불이익을 주었다. 이것은 다음 불공정거래행위 중 어느 것에 해당하는가?

① 거래상 지위남용행위
② 사업활동 방해행위
③ 구속조건부 거래행위
④ 경쟁사업자배제행위
⑤ 차별적 취급행위

해설
거래상 지위남용행위 중 불이익제공에 해당된다. 불이익제공이란 구입강제, 이익제공강요, 판매목표강제에 해당하는 행위 외의 방법으로 거래상대방에게 불이익이 되도록 거래조건을 설정 또는 변경하거나 그 이행과정에서 불이익을 주는 행위를 말한다.

12 ③ 13 ①

제5절 사업자단체

01 독점규제 및 공정거래에 관한 법률상 사업자단체에 관한 설명으로 옳지 않은 것은?

① 사업자의 이익을 위한 행위를 하는 종업원도 사업자단체에 관한 규정을 적용할 때는 사업자로 본다.
② 현재뿐만 아니라 장래의 사업자수를 제한하는 사업자단체의 행위는 금지된다.
③ 사업자단체의 금지행위에 참가한 경우 사업자가 매출액이 없는 경우 3억 원을 초과하지 아니하는 범위에서 과징금을 부과할 수 있다.
④ 구성 사업자들의 불공정거래행위를 방조하는 사업자단체의 행위는 금지된다.
⑤ 사업자단체에게도 공동행위의 사전인가 제도가 인정된다.

해설
③ 공정거래위원회는 사업자단체의 금지행위에 위반하는 행위가 있을 때에는 해당 사업자단체에 대하여 10억 원의 범위에서 과징금을 부과할 수 있다(독점규제 및 공정거래에 관한 법률 제53조 제1항).

02 독점규제 및 공정거래에 관한 법률상 사업자단체의 금지행위로 볼 수 없는 것은?

① 구성사업자의 활동을 부당하게 제한하는 행위
② 구성사업자에 대하여 경영 및 기술을 지도하는 행위
③ 구성사업자에게 재판매가격유지행위를 하게 하는 행위
④ 구성사업자들의 거래지역을 부당하게 할당하는 행위
⑤ 일정한 거래분야에서 장래의 사업자수를 제한하는 행위

해설
사업자단체의 금지행위(독점규제 및 공정거래에 관한 법률 제51조)
• 부당한 공동행위에 의하여 부당하게 경쟁을 제한하는 행위
• 일정한 거래분야에 있어서 현재 또는 장래의 사업자 수를 제한하는 행위
• 구성사업자의 사업내용 또는 활동을 부당하게 제한하는 행위
• 사업자에게 불공정거래행위 또는 재판매가격유지행위를 하게 하거나 이를 방조하는 행위

정답 01 ③ 02 ②

03 甲지역의 상인연합회가 지역 내 회원들에게 휴무일을 엄수하도록 강제하였다면 이는 직접적으로 어떤 유형의 행위에 해당하는가?

① 경쟁제한행위
② 사업자 수 제한행위
③ 구성사업자 사업활동의 부당한 제한행위
④ 불공정거래 강요행위
⑤ 불공정거래 방조행위

해설
③ 휴무일강제는 구성사업자 사업활동의 부당한 제한행위에 해당한다.

04 독점규제 및 공정거래에 관한 법률상 사업자단체의 금지행위에 관한 내용이다. (   )에 들어갈 내용으로 옳은 것은?

> 공정거래위원회는 사업자단체의 금지행위를 한 해당 사업자단체에 대하여 해당 행위의 중지, (ㄱ)을/를 받은 사실의 공표 그 밖에 시정을 위한 필요조치를 명할 수 있으며, 해당 사업자단체에 대하여 (ㄴ) 원의 범위에서 (ㄷ)을 부과할 수 있다.

① ㄱ : 시정권고, ㄴ : 3억, ㄷ : 이행강제금
② ㄱ : 시정권고, ㄴ : 3억, ㄷ : 과징금
③ ㄱ : 시정명령, ㄴ : 3억, ㄷ : 이행강제금
④ ㄱ : 시정명령, ㄴ : 10억, ㄷ : 과징금
⑤ ㄱ : 시정권고, ㄴ : 5억, ㄷ : 이행강제금

해설
- 공정거래위원회는 사업자단체의 금지행위의 규정에 위반하는 행위가 있을 때에는 그 사업자단체에 대하여 해당 행위의 중지, 시정명령을 받은 사실의 공표, 그 밖에 필요한 시정조치를 명할 수 있다(독점규제 및 공정거래에 관한 법률 제52조 제1항).
- 공정거래위원회는 사업자단체의 금지행위에 위반하는 행위가 있을 때에는 해당 사업자단체에 대하여 10억 원의 범위에서 과징금을 부과할 수 있다(동법 제53조 제1항).

05 사업자단체의 금지행위 위반에 대한 과징금의 설명으로 옳지 않은 것은?

① 법 제51조 제1항 제1호 위반행위에 참가한 사업자에게 대통령령으로 정하는 매출액의 20%를 초과하지 않는 범위에서 과징금을 부과할 수 있다.
② 법 제51조 제1항 제1호 위반행위에 참여한 사업자가 매출액이 없는 경우에는 40억 원을 초과하지 않는 범위에서 과징금 부과가 가능하다.
③ 불공정거래행위 및 재판매가격 유지행위를 방조한 사업자에게는 대통령령으로 정하는 매출액의 50%를 초과하지 않는 범위에서 과징금 부과가 가능하다.
④ 사업자 수의 제한행위를 한 사업자에게는 대통령령으로 정하는 매출액의 10%를 초과하지 않는 범위에서 과징금 부과가 가능하다.
⑤ 구성사업자의 사업내용 제한행위를 한 사업자가 매출액이 없는 경우에는 20억 원을 초과하지 않는 범위에서 과징금 부과가 가능하다.

> **해설**
> 사업자단체의 금지행위 중 법 제51조 제1항 제2호~제4호에 해당되는 금지행위(사업자 수의 제한행위, 구성사업자의 사업내용·활동 제한행위, 불공정거래행위 및 재판매가격 유지행위를 하거나 방조행위)를 행한 사업자에 대하여는 대통령령으로 정하는 매출액에 10%를 초과하지 아니하는 범위에서 과징금을 부과할 수 있다. 다만, 매출액이 없는 경우 등에는 20억 원을 초과하지 아니하는 범위에서 과징금을 부과할 수 있다(독점규제 및 공정거래에 관한 법률 제53조 제2항).

제6절 재판매가격유지행위의 제한

01 독점규제 및 공정거래에 관한 법률상 재판매가격유지행위에 관한 설명으로 옳지 않은 것은? (다툼이 있으면 판례에 따름)

① 효율성 증대로 인한 소비자후생 증대효과가 경쟁제한으로 인한 폐해보다 작은 경우 등 재판매가격유지행위에 정당한 이유가 있는 경우에는 재판매가격유지행위가 가능하다.
② 사업자는 원칙적으로 재판매가격유지행위를 할 수 없다.
③ 저작물 중 관계 중앙행정기관의 장과 협의를 거쳐 공정거래위원회가 고시하는 출판된 저작물은 재판매가격유지행위에 해당하지 않는다.
④ 저작물의 범위에 전자출판물이 포함된다.
⑤ 재판매가격유지행위란 사업자가 상품 또는 용역을 거래할 때 거래상대방인 사업자 또는 그 다음 거래단계별 사업자에 대하여 거래가격을 정하여 그 가격대로 판매 또는 제공할 것을 강제하는 것을 말한다.

> **해설**
> 효율성 증대로 인한 소비자후생 증대효과가 경쟁제한으로 인한 폐해보다 큰 경우 등 재판매가격유지행위에 정당한 이유가 있는 경우에는 재판매가격유지행위가 가능하다(독점규제 및 공정거래에 관한 법률 제46조 제1호).

02 독점규제 및 공정거래에 관한 법률상 재판매가격유지행위의 정의에 관한 내용이다. ( )에 들어갈 내용으로 옳은 것은?

> "재판매가격유지행위"란 사업자가 상품 또는 (ㄱ)을 거래할 때 거래상대방인 사업자 또는 그 다음 거래단계별 사업자에 대하여 거래가격을 정하여 그 가격대로 판매 또는 제공할 것을 강제하거나 그 가격대로 판매 또는 제공하도록 그 밖의 (ㄴ)을 붙여 거래하는 행위를 말한다.

① ㄱ : 저작물, ㄴ : 필요조건
② ㄱ : 창작물, ㄴ : 구속조건
③ ㄱ : 용 역, ㄴ : 구속조건
④ ㄱ : 저작물, ㄴ : 구속조건
⑤ ㄱ : 용 역, ㄴ : 필요조건

해설
"재판매가격유지행위"란 사업자가 상품 또는 용역을 거래할 때 거래상대방인 사업자 또는 그 다음 거래단계별 사업자에 대하여 거래가격을 정하여 그 가격대로 판매 또는 제공할 것을 강제하거나 그 가격대로 판매 또는 제공하도록 그 밖의 구속조건을 붙여 거래하는 행위를 말한다(독점규제 및 공정거래에 관한 법률 제2조 제20호).

03 재판매가격유지행위의 금지를 위반한 행위가 있을 시 해당 사업자에게 공정거래위원회가 할 수 있는 시정조치가 아닌 것은?

① 재발방지를 위한 조치
② 해당 보복조치의 금지
③ 계약조항의 수정
④ 시정명령을 받은 사실의 공표
⑤ 부당한 이익 제공행위의 중지

해설
공정거래위원회는 재판매가격유지행위의 금지를 위반한 행위가 있을 시 해당 사업자에게 부당한 이익제공행위의 중지 및 재발방지를 위한 조치, 해당 보복조치의 금지, 계약조항의 삭제, 시정명령을 받은 사실의 공표, 그 밖에 필요한 시정조치를 명할 수 있다(독점규제 및 공정거래에 관한 법률 제49조 제1항 참조).

04 독점규제 및 공정거래에 관한 법률상 재판매가격유지행위에 관한 설명으로 옳은 것을 모두 고른 것은? (다툼이 있으면 판례에 따름)

> ㄱ. 사업자가 상품을 거래함에 있어서 거래상대방인 사업자에 대하여 거래가격을 정하여 그 가격대로 제공할 것을 강제하기 위하여 구속조건을 붙이는 것은 재판매가격유지행위에 해당한다.
> ㄴ. 재판매가격유지행위는 거래가격을 구속하는 행위로서 수평적 거래제한행위에 속한다.
> ㄷ. 희망소매가격이라도 그 준수를 강요하지 않으면 재판매가격유지행위에 해당하지 않는다.
> ㄹ. 재판매가격유지행위는 금지되며 정당한 사유에 대한 입증책임은 공정거래위원회가 진다.

① ㄱ, ㄴ ② ㄱ, ㄷ
③ ㄴ, ㄷ ④ ㄴ, ㄹ
⑤ ㄷ, ㄹ

해설
ㄴ. 재판매가격유지행위는 수직적 거래제한행위에 속한다.
ㄹ. 정당한 사유에 대한 입증책임은 관련 규정의 취지상 사업자에게 있다고 보아야 한다(대판 2010.12.23., 2008두22815).

제7절 전담기구

01 공정거래위원회의 회의운영에 관한 설명으로 잘못된 것은?

① 소회의의 의사는 상임위원이 주재하며 구성위원 전원의 출석과 출석위원 전원의 찬성으로 의결한다.
② 공정거래위원회의 심리와 의결은 반드시 공개하여야만 한다.
③ 전원회의 및 소회의의 의장은 심판정에 출석하는 당사자·이해관계인·참고인 및 참관인 등에 대하여 심판정의 질서유지를 위하여 필요한 조치를 명할 수 있다.
④ 공정거래위원회가 독점규제 및 공정거래에 관한 법률에 위반되는 사항에 대하여 의결하는 경우에는 그 이유를 명시한 의결서로 하여야 하고, 의결에 참여한 위원이 그 의결서에 서명·날인하여야 한다.
⑤ 공정거래위원회의 사건에 관한 의결의 합의는 공개하지 않는다.

해설
사업자 또는 사업자단체의 사업상의 비밀을 보호할 필요가 있다고 인정할 때에는 심리와 의결은 공개하지 않아도 된다(독점규제 및 공정거래에 관한 법률 제65조 참조).

02 공정거래위원회에 대한 설명 중 옳지 않은 것은?

① 공정거래위원회는 대통령 직속기관으로 설치한다.
② 공정거래위원회는 합의제 행정기관이라 할 수 있다.
③ 공정거래위원회는 중앙행정기관으로서 그 소관사무를 수행한다.
④ 공정거래위원회의 위원장은 국무회의에 출석하여 발언할 수 있다.
⑤ 공정거래위원회는 위반사실이 있다고 인정할 때에는 직권으로 필요한 조사를 할 수 있다.

해설
① 공정거래위원회는 독점규제 및 공정거래에 관한 법률에 의한 사무를 독립적으로 수행하기 위하여 국무총리소속하에 설치된 중앙행정기관이다.

03 독점규제 및 공정거래에 관한 법률상 공정거래위원회의 구성에 관한 설명으로 옳지 않은 것은?

① 공정거래위원회는 위원장 1인 및 부위원장 1인을 포함한 9인의 위원으로 구성하며 이 중 4인은 비상임위원으로 한다.
② 위원장, 부위원장 및 그 밖의 위원은 국무총리의 제청으로 대통령이 임명 또는 위촉한다.
③ 공정거래위원회 위원장, 부위원장 및 다른 위원의 임기는 3년으로 하고 한 차례만 연임할 수 있다.
④ 위원은 금고 이상의 형의 선고를 받은 경우 또는 장기간의 심신쇠약으로 직무를 수행할 수 없게 된 경우를 제외하고는 그 의사에 반하여 면직 또는 해촉되지 아니한다.
⑤ 위원장의 유고 시 부위원장이 그 직무를 대행하고 위원장과 부위원장 모두 유고 시에는 선임상임위원 순으로 직무를 대행한다.

해설
공정거래위원회의 구성 등(독점규제 및 공정거래에 관한 법률 제57조 제2항)
공정거래위원회의 위원은 독점규제 및 공정거래 또는 소비자분야에 경험이나 전문지식이 있는 사람으로서 다음의 어느 하나에 해당하는 사람 중에서 위원장과 부위원장은 국무총리의 제청으로 대통령이 임명하고 그 밖의 위원은 위원장의 제청으로 대통령이 임명 또는 위촉한다. 이 경우 위원장은 국회의 인사청문을 거쳐야 한다.
- 2급 이상 공무원(고위공무원단에 속하는 일반직 공무원을 포함한다)의 직에 있었던 사람
- 판사·검사 또는 변호사의 직에 15년 이상 있었던 사람
- 법률·경제·경영 또는 소비자 관련 분야 학문을 전공하고 대학이나 공인된 연구기관에서 15년 이상 근무한 자로서 부교수 이상 또는 이에 상당하는 직에 있었던 사람
- 기업경영 및 소비자보호활동에 15년 이상 종사한 경력이 있는 사람

04 독점규제 및 공정거래에 관한 법률상 공정거래위원회의 소관사무로 옳은 것을 모두 고른 것은?

> ㄱ. 시장지배적 지위의 남용행위의 규제에 관한 사항
> ㄴ. 불공정거래행위의 규제에 관한 사항
> ㄷ. 부당한 국제계약의 체결에 관한 사항
> ㄹ. 부당한 공동행위의 규제에 관한 사항
> ㅁ. 경쟁제한적인 법령 및 행정처분의 협의·조정 등 경쟁촉진정책에 관한 사항

① ㄱ, ㄴ
② ㄱ, ㄴ, ㄷ
③ ㄷ, ㄹ, ㅁ
④ ㄱ, ㄴ, ㄷ, ㄹ
⑤ ㄱ, ㄴ, ㄹ, ㅁ

해설

공정거래위원회의 소관사무(독점규제 및 공정거래에 관한 법률 제55조)
- 시장지배적 지위의 남용행위 규제에 관한 사항
- 기업결합의 제한 및 경제력 집중의 억제에 관한 사항
- 부당한 공동행위 및 사업자단체의 경쟁제한행위 규제에 관한 사항
- 불공정거래행위, 재판매가격유지행위 및 특수관계인에 대한 부당한 이익제공의 금지행위 규제에 관한 사항
- 경쟁제한적인 법령 및 행정처분의 협의·조정 등 경쟁촉진정책에 관한 사항
- 다른 법령에 의하여 공정거래위원회의 소관으로 규정된 사항

05 독점규제 및 공정거래에 관한 법률상 공정거래분쟁조정협의회(이하 "협의회"라 한다)의 설치 및 구성 등에 관한 설명으로 옳은 것은?

① 협의회의 설치목적은 이 법에 있어서 불공정거래행위의 금지에 관한 규정을 위반한 혐의가 있는 행위와 관련된 분쟁을 조정하기 위함이다.
② 협의회 위원장은 공정거래위원회 위원장의 제청으로 한국공정거래조정원의 장이 위촉한다.
③ 협의회는 위원장 1인을 포함한 7명 이내의 위원으로 구성한다.
④ 협의회 위원의 임기는 2년으로 하되 연임할 수 있다.
⑤ 협의회 위원 중 결원이 생긴 때에는 보궐위원을 위촉하여야 하며 그 보궐위원의 임기는 위촉된 날부터 2년이다.

해설

② 협의회 위원장은 위원 중에서 조정원의 장의 제청으로 공정거래위원회 위원장이 위촉한다(독점규제 및 공정거래에 관한 법률 제73조 제3항).
③ 협의회는 협의회 위원장 1명을 포함한 9명 이내의 협의회 위원으로 구성하며, 위원장은 상임으로 한다(동법 제73조 제2항).
④ 협의회 위원의 임기는 3년으로 한다(동법 제73조 제5항).
⑤ 협의회 위원 중 결원이 생긴 때에는 보궐위원을 위촉하여야 하며 그 보궐위원의 임기는 전임자의 남은 임기로 한다(동법 제73조 제6항).

정답 04 ⑤ 05 ①

06 공정거래위원회의 회의에 대한 설명으로 옳지 않은 것은?

① 소회의는 상임위원 1인을 포함한 위원 3인으로 구성된다.
② 공정거래위원회의 심리와 의결은 공개하는 것이 원칙이다.
③ 공정거래위원회는 공정거래법 규정에 위반되는 사항에 대하여 의결 시에 그 사항에 관한 심리를 종결하는 날까지 발생한 사실을 기초로 판단한다.
④ 의결서에는 의결에 참여한 위원이 서명·날인하여야 한다.
⑤ 의결에 오기·계산착오가 있는 경우에는 의결에 참여한 위원이 서명·날인하여 경정한다.

해설
공정거래위원회는 의결서 등에 오기·계산착오, 그 밖에 이와 유사한 오류가 있는 것이 명백한 경우에는 신청이나 직권으로 경정할 수 있다(독점규제 및 공정거래에 관한 법률 제68조 제2항).

07 한국공정거래조정원에 대한 설명으로 옳지 않은 것은?

① 조정원은 별도의 법인격을 가지고 있지 않으며 국가로부터 정부보조를 받는다.
② 조정원에 관하여 민법 중 재단법인에 관한 규정을 준용할 수 있다.
③ 조정원은 부당하게 경쟁자를 배제하는 행위와 관련된 분쟁의 조정을 담당한다.
④ 조정원은 공정거래위원회로부터 위탁받은 사업을 담당한다.
⑤ 정부는 조정원의 설립과 운영에 필요한 경비를 예산의 범위 안에서 출연하거나 보조할 수 있다.

해설
조정원은 정부로부터 경비를 보조받을 수 있지만 별도의 법인격을 가지고 있는 법인이다.

06 ⑤ 07 ①

제8절 조사절차 등

01 독점규제 및 공정거래에 관한 법률상 공정거래위원회의 사건처리 절차에 관한 설명으로 옳지 않은 것은?

① 누구든지 이 법의 규정에 위반되는 사실이 있다고 인정할 때에는 그 사실을 공정거래위원회에 신고할 수 있다.
② 공정거래위원회는 이 법 위반행위에 대하여 조사 개시일로부터 5년이 경과하면 시정조치를 내릴 수 없다.
③ 공정거래위원회의 처분에 대한 불복의 소는 서울행정법원을 전속관할로 한다.
④ 공정거래위원회 소속공무원은 증거인멸의 우려가 있을 때에 한하여 제출된 자료나 물건을 일시 보관할 수 있다.
⑤ 공정거래위원회는 시정조치나 과징금 납부를 명하기 전에 이해관계인에게 의견을 진술할 기회를 주어야 한다.

해설
③ 공정거래위원회의 처분에 대한 불복의 소는 서울고등법원을 전속관할로 한다(독점규제 및 공정거래에 관한 법률 제100조).
① 동법 제80조 제2항
② 동법 제80조 제5항 제1호
④ 동법 제81조 제6항
⑤ 동법 제93조 제1항

02 독점규제 및 공정거래에 관한 법률상 공정거래위원회의 처분에 대한 이의신청에 관한 설명으로 옳지 않은 것은?

① 공정거래위원회의 처분에 불복하는 자는 처분통지를 받은 날로부터 30일 이내에 이의신청을 할 수 있다.
② 불복의 이의신청에 대해 공정거래위원회는 부득이한 사정이 없으면 60일 이내에 재결을 하여야 한다.
③ 당사자가 묵비권을 행사함으로써 조사에 협조하지 않는 경우 공정거래위원회는 재결의 기간을 연장할 수 있다.
④ 처분의 위법여부를 판단하기 위하여 고도의 법리적 분석이 필요한 경우에도 재결의 기간을 연장할 수 없다.
⑤ 시정조치명령을 받은 자가 이의신청을 한 경우 공정거래위원회는 당사자의 신청에 의하거나 직권으로 집행정지를 결정할 수 있다.

해설
공정거래위원회는 규정에 의한 이의신청에 대하여 60일 이내에 재결을 하여야 한다. 다만, 부득이한 사정으로 그 기간 내에 재결을 할 수 없을 경우에는 30일의 범위 안에서 결정으로 그 기간을 연장할 수 있다(독점규제 및 공정거래에 관한 법률 제96조 제2항).

정답 01 ③ 02 ④

03 독점규제 및 공정거래에 관한 법률상의 공정거래위원회가 위반행위의 조사 및 의견청취 등을 위하여 행할 수 있는 처분으로 명시되어 있지 않은 것은?

① 당사자, 이해관계인 또는 참고인의 출석 및 의견청취
② 감정인의 지정 및 감정의 위촉
③ 사업자단체의 임직원에 대한 필요한 자료나 물건의 제출 명령
④ 제출된 자료나 물건의 일시 보관
⑤ 증거확보를 위해 긴급한 경우에 사용되는 사무실 일시사용중지 명령

> **해설**
> ⑤ 독점규제 및 공정거래에 관한 법률 제81조 제1항 제1호 내지 제3호 참조

04 독점규제 및 공정거래에 관한 법률상 공정거래위원회의 조사 등 절차에 관한 설명으로 옳지 않은 것은?

① 공정거래위원회는 시정조치를 하기 전에 당사자 또는 이해관계인에게 의견을 진술할 기회를 주어야 한다.
② 공정거래위원회의 처분에 불복하는 행정소송은 서울고등법원을 전속관할로 한다.
③ 공정거래위원회의 처분에 대하여 불복이 있는 자는 그 처분의 통지를 받은 날부터 30일 이내에 그 사유를 갖추어 공정거래위원회에 이의신청을 할 수 있다.
④ 불공정거래행위를 한 자에 대하여는 공정거래위원회의 고발 없이도 공소를 제기할 수 있다.
⑤ 공정거래위원회는 사업자에 대하여 원가 및 경영상황에 관한 보고, 기타 필요한 자료나 물건의 제출을 명할 수 있다.

> **해설**
> 불공정거래행위를 한 자는 공정거래위원회의 고발이 있어야 공소를 제기할 수 있다(독점규제 및 공정거래에 관한 법률 제129조 제1항).

05 공정거래위원회로부터 처분 또는 조사를 받게 된 사업자가 처분 또는 조사를 연기할 수 있는 경우가 아닌 것은?

① 화재로 인하여 사업수행에 중대한 장애가 발생한 경우
② 권한 있는 기관에 장부가 일시 보관된 경우
③ 사업자단체의 법 위반행위가 추가된 경우
④ 합병절차가 진행되고 있는 경우
⑤ 파산절차가 진행되고 있는 경우

해설

조사 등의 연기신청(독점규제 및 공정거래에 관한 법률 제85조)
공정거래위원회로부터 처분 또는 조사를 받게 된 사업자 또는 사업자단체는 천재지변이나 그 밖에 대통령령으로 정하는 사유로 처분을 이행하거나 조사를 받기가 곤란한 경우에는 처분 또는 조사를 연기하여 줄 것을 신청할 수 있다.
• 합병·인수, 회생절차개시, 파산 또는 그 밖에 이에 준하는 절차가 진행되고 있는 경우
• 권한 있는 기관에 장부·증거서류가 압수 또는 일시 보관된 경우
• 화재 또는 재난 등으로 인하여 사업자 및 사업자단체의 사업수행에 중대한 장애가 발생한 경우

06 공정거래위원회의 동의의결에 대한 설명으로 옳지 않은 것은?

① 공정거래위원회의 조사를 받고 있는 사업자는 경쟁제한상태 등의 자발적 해소를 위하여 공정거래위원회에 동의의결을 신청할 수 있다.
② 동의의결을 하는 경우에는 전원회의 및 소회의 관장사항의 구분에 따른 회의의 심의·의결을 거쳐야 한다.
③ 동의의결의 기초가 된 시장상황 등 사실관계의 현저한 변경 등으로 인하여 시정방안이 적정하지 아니한 경우에는 동의의결의 취소가 가능하다.
④ 부당한 공동행위를 한 자의 경우 심의절차를 대신하는 동의의결이 가능하다.
⑤ 신청인이 정당한 이유 없이 동의의결을 이행하지 않아 동의의결이 취소된 경우 공정거래위원회는 중단된 해당 행위 관련 심의절차를 계속하여 진행할 수 있다.

해설

④ 부당한 공동행위를 한 자의 경우 공정거래위원회는 동의의결을 하지 않고 공정거래법에 따른 심의절차를 진행하여야 한다(독점규제 및 공정거래에 관한 법률 제89조 제1항 단서).
① 동법 제89조 제1항
② 동법 제90조 제4항
③ 동법 제91조 제1항
⑤ 동법 제91조 제3항

제9절 법 위반행위에 대한 제재

01 독점규제 및 공정거래에 관한 법률상 손해배상 책임에 관한 설명으로 옳지 않은 것은?

① 이 법을 위반함으로써 피해를 입은 자가 손해배상을 청구할 때는 고의 또는 과실의 입증이 요구되지 않는다.
② 사업자 또는 사업자단체가 부당한 공동행위의 금지 규정에 위반하여 손해를 야기한 경우에는 손해를 입은 자에게 발생한 손해의 3배 범위에서 배상책임을 진다.
③ 손해배상액의 산정은 그 성질상 손해발생 여부와 손해액이 명확히 입증되지 않은 경우에도 법원이 직권으로 변론 전체의 취지와 증거조사의 결과에 기초하여 상당한 손해액을 인정할 수 있다.
④ 법원이 이 법의 위반행위에 대하여 3배 손해배상액을 정할 때는 당해 사업자의 재산 상태를 고려할 수 있다.
⑤ 부당한 공동행위의 사실을 자진신고하여 감면대상이 된 자의 손해배상책임은 그 손해를 입은 자에게 발생한 손해를 초과하지 아니하는 범위로 한정된다.

해설

법원은 이 법의 규정을 위반한 행위로 손해가 발생된 것은 인정되나, 그 손해액을 입증하기 위하여 필요한 사실을 입증하는 것이 해당 사실의 성질상 극히 곤란한 경우 변론 전체의 취지와 증거조사의 결과에 기초하여 상당한 손해액을 인정할 수 있다(독점규제 및 공정거래에 관한 법률 제115조).

02 시장지배적 지위의 남용행위를 한 자에 대한 제재로서 옳지 않은 것은?

① 공정거래위원회는 법 위반사실의 공표를 명할 수 있다.
② 공정거래위원회는 가격의 인하를 명할 수 있다.
③ 공정거래위원회는 과징금을 부과할 수 있다.
④ 공정거래위원회는 공소가 제기된 후에도 고발을 취소할 수 있다.
⑤ 공정거래위원회의 고발이 있어야 형사적 제재가 가능하다.

해설

④ 공정거래위원회는 공소가 제기된 후에는 고발을 취소할 수 없다(독점규제 및 공정거래에 관한 법률 제129조 제6항).

03 독점규제 및 공정거래에 관한 법률상 과징금을 부과할 수 있는 경우에 해당되지 않는 것은?

① 재판매가격유지행위의 제한 규정에 위반하는 경우
② 상호출자제한 기업집단 소속 계열회사가 상호출자금지규정에 위반한 경우
③ 기업결합 제한규정의 위반에 따른 시정조치를 불이행한 경우
④ 지주회사의 행위제한규정에 위반한 경우
⑤ 사업자단체의 금지행위규정에 위반한 경우

> **해설**
> ③ 기업결합 제한규정의 위반에 따른 시정조치를 불이행한 경우에는 이행강제금을 부과할 수 있다(독점규제 및 공정거래에 관한 법률 제16조).
> ① 동법 제50조 제1항
> ② 동법 제38조 제1항
> ④ 동법 제38조 제3항
> ⑤ 동법 제53조

04 독점규제 및 공정거래에 관한 법률상 과징금에 관한 설명으로 옳은 것은? (다툼이 있는 경우에는 판례에 의함)

① 공정거래위원회는 과징금을 부과함에 있어서 위반행위의 기간 및 횟수를 침직할 수 있다.
② 이 법의 규정을 위반한 회사인 사업자의 합병이 있는 경우에는 합병 전 법 위반 회사에 대해 과징금을 부과·징수해야 한다.
③ 이 법 위반행위자에 대한 공정거래위원회의 과징금 부과처분에 대해 대법원은 이를 재량행위로 본다.
④ 과징금의 전액을 일시에 납부하기가 어렵다고 인정되는 때에는 과징금의 분할납부신청은 가능하지만 납부기한 연장 신청은 불가능하다.
⑤ 공정거래위원회는 과징금 체납처분에 관한 업무를 국세청장에게 위탁해야 한다.

> **해설**
> ③ 대판 2017.6.19., 2013두17435
> ① 공정거래위원회는 공정거래법의 규정에 의한 과징금을 부과함에 있어서 위반행위의 기간 및 횟수 등을 고려하여야 한다(독점규제 및 공정거래에 관한 법률 제102조 제1항).
> ② 공정거래위원회는 공정거래법을 위반한 회사인 사업자가 분할되거나 분할합병되는 경우 분할되는 사업자의 분할일 또는 분할합병일 이전의 위반행위를 분할 또는 분할합병으로 설립되는 새로운 회사의 행위로 보고 과징금을 부과·징수할 수 있다(동법 제102조 제3항).
> ④ 과징금납부의무자가 과징금의 전액을 일시에 납부하기가 어렵다고 인정되는 때에는 그 납부기한을 연장하거나 분할 납부하게 할 수 있다(동법 제103조 제1항).
> ⑤ 공정거래위원회는 과징금 및 가산금의 징수 또는 체납처분에 관한 업무를 국세청장에게 위탁할 수 있다(동법 제105조 제3항).

정답 03 ③ 04 ③

05 독점규제 및 공정거래에 관한 법률상 공정거래위원회에 고발을 요청할 수 있는 자가 아닌 것은?

① 검찰총장
② 감사원장
③ 산업통상자원부장관
④ 중소벤처기업부장관
⑤ 조달청장

해설

① 검찰총장은 고발요건에 해당하는 사실이 있음을 공정거래위원회에 통보하여 고발을 요청할 수 있다(독점규제 및 공정거래에 관한 법률 제129조 제3항).
②·④·⑤ 공정거래위원회가 고발요건에 해당하지 아니한다고 결정하더라도 감사원장, 중소벤처기업부장관, 조달청장은 사회적 파급효과, 국가재정에 끼친 영향, 중소기업에 미친 피해 정도 등 다른 사정을 이유로 공정거래위원회에 고발을 요청할 수 있다(동법 제129조 제4항).

제10절 적용제외 및 보칙

01 독점규제 및 공정거래에 관한 법률의 적용이 배제되는 조합의 요건에 해당하지 않는 것은?

① 소비자의 상호부조를 목적으로 할 것
② 조합이 임의로 설립되었을 것
③ 조합원의 가입과 탈퇴가 자유로울 것
④ 각 조합원의 의결권이 평등할 것
⑤ 비영리사업을 추구할 것

해설

일정한 조합의 행위(독점규제 및 공정거래에 관한 법률 제118조)
공정거래법의 규정은 다음의 요건을 갖추어 설립된 조합(조합의 연합체 포함)의 행위에 대하여는 적용하지 아니한다. 다만, 불공정거래행위 또는 부당하게 경쟁을 제한하여 가격을 인상하게 되는 경우에는 그러하지 아니하다.
• 소규모의 사업자 또는 소비자의 상호부조를 목적으로 할 것
• 임의로 설립되고, 조합원이 임의로 가입 또는 탈퇴할 수 있을 것
• 각 조합원이 평등한 의결권을 가질 것
• 조합원에게 이익배분을 하는 경우에는 그 한도가 정관에 정하여져 있을 것

02 다음 중 독점규제 및 공정거래에 관한 법률의 적용범위에 대한 설명으로 틀린 것은?

① 행정지도에 따른 행위는 공정거래법의 적용대상이 된다.
② 이 법의 적용이 제외되는 '법령에 따른 정당한 행위'는 자유경쟁의 예외를 구체적으로 인정하고 있는 법률 내에서 행하는 필요·최소한의 행위를 말한다.
③ 저작권법 등 무체재산권 관련 법률에 따른 권리의 정당한 행사라고 인정되는 범위에 한해 적용이 제외된다.
④ 소규모 사업자 등 법정요건을 갖춘 조합의 행위라 하더라도 부당하게 경쟁을 제한하여 가격을 인상하게 된 경우 공정거래법의 적용을 받는다.
⑤ 설립이 법률상 강제되어 있거나 조합원의 가입이나 탈퇴가 자유롭지 못한 조합의 경우에도 적용제외가 인정된다.

> **해설**
> ① 서울고법 1992.1.29., 91구2030
> ② 대판 2008.12.24., 2007두19584
> ③ 독점규제 및 공정거래에 관한 법률 제117조
> ④ 동법 제118조

03 다음 중 독점규제 및 공정거래에 관한 법률의 적용을 받는 행위는?

① 법률에 따라 행하는 정당한 행위
② 명령의 범위 내에서 행하는 필요최소한의 행위
③ 자신의 저작권에 따라 타인의 출판행위를 제한하는 행위
④ 특정 분야의 특허권을 매점하는 행위
⑤ 소규모 사업자 등 법정요건을 갖춘 조합의 행위

> **해설**
> 특허법에 의한 권리의 정당한 행사라고 인정되는 경우에 한해 공정거래법의 적용범위에서 제외되지만 특허권을 매점하는 행위는 적용대상이다.

정답 02 ⑤ 03 ④

04 독점규제 및 공정거래에 관한 법률의 적용에 관한 설명으로 옳은 것은? (다툼이 있으면 판례에 따름)

① 사업자가 다른 법령에 따라 행하는 정당한 행위에 대하여는 적용한다.
② 소비자의 상호부조를 위하여 설립한 조합의 불공정거래행위에 대하여는 적용하지 아니한다.
③ 국외에서 이루어진 행위가 국내시장에 영향을 미치는 경우에는 적용하지 아니한다.
④ 무체재산권의 행사행위가 정당하다고 인정되는 경우에는 적용하지 아니한다.
⑤ 지방자치단체가 사경제의 주체로서 거래를 하는 경우에는 적용하지 아니한다.

해설

① 이 법은 사업자 또는 사업자단체가 다른 법령에 따라 하는 정당한 행위에 대해서는 적용하지 아니한다(독점규제 및 공정거래에 관한 법률 제116조).
② 다만, 불공정거래행위 또는 부당하게 경쟁을 제한하여 가격을 인상하게 되는 경우에는 그러하지 아니하다(동법 제118조 후단 참조).
③ 이 법은 국외에서 이루어진 행위라도 국내시장에 영향을 미치는 경우에는 적용한다(동법 제3조).
⑤ 공정거래위원회는 국가ㆍ지방자치단체 또는 공공기관의 운영에 관한 법률에 따른 공기업이 발주하는 입찰과 관련된 부당한 공동행위를 적발하거나 방지하기 위하여 중앙행정기관ㆍ지방자치단체 또는 공공기관의 운영에 관한 법률에 따른 공기업의 장("공공기관의 장")에게 입찰 관련 자료의 제출과 그 밖의 협조를 요청할 수 있다(동법 제41조).

정답 04 ④

제1과목 경제법

CHAPTER 02 약관의 규제에 관한 법령

> **출제 포인트**
>
> 2009년부터 새롭게 추가된 '약관의 규제에 관한 법령'은 총 40문항 가운데 10문항 정도 출제되고 있다. 문제의 유형은 다양했지만 약관의 의미와 기능, 관련 조항, 심사청구, 과태료, 벌칙 등 기본적인 사항 위주로 출제되었으므로 본 장에서는 깊이 있는 학습보다는 중요 포인트만 잡아 서브노트 형식으로 학습하는 것이 좋겠다.

제1절 개 요 16 기출

1 약관의 의의와 기능

(1) 약관의 의의 11 기출

약관규제법은 사업자가 그 거래상의 지위를 남용하여 불공정한 내용의 약관(約款)을 작성하여 거래에 사용하는 것을 방지하고 불공정한 내용의 약관을 규제함으로써 건전한 거래질서를 확립하고 이를 통하여 소비자를 보호하고 국민생활을 균형 있게 향상시키는 것을 목적으로 한다.

> **판례** 대판 2008.12.16., 2007마1328
>
> 법원이 약관의 규제에 관한 법률에 근거하여 사업자가 미리 마련한 약관에 대하여 행하는 구체적 내용통제는 개별 계약관계에서 당사자의 권리·의무를 확정하기 위한 선결문제로서 약관조항의 효력 유무를 심사하는 것이므로, 법원은 약관에 대한 단계적 통제과정, 즉 약관이 사업자와 고객 사이에 체결한 계약에 편입되었는지의 여부를 심사하는 편입통제와 편입된 약관의 객관적 의미를 확정하는 해석통제 및 이러한 약관의 내용이 고객에게 부당하게 불이익을 주는 불공정한 것인지를 살펴보는 불공정성통제의 과정에서, 개별사안에 따른 당사자들의 구체적인 사정을 고려해야 한다.

(2) 용어의 정의 17 기출

① 약 관

그 명칭이나 형태 또는 범위에 상관없이 계약의 한쪽 당사자가 여러 명의 상대방과 계약을 체결하기 위하여 일정한 형식으로 미리 마련한 계약의 내용을 말한다.

② 사업자

계약의 한쪽 당사자로서 상대 당사자에게 약관을 계약의 내용으로 할 것을 제안하는 자를 말한다.

③ 고 객

계약의 한쪽 당사자로서 사업자로부터 약관을 계약의 내용으로 할 것을 제안받은 자를 말한다.

(3) 약관의 기능

① **영업의 합리화**

약관은 여러 종류의 계약을 표준화·정형화한 것으로 오늘날의 대량거래에 일률적으로 적용하게 함으로써 계약의 체결에 필요한 노력과 시간을 절약하게 하고, 나아가 영업의 합리화를 실현할 수 있게 되었다.

② **국제거래의 원활화**

오늘날 국가 간에 금융거래, 운송거래 등의 많은 거래가 원활이 이루어지고 있는데, 이러한 거래가 원활하게 이루어질 수 있었던 것은 국제거래에 약관이 뒷받침해 주었기 때문이다.

③ **법률의 상세화**

약관은 상·민법의 규정에 대하여 한편으로는 추상적이거나 애매한 규정을 구체화시키고, 다른 한편으로는 신종계약의 경우와 같이 법률상의 공백이 있을 경우 이를 보충하여 주는 기능을 한다. 이러한 약관의 기능은 거래당사자들 사이의 거래의 안전을 보장하여 주었다.

(4) 기업의 우월적 지위 확보

보통거래약관을 대량거래에 이용하는 기업주는 일방적인 사전작성 가능성을 악용하여 자기의 법적 지위를 향상시키는 데 주력할 우려가 있다. 이에 부당한 계약이라도 수락할 수밖에 없다고 생각하는 고객은 이로 인하여 과중한 거래위험부담 등의 불이익을 받게 된다.

2 약관의 종류

약관은 감독관청의 행정력이 어떻게 작용하느냐에 따라 인가약관, 신고약관, 관청작성약관, 일반약관으로 분류된다.

(1) 인가약관

사업자가 약관을 작성, 변경하기 전에 행정관청의 인가를 받아야 하는 약관이다. 예를 들면 운송약관은 국토교통부장관의 인가, 보험약관은 기획재정부장관의 인가를 받아야 한다.

(2) 신고약관

사업자가 약관을 일정기간 내에 행정관청 또는 행정관청의 위임을 받은 자에게 약관의 내용을 신고하게 되어 있는 약관이다.

(3) 관청작성약관

약관의 형식이나 내용이 행정관청에 의해 작성되어 사업자에게 사용이 강제되는 약관을 의미한다. 상수도공급규정 등이 그 예이다.

(4) 일반약관

약관의 작성이나 변경에 있어서 감독관청의 인가나 신고를 할 필요가 없는 약관이며 대부분의 약관이 이에 해당되고 약관의 규제에 관한 법률 등과 같은 관계법령의 허용 범위 내에서 작성되어야 한다.

> **참고** 표준약관
>
> 사업자 및 사업자단체는 건전한 거래질서를 확립하고 불공정한 내용의 약관이 통용되는 것을 방지하기 위하여 공정거래위원회에서 마련한 것으로 일정한 거래 분야에서 표준이 되는 계약의 내용을 말한다.

3 약관의 요건

(1) 약관의 성립요건

약관에 관하여 막연한 개념만을 가지고 계약내용을 결정한다면 당사자들 사이에 예측하지 못하는 불이익을 가져다 줄 우려가 있기 때문에 보통거래약관은 일정한 요건을 갖추어야 하며, 이것이 약관의 성립요건이다.

① 계약조건
   보통거래약관은 계약조건에 관한 것이어야 한다.

② 사전작성
   어떤 하나의 특정한 계약만을 위하여 작성된 것이 아닌, 다수의 고객과의 동종의 법률관계를 위하여 그 기안으로써 작성한 것이어야 한다.

③ 다 수
   약관을 사전에 작성함에 있어 특정 개인으로 하는 것이 아니라 다수의 상대방이어야 한다.

④ 구체적 청약
   능동당사자가 사전작성된 약관의 이용을 구체적인 계약체결 시 수동당사자에게 제안하였을 것이 요구된다.

(2) 약관의 채용요건

계약분야에 있어서는 무엇보다도 당사자의 합의가 중요하다. 약관이라는 것은 일방당사자가 제안하는 계약조건(청약)에 불과함으로 상대방의 수락(승낙)을 요구하게 된다. 이와 같이 보통거래약관은 능동당사자의 제안과 수동당사자의 승낙이라는 두 개의 의사표시가 행하여져야 한다. 그중 후자를 가리켜 채용합의라고 부르며 약관의 채용에는 반드시 갖추어야 하는 두 가지 요건이 있다.

① 능동당사자의 약관제시가 있을 것
   능동당사자는 수동당사자에 대하여 약관의 채용에 관하여 명백하게 제시하여야 한다. 즉, 체결하고자 하는 계약의 구체적인 내용은 이미 마련해 놓은 약관에 의해서 결정된다는 사실을 고객에게 알려 주어야만 한다.

② 수동당사자가 그 약관내용을 인지할 수 있었어야 함

보통 능동당사자의 영업소나 그의 거래장소에서 구두에 의해서 계약체결을 하는 경우, 보통거래약관의 규정이 눈에 띄기 쉬운 장소에 명백히 제시되어 있어야 하며 이러한 제시가 있는 한 원칙적으로 고객에게 인식가능성이 부여되었다고 보아야 한다. 이러한 제시가 없는 경우 약관이 실린 인쇄물을 교부하거나, 임의로 인쇄물을 집어갈 수 있는 기회를 부여하여야 한다. 나아가서 보통거래약관의 조문내용이 고객으로 하여금 읽을 수 있고 이해가 쉬운 형태로 되어 있을 것을 요구한다.

> **판례 대판 2008.12.16., 2007마1328**
> 사업자가 약관을 사용하여 고객과 계약을 체결하는 경우, 고객에게 약관의 내용을 계약의 종류에 따라 일반적으로 예상되는 방법으로 명시함으로써 그 약관내용을 알 수 있는 기회를 제공하고(약관의 규제에 관한 법률 제3조 제2항), 약관에 정하여져 있는 중요한 내용을 고객이 이해할 수 있도록 설명하여야 하는바(같은 조 제3항), 여기서 설명의무의 대상이 되는 '중요한 내용'이라 함은 사회통념에 비추어 고객이 계약체결의 여부나 대가를 결정하는 데 직접적인 영향을 미칠 수 있는 사항을 말하고, 약관조항 중에서 무엇이 중요한 내용에 해당하는지에 관하여는 일률적으로 말할 수 없으며, 구체적인 사건에서 개별적 사정을 고려하여 판단하여야 한다.

제2절 간접적 내용통제

1 약관의 작성 및 설명의무(법 제3조) 10 11 12 13 16 17 20 21 기출

(1) 작성 및 설명의무 14 15 17 18 기출

① 사업자는 고객이 약관의 내용을 쉽게 알 수 있도록 한글로 작성하고, 표준화·체계화된 용어를 사용하며, 약관의 중요한 내용을 부호·굵고 큰 문자·색채 등으로 명확하게 표시하여 알아보기 쉽게 약관을 작성하여야 한다.
② 사업자는 계약을 체결할 때에는 고객에게 약관의 내용을 계약의 종류에 따라 일반적으로 예상되는 방법으로 분명하게 밝히고, 고객이 요구할 경우 그 약관의 사본을 고객에게 내주어 고객이 약관의 내용을 알 수 있게 하여야 한다.
③ 사업자는 약관에 정하여져 있는 중요한 내용을 고객이 이해할 수 있도록 설명하여야 한다. 다만, 계약의 성질상 설명하는 것이 현저하게 곤란한 경우에는 그러하지 아니하다.
④ 사업자가 ② 및 ③을 위반하여 계약을 체결한 경우에는 해당 약관을 계약의 내용으로 주장할 수 없다.

> **대판 1994.10.14., 94다17970**
> 보험계약의 승계절차에 관하여 보험회사의 자동차종합보험약관에 보험계약자가 서면에 의하여 양도통지를 하고 이에 대하여 보험회사가 보험증권에 승인의 배서를 하도록 규정되어 있다고 하더라도 보험회사가 그와 같은 약관 내용을 승계하고자 하는 자에게 구체적으로 명시하여 상세하게 설명하지 아니한 때에는 이를 보험계약의 내용으로 주장할 수 없다.

(2) 약관의 작성 및 설명의무의 면제 🔟 13 18 19 21 22 23 25 기출

사업자는 계약을 체결할 때에는 고객에게 약관의 내용을 계약의 종류에 따라 일반적으로 예상되는 방법으로 분명하게 밝히고 고객이 요구할 경우 그 약관의 사본을 고객에게 내주어 고객이 약관의 내용을 알 수 있게 하여야 하지만 다음에 해당하는 업종의 약관에 대하여는 그러하지 아니하다.
① 여객운송업
② 전기·가스 및 수도사업
③ 우편업
④ 공중전화 서비스 제공 통신업

2 개별약정의 우선(법 제4조) 14 16 17 19 25 기출

(1) 약관에서 정하고 있는 사항에 관하여 사업자와 고객이 약관의 내용과 다르게 합의한 사항이 있을 때에는 그 합의 사항은 약관보다 우선한다.

(2) 개별약정우선의 원칙은 약관조항을 무효로 하는 것이 아니라 약관조항이 개별약정보다 후순위로 적용된다는 당사자의 채용합의의 범위 및 약관의 편입범위를 정하는 것이다.

(3) 개별약정이 효력을 잃거나 당사자 간의 합의로 철회하는 경우에는 적용 배제되었던 약관조항은 다시 부활하게 된다. 그리고 개별약정은 서면뿐만 아니라 구두에 의한 것도 가능하다고 본다.

3 약관의 해석(법 제5조) 16 25 기출

(1) **신의성실의 원칙** 13 22 25 기출

약관은 신의성실의 원칙에 따라 공정하게 해석되어야 한다. 다시 말하자면 약관을 해석함에 있어서는 사업자의 이익뿐만 아니라 상대방의 정당한 이익과 합리적인 기대도 함께 고려하여야 한다는 것이다.

(2) **통일적 해석의 원칙**

약관은 다수의 계약을 위하여 사전에 작성된 것이기 때문에, 모든 고객에게 동일하게 통일적으로 해석되어야지 고객에 따라 다르게 해석되어서는 아니 된다. 약관의 문헌을 보다 객관적으로, 고객의 종류를 달리하지 않고 통일적으로 해석을 해야 한다는 것이다.

(3) **작성자불리의 원칙**

약관의 뜻이 명백하지 아니한 경우에는 고객에게 유리하게 해석되어야 한다. 약관에 대한 전문적인 지식에 있어서 우월한 사업자가 일방적으로 작성한 것이기 때문에, 약관의 내용이 의심스러운 경우 그 위험은 당연히 사업자가 부담하여야 한다고 한다.

(4) 엄격 해석의 원칙

약관규제법에 명문규정은 없지만 일반적으로 승인되어 있는 원칙이다. 이는 법률에 규정되어 있는 사업자의 책임을 배제·제한하거나 고객의 권리를 제한하는 약관조항은 규정의 취지에 비추어 엄격하게 해석되어야 한다는 것이다.

> **판례** 대판 1997.2.28., 96다53857
>
> 기록에 의하면 피고 회사 자동차종합보험의 가족운전자 한정운전 특별약관에 "기명피보험자와 그 부모, 배우자 및 자녀 이외의 자가 피보험자동차를 운전하던 중에 발생된 사고에 대하여는 보험금을 지급하지 아니합니다."라는 조항이 규정되어 있는 사실을 인정할 수 있는바, 위 특별약관의 취지는 일반의 자동차종합보험 보통약관과는 달리 보험금의 지급대상이 되는 보험사고를 피보험자동차의 이용관계에 있어 동질적이라고 할 수 있는 피보험자의 가족구성원이 자동차를 운전 중에 일으킨 사고로 제한하는 대신 보험료를 낮추어 주려는 데 있다고 할 것이다.
> 그런데 1990년 1월 13일 법률 제4199호로 민법이 개정됨으로써 계모는 더 이상 법률상의 모(母)는 아닌 것으로 되었으나, 피보험자의 계모가 부(父)의 배우자로 실질적으로 가족의 구성원으로 가족공동체를 이루어 생계를 같이 하고 피보험자의 어머니의 역할을 하면서 피보험자동차를 이용하고 있다면, 위 약관조항을 둔 취지에 비추어 볼 때 이러한 경우의 계모는 위 약관상의 모에 포함된다고 봄이 상당하다고 할 것이다.

제3절 불공정약관조항 11 12 14 18 19 20 25 기출

1 일반원칙(법 제6조) 11 20 기출

(1) 신의성실의 원칙

① 신의성실의 원칙에 반하여 공정을 잃은 약관조항은 무효이다.
② 당해 약관이 사업자에 의하여 일방적으로 작성되고 상대방인 고객으로서는 그 구체적 조항 내용을 검토하거나 확인할 충분한 기회가 없이 계약을 체결하게 되는 계약 성립의 과정에 비추어 약관작성자로서는 반드시 계약상대방의 정당한 이익과 합리적인 기대에 반하지 않고 형평에 맞게끔 약관조항을 작성하여야 한다는 행위원칙을 가리킨다.

(2) 불공정약관 10 13 18 19 22 23 기출

약관에 다음에 해당되는 내용을 정하고 있는 경우에는 당해 약관조항은 공정을 잃은 것으로 추정된다.
① 고객에게 부당하게 불리한 조항
② 고객이 계약의 거래형태 등 관련된 모든 사정에 비추어 예상하기 어려운 조항
③ 계약의 목적을 달성할 수 없을 정도로 계약에 따르는 본질적 권리를 제한하는 조항

> **판례** 대판 2003.1.10., 2001두1604
>
> [1] 사업자가 시장상황을 고려하여 필요한 경우 판매대리점의 판매지역 내에 사업자의 판매대리인을 추가로 선정할 수 있다고 한 약관조항에 대하여, 고객인 판매대리점의 판매지역을 사업자가 일방적으로 축소 조정할 수 있도록 허용함으로써 판매대리점의 판매지역권을 부당하게 침해하는 것으로, 구 약관의 규제에 관한 법률(2001.3.28. 법률 제6459호로 개정되기 전의 것) 제6조 제2항 제1호 소정의 '고객에 대하여 부당하게 불리한 조항'으로서 불공정한 약관으로 추정된다.
> [2] 사업자와 판매대리점 중 어느 일방의 당사자가 대리점계약을 해지하고자 할 경우에는 상대방에게 그 뜻을 계약해지 예정일로부터 2개월 전에 서면으로 예고하여야 한다고 한 약관에 대하여, 실질적으로는 사업자의 이익을 위하여 기능하는 조항이라고 할 수 있는바, 당사자 간의 신뢰관계의 파괴, 부득이한 사유의 발생, 채무불이행 등 특별한 사정의 발생 유무를 불문하고 사업자가 2개월 전에 서면예고만 하면 언제든지 계약을 해지할 수 있도록 규정하고 있으므로, 구 약관의 규제에 관한 법률(2001.3.28. 법률 제6459호로 개정되기 전의 것) 제6조 제2항 제1호 소정의 '고객에 대하여 부당하게 불리한 조항'으로서 불공정한 약관으로 추정된다.

2 면책조항의 금지(법 제7조) 12 기출

(1) 고의 또는 중과실에 대한 면책특약의 무효(제1호) 11 13 14 18 24 기출

① 사업자, 이행보조자 또는 피고용자의 고의 또는 중대한 과실로 인한 법률상의 책임을 배제하는 조항을 무효로 하고 있다.
② 민법상 채무자 자신의 고의에 대한 면책특약은 공서양속(민법 제103조)에 위반하여 무효라는 점에 대하여는 이견이 없다. 약관규제법은 채무자인 사업자뿐만 아니라 이행보조자나 피고용자의 고의 또는 중대한 과실에 대한 면책특약을 무효로 규정하고 있다. 이는 이른바 절대적 무효조항이다.

(2) 손해배상범위의 제한 또는 위험의 이전(제2호) 23 기출

① 상당한 이유 없이 사업자의 손해배상범위를 제한하거나 사업자가 부담하여야 할 위험을 고객에게 떠넘기는 조항은 무효이다.
② 상당한 이유의 유무는 계약의 목적, 거래관행, 배상액 제한의 내용, 배상범위를 제한하는 이유 등을 종합적으로 참작하여 결정된다.

(3) 담보책임의 배제 또는 제한 등(제3호 및 제4호)

① 상당한 이유 없이 사업자의 담보책임을 배제 또는 제한하거나 그 담보책임에 따르는 고객의 권리행사의 요건을 가중하는 조항을 무효로 하고 있다.
② 상당한 이유 없이 계약목적물에 관하여 견본이 제시되거나 품질·성능 등에 관한 표시가 있는 경우 그 보장된 내용에 대한 책임을 배제 또는 제한하는 조항을 무효로 하고 있다.
③ 견본이나 보장된 내용과 다른 급부를 제공한 경우 그 사업자의 악성이 높다고 판단하여 보장된 내용에 대한 책임을 배제 또는 제한하는 조항을 무효로 하고 있다.

③ 과중한 손해배상액의 예정약관의 무효(법 제8조) 16 17 기출

(1) 고객에 대하여 부당하게 과중한 지연손해금 등의 손해배상 의무를 부담시키는 약관조항은 무효로 한다.

(2) "지연손해금 등"이란 채무불이행에 따른 지연손해금, 전보배상, 위약벌 및 불법행위로 인한 손해배상 기타 명목의 여하를 불문하고 일체의 손해배상에 관한 예정을 포함한다.

(3) "부당하게 과중"하다는 것은 손해배상의 예정이 경제적 약자의 지위에 있는 채무자(顧客)에게 부당한 압박을 가하여 공정을 잃는 결과를 초래한다고 인정되는 경우를 말하며, 그 판단에 있어서는 채권자와 채무자의 경제적 지위, 계약의 목적과 내용, 손해배상액을 예정한 경위(동기), 채무액에 대한 예정액의 비율, 예상손해액의 크기, 그 당시의 거래관행과 경제상태 등을 두루 참작하여야 한다.

④ 계약의 해제·해지(법 제9조) 10 11 13 15 18 20 21 22 24 기출

(1) **고객의 해제권 또는 해지권을 배제하거나 그 행사를 제한하는 조항(제1호)**
   ① 법률에 따른 고객의 해제권 또는 해지권을 배제하거나 그 행사를 제한하는 조항을 무효로 하고 있다.
   ② 이는 절대적 무효규정의 한 예이다. 해제, 해지권을 정면으로 배제하는 조항 외에 법정의 해제, 해지의 사유를 축소하거나 법률이 정하지 않은 요건을 부가하는 조항 등도 무효이다.

(2) **사업자의 해제·해지권의 확대 내지 완화(제2호)**
   ① 사업자에게 법률에서 규정하고 있지 아니하는 해제권 또는 해지권을 부여하여 고객에게 부당하게 불이익을 줄 우려가 있는 조항을 무효로 하고 있다.
   ② 이는 제1호와는 달리 고객에 대하여 부당하게 불이익을 줄 우려가 있는 경우에 한하여 무효로 된다.

(3) **사업자의 해제권 또는 해지권의 행사 요건을 부당하게 완화하는 조항(제3호)**
   법률에 따른 사업자의 해제권 또는 해지권의 행사 요건을 완화하여 고객에게 부당하게 불이익을 줄 우려가 있는 조항을 무효로 하고 있다.

(4) **고객의 원상회복의무를 과중하게 부담하거나 원상회복청구권을 부당하게 포기하도록 하는 조항(제4호)** 17 기출
   계약의 해제 또는 해지로 인한 고객의 원상회복의무를 상당한 이유 없이 과중하게 부담시키거나 고객의 원상회복청구권을 부당하게 포기하도록 하는 조항을 무효로 하고 있다.

(5) **사업자의 원상회복의무나 손해배상의무를 부당하게 경감하는 조항(제5호)** 23 기출
   계약의 해제 또는 해지로 인한 사업자의 원상회복의무나 손해배상의무를 부당하게 경감하는 조항을 무효로 하고 있다.

(6) 계속적인 채권관계의 발생을 목적으로 하는 계약의 존속기간을 부당하게 장기 또는 단기로 하거나 묵시의 기간연장 또는 갱신이 가능하도록 정한 조항(제6호) 17 기출

계속적인 채권관계의 발생을 목적으로 하는 계약에서 그 존속기간을 부당하게 단기 또는 장기로 하거나 묵시적인 기간의 연장 또는 갱신이 가능하도록 정하여 고객에게 부당하게 불이익을 줄 우려가 있는 조항을 무효로 하고 있다.

5 채무의 이행(법 제10조)

채무의 이행에 관하여 정하고 있는 약관의 내용 중 다음에 해당되는 내용을 정하고 있는 조항은 무효로 한다.

(1) 상당한 이유 없이 급부의 내용을 사업자가 일방적으로 결정하거나 변경할 수 있도록 권한을 부여하는 조항

(2) 상당한 이유 없이 사업자가 이행하여야 할 급부를 일방적으로 중지할 수 있게 하거나 제3자로 하여금 대행할 수 있게 하는 조항

6 고객의 권익보호(법 제11조) 11 12 17 23 25 기출

고객의 권익에 관하여 정하고 있는 약관의 내용 중 다음에 해당되는 내용을 정하고 있는 조항은 무효로 한다.

(1) 법률의 규정에 의한 고객의 항변권, 상계권 등의 권리를 상당한 이유 없이 배제 또는 제한하는 조항

(2) 고객에게 주어진 기한의 이익을 상당한 이유 없이 박탈하는 조항

(3) 고객이 제3자와 계약을 체결하는 것을 부당하게 제한하는 조항

(4) 사업자가 업무상 알게 된 고객의 비밀을 정당한 이유 없이 누설하는 것을 허용하는 조항

7 의사표시의 의제(법 제12조) 19 22 기출

의사표시에 관하여 정하고 있는 약관의 내용 중 다음의 어느 하나에 해당되는 내용을 정하고 있는 조항은 이를 무효로 한다.

(1) 일정한 작위 또는 부작위(不作爲)가 있을 때 고객의 의사표시가 표명되거나 표명되지 아니한 것으로 보는 조항. 다만, 고객에게 상당한 기한 내에 의사표시를 하지 아니하면 의사표시가 표명되거나 표명되지 아니한 것으로 본다는 뜻을 명확하게 따로 고지하거나 부득이한 사유로 그러한 고지를 할 수 없는 경우에는 그러하지 아니하다.

(2) 고객의 의사표시의 형식이나 요건에 대하여 부당하게 엄격한 제한을 가하는 조항

(3) 고객의 이익에 중대한 영향을 미치는 사업자의 의사표시가 상당한 이유 없이 고객에게 도달된 것으로 보는 조항

(4) 고객의 이익에 중대한 영향을 미치는 사업자의 의사표시 기한을 부당하게 길게 정하거나 불확정하게 정하는 조항

> **판례** 대판 2007.9.21., 2006다26021
> 약관의 규제에 관한 법률 제12조 제3호는 의사표시에 관하여 정하고 있는 약관의 내용 중 고객의 이익에 중대한 영향을 미치는 사업자의 의사표시가 상당한 이유 없이 고객에게 도달된 것으로 보는 조항은 무효로 한다고 규정하고 있는데 은행이 채무자의 변경된 주소 등 소재를 알았거나 혹은 보통일반인의 주의만 하였더라면 그 변경된 주소 등 소재를 알 수 있음에도 불구하고 이를 게을리 한 과실이 있어 알지 못한 경우에도 이 사건 약관 제16조 제2항을 문언 그대로 해석·적용한다면 이는 고객의 이익에 중대한 영향을 미치는 사업자의 의사표시가 상당한 이유 없이 고객에게 도달된 것으로 보는 것이 되므로 위 법률의 규정에 따라 무효라 할 것이고 따라서 위 약관조항은 위와 같은 무효의 경우를 제외하고 은행이 과실 없이 채무자의 변경된 주소 등 소재를 알지 못하는 경우에 한하여 적용되는 것이라고 해석하여야 한다.

8 대리인의 책임가중(법 제13조) 13 14 기출

(1) 고객의 대리인에 의하여 계약이 체결된 경우 고객이 그 의무를 이행하지 아니하는 경우에는 대리인에게 그 의무의 전부 또는 일부를 이행할 책임을 지우는 내용의 약관조항을 무효로 규정하고 있다.

(2) 사업자가 약관조항 중에 계약서에 서명한 대리인도 본인과 함께 책임을 진다는 조항을 두는 경우에 이 규정이 적용될 것이다. 또 무권대리인은 민법 제135조에 의하여 상대방에게 책임을 지게 되는데, 약관으로 이보다 더 무거운 책임을 지우는 것도 무효라고 본다. 이 조항은 절대적 무효조항이다.

9 소송제기의 금지 등(법 제14조) 15 21 25 기출

(1) 당사자 사이에서 제소하지 않겠다는 개별적이고 명백한 특약을 한 경우에는 원칙적으로 그 특약이 유효하지만 약관에 그러한 조항이 포함되어 있는 경우에는 그것은 고객에게 부당하게 불리하므로 무효이다.

(2) 소송제기 등과 관련된 약관의 내용 중 다음의 어느 하나에 해당하는 조항은 무효로 한다.
① 고객에게 부당하게 불리한 소송제기 금지 조항 또는 재판관할의 합의 조항
② 상당한 이유 없이 고객에게 입증책임을 부담시키는 약관조항

⑩ 적용의 제한(법 제15조) 16 20 기출

국제적으로 통용되는 약관이나 기타 특별한 사정이 있는 약관으로서 다음 업종의 약관에 대하여는 법 제7조부터 제14조까지의 규정을 적용하는 것을 조항별·업종별로 제한할 수 있다.

(1) 국제적으로 통용되는 운송업

(2) 국제적으로 통용되는 금융업 및 보험업

(3) 무역보험법에 따른 무역보험

⑪ 일부무효의 특칙(법 제16조) 15 21 기출

(1) 약관의 전부 또는 일부의 조항이 계약의 내용이 되지 못하는 경우나 무효인 경우 계약은 나머지 부분만으로 유효하게 존속한다.

(2) 유효한 부분만으로는 계약의 목적 달성이 불가능하거나 그 유효한 부분이 한쪽 당사자에게 부당하게 불리한 경우에는 그 계약은 무효로 한다.

제4절 약관의 규제 16 기출

① 불공정약관조항의 사용금지(법 제17조)

(1) 사업자는 불공정약관조항을 계약의 내용으로 하여서는 아니 된다.

(2) 약관규제법은 사업자가 불공정한 약관을 사용하지 못하도록 하고, 이를 위반한 사업자에 대하여 행정적 규제를 가하고 있다.

② 시정조치(법 제17조의2) 10 11 12 14 15 18 24 기출

(1) 공정거래위원회는 사업자가 불공정약관조항의 사용금지규정을 위반한 경우에는 사업자에게 해당 불공정약관조항의 삭제·수정 등 시정에 필요한 조치를 권고할 수 있다.

(2) 공정거래위원회는 법 제17조를 위반한 사업자가 다음의 어느 하나에 해당하는 경우에는 사업자에게 해당 불공정약관조항의 삭제·수정, 시정명령을 받은 사실의 공표, 그 밖에 약관을 시정하기 위하여 필요한 조치를 명할 수 있다.

① 사업자가 독점규제 및 공정거래에 관한 법률 제2조 제3호의 시장지배적 사업자인 경우
② 사업자가 자기의 거래상의 지위를 부당하게 이용하여 계약을 체결하는 경우
③ 사업자가 일반 공중에게 물품·용역을 공급하는 계약으로서 계약 체결의 긴급성·신속성으로 인하여 고객이 계약을 체결할 때에 약관조항의 내용을 변경하기 곤란한 경우
④ 사업자의 계약 당사자로서의 지위가 현저하게 우월하거나 고객이 다른 사업자를 선택할 범위가 제한되어 있어 약관을 계약의 내용으로 하는 것이 사실상 강제되는 경우
⑤ 계약의 성질상 또는 목적상 계약의 취소·해제 또는 해지가 불가능하거나 계약을 취소·해제 또는 해지하면 고객에게 현저한 재산상의 손해가 발생하는 경우
⑥ 사업자가 권고를 정당한 사유 없이 따르지 아니하여 여러 고객의 피해가 발생하거나 발생할 우려가 현저한 경우

(3) 공정거래위원회는 시정권고 또는 시정명령을 할 때 필요하면 해당 사업자와 같은 종류의 사업을 하는 다른 사업자에게 같은 내용의 불공정약관조항을 사용하지 말 것을 권고할 수 있다.

(4) 시정조치규정에 의한 명령을 이행하지 아니한 자는 2년 이하의 징역 또는 1억 원 이하의 벌금에 처한다.

(5) 법 제17조의2에 따른 시정권고 또는 시정명령은 그 내용을 분명히 밝힌 서면으로 하여야 한다.

3 관청인가약관 등(법 제18조) 19 기출

(1) 공정거래위원회는 행정관청이 작성한 약관이나 다른 법률에 따라 행정관청의 인가를 받은 약관이 법 제6조부터 제14조까지의 규정에 해당된다고 인정할 때에는 해당 행정관청에 그 사실을 통보하고 이를 시정하기 위하여 필요한 조치를 하도록 요청할 수 있다.

(2) 공정거래위원회는 은행법에 따른 은행의 약관이 법 제6조부터 제14조까지의 규정에 해당된다고 인정할 때에는 금융감독원에 그 사실을 통보하고 이를 시정하기 위하여 필요한 조치를 권고할 수 있다.

(3) 법 제18조에 따른 시정에 필요한 조치의 요청 또는 권고는 그 내용을 분명히 밝힌 서면(전자문서 포함)으로 하여야 한다. 또한, 시정에 필요한 조치의 요청 또는 권고를 받은 행정관청이나 금융감독원은 그 요청 또는 권고를 받은 날부터 60일 이내에 공정거래위원회에 서면(전자문서를 포함)으로 처리결과를 알려야 한다.

(4) 행정관청에 시정을 요청한 경우 공정거래위원회는 시정권고 또는 시정명령은 하지 아니한다.

4 약관의 심사청구 등(법 제19조, 제19조의2)

(1) **약관의 심사청구** `10` `12` `15` `16` `17` `18` `20` `22` `23` `24` 기출

① 다음의 자는 약관조항이 이 법에 위반되는지 여부에 관한 심사를 공정거래위원회에 청구할 수 있다.
  ㉠ 약관의 조항과 관련하여 법률상의 이익이 있는 자
  ㉡ 소비자기본법에 따라 등록된 소비자단체
  ㉢ 소비자기본법에 따라 설립된 한국소비자원
  ㉣ 사업자단체
② ①에 따른 약관의 심사청구는 공정거래위원회에 서면이나 전자문서로 제출하여야 한다.

(2) **약관변경으로 인한 심사대상의 변경** `14` `15` 기출

공정거래위원회는 심사대상인 약관조항이 변경된 때에는 직권으로 또는 심사청구인의 신청에 의하여 심사대상을 변경할 수 있다.

5 표준약관(법 제19조의3) `10` `11` `12` `13` `14` `15` `16` `17` `18` `19` `20` `21` `22` `23` `25` 기출

(1) 사업자 및 사업자단체는 건전한 거래질서를 확립하고 불공정한 내용의 약관이 통용되는 것을 방지하기 위하여 일정한 거래 분야에서 표준이 될 약관의 제정·개정안을 마련하여 그 내용이 이 법에 위반되는지 여부에 관하여 공정거래위원회에 심사를 청구할 수 있다.

(2) 소비자단체 또는 한국소비자원은 소비자 피해가 자주 일어나는 거래 분야에서 표준이 될 약관을 제정 또는 개정할 것을 공정거래위원회에 요청할 수 있다.

(3) 공정거래위원회는 다음의 어느 하나에 해당하는 경우에 사업사 및 사업자단체에 대하여 표준이 될 약관의 제정·개정안을 마련하여 심사청구할 것을 권고할 수 있다.
① 소비자단체 등의 요청이 있는 경우
② 일정한 거래 분야에서 여러 고객에게 피해가 발생하거나 발생할 우려가 있는 경우에 관련 상황을 조사하여 약관이 없거나 불공정약관조항이 있는 경우
③ 법률의 제정·개정·폐지 등으로 약관을 정비할 필요가 발생한 경우

(4) 공정거래위원회는 사업자 및 사업자단체가 권고를 받은 날부터 4개월 이내에 필요한 조치를 하지 아니하면 관련 분야의 거래 당사자 및 소비자단체 등의 의견을 듣고 관계 부처의 협의를 거쳐 표준이 될 약관을 제정·개정할 수 있다.

(5) 공정거래위원회는 규정에 따라 심사하거나 제정·개정한 약관(표준약관)을 공시하고 사업자 및 사업자단체에 그 사용을 권장할 수 있다.

(6) 공정거래위원회로부터 표준약관의 사용을 권장받은 사업자 및 사업자단체는 표준약관과 다른 약관을 사용하는 경우에 표준약관과 다르게 정한 주요 내용을 고객이 알기 쉽게 표시하여야 한다(위반 시 500만 원 이하의 과태료).

(7) 공정거래위원회는 표준약관의 사용을 활성화하기 위하여 표준약관 표지를 정할 수 있으며, 사업자 및 사업자단체는 표준약관을 사용하는 경우 공정거래위원회가 고시하는 바에 따라 표준약관 표지를 사용할 수 있다.

(8) 사업자 및 사업자단체는 표준약관과 다른 내용을 약관으로 사용하는 경우 표준약관 표지를 사용하여서는 아니 된다(위반 시 5천만 원 이하의 과태료).

(9) 사업자 및 사업자단체가 위 (8)의 규정을 위반하여 표준약관 표지를 사용하는 경우 표준약관의 내용보다 고객에게 더 불리한 약관의 내용은 무효로 한다.

6 조사(법 제20조) 14 기출

(1) 약관의 조사

공정거래위원회는 다음의 어느 하나의 경우 약관이 이 법에 위반된 사실이 있는지 여부를 확인하기 위하여 필요한 조사를 할 수 있다.
① 시정권고 또는 시정명령을 하기 위하여 필요하다고 인정되는 경우
② 약관의 심사청구를 받은 경우

(2) 기 타
① 조사를 하는 공무원은 그 권한을 표시하는 증표를 지니고 이를 관계인에게 내보여야 한다.
② 조사를 거부·방해 또는 기피한 자는 5천만 원 이하의 과태료에 처한다.

7 의견 진술 및 불공정약관조항의 공개 10 12 14 20 기출

(1) 의견 진술(법 제22조)
① 공정거래위원회는 약관의 내용이 이 법에 위반되는지 여부에 대하여 심의하기 전에 그 약관에 따라 거래를 한 사업자 또는 이해관계인에게 그 약관이 심사 대상이 되었다는 사실을 알려야 한다.
② 통지를 받은 당사자 또는 이해관계인은 공정거래위원회의 회의에 출석하여 의견을 진술하거나 필요한 자료를 제출할 수 있다.
③ 공정거래위원회는 심사 대상이 된 약관이 다른 법률에 따라 행정관청의 인가를 받았거나 받아야 할 것인 경우에는 심의에 앞서 그 행정관청에 의견을 제출하도록 요구할 수 있다.

(2) 불공정약관조항의 공개(법 제23조)
공정거래위원회는 이 법에 위반된다고 심의·의결한 약관조항의 목록을 인터넷 홈페이지에 공개하여야 한다.

8 약관 분쟁조정협의회 13 15 20 21 23 25 기출

(1) 약관 분쟁조정협의회의 설치 및 구성
불공정약관조항의 사용금지 규정을 위반한 약관 등 약관과 관련된 분쟁을 조정하기 위하여 한국공정거래조정원에 약관 분쟁조정협의회를 둔다.

① 구 성
  협의회는 위원장 1명을 포함한 9명의 위원으로 구성하며, 위원장은 상임으로 한다.
② 위원장
  협의회 위원장은 조정원의 장의 제청으로 공정거래위원회 위원장이 위촉한다.
③ 위원장의 업무 대행
  협의회 위원장이 사고로 직무를 수행할 수 없을 때에는 협의회의 위원장이 지명하는 협의회 위원이 그 직무를 대행한다.
④ 위 원
  협의회 위원은 약관규제·소비자 분야에 경험 또는 전문지식이 있는 사람으로 조정원의 장의 제청으로 공정거래위원회 위원장이 임명하거나 위촉한다.
⑤ 위원의 임기 19 기출
  협의회 위원의 임기는 3년으로 하되, 연임할 수 있다. 협의회 위원 중 결원이 생긴 때에는 보궐위원을 위촉하여야 하며 그 보궐위원의 임기는 전임자의 남은 임기로 한다.
⑥ 협의회의 회의 등 업무지원을 위하여 별도 사무지원 조직을 조정원 내에 둔다.
⑦ 협의회 위원장은 그 직무 외에 영리를 목적으로 하는 업무에 종사하지 못한다.
⑧ ⑦에 따른 영리를 목적으로 하는 업무의 범위에 관하여는 「공공기관의 운영에 관한 법률」 제37조(임직원의 겸직 제한) 제3항을 준용한다.
⑨ 협의회 위원장은 ⑧에 따른 영리를 목적으로 하는 업무에 해당하는지에 대한 공정거래위원회 위원장의 심사를 거쳐 비영리 목적의 업무를 겸할 수 있다.

(2) 협의회의 회의
협의회의 회의는 위원 전원으로 구성되는 회의(전체회의)와 위원장이 지명하는 3명의 위원(위원장을 포함할 수 있다)으로 구성되는 회의(분과회의)로 구분된다.

① 분과회의는 전체회의로부터 위임받은 사항에 관하여 심의·의결한다.
② 전체회의는 위원장이 주재하며, 재적위원 과반수의 출석으로 개의하고, 출석위원 과반수의 찬성으로 의결한다.
③ 분과회의는 위원장 또는 위원장이 지명하는 위원이 주재하며 구성위원 전원의 출석과 출석위원 전원의 찬성으로 의결한다. 이 경우 분과회의의 의결은 협의회의 의결로 보되, 회의의 결과를 전체회의에 보고하여야 한다.
④ 조정의 대상이 된 분쟁의 당사자인 고객과 사업자는 협의회의 회의에 출석하여 의견을 진술하거나 관계 자료를 제출할 수 있다.

(3) 협의회 위원의 제척·기피·회피 19 기출

① 제 척

협의회 위원은 다음의 어느 하나에 해당하는 경우에는 해당 분쟁조정사항의 조정에서 제척된다.
  ㉠ 협의회 위원 또는 그 배우자나 배우자였던 사람이 해당 분쟁조정사항의 분쟁당사자가 되거나 공동권리자 또는 의무자의 관계에 있는 경우
  ㉡ 협의회 위원이 해당 분쟁조정사항의 분쟁당사자와 친족관계에 있거나 있었던 경우
  ㉢ 협의회 위원 또는 협의회 위원이 속한 법인이 분쟁당사자의 법률·경영 등에 대하여 자문이나 고문의 역할을 하고 있는 경우
  ㉣ 협의회 위원 또는 협의회 위원이 속한 법인이 해당 분쟁조정사항에 대하여 분쟁당사자의 대리인으로 관여하거나 관여하였던 경우 및 증언 또는 감정을 한 경우

② 기 피

분쟁당사자는 협의회 위원에게 협의회의 조정에 공정을 기하기 어려운 사정이 있는 때에 협의회에 해당 협의회 위원에 대한 기피신청을 할 수 있다.

③ 회 피

협의회 위원이 ① 또는 ②의 사유에 해당하는 경우에는 스스로 해당 분쟁조정사항의 조정에서 회피할 수 있다.

(4) 분쟁조정의 신청 24 기출

약관으로 인하여 피해를 입은 고객은 분쟁조정신청서를 협의회에 제출함으로써 분쟁조정을 신청할 수 있다. 다만, 다음의 어느 하나에 해당하는 경우에는 그러하지 아니하다.
① 분쟁조정 신청이 있기 이전에 공정거래위원회가 조사 중인 사건
② 분쟁조정 신청의 내용이 약관의 해석이나 그 이행을 요구하는 사건
③ 약관의 무효판정을 요구하는 사건
④ 그 밖에 분쟁조정에 적합하지 아니한 것으로 대통령령으로 정하는 사건
  ㉠ 고객과 사업자 간에 분쟁해결이나 피해보상에 관한 합의가 이루어진 사건
  ㉡ 「중재법」에 따라 중재가 진행 중이거나 신청된 사건

(5) 조 정 16 18 23 기출

① 협의회는 분쟁당사자에게 분쟁조정사항을 스스로 조정하도록 권고하거나 조정안을 작성하여 이를 제시할 수 있다.
② 협의회는 해당 분쟁조정사항에 관한 사실을 확인하기 위하여 필요한 경우 조사를 하거나 분쟁당사자에게 관련 자료의 제출이나 출석을 요구할 수 있다.
③ 법 제27조(분쟁조정의 신청 등) 제1항에 따라 분쟁조정의 신청이 불가능한 경우에 대하여 협의회는 조정신청을 각하하여야 한다.
④ 협의회는 다음의 어느 하나에 해당하는 경우에는 조정절차를 종료하여야 한다.
  ㉠ 분쟁당사자가 협의회의 권고 또는 조정안을 수락하거나 스스로 조정하는 등 조정이 성립된 경우
  ㉡ 조정을 신청 또는 의뢰받은 날부터 60일(분쟁당사자 쌍방이 기간연장에 동의한 경우에는 90일로 한다)이 경과하여도 조정이 성립되지 아니한 경우
  ㉢ 분쟁당사자의 일방이 조정을 거부하는 등 조정절차를 진행할 실익이 없는 경우

⑤ 협의회는 ③에 따라 조정신청을 각하하거나 ④에 따라 조정절차를 종료한 경우에는 대통령령으로 정하는 바에 따라 공정거래위원회에 조정신청 각하 또는 조정절차 종료의 사유 등과 관계 서류를 서면으로 지체 없이 보고하여야 하고 분쟁당사자에게 그 사실을 통보하여야 한다.

(6) 소송과의 관계
① 제27조(분쟁조정의 신청 등) 제1항에 따라 분쟁조정이 신청된 사건에 대하여 신청 전 또는 신청 후 소가 제기되어 소송이 진행 중일 때에는 수소법원(受訴法院)은 조정이 있을 때까지 소송절차를 중지할 수 있다.
② 협의회는 제1항에 따라 소송절차가 중지되지 아니하는 경우에는 해당 사건의 조정절차를 중지하여야 한다.
③ 협의회는 조정이 신청된 사건과 동일한 원인으로 다수인이 관련되는 동종·유사 사건에 대한 소송이 진행 중인 경우에는 협의회의 결정으로 조정절차를 중지할 수 있다.

(7) 조정조서의 작성과 효력
① 협의회는 분쟁조정사항의 조정이 성립된 경우 조정에 참가한 위원과 분쟁당사자가 기명날인하거나 서명한 조정조서를 작성한다. 이 경우 분쟁당사자 간에 조정조서와 동일한 내용의 합의가 성립된 것으로 본다.
② 협의회는 조정절차를 개시하기 전에 분쟁당사자가 분쟁조정사항을 스스로 조정하고 조정조서의 작성을 요청하는 경우에는 그 조정조서를 작성한다.

(8) 분쟁조정의 특례 17 20 22 24 25 기출
① 공정거래위원회, 고객 또는 사업자는 법 제28조(조정조서의 작성과 그 효력)에 따라 조정이 성립된 사항과 같거나 비슷한 유형의 피해가 다수 고객에게 발생할 가능성이 크다고 판단한 경우로서 대통령령으로 정하는 사건에 대하여는 협의회에 일괄적인 분쟁조정을 의뢰하거나 신청할 수 있다.
② 위 ①에 따라 집단분쟁조정을 의뢰받거나 신청받은 협의회는 협의회의 의결로서 집단분쟁조정의 절차를 개시할 수 있다. 이 경우 협의회는 분쟁조정된 사안 중 집단분쟁조정 신청에 필요한 사항에 대하여 대통령령으로 정하는 방법에 따라 공표하고, 대통령령으로 정하는 기간 동안 그 절차의 개시를 공고하여야 한다.
③ 협의회는 집단분쟁조정의 당사자가 아닌 고객으로부터 그 분쟁조정의 당사자에 추가로 포함될 수 있도록 하는 신청을 받을 수 있다.
④ 협의회는 협의회의 의결로써 ① 및 ③에 따른 집단분쟁조정의 당사자 중에서 공동의 이익을 대표하기에 가장 적합한 1인 또는 수인을 대표당사자로 선임할 수 있다.
⑤ 협의회는 사업자가 협의회의 집단분쟁조정의 내용을 수락한 경우에는 집단분쟁조정의 당사자가 아닌 자로서 피해를 입은 고객에 대한 보상계획서를 작성하여 협의회에 제출하도록 권고할 수 있다.
⑥ 협의회는 집단분쟁조정의 당사자인 다수의 고객 중 일부의 고객이 법원에 소를 제기한 경우에는 그 절차를 중지하지 아니하고 소를 제기한 일부의 고객은 그 절차에서 제외한다.
⑦ 집단분쟁조정의 기간은 ②에 따른 공고가 종료된 날의 다음 날부터 기산한다.
⑧ 집단분쟁조정의 절차 등에 관하여 필요한 사항은 대통령령으로 정한다.

⑨ 조정원은 집단분쟁조정 대상 발굴, 조정에 의한 피해구제 사례 연구 등 집단분쟁조정 활성화에 필요한 연구를 하며, 연구결과를 인터넷 홈페이지에 공개한다.

9 적용범위(법 제30조) 23 24 기출

(1) 약관이 상법 제3편, 근로기준법 또는 그 밖에 대통령령으로 정하는 비영리사업의 분야에 속하는 계약에 관한 것일 경우에는 이 법을 적용하지 아니한다.

(2) 특정한 거래 분야의 약관에 대하여 다른 법률에 특별한 규정이 있는 경우를 제외하고는 이 법에 따른다.

10 벌 칙 15 20 24 25 기출

(1) **2년 이하의 징역 또는 1억 원 이하의 벌금**
사업자에게 불공정약관조항의 삭제·수정, 시정명령을 받은 사실의 공표, 그 밖에 약관을 시정하기 위하여 필요한 조치를 명령한 경우 이에 따른 명령을 이행하지 아니한 자

(2) **5천만 원 이하의 과태료**
① 표준약관과 다른 내용을 약관으로 사용하면서 표준약관 표지를 사용한 자
② 법 제20조 제1항에 따른 조사를 거부·방해 또는 기피한 사업자 또는 사업자단체

(3) **1천만 원 이하의 과태료**
사업자 또는 사업자단체의 임원 또는 종업원, 그 밖의 이해관계인이 법 제20조 제1항에 따른 조사를 거부·방해 또는 기피한 경우

(4) **500만 원 이하의 과태료**
① 고객에게 약관의 내용을 밝히지 아니하거나 그 약관의 사본을 내주지 아니한 자
② 고객에게 약관의 중요한 내용을 설명하지 아니한 자
③ 표준약관과 다르게 정한 주요 내용을 고객이 알기 쉽게 표시하지 아니한 자

(5) **100만 원 이하의 과태료**
질서유지의 명령을 따르지 아니한 자

(6) (2)부터 (5)까지의 규정에 따른 과태료는 대통령령으로 정하는 바에 따라 공정거래위원회가 부과·징수한다.

CHAPTER 02 적중예상문제

제1과목 경제법

제1절 개요

01 약관의 규제에 관한 법률상 표준약관에 관한 설명으로 옳지 않은 것은?

① 소비자기본법에 따라 등록된 소비자단체는 소비자 피해가 자주 일어나는 거래 분야에서 표준이 될 약관을 제정 또는 개정할 것을 공정거래위원회에 요청할 수 있다.
② 사업자단체는 표준약관과 다른 약관을 사용하는 경우 표준약관과 다르게 정한 주요 내용을 고객이 알기 쉽게 표시하여야 하고, 이는 사업자에게도 동일하게 적용된다.
③ 사업자단체는 표준이 될 약관의 제정·개정안을 마련하여 공정거래위원회에 그 심사를 청구할 수 있지만, 사업자는 그러하지 아니하다.
④ 사업자단체는 표준약관을 사용하는 경우 표준약관 표지를 사용할 수 있으며 이는 사업자에게도 동일하게 적용된다.
⑤ 공정거래위원회는 표준약관의 사용을 활성화하기 위하여 표준약관 표지를 정할 수 있다.

해설
③ 사업자 및 사업자단체는 건전한 거래질서를 확립하고 불공정한 내용의 약관이 통용되는 것을 방지하기 위하여 일정한 거래 분야에서 표준이 될 약관의 제정·개정안을 마련하여 그 내용이 이 법에 위반되는지 여부에 관하여 공정거래위원회에 심사를 청구할 수 있다(약관의 규제에 관한 법률 제19조의3 제1항).

02 약관에 대한 설명으로 적절하지 않은 것은?

① 보통거래약관은 계약조건에 관한 것이어야 한다.
② 어떤 하나의 특정한 계약만을 위하여 작성된 것이 아닌, 다수의 고객과의 동종의 법률관계를 위하여 그 기안으로써 작성한 것이어야 한다.
③ 약관을 사전에 작성함에 있어 특정 개인 혹은 불특정 다수를 대상으로 하여야 한다.
④ 능동당사자가 사전작성된 약관의 이용을 구체적인 계약체결 시 수동당사자에게 제안하였을 것이 요구된다.
⑤ 보통거래약관은 능동당사자의 제안과 수동당사자의 승낙이라는 두 개의 의사표시가 행하여져야 한다.

해설
③ 약관을 사전에 작성함에 있어 그 대상은 특정 개인으로 하는 것이 아니라 다수의 상대방이어야 한다. 어떤 하나의 특정한 계약만을 위하여 작성된 것이 아닌, 다수의 고객과의 동종의 법률관계를 위하여 그 기안으로써 작성한 것이어야 한다.

정답 01 ③ 02 ③

제2절 간접적 내용통제

01 약관의 작성·설명의무에 대한 설명으로 적절하지 않은 것은?

① 사업자는 고객이 약관의 내용을 쉽게 알 수 있도록 한글 및 표준화·체계화된 용어를 사용하여야 한다.
② 약관의 중요한 내용을 부호·문자·색채 등으로 명확하게 표시하여 약관을 작성하여야 한다.
③ 사업자는 계약체결에 있어서 고객에게 약관의 내용을 계약의 종류에 따라 일반적으로 예상되는 방법으로 분명하게 밝혀야 한다.
④ 고객이 요구할 때에는 당해 약관의 사본을 고객에게 교부하여 이를 알 수 있도록 하여야 한다.
⑤ 사업자는 약관에 정하여져 있는 중요한 내용을 고객이 이해할 수 있도록 반드시 설명하여야 한다.

> **해설**
> 사업자는 약관에 정하여져 있는 중요한 내용을 고객이 이해할 수 있도록 설명하여야 한다. 다만, 계약의 성질상 설명이 현저하게 곤란한 경우에는 그러하지 아니하다.

02 약관의 작성·설명의무를 소홀히 하였을 때 벌칙은?

① 3년 이하의 징역 또는 2억 원 이하의 벌금
② 2년 이하의 징역 또는 1억 원 이하의 벌금
③ 5천만 원 이하의 과태료
④ 1천만 원 이하의 과태료
⑤ 5백만 원 이하의 과태료

> **해설**
> ⑤ 약관의 규제에 관한 법률 제34조 제3항

03 약관의 작성 및 설명의무가 면제되는 업종이 아닌 것은?

① 여객운송업
② 공중전화 서비스 제공 통신업
③ 유통업
④ 전기·가스사업
⑤ 수도사업

> **해설**
> 사업자는 계약을 체결할 때에는 고객에게 약관의 내용을 계약의 종류에 따라 일반적으로 예상되는 방법으로 분명하게 밝히고, 고객이 요구할 경우 그 약관의 사본을 고객에게 내주어 고객이 약관의 내용을 알 수 있게 하여야 한다. 다만, 다음의 어느 하나에 해당하는 업종의 약관에 대하여는 그러하지 아니하다(약관의 규제에 관한 법률 제3조 제2항).
> • 여객운송업
> • 전기·가스 및 수도사업
> • 우편업
> • 공중전화 서비스 제공 통신업

01 ⑤ 02 ⑤ 03 ③ **정답**

04 약관의 규제에 관한 법률의 규정을 위반한 효과에 대한 설명으로 옳지 않은 것은?

① 불공정약관조항을 사용하여 공정거래위원회로부터 시정명령을 받고서도 이를 이행하지 아니한 사업자는 징역 또는 벌금에 처해질 수 있다.
② 표준약관과 다른 내용을 약관으로 사용하면서 표준약관 표지를 사용한 사업자에게는 과태료를 부과한다.
③ 공정거래위원회의 조사를 기피한 사업자에게는 과태료를 부과한다.
④ 약관에 정하여져 있는 중요한 내용을 고객이 이해할 수 있도록 설명하지 않은 사업자에게는 과태료를 부과한다.
⑤ 약관에서 정하고 있는 사항에 관하여 약관의 내용보다 고객에게 불리하도록 개별적으로 합의한 사업자에게는 과태료를 부과한다.

> **해설**
> 약관에서 정하고 있는 사항에 관하여 사업자와 고객이 약관의 내용과 다르게 합의한 사항이 있을 때에는 그 합의 사항은 약관보다 우선한다(약관의 규제에 관한 법률 제4조).

05 약관의 규제에 관한 법률상 약관의 설명의무에 관한 설명으로 옳지 않은 것은? (다툼이 있는 경우에는 판례에 의함)

① 고객의 대리인에게 설명하였다면 이를 별도로 다시 고객에게 설명할 필요는 없다.
② 계약의 성질상 설명하는 것이 현저하게 곤란한 경우에는 설명의무가 없다.
③ 설명의무에 위반하여 약관의 일부 조항이 계약의 내용이 되지 못하는 경우 그 계약은 전부 무효가 된다.
④ 고객이 약관의 내용을 충분히 잘 알고 있거나 약관의 내용이 거래상 일반적이고 공통된 것인 경우에는 설명의무를 이행할 필요가 없다.
⑤ 약관의 내용이 추상적·개괄적으로 소개되어 있을 뿐인 안내문의 송부만으로는 설명의무의 이행으로 볼 수 없다.

> **해설**
> 약관의 전부 또는 일부의 조항이 계약의 내용이 되지 못하는 경우나 무효인 경우 계약은 나머지 부분만으로 유효하게 존속한다. 다만, 유효한 부분만으로는 계약의 목적 달성이 불가능하거나 그 유효한 부분이 한쪽 당사자에게 부당하게 불리한 경우에는 그 계약은 무효로 한다(약관의 규제에 관한 법률 제16조).

정답 04 ⑤ 05 ③

06 약관의 규제에 관한 법률상 약관의 작성 및 설명의무와 약관의 해석원칙에 관한 설명으로 옳지 않은 것은? (다툼이 있으면 판례에 따름)

① 사업자는 고객이 약관의 내용을 쉽게 알 수 있도록 한글로 작성하여야 한다.
② 사업자는 고객이 일반적으로 충분히 예상할 수 있었던 일반적 사항이라도 별도로 설명을 하여야 한다.
③ 여러 명의 상대방과 체결하기 위하여 미리 마련하였더라도 그 내용이 상대방에 따라 서로 다르면 약관으로 볼 수 없다.
④ 여객운송업, 전기·가스 및 수도사업 등은 원칙적으로 약관의 명시·설명의무 관련 규정이 적용되지 않는다.
⑤ 약관에서 정하고 있는 사항과 다르게 사업자와 고객이 합의한 사항이 있을 때는 그 합의 사항이 약관보다 우선한다.

> **해설**
> ② 약관에 정하여져 있는 내용이라도 거래상 일반적이고 공통된 것이어서 고객이 별도의 설명 없이 충분히 예상할 수 있었다면 사업자에게 명시·설명의무가 있다고 할 수 없다(대판 2007.4.27., 2006다87453).

제3절 불공정약관조항

01 약관의 규제에 관한 법률상 약관의 공정성에 관한 설명으로 옳지 않은 것은?

① 신의성실의 원칙을 위반하여 공정성을 잃은 약관조항은 무효이다.
② 고객에게 지연 손해금 등의 배상 의무를 부담시키는 약관조항은 공정성을 잃은 것으로 추정된다.
③ 고객에게 부당하게 불리한 약관조항은 공정성을 잃은 것으로 추정된다.
④ 고객이 계약의 거래형태 등 관련된 모든 사정에 비추어 예상하기 어려운 약관조항은 공정성을 잃은 것으로 추정된다.
⑤ 계약의 목적을 달성할 수 없을 정도로 계약에 따르는 본질적 권리를 제한하는 약관조항은 공정성을 잃은 것으로 추정된다.

> **해설**
> ② 약관의 손해배상액의 예정에 관한 설명이다(약관의 규제에 관한 법률 제8조 참조).

02 불공정약관으로서 무효에 해당하는 경우가 아닌 것은?

① 고객에 대하여 부당하게 불리한 조항
② 고객이 계약의 거래형태 등 제반사정에 비추어 예상하기 어려운 조항
③ 계약의 목적을 달성할 수 없을 정도로 계약에 따르는 본질적 권리를 제한하는 조항
④ 사업자의 손해배상범위를 합리적으로 제한하는 조항
⑤ 피고용자의 고의 또는 중대한 과실로 인한 법률상의 책임을 배제하는 조항

해설

④ 상당한 이유 없이 사업자의 손해배상범위를 제한하거나 사업자가 부담하여야 할 위험을 고객에게 떠넘기는 조항은 무효이다(약관의 규제에 관한 법률 제7조 제2호).

03 약관의 규제에 관한 법률상 무효인 불공정약관조항에 해당하지 않는 것은?

① 고객에게 부당하게 불리한 재판관할의 합의 조항
② 상당한 이유 없이 소송상의 입증책임을 고객에게 부담시키는 약관조항
③ 피고용자의 고의로 인한 법률상의 책임을 사업자가 지도록 하는 조항
④ 상당한 이유 없이 급부의 내용을 사업자가 일방적으로 변경할 수 있도록 권한을 부여하는 조항
⑤ 고객의 대리인에 의하여 계약이 체결된 경우 고객이 그 의무를 이행하지 아니하는 경우에는 대리인에게 그 의무의 전부를 이행할 책임을 지우는 내용의 약관조항

해설

①·② 소송 제기의 금지 조항에 속한다(약관의 규제에 관한 법률 제14조 제1호 및 제2호 참조).
④ 채무의 이행 조항에 속한다(동법 제10조 제1호 참조).
⑤ 대리인의 책임 가중 조항에 속한다(동법 제13조 참조).

04 약관의 규제에 관한 법률 제12조에서 의사표시의 의제와 관련한 불공정약관조항으로 규정하고 있는 것은?

① 일정한 작위가 있을 경우 고객의 의사표시가 표명된 것으로 보는 조항으로서 고객에게 상당한 기한 내에 의사표시를 하지 아니하면 의사표시가 표명된 것으로 본다는 뜻을 명확하게 따로 고지한 경우
② 사업자의 의사표시의 형식이나 요건에 대하여 부당하게 엄격한 제한을 두는 조항
③ 사업자의 이익에 중대한 영향을 미치는 사업자의 의사표시 기한을 불확정하게 정하는 조항
④ 고객의 이익에 중대한 영향을 미치는 고객의 의사표시 기한을 부당하게 길게 정하는 조항
⑤ 고객의 이익에 중대한 영향을 미치는 사업자의 의사표시가 상당한 이유 없이 고객에게 도달된 것으로 보는 조항

해설

의사표시의 의제(약관의 규제에 관한 법률 제12조)
의사표시에 관하여 정하고 있는 약관의 내용 중 다음의 어느 하나에 해당하는 내용을 정하고 있는 조항은 무효로 한다.
- 일정한 작위 또는 부작위가 있을 경우 고객의 의사표시가 표명되거나 표명되지 아니한 것으로 보는 조항. 다만, 고객에게 상당한 기한 내에 의사표시를 하지 아니하면 의사표시가 표명되거나 표명되지 아니한 것으로 본다는 뜻을 명확하게 따로 고지한 경우이거나 부득이한 사유로 그러한 고지를 할 수 없는 경우에는 그러하지 아니하다.
- 고객의 의사표시의 형식이나 요건에 대하여 부당하게 엄격한 제한을 두는 조항
- 고객의 이익에 중대한 영향을 미치는 사업자의 의사표시가 상당한 이유 없이 고객에게 도달된 것으로 보는 조항
- 고객의 이익에 중대한 영향을 미치는 사업자의 의사표시 기한을 부당하게 길게 정하거나 불확정하게 정하는 조항

05 약관의 규제에 관한 법률상 불공정한 약관에 대하여 공정거래위원회가 시정을 위해 사업자에게 취할 수 있는 조치에 관한 설명으로 옳지 않은 것은?

① 사업자가 불공정약관조항을 계약의 내용으로 한 경우에 해당 불공정약관조항의 삭제는 명령이 아닌 권고의 형식으로도 부과할 수 있다.
② 불공정약관조항에 대하여 시정을 권고한 경우에는 사업자에게 시정권고 받은 사실의 공표를 권고할 수 있다.
③ 공정거래위원회가 명한 시정조치를 이행하지 아니한 자는 징역 또는 벌금에 처한다.
④ 계약의 성질상 계약을 취소하면 고객에게 현저한 재산상의 손해가 발생하는 경우에는 사업자에게 해당 불공정약관조항의 삭제를 명할 수 있다.
⑤ 공정거래위원회는 불공정약관조항에 대한 시정명령을 할 때 해당 사업자와 같은 종류의 사업을 하는 다른 사업자에게도 같은 내용의 불공정약관조항을 사용하지 말 것을 권고할 수 있다.

해설

사업자가 시정권고를 정당한 사유 없이 따르지 아니하여 여러 고객에게 피해가 발생하거나 발생할 우려가 현저한 경우 사업자에게 시정명령을 받은 사실의 공표를 명할 수 있다.

제4절 약관의 규제

01 약관조항의 위반 여부에 관한 심사를 청구할 수 있는 자가 아닌 것은?

① 사업자단체
② 금융감독원
③ 소비자단체
④ 한국소비자원
⑤ 약관의 조항과 관련하여 법률상의 이익이 있는 자

해설

약관의 심사청구(약관의 규제에 관한 법률 제19조 제1항)
다음의 자는 약관조항이 이 법에 위반되는지 여부에 관한 심사를 공정거래위원회에 청구할 수 있다.
- 약관의 조항과 관련하여 법률상의 이익이 있는 자
- 소비자기본법에 따라 등록된 소비자단체
- 소비자기본법에 따라 설립된 한국소비자원
- 사업자단체

02 표준약관에 관한 내용으로 옳지 않은 것은?

① 공정거래위원회로부터 표준약관의 사용을 권장받은 사업자 및 사업자단체는 표준약관과 다른 약관을 사용하는 경우 표준약관과 다르게 정한 주요 내용을 고객이 알기 쉽게 표시하여야 한다.
② 사업자 및 사업자단체는 표준약관과 다른 내용을 약관으로 사용하는 경우 표준약관 표지를 사용하여서는 아니 된다.
③ 사업자 및 사업자단체는 건전한 거래질서를 확립하고 불공정한 내용의 약관이 통용되는 것을 방지하기 위하여 일정한 거래 분야에서 표준이 될 약관의 제정·개정안을 마련하여 그 내용이 이 법에 위반되는지 여부에 관하여 공정거래위원회에 심사를 청구할 수 있다.
④ 공정거래위원회는 사업자 및 사업자단체가 권고를 받은 날부터 4개월 이내에 필요한 조치를 하지 아니하면 관련 분야의 거래 당사자 및 소비자단체 등의 의견을 듣고 관계 부처의 협의를 거쳐 표준이 될 약관을 제정 또는 개정할 수 있다.
⑤ 일정한 거래 분야에서 여러 고객에게 피해가 발생하는 경우에 피해 발생 상황을 조사하여 약관이나 불공정약관조항이 없는 경우 공정거래위원회는 사업자 및 사업자단체에 대하여 표준이 될 약관의 제정·개정안을 마련하여 심사 청구할 것을 권고하여야 한다.

해설

공정거래위원회는 다음의 어느 하나에 해당하는 경우에 사업자 및 사업자단체에 대하여 표준이 될 약관의 제정·개정안을 마련하여 심사 청구할 것을 권고할 수 있다(약관의 규제에 관한 법률 제19조의3 제3항).
- 소비자단체 등의 요청이 있는 경우
- 일정한 거래 분야에서 여러 고객에게 피해가 발생하거나 발생할 우려가 있는 경우에 관련 상황을 조사하여 약관이 없거나 불공정약관조항이 있는 경우
- 법률의 제정·개정·폐지 등으로 약관을 정비할 필요가 발생한 경우

정답 01 ② 02 ⑤

03 공정거래위원회의 약관의 규제에 대한 설명으로 옳지 않은 것은?

① 행정관청이 작성한 약관에 대한 시정조치의 요청 또는 권고는 서면으로 하여야 한다.
② 약관의 조항과 관련하여 법률상의 이익이 있는 자뿐만 아니라 소비자단체도 약관의 조항이 약관의 규제에 관한 법률에 위반되는지 여부를 공정거래위원회에 청구할 수 있다.
③ 공정거래위원회가 심사대상인 약관조항이 변경된 때에 심사대상을 변경하기 위해서는 심사청구인의 신청이 반드시 필요하다.
④ 공정거래위원회는 불공정약관조항의 목록을 인터넷 홈페이지에 공개하여야 한다.
⑤ 약관의 조사를 거부·방해한 자는 5천만 원 이하의 과태료에 처한다.

해설
공정거래위원회는 심사대상인 약관조항이 변경된 때에는 직권으로 또는 심사청구인의 신청에 의하여 심사대상을 변경할 수 있다. 따라서 반드시 심사청구인의 신청이 있어야 가능한 것은 아니다.

04 약관 분쟁조정협의회의 설치 및 구성에 관한 설명으로 옳지 않은 것은?

① 협의회는 위원장 1명을 포함한 9명의 위원으로 구성한다.
② 협의회의 업무지원을 위하여 별도의 사무지원 조직을 둘 수 있다.
③ 협의회 위원장은 조정원의 장의 제청으로 행정안전부장관이 위촉한다.
④ 협의회 위원장이 사고로 직무를 수행할 수 없을 때에는 협의회 위원장이 지명하는 협의회 위원이 직무를 대행한다.
⑤ 협의회 위원의 임기는 3년이다.

해설
③ 협의회의 위원장은 행정안전부장관이 아닌 공정거래위원회의 위원장이 위촉한다.

05 약관의 규제에 관한 법률상 약관분쟁조정협의회(이하 "협의회"라 함)에 관한 설명으로 옳은 것은?

① 협의회의 위원이 분쟁당사자의 출자자인 경우에는 분쟁조정사항의 조정에서 제척된다.
② 불공정한 약관조항으로 해당 분쟁조정사항에 대하여 법원에 소를 제기한 사건에 관하여는 협의회에 분쟁의 조정을 신청할 수 없다.
③ 협의회가 공정거래위원회의 내부조직이므로 공정거래위원회는 협의회에 분쟁조정을 의뢰할 수 없다.
④ 분쟁당사자의 일방이 법원에 소를 제기하더라도 협의회는 조정절차를 계속 진행할 수 있다.
⑤ 협의회는 분쟁당사자에게 분쟁조정사항을 스스로 조정하도록 권고할 수는 있지만, 스스로 조정안을 작성하여 이를 제시할 수는 없다.

해설
① 협의회의 위원이 분쟁당사자의 출자자인 경우는 제척사항에 해당하지 않는다(약관의 규제에 관한 법률 제26조 제1항 참조).
③ 공정거래위원회는 분쟁조정을 협의회에 의뢰할 수 있다(동법 제27조 제2항).
④ 분쟁당사자의 일방이 조정을 거부하거나 해당 분쟁조정사항에 대하여 법원에 소를 제기하는 등 조정절차를 진행할 실익이 없는 경우에는 조정절차를 종료하여야 한다(동법 제27조의2 제4항 제3호).
⑤ 협의회는 분쟁당사자에게 분쟁조정사항을 스스로 조정하도록 권고하거나 조정안을 작성하여 이를 제시할 수 있다(동법 제27조의2 제1항).

06 약관의 규제에 관한 법률상 관청 인가 약관 등에 관한 설명이다. (ㄱ)~(ㄷ)에 들어갈 내용을 바르게 연결한 것은?

- 공정거래위원회는 (ㄱ)이 불공정약관에 해당된다고 인정할 때에는 (ㄴ)에 그 사실을 통보하고 이를 시정하기 위하여 필요한 조치를 권고할 수 있다.
- 시정에 필요한 조치의 권고를 받은 (ㄴ)은(는) 그 권고를 받은 날부터 (ㄷ) 이내에 공정거래위원회에 서면으로 처리결과를 알려야 한다.

① ㄱ : 은행법에 따른 은행의 약관, ㄴ : 금융감독원, ㄷ : 60일
② ㄱ : 보험업법에 따른 보험 약관, ㄴ : 금융위원회, ㄷ : 60일
③ ㄱ : 은행법에 따른 은행의 약관, ㄴ : 금융감독원, ㄷ : 30일
④ ㄱ : 보험업법에 따른 보험 약관, ㄴ : 금융감독원, ㄷ : 60일
⑤ ㄱ : 은행법에 따른 은행의 약관, ㄴ : 금융위원회, ㄷ : 30일

해설
- 공정거래위원회는 (은행법에 따른 은행의 약관)이 불공정약관조항의 규정에 해당된다고 인정할 때에는 금융위원회의 설치 등에 관한 법률에 따라 설립된 (금융감독원)에 그 사실을 통보하고 이를 시정하기 위하여 필요한 조치를 권고할 수 있다(약관의 규제에 관한 법률 제18조 제2항).
- 시정에 필요한 조치의 요청 또는 권고를 받은 행정관청이나 금융위원회의 설치 등에 관한 법률에 따라 설립된 (금융감독원)은 그 요청 또는 권고를 받은 날부터 (60일) 이내에 공정거래위원회에 서면(전자문서를 포함)으로 처리결과를 알려야 한다(동법 시행령 제5조 제2항).

정답 05 ② 06 ①

우리가 해야 할 일은 끊임없이 호기심을 갖고
새로운 생각을 시험해보고 새로운 인상을 받는 것이다.

– 월터 페이터 –

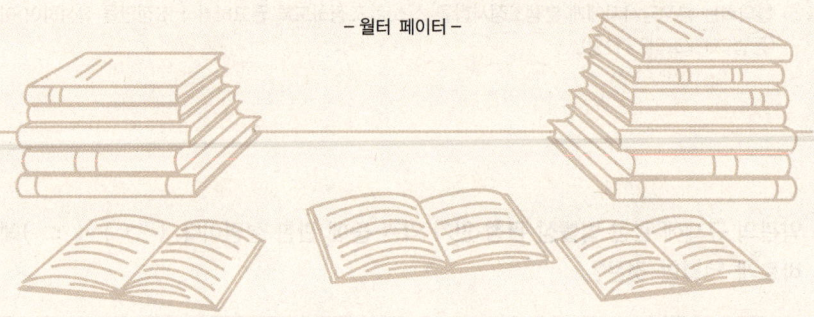

가맹거래사 1차 필기 한권합격

제 2 과목 민법

CHAPTER 01 민법총칙
CHAPTER 02 물권법
CHAPTER 03 계약총칙
CHAPTER 04 계약각칙

아이들이 답이 있는 질문을 하기 시작하면 그들이 성장하고 있음을 알 수 있다.

-존 J. 플롬프-

제2과목 민법

CHAPTER 01 민법총칙

> **출제 포인트**
>
> 민법총칙은 민법의 법원에서부터 권리의 변동 즉, 소멸시효까지 구성되어 있는데 권리·의무의 행사, 권리의 주체(자연인의 권리능력, 미성년자, 법인 등), 법률행위(전반적으로 모두 중요)와 소멸시효(전반적으로 모두 중요) 등에서 문제가 출제될 가능성이 높다.

제1절 민법의 개요

1 민법의 의의

민법이란 개인 간의 사생활 관계를 규율의 대상으로 하는 일반사법이라고 할 수 있다. 따라서 민법은 사법(私法)이고 일반법이며 또한 실체법에 속한다.

(1) 민법은 전체 법체계 중의 일부이다.
① 사람이 질서 있고 안전한 생활을 하기 위하여 마땅히 지켜야 할 사회공동생활의 기준을 당위(當爲)의 법칙이라고 한다. 이 당위의 법칙은 자연의 법칙인 존재의 법칙에 상대되는 말로서 사회규범이라고도 말한다.
② 사회규범에는 법(法)보다 상위의 기준인 도덕·관습·종교 등이 있다. 따라서 법은 사회규범 중의 하나이며, 다른 사회규범과 달리 강제력을 지니는 규범으로서의 특성이 있다.
③ 법은 그 규율의 대상이 복잡·다양함에 따라 수많은 내용과 특징들을 가지고 있는데, 이것을 모두 합하여 법체계 또는 법질서라고 한다. 민법은 이러한 법체계·법질서 중의 일부이다.

(2) 민법은 사법(私法)이다.
① 사법은 개인 상호 간의 사회생활 관계를 규율하는 법이다. 사법은 크게 재산관계와 친족관계로 나눌 수 있다.
② 공·사법 분류에 관한 학설

이익설	이익을 기준으로 하여 공적인 이익을 보호의 목적으로 하는 법이 공법이고, 사적인 이익을 보호의 목적으로 하는 법을 사법이라고 한다. 이 설을 목적설이라고도 한다.
법률관계설	법이 규율하는 법률관계를 기준으로 하여 그 법률관계가 평등관계이면 사법이고, 불평등·수직관계이면 공법이라고 한다. 이 설을 성질설 또는 효력설이라고도 한다.
주체설	법이 규율하는 생활관계의 주체(主體)를 기준으로 하여 국가·공공단체의 상호 간 관계와 국가·공공단체와 개인과를 규율하는 법이 공법이고, 개인 상호 간 관계를 규율하는 것을 사법이라고 한다.
생활관계설	사람의 생활관계(生活關係)를 기준으로 하여 국민으로서의 생활관계를 규율하는 법이 공법이고, 사람으로서의 생활관계를 규율하는 법을 사법이라고 한다.

(3) 민법은 일반사법이다.

사법은 일반사법과 특별사법으로 분류할 수 있다. 그 분류의 기준은 사람·장소·사항 등이다. 즉, 누구에게나 어느 곳에나 어떤 사항에나 특별한 제한 없이 적용되는 법을 일반법이라고 하고, 이들 기준이 일정한 경우에만 적용되는 법을 특별법이라고 한다. 이렇게 사법을 위의 기준에 따라 분류한 것을 일반사법, 특별사법이라고 말한다.

(4) 민법은 실체법이다.

법의 분류의 하나로 법을 실체법과 절차법으로 나눌 수 있다. 실체법은 직접 권리·의무에 관하여 정하는 법을 말하고, 절차법은 권리를 실행하거나 의무를 이행하는 방법을 정하는 법을 말한다. 이에 민법은 권리·의무를 정하는 법으로서 실체법에 속한다. 그런데 민사소송법, 소액사건심판법, 가사소송법 등은 실체법상의 권리·의무에 관하여 다툼이 생기면 그것을 해결하는 재판절차를 정한 법으로서 모두 절차법에 속한다.

(5) 실질적 민법과 형식적 민법

민법이 실질적 의미의 민법이냐, 형식적 의미의 민법이냐는 민법전의 형식을 갖춘 민법이냐, 내용만이 민법에 속하느냐를 구분한 것이라 할 수 있다. 따라서 형식적 의미의 민법은 성문의 민법전, 즉 1958년 2월 22일에 공포하여 1960년 1월 1일부터 시행한 법률 제471호의 민법을 말하고, 그 외의 사법 중에서 상법과 기타 민사특별법을 제외한 일반사법을 실질적 의미의 민법이라고 할 수 있다.

2 민법의 기본원리

(1) 근대민법의 기본원리

① 사유재산권 존중의 원칙

중세의 신분사회와는 달리 근대사회는 개인의 인격을 최고로 삼는 사회이므로, 모든 사회생활은 자기책임으로 이루어지며 생활은 모두 각 개인에 의해 영위되므로 각자에게는 생활수단인 재화(財貨)가 필요했다. 재산권 중에서 제일 중요한 것이 소유권이므로 이것을 「소유권 절대의 원칙」이라고도 한다. 이 사유재산권 존중의 원칙은 근대 자본주의경제 발전에 큰 힘이 되었다.

② 사적자치의 원칙

근대사회는 개인의 자유를 보장하는 바탕에서 출발하여, 모든 법률관계의 형성은 개인의 의사에 따라야 함을 인식하고 그 실현을 위하여 '사적자치의 원칙'을 기본원칙으로 하였다. 이 사적자치의 원칙을 개인의 의사에 초점을 맞추어 '개인의사 자치의 원칙'이라고도 부르며, 또 개인의 의사에 따라 계약이 체결되는데 중점을 두어 '계약 자유의 원칙', '법률행위 자유의 원칙'이라고도 말한다.

③ 과실책임의 원칙

사적자치를 보장함에는 그의 행위에 대한 책임을 부담해야 한다. 그런데 자신의 행위에 대하여 타인에게 일정한 책임을 지려면, 적어도 그 타인에게 손해를 끼친 행위를 함에 있어서 고의 또는 과실이 있어야만 한다는 원칙을 '과실책임의 원칙' 또는 '자기책임의 원칙'이라고 한다(제750조).

이 원칙으로 인하여 누구든지 자기의 행위에 대하여 충분한 주의를 하여 과실이 없다면 책임을 지지 않아도 된다. 이처럼 과실책임의 원칙은 근대민법의 한 이념인 자유주의를 실현하기 위한 내용으로 근대사회에서 자유시장 경제질서를 기본으로 하는 기업 성장이 가능하게 하였다.

(2) 근대민법의 기본원리의 수정

① 사유재산권 존중의 원칙의 수정
사유재산권은 원칙적으로 존중, 공공복리를 위하여 필요한 경우 제한될 수 있다. 재산권의 사회성과 공공성이 강조되면서 사유재산권을 제한하는 법률이 증가하고 있다.

② 사적자치의 원칙의 수정
경제적 약자의 실질적 자유와 평등을 확보하여 인간다운 생활을 보장하려는 경향이 대두되면서 계약의 자유를 제한하는 강행법규(근로기준법, 주택임대차보호법 등)가 증가하고 있다.

③ 과실책임의 원칙의 수정
손해분담의 공평을 위하여 고의·과실을 묻지 않고서 배상책임을 부담해야 한다는 무과실책임주의가 인정되는 영역이 확대되고 있다. 무과실책임을 인정하는 법률에는 제조물 책임법, 원자력 손해배상법, 우주손해배상법 등이 있다.

(3) 우리 민법의 기본원리

우리 민법의 기본원리는 근대민법의 3대 원칙에 바탕을 두고, 이에 수정원리까지도 기본으로 하고 있다고 볼 수 있다. 우리 민법은 인격존중의 원칙과 공공복리의 원칙을 최고원리로 하고, 이를 실천하는 원리로서 신의성실·권리남용 금지·거래안전 등의 원리 아래 사유재산권 존중의 원칙·사적자치의 원칙·과실책임의 원칙을 기본원리로 삼고 있다고 할 수 있다.

3 민법의 효력

(1) 시간에 관한 효력

민법은 민법 시행일로부터 효력이 발생하므로, 시행일 이후의 사항에 대하여만 그 효력을 발휘하는 것이 원칙이다. 이것을 보통 '법률불소급의 원칙'이라고 한다. 그런데 우리 민법은 부칙 제2조에서 특별한 규정이 있는 경우 외에는 시행일 전의 사항에 대하여도 적용한다고 하여 소급효를 인정하고 있다. 다만 이미 구법에 의하여 생긴 효력에는 영향이 없다고 함으로써 기득권을 보호하며 소급효를 인정하여 일어나는 혼란을 예방하고 있다(부칙 제2조 단서).

(2) 사람에 관한 효력

우리 민법은 대한민국 국적을 가진 국민에게 적용될 뿐만 아니라 우리 영토 내에 있는 외국인에게도 원칙적으로 적용된다. 이렇게 국적을 기준으로 효력을 인정하는 것을 속인주의(屬人主義)라고 하고, 영토를 기준으로 효력을 인정하는 것을 속지주의(屬地主義)라고 한다.

(3) 장소에 관한 효력

헌법은 제3조에서 '대한민국의 영토는 한반도와 그 부속도서로 한다'고 규정하고 있으므로 민법은 우리나라 영토 전체에 적용된다. 따라서 북한 지역도 원칙적으로 우리나라의 영토에 포함되므로 민법의 효력이 인정된다. 또한, 기국주의(속지주의에 포함)에 의해 대한민국의 영토를 벗어나 공해상이나 외국의 영토 및 영해의 선박이나 항공기에도 우리 민법이 적용한다.

제2절 민법의 법원(法源) 18 20 23 기출

1 법원(法源)의 의의

(1) 성문법과 불문법
① 성문법은 법의 내용을 문자로 표시하고 일정한 형식과 절차에 따라 제정한 법을 말한다. 우리나라를 비롯하여 독일·프랑스·일본 등의 대륙에 있는 나라들은 대부분의 법이 성문법으로 되어 있어서 이들을 성문법 국가라고 한다.
② 불문법은 법의 형태가 문자로 이루어지지 않은 성문법(제정법) 이외의 법을 말한다. 주로 판례법·관습법·조리의 형태로 법이 존재한다. 영국·미국 등이 불문법의 형식을 취하고 있어 이들을 불문법 국가라고 한다.
③ 성문법 국가이든 불문법 국가이든 성문법원과 불문법원이 함께 존재한다. 그런데 그중 어느 법의 형태가 주를 이루느냐에 따라 성문법 국가·불문법 국가라고 부르는 것이다.

(2) 민법의 법원과 그 적용 순서
우리 민법은 제1조에서 "민사에 관하여 법률에 규정이 없으면 관습법에 의하고, 관습법이 없으면 조리에 의한다."고 규정하고 있다.

> **참고** 민사에 관한 법 적용 순서
> 법률 → 관습법 → 조리

2 성문민법

성문법의 민법의 법원에는 법률, 명령, 대법원규칙, 조약, 자치법규 등이 있다. 이들 성문법이 제1차적인 민법의 법원임은 당연하다.

(1) 법률

① **민법전**

민법의 법원 중에서 가장 중요한 것은 법률 제471호로 제정되었던 민법전(民法典)이다(현재 법률 제14965호).

② **기타의 법률**

민법전이 중요한 민법의 법원이지만 그 자체가 완전한 것은 아니기 때문에 민사에 관한 특별법과 부속법률 및 민사 관련 법률이 제정되어 있다.

(2) 명령

민사에 관한 명령은 그 제정기관이 대통령, 국무총리, 각 부의 장관들이다. 이 명령들은 법률을 구체적으로 집행하는 것이 임무로 법률의 아래에 존재한다. 그런데 위임명령은 법률에서 국민의 권리의무에 관한 사항을 위임받아 제정된 명령이고, 나머지는 집행명령이다.

(3) 대법원규칙

대법원은 법률에 위반되지 않는 범위 내에서 소송절차, 법원 내부조직 및 사무 처리에 관한 규칙을 제정할 수 있다. 이에는 민사소송규칙, 가사소송규칙, 부동산등기규칙, 공탁규칙 등이 있다.

(4) 조약

문서에 의한 국가 간 합의를 조약이라고 하며, 이 조약은 협정, 협약, 의정서, 헌장 등의 표현을 모두 포함하는 것이다. 헌법에 의해 체결·공포된 조약과 일반적으로 승인된 국제법규는 국내법과 같은 효력이 있으므로 민사에 관한 조약내용은 민법의 법원이 된다.

(5) 자치법규

자치법규에는 지방자치단체의 지방의회에서 제정하는 조례와 자치단체의 장이 제정하는 규칙이 있다. 이들 자치법규의 민사에 관한 내용은 민법의 법원이 된다.

③ 불문민법 11 기출

불문법에는 관습법과 조리가 있다. 관습법과 조리에서 민사에 관한 내용은 민법의 불문법원이 된다. 그런데 불문법에 판례법을 불문법원으로 인정하는 견해와 인정하지 않는 견해가 있는데, 성문법주의를 채택하고 있는 우리나라에서는 판례(判例)는 법원(法源)이 아니고 하나의 사건을 해결한 참고자료에 불과하다고 생각한다.

(1) 관습법 14 24 기출
① 관습법의 의의
일정한 사안에 대하여 계속적이고 반복적으로 일정한 행위가 행하여지고, 그 일정한 행위가 일반에 의하여 하나의 법규범으로 인식될 정도의 상태에 있게 되는 사회규범을 말한다.

> 참고 관습법의 성립요건
> ① 일정한 관습, 즉 관행이 있어야 한다.
> ② 그 관행은 선량한 풍속 기타 사회질서에 어긋나지 않아야 한다.
> ③ 그 관행은 일반적으로 법규범으로서의 법적 확신을 가져야 한다.
> ④ 법원(法院)이 재판에서 그 관행을 하나의 법원(法源)으로서 인정을 하여야 비로소 관습법으로 성립한다.

> 판례 대판 2003.7.24., 2001다48781 전합 08 기출
> 사회의 거듭된 관행으로 생성된 어떤 사회생활규범이 법적 규범으로 승인되기에 이르렀다고 하기 위하여는 그 사회생활규범은 헌법을 최상위 규범으로 하는 전체 법질서에 반하지 아니하는 것으로서 정당성과 합리성이 있다고 인정될 수 있는 것이어야 하고, 그렇지 아니한 사회생활규범은 비록 그것이 사회의 거듭된 관행으로 생성된 것이라고 할지라도 이를 법적 규범으로 삼아 관습법으로서의 효력을 인정할 수 없다.

② 관습법의 효력
㉠ 성문법 국가인 우리의 경우에는 불문법인 관습법은 성문법을 보충하는 효력이 있다고 하여야 할 것이다(제1조). 판례 또한 관습법의 보충적 효력을 인정한다.
㉡ 관습법은 바로 법원(法源)으로서 법령과 같은 효력을 갖는 관습이며 법령에 저촉되지 않는 한, 법칙으로서의 효력이 있다.

③ 관습법과 사실인 관습의 구별
㉠ 사실인 관습은 법령으로서의 효력이 없는 단순한 관행으로서 법률행위의 당사자의 의사를 보충함에 그치는 것이나, 관습법은 법령으로서의 보충적 효력을 가진다.
㉡ 법령과 같은 효력을 갖는 관습법은 당사자의 주장·입증을 기다림이 없이 법원이 직권으로 이를 확정하여야 하고 사실인 관습은 그 존재를 당사자가 주장·입증하여야 하나, 관습은 그 존부 자체도 명확하지 않을 뿐만 아니라 그 관습이 사회의 법적 확신이나 법적 인식에 의하여 법적 규범으로까지 승인되었는지의 여부를 가리기는 더욱 어려운 일이므로, 법원이 이를 알 수 없는 경우 결국은 당사자가 이를 주장·입증할 필요가 있다.
㉢ 사실인 관습은 사적자치가 인정되는 분야, 즉 그 분야의 제정법이 주로 임의규정일 경우에는 법률행위의 해석기준으로서 또는 의사를 보충하는 기능으로서 이를 재판의 자료로 할 수 있을 것이나 이 이외의 즉, 그 분야의 제정법이 주로 강행규정일 경우에는 그 강행규정 자체에 결함이 있거나 강행규정 스스로가 관습에 따르도록 위임한 경우 등 이외에는 법적 효력을 부여할 수 없다.

> **판례** 대판 1983.6.14., 80다3231 기출
> 관습법이란 사회의 거듭된 관행으로 생성한 사회생활규범이 사회의 법적 확신과 인식에 의하여 법적 규범으로 승인·강행되기에 이르는 것을 말하고, 사실인 관습은 사회의 관행에 의하여 발생한 사회생활 규범인 점에서 관습법과 같으나 사회의 법적 확신이나 인식에 의하여 법적 규범으로서 승인된 정도에 이르지 않은 것을 말하는 바, 관습법은 바로 법원으로서 법령과 같은 효력을 갖는 관습으로서 법령에 저촉되지 않는 한 법칙으로서의 효력이 있는 것이며, 이에 반하여 사실인 관습은 법령으로서의 효력이 없는 단순한 관행으로서 법률행위의 당사자의 의사를 보충함에 그치는 것이다.

(2) 조 리

조리란 사물의 본성, 사물의 이치를 말한다. 즉, 일반사람이 보통 그러한 경우에는 당연히 그럴 것이라고 인정하는 객관적인 원리이다. 따라서 사회통념, 사회적 타당성, 법의 일반원칙 등으로 표현하는 것들이다.

(3) 판례의 법원성

불문법국가인 영국이나 미국 등에서는 불문법 중의 하나인 판례가 중요한 법원임에는 의문의 여지가 없지만, 우리나라와 같은 성문법 국가에서는 판례는 사건을 해결하는 하나의 판결의 예에 불과하여, 사건 해결의 참고자료에 지나지 않는다.

제3절 권리의 개요 18 기출

1 권리 및 그 종류

(1) 권 리

권리는 법률관계에서 발생하는 하나의 중요한 요소이다. 그러면 권리를 어떻게 정의하여야 하는가에 대하여는 여러 견해가 있다. 우선 통설의 입장에서 보면, 권리란 일정한 이익을 누릴 수 있는 법이 인정하는 힘이라고 할 수 있다. 권리에 관한 학설을 간단히 본다.

[권리에 관한 학설]

학 설	내 용
의사설	이 설은 권리는 법에 의하여 주어진 의사의 힘이라고 한다. 주로 역사학파들의 주장이다. 즉, 권리는 권리자 자신이 그의 의사를 자유롭게 행사할 수 있는 힘을 법이 인정한 것이라고 한다. 그러나 이 설은 의사무능력자는 권리를 가질 수 없게 되는 모순이 있다.
이익설	이 설은 권리를 법에 의하여 보호되는 이익이라고 한다. 이는 예링(Jhering)에 의해 주장된 것이다. 이 설은 권리자에게 아무런 이익이 없는 권리도 있다는 점에서 비판을 받는다.
법력설	이 설은 권리를 일정한 이익을 누릴 수 있게 하기 위하여 법이 인정하는 힘이라고 한다. 에네케루스(Enneccerus)가 주장한 것으로 의사설과 이익설을 합한 것이다. 이 설이 현재 통설이라고 할 수 있다.

(2) 의 무

① 의무란 법률상의 부담 또는 구속이라고 할 수 있다. 의무의 내용은 작위(作爲)를 요구당하거나, 부작위(不作爲)를 요구당하는 것이다.
② 보통은 권리와 의무는 서로 대응하여 함께 존재하는 것인데, 때로는 권리만 있고 의무는 없는 경우와 또는 반대로 의무만 있고 권리는 없는 경우도 있다.

> **참고** 권리와 의무
> - 권리만 있는 것 : 취소권, 추인권, 해제권 등
> - 의무만 있는 것 : 채권신고를 공고할 청산인의 의무, 청산이 종결될 때 이를 등기하고 주무관청에 신고할 청산인의 의무, 책임무능력자의 불법행위에 대한 감독의무자의 손해배상의무 등

2 권리행사·의무이행

(1) 권리의 행사

① 의 미

권리란 일정한 이익을 누릴 수 있는 법적인 힘이라고 하였다. 이것은 잠재적인 가능성으로서의 힘을 말하므로, 그 권리가 목적으로 하는 이익을 실제로 누리기 위하여는 그 잠재적인 힘을 현실화하는 과정이 필요하다. 이 권리의 내용을 실제로 현실화하는 과정이 바로 권리의 행사라 할 수 있다.

② 권리의 행사방법

[권리의 효력에 따른 행사방법의 분류]

지배권	지배권은 권리의 객체를 직접 지배해서 이익을 누리는 것이 일반적이다. 즉, 물권의 경우 그 물건을 직접 사용·수익·처분하는 방법으로 그 물건에 대한 물권(物權)을 행사한다.
청구권	청구권은 상대방에게 그 행위를 요구하거나 그 결과를 수령하는 방법에 의하여 행사한다.
형성권 **23 기출**	형성권은 권리자의 일방적인 의사표시가 있으면 이에 대한 법률의 힘에 의하여 법률관계의 발생·변경·소멸을 일어나게 하는 권리이다. 권리자의 의사표시만으로써 효과를 발생하는 것과 법원의 판결에 의하여 비로소 효과를 발생하는 것이 있다.
항변권	항변권은 상대방의 청구를 거절하는 방법으로 행사한다. 그리고 권리의 행사는 권리자 자신이 하는 것이 보통이지만 그 권리가 행사상 일신전속인 권리가 아니면 대리인에 의한 행사도 가능하다.

(2) 권리의 충돌

권리의 충돌(衝突)이란 하나의 객체에 여러 개의 권리가 존재하는 경우에 그 객체가 그 여러 개의 권리를 만족시켜 주지 못하는 현상을 말한다. 이때에는 어떤 권리가 우선하는가. 소유권과 제한물권(전세권, 지상권 등)이 충돌하는 경우에는 제한물권이 우선하고, 같은 종류의 권리가 충돌하는 경우에는 먼저 성립한 권리가 우선한다. 그런데 채권의 경우에는 우선순위가 없으므로 채무자가 파산한 경우 외에는 먼저 행사한 권리가 우선한다. 이를 선행주의(先行主義)라고 한다.

(3) 권리행사의 제한

① 권리행사 자유의 원칙

권리본위(權利本位)로 구성된 근대민법에서는 권리의 행사는 권리자의 자유이다. 즉, 권리를 행사하고, 안 하고는 전적으로 권리자의 자유에 속한다. 그리고 권리의 행사로 타인에게 손해를 주더라도 그 손해에는 책임이 없다. 즉, 자기의 권리를 행사하는 자는 누구를 해(害)하는 것이 아니다.

② 권리행사의 제한

㉠ 사권의 공공성(公共性)

권리행사 자유의 원칙을 제한하는 것이 「시카네(Schikane)」의 금지이다. 「시카네」는 타인을 해할 목적으로 권리를 행사하는 것이다. 우리 헌법 제23조 제2항에서도 「재산권의 행사는 공공복리(公共福利)에 적합하도록 하여야 한다」고 규정하고 있다. 따라서 권리 속에는 이미 공공의 복리를 위해 행사되어야 한다는 내용이 들어 있음을 의미한다.

㉡ 신의성실의 원칙 11 14 15 16 17 23 24 기출

ⓐ 의의 및 적용

우리 민법은 제2조에 신의성실(信義誠實)의 원칙을 두어 「권리의 행사와 의무의 이행은 신의에 좇아 성실히 하여야 한다」고 규정하고 있다. 즉, 권리자는 그 권리를 행사함에 있어 상대방의 믿음을 헛되게 하지 않도록 성의를 가지고 행동하여야 한다는 것이다. 따라서 권리의 행사나 의무의 이행이 신의성실의 원칙에 어긋나면, 그 권리행사는 권리의 남용(제2조 제2항)이 되고, 의무의 이행은 채무불이행의 책임(제390조)을 지게 된다.

ⓑ 신의성실의 원칙에서의 파생

㉮ 사정변경(事情變更)의 원칙 : 법률행위가 성립될 때의 사정이 그 후에 당사자가 예견하지 못하거나 예견할 수 없었던 중대한 변동이 있어, 당초에 행하여진 법률행위를 그대로 유지하거나 강제한다면, 한쪽 당사자에게 너무도 부당한 결과가 생기는 경우에 당사자는 그 법률행위의 효과를 변동된 사정에 맞게 신의성실의 원칙에 따라 상대방에게 조정을 청구하거나, 그 법률행위를 해제 또는 해지할 수 있다고 하는 원칙을 말한다.

> **판례** 대판 1990.2.27., 89다카1381
> 회사의 임원이나 직원의 지위에 있기 때문에 회사의 요구로 부득이 회사와 제3자 사이의 계속적 거래로 인한 회사의 채무에 대하여 보증인이 된 자가 그 후 회사로부터 퇴사하여 임원이나 직원의 지위를 떠난 때에는 보증계약 성립 당시의 사정에 현저한 변경이 생긴 경우에 해당하므로 사정변경을 이유로 보증계약을 해지할 수 있다고 보아야 하며, 위 계속적 보증계약에서 보증기간을 정하였다고 하더라도 그것이 특히 퇴사 후에도 보증채무를 부담키로 특약한 취지라고 인정되지 않는 한 위와 같은 해지권의 발생에 영향이 없다.

㉯ 실효의 원칙 : 권리자가 권리를 오랫동안 행사하지 않아서 상대방은 그 권리를 행사하지 않을 것으로 믿을 만한 정당한 사유가 있는 때에, 새삼스레 그 권리자가 권리를 행사하는 것은 신의성실의 원칙에 어긋난다고 하는 경우에, 상대방은 그 권리자에게 그 권리행사는 권리의 남용이므로 그 권리를 행사할 수 없다고 항변할 수 있다는 원칙을 말한다.

> **대판 1994.6.28., 93다26212**
> 실권 또는 실효의 법리는 신의성실의 원칙에 바탕을 둔 파생적인 원리로서 이는 본래 권리행사의 기회가 있음에도 불구하고 권리자가 장기간에 걸쳐 그 권리를 행사하지 아니하였기 때문에 의무자인 상대방은 이미 그의 권리를 행사하지 아니할 것으로 믿을 만한 정당한 사유가 있게 되거나 행사하지 아니할 것으로 추인케 할 경우에 새삼스럽게 그 권리를 행사하는 것이 신의성실의 원칙에 반하는 결과가 될 때 그 권리행사를 허용하지 않는 것을 의미한다.

ⓒ 권리남용 금지의 원칙
ⓐ 권리남용이란 겉보기에는 권리의 행사인 것 같지만, 실질적으로는 권리행사가 사회적 공공성을 벗어난 것이어서 정당한 권리행사로 인정할 수 없는 행위를 말한다.
ⓑ 권리의 행사가 남용으로 인정되면 그 권리의 행사는 정당한 권리행사로 인정되지 않아서 그 행사의 효과가 발생하지 않을 뿐 아니라, 그 남용으로 타인에게 손해를 주면 위법한 행위가 되어 손해배상책임을 지게 될 것이다.

> **대판 1998.6.12., 96다52670**
> 외국에 이민을 가 있어 주택에 입주하지 않으면 안 될 급박한 사정이 없는 딸이 고령과 지병으로 고통을 겪고 있는 상태에서 달리 마땅한 거처도 없는 아버지와 그를 부양하면서 동거하고 있는 남동생을 상대로 자기 소유 주택의 명도 및 퇴거를 청구하는 행위가 인륜에 반하는 행위로서 권리남용에 해당한다고 본 사례이다.

(4) 의무의 이행

의무이행이란 의무자가 부담하는 부담의 내용을 실현하는 행위를 말한다. 의무자는 그가 부담하는 의무를 실현함에 있어 신의에 좇아 성실히 하여야 한다(제2조 제1항). 만일 신의에 따라 성실하게 의무를 이행하지 않으면 그 의무는 이행하지 않은 것으로 된다. 따라서 의무불이행에 따른 책임을 져야 한다(제390조). 그러면 의무이행이 어떤 경우에 신의성실의 원칙에 어긋나는 것이냐 하는 것은 구체적인 의무에 따라 개별적으로 판단하게 된다.

③ 권리의 보호

권리자는 정당한 권리행사를 통하여 권리의 내용을 실현함으로써 이익을 받게 된다. 그런데 권리가 침해되는 때에는 그의 구제(救濟)가 필요하다. 이렇게 권리의 침해에 대한 구제를 권리보호라고 한다.

(1) 국가적 공적구제

① 국민은 그의 권리가 침해된 경우에는 국가에 대하여 그 침해의 구제를 청구할 권리가 있다. 그것이 재판청구권이다(헌법 제27조 제1항).
② 공적구제의 방법에는 재판(裁判) 외에 조정(調停)이라는 것이 있다. 조정은 조정위원회에서 행하여지는데 조정위원회는 판사와 특별한 지식·경험을 갖춘 조정위원으로 구성되며, 이들의 주선으로 당사자를 서로 양보시켜 합의가 이루어지면 재판하지 않고 다툼을 해결하는 제도이다.

③ 조정과 비슷한 중재(仲裁)가 있다. 중재는 당사자가 제3자인 중재위원을 선임하여, 그들의 판단에 의해 다툼을 해결하는 것으로 조정보다 강력하다.

(2) 사력구제(사적구제)

국가의 공적구제를 청구할 수 없는 부득이한 경우에만 허용된다. 우리 민법상 사력구제에 관한 규정은 없지만, 정당방위・긴급피난은 불법행위가 성립하지 않는 것으로 하고 있어, 이것이 사력구제의 역할을 한다고 볼 수 있다.

[사력구제의 종류 및 내용]

정당방위	정당방위란 타인의 불법행위로 자기 또는 제3자의 이익이 침해되는 경우에 그것을 막기 위해 부득이 가해행위를 하는 것을 말한다(제761조 제1항). 이러한 정당방위는 그 방위행위로 인하여 불법행위자에게 손해가 발생하여도 그 책임을 지지 않는다.
긴급피난	긴급피난은 급박한 위난을 피하기 위하여 부득이 타인에게 가해행위를 하는 것을 말한다. 이때에도 긴급한 피난으로 인하여 타인에게 손해를 입혀도 그 책임을 지지 않는다(제761조 제2항). 정당방위와 다른 점은 급박한 위난이 불법행위가 아니라도 가능하다는 점이다.
자력구제	자력구제란 일정한 청구권을 보전하기 위하여 부득이 권리자 스스로가 실력으로 구제하는 것을 말한다. 자조(自助)라고도 하는데 우리 민법은 점유(占有) 침탈의 경우에만 인정하고 있다(제209조).

제4절 권리의 주체 21 기출

1 서 설

(1) 권리주체와 권리능력

① 권리의 주체

권리의 주체란 일정한 이익을 얻을 수 있는 법률상의 힘인 권리가 귀속할 자를 말한다. 권리・의무의 귀속 주체를 법적 인격 또는 법인격이라고 부른다.

② 권리의무능력

㉠ 권리능력이란 권리의 주체가 될 수 있는 지위 또는 자격을 말하며, 권리능력은 권리의 주체가 될 수 있는 추상적인 법률상의 지위이므로 권리와는 다르다.

㉡ 의무능력은 의무를 부담할 수 있는 주체가 될 수 있는 자격을 말한다. 권리능력이 인정되면 자동적으로 의무능력도 인정된다.

(2) 권리능력자

민법은 생물학적인 사람과 일정한 사람의 집단 및 일정한 재산의 집단에 대하여 권리의무의 주체가 될 수 있는 자격을 인정하고 있다. 즉, 민법상 권리능력자(제3조)는 자연인(自然人)과 법인(法人)이 있고, 법인(法人)이란 법률에 의해 권리능력을 인정받은 사람의 집단인 사단(社團)과 재산의 집단인 재단(財團)을 말한다. 따라서 민법상 사람이라면 자연인과 법인을 모두 포함하는 말이다. 법인은 법률의 규정에 좇아 정관으로 정한 목적의 범위 내에서 권리와 의무의 주체가 된다.

[권리능력·의사능력·행위능력 비교]

권리능력	권리·의무의 주체가 될 수 있는 추상적인 자격이다(제3조). 따라서 모든 자연인과 법인은 무조건 권리능력자이다.
의사능력	사리를 분별하여 자기 생각·행위를 결정할 수 있는 판단능력이라고 할 수 있다.
행위능력	일정한 사항에 대하여 혼자서 유효한 권리를 행사하거나 의무를 부담할 수 있는 능력이라고 할 수 있다. 우리 민법상 의사능력의 구체적 기준은 없으나, 행위능력은 19세가 되면 인정된다.

2 자연인

(1) 권리능력 14 20 23 기출

① 권리능력의 취득시기

우리 민법은 제3조에서 "사람은 생존한 동안 권리와 의무의 주체가 된다."고 규정하고 있다. 즉, 출생한 때부터 사람으로서 권리능력자가 된다. 출생은 언제를 기준으로 하느냐에 따라서 진통설, 일부노출설, 전부노출설, 독립호흡설 등이 있는데, 대체로 태아가 어머니로부터 완전히 노출된 때부터 사람이라는 전부노출설에 동의한다.

② 태아의 권리능력 19 기출

㉠ 태아를 보호하는 태도에는 일반적 보호주의와 우리나라 민법이 취하고 있는 개별적 보호주의가 있다. 일반적 보호주의는 태아도 사람과 같이 모두 권리능력을 인정하는 것이고, 개별적 보호주의는 부분적으로만 권리능력을 인정하는 것이다.

㉡ 태아를 사람으로 인정하는 데는 법률상 어떻게 이해하느냐에 대하여 정지조건설(停止條件說)과 해제조건설(解除條件說)이 있다.

ⓐ 정지조건설은 태아인 때는 권리능력을 취득하지 못하지만 살아서 출생한 때에는 권리능력 취득효과가 문제된 사건의 발생 시기까지 거슬러 올라간다는 견해이다.

ⓑ 해제조건설은 태아인 때 아예 권리능력을 인정하고 사망한 상태로 태어나면 그 권리능력의 취득효과는 문제된 사건이 있던 때까지 거슬러 소멸하는 것으로 하는 견해이다. 우리의 판례는 정지조건설을 따르고 있는데, 태아보호의 차원에서는 사산(死産)율이 희소한 현실로 보면 해제조건설이 더 설득력이 있어 보인다.

③ 외국인의 권리능력

㉠ 자연인은 누구나 아무런 조건 없이 권리능력을 가진다. 그런데 국가정책상 외국인에게는 일정한 권리능력을 제한하는 경우가 있다.

㉡ 외국인이란 대한민국의 국적을 갖지 아니한 자를 말한다. 따라서 외국 국적을 갖거나 무국적자도 이에 포함한다. 국적에 관한 사항은 국적법에 규정되어 있다.

㉢ 우리 민법에는 외국인의 권리능력에 관한 규정은 없고, 헌법의 내외국인 평등주의가 우리의 기본 태도이며, 예외적으로 경제적·정치적 이유로 특별법에 의하여 일정한 제한규정을 두고 있다.

④ 권리능력의 소멸시기

㉠ 종래의 통설은 생활기능의 절대적·영구적인 종지(終止)가 사망이므로, 호흡과 혈액순환에 영구적으로 정지의 현상이 있을 때에 사망이 인정된다고 한다. 그러나 그 정확한 시기를 판단하기는 어렵다. 그런데 현대의학의 발달로 인하여 장기이식(臟器移植)과 관련하여 뇌사(腦死), 즉 뇌기능의 종지·뇌파의 정지가 있는 때에 사망한 것으로 보려는 견해가 있다.

ⓒ 사망과 관련하여 우리 민법은 2인 이상이 동일한 위난으로 사망한 경우에는 동시에 사망한 것으로 추정(推定)한다(제30조). 따라서 서로 다른 시기에 사망한 사실이 증명되지 아니하면 그 추정은 인정된다. 그런데 우리 민법은 같은 위난의 경우를 전제로 하므로 서로 다른 위난으로 2인 이상 죽었는데, 그 사망시기를 확정할 수 없는 경우에도 동시 사망의 추정 규정이 유추 적용되어야 할 것이다.

ⓒ 인정사망
인정사망(認定死亡)이란 사망의 확실한 증거는 없지만, 폭우·화재 등에 의하여 사망한 것이 확실하다고 생각되는 경우에도 그 사실을 조사한 관공서의 사망보고에 의해 가족관계등록부에 사망으로 기재하는 것을 말한다.

ⓔ 실종선고
실종선고란 사망한 확실한 증거는 없지만, 사망의 개연성이 큰 경우에 일정한 절차를 거쳐 사망한 것으로 선고하는 것이다. 실종선고에는 일반실종과 특별실종이 있다(제27조~제29조).

(2) 행위능력

① 서 설
㉠ 의사능력과 책임능력
ⓐ 의사능력
의사능력이란 자신이 행하는 행위의 의미나 결과를 정상적으로 인식·예견함으로써 그 행위를 합리적으로 조정·판단할 수 있는 정신능력이라고 할 수 있다. 그러한 능력이 없는 자를 '의사무능력자'라고 하며, 의사무능력자의 행위는 법적인 효력이 발생하지 않는다.

ⓑ 책임능력
책임능력이란 자기의 행위에 대한 책임을 인식할 수 있는 능력이다. 법률행위에서의 의사능력에 상응하는 능력으로서 불법행위에 관한 판단능력을 책임능력이라고 한다. 즉, 자신의 행위의 결과가 위법한 것으로 법률상 비난받는 것임을 인식하는 정신능력이라고 할 수 있다.

㉡ 행위능력과 제한능력
ⓐ 행위능력
행위능력(行爲能力)이란 의사능력을 전제로 하여 스스로 독자적인 유효한 법률행위를 할 수 있는 정신능력을 말한다. 행위능력은 객관적 기준에 의하여 판단된다. 즉, 행위능력은 '연령·법원의 심판'에 의하여 객관적으로 제한된다.

ⓑ 제한능력자
제한능력자란 기존의 한정치산자, 금치산자의 개념에 피후견인의 능력지원과 재산관리, 신상보호에 좀 더 중점을 둔 개념이다. 미성년자는 19세가 안 되는 자(제4조)이고 피성년후견제도는 질병, 장애, 노령 그 밖의 사유로 인한 정신적 제약으로 사무를 처리할 능력이 지속적으로 결여된 사람을 대상으로(제9조), 피한정후견인제도는 질병, 장애, 노령 그 밖의 사유로 인한 정신적 제약으로 사무를 처리할 능력이 부족한 사람을 대상으로 하며(제12조) 피특정후견인제도는 질병, 장애, 노령 그 밖의 사유로 인한 정신적 제약으로 일시적 후원 또는 특정한 사무에 관한 후원이 필요한 사람을 대상으로 한다(제14조의2).

ⓒ 제한능력자 제도의 작용
  ㉮ 제한능력자 제도는 두 가지 큰 의미를 가지고 있다. 하나는 의사능력·판단능력이 없거나 부족한 제한능력자 자신을 보호하는 것이고, 또 하나는 제한능력자인지 여부의 판단 시에 어려움을 객관화하여 거래 상대방의 손해를 방지하고 거래안전을 보호하려는 것이다.
  ㉯ 제한능력자 제도에 관한 민법의 규정은 강행규정이므로 당사자 사이의 약정으로 변경할 수 없으며, 특히 제한능력자 제도는 재산법 분야에 주로 적용되며 제한능력자의 재산 보호에 그 목적이 있다고 할 수 있다.

② 미성년자 10 11 12 13 14 15 16 17 18 24 기출
미성년자란 19세 미만인 자를 말한다(제4조). 따라서 미성년자가 출생일을 포함하여 만 19세가 되는 날이 성년이 되는 날이다.

[미성년자의 행위능력]

원 칙	미성년자는 의사능력이 있는 것을 전제로 하여 그가 법률행위를 하려면 법정대리인인 친권자나 후견인의 동의를 받아야 한다(제5조 제1항). 그렇지 않은 행위는 미성년자 자신이나 그 법정대리인이 취소할 수 있다(제5조, 제140조). 동의가 있었다는 증명은 동의가 있음을 이유로 법률행위의 유효를 주장하는 자가 하여야 한다. 의사능력 있는 미성년자가 법정대리인의 동의 없이 스스로 유효한 행위를 할 수 있는 예외를 민법은 규정하고 있다.
예 외	① 단순히 권리만을 얻거나 의무만을 면하는 행위는 미성년자 스스로 할 수 있다(제5조 제1항 단서). 그러나 증여를 받는데 작은 부담을 안거나 유리한 매매계약을 하는 것 등은 안 된다. ② 처분이 허락된 재산을 처분하는 것도 스스로 할 수 있다(제6조). 법정대리인이 미리 일정한 재산의 범위를 정하여 처분을 허락한 것이 이에 해당한다. 물론 이 처분에는 사용, 수익이 내포되어 있다. ③ 영업이 허락된 미성년자의 그 영업에 관한 행위도 스스로 할 수 있다(제8조 제1항). 여기의 영업은 주로 상업을 비롯하여 영리를 목적으로 하는 사업이라고 할 것이다. 공업, 농업, 자유업 등이다. 그리고 영업을 법정대리인이 허락함에는 영업의 종류는 특정되어야 하며, 모든 영업을 허락한다는 것은 안 된다. 사전에 영업의 허락이 있으면, 그 범위 내에서 법정대리인의 대리권은 소멸한다. ④ 혼인한 미성년자는 사법(私法)상의 모든 행위는 자유로 할 수 있고(제826조의2), 또 타인을 대리하는 대리행위도 자유로이 할 수 있다(제17조). ⑤ 미성년자라도 17세만 되면 스스로 유언(遺言)을 할 수 있고(제1061조, 제1062조), 근로계약을 체결하거나 임금의 청구도 스스로 할 수 있다(근로기준법 제67조 제1항, 제68조).

㉠ 법정대리인의 동의와 허락의 취소 및 제한
  ⓐ 법정대리인은 미성년자가 법률행위를 하기 전에는 그가 행한 동의나 허락을 취소할 수 있다(제7조). 그런데 여기에서의 취소는 소급효가 없는 철회와 같다. 그 취소(철회)는 미성년자에게나 그 상대방에게 할 수 있으며, 미성년자에게 취소의 의사를 표시한 때에는 이 취소는 상대방이나 선의의 제3자에게는 대항하지 못한다. 거래 안전을 보호하기 위한 것이다.
  ⓑ 영업허락의 취소와 제한
  법정대리인은 그가 행한 영업의 허락을 취소하거나, 그 범위를 제한할 수 있다(제8조). 여기서의 취소도 철회와 같이 소급효가 없다. 즉, 취소하면 그 취소의 효과는 장래에만 발생한다. 그리고 후견인이 피후견인을 대리하여 민법 제950조 제1항 각 호의 어느 하나에 해당하는 행위를 하는 등의 경우에는 후견감독인이 있으면 그의 동의를 받아야 한다. 미성년자를 보호하기 위한 것이다. 또한 취소와 제한은 선의의 제3자에게 대항하지 못한다. 선의의 제3자를 보호하기 위한 것이다.

ⓛ 법정대리인 제도
  ⓐ 법정대리인
    법정대리인은 미성년자의 보호기관으로서 친권자인 그 부모(제911조)나 부모가 없는 경우에는 후견인이 법정대리인이다(제938조). 우선 미성년자의 부모가 있으면 이들은 공동의 법정대리인이고, 부모 중 한쪽이 사망하거나 이혼하면, 생존자나 협의에 의하여 친권자로 된 자가 법정대리인이 된다. 그리고 친권자가 없거나 있어도 친권을 행사할 수 없는 때에는 후견인이 법정대리인이 된다.
  ⓑ 법정대리인의 권한
    미성년자의 친권자, 후견인인 법정대리인은 미성년자를 보호 감독하는 권한을 가진다. 그 권한에는 동의권(제5조 제1항), 대리권(제920조, 제949조), 취소권(제5조 제2항)이 있다.

[법정대리인의 권한]

권한	내용
동의권	법정대리인은 의사능력 있는 미성년자가 법률행위를 함에 있어 동의나 허락할 권리가 있다(제5조 제1항). 동의하는 방법은 명시적인 것이 보통이지만, 묵시적으로도 가능하다.
대리권	법정대리인은 미성년자가 의사능력이 있거나, 없는 경우에는 재산상의 법률행위를 대리할 수 있다. 이때에 미성년자 본인의 행위를 목적으로 하는 채무를 부담하는 경우에는 미성년자 본인의 동의가 있어야 한다. 그리고 법정대리인과 미성년자 본인 사이에 이해(利害)가 대립되는 것인 때에는 특별대리인의 선임을 법원에 청구하여야 하는 제한이 있다(제921조).
취소권	법정대리인은 미성년자가 그의 동의를 얻지 않고 행한 법률행위를 취소할 수 있다.

(3) 제한능력제도 14 15 16 20 기출
① 서 설
   민법의 개정으로 금치산, 한정치산제도가 폐지되고 성년후견, 한정후견, 특정후견제도가 2013년 7월 1일부터 시행되었다. 성년후견제도란 기존 금치산, 한정치산제도의 문제점을 보완하여 질병, 장애, 노령 그 밖의 사유로 인한 정신적 제약으로 사무를 처리할 능력이 지속적으로 결여된 사람에 대하여 법원이 후견인을 선임하여 법률행위 등을 대리하게 하는 제도를 말한다.
② 도입취지
   그 동안의 민법상 금치산, 한정치산제도는 재산관리에 중점을 두고 능력을 박탈 또는 제한한다는 점에서 제도를 악용하는 사례가 끊이지 않았다. 이에 변경된 성년후견제도는 능력을 박탈 또는 제한이 아닌 능력지원과 재산관리, 신상보호에 중점을 둔 복지제도라는 점에 의미가 있다.
③ 성년후견제도 18 19 기출
   ㉠ 성년후견개시의 심판(제9조)
     ⓐ 가정법원은 질병, 장애, 노령 그 밖의 사유로 인한 정신적 제약으로 사무를 처리할 능력이 지속적으로 결여된 사람에 대하여 본인, 배우자, 4촌 이내의 친족, 미성년후견인, 미성년후견감독인, 한정후견인, 한정후견감독인, 특정후견인, 특정후견감독인, 검사 또는 지방자치단체의 장의 청구에 의하여 성년후견개시의 심판을 한다.
     ⓑ 가정법원은 성년후견개시의 심판을 할 때 본인의 의사를 고려하여야 한다.

ⓛ 피성년후견인의 행위와 취소(제10조)
　　　ⓐ 피성년후견인의 법률행위는 취소할 수 있다.
　　　ⓑ 피성년후견인의 법률행위는 취소할 수 있음에도 불구하고 가정법원은 취소할 수 없는 피성년후견인의 법률행위의 범위를 정할 수 있다.
　　　ⓒ 가정법원은 본인, 배우자, 4촌 이내의 친족, 성년후견인, 성년후견감독인, 검사, 지방자치단체의 장의 청구에 의하여 취소할 수 없는 법률행위의 범위를 변경할 수 있다.
　　　ⓓ 피성년후견인의 법률행위는 취소할 수 있음에도 불구하고 일용품의 구입 등 일상생활에 필요하고 그 대가가 과도하지 않은 법률행위는 성년후견인이 취소할 수 없다.
　　ⓒ 성년후견종료의 심판(제11조)
　　　성년후견개시의 원인이 소멸된 경우에는 가정법원은 본인, 배우자, 4촌 이내의 친족, 성년후견인, 검사 또는 지방자치단체의 장의 청구에 의하여 성년후견종료의 심판을 한다.
④ **한정후견심판**
　　⊙ 한정후견개시의 심판(제12조)
　　　ⓐ 가정법원은 질병, 장애, 노령 그 밖의 사유로 인한 정신적 제약으로 사무를 처리할 능력이 부족한 사람에 대하여 본인, 배우자, 4촌 이내의 친족, 미성년후견인, 미성년후견감독인, 성년후견인, 성년후견감독인, 특정후견인, 특정후견감독인, 검사, 지방자치단체의 장의 청구에 의하여 한정후견개시의 심판을 한다.
　　　ⓑ 가정법원은 한정후견개시의 심판을 할 때 본인의 의사를 고려해야 한다.
　　ⓛ 피한정후견인의 행위와 동의(제13조)
　　　ⓐ 가정법원은 피한정후견인이 한정후견인의 동의를 받아야 하는 행위의 범위를 정할 수 있다.
　　　ⓑ 가정법원은 본인, 배우자, 4촌 이내의 친족, 한정후견인, 한정후견감독인, 검사 또는 지방자치단체의 장의 청구에 의하여 한정후견인의 동의를 받아야만 할 수 있는 행위의 범위를 변경할 수 있다.
　　　ⓒ 한정후견인의 동의를 필요로 하는 행위에 대하여 한정후견인이 피한정후견인의 이익이 침해될 염려가 있음에도 그 동의를 하지 아니하는 때에는 가정법원은 피한정후견인의 청구에 의하여 한정후견인의 동의를 갈음하는 허가를 할 수 있다.
　　　ⓓ 한정후견인의 동의가 필요한 법률행위를 피한정후견인이 한정후견인의 동의 없이 했을 때에는 그 법률행위를 취소할 수 있다. 다만, 일용품의 구입 등 일상생활에 필요하고 그 대가가 과도하지 아니한 법률행위에 대해서는 그러하지 아니하다.
　　ⓒ 한정후견종료의 심판(제14조)
　　　한정후견개시의 원인이 소멸된 경우에는 가정법원은 본인, 배우자, 4촌 이내의 친족, 한정후견인, 한정후견감독인, 검사 또는 지방자치단체의 장의 청구에 의하여 한정후견종료의 심판을 한다.
⑤ **특정후견(제14조의2)**
　　⊙ 가정법원은 질병, 장애, 노령, 그 밖의 사유로 인한 정신적 제약으로 일시적 후원 또는 특정한 사무에 관한 후원이 필요한 사람에 대하여 본인, 배우자, 4촌 이내의 친족, 미성년후견인, 미성년후견감독인, 검사 또는 지방자치단체의 장의 청구에 의하여 특정후견의 심판을 한다.

ⓒ 특정후견은 본인의 의사에 반하여 할 수 없다.
ⓒ 특정후견의 심판을 하는 경우 특정후견의 기간 또는 사무의 범위를 정하여야 한다.
⑥ 심판 사이의 관계(제14조의3)
㉠ 가정법원이 피한정후견인 또는 피특정후견인에 대하여 성년후견개시의 심판을 할 때에는 종전의 한정후견 또는 특정후견의 종료 심판을 한다.
㉡ 가정법원이 피성년후견인 또는 피특정후견인에 대하여 한정후견개시의 심판을 할 때에는 종전의 성년후견 또는 특정후견의 종료 심판을 한다.
⑦ 제한능력자의 상대방 보호 21 기출
㉠ 상대방의 확답을 촉구할 권리(제15조)
ⓐ 제한능력자의 상대방은 제한능력자가 능력자가 된 후에 그에게 1개월 이상의 기간을 정하여 그 취소할 수 있는 행위를 추인할 것인지 여부의 확답을 촉구할 수 있다. 능력자로 된 사람이 그 기간 내에 확답을 발송하지 않으면 그 행위를 추인한 것으로 본다.
ⓑ 제한능력자가 아직 능력자가 되지 못한 경우에는 그의 법정대리인에게 ⓐ의 촉구를 할 수 있고 법정대리인이 그 정해진 기간 내에 확답을 발송하지 않은 경우에는 그 행위를 추인한 것으로 본다.
ⓒ 특별한 절차가 필요한 행위는 그 정해진 기간 내에 그 절차를 밟은 확답을 발송하지 아니하면 취소한 것으로 본다.
㉡ 상대방의 철회권과 거절권(제16조)
ⓐ 제한능력자가 맺은 계약은 추인이 있을 때까지 상대방이 그 의사표시를 철회할 수 있다. 다만, 상대방이 계약 당시에 제한능력자임을 알았을 경우에는 그러하지 아니하다.
ⓑ 제한능력자의 단독행위는 추인이 있을 때까지 상대방이 거절할 수 있다.
ⓒ 철회나 거절의 의사표시는 제한능력자에게도 할 수 있다.
㉢ 제한능력자의 속임수(제17조) 25 기출
ⓐ 제한능력자가 속임수로써 자기를 능력자로 믿게 한 경우에는 그 행위를 취소할 수 없다.
ⓑ 미성년자나 피한정후견인이 속임수로써 법정대리인의 동의가 있는 것으로 믿게 한 경우에도 그 행위를 취소할 수 없다.

(4) 주 소 19 기출
① 주소란 사람이 일정 기간 생활의 근거가 되는 곳으로 인정하는 장소를 말한다. 민법은 장소에 관한 규정으로 주소, 거소, 가주소를 인정하고 있다. 그중 중심이 되는 것이 주소이다.
② 민법상의 주소 및 그 법률상 효과
㉠ 우리 민법은 생활의 근거가 되는 곳을 주소로 한다고 하였고, 또 주소는 두 곳 이상 있을 수 있다고 규정하고 있다(제18조).
㉡ 우리 민법상의 주소는 사람이 실질적으로 '생활의 근거로 삼고 있는 곳'을 주소로 정하고(실질주의), 정주(定住)의 '사실'만으로 족하고 그 밖에 사는 사람의 정주의 '의사'를 필요로 하지는 않으며(객관주의), 사람의 생활의 편의에 따라 여러 개의 주소를 동시에 가질 수 있다(복수주의).

[주소의 효과]

분 류	효 과
민법상의 효과	① 부재와 실종의 표준(제22조, 제27조) ② 상속의 개시지(제998조) ③ 채무 이행지(제467조)
민법 이외의 효과	① 어음법 : 어음행위의 장소(제21조) ② 수표법 : 수표행위의 장소(제8조) ③ 민사소송법·가사소송법 : 재판관할의 표준(제2조, 제3조) ④ 국적법 : 귀화 및 국적회복의 요건(제5조~제7조)

③ 거소, 가주소
　㉠ 거소란 주소만은 못하지만, 일정한 사람이 어느 정도의 기간 계속하여 머무는 장소를 말한다. 거소는 일정한 사람의 주소를 알 수 없을 때와 국내에 주소가 없는 때는 거소를 주소로 본다(제20조)고 하여, 그때 거소가 그 사람에게는 주소와 같은 역할을 한다.
　㉡ 가주소란 일정한 거래행위를 하는 당사자 간에 편의를 위하여 일정한 장소를 그 거래관계에 대하여는 그 곳을 주소로 하기로 합의하여 정하여지는 곳이다. 엄격한 의미에서 주소의 일종이라고는 하기 어렵다(제21조).

(5) 부재와 실종
일정한 사람이 그의 주소를 떠나서 단시일 내에 돌아올 가망이 없는 경우에 그의 남긴 재산을 관리하거나 남아 있는 배우자 등 가족의 이익을 보호하기 위하여 만든 제도가 부재자(不在者)의 「재산관리제도」와 「실종선고제도」이다.

① 부재자의 재산관리
　㉠ 부재자
　　부재자란 종래의 주소나 거소를 떠나서 단시일 내에 돌아올 가망이 없어서, 그 주소나 거소에 있는 재산을 관리할 수 없는 상태에 있는 자를 말한다. 부재자는 자연인에 한하며, 부재자의 재산관리는 가정법원의 심판사항이다(가사소송법 제2조, 제44조).
　㉡ 부재자의 사유재산의 관리
　　ⓐ 부재자가 관리인을 두지 않은 경우에는 가정법원은 이해관계인의 청구 또는 검사(檢事)의 청구로 필요한 처분을 명하여야 한다. 여기서 이해관계인은 부재자의 배우자·채권자·상속인 등이 있고, 검사는 공적 이익의 대표자이다(제22조 제1항).
　　ⓑ 가정법원에서 선임된 관리인
　　　법원이 선임한 재산관리인이 보존행위, 대리의 목적인 물건이나 권리의 성질을 변하지 아니하는 범위에서 그 이용 또는 개량하는 행위(제118조)가 아닌 권한을 넘는 행위를 함에는 법원의 허가를 얻어야 한다. 부재자의 생사가 분명하지 아니한 경우에 부재자가 정한 재산관리인이 권한을 넘는 행위를 할 때에도 같다(제25조).
　　ⓒ 관리의 종료
　　　재산관리인은 부재자가 관리인을 정한 때, 본인이 재산관리를 할 때, 부재자가 실종 선고된 때에는 그의 임무가 끝난다. 이때 가정법원은 처분명령을 취소하는 형식을 취하는데 취소는 소급효가 없다(제22조 제2항).

② 실종선고 10 11 15 16 18 21 기출
  ㉠ 실종선고란 부재자의 생사불명의 상태가 오래 계속되어 죽은 것으로 여겨지나 분명한 사망의 증거가 없는 경우에 가정법원의 선고로 그 자를 사망한 것으로 보는 것을 말한다.
  ㉡ 실종선고의 요건·절차(제27조)
    ⓐ 실종선고를 하려면, 부재자의 생사가 불분명하고 그 사망의 증명이 없을 것, 생사불명이 일정한 실종기간이 계속되고, 이해관계인이나 검사의 청구가 있어야 한다.
    ⓑ 실종기간은 보통실종은 5년, 특별실종은 1년이다. 이 실종기간의 기산점은 보통실종의 경우는 부재자가 살아 있다는 것을 증명할 수 있는 최후의 시기라고 하며, 특별실종은 전쟁이 종지한 때, 선박이 침몰한 때, 비행기가 추락한 때, 기타의 위난이 종료한 때를 기산점으로 한다.
    ⓒ 청구권자인 이해관계인에는 배우자, 상속인, 채권자, 재산관리인 등이 있으며, 검사는 공익의 대표자로서 청구할 수 있다.
  ㉢ 실종선고의 효과
    ⓐ 실종자는 실종기간이 만료한 때에 사망한 것으로 본다(제28조). 사망으로 추정하지 않고 사망한 것이 확정된다.
    ⓑ 사망의 효과는 실종자의 종래의 주소를 중심으로 하는 사법관계에만 사망한 것으로 본다. 따라서 혹시 실종선고 받은 자가 다른 곳에 살고 있는 때는 사망의 효과는 그곳에서는 미치지 않으며, 공법관계에도 효과를 미치지 않는다.
    ⓒ 실종선고를 받은 자는 적어도 실종기간 만료 직전까지는 종래의 주소에 살아 있던 것으로 추정된다.
  ㉣ 실종선고의 취소
    실종선고를 받은 자가 생존해 있거나 실종기간 만료 시와 다른 때에 사망한 사실이 증명되거나, 실종기간의 기산점 후에 살아 있는 것이 증명된 때에는 실종자 본인, 이해관계인, 검사의 청구로 가정법원은 실종선고의 취소를 선고하여야 한다(제29조).
  ㉤ 실종선고 취소의 효과
    ⓐ 원칙적 효과
      실종선고의 취소의 심판이 확정되면, 실종선고는 처음부터 없었던 것이 되는 취소의 소급효가 발생한다. 따라서 실종선고로 인하여 발생한 법률관계는 모두 무효가 된다.
    ⓑ 예외적 효과
      ㉮ 실종선고 후 그 취소 전에 선의로 행하여진 행위에 대하여는 취소의 효과가 미치지 않고 그대로 유효로 인정한다(제29조 제1항 단서). 따라서 상속인의 상속재산 처분이나, 배우자의 재혼은 무효가 되지 않는다. 이때 상속인의 재산처분이 계약이면 당사자 모두가 선의를 요한다.
      ㉯ 실종선고를 직접 원인으로 하여 재산을 취득한 자가 선의이면 그가 받은 이익이 현실적으로 존재하는 한도에서만 반환하면 된다(제29조 제2항). 즉, 상속인·생명보험금의 수익자 등은 그들이 받은 이익을 현재 보유하고 있는 것만 되돌려 주면 된다.
      ㉰ 실종선고를 직접 원인으로 재산을 취득한 자라도 「악의(惡意)」인 자는 그가 받은 이익에 이자를 붙여서 반환하고 또 손해가 있으면 그 손해까지도 배상하여야 한다(제29조 제2항). 그리고 실종선고를 원인으로 하여 재산을 취득한 자에게 취득시효 등의 다른 권리 취득의 원인이 있으면 선고취소의 효과는 미치지 않는다. 즉, 취득시효로 권리를 취득할 수 있다.

③ 특별법상 부재선고제도

부재선고에 관한 특별조치법은 대한민국의 군사분계선 이북 지역에서 그 이남 지역으로 옮겨 새로 가족관계등록을 창설한 사람 중 군사분계선 이북 지역의 잔류자에 대한 부재선고의 절차에 관한 특례를 규정함을 목적으로 한다.

④ 인정사망과 동시사망

㉠ 인정사망 : 수해, 화재나 그 밖의 재난으로 인하여 사망한 사람이 있는 경우에는 이를 조사한 관공서는 지체 없이 사망지의 시·읍·면의 장에게 통보하여야 한다. 다만, 외국에서 사망한 때에는 사망자의 등록기준지의 시·읍·면의 장 또는 재외국민 가족관계등록사무소의 가족관계등록관에게 통보하여야 한다(가족관계의 등록 등에 관한 법률 제87조).

㉡ 동시사망 : 2인 이상이 동일한 위난으로 사망한 경우에는 동시에 사망한 것으로 추정한다(제30조).

③ 법 인 14 15 16 18 19 22 기출

(1) 서 설

① 법인의 의의

㉠ 법인이란 자연인 외에 법률에 의한 법인격체로서 권리·의무의 주체가 될 수 있는 단체를 말한다.

㉡ 우리 민법은 일정한 목적과 조직 아래 결합된 사람의 단체인 사단법인과 일정한 목적을 위해 바쳐진 재산인 재단법인을 인정하고 있다.

[법인의 본질에 관한 학설]

법인의제설	자연인 외에는 권리·의무의 주체가 될 수 없는데 법률의 힘에 의해 자연인에 의제된 것이 법인이라고 한다. 이 설은 중세 후기 주석학파에서 발생하였으나 근세에는 「사비니」가 주장한 것이라고 한다. 그러나 자연인도 법률에 의하여 법인격이 부여된 것이라는 사실로 보면 모순이라는 것이다.
법인부인설	법인의제설이 법인은 법률에 의해 자연인에 의제된 것이라면 결국은 법인의 실체는 개인이나 재산이라는 것이다. 이 설에는 주로 재단법인에 관한 것으로서 법인의 본체를 일정한 목적에 바쳐진 무주체(無主體)의 재산이라는 목적재산설과 법인재산을 관리하는 자가 본체라는 관리자주체설 등이 있다.
법인실재설	법인은 권리주체로서 실질을 가지는 사회적 실체라는 설이다. 이 사회적 실체에 관한 설명에 따라서 이 설에는 유기체설(有機體說), 조직체설(組織體說), 사회적 가치설(社會的價値說) 등이 있다. ① 유기체설 : 단체는 여러 개의 부분이 하나로 결합된 구조로서 생명과 단체 의사를 가지는 사회적 실체라는 것이 유기체설이다. 이 설은 「기르케(Gierke)」의 주장인데 의사주체만이 권리주체가 될 수 있다는 이론이 연결된다. ② 조직체설 : 법인의 실체를 권리주체에 적합한 법률에 의해 이루어진 조직체라고 하는 것이 조직체설이다. ③ 사회적 가치설 : 법인의 본질은 독자적으로 사회적 작용을 하고, 권리능력을 가지는데 적합한 사회적 가치를 가지는 것이라고 하는 설이다.

② 법인설립에 관한 원칙

허가주의는 법인을 설립하려면 행정관청의 허가를 얻어야 하는 원칙이고, 준칙주의는 일정한 설립요건을 정한 법규에 따라 절차를 수행하면 법인이 설립되는 원칙이고, 자유설립주의는 전혀 법이 간섭하지 않는 원칙이다.

③ 법인의 종류
  ㉠ 공법인・사법인・중간법인
    공법・사법・사회법의 분류 기준에 의한 것으로서 기본적이며 가장 오래된 것이다. 여러 기준이 있으나 법인의 설립・가입이 강제되는 것, 법인의 임원이 국가에 의해 임명되는 것 등은 공법인이고, 그렇지 아니한 것은 사법인이라고 한다. 국가의 경제・사회 정책을 실행하기 위한 단체들이 설립되는데, 한국은행・한국토지주택공사・한국도로공사 등을 중간법인이라고 한다.
  ㉡ 영리법인(제39조)・비영리법인(제32조)
    ⓐ 이 분류는 법인의 목적이 영리를 추구하느냐 아니냐에 의한 것이다. 즉, 사원(社員)의 이익을 목적으로 하는 법인이 영리법인이다. 영리법인은 사단법인의 형태로 존재한다. 즉, 재단법인에는 비영리법인만이 있다. 회사는 대표적인 영리법인이다.
    ⓑ 비영리법인은 학술・종교・자선・기예(技藝)・사교 등 영리 아닌 사업을 목적으로 하는 사단법인이나, 재단법인이 이들에 속한다.
  ㉢ 사단법인・재단법인
    사단법인은 일정한 목적을 위해 결합된 사람의 단체이다. 재단법인은 일정한 목적에 바쳐진 재산의 단체이다. 사단법인은 단체의사에 의해 활동하고, 재단법인은 설립자의 의사에 따라 활동하는 것이 크게 다르다.

④ 법인 아닌 단체
  법인 아닌 단체에는 사단(社團)과 재단(財團)이 있다. 또한, 사회적 실체를 갖춘 사람의 결합체에는 사단과 조합이 있다. 그런데 사단은 단체 속에 구성원의 개성이 묻혀 있고 단체만이 등장한다. 구성원은 단체의 운영에 구성원으로서 참여할 뿐이다. 그리고 자산이나 부채는 모두 단체에 귀속되어 구성원의 개별적 부담은 없고, 이익이 있으면 배당을 받는다. 이에 대하여 조합은 단체이지만 구성원의 개성이 존중되고, 조합자산은 구성원의 공동소유이며, 채무도 조합원 전체가 공동으로 부담한다. 우리 민법은 사단과 조합을 모두 인정하고 있다.
  ㉠ 법인 아닌 사단 11 기출
    단체의 실체는 사단이지만 법인격이 없는 사단이 있다. 이 단체를 '인격 없는 사단', '권리능력 없는 사단'이라고도 한다. 법인 아닌 사단의 대표적인 단체는 '종중'과 '교회'이다. 이들은 사단으로서의 실체는 있어도 허가를 받지 않고 설립 등기를 하지 않으므로 법인격이 없다.
    ⓐ 법인 아닌 사단의 취급
      법인 아닌 사단이 되려면, 단체의 조직, 대표의 방법, 총회, 재산관리 등에 관한 규칙이 있어야 한다. 이러한 경우에는 소송법상 당사자 능력을 인정한다.
    ⓑ 법인 아닌 사단의 재산관계
      사단의 재산은 총유이므로 구성원 개인에게는 자기 몫이 별도로 없다. 그리고 사단의 채무도 총유 재산으로 감당하여야 한다. 즉, 구성원은 개별적인 책임을 부담하지 않는다. 그러나 조합의 경우는 다르다. 재산도 구성원 모두에게 몫이 있고, 채무도 조합원 개인 책임이 된다.
  ㉡ 법인 아닌 재단
    법인 아닌 재단이 발생하는 이유도 사단에서와 같고, 소송법, 부동산등기법에서도 사단과 같이 취급되며, 자산과 부채도 모두 재단에 의해 소유되고, 책임을 부담한다. 다만, 재단이라는 것만이 다를 뿐이다.

(2) 법인의 설립

① 법인설립에 관한 입법태도

법인설립에 대한 국가의 입법태도는 동일하지 아니하다. 우리나라는 자유설립주의 외에는 법인의 종류에 따라 모두 인정하고 있는 실정이다.

[법인설립에 관한 입법태도]

원칙	내용
자유설립주의	법인의 설립에 관하여 아무런 제한 없이, 법인의 실질만 있으면 법인격을 인정하는 원칙을 말한다. 이러한 입법태도를 가지는 나라는 거의 없다.
준칙주의	법인의 설립요건을 법률에 규정해 놓고 그 요건이 충족되면 법인이 설립되도록 하는 입법태도를 말한다. 준칙주의에서는 설립등기를 함으로써 완성된다. 우리나라에서는 각종 영리법인과 노동조합의 설립에 이 태도를 취한다.
허가주의	법인의 설립에 관하여 주무관청의 허가를 필요로 하는 태도이다. 허가여부는 주무관청의 자유재량에 해당한다. 우리 민법은 비영리법인의 설립에 이 태도를 취하고 있다.
인가주의	법률이 정한 요건을 갖추고, 주무관청의 인가를 얻어야 법인이 설립되는 주의이다. 요건을 갖추면 주무관청은 반드시 인가해 주어야 한다. 우리나라는 법무법인, 대한상공회의소, 농업협동조합 등의 설립에 이 태도를 취한다.
특허주의	각 개별 법인을 설립할 때마다, 그에 해당하는 특별법을 만들어 그 법률에 의해 법인을 설립하는 주의를 말한다. 우리나라는 한국은행, 한국토지주택공사, 한국방송공사, 한국전력공사 등이 이에 따른 경우이다.
강제주의	법인의 설립을 국가가 강제하는 태도이다. 우리나라는 변호사회, 의사회, 약사회 등이 이 주의에 의한다. 주로 사회적으로 일반인에게 큰 영향을 미치는 것에 한하여 취하고 있다.

② 비영리 사단법인의 설립

학술, 종교, 자선, 기예, 사교 기타 영리 아닌 사업을 목적으로 하는 사단 또는 재단 즉, 비영리법인은 주무관청의 허가를 얻어 이를 법인으로 할 수 있다(제32조).

㉠ 설립요건

㉮ 사단법인의 목적이 영리를 위한 것이 아니어야 한다. 즉, 비영리성이 목적이어야 하고 혹시 비영리의 목적을 위한 영리사업을 하는 경우에는 그 목적을 위해 쓰여야 한다.

㉯ 정관(定款)을 작성하여야 한다(제40조).

정관에는 설립자 2인 이상이 기명날인하여야 하는데 정관에 반드시 설립목적, 명칭, 사무소의 소재지, 자산에 관한 규정, 이사의 임면에 관한 규정, 사원자격의 득실에 관한 사항, 존립시기나 해산사유를 정했으면 그 시기 또는 사유를 기재하여야 한다. 이것을 필요적 기재사항이라고 한다. 그 외에 필요하다고 인정하는 사항은 임의적 기재사항으로서 기재할 수 있다.

㉡ 절차

사단의 설립에 필요한 사항, 즉 정관 내용이 갖추어지면 주무관청의 허가를 받아야 한다(제32조). 허가를 받고 실제적 요건이 구비되면 설립등기를 함으로써 사단법인이 실제로 성립하게 된다. 설립등기는 사단법인의 주된 사무소를 관할하는 지방법원에서 한다(제33조).

③ 비영리 재단법인의 설립

재단법인은 비영리를 목적으로 한다. 특히 설립행위에는 일정한 재산의 출연(出捐)과 설립행위가 있어야 한다.

㉠ 설립의 요건과 절차
ⓐ 요 건
㉮ 우선 영리를 목적으로 하지 않는 것이어야 한다(제32조). 그리고 설립자는 일정한 재산을 출연하고, 정관(定款)을 작성하여야 한다(제43조). 정관의 필요적 기재사항에는 사원자격의 득실, 법인의 존립시기, 해산사유 등이 해당되지 않는다는 점 외에는 모두 비영리 사단법인의 필요적 기재사항과 같다.
㉯ 재단법인의 설립행위는 생시행위(生時行爲)로도 할 수 있고 유언(遺言)으로도 할 수 있다. 설립자는 정관의 작성과 재산의 출연을 하여야 한다. 이때에 출연되는 재산은 물권뿐 아니라 확실한 채권도 가능하다. 재단법인은 사단법인과 달리 1인이 해도 관계가 없다.
ⓑ 성립절차
재산의 출연과 정관이 작성되면 주무관청의 허가를 받은 후 실체를 갖추어 설립등기를 함으로써 재단법인은 설립된다.
㉡ 출연재산의 귀속시기
ⓐ 생시처분으로 재단법인을 설립하는 때에는 그 재산은 법인이 설립된 때에 유언에 의한 경우는 유언의 효력이 발생한 때, 즉 사망한 때 벌써 법인의 재산으로 된다고 하였다. 유언의 경우 법인 설립도 되기 전에 재산을 소급해서 법인재산으로 한 것은 출연재산이 상속재산으로 되어 상속인에게 귀속하지 않게 하기 위한 것이라고 한다.
ⓑ 출연재산이 채권인 경우도 귀속시기에 문제가 있다. 지명채권은 민법 제48조에서 정하는 시기에 법인에 귀속하는 것으로 하는데 문제가 없다고 한다. 즉, 설립될 법인을 채권자로 기록하였기 때문이다. 그런데 지시채권은 배서·교부한 때에, 무기명채권은 무기명채권을 교부한 때에 법인에 귀속한다고 하는 견해가 있는데, 다수설은 이 경우에도 배서·교부는 필요 없고 제48조가 정하는 시기에 법인에 귀속한다고 해석한다. 따라서 민법 제48조는 같은 법 제508조(지시채권 양도), 제523조(무기명채권 양도)의 특별규정이라는 것이다.

(3) 법인의 능력 12 21 기출

① 서 설
법률에 의하여 법인격이 부여된 법인은 권리의무의 주체로서 권리능력은 물론 법인의 활동능력도 인정하여야 한다. 이에 그 활동의 결과로 타인에게 손해를 발생시킨 경우에는 그에 대한 손해배상책임도 인정되어야 한다. 즉, 법인에게도 권리능력, 행위능력을 인정하고 또 불법행위능력까지도 인정하여야 마땅하다.

② 법인의 권리능력
민법은 "법인은 법률의 규정에 좇아 정관으로 정한 목적의 범위 내에서 권리와 의무의 주체가 된다."고 규정함으로써, 법인의 권리능력을 인정하고 있다. 그러나 다음과 같이 권리능력은 제한을 받는다.
㉠ 성질에 의한 제한
법인은 자연인과 같은 생명체는 아니므로 이러한 자연인의 성질을 전제로 하는 권리는 가질 수 없다. 즉, 법인은 신체의 자유, 생명권, 상속권, 친권, 배우자의 권리 등은 가질 수 없고, 다만, 재산권, 명예권, 성명권, 신용권, 유증을 받을 자격 등은 가질 수 있다.

ⓒ 법률에 의한 제한

법인에 권리능력이 부여됨이 법률에 의한 것이므로 그 제한도 법률에 의할 수 있음은 당연하다. 그러나 법인의 권리능력을 제한하는 일반적인 법률은 없고, 개별적인 제한만이 있다(제81조).

ⓒ 목적에 의한 제한

우리 민법은 정관으로 정한 목적의 범위 내에서만 법인의 권리능력을 인정하고 있다(제34조). 이에 대하여 목적을 달성하는 데 필요한 범위라고 좁게 해석하는 것과, 목적에 위반하지 않는 범위 내라고 넓게 해석하는 것이 있다. 다수설은 넓게 해석하는 편인데, 판례는 좁게 해석하는 쪽이다. 법인의 목적 범위 외의 행위로 인하여 타인에게 손해를 가한 때에는 그 사항의 의결에 찬성한 사원, 이사 및 기타 대표자가 연대하여 배상하여야 한다. 법인의 사무는 주무관청이 검사, 감독한다(제37조).

③ 법인의 행위능력

법인의제설은 법인 자체 행위는 인정하지 않으나, 법인실재설은 법인 자체의 행위를 인정하게 되는데, 우리 민법은 법인의 대표기관의 행위를 법인의 행위라고 한다(제59조 제1항). 대표기관은 이사, 임시이사, 특별대리인, 청산인 등이다. 이들이 행한 법인의 목적범위 내의 행위는 법인의 행위가 된다. 그런데 민법은 법인의 대표에 관하여는 대리(代理)에 관한 규정을 준용(제59조 제2항)하므로, 법인의 대표는 법률행위 시에 법인의 명칭을 표시하고 그 대표가 누구라고 밝혀야 한다.

④ 법인의 불법행위 능력 10 13 15 16 20 23 기출

법인의 행위능력을 부인하는 법인의제설의 입장에서는 법인의 불법행위능력도 부정한다. 그러나 법인실재설은 법인의 불법행위를 인정하는데, 그 요건을 보면 다음과 같다.

㉠ 대표기관의 행위이어야 한다. 즉, 이사・임시이사・특별대리인・청산인의 행위이어야 한다.

㉡ 대표기관이 직무에 관하여 타인에게 손해를 주어야 한다. 직무에 관하여라는 것은 행위의 겉모습이 기관의 직무수행의 행위로 볼 수 있는 행위 및 이와 관련이 있다고 인정되는 행위를 포함한다고 한다. 따라서 행위자가 개인의 목적을 위한 것도 외형상 직무행위이면 판례는 직무행위로 본다.

㉢ 불법행위의 성립요건이 충족해야 한다. 즉, 대표기관의 고의・과실이 있고, 가해행위가 위법하고, 손해가 발생하면, 그 손해와 행위가 인과관계에 있어야 한다. 이상과 같은 3가지 요건이 충족되면 법인은 피해자에게 손해배상 책임을 진다.

(4) 법인의 기관 및 주소 10 기출

① 법인의 기관

㉠ 법인의 기관이란 법인의 의사를 결정하고, 이를 집행하는 일정한 조직을 말한다. 대표기관・업무집행기관・의사결정기관・감독기관이 법인의 기관이다.

㉡ 기관의 종류에는 최고기관인 의사결정기관으로 사원총회, 업무집행기관으로 이사, 감독기관으로 감사가 있다. 사원총회와 이사는 비영리사단법인에서는 필수기관이고, 감사는 임의기관이며, 비영리재단법인에는 그 성질상 사원총회는 없다.

② 이 사 11 12 13 15 19 기출

㉠ 이사는 법인을 대표하고, 법인의 업무를 집행하는 필수기관이므로 사단법인이나 재단법인이나 반드시 두어야 한다(제57조).

이사의 인원수는 정관으로 정할 수 있으며, 반드시 자연인이어야 한다. 이사의 임면의 방법은 정관의 필요적 기재사항(제40조 제5호, 제43조)이며, 법인과 이사와의 임면 관계는 민법상 위임(제680조~제692조)에 관한 규정을 준용하면 된다.

  © 이사의 직무권한
   이사는 법인과 위임관계에 있다고 보아서 업무집행에 있어 선량한 관리자의 주의를 다하여야 한다(제61조). 이사는 대외적으로 법인을 대표하고, 대내적으로는 업무를 총괄적으로 집행한다.
    ⓐ 법인의 대표권
     ㉮ 이사는 각자가 법인을 대표함을 원칙으로 한다(제59조 제1항). 이사가 2인 이상 있는 경우에는 정관이나 총회결의로 제한하지 않은 경우에 각자가 법인을 대표한다. 그리고 정관에 의해 제한하는 경우에는 그 제한 사항을 등기하여야 제3자에게 대항할 수 있다(제60조).
     ㉯ **법인과 이사와의 사이에 이익이 상반되는 사항에 대하여는 그 이사는 대표권이 없어 이해관계인, 검사의 청구로 법원이 특별대리인을 선임하여 그 사항에 대한 대표권은 특별대리인이 행사한다. 다른 이사가 있으면 그 이사가 대표한다(제64조).**
    ⓑ 법인의 업무집행권
     ㉮ 이사는 법인의 모든 업무를 집행할 권한이 있다(제58조 제1항). **이사가 2인 이상인 경우에는 업무집행은 이사의 과반수로 결정한다(제58조 제2항).**
     ㉯ 이사의 주요 업무로는 재산목록 작성(제55조 제1항), 사원명부 작성(제55조 제2항), 사원총회 소집(제69조), 총회의 의사록 작성(제76조 제1항), 파산신청(제79조), 법인등기신청 등이 있다.
  © 이사회
   법인의 이사가 여러 명 있으면 법인의 업무 집행은 이사의 과반수로 결정한다(제58조 제2항).
  © 임시이사
   법인에 이사는 필수기관이므로, 어떤 사유로 이사가 전혀 없게 되거나, 정관에서 정한 이사의 수에 결원이 생긴 경우에, 이를 선임·보충하는 데에 시일이 걸려서 법인이나 타인에게 손해가 생길 염려가 있는 때는 이해관계인·검사의 청구에 의해 법원은 임시이사를 선임하여 그로 인하여 정식 이사가 선임될 때까지 법인 업무를 수행하게 한다(제63조).
  © 특별대리인
   법인과 이사 간에 이익이 상반되는 때, 그 이사에 갈음하여 법인을 대표하는 기관이다. 이해관계인·검사의 청구로써 법원이 선임하는 임시기관이다(제64조).

 ③ 감 사 14 기출
  © 감사는 사단법인·재단법인의 이사에 대한 감독기관이다. 그런데 비영리법인에서의 감사는 필요적 기관은 아니고, 정관이나 총회 결의에 의해 1인 이상을 둘 수 있다(제66조). 감사는 대표기관이 아니므로 그의 성명·주소를 등기할 필요가 없다.
  © 감사의 직무로는 법인의 재산상황을 감사하는 일, 이사의 업무집행상황을 감사하는 일, 재산상황·업무집행에 부정이나 불비가 발견되면 이를 총회 또는 주무관청에 보고하는 일, 보고가 필요한 때 임시총회를 소집하는 일 등이 있다(제67조).

④ 사원총회 15 23 기출
㉠ 사원총회는 사단법인의 필수적 기관이고, 법인의사 결정기관이며, 최고의 기관이다. 그러나 재단법인에는 그 성질상 사원총회란 없다. 사원총회는 정관의 변경, 법인의 해산을 비롯하여 법인의 중요사항을 결정한다.
㉡ 사원총회는 매년 1회 이상의 통상총회(제69조)와 필요한 때에 임시총회(제70조)가 있으며, 임시총회는 이사가 필요하다고 인정하는 때, 사원 5분의 1 이상이 요구하는 때, 감사가 소집하는 때에 열린다. 사원 5분의 1 이상의 요구에도 이사가 2주일 내에 임시총회를 소집하지 아니하면 청구한 사원은 법원의 허가를 얻어 스스로 소집할 수 있다.
㉢ 총회의 결의
ⓐ 총회의 결의에 관하여 정관에 다른 규정이 없으면 총사원의 과반수 출석과 출석사원 과반수 찬성으로 결의한다. 그런데 특별히 정관에 다른 규정이 없으면 정관변경에 관한 사항은 총사원 3분의 2 이상의 찬성이 있어야 하고, 임의해산은 총사원의 4분의 3 이상의 찬성이 있어야 한다(제42조, 제78조).
ⓑ 정관에 다른 규정이 없으면 결의권은 사원 모두가 평등하게 가진다. 그리고 총회에서의 결의사항은 총회소집통지에서 통지한 사항에 관한 것이어야 한다. 결의권의 행사는 서면으로 하거나 대리인에 의하여도 행사할 수 있고, 서면·대리인에 의한 행사의 경우에 그 사원은 출석한 것으로 본다(제75조).
⑤ 사원권
사원권이란 사단의 구성원인 사원이 갖는 권리를 말한다. 사원권에는 결의권·소수사원권·감독권과 같이 사단의 관리·운영에 관한 권리인 공익권과 사원 자신의 이익에 관한 자익권(自益權)이 있다. 그런데 비영리사단법인에서는 공익권이 강하고, 영리사단법인에서는 이익배당청구권과 같은 자익권이 강하다.

대판 1997.9.26., 95다6205
사단법인의 사원의 지위는 양도 또는 상속할 수 없다고 규정한 민법 제56조의 규정은 강행규정이라고 할 수 없으므로, 비법인사단에서도 사원의 지위는 규약이나 관행에 의하여 양도 또는 상속될 수 있다.

⑥ 법인의 주소
민법은 법인의 주된 사무소의 소재지를 법인의 주소로 규정하고 있다(제36조). 그리고 법인 설립 시에는 이 주된 사무소의 소재지를 관할하는 법원에 설립등기를 하여야 하고, 주소를 이전하는 경우에는 이전등기를 하여야 한다.

(5) 정관의 변경 15 기출
① 정관의 변경
정관은 법인이면 사단법인이든 재단법인이든 모두 있다. 그런데 사단법인은 사원의 의사에 따라 조직·운영하는 법인이기 때문에 그 근본규칙을 상황에 따라서 사원의 의사를 물어 변경하는 것은 당연하다. 그러나 재단법인은 설립자가 정관을 정하고 이에 따라 운영되는 법인이므로 그 근본규칙을 바꾸는 것은 사단법인에 비하여 곤란하다.

② 사단법인의 정관변경
㉠ 사단법인의 정관변경 조건(제42조)
사단법인의 정관변경에 관한 사항은 사원총회의 전속적인 사항이며 총사원의 3분의 2 이상이 찬성하여야 의결된다(제42조 제1항). 그리고 변경된 정관의 사항은 주무관청의 허가가 있어야 효력이 있다(제42조 제2항). 이 변경된 정관의 사항이 등기해야 할 사항이면 정관변경 등기를 하여야 제3자에게 대항할 수 있다.
㉡ 문제는 정관에 그 정관은 변경할 수 없다고 정한 경우에 정관을 변경할 수 있느냐인데 전체사원의 동의만 있으면 가능하다고 한다.
③ 재단법인의 정관변경
㉠ 재단법인의 정관은 변경하지 못하는 것이 원칙이다. 그러나 정관에 변경방법을 설립자가 정해 놓은 경우에는 별로 문제가 되지 않는다.
㉡ 문제는 정관에 그 변경방법을 정하고 있지 않은 경우에도 변경할 수 있느냐인데 민법은 '재단법인의 목적을 달성할 수 없는 때에는 설립자나 이사는 주무관청의 허가를 얻어 설립의 취지를 참작하여 그 목적, 기타 정관의 규정을 변경할 수 있다'고 규정하고 있다(제46조).

(6) 법인의 소멸 20 기출

법인이 그의 권리·의무의 능력을 상실하는 것이 법인의 소멸이다. 법인이 소멸하면 그 재산관계를 정리하는 절차가 필요한데 그 절차는 해산과 청산이다. 법인의 해산이란 법인이 본래의 적극적인 활동을 정지하고 청산절차에 들어가는 것이다. 그리고 청산은 해산법인의 재산관계를 계산하여 정리하는 것이다. 그러므로 해산 후에 청산절차를 수행하는 법인을 청산법인이라고 하며 청산이 종결되면 법인은 완전히 소멸된다.

① 법인의 해산사유 17 기출
㉠ 사단법인·재단법인의 공통의 해산사유(제77조 제1항)
ⓐ 법인존립기간의 만료, 기타 정관에 정한 해산사유의 발생으로 해산
ⓑ 법인의 목적달성 또는 목적달성의 불가능
ⓒ 법인은 자연인과 달리 자산보다 부채가 많은 경우는 채무초과라고 하여 파산사유가 된다. 채무초과인 경우에는 이사는 지체 없이 법원에 파산 신청을 하지 않으면 과태료 처분을 받는다.
ⓓ 주무관청은 법인이 목적 이외의 사업을 하는 때는 설립허가를 취소할 수 있다. 이때의 취소는 소급효는 없다.
㉡ 사단법인에만 있는 해산사유(제77조 제2항)
사단법인의 사원이 1인도 없는 경우와 총회의 해산 결의가 있으면 해산한다. 즉, 총사원의 4분의 3 이상이 해산에 동의한 의결이 있는 경우이다(제78조 참고).
② 청 산
㉠ 청산의 정의
해산한 법인의 채권·채무관계를 계산하여 정리하는 것을 청산(淸算)이라고 한다. 청산에는 파산절차에 의한 청산과 일반적인 청산이 있다. 파산절차에 의한 청산은 파산법에 의하고 일반청산은 민법의 규정에 의한다. 여기서는 주로 일반청산에 관하여 살펴본다.

청산절차를 수행하는 청산법인은 청산의 목적 범위 내에서만 권리능력이 있다. 즉, 채권·채무의 정리에만 능력이 있다(제81조).
ⓒ 청산법인의 기관 및 그 업무
ⓐ 청산인은 청산법인의 대표기관이다. 청산인은 정관이 정한 자, 총회의 결의에 의한 자이다. 해산 당시의 이사, 법원이 선임한 자의 순으로 청산인이 된다. 그리고 감사, 사원총회는 청산법인 중에도 청산업무에 그대로 관여한다.
ⓑ 청산인은 취임 후 3주 내에 이를 등기하고 주무관청에 신고하여야 한다(제94조).
ⓒ 파산에 의한 청산의 경우는 등기·신고를 모두 파산법원이 한다. 그리고 현존사무를 마무리하고 채권을 회수한다. 변제기가 아직 남아 있는 것이라도 적당한 방법으로 환가하여 회수한다. 그리고 채무의 변제는 개별적으로 할 수 없고 채권신고 기간을 2개월 이상 주고 청산인 취임일부터 2개월 내에 3회 이상 공고한다(제88조 제1항).
ⓓ 채무의 실제적인 변제는 채권신고기간이 끝나고서 하여야 한다. 이때 변제기가 지난 채무에 대하여는 지연이자를 준다(제90조). 또한, 변제기가 도래하지 않은 채무는 기한의 이익을 포기하고 변제하고 금액이 확정되지 않은 채무 등은 감정인의 평가를 받아 변제한다(제91조 제2항).
ⓔ 청산절차를 마친 후 남은 재산은 정관이 정한 자에게 귀속한다. 그런 자가 없으면 이사·청산인이 주무관청의 허가를 얻어 그 법인의 목적에 유사한 목적을 위하여 처분할 수 있다.
ⓕ 청산인은 청산절차 중에 채무 초과의 상태를 발견한 때에는 지체 없이 파산선고를 법원에 신청하고 이를 공고하여야 한다. 이때 청산인은 청산절차에는 관여하지 않고 그 청산업무는 파산관재인이 담당한다(제93조). 이때에도 청산업무 외에는 청산인이 청산법인을 대표하여 나머지 다른 업무를 집행한다.
ⓖ 청산이 종결되면 청산인은 3주간 이내에 청산종결등기를 하고 주무관청에 신고하여야 한다(제94조).

제5절 권리의 객체

1 서 설

(1) 권리의 객체란 권리의 내용 또는 목적을 말한다. 즉, 이익발생의 대상이 권리의 객체이다. 예를 들면, 물권은 특정물건을 배타적으로 지배하는 것이 목적이므로 그 '특정의 물건'이 그 물권의 객체이고, 채권은 일정한 사람이 다른 일정한 사람에게 특정한 행위를 청구할 수 있는 권리이므로, '다른 사람의 특정한 행위'가 채권의 객체이다.

(2) 민법에서는 구체적 권리의 객체를 규정하지는 않고, 물권의 객체인 물건에 관한 규정만 두고 있다(제98조).

2 물 건 15 19 21 25 기출

(1) 물건의 의의
① 민법은 물건에 관하여 법률 자체에서 입법적으로 해석하는 규정을 두고 있다. 즉, 본법에서 물건이라 함은 유체물 및 전기 기타 관리할 수 있는 자연력을 말한다고 정의하고 있다(제98조).
② 물건은 유체물과 관리 가능한 자연력이다. 유체물이란 일정한 형체가 있어 그 존재를 알 수 있는 것으로 고체, 액체, 기체 등이다. 그리고 관리할 수 있는 자연력은 형체는 없지만 사람이 지배·조정할 수 있는 전기, 열, 빛, 에너지 등이다.
③ 사람의 신체는 물건일 수가 없으나 사람에게서 분리된 머리털, 혈액은 물건이며, 그것은 분리당한 자의 소유이다. 그리고 의수, 의족이 사람에 부착되어 있으면 물건이 아니다.
④ 시체(屍體)는 물건이지만 일반의 물건과 같이 거래의 대상은 아니고, 매장, 제사에 제공될 뿐인 특수한 물건이라고 한다. 시체가 물건이면 그것은 누구의 소유에 속하는가 하는 문제가 생긴다. 시체는 상주 즉, 제사를 주재하는 자에게 속한다고 한다.
⑤ 물건은 하나의 독립한 존재이어야 한다. 즉, 물건의 일부분이나 그 구성부분은 하나의 물건이 아니고, 물건의 집단도 하나의 물건이 아니다. 그래서 「일물일권주의(一物一權主義)」즉, 하나의 권리는 하나의 물건을 객체로 한다는 원칙이 있다. 그러나 경우에 따라서는 물건의 일부에 또는 여러 개의 물건에 하나의 권리가 성립하는 경우도 있다. 즉, 사회적 필요가 있거나, 공시가 가능한 방법이 있을 경우에는 일물일권주의의 예외를 인정한다.

[물건의 종류]

구 분	내 용
물건의 일부	일물일권주의에 의하면 물권의 일부는 권리의 객체가 될 수 없다. 그런데 사회적 필요성과 공시방법이 있으면 물건의 일부에도 권리가 존재할 수 있다.
단일물	단일물이란 외형상 한 몸을 이루고 있는 각 구성부분이 개성을 잃고 있는 물건을 말한다.
합성물	합성물이란 물건의 각 구성부분이 개성을 가지고 이들이 결합하여 하나의 형체를 이루는 물건을 말한다. 합성물은 하나의 물건으로 취급된다.
집합물	집합물이란 단일물 또는 합성물이 여러 개 집합하여 경제적 거래상 하나의 가치를 가지는 물건으로 취급되는 물건을 말한다. 하나의 공장에 있는 설비·기자재 등을 공장저당법(현 공장 및 광업재단 저당법)에서는 전체를 하나의 물건으로 취급한다. 집합물은 사회적 요청과 공시방법을 마련하는 특별법이 있을 때에 하나의 물건으로 취급된다(대판 1990.12.26., 88다카20224).

(2) 민법총칙에서 분류하지 않는 물건의 분류(학설상의 분류)

민법총칙상 분류	① 동산, 부동산, ② 주물, 종물, ③ 원물, 과실
학설상 분류	① 융통물, 불융통물, ② 가분물, 불가분물, ③ 대체물, 부대체물, ④ 특정물, 불특정물, ⑤ 소비물, 비소비물

융통물과 불융통물의 구별은 그 물건이 사법상 거래의 대상이 되느냐 여부에 따른 분류이다. 사법상 거래의 대상이 되지 않는 불융통물을 제외하면 모두 융통물이다. 불융통물에는 공용물, 공공용물, 금제물 등이 있다.

① 불융통물
　㉠ 공용물
　　국가나 공공단체의 소유이며, 국가·공공단체가 공적 목적에 사용하는 물건을 말한다. 관공서의 건물, 국공립학교의 건물 등이 이에 속한다. 공용이 폐지된 후에는 사법상 거래가 된다.
　㉡ 공공용물
　　그 물건의 소유에는 관계없이 공중(公衆)의 일반적 사용에 제공된 물건을 말한다. 도로, 하천, 항만, 공원 등이 이에 속한다. 이들도 공공용 폐지가 있으면 사법상 거래가 된다. 단, 하천의 경우에는 소유권을 이전하는 경우나 저당권을 설정하는 경우 등 예외적으로 사권을 인정하는 경우가 있다(하천법 제4조).
　㉢ 금제물
　　법령에 의해 소유와 소지 또는 거래가 금지되는 물건을 말한다. 소지·소유가 금지되는 것에는 아편 등의 마약, 음란물 등이 있고, 거래가 금지 되는 것은 국보, 지정문화재 등이 있다.

② 융통물
　㉠ 가분물, 불가분물
　　가분물과 불가분물은 그 물건의 성질·가격을 크게 손상하지 않고 나눌 수 있는가 없는가에 의한 분류이다. 가분물에는 쌀, 금전 등이 있고, 불가분물에는 소, 말 등이 있다. 이는 공유물 분할(제269조 제2항), 다수당사자의 채권관계(제408조 이하)에서 유익하게 쓰인다.
　㉡ 대체물, 부대체물
　　대체물과 부대체물의 구분은 일반거래상 물건의 개성을 중요시하느냐에 따른 것인데, 대체물은 같은 종류, 같은 등급, 같은 양으로 바꿀 수 있는 물건이며, 그렇지 않은 것은 부대체물이다. 돈·책은 대체물이고, 골동품·소·말 등은 부대체물이다.
　㉢ 특정물, 불특정물
　　특정물과 불특정물은 객관적 기준보다는 당사자의 의사에 의거해 다른 물건으로 바꿀 수 없게 한 물건이냐 아니냐에 따른 구분이다. 같은 종류의 물건이라도 특정물이면 임의로 바꿀 수 없다. 이 구분은 채권의 목적물의 보관의무(제374조), 매도인의 담보책임(제570조) 등에서 유익하게 쓰인다.
　㉣ 소비물, 비소비물
　　그 물건의 성질상 한 번 사용하면 다시 같은 용도에 사용할 수 없는 것은 소비물이고, 그렇지 않고 반복 사용할 수 있는 것은 비소비물이다. 소비물만이 소비대차와 소비임치의 목적물이 될 수 있고(제598조 이하), 비소비물은 사용대차와 임대차의 목적물이 된다(제609조 이하, 제618조 이하).

③ 부동산, 동산

(1) 부동산 15 기출

부동산을 우리 민법은 토지와 그 정착물로 하고 있다(제99조 제1항). 그리하여 주로 토지와 건물이 민법상의 부동산에 속한다.

① 토 지
  ㉠ 토지는 땅을 말한다. 즉, 일정한 범위의 지면·지표를 중심으로 정당히 사용할 수 있는 수직상하를 말한다(제212조 참조). 따라서 토지를 구성하고 있는 돌, 모래, 지하수 등은 토지 속에 포함된다. 다만, 토지 속에 있는 미채굴한 광물은 광업법에 의해 국가가 채굴·취득하는 권리를 부여할 수 있기 때문에, 토지소유자의 소유권이 미치지는 못한다(광업법 제2조).
  ㉡ 토지는 물리적으로 연결되어 있다. 그리하여 인위적인 구분으로 토지를 구획하는데, 그 하나의 토지를 1필이라고 한다. 1필마다 지번을 부여하고 토지대장에 기재하며, 1필지를 2필지 이상으로 나누는 것을 분필이라고 하고, 합치는 것을 합필 또는 합병이라고 한다. 토지의 거래는 특별한 경우를 제외하고는 1필지의 일부를 대상으로 하지 못한다.

> **판례** 대판 1995.6.16., 94다4615
> 토지의 개수는 지적법에 의한 지적공부상의 토지의 필수를 표준으로 하여 결정되는 것으로서 1필지의 토지를 수필의 토지로 분할하여 등기하려면 지적법이 정하는 바에 따라 먼저 지적공부 소관관청에 의하여 지적측량을 하고 그에 따라 필지마다 지번, 지목, 경계 또는 좌표와 면적이 정하여진 후 지적공부에 등록되는 등 분할의 절차를 밟아야 하므로 가사 등기부에만 분필의 등기가 이루어졌다고 하여도 이로써 분필의 효과가 발생할 수는 없다.

② 토지의 정착물
  ㉠ 의의 : 토지의 정착물이란 토지에 고정적으로 부착되어 쉽게 이동할 수 없는 물건으로서 그 부착된 상태로 거래되는 것을 말한다. 이러한 토지의 정착물에는 건물, 나무, 다리, 돌담 등이 있다.
  ㉡ 종 류
    ⓐ 독립정착물 : 토지와는 언제나 독립된 부동산으로 다루어지는 토지의 정착물로서 건물이 이에 해당한다. 건물이란 토지의 정착물이지만 토지와는 별도의 부동산으로 취급되는 구조물이다. 즉, 기둥과 지붕, 벽이 있어 비바람이 막아지는 구조물로 토지에 정착된 것이라고 할 수 있다. 건물은 건축물대장·가옥대장 등에 의하여 등록이 되고, 부동산등기법에 의하여 건물등기부에 등기가 된다. 건물은 외형상 1동(棟)의 건물이 하나의 건물이지만 집합건물의 소유 및 관리에 관한 법률에 의하여 구분소유로 된 1동의 일부를 하나의 건물로 하기도 한다.
    ⓑ 종속정착물 : 토지의 구성부분으로서 취급되어 항상 토지와 일체로 처분된다. 이에는 교량·돌담·도로의 포장 등이 속한다.
    ⓒ 반독립정착물 : 토지의 일부로서 토지와 함께 처분되지만 일정한 공시를 갖추는 것을 전제로 토지와는 독립된 부동산으로 다루어질 수 있는 정착물을 말한다.

ⓒ 입 목
   ⓐ 수목은 토지로부터 분리되면 독립된 동산이나, 분리되지 않은 상태에서는 토지의 일부이다. 그러나 산지에 생육하고 있는 수목만을 그 지반과 분리해서 거래할 필요가 있으므로 수목의 집단에 대하여 입목에 관한 법률에 의한 소유권보존등기를 하면 이로써 등기한 수목의 집단은 '입목'이 된다. 입목은 그 지반으로부터 독립한 부동산으로 취급되므로(입목에 관한 법률 제3조 제1항) 입목의 소유자는 토지와 분리하여 입목을 양도하거나 또는 저당권의 목적으로 삼아 거래할 수 있다(동법 제3조 제2항).
   ⓑ 입목에 관한 법률에 적용받지 않는 나무
   입목에 관한 법률에 의하여 등기된 나무집단은 별도의 부동산으로 거래가 됨은 의문의 여지가 없으나 입목으로 등기되지 않은 나무의 집단은 '명인방법'이라는 관습법상의 공시방법을 갖춘 때에 독립된 부동산으로서 거래의 목적이 된다.
   ⓒ 미분리과실
   미분리과실이란 과수에 달려 있는 과일을 말하는데 이 과일에도 명인방법을 하면 독립된 물건으로 취급한다.
   ⓓ 농작물
   농작물이란 토지에 경작·재배하는 식물을 말한다. 농작물은 토지의 정착물로 토지 일부의 구성물이다. 그런데 정당한 법률상 원인에 의해 타인의 토지에 경작·재배한 농작물은 토지와 다른 부동산으로 다루어진다(제256조 단서). 즉, 남의 밭을 빌려서 채소를 경작하는 경우 그 채소는 토지 소유자의 소유가 아니고, 경작자의 소유라는 것이다. 그런데 판례는 정당한 법률상 원인 없이 타인의 땅에 경작한 농작물도 경작자의 소유물이라고 인정한다.

대판 1969.2.18., 68도906
남의 땅에 권한 없이 경작 재배한 농작물의 소유권은 그 경작자에게 있고 길이 4, 5센티미터에 불과한 못자리도 농작물에 해당한다.

(2) 동 산
① 물건 중에서 부동산을 제외한 것이 동산(제99조 제2항)이다. 동산은 그 종류가 무한정하므로 하나하나 열거할 수가 없다. 토지에 정착되지 않은 물건도 동산이며, 전기 기타 관리할 수 있는 자연력도 동산이다. 자동차, 선박, 항공기도 동산이다.
② 동산인 금전
금전이란 재화의 교환을 매개하고 가치를 측정하는 일반기준이라고 할 수 있다. 강제 통용력을 가진 화폐이다. 금전은 동산이지만 개성이 없고, 금전 그 자체가 하나의 경제적 가치라고 하기 때문에 일반의 동산과는 다르다.

4 주물과 종물 10 13 14 15 18 20 23 기출

(1) 주물과 종물의 의의
동일 소유자의 물건으로서 사회통념상 계속해서 주물의 경제적 효용을 다하게 하는 물건을 종물이라고 하고, 종물이 이바지해주는 물건을 주물이라고 한다. 따라서 주물과 종물은 소유자가 같은 사람이어야 하고, 또 주물과 종물은 장소적으로도 밀접한 위치에 있어야 한다.

(2) 종물의 요건
① 종물은 하나의 독립된 물건이어야 한다. 즉, 종물이 주물의 구성부분이 아니어야 한다. 주물이나 종물은, 동산이든 부동산이든 상관이 없다.
② 종물은 주물의 통상적인 사용에 이바지하여야 한다. 즉, 주물의 사용에 늘 쓰여야 하기 때문에 일시적으로 쓰이는 물건은 종물이 될 수 없다.
③ 주물과 종물은 모두 같은 소유자의 것이어야 한다. 주물과 종물은 운명을 같이 하기 때문에 다른 소유자의 것이면 제3자의 권리를 해(害)하는 결과가 되기 때문이라고 한다.

(3) 종물의 효과 22 기출
① 종물은 주물과 운명을 같이하는 것이므로 종물은 주물의 처분에 따른다(제100조 제2항). 따라서 주물의 소유권을 양도하거나 제한물권을 설정하는 등의 물권적 처분만이 아니라, 매매·대차(貸借)와 같은 채권적 처분까지도 포함하는 것이다.
② 종물은 주물의 처분에 따른다는 민법 규정은 강행규정이 아니고 임의규정이므로 당사자의 의사에 따라서 주물과 종물을 분리하여 처분할 수도 있다.

5 원물과 과실

(1) 원물과 과실의 정의
일정한 물건으로부터 생기는 경제적 수익을 과실이라고 하고, 과실을 생기게 하는 그 물건을 원물(元物)이라고 한다. 민법은 천연과실과 법정과실을 인정하고 있다.

(2) 천연과실
① 의 의
㉠ 천연과실이란 어떤 물건의 용법에 의하여 수취하는 산출물을 말한다(제101조 제1항). 즉, 원물과 과실이 모두 물건이어야 한다.
㉡ '물건의 용법에 의하여'라는 것은 원물의 본래의 용도에 따라 거두어 들이는 물건을 말한다. 그리고 산출물이란 원물의 용도에 따라 쓰는 과정에서 생겨나는 물건을 말하는 것으로, 천연과실은 원물에서 분리되기 전까지는 원물의 구성부분이고, 분리됨으로써 독립된 물건이 된다.

② 천연과실의 귀속

천연과실이 분리된 때에 그 천연과실은 누구의 것이 되느냐 하는 것이 귀속에 관한 문제이다. 이에 대하여는 생산주의와 원물주의가 있는데 우리 민법은 원물주의에 의한다. 따라서 원물 소유자가 천연과실의 수취권을 가지는 것이 보통(제102조 제1항)이지만 선의점유자(제201조), 지상권자(제279조), 전세권자(제303조), 매도인(제587조) 등이 수취권자가 될 수도 있다.

③ 미분리과실

미분리과실은 과수의 구성부분이지만, 명인방법을 취하면 독립된 물건이 될 수 있다.

(3) 법정과실 [20] 기출

① 의 의

원물의 사용대가로 받는 금전 기타의 물건을 말한다. 원물은 사용 후 그 자체를 돌려주거나, 그와 동종, 동질, 동량의 반환을 내용으로 하는 법률관계에 인정된다. 즉, 물건사용료인 지료, 월세, 금전대차에서의 이자 등이 법정과실이다.

> **판례** 대판 1996.1.26., 95다44290
> 민법 제201조 제1항에 의하면 선의의 점유자는 점유물의 과실을 취득한다고 규정하고 있는바, 건물을 사용함으로써 얻는 이득은 그 건물의 과실에 준하는 것이므로, 선의의 점유자는 비록 법률상 원인 없이 타인의 건물을 점유·사용하고 이로 말미암아 그에게 손해를 입혔다고 하더라도 그 점유·사용으로 인한 이득을 반환할 의무는 없다.

② 법정과실의 귀속

법정과실은 그것을 수취할 수 있는 권리의 존속기간의 일수(日數)의 비율로 취득한다(제102조 제2항). 즉, 임대 중의 건물을 매매한 때에는 소유권 이전의 날을 기준으로 매도인과 매수인에게 차임이 나누어진다. 그러나 이것은 임의규정이므로 당사자의 의사에 따라서 다르게 처리할 수 있다.

제6절 권리의 변동

1 서 설

(1) 법률관계의 변동

① 사회생활의 대부분은 법률관계로 이루어진다. 법률관계는 사람과 사람 간의 권리·의무관계로 나타난다. 또한, 사람의 생활관계는 항상 변화한다. 즉, 새로운 것이 발생하고, 기존의 것이 바뀌고, 또 소멸한다. 이것을 법률관계에서 보면 법률관계의 발생·변경·소멸로 나타나며, 이것을 법률관계의 변동(變動)이라고 한다.

② 법률관계의 변동은 일정한 원인에 의해 일정한 결과가 나타나는 것인데, 그 변동의 일정한 원인을 법률요건이라고 하고, 그 결과를 법률효과(法律效果)라고 한다.

(2) 권리변동의 모습
① 권리의 변동
권리의 변동은 권리의 발생, 변경, 소멸을 의미한다. 이것을 권리자 측에서 보면 권리의 득실변경이 된다.

② 권리의 발생
권리의 발생을 권리자 측에서 보면 권리의 취득이 된다. 권리의 취득에는 원시취득과 승계취득이 있다.

[권리발생의 구분]

종류	내용
원시취득	원시취득은 권리의 객체인 물건이 처음으로 권리의 주체를 만나는 것이다. 무주물의 선점(제252조), 유실물의 습득(제253조), 시효취득(제245조) 등이 이에 해당된다.
승계취득	승계취득이란 이미 주인이 있던 물건이 다른 주인에게 옮겨가는 것이다. 새로운 주인은 전 주인의 권리를 이어받는 것이다. 승계취득에는 특정승계취득과 포괄승계취득이 있다. ① 특정승계취득은 각개의 권리가 각개의 취득 원인에 의하여 권리주체를 옮겨가는 것이다. 집 한 채의 매매, 책 한 권의 증여 등이다. ② 포괄승계취득은 여러 권리를 한데 묶어서 일괄적으로 취득하는 것이다. 상속, 회사의 합병 등이 있다.

③ 권리의 변경
㉠ 권리의 변경은 권리가 동일성을 잃지 않고 그의 주체, 내용, 작용이 변하는 것이다.
㉡ 주체의 변경은 권리의 승계에 해당하고, 내용의 변경은 특정물의 인도 채권이 채무불이행으로 인하여 손해배상채권으로 변하는 것 등이고, 작용의 변경은 권리의 효력상의 변화가 발생하는 것으로 2번 저당권이 1번 저당권으로 순위가 승진하는 것 등이다.

(3) 권리변동의 원인
① 법률요건
법률요건이란 일정한 법률효과를 발생케 하는 사실 전부를 합친 것을 의미한다. 즉, 형법상 구성요건에 해당한다. 어떤 사실이 있으면 반드시 어떤 결과가 생긴다고 할 때 어떤 사실 즉, 원인을 법률요건이라고 한다. 그리고 법률요건은 하나의 사실일 수도 있지만, 여러 개의 사실이 합하여지는 경우도 있다. 이때 각개의 사실을 법률사실이라고 한다. 법률요건 중에는 법률행위, 부당이익, 사무관리, 불법행위 등이 있다.

② 법률사실
법률사실은 법률요건을 구성하는 각개의 사실을 말한다. 법률사실은 그 하나로 법률요건이 될 수도 있고, 두 개 이상의 법률사실이 합하여 법률요건이 될 수도 있다. 예컨대 동의, 취소, 추인은 하나의 의사표시 즉, 법률사실이 법률요건이 되는 것이고, 계약은 청약이라는 법률사실과 승낙이라는 법률사실이 합하여 법률요건이 되는 것이다.

2 법률행위

(1) 법률행위의 개념과 요건

① 법률행위 자유의 원칙 **11** 기출

㉠ 법률행위 자유의 원칙은 근대민법의 3대 기본원칙 중의 하나인 사적자치의 원칙의 중요한 요소이다. 근대민법은 개인행동의 자유를 최대한 보장하는데, 개인의 모든 행동은 자기 의사결정에 맡겨져 있는 것이다. 이렇게 사적자치를 실현하는 법률적 수단이 법률행위라는 데서 사적자치는 법률행위 자유의 원칙이라고 한다. 법률행위에는 단독행위, 합동행위, 계약이 있는데 그중에서도 계약이 가장 중요시되어 법률행위 자유의 원칙을 '계약 자유의 원칙'이라고 하게 된다.

㉡ 법률행위 자유의 원칙은 국가 등의 공권력에 의한 간섭을 배제하는 동시에 당사자 의사의 자유라는 의미도 가진다. 그런데 법률행위의 자유, 개인의사의 자유는 사회적으로 보장되어야 의미가 있다. 따라서 법률행위는 강행법규에 위배되거나 선량한 풍속 기타 사회질서에 위반되면 인정되지 않는다. 그리고 법률행위의 자유도 사회 전체의 입장에서 인정될 수 없는 것은 용인될 수 없다. 따라서 오늘날은 사적자치도 공공복리의 원칙에 의해 제한을 받는다.

② 법률행위와 의사표시

㉠ 법률행위란 사적자치를 실현하기 위한 법률상의 가장 중요한 법률요건이며, 법률행위는 의사표시를 필수 요소로 한다. 그리고 법률행위는 의사표시자가 원하는 대로 사법상의 효과를 발생시킨다. 요컨대 법률행위는 의사표시를 요소로 하며 그 의사표시대로 법률의 효과를 발생시키는 중요한 법률요건이라고 할 수 있다.

㉡ 의사표시란 일정한 법률효과를 발생시키는 내심의 효과를 외부에 나타내는 행위로서 법률행위의 핵심 요소이다.

③ 의사표시의 구성요소

하나의 의사표시가 있기까지의 과정을 보면, 첫째 의사표시자가 일정한 법률효과를 발생시키려는 의사인 효과의사가 있고, 그 다음 그 뜻을 외부에 발표하려는 표시의사가 있으며, 마지막으로 일정한 행위로서 외부에 표현하는 표시행위가 있다.

㉠ 표시행위

표시행위란 의사표시로서의 가치를 가진 적극적·소극적 행위를 말한다. 보통은 언어나 문자에 의하여 이루어지지만, 기타의 거동(의식 있는 거동)에 의하여도 이루어진다. 또한, 의사표시는 명시적 또는 묵시적으로 표시한다.

㉡ 효과의사

효과의사는 의사표시자가 일정한 법률효과를 원하는 의욕 있는 의사를 말한다. 특히, 효과의사는 법률이 효과를 줄 값어치가 있다고 인정되는 사실적 효과를 발생하는 것을 원하는 것이지, 의례적·사교적인 내용의 의사는 안 된다.

㉢ 표시의사

표시의사란 효과의사를 외부에 나타내려는 의사를 말한다. 즉, 단어선택의사, 행동선택의사라고 할 수 있는데, 근래의 학설은 이 표시의사를 의사표시의 요소로 인정하지 않는 것이 일반적이다.

④ 법률행위의 요건
  ㉠ 법률행위의 성립요건
    ⓐ 일반성립요건에는 법률행위 당사자, 법률행위 목적, 의사표시라는 3가지 요건이 필요하다.
    ⓑ 특별성립요건은 별도의 개별 법률이 정한다.
  ㉡ 법률행위의 효력요건
    ⓐ 일반적 효력요건에는 당사자가 능력이 있을 것, 법률행위 목적이 가능·적법하고, 사회적 타당성이 있고 확정성이 있을 것, 의사표시가 의사와 표시가 일치하고, 의사표시에 타인의 간섭이 없었을 것 등이 있다.
    ⓑ 특별효력요건으로는 대리행위이면 대리권이 존재할 것, 조건부 행위이면 조건이 성취될 것, 기한부 행위이면 기한이 도래할 것 등이 있다.

(2) 법률행위의 종류 21 기출
① 단독행위·계약·합동행위
  ㉠ 단독행위 24 기출
    단독행위란 행위자 한 사람의 하나의 의사표시로 성립하는 법률행위이다. 상대방이 있는 단독행위와 상대방이 없는 단독행위가 있다.
    ⓐ 상대방 있는 단독행위는 일방의 의사표시가 상대방에 도달하여야 한다. 동의·상계·추인·취소·면제 등이 있다.
    ⓑ 상대방 없는 단독행위는 유언·권리의 포기 등이 있다. 대부분 상대방 없는 단독행위는 문서 즉, 요식행위로 한다.
  ㉡ 계 약
    계약은 2인 이상의 당사자가 서로 대립되는 방향에서 청약과 승낙이라는 의사표시의 합치로 성립하는 법률행위이다. 법률행위 중에서 가장 중요한 것이다. 계약에는 채권계약, 물권계약, 가족법상의 계약이 있게 된다.
  ㉢ 합동행위
    합동행위는 같은 방향의 2개 이상의 의사표시가 합치하여 성립하는 법률행위이다. 사단법인의 설립행위가 그 예이다.
② 요식행위, 불요식행위
  ㉠ 요식행위는 의사표시가 일정한 방식에 따라 행하여지는 것이 법률행위의 요건으로 되어 있는 것을 말한다. 주로 서면이 이용되며, 유언, 어음·수표, 법인의 설립 행위 등이 있다.
  ㉡ 불요식행위는 법률행위의 방식의 자유가 보장된 것으로 일정한 형식을 요하지 않는 것이다.
  ㉢ 공정증서란 공무원이 그의 권한에 의해 어떤 사실을 증명하기 위하여 작성한 문서를 말한다. 그런데 보통은 공증인이 공증인법에 의해 작성한 문서를 공정증서라고 한다. 공정증서는 그 문서 내용의 진실성을 증명하는 공문서이다.
③ 생전행위(생시행위), 사후행위
  법률행위의 효과발생의 시기에 따른 구별로 사후행위는 행위자의 사망으로 효력이 발생하는 법률행위이다. 유언, 사인증여 등이 사후행위에 해당한다. 생전행위는 생존 중에 법률행위의 효력이 발생하게 되므로 대부분의 법률행위가 이에 해당한다.

④ 채권행위, 물권행위, 준물권행위
  ㉠ 채권행위
    채권을 발생시키는 법률행위이다. 증여, 매매, 교환 등 민법상 전형계약이 모두 채권행위이다. 채권행위는 타인에게 의무를 부담시켜 이행을 남긴다는 데 특징이 있다.
  ㉡ 물권행위
    물권의 변동을 일으키는 의사표시를 요소로 하는 법률행위이다. 물권행위는 처분행위로서 뒤에 이행이라는 문제를 남기지 않는다.
  ㉢ 준물권행위
    물권 이외의 권리를 변동시키고 이행의 문제를 남기지 않는 법률행위이다. 채권양도, 채무면제 등이 이에 해당한다.
⑤ 출연행위, 비출연행위
  ㉠ 출연행위(出捐行爲)는 자기재산을 감소시키고 타인의 재산을 증가하게 하는 효과를 발생시키는 행위로 매매, 교환 등이 있다.
  ㉡ 비출연행위(非出捐行爲)는 타인의 재산을 증가시키지 않고 행위자 자신의 재산만 감소시키거나, 직접 증감을 일으키게 하지 않는 행위이다. 소유권의 포기, 대리권 수여 등이 있다.

(3) 법률행위의 목적의 요건 10 13 기출

법률행위의 목적은 행위자가 그의 법률행위로 하여금 달성하고자 하는 법률행위의 내용이다. 법률행위의 요소가 의사표시이므로, 의사표시의 내용에 의해 정해진다. 행위자의 의사표시 내용을 실현하려면 몇 가지 요건이 있다. 그것은 법률행위의 목적의 확정·가능·적법·사회적 타당이라는 4가지 요건이다.

① 법률행위 목적의 확정
  법률행위가 법률요건으로서 그 법률효과를 나타내려면 그 목적·내용이 확정되어야 한다. 현재 확정되거나 아니면 이행기(履行期)까지는 확정될 수 있어야 한다. 그렇지 않으면 법률행위는 실현할 수 없으므로 그 법률행위는 무효이다.

> **판례** 대판 1996.4.26., 94다34432
> 매매계약은 당사자 일방이 재산권을 상대방에게 이전할 것을 약정하고 상대방이 그 대금을 지급할 것을 약정하는 계약으로 매도인이 재산권을 이전하는 것과 매수인이 그 대가로서 금원을 지급하는 것에 관하여 쌍방 당사자의 합의가 이루어짐으로써 성립하는 것이므로, 특별한 사정이 없는 부실기업 인수를 위한 주식 매매계약의 체결 시 '주식 및 경영권 양도 가계약서'와 '주식매매계약서'에 인수 회사의 대표이사가 각 서명날인한 행위는 주식 매수의 의사표시(청약)이고, 부실기업의 대표이사가 이들에 각 서명날인한 행위는 주식 매도의 의사표시(승낙)로서 두 개의 의사표시가 합치됨으로써 그 주식 매매계약은 성립하고, 이 경우 매매 목적물과 대금은 반드시 그 계약 체결 당시에 구체적으로 확정하여야 하는 것은 아니고 이를 사후에라도 구체적으로 확정할 수 있는 방법과 기준이 정하여져 있으면 족하다.

② 법률행위 목적의 가능
  ㉠ 법률행위의 내용이 확정되어도 그 실현이 가능하여야 한다. 실현할 수 없으면 무효이다. 가능하다는 것은 물리적으로는 물론 법률적으로도 가능하다는 것이며 그 가능 여부의 표준은 그 당시 사회 관념에 의하여 결정된다.

ⓛ 불가능에는 원시적·후발적 불가능, 전부·일부 불가능, 법률적·사실적 불가능 등이 있다.
    ⓐ 원시적 불가능은 법률행위의 성립 당시에 이미 그 목적이 실현 불가능한 상태를 말하고 후발적 불가능은 법률행위 당시에는 가능하다가 이행 전에 불가능한 것으로 된 상태를 말한다.
    ⓑ 원시적 불가능의 경우에는 그 법률행위는 무효가 되고 후발적 불가능의 경우는 이행불능 또는 위험부담 문제가 발생한다.
    ⓒ 전부 불가능은 법률행위 내용 전체가 불가능한 것이다. 전부 불가능의 경우에는 당연히 무효이고 일부 불가능의 경우에는 그 불가능 부분이 없어도 목적을 달성할 수 있는 경우는 그 일부만 무효라는 일부무효이론에 의한다.
    ⓓ 법률적 불가능은 법률행위의 목적이 법률에 의하여 허용되지 않는 것이고 사실적 불가능은 자연적·물리적으로 불가능한 것이다. 법률적 불가능이나 사실적 불가능 모두가 무효이다. 예컨대 아편을 사주기로 하는 법률행위는 법률적 불가능이고 달과 별을 따오라는 내용의 법률행위는 물리적 불가능이다.

③ **법률행위 목적의 적법**
  ㉠ 법률행위가 유효하려면 법에 적합하여야 한다. 즉, 적법(適法)하지 아니하면 무효이다. 그러나 법에는 그 성질에 따라 「강행법규(强行法規)」와 「임의법규(任意法規)」가 있다.
  ㉡ 강행법규는 '선량한 풍속, 기타 사회질서에 관한 규정'으로서 당사자가 임의로 법의 준수 여부를 결정할 수 없는 법규라고 할 수 있고 임의법규는 '선량한 풍속 기타 사회질서에 관계없는 법규'라고 할 수 있으며 당사자의 재량이 용납되는 법규라고 할 수 있다.

④ **법률행위 목적의 사회적 타당**
  ㉠ 사회적 타당
    사회적 타당성은 어떠한 법률행위의 목적이 개별적 강행법규에는 위반하지 않지만 사회 전체적인 입장에서 인정될 수 없는 내용은 그 효력이 인정되지 않는다. 우리 민법 제103조는 '선량한 풍속 기타 사회질서에 위반한 사항을 내용으로 하는 법률행위는 무효로 한다.'고 규정하고 있다. 즉, 법률행위의 내용이 사회적 타당성이 없으면 무효라는 것이다.

> **판례** 대판 1996.10.25., 96다29151
> 부동산의 이중매매가 반사회적 법률행위에 해당하는 경우에는 이중매매계약은 절대적으로 무효이므로, 당해 부동산을 제2매수인으로부터 다시 취득한 제3자는 설사 제2매수인이 당해 부동산의 소유권을 유효하게 취득한 것으로 믿었더라도 이중매매계약이 유효하다고 주장할 수 없다.

  ㉡ 사회질서 위반행위 12 16 17 21 22 기출
    사회질서라는 말 자체가 추상적이고 포괄적이어서 그 구체적인 내용은 구체적 사항을 통하여만 가능하다. 보통 사회질서에 위반하는 행위로 인정되는 것을 보면, ⓐ 정의에 위반하는 행위 즉, 범죄를 약속하거나 이에 가담하는 법률행위, ⓑ 윤리질서에 위반하는 행위 즉, 일부일처제(一夫一妻制)를 파괴하는 법률행위, ⓒ 개인의 자유를 극히 제한하는 행위 즉, 감금행위, 매춘행위를 행할 것을 약속하는 행위, ⓓ 생존의 기초적 재산의 처분행위 즉, 자신의 재산 전부를 증여하기로 하는 행위, ⓔ 사행적(射行的)인 행위, 법적인 근거 없는 요행수를 바라는 행위 즉, 도박계약 등은 사회질서를 위반하는 행위로서 모두 무효이다.

> **판례** 대판 2001.2.9., 99다38613
> 민법 제103조에 의하여 무효로 되는 법률행위는 법률행위의 내용이 선량한 풍속 기타 사회질서에 위반되는 경우뿐만 아니라, 그 내용 자체는 반사회질서적인 것이 아니라고 하여도 법률적으로 이를 강제하거나 법률행위에 반사회질서적인 조건 또는 금전적인 대가가 결부됨으로써 반사회질서적 성질을 띠게 되는 경우 및 표시되거나 상대방에게 알려진 법률행위의 동기가 반사회질서적인 경우를 포함한다.

> **판례** 대판 2004.5.28., 2003다70041
> 강제집행을 면할 목적으로 부동산에 허위의 근저당권설정등기를 경료하는 행위는 민법 제103조의 선량한 풍속 기타 사회질서에 위반한 사항을 내용으로 하는 법률행위로 볼 수 없다.

ⓒ 불공정한 법률행위 **12 20 22 23** 기출

불공정한 법률행위는 당사자 사이에 서로의 급부가 대가적이지 못하고, 너무 지나치게 균형을 잃음으로 인하여 당사자 중 일방만이 부당한 이득을 얻는 행위를 말한다. 우리 민법은 제104조에서 "당사자의 궁박·경솔 또는 무경험으로 인하여 현저하게 공정을 잃은 법률행위는 무효로 한다"고 규정함으로써, 불공정행위는 법이 인정하지 않음을 밝히고 있다.

> **판례** 대판 1974.2.26., 73다673
> 민법 제104조에 있어서의 '궁박'이라는 것은 급박한 곤궁을 의미하는 것으로 반드시 경제적인 궁색만을 뜻하는 것은 아니다.

 불공정한 법률행위가 되려면 두 가지 요건이 필요하다.
  ㉮ 객관적인 요건은 현저한 불공정한 행위이다. '현저한'이라는 추상적인 용어는 구체적 사건으로 나타날 수밖에 없다.
  ㉯ 주관적 요건은 한쪽 당사자의 궁박·경솔·무경험이다. 궁박이란 심히 어려운 상태를 말하고, 경솔은 사려 깊게 생각하지 않고 가볍게 처신함을 말하며, 무경험은 생활체험이 없는 상태를 말한다. 이러한 사실을 상대방 당사자가 알고서 이것을 이용하려는 악의가 있어야 한다.

> **판례** 대판 1993.10.12., 93다19924
> 민법 제104조의 불공정한 법률행위가 성립하기 위하여는 법률행위의 당사자 일방이 궁박, 경솔 또는 무경험의 상태에 있고, 상대방이 이러한 사정을 알고서 이를 이용하려는 의사가 있어야 하며, 나아가 급부와 반대급부 사이에 현저한 불균형이 있어야 하는바, 위 당사자 일방의 궁박, 경솔, 무경험은 모두 구비하여야 하는 요건이 아니고 그중 어느 하나만 갖추어져도 충분하다.

ⓑ 폭리행위를 인정받으려면 피해자가 주관적인 요건과 객관적인 요건이 있음을 모두 입증하여야 한다. 따라서 폭리행위가 인정되면 그 법률행위는 무효이다. 그래서 그 법률행위의 내용을 아직 이행하지 않았으면 무효이므로 이행할 필요가 없고, 이미 이행하였으면 피해자는 자신이 급부한 것의 반환을 청구할 수 있다.

ⓒ 어떠한 법률행위가 불공정한 법률행위에 해당하는지는 법률행위 시를 기준으로 판단하여야 한다.

(4) 법률행위의 해석 14 기출

① 법률행위의 해석
법률행위의 해석이란 법률행위의 내용을 명확히 찾아내는 것을 말한다. 의사표시는 언어·동작 등이 불완전하고 또는 불명확한 것이 많으며, 그 표현이 법률적이지 못한 것이 많다. 따라서 이러한 의사표시의 내용을 명확히 하여 법률적으로 만들어 법의 도움을 받을 수 있는 기초를 마련하는 것이 법률행위 해석의 필요성이라고 할 수 있다.

② 법률행위 해석의 기준

㉠ 당사자가 원하는 목적
법률행위는 사적자치의 중요한 수단이다. 따라서 법률행위의 해석은 행위의 당사자가 법률행위를 통하여 하려고 하는 목적이 무엇이냐를 찾아내는 것이 중요하다. 따라서 가능하다면 행위자가 원하는 대로 이루어지도록 해석하여야 한다.

㉡ 사실인 관습

ⓐ 법률행위가 명확하지 않은 경우에 그 의사가 선량한 풍속, 사회질서에 관계없는 것일 때에는 그에 관한 관습(慣習)이 있으면 그 관습에 의하여 해석한다. 즉, 행위자의 의사표시가 명확하지 않은 경우에 그것이 강행법규에 위반하지 않고, 임의법규와는 다른 관습이 있을 때에는 특별히 관습에 의하지 않는다는 표시가 없다면 그에 관한 관습은 임의규정에 우선하여 의사표시의 해석기준이 된다.

> **판례** 대판 1983.6.14., 80다3231
> 사실인 관습은 사적자치가 인정되는 분야 즉, 그 분야의 제정법이 주로 임의규정일 경우에는 법률행위의 해석기준으로서 또는 의사를 보충하는 기능으로서 이를 재판의 자료로 할 수 있을 것이나 이 이외의 즉, 그 분야의 제정법이 주로 강행규정일 경우에는 그 강행규정 자체에 결함이 있거나 강행규정 스스로가 관습에 따르도록 위임한 경우 등 이외에는 법적 효력을 부여할 수 없다.

ⓑ 우리 민법 제106조는 '법령 중의 선량한 풍속, 기타 사회질서에 관계없는 규정과 다른 관습이 있는 경우에 당사자의 의사가 명확하지 아니한 때에는 그 관습에 의한다.'고 규정하고 있다. 즉, 당사자의 의사가 불명료한 내용이 임의법규와 다른 관습에 있으면 그 관습에 따라 해석한다는 것이다.

ⓒ 당사자의 의사표시(법률행위)를 관습을 기준으로 해석하려면 ㉮ 당사자의 의사표시가 강행법규에 위반하지 않고 또 임의규정과는 다른 관습이 있어야 하고 ㉯ 당사자의 의사표시가 명확하지 않으며 또 관습에 의하지 않는다는 의사가 없을 때에만 가능하다. 그렇게 되니 법률행위의 해석기준의 면에서는 사실인 관습이 관습법은 물론, 임의규정보다도 우선하는 결과가 된다.

ⓓ 사실인 관습과 관습법
사실인 관습과 관습법은 엄연히 다르다. 사실인 관습은 하나의 사실로서 해석의 기준이고, 관습법은 하나의 불문법원으로서 성문법을 보충한다.

ⓒ 임의법규 **17 기출**
임의법규는 그 규정의 내용이 선량한 풍속 기타 사회질서에 관한 것이 아닌 규정이다(제105조). 그래서 법률행위의 해석에서 임의규정이 해석의 기준으로 되는 것은 그 불명료한 법률행위가 강행법규에 위반하지 않고 그에 관한 관습이 없는 경우에 그제야 해석의 기준이 되는 것이다.

ⓔ 신의성실의 원칙
신의성실의 원칙은 본래 계약의 해석기준으로 발달하기 시작한 것임은 이미 아는 바이다. 그러나 우리 민법은 이에 관한 특별한 규정을 두고 있지는 않다. 법률행위의 내용을 당사자의 목적·관습·임의법규에 의하여도 명확히 확정할 수 없는 경우에는 법률 전체의 기본원리인 신의성실의 원칙이나 법의 근본이념이라고 할 수 있는 조리(條理)에 따라 확정할 수밖에 없다.

(5) 의사표시 **11 15 18 21 기출**

① 의사표시
㉠ 의사표시의 개념
의사표시란 법률행위의 핵심요소로서 법률효과를 발생시키는 법률요건 중의 하나라고 말할 수 있다. 즉, 법률상의 효과를 발생시키려는 행위자의 마음의 표시이다. 의사표시는 그 형성과정이 내심의 효과의사와 표시상의 효과의사가 일치할 때만이 온전한 의사표시로서 법률의 도움을 받을 수 있다. 이것이 사적자치의 기본이다. 만일에 어떠한 의사표시가 있기는 한데, 내심의 효과의사가 전혀 없거나, 내심의 효과의사와 표시상의 효과의사가 같지 않으면 어떻게 되는가에 대하여 학설의 대립이 있다.

㉡ 의사표시이론
ⓐ 의사주의
법률행위는 행위자의 의사에 따라 법률효과가 발생하는 것이므로 의사표시에 행위자 즉, 의사표시자의 진실한 내심의 효과의사가 없으면 그 의사표시는 무효이거나 아예 성립하지 않는다는 견해를 의사주의라고 한다. 즉, 표시자의 내심의 효과의사를 최고로 보는 이론이다. 표의자 본인의 보호에 철저하다.

ⓑ 표시주의
의사표시는 내심의 효과의사가 겉으로 표시되어야 법적인 의미를 갖는다. 즉, 표시자의 내심의 의사를 알려면 표시행위에 나타난 것에 의하여 추측할 수밖에 없으므로 의사표시에 법적 효과를 부여하려면 표의자의 내심의 의사보다는 그것을 나타낸 표시행위에 중점을 두어야 한다는 것이 표시주의이다. 이 주의는 표의자 본인보다는 상대방의 보호에 철저하다.

ⓒ 절충주의
의사표시에 있어서 내심의 효과의사와 표시행위 중 어느 하나를 주로 하고 다른 것을 적당히 덧붙이는 것을 절충주의라고 하며, 우리 민법의 입장이다. 그런데 표시주의에 의하는 것은 주로 재산법관계에 관한 문제이고, 당사자의 진실된 의사를 절대적으로 인정하는 가족법관계에서는 의사주의에 의한다.

② **의사와 표시와의 불일치** 10 15 19 22 기출
  ㉠ 법률행위는 의사표시를 핵심요소로 하는 법률요건으로서, 행위자의 의사가 온전하여야 법률효과가 발생한다. 즉, 의사표시는 그 표의자의 내심의 의사와 외부의 표시가 일치하여야 한다. 그런데 경우에 따라서는 이 의사표시가 내심의 의사와 외부의 표시가 일치하지 않는 경우가 있게 된다. 이것을 '의사와 표시와의 불일치'라고 한다. 우리 민법은 이에 관하여 ⓐ 진의 아닌 의사표시, ⓑ 허위표시, ⓒ 착오로 나누어 그 요건과 효과에 관하여 규정하고 있다.
  ㉡ 진의 아닌 의사표시 23 기출
    ⓐ 진의 아닌 의사표시란 행위자의 내심적 의사와 외부의 표시가 일치하지 않는 것을 행위자 자신이 알면서 하는 의사표시를 말한다(제107조). 진의 아닌 의사표시를 비진의표시 또는 심리유보라고도 말한다.

> **판례** **대판 2003.4.11., 2002다60528**
> 사용자가 근로자로부터 사직서를 제출받고 이를 수리하는 의원면직의 형식을 취하여 근로계약관계를 종료시킨 경우, 사직의 의사 없는 근로자로 하여금 어쩔 수 없이 사직서를 작성, 제출케 하였다면 실질적으로 사용자의 일방적인 의사에 의하여 근로계약관계를 종료시키는 것이어서 해고에 해당한다고 할 것이나, 그렇지 않은 경우에는 사용자가 사직서 제출에 따른 사직의 의사표시를 수락함으로써 사용자와 근로자의 근로계약관계는 합의해지에 의하여 종료되는 것이므로 사용자의 의원면직처분을 해고라고 볼 수 없다.

    ⓑ 요 건
      ㉮ 일정한 의사표시가 있어야 한다. 행위자의 의사표시로 볼 수 없는 연극배우의 무대 위의 대사, 교육용 견본수표의 작성 등은 아예 의사표시라고 할 수 없다.
      ㉯ 표의자의 내심의 효과의사와 표시가 객관적으로 맞지 않아야 한다.
      ㉰ 의사와 표시가 같지 않은 것을 표의자가 알아야 하며, 그러한 행위를 한 동기나 이유는 상관이 없다.
    ⓒ 효 과
      ㉮ 원칙적으로는 유효하다. 즉, 진의 아닌 의사표시라도 그 의사표시대로 법률효과가 생긴다. 이것은 표시주의 이론에 따라서 상대방을 보호하려는 것이다.
      ㉯ 예외적으로 진의 아닌 의사표시를 한 행위자의 상대방이 표의자의 진의 아님을 알았거나, 알 수 있었을 경우에는 그 비진의표시는 무효이다. 즉, 표의자의 진실한 의사표시가 아닌 것을 알았거나, 주의를 했으면 알 수 있었을 경우에는 그 상대방을 보호할 필요가 없어서 표의자의 의사표시는 무효로 한다. 이때에 상대방의 악의, 과실은 무효를 주장하는 자가 입증하여야 한다.
      ㉰ 진의 아닌 의사표시가 예외적으로 무효가 되는 경우에도 그 무효로 선의의 제3자에게는 대항하지 못한다. 예컨대, A가 비진의로 B에게 X라는 책을 증여하였다. 이때 B는 A가 진심으로 X책을 주는 것이 아니라는 사실을 알면서도 그 책을 받아서 그 내용을 모르는 C에게 팔았을 경우에, B는 책을 증여받을 때에 A가 진실이 아니라는 것을 알고 받았으므로 즉, 악의이므로 A는 그 책의 증여는 무효라고 하여 돌려달라고 할 수 있지만, 그 내용을 모르고 산 C는 그 책을 소유하는 데 아무 지장이 없다. 따라서 무효의 효과는 A와 B 사이에만 일어나지, 선의의 제3자인 C에게는 아무런 영향이 없는 것이다. 거래안전을 보호하기 위한 것이다.

ⓐ 진의 아닌 의사표시에 관한 우리 민법 제107조는 그 진의 아닌 의사표시가 상대방 있는 의사표시는 물론 상대방 없는 의사표시인 경우에도 적용되지만, 가족법상의 의사표시에는 적용되지 않는다.

⑪ 어떠한 의사표시가 비진의 의사표시로서 무효라고 주장되는 경우에 그 증명책임은 그 주장자에게 있다.

ⓒ 허위표시 13 16 17 19 20 23 24 기출

ⓐ 허위표시란 표의자가 상대방과 통정하여 진의 아닌 의사표시를 하는 것을 말한다(제108조). 즉, 표의자가 상대방과 짜고서 거짓 의사표시를 하는 것이다. 따라서 허위표시는 상대방과 함께 비진의표시를 행하는 것이다. 이렇게 허위표시로 법률행위를 행하는 것을 가장행위(假裝行爲)라고 한다.

ⓑ 허위표시 요건

㉮ 표의자의 의사표시가 있어야 한다. 즉, 실제로는 효과를 바라지는 않지만 외형적인 의사표시는 있어야 한다. 이 의사표시는 허위이기 때문에 남을 속이려는 방법으로 서면에 의하는 것이 보통이다.

㉯ 의사표시는 내심적 의사와 외형적 표시가 일치하지 않아야 하고, 그 불일치를 스스로가 알고 있어야 한다.

㉰ 진의 아닌 의사표시라는 것을 표의자와 상대방이 서로 알고 행하여야 한다. 즉, 서로 짜고 또는 통정하여야 한다.

ⓒ 허위표시의 효력은 당사자 사이에는 언제나 무효이고, 선의의 제3자한테는 그 무효를 가지고 대항할 수 없다. 즉, 선의의 제3자는 보호된다.

> **판례** 대판 2003.3.28., 2002다72125
> 통정한 허위의 의사표시는 허위표시의 당사자와 포괄승계인 이외의 자로서 그 허위표시에 의하여 외형상 형성된 법률관계를 토대로 실질적으로 새로운 법률상 이해관계를 맺은 선의의 제3자를 제외한 누구에 대하여서나 무효이고, 또한 누구든지 그 무효를 주장할 수 있다.

㉮ 선의의 제3자는 허위표시 당사자 외에 허위표시 행위를 기초로 새로운 이해관계를 맺은 자이다. 선의·악의의 판단시기는 법률상 이해관계가 생긴 때이다.

㉯ 허위표시를 한 채무자의 채권자는 허위표시 행위로 이루어진 채무자의 재산권 이전에 대하여 채권자 취소권(제406조)을 행사할 수 있다.

ⓓ 민법 제108조의 허위표시가 적용되는 범위는 계약뿐 아니라 상대방 있는 단독행위에도 해당한다. 그리고 본인의 진실된 의사표시만이 요구되는 가족법상의 행위는 허위표시가 언제나 무효이다.

ⓔ 허위표시행위와 구별해야 하는 은닉행위(隱匿行爲)와 신탁행위(信託行爲)가 있다.

ⓓ 착 오 11 12 14 15 16 17 19 21 22 23 24 [기출]

ⓐ 민법에서 착오란 '착오에 의한 의사표시'를 말하는데 표시행위에 의하여 판단되는 의사와 내심적 효과의사가 일치하지 않는 의사표시로서, 그 불일치를 표의자 자신이 알지 못하는 것을 말한다. 표의자 자신이 불일치를 모른다는 점에서 진의 아닌 의사표시, 허위표시와 다르다.

[착오의 유형]

표시상의 착오	표시행위 자체에 착오가 있어 효과의사와 표시의사가 불일치하는 것이다. 즉, 오기(誤記)로서 천 원이라고 쓸 것을 착각해서 백 원이라고 쓴 것이 보통의 예이다.
내용의 착오	표시행위에는 잘못이 없으나, 표시행위가 가지는 의미를 잘못 이해하여 생기는 것이다. 1평(坪)과 1평방미터(1m²)가 같은 것으로 착각하고, 1평이라고 기재할 것을 1평방미터로 적는 경우이다.
동기의 착오	의사표시를 하게 된 이유에 착오가 있는 것이다. 토지를 사는데 그 토지가 개발계획에 포함된 것으로 알고 샀는데, 사실은 그렇지 않은 것 등이다. 동기의 착오를 「연유의 착오」라고도 한다. 동기의 착오에서 그 동기가 표시된 경우에만 착오의 문제가 된다는 것이 다수설이다.

> **판례** 대판 1998.2.10., 97다44737
> 동기의 착오가 법률행위 내용의 중요 부분의 착오에 해당함을 이유로 표의자가 법률행위를 취소하려면 그 동기를 당해 의사표시의 내용으로 삼을 것을 상대방에게 표시하고 의사표시의 해석상 법률행위의 내용으로 되어 있다고 인정되면 충분하고 당사자들 사이에 별도로 그 동기를 의사표시의 내용으로 삼기로 하는 합의까지 이루어질 필요는 없지만, 그 법률행위의 내용의 착오는 보통 일반인이 표의자의 입장에 섰더라면 그와 같은 의사표시를 하지 아니하였으리라고 여겨질 정도로 그 착오가 중요한 부분에 관한 것이어야 한다.

ⓑ 착오의 효과

㉮ 원칙적으로 법률행위 내용의 중요부분에 착오가 있으면 그 의사표시는 취소할 수 있다. 그런데 중요부분이라고 하면, 표의자가 착오가 없었으면 그러한 의사표시를 하지 않았으리라고 생각되는 것이라는 주관적인 요건과 일반인이라도 표의자의 처지에 있다면 그러한 의사표시를 하지 않았으리라는 객관적인 요건이 있어야 한다. 대체적으로 '당사자인 사람에 관한 착오', '목적물에 관한 착오', '법률행위의 성질에 관한 착오'가 있으면 중요부분에 착오가 있다고 인정한다.

> **판례** 대판 1996.3.26., 93다55487
> 의사표시는 법률행위의 내용의 중요부분에 착오가 있는 때에는 취소할 수 있고 의사표시의 동기에 착오가 있는 경우에는 당사자 사이에 그 동기를 의사표시의 내용으로 삼았을 때에 한하여 의사표시의 내용의 착오가 되어 취소할 수 있는 것이며, 법률행위의 중요부분의 착오라 함은 표의자가 그러한 착오가 없었더라면 그 의사표시를 하지 않으리라고 생각될 정도로 중요한 것이어야 하고 보통 일반인도 표의자의 처지에 섰더라면 그러한 의사표시를 하지 않았으리라고 생각될 정도로 중요한 것이어야 한다.

㉯ 예외적으로 착오가 표의자의 '중대한 과실'로 생긴 때에는 중요부분의 착오가 있어도 그 의사표시를 취소할 수 없다. 중대한 과실이란 보통 그 직업·경험을 가진 자로서 기울였어야 할 주의를 현저히 게을리한 상태를 말한다. 중대한 과실이 있음은 표의자의 상대방이 입증하여야 한다.

㉰ 착오에 의한 의사표시의 취소는 '선의의 제3자'에게는 그 취소의 효과를 주장하지 못한다. 이는 선의자의 보호를 통하여 거래안전을 도모하려는 것이다.
　　　㉱ 표의자가 착오를 이유로 의사표시를 취소한 경우, 취소된 의사표시로 인해 손해를 입은 상대방은 불법행위를 이유로 손해배상을 청구할 수 없다.
　ⓒ 착오에 의한 의사표시의 적용범위
　　착오에 의한 의사표시의 취소는 표의자 본인을 주로 재산거래 관계에서 보호하려는 것이다. 따라서 재산관계가 아닌 가족법 관계에는 그 적용이 없다. 민법 제109조는 진실한 의사표시만을 요구하는 가족법 관계에는 적용되지 않는다. 그리고 재산관계에 있어서도 형식성을 중요시하는 거래관계에나 단체성이 강한 행위에는 거래보호의 이유 때문에 적용이 제한되는 경우가 있다.
③ 사기·강박에 의한 의사표시 　10　17　22　25　기출
　㉠ 사기·강박에 의한 의사표시
　　ⓐ 사적자치의 원칙에서 중요시 하는 행위자의 의사는 행위자가 자유로운 상태에서 결정한 의사를 말한다. 법은 그 자유로운 상태의 의사를 존중하고 그 의사대로 법적 효과를 발생시키고자 노력한다.
　　ⓑ 민법은 그 타인의 부당한 간섭으로 사기·강박을 두고 이들에 의한 의사표시는 표의자가 취소할 수 있도록 하였다. 표의자를 보호하기 위한 것이다.
　　ⓒ 사기란 고의로 타인을 속여서 착오에 빠지게 하는 위법행위이며, 강박은 고의로 해악을 주겠다고 타인을 위협하여 공포심을 일으키는 위법행위이다.
　㉡ 사기·강박에 의한 의사표시가 되려면 몇 가지 요건이 갖추어져야 한다.
　　ⓐ 사기에 의한 의사표시 요건
　　　㉮ 사기자에게 표의자를 기망시켜 착오에 빠지게 할 고의와 그로 인하여 일정한 의사표시를 하게 할 고의가 있어야 한다.
　　　㉯ 위법한 기망행위가 실제로 있어야 한다.

> **판례** 대판 1997.11.28., 97다26098
> 리스 이용자와 공급자 사이에서 미리 결정된 매매가격이 거래관념상 극히 고가로 이례적인 것이어서 리스회사에게 불측의 손해를 가할 염려가 있는 경우와 같은 특별한 사정이 있는 경우에는, 리스물건 공급자는 리스회사에게 그 매매가격의 내역을 고지하여 승낙을 받을 신의칙상의 주의의무를 부담하며 리스회사는 이를 고지받지 못한 경우 위 부작위에 의한 기망을 이유로 매매계약을 취소할 수 있다.

　　　㉰ 위법한 기망행위가 원인이 되어 표의자가 착오에 빠져서 일정한 의사표시를 하여야 한다. 이때에 착오에 빠진 것이 중요부분일 필요는 없고, 중요부분에 착오가 있으면 민법 제109조의 착오도 함께 성립할 수 있다.
　　ⓑ 강박에 의한 의사표시의 요건
　　　㉮ 강박자에게는 표의자가 공포심을 느끼게 할 고의와 그런 상태에서 일정한 의사표시를 하게 하려는 고의가 있어야 한다. 즉, 두 가지 고의가 있어야 한다.

> **대판 1979.1.16., 78다1968**
> 강박에 의한 의사표시라고 하려면 상대방이 불법으로 어떤 해악을 고지함으로 말미암아 공포를 느끼고 의사표시를 한 것이어야 하므로 각서에 서명·날인할 것을 강력히 요구하였다고 설시한 것은 심리미진 또는 강박에 의한 의사표시의 법리를 오해한 것이라 할 것이다.

　　　　㉯ 위법한 강박행위가 있어야 한다.
　　　　㉰ 위법한 강박행위가 원인이 되어 표의자가 일정한 의사표시를 하여야 한다.
　　㉢ 사기·강박에 의한 의사표시 효과
　　　ⓐ 사기·강박자가 상대방인 경우
　　　　표의자는 그의 의사표시를 취소(取消)할 수 있다(제110조 제1항). 따라서 취소 여부는 표의자의 자유이며, 취소할 때까지는 유효하다. 단, 계약의 해제에 있어서는 계약당사자의 일방이 계약을 해제하였을 때에는 계약은 소급하여 소멸하여 해약당사자는 각 원상회복의 의무를 지게 되나 이 경우 계약해제로 인한 원상회복등기 등이 이루어지기 이전에 계약의 해제를 주장하는 자와 양립되지 아니하는 법률관계를 가지게 되었고 계약해제 사실을 몰랐던 제3자에 대하여는 계약해제를 주장할 수 없다(대판 1985.4.9., 84다카130).
　　　ⓑ 사기·강박자가 제3자인 경우
　　　　표의자가 '상대방 있는 의사표시'를 한 때에는 그 상대방이 제3자에 의한 사기·강박의 사실을 알고 있거나, 알 수 있었을 경우에만 그 표의자는 의사표시를 취소할 수 있다(제110조 제2항). 선의, 악의, 과실(過失)의 판단은 의사표시 당시를 기준으로 한다.
　　　ⓒ 선의의 제3자에는 표의자의 취소로 대항하지 못한다(제110조 제3항). 즉, 사기·강박의 사실을 모르고, 사기·강박자와 그 취소의 대상인 의사표시와 관련되는 새로운 법률행위를 한 자를 보호하고, 거래의 안전을 위함이다.
　　　ⓓ 사기·강박자가 대리인 및 보조자일 경우 **25 기출**
　　　　상대방의 대리인 및 보조자 등 상대방과 동일시 되는 자로 대리인 및 보조자의 사기나 강박은 제3자에 사기나 강박에 속하지 않아 의사표시를 취소할 수 있다(제110조 1항).

> **대판 1999.2.23., 98다60828**
> 상대방 있는 의사표시에 관하여 제3자가 사기나 강박을 한 경우에는 상대방이 그 사실을 알았거나 알 수 있었을 경우에 한하여 그 의사표시를 취소할 수 있으나, 상대방의 대리인 등 상대방과 동일시할 수 있는 자의 사기나 강박은 제3자의 사기·강박에 해당하지 아니한다.

　　㉣ 사기·강박에 의한 의사표시의 적용범위
　　　주로 재산법 관계에 적용되므로, 가족법 관계에는 적용이 없고, 재산법 관계에서도 정형적, 단체적 행위에는 제한을 받는다.

> **대판 1970.6.30., 70다708**
> 국가소유의 잡종재산을 본법과 본법 시행령에 의하여 매각하는 행위는 그 성질이 사법상의 행위에 지나지 아니하므로 구 국유재산법 제27조 제1항에 의한 그 매각행위의 취소의 효력은 민법 제110조 제3항의 규정상 제3자에게는 미치지 않는다.

④ 의사표시의 효력발생 12 기출
  ㉠ 의사표시의 효력발생 시기에 대한 입법주의
    의사표시가 상대방에 도달되는 과정을 보면 ⓐ 표의자가 의사표시를 확정하여 놓고, ⓑ 상대방에게 발신하고, ⓒ 상대방이 수령하고, ⓓ 상대방이 그 내용을 알게 되는 순서가 일반적이다. 이에 따라 표백주의(表白主義), 발신주의(發信主義), 도달주의(到達主義), 요지주의(了知主義) 등 4가지 원칙이 있다.
    ⓐ 표백주의는 표의자가 의사표시를 완성하여 외형적인 존재를 갖춘 때에 효력이 발생한다는 것이다. 지나치게 표의자 중심이다.
    ⓑ 발신주의는 의사표시가 표의자의 지배를 떠나서 상대방을 향하여 보내진 때에 효력이 발생한다는 것이다. 이 또한 표의자 중심이다. 우리 민법은 이 주의를 예외로 인정한다.
    ⓒ 도달주의는 의사표시가 상대방에 도달한 때에 효력이 발생한다는 것이다. 이를 수신주의라고도 한다. 우리 민법은 이 주의를 원칙으로 하고 있다.
    ⓓ 요지주의는 의사표시의 내용을 상대방이 이해하여 안 때에 효력이 발생한다는 것이다. 지나치게 상대방 중심이다.
  ㉡ 도달주의 원칙 10 17 기출
    ⓐ 우리 민법은 제111조에서 의사표시의 효력은 상대방에 도달한 때부터 그 효력이 발생한다고 함으로써 도달주의를 원칙으로 하고 있다. 도달이란 상대방이 받아 볼 수 있는 상태에 도착하는 것을 말한다. 즉, 상대방 본인이 수령함은 물론, 그 가족이나 고용인 등이 수령한 때에 도달이 있다고 한다. 이때 가족이나 고용인은 수령능력 즉, 행위능력이 있음을 요한다.

> **판례** 대판 1997.11.25., 97다31281
> 채권양도의 통지는 채무자에게 도달됨으로써 효력을 발생하는 것이고, 여기서 도달이라 함은 사회관념상 채무자가 통지의 내용을 알 수 있는 객관적 상태에 놓여졌다고 인정되는 상태를 지칭한다고 해석되므로, 채무자가 이를 현실적으로 수령하였다거나 그 통지의 내용을 알았을 것까지는 필요로 하지 않는다.

    ⓑ 도달이 문제가 되는 것은 대화자 간에는 별 문제가 없으나 격지자 사이에서가 문제인데, 이때 격지자라는 것은 거리·장소적인 관념이 아니라 시간적인 관념이라는데 유의하여야 한다. 즉, 서울과 부산에 있는 당사자 사이에 전화로 의사표시를 하는 것은 거리로는 격지자이지만 시간적으로는 대화자와 다를 바가 없다.
  ㉢ 도달주의의 효과
    ⓐ 발신 후 도달 전의 철회
      표의자는 자신의 의사표시를 발신한 후에 생각이 바뀌어 그 의사표시의 효력을 발생시키지 않으려면 그것이 상대방에게 도달되기 전에는 언제나 철회할 수 있다. 그 철회의 의사표시는 본래의 의사표시보다 먼저 상대방에게 도달하든지 적어도 같이는 도달하여야 한다.
    ⓑ 의사표시의 부도달, 연착
      표의자가 의사표시를 발신했으나 상대방에 도달하지 않거나, 늦게 도착하여 생기는 불이익은 모두 표의자가 부담한다.
    ⓒ 발신 후의 표의자의 능력의 변경
      의사표시를 발송한 표의자가 그 후에 사망하거나 제한능력자가 되어도 그 의사표시의 효력에는 아무런 영향이 없다(제111조 제2항).

ⓔ 공시송달
  ⓐ 공시송달이란 의사표시를 도달시킬 상대방을 모르거나, 그 주소를 알 수 없는 경우에 일정한 공시방법으로 의사표시의 도달효력을 발생시키는 방법이다. 이때 표의자는 그 상대방을 모르거나 주소를 모르는 데 대하여 과실이 없어야 한다(제113조).
  ⓑ 공시의 방법은 민사소송법 제195조에 규정하고 있다.
    표의자가 공시송달을 법원에 신청하면, 법원사무관은 그 송달할 서류를 보관하고, 그 사유를 법원 게시장에 게시한다. 게시한 날로부터 14일이 지나면 상대방에 도달된 것으로 인정된다. 이때 표의자 즉, 공시송달을 신청한 자는 비용을 예납해야 하고, 상대방을 모르는 경우에는 표의자의 주소지 관할 지방법원에, 상대방의 주소를 모르는 경우에는 상대방 최후의 주소지 관할 지방법원에 신청한다.
ⓜ 의사표시의 수령능력
  우리 민법은 의사표시의 수령능력을 행위능력자로 하고 있다(제112조). 따라서 표의자 상대방이 제한능력자로서 의사표시의 통지를 받았어도 도달의 효력은 발생하지 않는다. 그러나 그 제한능력자가 받은 사실을 그의 법정대리인이 알게 되는 때에는 그 의사표시의 도달의 효과가 발생한다.

(6) 법률행위의 대리 10 12 15 17 18 19 20 21 22 기출

① 서 설
  ㉠ 대리의 의의
    대리란 타인 대리인이 본인의 이름으로 의사표시를 하거나, 의사표시를 받음으로써 그 법률효과가 직접 본인에게 발생하는 제도를 말한다.
  ㉡ 대리의 법적인 성질
    ⓐ 대리의 본질론
      행위는 대리인이 하고, 그 법률효과는 본인에게 돌아가는 변칙적 현상을 법이론적으로 설명하는 것을 대리의 본질론이라고 한다. ㉮ 본인행위설, ㉯ 대리인행위설, ㉰ 공동행위설이 있다.
      ㉮ 본인행위설 : 본인행위설은 대리인은 본인의 기관으로서 대리인의 행위를 본인의 행위로 의제하는 견해이다. 따라서 법률행위의 요건인 행위능력, 의사와 표시의 불일치 등의 여부는 본인을 기준으로 판단한다는 것이다.
      ㉯ 대리인행위설 : 대리인행위설은 법률행위의 당사자를 대리인과 상대방으로 보고, 법률행위의 요건의 충족 여부는 대리인을 기준으로 판단한다는 것이다. 이 설이 우리의 통설이며, 민법은 명확한 규정을 두고 있다(제116조).
      ㉰ 공동행위설 : 공동행위설은 법률행위는 본인과 대리인의 공동행위로부터 법률효과가 생긴다는 설이다.
    ⓑ 대리가 인정되는 범위
      ㉮ 대리가 인정되는 범위는 법률행위 내지 의사표시를 행하거나, 의사표시를 받는 것에 한정된다(제114조). 따라서 사실행위나 불법행위는 대리가 인정되지 않는다.
        그런데 법률행위 중에서 '대리에 친하지 않은 행위' 즉, 가족법상의 혼인, 인지, 유언은 절대적으로 본인의 의사만으로 가능하기 때문에 이것들에는 대리가 인정되지 않는다.

㉯ 준법률행위도 의사표시가 아니므로 대리가 인정되지 않는다. 그러나 준법률행위 중에도 의사통지, 관념의 통지에는 유추 적용을 인정해도 좋다고 한다.
　ⓒ 대리의 기초적 내부관계
　　대리권이 발생하는 데는 위임에 의하는 것이 보통이지만, 그렇다고 위임이 곧 대리는 아니다. 즉, 위탁매매(상법 제101조)의 경우는 위임은 있지만 대리는 아니다. 반대로 위임이 아니면서도 대리권이 발생하는 경우도 있다. 고용계약, 도급계약에 의해서도 피용자와 수급인에게 대리권이 발생한다.

참고	대리와 구별되어야 하는 것
간접대리	위탁매매와 같이, 타인의 계산으로, 자기의 이름으로 법률행위를 하고, 그 효과는 행위자 자신에게 생기고, 후에 다시 그 취득한 권리를 타인에게 이전하는 관계를 말한다. 간접대리는 대리인 자기 이름으로 행위하고, 효과도 자기가 받는다는 점에서 직접 대리 즉, 보통 말하는 대리와 다르다.
사 자	본인의 의사표시를 전달하거나, 결정한 내심의 의사를 표시하는 심부름꾼을 사자(使者)라고 한다. 사실행위에도 사자는 허용된다.
대 표	법인실재설에 의하면 법인의 대표기관은 법인의 본체이므로 법인의 대표자는 법인의 대리인이 아니다. 대표는 사실행위, 불법행위에도 인정된다.

　ⓒ 대리의 종류
　　ⓐ 임의대리와 법정대리
　　　㉮ 임의대리는 본인의 신임을 받아서 되는 대리이다. 수권행위에 의해 대리권의 범위가 제한된다.
　　　㉯ 법정대리는 법률의 규정에 의하여 되는 대리이다. 미성년자의 친권자, 후견인 등이 있다.
　　ⓑ 능동대리와 수동대리
　　　㉮ 능동대리는 본인을 위하여 의사표시를 행하는 대리이다(제114조 제1항).
　　　㉯ 수동대리는 본인을 위하여 의사표시를 받는 대리이다. 보통의 대리는 수동·능동을 같이 한다(제114조 제2항).
　　ⓒ 유권대리와 무권대리
　　　㉮ 유권대리는 정당한 대리권이 있는 대리이다.
　　　㉯ 무권대리는 대리권이 없는데 대리인으로 행동하는 대리이다. 이에는 협의의 무권대리(제130조~제136조)와 표현대리(제125조, 제126조, 제129조)가 있다. 대리권 없는 자가 타인의 대리인으로 계약을 한 경우에 상대방은 상당한 기간을 정하여 본인에게 그 추인여부의 확답을 최고할 수 있다. 본인이 그 기간 내에 확답을 발하지 아니한 때에는 추인을 거절한 것으로 본다.
　ⓔ 대리의 3면관계
　　대리에는 ⓐ 대리인과 본인과의 관계, ⓑ 대리인과 상대방과의 관계, ⓒ 상대방과 본인과의 관계가 있는데 이를 대리의 3면관계라고 한다.
② 대리권(한) 13 기출
　㉠ 대리권한
　　ⓐ 대리권한이란 대리인이 본인의 이름으로 의사표시를 행하거나, 받음으로써 그 의사표시의 법률효과가 본인에게 귀속시킬 수 있는 대리인의 법률상의 지위·자격을 말한다. 보통은 대리권이라고 하지만 권리가 아니고, 하나의 권한이라 하여야 마땅하다.

ⓑ 대리권한에 관한 법적 성질에 관한 견해로서, 자격설(資格說)이 통설이다. 즉, 대리권은 권리가 아니라, 법률상 일정한 법률효과를 발생케 하는 능력, 자격이라고 한다.
ⓒ 대리권(한)의 발생원인
　ⓐ 법정대리권의 발생원인
　　법정대리권은 법률의 규정에 의하여 발생한다. 그런데 ㉮ 친권자와 같이 법률자체에서 바로 대리권이 발생하는 것과, ㉯ 법률에 근거하여 지정권자의 지정에 의하여 발생하는 것 즉, 지정후견인(제931조), 지정유언집행자(제1093조) 등이 있고, ㉰ 법률에 의해 법원이 선임하는 대리인이 있다. 부재자재산관리인(제23조) 등이 있다.
　ⓑ 임의대리권의 발생원인 17 기출
　　㉮ 임의대리권은 대리권을 주고자 하는 본인의 의사에 의하여 발생한다. 즉, 이를 수권행위라고 한다.
　　㉯ 수권행위의 법률적 성질에 관하여, 수권행위를 계약으로 볼 것이냐, 단독행위 즉, 상대방 있는 단독행위로 보느냐의 문제이다.
　　계약설에 의하면 본인의 수권행위는 대리권을 발생시키는 청약이므로 대리인의 이에 대한 승낙이 있어야 대리권은 발생한다. 단독행위설에 의하면 본인의 수권행위가 대리인에게 도달되면 대리권이 발생하게 된다.
　　수권행위에 의한 임의대리권은 권리가 아니고 능력·자격을 부여하는 것이므로, 상대방 있는 단독행위라고 하는 것이 타당하다고 한다. 그리고 수권행위는 그 원인이 되는 계약관계와 별개의 법률행위라고 한다면, 그 수권행위는 유인행위냐, 무인행위냐가 논의되는데 즉, 유인행위라면 대리권은 원인계약이 무효이거나 취소되면 함께 소멸할 것이고, 무인행위라면 원인계약과는 별도로 존재하게 된다. 현재 우리나라에서는 무인설이 다수설이고, 유인설이 소수설이다. 또한, 수권행위는 민법상 불요식 행위이다. 보통은 위임장이라는 형식을 취하지만, 반드시 그렇게 해야 하는 것은 아니고 방식은 자유이다.
ⓒ 대리권의 범위와 그 제한 14 16 기출
　ⓐ 법정대리권의 범위는 각 법률 규정에 따라 정한다.

> **판례**
> 대판 1994.2.8., 93다39379
> 임의대리에 있어서 대리권의 범위는 수권행위(대리권 수여행위)에 의하여 정하여지는 것이므로 어느 행위가 대리권의 범위 내의 행위인지의 여부는 개별적인 수권행위의 내용이나 그 해석에 의하여 판단할 것이나, 일반적으로 말하면 수권행위의 통상의 내용으로서의 임의대리권은 그 권한에 부수하여 필요한 한도에서 상대방의 의사표시를 수령하는 이른바 수령대리권을 포함하는 것으로 보아야 한다.

　ⓑ 임의대리권의 범위는 수권행위에 의해 정해진다.
　　수권행위가 명확하지 않으면 관리행위를 할 수 있다(제118조). 관리행위에는 ㉮ 보존행위, ㉯ 이용행위, ㉰ 개량행위가 있다.

> **판례**
> 대구지판 1987.9.25., 87사4
> 원고가 소외인에게 부동산을 관리시키면서 그 인감도장을 보관시킨 사실이 있다 하여 처분권한을 수여하였다 할 수 없으므로 표현대리가 성립될 수 없다.

㉮ 보존행위 : 재산의 상태를 현재대로 유지하는 것을 말한다. 수선(修繕)행위, 시효중단행위 등이 있다(제118조 제1호).
㉯ 이용행위 : 재산으로 정상적인 수익을 하는 행위이다. 금전을 이자부로 예금하는 행위 등이 있다(제118조 제2호).
㉰ 개량행위 : 재산의 사용가치나 교환가치를 높이는 행위이다. 보통예금을 이자가 높은 정기예금으로 바꾸는 행위 등이 있다(제118조 제2호).
이렇게 수권행위가 불명확하여 보존행위, 이용행위, 개량행위를 그 범위 내에서 한 결과가 본인에게 이익이 되거나 불이익이 되어도 대리권 행사는 정당하게 된다.

ⓒ 대리권의 제한
㉮ 자기계약, 쌍방대리의 금지 : 자기계약은 본인의 대리인으로서의 대리인이 스스로 상대방이 되어 당사자로 혼자서 계약을 하는 것이다. 본인을 보호하는 입장에서 이를 금지한다. 쌍방대리는 한 사람이 이 쪽의 본인도 대리하고 상대방 쪽 본인도 대리하여 행위의 당사자로서 혼자 양쪽을 대리하는 것이다. 이때는 대리인 마음대로 하게 되므로 금지하는 것이다. 예외적으로 허용되는 것은 본인들이 미리 자기계약, 쌍방대리를 허락하거나 그러한 대리권을 준 경우는 유효하다. 또 채무를 그대로 이행하는 것도 유효하다. 그러나 대물변제나, 다툼이 있는 채무이행은 안 된다. 민법 제124조의 자기계약, 쌍방대리 금지는 법정대리·임의대리 모두에 적용된다.

> **판례** 대판 1969.6.24., 69다571
> 특정한 법률행위에 관하여 본인의 승낙이 있으면 당사자 쌍방을 대리할 수 있다.

㉯ 공동대리 : 공동대리는 2인 이상의 대리인이 공동으로만 대리할 수 있는 것을 말한다. 이때에는 대리권을 행사할 때나 받을 때에 모두 공동으로 하도록 각자의 대리권을 제한하는 것이다. 공동대리가 아닌 경우는 각자가 본인을 대리한다. 공동대리의 제한을 위반한 대리행위는 무권대리 행위가 된다.

ⓓ 대리권의 소멸 15 22 기출
대리권의 소멸 원인을 법정대리와 임의대리 모두에게 공통한 원인과 임의대리에만 해당되는 원인으로 나누어 본다.
ⓐ 공통의 소멸 원인
법정대리와 임의대리의 공통의 소멸 원인은 ㉮ 본인(本人)의 사망, ㉯ 대리인의 사망, ㉰ 대리인의 성년후견의 개시 또는 파산이다(제127조).
㉮ 본인이 사망하면 법정대리는 대리할 목적이 없고, 임의대리는 수권한 주체가 없어 신뢰관계는 소멸하기 때문이다. 그러나 특별한 이유가 있거나 상법상의 상사대리(商事代理)에는 소멸하지 않는다(상법 제50조).
㉯ 대리인의 사망은 대리할 사람이 없으니 당연히 대리권은 소멸한다.
㉰ 대리인의 성년후견의 개시·파산의 경우에는 신뢰관계, 재산관리 능력의 흠결로 대리권이 소멸한다. 그러나 성년후견이 개시된 자·파산자라도 의사능력이 있으면 대리인이 될 수 있으므로, 특별한 제한이 별도로 없으면 법정대리인·임의대리인이 새로이 될 수는 있다.

ⓑ 임의대리만의 소멸 원인
㉮ 임의대리권은 그 원인된 기초적 내부관계를 이룬 법률관계가 종료하면 소멸한다(제128조). 즉, 유인성을 인정한다.
㉯ 수권행위의 철회에 의하여 임의대리권은 당연히 소멸한다.
③ 대리행위
㉠ 대리행위
ⓐ 대리행위는 대리인이 본인을 위하여 상대방과 의사표시를 행하거나 받는 것을 말한다. 따라서 행위자는 대리인이지만, 그 효과를 받는 자는 본인이므로 대리인은 자신의 행위가 본인을 위한 것임을 표시하여야 한다(제114조 제1항). 이것을 현명주의라고 한다.
ⓑ 현명주의
㉮ 우리 민법은 대리인이 대리행위를 함에 있어서는 대리인 자신의 행위가 본인을 위하여 하는 것임을 표시하여야 한다고 규정하고 있다(제114조). 본인을 위한다고 하는 것은 그 대리인의 행위의 법률효과를 본인에게 돌아가게 한다는 뜻이지, 본인의 이익만을 위한다는 것은 아니다. 보통 대리인의 대리의사 표시는 'A의 대리인 B'라고 표시하면 된다.

> **판례** 대판 1973.12.26., 73다1436
> 법인이 어음행위를 하려면 대표기관이 그 법인을 위하여 하는 것임을 표시하고 자기성명을 기재하여야 하는 것은 대표기관 자신이 직접 어음행위를 하는 경우이고 대리인이 어음행위를 하려면 어음상에 대리관계를 표시하여야 하는바, 그 표시방법에 대하여 특별한 규정이 없으므로 어음상에 대리인 자신을 위한 어음행위가 아니고 본인을 위하여 어음행위를 한다는 취지를 인식할 수 있을 정도의 표시가 있으면 된다.

㉯ 수동대리에서는 상대방이 본인에 대한 의사표시임을 대리인에게 표시하여야 한다고 해석된다(제114조 제2항).
ⓒ 대리의사를 표시하지 않은 경우
대리인이 본인을 위한 것이라는 대리의사를 표시하지 않은 의사표시는 대리인 자신을 위하여 한 것으로 본다(제115조). 따라서 대리인이 행한 모든 법률행위의 효과는 대리인 자신에게 귀속하게 된다. 그리하여 대리인은 그의 내심의 의사와 표시가 일치하지 않은 것을 이유로 착오를 주장하지 못하게 함으로써 거래안전을 보호하고 있다. 다만, 예외적으로 상법상의 상행위에는 현명주의가 원칙적으로 채용되지 않는다. 상행위의 비개성적인 특수성 때문이다.
㉡ 대리행위의 흠결 15 기출
ⓐ 대리에서 대리행위의 당사자는 대리인이다. 즉, 대리인이 법률행위의 기준이다. 따라서 민법은 의사표시의 효력이 의사의 흠결, 사기, 강박 또는 어느 사정을 알았거나 과실로 알지 못한 것으로 인하여 영향을 받을 경우에, 그 사실의 유무는 대리인을 표준으로 하여 결정한다고 규정하고 있다(제116조 제1항). 그렇지만 대리행위의 흠결에서 생기는 모든 효과도 대리인이 아닌 본인에게 돌아간다.

> **판례 대판 1967.4.18., 66다661**
> 使者에 의한 의사표시의 경우는 물론 본인이 결정한 의사를 대리인으로 하여금 표시한 경우에는 그 의사표시는 대리행위가 아니므로 오로지 본인에 대하여서만 그 지·부지, 착오 등이 문제가 된다 할 것인바, 본인이 기망당하였다 하더라도 대리인이 기망당한 일이 없으므로 본인이 의사표시로 취소할 수 없다고 판시하였음은 위와 같은 법리를 오해한 위법이 있다.

ⓑ 예외적으로 대리인이 선의이더라도 본인이 악의이면, 그 본인은 선의의 보호를 받지 못한다. 본인은 행위자는 아니나, 대리행위의 효과를 받는 자이기 때문이다(제116조 제2항).

ⓒ 대리인의 능력

ⓐ 대리인이 되기 위해서는 '행위능력자임을 요하지 않는다.' 따라서 대리인이 되려면 행위능력까지는 필요 없고, 의사능력이 있으면 된다(제117조). 즉, 행위무능력자라도 대리인이 되는 데는 문제가 없다는 것이다. 결과적으로 행위무능력자가 대리인이 되면 그 대리권의 범위 내에서 대리행위를 함에는 행위능력자로 인정되는 것이다. 즉, 친권자의 영업허락을 받은 미성년자와 같게 된다.

ⓑ 대리인의 능력은 법정대리인이나 임의대리인에도 같다.

④ 대리의 효과

㉠ 대리인이 행한 법률행위의 효과는 당연히 모두 직접 본인에게 돌아간다(제114조). 즉, 대리행위의 효과가 대리인에게 귀속되었다가 다시 본인에게 돌아가는 것이 아니고, 곧바로 본인에게 돌아간다. 이런 점에서 간접대리와 다르다. 대리행위의 본래의 효과는 물론이고, 이에 따르는 부수적인 매도인의 하자담보책임과 같은 것도 본인에게 돌아간다.

㉡ 대리인은 적법한 법률행위를 전제로 함으로 대리행위가 불법행위인 때는 그 불법행위책임은 대리인이 진다. 다만, 대리인과 본인 사이에 고용관계 등 특별한 사정 있는 때에는 본인은 대리인의 불법행위에 대하여 책임을 질 수도 있다.

㉢ 본인의 능력은 권리·의무 주체로서의 능력인 권리능력만 있으면 대리행위의 법률효과를 직접 받을 수 있다. 즉, 대리행위의 효과를 받는 데는 본인에게 의사능력이나 행위능력이 필요 없다. 그러므로 본인이 대리권을 대리인에게 수여하는 능력과는 다르다. 그리고 대리권은 수권행위(授權行爲)의 취소로 인하여 소급하여 소멸한다.

⑤ 복대리 **12 20 24 기출**

㉠ 복대리의 의의와 개념

ⓐ 복대리인이란 대리인이 그의 권한 내의 행위를 행하게 하기 위하여, 대리인이 자신의 이름으로 선임한 본인의 대리인을 말한다(제123조 제1항).

ⓑ 대리인이 자신의 권한으로 자기의 이름으로 선임한 대리인이 복대리인인데, 선임한 대리인의 대리인이 아니고, 본인의 대리인이라는 점에 유의하여야 한다. 이렇게 대리인이 자기의 이름으로 복대리인을 선임하는 권한을 복임권(復任權)이라고 한다.

㉡ 대리인의 복임권

대리인의 복임권은 대리인이 가지는 법률상의 권능이라고 한다. 그 복임권은 임의대리인과 법정대리인에 있어 같지 않다. 임의대리인의 복임권(復任權)은 극히 제한적이다.

ⓐ 임의대리인의 복임권

임의대리인은 ㉮ 본인의 승낙이 있거나, ㉯ 부득이한 사유가 있는 경우에만 복임권을 행사할 수 있다(제120조). 그리고 대리인은 복대리인의 행위에 대하여 그 선임 및 감독에 관하여 본인에게 책임을 진다(제1항). 즉, 적절하지 못한 자를 선임하거나, 감독을 게을리하여 본인에게 손해를 준 때에 대리인은 본인에게 손해배상을 하여야 한다.
  ⓑ 법정대리인의 복임권
   법정대리인은 언제든지 복임권을 행사할 수 있다. 뿐만 아니라, 복대리인의 행위에 대하여 책임을 진다(제122조).
 ㉢ 복대리인의 지위
  ⓐ 복대리인은 본인의 대리인이지만, 대리인의 대리권 내의 대리권을 행사하여야 하고, 대리인의 대리권과 운명을 같이한다. 즉, 대리권이 소멸하면 복대리인의 대리권도 소멸한다.
  ⓑ 복대리인도 본인의 대리인이므로 대리행위를 함에는 본인의 이름으로 하며, 그 효과도 본인에게 곧바로 귀속하게 된다.
  ⓒ 복대리인도 자신의 대리권에 의해 복대리인을 선임할 수 있는 복임권을 가진다고 해석한다.
 ㉣ 복대리권의 소멸
  복대리권은 일반의 대리권 소멸 원인에 의하여 소멸하고, 특별히 대리인의 대리권이 소멸하면 따라서 소멸하고, 대리인이 수권행위를 철회하면 소멸한다.
⑥ 무권대리 10 11 12 18 기출
 ㉠ 서 설
  ⓐ 무권대리란 대리권 없이 행한 대리행위를 말한다. 즉, 대리행위로서의 모든 요건은 갖추었으나, 실제로는 그 대리인이 대리권 없이 한 대리행위이다. 이러한 무권대리 행위는 원칙대로 한다면, 대리권이 없으니, 그 대리권 행사의 효력이 본인에게 돌아갈 수가 없고, 그렇다고 대리행위로 하였으니 대리인 자신에게도 효과가 생길 수도 없어 당연히 무효이어야 한다. 그러나 대리제도의 유용성과 신뢰를 보호하고, 본인과 상대방도 보호하는 대책이 요구된다.
  ⓑ 민법은 무권대리를 무조건 무효로 하지 아니하고 대리제도, 본인, 상대방을 조화있게 보호하는 방법을 두고 있다. 그래서 무권대리를 광의의 무권대리, 협의의 무권대리, 그리고 표현대리(表見代理)로 구분하여 각기 그 요건과 효과에 대하여 규정하고 있다.
 ㉡ 표현대리 15 23 24 25 기출
  ⓐ 표현대리
   ㉮ 표현대리란 대리권이 실제로는 없는 대리인이 마치 대리권이 있는 것처럼 외형을 갖추고, 또 본인으로서도 그런 외형을 갖추는 데 일정한 원인을 주고 있는 경우에 그 무권대리 행위의 책임을 본인에게 부담하게 하는 것이다.

   > **판례** 대판 1983.12.13., 83다카1489 전합
   > 유권대리에 있어서는 본인이 대리인에게 수여한 대리권의 효력에 의하여 법률효과가 발생하는 반면 표현대리에 있어서는 대리권이 없음에도 불구하고 법률이 특히 거래상대방 보호와 거래안전유지를 위하여 본래 무효인 무권대리 행위의 효과를 본인에게 미치게 한 것으로서 표현대리가 성립된다고 하여 무권대리의 성질이 유권대리로 전환되는 것은 아니므로, 양자의 구성요건 해당사실 즉, 주요 사실은 다르다고 볼 수밖에 없으니 유권대리에 관한 주장 속에 무권대리에 속하는 표현대리의 주장이 포함되어 있다고 볼 수 없다.

   ㉯ 표현대리로서 민법은 3가지를 인정하고 있다. 즉, 대리권 수여의 표시에 의한 표현대리(제125조), 권한을 넘은 표현대리(제126조), 대리권 소멸 후의 표현대리(제129조)가 그것이다.

ⓑ 대리권 수여의 표시에 의한 표현대리
㉮ 표현대리는 본인이 제3자에 대하여 누구에게 대리권을 주었다고 표시하였으나 실제로 그 자에게는 대리권을 주지 않은 경우에, 그 대리권을 받지 않은 자와 주었다는 표시를 받은 자 사이에 대리행위가 있을 때에 일어나는 표현대리이다. 이것을 제125조에 의한 표현대리라고도 한다.

> **판례 대판 1998.6.12., 97다53762**
> 민법 제125조가 규정하는 대리권 수여의 표시에 의한 표현대리는 본인과 대리행위를 한 자 사이의 기본적인 법률관계의 성질이나 그 효력의 유무와는 직접적인 관계가 없이 어떤 자가 본인을 대리하여 제3자와 법률행위를 함에 있어 본인이 그 자에게 대리권을 수여하였다는 표시를 제3자에게 한 경우에는 성립될 수가 있고, 또 본인에 의한 대리권 수여의 표시는 반드시 대리권 또는 대리인이라는 말을 사용하여야 하는 것이 아니라 사회통념상 대리권을 추단할 수 있는 직함이나 명칭 등의 사용을 승낙 또는 묵인한 경우에도 대리권 수여의 표시가 있은 것으로 볼 수 있다.

㉯ 표현대리가 되려면 (ⅰ) 대리행위의 상대방이 될 자에게 본인이 어떤 자(무권대리인)에게 대리권을 주었다고 통지하여야 한다. 그 통지는 문서·구술로도 좋고, 일정한 직함을 사용하게 하거나, 그런 사용을 묵인하여도 관계없다. (ⅱ) 대리행위는 그 무권대리인(어떤 자)이 통지받은 상대방과 하여야 한다. (ⅲ) 그 상대방은 그 무권대리인이 본인으로부터 권한을 받은 정당한 대리인이라고 믿고, 그것을 믿은 데에 과실이 없어야 한다.
㉰ 임의대리에만 적용이 있다는 것이 통설이다. 그러나 법정대리에도 적용된다는 소수설도 있다.
㉱ 표현대리의 효과는 우선 본인이 이 무권대리인 표현대리에 대한 책임을 부담한다. 상대방을 보호하기 위함이다. (ⅰ) 그리고 이 표현대리가 인정된다고 유권대리(有權代理)가 되는 것은 아니다. 따라서 상대방은 이를 무권대리 행위로서 철회할 수 있고, 이에 대하여 본인은 추인함으로써 상대방의 철회를 막을 수 있다. 철회와 추인은 먼저 하는 것이 유효하다. (ⅱ) 또한 상대방은 표현대리를 주장하지도 않고 철회권도 행사하지 않고, 바로 무권대리(제135조)를 인정하여 무권대리인에게 책임을 추궁할 수 있는가에 대하여 부정하는 설이 통설이고, 그렇게 할 수 있다는 소수설도 있다.

ⓒ 권한을 넘은 표현대리 14 15 21 기출
㉮ 표현대리는 본인이 대리인에게 일정한 범위의 대리권을 수여하여 그 범위 내에서는 유권대리인데, 그 범위를 넘어서 법률행위를 한 경우의 무권대리이다. 그러나 그 수권한 대리권과 같은 종류의 법률행위가 아니라도 관계 없다. 이 표현대리를 제126조의 표현대리라고 한다.

> **판례 대판 1963.8.31., 63다326**
> 표현대리의 법리가 적용될 권한을 넘은 행위는 그 대리인이 가지고 있는 진실한 대리권과 동종임을 필요로 하지 않는다.

㉯ 표현대리가 되려면 (ⅰ) 대리인이 그의 권한을 넘는 법률행위를 하여야 한다. (ⅱ) 상대방은 이 표현대리 행위를 하는데 대하여 진실로 대리권이 있다고 믿고, 그 믿음에 과실이 없어야 한다. 즉, 그렇게 믿을 만한 정당한 사유가 있어야 과실이 인정되지 않는다. 그 정당한 사유로

인하여 진실한 대리인이라고 믿은 것과 인과관계가 있어야 한다는 것이다. (iii) 상대방의 악의·과실은 본인이 입증하여야 한다. 단, 판례는 유효를 주장하는 자에게 있다고 본다.
㉰ 법정대리와 임의대리 모두에게 적용되는 것으로 해석하는 것이 통설·판례이나, 임의대리에만 적용된다는 소수설도 있다.
㉱ 표현대리의 효과는 본인에게 대리인의 권한을 넘은 대리행위의 책임을 지운다. 여타의 사항은 제125조의 표현대리와 같다.
ⓓ 대리권 소멸 후의 표현대리 **17** 기출
㉮ 표현대리는 대리인에게 표현대리 행위를 하기 전에는 정당한 대리권이 있었는데, 표현대리 행위를 할 당시에는 대리권이 없는데도 대리권이 있는 것처럼 행위를 하고 그 상대방이 진정한 대리인이라 믿어야 한다. 또한, 그 믿음에 과실이 없어야 한다.
㉯ 표현대리가 성립하려면, (ⅰ) 전에는 대리권이 있었으나 대리행위할 때는 대리권이 없어야 하고, (ⅱ) 그 대리권 없음을 상대방이 알지 못하고, 그 알지 못한 데에 과실이 없어야 하며(제129조), (ⅲ) 상대방의 믿음과 대리행위 사이에 인과관계가 있어야 한다. 상대방의 악의와 과실 있음을 본인이 입증하여야 한다.
㉰ 법정대리, 임의대리 모두에게 적용된다.
㉱ 표현대리의 효력은 본인에게 표현대리 행위의 책임을 지게 한다.
㉢ 협의의 무권대리 **13 15 16** 기출
ⓐ 협의의 무권대리란, 무권대리에서 표현대리를 제외한 무권대리를 의미한다. 표현대리에 속하는 것도 상대방이 표현대리를 주장하지 않으면 협의의 무권대리이다. 무권대리 행위가 계약이냐, 단독행위이냐에 따라서 그 효과가 다르다.
ⓑ 계약의 무권대리
계약의 무권대리를 대리관계의 3면관계에 따라 살펴본다.
㉮ 본인과 상대방과의 효과
(ⅰ) 본인에 대한 효과 : 무권대리는 본래는 본인에 아무런 효력이 발생치 않는다. 그러나 경우에 따라서는 무권대리 행위가 본인에게 유리한 경우도 있을 수 있으므로, 본인에게 추인권을 주어 추인할 수 있게 하였다(제130조).
본인이 추인하면 무권대리 행위는 계약 당시부터 유효한 것으로 되는 소급효가 있다. 추인권은 하나의 형성권이지 수권행위는 아니라고 한다. 이 추인권의 소급효는 제3자의 권리를 해하지는 못한다. 거래안전을 위한 것이다.
(ⅱ) 상대방에 대한 효과 : 무권대리는 본래 본인에게는 효과가 없으나 본인은 추인권이 있으므로 본인의 생각에 따라 그 무권대리의 효과가 좌우된다. 그래서 상대방을 보호하려고 상대방에게 최고권(催告權)과 철회권(撤回權)을 주었다.
상대방이 본인에게 일정한 기간을 정하여 추인 여부를 재촉해도 그 기간 내에 확실한 답을 발신하지 않으면 추인을 거절한 것으로 본다(제131조). 그리고 선의인 상대방은 본인의 추인이 있기 전에는 자신의 의사표시를 철회할 수 있다(제134조). 상대방의 선의 여부는 계약체결 당시를 기준으로 하고, 입증책임은 본인에게 있다.

ⓑ 상대방과 대리인과의 효과
　（ⅰ) 무권대리의 책임 : 무권대리 행위가 본인에 의하여 추인이 되거나, 상대방에 의하여 철회되지 않으면, 무권대리인은 그 무권대리 행위에 대한 모든 책임을 진다. 이 책임은 무과실 책임이다. 즉, 무조건 책임을 져야 한다.
　（ⅱ) 무권대리인의 책임이 발생되려면 무권대리인이 대리권의 존재를 증명하지 못하고, 상대방이 선의이어야 하며, 무권대리인이 행위능력자일 것이 필요하다.
책임은 무권대리 행위에 의한 채무를 이행하거나, 이행에 갈음하여 이행이익의 손해배상을 하여야 한다(제135조 제1항). 만약 무권대리인에게 대리권이 없다는 사실을 상대방이 알았거나 알 수 있었을 때 또는 무권대리인이 제한능력자일 때에는 무권대리인 책임조항을 적용하지 않는다(제135조 제2항).

ⓒ 본인과 대리인과의 효과
본인이 추인하지 않으면 아무런 효과도 발생하지 않는다. 만일 본인이 추인하면 무권대리 행위는 유효하게 소급하여 본인에게 효력이 발생한다.

> **판례** 대판 1988.10.11., 87다카2238
> 타인의 권리를 자기의 이름으로 처분하거나 또는 자기의 권리로 처분한 경우에 본인이 후일 그 처분행위를 인정하면 특단의 사유가 없는 한 그 처분행위의 효력이 본인에게 미친다.

ⓒ 단독행위의 무권대리
㉮ 상대방 있는 단독행위는 무효를 원칙으로 하지만 상대방이 대리권 없이 행위를 하는 데 동의하거나 그 대리권 행사에 이의(異議)를 제기하지 아니하면 계약의 경우와 같이 효과를 발생시킨다.
㉯ 상대방 없는 단독행위는 언제나 절대적으로 무효이다.

(7) 법률행위의 무효와 취소 ⑩ ⑭ ⑮ ⑯ ⑲ ⑳ ㉑ ㉒ 기출

① 서 설
㉠ 민법은 법률행위의 성립요건과 유효요건을 규정하고 성립요건을 충족하여 일단 법률행위의 모습을 갖추었다고 하여도 유효요건을 충족하지 못하면 무효이거나 취소할 수 있는 것으로 하고 있다.
㉡ 무효로 되는 것은 의사무능력자의 법률행위, 불가능한 법률행위, 위법한 법률행위, 불공정한 법률행위(제104조), 반사회질서의 법률행위(제103조), 진의 아닌 의사표시(제107조 제1항 단서), 허위표시(제108조) 등이 있다.
㉢ 취소할 수 있는 것은 제한능력자의 법률행위(제5조 이하), 착오에 의한 의사표시(제109조), 사기 · 강박에 의한 의사표시(제110조) 등이 있다.
㉣ 민법은 무효의 법률행위는 당초부터 효력이 전혀 발생하지 않는 것이고 취소할 수 있는 법률행위는 취소권자가 취소의 의사표시를 행사하기 전까지는 유효로 인정되다가 일단 취소하면 그간의 유효였던 효력이 당초부터 발생하지 않은 것으로 된다(제141조).
ⓐ 결과적으로 무효와 취소의 효과는 같다.
ⓑ 이러한 무효 · 취소된 행위에 의하여 현실적 효과가 발생하였다면 그것을 정리하는 절차가 필요하다. 그 정리하는 절차에서 부당이득반환의 문제가 발생하거나 손해배상의 문제가 생기기도 한다.

② **법률행위의 무효**
  ㉠ 무 효
    ⓐ 무효의 법률행위 즉, 법률행위가 무효라는 것은 법률행위가 성립 당초부터 당연히 효력이 확정적으로 발생하지 않는 것을 말한다.
    ⓑ 법률행위가 무효이기 위하여는 일단은 법률행위로서의 모습은 갖추고 있어야 한다. 즉, 성립은 되어 있어야 한다. 따라서 성립조차 안 된 법률행위는 법률행위일 수도 없어 무효 여부를 따질 수 없다.
    ⓒ 무효의 일반적인 효력은 무효인 법률행위가 물권행위이면 물권의 변동이 발생하지 않고, 채권행위이면 채권이 발생하지 않는다.
  ㉡ 무효의 종류
    ⓐ 절대적 무효와 상대적 무효
      절대적 무효는 그 무효를 누구에게나 주장할 수 있는 무효로서 의사무능력자의 행위, 사회질서 위반행위 등이다. 상대적 무효는 그 무효를 특정인에게만 주장할 수 있는 무효로서 허위표시와 같이 그 상대방에게만 주장할 수 있다.
    ⓑ 당연무효와 재판상 무효
      당연무효는 특별한 절차나 방법을 사용하지 않아도 무효인 것이다. 재판상 무효는 무효의 결과가 제3자에게 큰 영향을 미치는 것이어서 무효를 확실히 하기 위해서 재판을 통해 무효를 선고하는 것이다. 회사 설립무효(상법 제184조) 등이 그 예이다.
    ⓒ 전부무효와 일부무효
      전부무효는 법률행위 내용의 전체가 무효인 것이고 일부무효는 법률행위 내용 중 일부만이 무효인 것을 말한다. 그러나 전부무효나 일부무효나 원칙적으로는 모두 효력이 발생하지 않는다. 다만, 일부무효인 경우에 그 무효부분이 없어도 전체 법률행위에 영향이 없으면 그 일부만을 무효로 한다(제137조).
    ⓓ 확정적 무효와 유동적 무효
      법률행위의 확정적 무효는 과거·현재·미래에 걸쳐 당사자가 의욕한 법률효과가 확정적으로 부인되므로 더 이상 그 법률행위가 효력을 발생할 수 없는 것을 말한다. 유동적 무효는 현재는 법률행위가 효력을 발생하지 못하고 있으나 제3자의 행위 또는 조건의 성취 여부에 따라서 유효로 될 수도 있고 또 무효로 확정될 수 있는 유동적인 법적 상태를 말한다. 무권대리인의 대리행위는 무효이지만 본인이 추인을 한 때에는 소급해서 유효한 법률행위로 되는데(제130조) 이는 대표적인 유동적 무효의 법률행위의 예이다. 또한 국토의 계획 및 이용에 관한 법률에 의한 토지거래허가제에 관하여 유동적 무효의 법리가 적용된다.
  ㉢ 무효행위의 추인
    무효행위의 추인이란 논리적으로는 생각할 수 없다. 그러나 우리 민법은 당사자가 그의 행위가 무효임을 알고서 이를 추인(追認)하는 때는, 새로운 법률행위로 본다(제139조)고 규정하고 있다.
  ㉣ 무효행위의 전환(轉換)
    ⓐ 무효행위의 전환이란 A라는 법률행위로는 무효인데 그것이 B라는 법률행위로서는 유효요건이 갖추어 있는 경우에 A를 B로 인정하는 것이다(제138조). 예컨대 전세계약으로는 무효인데 임대차계약으로는 유효인 경우 등이다.

ⓑ 무효행위의 전환이 되려면 ㉮ 무효인 제1의 행위가 제2의 행위의 요건을 갖추고, 당사자가 제1의 행위가 무효임을 알았다면, 제2의 행위를 의욕하였으리라고 인정되어야 하고, ㉯ 제1의 행위가 불요식행위이면 제2의 행위는 요식·불요식이 문제가 없으나 제1의 행위가 요식행위이면 전환이 어려울 것이다.

ⓒ 단독행위에는 전환을 인정하지 않는 것으로 한다. 다만 민법은 연착한 승낙, 청약을 변경한 승낙은 새로운 청약으로 본다(제530조, 제534조).

③ **법률행위의 취소**
㉠ 취 소
ⓐ 취소란 법률행위가 행위자의 무능력, 착오, 사기, 강박으로 인하여 취소할 수 있는 법률행위인 경우에 취소권자가 그 취소권을 행사하여 법률행위의 효과를 소급하여 소멸시키는 것을 말한다. 이것이 취소의 원래의 모습이다. 그러나 이와는 다른 경우에 취소라는 용어를 쓰는 경우가 많은데, 그때에는 민법 제140조 이하의 규정은 적용되지 않는다.

ⓑ 위의 원칙에 해당되지 않는 것을 들어 보면, 실종 선고의 취소, 영업허가의 취소, 사해행위의 취소, 혼인의 취소, 이혼의 취소 등이 있다. 따라서 이들에는 민법 제140조 이하의 규정은 적용되지 않는다.

ⓒ 취소와 구별해야 하는 것으로 철회·해제·해지 등이 있다. ㉮ 철회는 의사표시의 효과가 생기기 전에 행위자가 그 의사표시를 없었던 것으로 하는 것이고, ㉯ 해제는 유효하게 성립한 계약을 당사자 중 한쪽이 그 계약이 처음부터 없었던 것으로 하는 것이며, ㉰ 해지는 계속적인 계약에서 당사자 한쪽이 그 계약의 효력을 장래에 향하여 없게 하는 것을 말한다.

㉡ 취소권
ⓐ 취소권이란 취소할 수 있는 법률행위를 취소하여 처음부터 법률행위가 없었던 것 같이 만드는 권리를 말한다. 따라서 취소권은 하나의 형성권의 성질을 가진다. 취소권의 행사는 상대방에게 의사표시로써 함이 원칙이나, 반드시 명시적이 아니라도 관계없다.

ⓑ 취소권자
'취소할 수 있는 법률행위'의 취소권자는 취소할 수 있는 제한능력자, 착오, 사기, 강박에 의해 의사표시를 한 자, 그 대리인 또는 승계인만이 취소할 수 있다(제140조).
㉮ 착오, 사기, 강박에 의한 의사표시를 한 자가 그 상태에서 벗어난 후에 하면 된다.
㉯ 대리인은 제한능력자의 대리인, 착오, 사기, 강박에 의한 의사표시자의 대리인을 말하며, 이 대리인은 임의대리인, 법정대리인 모두를 포함한다. 친권자는 취소권을 단독으로 행사할 수 있다고 해석한다.
㉰ 승계인은 제한능력자, 착오, 사기, 강박에 의한 의사표시를 한 자로부터, 취소권을 승계한 자로서 포괄승계인, 특정승계인 모두가 포함된다. 즉, 포괄승계인에는 상속인, 합병된 회사 등이고 특정승계인은 취소할 수 있는 행위에 의하여 취득한 권리의 승계인이다. 즉, 취소권만의 승계는 인정되지 않는다.

ⓒ 취소의 방법
㉮ 취소권의 행사는 취소권자가 의사표시로써 그의 상대방에게 행한다(제142조).
㉯ 취소는 특정의 방식이 필요하지 않으며 또한 명시적·묵시적으로 가능하다.
㉰ 묵시적인 경우 취소의 의미가 내포되어 있으면 된다. 즉, 손해배상청구를 하는 때에는 취소의 의사도 내포된 것으로 인정할 수 있다.

> **판례** 대판 1993.7.27., 92다52795
> 미성년자 또는 친족회가 민법 제950조 제2항에 따라 제1항의 규정에 위반한 법률행위를 취소할 수 있는 권리는 형성권으로서 민법 제146조에 규정된 취소권의 존속기간은 제척기간이라고 보아야 할 것이지만, 그 제척기간 내에 소를 제기하는 방법으로 권리를 재판상 행사하여야만 되는 것은 아니고, 재판 외에서 의사표시를 하는 방법으로도 권리를 행사할 수 있다고 보아야 한다.

　　　㉣ 취소의 상대방이 특정되어 있으면 그에게 취소의 의사표시를 하면 되고, 상대방이 특정되어 있지 않으면 적당한 방법으로 외부에 객관화하면 된다(제142조).
　　ⓓ 취소의 효과
　　　㉮ 취소의 효과는 제한능력을 이유로 한 경우에는 취소의 효력은 절대적이며, 당연히 소급적이다(제141조). 즉, 누구에게나 취소의 효력을 주장할 수 있으므로, 선의의 제3자에게도 취소를 가지고 대항할 수 있다. 따라서 그 법률행위가 실현이 안 되었으면 당초부터 효력이 없으므로, 아무런 효력이 없어 문제가 없고, 이미 이행한 경우에는 부당이득반환의 문제가 생긴다(제741조).
　　　㉯ 제한능력자가 반환해야 하는 것은 취소된 행위로 인하여 '받은 이익이 현존하는 한도' 내에서 반환하면 된다(제141조 단서).
　　　㉰ 착오, 사기, 강박을 이유로 취소한 경우의 효과는 상대적이고 소급적이다. 즉, 이 경우에는 선의의 제3자에게 취소를 가지고 대항할 수가 없다.
　ⓒ 취소할 수 있는 행위의 추인(追認)
　　ⓐ 취소할 수 있는 행위의 추인(追認)은 그 행위를 취소하지 않겠다는 의사표시로서, 취소권의 포기가 된다. 따라서 추인이 있은 후에는 다시 취소할 수 없다.
　　ⓑ 추인을 하려면 몇 가지 요건이 필요하다.
　　　㉮ 추인은 취소의 원인이 소멸된 후에 하여야만 효력이 있다.
　　　㉯ ㉮는 법정대리인 또는 후견인이 추인하는 경우에는 적용하지 않는다.

> **판례** 대판 1997.5.30., 97다2986
> 추인은 취소권을 가지는 자가 취소원인이 종료한 후에 취소할 수 있는 행위임을 알고서 추인의 의사표시를 하거나 법정추인 사유에 해당하는 행위를 행할 때에만 법률행위의 효력을 유효로 확정시키는 효력이 발생한다.

　　ⓒ 추인의 방법은 상대방에게 추인권자가 추인의 의사표시로 한다(제142조).
　　ⓓ 추인의 효과는 취소권을 포기하는 효력이 생기므로 추인 후에는 다시 취소할 수가 없다(제143조 제1항). 즉, 추인하면 취소할 수 있는 법률행위는 유효한 것으로 확정된다.
　　ⓔ 취소권자의 상대방이 이행을 청구하는 경우에는 취소에 대한 법정추인이 인정되지 않는다.
　ⓓ 법정추인 **17** 기출
　　ⓐ 법정추인이란 추인권자의 명시적 의사표시가 없더라도 추인으로 인정될 만한 일정한 사항이 있을 때에는 추인한 것으로 법률이 인정하는 것을 말한다.
　　ⓑ 법정추인의 요건(제145조)
　　　㉮ 취소권자가 취소할 수 있는 법률행위로부터 생긴 의무를 상대방에게 이행하거나, 이행을 받는 것을 말한다. 뿐만 아니라, 이행을 상대방에게 청구하는 경우도 추인이 된다.

㉯ 취소할 수 있는 법률행위로 생긴 채권·채무를 다른 채권·채무로 바꾸는 경개(更改)가 있으면 추인이 된다.
㉰ 취소할 수 있는 채권을 담보하기 위하여 취소권자가 담보를 제공하거나, 그 행위로 인해 생긴 채권을 취소권자가 타인에게 양도하는 경우에도 추인이 인정된다.
㉱ 취소할 수 있는 행위로 인하여 생긴 채권을 취소권자가 강제집행하거나 강제집행을 추인하는 경우에도 추인이 된다.
ⓒ 법정추인이 인정되면 추인한 것으로 보아, 취소권을 다시는 행사할 수 없는 효과가 생긴다.
㉤ 취소권의 단기소멸
취소권은 추인할 수 있는 날로부터 3년 내에, 취소할 수 있는 법률행위를 한 날로부터 10년 내에 행사하지 않으면 안 된다(제146조). 즉, 두 기간 중 먼저 온 사유에 의해 취소권은 행사할 수 없게 되므로, 제척기간의 성질을 갖는다.

(8) 법률행위의 부관(附款) 13 15 23 24 기출
① 서 설
㉠ 법률행위의 부관이란 법률행위의 효과의 발생 또는 소멸에 관하여 이를 제한하기 위하여 그 법률행위의 일부 내용으로 덧붙이는 약관을 말한다. 약관에는 독립의 약관으로 이자약관, 환매약관 등이 있으나 이는 부관이 아니다.
㉡ 법률행위의 부관에는 조건, 기한, 부담이 있으나, 민법에서는 조건과 기한에 관하여 일반규정이 있다.

② 조 건 10 12 14 17 19 20 22 기출
㉠ 조 건
조건이란 법률행위 효력의 발생, 소멸을 장래에 불확실한 사실의 성취, 불성취에 의존시키는 법률행위의 부관이다.
ⓐ 부관은 법률행위의 효력에 관한 것이지 성립에 관한 것은 아니다. 그리고 조건이 되는 사실은 장래의 객관적으로 불확실한 사실이어야 한다. 따라서 과거의 사실이나, 주관적으로 불확실한 사실은 안 된다.
ⓑ 조건은 법률행위 당사자가, 임의로 한 것이어야 한다. 따라서 법률이 정한 법정조건은 여기서의 조건이 아니다.
㉡ 조건의 종류
조건의 종류로는 ⓐ 정지조건·해제조건, ⓑ 적극조건·소극조건, ⓒ 수의조건·비수의조건, ⓓ 가장조건 등이 있다.

[조건의 종류]

정지조건과 해제조건	정지조건	법률행위 효력의 발생을 장래의 불확실한 사실에 의존하게 하는 조건이다.
	해제조건	법률행위 효력의 소멸을 장래의 불확정한 사실에 의존하게 하는 조건이다.
적극조건과 소극조건	적극조건	조건이 되는 사실이 현상의 변경이 있는, 예컨대 '네가 시험에 합격된다면'과 같은 것이다.
	소극조건	현상의 불변경 즉, '내일 비가 오지 않는다면'과 같은 조건이다.

수의조건과 비수의조건	수의조건	조건의 성취, 불성취가 당사자의 일방적 의사에만 의존하는 조건이다. ① 순수수의조건은 '내 마음이 내키면 이것을 주겠다'는 식으로 자신의 마음대로에 따른 것이므로 무효이다. ② 단순수의조건은 '내가 장가들면 이 시계를 주겠다'는 식으로 당사자의 의사 결정에 의한 사실상태 '장가들면'도 있어야 하는 경우의 조건이다. 유효한 조건이다.
	비수의조건	① 우성조건은 조건의 성취·불성취가 당사자의 의사와는 관계없이 자연사실, 제3자의 의사에 의존하는 것이다. '이번 일요일에 눈이 오면' 털옷을 사주겠다는 등의 조건이다. ② 혼성조건은 조건의 성취·불성취가 당사자 한쪽의 의사와 제3자의 의사에 의하여 결정되는 조건이다. 즉, '네가 갑순이와 혼인한다면' 장롱을 사주겠다는 식의 조건이다.
가장조건		겉으로는 조건이 같으나 실질적으로는 조건으로 효력이 없는 것이다.
	법정조건	법률에 의한 효력발생 요건은 조건으로서 인정되지 않는다. 임의적이어야 하기 때문이다.
	불법조건	조건이 선량한 풍속, 기타 사회질서에 위반하는 것인데, 그 법률행위는 무효이다(제151조 제1항).
	기성조건	법률행위 당시에 이미 조건이 성취되어 있는 것이다. ① 그 조건이 정지조건이면, 조건 없는 법률행위가 되고, ② 해제조건이면 그 법률행위는 무효이다(제151조 제2항).
	불가능조건	조건의 성취가 불가능한 것인데 ① 불가능조건이 정지조건이면 법률행위는 무효이고, ② 해제조건이면 조건 없는 법률행위가 된다.

ⓒ 조건에 친하지 않은 법률행위

조건을 붙이는가의 여부는 행위자의 자유로서 사적자치에 해당한다. 그러나 법률행위의 효력이 공익에 영향을 미치는 행위는 조건을 붙여서 불확정하게 하는 것은 적절하지 않다. 이런 법률행위를 '조건에 친하지 않은 법률행위'라고 한다. 예컨대 혼인·이혼·입양·파양 등의 가족법상의 법률행위와 문언성·무인성을 가지는 어음행위(어음법 제12조, 제27조)·수표행위(수표법 제15조, 제54조) 등에는 조건을 붙일 수 없다. 가족법 질서와 유통성을 보호하기 위함이다. 그리고 조건을 붙임으로써 상대방의 지위를 현저하게 불리하게 하는 단독행위도 조건에 친하지 않다. 그러나 상대방의 동의가 있는 경우에는 관계없다.

ⓔ 조건의 성취·불성취

ⓐ 적극조건의 사실의 발생, 소극조건의 사실의 불발생이 각각 확정되는 것이 '조건의 성취'이고, 또 적극조건에서 사실의 불발생, 소극조건에서 사실의 발생이 '조건의 불성취'이다.

ⓑ 조건의 성취로 의제되는 경우

㉮ 조건성취로 불이익을 받게 될 당사자가 신의성실에 반하여 그 조건의 성취를 방해한 때는 상대방은 그 조건이 성취된 것으로 주장할 수 있다(제150조 제1항). (ⅰ) 여기서 당사자는 조건성취로 직접 불이익을 받는 자이며, 그 방해로 조건이 불성취되어야 한다. (ⅱ) 방해행위가 신의성실에 반하여야 한다.

㉯ 의제의 효과 : 상대방이 조건의 성취를 주장하거나, 손해배상을 청구할 수 있다. 성취를 주장하는 권리는 형성권이므로 주장하면 조건성취가 된 것으로 된다.

ⓒ 조건의 불성취로 의제되는 경우
조건의 성취로 이익을 받는 당사자가 신의성실에 반하여 조건을 성취시킨 때에는 그 상대방은 그 조건의 불성취를 주장할 수 있다(제150조 제2항). 그 요건과 효과는 조건성취로 의제되는 경우와 같다.
ⓜ 조건부 법률행위의 효력
ⓐ 조건성취 전에는 당사자의 한쪽은 조건이 성취되면 일정한 이익을 얻게 되는 것을 기대하고 있다. 그래서 이것을 '조건부 권리' 또는 기대권·희망권이라고 한다. 따라서 조건부 법률행위의 의무자가 조건부 권리를 침해하는 처분행위를 하면 그 처분행위는 무효가 된다고 한다(제148조).
ⓑ 조건의 성취·불성취 확정 후의 효력
㉮ 정지조건부 법률행위 : 조건이 성취되면 그 효력이 발생하고, 불성취되면 무효가 된다(제147조 제1항).
㉯ 해제조건부 법률행위 : 조건이 성취되면 그 효력은 소멸하고, 불성취되면 효력은 유효로 확정된다(제147조 제2항).
㉰ 조건성취의 효력 : 원칙적으로 소급하지 않는다. 그러나 당사자의 의사표시로 소급효를 인정할 수는 있으나, 그 소급효로 제3자의 권리를 해하지 못한다.

③ 기 한 16 19 기출
㉠ 기한의 의의
ⓐ 법률행위의 당사자가 그 효력의 발생·소멸 또는 채무의 이행을 장래의 발생할 것이 확실한 사실에 의존하게 하는 부관이다. 장래의 발생이 확실한 사실이라는 점이 조건과 다르다.
ⓑ 기한은 반드시 도래하므로 그 기한의 이익을 포기하거나 상실되어도 기한은 도래한다.
㉡ 기한의 종류
기한의 종류에는 ⓐ 시기와 종기, ⓑ 확정기한과 불확정기한 등이 있다.
ⓐ 시기·종기
㉮ 법률행위의 효력의 발생 또는 채무의 이행기를 장래의 확정적 사실의 '발생'에 의존하게 하는 기한을 시기라고 한다. 예컨대 '이 시계는 내일부터 써도 좋다' 등이 있다.
㉯ 종기는 장래의 확정적 사실의 '발생'에 법률행위의 효력의 소멸을 의존시키는 기한을 말한다. 예컨대 '이 책은 내일까지 빌려준다' 등이 있다.
ⓑ 확정기한·불확정기한
㉮ 확정기한은 기한의 내용이 되는 사실이 발생하는 시기가 확정되어 있는 기한이다. 예컨대 '내년 10월 3일에 금시계를 사준다' 등이 있다.
㉯ 불확정기한은 기한의 내용이 되는 사실이 발생하는 시기가 확정되어 있지 않은 기한이다. 예컨대 '내년 봄비가 처음 오는 날에 우산을 사준다' 등이 있다. 그러나 불확정기한은 때때로 조건과 구별하기가 어려운 경우가 있다. 예컨대 '올해 말에 사업이익이 있으면 자동차를 사준다'고 할 때, 사업의 이익 여부가 문제이다.

> **판례** 대판 1974.5.14., 73다631
> 임대차계약을 체결함에 있어서 임대기한을 "본건 토지를 임차인에게 매도할 때까지"로 정하였다면 별다른 사정이 없는 한 그것은 도래할지의 여부가 불확실한 것이므로 기한을 정한 것이라고 볼 수 없으니 위 임대차계약은 기간의 약정이 없는 것이라고 해석함이 상당하다.

    ⓒ 기한에 친하지 않은 법률행위
        기한에 친하지 않은 법률행위는 대체로 조건의 경우와 같은데, 어음행위, 수표행위에 시기를 붙이는 것은 문제가 없다. 가족법상의 혼인·입양 등의 법률행위에는 역시 기한을 붙일 수 없다.
    ⓔ 기한부 법률행위의 효력
      ⓐ 기한도래 전의 효력
          기한은 도래하는 것이 확실하므로 조건부 법률행위보다 더 확실한 보호가 요구된다. 그리하여 '기대권'으로서의 보호가 요청되고, 기대권을 침해하는 경우에 제재를 받는 것은 당연하다. 이에 관하여는 조건부 법률행위에 관한 사항을 준용한다.
      ⓑ 기한도래 후의 효력
         ㉮ 시기부의 법률행위는 시기의 도래로 효력이 발생한다(제152조 제1항).
         ㉯ 종기부의 법률행위는 종기의 도래로 효력이 소멸한다. 그리고 기한의 효력은 절대적으로 소급하지 못한다(제152조 제2항).
    ⓜ 기한의 이익 **21 기출**
      ⓐ 기한의 이익이란 기한이 도래하지 않음으로써 그동안 당사자가 받는 이익을 말한다. 예컨대 채무자가 채무이행기가 아직 도래하지 않아서 변제하지 않아도 되는 이익 등이 있다.
      ⓑ 기한의 이익은 특별한 약정이나 법률행위의 성질상 반대의 취지가 있지 않는 한, 기한은 채무자의 이익을 위한 것으로 추정한다(제153조 제1항).
      ⓒ 기한이익의 포기(제153조 제2항)
         ㉮ 기한의 이익이 당사자 한쪽만을 위한 것이면 그 자의 단독 의사표시로 포기가 가능하다.
         ㉯ 기한의 이익이 당사자 양쪽을 위한 것이면 그 상대방의 손해를 배상하고 포기할 수 있다. 예컨대 이자부 소비대차의 경우에는 채무자는 이행기까지 이자를 붙여서 미리 갚을 수 있다.
         ㉰ 기한이익의 상실에 관하여 법률은 (ⅰ) 채무자가 담보를 손상하거나 감소·멸실시킨 경우, (ⅱ) 채무자가 담보제공 의무를 이행하지 않는 때, 채무자가 파산한 때에는 채무자는 기한의 이익을 상실하게 된다고 정하고 있다(제388조).

3 기 간 10 11 19 20 기출

(1) 기 간

① 기간이란 일정한 시점에서 다른 일정한 시점까지 사이의 계속적인 시간의 흐름을 말한다. 그런데 기일은 시간의 경과의 특정시점을 말하는 것으로서 기일에는 계속의 의미가 없다. 대체로 기일은 일(日)로 표준된다. 이때에는 일(日)은 하나의 단위이다.
② 시간은 하나의 법률사실로서 '사건'에 속한다. 그리고 기간을 정하는 특별한 의사표시, 법령이 있으면 그에 의하고, 그것이 없으면 민법의 보충적 규정에 의한다(제155조).

(2) 기간의 계산방법

기간을 계산하는 방법에는 단기간 계산의 '자연적 계산방법'과 장기간 계산의 '역법적 계산방법'이 있다.

① 시(時), 분(分), 초(秒)를 단위로 하는 단기간은 그 기산점을 즉시로부터 계산하며 그 기간이 만료하면 끝난다(제156조).

② 일(日), 주(週), 월(月), 년(年)을 단위로 하는 장기간을 계산하는 방법을 역법적 계산방법이라고 한다. 그 기산점은 기간의 초일은 산입하지 않는 것이 원칙이다(제157조 본문). 예외로 ㉠ 기간이 영시(零時)로부터 시작되는 경우(제157조 단서), ㉡ 나이는 출생일을 산입하여 만(滿) 나이로 계산하고, 연수(年數)로 표시한다. 다만, 1세에 이르지 아니한 경우에는 월수(月數)로 표시할 수 있다(제158조).

③ 장기간 계산의 기간의 만료점
  ㉠ 해당일 즉, 만료일의 밤 12시가 만료 시이다(제159조).
  ㉡ 초일을 산입하지 않은 때는 기산일에 해당하는 전일이 만료일이다. 해당일이 없으면 그 달(月)의 말일이 만료일이다(제160조 제3항). 예컨대 1월 30일부터 한달간이면 2월 30일이 만료일인데, 평년이면 2월 28일이 만료일이고, 윤년이면 2월 29일이 만료일이다. 2월 30일은 없기 때문이다.
  ㉢ 만료일이 공휴일이면 다음 날이 만료일이다(제161조).

④ 기간을 현재에서 과거로 계산하는 방법
  이러한 계산방법을 역산방법이라고 한다. 계산의 방법은 역법적 계산방법과 같다.

 판례 **대판 1989.4.11., 87다카2901**
근로기준법 제19조 제1항 소정의 평균임금을 산정하여야 할 사유가 발생한 날 이전 3월 간의 기산에 있어서 사유발생한 날인 초일은 산입하지 않아야 한다.

4 소멸시효

(1) 서 설

① 시 효
  ㉠ 일정한 사실상태가 일정기간 이상 계속되는 경우에 그 상태가 진실한 권리관계이냐에 관계없이 그 사실 상태를 존중하여 그대로 권리관계를 인정하려는 법률상의 제도를 말한다. 시효는 하나의 법률요건이다.
  ㉡ 시효에는 취득시효와 소멸시효가 있다. 우리 민법은 소멸시효는 민법의 물권편에 규정하고(제162조~제184조), 취득시효는 민법 총칙편에서 규정하고 있다(제245조~제248조).
    ⓐ 취득시효는 어떤 사람이 권리자인 것 같이 그 사실상태가 일정기간 계속되는 경우에 그 외관의 사실상태를 근거로 하여 그 자를 처음부터 권리자로 인정해 주는 제도이다.
    ⓑ 소멸시효는 어떤 권리자가 그 권리를 행사하지 않는 상태가 계속되는 경우에 그 권리를 소멸시키는 제도이다. 소멸시효의 효력에 관하여는 시효의 완성으로 그 권리가 당연히 소멸한다는 견해와 소멸을 주장할 수 있는 권리가 생긴다는 견해가 있다.

② 시효제도의 존재이유

법률은 바르고 정당한 것을 지지하고 보호하는 것이 그 사명이라고 할 수 있다. 그런데 일정한 사실상태가 일정기간 계속되면 진실된 권리자의 권리가 소멸하고, 그렇지 않은 사람이 권리자로 되는 것을 인정하는 시효제도는 이해하기가 어렵다. 그럼에도 불구하고 시효제도를 인정하는 이유는 다음과 같다.

㉠ 일정한 사실상태가 오랫동안 계속되면, 그것이 진실한 권리상태로 믿게 되고, 그것을 기초로 많은 새로운 법률관계가 맺어져서 그에 따른 사회질서가 이루어지므로, 이를 보호하는 것이 거래의 안전과 질서유지에 합당하기 때문이라고 한다.

㉡ 일정한 사실상태가 오랫동안 계속되면, 정당한 권리관계에 관한 증거가 없어지기 쉬워서 그 진실을 가리기가 어렵기 때문이라고 한다.

㉢ 오랫동안 정당한 자기권리를 행사하지 않는 '권리 위에 잠자는 자'는 보호할 가치가 없기 때문이라고 한다.

③ 제척기간과 소멸시효 기출

㉠ 제척기간이란 일정한 권리의 존속기간이라고 할 수 있다. 따라서 이 제척기간이 지나면 그 권리는 당연히 소멸한다. 이 제척기간 내에 그 권리자는 어떤 행위를 하여야 권리가 소멸하지 않는가에 대하여 ⓐ 권리행사의 유무와 관계없이 그 기간의 경과로 권리는 무조건 소멸한다는 견해와, ⓑ 제척기간 내에 재판 외에서 권리행사가 있으면 그 권리는 보전된다고 하는 판례의 입장이 있고, ⓒ 제척기간 내에 소송을 제기하면 그 권리는 보전된다는 견해 즉, 제척기간은 출소기간이라고 하는 견해가 있다.

> **판례** 대판 1990.3.9., 88다카31866
> 민법 제670조의 하자담보책임에 관한 제척기간은 재판상 또는 재판 외의 권리행사기간이며 재판상 청구를 위한 출소기간이 아니다.

㉡ 제척기간과 소멸시효의 비교

ⓐ 소멸시효 완성으로 권리가 소멸한다는 다수설에 의하면 제척기간과 같으나, 소멸시효 완성은 원용권을 발생시킨다는 소수설에 의하면, 제척기간에는 원용권이 없다.

ⓑ 제척기간에는 소급효가 없는데, 소멸시효에는 소급효가 있다(제167조).

ⓒ 소멸시효에는 중단(제168조)이라는 것이 있는데, 제척기간에는 없다.

ⓓ 소멸시효에는 정지(제182조)가 있는데, 제척기간에는 정지가 없다는 견해와 있다는 견해가 양립하고 있다.

㉢ 제척기간과 소멸시효 기준의 구별

법률조문의 문자에 의하여 구별하는 것이 옳다고 한다. 즉, 법규에 '시효로 인하여'라는 표현이 있으면 소멸시효이고, 그렇지 않으면 제척기간이라고 한다. 그러나 모두가 그렇게 할 수만은 없고, 규정의 취지와 권리의 성질까지도 신중히 고려하여 구별하여야 한다고 한다.

④ 시효의 성질
  ㉠ 시효는 법정기간의 계속을 요소로 한다.
  ㉡ 시효는 법률요건으로서 법률효과를 발생시킨다.
  ㉢ 시효는 재산권에 관한 것이므로 진정한 사실관계를 바탕으로 하는 가족관계에는 해당이 없다.
  ㉣ 시효에 관한 규정은 강행규정이다. 그러나 소멸시효기간을 단축하거나 그 요건을 가볍게 하는 것은 허용된다(제184조). 약자에게 유리한 것이므로 허용되는 것이다.

(2) 소멸시효의 요건

① 시효로 권리가 소멸하려면 ㉠ 권리가 소멸시효에 걸리는 것이어야 하고, ㉡ 권리자가 법률상 권리행사가 가능한데도 행사하지 않아야 하며, ㉢ 그 권리 불행사가 소멸시효 기간 동안 계속되어 그 중간에 시효중단(時效中斷), 정지(停止)가 없어야 한다.

② 소멸시효에 걸리는 권리 12 14 기출
  ㉠ 채권 그리고 소유권을 제외한 재산권은 소멸시효에 걸린다(제162조). 따라서 가족권, 인격권은 소멸시효에 관계가 없고 재산권 중에도 점유권(占有權) 등은 그 성질상 소멸시효에 친하지 않다.
  ㉡ 재산권의 구체적 고찰
    ⓐ 채권(債權)은 소멸시효에 걸린다(제162조 제1항).
    ⓑ 소유권은 항구적(恒久的)인 권리이므로 소멸시효와 관계가 없다(제162조 제2항).
    ⓒ 그 밖의 재산권은 소멸시효에 걸린다.
      ㉮ 채권적 청구권은 당연히 소멸시효에 걸린다. 그런데 판례는 채권인 등기청구권은 목적물을 등기청구권자가 점유하고 있으면 소멸시효에 걸리지 않는다고 한다. 학설은 이에 반대하는 견해가 강하다.

> **판례** 대판 1999.3.18., 98다32175 전합
> 시효제도는 일정 기간 계속된 사회질서를 유지하고 시간의 경과로 인하여 곤란해지는 증거보전으로부터의 구제를 꾀하며 자기 권리를 행사하지 않고 소위 권리 위에 잠자는 자는 법적 보호에서 이를 제외하기 위하여 규정된 제도라 할 것인바, 부동산에 관하여 인도, 등기 등의 어느 한쪽만에 대하여서라도 권리를 행사하는 자는 전체적으로 보아 그 부동산에 관하여 권리 위에 잠자는 자라고 할 수 없다 할 것이므로, 매수인이 목적 부동산을 인도받아 계속 점유하는 경우에는 그 소유권이전등기청구권의 소멸시효가 진행하지 않는다.

      ㉯ 물권적 청구권 즉, 소유권에 기한 물권적 청구권은 소멸시효에 걸리지 않는다. 그 외의 물권의 물권적 청구권에 대하여는 긍정·부정의 견해가 양립한다.
      ㉰ 형성권은 그 성질상 소멸시효에 걸리지 않으며, 형성권에 관한 존속기간은 제척기간이라고 한다. 그러나 반대하는 학설도 있다.

> **판례** 대판 1992.7.28., 91다44766
> 민법 제564조가 정하고 있는 매매의 일방예약에서 예약자의 상대방이 매매완결의 의사를 표시하여 매매의 효력을 생기게 하는 권리(이른바 예약완결권)는 일종의 형성권으로서 당사자 사이에 그 행사기간을 약정한 때에는 그 기간 내에 그러한 약정이 없는 때에는 예약이 성립한 때부터 10년 내에 이를 행사하여야 하고 위 기간을 도과한 때에는 상대방이 예약목적물인 부동산을 인도받은 경우라도 예약완결권은 제척기간의 경과로 인하여 소멸된다.

ⓒ 재산권 중에서도 성질상 소멸시효에 안 걸리는 권리
  ⓐ 점유권은 점유의 사실 유무에 의거하여 권리의 존속·소멸이 일어난다.
  ⓑ 상린권과 같이 일정한 법률관계에 의존하는 권리는 단독으로 소멸시효에 걸리지 않는다.
  ⓒ 담보물권은 피담보채권이 존속하는 한 존속한다. 담보물권의 부종성 때문이다.
  ⓓ 소유권은 권리의 항구성으로 인하여 시효로 소멸하지 않으며 소유권에 기한 물권적 청구권도 소멸시효에 걸리지 않는다(통설).

③ **소멸시효의 기산점** 13 15 18 23 기출
  ㉠ 소멸시효가 완성되려면 그 진행을 시작하여야 한다. 즉, 권리의 불행사가 있어야 한다. 그 시점을 언제로 하느냐가 바로 기산점의 문제이다.
  ㉡ 각종 권리의 소멸시효의 기산점
    ⓐ 시기부 권리는 기한이 도래한 때부터 소멸시효가 진행한다.
      ㉮ 확정기한부 권리 : 확정기한이 도래한 때
      ㉯ 불확정기한부 권리 : 채권의 기한이 객관적으로 도래한 때이다. 그러나 채무자가 지체에 빠지는 것은 그 기한의 도래를 안 때부터이다.
    ⓑ 기한이 없는 권리
      ㉮ 채권이 발생한 때부터 소멸시효는 진행한다. 그러나 채무자는 청구받은 때부터 지체에 빠진다.
      ㉯ 채권 이외의 재산권도 그 권리가 발생한 때부터 소멸시효는 진행한다고 한다.
    ⓒ 청구·해지 통고 후 일정 기간이나 상당한 기간이 경과한 후에 청구할 수 있는 권리는 청구·통고할 수 있는 때부터 일정 유예기간이 경과한 시점부터 소멸시효는 진행한다.
    ⓓ 할부급채권은 1회의 불이행으로 잔액 전부에 관하여 시효가 그때부터 진행한다는 해석과 1회의 불이행 때에 당연히 생기지 않고 잔액 전부 청구가 있어야 한다는 해석도 있다.
    ⓔ 정지조건부 권리는 조건이 성취된 때부터 소멸시효는 진행한다.
    ⓕ 부작위 채권은 '부작위를 목적으로 하는 채권의 소멸시효는 위반행위를 한 때부터 진행한다.'고 규정하고 있다(제166조).

④ **소멸시효기간** 14 16 18 20 21 25 기출
  ㉠ 채권의 소멸시효기간
    ⓐ 보통의 채권은 시효기간이 10년이다(제162조 제1항). 다만, 상행위로 생긴 것은 5년이다(상법 제64조).

> **판례** 대판 2000.8.22., 2000다19922
> 음식점을 운영하던 피고가 종래부터 겸영하던 숙박업을 더욱 확장 경영하기 위하여 새로운 여관 건물을 건축하면서 그에 필요한 돈을 마련하고자 원고로부터 이 사건 금전을 빌렸고, 실제 그 차용금을 여관신축에 사용하였다면, 피고의 위 차용행위는 자신의 숙박업영업을 위하여 한 이른바 보조적 상행위에 해당함이 분명하고, 그로 인하여 발생한 원고의 이 사건 대여금채권은 상법 제64조에서 말하는 상사채권에 해당하여 5년의 소멸시효기간이 적용된다.

　　ⓑ 시효기간이 3년인 채권(제163조)
　　　㉮ 이자·부양료·급료·사용료 그리고 1년 이내의 기간으로 정한 금전 또는 물건의 지급을 목적으로 하는 채권, 여기서 1년 내의 기간으로 정한 채권은 변제기가 1년 이내가 아니고 최소한 1년에 한 번씩 정기적으로 지급하는 채권을 말한다.
　　　㉯ 의사·조산사(助産師)·간호사 및 약사의 치료, 근로 및 조제에 관한 채권, 이때에 정식자격을 가진 의사·약사가 아닌 자의 행위로 인한 채권도 포함된다.
　　　㉰ 도급받은 자·기사·기타 공사의 설계·감독에 종사하는 자의 공사에 관한 채권 즉, 보수청구권, 비용상환청구권이다.
　　　㉱ 변호사, 변리사, 공증인, 공인회계사, 법무사에 대한 직무상 보관한 서류의 반환청구권이다.
　　　㉲ 변호사, 변리사, 공증인, 공인회계사, 법무사의 직무에 관한 채권이다.
　　　㉳ 생산자·상인의 물품판매대금이다. 상사채권은 보통은 5년인데, 이는 특별히 더 짧다.
　　　㉴ 수공업자·제조자의 업무에 관한 채권이다.
　　ⓒ 시효기간이 1년인 채권(제164조)
　　　㉮ 여관·음식점·대석·오락장의 숙박료·음식료·대석료·입장료·소비물의 대가 및 체당금 채권
　　　㉯ 의복·침구·장의 도구 기타 동산의 사용료 채권
　　　㉰ 노역인·연예인의 임금 및 그에 공급한 물건의 대금채권, 여기서 노역인은 일일 근로자로서 계속적 고용관계가 아닌 노동자를 말한다.
　　　㉱ 학생·수업자의 교육·의식·숙박에 관한 교주·숙주·교사의 채권, 이는 개인간의 채권은 물론 법인 또는 비법인 간에 형성된 것도 포함한다.
　　ⓓ 판결 등으로 확정된 채권
　　　민법은 '판결에 의하여 확정된 채권은 단기의 소멸시효에 해당한 것이라도 그 소멸시효는 10년으로 한다'고 정한다(제165조 제1항). 따라서 시효기간이 1년, 3년의 채권도 판결로 확정되면 모두 시효기간이 10년인 채권으로 된다. 그리고 판결의 확정과 동일한 효력이 있는 재판상의 화해·조정에 의한 채권도 시효기간이 10년인 채권에 해당된다(제165조 제2항).
　ⓛ 기타의 재산권의 소멸시효기간
　　채권과 소유권을 제외한 재산권은 시효기간이 20년이다. 다만 형성권은 소멸시효에 친하지 않은 권리이다(제162조 제2항 참조).

(3) 소멸시효의 중단 14 15 16 19 20 21 22 23 24 기출

① **소멸시효의 중단의 의미**
   ㉠ 소멸시효는 일정한 권리 불행사의 사실상태가 일정기간 계속하여 그 사실상태를 그대로 권리관계로 인정하는 결과로서 진실된 권리가 없어지는 효력인데, 중간에 이 권리의 불행사의 상태가 끊기어, 시효의 진행이 멈추고, 그때까지 진행된 시효기간이 모두 없어지는 상태를 소멸시효의 중단이라 한다(제178조). 즉, 진정한 권리자의 권리행사로 인하여 시효의 진행이 멈추는 것이다.
   ㉡ 위의 시효중단은 소멸시효·취득시효 모두에 있다. 그리고 시효를 멈추게 하는 시효의 중단·정지를 시효의 장해(時效의 障害)라고 한다.

② **시효의 중단사유** 13 25 기출
   진행하고 있는 시효를 멈추게 하는 권리자의 권리행사로 인정하는 것을 중단사유라고 한다. 이에는 ㉠ 청구, ㉡ 압류·가압류·가처분, ㉢ 승인의 3가지가 있다(제168조).
   ㉠ 청구(제168조 제1호)
   청구는 권리자가 의무자에게 자신의 권리를 행사하는 것이다. 청구에는 그 방법에 따라 재판상의 청구, 재판 외의 청구가 있다.
   ⓐ 재판상의 청구(제170조)
      ㉮ 재판상의 청구란 법원에 소를 제기하는 것을 말한다. 즉, 시효기간이 진행하고 있는 권리의 주체가 원고로서 그 권리를 법원에서 소송절차를 통해 주장하는 것이다. 이때의 소는 이행의 소, 확인의 소, 형성의 소 어느 것이라도 관계가 없다. 또한, 본소이든 반소이든 원고로서 소를 제기하는 것은 가능하다.
      그런데 상대방이 제기한 소에 응소하여 승소한 것에 대하여는 재판상의 청구를 인정하지 않은 경우도 있으나, 근래에는 이것도 시효중단사유로 판례는 인정한다.
      ㉯ 행정소송·행정소원은 중단사유로 인정하지 않는다. 그것은 행정처분의 취소·변경을 구하는 것이기 때문이라는 것이다.
      ㉰ 재판상 청구가 시효중단의 효력을 발생하는 시기는 소를 제기한 때이다. 그러나 소 제기 후, 소의 각하, 기각·취하가 있으면 중단의 효력은 없다(제170조 제1항). 이 경우에는 각하·취하가 있는 때로부터 6개월 내에 재판상의 청구·파산 절차의 참가, 압류, 가압류, 가처분을 한 때에는 최초의 재판상 청구 때부터 시효는 중단된다(제170조 제2항).
   ⓑ 파산절차 참가(제171조)
      ㉮ 파산절차의 참가는 채권자가 파산재단의 배당에 참가하기 위하여 그 채권을 신고하는 것이다. 그리고 채권자가 채무자의 파산신청을 하는 것도 중단사유로 본다고 한다.
      ㉯ 화의법에 의한 화의절차 참가도 시효중단의 효과가 있다고 한다.
   ⓒ 지급명령(제172조)
      ㉮ 지급명령은 일반의 소송절차에 의하지 않고 채권자가 법원을 통해 권리를 행사하는 간이절차인 독촉 절차이다. 시효중단의 효력은 지급명령 신청서를 법원에 제출한 때부터 발생한다.
      ㉯ 지급명령을 받은 채무자는 2주일 내에 이의신청하면, 지급명령 신청 시에 소(訴)를 제기한 것으로 보아 시효중단의 효력이 계속된다.

㉰ 이의신청이 없거나, 또는 이의가 취하되거나 각하 결정이 되면, 지급명령은 확정되고, 강제집행을 할 수 있게 된다.
㉱ 지급명령사건이 채무자의 이의신청으로 소송으로 이행되는 경우에 지급명령에 의한 시효중단의 효과는 지급명령을 신청한 때에 발생한다.
ⓓ 화해를 위한 소환(제173조 전단)
㉮ 재판상 화해를 신청하면, 신청한 때에 소멸시효는 중단된다.
㉯ 화해가 성립되지 않으면 화해신청인은 1개월 내에 소(訴)를 제기하면 중단의 효력은 계속되지만, 소를 제기하지 않으면 중단의 효력은 생기지 않는다(제173조).
㉰ 재판상의 조정도 조정신청으로 시효중단의 효력이 생긴다고 한다.
ⓔ 임의출석(제173조 후단)
㉮ 임의출석이란 당사자 쌍방이 미리 소(訴)를 제기하지 않고 임의로 법원에 출석하여 소송에 관한 변론을 함으로써 소(訴)를 제기하는 것을 말한다.
㉯ 임의출석은 민사소송법이 이 방식을 폐기하여, 임의출석에 관한 민법규정은 쓸모 없이 되었으나, 소액사건심판법에서 임의출석에 의한 소(訴)를 인정하고 있어, 시효중단의 사유로 된다. 임의출석하여 화해가 성립되지 않으면 시효중단의 효력은 부정되고, 그로부터 1개월 내에 소를 제기함으로써 임의출석 시로부터 중단의 효력은 계속될 수 있다.
ⓕ 최고(제174조)
최고(催告)란 채권자가 채무자에 대하여 이행을 청구하는 채권자의 독촉이다. 이 최고는 채권자의 '의사의 통지'의 성질을 가지고 있다. 이 최고는 특별한 양식도 필요없고 간단하다. 그런 반면 최고 후 6개월 내에 재판상의 청구·압류·가압류·가처분과 같은 강력한 방법을 취하지 아니하면 중단의 효력은 생기지 않는다. 따라서 최고 후 6개월 내에 다시 최고하여도 소용이 없다. 한 번의 최고로 강력한 수단을 준비하게 하는 의미가 있다.
ⓒ 압류·가압류·가처분(제168조 제2호) **22 기출**
ⓐ 압류(押留)는 판결의 확정 기타의 채무명의에 의하여 행하는 강제집행을 말한다. 강력한 권리의 실행행위이므로 시효중단이 일어난다.
ⓑ 가압류와 가처분은 강제집행을 보전하려는 수단으로서 권리의 실행행위이므로 역시 시효중단이 일어난다.
㉮ 가압류는 금전채권이나 금전으로 환산할 수 있는 채권을 위하여 채무자의 재산을 확보하고, 장래의 강제집행을 목적으로 하는 명령을 말한다.
㉯ 가처분은 금전채권 이외의 특정물의 급여·인도 기타의 특정의 급여를 목적으로 하는 청구권의 집행·보전을 목적으로 하고, 또는 다투는 권리관계에 관하여 임시의 지위를 정함을 목적으로 하는 처분을 말한다.
ⓒ 압류·가압류·가처분이 시효중단의 효력을 발생하는 시기는 압류·가압류·가처분의 명령을 신청하는 때라고 한다.

- ⓓ 압류·가압류·가처분이 권리자의 취소나 법률에 따르지 않아서 취소된 때에는 시효중단의 효력이 없다(제175조).
- ⓔ 압류·가압류·가처분의 집행행위가 시효의 이익을 받을 자에 대하여 하지 않는 때에는 그 자에게 통지한 후에 중단효력이 있다(제176조).

ⓒ 승인(제168조 제3호)
- ⓐ 승인이란 시효의 이익을 받을 당사자가 시효로 인하여 권리를 잃는 자에 대하여 그 권리를 인정한다는 표시행위이다. 그 표시행위는 '관념의 통지'라고 한다. 그 표시행위는 직접 채권자에게 하거나, 그 대리인에게 하여도 된다.
- ⓑ 승인을 하는 방식은 자유이므로 명시적으로든 묵시적으로든 좋다. 승인은 시효의 완성 전에 하여야 한다. 완성 후에는 시효이익의 포기(제184조)의 문제가 된다.

> **판례** 대판 1999.3.12., 98다18124
> 소멸시효중단사유로서 승인은 시효이익을 받을 당사자인 채무자가 소멸시효의 완성으로 권리를 상실하게 될 자 또는 그 대리인에 대하여 그 권리가 존재함을 인식하고 있다는 뜻을 표시함으로써 성립하는 것인바, 검사 작성의 피의자 신문조서는 검사가 피의자를 신문하여 그 진술을 기재한 조서로서 그 작성형식은 원칙적으로 검사의 신문에 대하여 피의자가 응답하는 형태를 취하여 피의자의 진술은 어디까지나 검사를 상대로 이루어지는 것이어서 그 진술기재 가운데 채무의 일부를 승인하는 의사가 표시되어 있다고 하더라도, 그 기재 부분만으로 곧바로 소멸시효중단사유로서 승인의 의사표시가 있은 것으로는 볼 수 없다.

③ 시효중단의 효력
- ㉠ 시효중단의 원칙
  - ⓐ 시효가 중단되면, 중단 시까지 진행한 시효기간은 모두 소멸하고, 다시 새로운 시효기간이 진행하게 된다(제178조 제1항). 그리고 시효중단의 효력은 당사자 및 승계인 사이에만 효력이 있다(제169조). 당사자는 시효중단 행위에 직접 관여한 자이고, 승계인은 포괄승계인, 특정승계인 모두 해당된다.
  - ⓑ 당사자가 여러 사람이면, 그 모든 자에게 중단을 하여야 한다. 그러나 지역권(제296조), 연대채무(제416조), 보증채무는 그 특성에 의해 한 사람에게 하여도 전체에 효력이 있다(제440조).
- ㉡ 시효중단 후의 새로운 시효진행
  - ⓐ 시효가 중단된 후 그 시효의 기초가 되는 사실 상태가 다시 계속되면 그때부터 다시 새로운 시효기간이 진행한다. 따라서 전에 진행된 시효기간은 없어진다.
  - ⓑ 중단된 시효가 다시 진행을 시작하는 때를 보면
    - ㉮ 청구로 중단된 때는 재판이 확정된 때부터 다시 새로운 시효가 시작한다(제178조 제2항).
    - ㉯ 압류·가압류·가처분으로 중단된 때는 이들의 절차가 끝났을 때부터 다시 새로운 시효가 시작된다.
    - ㉰ 승인으로 중단된 때는 승인이 상대방에게 도달된 때부터 다시 새로운 시효가 시작된다.

(4) 소멸시효의 정지
① 소멸시효의 정지
- ㉠ 소멸시효의 정지란 시효기간이 완성될 무렵에 권리자가 시효중단의 행위를 하는 것이 불가능하거나 또는 현저히 곤란한 사정이 생긴 경우에 시효진행을 멈추게 하고, 그 사정이 소멸한 때에 나머지 시효기간을 진행시키는 것이다.
- ㉡ 시효정지는 그 사정이 있을 동안 시효기간이 멈추었다가 진행할 때에는 멈추기 전의 진행기간이 그대로 계산에 산입된다는 점에서, 시효중단의 효력과 다르다.
- ㉢ 시효정지는 취득시효에 준용한다는 민법의 규정은 없지만, 취득시효에도 준용되는 것으로 해석한다.

② 소멸시효의 정지사유 16 기출
- ㉠ 6개월의 유예기간을 두는 경우
  - ⓐ 소멸시효기간의 만료 전 6개월 내에 제한능력자의 법정대리인이 없는 때에는 그가 능력자가 되거나, 법정대리인이 취임한 때로부터 6개월 내에는 시효가 완성되지 않는다(제179조).
  - ⓑ 재산을 관리하는 아버지, 어머니 또는 후견인에 대한 제한능력자의 권리는 그가 능력자가 되거나 후임 법정대리인이 취임한 때부터 6개월 내에는 소멸시효가 완성되지 않는다(제180조 제1항).
  - ⓒ 부부 중 한쪽이 다른 쪽에 대하여 가지는 권리는 혼인관계가 종료된 때부터 6개월 내에는 소멸시효가 완성되지 않는다(제180조 제2항).
  - ⓓ 상속재산에 속하는 권리, 상속재산에 대한 권리는 상속인의 확정, 관리인의 선임, 파산선고가 있는 때부터 6개월 내에 시효가 완성되지 않는다(제181조).
- ㉡ 1개월의 유예기간을 두는 경우
  천재(天災) 기타의 사변으로 인하여 소멸시효를 중단할 수 없을 때에는 그 사유가 종료한 때부터 1개월 내에는 시효가 완성되지 않는다(제182조). 사변(事變)이란 전쟁, 폭동 등 불가항력적인 객관적 사실을 말하고, 개인적인 질병 등은 아니다.

(5) 소멸시효의 효력
① 소멸시효가 완성되면 그 권리는 당연히 절대적으로 소멸하는가에 대하여 견해의 대립이 있다. 왜냐하면 민법은 '소멸시효가 완성한다'고 규정(제162조, 제163조, 제164조)할 뿐 그 완성한다는 의미가 무엇인지 불분명하기 때문이다.

[효력에 관한 학설]

절대적 소멸설	소멸시효가 완성되면 당연히 그 권리는 소멸한다고 한다. 우리의 다수설이다. 이 설은 현행 민법은 시효의 원용(援用)에 관한 규정이 없기 때문이라고 한다. 그런데, 이 설에 의하면 민법 '소멸시효의 이익은 미리 포기하지 못한다'는 규정(제184조)의 설명이 곤란하다. 소멸한 권리를 포기한다는 것은 논리적으로 모순이다.
상대적 소멸설	소멸시효가 완성되면, 채무자는 시효완성을 주장할 수 있는 원용권(援用權)이 발생한다고 한다. 따라서 채무자가 원용권을 행사하면 권리는 소멸하게 된다. 이 설은 '이익의 포기'를 원용권의 불행사 즉, 포기로 설명하기에 순조롭다.
두 학설의 비교	① 절대적 소멸설에 의하면 법원은 직권으로 소멸시효의 완성을 고려할 수 있어야 논리적인데, 이 설은 당사자의 원용이 없으면 안 된다고 한다. 또 이 설은 소멸시효 완성을 알고서 변제(辨濟)하면 비채변제로서 반환청구가 안 된다. 그것은 시효이익의 포기이기 때문이다. 그러나 완성을 알지 못하고 변제하면, 도의관념에 적합한 비채변제로서 반환청구할 수 없다고 한다. ② 상대적 소멸설에 의하면 법원은 당사자의 원용이 없으면 시효완성을 고려할 수 없다. 또 이 설에 의하면 소멸시효 완성 후에 변제를 한 때는 선의·악의에 관계없이 당연히 채무의 변제로 된다.

② 소멸시효의 소급효
  ㉠ 소멸시효는 그 기산일에 소급하여 효력이 생긴다(제167조).
  ㉡ 시효완성 전에 상계할 수 있었던 것이면 채권자는 상계할 수 있다(제495조). 상계는 채무자에게 상계의 의사를 표시하면 된다.
③ 소멸시효 이익의 포기
  ㉠ 소멸시효의 이익은 시효완성 후에만 포기할 수 있다. 따라서 완성 전에는 포기할 수 없다(제184조 제1항). 왜냐하면 사전포기를 인정하면 채권자가 채무자의 궁박을 이용하여 미리 포기하게 할 염려가 있기 때문이며, 소멸시효의 이익은 약자 보호의 공익적 제도이기 때문이다.

> 대판 2001.6.12., 2001다3580
> 채무자가 소멸시효 완성 후 채무를 일부 변제한 때에는 그 액수에 관하여 다툼이 없는 한 그 채무 전체를 묵시적으로 승인한 것으로 보아야 하고, 이 경우 시효완성의 사실을 알고 그 이익을 포기한 것으로 추정되므로, 소멸시효가 완성된 채무를 피담보채무로 하는 근저당권이 실행되어 채무자 소유의 부동산이 경락되고 그 대금이 배당되어 채무의 일부 변제에 충당될 때까지 채무자가 아무런 이의를 제기하지 아니하였다면, 경매절차의 진행을 채무자가 알지 못하였다는 등 다른 특별한 사정이 없는 한, 채무자는 시효완성의 사실을 알고 그 채무를 묵시적으로 승인하여 시효의 이익을 포기한 것으로 보아야 한다.

  ㉡ 다만, 시효기간을 단축하거나, 시효요건을 경감하는 당사자의 특약은 유효하다(제184조 제2항 반대해석). 채무자인 약자에게 유리하기 때문이다.
  ㉢ 시효이익의 포기는 상대방 있는 단독행위이며, 이익의 처분행위이므로, 처분권능·처분권한이 있어야 한다.
  ㉣ 포기의 대상이 주(主)된 권리인 때에는 그 포기의 효력은 종(從)된 권리에게도 효력이 미친다(제183조). 따라서 주된 권리를 포기하면 종된 권리도 자동으로 포기한 것이 된다.

제2과목 민 법

CHAPTER 01 적중예상문제

01 다음은 근대민법의 기본원리와 관련제도를 일정한 연관하에 연결한 것이다. 그 성질이 다른 하나는?

① 법률행위자유의 원칙 - 불공정행위의 무효
② 유언자유의 원칙 - 유류분제도
③ 소유권절대의 원칙 - 주택임대차보호법 제3조 제1항
④ 계약 자유의 원칙 - 보통거래약관
⑤ 과실책임의 원칙 - 공작물 등의 소유자의 책임

해설

사적자치의 구체적인 개별원리와 사회적 형평의 이념에 기초하여 사적자치를 제한하는 관련제도를 상호연결한 것이다.
④ 보통거래약관은 계약내용형성의 자유에 속하므로 '약관의 규제에 관한 법률'로 바꿔야 한다.

02 민법의 법원(法源)에 관한 설명으로 옳은 것은? (다툼이 있으면 판례에 따름)

① 민사(民事)에 관하여 법률에 규정이 없으면 조리에 의하고 조리가 없으면 관습법에 의한다.
② 민법 제1조의 민사에는 상사(商事)가 포함되지 않는다.
③ 관습법은 그 존부를 법원이 알 수 없는 경우를 제외하고는 당사자의 주장·입증을 기다림이 없이 법원이 직권으로 이를 확정하여야 한다.
④ 강행규정과 다른 관습이 있는 경우 당사자의 의사가 명확하지 아니한 때에는 그 관습에 의한다.
⑤ 조례와 규칙은 민사에 관한 것이라도 민법의 법원이 될 수 없다.

해설

① 민사에 관하여 법률에 규정이 없으면 관습법에 의하고 관습법이 없으면 조리에 의한다(민법 제1조).
② 상사에 관하여 본법에 규정이 없으면 상관습법에 의하고 상관습법이 없으면 민법의 규정에 의한다(상법 제1조).
④ 법령 중의 선량한 풍속 기타 사회질서에 관계없는 규정과 다른 관습이 있는 경우에 당사자의 의사가 명확하지 아니한 때에는 그 관습에 의한다(민법 제106조).
⑤ 조례와 규칙도 민사에 관한 내용이라면 민법의 법원이 된다.

01 ④ 02 ③ **정답**

03 민법상 권리능력에 관한 설명으로 옳은 것은? (다툼이 있으면 판례에 따름)

① 자연인의 권리능력은 계약에 의해 제한될 수 있다.
② 태아는 불법행위로 인한 손해배상청구권에 관하여 이미 출생한 것으로 본다.
③ 상속인이 될 직계비속이 상속개시와 동시에 사망한 것으로 추정되는 경우에는 대습상속이 인정되지 않는다.
④ 법인에게 명예권은 인정되지 않는다.
⑤ 사망신고로 비로소 사람은 권리능력을 잃는다.

> **해설**
> ① 자연인의 권리능력은 양도, 포기, 제한, 박탈이 불가하며 사망에 의해서만 상실된다.
> ③ 민법 제1001조 대습상속의 '상속인이 될 직계비속이 상속개시 전에 사망한 경우'에는 '상속인이 될 직계비속이 상속개시와 동시에 사망한 것으로 추정되는 경우'도 포함하는 것으로 합목적적으로 해석함이 상당하다(대판 2001.3.9., 99다13157).
> ④ 법인은 사람의 천연적 성질인 가족법상의 법률관계는 가질 수 없지만, 재산권, 명예권, 신용권 등은 법인에게도 인정된다(대판 1997.10.24., 96다17851).
> ⑤ 사망과 동시에 권리능력은 소멸한다.

04 다음은 민법에 관한 설명이다. 타당하지 않은 것은?

① 사법관계를 규율하는 사법의 전부라 할 수는 없다.
② 실질적 의미의 민법과 형식적 의미의 민법은 반드시 일치하는 것은 아니다.
③ 민법에서는 인간평등의 원칙이 지배한다.
④ 형식적 의미의 민법은 모든 성문민법의 법원을 의미한다.
⑤ 실질적 민법은 민법의 법원에 해당한다.

> **해설**
> ④ 형식적 의미에 있어서의 민법은 '민법전'을 가리킨다.

정답 03 ② 04 ④

05 신의성실의 원칙(이하 '신의칙')에 관한 설명으로 옳은 것을 모두 고른 것은? (다툼이 있으면 판례에 따름)

> ㄱ. 신의칙에 반하는 것은 강행규정에 위배되는 것으로서 당사자의 주장이 없더라도 법원이 직권으로 판단할 수 있다.
> ㄴ. 강행법규를 위반한 자가 스스로 그 약정의 무효를 주장하는 것은 특별한 사정이 없는 한 신의칙에 위반되는 권리의 행사로서 허용되지 않는다.
> ㄷ. 변호사의 소송위임사무에 관한 약정 보수액이 부당하게 과다한 경우에도 신의칙이나 형평의 관념 등 일반 원칙에 의해 개별 약정의 효력을 제약하는 것은 사적 자치의 원칙에 정면으로 반한다.
> ㄹ. 대리권 없이 타인의 부동산을 매도한 자가 부동산을 상속한 후 소유자의 지위에서 자신의 대리행위가 무권대리로서 무효임을 주장하여 등기말소를 구하는 것은 금반언의 원칙상 허용되지 않는다.

① ㄱ, ㄴ
② ㄱ, ㄹ
③ ㄴ, ㄷ
④ ㄴ, ㄹ
⑤ ㄷ, ㄹ

해설

ㄴ. 강행법규를 위반한 자가 스스로 그 약정의 무효를 주장하는 것이 신의칙에 위배되는 권리의 행사라는 이유로 그 주장을 배척한다면 이는 오히려 강행법규에 의하여 배제하려는 결과를 실현시키는 셈이 되어 입법 취지를 완전히 몰각하게 되므로 달리 특별한 사정이 없는 한 위와 같은 주장이 권리남용에 해당되거나 신의성실 원칙에 반한다고 할 수 없다(대판 2018.4.26., 2017다288757).
ㄷ. 약정 보수액이 부당하게 과다하여 신의성실의 원칙이나 형평의 관념에 반한다고 볼 만한 특별한 사정이 있는 경우에는 예외적으로 적당하다고 인정되는 범위 내의 보수액만을 청구할 수 있다. 그런데 이러한 보수 청구의 제한은 어디까지나 계약자유의 원칙에 대한 예외를 인정하는 것이므로 법원은 그에 관한 합리적인 근거를 명확히 밝혀야 한다. 그럼에도 신의칙 또는 형평의 관념 등 일반 원칙에 의해 개별 약정의 효력을 제약하려고 시도하는 것은 사적 자치의 원칙, 자유민주적 기본질서, 시장경제질서 등 헌법적 가치에 정면으로 반한다(대판 2018.5.17., 2016다35833).

06 민법의 효력이 미치는 범위에 관하여 틀린 것은?

① 법률불소급의 원칙은 법학에 있어서의 일반적 원칙이지만 민법은 소급효를 인정하고 있다.
② 민법은 모든 한국인에게 적용되는 것이 아니라 한국인이라도 외국에 거주하면 그 효력이 미치지 않는 것이 원칙이다.
③ 우리 민법은 1960년 1월 1일부터 시행되었다.
④ 민법은 우리나라의 영토고권의 효과로서 대한민국의 영토 내에 있는 모든 사람에게 적용되는 것이 원칙이다.
⑤ 민법은 성별·사회적 신분 등의 구별에 의하여 그 적용이 제한되지 않는 것이 원칙이다.

해설

② 속인주의에 의하여 외국에 있는 한국인에게도 적용된다.

07 관습법에 관한 설명 중 옳지 않은 것은?

① 관습법의 효력은 보충적 효력이 있다. 그런데 학설은 법률개폐적 효력을 인정하는 경우도 있다.
② 관습법은 성문법의 경직성을 보완한다.
③ 관습법은 관행이 일반인에게 법으로 확신되어야 한다는 견해가 있다.
④ 관습법은 관행이 국가에 의해 승인되어야 한다는 견해도 있다.
⑤ 관습법을 중요시하는 법사상은 법실증주의이다.

해설
법실증주의에서는 관습법을 인정하지 않으려고 한다.

08 태아의 권리능력이 인정되지 않는 경우는? (다툼이 있으면 판례에 따름)

① 태아 자신이 입은 불법행위에 대한 손해배상청구
② 직계존속의 생명침해에 대한 태아 자신의 위자료 청구
③ 대습상속을 받을 권리
④ 유류분에 관한 권리
⑤ 법정대리인에 의한 수증행위

해설
의용 민법이나 구 관습 하에 태아에게는 일반적으로 권리능력이 인정되지 아니하고 손해배상청구권 또는 상속 등 특별한 경우에 한하여 제한된 권리능력을 인정하였을 따름이므로 증여에 관하여는 태아의 수증능력이 인정되지 아니하였고 또 태아인 동안에는 법정대리인이 있을 수 없으므로 법정대리인에 의한 수증행위도 할 수 없다(대판 1982.2.9., 81다534).

09 무체재산권에 속하지 않는 것은?

① 상표권
② 광업권
③ 특허권
④ 저작권
⑤ 실용신안권

해설
무체재산권은 지식재산권이라고도 하며, 광업권은 광업법에 의해 인정되는 일종의 물권이다.

정답 07 ⑤ 08 ⑤ 09 ②

10 다음 설명 중에서 옳지 않은 것은?

① 행위능력은 권리능력과 의사능력을 전제로 한다.
② 행위능력은 일정한 기준으로 인정된다.
③ 법인은 설립등기를 해야 권리능력이 있다.
④ 우리 민법은 태아에 관해 개별보호주의를 취한다.
⑤ 정지조건설이 해제조건설보다 태아에 유리하다.

해설

정지조건설은 태아가 살아서 태어났을 때에 소급하여 사람으로 보는데, 해제조건설은 태아인 때부터 사람으로 보고 사산한 때에 효력이 소급하여 소멸되므로 사산율이 적은 오늘날에는 해제조건설이 태아에게 유리하고 타당하다.

11 다음 중 권리능력이 없는 것은?

① 주식회사
② 민법상의 조합
③ 농업협동조합
④ 학교법인
⑤ 합자회사

해설

② 민법상의 조합은 하나의 집단이지만 권리능력은 없다.

12 다음 설명 중 옳지 않은 것은?

① 행위능력은 19세가 되어야 생긴다.
② 책임능력은 12세가 되어야 생긴다고 민법은 규정한다.
③ 의사능력은 6세 정도면 있다고 판례가 인정한다.
④ 회사에도 불법행위능력이 인정될 수 있다.
⑤ 미성년자가 혼인하면 성년이 된다.

해설

민법상 책임능력에 관하여 명문의 규정은 없으나 형사상 책임능력처럼 사물변별능력 또는 의사결정능력이 추상적 기준이 된다. 일반적으로 유아, 소아 등은 책임능력이 없으며 판례상 미성년자는 12세 전후를 기준으로 책임능력을 가진다고 보는 입장이다.

정답 10 ⑤ 11 ② 12 ②

13 제한능력자의 상대방보호를 위한 제도가 아닌 것은?

① 상대방의 취소권
② 상대방의 최고권
③ 상대방의 철회권
④ 상대방의 거절권
⑤ 사술에 의한 경우 취소권의 부정

해설
① 취소권은 제한능력자에게 인정되는 제도이다.

14 다음 중 조리에 관해 틀린 것은?

① 조리는 신의성실을 내용으로 한다.
② 조리는 하나의 자연법적 존재이다.
③ 조리를 법원으로 인정함은 법치주의에 위배된다.
④ 조리는 법의 일반원칙 사회통념이라 표현되기도 하며, 법률행위 해석의 하나의 표준이 된다.
⑤ 경험법칙도 조리의 내용이 된다고 할 수 있을 것이다.

해설
조리는 사물의 도리 또는 사물의 본질적 법칙을 의미하며 불문법으로서 관습법을 보충하는 것으로써 적용된다. 민법 제1조에도 민사에 관하여 법률에 규정이 없으면 관습법에 의하고 관습법이 없으면 조리에 의한다고 규정되어 있다.

15 민법상 물건에 관한 설명으로 옳지 않은 것은? (다툼이 있으면 판례에 따름)

① 물건이라 함은 유체물 및 전기 기타 관리할 수 있는 자연력을 말한다.
② 주물을 처분할 때 당사자 간의 특약으로 종물을 제외할 수 있다.
③ 종물과 주물의 관계에 관한 법리는 물건 상호 간의 관계뿐 아니라, 권리 상호 간에도 적용된다.
④ 물건의 사용대가로 받는 금전 기타의 물건은 천연과실로 한다.
⑤ 법정과실은 수취할 권리의 존속기간일수의 비율로 취득한다.

해설
④ 물건의 사용대가로 받는 금전 기타의 물건은 법정과실로 한다(민법 제101조 제2항).

16 다음 중 민법의 규정과 다른 것은?

① 사람은 생존한 동안 권리와 의무의 주체가 된다.
② 미성년자가 법률행위를 함에는 법정대리인의 동의를 얻어야 한다. 그러나 권리만을 얻거나 의무만을 면하는 행위는 그러하지 아니한다.
③ 부재자의 생사가 7년간 분명하지 아니한 때에는 법원은 이해관계인이나 검사의 청구에 의하여 실종선고를 하여야 한다.
④ 법인은 법률의 규정에 의함이 아니면 성립하지 못한다.
⑤ 이사의 대표권에 대한 제한은 등기하지 아니하면 제3자에게 대항하지 못한다.

해설
③ 부재자의 생사가 '5년'간 분명하지 아니한 때에는 법원은 이해관계인이나 검사의 청구에 의하여 실종선고를 하여야 한다(민법 제27조 제1항).
① 동법 제3조
② 동법 제5조 제1항
④ 동법 제31조
⑤ 동법 제60조

17 성년후견제도에 관한 설명으로 옳지 않은 것은?

① 가정법원은 성년후견인이 취소할 수 없는 피성년후견인의 법률행위의 범위를 정할 수 있다.
② 일용품의 구입 등 일상생활에 필요하고 그 대가가 과도하지 아니한 피성년후견인의 법률행위는 성년후견인이 취소할 수 없다.
③ 가정법원은 피한정후견인이 한정후견인의 동의를 받아야 하는 행위의 범위를 정할 수 있다.
④ 특정후견의 심판을 하는 경우에는 특정후견의 기간 또는 사무의 범위를 정해야 한다.
⑤ 피성년후견인, 피한정후견인, 피특정후견인의 행위능력은 각 성년후견인, 한정후견인, 특정후견인의 대리권의 범위에 따라 제한된다.

해설
피한정후견인은 가정법원이 한정후견인의 동의를 받도록 따로 정한 행위에 대해서만 행위능력이 제한되고 그 외의 법률행위에 대하여는 완전한 행위능력을 갖게 된다(서울가법 2018.1.17., 2017브30016).

18 미성년자의 법률행위에 관한 다음 설명 중 가장 타당한 내용은?

① 법정대리인의 동의 없이 미성년자가 한 법률행위가 취소되면 원칙적으로 장래에 향하여 효력을 잃는다.
② 미성년자는 타인의 대리인으로서 대리행위를 할 수 없다.
③ 미성년자는 법정대리인의 동의 없이 독자적으로 임금을 청구할 수 있다.
④ 18세가 되지 않은 사람의 혼인은 취소하지 않아도 당연무효이다.
⑤ 미성년자의 법률행위는 법정대리인의 동의를 얻어야 효력을 발생하며 권리만을 얻거나 의무만을 면하는 행위에 있어서도 마찬가지이다.

해설

③ 미성년자는 독자적으로 임금을 청구할 수 있다(근로기준법 제68조).
① 취소된 법률행위는 처음부터 무효인 것으로 본다. 그러나 제한능력자는 그 행위로 인하여 받은 이익이 현존하는 한도에서 상환할 책임이 있다(민법 제141조).
② 대리인은 행위능력자임을 요하지 아니하므로(동법 제117조) 미성년자도 대리행위할 수 있다.
④ 혼인적령(18세)이 되지 않은 경우는 혼인취소사유에 해당한다(동법 제816조 제1호).
⑤ 미성년자의 법률행위 중에서 권리만을 얻거나 의무만을 면하는 행위는 법정대리인의 동의가 필요없다(동법 제5조 단서).

19 제한능력자의 상대방 보호로서 부당한 것은?

① 제한능력자의 상대방은 제한능력자가 된 후에 그에게 1개월 이내의 기간을 정하여 그 취소할 수 있는 행위를 추인할 것인지 여부의 확답을 촉구할 수 있다.
② 제한능력자의 법정대리인이 그 정하여진 기간 내에 확답을 발송하지 아니한 경우에는 그 행위를 추인한 것으로 본다.
③ 상대방은 철회나 거절의 의사표시를 제한능력자에게도 할 수 있다.
④ 제한능력자의 단독행위는 추인이 있을 때까지 상대방이 거절할 수 있다.
⑤ 제한능력자가 속임수로써 자기를 능력자로 믿게 한 경우에는 그 행위를 취소할 수 없다.

해설

① 제한능력자의 상대방은 제한능력자가 된 후에 그에게 1개월 이상의 기간을 정하여 그 취소할 수 있는 행위를 추인할 것인지 여부의 확답을 촉구할 수 있다(민법 제15조).
② 동법 제15조 제1항, ③ 동법 제16조 제3항, ④ 동법 제16조 제2항, ⑤ 동법 제17조 제1항

정답 18 ③ 19 ①

20 주소에 관한 설명으로 맞지 않는 것은?

① 주소는 변제장소의 기준이 된다.
② 주소를 결정할 때 주민등록이 있다고 해서 그것만으로 주소를 결정하지는 않는다.
③ 국내에 주소가 없으면 거소를 주소로 추정한다.
④ 주소는 재판관할의 표준이 된다.
⑤ 우리 민법은 주소에 관해 실질·복수·객관주의를 취한다.

해설
국내에 주소가 없으면 거소(居所)를 주소로 본다. 즉, 추정하지 아니하고 간주한다.

21 민법상 법인에 관한 설명으로 옳지 않은 것은?

① 재단법인은 영리법인이 될 수 없다.
② 사단법인의 정관변경은 정관의 규정이 있으면 이사회의 결의만으로 가능하다.
③ 법인의제설에 의하면 이사는 본질상 대리인과 같다.
④ 법인의 사무는 주무관청이 검사, 감독한다.
⑤ 이른바 사원의 고유권은 사원의 동의가 없으면 총회의 결의로도 박탈할 수 없다.

해설
② 사단법인의 정관은 '총사원 2/3 이상'의 동의가 있는 때에 한하여 이를 변경할 수 있다. 그러나 정수에 관하여 정관에 다른 규정이 있는 때에는 그 규정에 의한다(민법 제42조). 따라서 사원의 정수에 관한 정관규정만 허용되므로 정관변경은 '사원총회를 반드시' 거쳐야 한다.
① 영리법인은 사원의 영리를 목적으로 하는 사단법인으로 사원이 없는 재단법인은 성질상 영리법인이 될 수 없다.
③ 법인이 권리능력을 갖는 것은 법률이 법인을 자연인에 의제한 것이라는 '법인의제설'에 의하면 법인 자신의 점유를 관념할 수 없으며, 이사의 행위가 곧 법인의 행위로 될 수는 없으므로 이사의 행위는 법인의 대리행위(법정대리)로 이해된다.
④ 동법 제37조
⑤ 사원의 결의권, 소수사원권 등 이른바 사원의 고유권은 그 사원의 동의가 없이는 총회의 결의나 정관으로도 박탈할 수 없다.

22 민법상 법인의 이사에 관한 설명으로 옳지 않은 것은? (다툼이 있으면 판례에 따름)

① 이사가 없거나 결원이 있는 경우에 이로 인하여 손해가 생길 염려 있는 때에는 법원은 이해관계인이나 검사의 청구에 의하여 임시이사를 선임하여야 한다.
② 이사는 정관 또는 총회의 결의로 금지하지 아니한 사항에 한하여 타인으로 하여금 특정한 행위를 대리하게 할 수 있다.
③ 이사의 대표권에 대한 제한은 등기하지 않더라도 제3자에게 대항할 수 있다.
④ 이사가 그 임무를 해태한 때에는 그 이사는 법인에 대하여 연대하여 손해배상의 책임이 있다.
⑤ 법인의 정관에 이사의 해임사유에 관한 규정이 있는 경우 법인은 특별한 사정이 없는 한 정관에서 정하지 않은 사유로 이사를 해임할 수 없다.

해설

이사의 대표권에 대한 제한은 등기사항이 아니었으므로 비록 기부행위의 규정에 의하여 대표이사의 권한에 이사회 결의를 요한다는 제한규정이 있다 하더라도 재단법인은 대표권의 제한을 가지고 선의의 제3자에게 대항할 수 없다 할 것이다 (대판 1973.12.26., 73다1310).

23 사단법인의 정관변경에 관한 기술로서 맞는 것은?

① 정관변경에는 적어도 총사원의 4분의 3 이상의 찬성이 있어야 한다.
② 정관변경이 효력을 발생하려면 주무관청의 허가 이외에도 정관이라는 서면의 변경이 필요하다.
③ 정관에서 변경을 금하고 있더라도 전 사원의 동의가 있으면 변경할 수 있다.
④ 정관에서 정하고 있는 목적을 변경하기 위하여는 전 사원의 찬성이 필요하다.
⑤ 정관변경은 정관의 특별규정에 의하여 총회 결의에 의하지 아니하고도 할 수 있다.

해설

③ 정관에서 정관변경을 금지하더라도 '전 사원의 동의'가 있으면 변경할 수 있다고 본다.
① 사단법인의 정관은 '총사원 2/3 이상의 동의'가 있는 때에 한하여 이를 변경할 수 있다. 그러나 정수에 관하여 정관에 다른 규정이 있는 때에는 그 규정에 의한다(민법 제42조 제1항).
② 정관의 변경은 주무관청의 허가를 얻지 아니하면 그 효력이 없다(동법 제42조 제2항). 서면의 변경은 필요없다.
④ '총사원 2/3 이상의 동의'로 이루어지는 정관변경절차(동법 제42조 제1항)에 의해 정관에서 정하는 목적도 변경 가능하다.
⑤ 정관변경은 '사원총회의 전권사항'이므로 정관에서 이와 다른 규정이 있으면, 그 규정은 무효이다.

24 다음은 부동산에 관한 설명이다. 옳지 않은 것은?

① 지하수는 토지의 일부이다.
② 건물은 토지와는 다른 부동산이다.
③ 수목의 집단은 독립한 부동산이 될 수 있다.
④ 토지는 생산이 불가능하여 필지의 수를 늘릴 수 없다.
⑤ 입목이란 등기된 수목의 집단을 의미하므로 입목은 담보목적이 될 수 있다.

해설
토지는 공간정보의 구축 및 관리 등에 관한 법률에 따라 분할하여 여러 필지로 나눌 수 있고 여러 필지를 합병하여 한 필지로도 할 수 있다.

25 동산과 부동산의 법률상 취급의 차이에 관한 다음 설명 중 옳지 않은 것은?

① 동산에 관한 점유에는 공신력이 인정되나, 부동산에 관한 등기에는 공신력이 인정되지 아니한다.
② 시효에 의한 소유권취득의 방법과 기간이 서로 다르다.
③ 무주물의 귀속에 관하여는 동산이나 부동산이나 차이가 없다.
④ 동산과 부동산은 환매기간에서 차이가 있다.
⑤ 동산과 부동산은 강제집행절차와 방법에서 다르다.

해설
③ 민법 제252조 제1항은 무주의 동산을 소유의 의사로 점유한 자는 그 소유권을 취득한다고 규정하고 제2항은 무주의 부동산은 국유로 한다고 규정하고 있다.
① 동산은 선의취득을 인정하여 공신력이 인정된다(민법 제249조).
② 동법 제245조와 제246조
④ 부동산은 5년, 동산은 3년이다(동법 제591조 제1항).
⑤ 부동산에 대한 강제집행은 채권자의 신청에 따라 법원이 하지만 동산에 대한 강제집행은 압류에 의하여 개시한다.

26 법원(法院)이 법인에게 행사할 수 있는 권한이 아닌 것은?

① 법인의 파산선고
② 청산인의 선임·해임
③ 특별대리인 선임
④ 법인의 해산·청산의 감독
⑤ 법인설립허가의 취소

해설
비영리법인의 설립과 허가는 민법 제32조에 주무관청의 허가를 얻어 이를 법인으로 할 수 있다고 규정되어 있다. 또한, 법인의 설립허가의 취소에 관하여 법인이 목적 이외의 사업을 하거나 설립허가의 조건에 위반하거나 기타 공익을 해하는 행위를 한 때에는 주무관청은 그 허가를 취소할 수 있다고 규정되어 있다(민법 제38조).

27 법정과실에 관한 설명으로 옳은 것은?

① 물건의 용법에 따라 수취하는 산출물이다.
② 물건의 상용에 이바지하기 위한 물건이다.
③ 예금의 이자·지상권의 지료 등이다.
④ 과수원의 사과·결산배당금이다.
⑤ 증권의 시세차익금이다.

> **해설**
> 법정과실은 원물의 사용대가로 받는 물건이다. 물건의 용법에 의하여 수취하는 산출물인 사과 등은 천연과실이다.

28 통정허위표시에 관한 민법 제108조 제2항의 제3자에 해당하지 않는 경우는? (다툼이 있으면 판례에 따름)

① 임대차보증금반환채권이 양도된 후 양수인의 채권자가 임대차보증금반환채권에 대하여 채권압류 및 추심명령을 받았는데 임대차보증금반환채권 양도계약이 허위표시로서 무효인 경우 압류 등을 한 그 채권자
② 가장근저당권설정계약이 유효하다고 믿고 그 피담보채권에 대하여 가압류한 자
③ 채권의 가장양도에서 채무자
④ 가장매매예약에 기하여 가등기 및 그에 기한 본등기를 한 자로부터 목적부동산을 매수한 자
⑤ 가장매매의 목적물에 대하여 저당권을 설정 받은 자

> **해설**
> 채권의 가장양도에서 채무자는 통정허위표시에 관한 민법 제108조 제2항의 제3자에 해당하지 않는다.

29 다음 설명 중에서 무효가 되지 않는 행위는?

① 살아있는 동안 자신의 재산을 모두 타인에게 증여하는 행위
② 도박채권을 변제하기로 하는 것
③ 상대방의 궁박·무경험을 이용한 현저히 불공정한 계약
④ 제3자를 살해한 대가를 주기로 하는 약속
⑤ 지금의 처와 이혼을 전제로 제3자와의 약혼

> **해설**
> ① 자신의 재산을 생시(生時)에 모두 처분하는 것은 자유이다. 나머지는 모두가 선량한 풍속 기타 사회질서에 위반되는 행위로서 무효이다.

정답 27 ③ 28 ③ 29 ①

30 무효와 취소에 관한 설명으로 옳은 것은? (다툼이 있으면 판례에 따름)

① 경매의 경우에도 불공정한 법률행위에 관한 민법 제104조가 적용된다.
② 취소권은 법률행위를 한 날로부터 3년 내에, 추인할 수 있는 날로부터 10년 내에 행사하여야 한다.
③ 매매대금의 과다로 매매계약이 불공정한 법률행위에 해당하는 경우에는 무효행위의 전환에 관한 민법 제138조가 적용될 수 있다.
④ 강박에 의한 증여의 의사표시가 일단 취소된 경우, 표의자는 그 취소로 무효가 된 증여의 의사표시를 강박상태에서 벗어난 뒤에도 추인할 수 없다.
⑤ 착오로 의사표시를 한 자가 사망한 경우, 그 상속인은 피상속인의 착오를 이유로 그 의사표시를 취소할 수 없다.

해설

③ 매매계약이 약정된 매매대금의 과다로 말미암아 민법 제104조에서 정하는 '불공정한 법률행위'에 해당하여 무효인 경우에도 무효행위의 전환에 관한 민법 제138조가 적용될 수 있다(대판 2010.7.15., 2009다50308).
① 경매에 있어서는 불공정한 법률행위 또는 채무자에게 불리한 약정에 관한 것으로서 효력이 없다는 민법 제104조는 적용될 여지가 없다(대판 1980.3.21., 80마77).
② 취소권은 추인할 수 있는 날로부터 3년 내에, 법률행위를 한 날로부터 10년 내에 행사하여야 한다(민법 제146조).
④ 취소한 법률행위는 처음부터 무효인 것으로 간주되므로 다시 확정적으로 유효하게 할 수는 없다. 다만 무효인 법률행위의 추인의 요건과 효력으로서 추인할 수는 있으나, 무효행위의 추인은 그 무효 원인이 소멸한 후에 하여야 그 효력이 있고, 무효 원인이 소멸한 후란 것은 강박 상태에서 벗어난 후라고 보아야 한다(대판 1997.12.12., 95다38240).
⑤ 취소할 수 있는 법률행위는 제한능력자, 착오로 인하거나 사기·강박에 의하여 의사표시를 한 자, 그의 대리인 또는 승계인만이 취소할 수 있다(민법 제140조). 상속인은 승계인에 해당한다.

31 다음 중에서 법률행위에 해당하는 것은?

① 채무이행의 최고(催告)
② 지명채권의 양도에 있어 채무자에게 통지
③ 사원총회 소집의 통지
④ 취소할 수 있는 행위의 추인(追認)
⑤ 전세권자가 집주인에게 재산세 고지서의 전달

해설

취소할 수 있는 행위를 추인하는 것은 의사표시에 해당하고 의사표시는 법률행위의 핵심 요소이다. ⑤는 사실행위이며, ①·②·③은 준법률행위이다.

32 다음 중에서 취소의 효력이 다른 하나는 어느 것인가?

① 착오에 의한 의사표시의 취소
② 허위표시에 의한 의사표시의 취소
③ 미성년자가 행한 의사표시의 취소
④ 강박에 의한 의사표시의 취소
⑤ 하자 있는 의사표시의 취소

해설

미성년자에 의한 의사표시는 선의·악의자 누구에게도 언제나 취소할 수 있으나, 나머지는 선의의 제3자에게는 대항할 수 없다.

33 의사표시의 효력발생과 관련된 내용이다. 옳은 것은?

① 요지주의(了知主義)는 발신자에게 유리한 편이다.
② 도달주의에서 부도달의 책임은 수령자가 부담한다.
③ 도달주의에서는 의사표시가 상대방에 도달 전에 그 의사표시를 철회할 수 없다.
④ 우리는 도달주의를 원칙으로 발신주의를 예외로 인정한다.
⑤ 발신주의는 우편함에 투입된 것으로는 효력이 생기지 않는다.

해설

우리 민법은 도달주의를 원칙으로 하고 특히 격지자 간에는 발신주의를 예외로 인정하고 있다.

34 의사표시와 법률행위에 관한 설명으로 옳지 않은 것은?

① 표의자가 진의 아님을 알고 한 의사표시는 상대방이 이를 알았거나 알 수 있었을 경우 무효가 된다.
② 의사표시자가 그 통지를 발송한 후 사망하여도 의사표시의 효력에 영향을 미치지 아니한다.
③ 상대방이 있는 의사표시는 상대방에게 도달한 때에 그 효력이 생긴다.
④ 민법은 법률행위의 일부분이 무효인 때에는 원칙적으로 그 나머지 부분을 유효로 한다.
⑤ 당사자가 법률행위가 무효임을 알고 추인한 때에는 새로운 법률행위로 본다.

해설

법률행위의 일부분이 무효인 때에는 그 전부를 무효로 한다. 그러나 그 무효부분이 없더라도 법률행위를 하였을 것이라고 인정될 때에는 나머지 부분은 무효가 되지 아니한다(민법 제137조).

정답 32 ③ 33 ④ 34 ④

35 다음은 의사표시의 공시송달(公示送達)에 관한 설명이다. 옳지 않은 것은?

① 상대방이 누구인지 모를 때 행한다.
② 상대방의 주소가 불명한 때 행한다.
③ 공시송달 사유를 신문에 공고한 때는 1주일 후면 효력이 생긴다.
④ 법원서기관 등이 송달서류를 보관하고, 그 사유를 법원 게시판에 게시하는 방법으로 행한다.
⑤ 최초의 공시송달은 게시한 날부터 14일이 지나면 효력이 생긴다.

해설
공시송달의 내용을 신문에 공고할 수 있지만 그렇다고 하여 효력발생 기간이 단축되지는 않는다.

36 다음은 대리제도에 관한 설명이다. 옳지 않은 것은?

① 대리행위는 3면관계에 의하여 이루어진다.
② 대리는 혼인, 불법행위 등의 법률행위에도 적용이 된다.
③ 대리는 주로 법률행위에만 인정되는 것이 원칙이다.
④ 대리제도는 사적자치를 보충하거나 확장하는 역할을 한다.
⑤ 법인의 대표는 대리와 유사하다.

해설
대리는 주로 법률행위에 적용되지만 혼인과 같은 절대적인 본인의 의사가 필요한 법률행위에는 적용이 없다.

37 착오에 의한 의사표시에 관한 설명으로 옳지 않은 것은? (다툼이 있으면 판례에 따름)

① 착오에 의한 의사표시에 있어서 중대한 과실이란 표의자의 직업, 행위의 종류 및 목적 등에 비추어 일반적으로 요구되는 주의를 현저히 결여한 것을 말한다.
② 상대방이 표의자의 착오를 알고 이를 이용한 경우 착오가 표의자의 중대한 과실로 인한 것일지라도 표의자는 의사표시를 취소할 수 있다.
③ 착오를 이유로 의사표시를 취소하는 자는 법률행위의 내용에 착오가 있었다는 사실과 함께 만약 그 착오가 없었더라면 의사표시를 하지 않았을 것이라는 점을 증명하여야 한다.
④ 매매계약 내용의 중요 부분에 착오가 있는 경우 매수인은 매도인의 하자담보책임이 성립하면 착오를 이유로 매매계약을 취소할 수 없다.
⑤ 부동산이 양도된 경우 양도인에 대해 부과될 양도소득세 등의 세액에 관한 착오가 미필적인 장래의 불확실한 사실에 관한 것이라도 민법 제109조 소정의 착오에서 제외되지 않는다.

해설
매매계약 내용의 중요 부분에 착오가 있는 경우 매수인은 매도인의 하자담보책임이 성립하는지와 상관없이 착오를 이유로 매매계약을 취소할 수 있다(대판 2018.9.13., 2015다78703).

정답 35 ③ 36 ② 37 ④

38 다음 무권대리인의 책임요건에 관한 기술 중 타당한 것은?

① 무권대리인은 과실이 있는 경우에만 책임을 진다.
② 본인의 추인도 없고 상대방은 철회하지 않은 상태에서 책임을 물을 수 있다.
③ 무권대리인이 제한능력자일지라도 책임을 진다.
④ 상대방은 언제든지 무권대리인에게 계약의 이행 또는 손해배상을 청구할 수 있다.
⑤ 무권대리인이 대리권도 증명할 수 없고, 본인의 추인도 얻을 수 없을 때, 무권대리인의 선택으로 이행 또는 손해배상을 청구할 수 있다.

> 해설
> ① 무과실책임
> ③ 행위능력자이어야 한다.
> ④ 일정한 책임요건을 갖춘 경우에 한해서 청구할 수 있다.
> ⑤ 상대방의 선택으로 이행 또는 손해배상을 청구할 수 있다.

39 다음 기술 중 틀린 것은?

① 피성년후견인은 법정대리인의 동의를 얻어 유효한 추인을 할 수 없다.
② 추인권자에는 취소권자의 대리인·승계인이 포함된다.
③ 취소할 수 있는 행위의 추인은 소급효를 가진다.
④ 추인은 결국 취소권의 포기이므로 그 행위가 취소할 수 있는 것임을 알고서 하여야 한다.
⑤ 취소할 수 있는 행위의 추인은 불확정효력을 확성적으로 유효하게 하는 의사표시이다.

> 해설
> 추인이란 이미 발생한 효력을 확정적으로 유효하게 하는 의사표시이다. 따라서 불확정효력을 확정적으로 유효하게 하는 것이므로 소급효를 가진다는 것은 의미가 없다.

40 다음 중 무권대리 행위가 절대무효인 것은?

① 계약해제 ② 채무면제
③ 상 계   ④ 동 의
⑤ 상속포기

> 해설
> 협의의 무권대리에서 '상대방 없는 단독행위'(소유권의 포기·상속의 포기·재단법인의 설립행위 등)는 본인의 추인 여부와 관계없이 언제나 절대적 무효이다. 따라서 상속의 포기는 상대방 없는 단독행위로서 무권대리 행위가 있다면 언제나 절대적 무효가 된다. 나머지 ①·②·③·④는 계약이거나 상대방 있는 단독행위로서 무권대리 행위가 본인의 추인 여부에 의하여 유효인 대리행위가 될 수 있다.

정답 38 ② 39 ③ 40 ⑤

41 다음의 설명 중에서 옳은 것은?

① 대리에 의한 의사표시의 하자(瑕疵)는 대리인을 기준으로 한다.
② 대리행위에서 본인(本人)은 선의의 제3자에 해당한다.
③ 18세의 미성년자는 대리인이 될 수 없다.
④ 대리인이 되려면 행위능력자이어야 한다.
⑤ 복대리인은 원대리인의 대리인이다.

해설
대리인의 법률행위의 효과는 본인(本人)에게 돌아가지만 행위는 대리인을 기준으로 하여 평가된다. 복대리인도 본인의 대리인이지 원대리인의 대리인은 아니다.

42 복대리에 관한 설명으로 옳지 않은 것은?

① 임의대리인은 본인의 승낙이 있거나 부득이한 사유가 있는 때가 아니면 복대리인을 선임하지 못한다.
② 임의대리인이 부득이한 사유로 복대리인을 선임한 때에는 본인에 대하여 그 선임감독에 관한 책임이 없다.
③ 법정대리인은 그 책임으로 복대리인을 선임할 수 있다.
④ 복대리인은 그 권한 내에서 본인을 대리한다.
⑤ 복대리인은 제3자에 대하여 대리인과 동일한 권리의무가 있다.

해설
임의대리인이 복대리인을 선임한 때에는 본인에게 대하여 그 선임감독에 관한 책임이 있다(민법 제121조).

43 다음은 표현대리에 관한 설명이다. 옳은 것은?

① 자기명의를 사용하도록 허락한 자는 표현대리인의 책임은 없다.
② 乙이 자신이 甲이라고 속이고 甲의 집을 매매한 경우에도 乙은 표현대리인이 된다.
③ 권한을 넘는 표현대리에 있어 기본적인 대리권의 존부(存否)는 문제가 되지 않는다.
④ 표현대리를 인정하는 것은 상대방보다는 본인(本人)을 보호하려는 것이다.
⑤ 실제로는 대리권이 없으나 대리권이 있다고 믿을 만한 정당한 이유가 있는 때에는 본인에게 책임이 있다.

해설
표현대리는 민법 제125조, 제126조, 제129조에 의한 세 가지 유형이 있는데 이는 상대방을 보호하는 데 중점이 있다.

44 어느 집 앞을 지나가던 사람이 문패를 보고서 그 집주인의 대리인이라고 자칭하고, 선의의 제3자에게 그 집을 매매하였다. 이때 그 매매계약을 그대로 유지시키는 방법으로써 옳은 것은?

① 권한을 넘은 표현대리를 인정한다.
② 대리권의 인정범위를 원용한다.
③ 무권대리 행위를 본인이 추인한다.
④ 대리권 소멸 후에 대리권을 인정한다.
⑤ 협의의 무권대리로 처리한다.

해설
표현대리는 인정될 수 없으므로 무권대리를 본인이 추인(追認)하면 그 매매계약은 유효로 처리할 수 있게 한다.

45 다음 법률행위의 부관에 관한 설명 중 타당하지 않은 것은?

① 법률행위에 시기를 붙인 경우에는 그 법률행위는 기한이 도래한 때로부터 효력이 발생한다.
② 기한은 당사자의 특약으로 소급효를 인정할 수 있다.
③ 기한부 권리는 기한이 도래하기 전에 처분할 수 있다.
④ 당사자가 조건성취의 효력을 조건성취 전에 소급하게 할 의사를 표시한 때에는 소급효가 인정된다.
⑤ 조건의 성취가 미정인 권리도 담보로 제공할 수 있다.

해설
기한은 소급효가 없음이 절대적이다(소급효 있는 법률행위에 시기를 붙이는 것은 무의미하다).

46 다음 해제에 관한 설명으로 옳지 않은 것은?

① 해제권은 일방적 형성권이다.
② 해제의 의사표시는 철회할 수 있다.
③ 해제의 의사표시에는 조건과 기한을 붙이지 못한다.
④ 당사자 일방 또는 쌍방이 수인인 경우 해제는 그 전원으로부터 또는 전원에 대하여 하여야 한다.
⑤ 당사자 일방 또는 쌍방이 수인인 경우 그중 1인에 관하여 해제권이 소멸한 때에는 다른 당사자에 관하여도 소멸한다.

해설
계약의 해지 또는 해제는 상대방에 대한 의사표시로 하며 해제권은 일방적 형성권으로서 해제의 의사표시는 철회할 수 없다(민법 제543조 제2항).

47 민법상 기간에 관한 설명으로 옳은 것을 모두 고른 것은? (다툼이 있으면 판례에 따름)

> ㄱ. 기간을 시(時)로 정한 때에는 즉시로부터 기산한다.
> ㄴ. 2007년 6월 20일 오후 4시에 태어난 甲은 2026년 6월 21일 0시에 성년이 된다.
> ㄷ. 기간의 초일(初日)이 공휴일에 해당한 때에는 그 익일(翌日)로부터 기산한다.

① ㄱ
② ㄴ
③ ㄷ
④ ㄱ, ㄴ
⑤ ㄱ, ㄷ

해설

ㄴ. 생년월일은 초일을 산입하므로 해당일 전일 자정에 성년이 된다. 즉, 2026년 6월 19일 0시에 성년이 된다.
ㄷ. 기간의 말일이 공휴일에 해당한 때에는 그 익일(翌日)로부터 기산한다(민법 제161조).

48 권리의 객체에 관한 설명으로 옳지 않은 것은? (다툼이 있으면 판례에 따름)

① 민법에서 물건이라 함은 유체물 및 전기 기타 관리할 수 있는 자연력을 말한다.
② 토지 및 그 정착물은 부동산이다.
③ 건물은 최소한의 기둥과 지붕 그리고 주벽이 이루어지면 법률상의 건물이라고 할 수 있다.
④ 주물과 다른 사람의 소유에 속하는 물건은 종물이 될 수 없다.
⑤ 종물은 주물의 처분에 따르므로 주물을 처분할 때 당사자 간에 특약으로 종물의 처분을 제외할 수 없다.

해설

종물은 주물의 처분에 수반된다는 민법 제100조 제2항은 임의규정이므로 당사자는 주물을 처분할 때에 특약으로 종물을 제외할 수 있고 종물만을 별도로 처분할 수도 있다(대판 2012.1.26., 2009다76546).

49 다음 중 서로 연결된 내용이 틀린 것은?

① 원시취득 - 선의취득, 유실물습득에 의한 소유권취득
② 포괄승계 - 상속, 사인증여
③ 특정승계 - 매매에 의한 소유권취득
④ 설정적 승계 - 지상권이나 저당권의 설정
⑤ 내용의 변경 - 물건의 증감, 소유권 위의 제한물권의 설정

해설

권리의 변동인 권리의 취득·변경·소멸에 관한 문제이다. 증여는 증여자의 재산권을 수증자에게 이전케 하는 일종의 계약으로서 사인증여는 유증에 관한 규정을 준용하는 바(민법 제562조), 포괄유증과 포괄적 증여는 '포괄승계'에 해당하나, 단순유증과 단순사인증여는 '특정승계'에 해당한다.

50 다음 중 소멸시효제도를 인정하는 근거와 가장 거리가 먼 것은?

① 거래질서의 유지
② 권리 위에 잠자는 자는 보호하지 않음
③ 사실적 증거보전의 곤란성 구제
④ 법적 안정성의 존중
⑤ 정의실현에 크게 기여

해설

소멸시효제도가 정의실현에 기여한다는 것은 맞지 않는 것이고, 거래안전 등 나머지가 시효제도를 인정하는 근거이다.

51 다음은 소멸시효에 관한 설명이다. 옳지 않은 것은?

① 변호사·공증인·법무사의 직무에 관한 채권은 시효가 3년이다.
② 의사·간호사·약사 등의 치료·조제에 관한 채권은 시효가 3년이다.
③ 학생의 교육·유숙에 관한 채권은 시효가 1년이다.
④ 이자채권이 소송에 의해 확정되면 시효가 3년이다.
⑤ 부작위채권의 소멸시효는 위반행위 시부터 시효가 진행한다.

해설

단기의 시효에 걸리는 채권이라도 소송에 의해 확정되면 10년의 시효로 소멸하게 된다.

52 다음 설명 중에서 옳지 않은 것은?

① 소멸시효는 계약으로 단축·감경할 수 있다.
② 압류·가압류는 시효중단사유가 아니다.
③ 천재지변 등의 경우에는 그 사유가 종료된 때부터 1월 내에는 시효가 완성되지 않는다.
④ 최고(催告) 후에 6개월 내에 다시 최고하여도 중단의 효력은 없다.
⑤ 시효중단의 효력은 원칙으로 당사자와 그 승계인에게 있다.

해설

시효중단사유로는 최고, 승낙, 압류, 가압류 등이 있다.

정답 50 ⑤ 51 ④ 52 ②

53 반사회적 법률행위가 아닌 경우는? (다툼이 있으면 판례에 따름)

① 부정행위를 용서받는 대가로 손해를 배상함과 아울러 가정에 충실하겠다는 취지에서 처에게 부동산을 양도하되 부부관계가 유지되는 동안 처가 임의로 처분할 수 없다는 제한을 붙인 약정
② 2019.3.2.에 의뢰인과 변호사 사이에 체결된 형사사건에서의 성공보수약정
③ 당사자가 도박자금에 제공할 목적으로 금전대차를 한 경우
④ 소송에서 진실대로 증언해 줄 것을 조건으로 통상적으로 용인될 수 있는 정도를 초과하는 급부를 제공받기로 한 약정
⑤ 어떠한 일이 있어도 이혼하지 않겠다는 각서

> **해설**
> 부정행위를 용서받는 대가로 손해를 배상함과 아울러 가정에 충실하겠다는 서약의 취지에서 처에게 부동산을 양도하되 부부관계가 유지되는 동안에는 처가 임의로 처분할 수 없다는 제한을 붙인 약정은 선량한 풍속 기타 사회질서에 위반되는 것이라고 볼 수 없다[대판 1992.10.27., 92므204, 211(병합)].

54 다음은 의사표시에 관한 설명이다. 옳지 않은 것은?

① 상대방과 통정한 의사표시는 무효이다.
② 사기에 의한 의사표시는 취소할 수 있다.
③ 불공정한 법률행위는 무효이다.
④ 중요한 부분의 의사표시가 착오이면 무효이다.
⑤ 사회질서에 위반하는 법률행위는 무효이다.

> **해설**
> 착오에 있어 법률행위의 내용의 중요부분에 착오가 있으면 취소할 수 있게 된다. 그러나 선의의 제3자에게는 대항할 수 없다.

55 진의 아닌 의사표시에 관한 설명으로 옳지 않은 것은? (다툼이 있으면 판례에 따름)

① 의사표시는 표의자가 진의 아님을 알고 한 것이라도 원칙적으로 그 효력이 있다.
② 진의 아닌 의사표시는 상대방이 표의자의 진의 아님을 알았거나 이를 알 수 있었을 경우에는 무효로 한다.
③ 진의란 특정한 내용의 의사표시를 하고자 하는 표의자의 생각을 말하며 표의자가 진정으로 마음속에서 바라는 사항을 뜻하는 것은 아니다.
④ 대리행위에서 진의 아닌 의사표시인지의 여부는 대리인을 표준으로 정한다.
⑤ 재산을 강제로 뺏긴다는 것이 표의자의 본심으로 잠재되어 있었다면 표의자가 강박에 의해 증여하기로 하고 그에 따른 증여의 의사표시를 한 경우 증여의 내심의 효과의사가 결여된 것이다.

> **해설**
> 재산을 강제로 뺏긴다는 것이 표의자의 본심으로 잠재되어 있었다 하여도 표의자가 강박에 의하여서나마 증여를 하기로 하고 그에 따른 증여의 의사표시를 한 이상 증여의 내심의 효과의사가 결여된 것이라고 할 수는 없다(대판 2002.12.27., 2000다47361).

56 다음 하자 있는 의사표시에 관한 내용 중 틀린 것은?

① 기망에 의하여 하자 있는 물건에 관한 매매가 성립된 경우에는 매수인은 하자담보청구권과 사기에 의한 취소권을 선택적으로 행사할 수 있다.
② 사기·강박은 성질상 표의자의 상대방만이 할 수 있다고 보아야 한다.
③ 사기·강박에 의한 의사표시가 성립하자면 2단계 고의가 필요하다.
④ 사기가 성립되는 경우에는 취소의 문제와 불법행위로 인한 손해배상문제가 병존할 수 있다.
⑤ 사기의 경우 기망행위로 인하여 착오에도 빠지지만 법률행위의 중요부분에 착오가 없더라도 그 행위는 취소할 수 있다.

> **해설**
> 상대방 있는 의사표시에 관하여 제삼자가 사기나 강박을 행한 경우에는 상대방이 그 사실을 알았거나 알 수 있었을 경우에 한하여 그 의사표시를 취소할 수 있다(민법 제110조 제2항).

57 다음은 대리제도에 관한 설명이다. 옳지 않은 것은?

① 대리권은 본인의 사망, 대리인의 사망, 대리인의 파산으로 소멸한다.
② 복대리인은 본인의 대리인이다.
③ 대리인은 의사능력, 책임능력, 행위능력이 있어야 한다.
④ 본인의 승낙이 있으면 쌍방대리도 가능하다.
⑤ 대리인은 2인 이상일 수 있다.

> **해설**
> ③ 대리인은 행위능력까지 요구하지는 않는다.

58 기간에 관한 설명으로 옳지 않은 것을 모두 고른 것은? (다툼이 있으면 판례에 따름)

> ㄱ. 기간의 계산은 법령, 재판상의 처분 또는 법률행위로 민법과 달리 정할 수 없다.
> ㄴ. 민법은 기간의 단위를 '시, 분, 초'로 정하는 경우와 '일, 주, 월, 년'으로 정하는 경우에 있어 그 계산방법에 차이를 두지 않는다.
> ㄷ. 민법에 따른 연령계산에는 출생일을 산입하지 않는다.
> ㄹ. 민법 제161조는 기간의 만료일이 공휴일에 해당하여 발생할 불이익을 막자고 함에 그 뜻이 있는 것이므로 기간의 초일이 공휴일이라 하더라도 기간은 초일부터 기산한다.

① ㄱ, ㄴ
② ㄴ, ㄷ
③ ㄷ, ㄹ
④ ㄱ, ㄴ, ㄷ
⑤ ㄱ, ㄴ, ㄹ

정답 56 ② 57 ③ 58 ④

해설
ㄱ. 기간의 계산은 법령, 재판상의 처분 또는 법률행위로 민법과 달리 정할 수 있다.
ㄴ. 민법은 기간의 단위를 '시, 분, 초'로 정하는 경우와 '일, 주, 월, 년'으로 정하는 경우에 있어 그 계산방법에 차이를 둔다.
ㄷ. 나이는 출생일을 산입하여 만 나이로 계산하고, 연수로 표시한다. 다만, 1세에 이르지 아니한 경우에는 월수로 표시할 수 있다.

59 조건 또는 기한에 관한 설명으로 옳지 않은 것은?

① 정지조건 있는 법률행위는 조건이 성취한 때로부터 그 효력이 생긴다.
② 종기 있는 법률행위는 기한이 도래한 때로부터 그 효력을 잃는다.
③ 조건이 법률행위 당시 이미 성취할 수 없는 것인 경우 그 조건이 정지조건이면 그 법률행위는 무효로 한다.
④ 당사자가 조건성취의 효력을 그 성취 전에 소급하게 할 의사를 표시한 때에는 그 의사에 의한다.
⑤ 기한은 채권자의 이익을 위한 것으로 추정한다.

해설
기한은 채무자의 이익을 위한 것으로 추정한다(민법 제153조 제1항).

60 대리에 관한 설명으로 옳은 것은? (다툼이 있으면 판례에 따름)

① 채권양도의 통지와 같은 관념의 통지에는 대리가 인정되지 않는다.
② 매매계약의 체결과 이행에 관하여 포괄적으로 대리권을 수여받은 대리인이라도 특별한 사정이 없는 한 약정된 매매대금지급기일을 연기해 줄 권한은 없다.
③ 예금계약의 체결을 위임받은 자가 가지는 대리권에는 그 예금을 담보로 대출을 받을 수 있는 대리권이 포함되어 있다.
④ 대리인이 사술로써 대리행위의 표시를 하지 않고 단지 본인의 성명을 모용하여 자기가 본인인 것처럼 기망하여 본인 명의로 직접 법률행위를 한 경우 특별한 사정이 없는 한 민법 제126조의 표현대리가 성립될 수 없다.
⑤ 대리관계의 표시 없이 대리인이 마치 자신이 본인인 양 행세하였다면 그 대리인이 자신의 권한 범위 안에서 법률행위를 했더라도 그 효력은 본인에게 미치지 않는다.

해설
① 채권양도의 통지는 양도인이 채무자에 대하여 당해 채권을 양수인에게 양도하였다는 사실을 알리는 관념의 통지이고 법률행위의 대리에 관한 규정은 관념의 통지에도 유추 적용된다고 할 것이어서 채권양도의 통지도 양도인이 직접 하지 아니하고 사자를 통하여 하거나 나아가서 대리인으로 하여금 하게 하여도 무방하다(대판 1997.6.27., 95다40977, 40984).
② 매매계약의 체결과 이행에 관하여 포괄적으로 대리권을 수여받은 대리인은 특별한 다른 사정이 없는 한 상대방에 대하여 약정된 매매대금지급기일을 연기하여 줄 권한도 가진다고 보아야 할 것이다(대판 1992.4.14., 91다43107).
③ 예금계약의 체결을 위임받은 자가 가지는 대리권에 당연히 그 예금을 담보로 하여 대출을 받거나 이를 처분할 수 있는 대리권이 포함되어 있는 것은 아니다(대판 1995.8.22., 94다59042).
⑤ 대리관계를 표시함이 없이 마치 자신이 갑 본인인 양 행세하였다 하더라도 위 근저당권설정계약은 대리인인 위 을이 그의 권한범위 안에서 한 것인 이상 그 효력은 본인인 갑에게 미친다(대판 1987.6.23., 86다카1411).

61 소멸시효에 관한 설명으로 옳지 않은 것은?
① 소멸시효는 법률행위에 의하여 이를 배제, 연장 또는 가중할 수 있으나 이를 단축 또는 경감할 수 없다.
② 소멸시효는 그 기산일에 소급하여 효력이 생긴다.
③ 천재 기타 사변으로 인하여 소멸시효를 중단할 수 없을 때에는 그 사유가 종료한 때로부터 1월 내에는 시효가 완성하지 않는다.
④ 소멸시효의 이익은 미리 포기하지 못한다.
⑤ 주된 권리의 소멸시효가 완성한 때에는 종속된 권리에 그 효력이 미친다.

해설
소멸시효는 법률행위에 의하여 이를 배제, 연장 또는 가중할 수 없으나 이를 단축 또는 경감할 수 있다(민법 제184조 제2항).

62 소멸시효중단에 관한 설명으로 옳지 않은 것은?
① 파산절차참가는 채권자가 이를 취소하거나 그 청구가 각하된 때에도 시효중단의 효력이 있다.
② 최고는 6월 내에 재판상의 청구, 파산절차참가, 화해를 위한 소환, 임의출석, 압류 또는 가압류, 가처분을 하지 아니하면 시효중단의 효력이 없다.
③ 시효의 중단은 당사자 및 그 승계인 간에만 효력이 있다.
④ 압류는 시효의 이익을 받은 자에 대하여 하지 아니한 때에는 이를 그에게 통지한 후가 아니면 시효중단의 효력이 없다.
⑤ 시효중단의 효력 있는 승인에는 상대방의 권리에 관한 처분의 능력이나 권한 있음을 요하지 않는다.

해설
파산절차참가는 채권자가 이를 취소하거나 그 청구가 각하된 때에는 시효중단의 효력이 없다(민법 제171조).

정답 61 ① 62 ①

CHAPTER 02 물권법

출제 포인트

2009년 물권법이 민법의 출제범위에 추가된 이후 물권적 청구권, 점유자·회복자의 관계, 저당권, 공유물분할에 관한 내용을 묻는 문제가 주로 출제되었다. 앞으로 그 비중이 늘어날 수 있으므로 충분한 대비가 필요하다.

제1절 물권법의 의의

1 개 요

(1) 물권법의 의의

① 물권법은 물건을 가지고 다스리고 부리는 관계이다. 채권법은 어떤 사람에게 무슨 일을 하라거나 무슨 물건을 달라거나 하는 것을 요구하는 관계를 다루는 법이다. 이러한 점에서 채권법은 물권법과 다르다.

② 임대차관계는 물건과 관련이 있지만 기본적으로 물건을 빌려 쓸 수 있게 해달라고 요구하고, 그 대신 사용료를 달라고 요구하는 관계를 의미하므로 채권관계이다. 따라서 채권법에서 다루는 대상이다.

③ 채권법은 계약의 자유를 원칙으로 하므로 대체로 당사자가 마음만 먹으면 채권법의 규정에 얽매이지 않을 수 있다. 하지만 물권법은 국가 및 사회의 이익과 밀접한 관계를 갖고 있으므로 규정의 대부분이 강행규정이다. 따라서 당사자가 싫든 좋든 반드시 따라야 한다.

(2) 물권법의 법원(法源)

① 형식적 의미의 물권법은 민법전 제2편 물권편에 있는 제185조에서부터 제372조까지의 규정을 가리킨다. 하지만 실질적 의미의 물권법은 민법전에 있는 물권편뿐만 아니라 모든 법령에 산재되어 있는 [물권에 관한 법]을 모두 가리킨다.

② 민법 제1조에 의하여 관습법에도 법원으로서의 효력이 인정되므로 사회일반적으로 법률과 동일시되는 관습도 법원이 될 수 있다.

③ 법원이 어떤 소송사건에 대해서 법률에 따라 판단을 내린 경우, 이 판단이 비슷한 사건에 대해 구속 내지는 참고가 될 수 있다. 따라서 이러한 판례 가운데 물권법에 관한 판례도 물권법의 사실상의 법원이 될 수 있다. 우리나라의 경우 하급법원은 상급법원의 선판례를 사실상 존중하고 있다.

2 물권의 본질

(1) 물권의 의의
물권은 어떠한 물건을 직접 다스려서 그 물건으로부터 다른 사람의 방해를 받지 않고 이익을 얻을 수 있는 권리이다.

(2) 물권의 특질
① 직접적 지배

물권자는 다른 사람의 행위와 상관 없이 권리를 스스로 직접 실현한다. 반면 채권자는 반드시 다른 사람의 행위가 있어야 자기 권리를 실현할 수 있다. 예를 들면 소유권을 가진 사람은 자기 소유물에 대해 다른 사람의 행위와 상관 없이 마음대로 이익을 얻을 수 있지만, 금전채권을 가진 사람은 채무자가 돈을 갚아야 자기 채권으로부터 이익을 얻을 수 있다.

② 배타적 지배

물권자는 그 물건에 대해 다른 사람이 갖는 권리를 배척할 수 있다. 예를 들면 소유권자는 자기 소유물에 대해 다른 사람이 권리를 갖지 못하도록 막을 수 있다. 반면 채권자는 목적물에 대해 다른 사람이 무슨 권리를 갖건 원칙적으로 이를 배척할 수 없다. 예를 들어 집 한 채를 사기로 한 채권자는 상대방이 그 집을 다른 사람에게 팔더라도 이를 배척할 수 없다. 다만 계약위반으로 인한 손해배상을 청구할 수 있을 뿐이다.

③ 절대적 보호

물권은 모든 사람의 개입과 침해를 배제함으로써 물건을 지배할 수 있는 권리이다. 반면 채권은 채무자인 특정인에 대해서만 그 권리의 내용을 청구할 수 있는 권리이다. 따라서 물권자는 자기 권리에 대해 누군가가 침해를 하면 그 침해가 고의·과실에 의한 것이건 아니건 간에 바로 그 자에 대해 자기 권리의 목적물을 돌려달라거나 자기 권리에 대한 침해를 더 이상 하지 말 것을 요구할 수 있다(제213조, 제214조). 반면 채권자는 그러한 침해에 대해 그 침해한 자가 채무자가 아닌 한 손해배상이나 부당이득반환만을 청구할 수 있을 뿐이다.

(3) 물권의 객체 22 기출
① 물 건

원칙적으로는 형체가 있는 물건 및 전기 기타 관리할 수 있는 에너지만이 물권의 객체가 될 수 있다(제98조). 다만 채권이나 지상권, 전세권 등의 권리도 예외적으로 물권의 객체가 될 수 있다(제345조, 제210조, 제371조).

② 특정된 물건

물건은 현실적으로 존재하여야 하고, 특정되어야 한다. 그렇지만 집합물 위의 물권(예를 들면 저당권)에 있어서는 그 구성부분에 변화가 생기더라도 예외적으로 특정성을 잃지 않는다.

③ 독립된 물건

일물일권주의란 하나의 물권의 객체는 하나의 독립한 물건이어야 한다는 원칙으로 물권의 배타성 내지 절대성에 따르면 당연한 특성이다. 즉, 하나의 독립한 물건 위에 양립할 수 없는 물권이 동시에 두 개 이상 존재할 수 없다는 의미이다.

③ 물권의 종류

(1) 물권법정주의

① 의 의

물권의 종류와 내용은 당사자가 마음대로 창설할 수 없다. 오로지 민법이나 그 밖의 법률에서 정하는 것에만 인정된다(제185조).

② 근 거

물권자가 그 물권을 배타적으로 지배하려면 제3자가 그러한 사실을 알고 있어야 한다. 그러기 위해서는 일반에게 물권의 귀속 여부가 공시되어야 하는데, 물권이 법정되지 않고서는 공시원칙이 관철될 수 없다. 또 사회적으로 힘 있는 자가 힘 없는 자를 지배하기 위해, 법에 규정된 것보다 자기에게 유리한 물권을 창설하는 것을 막기 위해서도 물권법정주의는 필요하다.

③ 관습법

이러한 물권법정주의는 사실 너무 정형적이고 경직된 것일 수 있다. 그런데 우리 민법은 제1조에서 관습법도 법원으로 인정하고 있고, 제185조는 관습법에 의한 물권의 성립을 인정하고 있으므로, 관습법에 의해 물권의 창설을 인정함으로써 이러한 경직성을 어느 정도 해소할 수 있다. 하지만 그만큼 법적 안정성을 해할 수 있으므로, 그때그때 적절한 입법으로 해결하는 것이 필요하다.

④ 위반하는 법률행위

이 규정에 위반하는 법률행위는 무효이다. 다만 무효인 물권행위를 내용으로 하는 채권행위도 무효인가가 문제된다. 예를 들면 민법상 지상권은 양도가 가능함에도 불구하고 양도성 없는 지상권을 설정한 경우 그러한 지상권은 무효이지만 지상권을 양도하지 않기로 했던 당사자 간의 계약까지도 무효인가의 문제이다. 그 계약이 일반원칙, 즉 선량한 풍속 기타 사회질서에 반하는가 여부에 따라(제103조) 판단하여야 할 것이다.

(2) 물권의 분류

① 민법전이 인정하는 물권

	소유권(완전물권)	물권의 가장 전형적인 형태		
본 권	제한물권(타물권)	용익물권	지상권, 지역권, 전세권	
		담보물권	법정담보물권	유치권
			약정담보물권	질권, 저당권
점유권	물건을 사실상 지배하고 있는 상태, 그 자체			

㉠ 본권과 점유권

본권은 물건을 관념상 지배할 수 있는 권리이다. 이에 반해서 점유권은 물건을 지배할 수 있는 법률상의 권원의 유무에 관계없이 사실상 지배하고 있는 상태, 그 자체를 보호하기 위한 물권이다.

㉡ 소유권과 제한물권

소유권은 물건을 전면적으로 지배할 수 있는 권리이다. 이에 반하여 제한물권은 물건의 일부권능만을 지배할 수 있는 권리로서 용익물권과 담보물권으로 나뉜다. 용익물권은 물건의 사용가치만을 지배하는 물권이며, 담보물권은 물건의 교환가치만을 지배하는 물권이다.

다시 말해 용익물권자는 물건을 사용할 수 있고, 그 사용에 대해 배타적 권리를 갖지만, 그 물건을 마음대로 처분할 수는 없으며, 담보물권자는 그 물건을 사용할 권리를 갖는 것은 아니지만, 그 물건의 소유자가 빚을 안 갚으면 그 물건에 대해서 다른 채권자에 우선해서 처분권을 갖는다.

ⓒ 부동산물권과 동산물권

부동산에 대한 물권은 등기에 의해서 공시되지만, 동산에 대한 물권은 등기에 의해서 공시되지 않는다. 단지 점유하고 있다는 사실로 공시가 될 뿐이다. 용익물권으로서 지상권, 지역권, 전세권, 담보물권으로서 저당권 등은 부동산물권이지만, 담보물권인 질권은 동산물권이다.

② 관습법상의 물권

판례가 관습법상의 물권으로 인정하는 것에는 분묘기지권과 법정지상권이 있다.

㉠ 분묘기지권

다른 사람의 토지 위에 허락 없이 무덤을 쓴 경우에는 20년간 무사히 점유함으로써 그 무덤자리에 대해 그 무덤을 지키고 벌초하고 제사 드리는 데 필요한 범위 내에서의 사용권(지상권)을 얻게 된다.

㉡ 법정지상권

토지와 건물의 소유권자가 달라지는 경우, 건물의 소유자가 일정한 범위에서 그 토지에 대한 사용권(지상권)을 얻게 된다.

4 물권의 효력

(1) 우선적 효력

① 물권 상호 간

두 개 이상의 소유권이 동일한 물건 위에 동시에 성립하는 것은 불가능하다. 하지만 제한물권의 경우는 동일한 물건 위에 동시에 두 개 이상 성립할 수 있다. 이 경우에는 시간적으로 먼저 성립한 제한물권이 후에 성립한 제한물권에 우선한다. 점유권은 물권이지만 우선적 효력을 갖지 않는다.

② 채권에 우선하는 효력

㉠ 원 칙

같은 물건에 대하여 물권과 채권이 같이 존재하는 경우에는 어느 것이 먼저 생겼는가를 묻지 않고 언제나 물권이 우선한다.

㉡ 예 외

ⓐ 채권과 물권의 성립시간의 선후에 관계없이 항상 채권이 우선하는 경우

근로자의 임금 등의 채권의 우선특권(근로기준법 제38조 제2항), 주택 또는 상가건물임대차보호법상의 소액보증금에 대한 우선특권(주택임대차보호법 제8조, 상가건물임대차보호법 제14조), 조세우선특권(국세기본법 제35조 1항, 지방세법 제31조 2항 3호) 등에는 법률이 정책적으로 이들을 보호하려는 의도에서 위 채권은 물권에 우선한다고 규정한다.

ⓑ 채권과 물권이 대등하게 시간적 선후에 의해 그 우열이 결정되는 경우
부동산물권변동을 목적으로 하는 청구권이 가등기된 경우(물론 이 경우에는 나중에 그 가등기에 기한 본등기를 하는 것을 전제 ; 부동산등기법), 부동산임차권이 등기된 경우(제621조), 주택 또는 상가건물임대차보호법에 의한 대항요건(=주택의 인도와 주민등록 ; 상가의 경우 건물의 인도와 사업자등록신청)을 갖춘 경우(주택임대차보호법 제3조, 상가건물임대차보호법 제3조)등에는 예외적으로 채권이 시간적으로 먼저 성립된 경우에 그보다 나중에 성립된 물권에 우선한다.

(2) 물권적 청구권

① 서 설
㉠ 의 의
물권자가 물건에 대한 지배를 하는데 있어 그 지배가 방해를 당하거나 방해를 당할 염려가 있을 때, 물권자가 방해자에 대해서 그 방해를 제거하라고 요구하거나 그 방해의 예방에 필요한 행위를 하라고 요구할 수 있는 권리를 말한다.
㉡ 인정근거
물권에 대해서 물권으로서의 실효성을 부여하기 위한 것이다.
㉢ 종 류
방해의 모습 또는 청구의 내용에 따라 물권적 반환청구권, 물권적 방해제거청구권, 물권적 방해예방청구권으로 나눌 수 있다. 또한, 그 기초가 되는 물권의 성질에 따라 점유권에 기한 물권적 청구권(제203조, 제204조), 본권에 기한 물권적 청구권(제213조, 제214조, 제290조, 제301조, 제319조, 제370조)으로 나눌 수 있다.
㉣ 불법행위에 의한 손해배상청구권과의 관계
방해자가 고의나 과실 없이 물권을 침해할 가능성만 보여도 행사할 수 있는 것이 물권적 청구권이다. 반면 불법행위에 의한 손해배상청구권은 방해자의 고의나 과실을 필요로 하며 물권이 침해되어 현실적으로 손해가 발생해야 성립한다. 하지만 방해자에게 고의 또는 과실이 있었고 손해도 발생한 경우에는 두 개의 청구권이 모두 발생할 수 있다. 이 경우 원칙적으로는 물권적 청구권이 우선하겠지만, 현실적으로는 두 개의 청구권 가운데 어느 것이라도 행사할 수 있다.

② 성 질
㉠ 물권적 청구권은 청구권의 일종이다. 채권적 청구권은 아니지만 어쨌거나 청구권이므로 채권법상의 이행지체에 관한 규정(제387조)이나 채무의 변제에 관한 규정(제460조)이 유추 적용된다. 따라서 방해자는 기한이 도래한 때 또는 이행청구를 받은 때 즉시 청구사항을 이행하지 않으면 그때부터 지체의 책임을 부담하며, 이행에 물권자의 협조가 필요한 경우에는 이행준비의 완료를 통지하고 그 수령을 최고함으로써 불이행의 책임을 면한다.
㉡ 물권적 청구권은 물권에 의존하는 권리이므로 언제나 물권과 그 운명을 같이한다. 물권이 이전되며 따라 이전되고, 소멸하면 함께 소멸한다. 물권과 따로 물권적 청구권만을 독립하여 양도하는 것은 불가능하다.
㉢ 다른 채권적 청구권에 우선한다. 하나의 물건에 대하여 물권과 채권이 동시에 성립하는 경우, 물권이 채권에 우선하기 때문이다.

③ 비용부담문제

판례는 물권적 청구권을 상대방의 적극적인 행위를 청구하는 권리, 즉 행위청구권으로 보고 있다. 따라서 그러한 행위에 필요한 비용은 언제나 상대방(방해자)이 부담한다. 민법 제473조 본문(변제비용은 다른 의사표시가 없으면 채무자의 비용으로 한다)을 유추 적용해 볼 때 원칙적으로 비용은 방해자가 부담해야 할 것이다. 하지만 상대방의 행위와 전혀 관계없이 물권의 침해상태가 발생한 경우에는 제473조 단서의 취지에 따라 물권자가 비용을 부담하여야 할 것이다.

④ 소멸시효문제

판례는 소유권에 기한 물권적 청구권은 소멸시효에 걸리지 않으나 소유권 이외의 제한물권에 기한 물권적 청구권은 소멸시효에 걸린다고 보고 있다.

⑤ 적용의 확장문제

물권적 청구권은 물건을 직접적·배타적으로 지배하는 절대권으로부터 발생하는 권리이므로 물권이 아니라 하더라도 인격권·무체재산권 등 절대권 기타 이와 유사한 성질의 권리에 관하여 물권적 청구권과 유사한 권리를 인정할 수 있다. 또한, 대항력을 갖춘 부동산임차권자는 소유권에 기한 물권적 청구권 규정의 유추 적용을 받아 물권적 청구권을 행사할 수 있고, 대항력을 갖추지 않은 부동산임차권자라도 점유권에 기한 물권적 청구권을 행사할 수 있는 것은 물론 채권자대위제도(제404조)에 의해 자기 채권을 보전하기 위한 범위 내에서 임대인이 갖는 물권적 청구권을 대신 행사할 수 있다.

제2절 물권의 변동 18 20 기출

1 총 설

(1) 물권변동의 의의

물권이 생겨나고 바뀌고 없어지는 효과를 가져오는 사실을 모두 물권변동이라 한다. 단순히 물권을 얻고 잃고 물권을 갖는 사람이 바뀌는 물권의 득실·변경보다 넓은 개념이다.

발 생	절대적 발생 (원시취득)		전에는 없었던 물권이 이 사회에 새로 하나 발생하는 것. 무주물선점(252조), 선의취득(249조), 취득시효(245조) 등
	상대적 발생 (승계취득)	이전적 승계	매매·상속 등으로 전주인이 갖고 있던 물권이 그대로 다음 주인에게 승계되는 것
		설정적 승계	저당권·지상권 등을 설정받는 것과 같이 전주인의 물권이 그대로 존속하면서 그 물권의 내용 일부를 승계받는 것
변 경	내용의 변경	질적 변경	물건이 멸실되어 물권적 청구권을 제기할 수 있었던 물권이 손해배상청구권만을 행사할 수 있는 물권으로 그 성질이 변하는 것
		양적 변경	물건이 커지거나 작아지거나 하여 그 물권도 같이 커지거나 작아지거나 하는 경우
	작용의 변경		저당권의 순위가 변경되는 것처럼 물권이 갖고 있는 작용이 바뀌는 것

소 멸	절대적 소멸	이 사회에서 기존의 물권 하나가 없어지는 것. 예를 들면 소유물이 멸실하는 것과 같은 경우
	상대적 소멸 (물권의 상실)	물권 그 자체는 존속하지만 물권이 타인에게 승계됨으로써 종래의 주인이 물권을 잃는 것

(2) 물권변동의 모습

① **법률행위에 의한 물권변동** : 당사자의 의사에 따른 물권변동으로 민법에서 가장 중요한 물권변동의 원인이다.

② **법률규정에 의한 물권변동** : 취득시효(제245조), 상속(제1005조), 무주물선점(제252조), 유실물습득(제253조), 매장물 발견(제254조), 첨부(제256조부터 제258조까지), 민법 외의 규정에 의한 공용징수, 몰수, 경매 등 법률의 규정에 따른 경우가 있으며 일정한 판결(제187조)에 따른 경우 등이 이에 해당한다.

(3) 공시의 원칙과 공신의 원칙

① 공시의 원칙

  ㉠ 의 의

  물권의 변동은 언제나 외부에서 인식할 수 있는 어떤 표상, 즉 공시방법을 수반하여야 한다는 원칙이다. 우리 민법과 독일민법, 스위스민법 등은 공시방법을 갖추지 아니하면 전적으로 물권변동의 효력이 인정되지 아니하는 입장이고, 프랑스민법과 일본민법은 물권변동을 목적으로 하는 의사표시만 있으면 물권변동의 효력이 인정되지만 공시방법을 갖추지 아니하는 동안에는 제3자에 대하여 그 물권변동의 효력을 주장하지 못하도록 하는 입장이다.

  ㉡ 효 과

  공시방법이 갖춰져 있지 않으면 바깥에서는 물론이고 물권을 주고받은 당사자 간에서도 물권이 움직여질 수 없게 된다. 구민법은 프랑스민법을 따라서 바깥에서는 물권이 움직여지지 않은 것으로 취급하였지만, 물권을 주고받은 당사자 간에 있어서는 물권이 움직여진 것으로 취급했다. 다만 제3자에게 대항하지 못했을 뿐이다. 하지만 현행 민법은 독일민법을 따라서 물권을 주고받은 당사자 간에도 물권이 움직여지지 않은 것으로 취급하고 있다.

  ㉢ 방 법

  부동산물권에 관한 등기 이외에도 동산물권에 관해서는 화물상환증·선하증권·창고증권 등 증권의 배서·교부가 있고, 선박·자동차·항공기·중기 등에 관해서는 공적 장부에의 등기·등록이 있다. 물권변동 이외에도 광업권(광업법 제28조)·어업권(수산업법 제16조)·특허권(특허법 제29조)·저작권(저작권법 제53조)의 등록, 채권양도의 통지(제450조), 혼인(제812조)·인지(제859조)·입양(제878조) 등의 신고가 공시방법으로 사용된다.

② 공신의 원칙
　㉠ 의 의
　　위와 같은 등기·인도 등의 공시방법에 의하여 올바르게 공시된 것을 믿고 거래한 자가 있는 경우에, 그 공시된 것이 실제와 다르다 하더라도, 마치 공시된 대로의 권리가 존재하는 것처럼 다루어서, 그 믿은 사람을 보호해야 한다는 원칙이다.
　㉡ 인정근거
　　물권이 있다는 사실을 일정한 표지에 의해 바깥에 알려야 한다는 공시의 원칙으로부터 그 공시된 것을 본 사람이 공시된 대로의 권리관계가 있을 것이라고 추측하게 되는 추정적 효력이 나오게 된다. 이러한 추정적 효력으로부터 그 표지가 진실한 것이라고 믿고 거래한 자는 그 표지가 진실이 아니라 하더라도 권리를 취득하게 된다는 선의취득의 효력이 나오게 된다. 이렇게 공신의 원칙을 인정하면 진정한 권리자는 불이익을 받게 되지만, 그 대신 공시방법을 신뢰하고 거래한 자가 보호를 받게 되기 때문에 거래가 원활해진다.
　㉢ 우리 민법의 태도
　　ⓐ 독일민법은 부동산물권과 동산물권 모두에 대해서 이 원칙을 인정하고 있고 우리 민법과 프랑스민법은 동산물권에 대해서만 이 원칙을 인정하고 있다(우리 민법 제249조).
　　ⓑ 우리 민법이 공신의 원칙을 동산물권에만 인정하는 이유는 부동산물권의 공시방법인 등기의 경우 현재 등기부의 등기표시가 불완전하며 진실한 거래관계와 일치하지 않는 경우가 적지 않기 때문이다(토지대장과 등기부가 따로 존재하고, 인감증명제도도 부실하며, 등기필증이 멸실된 경우 보증서만으로도 등기를 신청할 수 있게 하고 있고, 등기신청의 심사는 형식적 심사주의를 취하고 있음). 반면 동산물권의 경우는 공시방법인 인도가 등기에 비해 공시방법으로서 불완전하기 때문에 보충적으로 공신의 원칙으로써 거래안전을 이룬다고 한다.
　　ⓒ 진정한 권리자의 구제
　　　공신의 원칙에 의해 동산물권을 박탈당하게 된 진정한 권리자는 새로운 권리자에 대해서는 아무런 권리도 행사하지 못하며, 다만 진정한 권리자라 거짓으로 칭하고 자기 것도 아닌 동산물권을 거짓으로 양도한 자에 대하여서만 불법행위에 기한 손해배상청구권(제750조) 및 부당이득의 반환청구권(제741조)을 행사할 수 있다.
　㉣ 유사한 제도
　　민법총칙상 의사표시에 있어서 비진의표시나 중대한 과실로 인한 착오의 의사표시를 유효하게 한 것(제107조 제1항, 제109조), 채권법상으로는 채권의 준점유자에 대한 변제를 유효하게 한 것(제470조), 영수증소지자에 대한 변제를 유효하게 한 것(제471조), 대리인인 것처럼 보인 자와 한 법률행위를 유효하게 한 것(제125조 이하) 등을 들 수 있고, 어음·수표법상에 있어서는 어음·수표를 소지한 자는 악의·중과실이 아닌 한 그 어음·수표를 선의취득한 것으로 보는 것을 들 수 있다(어음법 제16조, 수표법 제21조).

2 물권행위

(1) 의의 및 성질

물권의 발생·변경·소멸을 목적으로 하는 법률행위이다. 물권계약이나 물권의 포기행위 등을 들 수 있다. 채권행위가 법률적으로 의무를 부담케 하거나 부담하는 행위인 반면, 물권행위는 직접적으로 물권의 변동을 일으키게 하므로 법률적으로 처분행위에 속한다.

의무부담행위	채권행위	채권계약 등	
처분행위	사실적 처분행위	재화의 파괴·훼손·소비	
	법률적 처분행위	물권행위	물권계약 등
		준물권행위	채권양도·채무면제·무체재산권의 변동 등

(2) 적용법규

물권행위도 법률행위이므로 민법총칙의 법률행위에 관한 규정이 적용된다. 따라서 권리능력·행위능력·의사표시·대리·무효와 취소·조건과 기한 등에 관한 규정이 모두 적용된다. 또한, 물권계약의 경우는 계약의 일종이므로 채권편의 계약에 관한 규정이 준용되며, 물권적 청구권 등의 채권관계가 성립되는 경우에는 채권관계에 관한 규정이 준용되고, 제3자를 위한 물권계약이 체결된 경우에는 채권편의 제3자를 위한 계약의 규정이 적용된다. 다만 공시방법은 직접 수익자인 제3자에게 갖추어져야 할 것이다.

(3) 물권행위의 구성요소

민법상 물권의 변동이 있기 위해서는 단순한 당사자의 의사표시만 갖고는 부족하고 이에 부가하여 등기·인도 등의 공시방법이 갖추어져야 한다. 물권행위는 단순히 물권적 의사표시만으로 성립하지 않고, 물권적 의사표시의 표시행위로서의 등기·인도에 의하여 완성된다. 따라서 물권행위의 성립시점은 등기·인도가 행해진 시점이 된다.

(4) 물권행위의 독자성

물권행위가 채권행위와 합체되어 일체로 존재하는 경우라 할지라도 물권행위는 언제나 개념상 채권행위와 구별되는 독자의 행위로서 존재하느냐의 문제이다. 우리 민법은 독일민법과 달리 채권행위와 물권행위의 관계에 대한 명시적인 규정을 두지 않고 있다. 판례는 물권행위의 독자성을 부인하고 있다.

(5) 물권행위의 유인성

물권행위는 그 법적 원인인 채권행위의 이행으로서 행해지는 원인행위에 결합된 법률행위이다. 즉, 물권행위는 그 법률행위 자체의 효력을 갖추는 것만으로는 완전히 효력을 발생하지 못하고, 원인행위인 채권행위의 유효한 성립을 전제로 한다. 물권행위의 이러한 성질을 유인성이라고 한다. 학설은 그에 반해 원인행위가 효력이 없거나 상실되더라도 이로 인해 물권행위가 영향을 받지 않는다는 물권행위의 무인성을 인정하고 있으나, 판례는 독자성을 부정하는 것과 마찬가지로 물권행위의 무인성도 부정하고 유인성을 인정하고 있다.

③ 부동산물권의 변동 18 기출

(1) 부동산등기

① 등기의 의의

국가기관인 국가공무원이 법정절차에 따라서 등기부라는 공적인 장부에 부동산에 관한 일정한 권리관계(예를 들면 소유권이 이전되었다든지 저당권이 설정되었다든지 하는 것 등)를 기재하는 것, 또는 기재된 것

② 등기의 종류

㉠ 기능에 따른 분류

ⓐ 사실의 등기 : 등기용지 중 표제부에 하는 부동산 표시(위치, 목적, 면적 등)의 등기로 표제부의 등기라고도 한다.

ⓑ 권리의 등기 : 등기용지 중 '갑구'란과 '을구'란에 하는 부동산의 권리관계에 관한 등기이며 보존등기와 권리변동의 등기로 나뉜다.

㉡ 효력에 따른 분류

ⓐ 종국등기 : 본등기라고도 하며 물권변동의 효력이 직접 발생하는 등기이다.

ⓑ 예비등기

㉮ 가등기
- 부동산물권(소유권·저당권 등) 및 그에 준할 권리(권리질권·임차권 등)의 설정·이전·변경·소멸의 청구권을 보전하기 위해 미리 예비로 하는 등기
- 원칙적으로 그 가등기의 근거가 되는 본등기가 가능한 경우에만 가등기를 할 수 있으며, 가등기권리자는 가등기의무자의 승낙이 있거나 가등기를 명하는 법원의 가처분명령이 있을 때에는 단독으로 가등기를 신청할 수 있다(부동산등기법 제89조).
- 가등기에 의한 본등기를 한 경우 본등기의 순위는 가등기의 순위에 따른다(부동산등기법 제91조).

㉯ 예고등기
- 등기원인이 무효 또는 취소되었다는 이유로 등기의 말소 또는 회복의 소송이 제기된 경우에 수소법원의 직권으로 등기소에 촉탁하여 행해지는 등기
- 제3자에게 부동산에 관한 기존 등기에 어떤 소의 제기가 있다는 것을 경고해주는 사실상의 효과만이 있을 뿐이다.

③ 등기부와 대장

㉠ 등기부 : 부동산에 관한 권리관계를 기재하는 공적 장부를 말한다. 토지등기부와 건물등기부의 두 가지가 있다(부동산등기법 제14조). 1필의 토지 또는 1동의 건물에 대하여 1개의 등기기록을 사용하며(1부동산 등기기록 원칙 ; 제15조), 1등기기록에는 부동산의 표시에 관한 사항을 기록하는 표제부가 1장, 갑구(소유권에 관한 사항을 기재하는 곳)가 1장, 을구(소유권 외의 권리에 관한 사항을 기재하는 곳)가 1장으로 모두 3장이 있을 수 있다.

ⓒ 대장 : 토지대장・임야대장・가옥대장 등을 말한다. 대장과 등기부는 기재내용의 일치 내지 부합을 위하여 절차적으로 의존・협력관계에 있다. 부동산의 물권적 상황 내지 동일성에 관한 사항에 관해서는 등기부가 대장의 기재를 따르지만, 권리 그 자체의 변동에 관해서는 대장이 등기부의 기재를 따른다. 다만 소유권보존등기에 관해서는 등기부가 대장의 기재를 따른다.

④ **등기사항** : 사권의 목적이 되는 모든 토지와 건물, 즉 부동산은 등기할 수 있다. 사권의 목적이 되지 않는 공유수면하의 토지나 하천구역은 등기할 수 없다. 이러한 사권의 목적이 되는 부동산에 관한 물권 가운데서 점유권과 부동산유치권, 민법 제302조의 특수지역권(어느 지역의 주민이 집합체의 관계로 각자가 타인의 토지에서 초목, 야생물 및 토사의 채취, 방목 기타의 수익을 하는 권리가 있는 경우)을 제외한 모든 물권은 등기할 수 있다. 물권은 아니지만 부동산임차권과 환매권도 등기할 수 있다(제621조, 제592조). 물권의 변동은 변동의 종류・원인을 불문하고 모두 등기되어야 한다(부동산등기법).

⑤ **등기절차**
등기의 진정이 보장되거나 등기의무자가 없는 경우가 아니라면 등기는 등기권리자와 등기의무자가 공동으로 신청하여야 한다(부동산등기법 제23조). 다만 등기신청은 대리인에 의해 할 수 있으며, 이 경우에는 자기계약・쌍방대리를 금지하는 민법 제124조의 규정은 적용되지 않는다.

⑥ **기타 관련사항**
  ㉠ 멸실등기의 신청
   토지(건물)가 멸실된 경우에는 그 토지(건물) 소유권의 등기 명의인은 그 사실이 있는 때부터 1개월 이내에 그 등기를 신청하여야 한다(부동산등기법 제39조, 제43조).
  ㉡ 등기의 불법말소・유탈
   ⓐ 어떤 물권의 등기가 이해관계인이나 제3자의 불법행위 또는 등기공무원의 잘못으로 말소된 경우 판례에 의하면 물권은 소멸하지 않고, 말소된 등기의 회복등기가 행하여지면 그 회복등기는 말소된 종전의 등기와 동일한 순위의 효력을 가진다(서울고판 1968.6.27., 67나2130).
   ⓑ 물권의 등기는 물권의 효력발생요건일 뿐 효력존속요건은 아니기 때문이다. 일단 등기된 사항이 다른 등기부에 옮겨 적는 과정에서 등기공무원의 고의・과실로 유탈된 경우도 마찬가지로서 등기공무원이 직권으로 이를 다시 고칠 수 있고, 그렇게 고치기 전이라도 종전 등기의 효력은 존속된다.
  ㉢ 이중보존등기
   ⓐ 우리나라의 등기부는 1부동산 1등기기록주의에 의하여 물적으로 편성되어 있다(부동산등기법 제15조). 따라서 하나의 부동산에 대하여 이중으로 등기하지 못한다. 그러나 등기부색출장의 정리미비나 확인미진으로 인하여 동일부동산에 대하여 두 개 이상의 등기기록이 비치되어 있는 경우가 발생할 수 있다.
   ⓑ 판례는 이중보존등기가 표시란에 행해진 경우 등기의 선후에 관계없이 부동산의 실체상황과 일치하는 보존등기만이 효력을 가진다고 한다. 반면 사항란에 행해진 경우에는 먼저 행해진 등기가 원인무효라는 아무런 자료가 없는 한 먼저 행해진 등기만이 유효하고 뒤에 한 등기는 효력이 없다. 그리하여 뒤에 행해진 보존등기를 기점으로 하여 제3자 명의의 등기가 종료된 경우에도 이들 등기는 모두 무효가 된다(대판 1990.11.27., 87다카2961, 87다453).

- ㉣ 내용적 불합치
    - ⓐ 등기가 물권적 합의와 내용에 있어서 합치하지 않으면 합의된 물권변동은 발생하지 않고, 따라서 등기된 권리변동도 처음부터 성립하지 않은 것으로 된다. 예컨대 아파트를 팔고 사기로 했는데, 어느 단독주택에 대해서 소유권이전등기가 행해진 경우 그 등기는 당연무효이다.
    - ⓑ 지상권설정의 합의가 있었는데 전세권설정등기가 행해진 경우에도 그 등기는 당연무효이다. 이러한 경우에 당사자가 원하는 대로의 물권변동을 생기게 하려면 경정등기를 하거나 그 등기를 말소한 후 다시 물권적 합의에 부합하는 등기를 해야 한다.
- ㉤ 부분적 불합치
    - ⓐ 물권적 합의와 등기가 그 내용에 있어서 완전히 부합하지 않고 일부분만이 부합하고 있거나 일부분만이 부합하지 않는 경우에는 그러한 부분적 불일치만으로 등기가 전적으로 무효가 되는 것은 아니다(제137조).
    - ⓑ 물권적 합의로는 토지 30평에 대해서만 합의했는데, 50평에 대해서 등기한 경우에는 30평의 한도 내에서 효력이 생기고, 10평에 대해서만 등기한 경우에는 원칙적으로 전부무효가 되지만, 10평만으로도 물권적 합의를 했을 것으로 해석되면 등기기재의 한도에서 효력을 인정해야 한다.
- ㉥ 중간생략등기 25 기출
    - ⓐ 개념 : 부동산물권이 최초의 양도인으로부터 중간취득자에게, 중간취득자로부터 최종취득자에게 차례차례 이전되어야 함에도 그 중간취득자에의 등기를 생략하고 최초의 양도인으로부터 직접 최후의 취득자에게 이전하는 등기를 말한다.
    - ⓑ 중간생략등기에 대한 규제 : 부동산의 소유권을 이전받을 것을 내용으로 하는 계약을 체결한 자가 다음의 정해진 날 이후 그 부동산의 소유권을 다시 제3자에게 이전하는 계약이나 제3자에게 계약당사자의 지위를 이전하는 계약을 체결하고자 할 경우에는 그 제3자와 계약을 체결하기 전에 먼저 체결된 계약에 따라 소유권이전등기를 신청해야 한다.
        - 계약당사자가 서로 대가적인 채무를 부담하는 경우 반대급부의 이행이 완료된 날
        - 계약당사자의 일방만이 채무를 부담하는 경우에는 그 계약의 효력이 발생한 날
- ㉦ 거짓 등기원인에 의한 등기
    등기부에는 반드시 등기원인을 기재하도록 되어 있지만, 거래계에서는 세금관계 또는 등기절차의 번거로움 등으로 실제의 등기원인과 다르게 표시하여 등기신청을 하는 경우가 많다. 판례는 증여에 의한 것을 매매에 의한 것으로 행한 등기는 무효라고 할 필요가 없다거나(대판 1980.7.22., 80다791), 대물변제로 인한 소유권이전등기를 함에 있어서 매매를 등기원인으로 기재한 경우 그 등기는 유효하다고 한다(대판 1955.4.27., 4287민상336)는 식으로 이러한 등기의 유효성을 인정한다. 거래의 안전을 고려한 조치로 생각된다.
- ㉧ 무효등기의 유용
    어떤 등기가 행하여져 있으나, 그것이 실체적 권리관계에 부합하는 것이 아니어서 무효로 된 후에, 그 등기에 부합하는 실체적 권리관계가 있게 된 때에 이 등기는 유효하게 된다는 것이 판례의 입장이다(대판 1986.12.9., 86다카716). 단 무효등기의 유용이 인정되는 것은 사항란의 등기를 유용한 경우뿐이며, 표제부등기의 유용은 인정되지 않는다. 또 등기상의 이해관계를 가진 제3자가 있는 경우에도 유용은 인정되지 않는다.

ⓒ 시간적 불합치
물권적 합의와 등기의 중간에 당사자가 행위능력을 상실하거나 권리귀속에 변동이 생기거나 처분할 권리를 상실한 경우가 문제된다. 처분자는 물권적 합의 시뿐 아니라 등기이전 시에도 행위능력 내지 처분할 권리를 가지고 있어야 하므로, 취득자는 법정대리인의 동의를 구하거나 새 권리자와 다시 물권적 합의를 하여야 한다.

ⓒ 등기를 갖추지 않은 부동산 취득자(미등기매수인)의 법적 지위
　　ⓐ 등기가 없으면 법률행위에 의한 부동산물권변동은 일어나지 않으므로 매수인은 소유권을 주장할 수 없다.
　　ⓑ 매수인은 부동산을 인도받아 사용·수익하고 있으므로 그 부동산의 점유자로서 점유보호청구권을 행사할 수 있다. 따라서 등기부상 소유자인 매도인이 반환을 청구하면 제213조 단서에 따라 점유할 권리를 내세워 반환을 거부할 수 있다.

(2) 법률행위에 의하지 않는 부동산물권의 변동

① 원 칙 **13 15 21 기출**
민법 제187조 본문은 상속·공용징수·판결·경매 기타 법률의 규정에 의한 부동산에 관한 물권의 취득은 등기를 요하지 않는다고 규정함으로써, 제186조의 등기주의에 대한 예외를 두고 있다. 이를 '법률행위에 의하지 않는 부동산물권변동' 또는 '법률의 규정에 의한 부동산물권변동'이라고도 한다.

② 예 외
문제점은 이에 따른 부동산물권변동이 생긴 후 그 등기를 하지 않고 방치하는 동안에 필연적으로 실체법상의 권리와 등기부상의 권리가 불일치하는 결과가 발생하게 됨으로써 등기의 외관을 신뢰한 선의의 제3자에게 불측의 손해를 야기시킬 수 있다는 데 있다. 따라서 민법은 제187조에 의하여 물권을 취득하였더라도 그 취득을 등기하지 않는 한, 목적물에 관한 물권을 처분할 수 없다(제187조 단서)고 하여 위 원칙의 적용범위를 제한하고 있다. 또한, 민법은 20년간 부동산을 점유한 자는 등기함으로써 소유권을 취득한다고 하여 민법 제187조의 예외를 인정하고 있다.

③ 민법 제186조의 물권변동인지 제187조의 물권변동인지 문제되는 경우
　㉠ 원인행위의 실효에 의한 물권의 변동
　　'물권행위의 원인행위인 채권행위가 취소되거나 해제된 경우에, 그 실효된 원인행위의 이행으로서 이루어진 물권변동은 등기를 말소하지 않더라도 당연히 무효가 되고 물권은 원래대로 복귀하는가?'에 대해 판례는 물권행위의 유인성을 인정하므로 원인행위가 취소되면 처음부터 그러한 물권변동은 없었던 것이 되므로 등기를 말소하지 않더라도 물권은 당연히 복귀하게 된다고 한다. 따라서 이는 민법 제186조, 제187조와는 관계없는 것이 된다. 이 경우에 위 등기는 실체와 부합하지 않는 무효의 등기이므로, 물권자는 복귀된 물권에 기하여 그 말소를 청구할 수 있다. 이때 물권을 빼앗기게 되는 제3자는 선의의 제3자일 경우 일정한 요건하에서(제107조 제2항, 제108조 제2항, 제109조 제2항, 제110조 제3항, 제548조 제1항 단서) 물권을 취득하게 되는데, 이 제3자에는 당해 물권행위가 행하여진 때로부터 그가 무효임을 알지 못하고 새로운 이해관계를 가지게 된 모든 자가 포함된다는 것이 판례의 태도이다.

ⓒ 재단법인의 설립에 있어서 출연재산의 귀속
ⓐ 민법 제48조는 '생전처분으로 재단법인을 설립하는 때에는 출연재산은 법인이 성립한 때로부터 법인의 재산이 된다'고 규정하고(제1항), '유언으로 재단법인을 설립한 때에는 출연재산은 유언의 효력이 발생한 때로부터 법인에 귀속된 것으로 본다'고 규정하고 있다(제2항).
ⓑ 출연재산 속에 부동산물권이 포함되어 있다면 그 부동산물권이 재단법인에 귀속하는 것은 제186조에 의하여 등기를 한 때인가, 아니면 '법인이 성립한 때' 또는 '유언의 효력이 발생한 때'인가 하는 것이 문제된다. 판례는 출연자와 법인의 사이에서는 등기 없이도 출연부동산이 법인설립과 동시에 법인에게 귀속되나, 법인이 취득한 부동산을 가지고 제3자에게 대항하기 위해서는 제186조에 따라 등기를 필요로 한다고 한다.

ⓒ 소멸시효의 완성과 물권의 소멸
'소유권을 제외한 제한물권, 특히 지상권·지역권·전세권은 소멸시효의 대상이 되는데, 이러한 물권에 관하여 소멸시효가 완성되면 등기 없이도 물권이 소멸되는가 아니면 등기를 하여야만 물권이 소멸되는가?'는 민법의 문언상 시효기간이 완성되면 권리는 절대적으로 소멸한다고 보기 때문에 등기의 말소를 기다리지 않고 물권은 소멸한다고 보아야 할 것이다.

ⓓ 제한물권의 소멸청구 또는 소멸통고
ⓐ 2년 이상의 지료를 지급하지 않은 때라든가 일정한 방법으로 목적물을 사용하지 않은 때라는 등 일정한 요건하에 지상권설정자와 전세권설정자는 지상권 또는 전세권의 소멸을 청구할 수 있다(제287조, 제311조).
ⓑ 전세권의 존속기간이 정해져 있지 않은 때 각 당사자는 언제든지 상대방에 대해서 전세권의 소멸을 통고할 수 있고 상대방이 통고를 받은 날로부터 6월이 경과하면 전세권은 소멸한다(제313조).
ⓒ '소멸청구 내지 소멸통고가 있는 경우에 그 제한물권은 말소등기를 하지 않아도 당연히 소멸하는가?'는 소멸청구나 소멸통고는 형성권의 행사이므로 말소등기 없이도 설정자의 소멸청구의 의사표시만으로 소멸의 효과가 발생한다고 할 것이다.

ⓔ 부동산물권의 포기
권리의 포기도 일종의 형성권의 행사로서 말소등기 없이 소멸의 효과가 발생한다. 단지 이러한 형성권의 행사로 인한 권리소멸의 경우에 등기를 믿고 권리를 취득한 선의의 제3자에 대해서는 제548조 제1항 단서가 유추 적용되어 그 권리를 소멸시키지 못한다고 할 것이다.

(3) 등기청구권

① 의 의

일방당사자(등기권리자)가 타방당사자(등기의무자)에 대하여 등기에 협력할 것을 청구할 수 있는 실체법상의 권리이다. 이러한 등기청구권은 서로 다른 당사자에 대하여 등기신청에 협력할 것을 청구하는 사법상의 권리로서, 등기공무원인 국가기관에 대하여 등기를 신청하는 공법상의 권리인 등기신청권과는 구별된다.

② 등기원인에 따른 등기청구권의 성질
  ㉠ 법률행위에 의한 부동산물권변동의 경우에는 채권적 청구권으로 보는 것이 판례의 태도이다. 취득시효에 의한 등기나 부동산임차권·부동산환매권의 등기도 마찬가지이다. 채권적 청구권인 경우에는 채권적 효력밖에 없고, 10년의 소멸시효에 걸리며, 그 양도는 채권양도의 방법(민법 제449조 이하)에 따라 하여야 한다.
  ㉡ 민법 제187조에 의한 등기는 등기청구권이 존재할 여지가 없으며, 법정지상권 등의 설정등기청구권이나 실체관계와 등기가 일치하지 않는 경우 거짓등기의 말소등기청구권은 물권적 청구권으로 보아야 할 것이다. 등기청구권이 물권적 청구권인 경우에는 그 청구권은 소멸시효에 걸리지 않으며, 그 양도는 물권양도로서 특별한 제한 없이 자유롭게 이루어질 수 있을 것이다.

(4) 등기의 효력 15 기출
① 본등기의 효력
권리창설적 효력, 대항적 효력, 순위확정적 효력, 점유적 효력, 추정적 효력 등으로 나누어질 수 있다.
  ㉠ 권리창설적 효력
    ⓐ 물권적 합의에 부합하는 등기가 갖추어지면 부동산물권변동의 효력이 생긴다. 이와 같이 '물권변동을 발생케 하는 효력'을 등기의 권리변동적 효력 내지 창설적 효력이라고 부른다.
    ⓑ 물권변동의 효력이 생기는 시기는 등기를 신청한 때가 아니라 실제로 등기부에 기재된 때에 발생한다. 그러므로 등기공무원이 등기신청을 접수하고 등기필증까지 교부하였다 하더라도 실제로 등기부에 기재되지 않은 경우에는 등기의 권리변동적 효력은 발생하지 않는다.
  ㉡ 대항적 효력
    부동산제한물권(지상권·지역권·전세권·저당권 등)과 부동산환매권·부동산임차권에 관하여는 권리변동 외에 일정한 사항(존속기간·지료·전세금·이자·지급시기 등)을 등기할 수 있고, 이들을 등기하면 제3자에 대해서 대항할 수 있다. 이를 등기의 대항적 효력이라고 한다.
  ㉢ 순위확정적 효력
    같은 부동산에 관하여 등기한 권리의 순위는 법률의 다른 규정이 없으면 등기의 전후 내지 선후에 의하여 정해지는데(부동산등기법 제4조 제1항), 이러한 등기의 효력을 순위확정적 효력이라고 한다.
  ㉣ 등기의 점유적 효력 10 기출
    민법 제245조 제2항은 부동산의 소유자로 등기되어 있는 자가 10년 동안 자주점유를 한 때에 소유권을 취득한다는 등기부취득시효를 규정하고 있는데, 이 경우 등기는 마치 동산취득시효에서의 점유와 같은 효력을 갖는다.
  ㉤ 등기의 추정적 효력 14 기출
    ⓐ 등기가 형식적으로 존재하기만 하면 무효인 등기라 하더라도 그에 부합하는 권리가 실체법상으로도 존재하는 것으로 추정되고, 절차의 적법, 기재사항의 적법, 등기원인의 적법, 대리권의 존재 등도 모두 추정된다. 이러한 추정의 효과는 등기 명의인뿐 아니라 제3자도 원용할 수 있으며, 물권변동의 당사자 사이에서도 발생한다고 판례는 보고 있다.

ⓑ 다만 보존등기는 소유권이 진실하게 보존되어 있다는 사실에 관해서만 추정력이 있고, 그 등기명의인이 원시취득자라는 사실까지 추정력을 갖는 것은 아니다. 또한, 가등기나 예고등기에는 추정력이 인정되지 않는다.
ⓒ 추정적 효력의 결과 등기의 적법이 추정되면 이를 다투는 상대방은 그 부적법을 입증하여야 한다.
ⓓ 등기에 추정력이 인정되는 결과 등기를 신뢰하고 거래한 제3자에게는 선의는 물론 무과실까지도 추정이 된다.

② 가등기의 효력 **11** 기출
㉠ 청구권보전 가등기의 효력
ⓐ 본등기 전의 효력 : 가등기만 하고 본등기를 하지 않았다면 가등기 자체에는 아무런 실체법상의 효력이 없다.
ⓑ 본등기 후의 효력
㉮ 가등기가 행하여진 후 이에 기하여 본등기가 행하여지면 본등기의 순위는 가등기의 순위에 의한다는 규정(부동산등기법 제4조 제2항)에 따라 가등기는 본등기의 순위를 보전하는 효력을 지닐 뿐이다.
㉯ 물권변동의 효력 발생시기는 본등기를 한 때이고 가등기한 때로 소급하지 않는다는 것이 통설과 판례의 입장이다.
㉡ 담보가등기의 효력
담보계약에 따라 이행이 이루어지지 않은 경우 경매를 청구할 수 있고, 강제경매 등이 개시된 경우에는 다른 채권자보다 자기채권을 우선변제 받을 권리가 있어 본 등기와 동일한 실체법상의 효력을 갖는다(가등기담보 등에 관한 법률 제12조 제1항 및 제13조).

4 동산물권의 취득

(1) 권리자로부터의 취득 **17** 기출

① 원 칙
민법 제188조 제1항은 '동산에 관한 물권의 양도는 그 동산을 인도하여야 효력이 생긴다'고 하여 동산물권에 관하여도 부동산물권에 있어서와 마찬가지로 물권적 합의와 인도의 두 요소가 갖추어져야 비로소 물권변동의 효력이 생긴다고 한다.

② 인 도
인도는 점유의 이전, 즉 물건의 사실상의 지배를 이전하는 것을 말한다(제188조 제1항, 제192조 제1항). 인도에는 현실의 인도, 간이인도, 점유개정, 목적물반환청구권의 양도가 있다.
㉠ 현실의 인도
현실의 인도란 물건의 사실상의 지배를 실제로 양도인으로부터 양수인에게 이전하는 것을 말한다. 사실상의 지배의 이전이 있는가의 여부는 사회통념에 의하여 정하여야 한다.

ⓒ 간이인도

양수인이 이미 물건을 점유하고 있는 경우에는 소유권이전에 관한 양도인과 양수인의 물권적 합의로써 소유권이 이전되게 된다(제188조 제2항). 양수인은 간이인도 후부터의 자주점유와 그 전부터의 타주점유를 함께 주장할 수 있다(제199조).

ⓒ 점유개정

ⓐ 물건의 양도인이 양도 후에도 종래와 같이 점유를 계속하나, 양수인과의 사이에 점유매개관계를 설정함으로써 양수인에게 간접점유를 취득시키는 한편, 스스로는 양수인의 점유매개자가 되는 경우에는 양수인이 '인도받은 것으로 본다'(제189조). 따라서 점유개정에 의한 동산소유권의 양도에 있어서는 소유권이전의 합의와 양수인에게 간접점유를 취득시키는 합의가 있을 뿐이고, 현실의 인도는 행해지지 않는다.

ⓑ 점유매개관계를 성립시킬 수 있는 것으로서는 간접점유를 취득케 하는 계약(예컨대 임대차, 사용대차, 임치)을 예로 들 수 있다.

ⓔ 목적물반환청구권의 양도

ⓐ 양도인이 목적물의 간접점유자이고 제3자가 이를 직접점유하고 있는 경우에 양도인이 제3자에 대한 반환청구권을 양수인에게 양도함으로써 양수인에게 간접점유를 취득시키는 것을 말한다.

ⓑ 목적물반환청구권의 양도에는 채권양도의 규정이 적용되므로, 그 양도는 두 당사자의 합의만으로도 효력이 생기지만, 점유매개자에 대한 통지 또는 점유매개자의 승낙을 대항요건으로 한다(제450조, 제451조).

③ 예 외

㉠ 부동산등기에 의해 공시되는 동산(부동산의 종물인 동산이 소유권 또는 저당권의 목적이 될 때 ; 민법 제358조, 제100조 제2항)은 등기에 의해 물권변동의 효력이 발생한다.

㉡ 상법상 등기를 필요로 하는 선박(상법 제740조)은 등기를 하여야만 제3자에게 대항할 수 있으며, 자동차와 항공기의 소유권 및 이를 목적으로 하는 저당권의 득실변경은 등록을 하여야 그 효력이 발생한다(자동차관리법 제5조 등).

㉢ 선하증권·화물상환증·창고증권과 같은 증권의 인도는 이에 의하여 표상되는 상품 그 자체의 인도와 동일한 효력을 가진다(상법 제133조, 제157조).

(2) 무권리자로부터의 취득(선의취득) 12 13 15 16 21 22 기출

① 의 의

민법은 부동산등기에는 공신력을 인정하지 않고 있지만 동산의 점유에는 공신력을 인정하고 있다. 즉, 동산을 점유하고 있는 자를 권리자로 믿고, 평온·공연·선의·무과실로 거래한 경우에는 비록 그 양도인이 정당한 권리자가 아니라고 할지라도 양수인에게 그 동산에 대한 소유권(제249조) 또는 질권(제343조, 제249조)의 취득을 인정하는 것이다. 이를 바로 선의취득이라고 한다.

② 요 건

㉠ 객체에 관한 요건

ⓐ 점유로 공시되고 거래할 수 있는 동산에 한한다.

ⓑ 금전도 물건으로서의 개성이 인정되는 것으로서 거래되는 경우(예를 들어 금전을 특정의 봉투나 상자 속에 밀봉하여 교부하거나, 강제통용력을 잃은 화폐를 수집의 목적으로 거래하는 경우)에는 선의취득이 가능하다.
　　　ⓒ 화물상환증・창고증권・선하증권과 같은 증권에 의하여 표상되는 동산도 선의취득이 가능하며, 부동산등기에 의하여 공시된 동산도 선의취득이 가능하다.
　　　ⓓ 등기・등록으로 공시되는 동산(선박・자동차・항공기・건설기계 등)이나 명인방법에 의하여 공시되는 지상물, 법률상 양도 및 사권설정이 금지된 동산(예컨대 국유문화재)이나 소유 또는 소지가 금지되는 동산(아편・음란도서・위조화폐 등)은 선의취득이 불가능하다.
　　ⓛ 양도인에 관한 요건
　　　양도인은 무권리자여야 하며 목적물을 점유하고 있었어야 한다. 다만 양도인이 무권대리인인 경우에는 무권대리의 문제로 넘어가므로 선의취득이 인정되지 않는다.
　　ⓒ 양수인에 관한 요건
　　　ⓐ 동산물권취득에 관한 유효한 거래행위에 의해 동산의 점유를 취득했어야 한다. 다만 유치권이나 점유권의 취득으로는 선의취득이 인정될 수 없으며, 상속이나 회사합병과 같은 포괄승계로 동산을 양도받은 경우에도 선의취득이 인정될 수 없다.
　　　ⓑ 거래행위는 유효해야 하므로, 거래당사자에게 무능력・대리권흠결・착오・사기・강박 등의 사유가 있어 거래행위가 취소・무효되는 경우에는 선의취득이 인정될 수 없다. 또한, 양수인은 평온・공연・선의・무과실이어야 하는데 무과실은 추정되지 않으므로 양수인이 자신의 무과실을 입증해야 한다.
　　　ⓒ 점유를 취득하게 된 방법은 현실의 인도 외에 간이인도에 의하는 것으로도 충분하지만 점유개정은 불명확하므로 이에 대해서는 선의취득이 인정될 수 없다.
③ 효 과
　　선의취득자는 그 점유하고 있던 동산에 관해 물권을 취득한다. 다만 선의취득이 무상으로 이루어진 경우, 선의취득자는 진정한 권리자에게 부당이득을 반환하여야 할 것이다.
④ **도품 및 유실물에 관한 특칙**
　　도품・유실물의 경우에 제3자가 선의취득의 요건을 갖추고 있더라도, 피해자 또는 유실자는 도난 또는 유실한 날로부터 2년 내에 점유자에 대하여 그 물건의 반환을 청구할 수 있다. 그러나 도품이나 유실물이 금전인 때에는 반환을 청구하지 못한다(제250조). 도품이나 유실물은 소유자 또는 점유자의 의사에 반하여 그 점유를 이탈한 물건이므로 그 취급을 달리하는 것이다.
　　ⓛ 도품 및 유실물
　　　도품이라 함은 절도 또는 강도에 의하여 점유자의 의사에 반하여 그의 점유가 박탈된 물건이고, 유실물은 점유자의 의사에 의하지 않고 그의 점유를 이탈한 물건으로서 도품이 아닌 것을 말한다. 점유보조자의 횡령에 의한 점유이탈의 경우는 점유보조자의 의사에 기한 것이므로 도품・유실물에 해당하지 않는다. 사기・공갈・횡령에 의해 취득한 물건도 도품・유실물은 아니다. 다만 제3자에게 도품・유실물이 전전양도된 경우 도품・유실물의 특질은 사라지지 않는다.

ⓒ 효 과

도품·유실물이라 하더라도 일단 취득과 동시에 소유권은 선의취득자에게 속한다. 그러나 피해자 또는 유실자는 그 선의취득자에 대해 도난 또는 유실한 날로부터 2년 동안 반환청구권을 갖게 된다. 반환청구권을 행사하여 다시 점유를 회복하는 때에 피해자 또는 유실자는 소유권을 회복하게 된다. 다만 선의취득자가 도품·유실물을 경매나 매매 기타 유상계약에 의하여 매수한 때에는 피해자 또는 유실자는 선의취득자가 지급한 대가를 배상하여야 그 물건의 반환을 청구할 수 있다(제251조).

5 지상물에 관한 물권변동

(1) 지상물의 공시방법

1973년 제정된 "입목에 관한 법률"은 지상물 가운데서 일정한 수목의 집단에 대해서는 입목등기에 의한 등기를 가능하게 하였다. 따라서 등기된 입목은 이를 생육하고 있는 토지와는 분리된 독립된 부동산으로 취급될 수 있게 되었다. 기타의 수목집단·입도·미분리의 과실에 대한 공시방법으로는 관습법상의 명인방법이 이용되고 있다.

(2) 입목등기

토지에 부착된 수목의 집단으로서 특히 그 소유자가 "입목에 관한 법률"에 의하여 소유권보존등기를 하면 수목의 집단은 입목이 되어 그때부터 이 입목은 토지로부터 분리된 독립한 부동산으로 취급된다. 입목에 관하여 인정되는 물권은 소유권과 저당권뿐이다.

(3) 명인방법

① 입목을 제외한 그 밖의 수목집단, 미분리과실, 입도, 엽연초, 인삼, 농작물 등의 각종 지상물 등에 대해서는 명인방법이라는 공시방법을 갖춤으로써 지반이나 원물로부터 독립한 물권거래의 객체로 취급될 수 있게 하는 관행이 확립되어 있고, 이러한 관행은 판례에 의해 인정되고 있다.
② 예컨대 수목집단의 경우 나무껍질을 벗겨서 거기에 소유자의 이름을 쓴다든가, 미분리과실의 경우 논밭의 주위에 새끼를 둘러치고 소유자의 이름이 씌어진 나무팻말을 세우는 등의 방법과 같은 것이다.
③ 등기에 의해 공시될 수 있는 토지와 건물, 입목에 관한 법률에 의한 입목은 명인방법이 허용되지 않으며, 명인방법에 의하여 공시될 수 있는 지상물에 관한 물권은 소유권에 한하고 저당권이나 기타 제한 물권은 허용되지 않는다.

6 물권의 소멸

(1) 물권의 소멸 원인
물권의 소멸에는 절대적 소멸과 상대적 소멸이 있다. 이 가운데 물권의 절대적 소멸 원인에는 모든 물권에 공통된 소멸 원인으로서 목적물의 멸실·소멸시효·공용징수·포기·혼동·몰수 등을 들 수 있다.

(2) 목적물의 멸실
① 물건이 멸실되면 그에 대한 물권도 소멸함은 당연하다. 일부가 멸실되면 그 동일성이 유지되어 있는 한 물권은 존속한다.
② 물질적 변형물(예컨대 무너진 집의 목재)이 남는 경우 물권은 그 물질적 변형물에 그 효력이 미친다. 반면 가치적 변형물(예컨대 건물이 불타 없어진 경우 보험금청구권)에는 단지 담보물권만이 효력이 미칠 뿐이다.

(3) 소멸시효
① 현행 민법은 소유권 이외의 물권은 20년의 시효로 소멸한다고 규정하고 있다(제162조 제2항). 그러나 점유권·유치권·담보물권은 그 성질상 소멸시효에 걸리지 않으므로, 소멸시효의 대상이 되는 물권은 지상권·지역권·전세권뿐이다.
② 민법의 문언상 시효기간이 완성되면 권리는 절대적으로 소멸한다고 보기 때문에 등기의 말소를 기다리지 않고 시효가 완성되면 그때 바로 물권소멸의 효력이 생긴다고 하는 것이 판례의 태도이다.

(4) 물권의 포기
① 물권자가 자기의 물권을 포기한다는 의사표시를 하는 것이다. 부동산물권에 관한 포기도 일종의 형성권의 행사이므로 말소등기 없이 소멸의 효과가 발생한다. 다만 이로써 제3자의 권리를 해하지는 못한다.
② 지상권 또는 전세권이 저당권의 목적인 경우에는 저당권자의 동의 없이 그 지상권 또는 전세권을 포기하지 못한다(제371조 제2항).

(5) 물권의 혼동
① 서로 대립하는 두 개의 법률적 지위 또는 자격이 소유권취득이나 상속 등의 원인으로 동일인에게 귀속하는 것이다. 이러한 경우에 한쪽은 다른 한쪽에 흡수되어 소멸한다.
② 예를 들면 소유권과 제한물권이 동일인에게 귀속하면 제한물권이 소멸하고(제191조 제1항), 제한물권과 그 제한물권을 목적으로 하는 다른 제한물권이 동일인에게 귀속되는 경우에는 그 다른 권리는 원칙적으로 소멸한다(제2항). 다만 소멸될 권리가 제3자의 권리의 목적이 되어 있어서 그 권리를 유지시켜야 할 특별한 이유가 있는 때에는 예외적으로 존속시키며, 점유권은 성질상 혼동으로 소멸하지 않는다.
③ 혼동을 생기게 한 원인이 존재하지 않았거나 무효·취소·해제 등으로 효력을 가지지 않는 때에는 소멸한 물권은 부활한다.

제3절 점유권

1 점 유 [11] [12] [19] [20] 기출

(1) 점유의 개념

점유는 물건에 대한 사실상의 지배(민법 제192조 제1항)이지만, 사실상의 지배라는 객관적 요소 이외에 적어도 사실적 지배관계를 가지려는 의사가 있어야 점유권이 성립한다. 또한, 생활관념이나 거래관념에 비추어 법의 보호(예컨대 특히 점유보호청구권)를 부여할 가치가 인정되어야 한다.

(2) 사실상의 지배

사회통념상 물건이 어떠한 사람의 지배 안에 있다고 인정되는 객관적인 관계를 말한다. 그러나 물건을 유형적·물리적으로 잡고 있다든가 가지고 있는 것과 같은 사실을 반드시 필요로 하지는 않으며, 개별적인 사정마다 사회관념 내지 거래통념에 비추어 물건과 사람간의 공간적 관계·시간적 관계 및 권리관계를 고려하여 판단하여야 한다.

① 공간적 지배관계

물리적인 지배력을 미칠 수 있는 가능성이 있고, 적어도 누군가의 사실상의 지배에 속하고 있음을 타인이 인식할 수 있으며, 제3자의 간섭을 배척할 수 있는 상태에 있어야 한다.

② 시간적 지배관계

어느 정도 계속성이 있어야 한다. 예를 들어 옆사람으로부터 잠깐 연필을 빌린 경우 사실상의 지배는 성립하지 않는다.

③ 권리관계

사실상의 점유는 본권의 유무와 무관하게 성립하는 것이지만 예를 들어 건물의 소유자는 실제로 그 대지를 점거하고 있지 않다 하더라도 건물의 부지를 점유하고 있는 것으로 본다.

(3) 점유보조자

① 가사상·영업상 기타 유사한 관계에 의하여 타인의 지시를 받아 물건에 대한 사실상의 지배를 하는 자를 말한다. 점유보조자는 점유권을 취득하지 못하며, 점유보조자를 통해 점유하는 자만이 점유권자이다. 예컨대 상점의 점원, 가정부, 은행의 출납원, 공장의 근로자, 공무집행 중의 공무원, 남편의 지시에 따라 행동하는 아내, 법인의 대표기관 등은 점유보조자이고, 가게주인, 은행, 공장주, 국가, 아내에게 지시를 내리는 남편, 법인 등이 점유자이다.

② 자기 자신을 위해 사실상의 지배를 하는 간접점유자(임대인 등)와는 타인의 권리를 바탕으로 타인의 이름으로 사실상의 지배를 한다는 점에서 구별된다. 점유보조관계는 사회적 의미에 있어서의 명령·복종의 종속관계를 전제한다.

③ 점유보조자는 점유방해자에 대해 점유보호청구권을 행사할 수 없고, 다만 점유주를 위하여 자력구제권만을 행사할 수 있다.

(4) 간접점유

① 민법 제194조는 '지상권, 전세권, 질권, 사용대차, 임대차, 임치 기타의 관계로 타인으로 하여금 물건을 점유하게 한 자는 간접으로 점유권이 있다'고 규정한다.
② 민법이 간접점유를 규정하고 간접점유자에게 점유권을 인정하는 이유는 타인을 매개로 하여 물건에 대한 사실상의 지배를 행사하고 있는 자에게도 법적 보호를 해야 할 가치가 있기 때문이다.
③ 법률행위인 대리와는 사실행위라는 점에서 구별된다.
④ 점유매개관계는 반드시 유효한 것일 필요는 없으며, 무효·취소되었다 하더라도 간접점유는 성립한다.
⑤ 간접점유자는 점유보호청구권을 갖지만, 자력구제권은 행사할 수 없다.

(5) 점유의 종류

① **자주점유와 타주점유**
  ㉠ 소유의 의사를 가지고서 하는 점유가 자주점유이고 그 이외의 점유가 타주점유이다. 여기서 소유의 의사라고 하는 것은 소유자로서 사실상 점유하려는 의사이며, 반드시 소유자라고 믿는 것은 아니다.
  ㉡ 자주점유자는 20년간 평온·공연하게 부동산을 점유할 경우 등기로써 그 소유권을 취득한다(제245조). 소유의 의사의 유무는 점유취득의 원인이 된 사실, 즉 권원의 성질에 의하여 객관적으로 정해진다.
  ㉢ 따라서 매수인·도둑 등은 언제나 소유의 의사를 가지는 자주점유자이고, 이에 반해 지상권자·전세권자·질권자·임차인·수치인 등은 언제나 소유의 의사가 없는 타주점유자이다.

② **선의점유와 악의점유**
  ㉠ 선의점유는 점유할 수 있는 권리가 없음에도 불구하고 본권이 있다고 오신하면서 하는 점유인 데 반하여, 악의점유는 본권이 없음을 알면서 또는 본권의 유무에 관해 의심을 품으면서 하는 점유이다.
  ㉡ 선의점유자는 점유물의 과실을 취득하고(제201조 제1항), 점유물이 점유자의 책임 있는 사유로 멸실 또는 훼손된 때에도 이익이 현존하는 한도에서 배상하면 되고(제202조), 점유물이 동산인 경우에는 평온·공연·과실 없이 동산을 양수한 경우 즉시 그 동산의 소유권을 취득한다(제249조).

③ **과실 있는 점유와 과실 없는 점유**
  ㉠ 본권이 없음에도 불구하고 있다고 잘못 믿은데 과실이 있으면 과실 있는 점유이고, 과실이 없으면 과실 없는 점유이다.
  ㉡ 과실은 있는 것으로 추정되므로, 무과실의 사실은 점유자에 의해 입증되어야 한다. 무과실점유자는 점유물이 동산인 경우 평온·공연·선의로 동산을 양수한 때에는 즉시 그 동산의 소유권을 취득한다(제249조).

④ **하자 있는 점유와 하자 없는 점유**
  ㉠ 하자의 유무에 따른 점유형태로 여기에서 하자란 악의·과실·강폭(強暴)·은비(隱秘)·불계속 등 완전한 점유로서의 효력의 발생을 방해하는 사정을 포함한다.
  ㉡ 점유자의 점유는 평온 및 공연하게 점유한 것으로 추정되며, 전후양시에 점유한 사실이 있는 때에는 그 점유는 계속한 것으로 추정한다(제197조 제1항 및 제198조).

② 점유권의 취득과 소멸

(1) 점유권의 취득
점유권은 물건에 대한 사실상의 지배를 말하므로 '물건을 사실상 지배'하는 자가 점유권을 취득한다.

① 직접점유의 취득
  ㉠ 원시취득이란 무주물선점(제252조), 유실물습득(제253조), 매장물발견(제254조), 절취 등을 원인으로 하여 물건에 대한 사실적 지배가 성립함으로써 점유권을 당연히 취득하는 것(제192조 제1항)을 말한다.
  ㉡ 승계취득이란 이전 점유자로부터 해당 물건에 대한 사실상의 지배를 인수함으로써 점유를 취득하는 것이다. 승계취득 가운데 특정승계에는 현실의 인도와 간이인도에 의한 양도의 두 가지가 있는데, 현실의 인도에 의한 점유권의 양도는 사실행위로서, 그 양도에 물권적 합의를 요구하지는 않는다. 간이인도에 의한 양도는 양수인이 이미 물건을 점유하고 있을 때 당사자의 의사표시만으로 인도하는 것(제188조 제2항)을 말하는데, 이러한 간이인도에 의하여 점유권도 양도할 수 있다.

② 간접점유의 취득
  ㉠ 소유자가 그의 소유물을 임대하는 경우나, 점유개정에 의해 목적물을 양도하고서도 목적물을 계속 점유하는 경우, 후견인이 피후견인을 대리하여 물건을 매수하고 그 인도를 받는 경우 간접점유가 설정된다.
  ㉡ 간접점유자는 반환청구권을 양도함으로써 점유권을 양도할 수 있는데(제196조 제2항, 제190조), 이 반환청구권이 채권적 청구권일 경우에는 채권양도에 관한 규정이 준용되어 양도인은 채무자에게 통지하여야 한다.

③ 점유권승계의 효과
  ㉠ 점유의 승계가 있는 경우 승계인은 자기의 점유만을 주장하거나 자기의 점유와 전점유자의 점유를 아울러 주장할 수 있다(제199조 제1항). 다만 전점유자의 점유를 아울러 주장하는 경우에는 그 하자도 승계된다(제199조 제2항).
  ㉡ 다시 말해 하자 있는 전점유를 아울러 주장하든가 아니면 하자 없는 자기 자신만의 점유를 주장하든가 어느 쪽이든 선택할 수 있다. 이와 같이 민법은 점유자의 승계인에게 점유의 분리 또는 병합을 인정하고 있다(제199조 제1항).
  ㉢ 이러한 경우에도 그 점유가 시작된 시기로서 자기의 특정된 점유개시일이나 전점유자의 특정된 점유개시일을 임의로 선택할 수 있는 것이지, 점유기간 중의 임의의 시점을 선택할 수 있는 것은 아니다.
  ㉣ 이러한 점유의 분리·병합은 판례에 의하면 포괄승계 특히 상속의 경우에는 적용될 수 없다고 한다. 즉, 상속점유는 피상속인의 점유의 성질과 하자를 떠난 새로운 점유를 주장할 수 없으며 다만 상속인이 새로운 권원에 의하여 자기 고유의 점유를 시작한 경우에만 자기의 점유를 분리·주장할 수 있다고 한다.

(2) 점유권의 소멸

① 점유권은 다른 물권과 그 성질을 달리하므로, 물권일반의 소멸 원인이 그대로 점유권에 적용되지 않는다. 예컨대 혼동(제191조 제3항), 소멸시효(제162조) 등은 그 적용이 없다.
② 점유 가운데 직접점유는 점유물의 양도·포기나 점유물의 절도·유실·횡령과 같이 점유물에 대한 사실상의 지배를 상실함으로써 소멸하지만(제192조 제2항), 타인의 침탈에 의하여 점유를 상실한 때에는 1년 내에 점유회수의 청구에 의하여 점유를 회수할 수 있다(제204조). 점유를 회수한 때에는 점유는 처음부터 상실하지 않았던 것으로 된다(제192조 제2항 단서). 사실상 지배가 단절되더라도 그것이 일시적인 것에 지나지 않을 때에는(예를 들어 가축이 일시적으로 도망친 경우) 그것만으로는 점유권이 상실되었다고 할 수 없다.
③ 간접점유는 직접점유자가 점유를 상실하거나 더 이상 점유매개자로서의 역할을 하지 않는 경우(예를 들어 점유물을 횡령하는 경우) 소멸한다.

3 점유권의 효력

(1) 권리적법의 추정

점유자가 점유물에 대하여 행사하는 권리는 적법하게 보유한 것으로 추정한다(제200조). 따라서 권리의 추정에 의하여 소유자로서 점유하는 자는 정당한 소유자이고, 질권자로서 점유하는 자는 적법하게 질권을 가지는 것으로 추정된다.

① 추정의 요건

점유에 대한 권리의 추정은 동산에 관해서 적용되고, 부동산에 관해서는 적용되지 않는다. 반면에 등기되어 있는 부동산에 관해서는 등기에 추정력이 주어진다.

② 추정의 범위

㉠ '점유물에 대하여 행사하는 권리'라 함은 물권뿐만 아니라 점유할 수 있는 권한을 포함하는 모든 권리(임차인·수치인 등의 권리)를 의미한다. 또 현재의 점유자뿐만 아니라 이전에 점유한 자도 그 점유기간 중 적법하게 권리를 가졌던 것으로 추정된다.

㉡ 소유자와 그로부터 점유를 취득한 자 사이에서는 적법추정이 인정되지 않는다. 예컨대 임대인인 소유자와 임차인 사이에 임차권의 존부에 관해서 분쟁이 생긴 경우 임차인은 현실적 점유사실에 의하여 적법한 임차인으로 추정되지는 않는다. 따라서 임차인이 임차권의 취득사실을 주장·입증하여야 한다.

③ 추정의 효과

적법추정의 결과 권리는 반증에 의해 깨뜨려질 때까지 정당한 것으로 취급된다. 추정의 효과는 점유자뿐만 아니라 제3자도 원용할 수 있으며, 권리의 추정은 점유자의 이익을 위해서뿐만 아니라 불이익을 위해서도 인정된다. 예컨대 건물임차인이 그 건물에 부속시킨 임차인 소유의 동산을 객체로 하는 임대인의 법정질권에 있어서 그 동산은 임차인의 소유라고 추정된다. 따라서 임대인은 그 동산에 대하여 다른 채권자보다 우선변제를 받을 수 있다.

(2) 과실취득권

① 점유자의 과실취득권

㉠ 선의의 점유자는 점유물의 과실을 취득할 권리가 있다(제201조 제1항). 민법이 선의의 점유자에게 이와 같은 점유물의 과실취득권을 인정하지 않을 수 없는 근거는, 점유자는 과실을 수취하여 소비하는 것이 보통이고, 후에 본권자로부터 원물의 반환을 청구당한 경우에 그 과실까지도 반환케 하는 것은 그 과실을 얻기 위하여 적지 않은 노력과 자본을 들였을 것임에 비추어 너무 가혹하다는 데 있다.

㉡ 악의의 점유자는 수취한 과실을 반환하여야 하며, 소비하였거나 과실로 인하여 훼손 또는 수취하지 못한 경우에는 그 과실의 대가를 보상하여야 한다(제201조 제2항).

② 과실취득권의 개념 및 효과

㉠ 과실(果實)

과실은 천연과실(제101조 제1항)과 법정과실(제101조 제2항)을 모두 포함한다. 물건을 점유하여 사용함으로써 취득하게 되는 이익, 이른바 사용이익도 과실에 준한다.

㉡ 선의의 점유자 22 23 기출

ⓐ 제201조에서 의미하는 '선의'는 적극적인 오신, 즉 실제로는 없는 권리를 존재하는 것으로 적극적으로 믿고 있을 것을 요구한다. 과실을 취득할 당시에는 선의이더라도 후에 자신에게 과실취득권이 없음을 적극적으로 알게 된 때에는 악의가 된다.

ⓑ 천연과실의 경우에는 원물로부터 분리될 때의 선의 여부가 과실취득의 기준이 되며, 법정과실이나 사용이익은 선의가 존속한 일수의 비율에 따라 취득한다(제102조 제2항).

ⓒ 선의점유자가 본권에 관한 소에 패소한 때에는 그 소를 제기한 때부터 악의의 점유자로 간주되며(제197조 제2항), 선의이더라도 폭력 또는 은비에 의한 점유자는 악의의 점유자로 다루어진다(제201조 제3항).

㉢ 무과실(無過失)의 점유자

판례는 과실로 자신이 권리가 있다고 오신한 점유자까지 과실취득권을 인정할 필요는 없다고 한다. 오신한 경우에는 오신할 만한 이유가 있어야 과실취득권이 인정될 수 있다고 한다.

㉣ 다른 청구권과의 관계

판례는 선의점유자의 과실수취가 법률상 원인이 없이 이루어지고 이로 말미암아 타인에게 손해를 입혔다 할지라도 그 과실취득으로 인한 이득을 그 타인에게 반환할 필요가 없으며, 따라서 부당이득반환의무도 없다고 한다. 다른 한편 판례는 선의의 점유자에게 과실취득권을 인정하면서도 그에게 과실이 있을 경우에는 불법행위로 인한 손해배상책임을 인정하고 있다. 결국 판례는 선의점유자에 대하여 그가 수취한 과실 등의 반환의무를 부정하면서, 다른 한편으로 그의 과실에 의한 점유로 과실을 수취한 때에는 불법행위책임을 인정하려는 것이다.

(3) 목적물의 멸실·훼손에 대한 책임

점유물이 점유자의 책임 있는 사유로 인하여 멸실 또는 훼손된 경우에는 본권이 없는 점유자는 점유물의 회복자에 대하여 그 손해를 배상할 의무가 있다(제202조).

① 선의점유자의 책임
  ㉠ 선의점유자는 회복자에 대하여 '이익이 현존하는 한도'에서 배상할 책임을 진다(제202조 전단). 예컨대 주택의 점유자가 그것을 파손하였을 때에는 점유하고 있던 목재 정도나 반환하면 된다.
  ㉡ 임차인·수치인·질권자 등의 타주점유자는 선의이더라도 점유물의 멸실·훼손에 대한 손해의 전부를 배상하여야 한다(제202조 후단). 이는 점유자가 처음부터 타인의 소유물로 점유한 것이므로 특별히 보호할 필요가 없기 때문이다.
② 악의점유자의 책임
  악의점유자는 손해의 전부를 배상할 의무를 부담한다(제202조 전단). 점유자가 본권이 없는 것을 알면서 점유한 것이므로 보호의 필요성이 없기 때문이다.
③ 불법행위로 인한 손해배상청구권과의 경합
  민법 제202조는 점유물 자체에 관하여 생긴 손해배상에 관한 것이므로 불법행위의 규정이 적용되는 것을 배제하지 않으며, 서로 경합한다. 다시 말해 회복자는 두 청구권을 선택적으로 행사할 수 있다.

(4) 점유자의 비용상환청구권 10 기출

점유자가 목적물에 비용을 지출하여 목적물이 보존되거나 그 가격이 증가한 후, 소유자(회복자)가 그 목적물을 반환받으면 그 이익은 소유자(회복자)에게 귀속된다. 이와 같이 보존·개량된 목적물을 소유자가 아무 보상을 하지 않고 보유할 수 있도록 하는 것은 형평성에 어긋난다. 따라서 민법은 점유자가 점유물을 반환하는 경우에는 회복자에 대하여 지출된 비용의 상환을 청구할 수 있도록 규정하고 있다(제203조).

① 비 용
  제203조가 규정하는 '비용'이라 함은 물건의 보존·개량을 위한 지출을 의미하며, 여기에는 필요비와 유익비가 포함된다.
  ㉠ 필요비는 물건을 통상 사용하는 데 적합한 상태로 보존하고 관리하는데 지출되는 비용으로서 보존비, 수리비, 동물의 사육비, 공조·공과금이 이에 해당된다.
  ㉡ 유익비는 필요비 이외의 비용, 즉 물건을 더 좋게 만들거나 그 가치를 증가시키기 위하여 지출된 비용을 말한다.
② 당사자
  비용상환을 청구할 수 있는 자는 현재의 점유자이다. 비용을 상환하여야 할 자는 그 목적물을 반환받는 자이다. 점유자의 비용지출 후에 점유물의 소유자가 교체된 경우에는 현재의 소유자가 전소유자의 반환범위에 속하는 것까지 포함하여 함께 책임을 진다고 해석해야 한다.
③ 상환기간
  유익비의 상환에는 회복자의 법원에 대한 청구에 의하여 상환기간의 유예가 주어질 수 있으나 필요비에 대해서는 상환기간의 유예가 허용되지 않는다(제203조 제3항). 필요비·유익비에 대하여 점유자가 행사할 수 있는 유치권(제320조 제1항)도 상환기간의 유예가 주어지면 성립하지 않는다.

(5) 점유보호청구권

물건을 사실상 지배하고 있는 점유자의 점유는 일단 정당한 것으로 보호받게 된다(제200조). 따라서 정당한 것으로 보호받고 있는 점유가 침해된 경우에 점유자는 그 침해의 배제를 청구할 수 있어야 한다. 이와 같이 본권의 유무와는 관계없이 점유 그 자체, 즉 사실적 지배의 상태를 보호하고자 하는 제도가 점유보호청구권이다.

① 점유자

점유보호청구권을 행사할 수 있는 자는 점유자이다. 직접점유자는 물론 간접점유자도 포함되지만(제207조 제1항), 점유보조자는 점유자가 아니므로 점유보호청구권을 행사할 수 없다. 그리고 점유보호청구권의 상대방은 점유의 침해자이다. 점유의 침해자는 현재 점유의 방해를 하고 있는 자뿐 아니라 방해할 염려가 있는 자도 포함되지만, 그 자의 특별승계인은 상대방이 되지 않는다.

② 점유물반환청구권

㉠ 점유자가 점유의 침탈을 당한 때에는 그 물건의 반환 및 손해의 배상을 청구할 수 있다(제204조 제1항). '침탈'이라 함은 점유자가 그의 의사에 기하지 않고 사실적 지배를 빼앗기는 것을 말하므로, 사기로 인해서 물건을 인도하거나, 빨랫줄에 널어 놓은 빨래가 바람에 날려 이웃집에 넘어간 경우에는 점유물반환청구를 할 수 없다.

㉡ 점유물반환청구는 점유침탈자에 대하여 할 수 있으며, 그의 포괄승계인에 대해서도 할 수 있지만, 특정승계인에 대해서는 악의인 경우에 한해서만 할 수 있다(제204조 제2항). 또 점유물이 환가처분되어 금전으로 바뀐 경우에는 반환청구를 할 수 없다.

㉢ 간접점유자는 침탈자에게 그의 직접점유자에게 반환할 것을 청구할 수 있을 뿐이며, 직접 자기에게 반환할 것을 청구할 수는 없다. 그러나 직접점유자가 반환을 받을 수 없거나 이를 원하지 않는 때에는 자기에게 반환할 것을 청구할 수 있다(제207조 제2항).

㉣ 손해배상청구권은 불법행위의 요건을 갖춘 경우에만 인정된다. 이 경우 손해배상은 물건의 점유를 계속함으로써 얻은 이익을 기준으로 해야 한다. 점유물반환청구권은 그 침탈을 당한 날로부터 1년 내에 행사하여야 하며(제204조 제3항), 청구권자는 이제까지 자신이 점유하고 있었다는 사실과 침탈사실을 입증해야 한다.

③ 점유물방해제거청구권

㉠ 점유자가 점유의 방해를 받은 때에는 그 방해의 제거 및 손해의 배상을 청구할 수 있다(제205조). '방해'라 함은 점유가 상실하지 않는 범위에서 점유를 침해받은 것을 말한다. 예를 들어 폭풍으로 이웃의 나무가 점유자의 집마당으로 넘어진 때이다.

㉡ 점유물방해제거청구권은 방해가 현존하는 동안 행사할 수 있고, 방해가 끝난 후에는 방해제거의 문제는 일어나지 않고 단지 이 기간 중에 발생한 손해에 대해 배상을 청구할 수 있을 뿐이다. 공사로 인하여 점유의 방해를 받은 경우에는 공사착수 후 1년을 경과하거나, 그 공사가 완성한 때에는 방해제거를 청구하지 못한다.

④ 점유물방해예방청구권

㉠ 점유자가 점유의 방해를 받을 염려가 있을 때에는 그 방해의 예방 또는 손해배상의 담보를 청구할 수 있다(제206조). '점유의 방해를 받을 염려가 있을 때'란 예를 들어 나무가 넘어질 염려가 있을 때나 축대가 무너질 염려가 있을 때이다.

ⓒ 손해배상의 담보는 장래의 손해배상에 대비하여 미리 제공케 하는 것이므로 상대방의 고의·과실을 필요로 하지 않는다.
　　ⓒ 점유물방해예방청구권은 방해의 염려가 있는 동안은 언제든지 행사할 수 있으나 공사로 인하여 점유의 방해를 받을 염려가 있는 경우에는 공사착수 후 1년을 경과하거나 또는 그 공사가 완성된 때에는 청구하지 못한다(제206조 제2항, 제205조 제3항).
　⑤ 점유의 소와 본권의 소와의 관계
　　㉠ 점유의 소라 함은 점유보호청구권을 원인으로 하는 소를 말하고, 본권의 소라 함은 본권, 즉 소유권·임차권 등과 같은 점유의 원인을 청구원인으로 하는 소를 말한다.
　　ⓒ 점유의 소와 본권의 소는 전혀 별개의 소송으로서 두 소를 동시에 제기하든 각각 별도로 제기하든 무방하며, 또한 그중 하나의 소권이 소멸하더라도 다른 소권을 행사할 수 있다(제208조 제1항).
　　ⓒ 점유권에 기인한 소는 본권에 관한 항변으로 이를 기각할 수 없는데(제208조 제2항), 대신 점유의 소에 대하여 그 반소로서 본권에 기한 반환청구권소송의 제기를 하는 것은 방해되지 않는다.

(6) 자력구제
① 자력구제라 함은 자기의 점유권을 보호하기 위하여 법원이 아닌 점유자 자신이 직접 실력을 행사하는 자기보호수단이다. 점유가 침탈된 경우 사실상의 지배상태는 침탈자에게 옮겨가지만, 아직 침탈자의 점유침해행위가 종료하지 않은 경우 점유자는 자력구제에 의하여 점유를 회복할 수 있는 것이다. 민법이 인정하는 점유자의 자력구제권에는 자력방위권(제209조 제1항)과 자력탈환권(제209조 제2항)이 있다.
② 자력구제권은 직접점유자에 대하여 인정되지만, 간접점유자에 대하여는 인정되지 않는다. 점유보조자는 점유주의 자력구제권을 대신 행사하는 것만이 가능하다. 또 자력구제권은 점유침탈자·방해자뿐만 아니라 그 승계인에 대해서도 행사할 수 있으며, 위법한 강제집행에 대해서도 행사할 수 있다. 하지만 자력구제권은 필요한 한도 내에서만 허용되며, 필요한 정도를 넘는 자력구제는 불법행위가 되어 손해배상책임을 부담하게 된다.

4 준점유(準占有)

(1) 준점유의 객체
점유는 원래 물건의 지배에 관해서만 인정되는 것이나, 물건 이외의 이익에 대해서도 사실상의 지배가 존재하고 사회가 그 외형을 신뢰하는 경우에는 점유에 있어서와 같은 보호를 부여할 필요가 있다. 이러한 보호를 목적으로 인정된 것이 '준점유'이다. 다시 말해 물건이 아닌 '재산권'(예컨대 채권, 무체재산권)을 사실상 행사하는 것이다(제210조).

(2) 준점유의 효력
준점유가 성립하기 위해서는 그 재산권이 사실상 어떤 자에게 귀속되는 것과 같이 보이는 외관이 존재하여야 하며, 준점유에는 점유권의 규정이 준용되므로 준점유자는 재산권의 과실을 취득하며, 비용상환을 청구할 수 있고, 방해제거 및 예방도 청구할 수 있다. 특히 준점유자는 적법성을 추정받으므로, 채권의 준점유자에게 선의·무과실로 변제한 때 그 변제는 유효하다(제470조).

제4절　소유권

1 총 설

(1) 의 의
　① 소유권은 물건이 갖는 가치를 전면적으로 지배하여 그 소유물을 사용·수익할 뿐 아니라 처분할 수도 있는 권리이다(제211조). 점유권은 사실상의 지배에 지나지 않지만 소유권은 법률상으로 지배하는 것을 말한다. 소유권은 완전물권이지만, 권리에 내재하는 사회성으로 인해 법률에 의한 제한을 받을 수 있다.
　② 소유권보장의 원칙은 헌법 제23조에 의해서도 천명되고 있으며, 사유재산제도와 관련하여 민법 전반을 지배하는 기본원리로서 소유권의 취득을 가능케 하는 법률행위 자유의 원칙과 밀접하게 관련되어 있다. 이렇게 소유권이 보장됨으로써 인간은 영업활동, 거주이전, 직업선택 등의 자유를 향유할 수 있고, 나아가 인격의 자유로운 전개를 할 수 있는 재산적 기초를 마련할 수 있다.

(2) 소유권의 성질
　① **소유권의 전면성** : 물건을 전면적으로 지배할 수 있는 권리로 물건이 갖는 사용가치(사용·수익)와 교환가치(처분)를 전면적으로 지배할 수 있는 완전물권이다.
　② 소유권은 사용·수익·처분 등의 모든 권능이 한데 섞여 뭉쳐진 권리이다. 이러한 소유권의 혼일성으로 말미암아 소유권과 제한물권이 동일인에게 귀속하면 제한물권이 혼동으로 소멸한다.
　③ **소유권의 탄력성**
　　소유권을 제한하는 제한물권이 소멸하면 이에 의한 소유권의 제한이 자동적으로 소멸되고 소유권은 종래대로 돌아간다.
　④ **소유권의 항구성**
　　소유권은 시간적으로 존속기간의 제한이 없고 또한 소멸시효에 걸리지도 않는다(제162조 제2항).

2 소유권의 내용과 제한

(1) 사용·수익·처분
목적물을 사용하거나 목적물로부터 생기는 과실을 수취하거나 물건을 소비·파괴·담보설정하는 것을 말한다.

(2) 소유권의 제한
　① 본질적 내용이 아닌 한 소유권은 법률에 의해 제한될 수 있다(헌법 제37조 제2항). 소유권의 제한은 소유권 자체를 박탈하거나 그 기능 가운데 일부를 박탈하는 방법에 의하여 행해질 수 있고, 다른 한편으로는 소유권자에 대하여 작위 또는 부작위의무를 과하거나 부담(조세)을 부과함으로써 행해지기도 한다.

② 민법상으로는 권리남용 금지의 법리나 신의성실의 원칙(제2조)에 의해 일정한 제한이 가해질 수 있으며 상린관계에 의한 제한(제216조 이하), 정당방위 또는 긴급피난에 의한 제한(제761조)이 있을 수 있다. 그 밖에도 집합건물의 소유 및 관리에 관한 법률, 주택임대차보호법, 공익사업을 위한 토지 등의 취득 및 보상에 관한 법률 등에 의한 제한이 있을 수 있다.

3 토지소유권의 범위

(1) 의 의

토지의 소유권은 정당한 이익이 있는 범위 내에서 토지의 상하에 미친다(제212조). 이는 토지를 완전히 이용하기 위해서는 지표뿐만 아니라 지상의 공간(건물을 짓는 경우)이나 땅 속(샘을 파는 경우)에도 소유권의 효력을 미치게 할 필요가 있기 때문이다.

(2) 정당한 이익이 있는 범위

정당한 이익의 범위는 구체적인 상황을 고려하여 거래관념에 따라 결정된다. 예컨대 항공기의 상공통과에 의해서는 원칙적으로 정당한 이익이 침해되지 않는다고 할 것이나 타인의 토지 위로 송전선을 가설하여 지상의 활용을 방해하거나 토지 밑으로 터널을 굴착하여 토지가 붕괴될 우려가 있는 경우에는 원칙적으로 정당한 이익의 범위 내에서 소유권의 침해가 있는 것이라고 판단해야 한다.

(3) 토지소유권의 적용범위 관련 문제

① **지하수** : 자연히 솟아나오는 지하수는 토지소유자가 자유롭게 사용할 수 있다. 그러나 계속해서 솟아나와 타인의 토지에 흘러들어 가는 경우 그 타인은 관습법상 그 물을 사용할 수 있다. 또 인공적으로 솟아나오게 한 지하수는 다른 사람에게 방해가 되지 않는 한도에서만 토지소유자가 사용할 수 있다. 타인의 건축 기타의 공사로 인하여 지하수 사용에 장해가 생긴 때 용수권자는 손해배상 내지 원상회복을 청구할 수 있다(제236조). 또 여러 이웃이 지하수를 이용하고 있는 경우에 이웃들은 각자 수요의 정도에 따라 다른 이웃에게 방해가 되지 않는 범위 내에서 물을 쓸 수 있다(제235조).
② **기타** : 미채굴의 광물은 국유의 부동산으로 보는 견해가 다수설이고 온천수의 경우에는 지하수의 일종으로 토지소유권에 속한다고 보는 것이 일반적이다. 또한, 동굴의 경우에는 수직선 내에 속하는 부분은 토지소유권의 범위에 속한다고 본다.

4 상린관계 19 기출

(1) 의 의

① 인접하는 부동산의 소유자가 각자의 소유권을 제한 없이 주장하게 되면 그 이용을 둘러싸고 이해의 충돌이 생기게 된다. 그리하여 민법은 그 이용을 조절하기 위하여 법률로써 그들 사이의 권리관계를 규율하는 규정(제216조 이하)을 두고 있다. 여기서 규율의 대상이 되는 관계를 '상린관계'라고 하고 이 상린관계로부터 발생하는 권리를 '상린권'이라고 한다.

② 상린권은 독립된 물권은 아니고 소유권의 내용에 포함되어 있는 권리이다. 상린관계는 이와 같이 인접한 부동산 상호 간의 이용의 조절을 위한 제도이므로 한편에서는 소유권을 제한하는 모습을 띤다. 그러나 다른 한편에서는 타인에게 그 소유권의 제한을 요구할 수도 있으므로 소유권을 확장하는 모습으로 나타나기도 한다.

(2) 임의규정

판례는 상린관계에 관한 민법규정을 임의규정으로 보고 있다. 따라서 위 규정은 당사자 사이에 합의가 이루어지지 않은 경우에만 적용될 뿐이다. 또한, 민법의 상린관계에 관한 규정은 소유권 뿐 아니라 지상권과 전세권에도 준용된다(제290조, 제319조).

(3) 지역권과의 구별

상린관계는 법률에 의하여 발생하고 등기를 요하지 않으며, 반드시 서로 인접하고 있는 토지 사이에서만 발생하고, 최소한의 이용의 조절에 불과하지만, 지역권은 계약에 의하여 발생하고 등기를 요하며, 반드시 서로 인접하고 있는 토지 사이에서만 발생하는 것은 아니고, 최소한의 이용조절을 넘어 탄력적인 이용의 조절을 도모한다.

(4) 건물의 구분소유자

① 아파트·연립주택의 문제를 규율하기 위해 "집합건물의 소유 및 관리에 관한 법률"이 1984년 제정되었다. 동법은 집합건물이 전유부분·공용부분·대지로 구성되어 있음을 전제로 하여, 전유부분에 대해서는 단독소유권을 인정하고, 공용부분과 대지에 대해서는 전유부분에 따른 공유지분을 인정한다.
② 구분소유권에는 일종의 상린관계에 기한다고 할 수 있는 권리·의무가 발생하여, 공동의 이익에 어긋나는 행위의 금지(집합건물의 소유 및 관리에 관한 법률 제5조 제1항), 용도변경 및 증개축의 금지(동법 제5조 제2항), 타부분사용청구권(동법 제5조 제3항), 대지소유자의 구분소유권매도청구권행사에 응할 의무(동법 제7조)가 인정된다.
③ 공용부분의 공유지분권은 전유부분의 처분에 수반하며 그 지분권만을 분리해서 처분하지 못하고(동법 제13조), 공용부분의 변경은 구분소유자 및 의결권의 2/3 이상의 결의로 하여야 하며(동법 제15조 제1항), 관리비용과 그 밖의 의무부담 및 이익의 취득은 지분의 비율에 따른다(동법 제17조).
④ 구분소유자가 공동이익에 반하는 행위를 한 경우에는 그러한 행위의 정지·결과제거·예방에 필요한 조치를 청구할 수 있고(동법 제43조 제1항), 소송으로 적당기간 전유부분을 사용금지시키거나(동법 제44조 제1항), 경매시키거나(동법 제45조 제1항), 계약해제 및 인도를 시킬 수 있다(동법 제46조 제1항). 그리고 구분소유건물 및 대지와 부속시설의 관리를 위하여 구분소유자를 구성원으로 하여 관리단이 설립되어야 하고(동법 제23조 제1항), 구분소유자가 10인 이상일 때에는 관리단을 대표하고 관리단의 사무를 집행할 관리인을 선임하여야 하며(동법 제24조 제1항), 관리인의 대표권에 대한 제한은 선의의 제3자에게 대항하지 못한다(동법 제25조 제2항).

(5) 인지사용청구권

토지소유자는 경계나 그 근방에서 담 또는 건물을 축조하거나 수선하기 위하여 필요한 범위 내에서 이웃 토지의 사용을 청구할 수 있다(제216조 제1항 본문). 또한, 이웃 토지의 주거에 들어가려면 이웃 사람의 승낙이 있어야 한다(제216조 제1항 단서). 이러한 모든 경우에 이웃사람의 승낙이 없으면 승낙에 갈음하는 판결을 구하여야 한다. 또 이웃 토지를 사용하는 과정에서 이웃 사람이 손해를 입은 경우에는 보상도 해주어야 한다(제216조 제2항).

(6) 생활방해의 금지

매연·열기체·액체·음향·진동 기타 이와 유사한 것이 다른 토지로부터 발산·유입되어 자기 토지의 사용을 방해하거나 생활에 고통을 주는 경우 이러한 간섭은 금지시킬 수 있다(제217조 제1항). 판례는 방해의 예방청구도 할 수 있다고 하고 있다. 하지만 생활방해가 이웃 토지의 용도에 적당한 것인 때에는 이를 참고 받아들여야 한다(제217조 제2항).

(7) 수도 등의 시설권

토지소유자는 타인의 토지를 통과하지 않으면 필요한 수도·소수관·가스관·전선 등을 시설할 수 없거나 과다한 비용을 요하는 경우에는 타인의 토지를 통과하여 이를 시설할 수 있다(제218조 제1항 본문). 시설을 함에 있어서는 손해가 가장 적은 장소와 방법을 선택하여 시설하여야 하며, 이러한 시설을 위한 공사로 말미암아 시설통과지의 소유자에게 손해를 준 경우에는 그 토지소유자의 청구에 의하여 손해를 보상하여야 한다(제218조 제1항 단서). 그리고 이러한 시설을 한 후 사정이 변경된 때에는 시설통과지의 소유자는 그 시설의 변경을 청구할 수 있다(제218조 제2항 전단). 그리고 시설변경의 비용은 통과지소유자가 부담한다(제218조 제2항 후단).

(8) 주위토지통행권

① 어느 토지와 공로와의 사이에 통로가 없는 경우에는, 그 토지소유자는 공로에 출입하기 위하여 이웃 토지를 통행할 수 있고, 필요한 경우에는 통로를 개설할 수도 있다(제219조 제1항 본문). 그러나 이러한 경우에도 통행지 또는 통로개설 시에 가장 손해가 적은 장소와 방법을 선택하여야 한다(제219조 제1항 단서).
② 통행 또는 통로개설로 인하여 통행지소유자에게 손해를 주었을 때에는 통행권자는 그 손해를 보상하여야 한다(제219조 제2항). 하지만 토지의 분할 또는 일부양도로 공로에의 출입이 막힌 경우에는, 다른 분할자의 토지나 양도당사자의 토지를 통행할 수 있으며, 이때에는 보상의무를 지지 않는다(제220조).
③ 무상의 통행권이 인정되는 이유는 분할 또는 양도당사자가 분할 또는 일부양도로 인하여 자기의 토지가 통행될 것임을 예견할 수 있었기 때문이다. 하지만 판례는 이러한 무상통행권이 공유토지의 직접분할자 사이에서만 인정된다고 한다. 따라서 토지가 분필되어 동시에 양도된 경우 그 양수인 간이나, 해당 토지의 특정승계인에게는 무상통행권이 인정되지 않는다.

(9) 배수에 관한 권리

① 토지소유자는 이웃 토지로부터 자연히 흘러오는 물(자연유수)을 막지 못한다(제221조 제1항). 한편 고지소유자는 이웃 토지에서 필요로 하는 자연유수를 자기의 정당한 사용범위를 넘어서 막지 못한다(제221조 제2항). 흐르는 물이 저지에서 막힌 때에는 고지의 소유자가 자비로 소통에 필요한 공사를 할 수 있다(제222조).

② 인공적 배수를 위하여 타인의 토지를 사용하는 것은 원칙적으로 금지된다. 따라서 토지소유자는 처마물이 이웃에 직접 낙하하지 않도록 적당한 시설을 하여야 하고(제225조), 인공적 배수·인수 또는 저수를 위하여 설치한 공작물이 파손 또는 폐색된 때에는 공작물의 보수·폐색의 소통 또는 예방을 하여야 한다(제223조).

③ 예외적으로 침수지의 건조를 위해서나 가용·농공업용의 남은 물을 소통하기 위해서는 고지소유자가 공로·공류 또는 하수도에 이르기까지 저지에 물을 통과하게 할 수 있다(제226조 제1항). 또한, 그러한 소통을 위하여 이웃 토지소유자의 유수용 공작물을 사용할 수 있다(제227조 제1항). 이때 공작물사용자는 이익을 받는 비율로 공작물의 설치와 보존비용을 분담하여야 한다(제227조 제2항).

(10) 여수급여청구권

토지소유자는 과다한 비용이나 노력을 요하지 않고서는 가용이나 토지이용에 필요한 물을 얻기 곤란한 때에는 인지소유자에게 보상을 하고 남는 물의 급여를 청구할 수 있다(제228조). 이 청구에 불응하면 일반적으로 권리남용이 된다.

(11) 유수에 관한 권리

① 구거(도랑) 기타 수류지 소유자는 대안(對岸)의 토지가 타인의 소유인 때 그 수로나 수류의 폭을 변경하지 못한다(제229조 제1항). 다만 수류지 소유자가 양안(兩岸)의 토지를 소유하는 때에는 수로와 수류 폭을 변경할 수 있지만 자연의 수로와 일치하도록 하여야 한다(제229조 제2항).

② 수류지의 소유자가 둑을 설치할 필요가 있을 때에는 그 둑을 대안에 접촉하게 할 수 있으나 이로 인한 손해를 보상하여야 한다(제230조 제1항). 대안의 소유자는 수류지의 일부가 자기 소유인 때에는 그 둑을 사용할 수 있으나 그 이용을 받는 비율로 둑의 설치·보존의 비용을 분담하여야 한다(제230조 제2항).

③ 공유하천의 연안에서 농·공업을 경영하는 자는 타인의 용수를 방해하지 않는 범위에서 필요한 인수(引水)를 하고 공작물을 설치할 수 있다(제231조). 따라서 이로 인해 용수에 방해를 받은 하류연안의 용수권자는 방해의 제거 및 손해의 배상을 청구할 수 있다(제232조). 이러한 권리·의무는 수로 기타의 공작물 또는 기업을 양도받은 자에게 승계된다(제233조).

(12) 경계에 관한 권리

① 인접한 토지소유자는 다른 관습이 없는 한 공동비용으로 경계표나 담을 설치할 수 있다(제237조 제1항). 이 경우 비용은 쌍방이 절반하여 부담한다(제237조 제2항 본문). 이웃 토지소유자는 자기의 비용으로 담의 재료를 통상보다 양호한 것으로 할 수 있으며, 그 높이를 통상보다 높게 할 수 있고 방화벽 기타 특수시설을 할 수 있다(제238조).

② 경계에 설치된 경계표·담·구거 등은 상린자의 공유로 추정한다(제239조 본문). 그러나 경계표·담·구거 등이 상린자 일방의 단독비용으로 설치되었거나 담이 건물의 일부인 경우에는 그러하지 아니하다(제239조 단서). 다만 공유인 경우에도 각 공유자는 위 경계표상의 각 공작물에 관하여는 분할을 청구하지 못한다(제268조 제3항).

③ 이웃 토지의 나뭇가지가 경계를 넘은 때에는 그 제거를 청구할 수 있고 그럼에도 불구하고 제거하지 않으면 청구자가 스스로 제거할 수 있다. 한편 나무뿌리가 경계를 넘은 때에는 임의로 제거할 수 있다(제240조). 또 토지소유자는 인접지의 지반이 붕괴할 정도로 자기의 토지를 탐굴하지 못한다. 그러나 충분한 방어공사를 한 때에는 그러하지 아니하다(제241조).

④ 경계선 부근에서 건축을 할 때에는 경계로부터 반 미터 이상의 거리를 두어야 한다. 이에 위반한 때에는 건물의 변경이나 철거를 청구할 수 있으나, 건축에 착수한 후 1년이 지나거나 건물이 완성된 후에는 손해배상만을 청구할 수 있다(제242조). 경계로부터 2미터 이내의 거리에서 이웃 토지의 내부를 바라볼 수 있는 창문이나 마루를 설치하는 때에는 적당한 차면시설을 하여야 한다(제243조).

⑤ 경계 근방에서 우물을 파거나 용수·하수·오물 등의 저장을 위한 지하시설을 하는 때에는, 경계로부터 2미터 이상의 거리를 두어야 하고, 저수지·구거·지하실의 공사에는 경계로부터 그 깊이의 반 이상의 거리를 두어야 한다. 그리고 이러한 공사를 할 때에는 토사의 붕괴나 하수 또는 오액이 이웃에 유입되지 않도록 적당한 조치를 취하여야 한다(제244조).

5 소유권의 취득

(1) 법률규정에 의한 취득

소유권의 취득원인에는 법률행위에 의한 취득과 법률규정에 의한 취득 두 가지가 있다. 법률행위에 의한 소유권취득에는 법률행위에 의한 물권변동의 원칙이 그대로 적용된다. 법률규정에 의한 소유권취득에 관해서는 민법이 제245조 이하에서 규정하고 있다. 여기서 규정되는 법률규정에 의한 소유권취득에는 취득시효·선의취득·무주물선점·유실물습득·매장물발견·첨부(부합·혼화·가공)가 있다.

(2) 취득시효

물건 또는 권리를 점유하는 사실상태가 일정한 기간 동안 계속되는 경우에, 그것이 진실한 권리관계와 일치하는가의 여부를 묻지 않고 권리취득의 효과가 생기는 것으로 하는 것이다.

① 부동산소유권의 취득시효 13 16 기출

우리 민법은 20년간 소유의 의사를 가지고 평온·공연하게 부동산을 점유한 후에 등기한 자(일반취득시효 ; 제245조 제1항)와 10년간 소유의 의사로 평온·공연·선의·무과실로 점유했으며 소유자로 등기되었던 자(등기부취득시효 ; 제245조 제2항)에 대해서 소유권취득을 인정하고 있다.

㉠ 취득시효의 객체

타인소유의 부동산뿐 아니라 자기소유의 부동산도 시효취득할 수 있고, 분필절차를 밟지 않은 1필의 토지의 일부에 대하여도 시효취득할 수 있으며, 공유지분의 일부에 대해서도 시효취득이 가능하다.

ⓒ 취득시효의 요건
  ⓐ 시효취득을 하려면 점유는 자주점유여야 하므로, 예컨대 매매계약이 어떤 법률상의 사유로 인하여 무효가 된 경우에 매매계약의 무효사유가 있음을 안 매수인은 시효취득을 할 수 없다. 또한, 상속으로 점유를 승계한 자는 피상속인의 점유를 승계하는 것이므로 피상속인의 점유가 소유의 의사가 없는 경우에는 상속에 의한 점유도 역시 소유의 의사가 없는 것이어서 상속인은 시효취득을 할 수 없다.
  ⓑ 점유권원의 성질이 불분명한 때에는 민법 제197조 제1항에 의하여 점유자는 소유의 의사로 점유한 것으로 추정된다. 특별한 사정이 없는 한 평온・공연한 점유 역시 추정된다.
  ⓒ 등기부취득시효의 경우 선의・무과실의 요건은 점유개시 시에만 있으면 되고, 시효기간 동안 계속되어야 하는 것은 아니다. 또한, 점유의 선의는 추정되지만 무과실은 추정되지 않는다.
  ⓓ 10년의 단기로써 법률관계의 안정을 기하고자 한 등기부취득시효의 취지에 맞추어 시효취득자 명의뿐 아니라 앞 등기 명의까지 합쳐 10년간 소유자로 등기되어 있으면 등기부시효취득은 가능하다.

ⓒ 취득시효의 기산점
  원칙적으로 점유가 시작된 때로서 시효취득을 주장하는 자가 임의로 선택하지 못한다. 시효취득의 효과는 점유개시시로 소급하여 발생하며, 특히 시효이익을 주장하는 자가 그 기산점을 임의로 선택할 수 있다면 시효기간 만료 후 이해관계 있는 제3자가 있는 경우 제3자의 법적 지위가 시효취득자에 의하여 좌우되기 때문이다. 다만 시효기간 만료 후에 이해관계 있는 제3자가 없는 경우에는 시효이익을 주장하는 자가 시효기산점을 임의로 선택할 수 있다.

ⓔ 취득시효의 효과
  일반취득시효의 경우 취득시효 기간이 완성하면 등기를 하지 못한 점유자는 종전 소유자에 대하여 소유권이전등기청구권을 갖게 된다. 다만 제3자가 먼저 소유권이전등기를 경료하면 점유자는 제3자에게 대항할 수 없다.

② 동산소유권의 취득시효
10년간 소유의 의사로 평온・공연하게 동산을 점유한 자는 그 소유권을 취득한다(제246조 제1항). 그 점유가 선의・무과실로 개시된 경우에는 5년을 경과함으로써 그 소유권을 취득한다(단기취득시효 ; 제246조 제2항).

③ 소유권 이외의 재산권의 취득시효
소유권의 취득시효에 관한 규정(제245조 이하)이 준용된다(제248조). 상표권이나 무체재산권(예컨대 저작권)과 같이 점유를 수반하지 않는 권리에서는 준점유가 취득시효의 요건이 된다.

④ 취득시효의 중단・정지
소멸시효의 중단・정지에 관한 규정은 취득시효에도 준용된다(제247조 제2항, 제248조).

⑤ 취득시효이익의 포기 17 기출
소멸시효이익의 포기에 관한 민법 제184조 제1항이 유추 적용된다. 따라서 점유자는 취득시효이익을 미리 포기하지는 못하나 시효가 완성된 후 포기하는 것은 가능하다. 예를 들어 토지에 관한 취득시효 완성 후에 타인의 주택지를 침범한데 관하여 토지를 실측하여 경계선을 확정하고 쌍방의 공동부담으로 블록담을 축조하기로 합의하는 경우 취득시효이익의 포기가 있는 것으로 판례는 인정한다.

⑥ 취득시효의 효과

취득시효의 요건을 갖추면 점유자는 권리를 취득한다. 다만 부동산일반취득시효의 경우 등기를 하여야 소유권을 취득한다(제245조 제1항). 취득시효로 인한 권리취득의 효력은 점유를 개시한 때에 소급한다(제247조 제1항). 그러나 판례는 취득시효의 소급효가 제3자와의 관계에서까지 인정되는 것은 아니라고 한다.

(3) 무주물선점

주인 없는 동산을 소유의 의사로 점유한 자는 그 소유권을 원시취득한다(제252조 제1항). 야생의 동물, 바다 속의 물고기 등과 같이 아직 사람의 소유에 속하지 않은 물건이나 과거에 어느 누구의 소유에 속하고 있었더라도 현재까지 그 소유가 계속되고 있다고 인정할 수 없는 물건(예컨대 고대인류의 유물)은 무주물이다. 수산업법 등에 의하여 어획이나 포획이 금지되거나 제한된 경우도 마찬가지이다. 그러나 학술·기예·고고의 중요한 자료가 되는 물건은 국유물이 된다(제255조 제1항).

(4) 유실물습득

① 유실물은 유실물법이 정하는 바에 따라 공고한 후 6개월 내에 그 소유자가 권리를 주장하지 아니하면 습득자가 그 소유권을 취득한다(제253조 ; 유실물법 제1조). 유실물은 점유자의 의사에 기하지 않고 그의 점유를 떠난 물건으로서 도품이 아닌 것을 말한다. 다만 표류물 및 침몰품은 수상에서의 수색·구조 등에 관한 법률의 적용을 받는다. 또한, 습득은 선점과 달라서 소유의 의사를 필요로 하지 않는다.
② 습득을 하고 7일 이내에 경찰서에 제출해야 습득물의 소유권을 취득할 수 있게 된다. 물건을 유실한 소유자가 공고한 후 6개월 이내에 나타났을 경우 유실물의 소유권은 소유자에게 귀속되지만, 유실물법은 유실물건 가액의 100분의 5 이상 20 이하의 보상금청구권을 습득자에게 인정하고 있다. 습득물의 보관비, 공고비 기타 필요비는 물건의 소유권을 취득하여 이를 인도받는 자 또는 물건의 반환을 받는 자의 부담으로 하되, 그 지급확보를 위하여 유치권의 규정(제321조 이하)이 적용된다(유실물법 제3조).

(5) 매장물발견

① 매장물은 유실물법에 정한 바에 의하여 공고절차를 밟고 그 후 1년 내에 그 소유자가 권리를 주장하지 않으면 발견자가 그 소유권을 취득한다(제254조 본문). 매장물이란 토지 또는 그 밖의 물건 속에 매장되어서 그 소유권이 누구에게 속하는지를 판별할 수 없는 물건을 말한다. 발견이란 매장물의 존재를 구체적·객관적으로 인식하는 것으로서, 점유를 취득하는 것은 필요하지 않다.
② 매장물발견이 타인의 토지 기타 물건으로부터 이루어졌을 경우 매장물소유권은 그 토지 기타 물건의 소유자와 발견자가 절반하여 취득한다(제254조 단서). 매장물이 학술, 기예 또는 고고의 중요한 재료가 되는 물건일 때에는 국유로 되며, 이때에는 국가에 대하여 적당한 보상을 청구할 수 있다(제255조 제2항).

(6) 첨부(添附) 13 16 기출

어떤 물건에 타인의 물건이 결합하거나 타인의 노력이 가해지는 것을 말한다. 첨부에 의하여 생긴 물건은 1개의 물건으로서 존속하고, 그 복구는 강행적으로 부정된다. 그리고 첨부에 의하여 생긴 새 물건에 관하여는 새로이 소유자가 결정된다. 새로 생긴 물건이 누구에게 귀속하는가 하는 것은 계약 자유의 원칙에 의해서 자유롭게 정할 수 있다. 첨부의 결과 소멸하게 된 구물건의 소유자는 부당이득에 관한 규정(제748조 이하)에 따라 보상을 청구할 수 있다(제261조). 그리고 첨부로 인하여 물건의 소유권이 소멸하면 그 물건 위에 존재하는 제3자의 권리도 역시 소멸하지만(제260조 제1항), 그 물건의 소유자가 새로운 물건의 단독소유자·공유자가 된 때에는 새로운 물건 또는 공유지분 위에 존속한다(제260조 제2항). 이러한 첨부에는 부합·혼화·가공 세 가지가 있다.

① 부합(附合)

소유자를 각각 달리하는 수개의 물건이 결합하여 1개의 물건으로 되는 것을 말한다. 그 결합의 정도는 훼손하지 않으면 분리할 수 없거나 분리에 과다한 비용을 요하는 경우는 물론 분리하게 되면 경제적 가치를 심하게 감소시키는 경우도 포함된다.

㉠ 타인의 권원에 의한 부속

부합된 물건이 타인의 '권원'에 의하여 '부속'된 것인 때에는 그것은 부속시킨 자의 소유로 된다(제256조 단서). 여기서 '권원'이라 함은 타인의 부동산에 자기의 물건을 부속시켜 그 부동산을 이용할 수 있는 권리로서, 지상권·전세권·임차권 등을 의미한다. 이와 같이 부속된 물건에 대하여 독립한 소유권이 인정되기 위해서는 그 물건이 독립한 존재이어야 한다.

㉡ 부동산에의 부합

부동산에 부합하는 물건은 동산에 한정되지 않고 변소·소창고 등과 같은 독립된 부속건물도 부합될 수 있다. 부동산의 소유자는 그의 부동산에 부합한 물건의 소유권을 취득한다(제256조 본문). 부합하는 물건의 가격이 부동산의 가격을 초과해도 물건의 소유권을 취득한다. 다만 판례에 의하면 권한 없이 타인의 토지에 농작물을 심은 경우라도, 그 농작물의 소유권은 경작자에게 있다. 농작물재배의 경우에는 파종 시부터 수확 시까지 불과 수개월밖에 안 걸리고 경작자의 부단한 관리가 필요하며, 그 점유의 귀속이 명백하기 때문이다.

㉢ 동산 간의 부합

부합은 동산 간에도 성립할 수 있으며, 소유권은 주된 동산의 소유자에게 속한다(제257조). 부합한 동산의 주종을 구별할 수 없을 때에는 각 동산의 소유자는 부합 당시의 가액의 비율로 합성물을 공유한다.

② 혼화(混和)

곡물·금전·술·기름 등과 같이 서로 쉽게 섞여져서 원물을 식별할 수 없게 되는 물건이 결합된 경우 동산 간의 부합에 관한 규정이 준용된다(제258조).

③ 가공(加功)

타인의 동산에 가공한 때에는 그 물건의 소유권은 원재료의 소유자에게 속한다(제259조 제1항 본문). 다만 가공으로 인한 가액의 증가가 원재료의 가액보다 현저히 다액인 때에는 가공자의 소유로 한다(제259조 제1항 단서). 이때에 가공자가 재료의 일부를 제공하였을 때에는 그 가액은 위 증가액에 가산한다(제259조 제2항). 또 근로관계에 기하여 생산된 생산물의 소유권귀속에 관하여는 가공에 관한 민법

규정의 적용이 배제된다. 처음부터 사용자를 위해서 일정한 생산계획에 따라 창조적 노동력을 제공할 것을 계약의 내용으로 하기 때문이다. 그러나 근로자의 발명에 관해서는 정신적 재산권의 보호와 관련하여 사용자와 근로자 사이의 특약으로 또는 특별법(특허법, 실용신안법, 디자인보호법 등)으로 이를 규율할 수 있다.

6 소유권에 기한 물권적 청구권

(1) 의 의

물권의 내용실현이 어떠한 사정으로 방해되는 경우에는 물권의 일반적인 효력으로서 물권적 청구권이 발생하는데, 가장 보편적이고 완전한 물권인 소유권에 있어서는 그 물권적 청구권도 가장 완전하게 인정된다. 민법은 소유권에 기한 물권적 청구권으로서, 소유물반환청구권(제213조), 소유물방해제거청구권(제214조), 소유물방해예방청구권(제214조)의 세 가지를 모두 인정하고, 이를 각종의 물권에 준용한다(제290조, 제301조, 제319조, 제370조).

(2) 소유물반환청구권

소유자는 법률상 정당한 이유 없이 그 소유물을 점유한 자에 대하여 반환을 청구할 수 있다(제213조). 소유권존부의 판단시점은 사실심변론종결 당시이다. 청구의 상대방은 현재의 점유자여야 하며, 점유침탈자라도 현재 그 물건에 대한 점유를 상실한 때에는 청구의 상대방이 되지 않는다. 다만 점유자가 그 물건을 점유할 권리를 가진 때에는 반환을 거부할 수 있다(제213조 단서). 여기서 점유할 권리라 함은 지상권, 전세권, 질권, 유치권, 채권 또는 동시이행의 항변권 등을 말한다. 상대방에게 점유취득에 대한 고의·과실 등의 귀책사유가 요구되지는 않는다. 소유물반환비용은 상대방이 부담하여야 한다.

(3) 소유물방해제거청구권

소유자는 소유물을 방해하는 자에 대하여 방해의 제거를 청구할 수 있다(제214조 전단).

(4) 소유물방해예방청구권

소유자는 소유물을 방해할 염려가 있는 행위를 하는 자에 대하여 그 예방 또는 손해배상의 담보를 청구할 수 있다(제214조 후단).

7 공동소유 10 11 15 18 19 기출

(1) 의 의

하나의 물건을 2인 이상의 다수인이 공동으로 소유하는 것을 말한다. 우리 민법은 공동소유의 형태를 공유(제262조 이하), 합유(제271조 이하), 총유(제275조 이하)의 세 가지로 규정하고 있다.

(2) 공유(共有) 12 14 17 21 22 23 24 기출

물건이 지분에 의하여 수인의 소유로 되는 것을 말한다(제262조 제1항). 하나의 물건을 수인이 공동의 소유로 한다는 의사의 합치에 의하여 공유가 성립할 경우 공유자는 공유등기를 하여야 한다. 공유지분도 등기하여야 하며, 등기하지 않을 경우 그 지분은 균등한 것으로 추정된다(민법 제262조 제2항). 법률의 규정에 의해 공유가 성립하는 경우는 상속인이 수인인 경우(제1006조)가 있다.

① 지 분
  ㉠ 각 공유자가 목적물에 대하여 가지는 소유의 비율이다. 공유자는 그 지분을 처분할 수 있다(제263조). 따라서 다른 공유자의 동의를 필요로 하지 않는다. 공유자가 그 지분을 포기하거나 상속인 없이 사망한 때에는 그 지분은 다른 공유자에게 각 지분의 비율로 귀속한다(지분의 탄력성 ; 제267조).
  ㉡ 공유부동산이 원인 없이 타인명의로 등기되어 있는 경우에는 공유자 1인은 단독으로 그의 지분권에 기하여 전체에 대한 말소등기를 청구할 수 없다. 그러나 공유물에 관하여 제3자가 침해를 가하고 있는 경우 각 공유자는 지분권에 기한 물권적 청구권으로서 제3자에 대하여 반환청구권 내지 방해제거청구권을 단독으로 행사할 수 있다. 방해제거의 청구 및 반환청구가 보존행위에 속하기 때문이다. 판례에 따르면 이때 공유자 1인은 자기에게 물건 전부의 인도를 청구할 수 있다고 한다.

② 공유관계
  ㉠ 공유자는 공유물의 전부를 지분의 비율로 사용·수익할 수 있다(제263조). 즉, 전부를 사용할 수 있되, 그 사용·수익은 지분에 의하여 제약된다. 공유물의 관리(이용·개량)에 관한 사항은 공유자의 지분의 과반수로써 결정한다(제265조 본문). 그러나 보존행위는 각자가 할 수 있다(제265조 단서). 보존행위의 성질을 가지는 것이라면 공유관계의 대외적 주장(소송의 제기나 취하)도 각 공유자가 독립해서 할 수 있다.
  ㉡ 공유자는 다른 공유자의 동의 없이 공유물을 처분하거나 변경하지 못한다(제264조). 예컨대 공유자의 1인이 다른 공유자의 동의를 얻지 않고 공유부동산을 처분할 수는 없다. 또한, 각 공유자는 지분의 비율에 따라 관리비용 기타 의무를 부담한다(제266조 제1항). 공유자가 관리비용 기타 의무의 부담을 1년 이상 이행하지 않은 때에는 다른 공유자는 상당한 가액을 지급하고 그 자의 지분을 매수할 수 있다(제266조 제2항).

③ 공유물의 분할
  ㉠ 공유관계는 지분이 집중되거나 공유물이 분할·양도·멸실되거나, 공유지분이 공용징수된 때 소멸한다. 이렇듯 공유물은 언제든지 자유로이 그 분할을 청구할 수 있으며(제268조 제1항 본문), 공유자의 분할청구권은 형성권이므로 분할청구라는 일방적 의사표시에 의하여 각 공유자 사이에는 구체적으로 분할을 실현할 법률관계가 발생한다. 한편 공유자는 공유물분할을 하지 않을 것을 약정할 수 있으나, 5년 내의 기간으로 하여야 하며(제268조 제1항 단서), 그 기간은 갱신될 수 있지만 갱신기간 역시 5년을 넘지 못한다(제268조 제2항).
  ㉡ 부동산에 관한 분할금지의 약정은 등기하여야 한다. 공유물의 분할은 우선 협의에 의하여 행해지는데(제268조 제1항, 제269조 제1항), 협의가 이루어지지 않을 경우에는 공유자는 법원에 그 분할을 청구할 수 있다(제269조 제1항). 공유자는 다른 공유자가 분할로 인하여 취득한 물건에 대하여 그 지분의 비율로 매도인과 동일한 담보책임을 부담한다(제270조).

(3) 합유(合有)

① 수인이 조합체를 이루어 물건을 소유하는 공동소유의 한 형태이다(제271조 제1항). 합유는 조합체가 물건의 소유권을 취득함으로써 성립하며, 조합체는 법률의 규정이나 계약에 의하여 성립한다(제271조 제1항 전단). 계약에 의한 조합성립의 전형적인 것으로는 동업계약과 계가 있다.

② 합유자의 권리는 합유물 전부에 미친다(제271조 제1항 후단). **합유물을 처분 또는 변경하려면 합유자 전원의 동의가 있어야 한다**(제272조 본문). 그러나 보존행위는 각자가 할 수 있다(제272조 단서). 합유지분이란 합유물에 대한 합유자의 권리를 말하는 것으로 이는 합유물 전부에 미친다(제271조 제1항 후단).

③ 합유자는 전원의 동의 없이 합유물에 대한 지분을 처분하지 못한다(제273조 제1항). 또 합유자는 조합이 존속하고 있는 동안은 합유물의 분할 역시 청구하지 못한다(제273조 제2항). 합유관계가 종료하는 것은 합유물의 양도로 조합재산이 없게 되는 때와 조합체의 해산이 있게 되는 때이다(제274조 제1항). 조합체의 해산으로 합유관계를 종료하게 되면 합유물을 분할하게 되는데, 그 분할에는 공유물의 분할에 관한 규정이 준용된다(제274조 제2항).

(4) 총유(總有) 20 24 기출

법인이 아닌 사단의 전원이 집합체로서 물건을 소유하는 공동소유형태이다(제275조). 총유재산으로 인정되는 것은 종중재산, 교회재산, 촌락단체의 재산이 있다. 총유물의 사용·수익은 각 사원에게 권능이 분속되지만, 그 행사는 정관 기타의 규약에 따르며(제276조 제2항), **총유물의 관리 및 처분은 사원총회의 결의에 의한다**(제276조 제1항). 보존행위는 각 사원이 총회의 결의를 얻어 단독으로 보존행위를 할 수 있다고 한다. 총유물에 관한 사원의 권리의무는 사원의 지위를 취득·상실함으로써 취득·상실된다(제277조).

① 법인 아닌 사단의 대표자가 사원총회 결의절차를 거치지 않고 총유물을 처분하는 경우, 그 대표자가 권한없이 행한 총유물의 처분행위에 대해서는 민법 제126조의 표현대리가 적용될 수 없다.
② 법인 아닌 사단의 사원은 단독으로 총유물의 보존행위를 할 수 없다.
③ 법인 아닌 사단이 타인간의 금전채무를 보증하는 행위는 총유물의 관리·처분행위라고 볼 수 없다.
④ 총유물을 임대하는 행위는 원칙적으로 총유물의 처분이 아닌 관리행위에 해당한다.

(5) 준공동소유

소유권 이외의 재산권을 공동으로 소유하는 형태로 공동소유에 관한 규정을 준용하고 다른 법률에 특별한 규정이 있으면 그에 의한다(제278조).

8 명의신탁약정

(1) 의 의
명의신탁약정이란 부동산에 관한 소유권이나 그 밖에 물권을 보유한 자 또는 사실상 취득하거나 취득하려는 자(이하 "실권리자"라 함)가 타인과의 사이에서 대내적으로는 실권리자가 부동산에 관한 물권을 보유하거나 보유하기로 하고 그에 관한 등기(가등기 포함)는 그 타인의 명의로 하기로 하는 약정(위임·위탁매매의 형식에 의하거나 추인에 의한 경우 포함)을 말한다(부동산 실권리자명의 등기에 관한 법률 제2조 제1호 본문).

(2) 적용범위
① **적용대상**: 부동산 실권리자명의 등기에 관한 법률은 부동산에 관한 소유권이나 그 밖의 물권을 보유한 자 또는 사실상 취득하거나 취득하려는 경우에 적용된다.
② **적용제외 대상**
다음의 경우는 부동산 실권리자명의 등기에 관한 법률의 적용대상에서 제외된다(부동산 실권리자명의 등기에 관한 법률 제2조 제1호 단서).
㉠ 채무의 변제를 담보하기 위하여 채권자가 부동산에 관한 물권을 이전(移轉)받거나 가등기하는 경우
㉡ 부동산의 위치와 면적을 특정하여 2인 이상이 구분소유하기로 하는 약정을 하고 그 구분소유자의 공유로 등기하는 경우
㉢ 신탁법 또는 자본시장과 금융투자업에 관한 법률에 따른 신탁재산인 사실을 등기한 경우
③ **종중, 배우자 및 종교단체에 대한 특례**
다음의 어느 하나에 해당하는 경우로서 조세 포탈, 강제집행의 면탈(免脫) 또는 법령상 제한의 회피를 목적으로 하지 않는 경우에는 부동산 실권리자명의 등기에 관한 법률 제4조부터 제7조까지 및 제12조 제1항부터 제3항까지를 적용하지 않는다(부동산 실권리자명의 등기에 관한 법률 제8조).
㉠ 종중(宗中)이 보유한 부동산에 관한 물권을 종중(종중과 그 대표자를 같이 표시하여 등기한 경우를 포함) 외의 자의 명의로 등기한 경우
㉡ 배우자 명의로 부동산에 관한 물권을 등기한 경우
㉢ 종교단체의 명의로 그 산하 조직이 보유한 부동산에 관한 물권을 등기한 경우

(3) 효 력
① 명의신탁약정은 무효로 한다(부동산 실권리자명의 등기에 관한 법률 제4조 제1항).
② 명의신탁약정에 따른 등기로 이루어진 부동산에 관한 물권변동은 무효로 한다. 다만, 부동산에 관한 물권을 취득하기 위한 계약에서 명의수탁자가 어느 한쪽 당사자가 되고 상대방 당사자는 명의신탁약정이 있다는 사실을 알지 못한 경우에는 그렇지 않다(부동산 실권리자명의 등기에 관한 법률 제4조 제2항).
③ 명의신탁약정 및 물권변동의 무효는 제3자에게 대항하지 못한다(부동산 실권리자명의 등기에 관한 법률 제4조 제3항).

제5절　용익물권

1 총 설

(1) 의 의

타인의 물건을 일정한 범위에서 사용·수익할 수 있는 물권을 말한다. 용익물권에는 지상권·지역권·전세권이 있으며 이들은 모두 부동산만을 그 대상으로 한다.

(2) 기 능

① 토지·건물은 소유자로서 이용하는 것이 가장 일반적인 모습이지만, 비소유자로서 이용하는 경우에는 임차권과 같이 채권계약을 기초로 하는 이른바 채권적 이용권과 용익물권을 기초로 하는 이른바 물권적 이용권에 의하는 두 가지가 있다. 그런데 물권에 관한 규정은 원칙적으로 강행규정이기 때문에 부동산소유자가 용익물권의 내용을 유리하게 약정하려고 하여도 일정한 한계가 있다.
② 임차권과 같이 채권계약에 의한 채권적 이용권은 소유권의 절대성과 계약 자유의 원칙이 지배하는 이상 소유자는 자신의 우월적 지위를 이용함으로써 자기에게 유리한 약정을 체결할 수 있다. 이러한 사정하에서 실제로는 임대차라는 채권적 구성에 의한 이용관계가 압도적으로 많이 행해지고 있다.

2 지상권　19　20　23　기출

(1) 의 의

① 임차권과의 구별
　㉠ 지상권은 배타성을 가지며 직접 토지를 지배할 것을 내용으로 하는 물권인데 반하여 임차권은 임대인에게 토지를 사용·수익하게 할 것을 청구할 수 있는 채권이다. 지상권은 제3자에 대하여 대항할 수 있지만, 임차권은 등기하지 않는 한 제3자에 대항할 수 없다(단 주거용건물에 대한 임대차의 경우 임차인이 그 건물의 인도를 받고 주민등록을 마침으로써 대항력을 갖게 된다).
　㉡ 지상권은 양도성이 있는데 반해(제282조) 임차권은 임대인의 동의 없이 양도 또는 전대하지 못한다(제629조 제1항). 지상권은 존속기간을 약정하지 않는 한 토지의 사용목적에 따른 존속기간이 있는데 반해 임차권에 있어서는 언제든지 해지통고를 할 수 있고 일정기간의 경과로 해지된다(제635조). 지료는 지상권의 요소가 아니지만(제279조), 차임은 임대차의 요소이다(제618조).
　㉢ 지상권에 있어서는 지상권자가 2년 이상의 지료지급을 연체한 때에만 그 소멸청구를 할 수 있는 반면(제287조), 임차권에 있어서는 임차인의 차임연체액이 2기의 차임액에 달하면 해지통고를 할 수 있다(제640조, 제641조). 지상권설정자는 토지의 사용을 방해하지 않을 소극적 인용의무만을 부담하지만, 임대인은 토지를 사용에 적합한 상태에 두어야 하는 적극적 의무를 부담한다(제623조).

구 분	지상권	임차권
권리의 성질	배타성을 가지며 직접 토지를 지배할 것을 내용으로 하는 물권이다.	임대인에게 토지를 사용·수익하게 할 것을 청구할 수 있는 채권이다.
대항력	제3자에 대하여 대항할 수 있다.	등기하지 않는 한 제3자에 대항할 수 없다(단 주거용건물에 대한 임대차의 경우 임차인이 그 건물의 인도를 받고 주민등록을 마침으로써 대항력을 갖게 된다).
양도·전대	양도성이 있다(제282조).	임대인의 동의 없이 양도 또는 전대하지 못한다(제629조 제1항).
존속기간	최단기간의 제한만이 있을 뿐이다.	언제든지 해지통고를 할 수 있고 일정기간의 경과로 해지된다(제635조).
대가관계	지료는 지상권의 요소가 아니지만(제279조), 지상권에 있어서 지상권자가 2년 이상의 지료지급을 연체한 때에는 그 소멸청구를 할 수 있다(제287조).	차임은 임대차의 요소이다(제618조). 임차권에 있어서는 임차인의 차임연체액이 2기의 차임액에 달하면 해지통고를 할 수 있다(제640조, 제641조).
토지소유자의 의무	지상권설정자는 토지의 사용을 방해하지 않을 소극적 인용의무만을 부담한다.	임대인은 토지를 사용에 적합한 상태에 두어야 하는 적극적 의무를 부담한다(제623조).

② 임차권의 물권화

주택임대차보호법에 따르면 주거용건물에 관한 임대차는 등기가 없는 경우에도 임대인으로부터 주택의 인도를 받고 주민등록법에 의한 주민등록을 마친 때에는 그 다음 날부터 제3자에 대하여 대항력을 가진다. 또한 현행 민법은 지상권의 최단존속기간을 정하고(제280조, 제281조), 지상권자에게 갱신청구권과 지상물매수청구권을 인정함으로써(제283조), 강행규정으로 규정하면서 지상권자의 보호를 도모하고 있다(제289조).

(2) 지상권의 취득

법률행위에 의한 취득과 법률규정에 의한 취득으로 나누어진다.

① 법률행위에 의한 취득

지상권은 토지소유자(지상권설정자)와 지상권자간의 설정계약, 즉 지상권설정을 목적으로 하는 물권적 합의와 등기에 의하여 취득되는 것이 일반적이지만, 설정계약 이외에도 유언과 지상권의 양도에 의하여 취득될 수 있다. 이러한 법률행위에 의한 취득은 등기하여야 효력이 발생한다(제186조).

② 법률규정에 의한 취득

상속·판결·경매·공용징수·취득시효 기타 법률의 규정에 의한 취득이 있고, 법정지상권이 있다. 법정지상권은 토지와 건물의 소유자가 다른데 건물소유자가 미리 토지이용 관계를 설정할 수 없는 경우에 건물소유자의 잠재적인 토지이용권을 법률상 현실화하여 주는 것으로서, 건물에 대해서만 전세권을 설정한 후 토지소유자가 변경된 경우(제305조 제1항), 저당권의 실행으로 경매됨으로써 토지와 건물의 소유자가 다르게 된 경우(제366조), 담보권의 실행으로 토지와 건물의 소유자가 다르게 된 경우(가등기담보법 제10조), 경매 기타의 사유로 토지와 입목이 각각 다른 소유자에게 속하게 된 경우(입목에 관한 법률 제6조)에 인정된다.

(3) 지상권의 존속기간

설정행위로 기간을 정하는 경우와 설정행위로 기간을 정하지 않는 경우로 나누어서 볼 수 있다.

① 설정행위로 기간을 정하는 경우

민법은 지상권자를 보호하기 위하여 최단존속기간만을 제한하고 있다(제280조 제1항). 석조·석회조·연와조 또는 이와 유사한 견고한 건물이나 수목의 소유를 목적으로 하는 때에는 30년, 이외의 건물의 소유를 목적으로 하는 때에는 15년, 건물 이외의 공작물의 소유를 목적으로 하는 때에는 5년의 최단존속기간이 정해져 있으며, 설정행위로 이보다 더 짧은 기간을 정한 때에는 그 존속기간을 위의 최단기간까지 연장한다(제280조 제2항).

② 설정행위로 기간을 정하지 않는 경우

지상물의 종류와 구조에 따라 제280조의 최단존속기간이 그 지상권의 존속기간이 된다(제281조 제1항). 지상권설정 당시에 공작물의 종류와 구조를 정하지 않은 경우에는 15년으로 한다(제281조 제2항). 수목은 제외되고 있으므로 지상물이 수목인 경우에 존속기간은 언제나 30년으로 보아야 한다.

③ 계약의 갱신

지상권의 존속기간이 만료한 경우에 법률에 특별한 규정이 없다 하더라도 당사자는 계약으로써 지상권설정계약을 갱신할 수 있다. 그리고 당사자가 갱신계약을 체결하지 않은 경우에도 지상권자는 계약의 갱신을 청구할 수 있다(제283조 제1항). 갱신청구권은 지상권의 존속기간 만료 후 지체 없이 행사하여야 하며, 지체 없이 행사하지 않은 경우 갱신청구권은 소멸한다. 지상권설정자는 갱신청구를 거절할 수 있고, 갱신청구가 거절된 경우에 지상권자는 상당한 가액으로 지상물의 매수를 청구할 수 있다(제283조 제2항). 당사자가 계약을 갱신하는 경우에 지상권의 존속기간은 갱신한 날로부터 제280조의 최단존속기간보다 단축하지 못한다(제284조 본문).

(4) 지상권의 효력

지상권자는 지상권이 설정된 토지를 사용할 권리가 있으며, 지상권을 양도하거나 임대하여 투하자본을 회수할 수도 있다. 지료의 지급은 지상권의 요소가 아니지만 이를 정한 경우에는 지상권자는 지료지급의무가 있다.

① 토지의 사용

지상권자는 설정계약에서 정한 목적의 범위 내에서 타인의 토지를 사용할 권리가 있다(제279조). 따라서 지상권자는 토지에 영구적인 손해를 일으키는 변경을 가할 수 없고, 소유자는 토지사용을 방해하지 말아야 할 소극적 인용의무를 부담한다. 상린관계의 규정(제216조 이하)은 지상권에 대해서도 준용되며, 지상권자는 토지를 점유할 권리 및 지상권에 기한 물권적 청구권도 갖는다(제290조, 제213조, 제214조).

② 양도·임대·담보제공

지상권자는 지상권설정자의 동의 없이 타인에게 그 권리를 양도하거나 그 권리의 존속기간 내에서 그 토지를 임대할 수 있다(제282조). 이에 위반하는 계약으로 지상권자에게 불리한 것은 그 효력이 없다(제289조). 그리고 지상권을 담보의 목적으로 삼을 수 있다(제371조 제1항).

③ 지 료

지료의 지급은 지상권의 요소가 아니므로(제279조) 당사자가 지료의 지급을 약정한 때에만 지상권자는 지료지급의무를 부담한다. 법정지상권은 당사자의 청구에 의하여 법원이 지료를 정한다(제305조 제1항 단서, 제366조). 지료액은 당사자의 협정으로 결정되지만, 그 후에 토지에 관한 조세 기타 부담의 증감이나 지가의 변동으로 인하여 상당하지 않게 된 때에는 당사자는 그 증감을 청구할 수 있다(제286조). 이 지료증감 청구권은 형성권으로서 청구를 하면 그 즉시 지료는 증액 또는 감액되지만, 상대방이 다투면 법원이 결정한다.

(5) 지상권의 소멸

지상권은 토지멸실, 존속기간만료, 혼동(제191조), 소멸시효, 경매, 토지수용 등에 의하여 소멸한다. 그 밖의 원인에 의한 소멸은 지상권설정자의 소멸청구, 지상권의 포기와 같은 것들이 있다.

① 지상권설정자의 소멸청구 23 기출

지상권자가 토지에 영구적인 손해를 일으키는 변경을 가하거나 그 밖의 토지사용에 관한 약정에 위반한 경우 지상권설정자는 제544조에 의하여 변경의 정지, 원상회복을 최고하고 이에 지상권자가 응하지 않으면 해지를 할 수 있다. 정기의 지료를 지급하여야 하는 지상권자가 2년 이상의 지료를 체납한 경우에도 지상권설정자는 지상권의 소멸을 청구할 수 있다(제287조). 이때 지상권소멸의 효력은 장래에 대해서만 발생한다. 그 밖에 지상권이나 그 토지에 있는 건물·수목이 저당권의 목적인 때에는 지상권소멸청구는 저당권자에게 통지한 후 상당한 기간이 경과함으로써 그 효력이 생긴다(제288조).

② 지상권의 포기

지상권은 기간의 약정 유무를 묻지 않고 지상권자가 자유로이 이를 포기할 수 있다. 그러나 정기적으로 지료를 지급하는 경우에는 포기에 의하여 토지소유자에게 손해가 발생한 때 그 손해를 배상하여야 한다. 그리고 지상권이 저당권의 목적인 때에는 저당권자의 동의를 얻어야 한다(제371조 제2항). 또한 지상권의 소멸사유를 약정한 때에는 약정사유의 발생으로 지상권이 소멸하지만, 이러한 약정사유가 존속기간·지료체납 등에 관하여 지상권자에게 불리한 것일 때에는 그 효력이 없다(제289조).

③ 지상권소멸의 효과

지상권이 소멸한 때 지상권자는 건물 기타 공작물이나 수목을 수거하여 토지를 원상회복시켜야 한다(제285조 제1항). 또한, 지상권자와 지상권설정자는 상당한 가액으로 공작물이나 수목의 매수를 청구할 수 있다(제285조 제2항). 그리고 지상권자는 토지가치의 증가분이 있을 경우 토지소유자의 선택에 따라 지출한 금액 또는 그 증가액의 상환을 청구할 수 있다(제626조 제2항의 유추해석).

(6) 특수지상권

구분지상권과 분묘기지권, 관습법상의 법정지상권이 있다.

① 구분지상권

지하 또는 지상의 공간에 상하의 범위를 정하여 건물 기타 공작물을 소유하기 위한 지상권이다(제289조의2 제1항). 당사자 간의 구분지상권설정에 관한 물권적 합의와 등기에 의해서 설정된다. 지상권의 정의에 관한 규정(제279조)을 제외한 지상권에 관한 모든 규정이 준용되며(제290조 제2항), 구분지상권에 기하여 토지에 부속된 공작물의 소유권은 구분지상권자에게 속한다(제256조 단서).

② 분묘기지권

타인의 토지 위에 분묘(무덤)를 소유하기 위한 지상권 유사의 물권을 말하며, 타인의 소유지 내에 그 소유자의 승낙을 얻어서 분묘를 설치한 경우, 자기소유 토지에 분묘를 설치하고 이 토지를 타인에게 양도한 경우, 타인소유의 토지에 그의 승낙 없이 분묘를 설치한 자가 20년간 평온·공연하게 그 분묘의 기지를 점유함으로써 분묘기지권을 시효취득하는 경우에 성립된다. 분묘소유자는 분묘를 수호하고 봉사하는 목적을 달성하는 데 필요한 범위 내에서 타인의 토지를 사용할 수 있으며 분묘가 침해당한 때 그 침해의 배제를 청구할 수 있다.

③ 관습법상의 법정지상권 16 기출

동일인에게 속하였던 토지와 건물 중 하나가 매매 기타의 원인으로 각각 소유자를 달리하게 될 때에, 그 건물을 철거한다는 특약이 없으면, 건물소유자가 당연하게 취득하게 되는 지상권이다. 민법의 지상권에 관한 규정이 준용되지만, 존속기간은 약정하지 않은 것으로 보며, 그 건물의 유지 및 사용에 필요한 범위 내에서 건물소유자는 토지를 사용할 수 있게 된다.

건물소유자는 토지소유권을 전득한 제3자에 대해서 등기 없이 관습법상의 법정지상권을 주장할 수 있지만, 관습법상의 법정지상권을 제3자에게 처분하려면 제187조 단서에 의해 먼저 법정지상권을 등기해야 한다. 이때 제3자인 건물양수인은 건물양도인을 대위하여 토지소유자에 대하여 법정지상권 설정 등기절차 이행을 청구할 수 있다.

3 지역권 18 기출

(1) 의 의

지역권설정행위에서 정한 일정한 목적을 위하여 타인의 토지를 자기의 토지의 편익에 이용하는 부동산용익물권의 일종이다(제291조). 예컨대 타인의 토지를 통행하거나, 그 토지를 거쳐 물을 끌어오거나, 그 토지에 일정한 높이 이상의 건물을 건축하지 않는 등 두 개의 토지 사이의 이용을 조절하는 것을 목적으로 한다.

① 요역지와 승역지

그 편익을 얻는 토지를 요역지라 하고, 편익을 제공하는 토지를 승역지라고 한다. 요역지는 1필의 토지여야 하며, 토지의 일부를 위한 지역권을 설정할 수는 없다. 그러나 승역지는 1필의 토지일 필요가 없다. 다시 말해 토지의 일부 위에도 지역권이 성립할 수 있다. 지역권은 두 개의 토지 사이의 이용의 조절을 목적으로 하는 것이므로, 지상권자·전세권자도 각자의 권한 내에서는 그들이 이용하는 토지를 위하여, 또는 그 토지 위에 지역권을 설정할 수 있다.

② 성 질

지역권의 성질로서는 비배타적·공용적 성격과 부종성, 불가분성을 들 수 있다.

㉠ 비배타적·공용적 성격

지역권의 토지 사용 목적은 제한이 없고, 지역권에 의하여 승역지의 소유권의 용익권능이 전면적으로 배제되는 것은 아니다.

ⓒ 부종성

　　지역권은 토지의 편익을 위하여 존재하는 종된 권리이므로 요역지를 떠나서 독립적으로 존재할 수 없다. 따라서 요역지의 소유권이 이전되면 지역권도 당연히 함께 이전되고, 또 요역지 위에 지상권, 전세권 또는 임차권이 설정되면 이들 용익권자들은 지역권을 행사할 수 있으며, 요역지에 저당권이 설정되면 그 효력은 지역권에도 미친다(제292조 제1항). 그리고 요역지와 분리하여 지역권만을 양도하거나 다른 권리의 목적으로 하지 못한다(제292조 제2항).

　　ⓒ 불가분성

　　지역권은 원칙적으로 요역지 전부의 이용을 위하여 승역지 전부를 이용하는 권리이다. 따라서 토지공유자의 1인은 그의 지분에 관하여, 그 토지를 위한 지역권 또는 그 토지가 부담하는 지역권을 소멸하게 하지 못하고(제293조 제1항), 요역지 또는 승역지가 분할되거나 일부양도된 경우 지역권은 요역지의 각 부분을 위하여 또는 승역지의 각 부분에 존속한다(제293조 제2항). 그러나 지역권이 그 성질상 토지의 일부분에만 관한 것인 때에는 그 일부분만을 위하여 또는 그 일부분에만 존속한다(제293조 제2항 단서). 한편 공유자 1인이 지역권을 취득한 경우 다른 공유자와 함께 그 지역권을 취득하고, 취득시효중단은 공유자 전원에 대하여 하여야 그 효력이 발생하며, 공유자의 1인에게 취득시효의 정지사유가 존재하여도 그 효력은 다른 공유자에게 미치지 아니한다(제295조).

③ 상린관계와의 비교

　　상린관계는 법률의 규정으로 바로 이웃하는 토지의 사용을 규율하고 있는데 반하여, 지역권은 떨어져 있는 토지 사이에도 발생한다.

구 분	상린관계	지역권
개 념	서로 인접하는 부동산소유권의 상호이용을 조절하는 것을 목적으로 하는 법률관계	일정한 목적을 위하여 타인의 토지를 자기토지의 편익에 이용하는 부동산용익물권의 일종
발생원인	법률의 규정에 의한 소유권의 확장·제한	계약(당사자 사이의 설정행위)에 의한 소유권의 확장·제한
등 기	상린권은 독립한 물권이 아니므로 그 성립에 등기를 요하지 않음	소유권과는 별개의 독립한 물권이므로 성립에 등기를 필요로 함
소멸시효	소멸시효에 걸리지 않음	불행사로 소멸시효에 걸림
이용의 객체	부동산, 물의 상호이용을 조절	토지만의 이용조절

(2) 지역권의 취득

　　지역권설정계약과 등기에 의하여 취득되는 것이 보통이나, 유언·상속·양도·취득시효에 의해서도 취득된다. 다만 지역권의 양도는 요역지의 소유권 또는 사용권의 이전에 수반하여서만 가능하다(제292조 제1항). 그리고 '계속되고 표현된' 지역권에 한하여 부동산소유권의 점유취득시효규정(제245조)이 준용될 수 있다(제294조).

(3) 지역권의 효력

지역권자는 설정행위의 내용 또는 취득시효의 요건이 되는 점유의 내용에 의하여 정하여진 범위 내에서 지역권을 행사하여 승역지를 사용할 수 있다. 다만 지역권의 행사는 승역지의 이익을 존중하여 지역권의 목적을 달성하는데 필요한 한도에서 승역지 이용자에게 가장 손해가 적은 범위 내에서 그치도록 해야 한다.

① 용수지역권

승역지의 수량이 요역지 및 승역지의 수요에 부족한 때에는 그 수요한도에 의하여 먼저 가용(家用)에 공급하고 남는 것을 다른 용도에 공급하여야 한다. 승역지에 수개의 용수지역권이 설정된 때 후순위의 지역권자는 선순위 지역권자의 용수를 방해하지 못한다(제297조).

② 공작물사용권

승역지의 소유자는 지역권의 행사를 방해하지 않는 범위 내에서 지역권자가 지역권의 행사를 위하여 승역지에 설치한 공작물을 사용할 수 있다(제300조 제1항). 그러나 이 경우 승역지의 소유자는 수익정도의 비율로 공작물의 설치·보존의 비용을 분담해야 한다(제300조 제2항). 계약에 의하여 승역지 소유자가 자기의 비용으로 지역권의 행사를 위하여 공작물의 설치 또는 수선의 의무를 부담한 때에는 승역지 소유자의 특별승계인도 그 의무를 부담한다(제298조). 그러나 특별승계인에게 대항하기 위해서는 등기하여야 한다.

③ 물권적 청구권

지역권자가 편익을 얻는 것이 방해되는 경우에는 방해제거청구권 또는 방해예방청구권이 발생한다(제301조).

④ 위기(委棄)

승역지 소유자는 지역권에 필요한 부분의 토지소유권을 지역권자에게 위기하여 이 의무를 면할 수 있다(제299조). '위기'라 함은 토지소유권을 지역권자에게 이전한다는 일방적 의사표시를 말하며, 위기에 의하여 소유권이 지역권자에게 이전하면 지역권은 혼동에 의하여 소멸한다(제191조 제2항).

(4) 지역권의 소멸

지역권은 요역지 또는 승역지의 멸실, 지역권자의 포기, 혼동, 존속기간의 만료, 약정소멸사유의 발생, 요역지의 수용, 승역지의 시효취득에 의한 소멸, 지역권의 시효소멸(제162조 제2항) 등으로 인하여 소멸한다.

(5) 특수지역권

어느 지역의 주민이 집합체의 관계로 각자가 타인의 토지(주로 산림이나 초원)에서 초목, 야생물 및 토사의 채취, 방목 기타의 수익을 하는 권리를 말한다(제302조). 이는 촌락생활에 있어서 다수의 촌락민이 공동하여 타인의 산림이나 초원을 이용하는 일이 많으므로, 여기서 발생되는 토지의 이용관계에서 이용권자를 보호하기 위해 마련된 것이다. 특수지역권에는 양도성·상속성이 없으며, 권리가 주민에게 총유적으로 귀속하므로 총유의 규정이 준용된다(제278조).

4 전세권 18 22 24 기출

(1) 총 설

① 의 의

전세금을 지급하고 타인의 부동산을 점유하여 그 부동산의 용도에 좇아 사용·수익하며, 그 부동산 전부에 대하여 후순위권리자 기타 채권자보다 전세금의 우선변제를 받을 권리가 있다(제303조 제1항). 전세제도는 목적물의 임대차와 전세금의 이자부소비대차가 결합한 법기술로 이해될 수 있으며, 타인의 부동산을 이용할 수 있게 하는 법률적 수단으로서 사회적으로 중요한 작용을 할 뿐 아니라 부동산담보의 기능도 겸하고 있다.

② 성 질

전세권은 용익물권의 목적으로 설정되지만, 전세보증금의 확보를 위하여 필요한 범위 내에서 담보물권의 요소를 가진다.

③ 목적물

부동산(토지와 건물)이다. 다만 농경지는 전세권의 목적이 될 수 없다(제303조 제2항). 전세권의 객체인 부동산은 반드시 1필의 토지 또는 1동의 건물이어야 할 필요는 없고, 1필의 토지 또는 1동의 건물의 일부라도 무방하다.

④ 물권적 전세권과 채권적 전세권

타인의 부동산을 사용·수익하는 권리로서 전세권은 물권적 전세권과 채권적 전세권으로 구분할 수 있다.

구 분	물권적 전세권	채권적 전세권
지배력	목적부동산을 직접 지배할 수 있는 물권이다.	목적부동산의 사용·수익을 청구할 수 있는 채권이다.
대항력	제3자에 대하여 대항할 수 있다.	원칙적으로 대항력이 없다.
목적물 양도	양수인은 전세권에 구속된다.	양수인은 임차인에 대하여 부동산의 인도를 청구할 수 있다.
처분의 자유	전세권자는 전세권을 양도·임대하거나 전전세할 수 있고, 담보에 제공할 수 있다.	전세임대인의 동의 없이 양도·전대하지 못한다(제629조).
존속기간	1년의 최단기간이 있고 최장기간은 갱신이 인정된다.	최장기간은 갱신이 인정되나 최단기간의 보장은 없다.
전세금반환	경매권과 우선변제권이 있다.	전세금반환과 전세물반환의 동시이행이 인정될 뿐이다.

⑤ 채권적 주택전세

주택임대차보호법의 규정들은 주거용건물, 즉 주택의 전부 또는 일부의 전세에 준용된다. 이 법이 적용되는 채권적 전세에 있어서 전세임차인이 임차한 주택을 인도받고, 아울러 주민등록을 마친 때에는 그 다음 날부터 제3자에 대하여 대항력을 갖게 된다(주택임대차보호법 제3조 제1항). 이러한 요건을 갖춘 경우에 전세임차인은 일정한 범위의 전세금에 관하여 다른 담보권자보다 우선변제를 받을 권리가 인정된다(동법 제8조 제1항).

⑥ 전세금 21 기출

전세권을 설정할 때 전세권자가 전세권설정자에게 교부하되 전세권의 소멸과 동시에 반환하여야 하는 금전이다(제303조 제1항, 제317조, 제318조). 전세권은 전세금의 지급을 요소로 한다(제303조 제1항). 전세금은 등기하여야 하며(부동산등기법 제72조 제1항), 등기된 액에 한하여 제3자에게 대항할 수 있다. 전세금이 목적부동산에 관한 조세·공과금 기타 부담의 증감이나 경제사정의 변동으로 인하여 상당하지 않게 된 때, 당사자는 장래에 대하여 그 증감을 청구할 수 있다(제312조의2). 그러나 증액의 경우에는 대통령이 정하는 기준에 따른 비율을 초과하지 못한다(제312조의2 단서). 전세금의 지급이 반드시 현실적으로 수수되어야만 하는 것은 아니고 기존의 채권으로 전세금의 지급에 갈음할 수도 있다(대판 2009.1.30., 2008다67217).

⑦ 우선변제권

전세권자는 부동산 전부에 대하여 후순위권리자 기타 채권자보다 전세금의 우선변제를 받을 권리가 있고(제303조 제1항), 전세권설정자가 전세금의 반환을 지체한 때 전세권자는 민사집행법의 정한 바에 따라 전세목적물의 경매를 청구할 수 있다(제318조).

(2) 전세권의 취득

전세권은 보통 부동산소유자와 전세권취득자 사이의 설정계약과 등기에 의하여 취득되는 것이 보통이지만(제186조) 그 밖에 전세권의 양도·상속에 의해서도 취득될 수 있다. 목적부동산의 인도는 전세권설정행위의 성립요건이 아니므로 목적물의 인도 전이라 하더라도 등기가 있으면 전세권은 취득된다. 또한 부동산의 일부에도 전세권설정이 가능하다(부동산등기법 제72조 제1항).

(3) 전세권의 존속기간

설정행위에서 정하는 경우와 정하지 않는 경우로 나누어 볼 수 있다.

① 설정행위에서 정하는 경우

㉠ 전세권의 존속기간은 당사자가 설정행위에 의해서 임의로 정할 수 있으나 그 기간은 10년을 넘지 못한다. 당사자 간의 약정기간이 10년을 넘는 때에는 이를 10년으로 단축한다(제312조 제1항). 건물에 대한 전세권의 존속기간을 1년 미만으로 정한 때에는 이를 1년으로 한다(제312조 제2항). 전세권의 설정은 갱신한 날로부터 10년을 넘지 못한다(제312조 제3항).

㉡ 갱신은 당사자의 합의에 의해서만 가능하지만 민법은 건물전세권자를 보호하기 위하여 전세권설정자가 전세권의 존속기간 만료 전 6월부터 1월까지의 사이에 갱신거절의 통지 또는 조건을 변경하지 않으면 그 기간이 만료된 때에 이전의 전세권과 동일한 조건으로 다시 전세권을 설정한 것으로 본다. 이 경우 전세권의 존속기간은 정하지 않은 것으로 본다(제312조 제4항). 한편 법정갱신은 법률의 규정에 의한 전세권존속기간의 변경이므로 등기 없이도 효력이 발생하고(제187조), 처분할 때만 등기를 요한다.

② 설정행위에서 정하지 않은 경우

각 당사자는 언제든지 상대방에 대하여 전세권의 소멸을 통고할 수 있으며, 상대방이 이 통고를 받은 날로부터 6월이 지나면 전세권은 소멸한다(제313조).

(4) 전세권의 효력 16 17 21 기출

① 전세권의 효력이 미치는 범위

타인의 토지 위에 건물을 소유하는 자가 그 건물에 전세권을 설정한 경우 전세권의 효력은 그 건물의 소유를 목적으로 하는 지상권 또는 임차권에도 미친다(제304조 제1항). 이 경우 전세권설정자는 전세권자의 동의 없이 그 지상권 또는 임차권을 소멸케 하는 행위를 하지 못한다(제304조 제2항). 그러나 전세권자가 동의하면 전세권설정자는 지상권 또는 임차권을 소멸시킬 수 있다. 지상권 또는 전세권이 소멸하면 지상물을 수거하고 토지를 원상회복하여 반환하여야 할 것이므로(제285조 제1항) 건물에 대한 전세권도 당연히 소멸한다.

② 전세권자의 권리·의무

전세권자는 목적부동산을 점유하여 그 부동산의 용도에 좇아 사용·수익할 권리를 가진다(제303조 제1항). 그 밖에도 상린관계의 규정에 의한 권리(제319조, 제216조 이하)와 점유보호청구권(제204조 이하) 등의 물권적 청구권, 유익비상환청구권(제310조)을 행사할 수 있다. 그 대신에 현상의 유지와 통상의 관리에 속한 수선에 대한 의무를 부담한다(제309조).

③ 처분의 자유

전세권자는 전세권을 타인에게 양도하거나 담보로 제공할 수 있고, 존속기간 내에서 목적물을 타인에게 전전세(轉傳貰) 또는 임대할 수 있다(제306조). 그러나 설정행위로써 처분을 금지할 수 있으며(제306조 단서), 이와 같은 처분금지의 설정행위는 등기함으로써 제3자에게 대항할 수 있다. 전전세의 경우 전세권자는 전전세하지 않았으면 면할 수 있는 불가항력으로 인한 손해에 대하여 그 책임을 부담하며(제308조), 전전세권이 소멸하면 전전세권자는 원전세권자에게 목적부동산을 인도한다.

(5) 전세권의 소멸

전세권은 목적부동산의 멸실, 존속기간의 만료, 혼동, 소멸시효, 전세권에 우선하는 저당권의 실행에 의한 경매, 토지수용 등으로 소멸한다. 그 밖에 다음과 같은 원인에 의하여 소멸한다.

① 전세권설정자의 소멸청구

전세권자가 용법에 따르지 않은 사용·수익을 하는 경우 전세권설정자는 전세권의 소멸을 청구할 수 있으며, 이 경우에 전세권설정자는 전세권자에 대하여 원상회복 또는 손해배상을 청구할 수 있다(제311조).

② 전세권의 소멸통고

전세권의 존속기간을 약정하지 않은 경우 각 당사자는 언제든지 상대방에 대하여 전세권의 소멸을 통고할 수 있는데, 이때에는 상대방이 그 통고를 받은 날로부터 6월이 경과하면 전세권은 소멸한다(제313조).

③ 목적부동산의 멸실

㉠ 전부멸실의 경우 전세권이 소멸됨은 당연하며, 일부멸실의 경우 잔존부분으로 전세권의 목적을 달성할 수 있으면 전세권은 잔존부분에 존속하고, 이 경우 멸실부분에 해당하는 만큼의 전세금은 감액된다. 반면 잔존부분으로 전세권의 목적을 달성할 수 없으면 전세권자는 설정자에 대하여 전세권전부의 소멸을 통고하고 전세금의 반환을 청구할 수 있다(제314조 제2항).

ⓒ 전세권의 목적물의 전부 또는 일부가 전세권자에 책임 있는 사유로 인하여 멸실된 때에는 전세권자는 손해를 배상할 책임이 있고 이러한 경우에 전세권설정자는 전세권이 소멸된 후 전세금으로써 손해의 배상에 충당하고 잉여가 있으면 반환하여야 하며 부족이 있으면 다시 청구할 수 있다(제315조).

④ 전세권의 포기

　　존속기간을 약정하고 있더라도 전세권자는 자유로이 그의 전세권을 포기할 수 있으나 전세권이 제3자의 권리의 목적인 때에는 포기할 수 없다. 즉, 전세권을 목적으로 저당권을 설정한 자는 저당권자의 동의 없이 지상권 또는 전세권을 소멸하게 하는 행위를 하지 못한다(제371조 제2항).

⑤ 약정소멸사유

　　전세권의 소멸사유를 약정할 수 있으며, 약정한 소멸사유가 발생하면 전세권은 소멸한다. 하지만 이때에도 등기하여야 소멸의 효력이 생긴다.

⑥ 전세권소멸의 효과

　　㉠ 동시이행 : 전세권이 소멸된 때 전세권설정자는 전세권자로부터 그 목적물의 인도 및 전세권설정등기의 말소등기에 필요한 서류의 교부를 받는 동시에 전세금을 반환하여야 한다(제317조).

　　ⓒ 우선변제권 : 전세권자는 대항력이 없는 일반채권자에 언제나 우선해서 변제권을 가지며(제303조 제1항), 민사집행법에 의거하여 전세권의 목적물을 경매하여 그 경락대금으로부터 우선변제를 받게 된다(제318조).

　　ⓒ 원상회복의무와 매수청구권 : 전세권자는 그 목적물을 원상에 회복하여야 하고, 그 목적물에 부속시킨 물건을 수거할 수 있다(제316조 제1항). 그러나 전세권설정자가 그 부속물건의 매수를 청구한 때에는 정당한 이유 없이 이를 거절하지 못한다(제316조 제1항 단서). 반면 부속물이 전세권설정자의 동의를 얻어 부속시킨 것이거나 전세권설정자로부터 매수한 것인 때에는 전세권자가 전세권설정자에 대하여 부속물의 매수를 청구할 수 있다(제316조 제2항).

　　㉣ 유익비상환청구권 : 전세권자가 목적물을 개량하기 위하여 지출한 금액 기타 유익비에 관하여는 그 가액의 증가가 현존한 경우에 한하여 소유자의 선택에 좇아 그 지출액이나 증가액의 상환을 청구할 수 있다(제310조 제1항).

　　㉤ 기타 : 전세권설정자가 파산하면 전세권자가 별제권을 갖는다(채무자회생 및 파산에 관한 법률 제411조).

제6절 담보물권

1 총 설

(1) 담보제도

특정한 채권에 관해서 그 만족을 확실하게 하기 위해 등장·발달한 제도이다. 채권자평등의 원칙에 구애됨이 없이 채무자의 일반재산 이상의 것을 담보로 잡기 위한 것으로 인적 담보와 물적 담보가 있다. 인적 담보는 다른 제3자의 재산을 책임재산에 추가하는 것이고, 물적 담보는 책임재산을 이루고 있는 재화 중의 어느 특정의 재화를 가지고 담보에 충당하는 것이다.

(2) 담보물권의 본질과 특성 13 17 21 기출

① 가치권성

담보물권은 목적물의 이용을 목적으로 하지 않고 그가 가지는 '교환가치'의 취득을 목적으로 하는 권리라는 점에서, 목적물을 직접 사용·수익하여 그 사용가치를 지배하는 이용권인 용익물권과 다르다.

② 부종성

담보물권은 피담보채권의 존재를 전제로 하여서만 존재할 수 있다. 즉, 채권이 소멸하면 담보물권도 소멸한다. 다만 성립에 있어서는 질권·저당권의 경우를 보면 알 수 있듯이 채권이 현존하지 않더라도 장래에 성립하게 될 경우에는 그러한 장래의 채권을 담보하기 위하여 담보물권의 설정이 인정된다(제357조). 반면 유치권은 특정의 채권이 존재하는 경우에 이 채권을 보호하기 위하여 일정한 요건 하에서 법률상 당연히 성립되는 담보물권이므로 부종성은 엄격하게 적용된다.

③ 수반성

피담보채권이 그 동일성을 유지하면서 상속·양도 기타의 이유로 이전하게 되면 담보물권도 역시 그에 따라서 이전하고, 피담보채권 위에 다른 담보물권이 설정되면 역시 그 담보물권에 복종하게 된다(제361조).

④ 물상대위성

담보물권의 목적물이 멸실·훼손·공용징수됨으로써 그 목적물에 갈음하는 금전 기타의 물건으로 변하여 목적물 소유자에게 귀속하게 된 경우에, 담보물권은 그 목적물에 갈음하는 금전 기타의 물건에 대해서도 역시 존속하게 된다(제342조, 제370조 참조). 이러한 성질은 우선변제적 효력이 있는 담보물권에 대해서만 인정되므로 유치권에는 적용되지 않는다.

⑤ 불가분성

담보물권자는 피담보채권의 전부의 변제를 받을 때까지 목적물의 전부 위에 효력을 미친다(제321조, 제343조, 제370조). 즉, 피담보채권의 일부가 변제·상계·혼동·경개·면제의 사유로 소멸하더라도 잔액이 있는 한, 담보물의 전부에 담보물권의 효력이 미친다.

(3) 담보물권의 효력

① 우선변제적 효력

채권의 변제를 받지 못한 때에 채권자가 목적물을 환가해서 다른 채권자보다 우선하여 변제받을 수 있는 효력이다. 질권·저당권에만 인정된다.

② 유치적 효력

채권담보를 위해서 목적물을 유치하여 채무변제를 간접적으로 재촉하는 효력이다. 유치권·질권에 인정되지만, 저당권과 같이 목적물의 점유를 요소로 하지 않는 담보물권에서는 문제되지 않는다.

③ 수익적 효력

채권자가 목적물로부터의 수익으로 변제에 충당하는 것이다. 현행민법은 유치권·질권·저당권 모두에 대해 수익적 효력을 인정하지 않는다. 다만 전세권의 경우 담보물권의 성질을 갖고 있음에도 불구하고 용익물권의 성질이 더 강하기 때문에 실질에 있어서 수익적 효력이 인정된다.

(4) 담보물권의 순위

동일물 위에 두 개 이상의 담보물권이 존재하는 경우에는 담보물권 간에 순위가 주어진다. 선순위의 담보물권이 소멸하면 후순위의 담보물권의 순위는 그만큼 올라가게 된다(순위승진의 원칙).

② 유치권 11 14 15 18 20 21 23 24 기출

(1) 총 설

① 의 의

타인의 물건 또는 유가증권을 점유한 자가 그 물건이나 유가증권에 관하여 생긴 채권을 가지는 경우에, 그 채권의 변제를 받을 때까지 그 물건 또는 유가증권을 점유함으로써, 채무자의 변제를 간접적으로 강제하는 담보물권이다(제320조).

② 인정이유

타인의 물건이나 유가증권을 점유하는 자가 그 물건이나 유가증권에 관한 채권을 가지는 경우에 그 채권의 변제를 받기 전에 그 점유자가 먼저 그 물건이나 유가증권을 인도하여야 한다면 채권의 추심이 매우 어렵게 된다. 이러한 부당한 결과를 방지하기 위하여 그 채권의 변제를 받을 때까지 그 물건이나 유가증권의 반환을 거절할 수 있게 함으로써 다른 채권자보다 사실상 우선변제를 받게 하는 것이다.

③ 동시이행의 항변권과의 비교

동시이행의 항변권은 채권이기 때문에 채권관계의 당사자에 대하여 상대적 효력을 가질 뿐이지만, 유치권은 물권이기 때문에 절대적·배타적 효력이 있다. 그 밖에 유치권은 불가분성이 있으므로 유치권자는 채권의 전부를 변제받을 때까지 유치물의 전부에 대해서 권리를 행사할 수 있고(제321조), 유치권은 순수한 담보권이기 때문에 상당한 담보를 제공하고 그 소멸을 청구할 수 있다(제327조).

④ 상사유치권과의 비교

상인 간의 상행위로 인한 채권이 변제기에 있는 때에 채권자는 채권의 변제를 받을 때까지 그 채무자에 대한 상행위로 인하여 자기가 점유하고 있는 채무자 소유의 물건·유가증권을 유치할 수 있다(상법 제58조). 민법에 있어서와 같은 엄격한 견련성을 요건으로 하지 않고 다만 채권의 성립과 물건의 점유취득이 당사자 쌍방간의 상행위로부터 생긴 것이면 그것으로 충분하다.

(2) 유치권의 성립

① **목적물**

타인의 물건, 즉 동산·부동산과 유가증권이다. 부동산유치권의 경우에는 등기를 필요로 하지 않고, 유가증권에 대한 유치권의 경우에는 배서를 필요로 하지 않는다. 법률의 규정에 의한 물권변동이기 때문이다. 타인의 범위에 관하여 통설과 판례는 채무자뿐 아니라 제3자도 포함된다고 한다.

② **채권과 목적물과의 견련관계**

채권이 유치권의 '목적물에 관하여 생긴 것'이어야 한다(제320조 제1항). 예를 들면 목적물에 지출한 비용상환청구권, 목적물로부터 받은 손해배상청구권, 매매계약의 취소라는 동일한 법률관계로부터 발생한 대금반환청구권과 목적물반환의무 등에 대해서는 견련성이 인정된다. 한편 통설과 판례는 목적물을 점유하기 전에 그 목적물에 관련되는 채권이 발생하였고, 그 후 어떤 사정으로 그 목적물의 점유를 취득한 경우에도 유치권은 성립한다고 한다.

③ **채권의 변제기도래**

채권이 변제기에 도달하기 전에 유치권은 성립하지 않는다(제320조 제1항). 따라서 채무자가 법원으로부터 기한을 허여받은 경우에 채권자는 유치권을 잃게 된다.

④ **점유의 계속**

점유는 계속되어야 한다. 유치권자가 목적물의 점유를 잃으면 유치권은 당연히 소멸한다(제328조). 이러한 점유에는 공동점유와 간접점유도 포함되지만, 채권자가 채무자의 직접점유에 의해서 간접점유하는 경우는 포함되지 않는다.

⑤ **적법한 점유**

점유는 불법행위로 인하여 취득한 것이 아니어야 한다(제320조 제2항). 또한, 처음에는 권원에 의하여 점유를 개시하였다 하더라도 후에 권원이 소멸한 경우에는 유치권의 성립이 인정되지 않는다. 건물임차인이 임대차계약의 해제·해지 후에도 계속 건물을 점유하고 그 기간 동안에 필요비나 유익비를 지출하더라도 그 상환청구권에 관해서는 유치권이 성립되지 않는다. 점유는 선의·평온·공연·적법이 추정되므로(제197조, 제200조) 점유가 불법행위에 의해서 시작되었다는 것은 목적물의 반환을 청구하는 원고(채무자)가 주장·입증하여야 한다.

⑥ **유치권배제특약의 부존재**

당사자 간에 유치권을 배제하는 특약이 있는 경우에 그 특약은 유효하다. 따라서 유치권이 성립하려면 이러한 특약이 없어야 한다.

(3) 유치권의 효력 16 17 기출

① **유치권자의 유치권**

유치권자는 그의 채권의 변제를 받을 때까지 목적물을 유치할 수 있다(제320조 제1항). '유치'한다는 것은 목적물의 점유를 계속함으로써 그 인도를 거절하는 것을 뜻한다. 유치권은 물권이므로 제3자에 대해서도 대항할 수 있다. 또한, 판례는 목적물인도청구의 소송에 대해서 소송경제의 관점에서 유치권자가 채무의 변제와 상환으로 물건을 인도해야 한다고 한다.

② 유치권자의 경매권

유치권자는 채권의 변제를 받기 위해서 유치물을 경매할 수 있다(제322조 제1항). 목적물의 가치가 적어서 경매에 부치는 것이 부적당한 경우에는 감정인의 평가에 의할 수도 있지만 미리 채무자에게 통지하여야 한다(제322조 제2항). 경매나 간이변제충당을 하고 난 후 채권액을 초과하는 차액은 당연히 채무자에게 반환해야 한다.

③ 유치권자의 우선변제권

유치권자에게는 원칙적으로 우선변제권이 없지만, 채무자가 파산하여 유치권자가 별제권을 가지는 경우나(채무자회생 및 파산에 관한 법률 제411조), 유치권자가 유치물을 간이변제에 충당하는 경우나(제322조 제2항), 유치권자가 유치물로부터 생기는 과실을 수취하여 다른 채권자보다 먼저 채권의 변제에 충당하는 경우(제323조) 예외적으로 우선변제권이 인정된다.

④ 유치권자의 과실수취권

유치권자는 유치물의 과실을 수취하여 다른 채권보다 먼저 그 채권의 변제에 충당할 수 있다(제323조 제1항). 유치권자가 선량한 관리자의 주의를 가지고 유치물을 점유하여야 하므로(제324조 제1항), 그 노무에 대한 보수로서 이러한 수취권을 인정하는 것이 공평할 뿐 아니라, 수취한 과실을 채권의 변제에 충당하여도 채무자의 이익을 해하지 않기 때문이다. 수취한 과실은 먼저 채권의 이자에 충당하고, 나머지가 있으면 원본에 충당하여야 한다(제323조 제2항). 한편 과실이 금전이 아닌 경우에는 이를 경매하여야 한다(제323조 제1항 단서).

⑤ 유치권자의 유치물사용권

유치권자는 채무자(소유자)의 승낙이 있는 경우 유치물의 사용·대여 또는 담보제공을 할 수 있고(제324조 제2항 본문), 승낙을 얻지 않더라도 보존이 필요한 범위 내에서 유치물을 사용할 수 있다(제324조 제2항 단서). 왜냐하면 이러한 사용을 하지 않으면 유치물을 보존할 수 없게 되어 선량한 관리자의 주의(제324조 제1항)에 위배되기 때문이다.

⑥ 유치권자의 비용상환청구권

유치권자가 유치물에 관하여 필요비를 지출한 때에는 소유자에게 그 상환을 청구할 수 있다(제325조 제1항). 또한 유치권자가 유치물에 관하여 유익비를 지출한 때에는 그 가액의 증가가 현존한 경우에 한하여, 소유자의 선택에 좇아 그 지출한 금액이나 증가액의 상환을 청구할 수 있다(제325조 제2항 본문). 그러나 이 경우 법원은 소유자의 청구에 의하여 상당한 상환기간을 허여할 수 있다(제325조 제2항 단서).

⑦ 유치권자의 선관주의의무

㉠ 유치권자는 선량한 관리자의 주의로 유치물을 점유하여야 한다(제324조 제1항). 유치권자가 이 의무를 위반한 때에 채무자는 유치권의 소멸을 청구할 수 있으며(제324조 제3항), 채무자 또는 소유자에게 손해를 입힌 경우에는 채무불이행으로 인한 손해배상책임을 부담해야 한다(제390조).

㉡ 유치권자는 채무자의 승낙 없이 유치물의 사용, 대여 또는 담보제공을 하지 못하지만 유치물의 보존에 필요한 사용은 그러하지 아니하다(제324조 제2항). 유치권자가 이를 위반한 때에는 채무자는 유치권의 소멸을 청구할 수 있다(제324조 제3항).

(4) 유치권의 소멸

① 일반적 소멸사유

유치권도 물권이므로 일반적 소멸사유인 목적물의 멸실·혼동·토지사용 등으로 유치권은 소멸한다. 그러나 유치권은 시효로 인하여 소멸하는 일이 없다. 또한, 유치권은 담보물권이므로 피담보채권이 소멸할 경우 함께 소멸한다. 그런데 채권자가 유치권을 행사하더라도 피담보채권의 소멸시효는 그와 관계없이 계속 진행한다(제326조).

② 특유의 소멸사유

유치권자가 그의 선관주의의무에 위반하는 경우 채무자의 소멸청구로 유치권은 소멸한다(제324조). 또한, 채무자가 상당한 담보를 제공하여 유치권의 소멸을 청구한 경우 유치권자가 승낙하면 유치권은 소멸한다(제327조). 그리고 점유는 유치권의 존속요건이므로 이를 상실하면 유치권도 당연히 소멸한다(제328조).

3 질 권

(1) 총 설

① 의 의

채권자가 그의 채권의 담보로서, 채무자 또는 제3자(물상보증인)로부터 받은 물건 또는 재산권을 채무의 변제가 있을 때까지 유치함으로써, 채무의 변제를 간접적으로 강제하는 동시에, 변제가 없는 때에는 그 목적물로부터 우선적으로 변제를 받는 권리이다(제329조, 제345조).

② 유치권과의 비교

유치권은 법률의 규정에 의하여 발생하는 법정담보물권이지만, 질권은 법정질권을 제외하면 모두 당사자의 의사에 기하여 발생하는 약정담보물권이다. 또한, 유치권에는 우선변제권이 인정되지 않는데 반하여 질권에는 우선변제의 권능이 주어져 있다.

③ 저당권과의 비교

저당권에는 유치적 효력이 없는데 반하여 질권에는 유치적 효력이 주어져 있다. 저당권은 부동산물권을 비롯한 등기·등록이 가능한 입목·선박·자동차·항공기·중기에 대해서 인정되는 담보물권인데 반해서, 질권은 동산과 일정한 재산권에 대해서 인정되는 담보물권이다.

④ 사회적 작용

질권설정자는 담보목적물을 사용·수익할 수 없는 불편이 있으므로, 질권은 기업활동의 신용을 위한 담보방법으로서는 적절하지 않다. 따라서 생산용구가 아닌 동산이 질권의 목적이 되므로 질권은 저당권과 달리 서민금융의 역할만을 수행한다. 신용카드, 할부매매와 같은 새로운 금융기법이 발달되면서 질권은 그러한 신용조차도 확보할 수 없는 자들이 급박한 생활자금을 융통하기 위해 활용하는 금융수단이라 할 수 있다. 하지만 창고증권·화물상환증·선하증권에 대한 질권은 증권의 점유가 상품의 점유를 대신하는 것이 되어 기업금융의 방법으로 기능하고 있음을 알 수 있다.

(2) 동산질권 10 19 23 기출

① 동산질권의 성립

㉠ 질권설정계약

질권자와 질권설정자 간에 체결된다. 질권설정자는 피담보채권의 채무자뿐 아니라 제3자(물상보증인)도 될 수 있다(제329조). '물상보증인'은 타인의 채무를 위하여 자기의 재산 위에 질권을 설정하는 자이다. 물상보증인은 그 담보로 제공하는 동산의 한도에서만 책임을 질 뿐, 자기 일반재산으로는 책임을 지지 않는다는 점에서 보통의 보증인과 다르다.

㉡ 질권자의 질물점유

질권자는 설정자로 하여금 질물의 점유를 하게 하지 못한다(점유개정의 금지 ; 제332조). 따라서 질권설정자는 현실인도, 간이인도, 반환청구권의 양도에 의해서만 점유를 넘겨줄 수 있는 것이다. 이는 공시원칙을 관철하기 위해서이다.

㉢ 양도성이 있는 물건의 입질

질권은 양도할 수 없는 물건(예컨대 국보나 아편)을 목적으로 하지 못한다(제331조). 하지만 양도할 수 있는 물건이라도 정책적 이유로 등기선박·자동차·항공기·중기는 입질될 수 없다. 이러한 물건은 소유자가 스스로 사용·수익하도록 해야 하기 때문이다.

㉣ 피담보채권의 존재

질권에 의하여 담보되는 채권의 종류에는 아무런 제한도 없다. 장래에 발생할 채권(조건부·기한부 채권)을 위한 담보권의 설정도 유효하다. 일정한 계속적인 거래관계로부터 장래 발생케 될 다수의 불특정채권을 담보하기 위해서 설정되는 질권(근질)도 가능하다. 예컨대 은행과 상인 간의 당좌대월계약 등의 여신계약에 있어서 현재 및 장래에 발생할 채권의 최고한도액까지 담보하기 위하여 질권을 설정할 수 있다.

㉤ 법률의 규정

질권은 원칙적으로 당사자 사이의 약정에 의하여 성립하는 약정담보물권이나 예외적으로 법률의 규정에 의하여 당연히 질권이 성립되는 경우가 있다. 토지나 건물 등의 임대인이 갖는 법정질권(제648조, 제650조)이 그것이다. 다시 말해 임대인은 차임 및 임대차에 기하여 갖게 되는 손해배상 채권의 변제를 받기 위해서 임차인 소유의 일정한 동산과 과실을 압류할 수 있다.

② 동산질권의 효력

㉠ 효력이 미치는 목적물의 범위

질권설정자가 질권의 목적물로서 질권자에게 인도한 물건 전부에 그 효력이 미친다. 당연히 종물과 과실에도 효력이 미치며(제100조 제2항, 제323조), 질권자는 질물에서 생기는 천연과실을 수취하여 다른 채권보다 먼저 자기 채권의 변제에 충당할 수 있고(제343조, 제323조), 소유자의 승낙이 있으면 질물을 사용하거나 임대할 수도 있다(제343조, 제324조 제2항). 또한 '질물의 멸실·훼손 또는 공용징수로 인하여 질권설정자가 받을 금전 기타의 물건'에 대해서도 질권자는 질권설정자에 앞서 압류를 할 수 있는 물상대위를 규정하고 있다(제342조).

ⓒ 효력이 미치는 피담보채권의 범위
질권은 원본, 이자, 위약금(제398조 제4항), 질권실행의 비용, 질물보존의 비용 및 채무불이행 또는 질물의 하자로 인한 손해배상의 채권을 담보한다(제334조 본문). 이 범위는 당사자의 특약으로 변경할 수 있다(제334조 단서). 질권자는 이러한 모든 범위의 변제를 받을 때까지 질물 전부에 관하여 질권을 행사할 수 있다.

ⓒ 동산질권자의 유치권
채권자는 피담보채권의 변제를 받을 때까지 질물을 유치할 수 있다(제335조 본문). 질권자는 질물이 경매된 경우에 경락인에 대하여도 목적물의 인도를 거절할 수 있고, 그 밖에도 과실수취권(제323조), 비용상환청구권(제325조) 등을 질권설정자에 대해서 행사할 수 있다. 물론 질권자는 유치에 있어 선관주의의무(제324조)를 다해야 한다. 그리고 질권자는 자기보다 우선권이 있는 채권자(조세채권을 갖는 국가 등)에게 대항할 수 없다(제335조 단서).

ⓔ 동산질권자의 우선변제권
동산질권자는 질물로부터 다른 채권자보다 먼저 자기채권의 우선변제를 받을 수 있다(제329조). 다시 말해 질권자는 채무자가 이행을 지체하면 질물을 경매할 수 있다(제338조 제1항). 잔액이 있는 때에는 질권설정자에게 반환하고, 부족한 때에는 채무명의를 얻어 채무자의 일반재산에 대하여 강제집행을 할 수 있다(제340조 제1항). 다른 채권자가 먼저 환가절차를 밟은 경우 그 대가로부터 실질적으로 우선변제를 받을 수 있다. 질권설정자가 파산한 경우에 질권자는 별제권(채무자회생 및 파산에 관한 법률 제411조)을 가질 수 있다.
비교적 가치가 적거나 공정가격이 있는 동산의 경우 채무자 및 질권설정자에게 통지하고 감정인의 평가에 의하여 질물로 직접 변제에 충당할 것을 법원에 청구할 수 있다(제338조 제2항 본문). 하지만 자기 질권보다 우선권이 있는 자(제333조)에 대해서는 대항할 수 없다.

ⓜ 유질계약의 금지
질권설정자는 채무변제기 전의 계약으로 질권자에게 변제에 갈음하여 질물의 소유권을 취득하게 하거나 법률에 정한 방법에 의하지 않고 질물을 처분할 것을 약정하지 못한다(제339조). 궁박한 상태에 있는 채무자가 폭리행위의 희생이 될 염려 때문이다. 따라서 질권자는 본래의 질권실행방법에 의하여 질물을 처분하고 나머지가 있으면 질권설정자에게 반환하여야 한다. 다만 채무의 변제기 후에 있어서나, 상행위에 의하여 생긴 채권(상법 제59조)을 위해서는 유질계약이 유효하다.

③ 전질(轉質)의 문제
ⓐ 의 의
전질권이란 질권자가 채권의 담보로서 인도받아 유치하고 있던 질권을 이용하여 다시 자신의 제3자에 대한 채무를 위한 질권을 설정하는 권리이다.

ⓑ 책임전질
ⓐ 개 념
질권자는 그 권리의 범위 내에서 자기의 책임으로 질물을 전질할 수 있다(제336조). 이를 '책임전질'이라고 한다.

ⓑ 성립요건

전질권은 원질권의 범위 내이어야 하므로, 전질권의 피담보채권액은 원질권의 피담보채권액을 초과하지 못하며, 전질권의 존속기간은 원질권의 존속기간 내이어야 한다. 초과전질의 경우에 그 초과부분은 채무자에 대한 관계에서 무효이다(제137조). 원질권자가 채무자에게 전질의 사실을 통지하거나 채무자가 승낙하지 않은 이상 원질권자는 전질을 가지고 채무자 측에 대항하지 못한다(제337조 제1항, 제450조).

ⓒ 효 과

원질권자는 불가항력으로 인한 손해라 하더라도 전질을 하지 않았으면 그 손해를 면할 수 있었던 경우에는 책임을 부담한다(제336조 단서). 또한, 원질권자는 전질권자의 이익을 해하는 행위, 즉 원질권을 포기하거나 채무자의 채무를 면제해줄 수 없다(제352조). 반면 전질권자는 자기 채권뿐 아니라 원질권의 피담보채권도 변제기에 도달해야 자기 질권을 실행할 수 있다. 그리고 원질권이 소멸하면 전질권도 소멸하므로 전질권자는 질물을 원채무자에게 반환해야 한다.

ⓒ 승낙전질

위의 경우와 달리 질권자가 채무자(질물소유자)의 승낙을 얻어 그 질물 위에 다시 질권을 성립시킨 것이다(제343조, 제324조 제2항). 승낙질권은 원질권과는 전혀 별개로서 독립적으로 설정되는 것이므로, 원질권의 범위에 의한 제한이 없다. 따라서 원질의 피담보채권이나 존속기간 이상으로 전질을 하여도 유효하다. 또한, 원질권자는 불가항력에 의한 손해배상의무(제336조 단서)를 부담하지 않으며, 전질권자는 원질권이 소멸하였다 하여도 계속 질물을 점유하고 유치할 수 있다.

④ 동산질권의 침해

㉠ 점유보호청구권

동산질권은 질물을 점유할 물권적 권리이므로 동산질권에 대한 침해가 있는 경우에는 점유보호청구권(제204조 이하)에 의하여 보호되고, 동산질권의 침해로 인하여 손해가 발생한 경우에는 손해배상청구권(제750조)이 인정된다.

㉡ 질권설정자의 훼손

질물을 질권설정자가 훼손한 경우에는 기한의 이익이 상실되므로(제388조 제1항), 질권자는 피담보채권의 즉시이행을 청구할 수 있고, 잔존물이 있으면 질권을 실행할 수 있으며, 손해배상을 청구할 수도 있다.

⑤ 동산질권자의 의무

㉠ 보관의무

동산질권자는 목적물을 보관할 의무가 있다. 이에 관해서는 유치권의 규정이 준용되어 질권자는 선량한 관리자의 주의의무로써 질물을 점유하여야 하고(제343조, 제324조 제1항), 설정자의 승낙 없이 질물을 사용·대여하거나 전질 이외의 방법으로 담보에 제공하지 못한다(제343조, 제324조 제2항, 제336조). 질권자가 위와 같은 보관의무에 위반하면 설정자는 질권의 소멸을 청구할 수 있다(제343조, 제324조 제3항). 또한, 이로 인하여 손해가 생긴 때에는 그 배상을 청구할 수 있다(제390조, 제343조).

ⓒ 질물반환의무

질권의 소멸 시에는 질물을 설정자에게 반환하여야 한다. 이 의무는 질권설정계약의 효력으로부터 발생하는 것이다.

⑥ 동산질권의 소멸

물권공통의 소멸사유로서 목적물의 멸실, 몰수, 첨부, 취득시효, 포기, 혼동을 들 수 있고, 담보물권공통의 소멸사유로서 피담보채권의 소멸, 질권의 실행, 질권에 우선하는 다른 채권자의 경매를 들 수 있다. 동산질권에 특유한 소멸사유로서는 질권자의 목적물반환, 질권설정자의 소멸청구(제343조, 제324조)를 들 수 있다.

(3) 권리질권

① 의 의

동산 이외의 재산권(채권·주식·무체재산권)을 목적으로 하는 질권을 말한다(제345조 본문). 유체물뿐만 아니라 환가에 의하여 우선변제를 받을 수 있는 것이면 모두 질권의 목적이 될 수 있으므로 동산 이외의 재산권도 질권의 목적이 된다. 그러나 양도성을 가지는 재산권이라도 부동산의 사용·수익을 목적으로 하는 권리(지상권·전세권·부동산임차권 등)는 질권의 목적으로 할 수 없다(제345조 단서). 그 밖에 광업권·어업권 등에 대해서는 특별법에 의해 질권의 설정을 금하고 저당권의 목적으로 삼는다(광업법 제11조, 수산업법 제16조 제3항). 권리질권의 설정은 법률에 다른 규정이 없으면 그 권리의 양도에 관한 방법에 의하여야 한다(제346조).

② 채권질권

㉠ 목 적

채권은 원칙적으로 양도성을 가지며(제449조) 그 추심·환가에 의하여 피담보채권을 만족시키기에 적합한 재산권이므로, 권리질권에 관한 규정은 모두 채권질에 적용될 수 있다. 다만 공무원 또는 군인의 연금청구권이나 작위 또는 부작위를 목적으로 하는 채권, 특정의 채권자 사이에 결제되어야 할 특별한 사유가 있는 채권, 근로자의 재해보상청구권(근로기준법 제86조)과 부양청구권(제979조), 양도금지의 특약이 있는 채권은 권리질의 목적이 될 수 없다.

㉡ 설정방법

채권을 질권의 목적으로 하는 경우에 채권증서(예금증서·예금통장·보험증권·차용증서 등)가 있으면, 그 증서를 질권자에게 교부하여야 질권설정의 효력이 생긴다(제347조). 다만 무기명채권이나 지시채권과 같은 증권적 채권은 그 증권 자체의 양도를 통해 질권설정이 이루어진다.

㉢ 공시방법

지명채권은 확정일자 있는 증서에 의한 제3자에의 통지나 제3자로부터의 승낙(제349조 제1항), 지시채권은 증서의 배서·교부(제350조, 제508조), 무기명채권은 증서교부(제351조, 제523조), 기명사채는 사채원부에의 기재(상법 제479조), 저당권부채권은 부기등기(제348조)를 하여야 제3자에게 대항할 수 있다.

㉣ 효 력

채권질권자는 교부받은 채권증서 등을 점유하고, 피담보채권의 전부변제를 받을 때까지 이를 유치하며, 채권의 추심권능과 환가권능을 가진다(제355조, 제353조, 제354조). 채권질권자는 입질채권의 실행을 위하여 채권의 직접청구(제353조) 등을 할 수 있다.

③ 주식 위의 질권

주식도 양도성을 가지고 있으므로 입질이 가능하다(상법 제335조 제1항). 주권의 교부로써 성립하지만 등록질의 경우에는 질권자의 성명과 주소를 주주명부에 부기하고 그 성명을 주권에 기재함으로써 성립한다(상법 제340조). 주식의 소각·병합·전환, 준비금의 자본전입 등이 있는 때에, 질권은 이 경우 주주가 받을 금전이나 주식 위에 존재한다(상법 제339조, 제461조 제1항). 무기명주식의 질권자는 우선변제권을 갖지만, 기명주식의 질권자는 등록질의 경우에만 우선변제권을 갖는다.

④ 무체재산권 위의 질권

특허권·실용신안권·디자인권·상표권 등의 무체재산권 위에도 질권을 설정할 수 있다. 다만 상표권 중 업무표장권 등에 대해서는 질권을 설정할 수 없다. 특허권·실용신안권·디자인권은 입질사실을 등록하여야 입질의 효력이 생긴다. 그러나 저작권의 입질은 당사자 사이의 단순한 질권설정계약으로 그 효력이 생긴다. 질권자는 권리자의 동의가 있으면 권리를 행사하여 그 수익을 자기 채권의 우선변제에 충당할 수 있다(제355조, 제348조).

4 저당권 18 20 기출

(1) 총 설

① 의 의

채무자 또는 제3자(물상보증인)가 채무의 담보로 제공한 부동산 기타의 목적물을 채권자가 제공자로부터 인도받지 않고서도 채무의 변제가 없는 경우에 그 목적물로부터 우선변제를 받을 수 있는 담보물권이다(제356조). 저당목적물에 대한 점유 및 사용·수익권이 여전히 소유자에게 있다는 점에서, 교환가치에 대한 배타적 지배를 내용으로 하는 전형적인 가치권의 성격을 띤다.

② 저당권의 특질

㉠ 공시의 원칙

저당권의 존재는 반드시 등기·등록에 의하여 공시하여야 한다. 저당권은 다른 물권과 달리 점유를 수반하지 아니하므로 만일 등기 없이 저당권에 대세적 효력을 인정하게 되면 거래의 안전을 해칠 염려가 있기 때문이다.

㉡ 특정의 원칙

저당권은 특정·현존의 목적물 위에만 성립할 수 있다. 담보물권의 물질적 기초를 확정함으로써 저당권에 의하여 파악되는 가치에 대해서 객관성을 부여함과 동시에 채무자의 전재산 위에 인정되는 일반저당권을 배척하기 위한 것이다.

㉢ 순위확정의 원칙

동일한 목적물 위에 여러 개의 저당권이 존재할 때에는 각 저당권은 확정된 순위를 가지고 있어 서로 침범하지 않는다. 저당권의 순위는 등기의 선후에 의해서 결정되고, 먼저 등기된 저당권은 후에 등기된 저당권에 의해서 그 순위가 내려가지 않는다. 또한, 순위승진의 원칙에 의하여 선순위 저당권이 변제 기타의 사유로 소멸하면 후순위저당권은 그 순위가 올라간다.

(2) 저당권의 성립

① 저당권설정계약

ⓐ 의 의

저당권은 약정담보물권으로서 저당권설정을 목적으로 하는 당사자 간의 물권적 합의와 등기에 의하여 성립한다(제186조). 저당권설정계약은 불요식이며, 조건이나 기한을 붙일 수 있다. 저당권은 채권의 존재를 필요로 하므로 저당권설정계약은 그러한 의미에서 종된 계약이다.

저당권설정자는 피담보채권의 채무자인 것이 보통이지만 제3자라도 무방하며(제356조), 이러한 제3자를 물상보증인이라고 한다. 저당권설정계약은 일종의 처분행위에 해당하므로 저당권설정자는 목적물에 관하여 이를 처분할 권리나 권한을 가지고 있어야 한다.

ⓑ 저당권설정등기

등기사항은 채권액, 채무자의 성명 또는 명칭과 주소 또는 사무소 소재지, 변제기(辨濟期), 이자 및 그 발생기·지급시기, 원본(元本) 또는 이자의 지급장소, 채무불이행(債務不履行)으로 인한 손해배상에 관한 약정 등이다(부동산등기법 제75조). 저당권설정등기의 비용은 특약이 없으면 채무자가 부담하는 것이 거래상 관행이다.

ⓒ 저당권의 목적물

등기·등록 등의 공시방법을 갖출 수 있는 것에 한해, 이를 저당권의 객체로 삼을 수 있다. 부동산, 지상권, 전세권 외에 등기된 선박, 광업권, 어업권, 댐사용권, 공장재단, 광업재단, 자동차, 항공기, 중기, 입목등기가 이루어진 입목 등을 예로 들 수 있다. 단 1필의 토지만이 1개의 저당권의 목적이 될 수 있으므로 여러 필의 토지 집합 위에 1개의 저당권을 설정할 수는 없다.

ⓓ 피담보채권

등기관이 일정한 금액을 목적으로 하지 아니하는 채권을 담보하기 위한 저당권설정의 등기를 할 때에는 그 채권의 평가액을 기록하여야 한다(부동산등기법 제77조). 동일 또는 상이한 여러 개의 채권이 합해져서 피담보채권이 될 수도 있고, 채권의 일부만 따로 떼어 피담보채권으로 할 수도 있다. 저당권은 그 발생 및 소멸에 관하여 피담보채권에 부종한다. 피담보채권은 저당권설정 당시에 확정되어 있어야만 하는 것은 아니고, 장래에 발생할 특정의 채권이라도 가능하다.

② 법정저당권

토지임대인이 변제기를 경과한 최후 2년의 차임채권에 의하여 그 지상에 있는 임차인 소유의 건물을 압류하고 이를 등기한 때에는 법정저당권이 성립한다(제649조).

③ 부동산공사수급인의 저당권설정청구권

부동산공사의 수급인은 그 보수채권을 담보하기 위하여 도급인에 대하여 그 부동산을 목적으로 하는 저당권의 설정을 청구할 수 있다(제666조). 도급인이 수급인의 청구에 응하여 등기를 함으로써 저당권은 성립한다.

(3) 저당권의 효력

① **피담보채권의 범위** 14 기출
  ㉠ 원칙적으로 저당권설정계약에 의하여 정해지는데, 민법은 이에 대한 보충규정으로 '저당권은 원본·이자·위약금·손해배상금 및 실행비용을 담보한다. 그러나 지연배상에 대하여는 원본의 이행기일을 도과한 후의 1년분에 한하여 저당권을 행사할 수 있다'고 규정한다.
  ㉡ 지연배상에 대한 제한은 저당목적물 위에 후순위의 저당권이 설정되거나 저당목적물에 대한 소유권이 양도되는 등 제3자가 이해관계를 가지는 경우가 많으므로 이들이 불측의 손해를 입지 않도록 하기 위한 것이다. 또한, 피담보채권이 조금이라도 남아 있는 한 저당권자는 저당권을 실행할 수 있으며, 설정자는 저당권등기의 말소를 청구하지 못한다.

② **목적물의 범위** 12 기출
  ㉠ 저당권은 궁극적으로 저당목적물을 처분하여 우선변제를 받는 것을 내용으로 하므로 그 목적물의 범위는 목적물의 소유권이 미치는 범위와 대체로 일치한다. 따라서 저당권의 효력은 반대의 특약이 없는 한 저당부동산에 부합된 물건에 미치며, 저당부동산의 종물에도 미친다(제358조 본문).
  ㉡ 종된 권리도 종물에 준하므로, 저당부동산소유자가 갖는 지상권·전세권에도 저당권의 효력은 미친다. 다만 과실에 대해서는 저당권의 효력이 미치지 않으나 예외적으로 저당권자가 저당부동산을 압류한 후에 수취한 천연과실에 대해서는 저당권의 효력이 미친다(제359조 본문). 또한, 저당물의 멸실·훼손 또는 공용징수로 인하여 저당권설정자가 받을 금전 기타 물건에 대하여도 저당권설정자에의 지급 또는 인도 전에 저당권자는 압류를 할 수 있다.

③ **우선변제적 효력**
  ㉠ 채무자가 변제기에 변제하지 않으면 저당권자는 저당목적물을 일정한 절차에 따라 매각·환가하여, 그 대금으로부터 다른 채권자에 우선하여 변제를 받을 수 있다(제356조). 물론 다른 채권자나 후순위저당권자가 강제집행이나 저당권실행을 하더라도 이를 막을 수는 없지만, 그가 가지는 우선순위에 따라 매각대금으로부터 당연히 변제를 받는다.
  ㉡ 저당부동산의 매각대금으로부터 우선변제를 받았으나, 피담보채권이 완전히 변제되지 않은 경우에는, 저당권자의 피담보채권 중 변제받지 못한 잔액채권은 무담보의 채권으로 남는다. 저당권자는 자신의 저당권을 실행함이 없이 먼저 채무자의 일반재산에 대하여 일반채권자로서 집행할 수도 있지만 이때 일반채권자들은 이의를 제기할 수 있다.
  ㉢ 저당권자는 일반채권자에 대해 언제나 우선하지만, 저당권설정등기일보다 먼저 대항요건과 임대차계약증서상의 확정일자를 갖춘 임차인(주택임대차보호법 제3조의2)이나, 경매신청등기 전에 대항요건을 갖춘 임차인의 소액보증금(동법 제8조), 그 저당물에 부과된 국세(예컨대 상속세나 증여세)와 가산금, 기업이 도산하여 근로관계가 소멸하게 된 경우에 최종 3개월분의 임금·퇴직금·재해보상금 그밖에 근로관계로 인한 채권(근로기준법 제38조 제2항, 근로자퇴직급여보장법 제12조, 국세기본법 제35조 제1항 제5호)에 대해서는 우선하지 못한다.

④ **저당권의 실행**
  우선변제를 실행하는 방법으로서 저당권자 자신이 스스로의 발의로 주도권을 취하여 저당물을 환가하고, 그 대가로부터 피담보채권의 변제를 받는 것을 말한다.

⑤ 저당토지 위의 건물에 대한 일괄경매권
민법 제365조는 토지를 목적으로 하는 저당권이 설정된 후, 설정자가 그 토지에 건물을 축조한 때에 저당권자는 토지와 함께 그 건물에 대해서도 경매를 청구할 수 있다고 하여 일괄경매권을 인정하고 있다. 단 일괄경매를 하는 경우에도 저당권의 우선변제적 효력은 건물에 관하여는 미치지 않으므로 저당권자가 우선변제를 받는 범위는 토지의 경매대금에 한정된다(제365조 단서).

⑥ 제3취득자의 지위 **21 기출**
저당권이 설정된 후에 저당목적물을 양도받은 양수인 또는 그 저당부동산 위에 지상권이나 전세권을 취득한 자를 '제3취득자'라고 한다(제364조). 민법은 특히 저당물의 소유권을 취득한 제3자는 경매인이 될 수 있다고 하며(제363조 제2항), 그 밖에도 제3취득자는 변제기도래 후 저당권자에게 그 부동산으로 담보된 채권을 변제하고 저당권의 소멸을 청구할 수 있다고 규정한다(제364조). 제3취득자가 변제할 경우 지연이자는 원본의 이행기일을 경과한 후의 1년분만을 변제하면 된다.

⑦ 저당권의 침해에 대한 구제
저당권자는 침해가 있는 때에는 저당권 자체에 의거하여 침해의 제거 또는 예방을 청구할 수 있다(제370조, 제214조). 무효인 등기에 대해서는 말소를 청구할 수 있고, 저당목적물의 일부에 대해 일반채권자가 강제집행을 할 경우 제3자 이의의 소를 제기할 수 있다. 불법행위가 성립한 때에는 손해배상을 청구할 수 있으며(제750조), 저당권설정자의 책임 있는 사유로 인하여 저당물의 가액이 현저히 감소될 때에는 저당권설정자에 대하여 그 원상회복 또는 상당한 담보제공을 청구할 수 있다(제362조). 그 밖에도 저당권자는 저당권의 침해가 채무자의 책임 있는 사유에 기한 때에는 채무자에 대해 즉시변제를 청구할 수 있고, 저당권도 실행할 수 있다(기한이익의 상실 ; 제388조).

(4) 저당권의 처분 **21 기출**

① 저당권은 그 담보한 채권과 분리하여 타인에게 양도하거나 다른 채권의 담보로 제공하지 못한다(민법 제361조). 즉, 저당권과 피담보채권은 일체로만 처분될 수 있으므로, 채권의 양도에 관해서는 채권양도에 관한 규정(제449조 이하)이 적용되고, 저당권의 양도에 관해서는 그 등기를 하여야 효력이 생긴다(제186조).

② 저당권자는 저당권부 채권을 양도할 때 채무자에게 통지하거나 채무자의 승낙을 받아야 한다(제450조 제1항). 한편 저당권부 채권과 저당권을 입질하려면 권리질권에 관한 규정(제349조)이 적용되고, 저당권의 입질에 관해서는 그 저당권등기에 질권의 부기등기를 하여야 질권의 효력이 저당권에 미친다(제348조).

(5) 저당권의 소멸

저당권은 물권에 공통하는 소멸 원인 및 담보물권에 공통하는 소멸 원인으로 소멸함은 물론 경매, 제3취득자의 변제(제364조) 등에 의해서도 소멸한다. 또한, 저당권으로 담보한 채권이 시효의 완성 기타 사유로 인하여 소멸한 때 저당권도 소멸하는데(제369조), 저당권만이 독립하여 소멸시효에 걸리는 일은 없다. 그리고 제3자가 취득시효로 인하여 저당목적물에 대한 소유권을 취득하면 저당권은 소멸한다.

(6) 공동저당

① 의 의

채권자가 동일한 채권의 담보로서 수개의 부동산 위에 저당권을 설정하는 것을 말한다. 공동저당권자(채권자)는 저당권불가분성의 원칙(제370조, 제321조)에 따라 수개의 저당목적물 중 어느 것으로부터도 자유로이 우선변제를 받을 수 있을 뿐 아니라 어느 하나의 저당목적물이 멸실·훼손 또는 가치의 감소가 있는 경우에는 다른 저당목적물에 의하여 채권의 실현을 확보할 수 있다.

② 등 기

각 부동산에 관하여 저당권설정의 등기를 요한다. 각 저당권의 등기에 있어서는 다른 부동산과 함께 1개의 채권의 공동담보가 되어 있다는 것을 아울러 기재하여야 한다.

③ 동시배당

경매대가를 동시에 배당하는 때에는 각 부동산의 경매대가에 비례하여 그 채권의 분담을 정한다(제368조 제1항).

④ 후순위저당권자의 대위권

공동저당의 어느 일부 부동산만을 경매하여 그 대가를 먼저 배당하는 때에 공동저당권자는 그 대가로부터 채권 전부의 변제를 받을 수 있으나(제368조 제2항 본문), 이 경우에 그 경매된 부동산의 후순위저당권자는 공동저당부동산을 동시에 경매하여 배당하였더라면 공동저당권자가 다른 부동산에서 변제받을 수 있었던 금액의 한도 내에서 공동저당권자에 대위하여 그 저당권을 실행할 수 있다(제368조 제2항 단서). 대위에 의하여 공동저당권자의 저당권은 후순위저당권자에게 이전한다.

⑤ 물상보증인 또는 제3취득자와의 관계

공동저당의 목적물 전부 또는 일부가 채무자 이외의 자(물상보증인 또는 제3취득자)의 소유에 속하는 경우, 그 부동산이 경매되는 경우에 그 소유자였던 물상보증인 또는 제3취득자는 변제자대위의 규정(제481조, 제482조)에 의하여 다른 목적물 위의 공동저당권자를 대위한다.

(7) 근저당 15 기출

① 의 의

계속적인 거래관계로부터 발생·소멸하는 불특정다수의 장래채권을 결산기에 계산한 후 잔존하는 채무를 일정한 한도액의 범위 내에서 담보하는 저당권을 말한다(제357조). 예컨대 당좌대월계약, 어음할인계약, 어음대부계약, 상인 간의 계속적 상품공급계약 등에 기하여 채권액이 증감·변동하다가 결산기에 남아 있는 채권액을 최고액의 범위 내에서 담보하는 저당권이다. 장래의 증감·변동하는 '불특정'의 채권을 담보하는 점에서 보통의 저당권과 다르다.

② 성 립

근저당설정계약에는 담보할 채권의 최고액을 정하고 피담보채권의 범위를 결정하는 기준을 정하여야 한다. 또한 피담보채권으로 될 채권이 발생하는 기초가 되는 계속적 법률관계, 즉 기본계약관계도 명백히 정해져 있어야 한다. 또한 근저당권임을 반드시 등기하여야 하며, 채권의 최고액도 이자를 포함하여 반드시 등기하여야 한다(부동산등기법 제75조 제2항).

③ 포괄근저당

채권자와 채무자 사이에 당좌대월계약이나 어음할인계약과 같은 기초적인 거래관계조차도 특정하지 않고서 채권자가 채무자에 대하여 취득하는 모든 채권을 담보하는 모습의 근저당권이다. 포괄근저당은 주로 일정한 기본계약을 열거하고 그와 관련하여 채무자가 부담하게 될 현재 또는 장래의 모든 채무를 부담하는 형식의 '부가적 포괄근저당'의 형식으로 활용된다. 판례는 보증채무와 같은 계약에 기한 채무뿐 아니라 불법행위나 부당이득에 기한 채무까지도 담보하는 포괄근저당의 유효성을 인정하고 있다.

(8) 재단저당

기업을 구성하는 토지·건물·기계·기구 등 물적 설비와 그 기업에 관한 면허·특허 기타의 특권 등으로써 통일적 재산, 즉 재단을 구성하고 그 재단을 일괄하여 저당권의 목적으로 하는 제도이다. 현재 재단저당에 관한 특별법으로는 공장 및 광업재단 저당법이 있다.

5 비전형담보물권

(1) 총 설

① 의 의

민법이 규정하고 있는 담보물권은 아니지만 실제 거래계에서는 담보적 기능을 수행하고 있는 제도를 가리켜 '비전형담보'라고 하며, 이러한 것으로서 판례와 학설이 인정하고 있는 담보방법으로는 가등기담보·양도담보·소유권유보가 있다. 이것들 중에서 가등기담보에 관해서는 1983년에 특별법이 제정되었다. 비전형담보에는 담보권설정에 있어서 담보목적을 넘는 법형식, 즉 권리이전에 의한 담보가 이용되고 있으며, 절차상으로도 법정된 담보권의 실행절차에 반드시 의존하지 않고 사적 실행이 가능하다.

② 활용되는 이유

비전형담보가 출현하게 된 이유로는 무엇보다도 현행 경매제도에 대한 불만이 커다란 부분을 차지할 것이다. 예를 들어 사채업자는 경매를 통하지 않고 사적으로 목적물을 처분하여 간편하고 신속하게 자기채권의 변제에 충당하려고 하는 것이다. 또한, 비전형담보를 통해 채권자는 채권액에 대한 초과분까지 취득하게 되므로 큰 이득을 얻게 된다. 따라서 채권자들은 비전형담보를 선호하는 것이다.

③ 방 식

환매(제590조)나 재매매의 예약에 의한 방식, 소비대차에 의하면서 목적물의 소유권을 채권자에게 이전하고 채무자가 채무를 이행한 때 이전등기의 말소등기를 청구하는 방식, 장래 채무불이행이 있을 때 비로소 목적물의 소유권을 채무자에게 이전하는 방식 등이 있다.

④ 규 제

비전형담보를 효과적으로 규제하기 위하여 특별히 제정된 법률이 "가등기담보 등에 관한 법률"이다. 이 법은 소비대차와 관련하여 대물변제의 예약과 결부된 담보계약 및 그 담보의 목적으로 경료된 가등기 또는 소유권이전등기에 관해서 적용된다. 따라서 양도담보·매도담보·환매·재매매예약 등 명칭 여하를 불문하고 그 실질이 채권담보를 목적으로 한 경우에는 동법이 적용된다.

(2) 가등기담보권

① 의 의

채권, 특히 금전채권을 담보할 목적으로, 채권자와 채무자(또는 제3자) 사이에서 채무자(또는 제3자) 소유의 부동산을 목적물로 하는 대물변제예약 또는 매매예약 등을 하고 동시에 채무자의 채무불이행이 있는 경우에 채권자가 그의 예약완결권을 행사함으로써 발생하게 될 장래의 소유권이전등기청구권을 보전하기 위한 가등기를 하는 담보형식에 있어서의 권리를 말한다.

② 목적물

이러한 담보방법을 할 수 있는 물건은 주로 부동산이지만, 동산 중에서 선박·자동차·항공기·중기 등과 같이 등기 또는 등록과 같은 공시방법을 갖춘 동산도 그 대상이 될 수 있다.

③ 유 형

대물변제예약이나 매매예약 또는 매매계약과 결합되기도 하고, 청산절차로서는 채권자가 본등기로써 목적물의 소유권을 취득하는 귀속청산형과 채권자가 목적물을 제3자에게 처분하여 그 환가액으로부터 변제를 받는 처분청산형이 있다.

④ 설 정

가등기담보계약과 가등기를 함으로써 설정된다. 가등기담보계약은 채무불이행 시 일정한 권리를 채권자에게 이전한다는 내용의 계약이어야 한다.

⑤ 이 전

가등기담보권자는 변제기가 도래하기 전에 투하자금을 회수하기 위하여 가등기담보권을 피담보채권과 함께 양도할 수 있다. 이때 양도인은 양수인과의 물권적 합의와 함께 기존의 가등기에 권리이전의 부기등기를 하여야 하며, 피담보채권을 양도함에는 채무자에게 통지하거나 채무자의 승낙을 받아야(확정일자 있는 증서로) 대항요건을 갖추게 된다(제450조 제1항).

⑥ 임차권자와의 관계

설정자가 목적물을 제3자에게 임대한 경우, 그 임차인이 대항력 있는 임차권을 취득했을 때에는 비록 그것이 담보가등기가 설정된 후에 취득된 것이라 하더라도, 가등기담보권자는 청산금의 범위 내에서 보증금을 임차인에게 반환하고 난 뒤에야 그로부터 목적물을 인도받을 수 있다(가등기담보 등에 관한 법률 제5조 제5항).

⑦ 실 행

실행통지 → 청산 → 소유권취득의 단계를 거치게 되며, 가등기담보권자는 실행통지가 채무자 등에게 도달한 날로부터 2개월(청산기간)이 지나기까지 채무자의 변제가 없는 경우에 한해 청산에 들어갈 수 있다(가등기담보 등에 관한 법률 제3조 제1항). 가등기담보권자는 실행통지 당시의 담보목적부동산의 가액에서 그 시점의 피담보채권액을 뺀 금액(청산금)을 채무자 등에게 지급하고, 가등기에 기한 본등기청구 및 목적물인도청구를 할 수 있다(동법 제4조). 가등기담보권자는 권리취득에 따른 실행을 하지 않고 담보목적부동산의 경매를 청구해서 그의 권리를 실행할 수 있고(동법 제12조 제1항 전단), 목적물에 대한 제3자(후순위담보권자 등)의 경매가 있을 시 그 배당에 참가하여 우선변제를 받을 수도 있다.

⑧ 채무자 등의 말소청구권

채무자 등은 청산금채권을 변제받을 때까지 그 채무액을 채권자에게 지급하고, 그 채권담보의 목적으로 마친 소유권이전등기의 말소를 청구할 수 있다(가등기담보 등에 관한 법률 제11조 본문). 다만 채무의 변제기로부터 10년이 지나거나 선의의 제3자가 소유권을 취득한 경우에는 말소를 청구할 수 없다(동법 제11조 단서).

(3) 양도담보권

① 의 의

채권담보의 목적으로 물건의 소유권(또는 기타의 재산권)을 채권자에게 이전하고, 채무자가 이행하지 아니한 경우에는 채권자가 그 목적물로부터 우선변제를 받게 되지만, 채무자가 이행한 경우에는 목적물을 다시 원소유자에게 반환하는 방법에 의한 비전형담보권이다.

② 방 식

환매나 재매매의 예약에 의한 방식이 있고, 소비대차에 의하면서 소유권을 이전하는 방식이라도 청산의무가 인정되는 방식과 잔여가치반환의무 없이 목적물에 대한 완전한 소유권을 담보권자가 취득하는 방식이 있다. 그러나 이러한 유저당화한 양도담보에 대해서 판례는 민법 제607조, 제608조에 의해서 무효이므로 청산절차를 밟아야 한다고 판시하고 있다.

③ 법리구성

양도담보에 의하여 채권자는 진정한 의미의 소유권을 취득하는 것이 아니라 소유권은 여전히 채무자에게 있고 다만 양도담보권이라는 제한물권을 취득하는 데 불과하다. 가등기담보법이 시행된 후 판례도 이러한 입장을 취하고 있다. 따라서 양도담보권자가 변제기 전에 목적물을 제3자에게 처분한 경우, 그 제3자가 선의가 아닌 한 채무자 등은 양도담보권자의 처분행위의 무효를 주장하여 양수인명의의 소유권이전등기의 말소를 청구하거나, 양도담보권자의 처분행위의 무효를 주장하지 않고 양수인이 취득한 권리는 양도담보권에 지나지 않는다는 것을 원용·주장하여 채권액을 제공하고 목적부동산을 회수할 수 있다.

④ 설 정

양도담보권은 양도담보계약과 그 목적물의 권리이전에 필요한 공시방법을 갖춤으로써 성립한다. 동산인 때에는 인도가 있어야 하며, 인도의 방법에는 점유개정도 포함된다. 부동산인 때에는 매매를 원인으로 한 소유권이전등기를 해야 한다(등기실무상으로 양도담보계약을 등기원인으로 기재할 수도 있다).

⑤ 일반채권자의 압류

양도담보권자의 일반채권자가 행한 담보목적물의 압류는 마치 피담보채권과 함께 양도담보권을 압류한 것과 같은 관계가 된다고 할 것이므로, 피담보채권의 변제기가 도래한 후에 설정자는 압류채권자에게 변제해서 양도담보권을 소멸시킨 다음에 제3자 이의의 소를 제기할 수 있다. 또한, 양도담보설정자의 일반채권자가 담보목적물을 압류했을 경우에도 양도담보권자는 제3자 이의의 소를 제기할 수 있다는 것이 판례의 입장이다.

⑥ 양도담보권자의 파산·회사정리

담보설정자는 양도담보권자가 파산하더라도 소유권자로서 피담보채권을 변제하고 목적물을 환취할 수 있다. 회사정리절차가 개시된 경우에도 마찬가지이다.

⑦ 양도담보설정자의 파산·회사정리

목적물을 점유하고 있는 설정자가 파산한 경우에 양도담보권자는 파산재단에 대하여 환취권을 갖지 못하고 별제권을 가질 뿐이다. 회사정리절차가 개시된 경우에도 양도담보권자는 그 목적물을 환취할 수 없다.

⑧ 제3자에 의한 침해

담보물권설에 의하면 제3자가 불법으로 점유하거나 불법한 침해를 하고 있는 경우에 양도담보권자와 설정자는 모두 제3자에 대한 반환청구와 방해배제청구권을 갖는다. 또한, 목적물이 멸실·훼손된 경우 양도담보권자는 저당권침해에 준해서 불법행위에 기한 손해배상을 청구할 수 있고, 양도담보권설정자는 소유권침해의 불법행위책임을 물을 수 있다.

(4) 소유권유보부매매

① 의 의

할부매매에 있어서 매도인이 매매목적물을 매수인에게 인도하되 자신의 대금채권의 확보를 위해 매매대금이 모두 지급될 때까지 소유권을 유보하고 그 완급이 있으면 소유권이 자동적으로 매수인에게 이전되는 것을 약정하는 매매의 유형을 말한다. 예컨대 자동차를 구입하면서 그 대금을 12개월로 분할 지급하기로 하고 대금완불 시까지 그 소유권을 자동차대리점에 유보하기로 약정한 후 자동차를 인도받은 경우이다.

② 성 립

매도인과 매수인 간의 소유권유보에 관한 특약이 있어야 성립한다. 이러한 소유권유보의 특약은 매매목적물의 인도가 완료될 때까지 이루어져야 한다.

③ 대내적 효력

보통 매수인이 목적물을 점유하여 이용하고 그 과실을 수취한다. 그 대신 매수인은 정기적으로 약정된 할부금을 지체 없이 지급하여야 한다. 매매의 목적물이 매수인의 점유하에서 멸실·훼손된 경우에 그 멸실·훼손이 당사자 쌍방의 책임 없는 사유에 기인한 경우 그 위험은 매수인이 부담한다. 따라서 매수인은 나머지 할부금도 지급하여야 할 것이다. 또한, 목적물에 관하여 지출되는 공조공과, 부품의 교체·보충 및 수선에 따른 비용도 매수인이 부담한다.

④ 대외적 효력

매수인은 대금을 완급하기까지 목적물을 제3자에게 처분할 수 없다. 따라서 매수인의 처분행위는 원칙적으로 무효가 되고, 제3자는 선의취득의 요건을 갖추지 않는 한 완전한 소유권을 취득할 수가 없다. 또한, 매수인의 일반채권자가 목적물에 대해 강제집행하려고 할 때 매도인은 그 집행에 대하여 제3자 이의의 소를 제기할 수 있고, 매수인이 파산한 경우에 매도인은 목적물의 환취권을 갖는다.

⑤ 실 행

매수인이 할부금 지급을 지체한 경우 매도인은 매수인에게 목적물의 반환을 청구할 수 있고, 그 대신 이미 지급받은 대금액으로부터 위약손해금을 공제한 잔액을 청산금으로 매수인에게 돌려주어야 한다. 매도인이 청산금을 제공하지 않는 동안 매수인은 잔대금을 지급하고 목적물의 완전한 소유권을 취득할 수 있다.

⑥ 가공에 관한 특약

타인의 동산에 가공한 때에 그 물건의 소유권은 원재료의 소유자에게 귀속되지만, 가공으로 인한 가액의 증가가 원재료의 가액보다 현저히 다액인 때에는 가공자의 소유가 된다. 따라서 목적물에 대한 소유권이 비록 매도인에게 있다고 하더라도, 매수인의 가공에 의하여 그 가액이 현저히 증가된 경우에는 그 목적물은 매수인의 소유가 된다(제259조 제1항 단서). 이러한 현상을 막기 위하여 당사자들은 '매수인이 매매목적물을 가공하는 경우에 이는 매도인을 위한 것으로 본다'고 하는 가공에 관한 특약을 할 수 있다.

제2과목 민법

CHAPTER 02 적중예상문제

01 다음은 물권적 청구권에 관한 내용이다. 이 중 타당하지 않은 것은?

① 물권적 청구권은 그 목적물을 타인에게 양도한 경우에도 여전히 전주(前主)에게 존속한다.
② 물권적 청구권만의 포기는 인정되지 않는다.
③ 물권적 청구권은 채권적 청구권보다 우선한다.
④ 소유권에 기한 물권적 청구권은 소멸시효에 걸리지 않는다고 하는 견해가 통설이다.
⑤ 간접점유자에 대해서도 물권적 청구권을 행사할 수 있다.

해설
물권적 청구권은 물권에 의존하는 권리이므로 물권이 이전되며 따라 이전되고, 소멸하면 함께 소멸한다. 물권과 따로 물권적 청구권만을 독립하여 양도하는 것은 불가능하다.

02 다음 기술 중 틀린 것은?

① 물권은 법률이나 관습법상의 종류 외에는 인정되지 않는다.
② 담보물권은 채권의 현존을 반드시 필요로 하지는 않는다.
③ 부동산에는 질권이 성립하지 않는다.
④ 수개의 물건에 한 개의 물권을 성립시킬 수 있다.
⑤ 동산에는 저당권이 성립할 여지가 없다.

해설
⑤ 민법상 동산에는 저당권이 성립할 수 없는 것이 원칙적이지만, 공장 및 광업재단 저당법에 의하여 그 구성분자인 동산 위에 저당권이 성립하는 수가 있으며, 자동차・항공기・건설기계 따위도 동산이지만 저당권의 객체가 되고 있다.
① 민법 제185조
② 채권이 현존하지 않더라도 장래에 성립하게 될 경우에는 그러한 장래의 채권을 담보하기 위하여 담보물권의 설정이 인정된다(동법 제357조).
③ 민법은 제329조와 제345조에서 동산질권과 권리질권만 인정한다.
④ 일물일권주의의 예외로서 재단저당이 대표적이며, 사회적 필요와 실익이 있고, 공시방법이 있는 경우에 인정된다.

정답 01 ① 02 ⑤

03 물권변동에 관한 설명으로 옳지 않은 것은? (다툼이 있으면 판례에 따름)

① 물권변동에 관하여 원인행위인 채권계약이 적법하게 취소되더라도 물권행위의 무인성으로 인하여 물권변동의 효력은 상실되지 않는다.
② 우리 민법은 동산물권 변동에 대해 공시의 원칙뿐만 아니라 공신의 원칙도 인정하고 있다.
③ 부동산 공유자가 공유지분을 포기하는 경우에 등기를 하여야 공유지분 포기에 따른 물권변동의 효력이 발생한다.
④ 甲이 신축한 미등기건물을 乙에게 매도하고 乙이 자신의 명의로 그 건물의 보존등기를 마친 경우, 乙은 그 건물의 소유권을 취득한다.
⑤ 부동산에 대한 점유취득시효가 완성되더라도 점유자는 등기함으로써 그 부동산의 소유권을 취득한다.

> **해설**
> ① 판례는 물권행위의 무인성을 인정하지 않는다(대판 1977.5.24., 75다1394).

04 다음 물권의 소멸에 관한 내용 중 타당하지 않은 것은?

① 부동산 물권의 포기는 등기해야 효력이 생긴다.
② 점유권은 성질상 또는 법률상 혼동으로 소멸하지 않는다.
③ 물건이 멸실하면 물권은 절대적으로 소멸한다.
④ 동일 토지 위에 甲은 선순위저당권을, 乙은 후순위저당권을 갖는 경우, 甲이 토지소유권을 취득하면 甲의 저당권은 혼동으로 소멸하지 않는다.
⑤ 혼동은 물권과 채권에 공통되는 소멸 원인이다.

> **해설**
> 목적물이 멸실되면 물권도 소멸하나 저당권의 목적물이 멸실된 경우에는 물상대위가 인정되어 목적물의 가치변형물(화재보험금 등)에 저당권의 효력이 미친다.

05 다음 점유자의 비용상환청구권에 관한 기술 중 틀린 것은?

① 점유자가 점유물에 지출한 필요비의 상환청구에 대하여 점유물의 과실을 취득한 경우에는 통상의 필요비는 청구할 수 없다.
② 점유자가 점유물에 지출한 사치비 상환청구는 인정되지 않는다.
③ 점유자가 유익비 상환청구를 함에 있어서는 점유자의 선택에 좇아 그 지출금액이나 증가액의 상환을 청구할 수 있다.
④ 악의의 점유자도 점유물을 반환할 때에 회복자에 대하여 점유물을 보존하기 위하여 지출한 필요비의 상환을 청구할 수 있다.
⑤ 유익비에 관하여 유치권을 행사할 수 있으나 법원으로부터 상환유예기간이 허여되면 유치권이 성립되지 않는다.

해설
③ 점유자의 선택이 아니라 '회복자'의 선택에 좇아 그 지출금액이나 증가액의 상환을 청구할 수 있다.

06 점유권에 관한 설명으로 옳지 않은 것은? (다툼이 있으면 판례에 따름)

① 국가나 지방자치단체가 부동산을 점유하는 경우에는 자주점유가 추정되지 않는다.
② 선의의 점유자라도 본권에 관한 소에 패소한 때에는 그 소가 제기된 때부터 악의의 점유자로 본다.
③ 전(前)점유자의 점유를 아울러 주장하는 경우에는 그 하자도 계승한다.
④ 점유자가 점유물에 대하여 행사하는 권리는 적법하게 보유한 것으로 추정한다.
⑤ 타인의 물건을 관리하기 위하여 한 점유는 점유권원의 성질상 타주점유이다.

해설
지방자치단체가 그 잘못된 지적에 따라 토지를 소유자로서 점유한 경우 자주점유가 인정된다(대판 2009.11.26., 2009다50421).

07 다음은 점유권의 공동소유에 관한 내용이다. 타당하지 않은 것은?

① 제3자가 공유물의 점유를 침탈하였을 때에는 공유자의 1인은 단독으로 전부의 반환을 청구할 수 있다.
② 공유물에 대하여 제3자의 침해가 있을 때에는 각 공유자는 단독으로 공유물 전부에 대하여 방해의 배제를 청구할 수 없다.
③ 분할은 지분의 교환 또는 매매의 실질을 가지는 것이므로 분할의 효과는 소급하지 않는다.
④ 각 공유자는 5년 내에 한하여 공유물의 분할금지특약을 할 수 있다.
⑤ 건물을 구분소유하는 경우의 공용부분, 경계선상의 경계표에 관하여는 분할이 인정되지 않는다.

해설
② 보존행위로 보아 공유자 각자가 단독으로 할 수 있다.

08 민법상 상린관계에 관한 설명으로 옳지 않은 것은?

① 흐르는 물이 저지에서 폐색된 때에는 고지소유자는 자비로 소통에 필요한 공사를 할 수 있다.
② 토지소유자는 처마물이 이웃에 직접 낙하하지 아니하도록 적당한 시설을 하여야 한다.
③ 경계에 설치된 경계표, 담, 구거 등은 상린자의 공유로 간주한다.
④ 인접지의 수목뿌리가 경계를 넘은 때에는 임의로 제거할 수 있다.
⑤ 건물을 축조함에는 특별한 관습이 없으면 경계로부터 반미터 이상의 거리를 두어야 한다.

해설
경계에 설치된 경계표, 담, 구거 등은 상린자의 공유로 추정한다(민법 제239조 전단).

09 민법상 공동소유에 관한 설명으로 옳지 않은 것은? (다툼이 있으면 판례에 따름)

① 공유물 분할의 방법에 관하여 협의가 성립되지 아니한 때에는 공유자는 법원에 그 분할을 청구할 수 있다.
② 물건이 지분에 의하여 수인의 소유로 된 때에는 공유로 한다.
③ 합유는 조합체의 해산 또는 합유물의 양도로 인하여 종료한다.
④ 공유지분의 포기는 그 의사표시가 다른 공유자에게 도달하면 곧바로 그에 따른 물권변동의 효력이 발생한다.
⑤ 총유물에 관한 사원의 권리의무는 사원의 지위를 취득상실함으로써 취득상실된다.

해설
공유지분 포기의 의사표시가 다른 공유자에게 도달하더라도 이로써 곧바로 공유지분 포기에 따른 물권변동의 효력이 발생하는 것은 아니다(대판 2016.10.27., 2015다52978).

10 선의취득에 관한 설명으로 옳지 않은 것은? (다툼이 있으면 판례에 따름)

① 부동산은 선의취득의 대상이 되지 않는다.
② 점유개정에 의한 점유취득은 선의취득을 위한 양수인의 점유요건을 충족시킨다.
③ 양수인의 선·무과실을 판단하는 기준시점은 물권행위가 완성되는 때이다.
④ 무권리자와의 거래행위가 취소된 경우에는 선의취득이 인정되지 않는다.
⑤ 선의취득자는 임의로 선의취득의 효과를 거부할 수 없다.

해설
② 점유개정은 불명확하므로 이에 대해서는 선의취득이 인정될 수 없다.

11 다음은 등기부취득시효에 관한 설명이다. 옳지 않은 것은?

① 취득시효의 객체는 타인의 물건이어야 할 필요는 없으며, 자기 물건에 대한 시효취득도 인정한다.
② 선의·무과실을 그 요건으로 하는데, 그 선의·무과실은 점유개시 시에 있으면 족하고 그 후에는 악의로 되어도 무방하다.
③ 취득시효로 인한 권리의 취득은 원시취득이므로, 전주의 권리에 존재하였던 모든 제한은 시효취득과 동시에 소멸한다.
④ 취득시효로 인한 권리취득의 효력은 점유를 개시한 때에 소급하므로 시효기간 중에 시효취득자가 목적물로부터 수취한 과실을 정당한 소유자로서 취득한 것으로 본다.
⑤ 점유자는 소유자는 아니지만 소유자로 등기되어 있어야 하는데, 이 경우 소유자로 등기된 기간과 점유기간이 때를 같이하여 다같이 10년이어야 한다는 것이 판례의 입장이다.

> **해설**
> 종래의 판례는 등기된 기간과 점유기간이 때를 같이하여 다같이 10년이어야 한다는 입장을 취해왔으나, 최근에 와서 그 태도를 변경하였다. "즉, 등기부취득시효에 관한 민법 제245조 제2항의 규정에 따라 소유권을 취득하는 자는 10년간 반드시 그의 명의로 등기되어 있어야 하는 것은 아니고 앞 사람의 등기까지 아울러 그 기간동안 부동산의 소유자로 등기되어 있으면 된다고 할 것이다."라고 판시하였다(대판 1989.12.26., 87다카2176 전합).

12 다음은 합유(合有)에 관한 내용이다. 틀린 것은?

① 합유자의 권리는 합유물에 대한 지분에만 미친다.
② 합유지분은 독립된 권리로서의 성질을 갖지 않는다.
③ 부동산의 합유자가 사망한 경우에는 그 상속인이 합유자로서의 지위를 당연 승계하지 못한다.
④ 합유물의 보존행위는 각자 단독으로 할 수 있다.
⑤ 합유물에 대한 지분을 처분하자면 합유자 전원의 동의를 얻어야 한다.

> **해설**
> ② 합유자의 권리, 즉 지분은 합유물 전부에 미친다.

13 다음 부합에 관한 기술 중 틀린 것은?

① 부합한 동산의 주종을 구별할 수 있는 때에는 주된 동산의 소유자가 합성물의 소유권을 취득한다.
② 부합한 동산의 소유자는 부합한 동산의 소유권을 취득한 부동산소유자에게 부당이득에 관한 규정에 의하여 보상을 청구할 수 있다.
③ 지상권자가 물건을 부합시킨 경우에는 부동산소유자가 그 부합된 물건의 소유권을 취득한다.
④ 부동산에 부합되는 물건은 동산에 한한다고 보는 것이 통설이다.
⑤ 판례는 정당한 권원 없이 타인의 토지를 경작하였더라도 그 경작한 농작물이 성숙하여 독립한 물권으로서의 존재를 갖추었다면 그 소유권은 경작자에게 있다고 본다.

> **해설**
> 민법 제256조 단서의 규정에 의하면 타인의 권원에 의하여 부속된 것은 그러하지 아니하다.

정답 11 ⑤ 12 ① 13 ③

14 다음 점유권에 관한 설명 중 틀린 것은?

① 점유권은 있으나 점유할 권리가 없는 경우는 있어도, 점유할 권리는 있으나 점유권이 없는 경우는 없다.
② 선의의 점유와 악의의 점유의 구별은 점유일반에 관해서 인정되는 것이 아니고 본권이 따르지 않는 점유에 관해서만 인정된다.
③ 점유에 관하여 사용되는 하자란 악의·과실·강폭·불계속 등 완전한 점유로서의 효과의 발생을 방해하는 모든 사정을 가리킨다.
④ 우리 민법에 있어서는 점유와 소지를 구분할 수 없다.
⑤ 권원의 성질상 자주점유인지 타주점유인지 판단할 수 없는 경우에는 자주점유로 추정한다.

> **해설**
> ① 점유할 권리는 가지고 있으나 점유권이 없는 경우도 있다(예 도난당한 피해자).

15 다음 소유권에 관한 기술 중 옳지 않은 것은?

① 소유권은 법률의 범위 안에서 소유물을 사용·수익·처분할 수 있는 물권의 일종이다.
② 무주의 부동산은 국유로 한다.
③ 근대법의 초기에는 소유권은 절대불가침인 것으로 생각되었으나, 오늘날에 와서는 소유권의 사회성 내지 공공성에 의하여 일정한 제한을 받게 되었다.
④ 소유권의 제한은 불가능하다.
⑤ 소유권의 제한으로 인하여 입게 되는 소유권의 손실을 보상하여야 하는데, 이 경우의 보상은 공익과 관계자의 이익을 정당하게 형량하여 법률로 정한다.

> **해설**
> ④ 소유권은 신의성실·권리남용·공공복리에 의해 제한될 수 있다.

16 다음 법정지상권에 관한 설명 중 틀린 것은?

① 저당권설정 당사자가 미리 법정지상권을 성립시키지 않겠다는 특약을 체결한 경우에도 법정지상권은 성립한다.
② 동일한 소유자에게 속하는 토지·건물에 대하여 저당권이 설정된 후, 저당권 실행까지 토지·건물이 각각 따로 양도되고 소유자가 달리된 경우에 법정지상권이 성립한다.
③ 토지에 대한 저당권 설정 당시에 존재하였던 건물이 멸실하였는데 저당권 실행 때까지 재건축된 경우에 법정지상권은 성립한다.
④ 乙이 공유하는 토지 위에 甲 소유의 건물이 있는 경우, 甲이 그 건물에 저당권을 설정하였다. 저당권의 실행으로서 경매에 의해 건물과 토지의 소유자를 달리하기에 이르렀다면 법정지상권이 성립한다.
⑤ 甲과 乙이 공유하는 토지 위에 甲 소유의 건물이 있는 경우, 甲이 그 토지의 공유지분에 저당권을 설정하였다. 저당권이 실행되고 건물과 토지의 소유자가 다르게 된 경우에 법정지상권은 성립한다.

> **해설**
> 이론적으로 甲은 자기의 토지지분권에 대한 관계에서는 법정지상권을 취득하고, 乙의 종전의 약정이용권은 존속하지만 전체에 대해 법정지상권을 인정하는 것은 乙에게 불리하기 때문에 성립하지 않는다.

17 지상권에 관한 설명으로 옳지 않은 것은? (다툼이 있으면 판례에 따름)

① 지상권이 소멸한 경우에 건물이 현존한 때에는 지상권자는 계약의 갱신을 청구할 수 있다.
② 지상권자는 지상권을 타인에게 양도할 수 있으나 토지소유자의 의사에 반하여 양도할 수는 없다.
③ 지상권자는 타인에게 그 권리의 존속기간 내에서 그 토지를 임대할 수 있다.
④ 지상권에 있어서 지료에 관한 유상 약정이 없는 경우 지료의 지급을 구할 수 없다.
⑤ 지료의 약정이 있음에도 지상권자가 2년 이상의 지료를 지급하지 아니한 때에는 지상권설정자는 지상권의 소멸을 청구할 수 있다.

> **해설**
> 지상권자는 타인에게 그 권리를 양도하거나 그 권리의 존속기간 내에서 그 토지를 임대할 수 있다(민법 제282조).

정답 16 ⑤ 17 ②

18 다음 구분지상권에 관한 기술 중 틀린 것은?
① 구분지상권에 의해 소유할 수 있는 목적물은 건물 기타의 공작물 및 수목이다.
② 구분지상권도 지상권이므로 등기해야 성립한다.
③ 구분지상권설정 당시에 제3자가 당해 토지를 사용·수익할 권리를 가지는 경우에 그 권리자 및 그 권리를 목적으로 하는 권리를 가진 자 전원의 승낙이 있어야 한다.
④ 구분지상권의 행사를 위하여 토지소유자의 토지사용을 제한하는 내용의 특약을 할 수 있다.
⑤ 구분지상권의 설정목적도 등기사항에 속한다.

해설
① 수목은 구분지상권의 목적으로 할 수 없다.

19 다음은 지역권에 관한 내용이다. 이 중 타당하지 않은 것은?
① 계속되고 표현된 지역권에 한하여 취득시효에 의한 취득이 인정된다.
② 지역권은 요역지의 종된 권리이다.
③ 지역권의 수반성은 설정행위로 배제할 수 있다.
④ 지역권은 요역지와 분리하여 지역권만을 양도하거나 다른 권리의 목적으로 하지 못한다.
⑤ 지역권은 소유권 이외의 권리의 목적이 될 수 없다.

해설
⑤ 지역권은 요역지에 대한 소유권 이외의 권리의 목적이 된다(민법 제292조 제1항).

20 다음 지역권에 관한 기술 중 타당하지 않은 것은?
① 요역지가 공유로 되어 있는 경우에는 소멸시효는 전 공유자에 관하여 완성한 때에만 효력이 있다.
② 요역지를 공유하고 있을 때 공유자 1인이 그 토지의 지역권의 소멸시효를 중단시키면, 소멸시효는 전 공유자를 위하여 완성하지 않는다.
③ 지역권을 행사하지 않더라도 지역권만이 시효로 인하여 소멸하지 않는 것은 지역권의 부종성에 비추어 당연하다.
④ 점유로 인한 지역권 취득시효의 중단은 요역지가 공유일 때에는 그 지역권을 행사하는 공유자 중의 1인에 대한 사유만으로는 그 효력이 없다.
⑤ 승역지 소유자는 공작물의 설치 또는 수선의무의 부담을 면하기 위하여 승역지부분을 위기(委棄)할 수 있다. 이 경우에 지역권은 혼동으로 소멸한다.

해설
③ 지역권은 20년의 소멸시효에 걸린다.

21 다음 지역권에 관한 설명 중 옳지 않은 것은?

① 甲지의 전부에 대하여 乙지를 위한 지역권이 설정되어 있는 경우 乙지의 소유자는 乙지와 분리하여 지역권만을 제3자에게 양도할 수 없다.
② 甲지의 전부에 대하여 乙지를 위한 지역권이 설정되어 있는 경우 乙지가 공유지인 때 공유자의 1인은 그 지분에 대한 지역권을 소멸시킬 수 없다.
③ 위의 경우 甲지가 공유지인 경우 그것이 분할되었을 때 분할 후의 각 토지에 대하여 지역권이 존속한다.
④ 요역지의 지상권자는 지역권을 행사할 수 없다.
⑤ 요역지의 공유자의 1인이 지역권을 행사하지 않는 경우에는 그 자에 대하여만 시효에 의하여 지역권이 소멸할 수 없다.

해설
요역지의 지상권자도 지역권의 취득을 제3자에게 주장할 수 있다(민법 제292조 참조).

22 다음 중 지역권에 관하여 옳은 것은?

① 승역지를 제3자가 불법 점거하고 있는 경우 지역권자는 그 자에 대하여 자기에게 그 토지의 인도를 청구할 수 있다.
② 지역권자는 특약이 있는 경우에는 요역지와는 별도로 지역권만을 양도할 수 있다.
③ 통행을 목적으로 하는 지역권이 이미 설정되어 있는 토지에 관하여 다시 조망을 위해서 공작물을 축조하지 않을 것을 목적으로 하는 지역권을 설정할 수 있다.
④ 승역지의 지상권자는 지역권을 행사할 수 없다.
⑤ 요역지가 수인의 공유에 속하는 경우에 공유자 1인에 관하여 지역권 소멸시효의 중단사유가 발생한 경우에도 다른 공유자에게는 시효중단의 효력이 발생하지 않는다.

해설
③ 지역권은 지상권이나 전세권과는 달리 법률에 의해 토지사용 목적이 한정되어 있지 않으며, 토지를 배타적으로 점유하는 것이 아니다. 또한, 통행지역권과 조망지역권의 내용이 성질상 서로 배제하지 않기 때문에 ③은 타당하다.
① 지역권에 기한 물권적 반환청구권은 인정되지 않는다.
② 민법 제292조 제2항에 반한다.
④ 지역권은 요역지와 승역지의 두 개의 토지 사이의 관계이므로, 지상권자·전세권자·임차권자 등도 지역권의 설정이 가능하다.
⑤ 민법 제296조에 반한다.

23 다음 전세권과 지역권의 차이에 관한 기술 중 틀린 것은?

① 지역권과 전세권은 타인의 부동산을 목적으로 한다.
② 전세권자는 3종의 물권적 청구권을 가지나 지역권자는 방해제거·예방청구권만 가지고 반환청구권은 가지지 않는다.
③ 지역권의 승역지 소유자는 원칙상 인용 또는 부작위 의무를 부담하나 지역권자가 설치한 공작물을 함께 사용할 수 있는데 전세권자는 전세물을 전면적·배타적으로 사용·수익한다.
④ 지역권은 그 대가지급의무가 필수요건은 아니나 전세금의 지급은 필수요건이다.
⑤ 지역권은 상린관계의 규정이 없으나 전세권은 제319조에 규정되어 있다.

해설
① 지역권은 타인의 토지만을 목적으로 한다.

24 다음 전세권에 관한 기술 중 옳지 않은 것은?

① 전세권설정자는 전세권자의 목적부동산의 사용·수익을 방해하여서는 아니 되는 소극적인 인용의무를 부담한다.
② 전세권의 양도·임대 등을 설정행위로 금할 수 있다.
③ 전세권은 목적부동산을 점유할 권리를 포함하므로, 설정자가 목적부동산을 인도하는 것은 전세권의 성립요건이다.
④ 전세권은 전세권설정의 물권적 합의와 등기 그리고 전세금의 수수가 있어야 성립한다.
⑤ 전세권이 저당권의 목적이 된 때에는 저당권자의 동의 없이 전세권을 포기할 수 없다.

해설
전세권설정의 성립요건은 ④이며, 목적부동산의 인도는 전세권설정행위의 성립요건이 아니다.

25 다음 전세권소멸에 관한 기술 중 옳지 않은 것은?

① 전세권자가 설정계약 또는 목적부동산의 성질에 의하여 정하여진 용법으로 이를 사용·수익하지 않는 경우에는 전세권설정자는 전세권의 소멸을 청구할 수 있다.
② 전세권설정자가 부속물건의 매수를 청구하는 때에 전세권자는 어떠한 이유로도 이를 거절할 수 없다.
③ 전세권의 포기는 물권적 단독행위이므로, 이에 의한 전세권의 소멸은 포기의 의사표시와 등기로써 그 효력을 발생하게 된다.
④ 전세권자는 전세권이 소멸한 때에는 원상회복의무 및 부속물수거권이 있다.
⑤ 전세권소멸 후 전세금과 전세물의 반환은 동시이행의 관계에 있다.

해설
전세권자는 정당한 이유가 있으면 부속물건의 매수·청구를 거절할 수 있다.

26 다음 전세권에 관한 기술 중 타당하지 않은 것은?

① 전세권자가 그 지출한 유익비의 상환을 청구할 수 있다.
② 전세권자가 전세권을 타인에게 양도하려고 할 때에는 전세권설정자의 동의를 얻어야 한다.
③ 전세권의 존속기간은 10년을 넘지 못한다.
④ 전세권자가 설정자에게 지급하는 전세금은 설정자에게 전세권이 소멸하면 반환받을 약정하에 지급하는 금전을 말한다.
⑤ 전세권자는 목적물의 현상을 유지하고 그 통상의 관리에 속한 수선을 하여야 한다.

> 해설
> 전세권은 물권이므로 전세권자는 처분의 자유가 있으며 민법도 이를 규정하고 있다. 즉, 전세권자는 그의 전세권을 양도하거나 담보로 제공할 수 있고 또한, 그 존속기간 내에서 그 목적물을 타인에게 전전세 또는 임대할 수 있다(민법 제306조).

27 다음은 물권인 전세권과 채권적 전세권에 관한 차이를 기술하고 있다. 옳지 않은 것은?

① 사용대가를 요소로 하는 점에서 양자는 동일하다.
② 물권인 전세권은 10년을 넘지 못하지만 채권적 전세권은 20년을 넘지 못한다.
③ 물권인 전세권은 양도·임대·전전세를 할 수 있으나 채권적 전세권은 임대인의 동의 없이 양도·전대를 할 수 없다.
④ 물권인 전세권과 채권적 전세권은 같이 부속물에 대한 매수청구권이 있다.
⑤ 물권인 전세권과 채권적 전세권은 모두 경매권을 가진다.

> 해설
> 전세권자는 경매청구권을 가지나, 채권적 전세권은 채권이므로 목적물에 대해 바로 경매권을 실행할 수 있는 것이 아니라 보증금반환청구소송 등의 방법을 통해 확정판결을 받아야 강제경매를 신청할 수 있다.

28 다음은 전세권의 소멸에 관한 내용이다. 이 중 타당한 것은?

① 전세목적물의 일부가 불가항력으로 멸실하더라도 전세권에는 변동이 없다.
② 전세권설정자가 부속물 매수를 청구하는 경우에는 전세권자는 어떠한 이유로도 거절하지 못한다.
③ 전세권자나 임차인의 파산이 전세권·임차권의 공통 소멸사유가 된다.
④ 전세물의 일부멸실의 경우에 잔존부분으로 전세권의 목적을 달성할 수 없는 때에는 전세권 전부의 소멸을 통고할 수 있다.
⑤ ④의 경우 전세권은 일정한 기간 경과로 소멸한다.

> 해설
> ① 그 멸실된 부분의 전세권이 소멸한다(민법 제314조 제1항).
> ② 정당한 이유가 없는 경우에 한하여 거절할 수 없다.
> ③ 전세권자의 파산은 전세권소멸사유와 무관하다.
> ⑤ 즉시 소멸한다.

정답 26 ② 27 ⑤ 28 ④

29 다음 전전세에 관한 기술 중 틀린 것은?

① 전전세권에도 물권적 합의와 등기가 있어야 한다.
② 전전세권의 존속기간은 원전세권의 존속기간 내이어야 한다.
③ 전전세금의 지급은 전전세권 성립의 요소이다.
④ 원전세권의 소멸은 전전세권의 소멸 원인이 된다.
⑤ 전전세권자는 경매청구권이 없다.

해설
전전세권자도 일정한 요건하에 경매청구권이 인정된다.

30 다음 전세권의 존속기간에 관한 기술 중 맞는 것은?

① 전세권 존속기간의 등기가 없으면 존속기간의 약정이 없는 것으로 다루어진다.
② 전세권 소멸통고를 한 후에 상대방이 소멸통고를 받은 날 즉시 전세권은 소멸한다.
③ 모든 전세권은 존속기간을 1년 미만으로 정한 때에는 이를 1년으로 한다.
④ 모든 전세권은 법정갱신이 가능하다.
⑤ 전세권은 지상권과 마찬가지로 계약갱신청구권이 인정된다.

해설
② 상대방이 통고를 받은 날로부터 6월이 경과하면 소멸된다.
③·④ 건물전세권에 한한다.
⑤ 전세권자에게 계약갱신청구권이 인정되지 않는다.

31 다음 기술 중 틀린 것은?

① 목적부동산이 전세권자에게 책임 있는 사유이든 불가항력에 의하든 전부 멸실하게 되면 전세권은 소멸한다.
② 전세권자에게 책임 있는 사유로 목적부동산이 멸실하게 되면 손해배상책임이 있다.
③ 전세권은 자유로이 포기할 수 있으나 전세권이 제3자의 권리의 목적이 되어 있는 경우에는 제3자의 동의 없이 포기하지 못한다.
④ 전세권설정 당사자가 전세권처분금지특약을 맺는 경우에는 이를 등기하여야만 제3자에게 대항할 수 있다.
⑤ 전세금증액에 대해서 법적 제한이 없다.

해설
전세금은 증액의 경우에 약정한 전세금의 20분의 1을 초과하지 못하고, 또 전세권설정 계약이 있는 날 또는 약정한 전세금의 증액이 있는 날로부터 1년 이내에는 증액을 하지 못한다.

32 다음 유치권에 관한 기술 중 타당하지 않은 것은?

① 유치권자가 유치물에 관하여 유익비를 지출한 때에는 그 가액의 증가가 현존한 경우에 한하여 소유자의 선택에 좇아 그 지출한 금액이나 증가액의 상환을 청구할 수 있다.
② 부동산의 불법점유자는 그 부동산에 관해 필요비를 지출해도 이에 대한 유치권이 없다.
③ 민법은 일정한 요건하에 유치물로써 직접 채권의 변제에 충당할 수 있는 간이변제충당을 인정하고 있다.
④ 유치권자는 그보다 먼저 설정된 질권자가 유치물의 반환을 요구할 때에는 피담보채권의 변제가 없더라도 반환에 응해야 한다.
⑤ 유치권자는 유치물의 과실을 수취하여 다른 채권자보다 먼저 그 채권의 변제에 충당할 수 있다.

해설
유치권은 우선변제적 효력은 없지만 누구에게나 대항할 수 있으므로 ④는 틀린 내용이다.

33 다음은 유치권의 소멸에 관한 내용이다. 이 중 가장 옳은 것은?

① 유치권의 행사는 채권의 소멸시효의 진행을 중단한다.
② 채무자는 상당한 담보를 제공하고 유치권의 소멸을 청구하면 유치권이 즉시 소멸한다.
③ 유치권자가 소유자의 승낙 없이 목적물을 임대하면 그것만으로 곧 유치권은 소멸한다.
④ 유치권자의 의무위반으로 인한 유치권소멸청구권은 형성권이므로 소유자의 유치권자에 대한 일방적 의사표시에 의하여 유치권소멸의 효과가 생긴다.
⑤ 유치권은 점유를 잃더라도 채권변제가 있을 때까지 존속한다.

해설
① 유치권행사와 채권행사는 별개의 문제이다.
② 채무자는 상당한 담보를 제공하고 유치권의 소멸을 청구할 수 있다(민법 제327조).
③ 유치권소멸청구권을 행사하여야 소멸한다.
⑤ 유치권은 점유를 잃으면 소멸한다.

정답 32 ④ 33 ④

34 다음 저당권에 관한 기술 중 맞는 것은?

① 저당권자는 언제나 채권자이나 저당권설정자는 언제나 채무자인 것은 아니다.
② 저당권설정계약은 금전소비대차계약과 반드시 동시에 성립해야 한다.
③ 채권자가 각각 다른 수개의 채권을 1개의 저당권으로도 담보할 수 없다.
④ 부동산 공사 수급인이 보수채권을 담보하기 위하여 저당권설정청구권을 행사하면 당연히 저당권이 성립한다.
⑤ 저당권의 실행방법은 경매에 한한다.

해설
② 반드시 동시에 성립하여야 하는 것은 아니다.
③ 가능하다.
④ 도급인이 등기신청에 협력할 의무를 부담할 뿐이다.
⑤ 유저당계약에 의한 실행방법도 있다.

35 다음은 저당권의 효력에 관한 내용이다. 이 중 틀린 것은?

① 저당권자는 경매권의 실행을 위하여 저당부동산의 제3취득자에게 통지하여야 한다.
② 저당목적물의 제3취득자는 채무자의 의사에 반하여서도 저당권자에게 채권을 변제하고 저당권 소멸청구를 할 수 있다.
③ 저당물의 침해로 잔존가격이 그대로 채무를 완제할 수 있는 경우에도 교환가치가 현저히 감소되면 물권적 청구권이 성립한다.
④ 저당권의 목적물을 제3자가 침해하였을 때에는 저당권에 기인한 물권적 청구권과 손해배상청구권으로 구제된다.
⑤ 저당권 침해 시 담보물보충청구권을 행사한 경우에는 즉시 변제청구권 및 손해배상청구권을 행사할 수 없다.

해설
① 통지의무가 없다.

36 다음 기술 중 틀린 것은?

① 근저당으로 담보되는 채권최고액에 근저당의 실행비용은 포함되지 않는다.
② 근저당 부동산에 대한 다른 채권자의 경매가 있을 때에는 우선변제받을 수 있는 채권액은 경매개시 결정이 있을 때를 기준으로 확정된다.
③ 피담보채권이 입질(入質)되는 경우에는 저당권도 그의 피담보채권과 함께 질권의 목적이 된다.
④ 공동저당의 순차집행의 경우에 있어서의 후순위저당권자는 공동저당권자에 대립하여 그 저당권을 실행할 수 있다.
⑤ 목적물의 침해로 저당권자가 채권의 완전한 만족을 얻을 수 있는 경우에도 손해배상청구권이 발생한다.

> **해설**
> 저당목적물의 침해가 있더라도 완전히 채권의 만족을 얻는다면 손해는 없는 것이 되어 불법행위가 성립되지 않는다.

37 다음 근저당에 관한 기술 중 옳지 않은 것은?

① 근저당은 결산기 이후에는 보통의 저당권으로 된다.
② 근저당에 있어서는 채권이 확정되지 않아도 저당권은 실행할 수 있다.
③ 근저당의 존속기간은 당사자의 합의에 의해서 연장이 가능하지만 이로써 이미 성립한 후순위저당권자에 대항하지 못한다.
④ 피담보채권이 이전되면 근저당권도 이에 따른다.
⑤ 근저당의 존속기간의 등기가 없으면 근저당의 기초가 되는 계약관계에 의한 결산기의 도래 시에 있어서의 채권총액을 담보하게 된다.

> **해설**
> 장래 확정될 채권을 담보하기 위한 근저당은 채권이 확정되어야 저당권을 실행할 수 있다.

38 저당권의 처분 및 소멸에 관한 내용이다. 타당하지 않은 것은?

① 민법은 저당권의 처분에 있어서 부종성을 완화시키고 있다.
② 저당권의 양도는 채권의 양도를 수반하므로 저당권이전등기가 필요할 뿐만 아니라, 채권양도의 요건이 필요하다.
③ 저당권은 독자적으로 소멸시효에 걸리지 않는다.
④ 피담보채권이 소멸하면 저당권도 당연 소멸한다.
⑤ 전세권을 목적으로 저당권을 설정한 자는 저당권의 동의 없이 전세권을 소멸하게 하는 행위를 하지 못한다.

> **해설**
> 근저당권은 저당권의 성립·존속·소멸에 있어서 부종성이 완화된 제도로서 존재한다. 그러나 저당권은 피담보채권과 분리하여 타인에게 양도하거나 다른 채권의 담보로 하지 못하기 때문에 처분에 있어서의 부종성은 완화되지 않는다.

정답 36 ⑤ 37 ② 38 ①

39 질권에 관한 설명으로 옳지 않은 것은? (다툼이 있으면 판례에 따름)

① 동산질권은 양도할 수 없는 물건을 목적으로 하지 못한다.
② 동산질권의 질권자는 채권의 변제를 받기 위하여 질물을 경매할 수 있다.
③ 동산질권의 질권자는 설정자로 하여금 질물의 점유를 하게 하지 못한다.
④ 채권을 질권의 목적으로 하는 경우에 채권증서가 있는 때에는 질권의 설정은 그 증서를 질권자에게 교부함으로써 그 효력이 생긴다.
⑤ 질권의 목적인 채권의 양도행위는 민법 제352조 소정의 질권자의 이익을 해하는 변경에 해당하므로 질권자의 동의를 요한다.

해설
질권의 목적인 채권의 양도행위는 민법 제352조 소정의 질권자의 이익을 해하는 변경에 해당되지 않으므로 질권자의 동의를 요하지 아니한다(대판 2005.12.22., 2003다55059).

40 다음 담보물권의 특징 중 잘못된 것은?

① 피담보채권이 불성립하면 담보물권도 불성립한다.
② 담보물권의 목적물이 어떤 이유로 교환가치를 현실화한 때에는 담보물권은 그 위에 미치게 된다.
③ 피담보채권의 일부가 변제되면 그 목적물의 일부도 담보물권의 구속에서 벗어난다.
④ 담보물권은 원칙적으로 자기물건에는 성립될 수 없다.
⑤ 피담보채권이 이전하면 담보물권도 이전한다.

해설
③ 담보물권의 불가분성이란 담보물권자는 피담보채권의 전부의 변제를 받을 때까지 목적물의 전부에 대하여 그 권리를 행사할 수 있다는 원칙이다.

담보물권
담보물권은 물권으로서의 배타성과 우선적 효력을 갖추고 있으며, 공시의 원칙이 적용된다는 점에서는 다른 물건과 동일하나 담보물권으로서 가지는 특수한 성질로는 부종성(①), 수반성(⑤), 물상대위성(②), 불가분성이 있다.

41 물권에 관한 설명으로 옳지 않은 것은?

① 저당권으로 담보한 채권이 시효의 완성 기타 사유로 인하여 소멸한 때에도 저당권은 소멸하지 않는다.
② 전세권자는 목적물의 현상을 유지하고 그 통상의 관리에 속한 수선을 하여야 한다.
③ 동산에 관한 물권을 양도하는 경우에 당사자의 계약으로 양도인이 그 동산의 점유를 계속하는 때에는 양수인이 인도받은 것으로 본다.
④ 유치권자는 채권전부의 변제를 받을 때까지 유치물 전부에 대하여 그 권리를 행사할 수 있다.
⑤ 부동산에 관한 법률행위로 인한 물권의 득실변경은 등기하여야 그 효력이 생긴다.

해설
저당권으로 담보한 채권이 시효의 완성 기타 사유로 인하여 소멸한 때에는 저당권도 소멸한다(민법 제369조).

42 다음 담보물권의 성질에 관한 기술 중 틀린 것은?

① 담보물권의 불가분성은 담보물권의 절대적인 성질은 아니다.
② 피담보채권의 일부가 변제되면 그 목적물의 일부도 담보물권의 구속에서 벗어난다.
③ 목적물이 공유자 사이에 분할된 경우에도 담보권은 분할된 각 부분 위에 효력이 미친다.
④ 약정담보물권에 부종성이 다소 완화된다.
⑤ 현행 민법이 인정하는 담보물권에는 수익적 효력이 없다.

해설
담보물권자는 피담보채권의 변제를 받을 때까지 피담보채권의 효력은 목적물의 전부 위에 미친다.

43 다음 가등기담보에 관한 기술 중 틀린 것은?

① 가등기담보권은 양도성을 가진다.
② 가등기담보권은 피담보채권과 분리하여 양도하지 못한다.
③ 양도담보권자가 변제기 전에 매각하면 악의의 매수인도 유효한 소유권을 취득한다.
④ 가등기담보권의 설정자는 채무자 이외의 제3자도 가능하다.
⑤ 가등기담보권에도 물상대위성을 인정할 수 있다.

해설
선의의 매수인에 한하여 유효한 소유권을 취득한다.

정답 41 ① 42 ② 43 ③

CHAPTER 03 계약총칙

> **출제 포인트**
>
> 채권각론의 계약총칙 부분은 계약의 의의에서 작용, 계약자유의 원칙, 종류, 성립 및 효력과 계약의 해제·해지까지 계약(청약과 승낙)에 대해서 전반적인 이론을 다룬 부분이다. 계약은 서로 대립하는 두 개의 의사표시의 합치이므로 계약의 성립과 효력 및 계약의 종료인 해제·해지 부분은 좀 더 세심한 필독이 있어야 할 것이다.

제1절 계약의 의의 및 적용

1 의 의

(1) 의사의 합치

계약이란 당사자 사이에 일정한 목적을 위한 반대되는 방향의 의사의 합치라고 말할 수 있다.

(2) 채권계약

채권계약은 채권관계를 발생시키는 것을 목적으로 하는 채권자와 채무자 사이의 합의를 말한다. 이것을 협의의 계약이라고 한다.

① 계약에는 반드시 서로 대립하는 의사표시를 하는 당사자가 있어야 한다. 그 실제의 의사표시는 본인 외에 대리인에 의할 수도 있다. 이 두 개의 의사표시 중에 먼저 표시되는 의사가 청약이고, 이에 대답하는 의사표시가 승낙이다. 따라서 계약은 청약과 승낙의 합치로 이루어지는 법률행위인 것이다.

② 계약은 서로 대립하는 두 개의 의사표시의 합치이므로, 하나의 의사표시인 단독행위와 다르고, 두 개 이상의 의사표시라도 같은 방향의 의사표시인 합동행위와 다르다. 그리고 채권계약은 채권관계를 발생시키는 계약이므로 물권계약이나 가족법상의 신분계약과 다르다.

2 계약의 사회적 작용

근대사회에서의 계약의 작용은 모든 시민생활의 핵심이 되었으며, 자본주의 자유경제와 문화의 발달을 촉진시키는 원동력이 되었다. 그런데 자본주의의 발달은 급기야는 자본과 기업이 집중되고, 시장을 독점(獨占)하는 등의 현상으로 경제적 불평등은 심화되고, 계약의 자유는 형식화에 이르게 되어, 그 규제와 정형화로 계약의 자유는 많은 제한을 받기에 이르렀다. 그러나 계약은 앞으로도 사회생활관계를 형성하는 데 여전히 중요한 역할을 해나갈 것이다.

제2절 자유의 제한

1 계약 자유의 원칙

(1) 의 의
근대민법의 3대원칙은 소유권절대(所有權絕對)의 원칙, 과실책임(過失責任)의 원칙, 사적자치(私的自治)의 원칙이다. 그런데 이 중에서 사적자치의 원칙은 개인의 사법관계를 각자의 자유의사에 의하여 결정하는 것을 원칙으로 한다는 표현으로서 그 핵심은 계약 자유의 원칙이라고 할 수 있다. 이 사적자치의 원칙은 또 계약을 비롯한 단독행위, 합동행위의 자유까지를 포함하여 법률행위 자유의 원칙이라고도 하게 된다.

(2) 계약 자유의 원칙의 내용
① **계약체결의 자유** : 당사자가 어떠한 계약을 체결할 것인가, 말 것인가를 스스로 결정할 자유를 말한다. 따라서 청약의 자유와 승낙의 자유를 의미한다고 할 수 있다.
② **상대방선택의 자유** : 계약을 누구를 상대방으로 하여 체결할 것인가를 결정하는 자유이다.
③ **계약내용결정의 자유** : 계약을 체결한다면 그 계약의 내용을 무엇으로 할 것인가를 계약당사자가 마음대로 결정한다는 것이다. 따라서 이미 성립한 계약의 내용을 보충하거나 변경하는 것까지도 포함한다.
④ **계약방식의 자유** : 계약을 구두로 체결할 것인가 계약서를 쓸 것인가, 아니면 공정증서(公正證書)로 할 것인가를 결정하는 자유를 말한다.

2 계약 자유의 원칙에 대한 제한

(1) 계약체결의 자유에 대한 제한
① **공법상의 제한**
  ㉠ 독점기업의 계약체결의무에 의한 제한이 있다. 즉, 국민 모두의 일상생활에 필수적인 우편·통신·운송사업자, 수도·전기·가스 등의 공급자들은 공익적 차원에서 정당한 이유없이 이들의 급부제공에 관한 계약체결을 거절하지 못한다. 이를 어기면 관계법령에 의한 공법적 제재를 받게 됨은 물론이고, 사법적으로도 불법행위에 의한 손해배상의 책임을 지게 된다.
  ㉡ 공공적·공익적 직무담당자의 계약체결의무에 의한 제한으로서는 공증인, 집행관 등의 공공적 직무, 의사, 한의사, 치과의사, 약사 등의 공익적 직무에 관하여는 정당한 이유 없이 직무의 집행을 거절할 수 없다. 이를 어기면 법령에 따른 제재, 손해배상청구를 받을 수 있다.
  ㉢ 전쟁이나 경제적 위기 등에는 생활필수품인 식량, 의류, 전쟁물자 등의 자유거래를 제한하고, 일정한 수량, 가격에 대한 강력한 통제를 한다. 우리나라에서는 물가안정에 관한 법률, 농수산물유통 및 가격안정에 관한 법률 등이 경제통제를 하는 법들이다(통제경제에 따른 계약체결의 강제).

② 사법상의 제한

사법상으로는 일정한 사항의 경우에는 일정한 자의 청약을 거절하지 못하게 하는 경우가 있다. 즉, 지상권설정자가 지상물의 매수를 청구한 때(제285조 제2항), 전세권자·전세권설정자가 부속물의 매수를 청구한 때(제316조 제1항) 등에는 상대방은 승낙이 있었던 것이 되어 버린다.

(2) 계약내용 결정의 자유에 대한 제한
① 강행법규에 의한 제한
강행법규에 어긋나는 법률행위는 그 효력이 인정되지 않는다(제103조).
② 사회질서에 의한 제한
선량한 풍속 기타 사회질서에 위반하는 사항을 내용으로 하는 계약은 무효이다(제103조). 특히 현대 사회에서는 공공복리를 실현하는데 어긋나는 계약은 제한을 받게 된다.
③ 규제된 계약에 의한 제한
전쟁·경제 위기 등에 있어 경제통제법(經濟統制法)에 의하여 당사자가 지정된 물건에 관하여 계약을 체결하려면 반드시 그 법규가 정하는 내용을 맺어야 하는 경우에, 이를 규제된 계약이라고 한다. 이때에는 그 규제에 의하여 계약내용은 제한을 받게 된다.

(3) 계약상대방 선택의 자유에 대한 제한
계약상대방 선택의 자유에 대한 제한은 대체로 계약체결의 자유에 대한 제한의 내용과 같다. 즉, 공공적·공익적 직무를 수행하는 자는 청약이 있으면 정당한 사유가 없는 한 누구와도 계약을 체결하여야 하는 제한을 받는다.

(4) 계약방식의 자유에 대한 제한
① 계약방식을 일정한 경우에 요구하는 것은 계약으로 인한 법률관계의 정확을 꾀하고 이를 증거하기 위함과 계약당사자로 하여금 계약체결을 신중하게 하려는 이유에서이다.
② 민법상의 방식제한으로는 법인설립 사항에 관한 내용을 정관으로 작성하게 하고, 또 유언의 경우에 5가지 방식에 맞게 하여야 한다(제1065조 이하 참조).
③ 기타의 법령들에 의한 제한은 부동산소유권의 이전등기를 신청할 때에 계약서에 소재지 시장·구청장·군수 등의 검인을 받게 하고(부동산등기특별조치법 제3조), 건설공사 도급계약의 경우에 서면으로 명시하게 하고 있는 것(건설산업기본법 제22조) 등이 있다.

(5) 국가의 허가·신고 등에 의한 제한
① 외국인 등이 부동산 등을 취득하는 계약을 체결하였을 때는 계약체결일부터 60일 이내에 시장·군수·구청장(신고관청)에 신고하여야 한다(부동산 거래신고 등에 관한 법률 제8조 제1항).
② 군사시설 보호구역, 문화재 보호구역, 생태·경관 보전구역, 야생생물 특별보호구역 등의 토지를 취득하려면 계약체결 전에 시장, 군수, 구청장의 허가를 받아야 한다(부동산 거래신고 등에 관한 법률 제9조 제1항).
③ 학교법인의 기본재산 처분 등에는 관할청의 허가를 얻어야 한다.
④ 농지를 취득하려는 자는 소재지 관서의 농지취득자격증명 등을 받아야 한다.

제3절 계약과 약관

① 약 관

(1) 의 의

① 약관이란 동일한 계약을 반복하여 체결하여야 하는 경우에 그 번잡함을 피하기 위하여 미리 일방적으로 작성한 정형적인 계약내용을 말한다(약관의 규제에 관한 법률 제2조 제1호). 우리는 약관의 규제에 관한 법률에 의해 부당한 약관을 규제하고 있다. 그런데 약관과 서식은 구별되어야 한다. 서식은 거래의 형식 즉, 견본에 불과하다. 따라서 서식은 거래의 내용이 아니다.

② 약관의 작용은 거래 때마다 동일한 내용의 계약서를 작성하는 번거로움을 피하고, 신속·확실하게 거래하기 위하여 만들어진 방법이다. 그러나 이 약관은 개별적 계약체결 때마다 약관의 일부를 삭제하거나 수정하여 계약할 수 있다. 그런데 보험계약, 전기·수도·가스 등의 공급계약, 철도·버스·항공기 운송계약, 은행거래계약, 우편·전신·전화의 이용계약 등은 개별적 수정보다는 그 약관 내용대로 계약을 체결할 것인지를 선택해야 하는 경우도 많다. 이렇게 약관의 내용대로 계약을 체결하게 되는 계약을 부합계약(附合契約) 또는 부종계약(附從契約)이라고 한다.

② 약관의 구속성

(1) 약관의 구속력에 관한 학설

약관은 한쪽의 당사자가 일방적으로 장래에 계약의 내용이 될 사안들을 미리 작성한 것이므로 원칙적으로는 상대방을 구속하지 못한다. 그러면 약관이 계약내용으로서 상대방을 구속하려면 어떤 방법이 필요하고, 그로 인한 구속력의 근거를 어떻게 설명할 수 있는가 살펴보자.

> **대판 1998.9.8., 97다53663**
> 약관이 계약당사자 사이에 구속력을 갖는 것은 그 자체가 법규범이거나 또는 법규범적 성질을 가지기 때문이 아니라 당사자가 그 약관의 규정을 계약내용에 포함시키기로 합의하였기 때문이므로 계약당사자가 명시적으로 약관의 규정과 다른 내용의 약정을 하였다면, 약관의 규정을 이유로 그 약정의 효력을 부인할 수는 없다.

[약관에 관한 학설]

학 설	내 용
자치법설	약관을 기업 등이 자주적으로 제정하는 법규라고 보는 설이다.
상관습설	약관이 존재하는 경우에는 그 약관에 의하여 계약이 체결된다는 관습이 있기 때문이라는 설이다.
계약설	계약당사자 사이에 합의(合意)가 있기 때문에 약관(約款)은 계약내용을 구성하게 되고, 그에 따라 구속력을 갖게 된다는 설이다. 이 설이 합리적인 설로 인정되고 있다(대판 1989.11.14., 88다카29177).

(2) 약관의 규제에 관한 법률의 해석

① 약관을 계약내용으로 하려는 자는 계약 상대방에게 그 약관의 내용을 계약의 종류에 따라 일반적으로 예상되는 방법으로 명시하고, 상대방의 요구가 있으면 그 약관의 사본을 교부하고, 중요한 내용을 상대방에게 설명하여야 한다(동법 제3조 제2항). 따라서 우리의 입법은 계약설에 의하고 있다고 할 수 있다.

② 예외적으로 법률의 규정에 의하여 행정관청의 인가를 받은 약관 중 약관의 규제에 관한 법률 시행령은 여객운송업, 우편업, 전기·가스·수도사업·공중전화 서비스 제공 통신업의 경우에는 그 약관의 설명의무를 면제하고 있다. 이러한 경우에는 법률상의 수권(授權)으로 약관은 구속력을 가진다고 하게 될 것이다. 여객자동차운수사업법, 항공사업법, 전기사업법, 수도법, 전기통신사업법, 도시가스사업법 등이 근거 법률들이다.

③ 약관의 해석과 규제 11 기출

(1) 약관의 해석

① 약관은 상대방에 따라 다르게 해석하여서는 안 된다. 정형계약(定型契約)이기 때문이다.
② 약관의 내용이 불명확한 것은 상대방에게 유리하게 해석하여야 한다. 그 불명확의 불이익은 작성자가 부담하여야 합리적이기 때문이다.
③ 약관의 내용과는 다른 당사자의 합의가 있으면 그 합의내용이 우선하여 적용되어야 한다.

(2) 무효인 약관조항

약관의 규제에 관한 법률은 일정한 약관조항을 무효라고 하며 그 조항을 불공정약관조항이라고 한다(동법 제6조~제14조 참조).

① 신의성실의 원칙에 위반하는 상대방에게 불리한 기습조항(奇襲條項) 등은 공정을 잃은 것으로 추정된다(동법 제6조).
② 상대방에게 무거운 책임을 지우거나, 권익을 배제·박탈하는 조항, 상대방에게 부당하게 제소금지하는 조항 등이다.
③ 약관의 전부 또는 일부가 무효이면, 일부무효(一部無效)의 특칙에 의하여 처리한다(동법 제16조).

> **판례** 대판 2000.1.18., 98다18506
> 무효인 약관조항에 의거하여 계약이 체결되었다면 그 후 상대방이 계약의 이행을 지체하는 과정에서 약관작성자로부터 채무의 이행을 독촉받고 종전 약관에 따른 계약내용의 이행 및 약정내용을 재차 확인하는 취지의 각서를 작성하여 교부하였다 하여 무효인 약관의 조항이 유효한 것으로 된다거나, 위 각서의 내용을 새로운 개별약정으로 보아 약관의 유·무효와는 상관없이 위 각서에 따라 채무의 이행 및 원상회복의 범위 등이 정하여진다고 할 수 없다.

(3) 위반약관의 규제
① 약관의 규제에 관한 법률은 불공정약관조항은 무효임을 규정하고 있다(동법 제6조~제14조). 이 위반약관 여부의 최종판단은 법원이 하게 된다.
② 동법(同法)은 국무총리에 소속하는 공정거래위원회로 하여금 불공정약관조항을 계약의 내용으로 이용하는지 여부를 조사·심의하게 하고 위반의 경우에는 시정조치를 명하고 이에 따르지 않는 사업자는 엄벌하게 하고 있다(동법 제32조, 제33조).

제4절 계약의 종류

1 전형계약·비전형계약

(1) 의 의
민법의 채권편에 규정되어 있는 계약을 전형계약(典型契約)이라고 하고, 그 밖의 계약을 비전형계약(非典型契約)이라고 한다.

(2) 비전형계약의 법률상의 처리
① 흡수주의
비전형계약의 요소 중에 가장 중요한 것을 결정하여 그 구성요소가 속하는 전형계약의 규정을 적용하려는 것이다.
② 결합주의
각종 전형계약의 규정을 분해하여 전형계약의 각개의 구성요소에 관한 규정을 찾아, 이를 결합해서 비전형계약에 적용하려는 것이다.
③ 유추주의
가장 가까운 전형계약에 관한 규정을 유추·적용하려는 것이다.

2 쌍무계약·편무계약

계약당사자가 서로 대가적 의미(對價的 意味)를 가지는 채무를 부담하느냐 아니냐에 기준을 두고 나눈 분류이다.

(1) 쌍무계약(雙務契約)이란 계약당사자가 서로 대가적 의미를 가지는 채무를 부담하는 계약을 말한다. 대가적 의미를 갖는다는 것은 채무의 내용이 객관적·경제적으로 동일한 가치를 갖는 것을 의미하는 것은 아니고 두 채무의 급부가 서로 의존관계를 가지고 있어 채무의 부담이 교환적 인과관계(交換的 因果關係)에 서는 것을 말한다. 매매·교환·임대차·고용·도급 등의 계약이 쌍무계약에 속한다. 소비대차·위임 등도 유상이면 쌍무계약으로 본다.

(2) 편무계약(片務契約)이란 당사자 중 한쪽은 채무를 부담하는데 다른 한쪽은 채무를 부담하지 않거나 부담을 하더라도 채무가 서로 대가적 의미를 갖지 않는 계약을 말한다. 증여·사용대차·현상광고(懸賞廣告) 등이 이에 속하고, 소비대차·위임 등이 무상이면 편무계약으로 본다.

3 유상계약·무상계약 12 기출

(1) 유상계약(有償契約)이란 계약당사자가 서로 대가적 의미가 있는 재산상의 출연을 하는 계약이다. 쌍무계약은 모두 유상계약이다. 그리고 편무계약이라도 대가적 의미를 가지는 의존관계에 서게 되면 유상계약이 된다. 즉, 현상광고(懸賞廣告)는 편무계약이지만 유상계약이다. 매매·교환·임대차·고용·도급 등은 유상계약이고 증여·사용대차는 무상계약이다.

(2) 무상계약(無償契約)이란 당사자 한쪽만이 급부를 하거나 쌍방이 급부를 하여도 그 급부 사이에 대가적 의미의 의존관계가 없는 계약을 말한다. 따라서 부담부증여(負擔附贈與)는 쌍방이 급부를 하기는 하지만 대가적 의미가 없기 때문에 무상계약이다.

4 낙성계약·요물계약

(1) 낙성계약(諾成契約)은 계약당사자의 의사의 합치, 즉 합의만으로 성립하는 계약이다. 민법상의 전형계약(典型契約) 중에서 현상광고(懸賞廣告)를 제외하고는 모두가 낙성계약이라 본다.

(2) 요물계약(要物契約)은 계약당사자의 합의와 한쪽 당사자가 물건의 인도 등의 급부를 실행하여야만 성립하는 계약이다. 현상광고가 이에 속한다.

5 계속적 계약·일시적 계약

(1) 일시적 계약

일시적 계약(一時的契約)은 채무가 특정의 시점에 집중된 급부를 목적으로 하여 이행기에 이행하면 채권은 소멸하게 된다. 매매·교환·증여·화해 등이 이에 속한다.

(2) 계속적 계약

계속적 계약(繼續的 契約)은 일정한 기간에 걸쳐서 급부의무가 이루어져야 하므로 그 계약이 존속하는 기간 동안 계속하여 급부가 이행되어야 한다. 소비대차·사용대차·임대차·고용·위임 등이 계속적 계약에 속한다. 이들에는 몇 가지 특질이 있다.
① 계속적 채권관계에는 기본채권과 지분채권이 있다. 기본채권은 지분채권을 파생시키는 채권이고, 지분채권은 기본채권으로부터 파생되는 개별적 채권이다.
② 계속적 채권관계에는 그 계약의 효력을 장래에 향하여 소멸시키는 해지가 있을 뿐이고 소급효를 가진 해제는 있을 수 없다(제659조, 제660조 참조).

③ 계속적 채권관계는 특히 당사자 사이의 상호신뢰성이 중요하며 또 상당한 기간에 걸쳐 있어야 하기 때문에 사정변경의 원칙이 고려된다.

6 예약·본계약

(1) 장래에 일정한 계약을 체결할 것을 미리 약정하는 계약을 예약이라고 하고, 이 예약에 의하여 장래 체결되어질 계약을 본계약이라고 한다.

(2) 예약은 본계약을 체결할 채무를 발생시키는 계약이므로 언제나 채권계약이다. 그러나 예약에 의하여 체결될 본계약은 저당권·질권·전세권과 같은 물권계약일 수도 있고, 혼인·입양과 같은 가족법상의 계약일 수도 있다.

제5절 계약의 성립 18 기출

1 서 설

(1) 합 의

합의란 당사자의 서로 대립하는 의사표시가 합치하는 것을 말한다. 이 합의가 있기 위해서는 객관적 합치와 주관적 합치가 있어야 한다.

① 객관적 합치

대립하는 의사표시가 내용적으로 일치하는 것을 객관적 합치라고 한다. 여기서의 내용적 합치 또는 내용적 일치(內容的 一致)는 의사표시가 외부에 나타나고 있는 표시행위로부터 추단하여 일치라고 볼 수 있는 것을 말한다. 즉, 청약의 내용과 승낙의 내용이 모두 합치하여야 한다.

> **판례** 대판 2003.4.11., 2001다53059
> 계약이 성립하기 위하여는 당사자의 서로 대립하는 수 개의 의사표시의 객관적 합치가 필요하고 객관적 합치가 있다고 하기 위하여는 당사자의 의사표시에 나타나 있는 사항에 관하여는 모두 일치하고 있어야 하는 한편, 계약 내용의 '중요한 점' 및 계약의 객관적 요소는 아니더라도 특히 당사자가 그것에 중대한 의의를 두고 계약성립의 요건으로 할 의사를 표시한 때에는 이에 관하여 합치가 있어야 계약이 적법·유효하게 성립한다.

② 주관적 합치

주관적 합치란 계약당사자의 일치를 말한다. 청약자와 승낙자가 서로 원하고, 생각했던 사람이어야 한다. A가 B를 상대로 계약하려고 했는데 C가 상대방이 되어서는 안 된다는 것이다.

③ 불합의와 착오

㉠ 불합의란 두 개 이상의 의사표시가 그 내용의 전부 또는 일부가 일치하지 않는 것을 말한다. 불합의가 있으면 계약은 성립하지 않는다.

ⓛ 무의식적 불합의는 대립하는 두 의사표시가 일치하지 아니하고 틈이 생겨 어긋나는 것이다. 그런데 착오(錯誤)는 하나의 의사표시가 성립과정에서 의사와 표시 사이에 불일치가 있는 것이다. 따라서 무의식적 불합의와 착오는 서로 다르다. 무의식적 불합의가 있으면 계약 자체가 성립하지 않는데, 착오의 경우는 중요 부분의 착오이면 취소할 수 있게 될 뿐이다.

(2) 계약성립의 모습

계약의 성립은 청약과 승낙의 합치로 이루어진다. 즉, 합의는 청약과 승낙으로 성립한다. 그런데 합의뿐만 아니라, 교차청약(交叉請約)(제533조), 의사의 실현(제532조)에 의하여도 계약은 성립하게 된다.

2 청약과 승낙에 의한 계약 성립 11 12 15 16 20 21 기출

(1) 청 약

① 의 의

청약이란 승낙과 결합하여 일정한 계약을 성립시킬 것을 목적으로 하는 일방적·확정적 의사표시이다.

㉠ 청약은 하나의 의사표시로서 계약이라는 법률행위(法律行爲)를 형성하는 하나의 법률사실(法律事實)이다.

㉡ 청약은 상대방 있는 의사표시이지만, 반드시 특정인이 아니라도 관계없다. 그리고 청약은 그에 응하는 승낙만 있으면 곧 계약이 성립할 수 있는 확정적 의사표시이다.

② 청약의 효력 10 14 기출

㉠ 청약의 효력 발생

ⓐ 청약은 의사표시이므로 원칙적으로 상대방에게 도달하여야 효력이 발생한다(제111조 제1항).

ⓑ 청약을 발송한 후 아직 상대방에게 도달하기 전에 청약자가 사망하거나 제한능력자가 되어도 청약의 효력은 그대로 유효하다(제111조 제2항). 다만 개인적 인격이 중요시되는 계약이라면 효력을 잃는다고 본다.

㉡ 청약의 구속력

청약이 효력을 발생한 때에는 청약자가 마음대로 철회하지 못하는 것을 말한다(제527조). 청약은 법률행위는 아니지만 청약이 있으면 상대방은 승낙을 준비하는 행위를 하게 되고, 청약을 신뢰하고, 계약성립을 위하여 노력하게 되기 때문에, 마음대로 철회하는 것을 금지하고 있다.

ⓐ 승낙기간을 정하여 청약한 경우에는 그 기간 내에는 청약을 철회하지 못한다(제527조 참조).

ⓑ 청약기간이 없는 때는 상당한 기간 내에 승낙의 통지를 받지 못하면 청약은 효력을 잃는다. 여기서의 '상당한 기간'이란 청약이 상대방에게 도달되고, 승낙할 것인가를 생각하고, 그 정리된 생각으로 승낙이 청약자에게 도달되는데 필요한 기간이라고 할 수 있다.

ⓒ 청약의 실질적 효력 24 기출
　ⓐ 청약이 승낙만 있으면 곧, 계약을 성립하게 하는 효력을 청약의 실질적 효력이라고 한다. 청약의 실질적 효력을 '승낙적격(承諾適格)' 또는 '승낙능력(承諾能力)'이라고도 한다.
　ⓑ 승낙기간이 있으면 그 기간 내에 승낙하여야 계약이 성립한다. 그 승낙의 의사표시는 그 기간 내에 청약자에게 도달하여야 한다(제528조). 보통의 경우라면 승낙기간 내에 청약자에게 도달하도록 발송한 승낙통지가, 실제로는 그 기간을 지나서 도달한 때에는, 청약자는 지체 없이 상대방에게 연착(延着)의 통지를 하여야 한다(제528조). 기간이 지난 후에 도착한 승낙은 청약자가 새로운 청약으로 보아서 이에 대하여 승낙할 수는 있다.
　ⓒ 기간의 정함이 없는 청약은 상당한 기간 내에 승낙을 받지 못하면 청약은 효력을 잃게 된다(제529조).
　ⓓ 청약의 상대방이 승낙을 하지 않는다는 뜻을 밝힌 것은 승낙기간이 있더라도 청약은 승낙적격을 잃는다. 그리고 청약의 수령자가 청약에 조건을 붙이거나 청약을 변경하여 승낙한 때는 청약의 거절과 동시에 새로운 청약을 한 것으로 본다(제534조).

(2) 승 낙 22 기출

① 의 의

승낙이란 청약의 상대방이 청약에 응하여 계약을 성립시킬 목적으로 청약자에게 대답하는 의사표시를 말한다.
㉠ 승낙은 청약자라는 특정인에게 하여야 한다. 즉, 주관적인 합치가 있어야 한다. 따라서 불특정다수인에게는 할 수 없다.
㉡ 승낙은 청약의 내용과 일치하여야 계약이 성립한다. 즉, 객관적인 합치가 있어야 한다. 청약의 내용을 변경하거나 조건을 붙여 행한 승낙은 청약을 거절하고 새로운 청약을 한 것으로 된다(제534조). 그런데 청약의 일부에 대하여만 승낙을 한 경우에 그 내용이 수량적으로 분리가능하면 계약은 그 승낙의 범위 내에서 성립하는 것으로 본다.
㉢ 승낙은 승낙기간 내에 즉, 청약의 승낙적격인 때에 하여야 한다(제528조 제1항). 그 기간이 지난 승낙은 새로운 청약이 될 수 있을 뿐이다(제530조 참조).
㉣ 승낙여부는 승낙자의 자유이고, 승낙의 방식도 원칙적으로 자유이다. 그러나 예약에 다른 특약이 있거나 거래상 특별한 관습이 있으면 그에 따른다.
㉤ 승낙은 청약자에게 동의한다는 것을 적극적으로 표시하여야 한다. 다만 당사자 사이에 특약이 있거나 거래상 특별한 사정이 있는 때에는 침묵도 승낙이 될 수 있다.

> **판례** **대판 2002.4.12., 2000다17834**
> 매매계약 당사자 중 매도인이 매수인에게 매매계약을 합의해제할 것을 청약하였다고 할지라도, 매수인이 그 청약에 대하여 조건을 붙이거나 변경을 가하여 승낙한 때에는 민법 제534조의 규정에 비추어 보면 그 청약의 거절과 동시에 새로 청약한 것으로 보게 되는 것이고, 그로 인하여 종전의 매도인의 청약은 실효된다.

② 승낙의 효력발생시기 [10] [11] [12] [17] [기출]
　㉠ 승낙은 청약과 합치함으로써 계약을 성립시킨다. 승낙도 의사표시이므로 청약자에게 도달한 때에 효력이 발생되는 것이 원칙이다(제111조). 그런데 민법은 격지자 사이에는 계약의 성립을 발신주의에 의하는 예외를 인정하고 있다(제531조).
　㉡ 발신주의에 따른 문제
　　격지자 사이에는 승낙의 통지를 발송한 때에 계약은 성립한다고 하였는데(제531조), 민법 제528조 제1항과 제529조에서는 승낙의 통지가 기간 내에 청약자에게 도달하지 않으면 청약은 효력을 잃게 되어, 계약의 성립은 없게 된다. 이 둘을 조화시키기 위한 학설이 도달주의를 중요시하는 설과 계약에 관한 발신주의 특칙을 중요시하는 설로 나뉜다.
　　　ⓐ 도달주의를 중요시하는 설은 계약은 승낙을 발신한 때에 성립하지만, 승낙의 효력은 승낙이 도달한 때에 발생한다고 한다.
　　　ⓑ 발신주의를 중요시하는 설은 민법 제531조는 승낙의 효력발생 시기에 관하여 발신주의라는 예외규정을 한 것으로 본다. 이때에 민법 제528조 제1항과 제529조와의 조화를 위하여 '승낙은 부도달을 해제조건으로 하여' 발신에 의하여 효력이 생긴다고 정리한다.
　　　ⓒ 발신주의를 중요시하건 도달주의를 중요시하건, 승낙의 부도달의 불이익은 승낙자에게 있다.
　　　　㉮ 입증책임에는 차이가 있다. 도달주의를 중요시하는 측에서 보면, 승낙자가 도달하였음을 입증하지 못하면 계약성립을 주장하지 못한다. 그런데 발신주의를 중요시하는 측에서 보면 계약의 성립을 주장하는 승낙자는 자기가 승낙의 발송사실만 입증하면, 충분하게 된다.
　　　　㉯ 승낙자가 승낙을 발신한 후, 도달 전에 승낙의 철회에 관하여는 도달주의 측에서는 철회를 할 수 있으나 발신주의 측에서는 철회를 할 수 없게 된다는 차이가 있다.
　㉢ 대화자 사이에는 승낙의 의사표시가 청약자에 도달한 때에 효력이 발생하고, 계약도 그 때에 성립한다고 본다.

(3) 계약의 경쟁체결

계약의 경쟁체결(競爭締結)이란 계약의 내용에 관하여 여러 사람이 서로 경쟁하게 하여, 그중 가장 유리한 내용을 표시하는 자를 상대방으로 골라서 계약을 맺는 것을 말한다.

[경쟁체결의 유형]

경 매	경쟁자 사이에 청약의 표시내용을 서로 알고, 그 표시내용을 변경할 기회를 주는 것이다.
입 찰	경쟁자 사이에 청약의 표시내용을 각자 비밀로 하는 것이다.

① 사경매
　경매에는 국가기관이 민사집행법에 의하는 공경매(公競賣)와 개인 사이에서 행하여지는 사경매(私競賣)가 있다. 사경매에는 값을 올려가는 경매와, 값을 내려가는 경매가 있다.
② 입 찰
　㉠ 입찰이란 입찰에 붙이는 자가 입찰에 붙인다는 표시를 하고, 경쟁자가 입찰을 하며 입찰을 붙이는 자가 개찰(開札)을 하고 낙찰(落札)을 결정하는 과정을 밟는 계약의 경쟁체결을 말한다. 이때에 계약서를 작성하는 일이 있는데, 특약이 없으면 계약의 성립은 계약서 작성과는 관계가 없고 계약서는 다만 증거방법에 불과하다.

ⓒ 입찰에 붙이는 표시는 원칙적으로 청약의 유인(誘引)이고, 입찰이 청약이 되며, 낙찰을 결정함이 승낙이 된다.
　　ⓓ 국가가 국민과의 사이에서 매매(賣買), 도급(都給) 등의 계약에는 원칙적으로 공고하여 경쟁에 붙여야 하고, 원칙적으로는 입찰에 의한다. 이 경우의 입찰은 보통의 입찰과는 상당히 다르다.

③ 청약·승낙 이외의 방법에 의한 계약의 성립

(1) 교차청약에 의한 계약성립 13 21 기출
　① 교차청약에 의한 계약이란 당사자가 같은 내용을 서로 엇갈려 청약함으로써 성립하는 계약을 말한다. 교차청약의 경우에도 객관적·주관적으로 합치하는 의사표시가 있는 것이므로 계약성립을 인정할 수 있다(제533조).
　② 교차청약에의 계약의 성립시기
　　도달주의 원칙에 따라 의사표시가 도달한 때에 효력이 발생하게 되므로, 두 청약이 동시에 도달하지 않을 경우에는 뒤에 도달한 청약이 도달한 때에 계약은 성립하게 된다.

(2) 의사실현에 의한 계약성립
　① 청약자의 특별한 의사표시나 관습에 의하여 승낙의 통지를 필요로 하지 않는 경우에는 '승낙의 의사표시로 인정되는 사실이 있는 때'에 계약은 성립한다고 규정하고 있다(제532조). 이것을 의사실현(意思實現)에 의한 계약의 성립이라고 한다.
　② 의사실현으로 인한 계약의 성립시기는 의사실현(意思實現)의 사실이 발생한 때이다.

(3) 사실적 계약관계
　사실적 계약관계(事實的契約關係)란 청약·승낙에 해당하는 진정한 의사표시가 없어도 당사자의 사실상의 행위, 활동으로 계약이 성립함을 인정하고, 당사자 사이의 계약에 비슷한 채권관계의 성립을 인정하는 것을 말한다.

④ 계약체결상의 과실 16 기출

(1) 의 의
　① 계약체결상의 과실이란 계약의 성립 과정에서 당사자 한쪽의 책임 있는 사유로 상대방에게 손해를 준 때에, 그의 배상책임을 말한다.
　② 계약체결상의 과실은 Jhering에 의하여 주장(1861년)된 이래, 그 적용범위를 확대하여 계약체결 과정뿐 아니라, 그 준비단계에서의 과실에 대하여 계약의 유효·무효를 가리지 않고 이 책임을 인정하게 되었다. 우리의 민법은 원시적 불가능(原始的不可能)의 경우에 계약체결상의 과실을 인정하고 있다(제535조).

(2) 법적 성질

계약체결상의 과실책임의 법적 성질에 관하여 계약책임설과 불법행위책임설이 있다.

그런데 오늘날의 계약이론은 계약상의 주된 이행의무뿐 아니라, 신의칙상 여러 가지 부수의무를 인정한다. 즉, 주의의무, 보호의무, 성실의무, 기본의무 외의 용태의무 등을 인정하고 있다. 따라서 계약체결상의 과실책임은 이들 신의칙상 부수의무 위반의 책임으로서 계약책임으로 할 수 있다고 본다.

① **계약이 유효하게 성립한 경우**

이때에는 부수의무 위반의 책임을 계약책임이라고 하는 것에 아무런 문제가 없게 된다.

② **계약이 불성립한 경우**

계약이 성립하지 않은 경우에 체약상의 과실책임을 계약책임으로 하는 데는 어려움이 있다. 그러나 계약의 준비단계에서의 과실책임도 계약책임이라고 한다면, 이 경우에도 역시 계약책임으로 볼 수 있다. 아니면 준계약책임(準契約責任)이라고 새기기도 한다.

③ **불법행위책임과 계약책임의 차이**

㉠ 불법행위책임에는 법정대리인, 이행보조자의 과실로 인한 본인·사용자의 책임을 묻지 못하고, 또 손해배상청구권은 3년, 10년의 권리행사기간의 제한이 있다. 그리고 가해자의 과실을 청구권자가 입증해야 한다.

㉡ 계약책임에는 법정대리인·이행보조자의 과실로 인한 본인·사용자의 책임을 인정할 수 있다. 또 계약책임은 10년의 소멸시효 기간이 인정되며, 또 배상의무자 쪽에서 과실의 유무를 입증해야 한다.

④ **계약체결상의 과실책임의 적용범위**

민법은 원시적 불가능의 경우에만 체약상의 과실책임을 인정하지만, 이를 계약체결의 준비단계까지도 확대하여야 한다고 한다.

(3) 준비단계에서의 체약상의 과실

계약체결을 위한 만남, 협의 등의 준비단계에서 당사자 한쪽의 과실로 상대방에게 손해를 주었을 때에도 계약체결상의 과실책임을 인정한다는 것이다.

이것은 계약은 기본채무 외에도 신의칙에 부수하는 채무의 위반으로 인정할 수 있다고 한다.

(4) 계약이 유효한 경우의 체약상의 과실

① 민법은 계약목적물에 흠이 있는 경우에 담보책임을 물을 수 있고, 수임인이 위임사무의 처리를 위하여 과실 없이 손해를 받은 때는 위임인에게 배상을 청구할 수 있게 하고 있다(제688조 제3항).

② 위 외에도 체약상의 과실을 인정할 것으로 보는 것은 매매목적물의 사용방법을 잘못 알려준 경우, 도급계약·운송계약 등에서 계약체결 전에 통지나 고지가 잘못된 경우 등으로 인하여 손해가 발생한 경우에도 체약상의 과실책임을 인정하여야 한다고 본다.

③ 이때에는 계약이 유효하게 성립하고, 신의칙·부수의무 위반으로 손해가 생겨야 하고, 그 원인을 주는데 과실이 있어야 하며, 상대방은 선의·무과실이어야 하는 요건이 충족되어야 한다고 본다.

(5) 계약이 무효·취소된 경우의 체약상의 과실
① **미성년자의 경우**

민법은 미성년자를 보호하기 위하여 미성년자의 법률행위는 취소할 수 있게 하고, 다만 허락받은 재산의 처분, 허락된 영업에는 행위능력을 인정한다. 한편 미성년자가 성년자라고 속였을 때는 그의 취소권을 빼앗아서 상대방을 보호하고 있다.

② **착오의 경우**

민법은 법률행위의 중요부분의 착오는 취소할 수 있게 하고 있다. 이때 표의자에게 경과실이 있는 때에는 체약상의 과실책임을 물어야 한다고 본다.

③ **원시적 불가능의 경우**

원시적 불가능으로 계약이 무효인 경우에, 계약체결상의 과실을 인정하여 신뢰이익의 배상을 규정하고 있다(제535조).
- ㉠ 요 건
  - ⓐ 체결된 계약의 내용이 원시적·객관적으로 불가능하여 계약이 무효이어야 한다.
  - ⓑ 계약이 유효했다면 급부해야 할 자가 그 불가능에 악의가 있어야 한다.
  - ⓒ 상대방은 선의·무과실이어야 한다.
- ㉡ 효 과

  손해배상액은 그 계약이 유효했더라면 상대방이 얻었을 이행이익(履行利益)을 넘지 않는 범위에서 그 계약이 유효로 믿었던 손해인 신뢰이익이다.

제6절 계약의 효력

1 서 설

(1) 계약성립과 효력발생
계약의 성립요건과 효력발생요건은 다르다.
① **성립요건** : 두 개 의사표시의 객관적·주관적 합치이다.
② **일반적 효력발생요건**
  - ㉠ 당사자가 권리능력·행위능력자일 것
  - ㉡ 의사와 표시가 일치하고, 사기·강박에 의하지 아니할 것
  - ㉢ 내용이 확정·가능·적법 타당성이 있어야 한다.

③ **특별한 효력발생요건** : 정지조건·시기의 성취나 도래가 있어야 하기도 한다.

(2) 계약의 효력에 관한 민법규정
계약은 성립요건과 효력발생요건이 갖추어지면 각각 계약의 종류·내용 등에 따라서 효력이 발생한다. 민법은 계약의 효력으로 동시이행의 항변권(제536조), 위험부담(제537조), 제3자를 위한 계약(제539조 이하)에 관하여 규정하고 있다.

2 쌍무계약의 효력

(1) 쌍무계약의 특질
① 성립상의 견련성
쌍무계약에서 한쪽의 채무가 불가능·불법으로 성립되지 않거나 무효·취소가 된 때에는 다른 쪽의 채무도 성립하지 않는다. 이것을 채무의 성립·발생상의 견련성이라고 한다.
② 이행상의 견련성
쌍무계약에서 채무는 한쪽의 채무가 이행될 때까지는 다른 쪽의 채무도 이행되지 않아도 된다는 것이 이행상의 견련성이다. 이행상의 견련성에서 동시이행(同時履行)의 항변권(抗辯權)을 인정한다(제536조).

(2) 존속상의 견련성
쌍무계약에서 한쪽의 채무가 채무자의 책임 없는 사유로 이행불능으로 소멸하면 다른 쪽 채무는 존속하는가 소멸하는가의 문제가 위험부담의 문제이다. 우리는 위험부담에서 채무자주의를 채택하고 있다(제537조, 제538조).

(3) 동시이행의 항변권 10 11 12 13 14 15 16 19 20 21 22 기출
① 동시이행의 항변권이란 쌍무계약에서 당사자 한쪽은 상대방이 그 채무이행의 제공이 있을 때까지 자기의 채무이행을 거절할 수 있는 권리를 말한다(제536조).
  ㉠ 쌍무계약에서 당사자는 상대방에게 이행의 청구는 무조건적으로 할 수 있으나, 서로 상대방으로부터 반대급부를 받을 때까지는 자기급부를 거절할 수 있는 권리가 있다. 다만, 청구자체는 제한받지 않는다.
  ㉡ 동시이행의 항변권은 두 채무가 쌍무계약에서 생긴 것이 아니라도 민법 제536조를 준용하여 이를 인정하기도 한다.

> **참고** 쌍무계약이 아니면서도 동시이행의 항변권을 인정하는 것
> ① 계약이 무효·취소된 경우에 당사자 쌍방의 반환의무
> ② 임대차 종료 시 **임차인의 목적물 반환의무와 임대인의 보증금반환의무**
> ③ 기존채무의 이행확보를 위하여 유가증권을 발행한 경우에 기존 채무의 이행과 그 유가증권의 반환 등이 있다. 학설은 이에 더하여 채무변제와 영수증 교부(제474조 참조)도 동시이행 관계에 있다고 본다.

② 동시이행의 항변권이 성립하기 위한 몇 가지 요건
  ㉠ 동일한 쌍무계약에 의하여 쌍방의 채무가 서로 대가적 의미가 있어야 한다. 다만 반드시 동일쌍무계약이 아니라도 인정되기도 한다. 이는 쌍무계약의 당사자 사이에서뿐 아니라 그 채무가 동일성을 유지하면 양도되어도 동시이행의 항변권은 존속한다. 그리고 채무자의 책임 있는 사유로 이행불능이 되면, 손해배상채무로서 동시이행의 항변권을 유지한다.

> **판례** 대판 1989.2.14., 88다카10753
> 당사자 쌍방이 각각 별개의 약정으로 상대방에 대하여 채무를 지게 된 경우에는 자기의 채무이행과 상대방의 어떤 채무이행과 견련시켜 동시이행을 하기로 특약한 사실이 없다면 상대방이 자기에게 이행할 채무가 있다하더라도 동시이행의 항변권이 생긴다고 볼 수 없다.

   ⓒ 상대방의 채무가 변제기(이행기)에 있어야 한다. 두 채무가 언제나 변제기가 같을 수는 없다. 변제기에 있지 아니한 채무의 이행을 청구하는 것은 상대방에게 불이익을 주기 때문에 안 된다. 그런데 후이행채무자에게 재산 상태의 악화 등으로 그가 부담하는 의무의 이행이 '현저히 곤란한 사유가 있는 때'에는 선이행채무자에게도 동시이행의 항변권을 인정한다(제536조). 그리고 선이행채무자(先履行債務者)가 이행기에 이행하지 않고 있는 동안에 후이행채무자(後履行債務者)의 이행기가 닥쳐온 때에도 선이행채무자는 동시이행의 항변권을 갖느냐에 견해가 나뉘고 있다. 이때에도 동시이행의 항변권을 인정하는 것이 신의칙과 공평에 맞다고 본다.

   ⓒ 상대방이 채무이행이나 이행의 제공 없이 이행을 청구하여야 한다. 그런데 상대방이 일부이행을 하거나 불완전이행을 한 경우에는 공평의 원칙과 신의칙에 의하여 판단하여야 한다. 그리고 쌍방의 급부가 회귀적, 계속적 가분급부를 목적으로 하는 경우에는 한쪽이 어떤 시기의 채무를 이행하지 않으면 다른 쪽은 그 후의 시기의 채무를 상대방이 불이행한 만큼 이행하지 않아도 된다고 본다. 또한, 계약의 당사자 일방이 한 번 현실의 제공을 하고 상대방을 수령지체에 빠지게 하였다 할지라도 그 이행의 제공이 계속되지 않은 경우에는 과거에 이행의 제공이 있었다는 사실만으로 상대방이 가진 동시이행의 항변권이 소멸하였다고 볼 수 없다는 것이 판례의 입장이다.

③ **동시이행의 항변권의 효력**

동시이행의 항변권은 상대방이 채무를 이행하거나 이행의 제공이 있을 때까지 자신의 채무이행을 거절할 수 있는 효력이 있을 뿐이다. 즉, 연기적 효력(延期的 效力)이 있을 뿐이고, 상대방의 청구권을 영구히 부인할 수는 없다. 즉, 영구적 항변권(永久的 抗辯權)은 아니다.

   ㉠ 동시이행의 항변권의 행사에 의한 효과

      이행기가 되면 언제나 행사할 수 있고, 또한 행사하여야 그 기능을 발휘한다. 행사방법은 재판에서나 재판 외에서도 행사할 수 있다. 재판상으로 행사하여 확인이 된 때에는 법원은 상환으로 급부를 명하여야 한다고 한다. 즉, 급부를 하되 상대방과 교환적으로 급부를 하라고 판결하는 것이다.

   ㉡ 동시이행의 항변권을 행사하지 않아도 생기는 효과

      ⓐ 동시이행의 항변권이 있으면 이행지체에 빠지지 않는다. 채무자는 동시이행의 항변권이 있으므로 자기채무의 불이행을 정당화시켜 주기 때문이다. 상대방을 이행지체에 빠지게 하려면 먼저 자기채무의 이행을 제공하여야 한다.

      ⓑ 동시이행의 항변권이 있는 채권을 자동채권으로 하여 상계하지 못한다(제492조 제1항). 이것을 허용하면 상대방은 이유 없이 그의 동시이행의 항변권을 잃게 되는 결과가 되기 때문이다.

      ⓒ 동시이행의 항변권이 존재한다는 사실을 주장하여야 한다.

> **판례** 대판 1990.11.27., 90다카25222
> 매매를 원인으로 한 소유권이전등기청구에 있어 매수인은 매매계약 사실을 주장, 입증하면 특별한 사정이 없는 한 매도인은 소유권이전등기의무가 있는 것이며, 매도인이 매매대금의 일부를 수령한 바 없다면 동시이행의 항변을 제기하여야 하는 것이고, 법원은 매도인의 이와 같은 항변이 있을 때에 비로소 대금지급 사실의 유무를 심리할 수 있는 것이다.

(4) 위험부담 14 16 19 기출

① 의 의
  ㉠ 위험부담이란 쌍무계약의 한쪽 채무가 채무자의 책임 없는 사유로 이행불능이 되어 소멸한 경우에 그에 대응하는 다른 쪽의 채무는 소멸하는가의 여부에 대한 것이다.
  ㉡ 위험부담은 채무가 성립한 후에 발생하는 후발적 불가능에 의하여 생기는 문제이다.
  ㉢ 위험부담의 문제가 되려면, 불가능이 채무자에게 책임 없는 사유로 생긴 것이어야 한다. 만일 채무자의 책임 있는 사유라면 손해배상채무가 발생할 것이고, 채권자의 책임 있는 사유라면 채권자가 책임을 부담해야 할 것이다.

[권리에 관한 학설]

원 칙	내 용
채무자주의	채무의 한쪽이 소멸함으로써 받는 불이익은 채무자가 부담하여야 한다는 원칙이다. 예컨대, 강가에 쌓아 놓은 목재를 A가 B에게 10만 원에 매각하기로 매매계약을 체결하고 아직 인도하지 않은 사이에 홍수가 나서 모두 떠내려간 경우에 A는 이행불능으로 인하여 목재를 인도할 채무를 면하게 되는 동시에 B에게 10만 원의 대금채권도 청구하지 못하게 된다. 따라서 A의 책임 없는 사유인 홍수로 인하여 목재 인도가 불가능으로 된 책임은 A가 채무자로서 부담하게 되는 것이다.
채권자주의	위험은 채권자가 부담한다는 원칙이다. 위의 예에서 A는 그의 채권자 B에 대해 목재의 대금을 청구할 수 있다는 것이다. 그 대신 B는 A에 대하여 목재 인도는 청구할 수가 없게 되어 손해는 B인 채권자가 부담하게 된다.
소유자주의	재해(災害)는 소유자가 받는다는 원칙에 따라 물건의 멸실·훼손 당시에 그 물건의 소유권자가 위험을 부담하는 것이 자연스럽다는 데서, 소유권이 채권자에게 이전한 때부터 채권자에게 위험을 부담하게 하는 것이다.

② 우리 민법의 태도 23 기출
  ㉠ 우리 민법은 '쌍무계약의 당사자 한쪽의 채무가 당사자 쌍방의 책임 없는 사유로 이행할 수 없게 된 때'에는 채무자는 그 채무를 면하는 동시에 채권자에 대한 반대급부 청구권을 잃는다(제537조). 따라서 우리 민법은 위험부담에 있어서 채무자주의를 취하고 있다.
  ㉡ 채무의 이행불능이 채권자의 책임 있는 사유로 생긴 때에는 채권자주의가 적용되므로 채무자는 반대급부를 청구할 수 있다(제538조). 또한, 채권자가 수령지체가 있는 중에 당사자의 책임 없는 사유로 이행불능의 때에도 채권자주의가 적용되어 채무자는 반대급부를 청구할 수 있다(제538조).
  ㉢ 우리 민법의 제537조와 제538조의 규정은 임의규정으로서 당사자 사이에 이와 다른 약정을 하여도 유효하다고 본다.

③ 제3자를 위한 계약 14 15 16 20 기출

(1) 의 의

① 제3자를 위한 계약이란 계약당사자 사이의 계약 중에 제3자 약관을 넣어서 제3자로 하여금 계약당사자의 한쪽인 낙약자에 대한 채권을 직접 취득하게 할 목적으로 하는 계약을 말한다. 예컨대, A와 B 사이에 건물매매계약을 하면서 그 매매계약 중에 매도인 A가 건물매각대금 중 100만 원을 매수인 B가 C에게 지급할 내용을 약정하는 것과 같다. 이때에 A를 요약자(要約者), B를 낙약자(諾約者), C를 수익자(제3자)라고 한다.

② 위의 예에서 제3자인 C는 A와 B 사이의 계약에 의하여 B에게 직접 100만 원의 채권을 취득하여 청구할 수 있게 된다. 그런데 제3자가 실제로 권리를 취득하려면 채무자(낙약자)에 대하여 이익을 받을 의사를 표시한 때에 생긴다(제539조 제2항).

③ 제3자를 위한 계약의 당사자는 요약자와 낙약자이고, 수익자인 제3자는 당사자가 아니다. 그러나 제3자는 직접 낙약자에 대하여 급부를 청구할 수 있는 권리를 취득한다. 제3자를 위한 계약이 보통의 계약과 다른 점이 '제3자로 하여금 직접 권리를 취득하게 하는 것'이다. 이것을 제3자 약관이라고 하며, 이것은 요약자와 낙약자 사이의 기본계약의 일부에 지나지 않는다.

④ 제3자가 취득하는 권리는 대체로 채권이지만 물권도 가능하며 물권을 취득하는 때에는 그 물권변동의 요건을 제3자가 갖추어야 한다. 즉, 부동산물권을 취득하는 것이면 제3자가 소유권이전등기를 마쳐야 한다.

⑤ 제3자를 위한 계약의 사회적 작용
제3자를 위한 계약의 유용성은 낙약자의 출재를 요약자가 취득하여 다시 제3자에게 급부하는 절차를 생략해서 낙약자로부터 직접 제3자에게 급부하게 함으로써 급부관계를 간단하고 편리하게 하는 작용을 한다.

⑥ **출재의 원인관계**
낙약자가 제3자에게 채무를 부담하는 원인관계에는 두 가지가 있다. i) 요약자와 낙약자 사이의 보상관계(補償關係) ii) 요약자와 제3자 사이의 대가관계(對價關係)가 그것이다.

㉠ 보상관계
낙약자가 제3자에게 채무를 부담하는 것은 요약자와 낙약자 사이의 원인관계가 있기 때문인데, 이 원인관계를 보상관계라고 한다. 보상관계란 낙약자가 제3자에게 급부함으로써 출재(出財)에 의한 손실은 요약자와 낙약자 사이에 있는 원인관계에 의해 보상된다는 의미이다. 보상관계는 유상계약이거나 무상계약이거나 상관이 없다.

㉡ 대가관계
제3자가 권리를 취득하는 것은 결국 요약자가 낙약자와 사이의 보상관계를 통하여 간접적으로 출재하는 데 있으므로 요약자와 제3자 사이의 원인관계를 대가관계라고 한다. 이 대가관계는 기존 채무의 소멸이거나 증여일 수도 있다. 이 대가관계는 요약자와 낙약자 사이에 맺어지는 계약자체와는 전혀 관계가 없다. 따라서 대가관계가 없더라도 제3자를 위한 계약은 유효하다. 다만, 이 대가관계가 없는 권리 취득은 요약자에 대해서는 부당이득이 된다.

(2) 제3자를 위한 계약의 성립요건 10 기출
① 요약자와 낙약자 사이에 유효한 계약이 성립되어야 한다. 그러나 요약자와 제3자 사이의 대가관계는 이 계약의 성립과는 관계가 없다.
② 제3자에게 직접 권리를 취득하게 하는 의사표시인 제3자 약관이 있어야 한다. 제3자에게 취득시키는 권리는 채권·물권 그 외의 어떤 권리라도 좋다. 그리고 제3자는 계약성립 때는 현존하지 않아도 좋다. 태아, 설립될 법인이라도 된다(대판 1960.7.21., 4292민상773). 그러나 계약의 효력이 발생할 때는 특정되고 권리능력자이어야 한다.

(3) 제3자에 대한 효력 10 11 12 19 21 25 기출
① 제3자의 권리취득
제3자는 낙약자에게 계약의 이익을 받을 의사를 표시함으로써 낙약자에 대하여 직접 권리를 취득한다(제539조 제2항).
  ㉠ 권리의 발생시기는 제3자가 수익의 의사표시를 낙약자에게 한 때라고 본다. 그런데 제3자의 수익의 의사표시는 권리발생의 절대적 요건이냐에 대하여 긍정하는 견해와 부정하는 견해가 있다. 긍정하는 견해에 의하면 수익의 의사표시가 없는 한 제3자를 위한 계약은 성립하더라도 효력은 발생할 수가 없게 된다.
  ㉡ 수익의 의사표시는 제3자가 낙약자에게 하여야 한다. 명시적이든, 묵시적이든 상관이 없다.
② 제3자의 지위
  ㉠ 수익의사표시 이전의 제3자의 지위
    ⓐ 제3자는 일방적 의사표시로 권리를 취득할 수 있는 법률상의 지위를 가진 형성권의 소유자이다. 이 형성권은 일신전속권이냐 여부에 견해가 나뉜다. 일신전속권이라면 양도·상속이 불가능하게 된다.
    ⓑ 이 형성권은 10년간 행사하지 않으면 소멸하는 제척기간이라고 새기고, 낙약자가 상당한 기간을 정하여 수익을 할 것인지의 여부에 대한 확답을 최고하여 그 기간에 대답이 없으면 수익을 거절한 것으로 본다(제540조).
  ㉡ 수익의사표시 후의 제3자의 지위
    ⓐ 제3자가 수익의 의사표시를 한 때에는 계약당사자는 그 권리를 변경하거나 소멸시키지 못한다(제541조).
    ⓑ 제3자는 수익자일 뿐, 계약당사자가 아니므로 계약을 해제하거나 취소하지는 못한다. 그런데 수익자는 제3자 보호규정 즉, 의사의 불일치(제107조, 제108조, 제109조), 사기·강박(제110조)에서의 제3자는 아니므로 선의의 제3자 보호에는 해당하지 않는다.
③ 요약자·낙약자에 대한 효력
당사자 사이의 관계는 그들 사이의 기본행위인 계약의 내용에 따른다. 기본행위가 쌍무계약이면 낙약자가 제3자에게 부담하는 채무와 요약자가 낙약자에게 부담하는 채무는 견련관계가 있게 되므로 동시이행의 항변, 위험부담의 문제가 있게 된다.

㉠ 요약자의 권리
ⓐ 요약자는 낙약자에 대하여 제3자에 대한 채무이행을 청구할 수 있다고 본다.
ⓑ 제3자의 수익의 의사표시 후에 낙약자가 채무불이행이 있는 경우에 손해배상을 제3자에게 이행할 것을 청구할 수 있을 뿐이고, 자신에게 청구할 수는 없다고 본다. 그러나 직접 자기에게 청구할 수 있다고 새기는 견해도 있다.
ⓒ 요약자는 낙약자의 채무불이행이 있는 때에는 그 계약의 해제권을 행사할 수 있다. 그러나 제3자는 계약당사자가 아니므로 해제권이 없다.

> **판례** 대판 1970.2.24., 69다1410·1411 **24** 기출
> 제3자를 위한 유상쌍무계약의 경우 특별한 사정이 없는 한 낙약자의 귀책사유로 인한 이행불능 또는 이행지체가 있을 때 요약자의 해제권이 허용되지 않는 독립된 권리를 제3자에게 부여하는 계약당사자의 의사라 볼 수 없고, 또한 요약자가 낙약자에게 반대급부 의무를 부담하고 있는 경우에 이러한 해제권을 허용치 아니함은 부당한 결과를 가져온다 할 것이므로 위와 같은 이행불능 또는 이행지체가 있을 때에는 요약자는 제3자의 동의 없이 계약당사자로서 계약을 해제할 수 있다고 해석함이 상당하다.

㉡ 낙약자에 대한 효력
낙약자는 약정한 급부를 제3자에게 부담하고 같은 급부를 요약자에게도 부담하므로 계약에 의해 생긴 이의 사항은 제3자에게도 대항할 수 있다. 즉, 항변권뿐 아니라 기본행위의 무효, 취소로 인한 권리의 없음을 제3자에게 주장할 수 있게 된다. 그러나 이 계약 외의 원인에 의한 요약자에 대한 항변으로써는 제3자에게 대항하지 못한다. 즉, 낙약자가 요약자에게 가지는 채권으로 제3자의 채권과 상계하지는 못한다.

제7절 계약의 해제·해지 14 18 20 기출

1 서 설

(1) 해제의 의의
① 해제란 유효한 계약의 효력을 당사자 한쪽의 의사표시로 그 계약이 처음부터 없었던 것과 같은 상태로 되돌아가게 하는 것을 말한다. 이렇게 일방적 의사표시로 계약을 소급적으로 소멸시키는 권리를 해제권(解除權)이라고 한다.
② 해제와 구별해야 할 것들
㉠ 해제계약은 계약당사자가 전에 맺었던 계약을 아예 체결하지 않았던 것과 같은 효과를 발생시키는 것을 내용으로 하는 계약이다. 이것을 반대계약, 합의해제라고도 한다. 이 해제계약으로 인하여 본래의 계약이 아직 이행하지 않았으면 이행할 필요가 없고 이미 이행했으면 부당이득반환의 법리로 정리된다.

> **대판 1996.7.30., 95다16011**
> 합의해제 또는 해제계약이라 함은 해제권의 유무에 불구하고 계약당사자 쌍방이 합의에 의하여 기존의 계약의 효력을 소멸시켜 당초부터 계약이 체결되지 않았던 것과 같은 상태로 복귀시킬 것을 내용으로 하는 새로운 계약으로서, 그 효력은 그 합의 내용에 의하여 결정되고 여기에는 해제에 관한 민법 제548조 제2항의 규정은 적용되지 아니하므로, 당사자 사이에 약정이 없는 이상 합의해제로 인하여 반환할 금전에 그 받은 날로부터의 이자를 가하여야 할 의무가 있는 것은 아니다.

　　　ⓒ 해지는 계속적 계약을 소급효(遡及效) 없이 장래에 향하여만 계약관계를 소멸시키는 당사자 한쪽의 일방적 의사표시이다. 즉, 해지에는 소급효가 없다.
　　　ⓒ 취소는 모든 법률행위에 인정되며, 제한능력자, 의사표시의 착오, 사기·강박 등의 흠이 있는 경우에 법률의 규정에 의하여 발생한다(제140조). 법률행위가 취소되면 부당이득반환의 법리에 의해 정리된다. 그런데 해제는 계약에만 존재하고, 해제의 사유는 채무불이행이라는 법정해제권 외에 당사자의 약정사유에 의하여 발생한다. 해제되면 원상회복의무가 생기게 된다.
　　　ⓔ 해제조건은 조건의 성취라는 사실에 의하여 법률행위는 당연히 효력을 잃는 것이다. 해제조건의 성취로 인한 법률행위의 소멸의 효력은 특약이 없는 한 장래에만 법률행위가 소멸한다.
　　　　그런데 약정해제권은 약정된 사실이 실현되어 해제권이 발생하더라도 이 해제권을 행사하여야만 계약소멸의 효과가 발생한다. 해제하면 소급효가 생긴다.
　　　ⓜ 철회는 아직 법률효과가 발생하지 않은 법률행위나 의사표시의 효력을 장래에 발생하지 않도록 막는 것이다. 해제는 이미 효력이 발생하고 있는 계약의 효력을 소멸시키는 소급효가 있는데서 철회와 다르다.
　③ 해제제도의 작용
　　해제제도의 사회적 작용은 약정해제와 법정해제에서 다르지만, 해제제도의 일반적인 작용으로는 채무자의 이행지체가 있을 때에 상대방이 계약을 소멸시켜서 그 계약의 구속으로부터 자유롭게 하는 것이라고 할 수 있다. 한쪽 당사자가 계약을 이행하지 않는데 상대방을 그 계약의 구속상태를 그대로 지속시키는 것은 부당하기 때문이다.

(2) 해제할 수 있는 계약의 범위
　① 법정해제권이 인정되는 계약
　　　㉠ 법정해제권의 발생원인에 관한 규정(제544조~제546조)이 채권계약에 적용되는 것은 의문이 없다.
　　　㉡ 민법의 법정해제권의 일반적 발생원인은 채무불이행이다(제544조~제546조). 또한, 개별적인 각종의 전형계약에는 특수한 법정해제권이 있다.
　　　㉢ 법정해제권은 쌍무계약에는 물론이고 편무계약에도 인정된다고 본다.
　② 약정해제권이 인정되는 계약
　　　㉠ 채권계약에 관하여 약정해제권을 보류(保留)할 수 있음은 의문이 없다.
　　　㉡ 물권계약, 준물권계약에도 약정해제권을 보류할 수 있음은 이론상 가능하지만 실제에는 행하여지는 일이 없다고 한다.

2 해제권의 발생 16 기출

(1) 약정해제권의 발생
① 약정해제권은 당사자의 계약으로 해제사유를 정하여 해제권을 보류(保留)해 놓는 것이다. 계약 자유의 원칙상 당사자는 합의에 의하여 계약이행 전에만 또는 계약이행 후에도 계약을 해제할 수 있는 것으로 할 수 있다.
② 약정해제권을 보류해 놓는 이유로는 i) 일정한 사정이 있는 때에 계약의 구속으로부터 벗어나게 하려는 경우와 ii) 서로에게 계약의 이행을 간접적으로 강제하기 위한 방법으로 이용하기 위함이라고 할 수 있다. 그리고 약정해제권은 10년의 제척기간이 걸린다고 본다.

(2) 법정해제권의 발생 10 11 19 21 23 기출
① 발생원인
  ㉠ 법정해제권의 발생원인에는 모든 채권계약에 공통된 일반적 원인과 특정의 계약에만 있는 특수원인이 있다.
  ㉡ 일반적 법정해제권의 발생원인은 채무불이행이다. 채무불이행에는 이행지체, 이행불능, 불완전이행, 수령지체가 있다.
  ㉢ 민법이 해제권의 발생원인으로 규정하는 것은 이행지체(제544조, 제545조)와 이행불능(제546조)뿐이다. 그리하여 불완전이행과 수령지체에 관한 규정은 없다. 그리고 이행지체는 보통의 이행지체와 정기행위의 이행지체로 나누어 규정하고 있는데, 보통의 이행지체의 경우에는 최고를 필요로 하고 정기행위의 이행지체의 경우에는 최고가 필요 없이 해제권을 행사할 수 있다는 점에서 다르다.
  ㉣ 불완전이행은 법정해제권의 발생원인으로 하여야 한다는 데에 견해가 일치되어 있고, 수령지체에 대하여는 견해가 인정·부정으로 나뉘어 있다.
② 이행지체에 의한 법정해제권의 발생
  ㉠ 보통의 이행지체의 경우
    ⓐ 채권계약이 정기행위가 아닌 계약의 경우에는 이행기에 이행이 없더라도 채권자는 상당한 기간을 정하여 최고하고 그 기간 내에도 이행이 없으면 그때에야 계약을 해제할 수 있다(제544조).
    ⓑ 이때에 해제권을 행사하기 위한 요건을 정리하면 다음과 같다.
      ㉮ 채무자의 책임 있는 사유로 인한 이행지체가 있어야 한다(제544조 본문). 이에 관한 명백한 규정은 없으나 이행지체의 책임을 채무자에게 묻기 위하여 이것을 요건으로 함이 타당하다. 그리고 채무자의 이행지체가 위법하여야 한다. 즉, 채무자가 채무의 불이행을 정당화할 수 있는 동시이행의 항변권 같은 것이 있으면 이행지체가 되지 않기 때문이다. 또한, 일부불이행의 경우에는 채권계약의 목적달성과 관련하여 판단하여야 한다.
      ㉯ 채권자가 상당한 기간을 정하여 채무이행을 최고하여야 한다. 채무이행의 최고는 채권자가 채무자에게 이행을 청구·요구하는 것이다. 비록 이행기는 지났으나 이행의 기회를 주는 것이다.

- 여기서의 '상당한 기간'은 채무이행을 준비하고 이행하는 데 필요한 정도의 시간을 말한다. 이때에 채무자의 개인적 질병 등은 고려되지 않는다고 본다. 그리고 채권자가 정한 기간이 객관적으로 상당한 기간이 안 되는 때나 아예 기간을 정하지 아니하고 최고한 때에는 상당한 기간이라고 인정되는 기간이 지난 후에야 해제권이 발생된다고 본다.
- 미리 채무자가 이행을 거절한 경우에는 채권자는 최고 없이 해제권을 행사할 수 있다(제544조 단서). 그리고 채무자가 이행거절의 의사표시를 한 경우에도 채권자가 해제권을 행사하기 전에는 거절의사를 철회할 수 있으며, 철회가 있는 때에는 상당기간을 정하여 이행을 최고한 후에야 계약을 해제할 수 있다고 본다.
ⓓ 채무자가 최고기간 내에 이행 또는 이행의 제공이 없어야 한다. 이때에 최고기간 내에 이행하지 못한 것이 채무자의 책임 있는 사유에 의하여야 한다. 불이행이 불가항력에 의한 것인 때에는 채무자가 입증함으로써 해제를 막을 수 있게 된다. 채무자가 동시이행의 항변권을 가지는 경우에는 채권자는 자기의 채무의 이행을 제공하여야 한다. 이행의 제공은 최고기간 동안 계속하지 않아도 된다고 한다.
ⓒ 이행지체에 의한 해제권의 발생과 소멸
㉮ 해제권은 원칙적으로 최고기간이 끝난 때에 발생한다. 다만 최고기간 내에 불이행의 의사표시를 한 때, 아예 최고하기도 전에 미리 불이행의 의사표시를 한 때에는 이행지체의 때, 그 때에 해제권은 발생한다고 본다.

> **판례** **대판 1994.11.25., 94다35930**
> 이행지체를 이유로 계약을 해제함에 있어서 그 전제요건인 이행의 최고는 반드시 미리 일정 기간을 명시하여 최고하여야 하는 것은 아니며 최고한 때로부터 상당한 기간이 경과하면 해제권이 발생한다고 할 것이고, 매도인이 매수인에게 중도금을 지급하지 아니하였으니 매매계약을 해제하겠다는 통고를 한 때에는 이로써 중도금 지급의 최고가 있었다고 보아야 하며, 그로부터 상당한 기간이 경과하도록 매수인이 중도금을 지급하지 아니하였다면 매도인은 매매계약을 해제할 수 있다.

㉯ 해제권이 발생한 후에라도 행사하기 전에는 채무자가 채무의 이행이 있으면 해제권은 소멸하고, 또 채권자가 해제권을 포기하면 소멸한다.
ⓒ 정기행위인 계약의 이행지체의 경우
ⓐ 정기행위란 계약의 성질이나 당사자의 의사표시로 일정한 시일, 일정한 기간 내에 이행하지 않으면 계약의 목적을 달성할 수 없는 것을 말한다(제545조).

[정기행위의 유력]

절대적 정기행위	계약의 성질에 의한 것으로 채권의 목적인 급부의 객관적 성질로부터 지정된 날짜에 이행하지 않으면 계약의 목적을 달성할 수 없는 것이다. 예 초청장 인쇄의 주문, 일정한 기일에 쓸 음식주문 등
상대적 정기행위	당사자의 의사표시에 의한 정기행위를 말한다. 표시된 채권자의 주관적 동기에서 기간 내에 이행하지 않으면 계약의 목적을 달성할 수 없는 것을 말한다. 이때에 그러한 사정을 채무자도 알고 있어야 한다. 예 결혼식에 입을 예복의 주문(注文) 등

ⓑ 정기행위와 상대적 정기행위에는 채무불이행이 있으면 최고 없이 해제권은 발생하고, 해제권을 행사하여야 해제의 효력이 생긴다. 그러나 상사(商事)의 확정기매매에는 해제권 행사 없이 해제의 효과가 발생한다(상법 제68조).
ⓒ 정기행위에서도 해제권이 발생하려면 채무자의 책임 있는 사유로 위법하게 이행하지 않을 것을 요건으로 한다. 다만 최고의 요건이 없을 뿐이다.

③ **이행불능에 의한 법정해제권의 발생** 13 21 기출
㉠ 채무자의 책임 있는 사유로 인하여 이행불능이 있으면 채권자에게 해제권이 발생한다. 이행이 불가능이므로 최고를 할 필요도 없다(제546조).
㉡ 이때에 해제권의 발생시기는 이행불능이 생긴 때이며, 이행기 전에 이행불능이면 그 불능인 때에 해제할 수 있다.

④ **불완전이행에 의한 해제권의 발생**
㉠ 불완전이행이 해제권의 발생원인임은 민법에는 규정이 없으나 학설은 이의 없이 인정한다. 불완전이행이 있는 경우에 완전이행이 가능하면 상당기간을 정하여 최고한 후 그 기간에 이행이 없을 때에 해제권이 발생한다고 새기고, 완전이행을 기대할 수 없는 때에는 최고 없이 해제권이 발생한다고 본다.
㉡ 물건급부를 목적으로 하는 채무일 경우에 목적물에 흠이 있으면 특정물이냐 불특정물이냐에 따라 유의할 점을 보면
ⓐ 특정물급부의 채무인 때는 그 물건 그대로 인도하면 되고, 그 계약이 무상계약이면 매도인이 하자담보책임을 지고, 그 급부물로 인한 적극적 침해가 생기면 손해배상을 한다.
ⓑ 불특정물급부의 채무인 때에도 매도인의 하자담보책임과 적극적 침해에 대한 손해배상이 문제된다.

⑤ **채권자지체에 의한 해제권의 발생**
㉠ 채권자지체란 채권자의 책임 있는 사유로 수령을 거절하거나 수령할 수 없는 경우가 되어, 채무자가 채무의 이행을 못하게 된 것을 말한다. 그런데 채권자지체의 성질을 채권자의 수령의무 불이행으로 보느냐 아니면 채권자에게는 수령할 권리만 있다고 보느냐에 따라서 해제권 발생 유무를 달리한다.
㉡ 채권자에게는 일반적으로 수령의무는 없는 것으로 보아 특단의 규정이 없는 한 채권자 지체로 해제권은 발생하지 않는다고 한다. 이것이 소수설이다. 그런데 다수설은 채권자지체를 채권자의 협력의무에 대한 불이행으로 보고, 채무불이행책임으로 파악하여 채무자는 상당한 기간을 정하여 수령을 최고한 후에 해제할 수 있다고 본다.
㉢ 쌍무계약에서는 채권자의 수령지체가 있으면, 자기 채무의 이행의 제공도 없는 것이 보통이므로 상대방인 채무자에 의한 이행지체를 이유로 해제권이 행사되는 것이 일반적이므로 이때에는 수령지체는 문제가 되지 않는다. 특히, 당사자가 수령지체를 해제권 발생원인으로 정하거나 관습상 의무로 인정될 수 있는 경우에는 당연히 수령지체도 해제권 발생의 원인이 됨을 소수설도 인정한다.

⑥ 사정변경원칙에 의한 해제권의 발생
  ㉠ 의 의
    ⓐ 사정변경원칙(事情變更原則)이란 법률행위 성립 당시에 그 행위를 하게 된 사정이 그 후에 현저히 변경되어서 당초에 정했던 법률행위의 내용을 그대로 실현하는 것이 신의칙과 공평원리에 어긋나는 부당한 결과를 가져오는 경우에는 당사자가 그 법률행위의 내용을 신의·공평에 맞게 변경하거나 소멸시킬 수 있다는 원칙을 말한다.
    ⓑ 이 원칙의 기초이론으로서는 영미법의 「계약목적 부도달의 법리」, 프랑스법의 「불예견론(不豫見論)」, 독일의 「행위기초론(行爲基礎論)」 등이 있다.
  ㉡ 우리 민법과 사정변경의 원칙
    우리 민법은 사정변경원칙에 근거를 둔 것으로 여겨지는 개별규정은 있으나, 이 원칙을 승인하는 일반적 규정은 없다. 따라서 이 원칙을 인정하지 않고 있다. 그러나 학설은 사정변경원칙은 신의칙에서 나오는 하나의 파생원칙(派生原則)으로서 해제권 발생의 원인으로 하여야 한다고 본다.

    > **판례** 대판 1963.9.12., 63다452
    > 매매계약을 맺은 때와 그 잔대금을 지급할 때와의 사이에 장구한 시일이 지나서 그 동안에 화폐가치의 변동이 극심하였던 탓으로 매수인이 애초에 계약할 당시의 금액표시대로 잔대금을 제공한다면 그 동안에 앙등한 매매목적물의 가격에 비하여 그것이 현저하게 균형을 잃은 이행이 되는 경우라 할지라도 민법상 매도인으로 하여금 사전변경의 원리를 내세워서 그 매매계약을 해제할 수 있는 권리는 생기지 않는다.

  ㉢ 사정변경원칙이 인정되기 위한 요건
    ⓐ 당사자가 예견할 수 없는 현저한 사정의 변경이 생겨야 한다. 이 변경은 계약체결 후 해제할 때까지의 사이에 일어나야 한다. 그리고 이 변경은 해제권을 얻는 당사자의 책임 없는 사유로 생겨야 한다.
    ⓑ 이 현저한 사정변경인 채로 당초에 계약내용을 실현하는 것이 신의칙에 어긋나는 결과가 되어야 한다.
    ⓒ 이행을 강제하는 것은 신의칙에 어긋나므로 최고 없이 해제권을 행사할 수 있다고 본다.
  ㉣ 효 과
    사정변경원칙에 의하여 해제권을 행사하면 계약은 없었던 것 같이 된다. 다만, 사정변경의 원칙을 이유로 해제하는 때에는 손해배상의무가 발생하지 않는다고 본다.

⑦ 부수적 채무의 불이행과 해제
  ㉠ 계약당사자는 계약관계에서 발생하는 주채무는 물론 그에 따르는 부수적인 채무를 부담한다. 이때에 주채무와 부수적인 채무를 모두 이행하지 않으면 계약을 해제할 수 있느냐의 문제이다.
  ㉡ 우리 민법상 해제가 인정되는 것은 주된 채무의 불이행만을 인정하고 있으므로 부수적인 채무의 불이행은 해제의 사유로 할 수 없다고 본다. 그러면 주된 채무란 계약을 맺은 목적을 달성하는데 필수·불가결한 것이라고 생각되는 계약의 내용을 말한다고 볼 수 있으나 그 판단은 당사자의 의사를 기준으로 하여야 한다.

3 해제권의 행사

(1) 해제권의 행사방법

① 해제권이 발생하면 당연히 계약이 해제되는 것이 아니고 해제권자의 해제권의 행사가 있어야 계약이 해제된다. 해제권이 발생하였다고 반드시 행사하여야 하는 것은 아니고 그 행사 여부는 원칙적으로 해제권자의 자유이다.

② 해제권의 행사방법은 상대방에게 해제의 의사표시로 하고 도달한 때에 해제의 효력이 발생한다(제543조). 해제의사표시의 방식은 제한이 없으므로 구두, 서면 등 어떤 방식이라도 좋다. 그러나 당사자가 특정방식을 약정했으면 그에 따라야 한다.

③ 해제의 의사표시는 조건·기한을 붙이지 못한다. 형성권의 성질을 가진 해제권이므로 불확정한 법률상태가 상대방을 불이익하게 할 수 있기 때문이다. 다만, 최고기간 내에 이행이 없으면 당연히 해제된다고 하는 불이행(不履行)을 정지조건(停止條件)으로 하는 것은 유효로 본다.

> **판례** 대판 1981.4.14., 80다2381
> 동시이행관계에 있는 의무자 일방이 상대방의 이행지체를 이유로 한 해제권을 취득하기 위하여는 그 이행청구에 표시된 이행기가 일정한 기간 내로 정하여진 경우라면 이행청구한 자가 원칙적으로 그 기간 중 이행제공을 계속해야 하지만, 일정한 일시 등과 같이 기일로 정하여진 경우에는 그 기일에 이행제공이 있으면 족한 것이어서 상대방의 이행제공 없이 위 기간이나 기일이 도과됨으로써 해제권이 발생한다. 그리고 소정의 기일 내에 이행을 하지 아니하면 계약은 당연히 해제된 것으로 한다는 이행청구는 그 이행청구와 동시에 기간 또는 기일 내에 이행이 없는 것을 정지조건으로 하여 미리 해제의 의사표시를 한 것으로 볼 것이다.

④ 해제의 의사표시는 해제권이 존속하는 기간 내에 행사하여야 한다. 10년의 제척기간이 있다.

⑤ 해제의 의사표시는 상대방의 승낙이 없으면 철회하지 못한다(제543조). 그러나 해제의사표시에 무능력, 의사표시의 착오, 사기·강박이 있는 경우에는 취소할 수 있다.

(2) 해제권의 불가분성 기출

① 당사자의 한쪽 또는 양쪽이 여러 사람인 경우에는 계약의 해제는 당사자 전원으로부터 또는 전원에게 하여야 한다(제547조 제1항). 이것은 각기 다른 당사자에게 독립의 해제권 행사를 인정하면 복잡한 법률관계가 생기는 것을 피하기 위한 것이다.

② 이 해제권의 불가분성은 계약채무의 성질과는 아무런 관계가 없다. 즉, 계약으로 생기는 채무가 분할채무이든 불가분채무이든, 연대채무이든 상관이 없다는 것이다. 그러므로 여러 당사자 중 한 사람에게 해제권이 소멸하면 다른 당사자의 해제권도 소멸한다(제547조 제2항). 다만 해제권의 불가분성을 부정하는 당사자의 약정이 있으면, 그 약정이 유효하다고 본다.

③ 해제권이 불가분의 성질을 가진다고 하여 전원이 공동으로 행사하여야 하는 것은 아니고, 개별적으로 행사할 때에는 최종의 의사표시가 도달한 때에 해제의 효력이 발생한다.

4 해제의 효과 16 기출

(1) 해제의 일반적 효과 10 기출

① 해제의 기본적 효과

한쪽 당사자의 채무불이행으로 계약의 목적을 달성할 수 없게 된 계약을 소멸시켜서, 처음부터 그 계약이 없었던 것과 같은 상태로 되돌려 놓는 것을 목적으로 한다. 따라서 다음과 같은 효과가 생긴다.
㉠ 아직 계약상의 채무를 이행하지 않았다면 이행할 필요가 없다. 계약상의 구속으로부터 벗어난다.
㉡ 이미 계약채무를 이행하였으면 서로 반환하여 원래의 상태로 돌려 놓아야 한다. 즉, 원상회복의무를 부담한다.
㉢ 계약상의 채무를 벗어나고 또 원상회복을 하였는데도 계약으로 인하여 손해가 발생하면 이 손해를 배상하여야 한다.

② 계약해제의 일반적인 효과

계약상의 구속상태로부터의 해방, 원상태로의 회복, 손해배상의 3가지로 요약될 수 있다.

③ 해제의 효과에 대한 학설

계약해제의 중심적인 효과는 원상회복의무(原狀回復義務)인데, 이 원상회복의무와 해제를 어떻게 설명하느냐에 관하여 3가지 학설이 주장되었다. 직접효과설·간접효과설·절충설이 그것이다.

[해제의 효과에 대한 학설]

학 설	내 용
직접효과설	계약이 해제되면 계약은 해제로 인하여 폐기되어서 처음부터 없던 것이 되므로, 이행이 있을 때에는 원상태로 회복시키는 것이, 법률상 원인이 없어졌으므로 부당이득반환을 시키는 것으로 처리하는 것보다는 합리적이라는 견해이다.
간접효과설	해제가 채권관계를 소멸하게 하는 것은 아니고, 다만 그 작용을 막을 뿐이어서 아직 이행하지 않은 채무는 이행을 거절할 수 있고, 이미 이행된 것은 원상회복을 위한 새로운 반환청구권을 발생하게 하여 그 반환으로 계약은 소멸한다는 견해이다.
절충설	해제는 소급효가 있어서 이행하지 아니한 채무는 당연히 소멸하지만, 이미 이행된 것은 새로운 반환청구권이 형성된다는 견해이다.

(2) 해제의 소급효

① 해제로 인하여 계약은 소급적으로 효력을 잃는다.
㉠ 계약에 의하여 생긴 채권·채무는 해제가 되면 처음부터 없었던 것이 된다. 따라서 계약당사자 한쪽이 그의 채권을 제3자에게 양도하여도 그 양수인의 채권은 역시 해제로 소멸한다고 본다. 그러나 제3자 보호에 의한 제한이 있다.
㉡ 계약의 이행으로 권리의 이전이나 설정을 목적으로 하여 이미 등기나 인도가 이루어진 경우에 해제로 그 이전된 권리는 당연히 본래의 상태로 돌아가는지에 대하여 채권적 효과설과 물권적 효과설이 나누어져 있다.
　ⓐ 채권적 효과설은 해제로 당사자 사이에 원상회복의무가 생기나 이것은 새로이 그 이행된 급부를 반환하여 원상회복할 채권관계가 생긴다고 한다. 즉, 해제는 채권적이라는 것이다.
　ⓑ 물권적 효과설은 계약이 해제되면, 이미 행하여진 이행행위와 등기, 인도로 인하여 물권변동이 있더라도 그 변동된 권리는 당연히 되돌아간다고 한다. 즉, 해제는 물권적이라는 것이다. 판례도 물권적 효과설에 따른다.

② 해제된 계약에 의하여 소멸했던 권리는 그 계약의 해제로 다시 부활한다. 해제의 소급효 때문이다.
③ 해제로 인하여 소멸하게 되는 채권이 해제 전에 상계로 소멸된 경우에는 계약이 해제되면 채권은 소급하여 존재하지 않은 것이 되므로 그 상계는 무효가 되고 소급하여 존재하지 않은 채권과 상계된 상대채권이 되살아난다.

(3) 해제와 제3자 14 23 기출

① 해제는 소급적으로 무효화하는 효력을 가지고 있기 때문에 물건의 매매에 의하여 목적물의 소유권이 매수인에게 이전한 후 매수인이 다시 제3자에게 매각하였는데, 그 후에서야 매도인이 당초의 매매계약을 해제하면 그 계약은 소급하여 무효가 되므로 제3자의 소유권 취득도 무효가 된다.
특히 계약해제의 효력을 물권적 효과설에 의하는 경우에는 계약해제로 당연히 매도인에게 목적물의 소유권이 되돌아가게 되어 제3취득자에게 불측의 손해가 생긴다. 이러한 제3자의 불이익을 방지하기 위하여 우리 민법은 '제3자의 권리를 해하지 못한다'(제548조 제1항)고 규정하고 있다.

② 해제에 의하여도 보호되는 제3자의 범위
㉠ 해제의 소급효에도 불이익을 받지 않는 제3자는 원칙적으로 '해제의 의사표시가 있기 전'에 해제된 계약에서 생긴 법률효과 위에 새로운 권리를 취득한 자이다. 예컨대 물건의 매매계약에 의하여 소유권을 취득한 자로부터 그 물건을 다시 전득한 자, 계약에 의해 취득한 목적물 위에 저당권을 취득한 자 등이며, 물론 이 제3취득자들은 그 물권 변동의 요건인 등기나 인도를 갖추어야 보호된다.
㉡ 해제에 의하여 소멸하는 채권 그 자체의 양수인, 또는 그의 전부채권자(轉付債權者), 압류채권자, 제3자를 위한 계약의 수익자 등은 여기서의 제3자는 아니라고 한다.

(4) 원상회복의무

① 원상회복의무의 성질
계약이 해제되면 계약당사자는 계약이 당초부터 없었던 상태로 되돌려 놓는 원상회복의무를 지는데, 이 원상회복의무가 부당이득반환의무와 성질이 같은가에 대해 설이 나뉘고 있다.

[원상회복의무의 성질에 대한 학설]

다수설	해제는 계약을 소급적으로 무효화한다. 따라서 그 계약에 의한 이행(履行)은 법률상 원인 없는 것이 되어 부당이득이 되므로 반환해야 한다. 이에 따라 원상회복의무는 부당이득반환의무와 성질이 같다고 한다.
소수설	부당이득반환의무는 수익자의 부당한 이득을 반환하게 하는 제도이나 원상회복의무는 해제에 의하여 계약이 없었던 원상태로 회복시키는 것이므로 성질이 다르다고 한다.

그런데 부당이득반환은 '그 받은 이익이 현존하는 한도에서' 반환(제748조 제1항)하면 되지만, 원상회복은 받은 급부를 전부 반환해야 한다(제548조 제1항)이므로 반환의 내용은 각기 다르다.

② 원상회복의 내용
　㉠ 해제의 효력이 미치는 당사자 전부가 원상회복을 하여야 한다(제549조). 계약의 당사자는 물론이고 쌍무계약에서 발생한 채권이 양도된 경우에는 그 양수인도 원상회복의무를 부담한다.
　㉡ 원상회복의무의 범위는 급부의 종류와 성질에 따라 다르다.
　　ⓐ 급부의 목적이 토지·건물·상품 등 물건이면 그 물건을 반환하여야 한다. 즉, 원물반환을 하여야 한다. 부동산의 경우에 등기명의 반환도 포함한다. 채권이 대상이면 통지하여야 한다.
　　ⓑ 원물을 소멸·훼손·소비한 경우에는 해제 당시의 가격으로 반환하여야 한다. 이때의 소멸·훼손이 채무자의 책임 있는 경우에만 가격반환을 하는 것이 공평하다는 견해다. 그런데 책임 없는 사유에도 가격반환을 해야 한다는 견해가 있다.
　　ⓒ 목적물이 대체물(代替物)이면 같은 종류, 같은 품질, 같은 수량으로 반환하여야 하고, 채무자가 목적물을 이용한 경우에는 사용이익을 반환하여야 한다.
　　ⓓ 원물반환이 처음부터 불가능한 급부인 때, 즉 노무 등인 때에는 급부당시의 가격을 기준으로 하여 반환하고, 금전급부인 경우에는 받은 날부터 이자를 더하여 반환하여야 한다(제548조 제2항).
　　ⓔ 급부받은 물건이나 권리로부터 생긴 과실은 책임 없는 사유로 멸실·훼손한 것이 아닌 한, 과실 모두를 반환하여야 한다고 본다.
　　ⓕ 채무자가 원상회복대상의 물건에 관하여 들인 비용 중에 필요비는 그 전액을, 유익비는 채무자의 선택으로 그 금액 또는 현존의 가치증가액을 상환하여야 한다(제203조 참조).

(5) 해제와 손해배상의 청구

① 손해배상의무의 성질

우리 민법은 '계약의 해제는 손해배상의 청구에 영향을 미치지 아니한다'(제551조)고 규정하고 있다. 따라서 경우에 따라서는 계약을 해제하고 아울러 손해배상도 청구할 수 있게 된다. 그러나 이 규정만으로는 손해배상이 무엇을 의미하며, 또 어떤 원인에 의한 손해배상인지 분명치 않다.

계약의 해제는 계약체결상태 이전으로 되돌아간다. 원상회복은 채무가 이행되어 있는 경우에 급부된 것을 반환하는 것이다. 그것에 의하여 계약이 해제될 때까지 사이에 당사자 한쪽이 입은 손해가 없어지는 것은 아니다. 즉, 채권관계가 유효하게 성립하고 있었던 동안에 발생하고, 해제 후에도 그대로 남게 되는 손해, 즉 채무불이행에 의한 손해라고 한다. 따라서 민법상 해제와 손해배상청구는 둘 다 성립할 수 있고, 그 손해는 채무불이행에 의한 손해라고 한다.

② 손해배상의 범위

　㉠ 일반규정의 적용

　　민법 제551조의 손해배상을 채무불이행에 의한 손해배상이라고 하면 그 배상의 범위는 통상의 손해와 특별한 사정으로 인한 손해는 채무자가 그 사정을 알았거나 알 수 있었을 때의 것을 가리킨다(제393조).
　　ⓐ 이행불능으로 해제한 경우에는 이행에 갈음하는 손해배상액에서 해제자가 채무를 면한 것 또는 반환받은 이익을 뺀 나머지 금액이 손해액이다.
　　ⓑ 이행지체로 해제한 경우의 손해배상액도 지연배상을 전보배상으로 변경하고, 그 전보배상액에서 해제자의 자기채무의 면제액과 반환받은 이익을 뺀 나머지가 배상액이다.

ⓒ 전보배상액의 산정기준

목적물의 가격이 계속 변한 때에는 해제한 때의 가격을 기준으로 하고 해제에 의한 손해배상청구권은 그 지급을 최고한 때부터 지연이자가 생긴다. 그런데 특약으로 손해배상액이 예정되어 있으면 그 특약에 따른다고 새기는 것이 타당하다.

(6) 해제의 효과와 동시이행 13 기출

계약해제로 원상회복의무, 손해배상의무가 당사자 쌍방에게 생기는 경우에는 동시이행 관계에 있게 된다(제549조). 당사자의 공평을 위해야 하기 때문이다.

5 해제권의 소멸

해제권은 형성권이다. 이러한 종류의 권리에 일반적으로 인정되는 소멸 원인에 의하여 소멸한다.

> **참고** 해제권 소멸 원인에서 유의할 점 15 24 기출
> - 해제권은 소멸시효에 걸리는 권리가 아니라 10년의 제척기간의 경과로 소멸한다.
> - 해제권은 권리자의 일방적인 의사표시에 의해 상대방에게 표시함으로써 소멸한다.
> - 해제권의 행사기간이 없으면 상대방이 상당한 기간을 정하여 해제권 행사 여부의 확답을 해제권자에게 최고하고 그 기간 내에 행사하지 않으면 해제권은 소멸한다(제552조).
> - 해제권자의 고의·과실에 의하여 계약의 목적물을 훼손하여 반환할 수 없게 된 때에도 해제권은 소멸한다.
> - 해제권자가 목적물을 가공·개조하여 다른 종류의 물건으로 변경한 때도 해제권은 소멸한다(제553조).
> - 계약당사자가 여러 사람이 있는 경우에 1인에 관하여 해제권이 소멸하면 다른 모든 자에 대한 관계에서도 해제권은 소멸한다(제547조 제2항). 해제권의 불가분원칙(不可分原則)에 의함이다.

6 계약의 해지 19 기출

(1) 의 의

① 계속적 채권관계를 일으키는 계약의 당사자 한쪽이 계약의 효력을 장래에 향하여 소멸하게 하는 일방적 의사표시를 해지라고 한다. 그 해지할 수 있는 권리를 해지권이라고 한다. 해지권은 형성권의 성질을 가진다.
② 계속적 채권관계를 발생시키는 계약에는 소비대차, 사용대차, 임대차, 고용, 위임, 임치, 조합, 종신정기금 등이 있다. 그러나 계속적 계약임을 결정하는 기준인 '급부의 계속성'은 상대적 개념이므로 위에서 든 전형계약을 고정적으로 계속적 계약이라고 하면서 해지만이 가능하다고 할 수는 없다. 해지는 계속적 계약의 경우에도 채무자가 채무를 이행하기 시작한 후부터 가능하다는 것이다.
③ 해지는 계약의 효력을 '장래에 향하여'만 소멸시키는 것이라는 데서 소급효가 없다. 따라서 계약의 내용을 이미 이행한 급부는 반환하지 않는다(제550조). 즉, 원상회복의무가 없다.

(2) 해지권의 발생

해지권은 법률의 규정에 의하여 발생하는 법정해지권과 당사자의 특약에 의하여 발생하는 약정해지권이 있다(제543조 제1항). 해지권은 해지권자의 일방적 의사표시에 의해 행사되는 형성권의 성질을 가진다.

① **법정해지권**
  ㉠ 법정해지권은 민법상 각종 계약에 관한 개별규정에 정해지고 있는데, 그 대부분의 이유는 채무불이행이고, 또 신의칙 위반의 경우도 있다.
  ㉡ 법정해지권 발생의 원인에 법정해제권에 관한 민법의 규정(제544조~제546조)이 적용이 되느냐 안 되느냐에 대하여 견해가 나뉜다.
  적용할 수 없다는 견해는 적용에 대한 언급이 규정에 없다는 것인데, 적용할 수 있다는 견해는 해지권 발생원인을 민법이 모두 망라한 것은 아니므로 채무불이행 등이 있으면 해지권이 발생할 뿐 아니라 사정변경 등에 의하여도 해지권은 발생한다고 본다.

② **약정해지권**
  계속적 채권관계를 발생시키는 계약의 당사자 사이에 특약에 의하여 발생하는 해지권을 약정해지권이라고 하는데, 계약 자유에 의하여 가능하다(제543조 제1항). 따라서 당사자 중 한쪽 또는 양쪽에 일정한 경우에 해지권을 보류(保留)하는 약정을 할 수 있다.

(3) 해지권의 행사

해지권자가 상대방에 대하여 해지의 의사표시를 하는 방법으로 행사한다. 해지의 의사표시는 철회하지 못하며(제543조 제2항), 해지권의 불가분성으로 인하여 그 행사는 당사자 전원으로부터 전원에게 하여야 한다(제547조 제1항).

(4) 해지의 효과

① 계약이 해지되면 그 계약은 장래에 향하여만 소멸하므로 소급효(遡及效)가 없다(제550조). 따라서 해지 전에 성립한 채무는 그대로 존속하며 원상회복의무가 없다. 그리고 해지는 손해배상청구에 영향을 주지 아니하므로 해지도 하고 손해가 있으면 손해배상도 청구할 수 있다(제551조).
② 일정한 기간이 지난 후에만 해지가 가능한 기간을 해지기간이라고 한다.

제2과목 민법

CHAPTER 03 적중예상문제

01 다음은 채권발생원인에 관한 설명이다. 내용이 옳지 아니한 것은?

① 채권발생원인은 법률행위에 의한 것과 법률규정에 의한 것으로 나눌 수 있다.
② 법률행위에 의한 것은 계약·단독행위·합동행위 등이 있다.
③ 사무관리는 적법행위로서 사실행위에 속한다.
④ 단독행위에 의한 채권발생원인에는 유언과 재단법인 설립행위가 있다고 본다.
⑤ 채권법상의 법규에 의한 원인에는 사무관리, 부당이득, 불법행위가 있다.

해설
사무관리는 법률상 의무 없이 타인을 위하여 타인의 사무를 처리하는 행위로서 준법률행위(準法律行爲)의 일종이다.

02 다음은 계약 자유의 원칙의 제한에 대한 설명이다. 옳지 아니한 것은?

① 우편·통신사업, 전기·가스 공급사업 등 공익적 사업은 정당한 이유 없이 계약체결을 거절할 수 없다.
② 공증인, 의사, 약사 등의 공익적 직무에 관하여는 정당한 이유 없이 직무집행을 거절할 수 없다.
③ 지상권설정자가 지상물의 매수를 청구하는 경우에는 거절할 수 없다.
④ 선량한 풍속, 기타의 사회질서에 반하는 내용의 계약은 무효이다.
⑤ 법인의 설립에는 정관(定款)의 형식을 요구하나 유언의 경우에는 특별한 방식이 필요 없다.

해설
법인의 정관은 물론이고, 유언에도 일정한 방식에 의하여야 한다. 자필증서, 구수증서, 녹음, 공정증서, 비밀증서의 5가지 외에는 유언으로 인정되지 않는다.

정답 01 ③ 02 ⑤

03 임의규정을 배제하는 계약당사자의 개별적 특약으로 그 효력을 인정할 수 없는 것은?

① 특정물인도 채무자의 선관주의 의무를 배제하는 특약
② 청약의 구속력을 부정하는 특약
③ 쌍무계약에서의 채무자위험부담원칙을 부정하는 특약
④ 환매대금을 영수한 대금 및 매수인이 부담한 매매비용의 합산액과 달리하는 특약
⑤ 목적물의 전부 또는 일부를 제3자에게 양도한 매도인의 담보책임을 면제하는 특약

해설

⑤ 제584조는 강행규정으로 목적물의 전부 또는 일부를 제3자에게 양도한 매도인의 담보책임을 면제하는 특약은 그 효력을 인정할 수 없다.
①·②·③·④ 각각의 규정은 임의규정으로 계약당사자의 개별적 특약으로서 각 규정을 배제하는 효력을 인정할 수 있다.

04 다음은 청약(請約)에 관한 설명이다. 옳지 아니한 것은?

① 청약은 하나의 법률사실이다.
② 청약은 의사표시이므로 상대방에게 도달하는 때에 원칙적으로 효력이 생긴다.
③ 청약이 효력을 발생한 때에는 청약자 마음대로 그 청약을 철회하지 못한다.
④ 청약의 승낙적격은 청약의 존속기간이라고 할 수 있다.
⑤ 청약의 승낙기간이 지난 후에 도착한 승낙은 승낙으로서 유효할 수 없고, 새로운 청약으로는 더욱 안 된다.

해설

승낙기간이 있는 승낙이 연착된 때에는 청약자는 지체 없이 상대방에게 연착의 통지를 하지 않으면 계약은 성립한 것이 되고, 승낙기간이 지나서 도착한 승낙은 그 해당계약을 성립시킬 수는 없으나 청약자가 이를 새로운 청약으로 보아 효력을 가질 수 있다(민법 제528조 내지 제530조).

05 계약의 청약에 관한 설명으로 옳지 않은 것은?

① 계약의 청약은 청약자가 사전에 철회의 자유를 유보하였다 하더라도 이를 철회하지 못한다.
② 승낙의 기간을 정한 계약의 청약은 청약자가 그 기간 내에 승낙의 통지를 받지 못한 때에는 그 효력을 잃는다.
③ 승낙의 기간을 정하지 아니한 계약의 청약은 청약자가 상당한 기간 내에 승낙의 통지를 받지 못한 때에는 그 효력을 잃는다.
④ 당사자 간에 동일한 내용의 청약이 상호교차된 경우에는 양 청약이 상대방에게 도달한 때에 계약이 성립된다.
⑤ 승낙자가 청약에 대하여 조건을 붙이거나 변경을 가하여 승낙한 때에는 그 청약의 거절과 동시에 새로 청약한 것으로 본다.

해설
① 계약의 청약은 이를 철회하지 못하나, 처음부터 철회권을 유보한 경우에는 상대방에게 의사표시가 도달한 경우라도 철회할 수 있다(민법 제527조 참조).
② 동법 제528조 제1항
③ 동법 제529조
④ 동법 제533조
⑤ 동법 제534조

06 계약의 청약에 관한 설명으로 옳은 것은?

① 청약자가 청약을 발송한 후 사망한 경우에 청약은 그 효력을 잃는다.
② 청약의 구속력은 승낙기간의 경과 후 청약자가 청약의 철회를 한 때에 소멸한다.
③ 청약의 상대방은 청약을 받아들일 것인지 여부에 대해 회답할 의무가 있다.
④ 자동판매기가 설치되어 있더라도 작동하는 동안만 청약이 된다.
⑤ 계약의 청약은 특정인에 대하여 행하여져야 한다.

해설
④ 자판기의 설치는 일반적으로 청약으로 해석되는 바, 자판기가 정상적으로 작동하고 있음을 전제로 한다고 해석된다.
① 청약은 매도인이 먼저 한 의사표시로서 의사표시 후 사망해도 그 효력에는 영향이 없다.
② 청약자는 아직 승낙이 없어 계약이 성립하지 않았다 하더라도 임의로 철회할 수 없다(민법 제527조 참조).
③ 상대방은 청약에 대하여 회답할 의무는 없다.
⑤ 청약은 불특정다수인에 대하여 해도 무방하다. 반면, 승낙은 청약자에 대하여 해야 유효하게 계약이 성립한다.

07 다음 중 약혼(約婚)과 가장 밀접한 것은?

① 계속적 계약
② 예 약
③ 본계약
④ 편무계약
⑤ 요물계약

> **해설**
> 약혼은 결혼이라는 본계약을 체결하기 위한 예약이다.

08 다음은 계약의 경쟁체결과 관련된 설명이다. 옳지 아니한 것은?

① 계약의 경쟁체결의 모습에는 경매와 입찰이 있다.
② 경매는 경쟁자끼리 표시내용을 알고, 그보다 유리한 내용을 다시 표시할 수 있는 기회를 갖는 것이다.
③ 입찰은 경쟁자가 서로 다른 경쟁자의 표시 내용을 알 수 없는 것이다.
④ 입찰에 붙인다는 표시는 보통은 청약으로 보아야 한다.
⑤ 입찰의 절차는 입찰에 붙인다는 표시를 하고, 경쟁자가 입찰하고, 입찰에 붙인 자가 개찰하고, 낙찰을 결정하는 순서를 거친다.

> **해설**
> 입찰의 경우에 청약은 입찰이고, 낙찰결정이 승낙으로 보게 된다. 따라서 입찰에 붙인다는 표시는 보통은 청약의 유인(誘引)에 지나지 않는다고 본다.

09 다음은 쌍무계약(雙務契約)에 관한 설명이다. 옳지 않은 것은?

① 쌍무계약은 당사자가 서로 대가적(對價的) 채무를 부담하는 것을 약정하는 계약이다.
② 쌍무계약의 동시이행의 항변권은 계약체결 당사자 사이에서만 존재하는 것이고, 채권양도 등에 의하여 당사자가 변경되면 소멸한다.
③ 쌍무계약은 의존관계를 채무의 견련성이라고 표시한다. 이 견련성은 채무의 성립·이행·소멸에서 나타난다.
④ 쌍무계약의 이행상의 견련성에서 동시이행의 항변권이 있게 된다.
⑤ 쌍무계약의 존속상의 견련성에서 위험부담의 문제가 생긴다.

> **해설**
> 동시이행의 항변권은 당사자가 변하여도 채무의 동일성이 유지되는 한 항변권은 존속한다고 본다.

10 다음은 계약체결상의 과실에 관한 설명이다. 옳지 않은 것은?

① 계약체결상의 과실은 예링(Jhering)의 논문에 의하여 주장된 바가 있다.
② 계약체결상의 과실책임의 법적 성질은 계약책임설과 불법행위책임설로 나뉜다.
③ 상점에서 융단을 사려고 있던 손님의 옆에 세워 놓았던 다른 융단이 쓰러져 손님이 다친 경우에 체약상의 과실을 인정한 외국의 판례가 있다.
④ 계약이 유효하게 성립한 경우에는 계약체결상의 과실책임은 계약상의 기본의무 이외의 신의칙상의 부수의무를 위반한 책임이 된다.
⑤ 계약체결상의 과실책임을 불법행위책임이라고 하면 법정대리인이나 이행보조자의 체약상의 과실에 대하여 본인 또는 사용자가 책임진다고 새길 수 있다.

> **해설**
> 계약체결상의 과실책임을 계약책임으로 할 때에 법정대리인이나 이행보조자의 체약상의 과실에 대해 본인 또는 사용자가 책임진다고 새길 수 있다. 그러나 불법행위책임에는 법정대리인, 이행보조자의 과실로 인한 본인·사용자의 책임을 묻지 못하고, 손해배상청구권은 3년, 10년의 권리행사기간의 제한이 있다(민법 제766조).

11 계약의 성립에 관한 다음 기술 중 틀린 것은?

① 청약은 불특정 다수인에 대해서도 할 수 있지만 승낙은 특정의 청약자에 대하여 하여야 한다.
② 청약에 "승낙기간 내에 회답하지 않으면, 계약이 체결된 것으로 본다"라는 내용의 조건이 붙어 있는 경우에 상대방이 승낙기간 내에 회답을 발하지 않아도 계약은 체결되지 않는다.
③ 10만 원에 팔겠다는 A의 청약에 대해 B가 8만 원이면 사겠다고 하였는데, 이에 대해 A가 응하지 않자 B가 처음대로 10만 원에 사겠다고 한 경우 10만 원에 매매계약이 체결된 것으로 된다.
④ 서점에서 신간서적을 보내오면 그중에서 필요한 책을 사기로 하고서 보내온 책에 이름을 적는 경우 그 때에 매매계약이 성립한 것으로 된다.
⑤ 연착된 승낙은 새로운 청약으로 보아, 청약자는 이에 대하여 승낙함으로써 계약을 체결할 수 있다.

> **해설**
> ③ B의 승낙은 A의 청약과 객관적으로 합치하지 않기 때문에 매매계약은 성립할 수 없다. 청약과 승낙이 객관적으로 일치하지 않으며, 특히 당사자가 이를 의식하고 있는 경우로 '의식적 불합의'라고 한다. B가 한 의식적 불합의로서의 승낙은 변경된 승낙이므로 A에 대한 새로운 청약의 의사표시로 해석된다. 따라서 A가 새로운 승낙을 하지 아니하는 한 계약은 성립하지 않는다.
> ① 청약의 의사표시는 상대방 있는 의사표시이지만, 상대방은 반드시 청약 당시에 특정되어 있을 필요는 없다. 승낙은 청약에 대응하여 계약을 성립시킬 목적으로 청약자에게 하는 수령자의 의사표시이므로 청약과 달리 불특정다수인에 대한 승낙은 허용되지 않는다.
> ② 청약의 수령자는 청약에 대한 낙부의 의사표시를 해야 할 의무를 부담하지 않는다.
> ④ 계약의 체결을 수용할 의사가 있음을 표시하여 타인으로 하여금 청약을 유인한 것이므로 그에 대한 승낙이 있으면 계약은 성립한다.
> ⑤ 연착된 승낙은 그 자체가 승낙으로서의 효력을 갖지는 아니하지만 새로운 청약으로서 취급된다(민법 제530조).

12 다음 중에서 계약자유의 원칙의 내용에 속하지 않는 것은?

① 계약체결의 자유
② 상대방 선택의 자유
③ 계약내용 결정의 자유
④ 계약대체의 자유
⑤ 계약방식의 자유

해설

계약자유의 원칙은 사적자치(私的自治)의 계약적 실현이라고 할 수 있다.
①·②·③·⑤의 네 가지가 주요 내용이다.

13 다음은 위험부담(危險負擔)에 관한 내용이다. 옳지 아니한 것은?

① 쌍무계약상 위험부담에서의 위험은 일반적으로 말하는 위험과 같은 의미이다.
② 쌍무계약에서의 위험부담은 대가적 의미를 가지고 대립하는 채무의 한쪽이 소멸함으로써 받는 불이익을 가리킨다.
③ 위험부담제도는 일반적 채무의 독립성과 쌍무계약상의 채무의 견련성을 조화하려는 것이라고 볼 수 있다.
④ 위험부담에 관한 입법주의는 채무자주의, 채권자주의, 소유자주의 등이 있다.
⑤ 우리 민법은 위험부담에 관하여 채무자주의를 취하고 있다.

해설

쌍무계약상 위험부담은 일반적으로 말하는 위험(危險)과는 다르다. 일반적인 위험이라고 할 때에는 생활이익에 대하여 어떠한 위해(危害)를 줄 염려가 있는 상태를 말하는 것이고, 위험부담에서의 위험은 ②와 같은 의미이다.

14 다음은 제3자를 위한 계약에 관한 내용이다. 옳지 아니한 것은?

① 제3자를 위한 계약의 당사자는 요약자와 낙약자이다.
② 제3자를 위한 계약은 당사자가 아닌 제3자로 하여금 채권을 취득하게 하는 계약이다.
③ 제3자를 위한 계약의 유용성은 낙약자의 출연을 요약자를 거치지 않고 직접 제3자가 낙약자로부터 받게 하는 데 있다.
④ 요약자와 낙약자 사이의 관계를 보상관계라고 한다.
⑤ 요약자와 제3자와의 관계를 원인관계라고 한다.

해설

제3자를 위한 계약에서 요약자와 제3자와의 사이에 존재하는 관계를 대가관계(對價關係)라고 한다.

15 제3자를 위한 계약에 관한 내용이다. 틀린 것은?

① 낙약자는 대가관계를 기초로 하는 항변권을 가지고 제3자에게 대항할 수 있다.
② 제3자가 수익의 의사표시를 한 후에 낙약자의 채무불이행이 있으면 제3자는 그 손해의 배상을 청구할 수 있다.
③ 제3자를 위한 계약의 제3자의 권리가 발생한 후에는 당사자는 이를 변경하지 못한다.
④ 제3자를 위한 계약의 제3자(수익자)가 낙약자를 기망한 경우에는 상대방의 사기가 되며 제3자의 사기로 되지 않는다.
⑤ 제3자를 위한 계약의 제3자는 해제권이나 취소권을 취득하지 않는다.

해설
제3자는 계약당사자가 아니다. 따라서 제3자의 사기가 성립한다.

16 제3자를 위한 계약에 관한 설명으로 옳은 것은? (다툼이 있으면 판례에 따름)

① 제3자를 위한 계약이 성립하려면 요약자와 낙약자 및 제3자가 계약당사자로서 채권계약을 성립시키는 합의가 있어야 한다.
② 제3자가 요약자에 대하여 계약의 이익을 받을 의사를 표시하면, 제3자는 낙약자에게 이행을 청구할 수 있는 권리를 가지게 된다.
③ 낙약자의 채무불이행이 있는 경우에 수익자는 계약해제권을 행사할 수 있다.
④ 낙약자는 요약자와 수익자 사이의 법률관계에 기한 항변으로 수익자에게 대항할 수 없다.
⑤ 요약자는 수익자와의 사이에 대가관계가 부존재함을 이유로 자신이 기본관계에 기하여 낙약자에게 부담하는 채무의 이행을 거부할 수 있다.

해설
④ 제3자를 위한 계약의 체결 원인이 된 요약자와 제3자(수익자) 사이의 법률관계(이른바 대가관계)의 효력은 제3자를 위한 계약 자체는 물론 그에 기한 요약자와 낙약자 사이의 법률관계(이른바 기본관계)의 성립이나 효력에 영향을 미치지 아니하므로 낙약자는 요약자와 수익자 사이의 법률관계에 기한 항변으로 수익자에게 대항하지 못한다(대판 2003.12.11., 2003다49771).
① 제3자를 위한 계약이 성립하려면 요약자와 낙약자 사이에 유효한 계약이 성립되어야 한다. 제3자는 계약당사자가 되지는 않는다.
② 제3자가 낙약자에 대하여 계약의 이익을 받을 의사를 표시해야 낙약자에게 이행을 청구할 수 있는 권리를 가지게 된다(민법 제539조 제2항).
③ 제3자를 위한 계약의 당사자가 아닌 수익자는 계약의 해제권이나 해제를 원인으로 한 원상회복청구권이 있다고 볼 수 없다(대판 1994.8.12., 92다41559).
⑤ 요약자는 대가관계의 부존재나 효력의 상실을 이유로 자신이 기본관계에 기하여 낙약자에게 부담하는 채무의 이행을 거부할 수 없다(대판 2003.12.11., 2003다49771).

정답 15 ④ 16 ④

17 동시이행의 항변권에 관한 설명으로 옳은 것은? (다툼이 있으면 판례에 따름)

① 매매계약에서 매수인이 중도금을 지급하지 않고 있는 중 매도인의 소유권이전등기의무의 이행기가 도과한 경우 특별한 사정이 없는 한 매도인이 소유권이전등기 소요서류를 제공하지 않았더라도 매수인은 중도금을 지급할 때까지 이행지체책임을 진다.
② 甲과 乙이 매매계약을 체결하고 급부를 서로 이행한 후에 甲이 乙의 사기를 이유로 위 계약을 적법하게 취소한 경우 매매대금을 반환하는 것이 소유권이전등기를 반환하는 것보다 선이행 되어야 한다.
③ 동시이행관계에 있는 쌍방의 채무 중 어느 한 채무가 이행불능이 됨으로 인해 발생한 손해배상채무는 다른 채무와 동시이행의 관계에 있다.
④ 매매대금 채권이 소유권이전등기청구권과 동시이행의 관계에 있는 경우 매매대금 채권의 시효는 진행되지 않는다.
⑤ 동시이행의 관계에 있는 경우 이행지체책임을 부담하지 않기 위해서는 동시이행항변권을 행사하여야 한다.

해설
① 대가적 채무 간에 이행거절의 권능을 가지는 경우에는 비록 이행거절 의사를 구체적으로 밝히지 아니하였다고 할지라도 이행거절 권능의 존재 자체로 이행지체책임은 발생하지 않는다(대판 1997.7.25., 97다5541).
② 매매계약의 양 당사자는 각 쌍방의무에 대해 특별한 약정이나 관습이 없으면 동시에 이행하여야 한다(민법 제568조 제2항 참조).
④ 부동산에 대한 매매대금 채권이 소유권이전등기청구권과 동시이행의 관계에 있다고 할지라도 매도인은 매매대금의 지급기일 이후 언제라도 그 대금의 지급을 청구할 수 있는 것이며 다만 매수인은 매도인으로부터 그 이전등기에 관한 이행의 제공을 받기까지 그 지급을 거절할 수 있는 데 지나지 아니하므로 매매대금 청구권은 그 지급기일 이후 시효의 진행에 걸린다(대판 1991.3.22., 90다9797).
⑤ 이행지체책임을 부담하지 않기 위해 동시이행항변권을 행사할 수 없다.

18 동시이행의 항변권에 관한 다음 설명 중 틀린 것은?

① 동시이행의 항변권이 붙은 채권을 자동채권으로 상계할 수 있다.
② 동시이행의 항변권은 경개에 의하여 소멸한다.
③ 채권이 양도되더라도 동시이행의 항변권은 소멸하지 않는다.
④ 상대방의 채무는 원칙적으로 변제기에 있어야 한다.
⑤ 동시이행의 항변권은 소멸시효의 진행에 영향을 미치지 않는다.

해설
① 이를 허용한다면 상대방은 이유 없이 항변권을 잃게 되므로 상계할 수 없다.
② 일방의 채무가 경개로 동일성을 상실하면 동시이행의 항변권도 소멸한다.
③ 채권양도, 채무인수, 상속 등으로 당사자가 변경되더라도 채무가 동일성을 유지하는 한 동시이행항변권은 유지된다.
④ 상대방의 채무가 변제기에 있어야 하는 것이 원칙이나 예외적으로 상대방의 이행이 곤란할 현저한 사유가 있는 때에는 선이행의무자에게도 동시이행의 항변권이 있다(민법 제536조 제2항).
⑤ 소멸시효는 권리행사할 수 있는 때부터 진행하며, 동시이행항변권을 가지고 있다고 해서 권리를 행사할 수 없는 것은 아니므로 소멸시효가 진행한다.

19 위험부담에 관한 설명으로 옳지 않은 것은? (다툼이 있으면 판례에 따름)

① 채권자의 수령지체 중 당사자 쌍방의 책임 없는 사유로 이행불능이 되는 경우 채무자는 채권자를 상대로 이행을 청구할 수 있다.
② 위험부담에 관한 민법 제537조는 강행규정이다.
③ 채권자귀책사유로 인한 이행불능에서 채권자의 책임 있는 사유는 채권자의 어떤 작위나 부작위가 채무자의 이행의 실현을 방해하고 그 작위나 부작위는 채권자가 이를 피할 수 있었다는 점에서 신의칙상 비난받을 수 있는 경우를 의미한다.
④ 쌍무계약 당사자 쌍방의 급부가 모두 이행불능이 된 경우 특별한 사정이 없는 한 당사자 일방이 상대방에 대하여 대상청구권을 행사할 수 없다.
⑤ 채권자의 수령지체 중에 당사자 쌍방의 책임 없는 사유로 이행할 수 없게 된 때에 해당하기 위해서는 채무자의 현실 제공이나 구두 제공이 필요하다.

> 해설
② 민법 제537조는 임의규정으로서 당사자 사이에 이와 다른 약정을 하여도 유효하다고 본다.

20 쌍무계약에 있어 위험부담에 관한 설명으로 옳은 것은? (다툼이 있으면 판례에 따름)

① 부동산 매도인의 소유권이전등기의무가 매수인의 책임 있는 사유로 이행할 수 없게 된 경우, 매도인은 매수인에게 매매대금의 지급을 청구할 수 없다.
② 매매계약이 당사자 쌍방의 귀책사유 없이 이행불능이 된 경우, 매도인은 이미 지급받은 매매대금을 반환하여야 하고 매수인은 목적물을 점유·사용함으로써 취득한 임료 상당의 부당이득을 반환할 의무가 있다.
③ 쌍무계약의 당사자는 위험부담에 관한 민법 규정과 다르게 약정할 수 없다.
④ 위험부담에 관한 규정은 채무자의 책임 없는 사유로 생긴 원시적 불능의 경우에 적용된다.
⑤ 채권자의 수령지체 중에 당사자 쌍방의 책임 없는 사유로 이행할 수 없게 된 경우, 채무자는 상대방의 이행을 청구할 수 없다.

> 해설
② 매매 목적물이 경매절차에서 매각됨으로써 당사자 쌍방의 귀책사유 없이 이행불능에 이르러 매매계약이 종료된 사안에서, 위험부담의 법리에 따라 매도인은 이미 지급받은 계약금을 반환하여야 하고 매수인은 목적물을 점유·사용함으로써 취득한 임료 상당의 부당이득을 반환할 의무가 있다(대판 2009.5.28., 2008다98655).
① 매수인이 그 변제를 게을리 하여 근저당권이 실행됨으로써 매도인이 매매목적물에 관한 소유권을 상실하였다면, 특별한 사정이 없는 한, 이는 매수인에게 책임 있는 사유로 인하여 소유권이전등기의무가 이행불능으로 된 경우에 해당하고, 거기에 매도인의 과실이 있다고 할 수는 없다(대판 2009.5.14., 2009다5193).
③ 쌍무계약의 당사자는 위험부담에 관한 민법의 채무자위험부담주의 원칙에 반하여, 채권자귀책사유 발생 시 채무자가 채권자에게 반대급부의 이행을 청구할 수 있다.
④ 원시적 불능의 경우에는 위험부담의 문제는 발생되지 않는다.
⑤ 쌍무계약의 당사자 일방의 채무가 채권자의 책임 있는 사유로 이행할 수 없게 된 때에는 채무자는 상대방의 이행을 청구할 수 있다(민법 제538조).

정답 19 ② 20 ②

21 쌍무계약에 관한 설명으로 옳은 것은? (다툼이 있으면 판례에 따름)

① 쌍무계약의 양 채무는 객관적·경제적으로 동등한 의미를 가져야 한다.
② 여행자는 여행을 시작하기 전에는 언제든지 계약을 해제할 수 있다.
③ 부득이한 사유로 여행계약이 해지된 경우 계약은 장래에 대하여 효력을 상실하므로 설사 계약상 귀환운송의무가 있더라도 여행주최자는 여행자를 귀환운송할 의무가 없다.
④ 사용자의 귀책사유로 해고된 근로자가 해고기간 중 동종의 다른 직장에 종사하여 얻은 중간수입은 사용자가 해고기간 중 임금을 지급할 때 공제할 수 없다.
⑤ 교환은 당사자 쌍방이 금전 기타 재산권을 상호이전할 것을 약정함으로써 그 효력이 생긴다.

해설

① 쌍무계약이란 계약당사자가 서로 대가적 의미를 가지는 채무를 부담하는 계약을 말한다. 다만, 여기서 대가적 의미를 갖는다는 것은 채무의 내용이 객관적·경제적으로 동일한 가치를 갖는 것을 의미하는 것은 아니다.
③ 부득이한 사유로 계약이 해지된 경우에도 계약상 귀환운송의무가 있는 여행주최자는 여행자를 귀환운송할 의무가 있다(민법 제674조의4 제1항 내지 제2항 참조).
④ 사용자의 귀책사유로 인하여 해고된 근로자는 그 기간 중에 노무를 제공하지 못하였더라도 사용자에게 그 기간 동안의 임금을 청구할 수 있고 이 경우에 근로자가 자기의 채무를 면함으로써 얻은 이익이 있을 때에는 이를 사용자에게 상환할 의무가 있다고 할 것인데, 근로자가 해고기간 중에 다른 직장에 종사하여 얻은 수입은 근로제공의 의무를 면함으로써 얻은 이익이라고 할 것이므로 사용자는 근로자에게 해고기간 중의 임금을 지급함에 있어서 위의 이익(이른바 중간수입)을 공제할 수 있다(대판 1991.12.13., 90다18999).
⑤ 교환은 당사자 쌍방이 금전 이외의 재산권을 상호이전할 것을 약정함으로써 그 효력이 생긴다(민법 제596조).

22 계약해제에 관한 설명으로 다음 중 옳지 않은 것은?

① 당사자 일방이 미리 채무를 이행하지 아니할 의사를 표시한 경우에는 상대방은 최고를 하지 아니하고 계약을 해제할 수 있다.
② 계약해제를 위한 채권자의 이행최고가 본래 이행하여야 할 채무액을 초과하는 경우에는 그 최고는 언제나 부적법하고 이러한 최고에 터 잡은 계약의 해제는 그 효력이 없다는 것이 판례의 입장이다.
③ 계약의 성질에 의하여 일정한 시일 또는 일정한 기간 내에 이행하지 아니하면 계약의 목적을 달성할 수 없을 경우에 당사자 일방이 그 시기에 이행하지 아니한 때에는 상대방은 최고를 하지 아니하고 계약을 해제할 수 있다.
④ 계약의 해제는 손해배상의 청구에 영향을 미치지 아니한다.
⑤ 계약의 해제로 인한 원상회복의 경우에 반환할 금전에는 그 받은 날로부터 이자를 가산하여야 한다.

해설

② 채권자의 이행최고가 본래 이행하여야 할 채무액을 초과하는 경우에도 본래 급부하여야 할 수량과의 차이가 비교적 적거나 채권자가 급부의 수량을 잘못 알고 과다한 최고를 한 것으로서 과다하게 최고한 진의가 본래의 급부를 청구하는 취지라면, 그 최고는 본래 급부하여야 할 수량의 범위 내에서 유효하다고 할 것이나, 과다한 정도가 현저하고 채권자가 청구한 금액을 제공하지 않으면 그것을 수령하지 않을 것이라는 의사가 분명한 경우에는 그 최고는 부적합하고 이러한 최고에 터 잡은 계약 해제는 그 효력이 없다(대판 1994.5.10., 93다47615).
① 민법 제544조, ③ 동법 제545조, ④ 동법 제551조, ⑤ 동법 제548조 제2항

23 다음은 계약해제의 효과이다. 설명이 옳지 아니한 것은?

① 계약이 해제되면, 미이행의 채무는 이행할 필요가 없게 된다.
② 이미 이행한 것이 있는 때에는 서로 반환하여야 한다.
③ 계약의 해제로 손해가 생긴 때에는 그 손해도 배상하여야 한다.
④ 계약해제의 효과에 관한 학설은 직접효과설, 간접효과설, 절충설 등이 있고, 우리나라에서는 직접효과설을 취하고 있다.
⑤ 계약해제와 관련하여 원상회복의무, 손해배상의무가 생기는 경우에는 당사자 쌍방은 동시이행관계에 있지는 않다.

해설
계약해제의 효과에 관하여도 민법 제536조가 준용되므로 원상회복의무, 손해배상 등에는 동시이행관계가 발생한다(민법 제549조).

24 다음 중에서 해제권 발생원인에 속하지 아니하는 것은?

① 이행지체
② 이행불능
③ 이행기 전(前)의 이행
④ 불완전이행
⑤ 수령지체

해설
채무는 이행기에 이행하는 것이 원칙이지만 채무자는 기간이익을 포기하고 이행기 이전에 이행할 수가 있다.

25 다음은 계약의 해지(解止)에 관한 설명이다. 옳지 아니한 것은?

① 계약이 해지되면 그 효력은 장래에 향하여 발생한다.
② 해지권은 약정해지권, 법정해지권으로 분류할 수 있는데, 우리 민법은 법정해지권의 일반적 규정을 두고 있다.
③ 계약의 해지는 계속적 채권관계를 발생시키는 계약에서 발생한다.
④ 계속적 계약에는 소비대차, 사용대차, 임대차 등이 있다.
⑤ 해지권의 법적 성질은 형성권이다.

해설
우리 민법은 법정해지권에 관한 일반적 규정을 두고 있지는 않지만, 이행지체, 이행불능, 불완전이행 등을 법정해지권의 발생원인으로 하여야 한다고 본다.

정답 23 ⑤ 24 ③ 25 ②

26 계약의 해제에 관한 설명으로 옳지 않은 것은? (다툼이 있으면 판례에 따름)

① 계약의 합의해제는 당사자 쌍방의 묵시적 합의에 의하여도 할 수 있다.
② 부동산 매매계약에 따라 소유권이전등기가 마쳐진 후에 그 계약이 합의해제 된 경우, 매도인의 원상회복청구권은 소유권에 기한 물권적 청구권에 해당한다.
③ 채무자에게 책임 있는 사유로 이행이 불능하게 된 경우, 채권자는 최고 없이도 계약을 해제할 수 있다.
④ 당사자의 일방 또는 쌍방이 수인인 경우에는 계약의 해제는 그 전원으로부터 또는 전원에 대하여 하여야 한다.
⑤ 채무불이행을 이유로 계약을 해제한 자는 상대방에 대하여 손해배상을 청구하지 못한다.

해설

해지, 해제와 손해배상(민법 제551조)
계약의 해지 또는 해제는 손해배상의 청구에 영향을 미치지 아니한다.

27 다음 기술 중 맞는 것은?

① 건물의 수선의무 있는 임대인이 수선을 게을리한 때에도 임차인은 그에 상응하는 차임의 지급을 거절할 수 없다.
② 동시이행의 항변권은 일정한 요건을 갖추면 이를 원용(주장)하지 않더라도 그 기능을 발휘하게 된다.
③ 원고의 이행청구소송에서 피고가 동시이행의 항변권을 원용한 경우에는 원고패소의 판결이 아니라 상환이행판결을 하여야 한다는 것이 통설·판례이다.
④ 임대차 목적물의 일부가 임대인의 책임 없는 사유로 인하여 멸실한 때에는 그 멸실된 부분의 비율에 따른 차임이 당연히 감축된다.
⑤ 계약체결상의 과실책임의 손해액은 이행이익을 초과하여도 신뢰이익의 한도로 한다.

해설

① 상응하는 차임지급을 거절할 수 있다.
② 동시이행항변권은 이를 원용(주장)하여야 기능을 발휘한다.
④ 차임이 당연히 감축하는 것이 아니라, 차임감액청구권을 행사하여야만 감축된다.
⑤ 이행이익을 넘지 못한다.

28 다음은 계약해제조건에 관련된 내용이다. 틀린 것은?

① 보통의 이행지체인 경우에 채권자는 상당한 기간을 정하여 이행을 최고함으로써 채무자를 이행지체에 빠지게 하고, 그 기간 안에 이행하지 않으면 계약을 해제할 수 있다.
② 최고와 동시에 최고기간 내에 이행하지 않으면 다시 해제의사표시를 하지 않더라도 당연히 해제된다고 하는 의사표시는 유효하다.
③ 해제권의 발생요건을 경감하는 특약은 신의칙에 반하지 않는 한 유효하다.
④ 채무자가 미리 이행하지 아니할 의사를 표시한 경우에는 최고 없이 해제할 수 있다.
⑤ 계약을 해제하려면 언제나 이행최고를 해야 한다.

> **해설**
> 이행최고 없이 해제할 수 있는 경우
> - 보통행위 이행지체 시 채무자가 미리 불이행의 표시를 하는 경우
> - 정기행위 이행지체 시
> - 이행불능
> - 추완이 불가능한 불완전 이행

29 다음 계약해제에 관한 내용 중 타당하지 않은 것은?

① 계약이 해제되면 채무자가 목적물을 이용한 때에는 사용에 의한 이익을 반환해야 한다.
② 채무자가 반환해야 할 물건에 대하여 필요비 또는 유익비를 지출한 때에는 그 비용에 대해서 상환청구할 수 없다.
③ 해제로 인한 손해배상청구권은 그 지급을 최고한 때로부터 지연이자가 생긴다.
④ 손해배상청구 당시에 목적물의 가격에 변동이 있을 때에는 해제 당시의 가격을 표준으로 해야 한다는 것이 통설이다.
⑤ 계약해제로 당사자 쌍방이 원상회복의무·손해배상의무를 부담하게 된 때에 동시이행항변권에 관한 규정이 준용된다.

> **해설**
> 필요비, 유익비를 상환청구할 수 있다.

30 다음 중 해제권 소멸사유에 해당하지 않는 것은?

① 해제권 행사 전에 채무자의 이행
② 해제권의 약정 존속기간 경과
③ 존속기간의 정함이 없는 경우, 상대방의 최고기간 내 확답이 없는 경우
④ 해제권자에 의한 목적물의 훼손 또는 반환 불능
⑤ 해제권자가 급부받은 금전의 소비

해설
⑤는 해당되지 않는다.

31 다음 해제에 관한 기술 중 타당하지 않은 것은?

① 확정기한이 있는 채무의 경우 채무자가 동시이행의 항변권을 갖는다면 기한경과만으로 이행지체가 되지 않는다.
② 채무자가 일부이행을 한 후에 있어서는 채권자는 미이행의 잔존부분에 관하여만 해제할 수 있는 것이 원칙이다.
③ 약정해제권에 있어서도 손해배상의무가 발생한다.
④ 최고기간이 경과한 후에도 채권자가 해제하기 전에 채무자가 채무내용에 따른 이행을 하면 해제권은 소멸한다.
⑤ 해제권은 원칙적으로 최고기간이 만료한 때에 발생하는 것이 원칙이나, 최고기간 안에 이행하지 아니할 의사를 표시한 때에는 최고기간 만료 전일지라도 해제권이 발생한다.

해설
약정해제권의 행사의 경우에는 법정해제의 경우와는 달리 그 해제의 효과로서 손해배상의 청구는 할 수 없다 할 것이다 (대판 1983.1.18., 81다89).

32 다음 해제의 효과에 관한 내용 중 틀린 것은?

① 원상회복은 원물이 존재하면 원물상환이 원칙이다.
② 채무자에게 귀책사유에 의한 물건의 멸실·훼손·소비 등으로 원물상환이 불가능한 때에는 객관적 가격으로 반환하면 된다.
③ 노무 등을 제공받은 경우에는 계약이 해제되면 그 급부 당시의 객관적 가격을 반환하여야 한다.
④ 계약이 해제되면 수령한 원물이 멸실·훼손되었을 때에는 이것이 채무자의 책임 없는 사유로 인한 때에도 해제 당시의 가격으로 반환하여야 한다.
⑤ 계약이 해제되면 급부받은 물건으로부터 과실을 취득한 경우에는 과실을 반환해야 한다.

해설
채무자의 '책임 있는 사유'로 멸실·훼손되었을 때 해제 당시의 객관적 가격으로 반환하여야 한다.

30 ⑤ 31 ③ 32 ④ **정답**

33 다음 기술 중 타당하지 않은 것은?

① 당사자가 수인인 경우에 해지권의 행사는 전원으로부터 전원에 대하여 하여야 한다.
② 해지의 결과 어떤 권리가 소급적으로 소멸 또는 부활되는 일은 없고, 다만 목적물의 반환 기타 원상회복의무가 발생할 따름이다.
③ 매매대금은 강제통용력 있는 화폐임을 필요로 한다.
④ 매매대금의 액수는 계약으로 정하여지나, 일정한 액수를 정하지 않고 시가에 의하기로 하여도 무방하다.
⑤ 예약은 언제나 채권계약이다.

> **해설**
> 매매대금은 강제통용력 있는 화폐임을 필요로 하지 않는다. 따라서 외국화폐로 지불하기로 하여도 무방하다.

34 다음 계약에 관한 기술 중 틀린 것은?

① 계약자유의 원칙에 의하여 무인적(無因的) 무명계약(無名契約)을 체결할 수도 있다.
② 계속적 채권계약은 사정변경의 원칙이 고려되며 해지에 의해서 계약의 효력을 소멸시킨다.
③ 매매 등 유상계약에 있어서는 예약을 일방예약으로 간주하는 것이 민법의 태도이다.
④ 예약은 본 계약을 체결할 의무를 부담하는 것으로서 언제나 채권계약이다.
⑤ 예약에 기한 본계약은 채권계약에 한하지 않는다.

> **해설**
> ③ 일방예약으로 간주기 아니고 '추정'한다.

35 민법상 계약 해지 및 해제에 관한 설명으로 옳지 않은 것은? (다툼이 있으면 판례에 따름)

① 당사자 일방 또는 쌍방이 수인인 경우 계약 해제는 그 전원으로부터 또는 전원에 대하여 하여야 한다.
② 당사자 일방 또는 쌍방이 수인인 경우 해제권이 당사자 1인에 대하여 소멸한 때에는 다른 당사자에 대하여도 소멸한다.
③ 당사자 일방이 계약을 해지한 때에는 계약은 소급하여 그 효력을 잃는다.
④ 여행에 중대한 하자가 있는 경우에 그 시정이 이루어지지 아니하면 여행자는 계약을 해지할 수 있다.
⑤ 임차인의 과실 없이 임차물의 일부가 멸실되어 그 잔존부분으로 임차의 목적을 달성할 수 없는 경우 임차인은 계약을 해지할 수 있다.

> **해설**
> 당사자 일방이 계약을 해지한 때에는 계약은 장래에 대하여 그 효력을 잃는다(민법 제550조).

36 다음 기술 중 맞는 것은?

① 계약금이 지나치게 다액인 때에는 손해배상 예정으로서의 성질을 겸하는 것으로 볼 수 있다.
② 해약금으로 계약을 해제한 자는 상대방에게 별도로 손해배상을 하여야 한다.
③ 해약금이 교부되더라도 상대방의 채무불이행의 경우에만 해제할 수 있다.
④ 계약금이 위약계약금으로서 효력을 발생하는 데에 당사자 사이에 그러한 특약이 없어도 무방하다.
⑤ 계약 후 인도하기 전에 매매목적물에서 생긴 과실은 매수인에게 속한다.

해설
② 해약금해제는 계약이행착수 전에만 할 수 있으므로 채무불이행의 문제가 없다. 따라서 손해배상의 문제도 생기지 않는다.
③ 교부자는 포기하고, 수령자는 배액상환하여 이행착수 전에 계약을 임의로 해제할 수 있다.
④ 계약금이 위약금으로 되려면 그에 관한 특약이 있어야 한다.
⑤ 매도인에게 속한다.

37 계약의 성립에 관한 설명으로 옳지 않은 것은? (다툼이 있으면 판례에 따름)

① 당사자 간에 동일한 내용의 청약이 상호 교차된 경우, 양 청약이 상대방에게 도달한 때에 계약이 성립한다.
② 청약자가 청약을 한 뒤에는 이를 임의로 철회하지 못한다.
③ 관습에 의하여 승낙의 통지가 필요하지 아니한 경우에는 계약은 승낙의 의사표시로 인정되는 사실이 있는 때에 성립한다.
④ 매도인의 청약에 대하여 매수인이 조건을 붙여 승낙하였다면 그 매도인의 청약은 실효된다.
⑤ 격지자 간의 계약은 승낙의 통지가 상대방에게 도달한 때에 성립한다.

해설
격지자 간의 계약은 승낙의 통지를 발송한 때에 성립한다(민법 제531조).

36 ① 37 ⑤ **정답**

제2과목 민법

CHAPTER 04 계약각칙

출제 포인트

계약각칙상의 전형계약이란 민법이 채권계약으로서 정하고 있는 계약형태(즉, 典型契約)를 가리킨다. 중요한 것으로는 증여, 매매, 교환, 소비대차, 사용대차, 임대차 등이 있다. 이러한 사항들은 숙지를 요한다. 그리고 민법에서의 전형계약에 관한 규정은 대부분이 임의규정이며, 계약내용이 불분명한 때 해석의 표준이 된다.

제1절 서 설

1 민법상의 전형계약 12 20 기출

(1) 민법은 채권계약으로서 전형계약을 규정하고 있다. 증여, 매매, 교환, 소비대차, 사용대차, 임대차, 고용, 도급, 여행계약, 현상광고, 위임, 임치, 조합, 종신정기금, 화해가 바로 그것이다.

(2) 민법상의 전형계약에는 이 외에도 보증계약, 경개계약 등이 있고, 그 외에 특별법에도 전형적인 계약이 많다.

2 전형계약의 분류

(1) 계약은 여러 기준에 따라 분류할 수 있는데 여기서는 전형계약을 그 목적에 따라 다섯 가지로 분류해 본다.

① 재산권 이전계약

재산권의 이전을 목적으로 하는 계약에는 증여(제554조~제562조), 매매(제563조~제595조), 교환(제596조~제597조), 화해(제731조~제733조), 종신정기금(제725조~제730조) 등이 있다. 이 중에서 무상계약은 증여이고, 유상계약은 매매, 교환, 화해이며, 유상이나 무상으로 할 수 있는 것이 종신정기금이다. 그리고 매매는 유상계약의 전형으로서 재화분배의 중요한 기능을 한다.

② 재산권 이용계약

타인의 물건이나 재산권을 일정기간 이용하는 것을 목적으로 하는 계약은 소비대차(제598조~제608조), 사용대차(제609조~제617조), 임대차(제618조~제654조)이다. 사용대차는 무상이고, 임대차는 유상이며, 소비대차는 유상 또는 무상일 수도 있다.

③ 노무계약

사람의 노동력의 공급을 목적으로 하는 계약에는 고용(제655조~제663조), 위임(제680조~제692조), 도급(제664조~제674조)이 있다. 고용은 노무의 공급을 목적으로 하고 도급은 일의 완성을 목적으로 하며 위임은 신임을 바탕으로 사무처리를 목적으로 한다.

④ 임치계약

물건의 보관을 목적으로 하는 계약이며, 유상·무상의 경우가 있다.

⑤ 단체계약

단체의 결성을 목적으로 하는 계약으로서 조합(제703조~제724조)계약이 있다.

(2) 민법의 전형계약에 관한 규정은 대부분이 임의규정으로서 계약내용이 불명료한 때 해석의 표준이 된다.

제2절 증여(贈與) 14 16 18 20 21 기출

1 증여의 의의

(1) 증여의 개념 23 25 기출

증여란 계약당사자의 한쪽이 무상으로 재산을 상대방에게 준다는 의사표시를 하고, 상대방이 그것을 승낙함으로써 성립하는 계약이다(제554조). 여기서 재산을 주는 자를 증여자라 하고, 받는 자를 수증자라고 한다.

(2) 증여의 법적 성질

증여는 무상·낙성·편무·불요식의 계약이다(제554조).

① 증여는 증여자와 수증자 사이에 의사의 합치로 성립하는 계약이다. 즉, 증여자의 단독행위가 아니다. 따라서 단독행위인 유증이나 채무면제는 증여가 아니다. 또한 태아, 가족공동체는 증여의 수증자가 될 수 없으며, 이들에 대한 증여의 의사표시는 무효이다.

② 증여는 무상계약이다. 증여자는 수증자로부터 반대급부를 받지 아니하고, 재산적 이익을 주는 것이다. 만일 반대급부를 받는 경우에도 그것이 대가성이 없으면 증여이다. 이 수증자가 지급하는 재산이 대가성이 있는지의 판단은 당사자의 주관적 의사에 의하여 결정하여야 한다고 한다. 이에 주관적·객관적인 표준에 의하여야 한다는 소수설도 있다.

③ 증여는 재산을 무상으로 주는 것이다. 즉, 증여자의 재산이 감소하고 수증자의 재산은 증가하는 것이다. 일정한 권리를 양도하는 것과 수증자를 위하여 용익물권을 설정하는 것이 포함된다. 그러나 무상으로 상대방에게 물건을 사용하게 하는 것은 민법은 사용대차·소비대차로 하고 있으므로 이것은 증여가 아니다. 그리고 재산은 증여자가 타인의 재산을 목적으로 할 수도 있다. 이때에는 그 재산을 증여자는 취득하여 급부하여야 한다.

④ 증여는 낙성계약이다. 즉, 당사자의 증여에 관한 의사의 합치만으로 증여는 성립한다. 그런데, 계약과 동시에 재산의 출연행위가 행하여지는 '현실증여'는 채권계약이냐 물권계약이냐에 견해의 대립이 있다. 이것은 물권행위의 독자성의 인정 여부에 따라 다르게 된다.

우리나라에서는 물권행위의 독자성을 인정하는 입장에서도 현실증여는 물권행위와 채권행위가 합쳐 하나의 행위로 된 것이라고 본다.
⑤ 증여는 불요식행위이다. 증여는 아무런 방식을 요구하지 않는 계약이다. 그런데 부동산등기특별조치법에 의하여 부동산의 증여는 계약서를 작성하여 검인을 받도록 하고 있으나, 이것은 증여의 성립을 증거하려는 방법일 뿐이다. 계약서 없이도 증여는 성립한다.

2 증여의 효력 10 12 15 19 기출

증여계약이 있으면, 증여자는 약정한 재산을 수증자에게 주어야 할 채무를 부담하고, 수증자는 이행을 청구할 수 있는 권리가 발생한다. 또한, 수증자는 채무불이행이 있는 때에는 손해배상도 청구할 수 있다. 그런데 증여는 무상이라는 점에서 담보책임과 해제에 관하여 특별한 규정이 있다.

(1) 증여자의 담보책임
① 원 칙
㉠ 증여자는 증여계약에 의하여 급부한 물건이나 권리에 흠이 있는 경우에도 그에 대한 담보책임을 지지 않는 것이 원칙이다(제559조 제1항 본문). 무상의 증여자에게 담보책임을 부담시키는 것은 가혹하고, 보통은 증여자는 증여의 목적이 재산을 현상대로 주려는 의사를 가진다고 볼 수 있기 때문이다. 특정물의 급부가 목적이면 당연하다.
㉡ 불특정물, 일정금액이 증여의 목적인 때에 흠이 있는 경우에는 특별한 의사표시가 없는 한 완전물의 급부의무를 인정하려고 한다.
② 예 외 24 기출
㉠ 증여자가 급부목적에 흠이 있음을 알고 수증자에게 고지하지 아니한 때에는 담보책임을 진다(제559조 제1항 단서). 이때에도 수증자가 그 흠을 알고 있었던 때에는 증여자는 책임을 지지 않는다. 담보책임은 매매규정을 유추하여 1년간의 제척기간이 생기므로 1년 내에 행사하여야 한다.
㉡ 증여가 부담부인 때에는 그 부담의 한도에서 증여자는 담보책임을 진다(제559조 제2항). 부담의 한도에서는 유상계약과 비슷한 관계가 인정되기 때문이다.

(2) 증여의 해제
① 서면에 의하지 않은 경우(제555조) 13 21 22 25 기출
㉠ 증여계약을 서면에 의하지 않은 경우에는 각 당사자는 해제할 수 있다. 그러나 이미 이행한 부분에는 해제가 영향을 주지 않는다. 즉, 이행한 부분의 증여는 유효하다.
㉡ 서면에 표시되는 것은 증여자의 증여의 의사이다. 그리고 증여계약이 성립한 후에 서면이 작성되면 그 작성된 때부터는 서면에 의한 증여가 된다.
㉢ 이미 이행이 있는 부분의 증여는 유효하며, 여기서의 이행은 동산이면 인도가 있어야 하는데 현실인도, 간이인도, 점유개정, 반환청구권의 양도라도 좋다. 부동산의 이행은 이전등기 등이 있어야 하는 것이 원칙이다. 그런데 부동산의 등기 없이 인도가 있는 경우에도 신의칙상 이행으로 보는 견해도 있다.

대판 2003.4.11., 2003다1755
서면에 의한 증여란 증여계약 당사자 사이에 있어서 증여자가 자기의 재산을 상대방에게 준다는 증여의 사가 문서를 통하여 확실히 알 수 있는 정도로 서면에 나타난 증여를 말하는 것으로서, 비록 서면의 문언 자체는 증여계약서로 되어 있지 않더라도 그 서면의 작성에 이르게 된 경위를 아울러 고려할 때 그 서면이 바로 증여의사를 표시한 서면이라고 인정되면 이를 민법 제555조에서 말하는 서면에 해당한다고 보아야 한다.

② 망은행위가 있는 경우(제556조) 21 기출
  ㉠ 수증자가 증여자에 대하여 망은행위를 한 때에는 증여자는 증여계약을 해제할 수 있다. 이것은 윤리적 요청을 법률적으로 고려한 것이라 할 수 있다. 이때에도 이미 이행한 부분에 대하여는 해제의 영향이 미치지 않는다.
  ㉡ 망은행위로서는 증여자·그 배우자나 직계혈족에 대한 범죄행위, 증여자에 대한 부양의무를 이행하지 않는 것 등이다. 이들에 의한 해제는 수증자가 증여의 사실을 알고도 한 때에 할 수 있다고 본다.
  ㉢ 증여자만이 망은행위에 의한 해제를 할 수 있고, 망은행위가 있음을 안 때로부터 6개월 내에 행사하여야 한다. 6개월이 지나거나 망은행위를 용서한 때에는 해제할 수 없다(제556조 제2항).

③ 증여자의 재산상태가 악화된 경우(제557조)
  ㉠ 증여계약 후의 증여자의 재산상태가 현저히 변경되고, 그 증여의 이행으로 생계에 중대한 영향을 미칠 때에는 증여자는 해제할 수 있다. 이때에도 이미 이행한 부분에 대하여는 영향이 없다. 즉, 이행한 부분은 증여로 그대로 유효하다.

대판 1996.10.11., 95다37759
민법 제557조 소정의 증여자의 재산상태 변경을 이유로 한 증여계약의 해제는 증여자의 증여 당시의 재산상태가 증여 후의 그것과 비교하여 현저히 변경되어 증여 목적 부동산의 소유권을 수증자에게 이전하게 되면 생계에 중대한 영향을 미치게 될 것이라는 등의 요건이 구비되어야 한다.

  ㉡ 증여자의 생계는 그의 지위 등에 맞는 생활상태의 유지가 곤란한 경우라고 할 수 있다.

3 특수한 증여

특수한 증여에는 부담부증여, 정기증여, 사인증여 등이 있다.

(1) 부담부증여 17 21 기출
① 부담부증여란 수증자가 증여를 받는 동시에 일정한 급부를 하여야 할 채무를 지는 것을 부관으로 하는 증여를 말한다. 이것은 상대부담 있는 증여라고도 한다.
② 부담부증여는 하나의 증여계약에 일정한 부담이 붙어 있는 것으로서 증여계약이 주이고, 부담은 종이라고 할 수 있다. 따라서 증여가 무효이면 부담도 당연히 무효이지만, 부담이 무효라고 반드시 증여도 무효가 되지는 않는다. 부담의 이익은 증여자 자신이든, 제3자이든 관계가 없다.

③ 부담부 증여에서 부담의무의 불이행을 이유로 증여계약을 해제한 경우, 이미 이행한 부분에 대해서 영향을 미친다.

>
> **대판 1997.7.8., 97다2177**
> 상대부담 있는 증여에 대하여는 민법 제561조에 의하여 쌍무계약에 관한 규정이 준용되어 부담의무 있는 상대방이 자신의 의무를 이행하지 아니할 때에는 비록 증여계약이 이미 이행되어 있다 하더라도 증여자는 계약을 해제할 수 있고, 그 경우 민법 제555조(증여의 의사가 서면으로 표시되지 아니한 경우에는 각 당사자는 이를 해제할 수 있다)와 제558조(전 3조의 규정에 의한 계약의 해제는 이미 이행한 부분에 대하여는 영향을 미치지 아니한다)는 적용되지 아니한다.

> **참고** 부담부증여의 특징
> - 상대부담 있는 증여에 대하여는 증여자는 그 부담의 한도 내에서 매도인과 같은 담보책임(제559조 제2항)이 있다. 이것은 수증자가 지는 부담의 한도에서는 증여와 대가관계에 있다고 보아서 인정하는 것으로 새기며, 이때에 수증자는 증여자에 대하여 부담의 감액청구권, 계약해제권, 손해배상청구권이 있다.
> - 부담이 증여의 목적물의 가액에 대한 일정비율로 정해져 있는 경우에는, 목적물에 흠이 있기 때문에 그만큼 수익이 감소된 때에는 부담액도 그에 따라 당연히 감소되므로, 이때에는 증여자의 담보책임은 없게 된다.
> - 부담부증여에는 쌍무계약의 규정이 준용(제561조)되므로, 동시이행의 항변권과 위험부담이 생긴다.

(2) 정기증여 10 12 13 21 기출

① 정기증여란 일정한 시기마다 정기적으로 무상으로 재산을 주는 증여를 말한다. 즉, 매월 말에 한 번씩 또는 매년 말에 한 번씩과 같이 일정한 기간마다 시기를 정해 놓고 증여하는 것을 의미한다.
② 정기증여에 있어서 증여자와 수증자 중 누구라도 사망하면 약정기간이 남아 있더라도 그 잔존기간의 정기증여는 효력을 잃는다(제560조). 즉, 3년간 매월 말일마다 일정한 증여를 한다고 증여계약을 하였는데, 2년 만에 증여자가 사망한 때에는 나머지 1년분의 정기증여는 효력을 잃는다.

(3) 사인증여 10 기출

① 사인증여란 증여자가 생존 시에 증여계약을 맺으나, 증여의 효력은 증여자의 사망이 있는 때에 발생토록 하는 증여를 말한다. 사인증여는 증여라는 점에서 증여자의 재산감소가 있는 것으로 되나, 실제로는 증여자가 사망한 후에 효력이 발생하므로 상속인의 상속재산이 감소하게 된다는 면에서 보면 유증과 비슷하다.
② 사인증여는 유증에 관한 규정이 준용된다(제562조). 그러나 유증이 단독행위인 점에서 능력, 방식, 승인과 포기에 관한 규정은 준용되지 못하고, 유증의 효력에 관한 규정이 준용된다.

제3절 매매(賣買) 16 18 20 22 기출

1 서 론

(1) 의 의
매매란 매도인이 재화를 주고, 매수인은 그 대가로 금전을 지급하는 재화와 금전을 교환하는 계약이다.

(2) 매매의 법적 성질
① 매매는 낙성·쌍무·유상·불요식계약이다(제563조).
  ㉠ 매매는 낙성계약이다. 당사자 한쪽이 재산권의 이전을, 다른 한쪽이 그에 대한 대금의 지급을 약속하는 의사표시의 합치로 이루어지는 계약이다(제563조). 따라서 약정된 재산권의 이전과 대금의 지급은 매매계약의 이행이지, 매매의 성립요건은 아니다.
  ㉡ 매매는 유상·쌍무계약이다. 매매의 당사자는 서로 대가관계에 있는 출재를 하는 유상계약이며, 또한 당사자는 서로 대가적 관계에 있는 채무를 부담하는 쌍무계약이다.
  ㉢ 매매는 원칙적으로 불요식계약이다. 매매계약의 성립에 특별한 방식을 요구하지 않는다. 그런데 부동산등기 특별조치법에서는 부동산의 매매는 그 효력이 발생한 날로부터 60일 내에 소유권이전등기를 신청하여야 한다. 이때에는 계약서를 작성하여 관할관청의 검인을 받아서 제출하도록 하고 있다.
  ㉣ 매매에서 매도인은 재산권의 이전을 목적으로 하고, 매수인은 반대급부로서 금전으로 대가적 지급을 약속하는 계약이다. 따라서 매수인이 금전 외에 물건이나 권리의 이전을 약속하는 것은 교환이지 매매는 아니다.
② 현실매매란 매매계약과 동시에 목적물과 대금을 서로 교부하는 매매를 말한다. 이 현실매매도 매매이고, 다만 채권행위와 물권행위가 하나의 행위로 합쳐져서 행하여지는 것이라고 본다.

2 매매의 성립

(1) 매매의 예약 23 기출
① 매매의 예약
매매예약이란 장래에 본계약인 매매계약을 체결할 것을 약정하는 계약을 말한다. 이 예약에 의하여 예약당사자에게 매매계약을 체결할 의무가 발생하여 계약체결을 강제할 수 있게 된다.
② 매매예약의 종류
매매예약에는 편무예약과 쌍무예약, 일방예약과 쌍방예약 등이 있다.
  ㉠ 편무예약·쌍무예약
    ⓐ 편무예약은 당사자 한쪽이 청약을 하여 본계약인 매매계약을 성립시킬 권리를 가지고 상대방은 승낙의무를 부담하는 내용의 예약을 말한다.

ⓑ 쌍무예약은 당사자 양쪽이 서로 매매계약을 성립시킬 청약의 권리와 승낙의 의무를 부담하는 내용의 예약을 말한다. 우리 민법에는 편무예약과 쌍무예약에 관한 규정이 없으나 계약 자유의 원칙에 의하여 당사자의 약정에 의하여 가능하다.
ⓒ 일방예약·쌍방예약 10 기출
민법은 예약으로 본계약을 체결할 권리를 갖는 자가 상대방에게 본계약을 성립시킨다는 의사표시, 즉 계약완결의 의사표시를 하면, 상대방의 승낙 없이 매매계약인 본계약이 성립하는 것을 규정하고 있다(제564조).
  ⓐ 일방예약은 당사자 한쪽만이 매매완결의 의사표시를 할 수 있는 권리를 가지는 내용의 예약을 말한다.
  ⓑ 쌍방예약은 당사자 양쪽 모두가 매매완결의 의사표시를 할 수 있는 권리를 가지는 내용의 예약을 말한다. **매매완결의 의사표시를 할 수 있는 권리를 예약완결권이라고 한다.**
  ⓒ **민법은 일방예약에 관한 규정을 하고 있으므로, 예약은 당사자의 특약이 없으면, 일방예약으로 다루어지게 된다**(제564조 제1항). 그러나 일반적으로 본계약이 요물계약이거나 또는 요식행위인 때에는 그 예약은 편무예약이나 쌍무예약으로 보아야 하고, 본계약이 낙성계약이면 일방예약이나 쌍방예약으로 보아야 한다. 그리고 예약도 채권계약이므로 계약의 일반원칙에 의하여야 한다. 특히, 예약에 의하여 체결될 본계약의 요소인 내용이 확정되거나 확정할 수 있는 것이어야 한다.
  ⓓ 본계약이 요식행위인 때에 당사자의 신중을 위한 것이면 예약도 그 요식을 갖추고, 다만 증거방법으로 삼으려는 것이면 본계약의 요식에 따르지 않아도 된다고 본다.

③ **매매예약의 작용**
장래에 매매계약을 체결하려고 할 때에 거절당하지 않도록 미리 매매계약의 약정을 상대방과 확실히 해둠으로써 매매계약의 체결을 보장하는 작용을 하는 것이 매매예약이라고 할 수 있다. 근래에는 매매예약이 채권담보를 위한 수단으로 이용되는 경우가 많다.

④ **매매의 일방예약**
민법은 '매매의 일방예약은 상대방이 매매를 완결할 의사를 표시한 때에 매매의 효력이 생긴다'고 규정하고 있다(제564조). 따라서 매매의 예약은 원칙적으로 일방예약으로 추정된다.
  ⓒ 매매의 일방예약의 법적 성질에 관하여 예약권리자의 완결의 의사표시를 조건으로 하는 정지조건부 매매라고 하는 것이 통설이다. 그러나 효과는 정지조건부 매매와 같으나 정지조건부 매매는 매매계약은 이미 성립하고 조건성취로 효력이 발생하는 점에서 아직 일방예약은 본계약이 성립하고 있지 않으므로 그 내용은 다르다.
  ⓒ 매매의 일방예약의 성립요건은 본계약인 매매의 성립이 가능하면, 그 일방예약도 언제나 성립할 수 있다고 할 수 있다.
  ⓒ 예약완결권 12 17 21 기출
    ⓐ 예약완결권
      ㉮ 매매의 일방예약·쌍방예약에서 당사자가 상대방에 대하여 매매완결의 의사표시를 할 수 있는 권리를 예약완결권이라고 한다.

㉮ 예약완결권은 권리자의 일방적 의사표시로 매매계약인 본계약이 성립되므로, 그 성질은 형성권이다. 또한 예약완결권은 양도가 가능한데, 양도하는 경우에는 채권양도에 준하여 의무자에게 통지하거나 승낙이 있어야 하는 것이다. 다만 예약완결권이 가등기되어 있으면 가등기의 이전등기만으로 가능하다.

ⓑ 예약완결권의 행사는 예약완결권자가 예약의무자에게 완결의 의사표시로 행사한다. 예약완결권이 양도된 때에는 양수인이 하여야 한다. 그리고 예약완결권이 가등기에 의하여 제3자에의 대항력을 갖는 경우에 목적부동산이 제3자에게 양도된 때에는 그 제3자에 대하여 행사하여야 한다.

ⓒ 예약완결권 행사의 효과는 예약완결권을 행사하면 본계약인 매매계약이 성립된다. 완결의 의사표시로 충분하고 대금지급 등은 요하지 않는다. 매매의 성립에 따른 매매계약 내용의 이행을 하여야만 하는 효과가 생긴다.

ⓓ 예약완결권의 존속기간
　㉮ 예약완결권의 행사기간은 당사자의 약정에 따라 정할 수 있다. 약정기간에 행사하지 않으면 예약의무자는 상당한 기간을 정하여 최고하고, 그 기간에 완결 여부의 대답이 없으면, 예약은 그 효력을 잃는다(제564조 제2항·제3항).
　㉯ 예약완결권은 행사시간의 경과 후 10년이면 소멸한다. 판례도 10년의 기간은 제척기간이라고 본다(대판 1997.6.27., 97다12488).

(2) 계약금 10 11 13 14 15 16 17 19 23 기출

① 계약금

㉠ 계약금이란 매매의 경우에 당사자의 한쪽이 상대방에게 금전, 기타의 유가물을 지급하는 것을 말한다. 보통은 매수인이 매도인에게 지급하지만, 그 반대일 수도 있다.

㉡ 계약금의 교부는 하나의 계약으로서 계약금계약이며, 금전, 기타의 유가물의 지급을 요하므로 계약금계약은 요물계약이라고 할 수 있다.
그리고 계약금계약은 매매계약 등에 부수하여 행하여지는 것이므로 종된 계약이다. 따라서 주된 계약이 무효·취소된 때에 계약금계약도 소멸하고 또 계약금으로 보류된 해제권의 행사 이외의 사유로 해제된 때에는 계약금계약은 소멸한다.

㉢ 계약금에는 증거금, 위약계약금, 해약금의 의미가 있다.
　ⓐ 증거금은 계약체결의 증거로서의 의미를 갖는 계약금이다. 계약금을 교부한 때에는 계약의 체결을 인정할 수 있다. 따라서 계약금은 언제나 증거금의 의미를 최소한 갖게 된다.
　ⓑ 위약계약금에는 위약벌의 성질을 갖는 위약계약금과 손해배상의 예정으로서의 성질을 갖는 위약계약금이 있다. 위약벌로서의 위약계약금은 채무불이행이 있으면 그 계약금은 위약벌로 몰수하고, 손해가 있으면 손해배상을 청구할 수 있다. 그러나 손해배상의 예정의 위약계약금은 채무불이행의 경우에 위약계약금 외에 별도의 손해배상은 청구할 수 없다(제565조 제2항). 보통은 계약금이 교부된 때에는 손해배상의 예정으로 추정되는 위약금으로 본다.

ⓒ 해약금은 계약의 해제권을 보류하는 작용을 하는 계약금을 말한다.
따라서 계약금을 교부한 자는 그 계약금을 포기하고, 또 계약금을 받은 자는 그 배액을 상환함으로써 각각 계약을 해제할 수 있다. 민법은 계약금은 원칙적으로 이 해약금의 성질을 갖는 것으로 정하고 있다. 그러므로 해약금으로서의 계약금을 많이 지급하면 계약의 효력을 확실히 하는 작용을 하게 된다.

② **해약금의 추정**
계약금은 여러 가지 의미로 교부하게 되는데 당사자의 의사표시가 불명료한 때는 당사자의 특약이 없는 한 해제권을 보류하기 위한 해약금으로 추정하게 된다(제565조).
㉠ 거래의 실제에 있어서 내금, 약정금, 보증금, 계약금 등의 명칭으로 교부된 것은 원칙적으로 해약금으로 본다. 그리고 계약금이 지나치게 적으면 증거금으로, 지나치게 많은 경우는 손해배상의 예정으로 보게 될 것이다.
㉡ 계약금은 계약체결 때에 지급하지만 그 후에도 계약금의 뜻으로 지급할 수 있다.

③ **해약금의 효력** 12 15 23 기출
㉠ 계약당사자, 즉 본계약의 당사자는 한쪽이 이행에 착수할 때까지 계약금 교부자는 이를 포기하고 계약금수령자는 그 배액을 상환하여 각각 매매계약인 본계약을 해제할 수 있다(제565조 제1항).
ⓐ 계약금 교부자가 계약을 해제하려면 해제권을 행사하면 되고, 계약금 포기의 의사표시는 별도로 하지 않아도 포기된다.
ⓑ 계약금 수령자가 계약을 해제하려면 해제권 행사와 계약금의 배액을 제공하여야 한다. 따라서 해제의 의사표시만으로는 안 되고 배액이 못 되는 것을 제공하여도 안 된다고 본다.
ⓒ 계약금에 의한 해제는 '당사자의 한쪽이 이행에 착수할 때까지'이다. 그리고 상대방은 이행에 착수하지 않았으나 자신이 이행에 착수한 때에도 해제할 수 없다고 본다. 여기서 '이행의 착수'는 이행을 일부하거나 이행에 따른 전제행위를 하는 것이고, 이행준비행위는 아니다.
㉡ 해제의 효과
ⓐ 채권관계가 소급적으로 소멸한다. 다만 이행이 없으므로 원상회복의무가 없다. 이행착수 전에만 해제할 수 있기 때문이다. 손해배상채권도 발생하지 않는다. 이는 채무불이행에 의한 해제가 아니고 해약금계약에 따른 것이기 때문이다(제565조 제2항 참조).
ⓑ 계약금이 교부되었더라도 이행기에 상대방이 채무이행을 하지 않는 때에는 채무불이행을 이유로 해제할 수 있다. 이때에는 원상회복·손해배상을 청구할 수 있다.

④ **계약의 이행과 계약금의 반환**
해약함이 없이 계약이 잘 이행되었으면 계약금을 받은 자는 지급자에게 반환하여야 한다. 그러나 보통은 그 계약금은 매매대금의 일부에 충당된다.

⑤ **선급금**
선급금이란 계약금과 비슷하면서도 계약금이 아닌 금전채무에 있어 일부변제로서 지급되는 금전이다. 선급금을 지급하는 이유로는 채무자의 신용상태가 의심스럽다든가 분할급이 지급에 편리하다든가 등이 있는데, 선급금은 해약금이 아니므로 해제권을 발생시키지는 않는다. 선급금인지 계약금인지는 당사자의 의사, 계약의 취지, 거래의 관행을 고려하여 판단하여야 한다.

(3) 계약비용의 부담 21 기출

① 계약비용은 특약이 없으면 계약당사자가 균등하게 분담한다(제566조). 계약은 쌍방의 이익을 위한 것으로 보기 때문이다.
② 계약비용에는 목적물의 측량비, 계약서작성비 등이 있다.

3 매매의 효력

매매의 효력에는 매도인이 매매의 목적인 재산권을 매수인에 이전할 의무를 부담하고 매수인은 매매대금을 매도인에게 지급할 의무를 부담한다(제568조 제1항). 그리고 매도인에게는 매매의 목적인 재산권이나 물건에 흠이 있는 때에는 담보책임을 부담하게 된다(제570조~제584조).

(1) 매도인의 재산권 이전의무 10 기출

① 매도인은 매매의 목적인 재산권을 매수인에게 이전하여야 한다(제568조 제1항).
  ㉠ 재산권 그 자체를 모두 이전하여야 한다.
    매매의 목적인 권리가 물권, 지적재산권이면, 물권행위와 등기·등록·인도를 하여야 한다. 그리고 채권이 목적이면 채권양도행위와 채무자에게 통지도 하여야 한다(제450조).
  ㉡ 토지소유권, 지상권, 전세권과 같은 점유를 내용으로 하는 물권이 목적이면 물권행위, 등기 외에 점유도 인도하여야 하고, 채권인 경우에 증서도 매수인에게 교부하여야 한다. 그리고, 종물은 주물의 처분에 따르므로 특약이 없으면, 종된 권리도 이전하여야 한다.
  ㉢ 재산권의 이전의무와 대금지급의무는 동시이행관계에 있게 된다(제568조 제2항). 그런데 부동산 매매에서 목적물의 인도는 동시이행 관계에는 서지 않는다고 본다.
② 과실취득권(果實取得權)은 소유권의 내용을 이룬다(제211조).
  매매의 목적물의 소유권과 과실취득권이 매수인에게 이전한 때에는 목적물이 아직 매도인에게 있더라도 그 과실은 매수인에게 인도되어야 한다. 그런데 민법 제587조는 '매매계약이 있은 후에도 인도하지 아니한 목적물로부터 생긴 과실은 매도인에 속한다'고 규정하고 있다. 이것은 아직 대금을 완전히 지급하지 않은 경우를 전제로 한 것으로 보아야 합리적이다.

> **대판 1993.11.9., 93다28928**
> 특별한 사정이 없는 한 매매계약이 있은 후에도 인도하지 아니한 목적물로부터 생긴 과실은 매도인에게 속하나, 매매목적물의 인도 전이라도 매수인이 매매대금을 완납한 때에는 그 이후의 과실수취권은 매수인에게 귀속된다.

(2) 매도인의 담보책임 11 14 15 16 18 20 22 24 기출

① 의 의
  ㉠ 매매에 있어 목적인 재산권이나 물건은 완전한, 흠이 없는 것을 전제로 한다. 그런데 매매의 목적인 권리나 물건에 흠이 있으면 매도인은 이에 대한 일정한 책임을 지게 된다. 이 책임을 매도인의 담보책임이라고 한다.

ⓒ 담보책임의 근거

매도인의 담보책임을 인정하는 근거는 매매계약의 유상성에 비추어, 매수인을 보호하고 또 거래의 안전을 보호하는 의미에서 인정된 법정책임이라고 한다.

ⓒ 책임의 성질

ⓐ 매도인의 담보책임은 법정책임이라고 한다. 이미 본 바와 같이 이 책임을 유상계약인 매매에서 공평과 거래안전을 보호한다는 의미에서 법정책임이라고 하는 것이 통설의 설명이다.

ⓑ 매도인의 담보책임은 매도인의 고의·과실을 묻지 않는 무과실책임이다. 따라서 매도인은 과실 없이도 책임을 진다. 그리고 이 매도인의 담보책임은 특정물뿐 아니라 불특정물의 매매에도 지는 것이다(제581조).

ⓒ 매도인의 담보책임은 원시적 일부불가능의 경우에도 발생할 수 있다. 이때에는 원칙상은 그 부분에는 계약이 아예 성립하지 않는 것이 된다. 그럼에도 담보책임을 인정하는 것은 불가능에 대한 민법의 원칙에 대한 예외를 인정하는 특칙이 된다(제574조). 예컨대 아파트 50평짜리를 매매하였는데 실제로는 45평밖에 안 되는 경우 등이 이러한 경우이다.

② 매도인의 담보책임의 내용

매도인의 담보책임에는 ㉠ 권리의 흠에 대한 담보책임, ㉡ 물건의 흠에 대한 담보책임, ㉢ 경매에서의 담보책임, ㉣ 담보책임에 관한 특약의 효력 등 4가지가 있다.

㉠ 담보책임의 발생원인

ⓐ 권리에 흠(瑕疵)이 있는 경우 : 매매목적인 권리의 전부나 일부가 타인에 속하든지 타인의 권리에 의해 제한되어 있어 매수인이 완전한 재산권을 취득할 수 없는 경우이다.

㉮ 재산권의 전부나 일부가 타인에 속해 있는 경우(제570조, 제572조)

㉯ 재산권의 일부가 전혀 존재하지 않는 경우(제574조)

㉰ 재산권이 타인의 제한 물권 등에 의해 제한을 받고 있는 경우 등이 있다(제576조).

ⓑ 물건에 흠이 있는 경우 : 매매목적물에 흠이 있어서 교환가치나 사용가치가 제대로 충족하지 못한 경우로서 이것을 '하자담보책임'이라고 보통 말한다.

㉮ 특정물매매에서 목적물에 흠이 있는 경우(제580조)

㉯ 불특정물매매에서 목적물에 흠이 있는 경우 등이 있다(제581조).

ⓒ 경매에서의 담보책임(제578조, 제580조)

경락인은 물건의 하자는 주장할 수 없으나 권리의 하자는 주장할 수 있다.

㉡ 담보책임의 내용

ⓐ 매도인의 담보책임이 인정되면 매수인에게 계약해제권, 대금감액청구권, 손해배상청구권, 완전물급부청구권을 주게 된다.

㉮ 대금감액청구권은 계약의 일부해제와 같은 효과가 있다. 목적물의 흠이 심하여 계약목적을 달성할 수 없으면 해제권을 행사하게 된다.

㉯ 손해배상은 흠으로 손해가 생긴 경우에 대금감액청구, 해제, 손해배상을 함께 인정한다.

㉰ 완전물급부청구권은 불특정물매매에 인정된다.

ⓑ 손해배상의 범위 : 매도인의 담보책임으로서의 손해배상은 매매의 목적물에 원시적 흠이 있어 매매계약이 일부무효로 되는 경우에 인정되는 책임이다. 이는 계약이 모두 유효하다고 믿은 데 대한 손해배상이므로 신뢰이익의 배상이라고 한다. 이때의 신뢰이익은 이행이익을 넘지 못한다.

ⓒ 권리의 흠에 대한 담보책임
  ⓐ 권리 전부가 타인에 속하는 경우 13 기출
    ㉮ 요건 : 타인의 권리를 매매의 목적으로 할 수 있다. 매도인은 그 권리를 취득해서 매수인(買受人)에게 이전할 의무가 있게 된다. 이것을 이행하지 못하면 매도인은 담보책임을 진다(제570조).
      – 이때에 매매의 목적물은 존재하나 그것이 타인의 권리에 속하기 때문에 이전할 수 없어야 한다. 만일 목적물 자체가 원시적으로 존재하지 않거나 매수인에게 이전하기 전에 소멸한 경우에는 담보책임이 생기지 않고 계약체결상의 과실이나 채무불이행책임 등이 될 것이다.
      – 매도인의 권리이전 의무가 이행기 후에 불가능으로 되어도 민법 제570조의 담보책임이 인정되는데 이행불가능이 매수인의 책임 있는 사유인 때에는 이 담보책임이 없다고 보아야 한다. 이는 공평을 고려한 것이다.
    ㉯ 책임의 내용
      – 매수인의 선의·악의를 묻지 않고 매수인은 계약을 해제할 수 있다. 이때에 매도인의 유책사유도 묻지 않는다.
      – 선의의 매수인은 손해배상청구도 할 수 있다. 악의자에게는 손해배상청구권이 없다(제570조 단서). 이미 목적인 권리가 이전 안 될지도 모른다는 것을 알고 있기 때문이다.
      – 권리가 타인에 속한 경우의 매도인의 담보책임에서의 매수인의 해제권, 손해배상청구권은 행사기간이 없다.
    ㉰ 매도인의 해제권에 관한 특칙 : 매도인의 담보책임은 아니고 선의의 매도인 보호를 위한 특칙이다.
      – 매도인이 매매당시에 매매목적인 권리가 자기에게 속하지 않은 것을 모르고 매매하여 이전할 수 없는 때에는 매도인은 손해를 배상하고 계약을 해제할 수 있다(제571조 제1항). 매도인의 과실유무는 묻지 않는다. 여기서는 손해배상책임은 무과실책임이며, 불이행으로 생긴 매수인의 모든 손해를 배상하여야 한다.
      – 이 매도인의 해제권은 매도인이 선의이면 언제나 인정되고, 매수인이 악의인 때 즉, 매매 목적물이 매도인에게 속하지 않음을 알고 있는 때는 매도인은 손해배상 없이 이행불능을 통지하고 해제할 수 있다(제571조 제2항).
  ⓑ 권리의 일부가 타인에게 속한 경우 10 기출
    ㉮ 요건 : 매매의 목적인 권리의 일부가 타인에게 속하여 그 부분을 매수인에게 이전할 수 없는 경우이다. 이때에도 매도인의 유책사유는 묻지 않는다.
    ㉯ 책임의 내용 : 권리의 일부가 이행불가능으로 되면 매도인의 담보책임이 인정되는데, 그러면 매수인에게는 대금감액청구권, 해제권, 손해배상청구권 등이 발생하게 된다.

- 매수인은 선의·악의 관계없이 대금감액청구권을 행사할 수 있다(제572조 제1항). 이것은 형성권의 성질을 가진다.
- 선의매수인은 일부불가능이 계약목적 달성을 할 수 없게 된 경우에는 계약을 해제할 수 있다(제572조 제2항).
- 선의매수인은 대금감액, 계약해제는 물론 일부 이행불능의 때를 기준으로 그 권리의 시가에 따른 손해배상을 청구할 수 있다(제572조 제3항).
- 대금감액청구권, 계약해제권, 손해배상청구권은 매수인이 선의인 때에는 사실을 안 날로부터 1년 내에, 악의이면 계약일로부터 1년 내에 각각 행사하여야 한다(제573조). 이 기간은 제척기간이다.

ⓒ 권리가 부족하거나 제한을 받고 있는 경우
㉮ 목적물의 수량의 부족·일부멸실의 경우
- 요 건
당사자가 수량을 지정해서 매매한 경우에 목적물의 수량이 부족하거나 목적물의 일부가 계약 당시에 이미 멸실한 경우에는 민법은 권리의 일부가 타인에게 속하여 이전이 불가능한 경우와 같은 담보책임을 인정한다(제574조). 그런데 토지매매에 있어서는 등기부에 기재된 지번과 면적을 지정하는 것이 보통이나 그 정도로는 수량을 지정한 매매라고 할 수 없다고 본다. 우리의 등기부상의 표시는 실제와 부합하지 않는 것이 일반적이기 때문이다.
민법 제574조는 특정물 매매에 관하여만 적용이 되며 매매의 목적물의 일부가 계약 당시에 이미 멸실된 경우에 한한다. 그리고 이때에는 계약체결상의 과실은 문제되지 않는다고 본다.

대판 1996.4.9., 95다48780
매수인이 일정한 면적이 있는 것으로 믿고 매도인도 그 면적이 있는 것을 명시적 또는 묵시적으로 표시하며, 나아가 계약당사자가 면적을 가격을 정하는 여러 요소 중 가장 중요한 요소로 파악하고 그 객관적 수치를 기준으로 가격을 정한 경우, 매매계약서에 토지의 평당 가격을 기재하지 않았다 하더라도 수량을 지정한 매매에 해당한다.

- 책임의 내용 : 책임의 내용은 매수인이 선의이면 대금감액청구권, 손해배상청구권, 계약해제권이 있다. 그리고 매수인이 악의이면 매도인은 아무런 담보책임을 부담하지 않는다.

㉯ 용익적(점유적) 권리에 의하여 제한되는 경우
- 요건 : 매매의 목적물이 용익적 권리에 의하여 제한받는 경우에는 매도인은 담보책임을 부담한다. 즉, 목적물에 i) 지상권, 지역권, 전세권, 질권, 유치권, 주택임대차보호법상의 임차권, 채권적 전세가 존재하는 경우와 ii) 목적물에 있어야 할 지역권이 없는 경우 등에는 매도인은 담보책임을 져야 한다. 특히 지역권이 있다고 알고서 매매하였는데 실제로는 지역권이 없다면 목적물의 사용가치는 그만큼 감소하게 된다(제575조 제2항). 그리고 이 제575조의 담보책임은 매수인이 선의이어야 한다.

- 책임의 내용

    선의매수인은 계약해제권, 손해배상청구권을 가진다(제575조 제1항). 다만 대금감액청구권은 없다. 용익권 제한은 수량적인 흠이 아니고 질적인 흠이므로 줄어든 금액을 산출할 수 없기 때문이다.

    매수인은 매매목적물에 용익권의 존재, 지역권의 부존재를 안 날로부터 1년 내에 해제권, 손해배상청구권을 행사하여야 한다(제575조 제3항). 이 기간은 제척기간의 성질을 가진다.

㉢ 저당권·전세권에 의하여 제한되는 경우 10 21 기출
- 요 건

    매매목적인 부동산 위에 설정된 저당권, 전세권의 행사로 매수인이 소유권을 취득할 수 없거나, 소유권을 잃은 때, 또 매수인이 그의 출재로 그 소유권을 보존한 때에는 매도인의 담보책임이 생긴다(제576조).

    저당권은 목적물의 사용가치를 지배하지 않으므로 저당권이 있다는 사실만으로는 담보책임이 발생하지 않는다. 그런데 저당권의 실행으로 매수인이 목적물의 소유권을 취득할 수 없거나 이미 취득한 소유권을 잃은 때 또는 매수인이 출재하여 소유권을 보존한 때에는 매수인의 보호를 위하여 매도인에게 담보책임을 인정한다. 그리고 전세권에도 담보권적인 성질이 있으므로 민법 제576조는 적용된다.

    매수인은 이해관계 있는 제3자로서 피담보채권, 전세금반환채권을 변제하여 상환청구권을 취득할 수도 있으나, 민법 제576조의 적용을 받으면 변제의 상환은 물론이고 손해배상도 청구할 수 있다. 그런데 매수인이 목적물 위에 있는 저당권의 피담보채권액을 매매대금에서 공제하고 매매한 때에는 매도인에게는 담보책임이 없다.

- 책임의 내용

    매수인은 저당권, 전세권의 존재에 관한 선의·악의에 관계없이 소유권 취득이 불가능하거나 소유권을 잃은 때는 계약을 해제할 수 있다(제576조 제1항). 그리고 매수인의 출재로 소유권을 보존한 때에는 출재의 상환을 청구하고 손해배상을 청구할 수 있다(제576조 제2항·제3항). 민법 제576조의 담보책임에는 제척기간이 없다.

- 저당권의 목적인 지상권, 전세권의 매매인 경우

    지상권, 전세권도 저당권의 목적이 된다(제371조). 그리고 지상권, 전세권도 재산권이므로 매매의 목적이 될 수 있다. 따라서 매매의 목적인 지상권, 전세권이 저당권의 목적으로 되어 있는 경우에 저당권이 실행되면 그 매매의 목적인 지상권, 전세권의 매수인은 이들 권리를 취득할 수 없거나 취득한 권리도 잃게 될 수 있고, 또 매수인이 그의 출재로 지상권, 전세권을 보존하는 경우도 있게 된다. 이 경우에는 저당권, 전세권이 설정된 부동산의 매매의 경우와 같아서 민법은 제576조의 준용으로 매수인을 보호한다(제577조).

ⓔ 물건의 흠에 대한 담보책임(하자담보책임) 10 17 22 23 기출
  ⓐ 매매의 목적물에 흠이 있는 경우에 매도인은 그에 대한 담보책임을 져야 한다. 이 책임을 보통은 하자담보책임이라고 한다. 따라서 목적물에 흠이 있으면 일정한 요건 아래 매수인은 계약해제권, 손해배상청구권, 완전물급부청구권을 행사할 수 있다.
  ⓑ 성립요건
    ㉮ 매매의 목적물이 특정물이거나 불특정물이거나 관계없이 매매의 목적물에 흠이 있어야 한다(제581조). 목적물의 흠이란 그런 종류의 물건이 갖고 있어야 할 품질이나 성능을 갖추지 못한 것을 말한다. 그리고 법률적 장해에 대하여는 물건의 흠이라는 견해와 권리의 흠이라는 견해가 나뉘어 있다. 예컨대 건축을 하려고 토지를 매입하였는데 그 토지에는 건축허가를 받을 수 없는 제한이 있는 경우 등이 법률적 장해라고 할 것이다.
    ㉯ 매수인은 선의·무과실이어야 한다. 즉, 매수인이 목적물의 흠 있음을 모르고, 그 모른 것에 과실이 없어야 한다. 매수인의 악의는 매도인이 입증하여야 한다.
  ⓒ 책임의 내용
    물건의 흠에 의한 책임은 특정물의 경우와 불특정물의 경우로 나뉜다.
    ㉮ 특정물 매매의 하자담보책임 : 목적물의 흠으로 계약목적을 달성할 수 없는 경우에는 매수인은 계약을 해제하고, 손해배상을 청구할 수 있다(제580조).
      - 여기서 매매의 목적을 달성할 수 없다는 것은 매매의 목적물, 성질, 계약체결 당시의 여러 사정 등도 객관적으로 판단하여야 하고, 그 흠이 쉽게 보수될 수 없다는 것을 의미한다.
      - 계약을 해제하면 매수인은 대금지급을 거절하거나 이미 지급한 대금의 반환을 청구할 수 있고 목적물은 반환하여야 한다. 그리고 손해가 있으면 손해배상도 청구할 수 있다.
      - 매수인의 계약해제권, 손해배상청구권은 매수인이 흠을 발견한 날로부터 6개월 내에 행사하여야 한다(제582조). 이 기간은 제척기간이다.
    ㉯ 불특정물매매의 하자담보책임
      - 불특정물매매에 있어 후에 특정된 목적물에 흠이 있는 때에는 특정물매매의 담보책임에서와 같다(제581조, 제580조). 따라서 계약해제권, 손해배상청구권이 생긴다.
      - 특히 불특정물매매에서는 완전물의 급부를 청구할 수 있다(제581조 제2항).
      - 매수인의 해제권, 손해배상청구권, 완전물급부청구권은 6개월 내에 행사하여야 한다. 이 기간은 제척기간이다(제582조).
ⓜ 채권의 매도인의 담보책임
  ⓐ 채권의 매도인의 담보책임에는 물건의 매매에서의 담보책임에 관한 민법 제569조 이하 규정의 적용문제와 채무자의 자력에 관한 담보책임규정(제579조)의 해석의 문제에 관한 것 두 가지에 중점이 있다.
  ⓑ 채권의 매매에 그 채권에 권리의 흠이 있는 경우에는 민법 제570조 내지 제576조 규정의 담보책임이 있다. 민법의 이들 규정에서 물건이라고 하는 것을 매매의 '목적이 되는 것'의 뜻으로 보아서 다음과 같이 해석한다.

㉮ 매매목적인 채권의 전부·일부가 타인에 속하는 경우에는「타인의 권리의 매매와 매도인의 담보책임(제570조)」,「타인의 권리의 매매와 선의의 매도인의 담보책임(제571조)」,「권리의 일부가 타인에게 속하는 경우와 매도인의 담보책임(제572조)」,「제572조의 권리행사기간(제573조)」의 4개 조문이 적용된다.
㉯ 채권의 일부가 계약의 무효, 채무의 변제 등으로 존재하지 않는 경우에는「수량부족, 일부 멸실의 경우와 매도인의 담보책임(제574조)」의 규정이 적용된다.
㉰ 채권이 권리질권의 목적인 때는「저당권·전세권의 행사와 매도인의 담보책임(제576조)」의 규정이 적용된다.
㉱ 경매의 경우에는「경매와 매도인의 담보책임(제578조)」의 규정이 적용된다고 한다.
㉲ 채무자가 변제의 자력이 없는 경우에는 이것을 물건의 흠으로 보면 민법 제580조가 적용되고 권리의 흠으로 보면 제575조에 의해 정리되게 된다.

ⓒ 채무자의 자력에 관한 담보책임 21 기출

일반의 경우에는 채무자의 변제자력에 대하여 채권자인 매도인이 전혀 책임을 지지 않는다. 그리고 특약으로 채무자의 자력을 담보하는 약정을 한 경우에 대비하여 민법은 일정한 추정규정을 두고 있다(제579조).

㉮ **채권의 매도인이 채무자의 자력을 담보하는 특약을 한 때에는 매매계약 당시의 자력을 담보한 것으로 추정한다**(제579조 제1항). 따라서 계약성립 후의 채무자 자력의 감소로 매수인이 변제받지 못하는 것은 매도인의 책임이 아니다.
㉯ **변제기 전의 채권의 양도인이 채무자의 장래의 자력을 담보하는 특약은 변제기의 자력을 담보한 것으로 추정한다**(제579조 제2항).
㉰ 변제기에 있는 채권의 양도인이 채무자의 장래의 자력을 담보하는 특약은 실제로 변제할 때까지의 채무자의 자력을 담보한다고 본다. 이상에서의 채무자의 자력에 관한 담보책임은 채무자의 자력부족으로 매수인이 받은 손해를 매도인이 배상하는 것이다.

⑥ 경매에 있어서의 담보책임

ⓐ 채권자가 채무자의 재산을 경매하는 경우에 그 경매의 목적물에 흠이 있는 경우에 경락인을 보호하기 위한 규정이 있다(제578조, 제580조). 민법이 특칙으로 보호하는 경매는 공경매에만 적용이 있다. 공경매는 민사집행법의 강제경매와 담보권실행경매, 그리고 국세징수법에 의한 경매(국세징수법 제65조) 등이 있는데 민법의 담보책임은 이들 공경매에 모두 적용된다고 본다.

ⓑ 담보책임으로는 권리의 흠에 대한 책임만을 인정하고, 물건의 흠에 대한 담보책임인 하자담보책임은 인정하지 않는다. 그리고 손해배상에 다시 제한을 한다.

㉮ 권리에 흠이 있는 경우의 담보책임 : 경매된 권리의 전부·일부가 타인에게 속하거나 부족하거나 제한을 받고 있는 경우에는 제1차적으로는 채무자가 제2차적으로는 대금의 배당을 받은 채권자가 각각 경락인에게 담보책임을 진다(제570조~제578조).
- 경락인은 매매목적물의 권리자인 채무자에게 경락한 권리의 모든 흠에 대하여 계약해제권 또는 대금감액을 청구할 수 있다. 채무자에게 1차적 책임을 지우는 것은 채무자가 경락인에게 그 권리를 이전하여야 할 지위에 있기 때문이다. 그리고 손해배상책임은 원칙으로 인정되지 않는다.

- 제1차적 책임자인 채무자가 무자력이면 경락대금을 배당받은 채권자가 제2차적인 책임을 진다. 따라서 경락인은 그들 채권자에게 대금의 전부나 일부의 반환을 청구할 수 있다. 채권자는 배당받은 금액 한도 내에서 책임을 진다.
- 경매의 목적인 권리에 흠이 있어도 채무자·채권자에게 손해배상책임은 지우지 않는 것이 원칙이다. 경매에 의한 경우에는 채무자의 의사에 따른 매매가 아니므로 손해배상책임을 인정함은 가혹하기 때문이다. 그러나 예외로 손해배상을 인정하는 경우가 있다(제578조 제3항).
  - 채무자가 '물건 또는 권리의 흠을 알면서 고지하지 아니한 때'는 채무자에게 손해배상책임을 인정한다.
  - 채권자가 그러한 흠을 알고 있으면서 '경매를 청구한 때'에는 채권자에 대해 손해배상 청구를 할 수 있다. 그리고 채무자와 채권자에게 모두 과실이 있는 때에는 채무자와 채권자는 연대책임을 진다고 본다.

  위의 해제권, 대금감액청구권, 손해배상청구권은 모두 1년 내에 행사하여야 한다. 이것은 제척기간이다.
  ㉯ 물건에 흠이 있는 경우 : 경매의 목적물에 흠이 있어도 하자담보책임은 생기지 않는다(제580조 제2항). 이것은 경매의 결과를 확실하게 하기 위한 것이라고 한다.
ⓢ 담보책임과 동시이행
  매매목적인 권리의 전부·일부가 타인의 것, 수량부족이나 일부멸실의 경우, 제한물권이 있는 경우, 하자담보책임, 종류물 매매의 경우 등(제572조~제575조, 제580조, 제581조)에는 동시이행의 규정(제536조)이 준용된다(제583조).
ⓞ 담보책임에 관한 특약
  매도인의 담보책임에 관한 규정은 매수인의 보호를 목적으로 하는 보충적 규정이므로, 신의칙에 반하지 않는 한 당사자 사이에 담보책임을 배제하거나 경감, 가중하는 것도 관계없다.
  그러나 다음의 두 경우에는 면책특약이 있어도 매도인의 담보책임은 있다.
  ⓐ 담보책임의 발생요건이 되는 사실을 매도인이 알고도 매수인에게 고지하지 않은 경우에는 담보책임을 면한다는 특약도 무효이다(제584조). 그러나 이때에 매수인도 그 사실을 알고 있는 때는 면책특약은 유효하다. 사기행위가 있다고 볼 수 없기 때문이다. 여기서의 발생요건이 되는 사실은 목적권리가 타인에 속한다든지 수량이 부족하다든지 하는 등을 말한다.
  ⓑ 담보책임이 되는 요건인 권리를 매도인이 제3자에게 양도하거나 설정해 주는 경우에도 신의칙에 반하기 때문에 담보책임 면책특약은 무효이다(제584조).
  ⓒ 면책특약이 무효가 되는 것은 매매계약을 맺기 이전에 한 것에 한정한다고 본다.
ⓩ 담보책임과 착오와의 관계
  ⓐ 매매계약을 체결할 때에 매매목적물에 흠이 있는 것을 모르고 흠이 없기 때문에 매매계약을 체결한다는 것이 의사표시에 나타나 있는 경우에는 표시와 사실이 합치하지 않게 되어서 착오가 되고, 그 불합치가 거래상 중요한 것일 때에는 취소할 수 있게 되며, 또 이러한 경우에는 모두 매도인의 담보책임이 생기게 될 것이다.

ⓑ 담보책임이 생기는 범위는 착오로 취소할 수 있는 범위보다 넓다. 따라서 착오로 취소할 수 있는 경우에는 모두 담보책임이 생기지만, 반대로 담보책임이 생긴다고 모두 착오에 의해 취소되지는 않는다. 그러면 착오요건과 담보책임요건이 모두 충족되는 경우에는 어떻게 할 것인가? 학설은 이때에는 담보책임의 규정만이 적용된다고 본다.

ⓒ 그 이유로는 ㉠ 착오에 의한 취소권의 존속기간은 장기간인데 담보권의 행사기간은 1년 또는 6개월이다. 따라서 신속히 불완전상태를 종식시킨다. ㉡ 매도인의 담보책임은 무거워서 매수인의 보호에 손색이 없다. ㉢ 담보책임에 관한 민법의 규정은 상세하고 명확하여 거의 모호함이 없다.

(3) 매수인의 의무 19 21 기출

① 매수인의 대금지급의무

매수인은 매도인의 재산권 이전에 대응하는 반대급부로서 대금지급의무를 부담한다(제568조). 대금지급과 관련하여 지급기일, 장소에 관하여 특약이나 관습이 없으면 민법의 규정에 의하면 된다. 그리고 대금지급은 금전채무의 이행이므로 금전채권에 관한 규정이 적용된다.

㉠ 대금의 지급시기

ⓐ **매매당사자 한쪽에 대한 의무이행의 기한이 있는 때에는 상대방의 의무이행도 동일한 기한이 있는 것으로 추정한다**(제585조). 목적물의 인도와 대금지급은 동시이행관계에 있는 것이 보통이기 때문이다.

ⓑ 어느 쪽에도 이행기간이 없으면 특약이 없는 한 당사자는 계약성립 후에는 언제든지 상환으로 이행청구가 가능하다고 본다.

㉡ 대금의 지급장소 24 기출

특약·관습이 없으면 대금의 지급은 지참채무의 원칙에 따라 매도인의 주소에서 지급하는 것이 원칙이다(제467조). 그러나 매매목적물의 인도와 동시에 대금을 지급할 경우에는 그 목적물 인도장소에서 대금을 지급하여야 한다고 규정하고 있다(제586조).

㉢ 대금의 이자

ⓐ 특약이 있거나 이행지체에 빠진 후가 아니면 대금의 이자지급의 채무는 부담하지 않으며, 대금지급의 확정기한이 있는 때에는 그 기한이 도래한 때부터 이자를 지급하는 것이 원칙이다.

ⓑ 민법은 대금채무의 지급기한이 지났어도 상대방의 목적물의 인도가 없는 한, 이자를 지급할 필요가 없고, 다만 목적물의 인도가 있은 후부터 이자를 지급하는 특칙을 두고 있다(제587조). 그 이유로는 매도인이 목적물 인도를 지체해도 과실취득이 가능하고 매수인은 대금지급을 지체해도 목적물을 인도받을 때까지는 이자지급을 하지 않아도 되기 때문이다.

㉣ 대금지급거절권

매수인은 동시이행의 항변권을 가진다. 그런데 민법은 특별한 사항에도 대급지급을 거절할 수 있게 하고 있다.

ⓐ 매매의 목적물에 대하여 권리를 주장하는 자가 있는 경우에 매수인이 매수한 권리의 전부나 일부를 잃을 염려가 있는 때에는 매수인은 그 위험의 한도에서 대금의 전부나 일부의 지급을 거절할 수 있다(제588조). 이것은 매도인에게 자력이 없어 책임을 질 수 없게 되는 것을 예방하여 매수인을 보호하기 위함이다.

ⓑ 매매의 목적물에 대하여 제3자가 소유권이나 용익권이 있음을 주장하는 때에 대금지급을 거절할 수 있다. 저당권을 주장하는 경우에도 해당하는 것으로 본다.
ⓒ 매수한 권리의 전부나 일부를 잃을 염려 내지 위험이 있어야 한다.
ⓓ 이러한 경우에는 매수인은 그 위험의 한도에서 대금의 지급을 거절할 수 있다. 그러나 매도인이 상당한 담보를 제공하면 대금지급을 거절할 수 없다. 위험을 보장하는 것이 되기 때문이다. 그리고 매수인이 대금지급을 거절하면 매도인은 대금의 공탁을 청구할 수 있다(제589조). 이때에는 매도인은 매수인의 권리를 잃을 위험이 없어진 후에야 공탁금을 수령할 수 있다고 보아야 한다.

② 매수인의 목적물 수령의무

매수인은 매도인이 채무의 이행으로 제공한 목적물을 수령할 의무가 있는지에 대하여는 논의가 있다. 이것은 채권자지체 즉, 수령지체를 채무불이행의 책임을 인정하는가의 문제이다. 우리 민법은 매수인의 목적물 수령의무에 관한 규정을 두고 있지 않다. 따라서 학설은 채권자지체에서의 경우와 같이 매수인의 수령의무를 부정하는 설과 인정하는 다수설이 있다. 인정설은 채권관계는 대립관계가 아니고, 공동목적을 위해 유기적으로 협력하는 관계라고 보기 때문이다.

4 특수한 매매

(1) 견본매매

① 견본매매란 매매의 목적물의 품질·속성 등을 견본에 의하여 미리 정해두는 매매를 말한다. 견본매매에서 매매목적물이 견본과 같지 않은 것이 급부된 때에는 매도인은 하자담보책임을 지게 된다.
② 견본과 같지 않다는 기준은 거래관행에 의할 것이나 입증책임은 매도인에게 있다고 본다.

(2) 시험매매(시미매매)

① 시험매매란 매매의 현품을 시험·점검한 뒤에 매수인에게 마음에 들면 사겠다는 조건부매매를 말한다. 따라서 매수인의 마음에 든다는 것을 정지조건으로 하는 매매를 시험매매라고 한다.
② 매도인은 매수인으로 하여금 점검할 기회를 주어야 하고, 점검의 대가는 특약이 없으면 매수인은 부담하지 않는다.
③ 매도인은 상당한 기간을 정하여 최고하고 그 기간 내에 확답이 없으면 매매는 성립하지 않는다고 새긴다. 다만, 점검을 위하여 목적물을 매수인에게 인도한 때는 매수인의 침묵은 승인으로 보아야 할 것이다.

(3) 계속적 공급계약

① 계속적 공급계약

계속적 공급계약이란 일정기간 또는 부정기간 동안 일정 종류의 물건을 대가를 받고서 계속적으로 공급할 것을 약정하는 계약을 말한다. 회귀적 급부계약도 이에 포함된다고 본다. 전기·가스·수도공급계약, 신문·우유공급계약 등이 이에 속한다.

② 동시이행항변권과의 관계
  ㉠ 계속적 공급계약은 하나의 매매계약이지만 각개의 급부가 분할적으로 행하여지는 것이 특질이므로 당사자 쌍방이 1회라도 급부 불이행이 있으면 계약의 일부 불이행이 된다.
  ㉡ 분할급부는 매기에 이행상의 견련관계가 있으므로, 1회의 불이행은 다음 회의 급부를 상대방이 거절할 수 있게 된다.
③ 계약의 해제·해지
  ㉠ 계속적 공급계약은 장래에 향해 효력을 소멸시키는 해지가 일반적이다. 그러나 경우에 따라서 계약의 해제도 가능하다.
  ㉡ 계약을 해제할 수 있는 경우에는, 일부이행은 있었으나 그것으로는 계약목적을 달성할 수 없는 때, 계속적 공급계약의 체결은 했으나 전혀 이행이 없는 때 등은 해제할 수 있다고 본다.
  ㉢ 전기·가스·수도 등의 생활필수물자의 공급을 목적으로 하는 계속적 공급계약은 공익적 계약으로서 부합계약의 성질을 가지므로 계약 자유가 제한된다.

(4) 할부판매
① 의의 및 성격
  ㉠ 할부판매란 대금을 분할하여 지급하는 내용의 매매계약을 말하는데, 보통은 월부가 많이 이용된다. 매매가격인 할부판매가격은 현금판매가격에 이자를 붙인 가격이므로 현금판매가격보다 비싼 것이 일반적이다.
  ㉡ 할부매매의 목적은 매매의 목적이 되는 것이면 동산·부동산·용역(서비스)도 할부판매가 가능하다. 일반적인 할부판매는 할부거래에 관한 법률에 의하여 규제되고, 용역을 할부판매로 하는 때는 여신전문금융업법에 의하여 규제된다.
  ㉢ 할부판매의 경우에 동산매매에 있어서 먼저 목적물을 매수인에게 인도하고 대금을 완납할 때에 그 소유권이 매수인에게 이전하는 것으로 하는 경우가 많다. 이것을 '소유권유보부매매'라고 부른다. 동산이 목적물이면 대금의 완납과 인도로 매수인의 소유권은 취득되고, 부동산이면 대금의 완납과 소유권이전등기를 함으로써 매수인은 소유권을 취득할 수 있다.
  ㉣ 동산의 할부매매에서 대금의 완납을 정지조건으로 하는 경우에, 매수인은 대금완납 외에 새로운 물권적 합의는 필요하지 않다. 따라서 대금의 완납이란 정지조건이 성취되면 법률상 당연히 소유권을 취득하게 되는 기대, 법적 지위를 차지한다고 한다. 이것을 '소유기대권'이라는 '물권적 기대권'이라고 설명한다.
  ㉤ 매수인의 이러한 '물권적 기대권'은 재산권으로서 처분이 가능하고, 담보로서 제공하여 권리질권의 설정이 가능하며, 이를 침해하는 경우에는 불법행위에 의한 손해배상청구권을 발생한다고 본다.
  ㉥ 할부판매 제도는 오늘날 기업가, 상인에게는 소비를 자극하여 구매력을 증대하고 소비자들에게는 생활에 필요한 고가품을 대금의 분할지급에 의해 구입할 수 있게 하는 역할을 하고 있다.
② 할부거래에 관한 법률에 의한 할부판매
  할부거래에 관한 법률은 목적물과 대금의 지급방법에 일정한 제한을 한다. 이 법의 적용을 받는 할부판매를 '협의의 할부판매'라고 한다. 이 법은 이것을 '할부계약'이라고 한다.

㉠ 할부계약의 목적물
ⓐ 할부계약의 목적물은 동산(재화)과 용역이다. 동산이라도 농·수·축·임·광산물·의약품·보험·증권·어음·부동산 등은 제외된다(할부거래에 관한 법률 시행령 제4조).
ⓑ 대금의 분할지급은 매수인이 목적물의 대금을 2개월 이상의 기간에 걸쳐, 3회 이상 분할하여 매도인에게 지급키로 하는 것만이 대상이 된다.
이때에 신용카드에 의해 대금을 지급하는 때에는 매도인, 매수인, 신용제공자(신용카드사업자)의 3당사자에 의한 것도 관계없다.

㉡ 할부계약의 방법
할부계약의 매도인은 매수인이 계약내용을 알 수 있도록 정해진 방법에 의해 일정사항을 매수인에게 고지하여야 한다. 그리고 계약은 서면에 의하여 기재하는 방식으로 체결한다(할부거래에 관한 법률 제6조). 서면에 의하지 않으면 과태료 처분은 받으나 계약의 효력은 유효하다.

㉢ 할부계약의 철회
ⓐ 할부계약이 체결되었더라도 매수인은 계약서를 받은 날로부터 7일, 계약서를 받지 않은 때는 청약을 철회할 수 있는 날로부터 7일 내에는 그 할부계약을 철회할 수 있다. 철회는 서면에 철회의 의사표시를 기재하여야 하며, 서면을 발송한 날에 철회의 효력은 발생하는 것으로 본다(할부거래에 관한 법률 제8조 제1항).
ⓑ 예외적으로 철회할 수 없는 경우가 있다. 즉, 매수인의 책임 있는 사유로 목적물이 멸실·훼손된 때, 소비가치가 현저히 낮아질 우려가 있는 재화 등을 사용·소비한 경우, 시간이 지남에 따라 다시 판매하기 어려울 정도로 재화의 가치가 현저히 낮아진 경우, 복제할 수 있는 재화 등의 포장을 훼손한 경우 그 밖에 대통령령으로 정하는 경우에는 철회할 수 없다(할부거래에 관한 법률 제8조 제2항).
ⓒ 철회되면 매수인은 목적물을 반환하고, 매도인은 받은 대금을 반환하여야 한다. 이때에 매도인은 매수인에게 위약금, 손해배상금 등을 청구하지 못한다(할부거래에 관한 법률 제10조).
ⓓ 철회한 경우 대금지급을 신용카드에 의하기로 하였으면 청약철회기간 이내에 서면으로 신용제공자에게도 통지하여야 한다. 그렇지 않으면 매수인은 신용제공자의 할부금 지급청구를 거절하지 못한다(할부거래에 관한 법률 제9조).

㉣ 기한의 이익
ⓐ 매수인은 할부계약에서 정한 기한이익을 포기하고 대금을 한꺼번에 지급할 수 있다. 이때에는 그 기간 동안의 할부수수료를 공제한 금액을 지급하면 된다(할부거래에 관한 법률 제14조).
ⓑ 매수인은 할부금을 연속 2회 이상 연체하고 그 지체한 금액이 전체 할부가격의 100분의 10을 초과한 경우, 또 국내에서 할부금 채무이행 보증이 어려운 경우로서 생업에 종사하기 위하여 외국에 이주하는 경우, 외국인과의 혼인 및 연고관계(緣故關係)로 인하여 외국에 이주하는 경우에는 기한의 이익을 상실한다(할부거래에 관한 법률 제13조).

㉤ 매도인의 계약해제
ⓐ 매도인은 매수인이 할부금 지급채무를 이행하지 않을 때에는, 매도인은 14일 이상의 기간을 정하여 이행을 서면으로 최고하고 그 기간에 이행치 않으면 할부계약을 해제할 수 있다(할부거래에 관한 법률 제11조).

ⓑ 해제의 경우에는 손해배상액이 제한된다. 매도인이 매수인에게 청구하는 손해배상액은 지연된 할부금에 당사자 약정으로 정한 이율을 곱하여 산정한 금액인 지연손해금을 초과하지 못한다. 또한, 매수인에게 청구하는 손해배상액은 다음의 금액과 지연손해금의 합계액을 초과하지 못한다(할부거래에 관한 법률 제12조).
- ㉮ 목적물의 반환 등 원상회복이 된 경우에는 통상 사용료와 계약체결비용·이행비용의 합계액, 할부가격에서 목적물 반환 당시 공제금액이 그 사용료와 비용의 합계액을 초과하는 경우에는 그 공제금액
- ㉯ 목적물의 반환 등 원상회복이 되지 아니한 경우에는 할부가격에 상당한 금액. 용역이 제공된 경우에는 이미 제공된 용역에 의하여 얻어진 이익 금액
- ㉰ 목적물이 공급이 되기 전인 경우에는 계약체결비용 및 그 이행비용액

ⓑ 매수인의 항변권

다음의 경우에는 매수인은 매도인 또는 신용제공자에게 할부금 지급을 거절할 수 있는 항변권이 있다(할부거래에 관한 법률 제16조).
- ⓐ 매도인에게 지급거절할 수 있는 경우
  - ㉮ 할부계약이 불성립·무효·취소·해제 또는 해지된 경우
  - ㉯ 목적물의 전부·일부가 목적물의 공급 시기까지 매수인에게 공급되지 않은 경우
  - ㉰ 매도인이 하자담보책임을 이행하지 않는 경우를 비롯하여 계약의 목적을 달성할 수 없는 경우
  - ㉱ 다른 법률에 따라 정당하게 청약을 철회한 경우
- ⓑ 신용제공자에게 대항할 수 있는 것은 위의 경우 중 하나의 사유가 있는 때, 할부가격이 10만 원(신용카드를 사용하여 할부거래를 하는 경우 20만 원) 이상인 경우에 한하여 신용제공자에게 할부금 지급거절의사를 통지한 후에 그 할부금의 지급을 거절할 수 있다.
- ⓒ 매수인이 신용제공자에게 지급을 거절할 수 있는 금액은 할부금의 지급을 거절한 당시에 매수인이 신용제공자에게 지급하지 아니한 나머지 할부금으로 한다.
- ⓓ 매수인이 항변권 행사를 서면으로 하는 경우 그 효력은 서면을 발송한 날에 발생한다.

(5) 방문판매·전화권유판매·다단계판매

이러한 판매방식은 속임수를 쓰거나 억지로 매수하게 할 수 있는 문제점이 있기 때문에 소비자를 보호할 필요가 있다. 따라서 방문판매 등에 관한 법률이 규제하고 있다.

① 방문판매

  ㉠ 의 의

  방문판매는 상품의 판매업자, 용역업자가 소비자를 찾아가서 사업장 이외의 장소에서 상품을 판매하거나 용역을 제공하는 것이다(방문판매 등에 관한 법률 제2조 제1호 참조). 방문판매업자는 공정거래위원회 또는 특별자치시장·특별자치도지사·시장·군수·구청장에게 신고하여야 한다.

  ㉡ 방문판매의 방법
  - ⓐ 방문판매자는 방문판매를 권유하기 위한 것이라는 점과 자신의 성명 또는 명칭, 판매상품의 종류, 제공하는 용역의 내용을 미리 밝혀야 한다(방문판매 등에 관한 법률 제6조).

ⓑ 계약체결은 서면으로 하여야 한다.
ⓒ 소비자는 서면으로 계약체결일 또는 상품·용역을 받은 날로부터 14일 내에 계약을 철회할 수 있다. 이때에 소비자는 위약금이나 손해배상의 책임을 부담하지 않는다.
ⓒ 방문판매자의 금지사항
　ⓐ 계약의 체결을 강요하거나 청약철회 또는 계약 해지를 방해하는 행위
　ⓑ 거짓, 과장된 사실을 알려 기만적 방법으로 거래하거나 청약철회 또는 계약 해지를 방해하는 행위
　ⓒ 방문판매원 등이 되려는 자에게 가입비, 판매 보조 물품, 개인 할당 판매액, 교육비 등 1인당 연간 2만 원을 초과한 비용 또는 금품을 징수하거나 재화 등의 구매의무를 지게 하는 행위
　ⓓ 방문판매원 등에게 다른 방문판매원 등을 모집할 의무를 지게 하는 행위
　ⓔ 청약철회나 계약 해지를 방해할 목적으로 주소·전화번호 등을 변경하는 행위
　ⓕ 분쟁·불만 처리에 필요한 인력 또는 설비부족 상태를 상당 기간 방치하여 소비자에게 피해를 주는 행위
　ⓖ 소비자의 청약 없이 일방적으로 재화 등을 공급하고 대금을 청구하는 행위
　ⓗ 소비자가 재화나 용역을 제공받을 의사가 없음에도 전화, 팩스, 컴퓨터통신 등을 통하여 재화나 용역을 강요하는 행위
　ⓘ 본인의 허락 없이 소비자에 관한 정보를 이용(제3자에게 제공하는 경우를 포함)하는 행위. 다만, 다음 중 어느 하나에 해당하는 경우는 제외한다.
　　㉮ 재화 등의 배송 등 소비자와의 계약을 이행하기 위하여 불가피한 경우로서 대통령령으로 정하는 경우
　　㉯ 재화 등의 거래에 따른 대금을 정산하기 위하여 필요한 경우
　　㉰ 도용을 방지하기 위하여 본인임을 확인할 때 필요한 경우로서 대통령령으로 정하는 경우
　　㉱ 법률의 규정 또는 법률에 따라 필요한 불가피한 사유가 있는 경우
② 전화권유판매
　㉠ 의 의
　　ⓐ 전화권유판매자가 전화를 이용하여 소비자에게 권유를 하거나 전화회신을 유도하는 방법으로 재화 등을 판매하는 것이다(방문판매 등에 관한 법률 제2조 제3호·4호).
　　ⓑ 전화권유판매업자는 공정거래위원회 또는 특별자치시장·특별자치도지사·시장·군수·구청장에게 신고하여야 한다.
　　ⓒ 전화권유판매자는 계약체결 전 방문판매 등에 관한 법률 제7조에 규정된 바에 따라 정보제공 및 계약체결에 따른 계약서 교부의무가 있다.
　　ⓓ 위 계약서 중 전화권유판매에 관한 계약서의 경우에는 소비자의 동의를 얻어 당해 계약의 내용을 팩스나 전자문서로 송부하는 것으로 갈음할 수 있다(방문판매 등에 관한 법률 제7조 제4항).
　　ⓔ 전화권유판매업자는 소비자의 동의를 받아 통화내용 중 계약에 관한 사항을 계약일부터 3개월 이상 보존하여야 한다(방문판매 등에 관한 법률 제7조의2 제1항).

- ⓛ 소비자의 철회권

  소비자는 방문판매 등에 관한 법률 제8조 제1항 또는 제2항의 규정에도 불구하고 재화 등의 내용이 표시·광고의 내용과 다르거나 계약내용과 다르게 이행된 경우에는 당해 재화 등을 공급받은 날부터 3월 이내, 그 사실을 안 날 또는 알 수 있었던 날부터 30일 이내에 청약철회 등을 할 수 있다(방문판매 등에 관한 법률 제8조 제3항).
- ⓒ 전화권유판매업자의 금지사항(방문판매 등에 관한 법률 제11조) : 방문판매자의 금지행위와 같다.

③ 다단계판매
- ㉠ 다단계판매란 다음의 요건을 모두 충족하는 다단계판매조직을 통하여 재화 등을 판매하는 것을 말한다(방문판매 등에 관한 법률 제2조 제5호).
  - ⓐ 판매업자에 속한 판매원이 특정인을 해당 판매원의 하위 판매원으로 가입하도록 권유의 모집 방식이 있을 것
  - ⓑ 판매원의 가입이 3단계 이상 단계적으로 이루어질 것. 다만, 판매원의 단계가 2단계 이하라도 사실상 3단계 이상으로 관리·운영되는 경우로서 대통령령으로 정하는 경우를 포함
  - ⓒ 판매업자가 판매원에게 후원수당을 지급하는 방식을 가지고 있을 것
- ㉡ 다단계판매업자는 공정거래위원회 또는 특별시장·광역시장·특별자치시장·도지사·특별자치도지사에게 일정한 요건을 갖추어 등록하여야 한다(방문판매 등에 관한 법률 제13조 제1항).
- ㉢ 소비자의 청약철회(방문판매 등에 관한 법률 제17조)

  다단계판매의 방법으로 계약을 체결한 소비자가 청약철회 등을 하는 경우에는 다단계판매원에 대하여 우선적으로 청약철회 등을 하고(방문판매 등에 관한 법률 제8조 준용), 다단계판매원의 소재 불명 등으로 다단계판매원에 대하여 청약철회 등을 하는 것이 어려운 경우에만 그 재화 등을 공급한 다단계판매업자에 대하여 청약철회 등을 할 수 있다.

제4절 교환(交換) 22 기출

1 교환의 의의

(1) 교환이란 당사자 양쪽이 금전 이외의 재산권을 서로 이전하는 것을 약정함으로써 성립하는 계약이다(제596조). 우리 민법은 교환에 관하여 두 개의 조문만을 두고 있다. 교환계약의 목적물이 금전 이외의 재산권이라는 것 말고는 매매계약과 다를 것이 없다. 교환계약과 동시에 현물을 교환하는 현물교환은 현물매매와 마찬가지로 본다.

(2) 교환은 쌍무·유상·불요식·낙성계약이다.

(3) 교환은 매매보다 먼저 발달하였으나, 화폐의 등장으로 매매에게 주요한 역할을 내주었다. 그러나 오늘날에도 경제위기, 전쟁 등의 경우에는 현물교환이 거래의 주요한 수단이 된다.

2 교환의 성립

(1) 교환은 양쪽 당사자가 금전 아닌 재산권의 이전을 서로 약정함으로써 성립한다.

(2) 교환계약을 하면서 한쪽 당사자가 일정금액을 보충지급할 것을 약정하는 경우에도 교환이지만, 이에 대하여는 특칙을 두고(제597조), 이때 지급되는 금전을 '보충금'이라고 한다.

3 교환의 효력

교환의 효력은 매매에 관한 규정이 준용(제567조)되며, 보충금에 대하여는 매매대금에 관한 규정이 준용된다(제597조).

제5절 소비대차(消費貸借) 16 18 20 22 24 기출

1 소비대차의 의의

소비대차란 당사자의 한쪽인 대주(貸主)가 금전, 기타의 대체물의 소유권을 상대방인 차주(借主)에게 이전할 것을 약정하고, 상대방은 이행 시에 동종·동질·동량의 물건을 반환할 것을 약정함으로써 성립하는 계약이다(제598조).

2 소비대차의 법적 성질

소비대차는 낙성·무상·편무·불요식계약이 원칙이다.

(1) 소비대차는 낙성계약이다. 따라서 당사자 사이에 소비대차에 대한 합의만으로 성립한다.

(2) 민법상의 소비대차는 무상계약이 원칙이나 유상계약으로 할 수도 있다. 즉, 이자부소비대차이면 유상계약이다. 그리고 상인 사이의 금전소비대차는 이자부소비대차가 원칙이다(상법 제55조).

(3) 소비대차는 편무계약이 원칙이나 이자부소비대차는 쌍무계약이다. 대주의 채무와 차주의 이자채무는 서로 대가적 견련관계가 있다.

(4) 소비대차는 불요식계약이다. 증거를 위하여 증서를 쓰는 경우가 있으나 불요식계약이다.

3 소비대차의 성립

(1) 소비대차의 성립요건 11 15 기출
① 소비대차는 대주가 일정액의 금전 또는 일정한 대체물의 소유권을 차주에게 이전하여 쓰게 하고, 반환시기에는 차주는 꾸어쓴 것과 동일한 종류·품질·수량의 것을 대주에게 반환할 것을 약정함으로써 성립하는 계약이다.
② 소비대차는 무이자가 원칙이나 이자부로 약정할 수 있고, 이자율의 약정이 없으면 그 이율은 법정이율에 의한다.
③ 소비대차의 목적물은 금전이나 대체물이어야 한다. 차주가 소비한 후에 같은 것으로 갚아야 하기 때문이다. 주로 금전소비대차가 보통이다. 그런데 금전소비대차의 경우에도 대주가 금전을 교부하지 않고 약속어음 등의 유가증권을 교부하는 경우가 있는데, 이것을 대물대차라고 한다(제606조). 대물대차의 경우는 유가증권을 인도받을 때의 가액으로써 차용액을 인정하게 규정하고 있다(제606조).

(2) 소비대차의 실효·해제의 특칙 15 기출
① 소비대자의 실효의 특칙
  ㉠ 소비대차는 낙성계약이므로 합의만으로 성립한다. 그런데 민법은 대주가 목적물을 차주에게 인도하기 전에 당사자 한쪽이 파산선고를 받은 때에는 소비대차는 그 효력을 잃는다고 규정하고 있다(제599조). 파산선고가 되면 그 파산자의 채권·채무는 파산채권과 파산재단에 속하는 등의 복잡한 절차가 있게 되므로 이를 피하기 위한 것이다.
  ㉡ 특칙인 민법 제599조는 사정변경의 원칙을 구체적으로 입법화한 것이라고 본다.
② 무이자소비대차의 해제 특칙
  무이자소비대차는 대주만이 경제적 손실을 보는 것이므로 당사자는 목적물의 인도 전에는 언제든지 계약을 해제할 수 있게 하였다. 그러나 해제로 상대방에게 손해가 있으면 배상하여야 한다(제601조).

(3) 준소비대차 13 14 15 기출
① 준소비대차란
  ㉠ 준소비대차란 '당사자 양쪽이 소비대차계약에 의하지 아니하고, 금전, 기타의 대체물을 지급할 의무가 있는 경우에 당사자가 그 목적물을 소비대차의 목적으로 할 것을 약정한 때는 소비대차의 효력이 있게'하는 것을 말한다(제605조). 즉, 처음에는 소비대차가 아닌 원인으로 금전이나 대체물의 지급의무가 생긴 후에 다시 소비대차로 하기로 약정한 것을 의미한다.
  ㉡ 준소비대차는 기존채무를 소멸시키고 신채무(新債務)를 성립시키는 점에서 경개와 같은 효력이 있다. 그런데 경개(更改)는 구채무(舊債務)와 신채무 사이에 동일성이 없으나 준소비대차의 기존채무와 신채무 사이에는 원칙적으로 동일성이 인정되는 점이 다르다고 새긴다.
② 성립요건
  ㉠ 준소비대차가 성립하려면 기존의 금전, 기타의 대체물의 지급을 목적으로 하는 채무가 존재하여야 한다. 신채무가 성립하기 위한 원인이 되어야 하기 때문이다.
  ㉡ 기존채무의 당사자가 그 채무의 목적물을 소비대차에 의한 신채무로 한다는 합의가 있어야 한다.

③ 준소비대차의 효력
　㉠ 준소비대차에 의하여 신채무는 소비대차에 의한 채무로 되는 효력이 생긴다. 동일한 당사자 사이에 동일한 채무이고, 원인만 바뀐 것이므로 대주의 목적물 이전의무는 없다.
　㉡ 신채무와 기존채무는 서로 조건관계에 있으므로 신채무의 성립은 기존채무를 소멸시키고 신채무의 불성립은 기존채무를 소멸시키지 못한다.
　㉢ 기존채무와 신채무는 동일성이 있는 것으로 보아서
　　ⓐ 기존채무에 존재하는 담보권(擔保權)·보증(保證)은 신채무에도 그대로 존재한다.
　　ⓑ 시효는 신채무(新債務)를 표준으로 한다.
　　ⓒ 기존채무에 따르는 동시이행의 항변권은 소비대차의 성질에 맞지 않아서 소멸한다는 견해와 원칙적으로는 존재한다는 견해가 있다.

4 소비대차의 효력 10 11 23 기출

(1) 대주의 의무
① 대주(貸主)는 차주(借主)가 목적물을 소비해서 이용할 수 있게 할 의무를 부담하므로 그 의무를 이행하는 방법으로서 목적물의 소유권을 이전할 의무가 있다고 본다. 소비대차는 대차형(貸借型)의 계약이기 때문이다. 민법은 금전, 기타의 대체물의 소유권을 상대방에게 이전할 것을 약정하는 것(제598조)이라고 규정하고 있다.
② 대주는 교부한 목적물의 흠에 대하여 담보책임을 지게 된다. 소비대차가 이자부(利子附)이냐 아니냐에 따라 다르다.
　㉠ 이자부소비대차인 경우
　　ⓐ 대주는 고의·과실에 관계없이 담보책임을 진다. 이때에 목적물의 흠에 대하여 차주도 선의·무과실이어야 한다.
　　ⓑ 대주의 담보책임은
　　　㉮ 목적물의 흠이 중대하여 계약의 목적을 달성할 수 없으면 차주는 계약을 해제할 수 있다.
　　　㉯ 기타의 경우는 손해배상을 청구할 수 있다.
　　　㉰ 완전한 다른 물건의 청구를 할 수도 있다.
　　ⓒ 손해배상의 범위는 매도인의 하자담보책임과 같고 담보책임을 물을 수 있는 기간은 6개월의 제척기간이다.
　㉡ 무이자소비대차의 경우
　　무이자소비대차는 무상계약이므로 목적물에 흠이 있음을 알면서 차주에게 고지하지 않은 경우에만 대주는 담보책임을 부담한다(제602조 제2항 단서).

(2) 차주의 의무
차주는 그가 꾸어온 금전, 기타의 대체물을 반환시기에 반환할 의무와 소비대차가 이자부(利子附)인 때는 이자 지급의무가 있다.

① 목적물의 반환의무
　㉠ 반환할 물건
　　차주는 대주에게서 받은 물건과 같은 종류·품질·수량의 물건을 반환해야 한다(제598조, 제603조 제1항).
　　ⓐ 금전대차에서 금전에 갈음하여 물건을 교부받은 대물대차의 경우에는 반환하는 금액은 인도받은 물건의 인도받은 때의 가액이 기준이 된다.
　　ⓑ 소비대차의 당사자가 대물변제의 예약을 한 때에는 차주가 차용물에 갈음하여 반환하는 재산은 그의 예약 당시의 가액이 차용액과 그에 붙인 이자의 합산액을 넘지 못한다(제607조). 이것은 차주를 보호하기 위한 규정이다.
　　ⓒ 차주가 흠이 있는 물건을 교부받은 경우에는 그 흠 있는 것과 같은 물건을 반환하면 되고, 그렇지 못하면 흠있는 그 물건의 가액을 반환하면 된다(제602조 제2항 본문). 그리고 이자부소비대차이면 역시 이행지의 이행기 가격으로 반환하여야 한다고 본다.
　　ⓓ 반환물의 동종·동질·동량의 반환이 불가능한 경우에는 불가능으로 된 때의 그 물건의 시가로 반환하여야 한다(제604조).
　㉡ 반환시기
　　ⓐ 반환시기가 있는 경우
　　　㉮ 차주는 약정시기에 차용물과 같은 종류·품질·수량의 물건을 반환하여야 한다. 확정시기를 지나면 지체책임을 지고, 불확정시기이면 이행시기가 되었음을 안 때로부터 지체책임을 진다.
　　　㉯ 반환시기가 있더라도 다음의 경우에 차주는 그 기한의 이익을 잃어서 대주의 청구가 있으면 곧 반환하여야 한다.
　　　　- 차주가 담보를 멸실·감소·손상시킨 때
　　　　- 차주가 담보제공의무를 이행하지 않을 때
　　　　- 차주가 파산선고를 받은 때
　　　㉰ 기한의 이익은 상대방의 이익을 해치지 않는 한도 내에서 포기할 수 있다(제153조 제2항). 무이자소비대차이면 언제나 포기할 수 있고, 이자부이면 기한이익이 차주만을 위한 것이면 변제하는 때까지의 이자만을 붙여서 반환하고, 기한이익이 대주도 위한 것이면 이행기까지의 이자를 붙여서 기한 전에 반환할 수 있다.
　　ⓑ 반환시기가 없는 경우
　　　㉮ 대주는 상당한 기간을 정하여 반환을 최고하여야 한다. 그 상당한 기간이 지나면 차주는 지체의 책임을 지게 된다.
　　　㉯ 차주는 언제나 반환할 수 있다. 이자부이면 반환하는 때까지의 이자만 붙여서 반환하면 된다.
② 이자 지급의무 11 15 기출
　㉠ 이자부소비대차에는 약정의 이자를 지급하여야 한다. 이자부이지만 약정이자율이 없으면 법정이율에 의한다.
　㉡ 이자를 계산하는 시기는 목적물을 인도받은 때부터 또는 차주의 수령지체 시에 대주가 이행을 제공한 때부터 이자의 계산을 시작한다(제600조).

③ 담보제공의무

소비대차계약에서 당사자가 담보제공의 약정을 하였으면 차주는 물적 담보, 인적 담보제공의 노력을 하여야 한다.

제6절 사용대차(使用貸借) 16 22 기출

1 사용대차의 의의

(1) 사용대차란 당사자 한쪽인 대주가 상대방인 차주에게 무상으로 사용·수익하게 하기 위하여 목적물을 인도할 것을 약정하고, 상대방은 사용·수익한 후에 그 목적물 자체를 반환할 것을 약정함으로써 성립하는 계약이다(제609조). 사용대상이 물건이고 또 무상의 사용·수익이라는 데 특징이 있다.

(2) 차주는 사용·수익 후에는 목적물 자체를 반환하여야 한다. 따라서 무상이라는 것이 임대차와 다르고, 반환의 목적물이 그 자체라는 데서 소비대차와 다르다.

(3) 사용대차는 일찍부터 우리 생활에 있어 왔다. 특히 무상이라는 데서 생활도구의 빌려씀이 자유로웠으나 경제적 목적이 아닌 단순히 인정적(人情的)인 요소가 많아서 오늘날에는 친족, 친구 사이에서 이용되고 그것도 대차의 법률관계에서보다는 단순히 도의적 관계(道義的關係)로 이루어진다.

2 사용대차의 법적 성질

사용대차는 무상·편무·낙성·불요식계약이다. 특히 물건의 사용·수익을 목적으로 하므로 권리를 목적으로 하는 것은 사용대차가 아니고 사용대차와 비슷한 무명계약이 된다.

(1) 사용대차는 무상계약이다. 대주는 목적물의 사용·수익을 시키기 위하여 차주에게 인도하지만 차주는 대가를 지급하지 않는다. 그러나 당사자의 약정으로 차주에게 어떠한 부담을 지게 할 수는 있다.

(2) 사용대차는 편무계약이다. 대주는 목적물의 인도채무를 지나, 차주는 그 물건의 반환채무를 진다는 의미에서는 쌍무라고 할 수 있으나, 이것은 대가적 의존관계가 없으므로 편무계약이다.

(3) 사용대차는 낙성계약이다. 당사자는 사용·수익과 그 목적물의 반환에 관한 합의를 함으로써 성립하는 계약이다. 계약성립에는 물건의 인도를 요구하지 않는다.

(4) 사용대차는 불요식계약이다. 계약의 내용을 특별한 방식에 표시함을 요구하지 않는다. 합의가 있으면 계약은 성립한다.

(5) 사용대차의 목적물은 물건에 한정되고 권리는 대상이 아니다. 그리고 목적물의 소유권은 대주에게 있고, 차주는 사용·수익만 할 수 있지 처분은 안 된다.

3 사용대차의 성립

(1) 사용대차는 당사자 사이에 한쪽은 특정의 물건에 대하여 무상으로 사용·수익하게 하고 다른 쪽은 사용·수익 후에는 그 물건 자체를 반환하게 하는 약정으로 성립하는 계약이다(제609조).

(2) 목적물은 동산·부동산·대체물·부대체물 어느 것이라도 상관이 없다. 그리고 사용·수익의 대가를 지급하지 않는다. 다만 일정한 부담을 약정하는 것은 허용된다.

4 사용대차의 효과 10 21 기출

(1) 대주의 의무

① 대주는 목적물건을 차주에게 사용·수익하게 할 의무가 있다(제610조). 따라서 목적물을 차주에게 인도하고 그의 사용·수익을 방해하여서는 안 된다. 즉, 방해하지 아니할 소극적인 의무가 있다. 무상이므로 인정되는 의무이다.

② 대주의 담보책임
대주는 목적물건에 흠이 있음을 알고서도 차주에게 고지하지 않은 때에만 책임을 진다. 그러나 일정한 부담이 있으면 그 부담의 한도에서 매도인과 같은 책임을 진다(제612조, 제559조).

(2) 차주의 권리·의무

① 차주는 목적물을 사용·수익할 권리가 있다. 이 권리는 물권이 아니고 채권의 행사과정에서 가지는 권리이다. 목적물의 사용·수익은 그 목적물의 성질에 의하여 인정되는 용법에 따른 것이어야 한다. 차주의 이 범위를 넘는 사용·수익이 있으면 대주는 계약을 해지할 수 있다(제610조 제3항). 손해가 있으면 손해배상도 청구할 수 있다. 이 손배상청구권은 목적물을 반환받은 날부터 6개월 내에 행사하여야 하는 제척기간이다(제617조).

② 차주는 목적물을 선량한 관리자의 주의로 보관하여야 한다. 이를 어기면 손해배상책임을 부담한다. 이 손해배상청구권도 6개월의 제척기간이다.

③ 차주는 목적물의 사용기간에 통상의 필요비를 부담한다(제611조). 그 외의 유익비는 대주가 부담한다. 차주가 지급한 유익비가 있으면 유익비반환청구권도 6개월 내에 행사하여야 하는 제척기간이다(제617조).

④ 차주는 대주의 승낙 없이 제3자에게 차용물을 사용·수익하게 하지 못한다(제610조 제2항).

⑤ 차주는 반환기에 목적물 자체를 대주에게 반환하여야 한다(제615조). 반환장소는 특약이 없으면 계약성립 당시 물건이 있던 곳이다.

⑥ 차주가 2인 이상인 경우에는 그들 차주는 연대하여 의무를 부담한다(제616조). 이것은 대주를 보호하기 위한 배려라고 할 수 있다.

5 사용대차의 종료 13 기출

(1) 사용대차의 존속기간을 약정한 때에는 그 기간이 만료된 때에 사용대차는 종료한다. 이때에 목적물을 차주는 반환하여야 한다. 존속기간의 약정이 없는 경우에는 계약·목적물의 성질에 따른 사용·수익이 끝난 때에 종료한다(제613조).

(2) 대주는 차주가 사용·수익의 범위를 넘거나 대주의 승낙 없이 목적물을 제3자에게 빌려준 때에는 계약을 해지할 수 있으므로 그 해지로 종료한다. 그리고 반환시기를 정하지 않은 때는 계약·목적물의 성질에 따른 사용·수익에 충분한 기간이 지난 때는 대주는 언제나 해지할 수 있다(제613조 제2항). 또한, 차주가 파산선고를 받은 때에도 대주는 해지할 수 있다(제614조).

(3) 대주가 목적물을 인도하기 전에는 당사자는 누구든지 언제나 계약을 해제할 수 있고, 차주는 특약이 없으면 언제나 해지할 수 있다.

제7절 임대차(賃貸借) 18 20 22 24 기출

1 서설

(1) 의의

① 임대차란 당사자의 한쪽인 임대인이 다른 쪽인 임차인에게 목적물을 사용·수익하게 할 것을 약정하고, 임차인은 차임의 지급과 목적물의 반환채무를 임대인에게 부담하기로 약정함으로써 성립하는 계약이다(제618조). 목적물의 사용대가인 차임의 지급이 임대차의 요소라고 할 수 있다.

② 임대차는 채권계약이며, 낙성·유상·쌍무·불요식계약이다.

  ㉠ 임대차는 물건의 사용·수익을 목적으로 하는 채권계약이다.
    ⓐ 임대차의 목적물은 물건이고, 권리는 안 된다. 임대차의 목적물인 물건은 유체물 중에서 사용·수익으로 소멸하지 않는 것이어야 한다. 그 물건 자체를 반환해야 하기 때문이다. 따라서 동산·부동산 모두가 목적물이 될 수 있고, 물건의 일부도 목적물이 될 수 있다. 다만, 부동산 중에서 농지는 농지법에 의하여 일정한 제한이 있다(농지법 제23조 이하).
    ⓑ 임대차는 채권계약이다. 임차인은 임대인에게 목적물을 사용·수익하게 할 것을 요구할 수 있는 채권이 있을 뿐이다. 따라서 임차인의 임차권은 대항력이 없는 채권이고 물권이 아니다. 그리하여 부동산임차권은 임차인의 생활의 터전이 되는 경우가 많으므로 그 생활의 안정을 위하여 부동산임차권의 강화를 요구하는 현상이 나타나게 된다. 이것을 '임차권의 물권화(物權化)'라고 한다.

  ㉡ 임대차는 사용·수익의 대가로서 지급하는 차임(借賃)이 임대차의 요소이다. 이 차임의 지급이 없으면 사용대차와 다르지 않다. 차임은 금전에 한하지 않는다. 약정에 의하여 다른 종류로도 차임을 정할 수 있다.

(2) 임대차의 사회적 작용

① 임대차의 목적이 되는 물건은 동산·부동산 모두가 포함된다. 특히 물건의 사용의 대가를 지급하는 것이어서 자본주의 경제제도에 잘 맞는다. 임대차는 부동산을 이용하는 관계에서 실제로 중요한 역할을 한다.

② 타인의 물건을 사용대가인 차임을 지급하고 이용하는 관계로서 임대인과 임차인 사이에 권리·의무관계가 명확함을 요구하고 특히 부동산임차인의 보호가 필요하다. 그리고 보통은 리스계약이라고 하는 시설대여계약은 산업시설, 사무기계, 의료기기 등의 임대차에서 매우 중요한 역할을 하고 있다. 이 리스계약을 규제하는 우리나라의 법으로는 여신전문금융업법이 있다.

(3) 부동산임차권의 강화

① 부동산임차권 강화의 필요성

㉠ 부동산은 우리의 생활터전이므로 토지와 건물의 임대차는 임차인의 보호를 위하여 구체적이고 명확한 보호·유지가 필요하게 된다. 물론 타인의 부동산을 빌려서 사용하는 법적 수단이 임대차만 있는 것은 아니다. 물권, 즉 용익물권을 설정하는 방법도 있지만 사정이 임대차로 하여야 할 경우가 많다. 이때 임대차는 채권관계이므로 물권관계인 용익물권을 설정하는 것보다 임차인의 보호가 약한 편이다.

㉡ 부동산임차인의 보호를 위하여 부동산임차권의 강화가 필요하게 된다. 특히 주택임대차관계는 생활관계의 기초를 이루고 있기 때문에 더욱 임차인 보호가 절실하다. 그리하여 특별법으로까지 보호를 강화하고 있는 실정이다. 그런데 여기서 잊어서는 안 되는 것은 임대물소유자의 보호에도 소홀할 수 없다는 것이다.

② 부동산임차권의 강화내용

㉠ 부동산임차권의 강화는 채권인 임차권을 물권의 내용과 같이 만든다는 의미에서 '임차권의 물권화'라고 말하기도 한다. 부동산임차권의 강화의 내용으로는 보통 생각할 수 있는 것이 ① 대항력의 강화, ② 제3자에 의한 임차권에 대한 사실적 침해의 배제, ③ 임차권의 처분, ④ 임차권 존속의 보장 등이 있다.

ⓐ 대항력의 강화 : 임차권은 채권이므로, 임대물의 소유권이 이전되거나 이에 제한물권이 설정되면 이들 새 소유자, 제한물권자에게 대항하지 못하고 소멸하게 된다. 따라서 임차권에 일정한 대항요건을 인정하여 그 요건(제621조, 제622조 ; 주택임대차보호법 제3조)이 갖추어진 때에는 임차인에게도 임차물의 배타적 지배를 인정하는 것이 필요하다. 즉, 등기·등록과 이에 유사한 방법 등을 갖게 하는 것 등이다.

ⓑ 방해배제 : 물권의 침해는 물권적 청구권에 의하여 점유의 침해를 배제할 수 있는데(제204조 이하), 임차권 자체의 침해를 제거하는 것은 일반적으로 인정하지 않는다.

ⓒ 처분권 인정 : 물권의 처분은 자유로우나 채권은 자유롭지 못하다. 이에 임차인의 동의가 있다면 채권인 임차권의 양도, 전대 등을 인정하는 것이다.

ⓓ 임차권 존속의 보장 : 일반적으로 물권의 존속기간은 장기간이고, 채권은 단기간이다. 특히 채권인 임차권의 최저기간을 보장하는 것이 필요하다. 현재는 주택임차권의 특별법상의 최단기간의 보장(주택임대차보호법 제4조) 외에는 최장기간의 제한이 있을 뿐이다.
ⓒ 우리 법제상의 대항력 강화와 존속기간 보장 **11 기출**
  ⓐ 민법상의 대항력 강화는 부동산임차인은 당사자 간에 '반대의 약정'이 없으면 임대인에 대하여 부동산임차권의 등기에 협력의 청구를 할 수 있고, 등기한 때에는 제3자에게 대항할 수 있다(제621조). 또한, 건물의 소유를 목적으로 한 대지임대차의 경우에는 그 임차권을 등기하지 않아도 임차인이 그 지상건물의 등기를 하면 대지임차권을 가지고 제3자에게 대항할 수 있다(제622조).
  ⓑ 주택임대차보호법상에는 주택임차권은 등기를 하지 않아도 실제적 이주와 주민등록을 전입신고하면 등기와 같은 대항력을 인정하고 주택임차권은 최소한 2년간의 존속을 보장하고 있다.
③ **임차권의 성질**
임차권은 채권이다. 그런데 등기와 같은 대항요건을 갖춘 부동산임차권은 물권이라고 하는 견해와 물권화하고 있는 권리라는 견해가 있다.

2 임차권의 존속기간

(1) 임대차 존속기간(민법 제651조) 삭제

민법은 계약으로 임대차의 존속기간을 정하는 때에는 일정한 기간을 넘지 못하도록 제한을 두고 있었다. 그러나 견고한 건물 등의 소유 또는 식목(植木) 등을 목적으로 하는 토지임대차를 제외한 모든 임대차의 존속기간은 20년을 넘지 못한다고 규정한 제651조 제1항은 그 입법취지가 불분명하고 계약의 자유를 침해하므로 헌법에 위반된다는 헌법재판소의 결정(헌재 2013.12.26., 2011헌바234)을 반영하여 임대차 존속기간에 제한을 둔 관련 규정을 폐지하였다.

> **판례** 헌재 2013.12.26., 2011헌바234
> 임대차계약을 통하여 합리적이고 효과적인 임차물 관리 및 개량방식의 설정이 가능함에도 불구하고, 임대인 또는 소유자가 임차물의 가장 적절한 관리자라는 전제하에 임대차의 존속기간을 제한함으로써 임차물 관리 및 개량의 목적을 이루고자 하는 것은 임차물의 관리소홀 및 개량미비로 인한 가치하락 방지라는 목적 달성을 위한 필요한 최소한의 수단이라고 볼 수 없다.

(2) 임대차기간의 갱신

① 계약에 의한 갱신
  ㉠ 한편, 구 제651조 제2항은 임대차 존속기간의 갱신 및 갱신기간의 상한을 규정한 것으로서 임대차 존속기간의 제한을 폐지하는 경우에는 별도로 존치할 필요가 없어졌다.
  ㉡ 이에 따라 개정 민법은 제651조 전부를 삭제하여 자율적 거래관계의 형성이 촉진되도록 하고 국민의 자유로운 재산권 행사를 충실히 보장하려 하였다.

② 법정갱신 24 기출
  ㉠ 법정갱신은 임차인을 보호하기 위한 방법이라고 할 수 있다. 임대차기간이 만료된 경우에도 임차인이 임차물의 사용·수익을 계속하고 있는 경우에 임대인이 상당한 기간 내에 이의를 제기하지 않은 때에는 전임대차와 동일한 조건으로 다시 임대차한 것으로 본다(제639조). 다만 이때의 존속기간은 '기간의 약정이 없는'것으로 된다. 따라서 당사자는 언제든지 계약을 해지할 수 있고, 그 해지는 일정한 기간(6개월, 1개월, 5일)이 지나면 효력이 발생하게 된다(제635조).
  ㉡ 법정갱신이 되는 경우에는 기존의 임대차에 대하여 제3자가 제공한 담보는 당연히 소멸한다. 물론 당사자가 제공한 담보는 계속 존속하여 효력을 가진다.

(3) 약정기간이 없는 경우
  ① 임대차기간의 약정이 없는 경우에는 임대인, 임차인은 언제나 임대차계약을 해지통고할 수 있다. 해지통고를 한 경우에는 계약의 목적이 동산이냐 부동산이냐, 누가 해지 통지하느냐에 따라서 해지의 효력이 발생하는 것은 다르다.
    ㉠ 부동산임대차의 경우에는 임대인이 해지를 통지한 때에는 통지를 받은 날로부터 6개월 후에 해지의 효력이 발생하고, 임차인이 해지를 통지한 때에는 통지를 받은 날로부터 1개월 후에 해지의 효력이 발생한다(제635조 제2항 제1호).
    ㉡ 동산임대차의 경우에는 당사자 중 누가 해지를 통지하든지 5일 후에 해지의 효력이 발생한다(제635조 제2항 제2호).
  ② 기간의 약정이 있는 경우 당사자의 한쪽 또는 양쪽이 해지권을 보류한 때에도 ①의 해지효력의 발생기간은 같다(제636조).
  ③ 임대차계약이 해지통지로 종료된 경우에 그 임대물이 적법하게 전대(轉貸)된 때는 임대인이 전차인(轉借人)에 대해 그 사유를 통지하지 않으면 해지의 효력이 전차인에게는 발생하지 않는다. 전차인이 해지통지를 받은 때에는 임차인이 해지통지를 받은 때와 같은 상당한 기간(제635조)이 지나면 효력이 생긴다.

(4) 단기임대차의 존속기간
  ① 임대차는 처분행위가 아니고, 물건의 이용에 관한 관리행위이므로 처분권이 없는 자라도 관리할 권한이 있으면 일정한 기간 내의 단기임대차는 할 수 있게 하였다. 단기임대차를 할 수 있는 자로서는 부재자 재산관리인(제25조), 상속재산관리인(제1023조 제2항, 제1047조 제2항) 등이 이에 속한다.
  ② 단기임대차기간(제619조)
    ㉠ 식목, 채염, 석조, 석회조, 연와조 및 이와 유사한 건축을 목적으로 한 토지임대차 : 10년
    ㉡ 기타의 토지임대차 : 5년
    ㉢ 건물, 기타의 공작물(工作物)의 임대차 : 3년
    ㉣ 동산의 임대차 : 6개월
  ③ 단기임대차의 갱신(제620조)
    단기임대차의 기간은 갱신할 수 있으나, 그 임대차기간의 만료일을 기준으로 다음의 기간 내에 갱신계약을 하여야 한다.

㉠ 토지임대차 : 1년
㉡ 건물, 기타 공작물임대차 : 3개월
㉢ 동산임대차 : 1개월

③ 임대차의 효력 10 16 기출

(1) 임대인의 권리·의무

① 목적물을 사용·수익하게 할 의무
임대차는 유상계약이므로 임대인은 임차인의 사용·수익에 적극적으로 협조할 의무가 있다. 이 적극적 의무를 수행하기 위하여 목적물 인도의무, 방해제거의무, 수선의무 등이 있다.

㉠ 목적물 인도의무
임대인은 임차인이 임차물을 사용·수익하도록 그 목적물을 임차인에게 인도하여야 한다(제623조). 따라서 인도 후에도 진정한 소유자가 나타나서 사용·수익을 불가능하게 하거나 양도하여서 사용·수익이 불가능하면 임대인은 채무불이행의 책임을 진다. 그러나 임차권이 대항요건을 갖춘 때에는 임차물의 소유권이 이전되어도 임대인은 책임지지 않는다.

㉡ 방해제거의무
제3자의 점유물 침탈 등이 있는 때에는 임대인은 임차인을 위하여 그 방해를 제거하여야 할 의무가 있다.

㉢ 수선의무
ⓐ 임대차가 존속하는 동안 임대인은 임차물의 사용·수익에 필요한 상태를 유지시키기 위해 수선의무를 부담한다(제623조). 그러나 이 수선의무는 특약으로 면제할 수 있다. 수선의무는 수선이 가능한 경우에만 있게 되고 그 수선원인은 천재 등 불가항력인 경우는 물론이고 임차인의 유책사유로 인한 때도 생긴다고 본다. 임차인의 유책사유에 의한 때는 손해배상을 임차인에게 청구하여야 할 것이다.
ⓑ 임대인의 수선의무 불이행이 있는 경우에 임차인은 손해배상청구권, 계약해지권, 차임지급거절권, 차임감액청구권 등이 생긴다고 본다. 그리고 수선하는 경우 임차인은 이에 협조하여야 하고 그로 인하여 임대차의 목적을 달성할 수 없으면 임차인은 계약을 해지할 수 있다(제625조).

② 비용상환의무
임대인은 임대차기간 동안 임차인이 지급한 필요비·유익비를 상환하여야 한다.

㉠ 필요비의 상환 23 기출
임차인이 임차물의 보존에 관한 필요비를 지출한 때에는, 임대인에 대하여 그 상환을 청구할 수 있다(제626조 제1항). 특약으로 임차인의 부담으로 할 수도 있다.

㉡ 유익비의 상환
임차인이 지출한 유익비는 '그 가액의 증가가 현존하는 경우에 한하여 임차인이 지출한 금액이나 그 증가액'을 임대차 종료 때에 임대인은 상환하여야 한다. 이 유익비의 상환에 대하여는 상당한 기간을 유예하여 줄 것을 임대인은 법원에 청구할 수 있다(제626조 제2항).

ⓒ 필요비·유익비의 상환청구권은 임대인이 목적물을 반환받은 날로부터 6개월 내에 임차인이 행사하여야 한다(제654조, 제617조). 이 6개월은 제척기간이며 기산점은 목적물을 반환받은 때부터이고 필요비는 지출한 때에 청구할 수 있으므로 제척기간과는 따로이 지출한 때로부터 소멸시효가 진행한다고 본다. 그리고 임차인은 비용상환청구권에 관하여 유치권을 가지게 된다. 비용부담을 특약으로 임차인이 부담할 수도 있다.

③ 임대인의 담보책임
ㄱ) 임대차는 유상계약이므로 매매에 관한 규정이 준용(제567조)되므로 임대인은 매도인과 같은 담보책임을 진다. 따라서 임차물에 흠이 있거나 그 물건에 관한 권리에 흠이 있는 때에는 손해배상책임을 지고, 흠으로 계약목적을 달성할 수 없게 되면 임차인으로부터 계약해제를 당할 수도 있다. 또 목적물의 수량 부족 등에는 차임감액청구도 당할 수 있다.
ㄴ) 임대인이 수선의무를 이행하지 않는 경우에도 손해배상책임을 지고 계약해지도 당할 수 있다.

(2) 임차인의 권리·의무

임차인의 권리의 핵심은 임차물을 사용·수익할 수 있는 임차권이다. 그 외에도 비용상환청구권, 계약갱신청구권, 지상물매수청구권, 부속물매수청구권, 차임감액청구권 등이 있다. 임차인의 의무로서는 임차물보관의무, 임차물반환의무, 차임지급의무가 있다.

① 임차권
임차권은 임차인이 임차물을 사용·수익할 수 있는 권리이다(제618조). 이 임차권은 부동산을 임차물로 하는 경우에는 부동산임차권의 강화가 요구된다.
ㄱ) 임차권의 범위
ⓐ 임차인은 계약의 내용·임차물의 성질에 따라 그 용법으로 사용·수익하여야 한다(제654조, 제610조 제1항). 즉, 임차물이 주택이면 공장으로 사용할 수 없다.
ⓑ 임대인의 승낙 없이는 임차물을 타인에게 사용·수익시킬 수 없다.
ⓒ 위의 사항을 위반하면 임대인은 위반행위의 정지청구, 손해배상청구, 계약해지를 할 수 있다. 이때에 손해배상의 청구는 임대인이 목적물을 반환받은 때로부터 6개월 내에 행사하여야 한다(제654조, 제617조).
ㄴ) 임차권의 대항력
ⓐ 임차권은 채권이므로 원칙적으로 제3자에게 대항할 수 없다. 따라서 임차물이 양도되면 새로운 소유자에게는 임차권을 주장할 수 없어 소멸하고 만다.
ⓑ 부동산임차권은 등기하면 제3자에게도 대항력이 생긴다(제621조). 따라서 이때에는 임차물이 제3자에게 양도되어도 임차인의 임차권은 그 임차물에 그대로 존속한다. 부동산임차인은 '반대특약'이 없으면, 부동산임차권의 등기에 협력해 줄 것을 임대인에게 청구할 수 있다.
그리고 임차권이 존속되어도 특약이 없는 한 지체차임채권은 새로운 소유자에게 당연히 이전되지는 않는다.

ⓒ 대지임차권은 그 위의 건물을 등기하면 제3자에게도 임대차의 효력이 생긴다(제622조 제1항). 이때의 대지임차권의 대항력은 임차권의 존속기간 동안 그리고 지상건물이 존속하는 동안만 인정된다. 따라서 지상건물이 임대차기간 만료 전에 멸실되면 토지임차권(대지임차권)은 대항력을 잃게 된다(제622조 제2항).
ⓓ 주택임대차보호법상의 주택임대차는 등기 없이도 일정한 요건을 갖추면 대항력이 있다(주택임대차보호법 제3조 제1항).

(3) 임차권의 양도·전대 14 15 17 23 기출

① 의 의
  ㉠ 임차권의 양도란 임차권의 동일성을 유지하면서 이전하는 계약을 말한다. 임차권은 지명채권이므로 임차권 자체를 직접 이전하는 계약이 임차권의 양도이다. 그리고 임차권의 양도는 준물권계약의 성질을 가지므로 임차권 양수인은 임차인의 지위를 승계하여 임차인으로서의 권리와 의무를 가진다.
  ㉡ 임차권의 전대란 임대인으로부터 임차물을 빌려 쓰고 있는 임차인이 그 임차물을 제3자에게 임대하는 것을 말한다. 따라서 본래는 임차인이 전대인이 되어 새로운 임대차계약을 전차인과 맺는 것이 전대이다. 전대의 경우에는 전대인은 본래의 임대차에서의 임차인의 지위를 계속 유지하면서 새로운 전대차계약상으로서는 임대인인 전대인의 지위를 갖게 되는 것이다.
  ㉢ 민법의 임차권 양도·전대금지
    ⓐ 민법은 임대인의 동의가 없는 경우에는 임차권의 양도·전대를 금지하고 있다(제629조). 따라서 임대인의 동의 없이 임차권을 임차인이 양도하거나 전대한 때에는 임대차계약을 해지할 수 있다. 그러나 당사자의 특약으로 달리 정할 수 있다.
    ⓑ 건물의 임차인이 그 건물의 일부분을 타인에게 사용하게 하는 경우에는 임대인의 동의를 받지 않아도 된다(제632조).
    ⓒ 임대차는 지명채권인 임차권을 발생시킨다. 지명채권은 채권자가 누구이냐에 따라 권리행사에 큰 차이가 있기 때문에 채무자인 임대인을 보호하기 위하여 임차인에게 임차권의 양도·전대를 제한하는 것이다.
  ㉣ 임차권의 양도 및 임차물의 전대의 법적 성질
    ⓐ 임차권의 양도는 임차인인 양도인과 제3자인 양수인 사이에 맺어지는 낙성·불요식계약이다. 이때에 양수인이 임차권을 유효하게 취득하기 위하여는 임대인의 동의가 있어야 한다.
    ⓑ 임차물의 전대는 임차인인 전대인과 제3자인 전차인 사이에 맺어지는 낙성·불요식계약이다. 이때에도 전차인이 전차권을 유효하게 취득하기 위하여는 임대인의 동의가 있어야 한다.
    ⓒ 임차권의 양도, 임차물의 전대를 한 임차인은 임대인의 동의를 얻지 못하면 타인의 물건을 권한 없이 양도·임대한 것이 되어 이에 대한 책임을 져야 한다.
    ⓓ 임차인이 그 지위를 잃는 임차권의 양도에 의한 양수인의 임차권 취득을 이전적 취득이라고 하고, 임차인이 임차권을 유지하면서 다시 전차인에게 전차권을 취득하게 하는 것을 설정적 취득이라고도 한다.

② 임대인의 동의
  ㉠ 임대인(賃貸人)의 동의는 임차권의 양도·전대의 효력발생요건은 아니고, 그 양도·전대를 가지고 임대인과 다른 제3자에게 대항할 수 있게 하는 권능을 임차인에게 주는 의사표시이다. 따라서 임대인의 동의가 없어도 임차인과 양수인 사이의 양도, 전대인(임차인)과 전차인 사이의 전대는 유효하다.
  ㉡ 임대인의 동의는 양도·전대계약 체결 이전에 하는 것이 일반적이지만 사후에 하여도 관계 없다. 그리고 임대인은 일단 동의를 하였으면 그 동의는 철회되지 않는 것으로 본다. 법률관계의 안정을 지키기 위하여서 동의의 철회를 부정한다.
③ 임대인의 동의 없는 양도·전대의 법률관계
  ㉠ 임대인의 동의 없는 임차권의 양도
    ⓐ 임차인(양도인)과 양수인의 관계 : 양도인과 양수인 사이에는 유효하고, 양도인인 임차인은 임대인의 동의를 얻을 채무를 양수인에게 부담한다. 따라서 임대인의 동의를 얻지 못하면 임차인인 양도인은 매매에서의 매도인의 담보책임과 같은 책임을 진다(제567조, 제570조).

> **판례** 대판 1986.2.25., 85다카1812
> 임대인의 동의를 받지 아니하고 임차권을 양도한 계약도 이로써 임대인에게 대항할 수 없을 뿐 임차인과 양수인 사이에는 유효한 것이고, 이 경우 임차인은 양수인을 위하여 임대인의 동의를 받아줄 의무가 있다.

    ⓑ 임대인과 양수인의 관계 : 양수인은 동의하지 않은 임대인에게는 임차물의 불법점유자로서의 방해배제의무를 지게 된다(제213조, 제214조). 그리고 동의하지 않은 임대인은 양수인에게 임차물을 임차인(양도인)에게 인도하라고 요청할 수 있을 뿐이다. 임대인이 원임대차(原賃貸借)를 해지하지 않는 한 임차물은 임차인의 점유에 속하기 때문이다.
    ⓒ 임대인과 임차인과의 관계 : 임대인은 무단양도한 임차인에 대하여 임대차계약을 해지할 수 있게 된다(제629조 제2항). 임대인은 임대차계약을 해지하지 않는 한 차임청구는 가능하다. 그리고 양수인의 목적물보관의무 위반이 있는 때에는 양수인은 임차인의 이행보조자에 해당하므로 임차인은 그로 인하여 손해가 발생하면 임대인에게 배상하여야 한다(제390조, 제391조).
  ㉡ 임대인의 동의 없는 임차물의 전대
    ⓐ 전대인과 전차인의 관계 : 전대인과 전차인 사이의 전대차계약은 유효하게 성립하고 다만, 전대인은 임대인에게 동의를 얻을 의무를 부담하게 된다. 그리하여 전대인은 전차인에게 차임청구권을 가진다.
    ⓑ 임대인과 전차인의 관계 : 전차인은 전대인으로부터 취득한 임차권(전차권)을 가지고 임대인에게는 대항할 수 없으며, 임대인은 소유권에 의한 물권적 청구권으로 전차물의 점유를 전대인에게 인도하도록 청구할 수 있다(제213조, 제214조).
    ⓒ 임대인과 전대인의 관계 : 임대인은 임차인인 전대인에게 임대차를 해지할 수 있다(제629조 제2항). 해지하지 않는 한 차임청구권을 가진다.

그런데 무단전대가 건물의 일부분인 때에는 임대인의 동의가 없어도 해지할 수가 없다(제632조). 또 임차인이 전에 무단전대를 하였으나 지금은 전대차 관계가 소멸하고 없는 경우에도 이전의 전대차관계가 있었다는 것을 이유로 해지할 수 있느냐에 대하여 전대한 사정, 다시 전대할 염려 등을 고려하여 임대인의 보호가 필요하다고 판단되는 경우가 아니면 해지권은 소멸한다고 본다.

④ 임대인의 동의 있는 양도·전대의 법률관계
   ㉠ 임대인의 동의 있는 임차권의 양도
      임대인의 동의로 임차권은 양수인에게 확정적으로 이전되고, 임차인인 양도인은 임대차관계에서 벗어나게 된다. 그러나 그 간에 연체차임채무가 있으면 특약이 없는 한 그것은 양수인에게 이전되지 않는다.
   ㉡ 임대인의 동의 있는 임차물의 전대(제630조)
      ⓐ 임차인과 전차인과의 관계 : 임대인의 동의 있는 전대는 전대인과 전차인 사이의 효력은 물론 임대인에게도 전대차의 효력이 발생하게 된다. 전차인이 임대인에게 직접 차임을 지급하면 그 한도에서 전대인에 대한 차임채무를 벗어난다. 또 임대차와 전대차가 모두 종료한 때에 전대인이 목적물을 직접 임대인에게 반환하면 전대인에 대한 반환의무는 벗어난다.
      ⓑ 임대인과 임차인의 관계 : 임대차는 전대차로 아무런 영향이 없다. 임대인이 전차인에게 직접 권리를 행사할 수도 있다. 그리고 전차인의 과실로 목적물이 손상된 경우에는 임차인은 임대인에게 책임을 진다.
      ⓒ 임대인과 전차인의 관계
         ㉮ 임대인의 동의는 전대차에 의한 전차인의 전차권을 적법하게 만든다. 그러나 임대인과 전차인 사이에 직접 임대차관계가 성립하는 것은 아니다. 그런데도 전차인은 임대인에 대하여 직접 의무를 부담하게 하였다(제630조). 임대인의 보호를 위해 인정한 것이다. 전차인이 부담하는 의무는 목적물보관의무, 차임지급의무 등이다.
         ㉯ 전차인이 차임지급의무를 부담하는 때에는 전대차계약에 정하여진 차임액을 한도로 한다. 임대인이 전차인에게 차임을 청구하려면 임차인, 전차인의 차임채무의 변제기가 모두 도달한 경우에 하여야 한다. 전차인이 임대인, 전대인에게 누구에게라도 차임을 지급하면 된다. 그런데 민법은 '전차인은 전대인에 대한 차임의 지급으로써 임대인에게 대항하지 못한다(제630조)'고 규정하여, 전대인과 전차인이 공모하여 임대인을 해하지 못하게 하였다. 즉, 변제기 전에 미리 전대인에게 지급한 차임이 있어도 임대인이 청구하면 2중으로 지급해야 한다.
         ㉰ 전차인의 전차권은 전대인의 임차권을 기초로 하므로, 임차권이 기간의 만료·해지 등으로 소멸하면 전차권도 소멸한다. 그러나 전대인이 임차권을 포기한 때에는 전차권은 소멸하지 않는다고 새긴다. 정당한 전차권을 해치는 전대인의 행위는 인정될 수 없기 때문이다.
      ⓓ 전차인 보호를 위한 특별규정(제652조)
         ㉮ 임대차계약이 해지통지로 종료되면 전차인은 그 목적물을 임대인에게 반환하여야 한다. 따라서 임대인은 해지통지를 전차인에게 하여야 한다(제638조).

㉯ 건물·공작물의 소유 또는 식목·채염, 목축을 목적으로 한 토지임차인이 적법하게 그 토지를 전대한 경우에 임대차 및 전대차의 기간이 동시에 만료되고 건물·수목 등이 현존하는 때에는 전차인은 임대인에게 기존의 전대차와 같은 조건으로 대차할 것을 청구할 수 있다(제644조). 이때에 임대를 원하지 않으면 임대인에게 그 건물·수목 등을 상당한 가격으로 매수할 것을 청구할 수 있다(제644조 제2항).

㉰ 임대인의 동의를 얻어 부속시킨 물건이 있으면 이것도 전대차 종료 시에 임대인에게 매수를 청구할 수 있다(제647조).

(4) 부속물 매수청구권 기출

① 부속물의 매수청구권은 건물·기타 공작물의 임차인이 그 사용의 편익을 위하여 임차물에 부속시킨 물건, 또는 임대인으로부터 매수한 부속물이 있으면 임대차 종료 시에 이들을 매수해 줄 것을 임차인이 임대인에게 청구할 수 있는 권리이다(제646조).

> **판례** 대판 1990.1.23., 88다카7245
> 임대차계약이 임차인의 채무불이행으로 인하여 해지된 경우에는 임차인은 민법 제646조에 의한 부속물 매수청구권이 없다.

② 부속물 매수청구권이 인정되려면 ㉠ 건물 등에 부가된 부속물로서 임차인의 소유에 속하는 것이어야 하고, 그 건물 등과는 독립성이 있어야 하며, ㉡ 그 건물 등의 편익에 제공되는 것이어야 한다. ㉢ 부속물은 임대인의 동의를 얻어서 부가시킨 것이나 임대인에게서 매수한 것이어야 한다.

③ 매수청구권은 임대차가 종료한 때에 발생하고 이 매수청구권은 형성권의 성질을 가진다. 따라서 매수청구의 의사표시가 있으면 된다.

④ 이 부속물 매수청구권을 인정하는 이유는 임차인이 임차물의 사용편익을 위하여 들인 자본을 회수할 수 있게 하려는 방법으로서 임차인의 이익보호를 위한 것이다.

(5) 차임지급의무

① 차임지급의무는 임차인이 임차물을 사용·수익하는 대가로 금전 등을 임대인에게 지급하는 의무로서 중요한 의무이다(제618조). 차임지급의무는 임대차를 쌍무·유상계약이 되게 하는 요소이기도 하다.

② 차임은 금전이나 기타의 물건으로 지급하여도 좋다. 그런데 약정한 차임이 임대차물에 대한 공과금의 증감 등 기타 경제사정의 변동이 있을 때에는 임차인은 감액청구를 할 수 있고, 임대인은 증감청구를 할 수 있다(제628조). 이 청구권은 형성권의 성질의 권리이므로 의사표시의 일방적인 행사로 효력은 발생한다. 증액과 감액은 당사자가 협의하고, 협의가 안 되면 법원에 의하여 확정하게 될 것이다.

> 대판 1996.11.12., 96다34061
> 임대차계약에 있어서 차임불증액의 특약이 있더라도 그 약정 후 그 특약을 그대로 유지시키는 것이 신의칙에 반한다고 인정될 정도의 사정변경이 있다고 보이는 경우에는 형평의 원칙상 임대인에게 차임증액 청구를 인정하여야 한다.

③ 임차물의 일부멸실 등에 의한 차임감액청구권
  ㉠ 임차물의 일부가 임차인의 과실 없이 멸실 등으로 사용·수익할 수 없게 된 때에는 임차인은 그 멸실부분의 비율에 따라 차임의 감액을 청구할 수 있고, 남은 부분으로는 임대차의 목적을 달성할 수 없게 된 때에는 임차인은 계약을 해지할 수 있다(제627조).
  ㉡ 이 차임감액청구권은 임차인에게 책임 없는 사유로 인한 경우에 인정되는 것이므로 불가항력에 의한 멸실이나 임대인의 책임 있는 사유에 의한 경우에 발생하게 된다.
  ㉢ 이 차임감액청구권도 형성권의 성질이 있는 권리로서 일방적 의사표시로 효력이 발생한다.

④ 차임의 지급시기
  차임의 지급시기는 당사자의 약정으로 정하게 된다. 특약이 없으면 동산(動産), 건물(建物), 대지의 임대차의 차임은 매월 말에, 기타의 토지의 경우에는 매년 말에 지급하며, 특히 수확기가 있는 것은 수확 후 지체 없이 지급하여야 한다(제633조).

⑤ 부동산임대인의 법정담보물권
  부동산임대인의 차임채권을 보호하기 위하여 민법은 법정담보물권으로서 법정질권과 법정저당권을 인정하고 있다(제648조, 제649조).
  ㉠ 토지임대인의 법정질권
    토지임대인이 임대차에 관한 채권에 의하여 임차지에 부속하거나 그 사용·편익에 제공된 임차인 소유의 동산, 그 토지의 과실을 압류한 때에는 질권과 같은 효력이 있다(제648조).
  ㉡ 토지임대인의 법정저당권
    토지임대인이 변제기를 지난 최후의 2년의 차임채권에 의하여 그 지상에 있는 임차인 소유의 건물을 압류한 때에는 저당권과 같은 효력이 있다(제649조). 이때에 그 건물 위에 다른 약정저당권(約定抵當權)이 설정되어 있는 경우의 임대인의 법정저당권의 순위는 압류(押留)한 때에 성립된 것이므로 후순위(後順位)가 된다.
  ㉢ 건물임대인의 법정질권
    건물, 기타의 공작물의 임대인이 임대차에 관한 채권에 의하여 그 건물 기타 공작물에 부속한 임차인 소유의 동산을 압류한 때에는 질권과 같은 효력이 있다(제650조).

⑥ 공동임차인의 연대의무
  여러 사람이 공동으로 임차하는 때에는 그들 임차인은 연대하여 임대인에 대한 의무를 부담한다(제654조).

⑦ 차임지급의 연체와 계약해지
  임대인은 임차인이 차임의 지급을 다음과 같이 연체한 때에는 계약을 해지할 수 있다.
  ㉠ 건물, 기타 공작물의 임대차에는 2기의 차임액에 달하는 차임액이 지체된 때에 임대인은 계약을 해지할 수 있다(제640조). 이때에 2기의 차임지체는 연속된 2기는 물론이고 연속은 아니라도 합하여 2기의 차임액의 지체가 있으면 된다.
  ㉡ 건물, 기타 공작물의 소유 또는 식목, 채염, 목축을 목적으로 하는 토지임대차에도 2기의 차임연체가 있으면 해지할 수 있다. 그리고 이때에 그 지상의 건물 기타 공작물이 담보물권의 목적이 된 때에는 그 담보권자에게 통지한 후 상당기간이 지난 후에야 해지의 효력이 생긴다(제642조). 이는 담보권자의 이익을 보호하려는 것이다.

(6) 임차물 보관의무

① 임차인은 임차물을 임대인에게 반환할 때까지 선량한 관리자의 주의로 보관하여야 한다(제374조). 이 의무를 위반하면 채무불이행에 의한 손해배상책임을 진다.
② 임차인은 임차물이 수리가 필요하거나 제3자로서 권리를 주장하는 자가 있으면 지체 없이 임대인에게 통지하여야 한다(제634조). 이 의무를 위반하면 손해배상의 책임을 지게 된다. 그러나 해지는 당하지 않는다.
③ 임차물의 수리가 필요한 때에 그 수리행위를 임차인은 거절하지는 못하지만, 수리로 인하여 계약목적을 달성할 수 없으면 계약해지를 할 수 있다(제625조).

(7) 임차물 반환의무

① 임대차계약이 종료된 때에는 임차물 자체를 임대인에게 반환하여야 한다. 이 의무도 차임지급의무와 같이 중요한 의무이다.
② 반환해야 할 물건은 임차물 자체이므로 임차인이 부속시킨 물건은 철거하여 원상태로 반환하는 것이 원칙이다(제654조, 제615조).

4 보증금·권리금

임대차관계의 핵심은 임차인의 임차권과 임대인의 차임청구권이다. 이들은 서로 대가적 관계를 유지하고 있다. 그런데 임대차의 계속성으로 말미암아 무형의 이익이 생기는 것으로 인정하는 권리금의 관습과 임차기간에 생기는 손해 및 차임채권의 확보를 위한 보증금의 관습에 의하여 민법에는 규정이 없는 보증금 및 권리금이라는 것이 있다.

(1) 보증금 11 23 기출

보증금은 부동산임대차, 특히 건물임대차에서 임차인의 손해배상채무 및 차임채무를 담보하기 위하여 임차인이나 제3자가 임대인에게 교부하는 금전이나 유가물(有價物)을 말한다. 보증금에 대한 규정이 민법에 없으므로 이론적으로 해결하여야 한다.
① 보증금의 성질은 정지조건부 반환채무를 수반하는 금전소유권의 이전이라고 본다. 즉, 임대차종료 후 임차인이 목적물을 인도한 때에 채무불이행이 없으면 그 전액을, 채무불이행이 있으면 그 손해액에 충당하고 나머지 액을 반환하는 것으로 본다.
② 보증금계약은 임대차에 종(從)된 계약으로서 요물계약이 보통이지만 낙성계약으로 하여도 관계가 없다. 그러나 낙성계약으로 한 경우에 임차인이 보증금의 교부를 하지 않으면 담보제공의무 위반으로 되어 임대차계약을 해지할 수 있다고 본다. 보증금 계약의 당사자는 임대인과 임차인이 보통이지만 때로는 임대인과 제3자일 수도 있다.

③ 보증금의 효력
  ㉠ 보증금은 임대차에서 발생한 임차인의 모든 채무를 담보한다. 즉, 차임의 불지급, 임차물의 손실에 대한 손해 등의 채무를 담보한다. 따라서 임차인의 채무는 임대차의 종료 때에 그 채무액을 보증금에서 당연히 공제한다.
  ㉡ 보증금은 임대차 중에 연체된 차임에 충당할 수 있으나 보증금이 있다고 하여 임차인이 매 지급기의 차임지급청구를 거절하지는 못한다.

  > **대판 1994.9.9., 94다4417**
  > 임차인이 임대차계약을 체결할 당시 임대인에게 지급한 임대차보증금으로 연체차임 등 임대차관계에서 발생하는 임차인의 모든 채무가 담보된다 하여 임차인이 그 보증금의 존재를 이유로 차임의 지급을 거절하거나 그 연체에 따른 채무불이행책임을 면할 수는 없다.

  ㉢ 임대차의 갱신의 경우에 법정갱신, 즉 묵시의 갱신의 때에 제3자가 제공한 보증금은 소멸하고, 임차인 제공 보증금은 그대로 존재한다고 본다.
④ 부동산소유권의 이전과 보증금의 승계
  ㉠ 부동산임대차가 등기되면 그 부동산의 소유권 취득자에도 임차권을 가지고 임차인은 대항할 수 있다. 이때에 구 소유자에게 보증금으로 담보되었던 채무가 있으면, 그 채무는 보증금에서 당연히 공제되고, 양수인인 신 소유자는 나머지 보증금액을 승계하게 된다.
  ㉡ 보증금은 공시되지 않으므로 신 소유자에게 불측의 손해가 생길 수 있으므로 공경매에서는 보증금을 공시하게 하고 있다.
⑤ 보증금반환청구권 13 기출
  ㉠ 임대차가 종료한 후에 임차인의 채무를 모두 변제하고, 보증금이 남아 있는 때에는 임차인은 보증금의 반환을 청구할 수 있다. 그런데 보증금반환청구권의 발생시기를
    ⓐ 임대차의 종료 때라고 하는 견해와
    ⓑ 임대차 종료 후 목적물을 반환한 때라고 하는 견해가 있다.
  ㉡ 임대차 종료 때에 보증금반환청구권이 생긴다면, 임대차 종료 후 목적물 인도 시까지의 손해배상은 보증금이 담보할 수 없다는 점에서 임대차 종료 후 목적물 반환 때에 생긴다고 본다. 따라서 목적물 반환과 보증금 반환은 동시이행의 관계에 있다고 보고, 판례도 그렇게 인정한다(대판 1989.10.27., 89다카4298).

(2) 권리금
① 권리금은 주로 도시지역에서 건물 특히, 점포의 임대차에서 교통의 편리, 오랜기간의 고객관계 등에 대한 대가로 임대인에게 지급되는 금전을 말한다. 권리에 대한 약정은 당사자의 합의에 따르지만 권리금의 반환은 없는 것으로 본다.
② 권리금은 차임의 몇 배 이상이 되는 것이 보통이고, 임차인은 반환청구를 할 수 없게 되므로, 임차인에게는 너무도 가혹하기 때문에 이를 구제하기 위하여 임대인은 고액의 권리금을 받는 대신에 임차인에게 임차권을 양도할 권능을 준 것으로 보아야 한다는 것이다.

5 임대차의 종료

(1) 임대차의 종료 원인에는 기간의 만료, 해지의 통지 등이 있다.

① 임대차기간의 만료
임대차의 존속기간이 정해져 있는 때에는 그 기간의 만료로 임대차는 종료한다.

② 해지의 통지(제635조)
㉠ 존속기간의 약정이 없으면 당사자는 언제나 해지통지를 할 수 있다. 상대방이 해지통지를 받은 날로부터
  ⓐ 토지·건물 등의 임대차의 경우에 임대인이 통지하면 6개월, 임차인이 통지하면 1개월이 지나면 임대차는 종료한다.
  ⓑ 동산의 임대차는 당사자 누구라도 통지하고 5일이 지나면 종료한다.
㉡ 임차인이 파산선고를 받은 때에는 약정기간이 있어도 임대인, 파산관재인의 계약해지 통지가 되면 일정기간 후에 종료한다. 이때 상대방에게 손해배상은 청구할 수 없다(제637조).

③ 해 지 10 기출
다음의 경우에는 약정기간의 유무에 관계가 없이 해지함으로써 바로 임대차는 종료한다.
㉠ 임대인이 임차인의 의사에 반하여 임차물의 보존행위를 한 때(제625조)
㉡ 임차물의 일부가 임차인의 책임 없는 사유로 멸실하여 남은 부분으로는 목적을 달성할 수 없을 때(제627조 제2항)
㉢ 임대인의 동의 없이 임차인이 제3자에게 임차권을 양도하거나 임차물을 전대한 때(제629조 제2항)
㉣ 차임을 2기 이상 연체한 때(제640조)
㉤ 그 외의 당사자 간에 채무불이행이 있을 때(제544조, 제546조)

(2) 임대차 종료의 효과

① 임대차가 종료하면 종료원인이 무엇이든지 임대차계약의 효력은 장래에 향하여 소멸한다. 즉, 소급효가 없다. 그러나 손해가 있으면 손해배상청구는 가능하다.
② 임차인은 임대차가 종료하면 임차물을 원상태대로 반환하여야 한다. 그에 따른 철거권, 매수청구권 등이 발생하기도 한다.

6 특수한 임대차

(1) 일시임대차

① 일시임대차란 단기의 존속기간 그리고 임차물의 시설의 구조·종류·사용하는 목적 등을 고려하여 당사자 사이에 단기간에 한하여 임차권을 존속시키기로 합의했다고 인정되는 경우의 임대차를 말한다.

② 우리 민법은 일시임대차에는 임차인을 크게 보호할 필요가 없다고 하여 다음과 같은 규정은 적용을 배제하고 있다. 차임증감청구권(제628조), 해지통고의 전차인에 대한 통지(제638조), 차임연체와 해지(제640조), 임차인의 부속물매수청구권(제646조), 전차인의 부속물매수청구권(제647조), 임차지의 부속물·과실 등에 대한 법정질권(제648조), 임차건물 등의 부속물에 대한 법정질권(제650조), 강행규정(제652조) 등이다.

(2) 전세(채권적 전세)

① 물권으로서의 전세권이 아니고 채권계약에 의하여 발생하는 등기하지 아니하는 전세, 즉 채권적 전세는 특수한 임대차에 속한다.
　이 전세는 채권이면서도 일반의 임차권과는 달리 보증금액이 목적물의 시가의 7할 정도의 고액이면서 차임의 지급은 없는 것이 특징이다.
② 이 전세는 전세권도 아니고 임차권도 아닌 특수한 임대차로서 법이 방임을 하였다가 1983년의 주택임대차보호법을 개정하면서 채권적 전세에 관하여도 동법을 적용하게 하였다(주택임대차보호법 제12조). 따라서 전세금은 임대차의 보증금으로 보게 된다.

(3) 주택임대차 11 12 기출

국민들의 주거생활의 안정을 위하여 1981년에 주택임대차보호법(이하에서는 '동법'이라고 생략해 쓴다)이 제정되었고 1999년에 주요 개정이 있었다.

① 적용범위
　동법(同法)은 주택 내지 주거용 건물의 전부 또는 일부의 임대차에 적용한다. 그리고 임차주택의 일부가 주거 이외의 목적으로 사용되는 경우에도 적용한다(동법 제2조). 뿐만 아니라 미등기 전세에도 준용한다(동법 제12조).

② 대항력
　임대차는 그 등기가 없는 경우에도 임차인이 주택의 인도와 주민등록을 마친 때에는 그 다음 날부터 제3자에 대하여 효력이 생긴다. 이 경우 전입신고를 한 때에 주민등록이 된 것으로 본다(동법 제3조 제1항).

③ 임차권 존속의 보호
　㉠ 임대차기간은 2년 이상이어야 한다. 그리고 기간 약정이 없는 것은 2년으로 본다(동법 제4조 제1항 본문). 다만 임차인은 2년 미만으로 볼 수 있다. 즉, 임차인은 2년 미만으로 정한 기간이 유효함을 주장할 수 있다(동법 제4조 제1항 단서). 2년은 임차인을 위한 기간이기 때문이다.
　　그리고 약정임차기간 2년 이상의 기간이 만료되어도 임차인이 보증금을 반환받을 때까지는 임대차관계는 존속하는 것으로 본다(동법 제4조 제2항). 임차인을 보호하기 위하여 보증금반환과 임차물의 반환을 동시이행으로 하기 위함이다.
　㉡ 임대차의 갱신(更新)의 경우, 임대인과 임차인은 임대차기간 종료 6개월 전부터 2개월 전까지 상대방에게 갱신거절, 또는 계약조건 변경을 해야 갱신하겠다는 통지를 하지 않으면 임대차계약기간이 만료된 때에, 전임대차(前賃貸借)와 같은 조건으로 존속기간 2년의 약정의 갱신으로 본다(동법 제6조 제1항 및 2항). 다만 임차인이 2기의 차임지체가 없고, 채무불이행이 없어야 한다.

ⓒ 위 ⓛ에 따라 계약이 갱신된 경우 임차인은 언제든지 계약 해지의 통지를 할 수 있고, 이 통지가 임대인에게 도달한 날로부터 3개월이 지나면 해지의 효력은 발생한다(동법 제6조의2).

④ 차임 등의 증감청구권

차임, 보증금의 증액·감액의 청구가 가능하다(동법 제7조 본문). 조세, 공과금, 그 밖의 부담의 증감이나 경제사정의 변동으로 인하여 적절하지 아니하게 된 때에는 장래에 대하여 그 증감을 청구할 수 있는데, 차임 등의 증액청구는 약정한 차임 등의 20분의 1의 금액을 초과할 수 없다. 다만, 특별시·광역시·특별자치시·도 및 특별자치도는 관할 구역 내의 지역별 임대차 시장 여건 등을 고려하여 본문의 범위에서 증액청구의 상한을 조례로 달리 정할 수 있다. 계약 후 1년이 지나거나 증액 후 1년이 지난 후에야 할 수 있다(동법 제7조 단서, 동법 시행령 제8조). 이는 임차인의 보호를 위한 것이다.

⑤ 보증금의 효력

㉠ 보증금의 우선변제

임차인이 대항력을 갖추고 임대차계약서에 확정일자를 받으면 임차물이 경매, 공매되어도 임차주택(대지를 포함)의 환가대금에서 후순위권리자나 그 밖의 채권자보다 우선하여 보증금을 변제받을 권리가 있다(동법 제3조의2 제2항).

㉡ 법원의 임차권의 등기명령

ⓐ 동법은 임차인이 임차주택을 옮기더라도 대항요건을 보장하고 우선변제를 받게 하기 위하여 임차권 등기명령제도를 두고 있다(동법 제3조의3).

ⓑ 임차권등기명령의 신청서에는 신청의 취지 및 이유, 임대차의 목적인 주택, 임차권등기의 원인이 된 사실 등의 사항을 적어야 하며, 신청의 이유와 임차권등기의 원인이 된 사실을 소명하여야 한다(동법 제3조의3 제2항). 임차권등기명령의 집행에 따른 임차권등기가 끝난 주택(임대차의 목적이 주택의 일부분인 경우에는 해당 부분으로 한정)을 그 이후에 임차한 임차인은 제8조에 따른 우선변제를 받을 권리가 없다(동법 제3조의3 제6항). 그리고 임차인은 제1항에 따른 임차권등기명령의 신청과 그에 따른 임차권등기와 관련하여 든 비용을 임대인에게 청구할 수 있다(동법 제3조의3 제8항).

㉢ 경매에 관한 특칙

ⓐ 임차인은 임차주택을 인도하지 않고서도 경매를 신청할 수 있다.

ⓑ 임차주택에 대하여 민사집행법상의 경매가 경락되면 주택임차권은 소멸한다. 그러나 보증금의 전액변제가 없으면 대항력 있는 임차권은 소멸하지 않고 존속한다. 따라서 경락인이 임대인의 지위를 승계한다.

㉣ 소액보증금의 우선변제적 효력

서민의 주거생활 보장을 위한 특별한 조치로서 소액보증금의 임차인에게는 어떠한 채권보다도 최우선변제권을 보장하고 있다. 다만, 보증금의 범위와 기준은 주택가액의 2분의 1에 해당하는 금액의 한도 내에서 최우선변제를 받게 된다(동법 제8조 제1항).

ⓐ 우선변제를 받을 보증금 중 일정액의 범위(동법 시행령 제10조 제1항)
- 서울특별시 : 5천500만 원
- 수도권정비계획법에 따른 과밀억제권역(서울특별시는 제외), 세종특별자치시, 용인시 및 화성시 및 김포시 : 4천800만 원

- 광역시(수도권정비계획법에 따른 과밀억제권역에 포함된 지역과 군지역은 제외), 안산시, 광주시, 파주시, 이천시 및 평택시 : 2천800만 원
- 그 밖의 지역 : 2천500만 원

ⓑ 임차인의 보증금 중 일정액이 주택가액의 2분의 1을 초과하는 경우에는 주택가액의 2분의 1에 해당하는 금액까지만 우선변제권이 있다.

ⓒ 하나의 주택에 임차인이 2명 이상이고, 그 각 보증금 중 일정액을 모두 합한 금액이 주택가액의 2분의 1을 초과하는 경우에는 그 각 보증금 중 일정액을 모두 합한 금액에 대한 각 임차인의 보증금 중 일정액의 비율로 그 주택가액의 2분의 1에 해당하는 금액을 분할한 금액을 각 임차인의 보증금 중 일정액으로 본다.

ⓓ 하나의 주택에 임차인이 2명 이상이고 이들이 그 주택에서 가정공동생활을 하는 경우에는 이들을 1명의 임차인으로 보아 이들의 각 보증금을 합산한다.

⑥ 임차인의 사망과 주택임차권의 승계

임대차계약의 당사자인 임차인이 사망하면 임차권은 어떻게 되는가에 대하여 문제가 있다. 임차인과 동거가족의 주거생활의 안정을 보호하여야 하기 때문이다. 특히 임차인과 동거하던 가족이 상속인이 아닌 경우에 더욱 불안하다. 따라서 이에 관한 특별규정을 두고 있다.

㉠ 임차인이 상속인 없이 사망한 경우에는 그 주택에서 가정공동생활을 하던 사실상의 혼인관계의 자가 있으면 그 자가 사망한 임차인의 권리·의무를 승계한다(동법 제9조 제1항). 이때에 승계대상자가 임차인 사망 후 1개월 내에 임대인에 대하여 반대의사를 표시함으로써 임차권의 승계를 하지 않을 수 있다(동법 제9조 제3항).

㉡ 임차인이 사망한 때에 사망 당시 상속인이 그 주택에서 가정공동생활을 하고 있지 아니한 경우에는 그 주택에서 가정공동생활을 하던 사실상의 혼인 관계에 있는 자와 2촌 이내의 친족이 공동으로 임차인의 권리와 의무를 승계한다(동법 제9조 제2항). 이 경우에도 임차인 사망 후 1개월 내에 임대인에 대하여 반대의사를 표시함으로써 임차권을 승계하지 않을 수 있다(동법 제9조 제3항).

⑦ 동법에 위반하는 약정으로서 임차인에게 불리한 것은 그 효력이 없다(동법 제10조).

제8절 고용(雇傭)

1 서 설

(1) 의 의

고용(雇傭)이란 당사자의 한쪽인 근로자가 상대방에 대하여 노동력을 제공할 것을 약정하고, 상대방인 사용자는 노동력의 대가로 보수를 지급할 것을 약정함으로써 성립하는 유상·쌍무·낙성·불요식계약이다(제655조). 이렇게 노동력의 제공을 목적으로 하는 민법상의 전형계약에는 고용뿐 아니라 도급, 현상광고, 위임, 임치가 있다. 이들을 합하여 노무공급계약이라고 부르기도 한다.

> **참고** 노무공급계약의 특징
>
> - 고용(雇傭)이란 노무자는 자신의 노동력을 공급하고, 사용자는 노무자를 지휘·감독하는 관계, 즉 사용자가 자신의 목적을 위해 노무자의 노동력을 사용하고 그 대가로 보수를 지급하는 것을 말한다.
> - 도급(都給)은 일정한 일의 완성을 목적으로 하는 계약이다(제664조). 수급자(受給者)인 노무자는 일정한 일의 완성을 책임지고, 그 일의 완성과정의 모든 위험을 부담한다. 이에 대해 도급인(都給人)은 그 대가로 보수(報酬)를 지급한다.
> - 현상광고(懸賞廣告)는 광고로 불특정다수인에게 일정한 행위의 완료를 청약하고, 일정한 행위의 완성자는 그 완성을 광고자인 청약자에게 제공함으로써 성립하는 요물계약(要物契約)이다(제675조). 일정한 일을 완성하는 과정은 모두 노무자에게 맡겨져 있다. 도급과 다른 점은 광고로 불특정다수인에게 청약을 한다는 점이다.
> - 위임(委任)은 일정한 사무처리를 위한 통일적인 노무를 목적으로 하는 계약이다(제680조). 위임자(委任者)는 일정한 사무처리를 수임자(受任者)에게 맡기고, 수임자는 자신의 지식, 경험 등을 활용하여 위임사무를 처리한다. 위임(委任)은 무상(無償)이 원칙이고, 고용(雇傭)은 유상(有償)이 원칙이다.
> - 임치(任置)는 타인의 물건을 보관한다는 특수한 노무(勞務)를 목적으로 하는 계약이다(제693조). 그러나 이러한 노무공급계약을 당사자가 어떻게 활용하느냐에 따라서는 서로 다른 계약이 될 수도 있다. 즉, 소송사건을 수임하여 처리하는 변호사는 수임자인 것이 보통이나, 당사자 간에 승소를 함으로써만 수임료를 지급하기로 하는 도급(都給)의 형태로 할 수도 있다.

(2) 고용의 법적 성질

고용은 낙성·쌍무·유상·불요식계약이다.

① 고용은 노무의 제공을 목적으로 하는 계약이다. 노무는 정신적·육체적인 것이든 관계가 없고, 노무자 자신의 노무를 제공하는 것을 목적으로 한다. 노무자는 사용자의 지휘·명령에 의하여 노무를 제공하는 종속관계이다.
② 고용은 사용자의 보수지급을 약정하는 유상·쌍무계약이다. 보수는 금전뿐 아니라 물건의 급부, 기술의 전수 등도 가능하다. 보수지급에 있어 근로기준법상의 근로계약에는 최저임금제의 적용이 있으나 민법상의 고용계약에는 적용이 없다.
③ 고용은 당사자 사이의 노동력의 제공과 보수의 지급에 대한 합의만으로 성립되는 낙성·불요식계약이다.

2 고용의 성립

(1) 고용의 성립요건 23 기출

고용(雇傭)은 노무자의 노무제공과 사용자의 보수지급에 관한 합의로써 성립하는 계약이다(제655조).

① 계약당사자에 관한 주의점
  ㉠ 민법은 특별한 규정을 두고 있지 않으나 당사자(특히 노무자)의 나이가 너무 어린 경우, 즉 의무교육을 받을 연령인 경우에는 고려하여야 한다. 민법과는 달리 근로기준법은 노동부장관의 취직인허증을 가진 자 외에는 15세 미만인 자는 근로자가 되는 것을 금지하고, 임산부와 18세 미만자는 도덕상·건강상 위험한 사업에 종사할 수 없다(근로기준법 제64조 제1항, 제65조 이하).

ⓒ 민법상의 고용계약의 당사자는 노무자와 사용자이다. 따라서 미성년자도 자신의 고용계약의 당사자이다. 친권자나 후견인은 미성년자의 근로계약을 대리할 수 없다(근로기준법 제67조 제1항).
　② 계약내용에 관한 주의점
　　고용계약의 내용은 강행법규, 사회질서, 선량한 풍속을 해치지 않는 것이면, 당사자의 약정으로 자유롭게 정할 수 있다.

(2) 고용성립에 따른 문제
　① 고용계약은 대체로 계속적 계약이다. 따라서 노무자가 노무를 제공하고 있는 과정에서 계약에 흠이 있어서 계약을 무효·취소하게 되는 경우 원칙으로 그 효력을 소급적으로 소멸하게 되면 노무자에게 부당한 결과가 발생하게 된다. 따라서 이때에는 당사자 사이에는 사실적 행위에 의한 계약이 성립한 것으로 보고, 무효·취소의 소급효를 부정하는 것으로 부당한 결과를 피하게 한다.
　② 신원보증에 관한 문제
　　고용계약을 체결하는 경우에, 보통은 피용자에 의하여 생긴 손해를 보증하는 제3자에 의한 신원보증계약을 맺는 일이 있다. 그러나 신원보증계약과 고용계약은 별개의 계약으로서, 고용계약(근로계약)에 부수하여 체결되는 종(從)된 계약이다. 따라서 신원보증계약은 고용계약성립에 직접 영향이 없다.

3 고용의 효력

고용계약이 성립하면 노무자와 사용자 사이에는 일정한 권리·의무가 발생한다. 그중 의무를 중심으로 살펴보자.

(1) 노무자의 의무
　노무자는 노무제공의무와 성실의무를 부담하게 된다.
　① 노무자의 노무제공 의무
　　㉠ 노무자는 계약내용에 따른 노무를 자신이 스스로 급부할 의무가 있다. 이 노무제공의무는 가장 중요한 주된 의무이다. 어떤 노무를 제공할 것이냐는 계약·거래관행에 의하여 결정되지만 특수한 기능을 필요로 하는 노무의 제공인 때에 노무자가 그 기능이 없으면 사용자는 계약을 해지할 수 있다.
　　㉡ 노무제공은 노무자 자신의 노무를 제공하여야 한다. 따라서 사용자의 승낙 없이 제3자로 하여금 제공하게 하는 경우, 또는 사용자가 노무자의 승낙 없이 제3자에게 노무를 제공하게 하는 경우에는 노무자가 계약을 해지할 수 있다(제657조).
　　㉢ 노무자가 노무를 제공함에는 사용자의 일정한 범위의 지시·명령에 따라야 한다. 이 지시·명령은 사회질서에 위반하거나 근로기준법 등을 어겨서는 안 된다. 그리고 사용자의 적법한 지시·명령에 따르지 않으면 채무불이행을 이유로 손해배상책임을 지거나, 특약이 있는 경우에는 노무자는 징계처분을 받게 된다.
　　㉣ 노무자는 노무를 제공함에 있어서 선량한 관리자의 주의로 하여야 한다. 이를 어겨서 손해가 생기면 노무자는 손해를 배상하여야 한다.

② 성실의무

　　노무자는 계속적 채권관계인 고용계약을 수행함에 있어서 신의성실의 원칙에 따라야 한다. 예컨대 업무상의 비밀을 엄수하고, 물자를 절약하는 등의 것이 이에 속한다.

(2) 사용자의 의무

고용계약상의 사용자의 의무로서는 보수지급의무와 보호의무가 있다.

① 보수지급의무

　　사용자의 보수지급의무는 사용자의 의무 중에서 가장 주된 것이다. 민법은 보수지급 시기 외에는 규정한 것이 없다.

　　㉠ 보수의 종류·지급방법

　　　보수는 금전으로 지급하는 것이 보통이지만 그 외의 물건 등으로 지급하기로 약정하여도 관계없다. 그리고 지급방법은 시간제와 도급제가 있으며 시간제로서는 일급, 주급, 월급, 연급 등이 있다.

　　㉡ 보수의 지급시기

　　　보수는 약정시기에 지급하여야 한다. 약정이 없으면 관습에 의하고, 관습이 없으면 노무를 완료한 후 지체 없이 지급하여야 한다(제656조). 또한 특약이 없으면 후급(後給)이 원칙이다. 약정기간의 중간에서 고용관계가 끝나면 일수의 비율로 보수를 청구할 수 있다.

　　㉢ 보수청구권의 성립에 관한 문제

　　　ⓐ 노무자의 책임 있는 사유로 약정된 노무를 제공하지 못한 경우에는 제공하지 못한 부분 만큼의 임금감액이 생긴다.

　　　ⓑ 노무자가 그의 책임 없는 질병, 친족사망 등의 사유로 일시적으로 노무를 제공할 수 없는 경우에는 노무자의 생존 등을 감안하여 노무자에게 보수청구권이 있다고 본다.

　　　ⓒ 사용자의 책임 있는 사유로 노무의 급부를 할 수 없었던 경우에는 민법의 채권자 위험부담의 논리에 의하여 노무자는 반대급부인 보수청구를 할 수 있다고 본다.

　　　ⓓ 사용자, 노무자 누구의 책임도 없는 사유로, 노무자의 급부가 불가능한 경우에는 채무자 위험부담의 논리에 의하여 보수청구권이 없다는 견해와 이때에도 노무의 급부불능의 원인을 따져 보아야 한다는 견해가 있다.

② 보호의무

　　고용관계는 단순한 노무제공과 보수지급 관계만이 아닌 인적 결합관계가 성립된다고 보아야 하기 때문에 사용자는 노무자의 건강, 생활환경 등에 관심을 가져야 한다. 이것이 노무자의 성실의무에 대응되는 사용자의 성실의무라고 할 수 있다.

(3) 당사자의 특약상의 의무

고용계약을 맺는 경우에 부수적·보충적으로 특약을 하는 경우가 보통이다. 위약금특약, 퇴직금특약, 경업금지의 특약 등이 그것이다.

① 위약금 계약은 노무자에게 가혹한 책임을 부여하지 않으면 원칙적으로 유효하다.

② 퇴직금에 관한 특약도 유효함은 물론이다. 그리고 퇴직 후에 노무자가 사용자와 경업관계(競業關係)에 있는 사업을 하지 않기로 하는 경우에 그 금지의 범위와 내용이 합리적인 경우에는 원칙적으로 유효하다고 보아야 한다.
③ 제작물의 소유권은 특약이 없더라도 가공의 법리가 적용되지 아니하고, 언제나 사용자의 소유에 속한다.

4 고용의 종료

(1) 고용종료의 원인 10 기출

고용은 계약기간의 만료, 해지의 통고, 해지에 의하여 고용관계는 종료되고, 또한 고용종료에 대한 **당사자의 합의가 있을 때에도 고용은 종료된다.**

① 고용기간의 만료

고용기간은 당사자의 합의에 의하여 자유로이 정할 수 있다. 약정기간 만료가 되면 고용관계는 종료된다. 그리고 기간만료 후에도 노무자가 노무를 계속하는 경우에 사용자가 상당한 기간 내에 이의를 제기하지 않으면 전고용(前雇傭)과 같은 조건으로 갱신된 것으로 본다. 이때에는 제3자가 제공한 담보는 소멸한다(제662조).

② 해지의 통고

㉠ 약정기간이 없는 경우

고용기간의 약정이 없으면 당사자는 언제든지 계약해지를 통고할 수 있다. **상대방이 해지통고를 받은 날부터 1개월이 지나면 고용은 종료된다**(제660조). 그러나 기간으로 보수를 정하고 있으면 상대방이 해지통지를 받은 당기(當期) 후 1기를 지나야 해지의 효력이 생긴다. 예컨대 보수를 월급으로 한 때에 5월에 해지통지를 받으면 5월의 다음 기인 6월이 지나야 7월 1일부터 해지의 효력이 생긴다. 이는 노무자의 생활보호를 위한 것이다.

㉡ 약정의 기간이 있는 경우

약정기간이 3년을 넘거나 종신까지로 되어 있는 경우는 3년이 지나면 당사자는 언제나 해지통지를 할 수 있다. 이때에는 해지통지를 받은 날부터 3개월 지나면 해지의 효력이 생긴다(제659조).

③ 해 지

㉠ 약정기간의 유무를 묻지 않고 부득이한 사유가 있으면 당사자는 즉시 해지할 수 있다. 즉, 당사자의 지나친 불성실한 행동, 노무자의 근로할 수 없는 질병의 경우 등이다. 이때에 책임 있는 사유를 발생시킨 자는 손해배상책임을 져야 한다(제661조).

㉡ 사용자가 파산선고를 받은 경우에도 기간의 약정 유무를 묻지 않고, 노무자, 파산관재인은 계약을 해지할 수 있다. 이때에는 손해배상을 청구하지 못한다.

(2) 고용종료 후의 관계

고용관계가 종료하면 뒷처리를 해야 한다. 이에 신의성실의 원칙에 의해 마무리하여야 하고, 사업상의 비밀을 유지하고, 노무자의 재취업에 노력하는 것 등이 필요하다.

제9절 도급(都給) 14 16 18 20 24 기출

1 서 설

(1) 의 의
도급(都給)이란 당사자의 한쪽인 수급인이 일정한 일의 완성을 약정하고, 상대방인 도급인이 그 일의 결과에 대하여 보수를 지급할 것을 약정함으로써 성립하는 계약이다(제664조). 도급은 '일의 완성'이라는 것을 목적으로 하는 데 특색이 있다.

(2) 도급의 법적 성질
① 도급은 일정한 '일의 완성'을 목적으로 하는 낙성·유상·쌍무·불요식계약이다.
　㉠ 도급은 일의 완성을 목적으로 하는 낙성계약이다. 일의 완성이란 노무에 의하여 일정한 결과를 발생하게 하는 것을 말한다. 그 일은 건물의 건축, 선박의 건조와 같이 유형적인 결과뿐 아니라, 음악의 연주 등과 같이 무형적인 결과노 포함한다. 일의 완성을 위해서는 수임인 자신은 물론 타인의 노무도 이용할 수 있다.
　㉡ 도급은 일정한 일의 완성에 대하여 보수를 지급하기로 하는 유상·쌍무계약이다. 보수는 금전으로 지급하는 것이 보통이지만, 물건의 급부, 노무의 제공 등으로도 가능하다. 그리고 보수의 지급시기는 특약이 없으면 후급(後給)한다.
② 제작물 공급계약
　㉠ 제작물 공급계약(製作物供給契約)이란 당사자의 한쪽인 제작자가 상대방의 주문에 따라서, 주로 자기의 소유에 속하는 재료를 사용하여 만든 물건을 주문자에게 공급할 것을 약정하고, 주문자는 그에 대한 보수를 지급할 것을 약정하는 계약을 말한다.
　　이 제작물 공급계약은 두 가지 요소가 있다. '물건의 제작'과 '제작물의 공급'이 그것이다. 물건의 제작은 도급의 내용인 일의 완성에 해당되고, 제작물의 공급은 제작물의 소유권을 대가를 받고 이전하므로 매매의 내용에 해당한다.
　㉡ 도급에서 '일의 완성'은 그 완성된 일이 무형이든 유형이든 재료를 도급인이 제공하든 수급인이 제공하든 원칙적으로 그 완성된 일의 소유권은 도급인에게 있다. 그런데 제작물 공급계약에서 제작물의 소유권은 제작자에게 있으며, 제작자는 이미 만들어 놓은 것이 주문받은 것과 같은 종류이고, 같은 규격이라면 기존의 물건으로 공급하여도 관계가 없다면 이 계약은 도급과는 다른 하나의 계약유형으로 인정할 수 있는가에 대한 논의가 있다. 우리 민법은 이러한 제작물 공급계약에 관하여 규정한 바가 없다.
　㉢ 이 제작물 공급계약은 도급과 매매를 포함하는 혼합계약이라는 설과 제작물이 대체물이면 매매이고, 부대체물이면 도급이라는 설이 있다.

(3) 도급의 불요식성의 문제

도급계약은 특별한 방식을 요구하지 않는 불요식 계약이다. 그런데 건축법은 토목, 건축 등의 건설공사의 도급계약은 일정한 사항을 '서면으로써 명백히 하여야 한다'고 규정하고 있다(동법 제21조). 이것은 도급계약의 요식성을 요구하는 것이라기보다는 행정기관의 감독과 관련하여, 그리고 중요한 사항을 명백히 하여 당사자 사이의 다툼을 예방하려는 취지라고 본다. 따라서 서면에 의하지 아니한 건설공사의 도급계약은 무효가 아니다.

2 도급의 효력

(1) 수급인의 의무 10 12 15 19 기출

① 일의 완성 및 인도의무

㉠ 수급인은 적당한 시기에 계약의 목적인 일정한 일에 착수하여, 계약의 내용인 일을 완성할 의무가 있다(제664조). 이 의무가 가장 기본적인 의무이다.

ⓐ 일의 착수는 수급인의 자유이지만, 대금의 일부를 도급인이 선급(先給)할 특약이 있는 경우에는 수급인은 그 제공이 있을 때까지는 일의 착수를 거절할 수 있다. 그리고 도급인은 특약이 없어도 수급인에게 큰 부담을 주지 않는 범위 내에서 지시나 감독을 할 수 있다고 본다(제669조 참조).

ⓑ 수급인은 자신의 노무로 일의 완성을 하는 과정에서 다른 사람을 사용하거나 일의 전부나 일부를 완성하게 할 수도 있다. 이때에는 이들의 고의·과실에 대하여도 수급인은 책임을 져야 한다(제391조). 수급인이 사용하는 자를 이행보조자라고 하고, 독립해서 일의 전부나 일부를 완성하는 자를 이행대행자라고 한다.

ⓒ 건설산업기본법은 건설공사의 경우에는 부실공사를 방지하려는 의도에서 수급인이 타인에게 독립하여 일의 완성을 맡기는 하도급을 제한하고 있다.

㉡ 완성물의 인도의무

ⓐ 수급인은 완성한 일을 도급인에게 인도하여야 한다. 인도의무는 수급인의 일의 완성의무에 포함되는 내용으로서의 의무이다. 따라서 완성물의 인도와 보수의 지급은 동시이행의 관계에 있게 된다.

ⓑ 수급인의 목적물 인도에는 단순한 목적물의 인도가 아니라 도급인이 목적물을 점검하여 계약내용대로 완성한 것인지 조사하는 도급인의 검수(檢收)를 통한 인도를 의미한다고 본다. 그리고 완성물의 소유권이 수급인에게 있는 경우에는 그 완성물의 소유권 이전의무도 행하여야 함은 물론이다.

㉢ 완성물의 소유권의 귀속

도급에서 일의 완성에 재료를 누가 제공하느냐에 대하여 논의가 있다. 도급인이 재료를 제공한 경우에는 당연히 소유권은 도급인에게 있다. 그런데 재료를 수급인이 제공한 경우에 대하여가 문제이다.

- ⓐ 수급인이 재료를 제공한 경우에는 완성물의 소유권은 수급인에게 속한다는 것이 다수설과 판례이나 소수설은 완성물이 동산이면 수급인에게 소유권이 있지만 부동산인 때에는 소유권은 원시적으로 도급인에게 속한다고 본다.
- ⓑ 생각건대 도급의 특징은 주문자인 도급인을 위하여 목적물을 만든다는 데 있으며 수급인의 보수청구권을 확보하는 유치권, 동시이행항변권, 저당권 등을 인정하는 것에도 문제가 없을 뿐 아니라 실제에 있어서도 도급인이 대금을 공사진척도에 따라서 중간에 지급하고, 건축허가 등도 도급인이 얻고, 도급인의 대지에 목적물을 건축하는 실정에서 보아 수급인이 재료를 제공한 경우에도 완성물이 부동산인 때에는 도급인에게 완성물의 소유권이 있다고 보여진다(대판 1997. 5. 30., 97다8601).

② 담보책임 10 11 12 15 21 기출
  ㉠ 책임의 성질
  - ⓐ 도급은 유상계약이므로, 수급인의 일의 목적물에 흠이 있는 경우의 수급인의 책임에 관하여 민법은 특별규정을 두고 있다(제667조~제672조). 수급인의 담보책임은 '완성된 목적물이나 완성 전의 성취된 부분에 흠이 있는 때'에 생긴다. 여기서 말하는 흠(瑕疵)은 완성된 일이 약정한 계약내용대로가 아니고, 불완전한 점이 있음을 의미한다.
  - ⓑ 수급인의 하자담보책임(瑕疵擔保責任)은 무과실책임으로 새기며, 민법은 수급인의 담보책임에 대하여 도급인에게 하자보수청구권, 손해배상청구권, 계약해제권을 인정한다. 그런데, 손해배상의 범위에 관하여, 도급은 흠 없는 일의 완성이 수급인의 채무라고 하는 견해에서 언제나 이행이익의 범위 내로 하는 것이 통설이다. 이에 대하여 손해배상은 무과실책임이므로 수급인에게 책임사유가 없으면 신뢰이익으로 하는 것이 타당하다는 견해도 있다.
  - ⓒ 수급인의 담보책임(제667조)이 인정되는 경우에는 불완전이행의 이론은 배제되어야 한다는 견해와 수급인의 담보책임으로 도급인의 손해가 충분히 전보되지 않는 경우에는 수급인의 불완전이행의 책임을 인정해야 한다는 견해도 있다.
  ㉡ 책임의 내용 13 17 23 기출
  - ⓐ 완성물이나 성취된 부분에 흠이 있으면 도급인은 상당한 기간을 정하여 보수청구를 할 수 있다. 그런데 흠이 중요하지 않은데 비용이 많이 들 것이면 보수청구에 갈음하여 손해배상만 청구할 수 있다(제667조 제1항 단서).
    ㉮ 이때에 보수(補修)청구와 손해배상청구는 선택적으로 하나만 행사할 수가 있다. 그리고 도급인은 보수가 끝날 때까지는 보수의 지급을 거절할 수 있다. 일의 완성과 그 대가인 보수지급은 동시이행의 관계에 있기 때문이다(제667조 제3항).
    ㉯ 도급인이 목적물을 인도받은 후에도 수급인의 하자담보책임은 있고(제580조), 그 목적물이 제3자에게 양도되어도 그 책임은 존재한다.
  - ⓑ 도급인은 보수에 갈음하여 또는 보수와 함께 손해배상을 청구할 수 있다. 도급인은 흠의 보수를 청구하든지 그에 대한 손해배상을 청구하든지 선택적으로 할 수 있다(제667조 제2항).

ⓒ 목적물의 흠으로 계약의 목적을 달성할 수 없는 때에는 도급인은 계약을 해제할 수 있다(제668조). 흠의 상태가 보수가 불가능한 때에는 최고 없이 해제할 수 있다. 보수가 가능한 때에는 상당한 기간을 정하여 최고한 후에 해제한다고 본다.
㉮ 해제하고도 그에 따른 손해가 있으면 손해배상을 청구할 수 있다.
㉯ 건물 기타의 토지의 공작물이 목적물인 때에는 어떠한 중대한 흠이 있어도 해제(解除)할 수 없다. 이때에도 해제를 인정하면 수급인은 물론이고 사회·경제적으로 너무 큰 손실이 생기기 때문이다. 또 원상회복을 해야 하기 때문이다. 이 경우에는 손해배상만 청구할 수 있을 뿐이다(제668조 단서). 그런데 토지의 공작물이 완성되기 전에는 채무불이행을 이유로 해제할 수 있다고 보는 견해도 있다.
ⓒ 책임의 감면
ⓐ 목적물의 흠이 도급인이 제공한 재료의 성질이나, 도급인의 지시에 의한 것인 때는 수급인은 담보책임을 지지 않는다. 그러나 그 흠을 수급인이 알고 있었을 때는 책임을 져야 한다(제669조).
ⓑ 담보책임을 부담하지 않는다는 특약이 있으면, 담보책임은 없다. 다만 이때에도 수급인이 알고 있으면서 도급인에게 고지하지 않은 때에는 수급인은 담보책임을 진다. 특약에는 담보책임기간의 단축도 유효하다고 한다.
ⓒ 담보책임의 존속기간
ⓐ 수급인의 담보책임기간은 원칙적으로 1년이다. 그 기산점은 목적물을 인도한 때, 인도가 필요 없는 것은 일이 종료한 때로부터이다(제670조).
ⓑ 공작물 등의 목적물은 담보책임기간이 5년이다(제671조 제1항 본문).
ⓒ 석조(石造), 석회조(石灰造), 연와조, 금속(金屬) 등의 재료로 조성된 공작물은 담보책임기간이 10년이다(제671조 제1항 단서).
ⓓ 지반공사인 경우에는 담보책임기간이 인도받은 날로부터 5년이다(제671조 제1항 본문).
ⓔ 위의 공작물 등의 하자로 목적물이 멸실되거나 훼손된 때에는 그 날로부터 1년 이내에 보수나 손해배상을 청구하여야 한다(제671조 제2항). 이 기간은 제척기간이라고 새긴다.

(2) 도급인의 의무 15 기출

도급인은 수급인에게 도급대금인 보수를 지급할 의무가 있다. 도급대금의 지급으로 인하여 도급계약은 유상·쌍무계약의 성질을 가지게 된다.

① 보수의 종류와 결정

보수의 지급은 금전으로 하는 것이 보통이지만 약정에 따라 물건의 지급 등에 의하여도 가능하다. 그리고 보수액의 결정은 재료비, 노동력의 대가, 적정한 이윤을 포함하여 결정한다. 보수액을 미리 정하느냐, 아니냐에 따라서 살펴본다.

㉠ 정액도급(定額都給)

보수액이 일정하게 정해져 있는 경우에는 정액도급으로 보게 되는데 이 경우에는 약정액 이상의 비용이 들거나 더 적게 들거나 증액·감액이 불가능하다.

- ⓒ 개산도급(槪算都給)

    보수의 개산액이 최고액인 경우, 최저액인 경우, 단순한 개산액인 경우가 있을 수 있다. 이때에는 실제의 비용이 증가·감소함에 따라서 보수액의 증액·감액을 청구할 수 있다. 비용이 너무 고액인 경우에는 사정변경의 원칙에 의해 도급인은 그때까지의 수급인이 지출한 비용을 변상하고 계약을 해제할 수 있다고 본다.

② 보수의 지급시기

- ⊙ 약정시기가 있으면 그 시기에 지급하여야 한다. 약정이 없으면 관습에 의하고, 관습이 없으면 목적물의 인도와 동시에 지급하여야 한다. 그러나 목적물의 인도가 필요 없는 경우는 일의 완성 후에 지체 없이 지급하여야 한다(제665조, 제656조 제2항).
- ⓒ 보수지급청구권은 후급인 때에도 계약과 동시에 성립한다. 따라서 수급인의 채권자는 보수지급청구권을 압류할 수 있고 전부명령(轉付命令)의 대상이 된다. 전부명령의 경우는 보수지급청구권이 구체적으로 확정된 때에, 전부의 효력이 확정된다.

③ 부동산공사 수급인의 저당권설정청구권

- ⊙ 부동산공사의 수급인은 보수청구권을 담보하기 위하여 공사의 목적부동산 위에 저당권설정을 도급인에게 청구할 수 있다(제666조). 따라서 건물건축의 도급인 때는 건물 위에 그 외의 토지의 공작물의 도급인 때에는 그 토지 위에 저당권을 설정할 수 있다. 신축건물의 경우에는 도급인 명의로 그 건물의 보존등기를 먼저 해야 한다.
- ⓒ 수급인의 저당권설정청구권은 하나의 청구권이므로 도급인의 승낙을 얻어서 실제로 저당권등기를 하여야 저당권을 취득한다. 그리고 저당권청구권을 가지는 자는 토지공사 수급인과 건축공사 수급인이 된다. 토지와 건물은 별개의 부동산이므로 토지공사수급인은 그 토지에, 건축공사 수급인은 그 건물에 저당권을 설정하여야 한다.
- ⓒ 저당권의 피담보채권은 수급인의 보수청구권이므로 변제기가 아니라도 즉, 계약성립 시에도 저당권설정을 청구할 수 있다.

(3) 도급에서의 위험부담 10 기출

① 위험부담은 쌍무계약의 당사자 한쪽의 채무가 채무자의 책임 없는 사유로 이행불능으로 소멸한 경우에 다른 쪽의 채무는 소멸하는가에 대한 것이다. 따라서 쌍무계약인 도급에 있어서 수급인의 '일을 완성할 채무'가 수급인에게 책임 없는 사유로 불가능하여 소멸한 때에 도급인의 '보수지급의 채무'는 소멸하는가의 문제이다. 목적물의 인도가 필요한 경우와 필요하지 않은 경우로 나누어 본다.

② 목적물의 인도를 필요로 하는 경우

- ⊙ 목적물을 도급인에게 인도하기 전에 당사자의 책임 없는 사유로 목적물이 멸실한 때는 그 손실은 수급인이 부담하게 되므로 도급인의 보수지급채무도 소멸한다. 그리고 도급인의 소유물이 수급인에게 보관 중에 당사자의 책임 없는 사유로 멸실했다면 이 경우 수급인의 책임은 없다고 본다.
- ⓒ 도급인의 책임 있는 사유였다면 수급인의 보수청구권은 유효하고, 수급인의 책임 있는 사유였다면 채무불이행 책임으로 처리되게 된다.

③ 목적물의 인도를 필요로 하지 않는 경우
양쪽 당사자의 책임 없는 사유로 이행불능이 되었으면, 수급인은 그의 채무를 면하게 되는 동시에 보수청구도 하지 못한다(제537조). 이 경우에도 도급인에 책임사유가 있으면 수급인은 보수청구권을 잃지 않게 되고, 수급인에 책임사유가 있으면 수급인은 채무불이행 책임을 지게 된다(제538조 제1항).

④ 도급에서의 위험부담은 다른 쌍무계약에서와 다른 것이 없다. 실제의 문제는 수급인이 일의 완성으로 목적물을 인도하기까지에 불가항력으로 생긴 손해를 도급인과 수급인 중에 누가 부담하느냐가 '도급계약에서의 위험부담'이라고 한다. 이것은 신의칙, 사정변경원칙에 의해 수급인에게 보수의 상당한 증액청구를 인정하거나 새로운 일을 완성할 의무를 면하게 하는 것이 타당하다고 한다.

③ 도급의 종료

민법은 도급의 종료사유로 도급인의 임의해제와 도급인의 파산에 대하여 규정하고 있다.

(1) 도급인의 임의해제 10 기출

도급인은 수급인이 일을 완성하기 전에는 손해를 배상하고 계약을 해제할 수 있다(제673조). 수급인의 손해가 없게 하고 도급인에게 필요없는 일을 중지할 수 있게 한 것이다. 그러나 일은 완성하고 인도하기 전에는 해제를 인정하지 않아야 한다고 본다.

>
> **대판 1995.8.22., 95다1521**
> 건축공사의 도급계약의 해제에 있어서는 해제 당시 이미 그 공사가 완성되었다면, 특별한 사정이 있는 경우를 제외하고는 이제 더 이상 공사도급계약을 해제할 수 없다.

(2) 도급인의 파산 22 기출

도급인이 파산선고를 받은 때에는 수급인 또는 파산관재인은 도급계약을 해제할 수 있다. 이때에는 수급인은 완성된 부분의 보수액 등을 채권액으로 파산재단의 배당에 가입할 수 있다. 파산의 경우에는 손해배상은 청구할 수 없다(제674조).

제10절 현상광고(懸賞廣告) 20 기출

1 서 설

(1) 현상광고의 의의

현상광고(懸賞廣告)란 광고자가 불특정다수인을 상대로 일정한 행위를 한 자에게 보수를 지급하겠다고 광고하고, 이 일정한 행위를 한 자에게 보수를 지급하는 계약이다(제675조). 따라서 광고는 청약이고 일정한 행위의 완료는 승낙이 된다. 따라서 일정한 행위의 완료에 의하여 계약이 성립되므로 현상광고는 요물계약이다.

이에 대하여 단독행위설은 일정한 행위를 완료한 자에게 보수를 지급한다는 불특정다수인에 대한 광고자의 일방적 의사표시를 현상광고라고 한다. 즉, 일정한 행위의 완료를 정지조건으로 하는 채무부담의 단독행위라는 것이다. 계약설이 다수설이다.

(2) 현상광고의 법적 성질 11 기출

현상광고의 법적 성질은 계약이라는 견해와 단독행위라는 견해가 있다. 두 견해의 차이를 본다.
① 광고내용을 알지 못하고 지정행위(指定行爲)를 한 자에게 보수청구권이 있다고 하면 단독행위설에서 설명이 가능하다. 계약이라면 청약이 없는 승낙이 되기 때문에 인정되지 않는다.
② 현상광고의 철회(撤回)를 인정하려면 단독행위설이 합리적이라는 것이다. 계약설에 의하면 청약에는 구속력이 있기 때문에 철회가 자유롭지 못하기 때문이라고 한다.

(3) 계약설의 입장에서 보면 현상광고는 유상·편무·요물계약이다.

2 현상광고의 성립과 그 효력 15 19 21 기출

(1) 현상광고의 성립

현상광고(懸賞廣告)는 일정한 행위를 한 자에게 보수를 지급하겠다는 청약(請約)이다. 그러나 단독행위설에서는 정지조건부 단독행위이다.
① 광고는 불특정 다수인에게 하는 의사표시이므로 특정인에게 하는 것은 광고가 아니다. 광고의 방법에는 제한이 없다. 신문, 잡지, 방송 등 어느 것이나 좋다.
② 광고에는 상대방이 해야 할 일정한 행위를 지정하여야 하고, 그에 대한 보수를 지급한다는 표시가 있어야 한다. 지정행위는 사회질서위반의 행위 등이 아니면 제한이 없으며, 보수에 대하여도 금전, 물건의 지급 등도 가능하다.

(2) 지정행위의 완료

상대방이 지정행위를 완료함으로써 승낙이 되어 계약은 성립된다(제675조). 따라서 지정행위자는 보수 지급청구를 할 수 있다. 단독행위설에서는 지정행위의 완료는 정지조건의 성취가 된다.

(3) 현상광고의 철회

민법은 현상광고의 철회를 인정하고 있다(제679조).
① 광고에서 지정행위의 완료기간을 정한 때에는 그 기간의 만료 전에는 철회하지 못한다(제679조 제1항). 그런데 기간이 만료하면 광고는 당연히 효력을 잃게 되므로 철회할 필요가 없다.
② 광고에서 지정행위의 완료기간을 정하지 않은 경우에는, 지정행위 완료자가 있기 전에 광고와 동일한 방법으로 철회할 수 있다(제679조 제2항). 그런데 철회가 있음을 모르고 지정행위를 한 자에게는 광고자는 보수지급의무가 있다.
③ 생각건대, 단독행위설에 의한다면 광고가 있기 전에 또는 광고를 모르고 지정행위를 한 자에게도 보수청구권이 인정된다고 하면, 이미 지정행위의 완료자가 있는 때에는 아예 철회가 인정될 수 없는 것은 아닌가 하는 의문이 제기된다. 그리고 정지조건은 이미 성취된 것이 되게 된다.

(4) 광고자의 보수지급의무

① 현상광고에서 지정한 행위를 완료한 자는 광고에서 정한 보수를 청구할 수 있다(제675조). 단독행위설에 의하면 광고를 모르고 광고가 있기 전에 지정행위를 한 자도 보수청구권이 있다고 한다.
② 지정행위자가 2인 이상인 때에는 특별한 규정이 있다(제676조).
  ㉠ 2인 이상이 지정행위를 차례로 완료한 경우에는 먼저 한 자만이 보수청구권이 있다(제676조 제1항). 이때에 먼저 지정행위를 완료한 자가 보수청구권을 포기하여도 다음의 자로 당연히 넘어가지는 않는다.
  ㉡ 2인 이상이 동시에 지정행위를 완료한 때에는 보수가 가분이면 균등하게 보수를 받고, 보수가 불가분이거나 광고에서 1인에게만 주기로 한 때에는 추첨(抽籤)에 의한다(제676조 제2항).

③ 우수현상광고 10 15 19 21 22 24 기출

(1) 의 의

① 우수현상광고란 현상광고에서 지정한 행위를 완료한 자 가운데서 우수한 자에게만 보수를 주기로 하는 특수한 현상광고를 말한다(제678조). 우수현상광고에는 지정행위와 응모기간이 있어, 그 기간 안에 응모하여야 하며, 그중에 우수자로 판정된 자만 보수청구권을 취득한다.
② 우수현상광고의 광고자는 응모기간을 정하여야 하며, 그 응모기간이 없으면 그 우수현상광고는 무효이다(제678조 제1항). 그러므로 이 광고는 원칙적으로 철회하지 못한다(제679조 제1항).

(2) 응 모

응모는 광고자에게 지정행위를 완료하였다는 것을 통지하는 것이다. 광고가 있음을 알고 광고에 대하여 행하여야 한다. 그리고 응모는 광고에 다른 의사표시가 없으면 지정기간 내에 광고자에게 도달하여야 한다.

(3) 판 정

① 판정은 응모자가 행한 지정행위의 결과의 우열을 판단하는 행위이다. 응모가 있으면 반드시 판정하여야 한다.
② 판정자를 광고에서 정하지 않았으면, 광고자가 판정하고(제678조 제2항), 판정자가 2인 이상이면 다수결에 의한다. 판정의 객관적 기준을 미리 정하지 않으면, 응모자 중에서 상대적 우수자를 결정하여야 한다. 따라서 우수자가 없다는 판정은 할 수가 없게 된다(제678조 제3항).
③ 판정은 소급효가 없으며, 판정이 있는 때에 우수자는 보수청구권을 취득한다고 본다. 판정에 대하여는 착오, 사기, 강박, 신의칙 위반, 객관적 기준의 위반이 아니면 누구도 이의를 제기하지 못한다(제678조 제4항).
④ 2인 이상이 우수자인 때에는 보수가 가분이면 균분하고, 불가분이면 추첨으로 결정하며, 지정행위의 결과에 대한 소유권, 저작권, 특허권 등은 광고에 특별한 정함이 없으면 우수자에게 귀속한다고 본다. 민법에는 이에 대한 규정이 없다.

제11절 위임(委任) 14 16 18 기출

1 서 설

(1) 의 의

위임(委任)이란 당사자의 한쪽인 위임인이 상대방에 대하여 '일정한 사무의 처리'를 위탁하고, 상대방인 수임인은 이를 승낙함으로써 성립하는 계약이다(제680조). 위임은 타인의 노무를 이용하는 일종의 노무공급계약이다.

> **참고** 위임·고용·도급의 차이점
> - 위임은 그 목적이 일정한 사무처리의 위탁에 있고, 수임인은 독립하여 재량으로 위탁받은 사무를 처리하는 채무를 부담한다.
> - 고용은 사용자에 종속하여 사용자의 지시·명령에 따라 노무자는 노동력을 제공하므로 재량권이 거의 없다.
> - 도급은 일정한 일의 완성이 목적이므로 수급인은 일정한 일의 완성을 해야만 자신의 채무를 이행하는 것이 되는 등의 특징이 있다.

① 위임에는 대리가 따르는 것이 보통이지만 위임과 대리는 반드시 결합되지는 않는다. 중개업이나 위탁매매와 같이 위임이지만 대리가 따르지 않는 것이 있고, 위임이 아닌 고용, 도급 등에서도 대리권이 주어지는 경우가 있다.
② 위임은 무상이 원칙이다. 특약이 있어야 수임인은 보수를 청구할 수 있다(제686조). 그런데 위임은 인적 신뢰를 기초로 하므로 유상이든, 무상이든 위임사무의 처리에는 수임인은 선량한 관리자의 주의를 다해야 한다(제681조).

③ 위임은 무상을 원칙으로 하므로 수임인에게 경제적 부담이나 손실을 주지 않도록 하기 위하여 수임인이 지출한 비용, 수임인이 사무처리로 입은 손해는 위임인이 부담하게 하였다(제688조).
④ 위임은 무상이 원칙이지만 특별한 경우를 제외하고는 보통은 유상이 일반적이다.

(2) 위임의 사회적 작용

오늘날의 사회생활관계는 다양화·전문화되어 한 사람의 능력으로는 자기의 모든 사무처리를 할 수가 없는 실정이다. 그리하여 위임은 자신의 사무처리를 그 분야의 전문지식, 경험 있는 자로 하여금 행하게 할 수 있는 장점이 있다. 민법은 타인의 사무처리를 위임계약에 의하지 않는 경우에도 위임에 관한 규정을 준용하게 하고 있다(제701조, 제919조, 제1104조).

(3) 위임의 법적 성질

① 위임은 타인의 사무처리를 목적으로 하는 계약이다. 사무처리의 대상은 법률행위, 준법률행위, 사실행위가 모두 포함된다. 다만 본인의 의사표시가 절대적인 혼인, 입양 등의 가족법상의 행위는 위임의 대상이 될 수 없다.
② 위임은 편무·무상계약이 원칙이다. 그러나 당사자의 약정으로 유상·쌍무계약이 될 수 있다.
③ 위임은 유상이든 무상이든 관계없이 낙성·불요식계약이다. 보통은 위임에 관하여 위임장을 작성·교부하는 경우가 많으나 그것은 다툼을 방지하기 위한 증거방법에 불과하다. 그리고 위임장에 수임인의 성명을 기재하지 않은 위임장이 있는데 이를 백지위임장이라고 한다. 이것도 위임장으로서 유효한데 위임행위를 하는 수임인은 그 백지란에 자신의 이름을 기재하여야 한다.

2 수임인의 의무 10 12 기출

수임인의 의무에는 기본의무인 위임사무처리의무와 부수적 의무가 있다.

(1) 위임사무처리의무

① 수임인은 위임계약의 본래의 목적과 그 사무의 성질에 따라 가장 합리적인 방법으로 선량한 관리자로서의 주의를 다하여 처리하여야 한다(제681조). 따라서 위임인의 지시가 있으면 그에 따라야 하고, 만일 그 위임인의 지시가 적합하지 않거나 위임인에게 불이익이 있게 되는 때는 그 사실을 바로 통지하고, 그 지시를 변경해 줄 것을 요구하여야 한다.
② 수임인은 원칙적으로는 자기 스스로 위임사무를 처리하여야 하고, 부득이한 경우에 또는 위임인의 승낙이 있는 때에는 복위임(復委任)을 할 수 있다(제682조 참조). 이때에는 그 복수임자의 행위로 인한 손해는 그 복수임자의 선임감독상에 잘못이 있는 때에 수임인은 손해를 배상하여야 한다. 그리고 위임인은 복수임자에게 사무처리·보고 등을 직접 청구할 수 있고, 또한 복수임인은 위임인에게 비용·보수 등을 직접 청구할 수도 있다. 이때에 위임인과 복수임인 사이의 권리의무관계는 위임인·수임인 사이의 본래의 관계를 기초로 할 뿐 아니라 다시 수임인과 복수임인과의 사이에 복위임계약에서 정하는 범위 내이어야 한다.
③ 위임관계는 자신복무의 원칙에 따라 위임인의 동의 없이는 수임인은 임의로 위임사항을 양도하지 못한다.

(2) 부수적 의무

수임인은 부수적 의무(附隨的義務)로서 보고의무, 취득물인도의무, 취득권리이전의무, 금전소비배상의무 등이 있다.

① 보고의무

수임인은 위임인의 요구에 따라 사무처리의 상황, 사무처리종료의 상황 등을 보고하여야 한다. 종료의 경우에는 지체 없이 보고한다(제683조).

② 취득물 인도의무

수임인은 위임사무처리로 인하여 받은 금전, 기타의 물건 및 수취한 과실을 약정시기가 있으면 그때에, 없으면 위임인이 최고한 때에, 최고도 없으면 위임이 종료된 때에 바로 위임인에게 인도하여야 한다(제684조 제1항).

③ 취득권리의 이전의무

수임인이 위임인을 위하여 수임인 명의로 취득한 권리는 위임인에게 이전하여야 한다(제684조 제2항). 그러나 수임인이 대리인인 경우에는 당연히 위임인이 권리취득자가 되므로 이전은 필요 없게 된다.

④ 금전소비의 배상

수임인이 위임인에게 인도해야 할 금전, 위임인을 위해서 사용할 금전을 자기를 위하여 소비한 때에는 그 소비한 날 이후의 이자를 붙여서 위임인에게 지급하여야 하고, 손해가 있으면 그 손해도 배상하여야 한다(제685조).

3 위임인의 의무

위임인은 위임사무처리와 관련하여 비용선급의무, 필요비 상환의무, 채무변제의무, 손해배상의무, 보수지급의무 등을 부담한다.

(1) 비용선급의무 10 기출

위임인은 위임사무처리를 위한 비용의 선급요청(先給要請)이 있으면 수임인에게 선급하여야 한다(제687조). 수임인은 이 선급비용의 청구를 지급받을 때까지는 위임사무의 처리를 않더라도 이행지체가 되지 않으며, 선급비용에서 쓰고 남는 금액은 위임인에게 반환하여야 한다.

(2) 필요비 상환의무

수임인이 위임사무처리에 지출한 필요비는 위임인이 그 비용과 지출일 이후의 이자를 수임인에게 상환하여야 한다(제688조 제1항). 여기에서의 필요비는 수임인이 위임사무처리에 필요한 그때 그때의 비용을 말한다. 수임인은 선량한 관리자로서의 주의로 사무를 처리하게 되므로 필요비는 그의 판단에 따라야 한다.

(3) 채무변제의무

수임인이 대리권 없이 위임사무처리를 하는 경우에는 그 사무처리로 수임인이 채무를 부담한 때에는 위임인은 그 채무를 변제하여야 하고, 아직 변제기가 되지 않은 때에는 상당한 담보를 제공할 의무가 있다(제688조 제2항). 수임인이 대리권이 있으면 그 채무는 당연히 위임인의 채무가 된다.

(4) 손해배상의무

수임인이 위임사무의 처리를 위하여 과실 없이 손해를 받은 때에는 위임인은 그 손해를 배상하여야 한다(제688조 제3항). 이때에 위임자에게는 고의·과실이 없어도 손해배상책임을 지게 되므로 이는 무과실책임이다. 위임은 원칙으로 무상이므로 수임인의 보호를 위한 것이다.

(5) 보수지급의무 11 20 기출

민법상의 위임은 무상이 원칙이다. 그러나 당사자 사이에 보수지급에 관한 특약이 있거나 그 특약을 인정할 수 있는 사정이 있는 때에는 위임인은 수임인에게 보수를 지급하여야 한다(제686조 제1항 참조).
① 보수는 금전으로 하는 것이 보통이지만 물건의 지급 등으로도 할 수 있다. 보수액은 약정액이 있으면 그 금액이 되지만 보수액의 약정이 없으면 거래관행에 따른 상당한 보수액의 지급이 있어야 한다.
② 보수의 지급시기는 약정기간이 있으면 그때에 지급하고, 약정의 지급시기가 없으면 사무처리 종료 후에 지급한다(제686조 제2항).
③ 위임이 수임인의 책임 없는 사유로 사무처리 도중에 종료한 때에는, 수임인이 처리한 사무의 비율에 따른 보수를 청구할 수 있다(제686조 제3항). 만일 수임인의 책임 있는 사유로 중단되면 보수의 지급을 청구하지 못하는 것이 원칙이겠으나, 수임인의 보호를 위해 기왕의 사무처리에 대한 보수의 지급을 인정하는 견해가 있다.

4 위임의 종료

(1) 위임의 종료원인 11 12 기출

민법이 규정하는 위임의 종료원인에는 ① 당사자의 해지, ② 당사자의 사망, ③ 당사자의 파산, ④ 수임인의 성년후견개시의 심판 등이 있다.

① **당사자의 해지** 10 13 22 기출
  ㉠ 수임인·위임인은 언제나 위임계약을 해지할 수 있다(제689조). 위임은 당사자의 인적 신뢰를 바탕으로 하기 때문에 유상이든, 무상이든 언제나 해지할 수 있게 한 것이다. 해지의 효력은 물론 장래에 향해서만 인정되고, 소급효는 없다. 따라서 기왕의 지급된 비용과 수임인의 보수는 위임인이 지급하여야 한다.
  ㉡ 해지로 인한 손해는 배상하지 않는다. 다만 위임계약의 해지가 상대방에게 특히 불리한 때에 함으로써 손해가 생긴 때에는 그 손해는 배상하여야 한다(제689조 제2항). 예컨대 위임인이 장기외국 출장 중이어서 새 수임인을 선정하기가 곤란한 때에 수임인이 위임계약을 해지하는 경우 등이 특히 불리한 때라고 할 수 있을 것이다.

ⓒ 해지권의 포기에 관하여 견해의 대립이 있으나 위임인의 해지권 포기의 특약은 무효로 봐야 한다. 수임인이 부적격인 때에도 위임을 계속한다는 것은 신뢰관계를 바탕으로 하는 위임에서는 불합리하기 때문이다.
ⓓ 수임인의 해지권 포기의 특약은 위임이 무상인 때에는 수임인에 아무런 이득도 없는 부담을 계속해서 구속하는 것이 되어 무효라고 할 것이고, 위임이 유상인 때에는 그 포기가 사회질서에 위반하는 것이 아니면 유효라고 새긴다.

② 당사자의 사망(제690조)
위임은 당사자의 사망으로 종료된다. 인적 신뢰를 기초로 하기 때문이다. 그러나 위임사무가 상속인에게 승계되어도 관계 없는 것이면 위임인의 사망으로 종료하지 않을 수 있다.

③ 당사자의 파산(제690조)
당사자의 파산에 있어 수임인이 파산하는 경우에도 특약으로 위임사무의 계속을 약정하면 유효하다. 그러나 위임인의 파산에도 위임계약이 유효하다는 특약은 무효이다. 위임인이 파산하면 위임인의 재산관계는 파산재단이 관리하게 되기 때문이다.

④ 수임인의 성년후견개시의 심판(제690조) **24 기출**
수임인은 위임인의 사무를 처리하는 자이므로 수임인이 성년후견개시의 심판을 받은 경우에도 위임이 종료된다.

(2) 위임종료에 따른 조치

① 수임인의 긴급처리의무
위임이 종료되어도 급박한 사정이 있으면 수임인, 그의 상속인, 수임인의 법정대리인은 위임인, 그의 상속인, 위임인의 법정대리인이 위임사무를 처리할 수 있을 때까지 그 사무의 처리를 계속하여야 한다(제691조).

② 위임종료의 대항요건
위임종료의 사유는 이를 상대방에게 통지하거나 상대방이 안 때가 아니면 이를 상대방에게 대항하지 못한다(제692조). 위임종료를 모르고 위임사무를 처리한 수임인을 보호하고자 하는 의미이며, 이것은 해지 이외의 종료사유인 경우에 적용된다.

5 특수한 위임으로서 의료계약

민사적인 위임으로서 특별법에 의하여 규율되는 것으로는 변호사법에 의한 소송위임, 변리사법에 의한 특허출원(特許出願), 법무사법에 의한 등기절차위임(登記節次委任)을 비롯하여, 모든 국민생활과 직접 관련이 있는 의료법 등에 의한 치료위탁(治療委託) 등이 있다. 여기에서는 치료위탁에 관한 의료계약에 관하여 살펴본다.

(1) 의료계약의 의의

① 의료계약이란 의사로부터 진단, 치료, 질병예방조치 등의 의료행위를 받기 위하여 환자나 그 가족이 병원이나 의사 등과 맺는 계약을 말한다.

② 의료행위에는 신체의 절개, 마취 등에 의한 위험성이 있고, 효과에 있어 충분치 않는 실험성이 있고, 신체의 일부에는 효과적이나 신체의 다른 부분에는 의료행위가 부정적인 결과를 초래할 수 있는 등의 문제점이 있다.

③ 의료계약에 의하여 의사·병원 측은 의료행위를 해야 할 의무가 있고, 환자 측은 보수지급의무를 부담하게 된다. 의료계약은 일종의 유상위임계약이 보통이다. 그런데 의료계약은 정당한 이유 없이 의사·병원 측은 계약체결을 거절할 수 없는 즉, 그 체결이 강제성을 지니고 있음을 특징으로 한다. 뿐만 아니라 의료계약은 정당한 사유가 없는 한 해지할 수 없고, 당사자 한쪽인 환자의 파산에 의하여도 의료계약이 종료되지 않는다고 본다. 이것은 사람의 신체와 생명에 큰 영향을 미칠 수 있기 때문이다.

(2) 의료계약 특유의 문제

① 계약의 당사자

㉠ 의사가 개인개업의인 때에는 그 의사가 의료계약의 한쪽 당사자이지만, 의료기관의 경우에는 병원장이나 병원개설자가 의료계약의 당사자라고 하는 것이 상당하고, 이때에는 의사는 이행보조자가 될 것이다.

㉡ 의료보험제도의 도입으로 오늘날의 의료는 대부분이 보험의료이다. 이 보험의료의 경우에는 의료계약의 한쪽 당사자는 보험자인 국민건강보험공단 등이 된다고 볼 수도 있다. 이때에는 의사는 보험의료기관의 이행보조자가 된다.

㉢ 환자가 행위능력자이면 의료계약의 한쪽 당사자는 환자이겠지만, 환자가 유아이거나 심한 정신질환으로 제한능력자이거나 또는 행위능력이 없는 등 계약체결의 능력이 없는 자인 때에는 친권자, 후견인 등의 법정대리인 등이 계약당사자가 될 것이며, 아무런 관계도 없는 자가 의식불명의 환자를 병원에 데리고 온 때에는 그 데려온 자와 병원 사이에 환자인 제3자를 위한 계약이 되거나 또는 사무관리가 될 것이다.

② 의사의 채무불이행 책임

㉠ 의료계약에 의하여 의사가 부담하는 채무인 의료행위는 그 내용이 특정되지 않는 특징이 있다. 즉, 의사가 의료행위를 시작할 당시에 환자의 증상이 불명확하고, 또 시시각각으로 그 증상이 변화하기 때문이다. 이처럼 의료행위와 같은 선량한 관리자의 주의로써 사무를 처리하는 성질의 수단채무인 경우에는 채무불이행의 사실유무를 확인하기가 어렵다.

㉡ 의사의 채무불이행은 환자의 병상에 따라 의사로서 일반적으로 베풀어야 할 주의로써 의료행위를 하였는가를 판단하여야 할 것이다. 그리고 의사의 채무불이행은 이행지체나 이행불능은 거의 없을 것이고, 불완전이행이 보통일 것이다.

제12절 임치(任置) 18 19 22 24 기출

1 서 설

(1) 임치의 의의

임치란 당사자의 한쪽인 임치인이 상대방에 대하여 금전, 유가증권, 물건의 보관을 위탁하고, 상대방인 수치인이 이를 승낙함으로써 성립하는 계약을 말한다(제693조). 다른 노무공급계약과 다른 점은 타인의 일정한 물건 등을 보관한다는 데에 특징이 있다.

① 임치는 위임(委任)과 비슷한 점이 많아서 우리 민법은 위임에 관한 규정을 많이 준용하고 있다. 그런데 임치는 목적물을 보관만 하는 것이고, 위임은 보관뿐만 아니라 보수, 개량, 이용 등이 가능한 점에서 차이가 있다.

② 임치계약은 로마법 이래 요물성과 무상성을 특징으로 하였다. 우리 민법은 낙성, 무상계약임을 원칙으로 하고 있다. 그러나 당사자의 특약으로 유상계약으로 할 수 있음은 물론이다.

(2) 임치의 법적 성질

임치는 금전, 유가증권, 물건을 보관하는 것을 목적으로 하는 낙성·불요식계약이며, 무상·편무계약임을 원칙으로 한다. 그러나 당사자 사이에 특약으로 유상·쌍무계약으로 할 수도 있다.

① 임치의 목적물은 금전·유가증권·물건이다. 특히 금전은 일정한 특정물로 임치하는 경우가 아니면 소비임치가 된다. 그리고 목적물이 물건인 경우에는 동산·부동산을 묻지 아니하고, 대체물·부대체물도 가리지 않고 모두 대상이 된다. 보관한 물건 그 자체를 반환하는 것이 임치이기 때문이다.

② 보관은 임치의 목적물을 자기의 지배 아래 두어서 그 물건의 현상을 유지하는 것이다. 그리고 임치물의 소유권은 수치인에게 귀속되지 않으며, 수치인은 그 임치물은 특약이 없으면 사용하지도 못한다.

③ 임치는 일정한 목적물을 보관하고, 그 목적물 자체를 반환하는 것이 원칙이다. 그런데 그렇지 아니한 특수한 임치가 있다. 즉, 혼장임치(混藏任置)와 소비임치(消費任置)가 그것이다. 이들은 일반의 임치와는 다른 특징들이 있다. 따라서 별도로 살펴본다.

2 수치인의 의무 12 15 기출

임치인과 수치인 사이에 임치계약이 성립하면, 수치인에게는 임치물 보관의무, 부수적 의무, 임치물 반환의무 등이 발생하게 된다.

(1) 임치물 보관의무

① 임치물 보관의무는 수치인의 기본의무이다. 그런데 임치계약이 무상이냐, 유상이냐에 따라서 보관에 기울이는 주의의무의 정도가 다르게 된다. 즉, 임치계약이 무상인 때에는 주의 정도는 낮아서 자기재산과 같은 주의로 관리하면 되고(제695조), 유상이면 타인의 재산과 같은 높은 주의를 기울여서 관리하여야 한다.

② 물건을 보관하는 방법과 장소에 관하여 특약이 있으면 그에 따르고 특약이 없으면 물건의 성질 등을 고려하여 적당한 방법과 장소를 수치인은 선택할 수 있다. 그리고 임치인의 동의가 없으면 수치인은 임치물을 사용할 수 없다(제694조).

③ 수치인은 자신이 직접 보관하는 것이 원칙이지만, 부득이한 사정이 있거나 임치인의 동의를 얻어서 제3자로 하여금 보관하게 할 수 있다. 이때의 제3자를 복수치인(復受置人)이라고 한다. 위임에 있어서의 복위임(復委任)에 관한 규정이 임치에 준용되는 결과이다(제682조).

㉠ 수치인은 그가 선임한 복수치인의 선임, 감독에 책임이 있는 때에는 그 복수치인의 채무불이행에 대하여도 책임을 진다. 복수치인을 임치인이 지명한 때에는 그 복수치인이 부적임(不適任), 불성실함을 알면서도 임치인에게 통지하지 않거나 해임을 게을리한 때에는 책임을 진다.

㉡ 복수치인은 임치인에게 수치인과 동일한 권리·의무를 가진다. 따라서 임치인은 복수치인에게 직접 물건의 보관, 반환을 청구할 수 있고, 복수치인은 임치인에게 보수, 비용상환, 손해배상을 청구할 수 있다.

(2) 부수적인 의무

① 수치인은 임치물에 관하여 제3자가 소유권 등을 주장하여 임치물의 인도를 청구하는 소(訴)를 제기하거나, 임치물을 압류한 때에는 지체 없이 그 사실을 임치인에게 통지(제696조)하여 이의를 제기할 수 있도록 하여야 한다.

② 수치인은 수치물의 보관을 위하여 받은 금전이나 물건 및 취득한 과실을 임치인에게 인도하고, 수치인 명의로 취득한 권리가 있으면 그 권리도 임치인에게 이전하여야 한다. 그리고 수치인이 임치인을 위하여 금전을 소비할 것을 자기를 위하여 소비한 것이 있으면 그 금전과 이에 이자를 붙여서 반환하고, 손해가 있으면 손해도 배상하여야 한다(제701조, 제685조).

(3) 임치물의 반환의무

① 임치가 종료한 때에는 수치인은 임치물을 임치인 또는 그가 지정하는 자에게 반환하여야 한다. 반환하는 물건은 금전, 유가증권, 물건 등 그 자체를 반환하여야 한다.

② 반환장소에 관하여 특약이 없으면 보관한 장소에서 반환하여야 한다. 그리고 유상임치의 경우에는 수치인의 임치물반환의무와 임치인의 보수지급의무와는 동시이행의 관계에 있게 된다. 물론 수치인은 유상임치의 경우 즉, 보관료에 관해서는 임치물에 대하여 유치권도 가진다.

3 임치인의 의무 12 15 기출

임치계약이 성립하면 임치인은 임치물의 인도, 비용 등의 지급, 손해배상, 보수지급 등의 의무를 이행하여야 한다.

(1) 임치물의 인도

임치계약이 성립하면 임치인은 임치물을 수치인에게 인도할 의무가 있느냐에 대하여, 인도의무를 인정하는 긍정설과 임치계약 후에도 언제나 임치인은 계약을 해지할 수 있으므로 인도의무는 없다는 부정설이 있고, 또 무상임치에는 인도의무가 없고, 유상임치에는 인도의무가 있다는 절충적인 견해도 있다.

(2) 비용선급, 필요비 상환, 채무대변제 의무

임치인은 유상·무상을 가리지 않고 위임에서의 위임인의 경우와 같이 비용선급의무(費用先給義務), 필요비 상환의무(必要費償還義務), 채무대변제(債務代辨濟) 및 담보제공(擔保提供)의무 등을 부담한다(제701조).

(3) 손해배상의무

① 임치인은 임치물의 성질이나 흠으로 수치인에게 생긴 손해를 배상하여야 한다. 다만 그 성질·흠을 수치인이 알고 있었던 때는 손해배상을 하지 아니한다(제697조).
② 유치물의 성질, 흠이 있음을 과실로 알지 못한 경우에는 무상임치에서는 구체적 경과실로 인하여, 유상임치에서는 추상적 경과실로 인하여 알지 못한 때에 임치인은 책임을 면한다고 본다.

(4) 보수지급의무

① 임치계약은 무상이 원칙이지만 당사자 사이에 보수지급의 약정을 할 수 있다. 보수의 내용은 금전, 기타 물건이라도 좋고, 지급시기에 관한 약정이 없으면 후급하게 된다.
② 수치인의 책임 없는 사유로 도중에 임치관계가 종료하면 이미 행한 보관비율로 보수를 청구할 수 있으나, 수치인의 책임 있는 사유로 도중에 종료한 때에는 비율에 의한 보수청구를 못한다.

4 임치의 종료

(1) 임치의 종료 원인에는 임치기간의 만료, 목적물의 멸실, 당사자의 해지가 있다. 임치는 위임과는 달리 당사자의 사망·파산·성년후견개시의 심판을 임치계약의 종료원인으로 하지 않는다. 그런데 무상임치의 경우에는 수치인의 사망으로 종료하는 것으로 보고, 또 유상임치에서는 임치인의 파산은 약정기간이 있어도 수치인이 해지할 수 있다고 보는 것이 타당하다는 견해도 있다.

(2) 당사자의 해지 10 15 21 기출

① 임치인은 임치기간의 약정유무에 불구하고, 언제든지 해지할 수 있다(제698조).
② 수치인은 임치기간의 약정이 없는 때에는 언제나 해지할 수 있으나(제699조), 임치기간의 약정이 있으면 부득이한 사유가 있는 때에만 그 기간 전에 해지할 수 있다(제698조 본문).

5 특수한 임치

보통의 임치와는 다른 특징을 가진 임치를 특수한 임치라고 하는데, 혼장임치(混藏任置)와 소비임치(消費任置)가 그것이다.

(1) 혼장임치

① 혼장임치(混藏任置)란 임치의 목적물이 대체물인 경우에, 수치인이 여러 사람의 임치물을 혼합해서 보관하고, 반환할 때는 임치한 물건과 같은 분량을 반환하면 된다는 특약이 있는 임치를 말한다. 혼장임치라고 하여 특별히 보관하는 방법과 장소가 다른 것이 아니고, 같은 종류, 같은 품질의 대체물을 한곳에 섞어서 보관한다는 것이 특징이다. 가장 대표적인 것인 유류, 곡류, 증권 예탁 등이다.

② 보관하는 장소와 노력이 절약되어 임치료가 싸다는 현실적인 이점이 있기도 하다. 혼장임치가 되려면 같은 종류, 같은 품질의 물건을 한곳에 임치하는 모든 임치인들로부터 혼장임치에 관한 승낙이 있어야 한다.

③ 혼장임치를 승낙한 각 임치인은 섞여 있는 임치물 중에서 자신이 임치한 분량의 반환을 청구할 수 있으며, 임치물은 임치인들의 공유로 인정된다. 각 임치인은 각자의 지분을 가지게 되는 셈이다.

④ 수치인은 각 임치인의 반환청구가 있으면 그가 임치한 분량에 따른 지분만큼을 반환하여야 한다. 만일 이 분량에 따른 반환을 제대로 못하여 맨 마지막에 반환받는 자의 분량에 부족이 있게 되면, 수치인은 채무불이행의 책임을 지게 되며, 이미 반환받은 임치인들은 그 분량에 넘는 부분은 부당이득으로 반환을 하여야 한다.

(2) 소비임치 11 기출

① 임치는 임치한 물건을 보관하다가 반환할 때에는 그 물건 자체를 반환하는 것이 원칙이다. 그런데 당사자의 특약으로 수치인이 임치물을 소비하고, 반환할 때에는 그와 같은 것으로 반환할 수 있게 할 수 있다. 이러한 임치를 소비임치, 또는 불규칙임치라고 한다. 따라서 소비임치의 목적물은 대체물이어야 한다. 가장 대표적인 것이 금전, 은행의 예금계약의 소비임치이다.

② 소비임치는 소비대차와 비슷하여 민법은 소비임치에 소비대차의 규정을 준용하게 하였다(제702조 본문). 그러나 소비대차는 차주의 이익을 위하여 목적물을 차주에게 주는 것이지만 소비임치는 목적물을 맡기는 임치인을 위한 것인 점에서 다르다. 따라서 소비임치에서는 임치인은 언제나 계약을 해지하고 목적물의 반환을 청구할 수 있게 하여 임치인의 편익을 위한 것으로 하고 있다(제702조 단서).

③ 소비임치에서는 소비임치인을 목적물의 소유권을 소비수치인에게 이전하고 일정한 기간 이를 이용하게 할 의무가 있으나 그에 따른 보관료·보관비용은 지급하지 않는다. 이것이 보통의 임치와 다르다. 오히려 이자의 약정이 있으면 소비수치인이 이자를 지급하게 된다. 은행과 예금자와의 예금거래가 예이다.

제13절 조합(組合) 14 18 19 20 21 22 기출

1 서 설

(1) 조합의 의의

① 조합이란 2인 이상이 서로 출자하여 공동사업을 할 목적으로 결합한 단체이다(제703조 참조). 단체에는 사단과 조합이 있는데 사단은 구성원의 개성이나 중요성이 단체 속에 묻혀 버리고 단체가 독립적인 존재로 되는데 반하여 조합은 구성원의 개성이 존재하고 공동의 목적달성에 필요한 한도에서만 제약을 받게 된다.

② 사단과 조합의 차이는 단체의사의 표현, 재산에 관한 권리·의무, 그리고 법인격 취득 유무 등에서 찾아볼 수 있다.
   ㉠ 사단은 통일적인 조직과 기관을 가지고 있어 그 기관의 행위는 곧 사단의 행위가 되는데, 조합은 조합원 전체로부터 대리권이 주어진 자에 의해 행동하고 그 효과는 각 조합원에게 돌아간다.
   ㉡ 사단의 의사결정은 총회에서 다수결의 원리에 의하여 정해지는데, 조합에서는 조합원 각자가 직접 조합의 운영에 참여할 수 있으므로 전원일치의 원리에 의하여 결정되는 것이 원칙이다.
   ㉢ 사단에서는 자산과 부채가 모두 사단에 귀속하기 때문에 사단구성원은 사단의 부채에 대하여 간접적으로 유한책임을 질 뿐인데, 조합에서는 조합채무에 대하여 조합원은 무한책임을 진다.

③ 우리 민법상의 조합의 특징은 법인격이 인정되지 않는다는 데에 있으며 따라서 약한 단체성이 인정된다. 즉, 조합재산의 합유, 업무집행의 다수결의 원리, 조합원의 탈퇴, 해산과 청산 등에서 단체성을 엿볼 수 있다.
   ㉠ 민법상의 조합은 법인격이 없다. 그러나 사단이든 조합이든 입법정책에 따라 법인격의 유무는 결정되는 것이므로 사단인 경우도 법인격이 없는 사단이 있고, 조합이라도 특별법 등에 의하여 법인격을 가지는 협동조합 등이 있다. 그리고 조합이라는 명칭을 가졌다고 모두가 단체인 조합이 되는 것도 아니다. 예컨대 상법상의 익명조합은 당사자 중 한쪽이 상대방의 영업을 위하여 출자하고, 그 영업이익을 분배하도록 약정하는 계약관계에 불과하다고 한다.
   ㉡ 합명회사는 법인이고, 사단법인이지만 2인 이상이 출자하여 기업활동을 하고, 무한책임을 지는 조합적인 요소가 많아서, 상법은 합명회사의 내부관계에 관하여는 민법의 조합에 관한 규정을 준용한다.

④ 2인 이상이 공동으로 출자하여 공동의 사업을 경영하기로 하는 동업관계는 민법상의 조합관계이다.
   ㉠ 구성원 사이의 친목, 금융 등을 목적으로 하는 계(契)도 조합관계이다.
   ㉡ 사단법인 또는 회사의 설립을 목적으로 하는 설립자, 발기인들 사이의 결합관계도 민법상의 조합관계라고 본다.

⑤ 조합의 사회적 작용을 보면 단체를 만드는 과정에서 비교적 구성원의 수가 적고, 구성원의 개성을 강하게 유지하려는 단체라면, 주로 조합의 모습이 타당하게 될 것이다. 그리고 조합은 그 목적에 제한이 없고, 출자의 종류나 내용도 제한이 없으며, 구성원 사이의 협력을 약정함으로써 성립되는 단체이므로 비교적 자유롭게 형성할 수 있다는 점 등으로 인하여 실제사회에서 많이 이용되고 있다.

(2) 조합계약

① 조합계약은 2인 이상이 서로 출자하여, 공동사업의 경영을 목적으로 하는 약정에 의하여 성립하는 계약이다(제703조). 따라서 서로 출자하여 공동사업을 목적으로 하는 단체인 조합을 성립하게 하는 원인이 조합계약이다. 조합계약 속에는 조합의 설립뿐 아니라 그 운영 등에 관한 것도 포함된다.

② 조합계약의 법적 성질에 관하여는 계약설과 합동행위설로 대표된다. 이에 계약적인 성질과 합동행위적인 성질을 함께 지니고 있다는 절충설도 있다. 그러나 조합계약은 하나의 계약이라는 것이 다수설이다.

㉠ 다수설인 계약설에도 쌍무계약설이 다수설이고, 쌍무계약은 아니라는 설이 소수설이라고 한다. 쌍무계약이라고 하면 민법상의 동시이행의 항변권과 위험부담에 관한 규정의 적용을 당연히 인정하여야 할 것이고, 쌍무계약이 아니라는 견해에서는 동시이행의 항변과 위험부담의 문제는 조합계약에는 없다고 해야 한다.

그러나 구체적인 경우에 따라서는 두 학설은 큰 차이점을 보이지 않고, 서로 긍정하는 태도를 보이고 있다.

㉡ 조합계약에 관하여 계약의 해제, 해지에 관한 규정의 적용이 가능한가에 대하여 학설은 아직 없고, 판례는 계약의 해제, 해지의 규정은 조합계약에는 적용이 없다고 한다. 즉, 조합원 한 사람이 조합계약상의 채무를 이행하지 않아도 단체로서의 조합에서는 계약의 해제, 해지를 할 것이 아니고, 제명, 탈퇴, 해산 등으로 처리하는 것이 적당하다는 것이다.

그리고 조합계약이 유상계약이라는 다수설과, 아니라는 소수설의 대립이 있는데 유상계약이라면 매매의 규정이 준용됨으로 인하여, 매도인의 담보책임에 관한 규정이 적용되어야 하는데, 각 조합의 출연은 공동목적을 위하여 출연하는 것이므로 유상계약이 아니며, 따라서 매도인의 담보책임규정을 적용할 수 없다고 소수설은 주장한다.

㉢ 조합계약이 낙성·불요식계약이라는 데는 다른 견해가 없다.

2 조합의 성립 21 기출

(1) 성립요건

조합은 2인 이상이 서로 출자하여, 공동사업을 경영할 것을 약정함으로써 성립한다(제703조).

① 조합을 성립시키려면 최소한 2인 이상의 구성원이 필요하므로 구성원의 인원수 제한은 없다.

② 공동사업의 경영을 목적으로 하여야 한다. 사업의 종류·성질에는 제한이 없다. 미풍양속을 해치거나 강행법규에 위반되지 않으면 가능하고, 영리·비영리도 가리지 않는다. 공동사업에 의한 이익분배는 모든 조합원에게 돌아가야 하지만, 그 분배율은 차등이 있어도 문제는 되지 않는다. 그리고 공동사업은 계속적이든 일시적이든 관계 없다.

③ 조합의 목적을 위하여 모든 조합원이 출자를 하여야 한다. 출자의 종류·성질에는 제한이 없다. 따라서 금전, 물건, 재산권, 노무, 신용 등도 출자의 목적물이 될 수 있다(제703조 제2항). 단순한 부작위도 출자가 된다고 본다.

④ 조합계약은 2인 이상이 공동사업을 하기로 약정하고, 그를 위하여 서로 출자할 것을 합의하면 성립되고, 조합의 구성, 업무집행, 손익분배 등의 사항은 조합규칙 등으로 해결하면 된다.

(2) 조합계약의 하자(瑕疵)와 조합의 성립
    ① 조합이 유효하게 성립하려면 그 성립원인인 조합계약이 유효하여야 한다. 따라서 당사자의 제한능력, 의사표시의 불일치, 사기·강박 등이 있으면 조합계약은 무효 또는 취소(取消)된다. 그런데 조합은 단체이며, 이 단체의 목적을 위하여 일반의 계약에서와 같이 취급하기 어려운 면이 있다.
    ② 조합이 단체로서 그 활동을 시작하기 전에는 제한능력, 의사표시의 불일치 등에 의한 무효·취소가 되어도 문제는 없게 된다. 만일 당사자가 3인 이상인 경우에 그중 한 사람의 흠의 영향에 대하여는 일부 무효의 법리(제137조)에 의해 나머지 당사자들로 목적을 달성할 수 있으면 조합계약은 유효하지만 그렇지 못하면 조합계약 전체가 무효가 된다고 본다.
    ③ 조합이 단체로서 그 활동을 시작한 후에는 조합계약에 흠이 있다고 하여 소급적으로 조합이 성립하지 않은 것으로 할 것이 아니라, 그간의 사실상의 조합으로 활동한 것은 유효로 처리하는 것이 타당할 것으로 본다. 특히 선의의 제3자의 보호가 없는 제한능력을 원인으로 하는 경우에 특히 사실상 조합으로 인정하여야 제3자를 보호할 수 있다는 것이다.

3 조합의 업무집행 11 12 13 15 21 24 기출

공동목적을 달성하기 위한 조합의 활동이 바로 조합의 업무집행이다. 업무집행의 내용으로는 조합의 의사결정, 결정된 의사의 실행, 외부의 제3자와 법률행위 등을 행하는 것이다. 이들의 업무를 대내관계(제706조~제708조, 제710조 참조)와 대외관계(제709조)로 나누어 살펴본다.

(1) 조합의 대내관계
    조합의 대내적 업무집행으로 조합원들 서로가 목적달성을 위하여 해야 할 것을 결정하고, 그 결정에 따라 처리하는 행위를 조합의 대내관계(對內關係)라고 한다.
    ① 조합에 있어서는 각 조합원의 개성이 중요시되므로 각 조합원은 업무집행에 참여할 권리가 있다. 즉, 업무집행권을 가진다. 그러나 일정한 업무를 일부의 조합원이나 제3자에게 업무집행을 맡기는 경우도 있다.
    ② 모든 조합원이 업무를 집행하는 경우에는 다수결의 원칙에 따라 조합원 과반수의 찬성으로 하게 하였다(제706조 제2항). 그런데 조합의 통상사무만은 각 조합원이 전행(專行)할 수 있으나 그 사무의 완료 전에 다른 조합원의 이의가 있으면 곧 중지하여야 한다. 이를 어기고 계속 사무처리를 하여 그에 의한 손해가 발생하면 배상하여야 한다.
    ③ 각 조합원은 다른 조합원의 업무집행을 감시할 수 있고, 재산상태도 검사할 수 있다(제710조).
    ④ 일부의 조합원을 업무집행자로 한 경우에는 그 업무집행자의 선임은 조합원의 3분의 2 이상의 찬성으로 하고, 업무집행자가 2인 이상이면 그 과반수로 결정한다(제706조 제1항·제2항). 이때에 업무집행자는 정당한 사유 없이 사임하지 못하고, 해임 당하지도 않는다. 업무집행자가 아닌 조합원들은 조합의 업무 및 재산상태를 검사할 수 있다.
    ⑤ 제3자에게 업무집행을 맡긴 경우에는 조합과 제3자와의 사이에는 위임계약이 있게 된다(제707조). 이 제3자인 업무집행자가 2인 이상인 때에는 통상사무는 각자가 전행(專行)할 수 있고, 다른 업무는 과반수로 결정한다고 본다. 조합원은 이때에도 조합의 업무 및 재산 상태를 검사할 수 있으며, 위임계약의 성질에 따라 업무집행자는 언제나 해임될 수 있다고 본다.

(2) 조합의 대외관계

① 조합대리

㉠ 조합은 법인이 아니므로 권리능력이 없고 권리주체가 될 수도 없고, 또 대표기관도 없다. 그리하여 조합이 제3자와의 법률행위를 하려면 조합원 전체와 제3자와의 관계로 이루어져야 한다. 따라서 대외적인 법률행위는 조합의 이름으로 할 수 없고, 조합원 전체의 이름으로 하여야 한다.
이러한 불편을 피하기 위하여 조합원 중에서 대리인을 두어 그로 하여금 조합의 대외활동을 하게 하는 것을 조합대리라고 한다.

㉡ 업무집행자를 두지 않은 경우에는 각 조합원은 각자 단독으로 조합목적을 달성하는데 필요한 범위에서 모든 조합원을 대리할 권한이 있는 것으로 추정된다. 따라서 통상 업무가 아닌 사항을 과반수의 찬성 없이 대리한 때에는 그 대리행위는 대리권의 범위를 넘은 표현대리(제126조)가 된다고 본다.

㉢ 업무집행자를 둔 경우에는 그 업무집행조합원은 조합목적을 달성하기 위하여 필요한 범위에서 모든 행위를 할 대리권이 있는 것으로 추정된다(제709조). 업무집행조합원을 정하는 행위는 대리권을 수여하는 행위로 볼 수 있기 때문이다. 만일 업무집행자가 2인 이상인 때에 통상 업무 아닌 것을 과반수의 동의 없이 단독으로 처리한 때에는 범위를 넘은 표현대리로 보아야 한다는 것이다.

㉣ 민법상 대리행위는 현명주의(顯名主義)를 취한다(제114조). 그렇다면 조합의 경우에는 모든 조합원의 이름으로 하여야 한다. 이것은 너무 복잡하므로 조합대리에서는 상대방이 알 수 있을 정도로 조합의 명칭을 표시하여 그 대리인임을 표시하는 것으로 가능하다고 본다.

② 조합의 당사자 능력과 소송대리

민법상 조합은 권리주체가 되지 못한다. 그러나 경우에 따라서는 은행의 예금거래에서 조합이 예금하는 경우에 조합원 모두의 이름으로 하지 않고, 조합의 대표자 명의로 예금하는 것이 인정되기도 한다. 그렇다면 조합 자체의 이름으로 소송당사자가 될 수 있는지가 문제된다.

㉠ 조합에 대표자·관리자가 있으면 소송 당사자능력을 인정하는 것이 타당하다는 견해와 소송 당사자능력은 없다는 견해가 있다. 판례는 조합의 당사자능력을 부정하고 있다. 따라서 전조합원이 관련되는 소송의 복잡함을 피하려면 선정당사자제도(選定當事者制度)를 이용할 수 있다(민사소송법 제53조 참조).

㉡ 조합원에 의한 소송대리

ⓐ 업무집행조합원을 따로 두고 있지 않은 경우에, 각 조합원은 단독으로 조합원 전원을 대리할 수 있다. 이에 따라 소송행위의 대리권도 포함된다고 인정하는 견해가 있고, 소송행위는 별도의 소송대리권을 받아야 한다고 하는 견해도 있다.

ⓑ 업무집행조합원이 있는 경우에는, 재판상의 행위도 할 수 있는 대리권이 있다고 해석하여 업무집행조합원의 소송대리권을 인정한다. 그러나 실제에서는 변호사대리의 원칙(민사소송법 제87조)으로 단독판사의 사건에서 법원의 허가를 받아야만 변호사 아닌 자의 대리가 가능하므로 별 의미가 없게 된다.

4 조합의 재산관계

(1) 조합재산 10 11 18 기출

① 조합이 공동의 목적을 가진 하나의 단체로서 그의 고유한 업무집행이 있는 것과 같이 조합의 고유한 재산인 조합재산을 가진다(제704조). 형식적으로는 조합의 재산은 전체로서 조합원 모두의 공동재산이다. 하지만 실질적으로는 조합이라는 단체의 재산으로서 그 구성원인 조합원 각자의 개인재산과는 구별되는 조합 자신의 특별재산인 것이다. 이러한 특별재산으로서의 조합재산의 특수한 귀속관계를 합유관계라고 한다. 따라서 민법은 이러한 조합재산을 합유라고 한다(제271조, 제704조).

② 조합재산을 이루고 있는 것으로는 조합원이 출자한 재산, 조합업무로 취득한 재산, 조합재산에서 생긴 재산, 조합의 채무 등이 있다.

㉠ 조합원은 조합계약에서 약정한 출자를 이행하여야 하는데, 이로 인하여 형성된 재산이 출자에 의한 조합재산이다. 따라서 출자를 이행하지 아니한 조합원에 대한 출자청구권도 하나의 조합재산을 이룬다고 해야 한다.

㉡ 조합재산에서 생긴 재산으로는 조합재산의 과실, 제3자에 대한 손해배상청구권 등이 있을 수 있다.

㉢ 조합의 채무도 소극적인 조합재산으로서 조합원 모두에게 합유적으로 귀속한다.

(2) 조합재산의 합유관계

① 합유재산

조합재산의 소유권관계에 대하여는 물건의 공동소유관계를 규정하는 하나의 유형으로 합유임을 밝히고 있다(제271조). 따라서 조합재산이 조합원 사이의 합유라는 규정(제704조)에 의하지 않아도 된다. 그리고 물건의 소유권이 아닌 다른 재산권은 전조합원의 준합유가 되는 것이다.

㉠ 합유지분의 처분제한

조합원은 조합재산 전체에 대한 지분은 물론이고 개개의 재산에 대한 지분도 가진다. 따라서 조합재산은 개개의 물건이 합유물인 동시에 조합재산 전체도 합유물이 된다.

ⓐ 조합재산을 구성하는 개개의 합유물에 대한 각 조합원의 지분은 처분하지 못한다(제273조 제1항). 합유자 전원의 동의가 있으면 지분을 처분할 수 있다는 규정은 이에는 적용이 없다고 본다.

ⓑ 전체로서의 조합재산에 대한 각 조합원의 지분도 처분하지 못한다고 보고, 조합원의 지위의 양도로서 가입·탈퇴에 의하여야 한다고 본다.

㉡ 조합재산의 분할금지

합유자는 합유물의 분할을 청구하지 못한다(제273조 제2항). 합유관계가 존속하는 동안은 조합원은 전체로서의 조합재산의 분할은 물론이고, 개개의 합유물의 분할로 인하여 합유관계를 종료하지 못한다. 그러나 조합원 전체가 합의하여 분할하는 것은 관계 없을 것이며, 또한 조합의 청산 후에 잔여재산 분할청구도 인정된다.

ⓒ 준합유관계

조합재산에 속하는 소유권 이외의 재산권은 준합유가 성립되고, 이것은 물건의 합유에 관한 원칙에 의해 규율된다. 따라서 준합유의 조합재산은 각 조합원의 지분이라도 처분이 금지되고, 그 분할청구도 인정되지 않는다.

② 합유물의 처분과 보존

㉠ 합유물의 보존행위는 합유자 각자가 단독으로 할 수 있다(제272조). 그러나 합유물의 처분이나 변경은 합유자 전원의 동의가 있어야 한다. 그런데 업무집행방법에 관한 규정에는 **업무집행자가 따로 없는 경우에는 조합업무집행은 조합원 과반수로 결정하고**(제706조), 업무집행자가 있고, 그들이 2인 이상이면 과반수로 결정한다고 규정한다. 그리고 조합의 통상업무는 각 조합원 또는 업무집행자가 단독으로 할 수 있다.

ⓒ 조합재산의 보존·처분이 조합의 업무집행이 아니라면 이는 각자 조합원이 보존행위를 하고, 전원의 동의로 처분하면 되며, 그 외의 조합업무는 조합원 과반수, 업무집행자가 있으면 그들 과반수로 처리하면 된다.

③ 조합재산과 조합원 고유재산의 구별 17 기출

㉠ 조합원의 지분에 대한 압류는 그 조합원의 장래의 이익배당 및 지분의 반환을 받을 권리에 효력이 있다(제714조). 즉, 조합원의 채권자는 그 조합원이 조합재산에 대하여 가지는 지분을 압류할 수 있다. 따라서 채무자인 조합원의 이익배당청구권, 지분반환청구권이 압류의 대상이 된다. 조합은 압류된 이익배당을 조합원에게 지급할 수 없게 되며, 압류채권자는 법원의 추심명령(推尋命令)이나 전부명령(轉付命令)에 의하여 채권의 변제에 충당하게 된다.

ⓒ 조합의 채무자는 그가 부담하는 채무와 조합원 개인에 대한 채권을 상계하지 못한다. 조합재산과 조합원 개인의 재산관계는 별개이기 때문이다.

(3) 조합채무에 대한 책임 15 23 기출

조합이 단체로서 활동하는 과정에서 부담하는 채무를 조합채무라 한다. 조합재산에는 적극적인 재산과 소극적인 재산이 있다. 따라서 조합채무도 각 조합원의 개인적인 채무와는 구별되는 조합재산의 하나로서 전 조합원에게 합유적으로 귀속하는 것으로 하여야 한다.

① 조합재산에 의한 공동책임

㉠ 조합의 채권자는 조합재산으로부터 채권 전액의 변제를 청구할 수 있다. 조합원 한 사람이 조합에 대하여 가지는 채권도 마찬가지로 조합재산으로부터의 변제를 청구할 수 있다. 조합재산과 조합원 개인의 재산이 다르기 때문이다. 따라서 제3자가 가지는 조합에 대한 채권을 한 사람의 조합원이 양수하여도 혼동에 의하여 소멸하지 않는다.

ⓒ 조합의 채권자는 조합원 전원을 상대로 총채권액의 이행의 소를 제기하고, 조합원 전원에 대한 채무명의를 받아야 조합재산을 강제집행할 수 있다.

② 조합원의 개인재산에 의한 책임

㉠ 조합채무에 대하여 각 조합원이 부담하는 책임에는 연대주의와 분담주의가 있는데 민법은 분담주의에 의한다. 분담주의는 각 조합원의 손실분담비율(損失分擔比率)에 따라 책임을 지는 것이다. 분담비율의 약정이 없으면 균등한 비율로 변제하게 된다.

ⓛ 조합원 중에 변제자력이 없는 자가 있는 경우에는 그 자의 분담부분은 다른 자력 있는 조합원이 균등하게 변제하여야 한다(제713조). 그리고 각 조합원이 분담하는 조합채무의 변제책임은 개인재산으로라도 모두 변제하여야 한다. 즉, 출자한도에 관계없이 분담액에 대하여는 모두 변제하여야 하는 무한책임을 진다. 조합계약으로 이를 제한하여도 채권자에게는 효력이 없다.

ⓒ 각 조합원이 지는 조합채무의 분담분은 그 조합원이 조합원으로 있는 동안에 생긴 것이면 조합을 탈퇴하거나 조합이 해산하여도 책임을 져야 한다. 그리고 조합채권자가 각 조합원의 개인재산에 대하여 강제집행하는 데는 각 조합원을 상대로 채무명의를 받아서 할 수 있고, 조합원 전원을 상대로 하여 채무명의를 받아서도 조합원 개인재산에 강제집행을 할 수 있다고 본다.

(4) 손익분배

조합의 공동사업으로 생긴 이익과 손실은 각 조합원에게 돌아가게 된다. 그 분배비율과 분배시기가 문제된다.

① 손익의 분배비율

㉠ 손익의 분배비율은 조합계약에서 정할 수 있으며, 그 비율은 출자비율에 관계없이 정할 수 있고, 또 이익분배와 손실부담의 비율을 달리할 수도 있다. 그런데 영리를 목적으로 하는 조합에서는 모든 조합원에게 분배되어야 한다. 일부 조합원만이 분배받는 것으로 하는 것은 조합이 아니다.

㉡ 이익분배·손실분담의 어느 한쪽에 관하여만 조합계약에서 비율을 정한 때에는 그 비율은 같은 것으로 하고 이익·손실의 어느 것도 분배비율을 조합계약에서 정하지 아니한 때에는 각 조합원의 출자가격에 비례하여 정하여진다(제711조).

② 손익분배의 시기

㉠ 손익분배(損益分配)의 시기를 조합계약에서 약정하지 아니한 경우에는 영리사업을 하는 조합에서는 조합의 업무집행의 규정(제706조)에 따라 분배하여야 하고, 비영리를 목적으로 하는 조합의 경우에는 전조합원의 합의로 분배하거나 청산할 때에 분배하게 될 것이다.

㉡ 손실부담에 대한 조합계약의 약정이 없으면 조합이 해산·청산함에 있어, 조합재산으로 조합채무를 완전히 변제할 수 없게 된 때에 손실을 부담하는 것으로 본다. 조합이 계속 중에는 조합원은 출자의무 이상의 재산을 제공할 의무가 없기 때문이라고 한다.

5 조합원의 변동

(1) 조합원의 탈퇴 10 15 기출

조합원의 탈퇴는 조합의 구성원에서 빠져나가 조합원의 자격을 상실하게 되는 것이다. 탈퇴에는 당해 조합원의 의사에 의한 임의탈퇴와 그렇지 아니한 비임의탈퇴가 있다.

① 임의탈퇴

민법은 조합원의 임의탈퇴를 인정하고 있다(제716조). 임의탈퇴를 하려는 조합원은 다른 조합원 모두에게 탈퇴의 의사표시를 하여야 한다.

㉠ 조합의 존속기간이 없는 경우 또는 조합원의 종신까지로 한 경우에는 각 조합원은 언제든지 탈퇴할 수 있다. 다만 조합에 불리한 시기에 탈퇴하려면 부득이한 사유가 있어야 한다(제716조). 불리한 시기란 조합의 목적을 달성하는 데 특별히 불리한 때를 의미하며, 사유란 조합원의 주관적인 사정 등이 이에 해당된다.
어떤 조합원이 조합에 불리한 시기에 탈퇴의사를 표시하거나, 또 부득이한 사유 없이 탈퇴의사를 표시한 때라도 다른 모든 조합원의 동의를 얻는다면 탈퇴의 효과는 생긴다고 본다.
㉡ 조합의 존속기간을 정하고 있는 경우에는 부득이한 사유가 있을 때만 탈퇴가 가능하다(제716조 제2항).
㉢ 조합원 탈퇴에 관한 민법 제716조는 부득이한 사유가 있으면 탈퇴할 수 있다는 것만이 강행규정이라고 하며, 탈퇴의 기준을 무겁게 하는 것은 가능하지만, 탈퇴를 아예 금지하는 특약은 무효라고 본다.
㉣ 조합계약은 조합이라는 단체를 형성하는 원인이므로, 그 특수성에 의해 조합계약의 해제, 해지는 인정되지 않는 것으로 본다.

② 비임의탈퇴
비임의탈퇴(非任意脫退)의 사유에는 조합원의 사망, 파산, 성년후견의 개시, 제명 등의 4가지가 있다.
㉠ 사망 : 조합원이 사망(死亡)하면 당연히 탈퇴하는 것이 되고, 상속인이 조합원으로 되지 않는다. 조합원이 2인 이상 남아 있어야 탈퇴가 되고, 남아 있는 사람이 1인이면 조합은 해산(解散)하게 된다. 조합은 조합원의 개인적인 신뢰관계(信賴關係)가 그 기초이기 때문이다. 다만 조합계약으로 조합원의 지위가 상속인에게 승계된다는 특약이 있으면 유효하다고 본다(대판 1987.6.23., 86다카2951).
㉡ 파산 : 조합원이 파산(破産)하면 다른 조합원에 대한 관계에서 재산적 채무관계(財産的 債務關係)가 끝나게 된다. 따라서 파산을 탈퇴사유가 아니라고 조합계약에서 정하여도 이는 무효라고 본다.
㉢ 성년후견의 개시 : 성년임에도 질병, 장애, 노령 등의 정신적 제약으로 성년후견이 개시된 경우에는 조합원의 자격을 상실하게 된다.
㉣ 제 명
ⓐ 정당한 사유가 있을 때에는 다른 조합원의 전원일치로 제명결정을 할 수 있다. 이 제명 통지를 해당 조합원에게 하여야 대항할 수 있다(제718조). 탈퇴조합원과 조합과의 계산은 그 통지가 도달한 때를 기준으로 한다. 제명의 정당한 사유로는 출자의무 등의 불이행, 조합업무집행상의 부정행위(不正行爲) 등이 될 것이다.
ⓑ 제명하려면 다른 조합원 전원의 일치로 결정하여야 하므로 2인의 조합원인 조합에서는 제명할 수 없고, 2인 이상을 일시에 제명하지도 못한다. 일시에 2인 이상을 제명할 수 있다면 조합원 사이에 다툼이 있게 되고 다수자 측과 소수자 측이 서로 상대방 모두를 제명할 수 있게 되기 때문이다. 그리고 제명결정의 요건을 전원일치(全員一致)가 아닌, 다수결로 하게 하는 특약은 유효하다고 본다.

③ 탈퇴의 효과
조합원이 탈퇴하면 그 조합원은 탈퇴 이후 장래에 향하여 조합원의 지위를 잃는다. 조합은 그대로 존속하고 다만 탈퇴조합원과 조합과의 재산의 청산문제가 남게 된다.

㉠ 탈퇴조합원과 다른 조합원 사이에 지분의 계산이 이루어진다. 계산은 탈퇴 당시의 조합 재산의 상태를 기준으로 하며, 탈퇴 당시에 완결되지 아니한 사항은 완결 후에 계산할 수 있다(제719조 제1항・제3항).
㉡ 탈퇴조합원의 지분은 출자의 종류에 관계없이 금전으로 환급할 수 있다(제719조 제2항). 경우에 따라서는 현물로 환급하여도 된다. 탈퇴 당시에 조합재산이 적자(赤子)이면 부채부담비율에 의하여 그 부채를 조합에 지급하여야 한다.
㉢ 탈퇴조합원의 합유지분은 나머지 조합원들에게 각자의 지분에 따라 분배되어 남아 있는 조합원의 지분이 확대되므로, 별도로 탈퇴조합원의 지분양도 절차는 필요없다. 그러나 조합재산 중에 부동산이 있으면 탈퇴조합원을 제외한 나머지 조합원의 합유로 등기를 고쳐야 나머지 조합원의 지분 확대가 일어난다.
㉣ 탈퇴조합원은 탈퇴 당시의 조합채무에 대하여 책임을 져야 한다. 따라서 탈퇴조합원의 환급금에서 부채부담비율에 따른 부채금액을 공제하고 환급금을 받은 경우에는 조합에 대하여 면책을 청구할 수 있다고 본다.

(2) 조합원의 가입

① 민법은 조합원의 가입에 관해서는 규정하지 않았지만 탈퇴를 인정하는 이치에서 가입도 인정한다고 본다. 가입은 가입하려는 새 조합원과 조합원 전원과의 가입계약에 의한다.
② 가입자는 계약에 의한 출자를 하여야 하고, 가입 당시의 조합재산에 관하여 다른 조합원과 합유관계를 가지므로 지분을 취득하게 된다. 그리고 가입자가 가입 전에 있었던 조합의 채무에 대하여는 개인재산으로써 책임을 지지는 않으나, 가입조합원이 취득한 합유지분은 책임을 진다고 본다. 가입 후의 조합채무에는 당연히 조합원으로서의 책임을 진다.

(3) 조합원의 지위의 양도

① 조합원은 조합관계에서 발생하는 권리・의무를 가진다. 조합운영에 참여할 권리, 조합재산에 대한 합유지분권, 이익배당청구권, 탈퇴 때의 지분환급청구권, 해산 때의 잔여재산분배청구권, 출자의무, 손실부담비율에 의한 손실부담 등이 조합원이 가지는 권리, 의무들이다.
② 민법에는 규정이 없지만 조합계약에서 조합원 지위의 양도를 인정한 때에는 유효하다고 본다. 따라서 조합원의 지위의 양도가 있으면 양도인은 조합에서 탈퇴하고, 양수인은 가입자와 같은 권리와 책임을 가지게 된다고 볼 수 있다.

6 조합의 해산 및 청산

(1) 해 산 10 15 18 21 기출

① 해산의 의의
조합의 해산이란 조합이 소멸하기 위하여 그의 목적사업의 적극적인 활동을 중지하고, 조합재산을 정리하는 단계에 들어가는 절차이다. 따라서 조합은 해산으로 바로 소멸하지 않고, 청산절차가 남게 된다.

② 해산사유
　㉠ 민법상 특정한 규정은 없다. 조합의 목적달성, 조합의 목적달성의 불가능, 존속기간의 만료, 전조합원의 해산합의, 그 외에 조합계약에서 정한 해산사유의 발생 등이 조합해산의 사유라고 할 수 있다.
　㉡ 민법은 부득이한 사유가 있을 때에 각 조합원은 조합의 해산을 청구할 수 있다고 규정한다(제720조). 부득이한 사유란 더 이상 공동사업을 경영할 수 없는 사유로서 급격한 경제적 변화, 조합원 사이의 극심한 불화 등을 들 수 있을 것이다. 따라서 조합원 한 사람에 있는 사유는 이에 해당하지 않는다고 본다.

> **대판 1996.3.26., 94다46268**
> 2인의 동업자 중 1명이 동업의 준비과정과 영업과정에서 부정을 저질러 형사고소를 당하고 그 사유로 결국 형사소추되어 유죄판결을 받았다면 동업자 간의 신뢰관계는 깨어져서 원만한 조합운영을 기대할 수 없게 되었다고 할 것이고, 이러한 상황에서 다른 동업자가 동업계약의 해지통고를 한 것은 조합의 해산청구로 볼 수 있으므로, 그 조합은 그 해산청구로 말미암아 해산되었다 할 것이다.

(2) 청 산

① 의 의
　청산이란 해산한 조합의 재산관계를 정리하는 절차를 말한다. 조합의 청산절차는 조합채권자를 보호하기 위한 것이 아니고, 조합원 사이의 재산관계의 공평한 처리를 목적으로 하는 것이다. 따라서 조합재산이 없거나, 처리할 문제가 없으면 청산절차는 없게 되고, 또 조합원 전원의 합의로 청산절차 없이 적당한 방법으로 조합재산 처리도 가능하다(대판 1987.11.24., 86다카2484).

② 청산절차
　조합의 청산절차는 청산인(淸算人)이 합유재산의 정리, 남은 재산의 조합원 사이의 분배라고 할 수 있다.
　㉠ 청산인
　　ⓐ 청산인을 별도로 정하지 않으면 모든 조합원이 청산인이다(제721조 제1항). 청산사무는 공동으로 집행한다. 즉, 통상사무는 단독으로 그 외의 사무는 과반수로 결정한다.
　　ⓑ 청산인은 조합원의 과반수로 선임하고, 2인 이상일 수도 있다. 청산인이 2인 이상이면, 청산사무의 집행은 2인 이상의 업무집행자의 경우와 같은 방법으로 행한다(제721조 제2항, 706조 제2항).
　㉡ 청산인의 직무
　　청산인은 현존사무를 종결짓고, 채권을 추심하며, 조합채무변제에 노력하며, 조합재산으로 조합채무를 변제하고 나머지 잔여재산이 있으면, 조합원의 출자가액에 비례하여 분배한다(제724조, 제87조).

제14절 　종신정기금(終身定期金) 19 기출

1 서 설 21 기출

(1) 의 의
① 종신정기금계약(終身定期金契約)은 정기금채무자인 당사자의 한쪽이 자신이나 상대방 또는 제3자가 사망할 때까지 정기로 금전, 기타의 물건을 상대방 또는 제3자에 지급할 것을 약정하는 계약이다(제725조). 즉, A가 B에 대하여 B의 생활보호를 목적으로 B가 사망할 때까지 매월 50만 원씩을 지급하기로 약정하는 계약이나, 또는 A가 B에게 1천만 원을 교부하면서 앞으로 C가 죽을 때까지 매월 10만 원씩 C에게 지급하라고 약정하는 계약 등이 종신정기금계약이다.
② 급부의 목적물은 금전, 물건 등의 대체물이다. 정기적으로 지급해야 하므로 대체성이 있는 물건이어야 한다. 그리고 정기적으로 급부하여야 한다. 즉, 매월 말일, 매년 말일 등과 같이 일정시기에 반복적으로 지급하여야 한다.
③ 정기금은 특정인이 죽을 때까지 지급하여야 한다. 그 특정인은 채무자, 채권자, 제3자 중 누구의 종신을 조건으로 하여도 관계가 없다.

(2) 종신정기금계약의 성질
① 종신정기금계약은 약정에 따라 또는 상황에 따라 무상일 수도 있고, 유상일 수도 있다. 일정한 대가관계가 없는 경우에는 무상으로서 증여가 될 것이고, 일정한 대가관계가 있으면 유상계약이 될 것이다.
② 종신정기금계약은 그 계약이 이루어지는 바탕인 원인이 있게 되는데, 대가관계가 없으면 증여, 대금지급 관계를 결제하기 위한 것이면 매매가 그 원인행위가 될 것이다. 그러므로 이들 원인행위가 취소·무효가 되면 이 종신정기금계약도 영향을 받는 유인행위(有因行爲)이다.
③ 종신정기금계약에서 채권자가 되는 것은 계약당사자만이 아니고 제3자도 종신정기금채권자가 될 수 있다. 이때에는 제3자를 위한 계약이 그 속에 포함되어 있는 것이다.
④ 종신정기금계약이 증여로서 행하여지는 때에는 서면으로 하지 않으면 각 당사자는 언제나 해제할 수 있다(제555조). 그리고 종신정기금채권의 발생이 계약이 아닌 단독행위로 이루어지는 유증에 의하는 때에는 유언의 방식을 갖추어야 한다.

2 종신정기금의 효력 10 21 기출

(1) 종신정기금계약이 성립하면 종신정기금채권이 발생한다. 이때에 발생하는 채권이 기본적 채권이고, 이로부터 매 기마다에 지분적 채권이 생긴다. 이 지분적 채권의 발생시기에 관하여 약정이 없으면 매 기간이 경과한 후에 지급한다.

(2) 종신정기금의 지급 등 채무불이행이 있으면, 정기금채무자가 정기금의 원본을 받고 있지 않은 경우에는 채권자는 이 계약을 해제하고, 손해가 있으면 배상도 청구할 수 있다. 그런데 정기금채무자가 정기금의 원본을 받고 있는 경우에는 채무불이행이 있으면 최고 없이 해제하고 원본의 반환을 청구할 수 있다. 또한, 채권자가 계약을 해제한 때에는 채권자는 이미 받은 정기금에서 그 원본의 이자를 공제한 나머지 금액을 채무자에게 반환하여야 한다(제727조).

(3) 해제로 채권자가 손해를 받은 때에는 손해배상의 청구도 할 수 있다. 당사자의 반환의무는 동시이행의 관계에 있다(제728조).

(4) 종신정기금계약은 특정인의 사망 때까지 존속하므로 그 특정인이 사망하면 그 계약은 당연히 종료한다. 다만, 그 사망이 정기금채무자의 책임 있는 사유로 일어난 때에는 법원은 정기금채권자 또는 그 상속인의 청구가 있으면 그 특정인이 생존하였을 상당한 기간까지 존속하는 것으로 선고할 수 있다(제729조).

제15절 화해(和解)

1 서 설

(1) 화해의 의의 10 15 기출

① 화해(和解)란 당사자가 서로 양보하여 다툼을 해결하고 끝낼 것을 약정함으로써 성립하는 계약이다(제731조). 따라서 한쪽만이 양보하는 것은 화해가 아니다. 화해는 재판과는 달라서 당사자 간의 다툼을 그들 스스로에 의하여 해결하기 때문에 다툼의 해결이 인정적이고 유연하다.

② 민법의 화해와 비슷한 것으로서 재판상의 화해·조정·중재 등이 있다.

　㉠ 재판상의 화해
　　재판상의 화해는 당사자가 법원에서 다툼을 서로 양보하여 해결하는 것이다. 재판상의 화해에는 소송상 화해(민사소송법 제225조 참조)와 제소전 화해(민사소송법 제385조 이하 참조)가 있다. 소송상의 화해는 소송사건을 담당하고 있는 법원에서 행하여지고, 제소전 화해는 상대방의 보통재판적(普通裁判籍) 소재지의 지방법원에서 행하여진다. 이상의 재판상 화해는 모두 화해조서(和解調書)가 작성되고, 그 조서는 확정판결과 같은 효력을 가진다. 재판상 화해의 법적 성질은 소송행위라고 한다.

　㉡ 조 정
　　조정(調停)이란 법원 등의 국가기관의 알선으로 당사자가 합의에 의하여 다툼을 해결하는 것이다. 조정에서는 당사자가 서로 양보할 필요는 없고, 다툼을 해결하면 된다. 따라서 당사자 간의 다툼의 해결이지만 서로의 양보가 없어도 조정은 이루어진다. 소송에 의한 다툼의 해결을 미리 막는데 유용하다. 현재 우리 법제(法制)에서는 민사조정(民事調停), 가사조정(家事調停), 의료조정(醫療調停) 등이 있다.

ⓒ 중 재

중재(仲裁)는 분쟁의 판단을 제3자인 중재인에게 맡기고, 그 결정에 당사자가 복종함으로써 다툼을 해결하는 것이다. 당사자의 양보에 의한 해결이 아니므로 화해와는 다르다.

(2) 화해의 법적 성질

① 화해는 당사자 사이의 다툼을 끝낼 목적으로 하는 계약이다. 다툼은 법률관계의 존부, 범위, 모습 등에 관하여 당사자 간의 주장이 일치하지 않는 것이다. 화해는 당사자 간의 다툼이 있어야 한다. 다툼의 내용에 대하여 당사자는 처분할 수 있는 권한이 있어야 한다.
② 화해는 당사자가 '서로 양보'하여야 한다. 따라서 한쪽 당사자만이 양보하는 것은 화해가 아니다.
③ 화해는 유상·쌍무·낙성·불요식계약이다. 서로 양보하므로 유상이며, 양보한 내용을 서로 실현해야 할 의무를 부담하게 되니 쌍무이다. 그리고 당사자의 합의만으로 이루어지는 낙성·불요식계약이다.

2 화해의 효력 10 11 15 20 21 기출

(1) 당사자 사이에 다투었던 법률관계는 화해계약의 내용대로 확정된다. 따라서 화해 전에 당사자가 각기 주장하던 법률관계는 더 이상 주장하지 못한다.

(2) 화해가 법률관계의 확정력을 가지는데 있어, 그 확정력이 창설적 효력이냐, 인정적 효력이냐가 문제된다. 창설적 효력이라면 종래의 법률관계가 어떠했느냐를 묻지 않고서 화해에 의하여 새로운 법률관계가 확정적으로 생기는 것이고, 인정적 효력이라면 종래의 법률관계를 확인하고 이를 지속하게 하는 효력이라는 것이 된다. 그리하여 창설적 효력을 인정하면 종래의 법률관계에 종(從)된 담보 등은 모두 소멸하게 된다. 우리 민법상의 화해의 효력은 창설적이라고 본다(제732조).

(3) 화해계약도 의사표시를 요소로 하는 법률행위이므로 의사표시의 무효, 취소에 관한 규정이 모두 적용된다. 또한, 당사자의 약정으로 해제권을 보류할 수 있고, 채무불이행에 의한 법정해제권에 관하여도 그대로 인정된다.

(4) 화해와 착오에 관하여 유의할 점

화해계약의 의사표시에 착오가 있는 경우에 그 착오가 분쟁·다툼의 대상인 법률관계 자체에 관한 것인 때에는 착오에 관한 규정(제109조)은 적용이 배제된다. 그러나 당사자의 자격이나 화해목적인 분쟁 이외의 것에 착오가 있으면, 착오에 관한 규정(제109조)에 의하여 화해계약은 취소할 수 있게 된다(제733조).

(5) 화해와 후발손해에 관하여도 유의해야 할 문제가 있다. 특히 교통사고와 같은 불법행위에 있어 가해자와 피해자 사이에 손해배상금에 대한 합의를 하고, 피해자는 그 이상의 청구권은 포기한다는 내용의 화해계약을 하는 경우가 많다. 이때에 화해 당시에는 예상치 못했던 후유증으로 손해가 추가로 발생한 경우에, 그 추가로 발생한 손해에 대하여도 화해계약이 영향을 미쳐서 배상청구를 피해자는 할 수 없는가 하는 것이 문제이다.

그러나 화해 당시에 예상치 못한 후발손해(後發損害)에 대한 청구권까지 포기한 것은 아니라는 것으로 보아서 이러한 후발손해는 피해자가 청구할 수 있다고 인정한다. 배상액합의가 있음에도 불구하고 후발손해의 배상을 추가청구할 수 있기 위해서는 다음의 요건을 갖추어야 한다.
① 합의 당시에 배상범위 내의 손해에 관하여 명시적 또는 묵시적 의사일치가 있었을 것
② 합의 당시에 후발손해가 예견불능일 것
③ 후발손해가 객관적으로 중대한 것일 것

제16절 여행계약 16 17 기출

1 도 입

생활 속에 대중화·보편화되어 계속적으로 증가하는 추세인 여행과 관련하여 여행계약의 의의, 해제·해지, 담보책임에 관한 사항을 정하는 등 여행계약에 관한 기본적인 사항을 규정하기 위하여 여행계약과 관련한 민법 규정(2016.2.4. 시행)을 신설하였다.

2 의 의

여행계약은 당사자 한쪽이 상대방에게 운송, 숙박, 관광 또는 그 밖의 여행 관련 용역을 결합하여 제공하기로 약정하고 상대방이 그 대금을 지급하기로 약정함으로써 효력이 생긴다(제674조의2).

3 내 용 21 기출

(1) 계약 해지
　① 여행 개시 전의 계약 해지
　　여행자는 여행을 시작하기 전에는 언제든지 계약을 해제할 수 있다. 다만, 여행자는 상대방에게 발생한 손해를 배상하여야 한다(제674조의3).
　② 부득이한 사유로 인한 계약 해지
　　㉠ 부득이한 사유가 있는 경우에는 각 당사자는 계약을 해지할 수 있다. 다만, 그 사유가 당사자 한쪽의 과실로 인하여 생긴 경우에는 상대방에게 손해를 배상하여야 한다(제674조의4 제1항).
　　㉡ 계약이 해지된 경우에도 계약상 귀환운송(歸還運送) 의무가 있는 여행주최자는 여행자를 귀환운송할 의무가 있다(제674조의4 제2항).
　　㉢ 해지로 인하여 발생하는 추가 비용은 그 해지 사유가 어느 당사자의 사정에 속하는 경우에는 그 당사자가 부담하고, 누구의 사정에도 속하지 아니하는 경우에는 각 당사자가 절반씩 부담한다(제674조의4 제3항).

(2) 대금의 지급시기

여행자는 약정한 시기에 대금을 지급하여야 하며, 그 시기의 약정이 없으면 관습에 따르고, 관습이 없으면 여행의 종료 후 지체 없이 지급하여야 한다(제674조의5).

(3) 담보책임

① 여행주최자의 담보책임
  ㉠ 여행에 하자가 있는 경우에는 여행자는 여행주최자에게 하자의 시정 또는 대금의 감액을 청구할 수 있다. 다만, 그 시정에 지나치게 많은 비용이 들거나 그 밖에 시정을 합리적으로 기대할 수 없는 경우에는 시정을 청구할 수 없다(제674조의6 제1항).
  ㉡ 시정 청구는 상당한 기간을 정하여 하여야 한다. 다만, 즉시 시정할 필요가 있는 경우에는 그러하지 아니하다(제674조의6 제2항).
  ㉢ 여행자는 시정 청구, 감액 청구를 갈음하여 손해배상을 청구하거나 시정 청구, 감액 청구와 함께 손해배상을 청구할 수 있다(제674조의6 제3항).

② 여행주최자의 담보책임과 이행지체의 해지권
  ㉠ 여행자는 여행에 중대한 하자가 있는 경우에 그 시정이 이루어지지 아니하거나 계약의 내용에 따른 이행을 기대할 수 없는 경우에는 계약을 해지할 수 있다(제674조의7 제1항).
  ㉡ 계약이 해지된 경우에는 여행주최자는 대금청구권을 상실한다. 다만, 여행자가 실행된 여행으로 이익을 얻은 경우에는 그 이익을 여행주최자에게 상환하여야 한다(제674조의7 제2항).
  ㉢ 여행주최자는 계약의 해지로 인하여 필요하게 된 조치를 할 의무를 지며, 계약상 귀환운송 의무가 있으면 여행자를 귀환운송하여야 한다. 이 경우 상당한 이유가 있는 때에는 여행주최자는 여행자에게 그 비용의 일부를 청구할 수 있다(제674조의7 제3항).

③ 담보책임의 존속기간
  ①과 ②에 따른 권리는 여행기간 중에도 행사할 수 있으며, 계약에서 정한 여행종료일부터 6개월 내에 행사하여야 한다.

제17절 신종계약

1 의 의

현행 민법의 채권편 계약각칙에는 상술한 종류의 전형계약에 관한 규정이 있다. 이 전형계약은 근대사회에서 빈번하게 행하여지는 수많은 계약을 정형화한 것이다. 그러나 다변화된 현대사회에서는 시대상황에 맞게 여러 가지의 새로운 계약유형(리스계약, 가맹사업계약, 여행계약, 의료계약 등)이 등장하게 되었는데, 이렇듯 시대적 요구에 의하여 등장한 계약을 신종계약이라 한다. 신종계약은 그 계약자체에 전형계약의 여러 요건들이 혼합되어 있으면서도 독자적인 독특한 계약유형을 이루고 있다는 점과 당사자 외에 제3자가 관여하고 있다는 점을 특색으로 들 수 있다.

(1) 리스(Lease)계약

① 의 의

리스는 원래 영국의 보통법(Common Law)에서 유래한 계약유형으로서 거래에 있어서는 이용자·공급자·리스회사라는 3자가 등장하지만 직접적인 거래에 있어서는 이용자와 리스회사와의 관계를 말하는데 - 이를테면 이용자가 특정한 물건을 리스회사에 의뢰하면 리스회사는 그 물건을 공급자로부터 매수하여 이용자에게 대여(시설대여) - 리스회사는 이용자의 신청에 따른 특정물을 공급자로부터 매수하여 이용자에게 대여하고 이용자로부터 그 사용의 대가로 일정기간 동안의 사용금(리스료)을 정기적으로 받는 형식의 계약을 말한다.

현재 리스계약을 규율하는 법은 여신전문금융업법(본법에서는 리스계약을 시설대여라 한다) 밖에 없어 계약체결에 있어서는 대부분 리스회사가 작성한 약관에 의하는 경우가 많다.

② 리스계약의 종류

리스계약에는 금융리스(Finace Lease)와 운용리스(Operating Lease)가 있는데 금융리스는 일반적으로 흔히 말하는 리스를 가리키며 다음 도식과 같은 형태로 거래가 이루어진다.

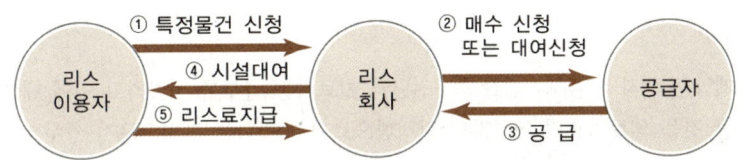

이용자가 리스계약을 이용하는 장점으로는 목돈을 들여 시설물을 구입하지 않고 일정기간 정기적으로 리스회사에 대여료를 지급함으로써 그 사용의 목적을 달성할 수 있다는 데에 있다. 운용리스는 그 시설의 사용대상이 불특정다수라는 것과 그 대상물(컴퓨터·복사기 등)이 범용성이 높다는 것이다. 운용리스를 민법상의 임대차로 보는 데 이견이 없다.

③ 리스계약의 법적 성질

㉠ 이용자가 시설물을 취득·이용하는 데 소요되는 자금을 리스회사가 공급자로부터 물건을 매수·제공하는 점에서 물적 금융의 성질을 가진다.

㉡ 이용물 자체가 리스회사의 소유인 것으로 이용자가 대가를 지급하고 사용하는 점에서 임대차로서의 성질을 갖는다는 것이다.

㉢ 판례의 입장을 보면 리스계약의 형식은 임대차계약과 유사하나 그 본질은 물적 금융으로 파악하면서 이것을 독립적인 비전형계약(무명계약)으로 본다는 것이다. 그래서 기본적으로 당사자가 그 계약의 내용으로 삼는 약관에 의해 규율되는 것이지 민법의 임대차에 관한 규정이 바로 적용되지 않는다고 한다(대판 1986.8.19., 84다카503).

④ 효 과
  ㉠ 리스회사는 본 계약의 성립에 의하여 이용자에게 리스물건을 사용·수익하게 할 의무가 있으며, 이용자는 혹시 있을 리스물건의 하자로 인한 담보책임을 대여회사에 물을 수 없다. 또한, 리스물건이 멸실되거나 일부멸실(제627조)되어도 이용자에게는 감액청구권 및 계약해지권도 인정되지 않는다.
  ㉡ 리스 이용자는 리스료지급의무를 지는데 특히, 리스물건의 전부 또는 일부가 이용자나 리스회사의 책임 없는 사유로 멸실되어도 리스료지급의무는 그대로 부담하게 된다. 또한, 리스기간의 만료(재리스기간 종료), 혹은 리스회사의 계약해제로 물건의 반환청구가 있을 때에는 이용자는 자신의 비용으로 리스회사가 지정한 장소에서 물건을 인도하여야 한다.

⑤ 종 료
  리스기간은 차수증(借受證, 물품수령증)을 교부(리스회사에)한 날로부터 기산한다. 리스기간(대여계약기간)의 만료로 리스관계는 종료한다.

(2) 의료계약

① 의 의
  의료계약은 의사가 검사·진찰 즉, 진단과 치료라는 급부를 제공하고 이에 대해 환자가 그 보수를 지급할 것을 의료기관의 개설자와 약정함으로써 성립하는 계약으로서 쌍무·유상계약이다.

② 법적 성질
  의료계약을 위임과 유사한 계약이라고 하는 것이 통설이지만 민법의 위임에 관한 규정을 전면적으로 적용하기는 어렵다. 수임인은 스스로 사무를 처리하여야 하지만(제682조 제1항) 의료행위에 있어서는 대진(代診)이 인정된다. 또한 해지의 자유에 관한 규정(제689조)과 환자의 파산에 따른 의료계약(위임)의 종료에 관한 규정(제690조)도 그대로 적용하는 것은 적절하지 못하다. 따라서 의료계약의 법적 성질을 위임계약으로 해석하기보다는 비전형계약으로 해석하는 것이 타당하다.

③ 효 과
  ㉠ 의사의 권리와 의무에 관해서는 의료법 제22조 내지 제26조에서 규정하고 있는데, 이에는 진료처치의무, 증명의무, 의료기록작성 및 환자에게 정보를 제공할 의무와 비밀유지 의무 등이 있다.
  ㉡ 환자는 의사 또는 병원개설자에게 보수(대가)를 지급해야 한다.
  ㉢ 의료계약은 환자의 건강·생명과 직결되는 계약으로서 민법상의 전형계약에 의해 적절히 규율될 수 없으며 이를 독립된 계약유형으로 삼아 그 기준을 마련하자는 입법 논의가 있다.

제2과목 민법

CHAPTER 04 적중예상문제

01 증여에 관한 설명으로 옳지 않은 것은? (다툼이 있으면 판례에 따름)

① 증여는 당사자 일방이 무상으로 재산을 상대방에 수여하는 의사를 표시하고 상대방이 이를 승낙함으로써 그 효력이 생긴다.
② 증여의 의사가 서면으로 표시되지 않은 경우, 아직 이행하지 않은 부분에 대하여 증여자뿐만 아니라 수증자도 이를 해제할 수 있다.
③ 수증자가 증여자에 대한 법률상 부양의무를 이행하지 않음을 이유로 한 증여의 해제는 이미 이행한 부분에 대하여도 효력이 있다.
④ 부담부 증여에서 부담의무 있는 상대방이 자신의 부담의무를 이행하지 아니할 때에는, 증여계약이 이미 이행되어 있다고 하더라도 증여자는 계약을 해제할 수 있다.
⑤ 상대부담 있는 증여에 대하여는 증여자는 그 부담의 한도에서 매도인과 같은 담보의 책임이 있다.

해설

수증자가 증여자에 대하여 부양의무가 있는 경우, 이를 이행하지 아니하는 때에 증여자는 그 증여를 해제할 수 있다. 다만, 계약의 해제는 이미 이행한 부분에 대하여는 영향을 미치지 아니한다(민법 제558조).

02 증여에 관한 설명으로 옳지 않은 것은? (다툼이 있으면 판례에 따름)

① 증여의 대상인 권리가 타인에게 귀속되어 있다는 이유만으로 채무자의 계약에 따른 이행이 불능이라고 할 수는 없다.
② 서면에 의하지 않은 증여계약의 해제는 형성권의 제척기간의 적용을 받는다.
③ 증여계약의 성립 당시 서면이 작성되지 않았더라도 그 증여계약이 존속하는 동안 서면이 작성된 경우 당사자가 임의로 이를 해제할 수 없다.
④ 증여계약 후에 증여자의 재산상태가 현저히 변경되고 그 이행으로 인하여 생계에 중대한 영향을 미치는 경우 증여자는 증여를 해제할 수 있다.
⑤ 서면에 의하지 않은 증여라도 그 적법한 이행을 완료했다면 해제로서 수증자에게 대항할 수 없다.

해설

민법 제555조(서면에 의하지 아니한 증여와 해제)는 서면에 의하지 아니한 증여는 제척기간의 제한 없이 언제든지 철회할 수 있는 반면 서면에 의한 증여는 철회할 수 없는 것으로 해석된다(광주지법 2014.6.5., 2014카기118).

정답 01 ③ 02 ②

03 다음은 매매에 관한 설명이다. 내용이 옳지 않은 것은?

① 매매는 한쪽 당사자는 재화를, 다른 쪽 당사자는 금전을 서로 교환하는 계약이다.
② 매매는 낙성계약이다.
③ 매매는 유상계약이며, 쌍무계약이다.
④ 물건과 물건을 바꾸는 것은 매매가 아니다.
⑤ 매매는 요식계약임을 원칙으로 한다.

해설
매매는 낙성·유상·쌍무·불요식 계약으로서 유상계약의 전형적인 계약이라고 할 수 있다.

04 다음은 매매목적물에 제한물권이 있는 경우에 관한 설명이다. 옳지 않은 것은?

① 매매의 목적물이 지상권, 지역권, 전세권 등의 목적이 되어 있는 경우에는 선의의 매수인은 계약해제권, 손해배상청구권을 가진다.
② 매매의 목적물이 용익적 권리의 제한을 받는 때의 매수인의 계약해제권과 손해배상청구권은 용익권의 존재를 안 날로부터 1년 이내에 행사하여야 한다.
③ 매매목적인 부동산 위에 설정된 저당권·전세권의 행사로 매수인이 소유권을 취득할 수 없거나 잃은 때에는 매도인의 담보책임이 생긴다.
④ 매수인이 저당권·전세권의 존재에 관한 선의·악의를 불문하고 소유권을 취득할 수 없거나 잃은 때에는 계약해제권, 손해배상청구권을 가진다.
⑤ 매수인이 그의 출재로 목적물의 소유권을 보존한 때에는 그의 출재의 상환은 청구할 수 있으나 손해배상청구는 할 수 없다.

해설
⑤ 매매의 목적물에 저당권 등이 있어 이의 실행으로 소유권을 잃게 되는 때에 매수인이 출재(出財)하여 소유권을 보존한 때에는 출재의 상환은 물론 손해배상도 청구할 수 있다.
① 동법 제575조 제1항
② 동법 제575조 제3항
③ 동법 제576조
④ 동법 제576조 제1항·제3항

05 매도인의 의무에 관한 내용 중 바르지 못한 것은?

① 매도인은 매매목적물인 권리를 매수인에게 아무런 법적 부담이 없는 상태로 이전해 주어야 한다.
② 부동산에 저당권등기가 있으나 그 저당권의 피담보채권이 소멸되었다면, 매도인은 그 저당권등기까지 말소하여 소유권이전등기를 하여 주어야 할 필요는 없다는 것이 판례의 태도이다.
③ 주물을 매매한 경우에는 특별한 사정이 없으면 종물도 매매의 목적물에 포함된다.
④ 부동산의 매도인은 등기뿐만이 아니라 그 목적물의 점유도 매수인 앞으로 이전하여 주어야 할 의무를 부담한다.
⑤ 매도인의 의무이행기한에 관한 정함이 없을 경우 매수인의 의무이행기한에 관한 정함이 있는 때에는 매도인의 의무이행에 대하여도 동일한 정함이 있는 것으로 추정한다.

해설
② 제한이나 부담이 없는 완전한 소유권이전의무가 있다는 것이 판례의 입장이다(대판 2000.11.28., 2000다8533 참조).
① 민법 제568조 제1항.
③ 종물은 주물의 처분에 따르는 것이 원칙이다.
④ 부동산의 점유를 내용으로 하는 물권의 매매에서는 등기 이외에 목적부동산의 점유도 이전해주어야 한다.
⑤ 동법 제585조

06 매도인의 담보책임에 관한 설명으로 옳지 않은 것은? (다툼이 있으면 판례에 따름)

① 변제기에 도달하지 아니한 채권의 매도인이 채무자의 자력을 담보한 때에는 매매계약 당시의 자력을 담보한 것으로 추정한다.
② 매매목적물의 하자로 인해 확대손해에 대하여 매도인에게 배상책임을 지우기 위해서는 하자 없는 목적물을 인도하지 못한 의무위반에 대하여 매도인에게 귀책사유가 있어야 한다.
③ 물건의 하자담보에 기한 매수인의 손해배상청구권은 특별한 사정이 없는 한 매수인이 매매목적물을 인도받은 때부터 소멸시효가 진행한다.
④ 하자담보책임에 따른 손해배상에 있어서 하자발생 및 그 확대에 가공한 매수인의 잘못을 참작하여 손해배상의 범위를 정할 수 있다.
⑤ 경매의 경우에는 물건의 하자에 대한 담보책임 적용되지 않는다.

해설
변제기에 도달하지 아니한 채권의 매도인이 채무자의 자력을 담보한 때에는 변제기의 자력을 담보한 것으로 추정한다(민법 제579조 제2항).

07 다음은 권리의 흠결(하자)에 관련된 내용이다. 옳지 못한 것은?

① 권리의 흠결의 경우로는 권리전부가 타인에게 속하거나 일부가 타인에게 속하는 것이 있다.
② 매매목적의 권리가 타인에 속하여 매도인이 매수인에게 이전할 수 없을 때에는 매수인은 그 계약을 해제할 수 있다.
③ 권리의 일부가 타인에게 속하여 매도인이 매수인에게 이전할 수 없을 때에는 그 부분의 비율로 매수인은 대금(代金)의 감액을 청구할 수 있다.
④ 매수인의 대금감액청구는 선의의 매수인만 가능하고, 이 권리는 청구권이다.
⑤ 권리의 일부가 타인에 속하여 매수인이 이전받지 못하는 때에는 선의의 매수인은 대금감액, 계약해제 외에 손해배상도 청구할 수 있다.

해설
대금감액청구는 매수인의 선의·악의를 묻지 아니하며 그 권리의 성질은 일종의 형성권이다.

08 다음은 물건의 흠결에 관한 설명이다. 옳지 못한 것은?

① 우리 민법은 특정물의 매매, 불특정물의 매매에서 매도인의 담보책임을 인정하고 있다.
② 매매목적물의 흠으로 매매의 목적을 달성할 수 없는 때에는 매수인은 계약을 해제할 수 있을 뿐이다.
③ 물건의 흠에 대하여는 매수인이 선의·무과실이어야 매도인에게 담보책임을 인정할 수 있다.
④ 목적물의 흠으로 인한 매수인의 계약해제는 그 흠을 발견한 때로부터 6개월 내에 하여야 한다.
⑤ 계약해제권, 손해배상청구권의 행사기간인 6개월은 제척기간이라고 본다.

해설
목적물의 흠에 의한 매도인의 담보책임에 의하여 매수인은 계약해제권, 손해배상청구권을 아울러 가진다.

09 다음은 채권양도에 있어 채무자의 자력에 관한 담보책임에 대하여 설명한 것이다. 내용이 옳지 않은 것은?

① 채권양도인이 채무자의 자력을 담보하는 특약을 한 경우에는 매매계약 당시의 채무자의 자력을 담보한 것으로 추정된다.
② 채권양도인이 채무자의 장래의 자력을 담보하는 특약을 한 때에는 변제기의 채무자의 자력을 담보한 것으로 추정된다.
③ 변제기가 닥쳐온 채권의 양도인이 채무자의 장래의 자력을 담보한 경우에는 실제로 변제될 때까지 담보책임이 존속한다고 본다.
④ 채권양도인이 담보책임은 채무자가 변제력이 없는 경우에 매도인이 그 손해를 배상하는 것이다.
⑤ 채권양도인이 채무자의 자력을 담보하는 것은 특약이 있는 경우에만 하는 것이 아니고 일반적이다.

해설
담보책임의 일반원칙에 의한다면 채권의 양도인은 채권의 존재·채권액 등에 관하여만 책임을 지고, 채무자의 자력에 관한 담보는 특약(特約)이 있는 경우에 한한다.

10 소비대차에 관한 설명으로 옳지 않은 것은? (다툼이 있으면 판례에 따름)

① 차용물의 반환시기에 관한 약정이 없는 경우, 차주는 언제든지 차용물과 같은 종류, 품질 및 수량의 물건을 반환할 수 있다.
② 대주가 목적물을 차주에게 인도하기 전에 당사자 일방이 파산선고를 받은 때에는 소비대차는 그 효력을 잃는다.
③ 차용물의 반환에 관하여 차주가 차용물에 갈음하여 다른 재산권을 이전할 것을 예약한 경우에는 그 재산의 이전 당시의 가액이 차용액 및 이에 붙인 이자의 합산액을 넘지 못한다.
④ 준소비대차는 기존채무를 소멸하게 하고 신채무를 성립시키는 계약이므로 기존채무와 신채무 사이에는 원칙적으로 동일성이 인정된다.
⑤ 이자 없는 소비대차의 당사자는 목적물의 인도 전에는 언제든지 계약을 해제할 수 있으나 상대방에게 손해가 있는 때에는 이를 배상해야 한다.

해설
차용물의 반환에 관하여 차주가 차용물에 갈음하여 다른 재산권을 이전할 것을 예약한 경우에는 그 재산의 예약 당시의 가액이 차용액 및 이에 붙인 이자의 합산액을 넘지 못한다(민법 제607조).

11 금전소비대차에 대한 설명 중 틀린 것은?

① 빌린 사람은 약정된 시기에 차용한 것과 같은 종류·수량·품질의 물건을 반환하여야 한다.
② 돈을 무이자로 빌려주기로 약정한 사람이 후에 변심하여 이를 빌려주고 싶지 않은 경우에는 아직 돈을 건네기 전이면 그 계약을 해제할 수 있다.
③ 이자 있는 소비대차는 빌린 사람이 목적물을 인도받은 때로부터 이자를 계산하여야 한다.
④ 반환시기를 약정하지 않은 경우에 돈을 빌린 사람은 먼저 상당한 기간을 정하여 반환을 최고하여야 돈을 갚을 수 있다.
⑤ 빌린 사람이 금전에 갈음하여 유가증권 기타 물건의 인도를 받은 때에는 그 인도 시의 가액을 차용액으로 한다.

해설

①·④ 민법 제603조 제1항·제2항 참조. 반환시기의 약정이 없는 때에는 대주는 상당한 기간을 정하여 반환을 최고하여야 한다, 차주는 언제든지 반환할 수 있다.
② 동법 제601조, ③ 동법 제600조, ⑤ 동법 제606조

12 다음은 특수한 매매(賣買)와 관련된 내용이다. 옳지 않은 것은?

① 견본매매의 경우에 견본과 같은 물건을 급부하지 않은 때에는 하자담보책임이 생긴다.
② 시미매매(試味賣買)는 매수인의 마음에 든다는 것을 정지조건으로 하는 매매라고 본다.
③ 전기·가스 등의 계속적 공급계약은 부합계약으로서 계약 자유가 제한된다.
④ 할부거래에 관한 법률은 소비자의 보호를 목적으로 하는 법률이므로 매수인의 상행위를 목적으로 하는 할부계약에는 적용되지 않는다.
⑤ 할부매매로서 보호되려면 대금(代金)을 3개월 이상의 기간에 걸쳐 5회 이상 분할하여 매도인에게 지급하는 내용의 계약이어야 하고, 매수인은 계약서를 교부받은 날부터 15일 내에 청약을 철회할 수 있다.

해설

할부매매는 그 대금을 2개월 이상에 걸쳐 3회 이상 분할하여야 하며, 계약서를 교부받은 날로부터 7일 내에 청약을 철회할 수 있다.

13 매매에 관한 설명으로 옳지 않은 것은?

① 매매의 목적이 된 권리가 타인에게 속한 경우에는 매도인은 그 권리를 취득하여 매수인에게 이전하여야 한다.
② 매매의 당사자 일방에 대한 의무이행의 기한이 있는 때에는 상대방의 의무이행에 대하여도 동일한 기한이 있는 것으로 추정한다.
③ 특약이 없는 한 대금지급은 목적물 인도와 동시에 그 인도장소에서 지급해야 한다.
④ 채권의 매도인이 채무자의 자력을 담보한 때에는 매매계약 당시의 자력을 담보한 것으로 추정한다.
⑤ 특약이 없는 한 매매계약에 관한 비용은 매수인이 부담한다.

해설
매매계약에 관한 비용은 당사자 쌍방이 균분하여 부담한다(민법 제566조).

14 부동산임차권과 전세권의 설명으로 틀린 것은?

① 임차인과 전세권자는 목적물에 들인 필요비·유익비의 상환청구를 할 수 있다.
② 전세권에서는 전세권자가 자유롭게 양도·전전세·임대할 수 있으나, 임차인은 임대인의 동의 없이 양도·전대할 수 없다.
③ 임차인과 전세권자에게 일정한 귀책사유가 있으면 임대인과 전세권설정자는 소멸청구를 할 수 있다.
④ 부동산임차권과 전세권은 모두 묵시의 갱신을 인정한다.
⑤ 임차인과 전세권자는 임대인이나 전세권설정자의 동의를 얻어 부속시킨 물건의 매수를 청구할 수 있다.

해설
① 전세권자는 목적물의 현상을 유지하고, 그 통상의 관리에 속한 수선을 하여야 한다(민법 제309조). 즉, 필요비 상환청구권은 없다.
② 동법 제629조 제1항, 제306조
③ 동법 제625조, 제311조 제1항
④ 동법 제639조 제1항, 제312조 제4항
⑤ 동법 제646조 제1항, 제316조 제2항

정답 13 ⑤ 14 ①

15 다음은 사용대차에 관한 설명이다. 옳지 않은 것은?

① 사용대차는 원칙적으로 사용대가를 지급하는 것에서 소비대차와 다르다.
② 사용대차에서는 사용차주는 차용물 자체를 그대로 반환하여야 한다.
③ 사용대차는 무상·편무·낙성계약의 성질을 가진다.
④ 사용대차의 대주는 단순히 차주(借主)의 사용·수익을 허용할 의무가 있다.
⑤ 차주(借主)는 대주의 승낙 없이는 차용물을 제3자에게 사용·수익하게 하지 못한다.

해설
사용대차는 원칙적으로 사용대가를 지급하지 않는 무상계약이다. 그러나 당사자의 특약으로는 유상이 가능하다.

16 민법상 임대차에 관한 설명으로 옳은 것은? (다툼이 있으면 판례에 따름)

① 기간약정 없는 토지임대차에서 임대인이 해지를 통고한 경우, 통고받은 날부터 3개월이 경과하면 해지의 효력이 생긴다.
② 임차인이 임대차 기간 중 임차물에 유익비를 지출한 경우, 임대차종료 전이라도 임대인에게 그 상환을 청구할 수 있다.
③ 건물 소유를 목적으로 한 토지임대차의 경우, 그 지상건물이 임대인에게 객관적으로 경제적 가치가 거의 없다면 임차인은 그 건물에 대한 매수청구권을 행사할 수 없다.
④ 임대인이 임대물의 보존에 필요한 행위를 하는 때에는 임차인은 이를 거절하지 못한다.
⑤ 건물소유를 위한 토지임대차가 등기되지 않은 경우, 임차인이 그 지상건물을 등기하더라도 그 임대차는 제3자에 대하여 효력이 없다.

해설
① 기간약정 없는 토지임대차에서 임대인이 해지를 통고한 경우, 통고받은 날부터 6개월이 경과하면 해지의 효력이 생긴다(민법 제635조 제2항 제1호).
② 임차인이 유익비를 지출한 경우에는 임대인은 임대차종료 시에 그 가액의 증가가 현존한 때에 한하여 임차인의 지출한 금액이나 그 증가액을 상환하여야 한다(동법 제626조 제2항).
③ 건물의 소유를 목적으로 한 토지임대차가 종료한 경우에 임차인이 그 지상의 현존하는 건물에 대하여 가지는 매수청구권은 그 행사에 특정의 방식을 요하지 않는 것으로서 재판상으로뿐만 아니라 재판 외에서도 행사할 수 있는 것이고 그 행사의 시기에 대하여도 제한이 없는 것이므로 임차인이 자신의 건물매수 청구권을 제1심에서 행사하였다가 철회한 후 항소심에서 다시 행사하였다고 하여 그 매수청구권의 행사가 허용되지 아니할 이유는 없다(대판 2002.5.31., 2001다42080).
⑤ 건물의 소유를 목적으로 한 토지임대차는 이를 등기하지 아니한 경우에도 임차인이 그 지상건물을 등기한 때에는 제삼자에 대하여 임대차의 효력이 생긴다(동법 제622조 제1항).

17 임대차에 관한 민법상의 규정 중 편면적(일방적) 강행규정이라고 볼 수 없는 것은?

① 임차목적물의 일부멸실 시 임차인의 차임감액청구에 관한 규정
② 경제사정의 변동 시 임차인의 차임감액청구권에 관한 규정
③ 임차인의 비용상환청구권에 관한 규정
④ 차임연체 시 임대인의 해지권에 관한 규정
⑤ 임차인의 부속물매수청구권에 관한 규정

> **해설**
> 민법은 임차인의 보호를 위하여 임차인이나 전차인에게 불리한 것은 그 효력이 없다고 규정(제652조)하고 있는바, 임차인의 비용상환청구권을 제외하고는 나머지 ① 제627조, ② 제628조, ④ 제640조, ⑤ 제646조 등은 그 적용대상이 된다.

18 다음의 설명 중 옳지 못한 것은?

① 소비대차에 의하지 아니하고 금전 기타의 대체물을 지급할 의무가 있는 당사자가 그 목적물을 소비대차의 목적으로 할 것을 약정한 것을 준소비대차라고 한다.
② 준소비대차는 소비대차의 효력이 생긴다.
③ 소비대차는 임차형(賃借型)의 계약이라고 할 수 있다.
④ 대주(貸主)는 차주(借主)가 목적물을 소비해서 이용할 수 있게 할 의무가 있다.
⑤ 이자부 소비대차의 경우에 약정이율이 없으면 이자 지급 의무는 없다고 본다.

> **해설**
> 이자부 소비대차의 경우에 약정이율이 없으면 법정이율에 의한다.

19 부재자 재산관리인 등의 단기임대차 존속기간으로 옳지 않은 것은?

① 식목·채염 및 석조 등 이와 비슷한 건축을 목적으로 한 토지임대차는 10년
② 기타의 토지임대차는 5년
③ 건물 기타의 공작물의 임대차는 3년
④ 동산의 임대차는 6월
⑤ 단기임대차의 존속기간은 갱신되지 않는다.

> **해설**
> 단기임대차의 경우에도 당사자의 계약으로 갱신할 수 있다. 그 갱신은 기간만료 전에 하여야 하는데, 토지임대차는 1년 내, 건물 기타 공작물의 임대차는 3개월 내, 동산임대차는 1개월 내에 각각 하여야 한다.

정답 17 ③ 18 ⑤ 19 ⑤

20 다음은 임대차의 효력에 관한 설명이다. 옳지 못한 것은?

① 임대인은 목적물을 임차인에게 인도하여야 한다.
② 임대인은 임대물의 사용·수익에 필요한 상태를 유지시켜야 할 의무가 있다.
③ 임대인은 임차인이 임대목적물에 관하여 지출한 비용을 상환할 의무가 있다.
④ 임대차는 유상계약이므로 매매에 관한 규정이 준용된다.
⑤ 부동산임차권의 등기는 임차인의 임의적인 사항으로서 언제나 자유로이 할 수 있다.

해설
⑤ 부동산임차권은 채권이므로 등기의 대상이 아닌 것이 원칙이나 당사자 간에 반대의 약정이 없으면 등기를 청구할 수 있다.
①·② 민법 제623조
③ 동법 제626조
④ 동법 제567조

21 계약금에 관한 설명으로 옳은 것은? (다툼이 있으면 판례에 따름)

① 계약금은 이를 위약금으로 하기로 하는 특약이 없더라도 손해배상액의 예정으로서의 성질을 갖는다.
② 토지거래허가구역 내 토지에 관하여 매매계약을 체결하고 계약금을 주고받은 상태에서 토지거래허가를 받았다면 매도인은 더 이상 계약금의 배액을 상환하여 계약을 해제할 수 없다.
③ 매도인이 이행에 착수하지 않았더라도 매수인이 이미 중도금까지 지급하였다면 매수인은 민법 제565조에 의하여 계약금을 포기하고 계약을 해제할 수 없다.
④ 계약금 일부로서 지급받은 금원의 배액을 상환하는 것으로 매매계약을 해제할 수 있다.
⑤ 매도인이 매수인에게 계약의 이행을 최고하고 매매잔대금의 지급을 구하는 소송을 제기한 것만으로도 이행에 착수했다고 볼 수 있다.

해설
① 계약금은 해약금의 성질을 가지고 있어서 이를 위약금으로 하기로 하는 특약이 없는 이상 계약이 당사자 일방의 귀책사유로 인하여 해제되었다 하더라도 상대방은 계약불이행으로 입은 실제 손해만을 배상받을 수 있을 뿐 계약금이 위약금으로서 상대방에게 당연히 귀속되는 것은 아니다(대판 2010.4.29., 2007다24930).
② 토지거래계약에 관한 허가구역으로 지정된 구역 안의 토지에 관하여 매매계약이 체결된 후 계약금만 수수한 상태에서 당사자가 토지거래허가신청을 하고 이에 따라 관할관청으로부터 그 허가를 받았다 하더라도 그러한 사정만으로는 아직 이행의 착수가 있다고 볼 수 없어 매도인으로서는 계약금의 배액을 상환하여 매매계약을 해제할 수 있다(대판 2009.4.23., 2008다62427).
④ 매도인이 계약금의 일부로서 지급받은 금원의 배액을 상환하는 것으로는 매매계약을 해제할 수 없다(대판 2015.4.23., 2014다231378).
⑤ 매도인이 매수인에게 이행을 최고한 잔대금채무의 액수가 매수인이 급부하여야 할 정당한 금액이라면 당사자 사이에 그 액수에 관한 다툼이 있어 항소심에 소송계속 중이었다는 이유만으로 매수인이 본래 급부하여야 할 정당한 잔대금 지급채무의 이행을 최고한 것을 가리켜 부적법한 이행최고라고 할 수는 없다(대판 2001.4.10., 2000다64403).

22 다음은 주택임대차에 관한 내용이다. 옳지 못한 것은?

① 주거임차인(住居賃借人)은 주택의 인수와 주민등록을 마친 때에는 그 다음날부터 제3자에 대하여도 대항력을 갖게 된다.
② 주택임차기간의 정함이 없거나 기간을 2년 미만으로 한 때에는 그 기간을 2년으로 한다.
③ 임대차가 종료한 경우에도 임차인이 보증금을 반환받을 때까지는 임대차관계는 존속하는 것으로 본다.
④ 임차인의 목적물 반환의무와 임대인의 보증금 반환의무는 동시이행의 관계에 있다.
⑤ 임차인은 언제든지 계약해지를 통지할 수 있고, 해지통지를 임대인이 받은 날로부터 6개월이 지나면 해지의 효력이 생긴다.

해설
⑤ 임대인이 해지통지를 받은 날로부터 3개월이 지나면 해지의 효력이 생긴다(주택임대차보호법 제6조의2 제2항).
① 동법 제3조 제1항
② 동법 제4조 제1항
③·④ 동법 제4조 제2항

23 주택임대차에 관한 내용으로 옳지 않은 것은?

① 우선변제를 받을 보증금 중 일정액의 범위는 서울특별시의 경우 5천만 원 이하이다.
② 우선변제를 받을 보증금 중 일정액의 범위는 세종특별자치시의 경우 4천300만 원 이하이다.
③ 소액보증금이 주택가액의 가액의 2분의 1을 초과하는 경우에는 주택가액의 2분의 1에 해당하는 금액에 한하여 우선 변제받을 수 있다.
④ 하나의 주택에 임차인이 2인 이상 있으면 설령 그 주택에서 가정공동생활을 하는 경우에는 각 복수인의 수만큼 임차인이 있는 것으로 보증금액을 계산한다.
⑤ 임차인에게 불리한 것으로서 주택임대차보호법에 위반하는 규정은 무효가 된다.

해설
④ 하나의 주택에 임차인이 2인 이상 있다 하여도 그들이 그 주택에서 가정공동생활을 하는 경우에는 이들을 1인의 임차인으로 보아 이들의 각 보증금을 합산한다.
① 주택임대차보호법 시행령 제10조 제1항 제1호
② 동법 시행령 제10조 제1항 제2호
③ 동법 시행령 제10조 제2항
⑤ 동법 제10조

정답 22 ⑤ 23 ④

24 고용(雇傭)에 관한 설명으로 옳지 않은 것은?

① 고용은 당사자 한쪽은 노무제공을 약속하고, 노무를 받은 상대방은 보수(報酬)지급을 약정함으로써 성립하는 계약이다.
② 민법상 노무제공이나 이용을 목적으로 하는 계약에는 도급, 현상광고, 위임 등이 있다.
③ 노동입법의 빠르고 늦음은 선진국·후진국의 차이가 전혀 없다.
④ 근대법에 있어서의 고용계약은 부종계약(附從契約)으로 되어 버렸다.
⑤ 근대법은 근로자의 단결을 자유로운 거래를 저해하는 것이라고 하여 무시하였다.

해설
현대법의 새로운 이상과 법사상이 뒷받침해주는 노동입법은 그 나라의 산업·경제의 발달의 수준과 밀접한 관련을 가지고 있기 때문에 선·후진국 사이에 그 입법이나 법의 발달속도에 차이가 있다.

25 임차인의 부속물매수청구권에 관한 설명으로 옳지 않은 것은? (다툼이 있으면 판례에 따름)

① 임차인 자신의 비용을 들여 만든 부속물을 임대인 소유로 귀속시키기로 약정한 경우에도 특별한 사정이 없는 한 임차인에게 그 부속물의 매수청구권이 인정된다.
② 임차인이 임대인의 동의를 얻어 전대한 경우 전차인은 임대인에 대하여 그 사용의 편익을 위하여 임대인의 동의를 얻어 시설한 부속물의 매수청구권을 행사할 수 있다.
③ 건물의 임차인이 임대인으로부터 매수한 부속물이 있는 때에는 임대차 종료 시에 임대인에 대하여 그 부속물의 매수를 청구할 수 있다.
④ 일시사용을 위한 임대차인 것이 명백한 경우에는 임차인의 부속물매수청구권이 인정되지 않는다.
⑤ 임대차계약이 임차인의 채무불이행으로 해지된 경우 임차인은 민법 제646조에 의한 부속물매수청구권이 없다.

해설
건물 임차인이 자신의 비용을 들여 증축한 부분을 임대인 소유로 귀속시키기로 하는 약정은 임차인이 원상회복의무를 면하는 대신 투입비용의 변상이나 권리주장을 포기하는 내용이 포함된 것으로서 특별한 사정이 없는 한 유효하므로 그 약정이 부속물매수청구권을 포기하는 약정으로서 강행규정에 반하여 무효라고 할 수 없고 또한 그 증축 부분의 원상회복이 불가능하다고 해서 유익비의 상환을 청구할 수도 없다(대판 1996.8.20., 94다44705, 44712).

26 이행불능에 관한 설명으로 옳은 것은? (다툼이 있으면 판례에 따름)

① 임대인이 임대목적물을 임대할 권한이 없다면 그 목적물에 대한 임대차계약은 무효이다.
② 소유권이전등기의무자가 그 부동산에 제3자의 처분금지가처분등기를 경료하게 하였다면 소유권이전등기의무는 곧바로 이행불능이 된다.
③ 화재로 인해 매도인의 매매목적물에 대한 인도의무가 이행불능이 되었다면 매수인은 매매목적물의 소실로 매도인이 지급받게 되는 화재보험금에 대해 대상청구권을 행사할 수 있다.
④ 부동산을 이중매도하여 그중 1인에게 소유권명의를 이전해 주더라도 특별한 사정이 없는 한 다른 1인에 대한 소유권이전등기의무가 이행불능이 되는 것은 아니다.
⑤ 매도인의 매매목적물에 관한 소유권이전의무가 이행불능이 된 경우 그 이행불능이 매수인의 귀책사유에 의한 것이라도 매수인에게는 그 이행불능을 이유로 한 법정해제권이 발생한다.

> **해설**
> ① 임대인이 임대목적물을 임대할 권한이 없어도 그 목적물에 대한 임대차계약은 유효하다.
> ② 소유권이전등기의무자가 그 부동산상에 제3자 명의로 가등기를 마쳐 주었다 하여도 가등기는 본등기의 순위보전의 효력을 가지는 것에 불과하고 또한 그 소유권이전등기의무자의 처분권한이 상실되는 것도 아니므로 그 가등기만으로는 소유권이전등기의무가 이행불능이 된다고 할 수 없다(대판 1993.9.14., 93다12268).
> ④ 부동산을 이중매도하고 매도인이 그중 1인에게 먼저 소유권명의를 이전하여 준 경우에는 특별한 사정이 없는 한 다른 1인에 대한 소유권이전등기의무는 이행불능상태에 있다 할 것이다(대판 1965.7.27., 65다947).
> ⑤ 매도인의 이행불능 원인이 매수인의 귀책사유에 의한 것이라면 매수인에게는 법정해제권이 발생하지 않는다.

27 다음은 고용의 종료에 관한 설명으로 바르지 않은 것은?

① 고용기간의 만료로 고용은 종료된다.
② 당사자의 종료합의가 있으면 종료한다.
③ 고용기간의 약정이 없으면 해지통지 후 통지를 받은 날로부터 1개월이 지난 후에 고용은 종료한다.
④ 기간으로 보수를 정하고 있는 때에는 상대방이 해지의 통지를 받은 당기 후의 1기가 지나야 해지의 효력이 생긴다.
⑤ 사용자가 파산선고를 받은 때에는 고용기간의 약정이 없는 경우에만 노무자나 파산관재인은 계약을 해지할 수 있다.

> **해설**
> 사용자가 파산선고를 받은 때에는 고용기간의 약정이 있든 없든 상관없이 노무자·파산관재인은 계약을 해지할 수 있다.

정답 26 ③ 27 ⑤

28 도급계약상 수급인의 하자담보책임에 관한 설명 중 가장 타당하지 아니한 것은?

① 목적물의 하자가 도급인이 제공한 재료의 성질 또는 도급인의 지시에 기인한 경우라도 수급인이 그 재료 또는 지시의 부적당함을 알고 도급인에게 고지하지 않은 경우에는 수급인이 하자담보책임을 부담한다.
② 목적물의 완성 전에 성취된 부분에 하자가 있는 경우에도 도급인은 수급인에 대하여 상당기간을 정하여 그 하자의 보수를 청구할 수 있다.
③ 일을 처음부터 다시 해야 할 정도로 목적물의 하자가 전면적이고 중대한 경우라 하더라도 수급인은 담보책임을 면할 수 없다.
④ 도급인은 하자의 보수에 갈음하여 또는 보수와 함께 손해배상을 청구할 수 있다.
⑤ 도급인이 완성된 건물의 하자로 인하여 계약목적을 달성할 수 없는 때에는 계약을 해제할 수 있다.

해설
⑤ 도급인이 완성된 목적물의 하자로 인하여 계약의 목적을 달성할 수 없는 때에는 계약을 해제할 수 있다. 그러나 건물 기타 토지의 공작물에 대하여는 그러하지 아니하다(민법 제668조).
① 동법 제669조
②・③・④ 동법 제667조

29 다음은 도급(都給)에 관한 설명이다. 옳지 못한 것은?

① 도급이 큰 의미를 가졌던 것은 수공업자에 의한 주문생산이 지배하였던 중세사회에서였다.
② 출판계약, 예술인의 출연 계약 등은 새로운 형태의 특수한 도급계약이라고 할 수 있다.
③ 도급은 낙성・불요식의 계약이다.
④ 도급인이 재료의 전부를 공급하는 경우에는 완성된 물건의 소유권은 동산인 경우에만 원시적으로 도급인에게 속한다.
⑤ 수급인은 완성한 일을 도급인에게 인도할 의무가 있다.

해설
도급인이 재료의 전부 또는 주요 부분을 공급하는 경우에는 완성된 물건의 소유권은 동산이든 부동산이든 모두 원시적으로 도급인에게 속한다.

정답 28 ⑤ 29 ④

30 도급계약에 관한 설명으로 옳지 않은 것은? (다툼이 있으면 판례에 따름)

① 도급계약이 체결된 경우 수급인은 도급계약상의 특정된 일을 완성할 의무가 있다.
② 부동산공사의 수급인은 보수에 관한 채권을 담보하기 위하여 그 부동산을 목적으로 한 저당권의 설정을 청구할 수 있다.
③ 도급인은 수급인이 완성한 건물의 하자로 인하여 계약의 목적을 달성할 수 없는 경우 계약을 해제할 수 없다.
④ 도급인이 파산선고를 받은 때에는 수급인 또는 파산관재인은 계약을 해제할 수 없다.
⑤ 일의 완성 전에 도급인이 계약을 해제하고 손해를 배상하는 경우 특별한 사정이 없는 한 도급인은 수급인에게 과실상계를 주장할 수 없다.

> **해설**
> 도급인이 파산선고를 받은 때에는 수급인 또는 파산관재인은 계약을 해제할 수 있다(민법 제674조 제1항).

31 다음은 우수현상광고에 관한 설명이다. 옳은 것은?

① 우수현상광고에 있어 응모기간(應募期間)의 정함이 없으면 그 광고는 무효이다.
② 응모는 지정행위를 완료한 후에만 가능하다.
③ 보통은 우열(優劣)의 한정은 절대적 우열을 의미한다.
④ 판정의 효력이 소급효가 있음을 인정한다.
⑤ 광고 중에 판정자를 정하지 아니한 때는 판정을 하지 못한다.

> **해설**
> ① 우수현상광고의 광고자는 응모기간을 정하여야 하며, 그 응모기간이 없으면 그 우수현상광고는 무효이다(민법 제678조 제1항).
> ② 응모는 사전에 신청으로 하는 경우도 있다.
> ③ 우열의 판정은 지정행위의 성질이나 광고에 의하여 정하지 아니하면 상대적 우열을 의미한다.
> ④ 판정은 소급효가 없으며, 판정이 있는 때에 우수자는 보수청구권을 취득한다고 본다.
> ⑤ 광고 중에 판정자를 정하지 아니한 때에는 광고자가 판정한다(동법 제678조 제2항).

정답 30 ④ 31 ①

32 현상광고에 관한 설명으로 옳은 것은? (다툼이 있으면 판례에 따름)

① 현상광고에서 정한 행위의 완료에는 조건이나 기한을 붙일 수 없다.
② 광고를 알지 못하고 지정행위를 완료하는 자는 보수를 청구할 수 없다.
③ 지정행위를 완료한 자가 수인인 경우에는 동시 완료 여부를 묻지 않고 각각 균등한 비율로 보수를 받을 권리가 있다.
④ 우수현상광고에 있어 우수의 판정은 광고 중에 판정자를 정하지 아니한 때에는 광고자가 한다.
⑤ 광고에 그 지정한 행위의 완료기간을 정한 때에는 그 기간만료 전에도 광고를 철회할 수 있다.

> **해설**
> ① 민법 제675조에 정하는 현상광고라 함은, 광고자가 어느 행위를 한 자에게 일정한 보수를 지급할 의사를 표시하고 이에 응한 자가 그 광고에 정한 행위를 완료함으로써 그 효력이 생기는 것으로서, 그 광고에 정한 행위의 완료에 조건이나 기한을 붙일 수 있다(대판 2000.8.22., 2000다3675).
> ② 광고를 알지 못하고 지정행위를 완료하는 자도 보수를 청구할 수 있다(민법 제677조).
> ③ 수인이 동시에 완료한 경우에는 각각 균등한 비율로 보수를 받을 권리가 있다(동법 제676조 제2항 본문).
> ⑤ 광고에 그 지정한 행위의 완료기간을 정한 때에는 그 기간만료 전에 광고를 철회하지 못한다(동법 제679조 제1항).

33 도급에 관한 설명으로 옳지 않은 것은? (다툼이 있으면 판례에 따름)

① 부동산공사의 수급인은 공사대금채권을 담보하기 위하여 그 부동산을 목적으로 한 저당권의 설정을 청구할 수 있다.
② 도급인은 하자보수가 가능한 경우에는 하자보수에 갈음하여 손해배상을 청구할 수 없다.
③ 완성된 건물에 하자가 있어 계약의 목적을 달성할 수 없더라도 도급인은 계약을 해제할 수 없다.
④ 수급인이 일을 완성하기 전에는 도급인은 손해를 배상하고 계약을 해제할 수 있다.
⑤ 도급인이 수급인에게 하자보수에 갈음하여 손해배상을 청구하는 경우, 수급인의 손해배상의무와 도급인의 보수지급의무는 특별한 사정이 없는 한 동시이행의 관계에 있다.

> **해설**
> 도급계약에 있어서 완성된 목적물에 하자가 있는 때에는 도급인은 수급인에 대하여 하자의 보수를 청구할 수 있고, 그 하자의 보수에 갈음하여 또는 보수와 함께 손해배상을 청구할 수 있는바, 이들 청구권은 특별한 사정이 없는 한 수급인의 보수지급청구권과 동시이행의 관계에 있다(대판 1991.12.10., 91다33056).

34 위임에 관한 설명으로 옳지 않은 것은?

① 위임종료의 사유는 이를 상대방에게 통지하거나 상대방이 이를 안 때가 아니면 이로써 상대방에게 대항하지 못한다.
② 수임인이 위임사무의 처리를 위해 필요한 비용을 지출한 때에는 위임인에 대하여 지출한 날 이후의 이자를 청구할 수 있다.
③ 수임인이 위임사무를 처리하는 중에 수임인의 책임 있는 사유로 인하여 위임이 종료된 때에도 수임인은 이미 처리한 사무의 비율에 따른 보수를 청구할 수 있다.
④ 수임인이 성년후견개시의 심판을 받은 경우 위임은 종료한다.
⑤ 유상의 위임계약도 각 당사자가 언제든지 해지할 수 있다.

> **해설**
> 수임인이 위임사무를 처리하는 중에 수임인의 책임 없는 사유로 인하여 위임이 종료된 때에는 수임인은 이미 처리한 사무의 비율에 따른 보수를 청구할 수 있다(민법 제686조 제3항).

35 다음 중 민법이 위임종료 사유가 아닌 것은?

① 당사자의 해지
② 당사자의 사망
③ 당사자의 파산
④ 수임인의 성년후견개시의 심판
⑤ 위임인의 한정후견개시의 심판

> **해설**
> 민법은 당사자의 해지(제689소)에 의하여 그리고 당사자의 사망, 파산, 수임인의 성년후견개시의 심판(제690조)에 의하여 위임은 종료한다고 규정하고 있다.

36 甲은 자기 소유의 토지를 乙에게 매도하기로 하는 계약을 체결하면서 대금 1억 원은 乙이 丙에게 직접 지급하기로 하였다. 이에 관한 설명으로 옳지 않은 것을 모두 고른 것은? (다툼이 있으면 판례에 따름)

> ㄱ. 丙이 乙에 대하여 수익의 의사를 표시하였다면 甲과 乙의 계약이 무효이더라도 乙의 이행이 없다면 특별한 사정이 없는 한 丙은 乙에게 채무불이행을 이유로 하는 손해배상청구를 할 수 있다.
> ㄴ. 甲과 乙은 매매계약을 체결하면서 丙의 권리를 소멸시킬 수 있음을 유보할 수 없다.
> ㄷ. 乙이 丙에게 상당한 기간을 정하여 수익의 의사에 관한 확답을 최고하였으나 乙이 그 기간 내에 확답을 받지 못한 경우 丙이 계약의 이익을 받을 것을 승낙한 것으로 본다.

① ㄱ
② ㄴ
③ ㄱ, ㄷ
④ ㄴ, ㄷ
⑤ ㄱ, ㄴ, ㄷ

정답 34 ③ 35 ⑤ 36 ⑤

해설
ㄱ. 甲과 乙의 계약이 무효일 경우 乙은 무효로 인한 권리의 없음을 丙에게 주장할 수 있게 되므로 丙은 乙에게 채무불이행을 이유로 하는 손해배상청구를 할 수 없다.
ㄴ. 甲과 乙은 매매계약을 체결하면서 丙의 권리를 소멸시킬 수 있음을 유보할 수 있다.
ㄷ. 채무자는 상당한 기간을 정하여 계약의 이익의 향수 여부의 확답을 제3자에게 최고할 수 있다. 채무자가 그 기간 내에 확답을 받지 못한 때에는 제3자가 계약의 이익을 받을 것을 거절한 것으로 본다(민법 제540조).

37 법정해제권에 관한 설명으로 옳지 않은 것은? (다툼이 있으면 판례에 따름)

① 이행지체로 인한 법정해제권을 행사하려는 경우 채무자가 미리 이행하지 아니할 의사를 표시한 때에는 최고를 요하지 않는다.
② 해제는 상대방에 대한 의사표시로 한다.
③ 정기행위의 당시자 일방이 그 시기에 이행하지 않은 경우라도 상대방은 상당한 기간을 정한 최고를 하지 않고서는 계약을 해제할 수 없다.
④ 해제의 의사표시가 상대방에게 도달하여 효력이 발생한 경우 그 의사표시는 철회하지 못한다.
⑤ 계약의 해제에 따른 손해배상을 청구하는 경우에 채권자는 계약이 이행되리라고 믿고 지출한 비용의 배상을 청구할 수 있다.

해설
계약의 성질 또는 당사자의 의사표시에 의하여 일정한 시일 또는 일정한 기간 내에 이행하지 아니하면 계약의 목적을 달성할 수 없을 경우에 당사자 일방이 그 시기에 이행하지 아니한 때에는 상대방은 최고를 하지 아니하고 계약을 해제할 수 있다(민법 제545조).

38 다음은 임치(任置)에 관한 내용이다. 옳지 못한 것은?

① 임치는 당사자 한쪽이 금전, 유가증권, 기타의 물건의 보관을 위탁하고 상대방이 이를 승낙함으로써 성립하는 계약이다.
② 우리 민법상 임치는 위임에 관한 규정이 많이 준용된다.
③ 임치를 이용하는 것이 보통 창고업(倉庫業)이라고 할 수 있다.
④ 임치는 낙성, 불요식, 유상, 쌍무를 원칙으로 한다.
⑤ 임치인은 임치기간의 약정유무에 불구하고 언제든지 해지할 수 있다.

해설
④ 임치는 원칙적으로 낙성, 불요식, 무상, 편무계약을 원칙으로 한다.
① 민법 제693조
② 임치는 위임에 관한 규정이 많이 준용된다(동법 제701조).
③ 임치를 이용하는 것은 창고업 외에 은행예금, 우편적금 등이 있다.
⑤ 동법 제698조

39 다음은 임치의 효력으로 옳지 않은 것은?

① 무상임치의 경우에는 수치인(受置人)은 자기 재산과 동일한 주의(注意)를 하면 된다.
② 수치인은 임치인의 동의 없이 임치물을 사용하지 못한다.
③ 임치물이 대체물이면 수치인은 동종, 동질, 동량의 대체물로 반환하여도 된다.
④ 임치인은 무상임치이든, 유상임치이든 비용선급의무를 부담한다.
⑤ 민법은 당사자의 사망, 성년후견개시의 심판 등을 임치종료 원인으로 규정하고 있지는 않다.

> **해설**
> 임치물이 설령 대체물이라고 하더라도 수치인이 반환할 때에는 그 임치물 자체를 반환하여야 한다.

40 다음은 조합(組合)에 관련된 내용이다. 옳지 않은 것은?

① 조합은 2인 이상이 서로 출자하여 공동사업을 경영할 목적으로 결합한 단체이다.
② 조합원은 조합재산 이외에 각자의 개인재산을 가지고 조합채무에 대하여 책임을 진다.
③ 민법상의 조합은 비법인이다.
④ 익명조합(匿名組合)은 민법상의 하나의 조합으로 취급한다.
⑤ 조합계약에 관하여는 계약의 해제·해지의 통칙은 적용이 없다는 것이 판례이다.

> **해설**
> 익명조합은 당사자 한쪽이 상대방의 영업을 위하여 출자하고 그 영업으로 얻은 이익의 분배를 약정하는 계약관계이나, 익명조합에서는 출자자는 표면화되지 않고, 대외적으로는 영업자의 개인기업으로 보인다.

41 다음은 조합과 관련된 설명으로 옳지 않은 것은?

① 조합계약의 성질은 쌍무계약이라는 것이 다수설이다.
② 조합원은 모두 출자의무를 부담하여야 한다.
③ 조합의 대외적 법률행위는 조합원 전원의 이름으로 하는 것이 원칙이다.
④ 조합 자체의 이름으로 소송당사자가 될 수 없다는 것이 판례이다.
⑤ 조합원 각자는 조합재산 개개의 합유물의 분할은 청구하지 못하지만 전체로서의 조합재산의 분할은 청구할 수 있다.

> **해설**
> 합유자는 합유물의 분할을 청구하지 못한다(민법 제273조 제2항). 따라서 합유물 개개에 대하여는 물론이고 전체에 대하여도 조합원 각자는 분할청구할 수 없다고 본다.

정답 39 ③ 40 ④ 41 ⑤

42 조합에 관한 민법 규정 중 틀린 것은?

① 조합은 2인 이상이 상호출자하여 공동사업을 경영할 것을 약정함으로써 그 효력이 생기는데 이 경우 출자는 금전 기타 재산 또는 노무로 할 수 있다.
② 조합의 통상사무는 각 조합원 또는 각 업무집행자가 전행할 수 있으나 그 사무의 완료 전에 다른 조합원이나 다른 업무집행자의 이의가 있는 때에는 즉시 중지하여야 한다.
③ 업무집행자인 조합원은 정당한 사유 없이 사임하지 못하며 다른 조합원의 일치가 아니면 해임하지 못한다.
④ 조합원의 지분에 대한 압류는 그 조합원의 장래의 이익배당 및 지분의 반환을 받을 권리에 대하여 효력이 있다.
⑤ 금전을 출자의 목적으로 한 조합원이 출자시기를 지체한 때에는 연체이자를 지급할 의무는 있으나 손해를 배상할 의무는 없다.

해설
금전을 출자의 목적으로 한 조합원이 출자시기를 지체한 때에는 '연체이자'를 지급하는 외에 '손해를 배상'하여야 한다(민법 제705조).

43 조합에 관한 설명으로 옳지 않은 것은? (다툼이 있으면 판례에 따름)

① 조합의 해산사유와 청산에 관한 규정은 강행규정이다.
② 조합원의 출자 기타 조합재산은 조합원의 합유로 한다.
③ 조합의 업무를 집행하는 조합원은 그 업무집행의 대리권이 있는 것으로 추정한다.
④ 조합의 채무자는 그 채무와 조합원에 대한 채권으로 상계하지 못한다.
⑤ 조합원으로서의 자격과 분리하여 지분권만을 처분할 수는 없다.

해설
민법의 조합의 해산사유와 청산에 관한 규정은 그와 내용을 달리하는 당사자의 특약까지 배제하는 강행규정이 아니므로 당사자가 민법의 조합의 해산사유와 청산에 관한 규정과 다른 내용의 특약을 한 경우, 그 특약은 유효하다(대판 1985.2.26., 84다카1921).

44 조합에 관한 설명 중 틀린 것은?

① 조합채권자는 그 채권발생 당시에 조합원의 손실부담의 비율을 알지 못한 때에는 각 조합원에게 균분하여 그 권리를 행사할 수 있다.
② 조합원 중에 변제할 자력이 없는 자가 있는 때에는 그 변제할 수 없는 부분은 다른 조합원이 균분하여 변제할 책임이 있다.
③ 조합계약으로 조합의 존속기간을 정하지 아니하거나 조합원의 종신까지 존속할 것을 정한 때에는 각 조합원은 언제든지 탈퇴할 수 있으나, 부득이한 사유가 없으면 조합에 불리한 시기에 탈퇴하지는 못한다.
④ 탈퇴한 조합원과 다른 조합원 간의 계산은 탈퇴 당시의 조합재산 상태에 의하여 한다.
⑤ 조합원의 제명은 정당한 사유가 있는 때에 한하여 다른 조합원의 과반수로써 결정한다.

> **해설**
> ⑤ 조합원의 제명은 정당한 사유있는 때에 한하여 다른 조합원의 일치로써 이를 결정한다(민법 제718조 제1항).
> ① 동법 제712조
> ② 동법 제713조
> ③ 동법 제716조 제1항. 또한, 조합의 존속기간을 정한 때에도 조합원은 부득이한 사유가 있으면 탈퇴할 수 있다(동법 제716조 제2항).
> ④ 동법 제719조

45 다음의 내용 중 바르지 않은 것은?

① 종신정기금계약은 특정인이 사망할 때까지 정기적으로 급부가 반복되는 계속적 채권관계가 생기는 점에 특색이 있다.
② 특정인의 사망이 종신정기금채무자의 책임 있는 사유로 일어난 것이 아닌 때에는 그 특정인의 사망으로 계약은 소멸한다.
③ 화해는 당사자가 서로 양보하여 그들 사이의 분쟁을 해결할 것을 약정함으로써 성립하는 계약이다.
④ 재판상의 화해에는 소송상의 화해와 제소전의 화해가 있다.
⑤ 화해의 효력이 인정적(認定的)이라는 견해에 의하면 종래의 법률관계를 고려하지 아니하므로 그 법률관계에 종된 담보는 당연히 소멸하는 것이 된다.

> **해설**
> ⑤ 화해의 효력은 창설적이라는 견해와 인정적이라는 견해가 대립하는데 창설적이라는 견해에 의하면 종래의 법률관계 종된 담보는 당연히 소멸하는 것이 된다. 우리 민법상의 화해의 효력은 창설적이라고 본다(민법 제732조 참조).
> ① 동법 제725조
> ② 동법 제729조
> ③ 동법 제731조
> ④ 민사소송법 제225조, 제385조

정답 44 ⑤ 45 ⑤

46 여행계약에 관한 설명으로 옳지 않은 것은?

① 여행계약은 당사자 한쪽이 상대방에게 운송, 숙박, 관광 또는 그 밖의 여행 관련 용역을 결합하여 제공하기로 약정하고 상대방이 그 대금을 지급하기로 약정함으로써 효력이 생긴다.
② 여행자는 여행을 시작하기 전에는 언제든지 계약을 해제할 수 있다. 다만, 여행자는 상대방에게 발생한 손해를 배상하여야 한다.
③ 계약이 해지된 경우에도 계약상 귀환운송(歸還運送) 의무가 있는 여행주최자는 여행자를 귀환운송할 의무가 있다.
④ 여행자는 약정한 시기에 대금을 지급하여야 하며, 그 시기의 약정이 없으면 관습에 따르고, 관습이 없으면 여행의 종료 후 지체 없이 지급하여야 한다.
⑤ 원칙적으로 계약이 해지된 경우에도 여행주최자는 대금청구권을 상실하지 아니한다.

해설

⑤ 계약이 해지된 경우에는 여행주최자는 대금청구권을 상실한다. 다만, 여행자가 실행된 여행으로 이익을 얻은 경우에는 그 이익을 여행주최자에게 상환하여야 한다(민법 제674조의7 제2항).
① 동법 제674조의2
② 동법 제674조의3
③ 동법 제674조의4 제2항
④ 동법 제674조의5

47 민법상 임치에 관한 설명으로 옳은 것은?

① 무상수치인은 임치인의 동의 없이 임치물을 사용할 수 있다.
② 수치인이 정당한 사유로 인하여 임치물을 전치한 때에는 현존하는 장소에서 반환할 수 있다.
③ 임치기간의 약정이 있는 때에는 수치인은 물론 임치인도 그 기간이 만료하기 전까지는 부득이한 사유 없이 계약을 해지하지 못한다.
④ 무상수치인은 임치물을 선량한 관리자의 주의로 보관하여야 한다.
⑤ 임치인은 임치물의 하자로 인하여 생긴 손해에 대해 수치인이 그 하자를 안 때에도 수치인에게 배상하여야 한다.

해설

① 수치인은 임치인의 동의 없이 임치물을 사용하지 못한다(민법 제694조).
③ 임치기간의 약정이 있는 때에는 수치인은 부득이한 사유 없이 그 기간만료 전에 계약을 해지하지 못한다. 그러나 임치인은 언제든지 계약을 해지할 수 있다(동법 제698조).
④ 보수 없이 임치를 받은 자는 임치물을 자기재산과 동일한 주의로 보관하여야 한다(동법 제695조).
⑤ 임치인은 임치물의 성질 또는 하자로 인하여 생긴 손해를 수치인에게 배상하여야 한다. 그러나 수치인이 그 성질 또는 하자를 안 때에는 그러하지 아니하다(동법 제697조).

48 민법상 종신정기금에 관한 설명으로 옳지 않은 것은?

① 종신정기금계약은 낙성계약이다.
② 종신정기금은 일수로 계산한다.
③ 종신정기금채권자는 종신정기금계약의 상대방에 한하며 제3자를 정기금채권자로 할 수는 없다.
④ 종신정기금채권은 유증에 의해서도 발생할 수 있다.
⑤ 민법 제727조에 따른 종신정기금계약의 해제에는 동시이행에 관한 민법 제536조가 준용된다.

> **해설**
> 종신정기금채권자는 종신정기금계약의 상대방에 한하며 제3자를 정기금채권자로 할 수는 있다(민법 제725조 참조).

49 화해에 관한 설명으로 옳은 것을 모두 고른 것은? (다툼이 있으면 판례에 따름)

> ㄱ. 화해당사자의 자격에 착오가 있는 때에는 화해계약을 취소할 수 없다.
> ㄴ. 화해계약은 당사자 일방이 양보한 권리가 소멸되고 상대방이 화해로 인하여 그 권리를 취득하는 효력이 있다.
> ㄷ. 화해계약이 사기로 인하여 이루어진 경우에는 화해의 목적인 분쟁에 착오가 있더라도 사기를 이유로 화해계약을 취소할 수 있다.

① ㄱ
② ㄴ
③ ㄱ, ㄴ
④ ㄱ, ㄷ
⑤ ㄴ, ㄷ

> **해설**
> ㄱ. 화해계약은 착오를 이유로 하여 취소하지 못한다. 그러나 화해당사자의 자격 또는 화해의 목적 분쟁 이외의 사항에 착오가 있는 때에는 그러하지 아니하다(민법 제733조).

50 민법상 규정된 전형계약이 아닌 것은?

① 여행계약
② 증여계약
③ 고용계약
④ 소비자계약
⑤ 화해계약

> **해설**
> 민법은 채권계약으로서 증여, 매매, 교환, 소비대차, 사용대차, 임대차, 고용, 도급, 여행계약, 현상광고, 위임, 임치, 조합, 종신정기금, 화해를 전형계약으로 규정하고 있다.

정답 48 ③ 49 ⑤ 50 ④

작은 기회로부터 종종 위대한 업적이 시작된다.
– 데모스테네스 –

가맹거래사 1차 필기 한권합격

제 3 과목

경영학

CHAPTER 01 기업회계
CHAPTER 02 경영학 총론
CHAPTER 03 조직행동론
CHAPTER 04 인적자원관리론
CHAPTER 05 마케팅론
CHAPTER 06 재무관리론
CHAPTER 07 생산·운영관리론

많이 보고 많이 겪고 많이 공부하는 것은 배움의 세 기둥이다.

– 벤자민 디즈라엘리 –

CHAPTER 01 기업회계

> **출제 포인트**
>
> 경영학 중 회계처리 등과 관련된 문제는 한국채택국제회계기준(K-IFRS)을 적용하여 정답을 구하여야 한다. 가맹거래사 경영학 과목은 기본개념 위주로 출제되기 때문에 1장부터 꼼꼼한 학습이 요구된다.

제1절 재무회계 개념체계

1 회계의 기본개념

(1) 회계의 정의와 목적

① 정 의
   회계는 정보이용자(경영자, 주주, 채권자, 과세당국, 미래의 투자자 등)의 합리적 판단이나 경제적 의사결정에 필요한 유용한 경제적 정보를 식별·측정·전달하는 과정이다.

② 목 적
   ㉠ 재무상태, 경영성과, 재무상태변동에 대한 정보제공
   ㉡ 정보이용자의 경제적 의사결정에 유용한 정보제공
   ㉢ 미래 현금흐름예측에 정보제공
   ㉣ 경영자 경영평가 시 정보제공

2 재무회계 개념체계

(1) 재무회계 개념체계의 의의

기업회계기준과 회계실무에 논리적 근거를 마련하기 위해 한국회계연구원에 의해 제정된 것으로, 회계기준이 중립성을 유지하면서 경제적 실질을 더욱 충실하게 반영할 수 있도록 하자는 취지 아래 기업회계기준 제정의 근거마련, 재무제표 작성자와 이용자, 감사인에게 해석과 의견표명의 일관적인 지침을 제공해준다.

(2) 재무제표의 목적과 작성 시 기본가정

① 재무제표의 목적
   ㉠ 정보이용자에게 경제적 의사결정에 유용한 기업의 재무상태, 경영성과, 재무상태변동에 관한 정보를 제공하는 것을 목적으로 한다. 즉, 의사결정에 유용한 정보제공이 목적이다.
   ㉡ 재무상태에 관한 정보는 재무상태표를 통하여, 경영성과에 관한 정보는 포괄손익계산서를 통하여, 재무상태변동에 관한 정보는 현금흐름표를 통하여 제공된다.

② 재무제표 작성 시 기본가정
  ㉠ 발생기준 가정 : 재무제표는 현금의 수수시점이 아닌 거래가 발생한 시점에 인식하며 해당기간의 재무제표에 이를 반영한다.
  ㉡ 계속기업 가정 : 기업실체의 경영활동에 있어 청산이나 사업축소 등을 가정하지 않고, 그 목적을 수행하기에 충분할 정도로 장시간 동안 존속한다는 것을 가정한다. 계속기업 가정은 역사적 원가 평가의 근거를 제공한다.
  ㉢ 기간별 보고 가정 : 기업실체의 경영활동 정보를 이용자 측면에서 적시성 있게 제공받게 하기 위해 일정기간 단위(예 1년)로 분할해서 재무제표에 반영하게 하는 가정이다.

(3) 재무제표의 질적 특성(회계정보의 유용성 판단기준) 19 24 25 기출
① 근본적 질적 특성
  ㉠ 목적적합성 : 회계정보가 유용한 정보가 되기 위해서는 그 정보가 의사결정 목적과 관련이 있어야 한다. 또한, 회계정보를 가지고 업체를 예측할 수 있어야 하고, 사건의 결과를 피드백 받을 수 있어야 하며, 적절한 시점에 정보가 도달해야 한다.
    • 예측가치 : 정보가 미래의 경제적 사건을 예측하는 데 도움을 줄 수 있는 능력이다.
    • 확인가치 : 이전에 내린 의사결정을 평가하거나 수정할 수 있는 능력이다.
    • 중요성 : 중요한 정보는 이용자의 의사결정에 영향을 미친다.
  ㉡ 표현충실성 : 정보가 실제로 무엇을 의미하는지 정확하게 보여주는 것을 말한다.
    • 완전성 : 이용자가 이해하는 데 필요한 모든 정보를 포함되어야 한다.
    • 중립성 : 정보가 특정 이용자에게 유리하거나 불리하게 작용하지 않아야 한다.
    • 오류 없음 : 자료에 중요한 실수나 오류가 없어야 한다.
② 보강적 질적 특성
  ㉠ 비교가능성 : 정보이용자가 재무제표를 기간별로 비교가능하도록 유사한 거래나 그 밖의 사건의 재무적 영향을 측정하고 표시할 때 일관된 기준을 적용하고, 기업별로도 비교 가능하도록 일관된 기준을 적용한다. 즉, 기간별 비교가능성과 기업별 비교가능성을 갖추어야 한다.
  ㉡ 검증가능성 : 재무정보가 객관적이고 신뢰할 수 있으며, 경제적 현상을 충실히 표현하는지를 확인할 수 있는 특성이다.
  ㉢ 적시성 : 정보는 이용자에게 필요한 시점에 제공되어 의사결정에 유용하게 만드는 특성이다.
  ㉣ 이해가능성 : 정보이용자가 그 정보를 쉽게 이해할 수 있어야 한다. 또한, 정보이용자는 기업 실체의 경제적 활동에 대해 어느 정도의 지식을 가지고 있어서 회계정보를 이해하기 위한 노력을 할 것이라는 가정이 전제된다. 이해가능성을 다른 질적 특성의 전제조건으로 볼 수 있다.

(4) 질적 특성의 제약요인(목적적합성과 신뢰성의 충돌로 인한 제약요인)
① 적시성
  거래의 모든 내용이 확정되기도 전에 즉각적으로 이를 보고할 경우 목적적합성은 향상될 수 있지만 신뢰성이 훼손될 수 있다. 반면, 거래의 모든 내용이 확정된 후 이를 보고할 경우 신뢰성은 향상될 수 있지만 보고시점 이전에 의사결정을 해야 하는 정보이용자에게는 목적적합하지 않은 정보가 될 수 있다. 따라서 목적적합성과 신뢰성의 균형을 위해서는 정보이용자의 경제적 의사결정 요구를 어떻게 최대한 충족시킬 수 있는가를 우선적으로 고려하여야 한다.

② 효익과 비용(원가) 간의 균형

특정 정보에서 기대되는 효익은 그 정보를 제공하기 위해 희생되는 비용(원가)보다 커야 한다. 효익과 비용(원가)의 균형은 질적 특성 그 자체라기보다는 질적 특성에 대한 포괄적 제약요인이다.

③ 질적 특성 간의 균형

실무에서는 때때로 정보의 질적 특성 간의 균형 또는 충돌관계를 고려해야 할 필요가 있다. 즉, 목적적합성과 신뢰성을 동시에 충족할 수 없는 경우에는 그 둘 간의 적절한 균형을 필요로 한다.

④ 진실하고 공정한 관점(공정한 표시)

재무제표는 기업의 재무상태, 경영성과 및 재무상태변동을 진실하고 공정한 관점에서(공정한 표시로써) 기술하여야 한다.

제2절 회계의 순환과정

1 회계의 순환과정의 개요

(1) 회계의 순환과정의 개념

회계의 순환과정(Accounting Cycle)이란 회계의 대상인 자산·부채·자본의 증감변동을 인식하고 이를 측정·기록·분류·요약하여 결산절차를 통하여 재무제표를 작성하는 일련의 과정을 말한다.

(2) 회계의 순환과정의 도표 13 기출

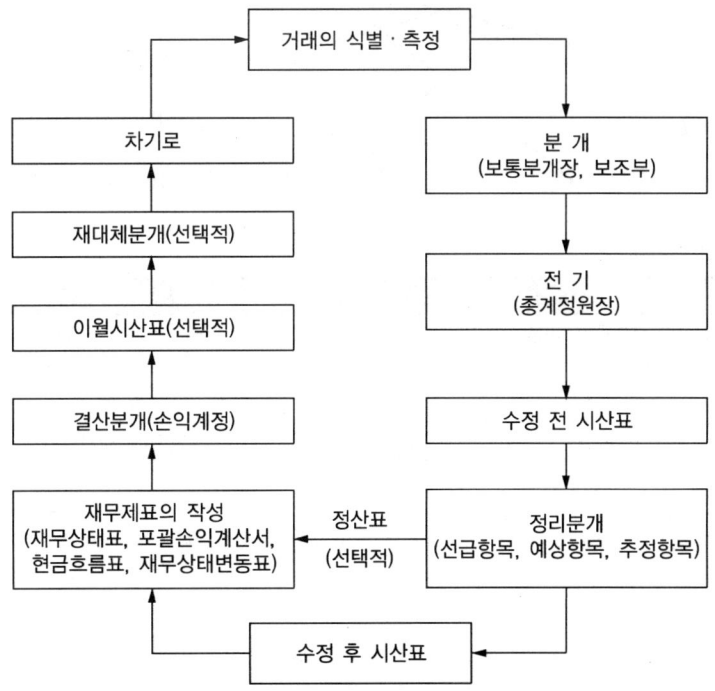

2 거래의 식별·측정과 분개 및 전기

(1) 거래의 개념과 식별·측정 15 기출
① 회계거래 11 19 21 기출
  ㉠ 회계거래(회계상의 거래)는 자산·부채·자본의 증감, 수익·비용의 발생을 일으키는 경제적 사건을 말하고, 일상거래(일상적인 거래)는 뭔가를 주고받는 것을 의미한다.
  ㉡ 단순한 거래계약이나 주문, 채용, 담보제공, 보관 등은 회계거래라고 할 수 없다.
② 회계거래와 일상거래의 예

회계거래이지만 일상거래가 아닌 것	회계거래이고 일상거래인 것	일상거래이지만 회계거래가 아닌 것
• 재해손실, 도난손실 • 감가상각비 등 계상 • 각종 자산평가손익 • 현금 등 분실 • 토지, 건물 등의 기증	• 상품의 구매 및 판매 • 현금의 대여 및 회수 • 자산의 취득 및 처분 • 현금의 차입 및 상환 • 각종 현금수지활동 등	• 상품의 매매계약, 부동산의 임대차 계약, 리스계약 등 단순한 거래계약 • 상품·제품의 주문 • 물건의 보관 • 자산의 담보제공 • 직원채용

(2) 분개 및 전기
① 거래의 결합관계(거래의 8요소) 13 20 22 23 24 25 기출
거래는 차변요소와 대변요소의 결합에 의하여 이루어지며, 차변요소끼리 또는 대변요소끼리는 서로 결합될 수 없다. 참고로 수익과 비용의 증가·감소는 통칭하여 발생이라는 단어로 사용한다.

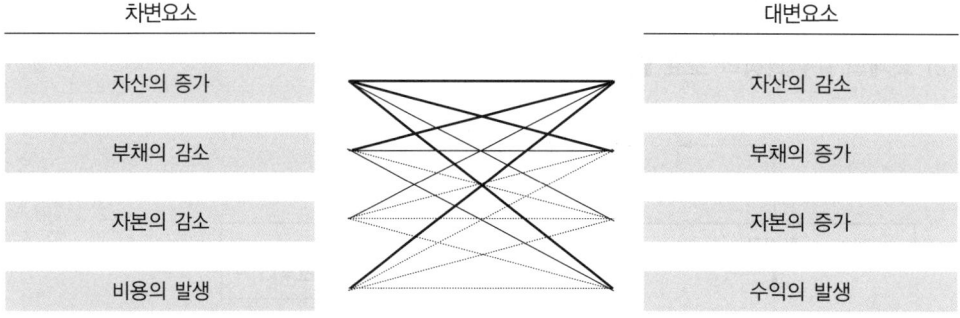

② 거래의 8요소를 이용한 분개의 예

차 변		대 변	
자산의 증가	원재료구입, 상품구입, 비품구입	자산의 감소	매출채권회수, 차량매각
부채의 감소	매입채무변제, 차입금상환	부채의 증가	(상품구입으로) 외상매입금 발생
자본의 감소	출자금반환	자본의 증가	출 자
비용의 발생	복리후생비, 급여지급, 운반비	수익의 발생	상품판매, 이자수익

③ 분 개
거래발생 순서대로 계정과목과 금액을 차변과 대변으로 나누어 기록하는 것을 분개라 한다.

④ 전 기

분개에서 나타난 계정과목의 변동금액을 당해 계정에 옮겨 적는 것을 말한다. 양변의 일치여부를 확인하기 위해 시산표를 작성하여 검증과정을 거친다. 즉, 분개장에 기입된 분개의 내용을 총계정원장에 옮겨 적는 것을 전기라 한다.

③ 결산절차

(1) 예비절차
① 수정 전 시산표 작성 : 총계정원장금액의 요약표
② 재고조사표의 작성 : 실지재고조사금액의 요약표
③ 결산정리사항 정리 및 기말수정분개
④ 수정 후 시산표 작성
⑤ 정산표 작성(선택사항)

(2) 결산 본절차

당해 모든 총계정원장의 작성을 끝내고 다음 회계기간의 장부기록을 준비하기 위해 마감분개를 한 후 재무상태표와 손익계산서를 작성하면 결산절차가 마무리된다.

(3) 결산보고서 작성

재무상태표, 손익계산서, 자본변동표, 현금흐름표를 작성한다.

제3절 재무제표

재무제표는 재무상태표, 포괄손익계산서, 별개의 손익계산서, 현금흐름표, 자본변동표 및 주석으로 구성되어 있다.

① 재무상태표(Balance Sheet ; B/S) 24 기출

(1) 개 념 15 19 기출
① 특정 시점(회계기간 말)에 회사가 보유하고 있는 경제적인 자산, 부채, 자본에 관한 정보를 제공하는 재무보고서를 재무상태표라 한다.

② 등 식

자산 = 부채 + 자본

재무상태표	
자 산	부 채
	자 본

(2) 재무상태표의 계정분류 11 15 17 18 20 21 22 25 기출

구 분			내 용
자 산	유동 자산	당좌자산	현금 및 현금성자산[당좌예금, 보통예금, 별단예금, 단기금융상품(정기예금, 정기적금-만기가 3개월 이내)], 단기매매증권, 매출채권(외상매출금, 받을어음), 미수금, 선급금, 미수수익, 선급비용, 단기대여금
		재고자산	상품, 제품, 원재료
	비유동 자산	투자자산	매매가능증권, 만기보유증권, 투자부동산, 장기금융상품, 지분법적용투자주식
		유형자산	토지, 건물, 구축물, 기계장치, 자동차, 비품
		무형자산	영업권, 산업재산권, 개발비, 기타(라이선스와 프랜차이즈, 저작권, 컴퓨터소프트웨어, 임차권리금, 광업권, 어업권 등을 포함)
		기타 비유동자산	임차보증금, 이연법인세자산(유동자산으로 분류되는 부분 제외), 장기미수금, 장기매출채권
부 채	유동부채		• 재무상태표일로부터 1년 이내에 상환되어야 하는 단기차입금 등의 부채 • 매입채무(외상매입금, 지급어음), 단기차입금, 미지급금, 미지급비용, 미지급법인세, 예수금, 선수금
	비유동부채		• 재무상태표일로부터 1년 이후에 상환되어야 하는 장기부채 • 사채, 장기차입금, 퇴직급여충당부채, 각종 충당부채
자 본	자본금		보통주자본금과 우선주자본금으로 구분하여 표시
	자본잉여금		주식발행초과금, 감자차익, 자기주식처분이익
	자본조정		주식할인발행차금, 자기주식, 배당건설이자, 자기주식처분손실
	기타포괄손익누계액		매도가능증권평가손익, 해외사업환산손익, 파생상품평가손익
	이익잉여금(또는 결손금)		이익준비금, 기타법정적립금, 임의적립금, 차기이월미처분이익잉여금

(3) 자 산

① 개 념

기업이 보유하고 있는 자원으로 금전적 가치가 있는 것(유·무형의 재화나 채권)으로서 크게 유동자산과 비유동자산으로 구분한다.

② 유동자산

㉠ 기업의 정상영업주기 내에 실현될 것으로 예상하거나, 정상영업주기 내에 판매되거나 소비할 의도가 있을 것

㉡ 주로 단기매매 목적으로 보유하고 있을 것

㉢ 보고기간 후부터 12개월 이내에 실현될 것으로 예상할 것

㉣ 현금이나 현금성자산으로서, 교환이나 부채 상환 목적으로의 사용에 대한 제한기간이 보고기간 후 12개월 이상이 아닐 것

③ 비유동자산

유동자산을 제외한 모든 자산은 비유동자산으로 분류한다.

(4) 부 채 11 기출
① 개 념

기업이 장래 타인에게 갚아야 할 경제적인 의무 또는 자원의 유출을 부채라 한다.

② 유동부채
- ㉠ 기업의 정상영업주기 내에 결제될 것으로 예상하고 있을 것
- ㉡ 주로 단기매매 목적으로 보유하고 있을 것
- ㉢ 보고기간 후 12개월 이내에 결제하기로 되어 있을 것
- ㉣ 보고기간 후 12개월 이상 부채의 결제를 연기할 수 있는 무조건의 권리를 가지고 있지 않을 것

③ 비유동부채 : 유동부채를 제외한 모든 부채는 비유동부채로 분류한다.

(5) 자 본 18 기출

자산에서 부채를 차감한 금액으로 순자산 또는 기업실체의 자산에 대한 소유주의 잔여청구권을 자본이라 한다.

(6) 재무상태표의 기본구조

① 구분표시의 원칙

재무상태는 자산·부채 및 자본으로 구분하고, 자산은 유동자산(당좌자산, 재고자산)과 비유동자산(투자자산, 유형자산, 무형자산, 기타비유동자산)으로, 부채는 유동부채, 비유동부채로, 자본은 자본금, 자본잉여금, 자본조정, 기타포괄손익누계액, 이익잉여금으로 각각 구분하여 표시한다.

② 총액주의

자산·부채 및 자본은 총액에 의하여 기재함을 원칙으로 하고, 자산의 항목과 부채 또는 자본의 항목을 상계함으로써 그 전부 또는 일부를 재무상태표에서 제외하여서는 아니 된다.

③ 1년 기준

자산과 부채는 1년을 기준으로 하여 유동자산 또는 비유동자산, 유동부채 또는 비유동부채로 구분하는 것을 원칙으로 한다.

④ 유동성 배열법

재무상태표에 기재하는 자산과 부채의 항목배열은 유동성이 높은 항목부터 배열하는 유동성 배열법을 원칙으로 한다(당좌 → 재고 → 투자 → 유형 → 무형 → 기타비유동자산의 순서로 배열).

⑤ 잉여금 구분

자본거래에서 발생한 자본잉여금과 손익거래에서 발생한 이익잉여금을 혼동하여 표시하여서는 아니 된다.

⑥ 미결산항목 및 비망항목

가지급금 또는 가수금 등의 미결산항목은 그 내용을 나타내는 적절한 과목으로 표시하고, 대조계정 등의 비망계정은 재무상태표의 자산 또는 부채항목으로 표시하여서는 아니 된다.

(7) 연결재무상태표 구성항목

자산항목	부채 및 자본항목
• 유형자산 • 투자부동산 • 무형자산 • 금융자산 • 지분법에 따라 회계처리하는 투자자산 • 생물자산 • 재고자산 • 매출채권 및 기타 채권 • 현금 및 현금성 자산 • 당기 법인세와 관련한 자산 • 이연법인세자산 • 매각예정으로 분류된 비유동자산과 처분자산집단에 포함된 자산의 총계	• 지배기업의 소유주에게 귀속되는 납입자본과 적립금 • 자본에 표시된 비지배지분 • 충당부채 • 금융부채 • 매입채무 및 기타 채무 • 당기 법인세와 관련한 부채 • 이연법인세부채 • 매각예정으로 분류된 자산처분집단에 포함된 부채의 총계

2 (포괄)손익계산서 22 기출

(1) 개 념

① 의 의

일정기간의 기업의 경영성과를 표시하고 수익과 비용에 대한 정보를 제공한다.

② 등 식

비용 + 순이익 = 수익

(포괄)손익계산서	
비 용	수 익
순이익	

(2) 수익과 비용

① 수 익

일정기간 재화나 용역을 제공하여 발생한 경제적 효익의 증가분

② 비 용

수익을 얻기 위해 소비한 재화나 용역, 즉 수익을 창출하기 위해 희생된 대가를 말한다. 기업은 성격별 분류방법과 기능별 분류방법 중 신뢰성 있고 더욱 목적적합한 정보를 제공할 수 있는 방법을 적용하여 당기손익으로 인식할 비용을 표시하여야 한다.

(3) 성격별 분류법과 기능별 분류법

① 성격별 분류법

비용을 그 성격별로 통합하며 기능별로 재분배하지 아니한다. 성격별로 분류한다는 것은 각 항목을 유형별로 구분표시한다는 것으로 예를 들어, 감가상각비, 원재료의 구입, 운송비 등으로 구분하게 된다. 성격별 분류법에서 제공하는 정보는 미래현금흐름을 예측하는 데 유용하다.

② 기능별 분류법

비용을 매출원가, 물류원가, 관리활동원가 등과 같이 기능별로 분류하는 방법으로 "매출원가법"이라고도 한다. 이 방법에서는 최소한 매출원가를 다른 비용과 분리하여 공시하여야 한다. 성격별 분류방법보다 재무제표 이용자에게 더욱 목적적합한 정보를 제공할 수 있지만, 비용을 기능별로 분류하는 데 있어 자의적인 배분과 주관적인 판단이 개입될 수 있다. 이 방법을 선택한 기업은 비용을 성격별로 분류했을 때의 내용을 추가로 공시하여야 한다.

(4) 기타포괄손익과 재분류조정

① 기타포괄손익 11 기출

당기손익으로 인식하지 않은 수익과 비용 항목을 말하며 재분류조정을 포함한다. 즉, 손익거래임에도 불구하고 당기손익에는 포함하지 않는 항목들을 말한다(재평가잉여금의 변동, 매도가능증권의 재측정손익 등).

② 재분류조정

당기나 과거기간에 기타포괄손익으로 인식되었으나 당기손익으로 재분류된 금액을 말한다(해외사업장을 매각 시, 매도가능증권이 처분되거나 손상되었을 때).

(5) 손익계산서의 작성기준

① 발생주의

모든 수익과 비용은 그것이 발생한 기간에 정당하게 배분되도록 처리하여야 한다.

② 실현주의

수익은 실현시기를 기준으로 계상하고 미실현수익은 당기의 손익계산에 산입하지 아니함을 원칙으로 한다.

③ 수익 – 비용 대응의 원칙

수익과 비용은 그 발생원천에 따라 명확하게 분류하고 각 수익항목과 이에 관련되는 비용항목을 대응 표시하여야 한다.

④ 총액주의

수익과 비용은 총액에 의하여 기재함을 원칙으로 하고 수익항목과 비용항목을 직접 상계함으로써 전부 또는 일부를 손익계산서에서 제외하여서는 아니 된다. 다만 일반기업회계기준에서 요구하거나 허용하는 경우에는 수익과 비용을 상계하여 표시할 수 있다.

(6) 한국채택국제회계기준 손익계산서 양식 14 기출

단일의 포괄손익계산서
2025년 1월 1일부터 12월 31일까지

A사

	매출액	××××
(−)	(제품) 매출원가	××××
	매출총이익	××××
	기타수익	××××
(−)	물류원가	××××
(−)	관리비	××××
(−)	기타비용	××××
(−)	금융원가	××××
	관계기업의 이익에 대한 지분	××××
	법인세비용차감전순이익	××××
(−)	법인세비용	××××
	계속영업이익	××××
	중단영업이익	××××
	당기순이익	××××
	기타포괄이익	××××
	총포괄이익	××××

③ 현금흐름표 11 17 기출

(1) 현금흐름표 양식

Ⅰ. 영업활동으로 인한 현금흐름(직접법 또는 간접법에 의함)		×××
Ⅱ. 투자활동으로 인한 현금흐름		×××
(1) 투자활동으로 인한 현금유입액	×××	
(2) 투자활동으로 인한 현금유출액	(×××)	×××
Ⅲ. 재무활동으로 인한 현금흐름		
(1) 재무활동으로 인한 현금유입액	×××	
(2) 재무활동으로 인한 현금유출액	(×××)	
Ⅳ. 현금의 증가(감소)(Ⅰ+Ⅱ+Ⅲ)		×××
Ⅴ. 기초의 현금		×××
Ⅵ. 기말의 현금		×××

(2) 개 요

작성목적	발생주의 회계의 단점보강 → 자금흐름의 정보제공
의 의	일정기간 현금의 유입과 유출을 나타내는 표
특 징	• 대체적인 회계처리방법이 적용 안 됨 • 회계담당자의 주관이 개입 안 됨
유용성	• 미래현금흐름의 예측 정보제공 • 이익의 질 평가(I/S상 이익과 현금흐름표상의 현금 비교) • 영업활동에 대한 정보제공 • 투자활동, 재무활동에 대한 정보제공 • 지급능력에 대한 정보제공

(3) 활동구분

① 유동자산과 유동부채

영업활동과 관련된다.

> 예외 유동자산과 유동부채 중에서 단기금융상품, 유가증권, 단기대여금은 투자활동과 관련되며, 단기차입금, 유동성장기부채 등은 재무활동과 관련된다.

② 비유동자산

투자활동과 관련된다.

> 예외 비유동자산 중에서 장기성매출채권, 이연법인세자산 등은 영업활동과 관련된다.

③ 비유동부채와 자본

재무활동과 관련된다.

> 예외 비유동부채와 자본 중에서 퇴직급여충당부채, 이연법인세부채 등은 영업활동과 관련된다.

(4) 현금흐름표의 내용 15 21 22 25 기출

구 분	직접법		간접법
	현금유입	현금유출	**영업활동으로 인한 현금흐름**

영업활동	매출대금유입
	이자수익
	배당금수익
	임대료수익
	-
		매입대금유출
		급여·퇴직금지급
		이자비용
		법인세지급
		기타 영업비지급
		-
			• 당기순이익
			• 현금의 지출이 없는 비용 등의 가산
			  감가상각비, 사채할인발행차금상각, 사채상환손실 등
			• 현금의 유입이 없는 수익 등의 차감
			  단기매매증권평가이익, 고정자산처분이익 등
			• 영업활동으로 인한 자산·부채의 변동
			  재고자산증가, 매입채무증가, 선수금감소 등

투자활동	단기금융상품처분 유가증권처분 대여금회수 미수금회수 고정자산처분	단기금융상품취득 대여금 대여 유가증권취득 고정자산취득 -	
재무활동	차입금차입 사채발행 유상증자 자기주식처분 -	차입금상환 미지급금상환 사채상환 유상감자 자기주식취득 현금배당지급	

(5) 직접법과 간접법의 비교

직접법	간접법
• 현금주의에 기초하고 있다. • 이해하기 쉽다. • 현금유입과 현금유출의 내용을 항목별로 나타낼 수 있다. • 미래현금흐름예측에 보다 유용하다. • 회계자료는 발생주의에 의한 자료이므로 이를 통해 작성하는 데 많은 어려움이 있다.	• 영업활동에 의한 현금흐름을 발생주의에 기초하여 작성한다. • 작성하기 쉽다. • 발생주의와 현금주의의 차이를 알 수 있다.

4 자본변동표

(1) 자본변동표의 목적

자본변동표는 자본의 크기와 그 변동에 관한 정보를 제공하는 재무보고서로서, 자본을 구성하고 있는 자본금, 자본잉여금, 자본조정, 기타포괄손익누계액, 이익잉여금(또는 결손금)의 변동에 대한 포괄적인 정보를 제공한다.

(2) 자본변동표의 기본구조

자본변동표에는 자본금, 자본잉여금, 자본조정, 기타포괄손익누계액, 이익잉여금(또는 결손금)의 각 항목별로 기초잔액, 변동사항, 기말잔액을 표시한다.

5 주 석

(1) 개 념

① 재무제표 본문의 금액표시 항목에 대한 세부설명으로, 진행 중인 소송사건 같은 금액으로 표시되지 않는 비재무적 정보에 대해 기호를 붙이고 난외 또는 별지에 관련 내용을 서술하는 것을 말한다.
② 주석에는 유의적인 거래와 회계정책, 주석공시를 요구하는 사항을 포함한다.

(2) 한국채택국제회계기준에서 주석이 제공하는 정보

① 재무제표 작성근거와 구체적인 회계정책에 대한 정보
② 한국채택국제회계기준에서 요구하는 정보이지만 재무제표 어느 곳에도 표시되지 않는 정보
③ 재무제표 어느 곳에도 표시되지 않지만 재무제표를 이해하는 데 목적적합하다고 판단되는 정보

6 재무제표의 분석(재무비율 분석) 15 기출

구 분	종 류	공 식
안정성비율	유동비율	유동자산 / 유동부채
	당좌비율	당좌자산 / 유동부채
	부채비율	부채 / 자기자본
	이자보상비율	영업이익 / 이자비용
활동성비율	매출채권회전율	매출액 / 평균매출채권
	재고자산회전율	매출원가 / 평균재고자산
	자기자본회전율	매출액 / 평균자기자본
	총자산회전율	매출액 / 평균총자산
수익성비율	매출액순이익률	당기순이익 / 매출액
	자기자본순이익률(ROE)	당기순이익 / 평균자기자본
	총자산순이익률(ROA)	당기순이익 / 평균총자산
성장성비율	매출액증가율	(당기매출액 - 전기매출액) / 전기매출액
	총자산증가율	(당기총자산 - 전기총자산) / 전기총자산

제4절 자 산

1 재고자산

(1) 의 의

재고자산이란 정상적인 영업과정에서 판매를 위하여 보유하거나 생산과정에 있는 자산 및 생산 또는 서비스 제공 과정에 투입될 원재료나 소모품의 형태로 존재하는 자산을 말한다.

(2) 재고자산거래의 기록방법 19 23 기출

① 계속기록법

계속기록법(Perpetual Inventory System)은 재고자산의 매입과 매출이 이루어질 때마다 재고자산의 증감을 재고자산(또는 상품)계정에 기록하는 방법이다. 계속기록법을 이용할 경우 상품을 구입하면 상품의 증가를 상품계정에 직접 기록하며 매입계정을 이용하지 않는다. 또한, 상품을 판매하면 매출수익을 매출계정에 기록하고 판매한 상품에 대한 매출원가를 계산하여 이를 매출원가계정에 기록하며 그 금액만큼을 상품의 감소로 기록한다. 계속기록법에 의한 회계처리를 요약하면 다음과 같다.

거 래	회계처리			
매입 시	(차) 상 품	×××	(대) 매입채무	×××
매출 시	(차) 매출채권	×××	(대) 매 출	×××
	매출원가	×××	상 품	×××

계속기록법에서는 재고자산의 증감을 상품계정에 누적기록하므로 특정 시점에서 상품계정잔액이 그 시점의 재고자산잔액이 되며 따라서 계속기록법을 이용하면 어느 시점에서든지 재고자산잔액을 알

수 있다. 또한, 계속기록법에서는 상품의 판매가 이루어질 때마다 매출원가를 매출원가계정에 누적기록하므로 특정 시점에서 매출원가계정의 차변합계가 그 동안의 매출원가총액이 된다. 따라서 계속기록법을 이용하면 회계기간 말에 당해 기간의 매출원가는 매출원가계정을 통해 파악할 수 있으며 기말에 매출원가를 산정하기 위한 별도의 수정분개가 필요 없다. 아래의 식에서 볼 수 있는 것처럼 계속기록법에서는 매출원가가 먼저 결정되고 이후 기말재고자산가액이 간접적으로 산출된다.

> 기초재고 + 당기매입액 − 판매된 상품의 원가(매출원가) = 기말재고

② **실지재고조사법** 24 기출

실지재고조사법(Periodic Inventory System)은 재고자산의 매입과 매출 시 재고자산의 증감을 재고자산(또는 상품)계정에 기록하지 않는다. 실지재고조사법을 이용할 경우 상품을 구입하면 매입계정의 차변에 기록한다. 또한, 상품을 판매하면 매출수익을 매출계정에 기록하는 것은 계속기록법의 경우와 같지만, 매출원가에 대한 기록을 하지 않고 재고자산의 감소도 기록하지 않는다. 실지재고조사법에 의한 회계처리를 요약하면 다음과 같다.

거 래	회계처리			
매입 시	(차) 매 입	×××	(대) 매입채무	×××
매출 시	(차) 매출채권	×××	(대) 매 출	×××

실지재고조사법에서는 재고자산의 증감을 상품계정에 기록하지 않으며 매출원가도 기록하지 않으므로 계속기록법과는 달리 특정 시점에서 재고자산잔액과 매출원가를 알 수 없다. 따라서 실지재고조사법을 이용할 경우 회계기말이 되면 재고자산을 실사하여 재고자산잔액을 먼저 파악한 다음 아래의 식을 이용하여 매출원가를 한 번의 계산으로 산출한다.

> 기초재고 + 당기매입액 − 기말재고 = 판매된 상품의 원가(매출원가)

한편 실지재고조사법에서는 실사를 통하여 파악된 것 이외의 재고자산은 모두 판매된 것으로 간주하기 때문에 도난, 분실, 감손 등으로 인한 재고자산의 감모가 있을 경우 이는 모두 매출원가에 포함되는 문제점이 있다. 따라서 실지재고조사법을 이용하더라도 효율적인 재고관리를 위해서는 재고자산의 입출고수량을 상품수불부에 계속기록할 필요가 있다.

(3) 재고자산 평가방법

① 원가법

방 법	내 용
개별법	재고자산을 개별적으로 각각 취득한 가액에 따라 산출한 것을 그 자산의 평가액으로 하는 방법
선입선출법	장부상 먼저 입고된 것부터 순차적으로 출고시킨 것으로 간주하여 평가하는 방법
후입선출법	장부상 가장 최근에 입고된 것부터 순차적으로 출고시킨 것으로 간주하여 원가를 평가하는 방법
총평균법	일정 기간 동안의 매입 합계액을 매입 수량의 합계로 나누어서 나온 단가에 따라 산출한 취득가액을 자산의 평가액으로 하는 방법
이동평균법	자산을 취득할 때마다 평균단가를 구하고 평균단가에 의하여 구한 취득가액을 자산의 평가액으로 하는 방법
매출가격환원법	판매가 기준으로 평가한 기말재고금액에 구입원가·판매가 및 판매가변동액에 근거하여 산정한 원가율을 적용하여 기말재고자산의 원가를 결정하는 방법

② 시가법

재고자산의 평가방법 중 하나로, 사업연도 종료일 현재 그 재고자산을 취득할 때의 정상가액으로서 재고자산을 시가에 의해 평가하는 방법이다.

③ 저가법 24 기출

원가법에 의한 계산액과 시가법에 의한 계산액을 대비하여 그중 낮은 가액을 재고상품가액으로 계산하는 방법으로서 순실현가치, 향후 매출가능성, 장기재고여부 등 다양한 조건을 고려하여 평가하는 방법이다.

2 유형자산 22 기출

(1) 의 의

유형자산은 재화의 생산, 용역의 제공, 타인에 대한 임대 또는 자체적으로 사용할 목적으로 보유하는 물리적 형체가 있는 자산으로서, 1년을 초과하여 사용할 것이 예상되는 자산을 말한다.

(2) 유형자산의 인식

유형자산은 미래 경제적 효익이 기업에 유입될 가능성이 매우 높고, 취득원가를 신뢰성 있게 측정할 수 있을 때 인식한다.

(3) 유형자산의 취득원가

유형자산은 최초에는 취득원가로 측정한다. 현물출자, 증여, 기타 무상으로 취득한 자산의 가액은 공정가액을 취득원가로 한다. 취득원가는 구입원가 또는 제작원가와 자산을 사용할 수 있도록 준비하는데 직접 관련되는 지출 등으로 구성된다. 매입할인 등이 있는 경우 이를 차감하여 취득원가를 산출한다. 유형자산의 경제적 사용이 종료된 후에 원상회복을 위하여 그 자산을 제거, 해체하거나 또는 부지를 복원하는데 소요될 것으로 추정되는 비용이 충당부채의 인식요건을 충족하는 경우 그 지출의 현재가치(복구비용)도 취득원가에 포함한다.

(4) 감가상각 19 20 23 24 기출

유형자산의 감가상각대상금액은 내용연수에 걸쳐 합리적이고 체계적인 방법으로 배분한다. 유형자산의 감가상각방법은 자산의 경제적 효익이 소멸되는 행태를 반영한 합리적인 방법이어야 한다. 각 기간의 감가상각비는 다른 자산의 제조와 관련된 경우에는 관련 자산의 제조원가로, 그 밖의 경우에는 판매비와 관리비로 계상한다.

[감가상각방법]

정액법	감가상각비 = $\dfrac{\text{취득원가} - \text{잔존가치}}{\text{내용연수}}$
정률법	감가상각비 = (취득원가 − 감가상각누계액) × 상각률(정률)

(5) 감가상각의 회계변경

감가상각방법은 매기 계속하여 적용하고, 정당한 사유 없이 변경하지 않는다. 새로 취득한 유형자산에 대한 감가상각방법도 동종의 기존 유형자산에 대한 감가상각방법과 일치시켜야 한다. 다만, 신규사업의 착수나 다른 사업부문의 인수 등의 결과로 독립된 새로운 사업부문이 창설되어 기존의 감가상각방법으로는 그 사업의 특성을 반영할 수 없기 때문에 다른 방법을 사용하는 경우에는 회계변경으로 보지 않는다. 감가상각방법의 변경 또는 내용연수 추정의 변경에 대해서는 기업회계기준서 제1호 '회계변경과 오류수정'을 적용한다.

(6) 유형자산의 표시

유형자산은 취득원가에서 감가상각누계액과 감액손실누계액을 차감하는 형식으로 재무상태표에 표시한다.

3 무형자산 10 기출

(1) 의 의

무형자산은 재화의 생산이나 용역의 제공, 타인에 대한 임대 또는 관리에 사용할 목적으로 기업이 보유하고 있으며, 물리적 형체가 없지만 식별 가능하고, 기업이 통제하고 있으며, 미래 경제적 효익이 있는 비화폐성 자산을 말한다.

(2) 개별취득

무형자산의 취득원가는 구입원가와 자산을 사용할 수 있도록 준비하는 데 직접 관련되는 지출로 구성된다.

(3) 매수기업결합으로 인한 취득

매수기업결합으로 인한 무형자산의 취득원가는 기업인수·합병 등에 관한 회계처리준칙에 따라 매수일의 공정가액으로 한다.

(4) 국고보조 등에 의한 취득

국고보조 등에 의해 무형자산을 무상 또는 공정가액보다 낮은 대가로 취득한 경우에는 그 무형자산의 취득원가는 취득일의 공정가액으로 하고, 국고보조금 등은 취득원가에서 차감하는 형식으로 표시한다. 다만, 국고보조 등에 의해 취득한 무형자산의 공정가액을 알 수 없는 경우에는 그 무형자산의 취득원가는 구입원가와 자산을 사용할 수 있도록 준비하는 데 직접 관련되는 지출을 합한 금액으로 한다.

(5) 자산교환에 의한 취득

다른 종류의 무형자산이나 다른 자산과의 교환으로 무형자산을 취득하는 경우에는 취득원가를 교환으로 제공한 자산의 공정가액으로 측정하며, 교환으로 제공한 자산의 공정가액이 불확실한 경우에는 교환으로 취득한 자산의 공정가액을 취득원가로 할 수 있다. 그러나 동일한 업종 내에서 유사한 용도로 사용되고 공정가액이 비슷한 동종자산과의 교환인 경우에는 교환으로 취득한 자산의 취득원가는 교환으로 제공한 자산의 장부가액으로 한다.

(6) 비용의 인식
미래 경제적 효익을 가져오는 지출이 발생하였더라도 인식기준을 충족하지 못하면 그 지출(사업개시비용, 교육훈련비, 광고 및 판매촉진비, 사업이전비 등)은 발생한 기간의 비용으로 인식한다. 무형자산에 대한 지출로서 과거 회계연도의 재무제표나 중간재무제표에서 일단 비용으로 인식한 지출은 그 후의 기간에 무형자산의 취득원가로 인식할 수 없다.

(7) 취득 또는 완성 후의 지출
무형자산의 취득 또는 완성 후의 지출은 무형자산의 미래 경제적 효익을 실질적으로 증가시킬 가능성이 매우 높고, 그 지출이 신뢰성 있게 측정될 수 있으며, 무형자산과 직접 관련되는 경우에 한하여 자본적 지출로 처리하고, 그렇지 않은 경우에는 발생한 기간의 비용으로 인식한다.

(8) 상각기간
무형자산의 상각대상금액은 그 자산의 추정내용연수 동안 체계적인 방법에 의하여 비용으로 배분한다. 무형자산의 상각기간은 독점적·배타적인 권리를 부여하고 있는 관계법령이나 계약에 정해진 경우를 제외하고는 20년을 초과할 수 없으며, 상각은 자산이 사용가능한 때부터 시작한다.

(9) 상각방법
무형자산을 상각할 때는 자산의 경제적 효익이 소비되는 행태를 반영한 합리적인 방법을 사용한다. 다만, 합리적인 상각방법을 정할 수 없는 경우에는 정액법을 사용한다. 무형자산의 상각이 다른 자산의 제조와 관련된 경우에는 관련 자산의 제조원가로, 그 외의 경우에는 판매비와 관리비로 처리한다.

4 유가증권

(1) 의 의
유가증권은 재산권을 나타내는 증권을 말하며, 실물이 발행된 경우도 있고, 명부에 등록만 되어 있을 수도 있다. 유가증권은 적절한 액면금액단위로 분할되고 시장에서 거래되거나 투자의 대상이 된다. 유가증권에는 지분증권과 채무증권이 포함된다.

(2) 유가증권의 최초 인식
유가증권은 그 유가증권을 통제할 수 있는 때에 재무상태표에 자산으로 인식한다.

(3) 유가증권의 분류
유가증권은 취득한 후에 만기보유증권, 단기매매증권, 그리고 매도가능증권 중의 하나로 분류한다.

(4) 만기보유증권

만기가 확정된 채무증권으로서 상환금액이 확정되었거나 확정이 가능한 채무증권을 만기까지 보유할 적극적인 의도와 능력이 있는 경우에는 만기보유증권으로 분류한다. 당 회계연도와 직전 두 개 회계연도 중에, 만기보유증권을 만기일 전에 매도하였거나 발행자에게 중도상환권을 행사한 사실이 있는 경우, 또는 만기보유증권의 분류를 매도가능증권으로 변경한 사실이 있다면(단 이러한 사실들에 해당하는 금액이 만기보유증권 총액과 비교하여 경미한 금액인 경우는 제외), 보유 중이거나 신규로 취득하는 모든 채무증권은 만기보유증권으로 분류할 수 없다.

(5) 단기매매증권과 매도가능증권

지분증권과, 만기보유증권으로 분류되지 아니하는 채무증권은 단기매매증권과 매도가능증권 중의 하나로 분류한다.
① 단기매매증권은 주로 단기간 내의 매매차익을 목적으로 취득한 유가증권으로서 매수와 매도가 적극적이고 빈번하게 이루어지는 것을 말한다.
② 단기매매증권이나 만기보유증권으로 분류되지 아니하는 유가증권은 매도가능증권으로 분류한다.

(6) 유가증권의 취득원가

유가증권의 취득원가는 유가증권 취득을 위하여 제공한 대가의 시장가격에 취득부대비용을 포함한 가액으로 측정한다. 제공한 대가의 시장가격이 없는 경우에는 취득한 유가증권의 시장가격으로 취득원가를 측정한다. 제공한 대가와 취득한 유가증권 모두 시장가격이 없는 경우에는 공정가액을 추정하여 취득원가를 측정한다. 유가증권의 취득원가는 당해 유가증권 취득시점의 유가증권 공정가액과 취득부대비용의 합계 금액을 초과할 수 없다.

(7) 만기보유증권의 평가

만기보유증권은 상각후취득원가로 평가하여 재무상태표에 표시한다. 만기보유증권을 상각후취득원가로 측정할 때에는 취득원가와 만기액면가액의 차이를 상환기간에 걸쳐 유효이자율법에 의하여 상각하여 취득원가와 이자수익에 가감한다.

(8) 공정가액의 측정

유가증권의 공정가액은 다음과 같이 측정한다.
① 시장성 있는 유가증권은 시장가격을 공정가액으로 보며 시장가격은 재무상태표일 현재의 종가로 한다.
② 시장가격이 없는 채무증권은 공신력 있는 독립된 신용평가기관에 의한 신용평가등급을 적절히 감안한 할인율로 평가한 미래현금흐름을 공정가액으로 본다. 이러한 방법으로 측정이 불가능한 경우에는 합리적인 평가모형을 이용하거나 유사한 특성을 가진 기업의 시장성 있는 채무증권의 시장가격을 근거로 하여 공정가액을 추정할 수 있다.
③ 자본시장과 금융투자업에 관한 법률 등 관련 법규에 따라 자산을 공정가액으로 평가하여 공시하는 금액과, 합리적인 평가모형과 적절한 추정치를 사용하여 신뢰성 있게 평가한 금액은 시장성이 없는 지분증권의 공정가액으로 볼 수 있다.

(9) 유가증권의 분류변경

유가증권의 보유의도와 보유능력에 변화가 있어 분류변경이 필요한 경우에는 다음과 같이 처리한다.
① 단기매매증권은 다른 유가증권과목으로 분류변경할 수 없으며, 다른 유가증권과목의 경우에도 단기매매증권으로 분류변경을 할 수 없다. 다만, 드문 상황에서 더 이상 단기간 내의 매매차익을 목적으로 보유하지 않는 단기매매증권은 매도가능증권이나 만기보유증권으로 분류할 수 있으며, 단기매매증권이 시장성을 상실한 경우에는 매도가능증권으로 분류하여야 한다.
② 매도가능증권은 만기보유증권으로 분류변경할 수 있으며 만기보유증권은 매도가능증권으로 분류변경할 수 있다.
③ 유가증권과목의 분류를 변경할 때에는 분류변경일 현재의 공정가액으로 평가한 후 변경한다.

(10) 재무제표 표시

단기매매증권은 유동자산으로 분류하고, 매도가능증권과 만기보유증권은 투자자산으로 분류한다. 다만, 재무상태표일로부터 1년 내에 만기가 도래하거나 또는 매도 등에 의하여 처분할 것이 거의 확실한 매도가능증권과, 재무상태표일로부터 1년 내에 만기가 도래하는 만기보유증권은 유동자산으로 분류한다.

제5절 부 채

1 의 의

부채란 과거의 거래나 사건의 결과로서 현재 기업실체가 부담하고 미래에 자원의 유출 또는 사용이 예상되는 의무를 말한다.

2 부채의 분류 24 기출

유동부채	재무상태표일로부터 1년 이내에 만기가 도래하는 부채	유동부채 내에 별도 표시할 소분류 항목의 예는 다음과 같다. • 단기차입금 • 매입채무 • 미지급법인세 • 미지급비용 • 이연법인세부채 • 기 타
비유동부채	재무상태표일로부터 1년 이후에 만기가 도래하는 부채	비유동부채 내에 별도 표시할 소분류 항목의 예는 다음과 같다. • 사 채 • 신주인수권부사채 • 전환사채 • 장기차입금 • 퇴직급여충당부채 • 장기제품보증충당부채 • 이연법인세부채 • 기 타

③ 충당부채와 우발부채

충당부채	충당부채는 과거사건이나 거래의 결과에 의한 현재의무로서, 지출의 시기 또는 금액이 불확실하지만 그 의무를 이행하기 위하여 자원이 유출될 가능성이 매우 높고 또한 당해 금액을 신뢰성 있게 추정할 수 있는 의무를 말한다.
우발부채	우발부채는 다음의 ① 또는 ②에 해당하는 잠재적인 부채를 말한다. ① 과거사건은 발생하였으나 기업이 전적으로 통제할 수 없는 하나 또는 그 이상의 불확실한 미래사건의 발생 여부에 의하여서만 그 존재여부가 확인되는 잠재적인 의무 ② 과거사건이나 거래의 결과로 발생한 현재의무이지만 그 의무를 이행하기 위하여 자원이 유출될 가능성이 매우 높지가 않거나, 또는 그 가능성은 매우 높으나 당해 의무를 이행하여야 할 금액을 신뢰성 있게 추정할 수 없는 경우

제6절 자 본

① 개 념

자산에서 채권자지분인 부채를 차감한 순자산 또는 잔여지분을 말한다. 오늘날은 주식회사형태를 취하고 있으므로 자본을 주주지분이라고도 한다. 이러한 자본은 자본금, 자본잉여금, 자본조정, 기타포괄손익누계액 및 이익잉여금(또는 결손금)으로 구분한다.

② 자본금

(1) 자본금은 법정자본금으로 한다.

(2) 자본금은 보통주자본금과 우선주자본금으로 구분하여 표시한다. 보통주와 우선주는 배당금 지급 및 청산 시의 권리가 상이하기 때문에 자본금을 구분하여 표시한다.

③ 자본잉여금 17 20 기출

(1) 자본잉여금은 증자나 감자 등 주주와의 거래에서 발생하여 자본을 증가시키는 잉여금이다. 예를 들면, 주식발행초과금, 자기주식처분이익, 감자차익 등이 포함된다.

(2) 자본잉여금은 주식발행초과금과 기타자본잉여금으로 구분하여 표시한다.

4 자본조정

(1) 자본조정은 당해 항목의 성격으로 보아 자본거래에 해당하나 최종 납입된 자본으로 볼 수 없거나 자본의 가감 성격으로 자본금이나 자본잉여금으로 분류할 수 없는 항목이다. 예를 들면, 자기주식, 주식할인발행차금, 주식선택권, 출자전환채무, 감자차손 및 자기주식처분손실 등이 포함된다.

(2) 자본조정 중 자기주식은 별도 항목으로 구분하여 표시한다. 주식할인발행차금, 주식선택권, 출자전환채무, 감자차손 및 자기주식처분손실 등은 기타자본조정으로 통합하여 표시할 수 있다.

5 기타포괄손익누계액

(1) 기타포괄손익누계액은 재무상태표일 현재의 매도가능증권평가손익, 해외사업환산손익, 현금흐름위험회피 파생상품평가손익 등의 잔액이다.

(2) 기타포괄손익누계액은 매도가능증권평가손익, 해외사업환산손익 및 현금흐름위험회피 파생상품평가손익 등으로 구분하여 표시한다.

6 이익잉여금(또는 결손금)

(1) 이익잉여금(또는 결손금)은 포괄손익계산서에 보고된 손익과 다른 자본항목에서 이입된 금액의 합계액에서 주주에 대한 배당, 자본금으로의 전입 및 자본조정 항목의 상각 등으로 처분된 금액을 차감한 잔액이다.

(2) 이익잉여금은 법정적립금, 임의적립금 및 미처분이익잉여금(또는 미처리결손금)으로 구분하여 표시한다. 이익잉여금 중 법정적립금과 임의적립금의 세부 내용 및 법령 등에 따라 이익배당이 제한되어 있는 이익잉여금의 내용을 주석으로 기재한다.

제7절 전환증권

1 의 의

전환증권은 당해 증권의 소유자가 보통주청구에 대한 권리를 행사하면 보통주가 추가로 발행되는 금융상품 또는 기타 계약을 말한다. 전환증권의 예는 다음과 같다.

(1) 전환사채, 신주인수권부사채, 전환우선주

(2) 신주인수권

(3) 자기주식으로 교환되는 교환사채

(4) 기타 일정한 조건에 따라 보통주가 발행되는 계약

② 전환사채와 신주인수권부사채

(1) 의 의
- ① 전환사채는 유가증권의 소유자가 일정한 조건하에 전환권을 행사할 수 있는 사채로서, 권리를 행사하면 보통주로 전환되는 사채를 말한다.
- ② 신주인수권부사채는 유가증권의 소유자가 일정한 조건하에 신주인수권을 행사할 수 있는 권리가 부여된 사채를 말한다.

(2) 전환증권발행자의 회계처리
- ① 전환사채와 신주인수권부사채는 일반사채와 전환권 또는 신주인수권의 두 가지 요소로 구성되는 복합적 성격을 지닌 증권이다. 따라서 전환사채 또는 신주인수권부사채를 발행한 경우에는 발행가액을 일반사채에 해당하는 부채부분과 전환권 또는 신주인수권에 해당하는 자본부분으로 분리하여 자본부분의 가치를 전환권대가 또는 신주인수권대가로 인식한다.
- ② 전환권대가 또는 신주인수권대가는 당해 전환사채 또는 신주인수권부사채의 발행가액에서 전환권 또는 신주인수권이 없는 일반사채의 공정가액을 차감하여 계산한다.
- ③ 유효이자율을 구할 수 없는 경우에는 관련시장에서 형성되는 동종 또는 유사한 채권·채무의 이자율(이하 동종시장이자율이라 한다)을 적용하며, 동종시장이자율의 산정이 곤란한 경우에는 전환사채 또는 신주인수권부사채 발행일 전 1년 내에 차입한 차입금으로서 발행하는 전환사채 또는 신주인수권부사채와 유사한 만기를 가진 차입금의 가중평균차입이자율을 적용할 수 있다.
- ④ 전환권조정 또는 신주인수권조정은 당해 전환사채 또는 신주인수권부사채의 액면가액에서 차감하고, 사채상환할증금은 당해 전환사채 또는 신주인수권부사채의 액면가액에 부가한다. 전환권대가 또는 신주인수권대가는 기타자본잉여금으로 분류한 후 전환권 또는 신주인수권이 행사되어 추가로 주식을 발행하는 시점에서 주식발행초과금으로 대체한다.
- ⑤ 전환사채 및 신주인수권부사채의 이자비용은 사채의 장부가액에 일반사채의 유효이자율을 적용하여 계산한다. 사채의 장부가액은 액면가액에 다음을 가감한 금액을 말한다.
    - ㉠ 사채발행차금
    - ㉡ 전환권조정 또는 신주인수권조정
    - ㉢ 사채상환할증금(상환할증금 지급조건이 있는 경우)
- ⑥ 전환권 행사 시 주식의 발행가액은 전환권을 행사한 부분에 해당하는 전환사채의 장부가액과 전환권대가의 합계금액으로 한다. 전환사채의 장부가액은 액면가액에서 다음을 가감한 금액을 말한다.
    - ㉠ 사채발행차금
    - ㉡ 전환권조정
    - ㉢ 사채상환할증금(상환할증금 지급조건이 있는 경우)
    - ㉣ 최종 이자 지급일로부터 전환권 행사일까지의 발생이자(전환권이 회계기간 중에 행사된 경우)
- ⑦ 신주인수권 행사 시 주식의 발행가액은 신주인수권의 행사에 따라 납입되는 금액과 신주인수권을 행사한 부분에 해당하는 신주인수권대가의 합계금액으로 한다.
- ⑧ 전환권이 회계기간 중에 행사된 경우에는 실제 권리가 행사된 날을 기준으로 사채의 장부가액을 결정하여 주식의 발행가액으로 한다.

③ 전환우선주

(1) 의 의

전환우선주의 소유자가 전환권을 행사하는 경우 보통주로 전환되는 우선주를 말한다.

(2) 전환우선주의 구입과 전환
- ① 전환우선주를 구입한 경우 : 전환권의 가치를 별도로 인식하지 아니하고 일반우선주와 동일하게 회계처리한다.
- ② 전환권을 행사하는 경우(장부가액법) : 전환우선주의 장부가액을 그대로 보통주의 발행가액으로 한다.

제8절 회계변경과 오류수정

① 용어의 정의

(1) 회계변경은 회계정책의 변경과 회계추정의 변경을 말한다.

(2) 회계정책의 변경은 재무제표의 작성과 보고에 적용하던 회계정책을 다른 회계정책으로 바꾸는 것을 말한다. 회계정책은 기업이 재무보고의 목적으로 선택한 기업회계기준과 그 적용방법을 말한다.

(3) 회계추정의 변경은 기업환경의 변화, 새로운 정보의 획득 또는 경험의 축적에 따라 지금까지 사용해오던 회계적 추정치의 근거와 방법 등을 바꾸는 것을 말한다. 회계추정은 기업환경의 불확실성하에서 미래의 재무적 결과를 사전적으로 예측하는 것을 말한다.

(4) 오류수정은 전기 또는 그 이전의 재무제표에 포함된 회계적 오류를 당기에 발견하여 이를 수정하는 것을 말한다.

(5) 중대한 오류는 재무제표의 신뢰성을 심각하게 손상할 수 있는 매우 중요한 오류를 말한다.

2 정당한 회계변경

(1) 의 의
정당한 회계변경은 회계정책 또는 회계추정의 변경을 통하여 회계정보의 유용성을 높이는 경우, 또는 기업회계기준이 새로 제정되거나 개정됨에 따라 회계정책을 변경하는 경우를 말한다.

(2) 정당한 회계변경의 예
정당한 사유에 의한 회계정책 및 회계추정 변경의 예는 다음과 같다. 다만, 이 경우에도 회계변경의 정당성을 입증하여야 한다.
① 합병, 사업부 신설, 대규모 투자, 사업의 양수도 등 기업환경의 중대한 변화에 의하여 총자산이나 매출액, 제품의 구성 등이 현저히 변동됨으로써 종전의 회계정책을 적용할 경우 재무제표가 왜곡되는 경우
② 동종 산업에 속한 대부분의 기업이 채택한 회계정책 또는 추정방법으로 변경함에 있어서 새로운 회계정책 또는 추정방법이 종전보다 더 합리적이라고 판단되는 경우
③ 한국거래소나 공신력 있는 외국의 증권거래시장 상장 또는 코스닥시장 상장을 통하여 기업을 최초로 공개하기 위하여 공개시점이 속하는 회계기간의 직전회계기간에 회계변경을 하는 경우

3 회계정책 변경의 회계처리

(1) 변경된 새로운 회계정책은 소급하여 적용한다. 전기 또는 그 이전의 재무제표를 비교목적으로 공시할 경우에는 소급적용에 따른 수정사항을 반영하여 재작성한다. 비교재무제표상의 최초회계기간 전의 회계기간에 대한 수정사항은 비교재무제표상 최초회계기간의 전기이월미처분이익잉여금을 수정하는 방법으로 표시한다. 또한 전기 또는 그 이전 기간과 관련된 기타재무정보도 재작성한다.

(2) 회계정책의 변경에 따른 누적효과를 합리적으로 결정하기 어려운 경우에는 회계변경을 전진적으로 처리하여 그 효과가 당기와 당기 이후의 기간에 반영되도록 할 수 있다. 예를 들면, 재고자산의 평가방법을 선입선출법에서 후입선출법으로 변경하는 경우와 같이 그 누적효과를 합리적으로 결정하는 것이 불가능할 수 있다.

(3) 회계정책 변경의 적용시기
회계정책 변경을 전진적으로 처리하는 경우에는 그 변경의 효과를 당해 회계연도 개시일부터 적용한다.

4 회계추정 변경의 회계처리

(1) 회계추정의 변경은 전진적으로 처리하여 그 효과를 당기와 당기 이후의 기간에 반영한다.
(2) 회계추정 변경의 효과는 당해 회계연도 개시일부터 적용한다.

5 회계정책 변경과 회계추정 변경의 동시발생

(1) 회계정책의 변경과 회계추정의 변경이 동시에 이루어지는 경우에는 회계정책의 변경에 의한 누적효과를 먼저 계산하여 소급적용한 후, 회계추정의 변경효과를 점진적으로 적용한다.

(2) 회계정책 변경과 회계추정 변경의 동시발생

회계변경의 속성상 그 효과를 회계정책의 변경효과와 회계추정의 변경효과로 구분하기가 불가능한 경우에는 이를 회계추정의 변경으로 본다. 예를 들면, 비용으로 처리하던 특정 지출의 미래 경제적 효익을 인정하여 자본화하는 경우에는 회계정책의 변경효과와 회계추정의 변경효과를 구분하는 것이 불가능한 것이 일반적이다.

6 전기오류수정손익

당기에 발견한 전기 또는 그 이전 기간의 오류는 당기 손익계산서에 영업외손익 중 전기오류수정손익으로 보고한다. 다만, 전기 또는 그 이전 기간에 발생한 중대한 오류의 수정은 전기이월미처분이익잉여금에 반영하고 관련 계정잔액을 수정한다. 비교재무제표를 작성하는 경우 중대한 오류의 영향을 받는 회계기간의 재무제표항목은 재작성한다.

7 중대한 오류의 수정

전기 또는 그 이전 기간에 발생한 중대한 오류의 수정을 위해 전기 또는 그 이전 기간의 재무제표를 재작성하는 경우 각각의 회계기간에 발생한 중대한 오류의 수정금액을 해당기간의 재무제표에 반영한다. 비교재무제표에 보고된 최초회계기간 이전에 발생한 중대한 오류의 수정에 대하여는 당해 최초회계기간의 전기이월미처분이익잉여금을 수정하여 표시한다. 또한, 전기 또는 그 이전 기간과 관련된 기타재무정보도 재작성한다.

CHAPTER 01 적중예상문제

01 일반기업회계기준상 재무제표에 해당하지 않는 것은?
① 재무상태표
② 현금흐름표
③ 손익계산서
④ 자본변동표
⑤ 이익잉여금처분계산서

해설
일반기업회계기준상 재무제표에는 재무상태표, (포괄)손익계산서, 현금흐름표, 자본변동표, 주석을 포함한다. 2011년부터 적용되는 한국채택국제회계기준(K-IFRS)에서는 손익계산서 대신 포괄손익계산서를 재무제표에 포함하고 있다. 또한 2010년까지 일반기업회계기준에서 재무제표에 포함되었던 이익잉여금처분계산서는 한국채택국제회계기준과 일반기업회계기준에서 제외되었다.

02 다음 중 재무제표의 질적 특성으로 볼 수 없는 것은?
① 신뢰성
② 적시성
③ 비교가능성
④ 목적적합성
⑤ 의사결정 유용성

해설
재무제표의 질적 특성에는 의사결정 유용성, 이해가능성, 신뢰성, 목적적합성, 비교가능성 등이 있고, 질적 특성의 제약요인에는 적시성, 효익과 비용(원가)의 균형, 질적 특성 간의 균형, 진실하고 공정한 관점(공정한 표시) 등이 있다.

03 손익분기점(BEP) 분석에 관한 설명으로 옳지 않은 것은?
① 총수익과 총비용이 일치하는 매출액 수준을 의미한다.
② 비용은 변동비와 고정비로 분류해야 한다.
③ 공헌이익으로 고정비를 모두 충당할 경우의 매출액 수준이다.
④ 공헌이익률은 '1-변동비율'을 의미한다.
⑤ 매출총이익이 '0'이 되는 판매량 수준을 말한다.

해설
총수익과 총비용이 동일한 조업도 수준으로 이익이 '0'이 되는 판매량 수준을 말한다.

정답 01 ⑤ 02 ② 03 ⑤

04 이익잉여금에 해당하지 않는 것은?

① 시설확장적립금　　　　　　② 차기이월이익잉여금
③ 이익준비금　　　　　　　　④ 주식발행초과금
⑤ 임의적립금

해설
④ 주식발행초과금은 자본잉여금에 해당한다.
이익잉여금(결손금)에는 이익준비금, 기타법정적립금, 임의적립금, 차기이월이익잉여금, 시설확장적립금 등이 해당한다.

05 감가상각에 관한 설명으로 옳지 않은 것은?

① 감가상각은 자산의 내용연수 동안 체계적인 방법에 의해 감가상각대상금액을 회계기간별로 배분하는 절차이다.
② 감가상각비의 결정요소는 감가상각대상금액, 내용연수, 감가상각방법이다.
③ 감가상각누계액은 자산의 취득원가 중 비용으로 계상되어 현재까지 소멸된 원가를 누계한 값이다.
④ 취득원가에서 감가상각누계액을 차감한 값을 장부가액이라 한다.
⑤ 정률법은 매 회계기간에 동일한 금액을 상각하는 방법으로 균등액상각법이라고도 한다.

해설
⑤ 정액법에 대한 설명이다.

06 회계정보의 질적 특성 중 목적적합성과 신뢰성의 내용으로 옳은 것은?

구 분	목적적합성	신뢰성
① 구성요소	충실한 표현	중요성
② 자산평가방법	시가법	원가법
③ 수익인식방법	완성기준	진행기준
④ 손익인식방법	현금주의	발생주의
⑤ 재무제표보고시기	결산재무제표	분기·반기재무제표

해설

구 분	목적적합성	신뢰성
① 구성요소	중요성	충실한 표현
③ 수익인식방법	진행기준	완성기준
④ 손익인식방법	발생주의	현금주의
⑤ 재무제표보고시기	분기·반기재무제표	결산재무제표

정답　04 ④　05 ⑤　06 ②

07 회계상의 거래로 인식할 수 없는 것은?

① 화재로 창고가 소실되었다.
② 상품을 외상으로 구입하였다.
③ 은행에서 자금을 차입하였다.
④ 사무실을 임차하는 구두계약을 체결하였다.
⑤ 주주에게 현금으로 배당금을 지급하였다.

해설

회계거래와 일상거래의 예

회계거래이지만 일상거래가 아닌 것	회계거래이고 일상거래인 것	일상거래이지만 회계거래가 아닌 것
• 재해손실, 도난손실 • 감가상각비 등 계상 • 각종 자산평가손익 • 현금 등 분실 • 토지, 건물 등의 기증	• 상품의 구매 및 판매 • 현금의 대여 및 회수 • 자산의 취득 및 처분 • 현금의 차입 및 상환 • 각종 현금수지활동 등	• 상품의 매매계약, 부동산의 임대차 계약, 리스계약 등 단순한 거래계약 • 상품·제품의 주문 • 물건의 보관 • 자산의 담보제공 • 직원채용

08 회계순환과정(Accounting Cycle)의 필수적인 절차가 아닌 것은?

① 분 개
② 시산표작성
③ 전 기
④ 수정분개
⑤ 마감분개

해설

회계순환과정 다섯 단계의 필수적인 절차는 분개 → 전기 → 수정분개 → 재무제표의 작성 → 장부마감(마감분개) 등의 순서를 말한다. 분개부터 전기까지의 절차는 거래 발생 시마다 행하는 절차이다. 수정분개와 재무제표 작성은 재무제표를 작성할 때 행하는 절차이면서 일반적으로 회계기말에 행하여지며, 장부마감 절차는 회계기말에만 행하는 절차이다. 시산표작성은 결산예비절차로 검증절차에 해당한다.

09 (주)가맹은 20X1년도 점포창업을 위하여 필요한 자금 1억 원을 다음과 같이 조달하였다. 가중평균자본비용(WACC)은?

자금조달 원천	금 액	세후 자본비용
차입금	50,000,000원	4%
보통주	30,000,000원	5%
우선주	15,000,000원	6%
사내유보금	5,000,000원	5%
합 계	100,000,000원	

① 2%
② 3.5%
③ 4.4%
④ 4.65%
⑤ 5%

해설
- 가중평균자본비용(WACC) = (자기자본비용 × 자기자본비중) + (타인자본비용 × 타인자본비중)이다.
- 전체 자금에서 차입금은 50%, 보통주는 30%, 우선주는 15%, 사내유보금은 5%의 자본비중을 차지하고 있다.
- 차입금(4% × 50%) + 보통주(5% × 30%) + 우선주(6% × 15%) + 사내유보금(5% × 5%) = 4.65%
∴ WACC = 4.65%이다.

10 거래 8요소의 차변과 대변의 결합관계로 옳은 것은?

① (차변)부채감소, (대변)자본감소
② (차변)자산증가, (대변)자본증가
③ (차변)자본증가, (대변)수익발생
④ (차변)비용발생, (대변)자산증가
⑤ (차변)자산감소, (대변)부채감소

해설
거래의 결합관계(거래의 8요소)

차변요소	대변요소
자산증가	자산감소
부채감소	부채증가
자본감소	자본증가
비용발생	수익발생

정답 09 ④ 10 ②

11 재무제표에 관한 설명으로 옳지 않은 것은?

① 외상매출금과 외상매입금은 일반적 상거래에서 발생한 채권, 채무로서 어음상의 채권, 채무가 아닌 것을 말한다.
② 받을어음과 지급어음은 일반적 상거래에서 발생한 어음상의 채권, 채무를 말한다.
③ 미수금이나 미지급금은 토지, 건물, 비품 등 상품 이외의 자산을 매각하거나 취득하는 과정에서 발생한 채권, 채무를 말한다.
④ 대여금이나 차입금은 자금을 대여하거나 차입하고 그 대가로 차용증서를 주고받는 경우에 발생하는 채권, 채무를 말한다.
⑤ 외상매출금과 받을어음 등 일반적으로 상거래에서 발생한 채권은 매출채권이라는 계정과목과 별도로 분류하여 보고해야 한다.

해설
매출채권은 회사의 주된 영업활동인 제품판매, 상품판매, 용역을 제공하고 그에 대한 대가를 즉시적으로(현금으로) 받지 못했을 경우 계상하는 항목으로 외상매출금과 받을어음으로 구분하지만, 재무상태표에는 이를 합해서 매출채권으로 계상한다.

12 한국채택국제회계기준 및 일반기업회계기준서상 재무상태표 표시와 관련된 설명으로 거리가 먼 것은?

① 자본은 자본금, 자본잉여금, 이익잉여금(결손금), 자본조정의 네 가지 항목으로 구분한다.
② 자산은 유동자산과 비유동자산으로 구분한다.
③ 유동자산은 당좌자산, 재고자산으로, 비유동자산은 투자자산, 유형자산, 무형자산, 기타비유동자산으로 구분한다.
④ 부채는 유동부채와 비유동부채로 구분한다.
⑤ 자산과 부채는 유동성이 높은 항목부터 배열하는 것을 원칙으로 한다.

해설
자본은 자본금, 자본잉여금, 이익잉여금(결손금), 기타포괄손익누계액, 자본조정의 다섯 가지 항목으로 구분한다.

13 일정 시점에서 기업이 보유하고 있는 자산, 부채, 자본의 구성 및 금액을 보고하고자 작성되는 재무보고서는?

① 재무상태표 ② 포괄손익계산서
③ 현금흐름표 ④ 자본변동표
⑤ 이익잉여금처분계산서

해설
② 2011년부터 적용되는 한국채택국제회계기준(K-IFRS)에서는 손익계산서 대신 포괄손익계산서를 재무제표에 포함하고 있다.
③ 일정기간 현금의 유입과 유출을 나타내는 표이다.
④ 자본변동표는 자본의 크기와 그 변동에 관한 정보를 제공하는 재무보고서로서 자본을 구성하고 있는 자본금, 자본잉여금, 자본조정, 기타포괄손익누계액, 이익잉여금(또는 결손금)의 변동에 대한 포괄적인 정보를 제공한다.
⑤ 2010년까지 일반기업회계기준에서 재무제표에 포함되었던 이익잉여금처분계산서는 한국채택국제회계기준과 일반기업회계기준에서 제외되었다.

14 재무상태표의 구성요소가 아닌 것은?

① 자 산 ② 부 채
③ 청구권 ④ 비 용
⑤ 지 분

해설
비용은 손익계산서의 구성요소이다.

15 재고자산의 단가평가 방법인 후입선출법에 관한 설명으로 옳지 않은 것은? (단, 판매량이 급증하여 기초재고가 판매되는 재고청산의 문제는 발생하지 않는다고 가정한다)

① 물가가 상승하는 경우 세금이 줄어든다.
② 나중에 매입한 상품이 먼저 판매되는 것으로 가정한다.
③ 물가가 상승하는 경우 기말재고자산금액은 시가인 현행원가에 근접한다.
④ 물가가 상승하는 경우 기말재고자산금액이 선입선출법에 비해 낮게 평가된다.
⑤ 물가가 상승하는 경우 재무적 관점에서 보수적인 회계처리 방법이다.

해설
물가가 상승하는 경우 기말재고자산금액이 시가인 현행원가에 근접하는 것은 선입선출법에 해당한다.

정답 13 ① 14 ④ 15 ③

16 유동성이 가장 높은 자산항목은?

① 건 물
② 당좌예금
③ 제 품
④ 매출채권
⑤ 영업권

해설

유동성이 가장 높은 자산항목은 당좌자산이다. 이 항목에는 현금, 현금성자산, 예금 등이 포함된다. 예금에는 당좌예금, 보통예금 등이 있다. 매출채권도 당좌자산에 해당하지만, 현금 및 현금성자산보다는 유동성이 낮다. 건물은 유형자산, 제품은 재고자산, 영업권은 무형자산에 해당한다. 결국 유동성이 가장 높은 자산항목은 당좌예금이다.

17 유형자산의 취득 후 발생되는 지출 중 수익적 지출에 해당하는 것은?

① 상당한 원가절감을 가져오는 지출
② 생산력 증대를 가져오는 지출
③ 경제적 내용연수를 연장시키는 지출
④ 마모된 자산의 원상복구에 사용된 지출
⑤ 품질향상을 가져오는 지출

해설

①·②·③·⑤ 자본적 지출에 속한다.

18 단일종류의 상품을 취급하는 (주)가맹의 당기 재고자산 관련 자료는 다음과 같다. 이 회사가 실지재고조사법하에서 가중평균법을 사용하는 경우 당기 매출원가는?

구 분		수량(개)	단 가
1월 1일	기초재고	100	11,000원(구입가)
3월 15일	매 입	120	12,000원(구입가)
5월 19일	매 출	160	20,000원(판매가)
12월 11일	매 입	140	14,000원(구입가)

① 1,847,200원
② 2,000,000원
③ 2,247,200원
④ 3,400,000원
⑤ 4,500,000원

해설

- 기초재고액 = 100개 × 11,000원 = 1,100,000원
- 당기매입액 = (120개 × 12,000원) + (140개 × 14,000원) = 3,400,000원
- 기말재고액 = 200개$^{주1)}$ × 12,500원$^{주2)}$ = 2,500,000원

  *주1) 기말재고수량 = 100개 + 120개 − 160개 + 140개 = 200개

  *주2) 기말재고단가 = $\dfrac{\text{기초재고액 } 1,100,000원 + \text{당기매입액 } 3,400,000원}{\text{기초재고수량 } 100개 + \text{당기매입수량 } 260개}$ = 12,500원

※ 실지재고조사법하에서 가중평균법을 사용한다는 것은 가중평균법 중 총평균법(기말단가기록법)을 사용한다는 것이다.

∴ 매출원가 = 기초재고액 1,100,000원 + 당기매입액 3,400,000원 − 기말재고액 2,500,000원 = 2,000,000원

19 (주)가맹은 20X4년 1월 1일에 만기 3년, 액면이자율 연 8%, 액면금액 10,000,000원의 사채를 발행하였다. 사채발행 시의 유효이자율은 연 10%이고 이를 적용한 사채 발행금액은 9,502,440원이었다. (주)가맹이 유효이자율법에 따라 사채할인발행차금을 상각하는 경우 결산일인 20X4년 12월 31일 사채의 장부가액은?

① 9,115,124원
② 9,652,684원
③ 9,849,756원
④ 10,722,353원
⑤ 11,035,462원

해설

일 자	유효이자(10%)	액면이자(8%)	상각액	장부금액
20X4.1.1				9,502,440
20X4.12.31	950,244^{*주1)}	800,000^{*주2)}	150,244^{*주3)}	9,652,684

*주1) 발행금액 9,502,440원 × 유효이자율 10%
*주2) 액면금액 10,000,000원 × 액면이자율 8%
*주3) 유효이자액 950,244 − 액면이자액 800,000

20 계정과목 중 비유동부채에 해당하는 것은?

① 사채(社債)
② 선수금
③ 매입채무
④ 미지급비용
⑤ 단기차입금

해설

사채만 비유동부채(1년 이후 상환부채)이고, 나머지는 유동부채(1년 이내 상환부채)이다.

21 손익계산서 작성기준으로 옳지 않은 것은?

① 발생주의
② 실현주의
③ 현금주의
④ 수익-비용 대응의 원칙
⑤ 총액주의

해설

손익계산서의 작성기준
- 발생주의 : 모든 수익과 비용은 그것이 발생한 기간에 정당하게 배분되도록 처리하여야 한다.
- 실현주의 : 수익은 실현 시기를 기준으로 계상하고 미실현수익은 당기의 손익계산에 산입하지 아니함을 원칙으로 한다.
- 수익-비용 대응의 원칙 : 수익과 비용은 그 발생원천에 따라 명확하게 분류하고 각 수익항목과 이에 관련되는 비용항목을 대응 표시하여야 한다.
- 총액주의 : 수익과 비용은 총액에 의하여 기재함을 원칙으로 하고 수익항목과 비용항목을 직접 상계함으로써 전부 또는 일부를 손익계산서에서 제외하여서는 아니 된다. 다만 일반기업회계기준에서 요구하거나 허용하는 경우에는 수익과 비용을 상계하여 표시할 수 있다.

정답 19 ② 20 ① 21 ③

22 다음 자료에 근거하여 손익계산서에 반영되는 당기순매입액을 계산하면?

> - 당기에 상품 2,000,000원을 외상으로 매입하였다.
> - 위 상품을 매입하면서 매입운임으로 90,000원을 지급하였다.
> - 위 외상으로 매입한 상품 중 300,000원을 불량품으로 반품하였다.
> - 외상매입금을 조기에 지급하여 30,000원의 매입할인을 받았다.

① 1,080,000원 ② 1,050,000원
③ 1,010,000원 ④ 1,760,000원
⑤ 950,000원

해설

- 당기순매입액 = 매입가액 + 매입부대비용 − 매입환출(반품) − 매입할인(가격할인)
- 당기순매입액 = 2,000,000 + 90,000 − 300,000 − 30,000 = 1,760,000원

23 기타포괄손익에 해당하는 것은?

① 종업원급여 ② 중단영업손실
③ 당기순이익 ④ 대손상각비
⑤ 유형자산재평가이익

해설

기타포괄손익
- 당기손익으로 인식하지 않은 수익과 비용 항목을 말하며 재분류조정을 포함한다. 즉, 손익거래임에도 불구하고 당기손익에는 포함하지 않는 항목들을 말한다.
- 기타포괄손익에는 재평가잉여금의 변동(유형자산재평가손익), 매도가능증권의 재측정손익 등이 있다.

24 투자활동으로 인한 현금흐름에 해당하는 것은?

① 현금 대여 ② 주식 발행
③ 사채(社債) 발행 ④ 차입금 상환
⑤ 배당금 지급

해설

주식 발행, 사채 발행, 차입금 상환, 배당금 지급은 모두 재무활동으로 인한 현금흐름에 해당한다.

현금흐름표의 구분(직접법)

구 분	직접법	
	현금유입	현금유출
영업 활동	• 매출대금유입 • 이자수익 • 배당금수익 • 임대료수익	• 매입대금유출 • 급여·퇴직금지급 • 이자비용 • 법인세지급 • 기타 영업비지급
투자 활동	• 단기금융상품처분 • 유가증권처분 • 대여금회수 • 미수금회수 • 고정자산처분	• 단기금융상품취득 • 대여금 대여 • 유가증권취득 • 고정자산취득
재무 활동	• 차입금차입 • 사채발행 • 유상증자 • 자기주식처분	• 차입금상환 • 미지급금상환 • 사채상환 • 유상감자 • 자기주식취득 • 현금배당지급

25 이자보상비율 = $\frac{(ㄱ)}{이자비용}$ 에서 (ㄱ)에 해당하는 것은?

① 순이익
② 영업이익
③ 유동부채
④ 매출총이익
⑤ 매출액

해설

이자보상비율은 채권자에게 지급하여야 할 이자비용에 대한 안전도를 나타내는 것으로, 기업이 벌어들이는 영업이익으로 이자비용을 감당할 수 있는지를 평가한다. 즉, 이자보상비율이 1보다 작은 경우에는 영업이익으로 이자비용을 감당하지 못하는 경우이므로 이 기업은 안전하지 않은 회사로 볼 수 있다.

26 A기업의 유동자산은 500억 원, 유동부채는 200억 원, 자본은 500억 원이다. 이 기업의 유동비율은?

① 100%
② 150%
③ 200%
④ 250%
⑤ 300%

해설

• 유동비율 = 유동자산/유동부채
• 유동비율(%) = 500/200 × 100 = 250%

정답 25 ② 26 ④

27 다음 중 회계처리(분개)의 대상이 아닌 항목은?

① 현금배당 ② 주식배당
③ 주식분할 ④ 무상증자
⑤ 자기주식의 취득

해설

주식분할(액면분할)이란 이미 발행한 주식을 일률적으로 세분화하여 주식 수를 증가시키는 것을 뜻한다. 예컨대 액면가 5,000원짜리 주식을 액면가 500원짜리로 분할하는 것이다. 이처럼 주식분할(액면분할)은 발행주식 수는 증가하지만, 자본금계정의 금액상 변화가 없다. 따라서 회계처리(분개)의 대상이 되지 않는다.

28 다음 중 식별 가능한(Identifiable) 무형자산이 아닌 것은?

① 특허권 ② 상표권
③ 라이선스 ④ 프랜차이즈
⑤ 영업권

해설

무형자산이란 재화의 생산이나 용역의 제공, 타인에 대한 임대 또는 관리에 사용할 목적으로 기업이 보유하고 있으며, 물리적 형체가 없지만 식별 가능하고(Identifiable), 기업이 통제하고 있으며, 미래 경제적 효익이 있는 비화폐성 자산을 말한다. 이러한 예로는 컴퓨터소프트웨어, 특허권, 상표권, 라이선스, 저작권, 영화필름, 고객목록, 모기지관리용역권, 어업권, 수입할당량, 프랜차이즈, 고객이나 공급자와의 관계, 고객충성도, 시장점유율과 판매권 등이 있다. 여기서 사업결합으로 취득하는 영업권은 개별적으로 식별되지 않고 분리하여 인식될 수 없는 자산에서 미래 경제적 효익을 기대하여 취득자가 지급하는 대가를 말한다.

29 (주)가맹은 20X4년 1월 1일에 캐드용 기자재 1대를 구입하였다. 정률법에 의하여 감가상각하는 경우 20X5년의 감가상각비는? (단, 회계기간은 매년 1월 1일부터 12월 31일까지이다)

- 취득원가 : 20,000,000원
- 잔존가치 : 3,500,000원
- 내용연수 : 7년
- 정률 : 20%

① 2,560,000원 ② 3,000,000원
③ 3,200,000원 ④ 4,000,000원
⑤ 4,500,000원

해설

- 정률법으로 감가상각비를 구하는 공식 = (취득원가 − 감가상각누계액) × 정률
- 감가상각누계액은 1년이 지났으므로 20,000,000원(취득원가) × 0.2(정률) = 4,000,000원
- 감가상각비 = (20,000,000원 − 4,000,000원) × 0.2 = 3,200,000원

30 다음 중 회계정보가 갖추어야 할 질적 특성에 대한 설명으로 틀린 것은?

① 예측가치란 정보이용자가 기업실체의 미래 재무상태, 경영성과, 순현금흐름 등을 예측하는 데에 그 정보가 활용될 수 있는 능력을 의미한다.
② 피드백가치란 제공되는 회계정보가 기업실체의 재무상태, 경영성과, 순현금흐름 등에 대한 정보이용자의 당초 기대치를 확인 또는 수정되게 함으로써 의사결정에 영향을 미칠 수 있는 능력을 말한다.
③ 중립성이란 동일한 경제적 사건이나 거래에 대하여 동일한 측정방법을 적용할 경우 다수의 독립적인 측정자가 유사한 결론에 도달할 수 있어야 함을 의미한다.
④ 표현의 충실성은 재무제표상의 회계수치가 회계기간 말 현재 기업실체가 보유하는 자산과 부채의 크기를 충실히 나타내야 한다는 것이다.
⑤ 이해가능성이란 재무정보이용자는 일반적으로 기업경영 및 경제활동과 회계에 대한 합리적인 이해력과 지식을 가지고 있다고 가정하는 것을 말한다.

해설

중립성이 아닌 검증가능성에 대한 설명이다. 중립성이란 회계정보가 신뢰성을 갖기 위해서는 편의 없이 중립적이어야 한다는 의미이다.

31 다음은 모두 큰 거래비용 없이 현금으로 전환이 용이하고 이자율변동에 따른 가치변동의 위험이 중요하지 않은 금융상품이다. 다음 중 현금성자산이 아닌 것은?

① 2024년 12월 10일 취득하였으나 상환일이 2025년 6월 20일인 상환우선주
② 3개월 이내의 환매조건인 환매채
③ 투자신탁의 계약기간이 3개월 이내인 초단기수익증권
④ 취득 당시 만기가 3개월 이내에 도래하는 채권
⑤ MMF, MMDA

해설

현금성자산은 큰 거래비용 없이 현금으로 전환이 용이하고 이자율 변동에 따른 가치변동의 위험이 중요하지 않은 금융상품으로서 취득 당시 만기일(또는 상환일)이 3개월 이내인 것을 말한다.

정답 30 ③ 31 ①

CHAPTER 02 경영학 총론

출제 포인트

경영학 총론은 경영학 전반과 관련된 포괄적인 내용이므로 중요한 단원이다. CPA 자격시험 경영학에서도 매년 2~3문제가 출제되고 있는데, 주로 기업집중과 경영전략을 중심으로 많이 출제되고 있으며, 시대변화에 맞추어 향후 경영혁신기법과 기업집중, 경영자의 사회적 책임, 기업환경 등에 관심을 가지고 공부하는 것이 좋을 것이다.

제1절 경영학의 개념 및 성격

1 경영학의 성격

(1) 경영학은 종합적인 응용과학이다. 즉, 경영학은 경영행동에 관한 종합과학적인 입장에서 다루는 지식체계임과 동시에 새로운 기술이나 방법을 모색하는 응용과학적인 특성도 가지고 있다.

(2) 경영학은 이론 및 실천과학이다. 즉, 경영학은 경영원리와 법칙을 연구하므로 순수과학이론이라고도 한다.

(3) 경영학은 실증 및 규범과학이다.

(4) 경영학은 과학적이고 기술적인 이중적 성격을 가진 학문이다.

2 경영 및 경영관리

(1) 경 영

경영은 경영학의 연구대상을 이루는 것으로, 경영학의 방법론의 상이에 따라 여러 가지 의미로 사용된다. 개별경제학(個別經濟學, Einzelwirtschaftslehre)의 입장에서는 종합경제로서의 국민경제를 구성하는 독립적인 개별경제단위를 경영이라 보기 때문에, 경영의 개념 속에는 생산경제의 단위인 기업뿐만 아니라 가계나 재정 등의 소비경제의 단위도 포함된다. 이에 대하여 경영경제학(經營經濟學, Betriebswirtschaftslehre)의 입장에서는 경영을 독립적인 생산경제의 단위이며, 재화와 서비스의 생산이나 배급에 종사하는 경제적 조직이라고 본다. 따라서 경영경제학에서는 공공재정이나 가계 등 소비경제의 단위는 경영의 개념에서 제외된다.

> 참고 경영의 개념(경영학 연습 ; 양종택, 법문사, 1999)
> - 기업의 목적을 달성하기 위하여 특정한 이념에 따라 자금, 노동력, 원재료, 기계, 설비 등과 같은 제 요소를 조달하고 이들을 결합하여 제조하고 또한 판매한다.
> - 경영의 이러한 일련의 제활동을 계속적이고 통일적으로 영위하는 조직체인 것이다.
> - 기업의 제활동은 경영을 형성하게 되며 또한 그것은 경영에 의하여 영위되고 있다.
> - 경영은 활동의 조직체인 것이며 합목적적 구성체이다.

(2) 경영관리
① 경영관리 : 경영에서 업무수행을 효과적으로 행할 수 있게 경영조직을 체계적으로 운영하는 것으로 경영상에서의 각종 업무수행이 경영목적을 위하여 가장 효과적으로 행해질 수 있도록 여러 가지 시책을 체계적으로 연구하고 경영조직체를 만들어 이를 운영하는 일을 의미한다. 초기의 경영관리는 경영자의 경험과 직관력(直觀力)을 바탕으로 행해졌으나, 경영규모의 확대, 경영내용의 복잡화, 경영환경의 급격한 변화 등으로 경영관리의 과학화가 필연적으로 필요하게 되었다. 그것은 20세기 초의 과학적 관리법에서부터 시작된다.
② 경영관리의 본질 : 경영관리란 조직 속의 인간의 경영행동에 관한 연구를 하는 것이다.

(3) 기업과 경영과의 관계 : 기업의 상위개념으로서의 경영
① 기업은 경영의 소유단위이고, 경영은 기업의 생산단위이다.
② 기업의 지도원리는 수익성이고, 경영의 지도원리는 경제성이다.
③ 기업은 법률적·생산적·재무적 단위이고, 경영은 기술적·생산적·의사결정적 단위이다.
④ 모든 개별경제단위를 경영이라고 할 때 기업은 특히 영리를 목적으로 하는 경영체라고 할 수 있다.

제2절 경영관리이론

1 고전적 경영이론 15 21 기출

(1) 테일러의 과학적 관리법
① 미국의 경영학자 및 과학적 관리법 창시자인 테일러(F. W. Taylor)는 노동자들의 태업·파업을 목격하고 과학적인 작업관리의 필요성을 통감한 나머지, 과학적 관리법(테일러 시스템)을 창안하여 공장개혁과 경영합리화에 큰 공적을 남겼다.
② 테일러 시스템 : 노동자의 표준작업량(과업)을 과학적으로 결정하기 위한 시간연구, 과업의 달성을 자극하기 위한 차별적 임금(성과급), 계획 부문과 현장감독 부문을 전문화한 기능별 조직 등을 축으로 한 관리시스템이다.

③ **과학적 관리방법** : 노동자의 근로의욕을 높이고 능률을 증진하는 합리적인 작업관리의 방법이다.
④ **테일러 시스템의 운영제도** : 기획부제도, 기능적 직장제도, 작업지도카드제도 등으로 구분된다.
⑤ **테일러 시스템의 비판** : 과학적 관리법에 대한 비판은 여러 측면에서 나오고 있다. 그 비판들의 핵심이 되는 것은 관리철학(경영이념)이며, 먼저 테일러가 노사 간의 이해 불일치로 문제가 되고 있는 기업 내부의 문제만 해결하면 된다고 보았다는 점이다. 그러나 기업은 근로자와 경영자를 포함하는 하나의 사회조직이므로, 전체사회조직에 공통된 원리가 과학적 관리법에 포함되어야 한다는 것이다. 그런데 이 점을 무시하였기 때문에 노동조합측이나 일반사회의 지지를 받지 못하였다. 또 다른 문제는 기업의 인간적 측면을 무시하였다는 점이다. 인간노동을 기계화하여 노동생산성을 높이는 데만 치중하였기 때문에 인간의 심리적·생리적·사회적 측면에 대한 고려를 하지 않았다는 것이다.

(2) 페이욜의 관리적 활동 14 기출
① 페이욜(H. Fayol)은 현대 경영사상의 선구자로서 경영관리론의 최초의 주장자이다.
② 페이욜은 처음으로 경영과 관리를 구별하였다.
③ 경영적 활동은 기술적 활동, 상업적 활동, 재무적 활동, 보전적 활동, 회계적 활동, 관리적 활동을 모두 포함하며, 관리란 관리적 활동만을 의미한다.
④ 관리의 5요소로 예측(계획), 조직, 지휘, 조정, 통제를 들었다.
⑤ 페이욜의 관리 일반 14원칙 : 분업, 권한, 규율, 명령통일, 지휘통일, 개인적 이익의 전체조직 이익으로의 종속, 보상, 집권화, 계층조직, 질서, 공정, 고용의 안정, 주도성, 단결 등

(3) 베버의 관료제
① **관료이론** : 막스 베버가 제창한 이론으로 조직경영에 중요한 관점과 개념을 제시하여 경영조직 연구에 큰 공헌을 하였다. 관료제를 논리와 질서 그리고 합법적 권한에 근거한 가장 이상적이고 합리적이며 능률적인 조직형태로 보았으며, 관료제의 적절한 조직구조를 사용하는 경영자는 생산성을 향상시킬 수 있다고 보았다.
② **관료제의 특성**
  ㉠ 분업에 따른 권한과 책임이 분명하게 규정되며 모든 종업원의 직무에는 의무와 책임이 명시된다.
  ㉡ 표준적 규칙과 절차가 존재한다.
  ㉢ 직무나 직위는 권한계층에 따라서 조직화된다.
  ㉣ 조직구성원은 기술적 능력에 따라 선발되며, 고정적 급여를 받고 일을 하는 전문경영자가 있다.
③ **관료제의 장단점**
  ㉠ 장점 : 전문화, 예측 가능성과 안정성, 구조화, 합리성 추구 등이다.
  ㉡ 단점 : 융통성이 적고 규칙이 목표보다 더 중요시되며, 상향적 커뮤니케이션을 어렵게 만든다.

2 행동과학적 경영이론

(1) 메이요의 호손 실험 23 기출
① 인간관계란 사람과 사람과의 인격적인 관계, 특히 경영조직 내부에서의 비공식적인 인간관계를 총칭한다.
② 호손 실험(Hawthorne Experiments)의 결과 기업의 목표달성도는 종업원의 사기(士氣)에 의하여 크게 영향을 받는다는 점이 밝혀진 이래 사기양양 요인으로서 비공식집단(Informal Group)의 중요성이 주목을 받게 되었다. 그리하여 직장의 인간관계에 유의하며 종업원의 사기를 높이고 그들의 자발적인 협력을 확보하기 위한 여러 방책이 추구되기에 이르렀다.
③ 제1차 실험(조명실험) : 공장 내의 조명도와 종업원의 피로에 의한 생산능률의 상관관계가 연구되었다.
④ 제2차 실험(계전기 조립작업실험) : 작업조건과 이에 따른 생산과의 차이를 실험한 것으로 물리적 작업조건보다는 인간의 안정감과 책임감 등의 심리적 만족이 더 중요하다는 것을 알게 되었다.
⑤ 제3차 실험(면접실험) : 생산능률의 저하는 물리적 작업조건의 불량에서도 일어나지만 인간적·사회적 환경에 대한 개인의 부적응에서도 유래된다는 것을 알게 되었다.
⑥ 제4차 실험(배전기 권선작업실험) : 종업원 간의 의식적·무의식적 상호 간의 비공식화된 조직이 작업의 성과실현에 큰 영향을 미치고 있다는 사실을 알게 되었다.
⑦ 결론 : 생산성에 영향을 주는 요인은 다양하나 그중에서도 중요한 것은 개인 대 개인 간에서 자연발생적으로 생성되는 인간관계의 비공식적 조직이 가장 중요하며 이것은 감정의 논리를 중요시하여야 한다는 것을 의미한다.

(2) 맥그리거의 X·Y이론 10 13 기출
① X·Y이론 : 미국의 경영학자 D. 맥그리거가 제창한 종업원에 대한 경영자·관리자층의 인간판에 관한 이론을 말한다.
② X이론 : 맥그리거는 다음 세 가지를 X이론이라 하고 이는 명령통제에 관한 전통적 견해이며 낡은 인간관이라고 비판하였다. 그는 또 이러한 인간관에 입각한 조직원칙·관리기법으로는 새로운 당면 문제나 목표달성을 위해 조직의 총력을 결집하는 행동을 바라기 어렵다고 하면서 X이론을 대신할 새로운 인간관으로서 Y이론을 제창하였다.
  ㉠ 인간은 선천적으로 일을 싫어하며 가능한 한 일을 하지 않고 지냈으면 한다.
  ㉡ 기업 내의 목표달성을 위해서는 통제·명령·상벌이 필요하다.
  ㉢ 종업원은 대체로 평범하며 자발적으로 책임을 지기보다는 명령받기를 좋아하고 안전제일주의의 사고·행동을 취한다.
③ Y이론 : Y이론은 인간의 행동에 관한 여러 사회과학의 성과를 토대로 한 것인데 이러한 사고방식을 가진다면, 종업원들은 자발적으로 일할 마음을 가지게 되고 개개인의 목표와 기업목표의 결합을 꾀할 수 있으며 능률을 향상시킬 수 있다고 보았다.
  ㉠ 오락이나 휴식과 마찬가지로 일에 심신을 바치는 것은 인간의 본성이다.
  ㉡ 상벌만이 기업목표 달성의 수단은 아니다. 조건에 따라서 인간은 스스로 목표를 향해 전력을 기울이려고 한다.

ⓒ 책임의 회피, 야심의 결여, 안전제일주의는 인간의 본성이 아니다.
ⓔ 새로운 당면문제를 잘 처리하는 능력은 특정인에게만 있는 것은 아니다.
ⓜ 오히려 현재 기업 내에서 인간의 지적 능력이 제대로 활용되지 않고 있을 가능성이 크다.

(3) 매슬로우의 욕구이론 10 12 20 21 기출

① 매슬로우(Abraham H. Maslow) : 인본주의 심리학의 창설을 주도하였으며 기본적인 생리적 요구에서부터 사랑, 존중 그리고 궁극적으로 자기실현에 이르기까지 충족되어야 할 욕구에 위계가 있다는 욕구 5단계설을 주장하였다.
② 인간의 욕구는 타고난 것이며 욕구를 강도와 중요성에 따라 5단계로 분류하였다. 하위단계에서 상위단계로 계층적으로 배열되어 하위단계의 욕구가 충족되어야 그 다음 단계의 욕구가 발생하며 욕구는 행동을 일으키는 동기요인이다.
③ 인간의 욕구는 병렬적으로 열거되어 있는 것이 아니라 낮은 단계에서부터 충족도에 따라 높은 단계로 성장해가는 것이며 낮은 단계의 욕구가 충족되지 않으면 높은 단계의 욕구는 행동으로 연결되지 않고 이미 충족된 욕구도 행동으로 이어지지 않는다. 그러나 매슬로우가 주장한 인간의 욕구는 강도나 중요성에 따라 계층적으로 배열한 것이지 결코 행복 그 자체를 계층적으로 배열한 것은 아니다.
④ 인간욕구 5단계
  ㉠ 1단계 욕구는 생리적 욕구로 먹고, 자고, 종족보존 등 최하위 단계의 욕구이다.
  ㉡ 2단계 욕구는 안전에 대한 욕구로 추위, 질병, 위험 등으로부터 자신을 보호하는 욕구이다. 장래를 위해 저축하는 것도 안전욕구의 표출이라 할 수 있다.
  ㉢ 3단계 욕구는 애정과 소속에 대한 욕구로 가정을 이루거나 친구를 사귀는 등 어떤 단체에 소속되어 애정을 주고받는 욕구이다.
  ㉣ 4단계 욕구는 자기존중의 욕구로 소속단체의 구성원으로 명예나 권력을 누리려는 욕구이다.
  ㉤ 5단계 욕구는 자아실현의 욕구로 자신의 재능과 잠재력을 충분히 발휘해서 자기가 이룰 수 있는 모든 것을 성취하려는 최고수준의 욕구이다. 자신의 잠재력을 발휘해서 최선을 다하는 것은 바로 자아실현의 욕구가 표출된 것이다.
⑤ 결국 인간이 원하는 것은 위의 5단계 중 어느 한 단계에 속한다고 할 수 없고, 육체의 평안을 통해서, 사랑을 통해서, 명예를 통해서 또는 자신의 잠재력 개발을 통해서 나름대로 행복을 추구하는 것이다.

(4) 미성숙 – 성숙의 동기부여이론 10 기출

① 조직에서의 인사관리 방법이 개인의 행동이나 성장에 미치는 영향을 연구한 행동과학자 크리스 아지리스(Chris Argyris)의 이론이다.
② 미성숙상태에서 성숙상태로의 변화
  ㉠ 수동적 활동에서 능동적·적극적 활동으로 변화
  ㉡ 의존적 상태에서 자주독립적 상태로 변화
  ㉢ 단순한 행동양식에서 다양한 행동양식으로 변화
  ㉣ 불규칙적이고 얕은 관심에서 깊고 강하며 지속적인 관심으로 변화
  ㉤ 단기적인 전망에서 장기적인 전망으로 변화

ⓑ 종속적 지위에서 평등 또는 우월적 지위로 변화
ⓢ 자아의식의 결여에서 자아에의 의식과 통제를 할 수 있게 되는 상태로 변화
③ 이러한 성숙상태의 특색은 개인이 속하는 문화나 개성의 규범에 의하여 억제되는 것이 일반적인 경향이며, 아지리스는 산업조직에서 흔히 볼 수 있는 종업원의 무관심이나 노력의 결여 등은 단순히 개인의 문제가 아니라고 보았다. 그는 기업의 관리방법에 따라 성숙이 방해되는 경우가 많다고 하고, 개인은 환경에 대하여 최저한의 영향력밖에 행사하지 못하므로 수동적이고 의존적·복종적인 것이 장려되어 미성숙한 행동을 하게 된다고 하였다. 결국 산업조직체의 노동자는 성숙한 성인으로 행동하는 것보다는 미성숙한 방법으로 행동하도록 기대된다는 것이다.

(5) 동기 – 위생이론(2요인이론) 10 기출
① 인간이 직무와 관련하여 추구하는 욕구는 크게 동기요인과 위생요인으로 나누어진다는 것으로 허즈버그에 의하여 주장되었다.
② **동기요인** : 직무에 대한 만족을 결정짓는 데 영향을 미치는 요인들로 직무 그 자체의 요인으로 만족요인이라고도 불린다. 성취감, 성취에 대한 인정, 작업 자체, 책임감, 성장 및 발전, 승진 등이 이에 해당한다.
③ **위생요인** : 일종의 환경적 요인으로 결핍되었을 때 직무에 대한 불만족을 초래하는 요인들로서 직무에 대한 만족을 결정짓는 요인들과는 별개의 요인이므로 이를 불만족요인 또는 유지요인이라고도 한다. 이에는 회사 정책과 관리, 감독, 작업조건, 개인 상호 간의 관계, 급여, 안정, 지위 등이 해당한다.

(6) 리커트의 관리시스템이론
① 관리의 형태를 네 가지 시스템으로 분류하여 각 관리시스템의 특징에 대하여 측정한, 렌시스 리커트(Rensis Likert)의 조직이론(組織理論)으로 과학적 관리원칙에 따른 경영방식에서 효과적인 인간관계와 비공식적 집단의 중요성을 강조한 인간관계론적 접근으로 경영학 이론이 전환되면서, 조직설계에 관한 관점도 조직 내에서 일어나는 행동적·사회적 과정에 관심을 갖기 시작하였다. 이에 대한 대표적인 접근방법으로 리커트는 조직 내의 커뮤니케이션 단위를 집단(Group)에 두고 관리시스템을 네 가지로 분류하여 설명하였다.
② 관리방식은 조직의 목표설정과 의사결정이 모두 상위계층에 의해 이루어지고 하급자에게 하달하는 조직으로 독선적이고 전제형(專制型)인 시스템 Ⅰ, 경영자가 하급자를 어느 정도 신뢰하는 조직으로 온정적이고 전제형인 시스템 Ⅱ, 경영자가 하급자를 상당히 신뢰하는 조직으로 상담형인 시스템 Ⅲ을 거쳐 경영자가 하급자를 완전히 신뢰하는 조직으로 집단참가형인 시스템 Ⅳ로 연속적으로 변화되며, 이는 마치 X이론에서 Y이론으로, 미성숙에서 성숙으로, 위생요인에서 동기유발요인으로 이행하는 것과 같다고 하였다.
③ 리커트는 관리자가 자신의 기업이 어디에 속하는지 측정할 수 있도록 여러 항목으로 차트(Chart)를 만들어 정리하였는데, 생산성과 이익성이 낮은 기업일수록 시스템 Ⅰ에 가까운 관리방식을 취하고 생산성과 이익성이 높은 기업일수록 시스템 Ⅳ에 가까운 관리방식을 취한다고 하였다.

(7) 블레이크와 머튼의 매니지리얼 그리드 이론 25 기출
① 매니지리얼 그리드를 관리격자라고도 하는데 관리자의 업적에 대한 관심과 인간에 대한 관심으로 구분하고 이것을 X축과 Y축으로 나타내는 격자(그리드)를 만들었다.
② 그리드상에 업적 및 인간에 대한 관심의 정도를 1에서 9까지로 나타내고 관심도는 숫자가 커짐에 따라 강한 것으로 하였다.
③ 관리자의 유형
  ㉠ 1.1형(무기력형) : 생산(업적) 및 인간의 어느 면에도 관심이 없는 방임주의적인 관리자형
  ㉡ 1.9형(친목형) : 업적에 대한 관심은 거의 없으나 인간에 대한 관심이 높은 관리자형
  ㉢ 9.1형(과업형) : 오로지 업적에 대한 관심이 있는 독재형의 관리자형
  ㉣ 9.9형(집단형) : 업적과 인간 모두에 관심이 매우 높은 관리자형
  ㉤ 5.5형(절충형) : 업적과 인간에 대한 관심이 중간 정도인 관리자형

(8) 버나드와 사이몬의 근대조직이론
① 버나드의 조직이론
  ㉠ 조직을 보다 큰 시스템의 하위시스템으로 이해했다.
  ㉡ 조직의 목적과 개인의 동기는 대립도 통합도 가능하다.
  ㉢ 공동의 목적 달성을 위해 조절된 물적·사회적 체계를 협동체계라하며 기업 등이 이에 속한다.
  ㉣ 조직의 성립에 필요한 것은 공헌의욕, 공통목적, 의사소통이다.
② 사이먼의 조직이론
  ㉠ 관리과정은 곧 의사결정 과정이며 의사결정은 가치와 사실에 따라 이루어진다.
  ㉡ 인간은 합리적으로 의사결정을 할 수 있고 조직은 그러한 의사결정의 집약체이다.
  ㉢ '관리인'은 제한된 합리성을 달성할 수밖에 없는 반면 '경제인'은 객관적 합리성을 달성할 수 있다.

(9) 쿤쯔의 현대경영학의 접근방법
① 경험적 접근법 : 관리활동 자체를 경험의 연구라는 접근방식을 가지고 있는 것으로 주로 실제사례를 대상으로 연구·분석하는 특징을 가진 접근방법
② 인간상호행동적 접근법 : 관리과정에서 개인 간의 행동을 주요 연구대상으로 하며, 대인관계를 중시한다. 이를 인간관계학파 또는 행동과학학파라고 부르기도 한다.
③ 집단행동적 접근법 : 경영관리의 목표를 효과적으로 달성하기 위해서는 그 대상을 소집단은 물론 집단을 포괄하는 집단행동에 두어야 한다고 간주하고 그 양상에 관한 연구에 초점을 두는 접근방법
④ 협동사회시스템적 접근법 : 협동사회시스템을 연구대상으로 하고 그 속에서의 인간 및 문화적 상호관계를 시스템 측면에서 해명 및 고찰하려는 관점의 접근법
⑤ 사회기술시스템적 접근법 : 생산성 문제를 전제로 하는 기술시스템과 사회시스템의 상호 간 영향을 미치는 연구에 초점
⑥ 의사결정이론 접근법 : 경영관리의 초점을 관리자의 의사결정에 두는 접근법
⑦ 시스템적 접근법 : 물리학적·생물학적 방법으로 사용해온 시스템이론이 경영학에 적용된 것으로, 기업을 하나의 복합체를 이룬 시스템으로 보는 접근법

⑧ **수리·경영과학적 접근법** : 관리, 의사결정 등을 수학적 기호와 수학적 관계로 표현할 수 있다는 접근법
⑨ **상황적합적 접근법** : 경영관리 자체는 경영자에게 주어진 상황과 환경에 따른 개인적인 역할에 좌우된다는 기본적 관점을 중시하면서 상황과 환경에 있어서의 제 변수의 선정과 그에 따른 경영자의 역할유형을 결정
⑩ **경영자역할 접근법** : 대인적 역할, 정보적 역할, 의사결정 역할
⑪ **맥킨지의 7-S 접근법** : 전략(Strategy), 구조(Structure), 시스템(System), 스타일(Style), 스태프(Staff), 공유가치(Shared Value), 기술(Skill)
⑫ **관리적 접근법** : 조직 내에서의 관리를 구성원이 작업을 수행하는 과정으로 보고 이 과정을 중시하는 기본적인 개념을 가지고 연구에 초점을 맞추는 접근방법

3 현대 경영이론

(1) 계량경영이론

① **의 의**
  ㉠ 계량경영이란 경영활동에 통계적·수학적 방법을 도입하여 계량적 분석을 기초로 계획 또는 통제를 하는 일로써 계량경제의 발달과 같이, 컴퓨터의 대두로 경영의 숫자적 파악 및 분석이 가능해짐에 따라 비롯된 것이다. 따라서 계량경영은 종래의 직감·육감적 경영에 정반대되는 것이다.
  ㉡ 경영에서의 컴퓨터 이용은 사후집계 업무와 사전계획 업무로 나눌 수 있는데 사후집계 업무가 신속·정확하게 파악됨으로써 의사결정이 적기에 행해지고, 또 사전계획 업무의 신속·정확한 수립에 따라 합리적인 해결방안이 제시되는 등 종래의 추측적·경험적 경영과는 달리 숫자의 파악·분석에 중점을 두는 것이다.

② **계량경영분석의 특징**
  ㉠ 의사결정의 기초가 된다.
  ㉡ 경제적 의사결정의 기준이 된다.
  ㉢ 수리적 모형을 이용하고 수학적 법칙과 공식 등을 이용한다.
  ㉣ 컴퓨터를 활용한다.

③ **계량적 경영기법**
  ㉠ 예측 : 수학적 절차를 이용하여 미래상태를 분석한다.
  ㉡ 재고모형 : 주문량과 주문시점을 수학적으로 계산하여 재고량을 찾아낸다.
  ㉢ 선형계획법 : 리니어란 1차 부등식을 조건으로 하는 1차 함수의 극대 또는 극소를 구하는 형식인데, 이 형식을 써서 분석이 이루어지는 경우 이를 선형계획법이라고 한다. 이는 한정된 자원을 어떻게 해야 가장 유효적절하게 각종 용도에 배분할 수 있는가 하는 최적배치와 생산계획의 문제, 한정된 총소득액의 최적배분, 몇몇 발송지역에서부터 몇몇 목적지로 상품을 운송할 때 그 운임을 최소화하는 수송문제 등, 1차 부등식이라는 제약하에서 어떤 목적을 최대화 또는 최소화하려는 문제에 모두 적용된다.
  ㉣ 대기행렬이론 : 생산활동 또는 용역을 제공받을 때 대기하는 시간을 최소화하기 위한 이론으로 대기모델(Queueing Model)이라고도 한다.

ⓜ 네트워크 모형 : 크고 복잡한 작업을 각각 분리하여 분석·통제할 수 있는 방법을 모색한다.
ⓑ 매니지먼트 시뮬레이션 : 경영관리 분야에서의 모의실험(模擬實驗)으로 컴퓨터를 이용하는 모의실험으로서, 과거의 데이터에 의하여 현재의 경영상태를 나타내는 수식 모델로 추정되고, 이 모델에 포함된 변수(變數)의 일부가 장차 변동하면 그 변동이 다른 부문에 어떤 영향을 미치게 되는가를 알아보는 실험이다.

(2) 시스템이론

① 의의 : 시스템 개념을 적용하는 경영관리방법으로 시스템 개념을 경영관리에 적용시키면 경영시스템의 개념이 발생할 뿐 아니라 그것을 통해서 새로운 경영계획이나 경영조직, 그리고 경영통제 등의 수법도 개발된다.

② 일반시스템의 공통적인 특징
㉠ 상호작용의 관계에 있는 각 부분으로 이루어진 전체라는 점
㉡ 환경에서 물자·자금·정보·인력을 인풋(Input)하여 그것을 아웃풋(Output)으로 전환시키는 과정을 가지는 점
㉢ 일정한 목적을 달성하기 위한 컨트롤 메커니즘을 가지는 점

③ 경영시스템 구성 특유 시스템 : 서머스탯 시스템, 적응적 시스템, 시스템의 하이어라키의 개념이 중요하다.
㉠ 서머스탯 시스템 : 피드백 컨트롤에 의해서 시스템의 작동을 일정 표준으로 컨트롤해 가는 시스템이며, 일상적인 재고관리나 생산관리 등의 정형적(定型的) 경영문제에 대해 서머스탯 시스템의 원리가 적용되고 있다.
㉡ 적응적 시스템 : 외부환경의 변화에 따라 시스템의 성과가 만족기준에 도달하지 못할 때, 학습에 의해 결정 룰을 바꾸거나 새로운 결정 룰을 설정하여 환경변화에 적응해 나가는 시스템을 가리킨다.
㉢ 시스템의 하이어라키 : 경영시스템은 각 서브 시스템의 하이어라키로 구성되어 있으며 그것은 유기체나 기계 등의 시스템에서는 볼 수 없는 경영시스템 특유의 것이다. 경영시스템은 조직계층에 의해서 톱(Top) 매니지먼트, 미들(Middle) 매니지먼트, 로어(Lower) 매니지먼트로 나누며 시스템기능의 차이에 따라 ⓐ 외부환경의 변화에 적응하기 위해 경영목표나 경영전략을 결정하는 전략적 경영시스템, ⓑ 목표나 전략의 실행에 필요한 자원의 조달·개발을 결정하는 관리적 경영시스템, ⓒ 일상의 재고관리나 생산관리 능률의 최대화를 도모하는 업무적 경영시스템의 하이어라키에 의해 전체의 경영시스템은 구성되어 있다.

(3) 상황적합이론

① 의 의
㉠ 기업은 환경에 크게 영향을 받는데 경영환경은 급속하게 변하므로 어떤 상황에서도 효과를 발휘하는 유일한 조직·전략·제도 등은 없으며 각각의 상황에 따라 그에 맞게 대응해야 한다는 이론이다.

ⓛ 고전적 조직이론을 비판하면서 등장했고 시스템이론을 더욱 발전시킨 이론이다.
ⓒ 객관적 결과로서의 조직유효성을 중시하며 상황과 조직 특성 간의 적합한 관계를 규명하고자 하는 이론이다.

② 특 징
  ㉠ 조직과 환경 또는 기술과의 관계를 중요시한다. 즉, 환경·기술 등의 상황요인과 조직특성의 적합이 조직의 성과를 결정한다고 이해한다.
  ㉡ 행동의 주체로서 조직체 그 자체를 분석단위로 삼는다. 즉, 조직형태, 부문 간의 권력관계·관리체계 등의 구조적인 특성에 초점을 맞춘다.
  ㉢ 환경을 변화시킬 수는 없으므로 내부 구조를 환경에 맞게 해야 바꾸어야 능률이 오른다고 가정하기 때문에 구체적인 상황·구조·기술 등에 맞는 조직이나 관리 방법은 찾는다.
  ㉣ 조직은 개방체제이며 하위시스템과 일치하는 조직을 효과적이라고 본다.
  ㉤ 상황변수로는 조직의 규모, 기술, 환경 등이 있고 효율성과 합리성을 강조한다.

(4) 기타 경영이론 21 23 기출

① 미국경영학
  ㉠ 의의 : 미국의 전통적 경영관리학과 제도파(制度派)경영학 및 행동과학적 경영학을 총칭한다.
  ㉡ 사고방식 : 미국경영학의 중심을 이루는 사고방식은 '과학적 관리법'에 그 원형이 있으며, 프래그머티즘에 뒷받침된 실용적 사고와 변화성에 그 특색이 있다. 미국경영학의 학파들은 공통적으로 모두 이 특색을 가지고 있다고 할 수 있다.
  ㉢ 특징 : 미국경영학의 중심과제는 경영자의 문제해결을 위한 응용실천학이며 그러한 응용·실천의 관련 영역에 여러 학파가 성립한다. 전통적 관리학파(管理學派)는 과학적 관리법을 적용하고 제도학파는 사회제도와의 관련을 가지고 이를 적용한다.

② 독일경영학
  ㉠ 경제학과 함께 경제과학에 포함시켜 서로 분리할 수 없는 공통과학 내지 기초과학으로 간주한다.
  ㉡ 경영문제의 해명에 있어서 국민경제학상의 경제이론을 그 분석용구로서 이용하고자 시도한 것이다.
  ㉢ 이론적인 접근으로 학리가 그 중심문제를 이루고 있다.
  ㉣ 경영경제학으로 경제학의 범주에 넣어 기초과학으로 간주한다.
  ㉤ 경영경제학상의 방법논쟁을 하여 왔다.

참고 독일경영학과 미국경영학의 비교(경영학 연습 ; 양종택, 법문사, 1999, p32)

비교사항	독일경영학	미국경영학
학문배경	상업경영에서 형성	공업경영에서 형성
발달과정	방법논쟁을 통한 체계화	실천상 필요에 의해 생성·발전
연구주체	학 자	기사, 실무가
학문성격	이론중심(경영경제학)	기술중심(경영관리학)
학문영역	기업의 창설·운용·해체까지의 전과정	기업의 경영관리에 중점
학문체계	기관별 체계(생산·유통·소비)	기능별 체계(계획·조직·지휘·통제)

③ 일본적 경영
- ㉠ 종신고용제
- ㉡ 연공급 및 승진제
- ㉢ 집단결정과 책임
- ㉣ 품의제도

④ **Z이론** : 미국식 경영방식의 장점과 일본식 경영방식의 장점만을 선택해서 그 절충식 경영방식으로 개발된 것

⑤ **지식경영** : 지식을 생성, 저장, 활용하는 일련의 과정을 의미한다. 조직 구성원들의 지식이나 기술 등을 발굴하여 체계적인 관리를 통해 조직 내에서 보편적인 지식으로 공유함으로써 조직 전체의 능력을 키운다. 지식에는 암묵지와 형식지가 있는데, 암묵지는 개개인이 경험을 통해 습득한 것으로 통찰력, 노하우 등이 있으며 형식지는 이러한 암묵지가 매뉴얼화되어 여러 사람이 공유할 수 있는 객관적인 지식을 의미한다. 또한 형식지에서 암묵지로 전환과정을 내면화(Internalization)라 한다.

제3절 기업형태와 집중

1 기업형태의 분류

(1) 기업형태의 분류방법
① 기업의 자본적 규모 및 인원에 따라 : 대기업, 중기업, 소기업
② 설립 시 기업의 업종에 따라 : 공업, 상업, 광업, 농업, 금융업, 서비스업
③ 출자자의 공·사적 성질에 따라 : 공기업, 사기업, 공사공동기업
④ 법률상의 형태에 따라 : 합명회사, 합자회사, 유한책임회사, 유한회사, 주식회사
⑤ 기업의 소유와 지배형태에 따라 : 개인기업, 인적 공동기업, 자본적 공동기업

(2) 개인기업
① 의의 : 개인기업이란 개인 한 사람에 의해서 출자·경영·지배되는 기업으로서 그 수는 모든 기업 중에서 가장 많이 차지하고 있다.
② 장점 : 개업과 폐업이 용이하고, 의사결정이 신속하다. 또한 비밀유지가 잘되며 이익이 독점된다.
③ 단점 : 무한책임, 비영속성, 자본조달 및 경영능력의 한계가 있다.

(3) 인적 공동기업
① 합명회사
  ⊙ 2인 이상의 무한책임사원으로 구성되는 회사
  ⊙ 사원은 회사의 채무를 회사채권자에 대하여 직접 연대하여 변제할 무한책임을 진다. 따라서 정관에 다른 규정이 없는 한, 사원은 회사의 업무를 집행하고 회사를 대표하는 권한을 가진다.
  ⊙ 합명회사는 자본적 결합의 색채보다도 가족적・인적(人的) 결합의 색채가 짙은 전형적인 인적회사이며 인적 신뢰관계가 있는 소수의 인원으로써 구성되는 공동기업에 적당한 회사이다.

② 합자회사
  ⊙ 무한책임사원과 유한책임사원으로 구성되는 복합적 조직의 회사
  ⊙ 사업의 경영은 무한책임사원이 하고, 유한책임사원은 자본을 제공하여 사업에서 생기는 이익의 분배에 참여한다.
  ⊙ 무한책임사원이 있는 점은 합명회사와 같으나, 회사채권자에 대하여 출자액의 한도 내에서만 연대하여 책임을 지는 유한책임사원이 있는 점이 합명회사와 다르다. 유한책임사원은 유한의 책임을 지는데 불과한 반면, 출자는 재산출자에만 한하고, 회사의 업무집행・대표로는 참여하지 않는다.

③ 유한회사
  ⊙ 사원이 회사에 대하여 출자금액을 한도로 책임을 질 뿐, 회사채권자에 대하여 아무 책임도 지지 않는 사원으로 구성된 회사
  ⊙ 상법에 규정된 회사의 하나로, 주식회사・합명회사・합자회사와 함께 물적 회사(物的會社)와 인적 회사(人的會社)의 요소를 가미한 중간형태의 회사이다. 사원 전원의 책임이 간접적이며 유한인 점, 분화된 기관을 가지는 점 등 많은 점에서 주식회사와 유사하나, 복잡하고 엄격한 규정이 완화되고 지분의 양도가 자유롭지 못한 점이 주식회사와 다르다.

④ 민법상의 조합
  민법상의 조합은 2인 이상이 공동으로 출자하여 공동으로 사업을 경영할 것을 약정함으로써 그 효력이 발생한다고 규정하고 있으며, 이것은 한 번의 거래 또는 몇 번의 거래로서 사업이 끝나는 프로젝트사업을 공동으로 경영하기 위해서나 공채・사채・주식 등의 유가증권의 공동인수를 통해서 사업의 설립을 돕기 위한 증권인수단을 결정할 때 자주 사용된다.

⑤ 익명조합
  ⊙ 익명조합은 당사자의 일방이 상대방의 영업을 위하여 출자하고 상대방은 그 영업으로 인한 이익을 분배할 것을 약정함으로써 그 효력이 생긴다.
  ⊙ 무한책임을 지는 영업자와 유한책임을 지는 익명의 조합원으로 구성되는 조합이다.
  ⊙ 상법상의 조합이다.

(4) 자본적 공동기업
① 주식회사
  ⊙ 사원인 주주(株主)의 출자로 이루어지며 권리・의무의 단위로서의 주식으로 나누어진 일정한 자본을 가지고 모든 주주는 그 주식의 인수가액을 한도로 하는 출자의무를 부담할 뿐, 회사채무에 대하여 아무런 책임도 지지 않는다. 따라서 주식회사의 근본적 특색은 자본과 주식과 주주의 유한책임에 있다고 할 수 있다.

ⓒ 주식의 발행으로 설립된 회사로 어디까지나 회사의 일종이기 때문에 사단법인(社團法人)이며 영리를 목적으로 한다. 또한 사원의 개성과 회사사업과의 관계가 극도로 희박하여, 실질적으로는 자본 중심의 단체이며 물적회사(物的會社)의 전형이다.
ⓒ 경제적 특성으로 주식의 유한책임제도, 증권제도, 소유와 경영의 분리제도 등이 있으며, 법률적 특성으로는 강제법규성, 공시주의, 국가적 감독성 등이 있다.
ⓔ 주식회사는 법률상 반드시 의사결정기관인 주주총회, 업무집행과 대표기관인 이사회·대표이사와 감독기관인 감사(監事)의 세 기관을 가져야 한다. 이 밖에 상법은 필요한 경우 검사인(檢査人)이라는 임시감사기관을 인정하고 있다. 이와 같이 기관이 전문적으로 그 권한이 나누어지고, 사원자격과 기관자격이 분리된다.
ⓜ 주주의 유한책임, 증권제도, 소유와 경영의 분리, 소유권의 양도 가능, 기업확장의 용이성, 법인체로서의 활동 등이 장점이며, 단점은 고액의 창업비 필요, 정부의 제한 및 보고, 개인적 관심의 결여, 재무제표와 사업내용의 공표로 비밀의 결여, 법인세 납부로 이중납세 등이다.

② 협동조합
㉠ 경제적으로 약소한 처지에 있는 농민이나 중·소상공업자, 일반 소비대중들이 상부상조(相扶相助)의 정신으로 경제적 이익을 추구하기 위하여, 물자 등의 구매·생산·판매·소비 등의 일부 또는 전부를 협동으로 영위하는 조직단체이다.
㉡ 지도원칙
ⓐ 사업의 목적이 영리에 있지 않고 경제적 약자 간의 상호부조에 있다.
ⓑ 임의(任意)로 설립되며 조합원의 가입·탈퇴가 자유로워야 한다.
ⓒ 조합원은 출자액(出資額)의 다소에 관계없이 일인일표(一人一票)의 평등한 의결권(議決權)을 가진다.
ⓓ 잉여금을 조합원에게 분배함에 있어서는 출자액의 다소에 의하지 않고 조합사업의 이용분량에 따라서 실시한다.
㉢ 협동조합의 기능별 분류
ⓐ 소비조합
소비조합은 생활협동조합이라고도 하는데, 이는 조합원의 생활에 필요한 물자를 싼값으로 공동구입하는 것을 목적으로 한다. 소비조합은 대체로 각 직장 중심으로 또는 지역을 기반으로 하여 결성된다. 대부분의 소비조합은 소매조합으로 구성되지만 간혹 여러 조합이 연합하여 도매조합을 결성하는 경우도 있다.
ⓑ 생산조합
㉮ 조합원의 생산물을 협동하여 판매하는 판매조합이 있는데, 이에는 단순히 출하·판매만을 하는 것과 간단한 가공을 하여 출하·판매하는 가공판매조합이 있다.
㉯ 조합원의 사업에 필요한 물자를 협동하여 구입하기 위한 구매조합이 있다.
㉰ 이용조합(利用組合)인데, 여기서 이용조합이란 조합원이 단독으로서는 갖추지 못하거나 단독사용이 비경제적인 시설을 공동으로 설치하여 공동으로 사용하는 것이다.
㉱ 신용협동조합인데, 이는 조합원을 위한 금융사업만을 한다.
㉲ 조합원이 협동하여 생산활동을 하는 생산적 조합(生産的組合)인데, 기업조합은 이 같은 생산조합을 기도(企圖)하려는 것이라 볼 수 있다.

ⓔ 협동조합의 장단점
    ⓐ 협동조합의 장점 : 이윤을 목적으로 운용되지는 않지만 조합의 이익은 조합원에게 분배되며, 잉여금이 기업의 이윤과 같으나 조합원이 잉여금의 배분을 받아도 세금을 부과하지 않는다.
    ⓑ 협동조합의 단점 : 일반기업에 비하여 이윤을 증대시키려는 유인이 부족하고, 다른 대기업에 비교하여 거액의 자본조달에 한계가 있으며, 유능한 경영자에게 충분한 보상을 할 수 없다.

(5) 유한책임회사
2012년 개정된 상법에 도입된 회사의 형태로서, 주식회사보다 유연하고 탄력적인 지배구조를 가지고 있으며 주주에게 법적책임이 없는 주식회사와 달리 주주들이 자신의 투자액 범위 내에서 회사채권자들에 대하여 법적인 책임을 부담하는 회사이다.

(6) 공기업
① 의 의
국가 또는 지방공공단체의 자본에 의해서 생산·유통 또는 서비스를 공급할 목적으로 운영되는 기업으로 사기업(私企業)과 대조적인 기업형태이다.
② 공기업의 목적
㉠ 국가나 지방자치단체의 재정수입 조달의 수단이 된다.
㉡ 공익성·공공성이 강한 거액의 고정자본이 소요되는 독점적 성질이 강한 사업분야를 주로 담당한다.
㉢ 필요 투자액이 거액이면서도 이익을 기대할 수 없는 분야를 담당한다.
㉣ 사회정책적인 목적의 사업(예 실업대책 등)도 실시한다.
③ 공기업의 특성
출자지배의 공유, 경영의 공익성, 공공의 통제성, 독립채산성 등이다.
④ 공기업의 형태
공기업의 형태에는 국가 또는 공공단체의 행정조직에 편입되어 행정관청의 일부로서 운용되는 국공영기업과, 법인기업(法人企業)으로서의 형식적 독립성을 지니는 법인공기업(法人公企業)이 있다. 공기업의 관료화(官僚化)나 관청의 재정적 부담의 확대를 피하기 위하여 후자의 기업형태가 많아져 가고 있는데, 그 전형적인 것은 공공기업체(公共企業體)이다.
⑤ 공기업의 단점
금융능력의 유리성, 조달과 판매상의 우선권, 조세·기타 공과금의 면제, 재무상의 자주성 등이 장점이며, 자유재량의 결여, 인사이동, 사무의 복잡 등이 단점이다.

(7) 중소기업
① 의의 및 특징
㉠ 의 의
중소기업이란 대기업에 비하여 상대적으로 규모가 작은 기업으로 대기업에 대비되는 개념으로 사용되며, 범위는 국가나 산업 또는 시기 등에 따라 달라진다.

ⓒ 특 징

소유와 경영이 일치, 전문시스템의 부족, 자금조달의 제한, 한정된 시장범위, 대기업에의 종속성, 경영기술의 낙후성, 환경변화에 신속대응 가능, 전문화 내지 특화 등이다.

② 대기업과 중소기업의 장단점

구 분	대기업	중소기업
장 점	• 수출의 주역 • 국가발전의 원동력 • 제조업 위주의 경제 성장 주도 • 높은 생산성으로 타기업 선도 • 조세를 부담하여 사회에 이바지 • 인재의 산실	• 새로운 개념 도입과 신제품 출시의 혁신적 경영 • 저렴한 원가 • 틈새시장의 확보에 유리 • 지역경제 발전에 기여 • 개인의 경제적 욕구 및 아이디어 실현 • 경영 의사결정 신속 • 기업 환경 변화에 빠르게 대응 • 인간적인 유대관계가 강함
단 점	• 과잉중복 투자 • 무분별한 다각화 • 과도한 차입 경영 • 작업의 단순화로 인하여 작업의욕 감퇴 • 시장변화에 대응하는 탄력성이 적음 • 관리비용 증대	• 허술한 경영 • 부족한 자금 • 정부의 과도한 규제 및 관료주의에 따른 부담 • 자본의 영세성 • 기업의 낮은 신용도 • 동종업종 간 경쟁치열 • 독립성 유지 곤란

2 기업의 집중

(1) 의의 및 목적

① 의 의

개별기업이 상호 간 불필요한 경쟁을 배제하고 독점적 이익·경영적 이익 등을 얻기 위해 타기업과 행하는 갖가지 복합적인 기업결합을 말한다.

② 목 적

경쟁제한 및 배제, 생산공정과 유통의 합리화, 대출관계로 대기업의 지배목적 등이 있다.

(2) 기본형태 14 25 기출

① 카르텔(기업연합)

카르텔은 참가기업이 법률적·경제적 독립성을 유지하면서 협정에 의하여 결합하는 연합체이며, 시장에서의 경쟁제한이라는 소극적 목적을 가진 동종 산업 사이의 결합이 중심이 된다. 크게 판매카르텔, 구매카르텔, 생산카르텔 등으로 나누어진다.

② 트러스트(기업합동)

시장지배를 통한 독점이라는 적극적인 목적에서 참가기업이 각자의 독립성을 버리고 결합하면 트러스트가 된다. 이 경우 참가기업이 법률적으로 독립성을 유지하는 사례도 있으나, 최소한 경제적으로는 독립성이 상실되며, 전형적으로는 명실공히 합병해 버린다.

③ 콘체른(기업결합)

콘체른은 자본결합을 중심으로 한 다각적인 기업결합이며, 모회사를 중심으로 한 산업자본형 콘체른과, 재벌과 같은 금융자본형 콘체른이 있다.

구 분	카르텔(Kartell)	트러스트(Trust)	콘체른(Konzern)
명 칭	기업연합(협정)	기업합동	기업결합(재벌)
목 적	부당 경쟁 배제, 시장통제	경영 합리화, 실질적 시장 독점	내부 경영 통제 지배
독립성	각 가맹 기업 독립성 유지	법률적, 경제적 독립성 완전 상실	법률적 유지, 경제적 상실
결합성	연약함(협정)	아주 강함(합동)	경제적 결합
존속성	협정 기간 후 자동 해체	완전 통일체	자본적 지배
결합방법	동종의 수평적 결합	수평, 수직적 결합	수평, 수직, 자본적 결합
구속력	협정 조건에만 제한	완전 내부 간섭 지배	경영활동 구속, 지휘
발 생	유럽 각국	미 국	독 일

④ 컨글로머레이트(기업다각화)

시장, 제품, 기술, 공정, 판매 방법 등에서 공통점이 없는 기업이 합병하는 것으로 투자 이익률이 떨어지거나 사업을 다각화하기 위해 시행한다.

3 경영 다각화

(1) 의 의

기업이 종래 운영하던 업종 이외의 다른 업종에 진출하여 이를 동시에 운영하는 것을 말한다.

(2) 목 적

위험의 분산, 시장지배의 강화, 기업의 성장 등의 목적으로 다각화한다.

(3) 유 형

① 외부적·내부적 다각화
② 수직적·수평적·사행적 다각화
　수직적 다각화란 동일 제품의 생산 과정상의 다른 단계에 진출하는 다각화, 수평적 다각화란 같은 제품의 종류나 품목을 확대하는 형식으로의 다각화, 사행적 다각화란 기존의 제품과는 아무런 관련이 없는 업종에 진출하는 다각화를 말한다.
③ 기술중심·유통중심 다각화

(4) 장·단점

① 장 점
　경기변동에 따른 위험의 분산, 경영규모의 확대에 따른 비용절감, 시장점유율의 확대, 제품의 다양화로 고객만족 향상 등이다.
② 단 점
　기업조직의 대형화 및 복잡화로 조직의 관료화, 다각화로 전문업종의 육성 저해, 자본운영의 애로, 종업원 상호 간의 대립 등이다.

4 기업 계열화

(1) 의 의

기술혁신이나 판매경쟁의 격화에 대응하기 위하여 대기업이 기술과 판매 등의 면에서 중소기업의 육성·강화를 꾀하면서 하청공장 또는 판매점으로서 이들을 자기 기업하에 결합하는 것을 말한다.

(2) 형 태

① 수직적 계열화
   이종생산단계에 종사하는 각 기업을 집단화
② 수평적 계열화
   동일한 생산단계에 종사하는 각 기업을 집단화
③ 분기적 계열화
   같은 공정 또는 같은 원료에서 이종제품공정이 분기화하는 기술적 조직관련을 갖는 계열화
④ 복합적 계열화
   이종원료·부품·이종공정으로부터 동일한 제품계열 또는 동일한 시장계열에 집약화하는 기술적인 조직관련을 갖는 계열화
⑤ 사행적 계열화
   부산물을 가공하는 기업을 계열화 한다든가 혹은 보조적 서비스를 행하는 기업을 계열화하는 경우를 말한다.

> **참고** 참고 용어
> - **독립채산제** : 단일기업 또는 공장·사업부 등의 기업 내 경영단위가 자기의 수지(收支)에 의해 단독으로 사업을 성립시킬 수 있도록 하는 경영관리제도로 자유경제에서는 단일기업이 독립채산단위로 되는 것은 당연하므로 기업 내 경영단위에 있어서의 독립채산제만이 문제가 된다. 독립채산제(Khozraschyot)는 본래 소련에서 국영기업의 경영관리를 위하여 채택하였던 제도이다. 즉, 각 기업이 적자를 내지 않고, 또 계획의 한도 안에서 일정한 자주성 있는 경영을 할 수 있게 함으로써 능률의 향상을 기도하였다. 따라서 사회주의 내지 공산주의 경제 체제에서는 단일기업까지도 독립채산제도의 대상이 된다.
> - **사외이사** : 회사의 경영을 직접 담당하는 이사 이외에 외부의 전문가들을 이사회 구성원으로 선임하는 제도이다. 정부는 1998년부터 상장회사에 한하여 사외이사를 의무적으로 두도록 하였다. 이런 규정에 따라 상장회사에서는 다른 기업체 임직원 출신이나 교수·공무원 등을 사외이사로 임명하고 있다. 금융위원회는 기업의 투명성을 높이기 위하여 사외이사들에게 정보제공요구권을 주기 위한 제도적인 장치를 마련 중이며, 감사제도도 변경할 방침이다. 독일 감사회는 근로자 대표를 감사로 선임한다.
>   ※ 금융감독원 주관으로 개정된 '사외이사 직무수행규준(2007.12.13. 개정)'에 따르면, 사외이사는 '대표이사와 회사의 상무에 종사하는 자에 대해 정보의 제공을 요구할 권한' 등(3.2.)이 있으며 상법에는 감사위원회 설치 시 사외이사가 위원의 3분의 2 이상(제415조의2)이어야 하고, 그 대표를 사외이사로 할 것(제542조의 11) 등이 명시되어 있다.
> - **이업종교류** : 업종이 다른 복수의 기업이 제각기 보유하고 있는 경영자원을 상호 교류·교환하여 경영력을 강화하고 신제품, 신기술 개발, 판로개척 등을 도모하여 환경변화에 대한 적응력을 강화하는 활동이다.
> - **신디게이트** : 공동판매기관을 신설하여 가맹기업의 전판매를 이를 통해 판매하는 것을 협정한다. 따라서 각 기업의 직접판매를 금지한다는 협정이다. 이와 같은 공동판매소를 이용하여 연합체가 판매하는 것을 신디게이트라 한다.

- 아웃사이더 : 동일 산업 부문의 여러 기업이 이윤의 확보·증대(增大)를 위하여 판매조건이나 가격, 판매지역 등을 서로 협약하고 시장을 통제하는 독점형태로서 카르텔이 있는데, 이에 가입하지 않은 기업, 즉 비가입자를 아웃사이더라고 한다. 능력 있는 기업은 카르텔의 협약으로 자신의 활동이 제한당하는 것을 싫어하여, 처음부터 참가하지 않거나 도중에 탈퇴하는데 그중에는 강력한 아웃사이더가 있어서 카르텔이 무너지는 원인이 되기도 하지만, 약소 아웃사이더는 카르텔을 맺고 있는 대기업의 압력에 타격을 받는다.
- 지주회사 : 다른 회사의 주식을 소유함으로써, 사업활동을 지배하는 것을 주된 사업으로 하는 회사로 넓은 뜻으로는 지배관계의 유무에도 불구하고 타 회사에 대한 자본참가를 주목적으로 하는 회사를 말하는 것으로 증권투자회사 등도 속한다. 좁은 뜻의 지주회사, 즉 지배회사제도는 기업지배에 의한 독점수단으로서 19세기 말 미국에서 발생하여 발전하였는데, 1914년 클레이턴법(法)에 의해 제한되었다.
- 주식공개매수제도 : 다른 회사의 경영지배권을 확보하는 데 필요한 주식을 취득하기 위해서 비교적 주주 수가 적은 회사의 주주에게 제시되는 주식매수제안을 말하는데, 이는 피매수회사의 주주로부터 매입한다는 데 특색이 있다.
- 증권대위 : 자기회사의 주식이나 채권을 발행하여 얻은 돈으로 다른 회사의 주식이나 채권을 사는 행위이다. 여기에서 자기가 발행하는 증권을 대위증권(代位證券), 그로써 모은 자금으로 취득하는 타 회사의 증권을 원증권(原證券)이라고 한다. 이와 같이 증권을 바꿔치기하는 목적은 ㉠ 투자자에게 잘 알려진 회사가 자기증권을 팔아서 그렇지 못한 관계회사에 자금을 대주기 위한 경우 ㉡ 단순히 증권발행으로 조달한 자금을 유리한 증권투자에 사용하는 경우가 있다.
- 콤비나트 : 기술적 연관이 있는 여러 생산부문이 근접 입지하여 형성된 기업의 지역적 결합체이다. 일반적으로 생산물은 원료에서 완성품에 이르기까지의 제조과정에서 기술적으로 다른 몇 개의 생산단계를 통과하는데, 근대산업에서는 그 대부분이 각기 다른 생산단계마다 독립기업으로서 전문적으로 생산을 분담하고 있다(사회적 분업). 이와 같이 상호 연관된 기업의 공장이 일정한 지역에 집중하여 유기적으로 결합된 것이 콤비나트이다. 콤비나트는 원료의 확보, 제품의 제공이 공장 간에 직접적으로 또한 시간적·공간적으로도 낭비 없는 합리적인 형태로 행하여진다. 또 부산물이나 폐기물까지도 유효하게 이용될 가능성이 커서 매우 경제적·합리적인 생산형태이다.
- 콩글로머리트 : 1950년에 클레이턴법 제7조의 개정으로 기업의 수평적·수직적 합병이 금지된 데 자극되어 이종기업 간의 합병으로 방향을 돌린 새로운 형태의 합병 방법이다. 다각적 합병에 의한 것으로 다시장회사, 다산업회사 또는 이송복합기업이라고 부르기도 한다.
- 텐더 오퍼 : 기업의 지배권을 확보하는 방법에는 기업합병, 텐더 오퍼, 백지위임장투쟁 등이 있는데, 이들 중 텐더 오퍼는 경영자들이 가장 두려워하는 인수방법의 하나로서 원만한 합병 협상이 되지 않을 경우 합병회사가 피합병회사의 경영진을 통하지 않고 직접 피합병회사의 주주와의 협상을 통하여 인수를 시도하는 방법이다.

제4절　현대경영자론

1　경영자의 의의와 유형

(1) 경영자의 의의

① 경영자란 기업 경영에 관하여 최고의 의사결정을 내리고, 경영활동의 전체적 수행을 지휘·감독하는 사람이나 또는 기관을 말한다.

② 임시적 기능 : 임시적 기능은 기업의 설립·개편·합병·해산 등 기본적 존립에 관한 조성기능(組成機能)과 이사(理事)와 감사(監事), 기타 중요 직위에 관한 최고인사(最高人事)이다.

③ 경상적 기능 : 경상적 기능은 자본·제품·노동력·유통·설비 등의 구조(구성)와 그러한 구조를 운용하는 기본방침이나 장기계획의 결정, 전체적 경영활동의 지휘·감독, 경영활동의 전체적 성과를 비판·검토하는 감사로 이루어진다.
④ 현대의 주식회사에 있어서는, 임시적 기능은 주주총회가 가지며, 경상적 기능은 이사회가 가지므로, 형식적으로는 이 양자가 경영자기관(經營者機關)이라고 할 수 있다. 그러나 실제로는 사장을 중심으로 한 약간 명의 이사들이 앞서 말한 여러 가지 기능을 수행하고 있으며, 이들이 진정한 경영자라고 할 수 있다. 전에는 출자자(出資者)가 그대로 경영자가 되는 것이 보통이었다.

(2) 경영자의 유형
① 소유경영자 : 기업을 운영하는 자본의 투자자인 동시에 직접 경영을 관장하는 경영자로 중소규모 기업이나 아니면 대기업 내에서 투자자이면서 직접 이사 또는 경영자라는 명분으로 경영활동에 참여하고 있는 경영자를 말한다.
② 전문경영자
  ㉠ 기업(주식회사의 경우 대주주)의 소유자가 아닌 사람이 경영관리에 관한 전문적 기능의 행사를 기대받아 경영자의 지위에 있는 경우를 말한다. 기업이 거대화(巨大化)하여 경영의 내용이 복잡해지면 경영관리에 필요한 지식이나 기능이 고도로 전문적인 성격을 띠게 되므로 이를 갖춘 경영자가 필요해진다. 이리하여 경영관리가 전문경영자의 손에 맡겨지는데, 이것이 '소유와 경영의 분리'이다.
  ㉡ 비소유경영자(Nonowner Manager) : 단지 경영자일 뿐, 소유자가 아님을 강조하는 뜻으로 쓰인다.
  ㉢ 고용경영자(Employee Manager) : 경영자가 기업에 의해 고용된 자임을 나타낸다.
  ㉣ 전문적 기능경영자(Expert Manager) : 경영에 관한 전문적인 기능을 가진 사람을 말한다.
  ㉤ 직업적 전문경영자(Professional Manager) : 경영자를 의사나 법률가 등과 같은 전문적인 직업의 일종으로 보고 그 직무의 수행이 과학과 윤리에 입각하여야 한다는 것을 강조할 때 쓰인다.

2 현대 경영자의 계층과 역할

(1) 경영자의 계층
① 관리계층 일반
  ㉠ 경영관리 또는 조직체의 관리를 구성하는 여러 활동의 직능적 분화 방식 중에서 수직적 분화에 의해 형성된 여러 활동군(活動群)의 계층을 말한다.
  ㉡ 관리계층은 일반적으로 최고관리(Top Management), 중간관리(Middle Management), 하급관리(Lower Management)의 3종류로 이루어진다. 이들 3관리계층은 저마다 관리직능의 내용에 따라, 경영·관리·감독으로 구분되거나, 관리의 대상이 되는 조직 단위에 맞추어 전반관리·부문관리·현장관리로 구분하기도 한다.
② 관리계층 구분
  ㉠ 톱 매니지먼트(최고경영층) : 기업의 최상층부에서 경영계획의 의사결정 및 경영의 전반적 통할, 경영부문 간의 조정 등을 수행하는 사람, 기관 또는 기능을 말한다.

   © 미들 매니지먼트(중간관리층) : 기업의 최고관리자층(Top Management)과 현장감독자층(Lower Management)의 중간에 위치하여 직능부문 운영에 책임을 맡은 중간관리자층을 말한다. 구체적인 직위에는 일반적으로 부장·과장 등이 있는데, 전문적인 제조·판매·재무 체계의 일상업무를 지배하므로 프로그램적 결정자라고도 한다.
   © 로어 매니지먼트(하부감독층) : 직접적으로 작업활동을 하고 있는 층과 접하면서, 작업활동의 관리·감독을 하는 직능을 말한다. 로어 매니지먼트는 작업자와 미들 매니지먼트의 중간에서 지시된 계획에 따라 작업을 구체화하고 결과를 보고하는 입장, 즉 양자의 접점(接點)에 서 있다. 기업의 모든 일은 계획업무를 제외한 모든 업무내용이 이 계층에서 이루어지며, 이 계층에서 끝나고 있다고 해도 과언이 아닐 정도로 이는 기업의 경영에 있어서 중요한 계층이라고 볼 수 있다.

(2) 경영자의 역할
 ① 대인관계 역할 : 대표자, 지도자, 연락자 역할
 ② 정보전달 역할 : 수령자, 전달자, 대변인 역할
 ③ 의사결정 역할 : 기업가, 분쟁조정자, 자원배분자, 협상자 역할

제5절 경영관리기능

1 계획수립

(1) 계획수립의 의의
 ① 계획수립은 조직이 달성해야 할 목표를 설정하고 그 목표를 효율적으로 달성하기 위한 구체적인 행동방안을 선택하는 것을 말한다.
 ② 계획수립은 목표달성을 위한 여러 행동 대안들로부터 최선의 대안을 선택하여 의사결정을 하는 것이다.

(2) 계획의 유형
 ① 전략적 계획
   ㉠ 전략적 계획에는 목적 또는 임무, 목표, 전략 등이 있다.
   ㉡ 목적 또는 임무 : 모든 조직은 그 조직이 존재하는 한 특정의 목적과 임무를 가지고 있는데, 일반적으로 기업의 목적은 재화와 서비스를 생산하여 공급해 주는 것이다.
   ㉢ 목표 : 계획된 활동이 지향하는 궁극적인 실체로서 관리활동의 최종지점을 나타낸다.
   ㉣ 전략 : 주요 목표 및 방침이라는 시스템을 통하여 기업이 미래에 어떤 모습을 가지고 있어야 할 것인가를 명시해 주는 것이다.
 ② 운영계획
   ㉠ 지속적인 계획으로는 방침, 절차, 규칙 등이 있고, 일시적인 계획으로는 프로그램, 예산 등이 있다.

ⓒ 지속적인 운영계획 : 방침이란 경영문제를 해결하기 위하여 이루어지는 의사결정의 한계를 규정해 주며 의사결정이 기업목표에 부합하고 공헌하도록 하는 것이다. 절차란 수립된 계획을 집행하는 행동이며, 규칙은 업무수행이나 사내·외의 활동에 있어 특별히 요구되는 행동이나 금지행위를 명시하고 명시된 행동을 벗어난 자유재량의 여지가 없도록 규정해 놓은 것을 말한다.

ⓒ 일시적인 운영계획 : 특정 프로그램을 언제 시작하여 완료할 것인지 일정을 정하는 시간적인 계획을 말하며 반복성이 없다. 예산이란 계획된 경영활동에 예상되는 소요금액을 수치로 나타내 놓은 것을 말한다.

(3) 의사결정

① 의사결정이란 기업의 소유자 또는 경영자가 기업 및 경영상태 전반에 대한 방향을 결정하는 일을 말한다.
② 이러한 경영에 관련된 의사결정은 계획수립의 핵심이 된다.
③ 의사결정의 유형
   ㉠ 앤소프에 의한 분류 : 전략적 의사결정, 관리적 의사결정, 업무적 의사결정
   ㉡ 사이몬에 의한 분류 : 정형적 의사결정, 비정형적 의사결정
   ㉢ 구텐베르그에 의한 분류 : 확실성에 의한 의사결정, 위험도가 있는 상태하에서의 의사결정, 불확실성에 의한 의사결정
④ 집단의사결정
   ㉠ 목표달성에 참여하는 관계부서의 적극적인 활동을 유도하기 위해서 위원회를 구성하거나 또는 간부회의, 이사회 등의 집단의사결정을 하게 된다.
   ㉡ 집단의사결정을 하는 이유는 집단적 심의와 판단, 이해집단의 조정, 정보의 교환과 공유, 권한의 통합, 참여를 통한 동기부여 등의 이점이 있다.

(4) 목표에 의한 관리(MBO ; Management By Objectives)

① 의 의
   ㉠ 조직 전체의 목표와 개인의 목표를 관련시켜 목표달성과 동시에 인간으로서의 흥미나 욕구를 만족시키는 관리방법을 말한다.
   ㉡ 리절트 매니지먼트(Results Management)라고도 하며 P. F. 드러커 및 C. L. 슐레가 주창하였다.
   ㉢ 기업목표와 개인목표를 합치시키고 종업원의 근로의욕 향상을 꾀하며 나아가서 기업의 목표달성에 이바지할 수 있도록 하려는 것이다.
   ㉣ 달성하는 과정이나 방법을 종업원 스스로 선택한다.
   ㉤ 관리자는 명령하지 않으며 종업원의 결정에 필요한 정보를 제공하고 종업원 상호 간의 조정만을 관리한다.
   ㉥ 목표는 자주적으로 설정되고 결과지향적이어서 객관적이고 측정 가능한 형태로 나타내야 한다.
② 목표관리의 기본적 단계 : 목표의 발견 → 목표의 설정 → 목표의 검증 → 목표의 수행 → 목표의 평가
③ 목표에 의한 관리의 장점 : 개선된 경영관리를 가져오며 조직의 구조와 역할을 명확히 한다. 또한, 조직구성원 개인의 업무에 대한 전념도를 고취하며 효과적인 통제를 할 수 있다.

④ 목표에 의한 관리의 단점 : 타당하고 실현성 있는 목표를 설정하기 어렵고 단기목표를 지나치게 강조함으로써 장기목표와의 조화를 잃게 될 우려가 크며 목표설정자에 대한 지침 제공을 잘하지 못함으로써 목표관리에 실패할 우려가 있다.

2 조직화

(1) 조직화의 의의
① 조직화란 조직구성원들이 기업의 목표를 달성하기 위하여 가장 효과적으로 협력할 수 있도록 수행하여야 할 업무를 명확하게 편성하고 또 그 직무수행에 관한 권한과 책임을 명확하게 함과 아울러 이것을 위양하여 상호관계를 설정하는 과정을 말한다.
② 조직 내에서 목표달성을 위하여 수립된 계획을 수행하기 위하여 개개인이나 부문의 역할체계를 설계하고 유지하는 것을 말한다.
③ 조직화의 기본요소로는 공동목표, 분업, 권한 등이 있다.

(2) 조직화의 기본원칙(조직화의 고전적 원칙, 압력이론)
① 조직화의 목적과 근거에 대한 원칙 : 목표단일성의 원칙, 능률성의 원칙, 관리범위의 원칙
② 조직구조와 권한에 대한 원칙 : 계층의 원칙, 권한이양의 원칙, 권한과 책임의 균형원칙, 명령일원화의 원칙
③ 업무활동의 부문화에 대한 원칙 : 분업의 원칙, 전문화의 원칙, 통합과 조정의 원칙

(3) 조직화의 수정원칙(근대적 조직원칙, 견인이론)
① 이 원칙은 조직 내 분위기를 자유스럽게 조성하고 조직구성원인 개인의 만족과 목표가 동시에 달성되도록 하는 원칙이다.
② 이 원칙의 내용으로 분화보다는 통합을 우선으로 하는 조직통합의 원칙, 구성원의 활동을 최대한 자유롭게 보장한다는 행동자유의 원칙, 창의성을 중요시 하는 창의성의 원칙, 업무흐름에 따라 조직을 편성한다는 업무흐름의 원칙 등이 있다.

(4) 조직화의 요소와 단계
① 조직화의 요소
  ㉠ 직무 : 조직 구성원들에게 각각 분할된 업무의 기술적 단위 또는 업무의 총체
  ㉡ 직 위
    ⓐ 조직이 개인에게 부여한 직무상 지위
    ⓑ 기업의 목표달성에 필요한 하나의 기관
  ㉢ 권 한
    ⓐ 직무를 수행하거나 타인이 수행하게 하는 데 필요한 공식적인 힘 또는 권리
    ⓑ 상위자가 하위자에게 직무를 위양할 때 위양 가능

         ㉣ 책임
             ⓐ 일정한 직무와 권한을 일정한 기준에 따라 수행하여야 할 의무
             ⓑ 상위자가 하위자에게 직무를 위양할 때 위양 불가
     ② 조직화의 단계
         ㉠ 1단계 : 직무 설정
         ㉡ 2단계 : 직위 설정
         ㉢ 3단계 : 관계 규정(기본요소-권한, 책임, 의무)
         ㉣ 4단계 : 배치 및 관리

(5) 조직구조설계 이론
    ① 전통적 이론 : 테일러의 과학적 관리와 페이욜의 관리 5요소의 초기 경영관리이론 중에 조직설계에 관한 주장들을 중심으로 설계된 조직구조를 전통적 조직구조라 하는데, 전통이론도 오늘날 조직구조에 널리 채택되고 있다.
    ② 뷰로크라시 이론 : 베버의 관료제를 옹호하는 이론으로 관료제에서 가장 효율적이고 이상적인 조직은 합리성에 기초를 두고 있다는 이론이다.
    ③ 애드호크라시 이론 : 조직의 새로운 혁신을 수행하기 위해 상이한 분야의 전문가들을 특별한 프로젝트 팀으로 통합시킬 수 있는 구조가 필요한데 이에 적합한 조직이론이다.
    ④ 상황적합이론 : 어떤 상황에도 적용될 수 있는 보편적인 조직구조는 존재할 수 없다고 본다.

(6) 조직설계의 구조변수와 상황변수
    ① 구조변수
        ㉠ 경영직능의 분화 : 수평적 분화(부문화)와 수직적 분화(계층화)
        ㉡ 권한의 배분 : 직계조직과 참모조직, 집권화와 분권화
        ㉢ 공식화
        ㉣ 통합
    ② 상황변수
        ㉠ 전략 : 조직의 목표를 효과적으로 달성하기 위해서 전략을 수립
        ㉡ 기술 : 조직구조와 유효성에 하나의 역할을 함
        ㉢ 환경
        ㉣ 규모
        ㉤ 인적자원

(7) 조직구조의 유형
    ① 공식조직과 비공식조직
        ㉠ 사회를 구성하는 기본적인 제도적 단위(공식조직)와 직장 등에서의 개인적인 접촉이나 상호작용을 통해 자연적으로 생성되는 소집단(비공식조직)이 있다.

ⓛ 공식조직 : 인간관계론의 입장에서 공식조직은 조직도(組織圖)나 직제(職制)에 의해 형성되는 사람과 사람의 관계로 정의되며, 근대관리론의 시조인 C. I. 바너드는 둘 이상의 사람들에 의해 의식적으로 조정된 모든 활동이나 힘의 체계(體系)를 공식조직이라 정의하고 있다. 즉, 공식조직은 공통의 목적을 합목적(合目的)으로 달성하기 위해 일정의 조직구조에 의해 상호 조정되는 인간의 모든 활동으로써 구성되는 하나의 시스템이다. 그 불가결한 요소로서, ⓐ 공통의 목적, ⓑ 커뮤니케이션, ⓒ 각 성원(成員)의 협동의사 등 세 가지를 들고 있다. 대조직을 구성하는 단위조직도 이 세 가지 요소를 갖춘 조직이므로, 공식조직은 단위조직이 결합(結合)한 복합조직(Complex Organization)의 형태를 취한다.
ⓒ 비공식조직 : 비공식조직은 인간의 일상적인 사회적 상호작용을 통해 공통의 태도·관습·이해·가치를 창출하며 이것이 개인의 행동을 규제하는 규범(規範)이 된다. 각 개인은 집단에의 귀속감이나 안정감의 욕구를 충족시키기 위해 집단의 비공식적 규범에 따라 행동한다. 이같은 비공식조직과 생산성 관계는 호손 실험(Hawthorn Experiment)을 기초로 한 인간관계론에 의해 전개되었다.

② 집권적 조직과 분권적 조직
ⓛ 집권적 조직 : 관리(管理)조직에 있어서 결정권한이 관리계층의 상부에 집중되어 있는 조직구조
ⓒ 분권적 조직 : 의사결정권(意思決定權)이 하위의 조직계층에 대폭 이양되어, 각 부문 경영자가 계획·관리면에서 일정한 자주성을 가지는 경영의 관리방식

③ 지 휘

(1) 리더십
① 의의 : 집단의 목표나 내부 구조의 유지를 위하여 성원(成員)이 자발적으로 집단활동에 참여하여 이를 달성하도록 유도하는 능력을 말한다.
② 리더십이 지배와 다른 것은 그 기능의 수행을 피지도자의 자발성에 기대하는 점과, 집단의 성질에 따라 특성이 반드시 고정적이 아닌 데 있다.
③ 리더십은 기능의 방법에 있어서 탄력적이어야 하며, 이를 위해서는 리더에게 통찰력과 적응성이 요구된다.

(2) 모티베이션
① 의의 : 인간이 일정한 행동을 하도록 움직이게 하는 근원을 의미하는 것으로 모티베이션에 포함되는 개념에는 인간의 욕망, 욕구, 희망 등이 있다.
② 모티베이션이론의 접근방법
ⓛ 내용이론 : '욕구'가 사람들에게 동기를 부여한다고 생각하고 조직 내 노동자들의 욕구를 규명하고자 하는 이론
ⓒ 과정이론 : 같은 원인이어도 사람에 따라 동기 유발 정도가 다르기 때문에 행동하게 하는 원인뿐만 아니라 그 과정을 규명하고자 하는 이론
ⓒ 강화이론 : 어떤 사람의 행동은 그 행동의 결과로 결정된다고 보고 조직 내 노동자들의 행동이 반복해서 일어날 수 있도록 유도해야 한다는 이론

4 통 제

(1) 의 의

기업이 목표를 달성하기 위해서 설정해 놓은 계획이 이루어지도록 경영활동 과정에서 업무의 성과를 측정하여 계획대로 업무가 진행되었으면 적절한 모티베이션을 부여하고 그렇지 못했을 때에는 계획을 수정하여 업무를 추진하는 것이다.

(2) **통제과정** : 표준의 설정 → 성과의 측정 → 편차의 수정

(3) **통제시스템의 유형** : 사후통제, 사전통제, 동시통제

(4) **경영통제의 기법(예산편성기법)** 14 17 20 21 기출
  ① 변동예산제도 : 동태적 예산제로 인한 통제
  ② 영기준예산(ZBB) : 모든 예산항목에 대하여 기득권을 인정하지 않고 매년 '제로'를 출발점으로 하고, 과거의 실적이나 효과, 정책의 우선순위를 엄격히 심사하여 예산을 편성하는 방법
  ③ 계획예산편성시스템(PPBS) : 재정을 과학적으로 관리하여 예산을 합리적·효율적으로 편성하기 위한 방법으로 '기획·계획·예산제도'의 약어이다. 특히 거대한 조직에서 자원배분의 효율성을 높이기 위하여 정책책정, 사업별 실시계획, 예산화 등을 유기적으로 결합한 시스템이다.
  ④ 손익분기점분석 : 손익분기점이란 한 기간의 매출액이 당해 기간의 총비용과 일치하는 점으로 매출액이 그 이하로 감소하면 손실이 나며, 그 이상으로 증대하면 이익을 가져오는 기점을 가리킨다. 손익분기점분석에서는 보통 비용을 고정비와 변동비(또는 비례비)로 분해하여 매출액과의 관계를 검토한다. 매출액은 매출수량과 매출단가의 관계로 대치되므로 판매계획의 입안에 있어서 이 분석방법은 중요한 실마리가 된다. 또한, 그들 상호의 인과관계를 추구하는 것에 의하여 생산계획·조업도(操業度)정책·제품결정 등 각 분야에 걸쳐 다각적으로 이용된다.

제6절 기업환경 및 경영전략

1 기업환경

(1) 기업환경의 개념
  ① 기업환경이란 기업이 처해 있는 환경으로 기업환경 전체는 각종 하위시스템으로 이루어진 하나의 시스템이라고 할 수 있다.
  ② 기업환경에는 특정 제품이나 사업분야와 밀접한 관련을 가지면서 기업활동에 직접적으로 영향을 미치는 과업환경과 사회 속의 모든 집단에 영향을 미치는 보다 넓은 의미의 외부환경으로 분류할 수 있다.

(2) 기업환경시스템
① **1차적 환경** : 출자자·종업원·소비자·협력기업 등을 말한다.
② **2차적 환경** : 경제환경과 기술환경 등으로서, 경제환경이란 국제수지·경제성장률·1인당 GNP·소비구조의 변화·업계의 성장률·노동력 수급·인건비 등을 말하고, 기술환경이란 제조공정·원재료·제품·물적 유통·기술정보 등을 말한다.
③ **3차적 환경** : 사회환경과 자연환경 등으로서, 사회환경이란 출생률·사망률·고령자의 증가, 가족구성의 변화, 도시의 과밀화, 교통의 변화, 가치관 등을 말하고, 자연환경이란 대기·일광·하천·바다·녹지 등을 말한다.

(3) 기업의 사회적 책임 22 기출
① 기업이 성장·발전하여 거대해지면 널리 주주·경영자·종업원·소비자·지역사회·중소기업 등과 관계를 가지게 되어 사회적 영향력이 커지는 동시에 사회의 일정한 기능을 담당하게 된다. 이러한 상태에 도달한 기업은 독선적인 경영이나 일방적인 이익추구가 허용되지 않을 뿐 아니라 사회에 대하여 일정한 행동을 취해야 할 책임이 부과되는데, 이를 기업의 사회적 책임이라 한다.
② 기업의 사회적 책임에 관한 국제표준은 ISO 26000이며, 사회적 책임 분야는 CSV(Creating Shared Value)에서 CSR(Corporate Social Responsibility)의 순서로 발전되었다.
③ **대내적 책임과 대외적 책임** : 대내적 책임으로는 주주에 대한 책임, 종업원에 대한 책임, 후계자 양성에 대한 책임 등이 있고, 대외적 책임으로는 소비자에 대한 책임, 정부에 대한 책임, 타기업에 대한 책임, 지역사회에 대한 책임 등이 있다.

사회적 책임	기업윤리
• 기업행동의 대사회적 영향력이라는 사회적 결과에 보다 큰 강조 • 사회적 책임은 이를 실천하려는 기업의 자유의지를 반영하는 능동역할을 보다 강조 • 수행주체로서 조직차원의 기업을 보다 강조 • 사회적 책임을 논하는 학자들의 기반은 대부분 경영학이나 경제학 등 사회과학	• 기업행위나 경영의사결정의 옳고 그름을 따지는 판단기준 자체에 보다 큰 중요성 부여 • 기업윤리는 상대적으로 이를 준수해야 한다는 수동적인 역할에서 시작 • 수행주체로서 인적 차원의 경영자나 조직구성원을 보다 중요시 • 기업윤리를 주장하는 학자들의 기반은 대부분 철학이나 윤리학, 신학, 교육학 등 인문과학

② 경영전략

(1) 의 의
① 변동하는 기업환경 아래서 기업의 존속과 성장을 도모하기 위해 환경의 변화에 대하여 기업활동을 전체적·계획적으로 적응시켜 나가는 전략을 말한다.
② A. 챈들러는 경영전략을 '기업의 장기적 목적 및 목표의 결정, 이들 목표를 실행하기 위하여 필요한 활동방향과 자원배분의 결정'이라고 정의하여, 경영목적과 경영전략을 구분하지 않았다.
③ H. 안소프는 "경영전략은 주로 기업의 외부적 문제로서, 외부환경의 변화에 기업을 전체로서 적응시키기 위한 제품과 시장구조의 결정이다"라고 하여, 경영전략의 개념에 경영목적을 포함시키지 않고 있다.

(2) 경영전략의 수립과정
  ① 기업목표의 설정
  ② 환경분석 : 외부환경과 내부환경
  ③ 전략대안의 설정
  ④ 전략대안의 평가와 선택
  ⑤ 전략의 실행 및 통제

(3) 토우스(TOWS) 매트릭스 : 상황분석을 위한 도구 11 16 기출
  ① 기본요소 : 외부기회(O), 외부위협(T), 내부적 강점(S), 내부적 약점(W)
  ② WT전략(내부약점-외부위협) : 위협과 약점을 최소화하는 전략이어야 하므로 회사의 축소 또는 청산
  ③ WO전략(내부약점-외부기회) : 약점을 최소화하고 기회를 극대화하여야 하므로 외부로부터 기술이나 숙련된 인적자원 보강
  ④ ST전략(내부강점 - 외부위협) : 조직내부의 강점으로 외부환경 속에 있는 위협에 대응하는 것을 토대로 한 전략으로 내부강점 극대화, 외부위협 최소화 전략구사
  ⑤ SO전략(내부강점 - 외부기회) : 외부의 기회를 이용하기 위해 내부적 강점을 사용할 수 있을 때 가장 바람직한 전략

(4) 균형잡힌 성과표(BSC ; Balanced Score Card) 20 22 기출
  ① 조직의 미션을 근거로 비전과 전략을 수립하고, 조직의 목표를 달성하기 위한 핵심성공요인과 핵심성과지표를 개발하고, 목표달성 여부에 대해 평가를 통해 체크한다.
  ② BSC는 조직 및 구성원들이 최대한의 역량을 발휘할 수 있도록 도전적이면서도 달성 가능한 목표를 제시하고, 조직과 개인 단위까지 목표를 부여한다. BSC는 재무적 관점, 고객 관점, 내부 프로세스 관점 및 학습과 성장 관점의 네 가지 시각으로 나뉘어 조직의 목표를 설정한다.
  ③ 균형성과표는 외부지표와 내부지표의 균형, 원인지표와 결과지표의 균형, 단기지표와 장기지표의 균형, 재무지표와 비재무지표의 균형을 포함한다.

(5) 경쟁전략
  ① 의의 : 경쟁전략이란 특정 제품과 시장분야에 있어서 경쟁기업에 대해 경쟁적 우위에 섬으로써 기업경영의 목적을 달성하기 위한 전략이다.
  ② 경쟁전략의 유형
    ㉠ 점유율 확대전략 : 시장점유율이 높을수록 수익성은 높아지므로 점유율의 확대를 목적으로 한 경쟁전략을 점유율 확대전략이라고 한다. 구체적으로는 제품라인의 확대·제품개발·다품종(多品種)정책·판매촉진전략·가격전략·서비스전략·배급경로전략 등이 있다. 각 사업분야의 특성과 제품시장의 발전단계에 따라 효과적인 점유율 확대전략은 달라진다.
    제품의 도입기에는 제품개발과 품질경쟁이 중요하며, 성장기 후반이 되면 제품라인의 확대, 다품종정책·판매촉진전략, 배급경로의 계열화가 중요한 전략이 된다.
    ㉡ 시장세분화전략 : 제품이 성숙기에 들어서면 시장을 세분화하여 각 세분시장에 대해서 고유한 제품개발·광고·판매촉진의 전개 등이 유효한 경쟁전략으로 다루어진다.

ⓒ 이익관리전략 : 제품이 성숙기에 들어서면 사용자본이익률의 확대를 도모하기 위한 이익관리전략이 취해지게 된다. 거기에는 원가절감을 위한 공정혁신, VA의 적용, 제품믹스전략, 적자제품의 정리, 경비절감 등이 있다.
ⓔ 시장집중화전략 : 기업의 경쟁적 지위가 약해 점유율이 톱 메이커 매출액의 15~20%에도 미치지 못할 경우, 시장을 세분화하고 자사의 독특한 능력에 가장 적합한 특정 세분화 시장을 선택하여, 거기에 대해서 제품계획과 판매촉진을 집중해 나가는 시장집중전략이 효과적이다.

(6) 포터(M. Porter)의 산업구조 분석모델 18 19 기출

포터(M. Porter)의 산업구조 분석모델(5-forces Model)은 특정 기업의 과업환경에서 중요한 요인들을 이해하고자 하는 기법이다. 이 모델에 의하면 다음의 다섯 가지 요인에 의해 경쟁정도나 산업의 수익률이 결정되며 5요소의 힘이 강하면 그 기업에 위협(Threat)이 되고, 힘이 약하면 기회(Opportunity)가 된다.

① 포터의 산업구조

산업구조 분석은 사업전략이라는 측면에서 환경을 분석할 때 사용하는 방법이다. 이러한 환경분석으로는 SWOT 분석과 포터의 산업구조 분석이 대표적이다. 포터의 산업구조 분석 방법은 사업전략을 산업환경의 다섯 가지 경쟁요인의 결과라고 설명하고 있다.
ⓐ 기존사업자 간 경쟁
ⓑ 공급자의 교섭력
ⓒ 대체재의 위협
ⓓ 구매자의 교섭력
ⓔ 잠재적 진입자(신규 진입자)의 위협

② 포터의 본원적 경쟁전략

경쟁우위의 원천이 되는 경쟁전략은 포터에 의하면 세 가지가 있다. 비용우위(원가우위) 전략, 차별화 전략, 집중화 전략이 그것이다. 포터는 각 전략에 맞는 조직의 역량과 문화가 다르다는 것을 명확하게 인식해야 하며 큰 방향에서는 한 가지의 전략을 명확히 설정해야 한다고 보았다.
ⓐ 비용우위 전략(Cost Leadership Strategy) : 업계에서 가장 낮은 원가로 우위를 확보하는 전략
ⓑ 차별화 우위 전략(Differentiation Strategy) : 가격 이상의 가치로 브랜드 충성심을 이끄는 전략
ⓒ 집중화 전략(Focus Strategy) : 특정 세분시장만 집중 공략하는 전략

③ 포터의 가치사슬 활동 순서 22 기출

구매활동 → 생산활동 → 물류활동 → 판매 및 마케팅활동 → 서비스활동

(7) 6(식스)시그마 방법론 22 23 기출

① 기업에서 전략적으로 완벽에 가까운 제품이나 서비스를 개발하고 제공하려는 목적으로 정립된 품질경영 기법 또는 철학으로서, 기업 또는 조직 내의 다양한 문제를 구체적으로 정의하고 현재 수준을 계량화하고 평가한 다음 개선하고 이를 유지 관리하는 경영기법이다.

② DMAIC 방법론
   ⊙ 정의(Define) : 고객의 요구사항을 파악하고 프로젝트의 목표, 정의를 설정하는 단계
   ⓒ 측정(Measure) : 현재 상태 및 문제의 수준을 파악 및 측정하는 단계
   ⓒ 분석(Analyze) : 수집 및 파악한 데이터를 토대로 문제의 근본 원인을 분석하는 단계
   ⓔ 개선(Improve) : 문제의 해결을 위한 개선안과 해결책을 도출하는 단계
   ⓜ 관리(Control) : 개선된 해결책을 유지 및 관리하는 단계
③ 최고 경영자의 Leadership과 성공에 대한 확신과 참여가 필수적이다.

(8) 기 타 [20] 기출

① **경영다각화 전략** : 기업(企業)의 경영활동을 여러 가지 종류의 분야로 넓히는 일이다. 다각화에는 사업의 내용을 다각화하여 서로 다른 업종에 속하는 사업을 동시에 경영하는 좁은 뜻으로의 경영다각화 외에, 경영활동의 영역을 지역적으로 확대하여 다양한 지역에서 사업을 하는 지역적 다각화, 제품이나 서비스를 여러 종류로 하는 제품다각화 등이 있다. 다각화의 이점으로는 특정 부문의 사양화(斜陽化)나 사업부진의 위험을 다른 부문에서 보완할 수 있고, 경영자원의 효과적인 이용 등을 일반적으로 들 수 있다.

② **전략적 제휴** : 기업 간 상호협력관계를 유지하여 다른 기업에 대하여 경쟁적 우위를 확보하려는 새로운 경영전략으로 상호협력을 바탕으로 기술·생산·자본 등의 기업기능 두 가지 또는 다수의 기업이 제휴하는 것을 말한다.

③ **인수합병전략(M&A)** : 경영환경의 변화에 대응하기 위하여 기업의 업무 재구축의 유효한 수단으로 행하여지는 기업의 매수·합병을 말한다. 어떤 기업의 주식을 매입함으로써 소유권을 획득하는 경영전략이다. M은 기업합병을, A는 매수(종업원 포함)를 뜻하며 M은 매수한 기업을 해체하여 자사(自社) 조직의 일부분으로 흡수하는 형태를, A는 매수한 기업을 해체하지 않고 자회사·별회사·관련회사를 두고 관리하는 형태를 말한다.
   ⊙ 왕관보석(Crown Jewel) : 왕관에 달려있는 보석처럼 회사의 핵심자산을 매각해서 인수하려는 기업의 의욕을 꺾는 방법이다.
   ⓒ 황금 낙하산(Golden Parachute) : 합병으로 인하여 경영진이 퇴임하는 경우에 거액의 퇴직금을 지급하거나 유리한 조건의 스톡옵션 권리를 부여하여 퇴임 후에도 일정기간 보수를 지급하도록 하는 등의 권리를 사전에 계약해 놓는 방법이다.
   ⓒ 백기사(White Knight) : 적대적 합병의 대상이 된 기업이 적대적 합병을 피하기 위하여 현 경영진에게 우호적인 다른 기업을 찾아 이 기업과 합병을 진행하는 방법이다.
   ⓔ 극약처방(Poison Pill) : 합병회사가 합병에 성공하더라도 합병으로 인하여 이익을 얻을 수 없도록 현재의 주주들에게 각종 권리를 부여하는 방법이다.
   ⓜ 역공개매수(Counter Tender Offer) : 적대적 인수기업이 공개매수를 할 때 여기에 맞서 대상기업이 오히려 적대적 인수기업의 주식을 매수하면서 정면대결을 하는 전략이다.

④ **전략경영** : 전략경영은 전략의 형성뿐만 아니라 전략의 집행과 평가 등 전략을 실제로 전개해 나가면서 전략적 목적을 달성시키는 총괄적인 경영과정을 의미한다.

제7절 경영혁신

1 개 설

(1) 경영혁신(Innovation) 의의

조직 또는 기업의 목표를 달성하기 위해 새로운 생각이나 방법으로 기존 업무를 다시 계획하고 조직화하여 지휘하고 통제하는 것이다. 즉, 새로운 제품이나 서비스, 새로운 생산공정기술, 새로운 구조나 관리시스템, 종업원을 변화시키는 새로운 계획이나 프로그램을 의도적으로 실행함으로써 기업의 중요한 부분을 본질적으로 변화시키는 것을 말한다.

(2) 경영혁신의 필요성

① 기업이 원하는 목표를 달성하지 못하고 있는 경우
② 기업이 새로운 목적을 추구하는 경우
③ 기업환경이 급변하는 경우

(3) 경영혁신기법의 특징

① 시대에 따라 유행하는 경영혁신기법은 달라진다. 피터 드러커 교수는 "경영자는 15세 소녀와 같이 유행에 민감해서 다른 회사들이 새로운 경영혁신기법을 사용하는 것을 보면 이를 자기 회사에 적용하고 싶어 한다."라고 지적했다.
② 경영혁신기법은 비록 유행을 타면서 나타났다 사라지지만 각 기법은 그 당시 경영환경을 반영한다.
③ 모든 기업상황에 주효한 경영혁신기법은 없다. 기업마다 추구하는 목적과 당면한 문제점, 그리고 내부능력과 조건이 다르기 때문에 경영혁신기법의 효과가 다를 수 있다.

2 경영의 장을 변화시키는 기법 13 19 기출

(1) 비전 만들기(VM ; Vision Making)

① 비전은 조직의 바람직한 미래상으로 조직구성원이 공유하는 조직의 장기적 목표를 제시한다.
② 기업이 장애를 극복하고 목표를 달성하는 강력한 추진력을 제공한다.

(2) 리스트럭처링(RS ; Restructuring)

① '사업 재구축'이라는 말로 표현되는 리스트럭처링은 비전, 즉 미래의 모습을 설정하고 그 계획을 시행하는 것이다. 기업의 미래상인 비전을 사업구조 차원에서 구체화시키는 경영혁신기법이다.
② 제시된 비전 달성을 위한 수단적 지침을 제공하는 동시에 전사적 차원에서 미래지향적 자원배분 기준을 제공하는 데 초점을 둔다.

③ 리스트럭처링의 시행절차는 ㉠ 비전 및 미래목표의 잠정적 설정, ㉡ 전략사업단위의 설정, ㉢ 리스트럭처링 방향설정 작업, ㉣ 리스트럭처링 확정, ㉤ 비전 및 미래목표의 수정, ㉥ 비전 및 미래목표의 확정의 6단계로 구성된다.

(3) 벤치마킹(BM ; Benchmarking)
① 우수한 경쟁 업체의 경영 방식을 배워서 기업의 경쟁력을 높이려는 기법 혹은 전략을 말한다.
② 기업 내부 프로세스에 경쟁개념을 도입하여 경쟁기업 프로세스와 비교하여 지속적으로 자사의 프로세스를 개선하려는 노력이 벤치마킹의 본질이다.
③ 기업 내부 활동 및 기능, 또는 관리능력을 다른 우수기업과 비교해 평가 판단하여 개선책을 찾아낸다.

(4) 학습조직(LO ; Learning Organization)
① 기업문화를 변화시키는 경영혁신기법인 학습조직이란 스스로 배우는 기업을 말한다.
② 모든 구성원들이 스스로 자유롭게 생각하고 배울 수 있는 학습능력을 갖추어야 한다.
③ 구성원 개인의 학습과정이 조직학습으로 기업 내에 체화될 때 비로소 경쟁력을 갖춘 기업이 된다.

(5) 기업 아이덴티티(CI ; Corporate Identity)
① 기업 이미지를 형성하고 내재화하여 기업문화를 비전과 전략에 맞추어 변화시키는 기법이다.
② 기업의 사회적 역할, 기업과 종업원 간의 공동목표, 비전 등을 명확히 인식하게 된다.
③ 전략경영을 위한 이미지 통합작업이자 적극적 마케팅활동으로 인식할 수 있다.

(6) 아웃소싱(Outsourcing) 21 기출
① 기업 내부의 프로젝트 활동을 기업 외부의 제3자에 위탁해 처리하는 시스템으로, 인소싱(Insourcing)과 반대되는 개념이다.
② 대체로 상호 복합적이고 의존적이며, 장기적인 파트너 관계를 형성해 하나의 통합 시스템으로 운영될 뿐 아니라 외부 공급업체에 의한 규모의 경제효과로 비용절감, 기업의 성장과 경쟁력·핵심역량 강화를 위한 대안으로 운영된다는 점에서 임시적, 단기적, 반복적인 컨설팅, 외주, 하청 등과는 많은 차이가 있다.
③ 외부 공급업체의 경험이나 최신정보 습득 및 활용, 향후 비용에 대한 예측 가능성 높음, 기업의 전문인력을 전략적으로 활용할 수 있는 점 등이 강점이다.

③ 경영프로세스를 변화시키는 기법

(1) 계획단계
① 장기전략계획(LSP ; Long-term Strategy Planning)
  ㉠ 기업목표를 설정하고 전략실행에 필요한 자원을 배분하는 전략적 판단을 포함하며 사업구조나 제품구조와 같은 경영구조 자체의 변혁을 도모하는 전사적, 종합적, 포괄적 성격의 거시적 계획이다.

ⓒ 또한 한번 정해지면 고정된 확정계획이 아니라 상황변화에 따라 변동하는 연동계획(Rolling Plan)의 성격을 가진다.

② 경쟁전략(CS ; Competitive Strategy)
　　㉠ 어떤 기업이 그 기업이 속해 있는 산업 내에서 유리한 경쟁적 지위를 확보하기 위해 추구하는 전략을 기획하는 기법을 말한다.
　　ⓒ 독자적 경쟁대상을 갖는 사업부 수준에 적용되는 경영혁신기법으로 기업의 장기적 수익성을 결정하는 공급자, 구매자, 대체품, 잠재적 진출기업 및 기존기업 등 다섯 가지 경쟁요인을 분석하여 산업 내에서 상대적으로 유리한 경쟁지위를 확보하는 기법이다.

③ 영기준예산(ZBB ; Zero-Based Budgeting)
　　㉠ 조직이 장래 추구하는 목표를 세우고 이를 달성하기 위해 새롭게 예산을 편성하는 방법이다.
　　ⓒ 매년 예산 편성 시 그 기준을 전년도 예산에 두지 않고 다시 제로로 출발하여 영기준에서 사업의 타당성을 분석하는 방법이다.

④ 신인사제도(NP ; New Personnel system)
　　㉠ 인재육성, 능력개발, 적재적소 배치, 적극적 평가 및 공정한 보상 제도를 체계화하는 기법이다.
　　ⓒ 능력이나 숙련 등 직무수행 정도에 따라 인재를 육성하고 활용하는 자격주의와 능력개발을 지향하는 능력주의가 그 기본방향이다.

(2) 실행단계 13 19 기출

① 리엔지니어링(RE ; Re-Engineering)
　　㉠ 기존의 기업활동을 무시하고 모든 기업활동과 업무 프로세스를 완전히 백지상태에서 새롭게 구성하는 경영혁신 기법이다.
　　ⓒ 고객에게 신속히 반응할 수 있도록 기능 중심의 수직적 사고에서 프로세스 중심의 수평적 사고로 전환할 것을 요구한다.
　　ⓒ 리엔지니어링은 기능, 사업부, 기업 전체에 적용될 수 있는 혁신 기법이다.

② 다운사이징(DS ; Down Sizing)
　　㉠ 미국 기업들이 급속히 약화된 경쟁력 회복을 위해 비대한 관리층과 비효율적인 조직을 바꾸기 위해 도입된 혁신 기법이다. 이에 따라 분권화, 슬림화, 프로세스 통합화를 추구하는 다운사이징이 등장했다.
　　ⓒ 정보시스템의 다운사이징은 효율적 네트워크 운영을 위해 기업의 정보 흐름을 기업 전체 차원에서 분산시키는 기법이다.
　　ⓒ 조직 다운사이징은 조직의 슬림화, 재정비 차원에서 이루어지며 리스트럭처링의 일부분으로 추진된다.

③ 시간기준경쟁(TBC ; Time-Based Competition)
　　㉠ 시장의 적합성을 높이기 위해 경쟁기업보다 개발이나 생산에 걸리는 시간을 단축시켜야 한다.
　　ⓒ 시간기준경쟁은 근본적으로 중간관리자에게 권한을 이양함으로써 고객 불편 해소를 위한 반응시간을 줄여 시장을 호의적으로 확보하는 것이다.

(3) 평가단계
   ① 전사적 품질경영(TQM ; Total Quality Management)
      ㉠ 평가단계에서 경영내용을 변화시키는 기법으로 생산 부서의 통계적 품질관리(SQC ; Statistical Quality Control)와 사업부단위의 전사적 품질관리(TQC ; Total Quality Control)로부터 발전된 개념이다.
      ㉡ TQM은 전략적인 관점에서 회사 전체를 대상으로 기존 조직문화와 경영관행을 재구축하여 제품과 서비스의 질을 향상시키고 소비자의 만족도를 높이자는 것이 그 목적이다.
      ㉢ TQM은 제품의 기능, 미관은 물론 구성원의 만족감과 긍지, 환경보호, 사회봉사 등을 포괄하는 총체적인 품질(Total Quality)을 극대화하여 소비자, 조직구성원, 사회 등 모든 고객에게 기쁨을 주자는 것이다.
   ② 전략평가시스템(SES ; Strategic Evaluation System)
      ㉠ 기존의 평가시스템을 개선한 것이 아니라 새로운 그림을 그리는 차원에서 등장한 개념이다.
      ㉡ 경영환경의 변화를 고려하여 수립된 전략의 실행 및 결과를 평가하는 것이며, 조직 전체의 관점에서 기업경쟁력 강화를 추구하는 평가 여건까지 고려한 평가시스템이다.

제8절 경영정보시스템(MIS ; Management Information System)

1 개 설

(1) 의 의

경영정보시스템이란 관리자들에게 정보를 제공하며, 조직 내의 운용과 경영 및 관리자의 의사결정기능을 지원하는 종합적인 사용자-기계시스템(Man-machine System)으로 정의된다. 이는 기업의 목적달성을 위해 업무·관리, 전략적 의사결정을 합리적으로 수행할 수 있도록 기업 내외의 정보를 제공한다. 또한 컴퓨터의 하드웨어, 소프트웨어, 수작업 절차, 분석 및 계획모형, 통제와 의사결정 및 데이터베이스, 모델, 정보통신 등을 활용함으로써 그 기능을 수행한다.

(2) MIS의 적용분야

경영정보시스템은 최고 경영자의 의사 결정, 중간 관리자의 계획통제, 일선 실무자의 운영 전반에 걸쳐 다양하게 적용된다.
① 인사관리 : 급여관리, 사원관리
② 판매관리 : 판매예측, 효과적인 관리
③ 재고관리 : 상품의 구매 및 공급관리
④ 회계관리 : 예산이나 현금관리

(3) MIS의 구성요소
① 경영(Management) : 계획·통제, 업무에 관한 의사결정을 말하며, 다른 사람을 통하여 과업을 성취하기 위한 수단이다.
② 정보(Information) : 의사결정을 위해 이용되는 질서 있게 선택된 자료의 구성으로서 사람들 사이에서 의사소통되는 지식이다.
③ 시스템(System) : 정보의 교환을 통하여 관련된 모든 구성요소가 공통목표에 의해 결합된 단위이다.

2 경영정보시스템의 목적과 필요성

(1) MIS의 목적
MIS는 경영자에게 정보를 제공하기 위하여 설계된 시스템이다. 그러므로 MIS의 목적은 경영자들에게 합리적 의사결정을 하는 데 필요한 신뢰성과 정확성을 갖춘 정보를 제공하는 것이다.
① 경영자에게 적절한 정보제공
② 신뢰성 있고 정확한 정보를 편리하게 제공
③ 적정시기에 정보제공

(2) MIS의 필요성
제2의 물결인 산업사회에서 제3의 물결이라고 하는 정보사회로 변천함에 따라 경영자가 변화환경에 유효하게 적응하기 위해서, 또 불확실성을 감소시키고 합리적 의사결정을 위해서는 정보시스템이 필요하게 되었다.
① 기업의 대규모화, 국제화 : 수직적 분화, 수평적 분화, 지역적 분산
② 사무관리의 복잡화 : 기술혁신, 연구개발, 경영과학, 시뮬레이션 접근
③ 업무처리의 신속화 : 컴퓨터 활용
④ 급격한 환경변화 : 불확실성 증대, 기업경쟁의 격화, 소비자의 욕구변화
⑤ 정보화사회 : 정보 및 지원이 필요함

3 경영정보시스템의 기능구조 16 17 19 기출

MIS는 그 중요 기능에 따라 거래처리, 정보처리, 의사결정지원, 프로그램화 의사결정, 그리고 의사소통 기능으로 나눌 수 있다.
① 거래처리시스템 : 거래처리시스템은 컴퓨터를 이용한 사무업무나 운용적 업무의 신속·정확한 처리를 위한 시스템으로서 그 주요 기능은 거래처리, 마스터파일의 보전, 보고서출력, 데이터베이스에 자료제공과 검색 등이다.
② 정보처리시스템 : 이는 데이터베이스 시스템이라고도 일컬어지며 의사결정에 필요한 정보를 제공하는 시스템이다.
③ 프로그램화 의사결정시스템 : 구조적 의사결정을 위한 시스템으로서 주로 시스템에 의해서 의사결정이 자동적으로 이루어지게 한다. 이러한 시스템은 의사 결정절차가 구조적이며 업무처리절차가 정의된 업무에 적용된다.

④ 의사결정지원시스템 : 프로그램화 할 수 없는 비정형적·비구조적 의사결정을 위해 다양한 지원을 하는 시스템이다.
⑤ 의사소통시스템 : 개인용 컴퓨터, 터미널, 팩시밀리, 워드프로세서, 컴퓨터 네트워크와 통신장치를 이용하여 환경과 시스템 간의 의사소통 또는 정보전달 기능을 담당한다.
⑥ 데이터 웨어하우스 : 정보(Data)와 창고(Warehouse)를 합성한 말로 여러 개로 분산 운영되는 데이터베이스 시스템들을 효율적으로 통합하여 조정·관리하며 효율적인 의사결정 정보를 제공하는 것을 의미한다.

4 정보시스템의 운영요소

(1) 물리적 요소

조직정보시스템에서 필요로 하는 물리적 구성요소는 하드웨어, 소프트웨어, 데이터베이스, 절차 그리고 운영요원이다.

① 하드웨어

하드웨어는 물리적인 컴퓨터장비와 관련 장치를 의미하며, 이는 입력, 출력 데이터 프로그램을 위한 보조기억장치, 중앙처리장치, 커뮤니케이션 등의 주요 기능을 제공해야 한다.

② 소프트웨어

소프트웨어는 하드웨어의 작동을 지시하는 명령어를 가리키는 광범위한 용어이다. 소프트웨어는 두 가지 주요 유형으로 분류할 수 있는데 이들은 시스템 소프트웨어와 응용 소프트웨어이다.

③ 데이터베이스

데이터베이스는 응용 소프트웨어가 사용하는 모든 데이터를 갖는다. 일단의 개별적으로 저장된 데이터는 종종 파일이라 불린다. 저장된 데이터의 물리적 실체는 보조기억장치로 사용되는 물리적 저장매체에 의해 증명된다.

④ 절 차

공식적인 운영절차는 물리적인 구성요소이다. 왜냐하면 이것은 매뉴얼 혹은 지시책자와 같은 물리적인 형태로 존재하기 때문이다. 요구되는 세 가지 주요 절차는 다음과 같다.
  ㉠ 사용자가 데이터를 기록하고 데이터를 입력, 검색하기 위해 단말기를 사용하고 작업결과를 사용하기 위한 사용자 지시
  ㉡ 데이터 준비요원에 의한 입력 준비 지시
  ㉢ 컴퓨터 조작요원을 위한 운영 지시

⑤ 운영요원

컴퓨터오퍼레이터, 시스템분석자, 프로그래머, 데이터준비요원, 정보시스템관리자, 데이터관리자 등

(2) 처리기능

① 거래처리

거래는 구매, 판매 혹은 제품생산과 같은 활동이다.

② 마스터 파일의 유지

많은 처리활동에는 조직의 실체에 대해 비교적 영구적이고 역사적인 데이터를 저장하는 마스터 파일을 만들고 유지하는 것이 필요하다.

③ 보고서 작성

보고서는 정보시스템의 주요 산물이다. 계획된 보고서는 정기적으로 작성된다. 정보시스템은 또한 특수한 요청에 대해 신속하게 특수보고서를 만들 수 있다.

④ 조회처리

정보시스템의 또 다른 출력은 데이터베이스를 사용하여 조회에 응답하는 것이다.

⑤ 상호대화지원 응용처리

정보시스템은 계획수립, 분석, 의사결정시스템을 지원하기 위한 응용을 갖는다.

(3) 사용자를 위한 출력 22 기출

경영정보시스템 사용자는 입력을 제공하고 출력을 받는다. 따라서 정보시스템에 대한 사용자의 평가는 입력의 용이성에도 다소 의존하나 주로 사용자가 쓸 수 있는 출력의 유용성에 기초한다. 즉, 출력은 정보시스템을 설명하는 한 방법이 된다. 출력은 ① 거래서류 혹은 화면, ② 사전 계획된 보고서, ③ 사전 계획된 조회 응답, ④ 특수보고서와 조회응답, ⑤ 사용자 – 기계대화의 결과의 다섯 가지 주요 형태로 분류될 수 있다.

> **참고** **시스템개발기법**
>
> - 원형개발법 : 시험용으로 시스템을 만든 후에 사용하며 얻는 이해를 기본으로 시스템을 발전시키는 방법
> - JAD : 합동응용시스템설계로 시스템과 연관 있는 관리자, 분석가들이 모이게 하는 방법
> - RAD : 고속 애플리케이션 개발법으로, 단순히 사용자와 개발자를 재촉하여 빠른 시간 내에 시스템개발을 끝내기만을 강요하는 개발방법이 아니라 효율성과 최적성을 강조하는 개발 방법

> **참고** **전사적자원관리(ERP)** 23 기출
>
> 기업 내 생산, 물류, 재무, 회계, 영업과 구매, 재고 등 경영활동 프로세스들을 통합적으로 연계해 관리해 주며, 기업에서 발생하는 정보들을 서로 공유하고 새로운 정보의 생성과 빠른 의사결정을 도와주는 시스템이다.

> **참고** **데이터베이스관리시스템(DBMS)**
>
> 데이터베이스를 조작하는 별도의 소프트웨어로, 중복 최소화, 무결성, 일관성, 보안성, 공유성, 독립성 등의 장점이 있다. 대표적인 DBMS에는 오라클(Oracle), MySQL, MSSQL, MariaDB 등이 있다.

> **참고** **고객관계관리(CRM)**
>
> 영업, 마케팅, 고객 서비스, 전자상거래 전반에 걸쳐 고객관계를 관리하는 모든 방식을 포함하는 시스템으로 운영적 CRM과 분석적 CRM으로 구성되어있다.

제3과목 경영학

CHAPTER 02 적중예상문제

01 경영을 기업보다 상위개념이라고 할 때 기업과 경영의 본질을 비교한 것 중 적절하지 못한 것은?

① 기업은 경영의 소유단위이고, 경영은 기업의 생산단위이다.
② 기업의 지도원리는 수익성이고, 경영의 지도원리는 경제성이다.
③ 기업은 법률적·경제적·생산적·재무적 단위이고, 경영은 기술적·생산적·의사결정적 단위이다.
④ 경영은 전부 기업이나, 기업은 모두 경영에 속하지 않는다.
⑤ 모든 개별경제단위를 경영이라 할 때, 기업은 특히 영리를 목적으로 하는 경영체라고 할 수 있다.

> **해설**
> 기업은 이윤의 획득을 목적으로 운용하는 자본의 조직단위, 즉 기업은 국민경제를 구성하는 기본적 단위이며, 생산수단의 소유와 노동의 분리를 기초로 하여 영리목적을 추구하는 독립적인 생산경제단위를 이룬다. 경영은 경영학의 연구대상을 이루는 것으로, 경영학의 방법론의 상이에 따라 여러 가지 의미로 사용된다. 개별경제학(個別經濟學 : Einzelwirtschaftslehre)의 입장에서는 종합경제로서의 국민경제를 구성하는 독립적인 개별경제단위를 경영이라 보기 때문에, 경영의 개념 속에는 생산경제의 단위인 기업뿐만 아니라 가계나 재정 등의 소비경제의 단위도 포함된다.

02 경영관리이론의 본질 및 특성에 관한 설명 중 옳지 않은 것은?

① 조직 속의 인간의 경영행동에 관한 연구를 하는 것이다.
② 경영행동에 관한 종합과학적인 입장에서 다룬 지식체계이다.
③ 경영원리와 법칙을 연구하므로 순수이론과학이라고도 한다.
④ 새로운 기술이나 방법을 모색하는 응용과학적인 특성도 가지고 있다.
⑤ 이해집단을 조정하고 그들의 이익증진을 위한 책임이 있기 때문에 규범과학의 성격도 가지고 있다.

> **해설**
> 실증경영과학은 현실사회에 존재하는 경영원리의 해명을 목적으로 하는 실증적 이론을 가리키고, 규범경영과학은 어떤 경영현상이나 경영정책의 결과가 좋은가, 좋지 않은가 또는 바람직한가, 그렇지 않은가 하는 문제를 다루는 것이다.

03 테일러 시스템의 업적으로 보기 어려운 것은?

① 시스템의 운용에 있어서 인간적 측면이 중시되었다.
② 종래의 표류관리에서 과학적 관리를 시도하였다.
③ 제도적 관리기법을 개발함으로써 개인이 아닌 조직에 의한 관리에 초점을 두었다.
④ 기획업무와 집행업무를 분리시킴으로써 관리의 기능인 계획과 통제의 개념을 확립하였다.
⑤ 전문화의 원리에 의하여 전문지식을 가진 관리자가 업무의 감독과 집행을 하도록 하였다.

> **해설**
> 테일러 시스템은 인간적 측면이 경시되고 관리의 전체성이 부족한 작업현장의 기술론에 지나지 않으며, 금전적 유인에 의한 능률의 논리만을 강조한다는 단점이 있다.

04 페이욜의 관리적 활동의 5요소가 아닌 것은?

① 계 획
② 조 직
③ 지 휘
④ 통 제
⑤ 회 계

> **해설**
> 관리적 활동의 5요소는 계획·조직·지휘·조정·통제이다.

05 관료제의 특성으로 옳지 않은 것은?

① 분업에 따라 권한과 책임이 분명하게 규정된다.
② 모든 종업원의 직무에는 의무와 책임이 명시된다.
③ 표준적 규칙과 절차가 있다.
④ 직무나 직위는 권한계층에 따라서 조직화된다.
⑤ 조직구성원은 친분관계에 의해 선발된다.

> **해설**
> 조직구성원은 기술적 능력에 따라서 선발한다.

정답 03 ① 04 ⑤ 05 ⑤

06 리커트의 4시스템 모형에서 매개변수가 아닌 것은?

① 낮은 결근율과 이직률의 저하 ② 종업원의 신뢰감
③ 협력적 태도 ④ 높은 집단목표의식
⑤ 양호한 의사소통

해설

리커트 시스템 4(관리참가적 시스템)
- 원인변수 : 지지적 관심, 집단결정에의 관리
- 매개변수 : 협조적 태도, 종업원의 신뢰감, 양호한 의사소통, 집단에의 충성심, 높은 집단목표의식
- 결과변수 : 낮은 결근율과 이직률, 높은 생산성

07 다음 중 호손 실험의 결과로서 옳은 것은?

① 과학적 관리의 모태가 되었다.
② 만족한 조직이 능률적인 조직이라는 사실을 알게 되었다.
③ 심적 요소보다 물적 요소가 작업능률 개선효과가 있다는 것을 알게 되었다.
④ 물적 작업조건은 작업능률에는 영향을 미치지 못한다.
⑤ 조직의 운영에는 주로 비용의 논리가 적용된다.

해설

호손 실험의 결론은 생산성에 영향을 주는 주요한 요인은 여러 가지가 있으나, 그중에서도 개인 대 개인 간에서 자연발생적으로 생성되는 인간관계의 비공식적 조직이 가장 중요하다는 것이다. 이것은 곧 조직에 있어서의 비용의 논리나 능률의 이론도 중요하지만 더욱 중요시되어야 할 것은 감정의 논리라는 것이다.

08 다음 중 Y이론의 가설에 대한 설명으로 옳지 않은 것은?

① 조직의 목표를 달성하는 데 자기통제는 불가결하다.
② 동기부여는 생리적 욕구, 안전욕구 계층에서만 가능하다.
③ 조직의 문제를 해결하기 위한 창의력은 누구에게나 있다.
④ 일이란 작업조건만 잘 정비되면 놀이를 하거나 쉬는 것같이 극히 자연스러운 것이다.
⑤ 사람은 적절한 동기가 부여되면 일에 자율적이고 창의적이다.

해설

Y이론
- 조건 여하에 따라서는 일하는 것이 고통이 아니라 도리어 만족을 가져다 준다.
- 외적 강제가 없어도 조직목적을 위해서는 자기자신을 통제할 수 있다.
- 자주성의 만족이나 자기실현이라는 보상이 있으면 조직목적에 헌신하게 된다.
- 보통의 인간이라도 조건에 따라서는 책임을 갖고 행동하게 된다.
- 문제해결을 위한 상상력과 창의력을 대부분의 사람들은 가지고 있다.

09 리더십 이론에 관한 설명으로 옳지 않은 것은?

① 경로-목표이론 : 리더는 구성원이 목표를 달성할 수 있도록 명확한 길을 제시해야 한다.
② 리더십 상황이론 : 리더의 행위가 주어진 상황에 적합하면 리더십의 효과가 증가한다.
③ 리더-구성원 교환이론 : 리더는 내집단-외집단을 구분하지 않고 동일한 리더십을 발휘한다.
④ 리더십 특성이론 : 리더가 지닌 신체적, 심리적, 성격적 특성 등에 따라 리더십의 효과가 달라진다.
⑤ 리더십 행동이론 : 리더가 부하들에게 어떤 행동을 보이는가에 따라 리더십의 효과가 달라진다.

> **해설**
> 리더-구성원 교환이론에서 리더는 내집단과 외집단을 구분하여 구성원들을 동일하게 다루지 않는다. 구성원들의 업무와 관련된 태도와 행동들은 리더가 구성원을 다루는 방식에 달려있다.

10 X이론과 Y이론의 가장 큰 구별요인으로 옳은 것은?

① 조직구조의 차이
② 조직문화의 차이
③ 리더십의 차이
④ 인간관의 차이
⑤ 조직특성의 차이

> **해설**
> 맥그리거는 그의 저서 「기업의 인간적 측면」에서 전통적인 인간관과 새로운 개념의 인간관을 동기부여라는 관점에서 비교하고, 전자를 X이론, 후자를 Y이론이라고 정의한 경영관리에 있어서의 인간본성에 관한 X · Y이론을 주장하였다.

11 매슬로우(A. Maslow)의 욕구단계이론에 관한 설명으로 옳지 않은 것은?

① 상위단계의 욕구 충족이 좌절되면 그보다 하위단계의 욕구를 충족시키려 한다.
② 하위단계욕구가 충족되었을 때, 상위단계욕구가 발생하게 된다.
③ 욕구결핍상태가 발생하게 되면, 그 욕구를 충족시키기 위해 노력하게 된다.
④ 인간의 욕구는 일련의 단계 내지 중요성에 따라 계층별로 배열할 수 있다.
⑤ 계층상 가장 상위단계의 욕구는 자아실현의 욕구이다.

> **해설**
> ① 엘더퍼의 ERG이론에 해당한다.

정답 09 ③ 10 ④ 11 ①

12 버나드와 사이몬은 근대조직이론을 체계화하였는데, 이 중 사이몬 조직론의 중심개념은?

① 리더십　　　　　　　　　② 인간관계
③ 의사결정　　　　　　　　④ 권력관계
⑤ 조직의 목적

해설

버나드는 조직의 목표를 달성하기 위해서 조직의 리더가 명령할 때 명령의 권위가 생기는 것은 조직구성원이 그 명령을 수용·납득하기 때문이라고 주장하였다. 이때 명령내용의 합리성, 즉 개인이 조직에 공헌하려는 의사결정의 문제가 중요하다고 보았다. 사이몬은 이러한 의사결정의 문제를 중심으로 버나드의 이론을 발전시켰다.

13 동기부여의 과정이론에 해당하는 것은?

① 허즈버그(F. Herzberg)의 2요인이론
② 맥클랜드(D. McClelland)의 성취동기이론
③ 앨더퍼(C. Alderfer)의 ERG이론
④ 허시(P. Hersey)의 수명주기이론
⑤ 아담스(J. Adams)의 공정성이론

해설

⑤ 과정이론, ①·②·③ 내용이론, ④ 상황이론에 해당한다.

동기부여이론

내용이론	과정이론
• 매슬로우의 욕구단계이론 • 앨더퍼의 ERG이론 • 허즈버그의 2요인이론 • 맥클랜드의 성취동기이론 • 아지리스의 성숙·미성숙이론 • 맥그리거의 X·Y이론	• 로크의 목표설정이론 • 아담스의 공정성이론 • 브룸의 기대이론 • 스키너의 강화이론

14 쿤쯔의 현대경영학의 접근방법 중 관리과정에서 개인 간의 행동을 주요 연구대상으로 하고 있으며, 인간을 통해서 과업을 수행시키는 것이 결국 관리활동이라는 명제에 따라 대인관계를 중시하는 접근법은?

① 경험적 접근법
② 인간상호행동적 접근법
③ 집단행동적 접근법
④ 협동사회시스템적 접근법
⑤ 의사결정이론 접근법

해설

쿤쯔의 현대경영학의 접근방법
- 경험적 접근법 : 관리활동 자체를 경험의 연구라는 접근방식을 가지고 있는 것으로 주로 실제사례를 대상으로 연구·분석하는 특징을 가진 접근방법이다.
- 인간상호행동적 접근법 : 관리과정에서 개인 간의 행동을 주요 연구대상으로 하며, 대인관계를 중시한다. 이를 인간관계학파 또는 행동과학학파라고 부르기도 한다.
- 집단행동적 접근법 : 경영관리의 목표를 효과적으로 달성하기 위해서는 그 대상을 소집단은 물론 집단을 포괄하는 집단행동에 두어야 한다고 간주하고 그 양상에 관한 연구에 초점을 두는 접근방법이다.
- 협동사회시스템적 접근법 : 협동사회시스템을 연구대상으로 하고 그 속에서의 인간 및 문화적 상호관계를 시스템 측면에서 해명 및 고찰하려는 관점의 접근법이다.
- 의사결정이론 접근법 : 경영관리의 초점을 관리자의 의사결정에 두는 접근법이다.

15 다음 중 상황적합이론의 특성이 아닌 것은?

① 객관적인 결과로서 조직유효성을 중시
② 조직과 환경 또는 기술과의 관계를 중시
③ 조직체 그 자체가 분석단위
④ 조직 속의 인간관계를 중시
⑤ 중범위이론을 지향

해설

상황적합이론
- 상황적합이론은 객관적인 결과로서의 조직유효성을 중시하며 상황과 조직특성 간의 적합적 관계를 규명하고자 하는 이론이다.
- 상황이론은 조직과 환경 또는 기술과의 관계를 중요시한다. 즉, 환경·기술 등의 상황요인과 조직특성의 적합이 조직의 성과를 결정한다고 이해한다.
- 상황이론은 행동의 주체로서 조직체 그 자체를 분석단위로 삼는다. 즉, 조직형태, 부문 간의 권력관계·관리체계 등의 구조적인 특성에 초점을 맞춘다.

16 자본가가 스스로 경영을 담당하기보다는 대표자를 선출해서 경영을 전담시키고 기업 밖에서 기업을 지배하는 형태를 무엇이라고 하는가?

① 고잉콘선
② 부재소유자
③ 경영학지배론
④ 경영자혁명론
⑤ 테크노스트럭처

해설

부재소유자이론
기업의 소유자나 자본가가 스스로 경영을 담당·영위하기보다는 자기의 대표자(경영자)를 선출해서 이를 전담하게 하는 일이 중요하며 또 그러한 경향이 점차 확대되고 있다는 이론이다.

정답 15 ④ 16 ②

17 페이욜의 관리의 일반원칙(14원칙)에 속하지 않는 것은?

① 공 정
② 질 서
③ 개인적 이익의 우선
④ 집권화
⑤ 단 결

> **해설**
>
> 페이욜의 일반관리 14원칙은 분업, 권한, 규율, 명령통일, 지휘통일, 개인적 이익의 전체조직 이익으로의 종속, 보상, 집권화, 계층조직, 질서, 공정, 고용의 안정, 주도성, 단결 등이다.

18 익명조합과 관련이 깊은 것은?

① 상법상의 조합
② 민법상의 조합
③ 합명회사
④ 유한회사
⑤ 합자회사

> **해설**
>
> 익명조합의 근원은 코멘다에서 비롯된 것으로 이는 무한책임을 지는 사업자로서의 기명조합원과 유한책임을 지는 익명출자자로서의 익명조합원으로 구성되는 조합으로 상법상의 조합이라고 한다.

19 기업은 여러 가지 목적으로 기업집중을 시도하게 된다. 기업이 중소기업을 지배하는 방법으로 자금대여 등을 이용하는 기법은?

① 카르텔
② 콘체른
③ 트러스트
④ 콘글로머리트
⑤ 조인트 벤처

> **해설**
>
> 수 개의 기업이 각각 법률적으로 형식상의 독립성을 유지하고 있으나 실제적으로는 주식의 소유 또는 대부와 대출형태의 금융적 방법을 통해서 결합하고 있는 형태를 콘체른이라고 한다.

17 ③ 18 ① 19 ②

20 다음 중 지주회사로 볼 수 있는 것은?

① 개별기업들이 경제적·법률적으로 독립성을 상실하고 하나의 기업이 되는 것이다.
② 상호 보완적인 역할을 하는 여러 생산부문이 생산기술적 입장에서 결합하는 것이다.
③ 상호 관련이 없는 이종기업 간의 합병·매수에 의해 다각적인 경영을 행하는 거대기업이다.
④ 타 회사를 지배할 목적으로 주식을 매입하여 보유하고 있는 종합금융회사를 말한다.
⑤ 종래 운영하고 있던 업종 이외의 다른 업종에 진출하여 이를 동시에 운영하는 것이다.

해설
지주회사
다른 회사의 주식을 소유함으로써 사업활동을 지배하는 것을 주된 사업으로 하는 회사이다. 넓은 뜻으로는 지배관계의 유무에도 불구하고 타 회사에 대한 자본참가를 주목적으로 하는 회사를 말하는 것으로 증권투자회사 등도 속한다.

21 한 번 또는 몇 번의 거래로서 사업이 끝나는 프로젝트사업을 공동으로 경영하기 위해서 2인 이상이 상호 출자하여 설립하는 것은?

① 합명회사
② 합자회사
③ 유한회사
④ 민법상의 조합
⑤ 상법상의 조합

해설
민법상의 조합은 2인 이상이 공동으로 출자하여 공동으로 사업을 경영할 것을 약정함으로써 그 효력이 발생한다고 제703조에 규정하고 있다. 이것은 한 번의 거래 또는 몇 번의 거래로서 사업이 끝나는 프로젝트사업을 공동으로 경영하기 위해서나 공채·사채·주식 등의 유가증권의 공동인수를 통해서 사업의 설립을 돕기 위한 증권인수단을 결정할 때 자주 사용된다.

22 개인기업의 장점이 아닌 것은?

① 개업과 폐업이 용이하다.
② 비밀의 유지가 양호하다.
③ 이익을 독점할 수 있다.
④ 의사결정이 신속하다.
⑤ 영속성을 가진다.

해설
개인기업은 개업과 폐업이 용이, 비밀유지가 양호, 이익의 독점, 의사결정의 신속 등의 장점이 있는 반면, 무한책임·비영속성·자본조달의 한계·경영능력의 한계 등의 단점이 있다.

정답 20 ④ 21 ④ 22 ⑤

23 지주회사에 대한 설명으로 옳지 않은 것은?

① 카르텔형 복합기업의 대표적인 형태이다.
② 한 회사가 타사의 주식 전부 또는 일부를 보유함으로써 다수기업을 지배하려는 목적으로 이루어지는 기업집중형태이다.
③ 자사의 주식 또는 사채를 매각하여 타 회사의 주식을 취득하는 증권대위의 방식에 의한다.
④ 콘체른형 복합기업의 전형적인 기업집중형태이다.
⑤ 주식분산, 부재자소유에 의한 주주총회에 대한 관심저하 등이 원인이다.

해설
지주회사는 콘체른형 복합기업의 대표적인 형태로서 모자회사 간의 지배관계를 형성할 목적으로 자회사의 주식총수에서 과반수 또는 지배에 필요한 비율을 소유·취득하여 해당 자회사의 지배권을 갖고 자본적으로나 관리기술적인 차원에서 지배관계를 형성하는 기업을 말한다.

24 공기업의 특성으로 옳지 않은 것은?

① 공기업은 국가 또는 지방자치단체가 출자해서 설립한 기업이므로 공공성이 있다.
② 공기업은 사기업의 영리를 목적으로 하는 독점행위를 배제하고, 국민경제 측면에서 일반대중을 위해 설립한 기업이므로 공익성이 있다.
③ 공기업은 설립 시 출자액을 기초로 운영에 필요한 비용은 예산회계제도에 따라 지출되고 또 회계감사를 받을 의무가 있으므로 그 통제성이 있다.
④ 공기업은 예산회계제도에 따른 경영활동에서 이익과 손실의 관리를 독자적으로 관리할 뿐만 아니라 분권관리의 형태이다.
⑤ 공기업은 개인 한 사람에 의해서 출자·경영·지배되는 기업으로서 그 수는 모든 기업 중에 가장 많이 차지하고 있다.

해설
⑤ 개인기업에 관한 설명이다.

25 주식회사의 특징으로 옳지 않은 것은?

① 주식의 무한책임제도
② 소유와 경영의 분리제도
③ 강제법규성
④ 공시주의 국가적 감독성
⑤ 증권제도

해설
주식회사는 그 구성원인 사원, 즉 주주는 자기의 출자액의 주식금액을 한도로 하여 회사의 자본위험에 대한 책임을 지는데 이를 주주의 유한책임이라 한다.

26 협동조합의 장단점에 대한 내용으로 옳지 않은 것은?

① 이윤을 목적으로 운영되지 않으므로 조합의 이익은 조합원에게 배분되지 않는다.
② 잉여금이 기업의 이윤과 같으나 조합원이 잉여금의 배분을 받아도 세금을 부과하지 않는다.
③ 조합원들이 상부상조함으로써 상호 이익을 얻을 수 있다.
④ 일반기업에 비하여 이윤을 증대시키려는 유인이 부족하다.
⑤ 다른 대기업에 비교하여 거액의 자본조달에 한계가 있다.

해설
이윤을 목적으로 운영되지는 않지만 조합의 이익은 조합원에게 분배된다.

27 중소기업의 장단점에 대한 설명으로 옳지 않은 것은?

① 경영규모가 작기 때문에 종업원의 전문화가 행해질 수 없으며, 능률적인 경영관리가 힘들다.
② 기계화가 어렵고 자본집약적인 제품생산의 경우 중소규모가 더욱 유리하다.
③ 경영규모가 작기 때문에 수요의 변화에 따라 기민하게 대응할 수가 있다.
④ 기업자본이 적기 때문에 원재료의 구입 등에 불리한 점이 많다.
⑤ 사회의 신용이 적어 고용이나 판매면에서 불리하다.

해설
중소기업의 경우 기계화가 어렵고 노동집약적인 제품생산의 경우 더욱 유리하다.

28 최근 주식회사 경영의 투명성을 확보하기 위해서 장려하고 있는 제도로서 주식회사의 사외이사의 역할이 아닌 것은?

① 경영자 지배의 독선을 시정한다.
② 넓은 시야와 경영에 의하여 기본방침의 결정에 적극적으로 공헌한다.
③ 책임의 소재가 명백해진다.
④ 이사회의 감사기능을 담당한다.
⑤ 사외적 입장에서 이사결정에 참여한다.

해설
사외이사제도
회사의 경영을 직접 담당하는 이사 이외에 외부의 전문가들을 이사회 구성원으로 선임하는 제도로, 대주주와 관련이 없는 사람들을 이사회에 참가시킴으로써 대주주의 전횡을 방지하려는 데 목적이 있다. 사외이사는 회사의 업무를 집행하는 경영진과도 직접적인 관계가 없기 때문에 객관적인 입장에서 회사의 경영상태를 감독하고 조언하기도 용이하다. 그러나 미국기업의 경우에서 볼 수 있듯이 한국에 있어서도 사외이사들이 회사의 경영에 대하여 감시활동을 제대로 할 수 있을지 그 실효성을 기대하기는 어렵다는 것이 일반적인 지적이다.

29 다음 중 증권대위의 개념에 가장 적합한 것은?

① 자기자본으로서 타 회사의 증권을 획득하여 지배하는 것
② 우선주를 일정한 기간 내에 보통주로 대체시키는 것
③ 사채를 주식으로 전환시킬 수 있는 주식매수권부 사채
④ 기업집중의 한 수단으로서 기업합동에 예치시키는 것
⑤ 우선주를 언제나 보통주로 대체시키는 것

해설
증권대위
자기회사의 주식이나 채권을 발행하여 얻은 돈으로 다른 회사의 주식이나 채권을 사는 행위로 여기에서 자기가 발행하는 증권을 대위증권(代位證券)이라 하며, 그로써 모은 자금으로 취득하는 타 회사의 증권을 원증권(原證券)이라고 한다.

30 콩글로머리트를 형성하는 가장 근본적인 목적은?

① 경기변동에 따른 위험의 분산
② 시장경쟁의 배제
③ 생산공정의 합리화
④ 판매의 합리화
⑤ 판매경로의 합리화

해설
콩글로머리트의 집중형태가 출현하게 된 동기는 기업의 국제화에 따라 거대기업의 조직이 요구되고, 급변하는 국제시장의 구조와 현실적인 경영다각화 전략이 필요하고, 독점금지법을 변칙적으로 이용하려는 이종사업 간의 합병방법 모색, 성장회사의 높은 주가의 수익률과 주식교환이 용이하다는 점이다.

31 2개 이상의 독립된 기업이 판매·생산·기술 혹은 경영관리상의 이해관계를 통하여 상호 유대관계를 맺는 기업집단 경영전략을 기업계열화라 한다. 다음의 기업계열화에 대한 설명 중 옳지 않은 것은?

① 기업계열화는 공급과 수요의 안정화를 도모할 수 있다.
② 기업계열화는 고정설비의 활용과 이에 따른 규모의 경제실현도 가능하게 해준다.
③ 계열사의 자주독립성이 상실될 수 있다.
④ 기업계열화는 생산과 판매면에서 자유경쟁을 저해한다.
⑤ 기업계열화의 목적에 우수기술의 개발이 포함되어 있다.

해설
기업계열화란 기술혁신이나 판매경쟁의 격화에 대응하기 위하여 대기업이 기술과 판매 등의 면에서 중소기업의 육성·강화를 꾀하면서 하청공장 또는 판매점으로서 이들을 자기 기업하에 결합하는 것을 말한다.

32 경영다각화의 장점이 아닌 것은?

① 경기변동에 따른 위험의 분산
② 경영규모의 확대에 따른 비용절감
③ 시장점유율의 확대
④ 제품의 다양화로 고객만족 향상
⑤ 다각화로 인한 전문업종 육성 용이

해설
경영다각화의 단점으로는 기업조직의 대형화 및 복잡화, 조직의 관료화·다각화로 인한 전문업종 육성의 저해, 자본운영의 애로, 종업원 상호 간의 대립 등이 있다.

33 현대기업의 구조적 특징에 대한 내용으로 적절치 못한 것은?

① 전문경영자의 출현
② 부재자소유
③ 경영자혁명
④ 소유와 경영의 분리
⑤ 주식소유의 대중화

해설
경영자혁명
자본주의 경제 체제하에서 경영자의 지배현상이 심화되어 경영자들이 지배계급을 형성하여 사회의 변혁을 주도하게 되는 현상을 말한다.

34 전문경영자에 대한 설명으로 가장 적절한 것은?

① 전문적 기능훈련을 받은 경영자
② 기업을 소유하지 않으면서 경영실권을 행사하는 경영자
③ 고용경영자와 같은 뜻으로 쓴다.
④ 경영윤리를 잘 지키는 경영자
⑤ 기업을 소유한 사람으로부터 기업소유를 넘겨 받은 자

해설
경영의 효율적이고 합리적인 운영과 책임경영을 위해서 고도의 전문지식과 능력을 갖추고 기업경영을 총괄적으로 또는 부문적으로 담당하는 사람을 전문경영자라고 한다.

정답 32 ⑤ 33 ③ 34 ②

35 기업을 경영하는 데는 경영이념이 있어야 하는데, 기업의 경영이념에 대한 다음 설명 중 옳지 않은 것은?

① 기업경영의 지도원리로서 절대적·불변적이다.
② 기업의 행동기준이 되는 존립철학이다.
③ 기업이 지향해 나가야 할 궁극적인 목적을 말한다.
④ 경영활동을 전개하는 데 있어 설정되어야 할 정신자세이다.
⑤ 기업의 행동기준이다.

해설

경영이념
경영자가 기업을 영위하는 데 지침이 되는 기본적인 의식으로 경영신조·경영철학이라고도 한다. 즉, 기업이 사회적 존재이유를 표시하고 경영활동을 방향짓게 하는 기업의 신조를 말하므로 절대적·불변적이지는 않다. 즉, 경영이념은 기업의 신조인 동시에 경영자의 이념이기 때문에, 경영목적의 달성을 위한 활동을 하기 위해 구체화할 수 있는 현실적 지침이 되는 것으로서, 구체적으로는 사시(社是)·사훈(社訓) 등으로 표현된다.

36 중간관리층에 관한 설명으로 가장 옳은 것은?

① 중간관리자는 방법·목표를 구체화하고 책임자로서 치밀하고도 전문적인 판단력이 필요하다.
② 중간관리자는 전반관리자로서의 직능을 담당하며, 지도자로서 중책적인 역할을 다해야 한다.
③ 중간관리자는 최고관리자가 결정한 방침과 계획을 그대로 실시하기 위해서 일반종업원을 관리·감독한다.
④ 중간관리자는 사장, 전무 등이 포함된다.
⑤ 중간관리자는 세부적 계획을 작성하여 실행되도록 지휘·통솔한다.

해설

중간관리자
최고관리층인 톱 매니지먼트와 일반종업원을 직접 감독하는 로어 매니지먼트의 중간에 위치하는데, 보통 부장·과장급이 이에 해당한다. 이들의 임무는 최고 경영층에 의해 지시된 목표, 방침, 계획을 받아 보다 집행적인 목표를 정함과 동시에 세부적인 계획을 작성하여 실행되도록 지휘·통솔한다.

37 경영의 핵심은 경영관리인데 다음 경영관리에 대한 설명으로 적절하지 않은 것은?

① 경영관리란 기업의 목표를 달성하기 위하여 경영활동을 계획하는 것이다.
② 계획된 경영활동을 달성하기 위하여 자원을 효과적으로 배분하는 것이다.
③ 기업조직의 구성원이 그들의 능력을 최대한으로 발휘하도록 환경을 조성하는 것이다.
④ 기업은 이윤극대화를 위해서만 활동하는 것이다.
⑤ 계획된 목표가 달성되었는가를 확인하고 통제한다.

해설

경영관리
경영에서 업무수행을 효과적으로 행할 수 있게 경영조직을 체계적으로 운영하는 것으로 경영상에서의 각종 업무수행이 경영목적을 위하여 가장 효과적으로 행해질 수 있도록 여러 가지 시책을 체계적으로 연구하고 경영조직체를 만들어 이를 운영하는 일을 의미한다.

38 기업을 경영하는 데는 관리가 기본이며, 관리는 관리순환과정을 거쳐 이루어지는데, 다음 중 경영관리의 기본직능에 해당하지 않는 것은?

① 계획의 수립
② 조직화
③ 지 휘
④ 통 제
⑤ 조 정

> **해설**
> 관리순환과정이란 경영관리 활동을 계획·조직·통제로 이루어지는 순환과정으로 파악한 개념으로서 계획의 수립, 조직화, 지휘, 통제이다.

39 다음 설명 중 적절하지 않은 것은?

① 집단의사결정의 장점으로는 위험의 분산, 구성원 상호 간의 지적 자극, 일의 전문화, 많은 지식, 사실·관점의 이용 가능 등이 있다.
② 집단의사결정의 단점으로는 특정 구성원에 의한 지배가능성, 최적안의 폐기가능성, 의견불일치로 인한 갈등, 시간 및 에너지의 낭비 등을 들 수 있다.
③ 의사결정에 관한 기본가정 중 관리인가설의 특징으로는 만족스러운 행동경로, 제한된 합리성 등을 들 수 있다.
④ 오늘날 기업경영과 관련하여 경영자들이 주로 접하게 되는 예외적인 문제의 해결에 가장 적합한 기법은 휴리스틱기법이다.
⑤ 미래의 불확실성에 대한 의사결정, 즉 장기적인 예측 등을 하는 데 유용한 방법의 하나로서 특정 문제에 대해서 몇 명의 전문가들의 독립적인 의견을 우편으로 수집하고 이 의견들을 요약하여 전문가들에게 다시 배부한 다음 서로의 의견에 대해 논평하도록 하여 결론을 도출하는 방법은 지수평활법이다.

> **해설**
> ⑤는 판단적 수요예측법으로 델파이법에 대한 내용이다.

40 전사적자원관리(ERP) 시스템의 도입효과로 옳지 않은 것은?

① 부서 간 실시간 정보공유
② 데이터의 일관성 유지
③ 적시 의사결정 지원
④ 조직의 유연성과 민첩성 증진
⑤ 기존 비즈니스 프로세스 유지

> **해설**
> 전사적자원관리(ERP)
> 기업 내 전 부문에 걸쳐 있는 인적·물적 등의 경영자원을 하나의 통합 시스템으로 재구축해 생산성을 극대화하려는 대표적인 기업 리엔지니어링 기법이다.

정답 38 ⑤ 39 ⑤ 40 ⑤

41 포터(M. Porter)의 비용우위(Cost Leadership)전략을 실행하는 방법이 아닌 것은?

① 제품품질의 차별화
② 효율적인 규모의 설비투자
③ 간접비의 효율적인 통제
④ 경험곡선효과에 의한 원가의 감소
⑤ 저비용국가에서 생산

해설
비용우위전략은 동질의 상품을 타사보다 낮은 가격으로 파는 것을 말한다. 따라서 제품품질의 차별화는 비용우위전략을 실행하는 방법에 해당하지 않는다.

42 기업의 목표를 성장과 발전가능성이 있는 쪽으로 사업구조를 바꾸거나 비교우위가 있는 사업에 투자재원을 집중적으로 투입하는 경영전략을 무엇이라고 하는가?

① 리스트럭처링
② 제휴네트워크
③ 벤치마킹
④ 시너지
⑤ 타임베이스 경쟁

해설
리스트럭처링(구조조정)
기업의 기존 사업구조나 조직구조를 보다 효과적으로 그 기능 또는 효율을 높이고자 실시하는 구조개혁작업으로 기업에서의 개혁작업을 '사업구조조정' 또는 '기업구조조정'이라고 하며, 이 같은 사업조정을 추진하는 경영절차기법을 '비지니스 리스트럭처링(Business Restructuring)'이라고 한다. 사업구조조정이란, 부실기업이나 비능률적인 조직을 미래지향적인 사업구조로 개편하는 데 주목적이 있다.

43 업계에서의 선두기업을 표본으로 삼아 이를 능가하려는 노력을 통해 경쟁력을 제고하려는 기업의 혁신방법은?

① 리엔지니어링
② 기업재구성
③ 기업합병인수
④ 리모델링
⑤ 벤치마킹

해설
벤치마킹
먼저 우리 회사 제품의 강점과 약점은 객관적으로 무엇이며, 경쟁사들은 어디에 특징이 있고 왜 우리보다 앞서고 있는지 분석한 후 경쟁사들보다 앞서기 위해 그들뿐 아니라 각 분야에서 최고를 달리는 기업들의 운영기법을 모방하는 것이다.

정답 41 ① 42 ① 43 ⑤

44 다음 중 전략적 관리의 활동에 속하지 않는 것은?

① 기업목표설정
② 신제품계열화
③ 예산편성
④ 연구방침설정
⑤ 비상례적 자본지출의 결정

해설
예산편성은 전략적 계획이 아닌 계획을 실천하기 위한 운영계획으로 계수적인 프로그램의 결정이다.

45 시너지효과에 대한 설명으로 적절한 것은?

① 경영활동상 단독행동보다는 여러 행동을 동시에 전개함으로써 효과를 높이는 것을 말한다.
② 일정기간 동안 광고활동을 수행함으로써 얻게 되는 판매효과를 의미한다.
③ R&D 활동의 성공적인 수행에서 얻는 수익효과를 말한다.
④ 새로운 설비를 도입함으로써 얻는 설비증산효과를 의미한다.
⑤ 제조공장에서 생산성을 향상시키는 것이다.

해설
시너지효과란 하나의 기능이 다중(多重)으로 이용될 때 생성되는 효과로서 상승효과(相乘效果)라고 번역된다. 즉, '1+1'이 2 이상의 효과를 내는 경우를 가리키는 말이다. 예를 들어 경영다각화전략을 추진할 경우, 이때 추가되는 새로운 제품이 단지 그 제품값만큼의 가치만이 아닌 그보다 더 큰 이익을 가져올 때를 말한다.

46 의사결정에 관한 설명으로 옳지 않은 것은?

① 문제해결을 위한 여러 가지 대안 중에서 하나의 대안을 선택하는 것이다.
② 목표달성을 위한 미래의 행동방안을 결정하는 계획수립의 핵심이 된다.
③ 의사결정은 경영자의 역할 중 중요한 부분을 차지하고 있다.
④ 한 부서의 의사결정은 다른 부서와는 관계가 없다.
⑤ 경영자는 과학적이고 합리적으로 의사결정을 해야 한다.

해설
의사결정이란 기업의 소유자 또는 경영자가 기업 및 경영상태 전반에 대한 방향을 결정하는 일로서 원래는 기업소유자의 기업정책에 대하여 사용하던 말이다. 그러나 주식회사의 거대화에 비례하여 소유자로부터 경영자가 기능적으로 분리되어, 소유자가 행하는 전략적 의사결정과, 경영자가 내리는 경영적 의사결정의 구별이 필요하게 되었다. 한 부서의 의사결정은 다른 부서와 밀접한 관련이 있다.

정답 44 ③ 45 ① 46 ④

47 목표에 의한 관리의 특성을 잘 설명하고 있지 못한 것은?

① 목표는 결과 지향적이어서 객관적이고 측정 가능한 형태로 나타내야 한다.
② 조직의 성과와 종업원의 만족을 증대시키기 위하여 장기적인 목표를 강조한다.
③ 달성하는 과정이나 방법을 종업원 스스로 선택한다.
④ 인간성을 중시하고 직무에 대한 만족감을 준다.
⑤ 자주적으로 목표를 설정한다.

해설
목표에 의한 관리는 단기목표를 지나치게 강조함으로써 장기목표와의 조화를 잃게 된다는 단점이 있다.

48 목표에 의한 관리의 장점이 아닌 것은?

① 개선된 경영관리를 가져온다.
② 조직의 구조와 역할을 명확히 한다.
③ 효과적인 통제를 할 수 있다.
④ 타당하고 실현성 있는 목표를 설정하기 쉽다.
⑤ 조직구성원 개인의 업무에 대한 전념도를 고취한다.

해설
목표에 의한 관리는 타당하고 실현성 있는 목표를 설정하기 어렵다는 단점이 있다.

49 조직화의 제3단계는 각 지위 간에 상호관계를 규정하는 것으로 이때의 기본적 요소로만 묶여진 것은?

① 권한, 책임, 의무
② 목적, 기능, 직무
③ 기능, 책임, 권한
④ 권한, 책임, 목적
⑤ 목적, 권한, 의무

해설
각 지위 간 상호관계의 기본적 요소가 되는 것은 권한, 책임, 의무의 세 가지로, 이 세 요소는 서로 밀접한 상호관계에 놓여 있으며 경영관리에 있어서 조직활동은 바로 이 세 가지 요소의 상호관계가 체계적으로 설정될 때에 보다 효율적이게 된다.

50 비공식적 조직은 호손 공장의 실험 후에 그 중요성이 인식되었다. 다음 중 비공식조직에 관한 설명으로 적절하지 않은 것은?

① 종업원들의 직무만족감, 소속감 등 감정의 논리에 입각하였다.
② 그레이프바인은 비공식조직 내부의 의사소통경로를 말한다.
③ 비합리성에 바탕을 둔 조직이므로 공식조직의 책임자의 업무를 가중시키는 경향이 있다.
④ 조직 자체가 비성문적이고 자연발생적이며 동태적인 인간관계에 의한 조직이다.
⑤ 의사소통체계와 그 통로를 확장하여 귀속감과 안정감을 느낄 수 있으며 따라서 자기자신과 자기실현이 가능하다.

해설
비공식조직이 책임자의 지시나 감독에 약간의 문제가 발생하기는 하지만 공식조직의 책임자의 업무를 가중시키지는 않는다.

51 조직화의 개념으로 관계가 먼 것은?

① 조직화는 관리 중 두 번째의 관리직능에 해당된다.
② 조직화는 과업을 결정하고 자원을 할당한다.
③ 조직화는 과업활동을 조정하고 업무의 흐름을 명확히 한다.
④ 조직화는 조직에 참여하는 구성원이 조직목표를 달성하도록 지휘하고 통제한다.
⑤ 조직단위 간의 수직적 및 수평적인 조정이 요구된다.

해설
조직화란 조직 내에서 목표달성을 위하여 수립된 계획을 수행하기 위하여 개개인이나 부문의 역할체계를 설계하고 유지하는 것이다. 따라서 조직화에는 목표달성을 위한 활동의 확인, 과업의 할당 및 분류, 집단행동을 통제하는 데 필요한 권한, 조직단위 간의 수직적 및 수평적인 조정이 요구된다.

52 조직설계의 뷰로크라시 이론 중 관료제의 특징에 대한 설명으로 가장 옳지 않은 것은?

① 전문화의 특징을 갖는다.
② 상급자는 타인이나 하급자를 대함에 있어 개인을 개입시키지 않는 비개성적인 태도를 유지해야 한다.
③ 고용은 자격을 기초로 하고, 승진은 능력을 기초로 하여 이루어져야 한다.
④ 과업들은 통제를 합리적으로 할 수 있도록 통합되어야 한다.
⑤ 규칙·규정에 의한 직무를 수행하는 고도화된 공식화이다.

해설
과제의 통합은 애드호크라시 이론의 내용이다.

정답 50 ③ 51 ④ 52 ④

53 다음 조직화에 대한 설명으로 바르지 못한 것은?

① 조직화란 조직구성원들이 기업의 목표를 달성하기 위하여 가장 효과적으로 협력할 수 있도록 수행하여야 할 업무를 명확하게 편성하고 또 그 직무수행에 관한 권한과 책임을 명확하게 함과 아울러 이것을 위양하여 상호관계를 설정하는 과정을 말한다.
② 조직화의 요소로서 직무는 조직의 구성원들에게 각각 분할된 업무의 기술적 단위 또는 업무의 총체를 말한다.
③ 조직화의 요소로서 권한은 일정한 직무를 스스로 수행하거나 또는 타인으로 하여금 수행하도록 하는 데 필요한 공식적인 힘 또는 권리를 말한다.
④ 조직화의 요소로서 책임은 일정한 직무와 권한을 일정한 기준에 따라 수행하여야 할 의무로서 직무와 책임은 적절히 하위자에게 위양될 수 있다.
⑤ 조직화의 요소로서 직위란 조직이 개인에게 부여한 직무상의 지위를 말하는데, 이는 기업의 목표 달성에 필요한 기업에서의 하나의 기관이다.

해설
상위자가 하위자에게 직무를 위양할 때에는 권한은 위양할 수 있지만 책임은 위양할 수 없다.

54 조직설계의 상황변수가 아닌 것은?

① 전 략
② 기 술
③ 환 경
④ 규 모
⑤ 권 한

해설
조직설계의 변수는 구조변수와 상황변수로 나누어지는데, 구조변수로는 경영직능의 분화, 권한의 배분, 공식화, 통합 등이 있으며, 상황변수로는 전략, 기술, 환경, 규모, 인적자원 등이 있다.

55 예산편성에 있어 전년도와의 대비개념을 떠나서 전년도의 예산을 없는 것으로 보고 모든 사업과 경비소요가 그 시점에서 그 방법으로 왜 그만큼 필요한가를 영의 수준에서 체계적으로 재점검·분석하여 우선순위를 결정하고 예산을 책정하는 일련의 과정은?

① 변동예산제도
② ZBB
③ PPBS
④ 손익분기점분석
⑤ FAS

해설

ZBB(영기준예산)는 모든 예산항목에 대하여 기득권을 인정하지 않고 매년 '제로'를 출발점으로 하고, 과거의 실적이나 효과, 정책의 우선순위를 엄격히 심사하여 예산을 편성하는 방법이다. 즉, 정부의 예산편성에 있어서 신규예산의 편성 때마다 전년도 예산을 기준으로 잠정적인 예산을 책정하는 종전의 예산제도와는 달리, 연년도 예산에 구애됨 없이 결정단위인 조직체의 기획 및 예산작성과 관련하여, 계속사업이나 신규사업을 막론한 정부의 모든 사업계획과 활동에 대하여 법정경비 부분을 제외하고 영기준(Zero-base)을 적용한다. 또한 목표·방법·자원의 기본적 재평가에 의거해, 사업과 정책의 타당성을 검토, 대안(代案)의 개발을 통하여 전체적·체계적으로 재평가하고, 이에 입각하여 사업계획과 활동의 우선순위를 결정하여 보다 효율적인 방향으로 예산을 편성·심의·결정하는 새로운 기획 및 예산제도이다. 미국의 사무기기 제조사인 제록스사(Xerox Co.)가 도입한 것이 최초이다.

56 비즈니스 프로세스 리엔지니어링의 특징에 관한 설명으로 옳은 것은?

① 업무 프로세스 변화의 폭이 넓다.
② 업무 프로세스 변화가 점진적이다.
③ 업무 프로세스 재설계는 쉽고 빠르다.
④ 조직 구조의 측면에서 상향식으로 추진한다.
⑤ 실패 가능성과 위험이 적다.

해설

비즈니스 프로세스 리엔지니어링
제품의 비용·품질·서비스·속도 등의 획기적인 향상을 위해 회사의 업무 프로세스를 처음부터 다시 구성·설계하는 경영방침이다.

57 기업의 경영활동이 환경에 미치는 영향이 심각하다는 판단 아래 국제표준화기구(ISO)에서는 환경경영활동 전반에 대한 표준화를 추진하고 있다. 이와 관련하여 기업의 생산·소비활동의 전과정에 대한 환경인증제도를 무엇이라 하는가?

① ISO 9000
② ISO 9001
③ ISO 9002
④ ISO 9003
⑤ ISO 14000

해설

ISO 9000~ISO 9003은 제품의 품질에 대한 인증제도이며, ISO 14000은 환경에 대한 인증제도이다.

58 다음 중 전략사업부의 특징이라 할 수 없는 것은?

① 단일제품을 생산하여 단일시장에서 판매하는 하나의 사업부가 존재하여야 한다.
② 각 사업부에는 책임 있는 경영자가 있어야 한다.
③ 각 사업부는 독자적으로 사업계획을 수립할 수 있어야 한다.
④ 특정한 사명 또는 목표를 가지고 있다.
⑤ 경쟁자가 있어야 한다.

해설
전략사업부는 제품군 또는 제품단위로 나누어진 주요 사업단위를 의미하므로 다품종과 세분화된 다양한 시장이 존재하여야 한다.

59 사업을 다각화하는 방법에는 수직적 다각화, 수평적 다각화 및 복합기업화가 있다. 이에 대한 설명 중 옳지 않은 것은?

① 메모리 반도체 제조회사가 반도체장비 제조업에 진출하는 것은 수직적 다각화이다.
② 철강·제련업체가 영화산업에 진출하는 것은 복합적 다각화이다.
③ 철강·제련업체가 영화산업에 진출하는 것은 수평적 다각화이다.
④ 오토바이 제조업체가 엔진기술을 바탕으로 자동차 제조업에 진출하는 것은 수평적 다각화이다.
⑤ 사업다각화의 목적은 시너지를 창출하는 것이다.

해설
복합적 다각화이다. 복합적 다각화(집성형 다각화)란 현재의 제품과 시장면에서 전혀 관련이 없는 분야로 다각화하는 것을 말한다.

60 정보시스템 활동 중 일부분을 아웃소싱하는 이유로 옳지 않은 것은?

① IT와 비즈니스 지식을 겸비한 자체 인력 양성
② 적은 노력으로 전문지식과 경험 확보
③ 외부인력 활용을 통한 비용 절감
④ 일정 수준의 품질 보장을 통한 리스크 감소
⑤ 인터넷 확산으로 국외 위탁 용이

해설
아웃소싱
아웃소싱은 회사 업무 중 일부분을 외부인사에게 맡겨 해결하는 것으로 자체 인력 양성과는 거리가 멀다.

58 ① 59 ③ 60 ① **정답**

61 데이터 웨어하우스에 관한 설명으로 옳지 않은 것은?

① 데이터는 의사결정 주제 영역별로 분류되어 저장된다.
② 대용량 데이터에 숨겨져 있는 데이터 간 관계와 패턴을 탐색하고 모형화한다.
③ 데이터는 통일된 형식으로 변환 및 저장된다.
④ 데이터는 읽기 전용으로 보관되며, 더 이상 갱신되지 않는다.
⑤ 데이터는 시간정보와 함께 저장된다.

해설
데이터 웨어하우스
정보(Data)와 창고(Warehouse)를 합성한 말로 여러 개로 분산 운영되는 데이터베이스 시스템들을 효율적으로 통합하여 조정·관리하며 효율적인 의사결정 정보를 제공하는 것을 의미한다.

62 관계형 데이터베이스 설계에서 연관된 테이블들 간의 관계성이 일관성 있게 유지될 수 있도록 해주는 규칙은?

① 정규화
② 핵심업무 무결성 제약조건
③ 개념적 데이터 설계
④ 참조 무결성
⑤ 자료 중복성

해설
관계형 데이터베이스
가장 많이 사용되는 데이터베이스 모형으로 테이블 모양으로 되어 있고 누구나 이해하기 쉬울 정도로 단순하다. 이 중 참조 무결성이란, 자료의 정확성과 일관성을 보장해 주기 위한 규칙을 말한다.

63 효율성과 최적성을 강조하는 시스템개발기법은?

① 원형개발법
② JAD
③ RAD
④ 객체지향시스템의 개발
⑤ 칼스(CLAS)

해설
RAD(고속 어플리케이션 개발법)는 단순히 사용자와 개발자를 재촉하여 빠른 시간 내에 시스템개발을 끝내기만을 강요하는 개발방법이 아니라 효율성과 최적성을 강조하는 개발방법이다.

64 실시간 정보처리는 어느 계층에서 가장 중요시하는가?

① 운용통제
② 경영통제
③ 경영계획
④ 전략계획
⑤ 관리통제

해설
실시간 정보처리는 실제 시스템을 운영할 때 가장 중요하다.

정답 61 ② 62 ④ 63 ③ 64 ①

CHAPTER 03 조직행동론

> **출제 포인트**
>
> 조직행동론에 있어서는 주로 모티베이션에 관한 비중이 크게 출제될 것이다. 하지만 기업조직의 복잡화·다양화로 인한 갈등의 문제도 중요시되며, 이와 관련하여 커뮤니케이션의 중요성은 점점 중요한 문제로 대두되고 있음에 비추어 출제방향을 읽어볼 수 있다. 또한, 커뮤니케이션의 중요성이 증가되는 만큼 조직구조의 형태 등을 철저히 이해하는 것이 중요하다.

제1절 학습과 태도

1 학 습

(1) 학습의 개념 및 주요 요소
   ① 학습이란 개인행동 형성의 근본적인 과정으로서 반복적인 연습이나 경험을 통하여 이루어진 비교적 영구적인 행동변화를 말한다.
   ② 학습의 주요 요소
      ㉠ 행동변화 : 성격과 지각 그리고 동기와 태도의 변화
      ㉡ 영구적 변화 : 비교적 영구적인 성격을 지님
      ㉢ 연습과 경험 필요
      ㉣ 강화작용 : 경험을 되풀이하는 강화작용이 필요

(2) 학습이론 **16** 기출
   ① 자극 – 반응이론 : 학습이란 "어떤 자극 S(Stimulus)에 대해서 생체가 나타내는 특정 반응 R(Response)의 결합으로 이루어진다"라는 학습이론으로 S-R이론이라고도 하며, 미국에서 발전하였다. E. 손다이크가 자극과 반응의 결합설을 주창한 것이 이 이론의 시초라고 할 수 있다.
      ㉠ 고전적 조건화 : 심리학자 파블로프가 처음으로 발표한 이론으로서 조건자극을 무조건자극과 관련시킴으로써 새로운 조건반응을 얻어내는 과정을 말한다.
      ㉡ 작동적 조건화 : 주변환경에 대해 능동적으로 영향을 미치는 작동적 행동에 관하여 설명하고, 바람직한 행동을 증가시키기 위한 강화전략에는 긍정적(적극적) 강화와 부정적 강화, 바람직하지 못한 행동을 감소시키기 위한 강화전략에는 소거와 벌이 있다.

② **인지적 학습이론** : 학습이란 학습자의 목표, 머리 속에 그리는 인지적 지도(Cognitive Map), 환경자극의 기호(Sign), 기대(Expectation), 이들을 종합하여 학습자가 구성하는 의미체(Significate) 등에 의해서 이루어진다는 학습이론이다. 학습은 단순한 조건반사적 반응이라기보다 목표를 예기(豫期)하여 그 목표에 도달하는 데 단서가 되는 기호들의 관계를 인지하는 것이라는 이론이며, E. C. 톨먼에 의해 주장되었다.

③ **사회학습이론** : 인간은 각종 사회의 구성요소인 부모·스승·친구 및 직장의 상사와 부하 등 다른 사람에게서 일어나는 일들을 보고 모방하기도 하고 직접 경험해 보기도 하면서 여러 가지를 학습하게 된다. 사회학습이론은 이와 같이 관찰과 직접경험에 의해 학습이 이루어지는 과정을 말한다.

2 태 도

(1) 태도의 의의
① 태도란 어떤 대상에 대하여 특정한 방식으로 느끼고 행동하는 경향을 말한다.
② 태도형성의 영향요인에는 문화, 집단의 성원자격, 가족, 사전작업·경험 등이 있다.
③ 태도의 구성요소로 독립변수(자극), 매개변수(태도), 종속변수(정서, 인지, 행동)로 구분할 수 있다.

(2) 태도의 유형
① **직무만족** : 직무에 대한 개인의 일반적인 태도를 가리키는 말인데 직무만족 차원의 기준으로 임금, 직무, 승진, 감독, 동료 등이 있다.
② **직무몰입** : 종업원이 자기의 직무성과가 그의 자아개념에 중심이 되는 특성과 일치한다고 인식하는 정도라고 할 수 있다. 이에 영향을 미치는 요인으로 과업특성, 개인특성, 조직특성, 결과변수 등이 있다.
③ **조직전념도** : 조직전념도란 조직의 목표와 가치관을 자기 자신의 것으로 채택하여 동일시하는 것을 말하는데 이에 영향을 미치는 요인으로는 개인의 특성, 역할관련특성, 조직구조특성, 작업경험, 결과변수 등이 있다.

(3) 조직시민행동 22 기출
① 예의행동
② 이타적 행동
③ 공익적 행동
④ 양심적 행동
⑤ 스포츠맨십

제2절 성격과 지각

1 성 격

(1) 성격의 의의
　① 성격이란 개인을 특징짓는 지속적이며 일관된 행동양식이라고 말할 수 있다.
　② 성격은 개인 자신의 선천적으로 타고난 성격과 후천적으로 일상생활에서 학습을 통하여 형성된 성격으로 구분할 수 있다.

(2) 성격의 결정요인
　① 유전적 요인
　② 문화적 요인
　③ 사회적 요인
　④ 상황적 요인

(3) 성격이 조직행동에 미치는 영향
　① 통제의 위치
　② 성취지향성
　③ 권위주의
　④ 마키아벨리즘
　⑤ 위험부담

(4) Big-Five 성격 특징 19 24 기출
　조직과 관련된 다섯 가지 성격 특성으로 조직 내 개인행동 정의의 근본적 특징이다. 이를 파악하여 구성원의 성격을 고려하고 높은 직무성과를 내도록 사원배치를 할 수 있다.
　① **친화성(포용성)** : 타인과 잘 지낼 줄 아는 성향이다. 화합을 중시하고 협조적이다.
　② **성실성(신중성)** : 성실성이 높은 개인은 적은 숫자의 주요 목표에만 초점을 맞추어 구체적 목표를 수립한다.
　③ **정서적 안정성** : 스트레스에 대처하는 개인의 능력이다. 정서적 안정성이 높으면 침착하고 쾌활하며 스트레스나 긴장에 극단적 변화없이 안정적으로 극복이 가능하다.
　④ **외향성** : 타인과 관계를 맺는 것에 편안함을 느끼는 정도이다. 자기주장과 표현을 잘하고 타인과 새로운 관계로 발전할 수 있다.
　⑤ **개방성** : 개인 호기심과 관심의 범위이다. 새로운 변화에 높은 수용도를 보인다.

2 지각

(1) 지각선택의 개념
① 지각이란 생활체가 환경의 사상(事象)을 감관(感官)을 통하여 아는 일을 의미한다.
② 현실 행동에서는 각종 지각이 협동하여 작용함으로써 통합된 사물의 인지를 성립시킨다.

(2) 지각선택의 영향요인
① 외적 요인 : 강도, 규격, 대비, 반복, 운동 등
② 내적 요인 : 모티베이션과 지각, Personality와 지각, 학습과 지각
③ 상황적 요인

(3) 지각의 과정
① 대상과 배경의 원칙 : 지각된 대상은 그 환경과 구분되기 때문에 보인다는 원칙
② 지각적 집단화의 원칙
　㉠ 종결의 원칙 : 사람들은 실제로 없는 것도 총체로 함께 보려고 하는 경향이 있다는 원칙
　㉡ 연속성의 원칙 : 없는 자극을 연속선상이나 유형으로 지각하려는 경향이 있다는 원칙
　㉢ 근접성의 원칙 : 근접한 자극의 집단은 같은 유형으로 보여질 가능성이 있다는 원칙
　㉣ 유사성의 원칙 : 자극 간의 유사성이 높을수록 이들을 같은 집단으로 보려고 하는 가능성이 높다는 원칙
③ 지각의 항상성 원칙 : 지각은 외부의 다양한 자극 속에서도 정확한 지각기능을 유지한다는 원칙
④ 지각적 맥락 : 지각을 통하여 자극・대상・사건・상황 및 환경 속의 타인에 대해서 의미를 부여할 수 있다는 것
⑤ 지각적 방어기제 : 사람은 개인적 또는 문화적으로 수락할 수 없는 혹은 위험을 주는 맥락에서는 자극이나 상황적 사건에 대하여 개인의 방어기제가 작동하게 됨

(4) 지각에서의 오류 10 13 17 21 기출
① 상동성(유형화) : 특정인에 대한 평가가 그가 속한 사회적 집단에 대한 지각을 기초로 해서 이루어지는 것을 말한다.
② 후광효과(현혹효과) : 인물이나 사물 등 일정한 대상을 평가하면서 그 대상의 특질이 다른 면의 특질에까지 영향을 미치는 일을 말한다. 대상의 특징적 선(善) 또는 악(惡)이 눈에 띄면 그것을 그의 전부로 인식하는 오류를 말하는 심리학 용어로서, 광배효과(光背效果)라고도 한다. 이와 같은 효과를 방지하기 위해서는 선입관이나 고정관념・편견 등을 없애고, 평점요소마다 분석평가 함으로써 한꺼번에 전체적인 평정을 하지 않아야 한다.
③ 귀인이론 : 사람이 자신이나 타인의 행동원인을 어떻게 설명하느냐 하는 과정을 설명하여 최근의 작업동기와 리더십이론에 커다란 영향을 끼쳤다.
④ 투사(주관의 객관화) : 다른 사람이 가진 바람직하거나 바람직하지 못한 특성을 자신의 특성에 비추어 보는 행위이다.

⑤ 선택적 지각 : 인간의 지각능력에는 한계가 있으며 많은 자극과 정보를 받아들이는 데 있어 선별적인 지각을 하게 된다.
⑥ 관대화 경향 : 개인을 평가할 때 가급적이면 후하게 평가하려는 경향을 말한다.
⑦ 중심화 경향 : 집단으로 여러 사람을 평가할 때 평가결과의 분포가 가운데로 편중되어 있는 경향을 의미한다.
⑧ 상관적 편견 : 어떤 사람의 특질 중에 하나의 특질이 좋으면 다른 특질도 좋을 것이라고 생각하는 편견을 의미한다.

제3절 모티베이션

1 모티베이션의 내용이론

(1) 매슬로우의 욕구 5단계설
① 인간의 욕구를 생리적 욕구, 안전욕구, 애정욕구, 존경욕구, 자아실현 욕구 등 5단계로 분류하였다.
② 가 정
  ㉠ 욕구들이 낮은 데서 높은 데로 순서가 정해진다.
  ㉡ 각 단계의 욕구가 만족됨에 따라 전 단계는 더 이상 모티베이션의 역할을 수행하지 못하고 다음 단계의 욕구가 행위를 유발할 수 있는 요인으로 작용하게 된다.
③ 공 과
  ㉠ 욕구단계설이 조직행동론에서 갖는 의미는 경영자들로 하여금 인간의 욕구에 대한 체계적 인식을 최초로 갖게 해 주었다는 것이며, 종업원의 욕구수준을 파악하여 하위욕구가 어느 정도 충족된 다음에는 상위욕구를 충족시킬 수 있는 대안을 선택하여 모티베이션하는 것이 중요하다.
  ㉡ 매슬로우의 욕구단계설은 근로자들의 변화하는 동기를 이해하는 데 유용한 이론이지만 실증하기 어렵고 과학적 검증이 없다는 비판이 있다.

(2) 알더퍼의 ERG이론
① 인간의 동인(Motive)에 관한 체계적인 연구를 통하여 높은 수준의 욕구나 낮은 수준의 욕구 모두가 어느 시점에서는 동기부여(Motivator)의 역할을 한다는 클레이턴 알더퍼의 이론이다. 아브라함 매슬로우(Abraham H. Maslow)의 욕구 5단계설을 수정한 것으로, 인간의 핵심적 욕구를 존재욕구(Existence Needs), 관계욕구(Relatedness Needs), 성장욕구(Growth Needs) 등의 세 가지로 분류하였다.
② 존재욕구는 생존을 위해 필요한 생리적·물리적 욕구이고, 관계욕구는 다른 사람과의 주요 관계를 유지하고자 하는 욕구이며, 성장욕구는 창조적 개인의 성장을 위한 내적 욕구를 말한다. 클레이턴 알더퍼는 한 단계의 욕구가 충족되면 그 상위의 욕구가 증가하는데, 욕구단계는 미리 정해진 것이 아니라 다른 욕구의 충족 정도에 따라 증감될 수 있다고 하였다. 또한, 높은 단계의 욕구가 만족되지 않거나 좌절될 때 그보다 낮은 단계의 욕구의 중요성이 커진다고 보고, 낮은 단계의 욕구가 충족되어야 다음 단계의 욕구가 발생하여 성장해 나간다는 매슬로우 이론의 가정을 배제하였다.

③ 알더퍼 이론과 매슬로우 이론의 공통점 : 하위욕구가 충족될수록 보다 상위욕구에 대한 욕구가 커진다는 공통점이 있다.
④ 알더퍼 이론의 매슬로우 이론과의 차이점 : 좌절-퇴행요소를 추가하였고, 한 가지 이상의 욕구가 동시에 작용한다고 보았으며, 보다 고차원적인 욕구가 행위에 영향력을 행사하기 전에 반드시 하위욕구가 충족되어야 한다는 가정을 배제한 점이 다르다.

(3) 맥클랜드의 성취동기이론
① 성취욕구, 기업적 활동량, 특정 문화에서의 경제성장의 결과 사이에는 상호 관련성이 있다는 가정을 설정하고 고도의 성취욕구를 갖고 있는 사회는 역시 기업활동에 종사하고 있는 사람이 많다는 사실을 알게 되었다.
② 욕 구
 ㉠ 성취욕구(n-Ach) : 경쟁자 또는 내재적인 표준을 능가하려는 욕구형태
 ㉡ 권력욕구(n-Pwr) : 타인을 제압하는 위치에서 통제하고 영향력을 행사하려는 욕구형태
 ㉢ 친화욕구(n-Aff) : 친분관계를 유지하는 온정적인 욕구형태

(4) 허즈버그의 2요인이론 10 기출
① 동기요인 : 직무에 대한 만족을 결정짓는 데 영향을 미치는 요인들로서, 직무에 대한 만족을 결정짓는다는 의미에서 이 요인들을 만족요인이라고도 부른다. 이에는 성취감, 달성에 관한 안정감, 작업 자체의 도전감, 책임감, 성장 및 발전 등이다.
② 위생요인 : 결핍되었을 때 직무에 대한 불만족을 초래하는 요인들로서 직무에 대한 만족을 결정 짓는 요인들과는 별개의 요인이므로 이를 불만족요인 또는 유지요인이라고도 부른다. 이에는 외사정책관리, 감독, 작업조건, 개인 상호 간의 관계, 임금과 보수, 안정과 지위 등이 있다.

② 모티베이션의 과정이론 18 기출

(1) 기대이론 10 23 기출
① 기대이론이란 구성원 개인의 모티베이션의 강도(强度)를 성과에 대한 기대와 성과의 유의성(誘意性)에 의해 설명하는 이론으로 가치이론(Value Theory)이라고도 한다. 동기를 유발하기 위하여 동기요인들이 상호작용하는 과정에 관심을 두는 동기의 과정이론으로서, 애트킨슨(J. W. Atkinson)의 연구를 바탕으로 브룸(V. H. Vroom)에 의해 완성되었으며, 라이먼 포터(Lyman W. Porter)와 에드워드 로울러(Edward E. Lawler Ⅲ) 등에 의해 발전되었다.
② 브룸에 의하면 모티베이션(Motivation)은 유의성(Valence)·수단성(Instrumentality)·기대(Expectancy)의 3요소에 의해 영향을 받는다. 유의성은 특정 보상에 대해 갖는 선호의 강도이고, 수단성은 어떤 특정한 수준의 성과를 달성하면 바람직한 보상이 주어지리라고 믿는 정도, 기대는 어떤 활동이 특정 결과를 가져오리라고 믿는 가능성을 말한다. 이때 개인은 자신이 바라는 목표에 도달할 수 있다고 믿을 때 비로소 성과지향적 행동에 옮기게 되며, 유의성이나 기대에 충분히 만족하지 않을 때는 동기유발은 일어나지 않게 된다.

③ 포터와 로울러는 성과지향적 행동은 직무만족에 대한 기대감에 의하여 조성되고, 직무만족은 높은 성과에 따른 직무 내재적 보상(인정·승진 등)이나 직무 외재적 보상(임금·작업조건 등)에 의하여 가능하게 된다고 하였다.
④ 기대이론은 개인에 대한 동기유발만을 다루어 집단에 대한 동일화(同一化)나 단결심이라는 집단의 동기유발 측면은 배제하였다는 비판을 받고 있다.

(2) 애덤스의 공정성이론 19 기출
① 공정성이론이란 노력과 직무만족은 업무상황의 지각된 공정성에 의해서 결정된다고 보는 애덤스(J. Stacy. Adams)의 이론이다.
② 애덤스는 조직 내 개인과 조직 간의 교환관계에 있어서 공정성(公正性) 문제와 공정성이 훼손되었을 때 나타나는 개인의 행동유형을 제시하고, 구성원 개인은 직무에 대하여 자신이 조직으로부터 받은 보상을 비교함으로써 공정성을 지각(知覺)하며, 자신의 보상을 동료와 비교하여 공정성을 판단하는데, 이때 불공정성(不公正性)을 지각하게 되면 이를 감소시키기 위한 방향으로 모티베이션이 작용하여 균형을 찾는다고 하였다.
③ 불공정성 해소방법
   ㉠ 투입의 변경 : 직무에 투입하는 시간, 노력, 기술, 경험 등을 줄임으로써 불공정성을 해소한다.
   ㉡ 산출의 변경 : 임금인상이나 작업조건의 개선 등을 통해 불공정성을 해소한다.
   ㉢ 준거대상의 변경 : 자신과 비교대상이 되는 인물, 집단 등을 비슷한 수준의 대상으로 변경하여 불공정성을 해소한다.
   ㉣ 현장 또는 조직으로부터의 이탈 : 직무환경에 불평등을 느낀 사람은 직무를 전환하거나 조직을 이탈함으로써 불공정성을 해소한다.

3 모티베이션의 강화이론

(1) 강화의 종류
① **적극적 강화** : 행동에 대한 바람직한 결과를 조성함으로써 행동의 빈도를 증가시키거나 행동을 강화
② **처벌** : 행동에 대해 불쾌한 결과를 줌으로써 바람직하지 못한 행동의 빈도를 줄이거나 행동을 제거
③ **소거** : 행동발생에 대한 적극적 강화를 억제함으로써 바람직하지 못한 행동의 빈도를 줄이거나 행동을 제거
④ **소극적 강화** : 행동에 대한 바람직하지 못한 결과를 회피하도록 함으로써 바람직한 행동의 빈도를 증가시키거나 행동을 강화

(2) 강화의 방법
① **연속강화법** : 종업원들이 정확한 반응을 낼 때마다 강화요인이 뒤따르는 방법이다.
② **부분강화법** : 단속강화법이라고도 하는데 정확한 반응이 있을 때마다 강화가 주어지는 것은 아니다.
   ㉠ 고정간격법 : 요구되는 행위가 발생했더라도 앞선 강화로부터 일정한 시간이 경과된 후에만 강화요인을 주는 방법

ⓒ 변동간격법 : 어떤 평균을 기준으로 해서 종업원이 예측하지 못하는 변동적인 시간간격으로 강화요인이 주어지는 방법
ⓒ 고정비율법 : 요구되는 반응의 일정한 수가 나오게 되면 보상을 주는 방법
ⓔ 변동비율법 : 일정한 비율을 사용하지 않고 요구되는 반응에 따라 강화가 주어지는 방법

(3) 효과의 법칙
① 강화상황의 법칙 : 어떤 보상이 최대의 강화효과를 나타내기 위해서는 바람직한 행동이 나타날 때에만 보상이 주어져야 한다.
② 강화반응의 법칙 : 바람직한 행동에 대한 보상이 빠르면 빠를수록 보상의 강화효과는 더욱 커진다.

제4절 집단역학

1 소집단

(1) 소집단의 의의 및 특성
① 소집단의 의의
㉠ 소집단은 구성원 수가 대략 2~20명 정도까지의 집단을 의미한다.
㉡ 소집단연구의 양대 전통은 외적·사회학적 전통과 내적·심리학적 전통으로 구분된다.
㉢ 외적·사회학적 접근은 각종 사회조직에서의 소집단역할에 초점을 두는 반면, 내적·심리학적 접근은 집단을 구성하는 개개인의 감정·의사소통유형 등의 역동적인 힘에 초점을 둔다.
② 소집단의 특성
㉠ 상호대면성
㉡ 공통의 목적
㉢ 자생적 집단

(2) 소집단의 형태
① 1차적 집단과 2차적 집단
㉠ 1차적 집단 : 가족이나 이웃 그리고 작업집단과 같이 오랜 기간 가까이 지낸 집단
㉡ 2차적 집단 : 사교모임이나 교회 등 일상생활에서 임시적으로 접촉하는 집단
② 공식적 집단과 비공식적 집단
㉠ 공식적 집단 : 구성원 사이의 커뮤니케이션이 공통목표를 지향하여 집단활동의 효율화를 꾀하고, 이를 위하여 각자의 지위·직능·권한·의무 등의 분업적 역할관계가 인위적·형식적으로, 흔히 성문화(成文化)된 규범에 의해 공적으로 정해져 있는 집단
㉡ 비공식적 집단 : 공식적인 집단·조직 내에 사적(私的) 상호관계에 의하여 이루어지는 집단

③ 명령집단, 과업집단, 이익집단, 우호집단
  ㉠ 명령집단 : 어떤 특정한 관리자와 그 관리자에게 직접 보고를 하는 하위자들로 구성된 집단
  ㉡ 과업집단 : 공식적으로 구성된 집단으로서 직무상의 과업수행을 위해 협동하여 작업하는 사람들로 구성된 집단
  ㉢ 이익집단 : 조직구성원들이 명령관계나 과업에 관계없이 각자가 관심을 둔 특정 목적을 달성하기 위해 모인 집단
  ㉣ 우호집단 : 서로 유사한 성격을 갖는 사람들이 모여 형성하는 집단
④ 성원집단과 준거집단
  ㉠ 성원집단 : 어느 개인이 현재 속해 있는 집단
  ㉡ 준거집단 : 어느 개인의 태도나 행동에 영향을 미치고 상호작용하는 사람들의 집단
⑤ 세력집단과 비세력집단
  ㉠ 세력집단 : 집단의 규범을 형성·유지하는 데 중요한 역할을 하는 핵심구성원들의 집단
  ㉡ 비세력집단 : 핵심구성원이 아닌 주변적 또는 반항적인 위치에 있는 구성원들의 집단

2 집단역학

(1) 의 의
① 집단역학이란 일정한 사회적 상황에서 집단성원 상호 간에 존재하는 상호작용과 세력을 뜻한다.
② 단순히 집단의 성질을 기술하거나 분류할 뿐만 아니라, 그 동태에 관한 역학적 성질을 분석하고 인간행동이나 집단현상의 변화를 지배하는 법칙을 구명(究明)하려는 사회심리학의 한 영역이다.

(2) 레빈(K. Lewin)의 집단역학
① 미국의 사회심리학자 K. 레빈이 창시하였다. 그는 먼저 장이론(場理論, Field Theory)을 도입, 집단현상을 설명하기 위한 고전역학적(古典力學的) 개념체계를 발전시켜 그룹 다이내믹스의 기초이론을 마련하는 한편, 집단의 실험연구에 관한 기술을 크게 개발하였다. 초기 연구로서 전제(專制)·민주제·방임제(放任制) 등의 리더십이 개인의 행동이나 집단에 끼치는 영향, 또한 식습관(食習慣)이나 공장의 생산성·모랄(Moral)에 미치는 집단결정의 효과 등에 관한 실험연구가 유명하다.
② 그가 창설한 매사추세츠 공과대학의 그룹 다이내믹스연구소를 중심으로 오늘날까지 많은 연구를 해왔으며, 주된 연구업적으로 집단목표의 성질, 집단의 응집성(凝集性)의 변화, 집단표준의 형성과 그 효과, 집단의 분위기나 집단구조 등의 이론적·실험적 연구와 함께, 갈등의 해결과 민주적 집단구조의 창조 등에 관한 사회공학적(社會工學的) 연구를 들 수 있다.

(3) 집단발달의 5단계 19 기출
① 형성기 : 조직이 결성된 지 얼마 되지 않아 구성원들이 해야 할 내용을 잘 알지 못한다. 조직의 목적, 구조, 리더십을 정의하는 단계이다.
② 격동기 : 역할과 규범을 이해하지 못하고 구성원들 간에 갈등이 벌어지는 단계이다.
③ 규범기 : 역할과 규범을 받아들이고 수행하며 성과로 이어질 수 있는 단계이다.

④ 성과기 : 집단이 완전한 기능을 하는 단계이다.
⑤ 해체기 : 과업 실행보다 활동 마무리에 관심을 두는 단계이다.

3 집단의 응집성과 성과

(1) 집단응집성 23 기출
① 의의 : 집단응집성이란 집단이 얼마만큼 잘 뭉쳐 있는가의 정도를 말한다.
② **집단응집성의 증대방안** : 과업의 강조, 참여적 관리, 경쟁심의 조성, 집단의 재구성

(2) 집단응집성의 성과
① 집단응집성이 높으면 집단행동에 대하여 열성적이다.
② 집단응집성이 높을수록 커뮤니케이션이 많아진다.
③ 집단응집성이 높은 집단의 구성원들은 그렇지 못한 집단의 구성원들보다 집단압력에 동조할 가능성이 크다.
④ 집단응집성이 높으면 직무만족도도 높은 경향이 있다.
⑤ 집단응집성과 생산성의 관계는 일의적이 아니다.

4 집단의 창조적 기법

(1) 브레인스토밍법 24 기출
① 기업의 문제해결을 위한 회의식 방법으로 널리 사용된다.
② 오스본에 의하여 창된 것으로 창의성 개발 기법으로 널리 이용되고 있다.
③ 브레인스토밍은 창의성을 발휘하는 데 장애가 되는 장벽을 제거하고 잠재적인 아이디어를 많이 유발시키기 위하여 아이디어에 대한 비판금지, 자유분방, 질보다 양, 통합개선을 원칙으로 하고 있다.

(2) 고든법
① 고든이 자기회사의 개발부를 위하여 고안한 창의성 개발방법으로 브레인스토밍과 마찬가지로 집단회의방법으로 사용하고 그 절차도 대체적으로 비슷하다.
② 브레인스토밍은 집단리더가 어떠한 문제를 제시하지만, 고든법은 집단리더 혼자서만 주제를 알고 그 집단에는 제시하지 않고 장시간 문제해결의 방안을 마음대로 이야기한다.

(3) 명목집단법(NGT법)
① 명목집단법은 집단의사결정기법임에도 구성원들 상호 간에 대화나 토론을 하지 않는다는 점에서 붙인 이름이다.
② 구성원들이 서로에게 영향을 끼치지 않고 각자 생각하는 좋은 아이디어를 제안하게 한 다음 그 대안들 속에서 최종적으로 한 가지를 결정하는 방법이다.

제5절 갈 등

1 개 설

(1) 갈등의 의의
① 갈등이란 개인의 정서나 동기가 다른 정서나 동기와 모순되어 그 표현이 저지되는 현상을 말한다.
② 갈등은 어느 한 사람이 자신의 관심사를 다른 한쪽에서 좌절시키려고 한다고 지각할 때 시작되는 과정이다.

(2) 갈등에 대한 관점
① **전통적 견해** : 부정적인 견해로 갈등은 불필요한 것이며 조직에 악영향을 끼치므로 회피해야 하는 것으로 본다.
② **행동주의적 견해** : 모든 조직과 집단에서 갈등은 필연적으로 발생한다고 보고 갈등을 완전히 제거할 수는 없으며 갈등이 때로는 집단의 성과를 향상시키기도 한다고 본다.
③ **상호작용주의적 견해** : 조직구성원들이 조화를 이루고 다툼이 없고 협조를 잘 하는 평온한 집단은 정적이고, 무기력한 상태에 빠져 변화와 개혁이 필요할 때 신속히 대응할 수 없다는 근거하에 오히려 갈등을 조장해야 할 필요가 있다고 본다.

(3) 갈등의 유형
① 수직적 갈등
② 수평적 갈등
③ 직계조직 – 참모조직 갈등
④ 역할 갈등

(4) 갈등의 수준
① 개인 내 갈등
② 보상과 지위의 개인 간 갈등
③ 집단 간 갈등
④ 조직 간 갈등

2 집단 간 갈등

(1) 집단 간 갈등의 원인 11 기출
① 작업흐름의 상호의존성
② 보상과 지위의 불균형
③ 영역의 모호성
④ 자원부족

(2) 갈등관리의 기본양식
① 경쟁 : 자기의 관심사를 충족시키기 위해 상대방을 압도해 버림으로써 갈등을 처리하는 방식
② 적응 : 상대방을 이길 수 없을 때에는 내일을 기약하는 것도 최선책일 수 있으므로 자신의 관심사는 버려두고 상대방의 관심사를 충족시키도록 내버려 두는 방식
③ 타협 : 갈등상황을 처리하는 데 아주 보편적인 전략으로 양측이 상호교환과 희생을 통해 부분적 만족을 취하는 방식
④ 협조 : 양측의 관심사를 모두 만족시키려는 방식
⑤ 회피 : 갈등의 논제로부터 물러나거나 이를 회피함으로써 자신뿐만 아니라 상대방의 관심사마저 무시하는 방식

(3) 토마스(K. Thomas)의 갈등해결전략 22 기출
① 통합전략
② 회피전략
③ 수용전략
④ 경쟁전략
⑤ 타협전략

제6절 리더십

1 개 설

(1) 리더십의 의의
① 리더십이란 집단의 목표나 내부구조의 유지를 위하여 성원(成員)이 자발적으로 집단활동에 참여하여 이를 달성하도록 유도하는 능력을 말한다.
② 리더십은 일찍이 정치학이나 사회학의 커다란 문제로 취급되어 왔으나 기업이 사회적 조직으로서 중요하게 되자 이의 반영으로서 경영학 특히 경영관리면의 문제가 되었고 경영자의 리더십은 기업의 발전을 좌우하는 것으로서 중요시되고 있다. 리더십이 지배와 다른 것은 그 기능의 수행을 피지도자의 자발성에 기대하는 점과 집단의 성질에 따라 특성이 반드시 고정적이 아닌 데 있다.
③ 리더십은 기능의 방법에 있어서 탄력적이어야 하며 이를 위해서는 리더에게 통찰력과 적응성이 요구된다. 그러므로 리더십의 자성론(資性論)을 연구하는 학자도 많은데 L. 아위크는 필요한 자성의 요건으로서 용기·의지력·마음의 유연성·지식·고결한 성품을 지적하였으며 특히 공정과 성실함을 끊임없이 간직함으로써 부하에게 신뢰를 받는 일이 중요하다고 하였다.

(2) 리더십의 유형 22 기출
① **참여적 리더십** : 민주적 리더십으로 볼 수 있으며 부하와 의논하며 업무를 진행하고 의사결정 시에도 부하를 참여시키는 유형이다.
② **후원적 리더십** : 복지 등 부하의 사적인 욕구에 신경 쓰고 부하를 친근하게 대하여 업무 분위기를 좋게 하며 부하를 적극 지원하는 유형이다.
③ **지시적 리더십** : 부하에게 업무나 규율 등을 지시하며 과업에 대한 관심은 높고 사람에 대한 관심이 낮은 유형이다.
④ **변형적(변혁적) 리더십** : 부하를 조직 내부·외부의 변화에 대해 적응력을 높여주고 적응해 나가도록 지원하는 데 중점을 두며 리더십을 조직 구성원의 태도나 가정들이 변화하도록 중요한 영향을 주고 조직의 목적이나 이념에 헌신하게 하는 과정으로 보는 유형이다.
⑤ **진성 리더십** : 평소에 자신이 가지고 있는 핵심가치, 정체성, 감정 등에서 벗어나지 않고 이를 근거로 하여 타인과 상호작용하는 리더십을 말한다. 진성 리더십에 포함되는 것은 자아인식, 관계적 투명성, 균형잡힌 정보처리, 내면화된 도덕적 신념 등이 있다.

2 리더십의 특성이론 20 기출

(1) 의 의
① 일반인과 다른 리더의 특성은 선천적으로 타고난다는 가정에 따라 리더의 개인적인 특성을 자세히 살펴서 밝히고자 하는 이론이다.
② 리더십이 어떤 사람은 갖고 또 어떤 사람은 갖지 못한 개인적 특성에서 나타나는 것이라고 가정하고 리더가 구비한 공통적인 특성을 규명하는 데 노력을 기울인다.
③ 리더가 고유한 개인적인 특성만 가지고 있으면 그가 처한 상황이나 환경이 바뀌더라도 항상 리더가 될 수 있다고 주장한다.

(2) 성공적인 리더의 특성
① **신체적 특성** : 연령, 신장, 체중, 외모
② **사회적 배경** : 교육수준, 사회적 신분, 이동성, 사회적 지위, 직업계급관계
③ **지적 능력** : 지능, 지식, 웅변, 결단력, 판단력
④ **성격** : 독립성, 자기주장, 지배성, 적응, 창조성, 자신감
⑤ **과업관계특성** : 성취욕구, 책임욕구, 인간관심, 성과관심, 안전욕구
⑥ **사회적 성격** : 감독능력, 사교성, 협동성, 권력욕구, 대인관계기능

3 리더십의 행동이론

(1) 아이오와 리더십 연구
① 민주적 스타일
㉠ 리더와 집단과의 관계가 호의적이다.

            ⓒ 집단행위는 응집력이 크고 안정적인 특징을 가진다.
            ⓒ 리더의 부재 시에도 구성원들은 계속 작업을 유지한다.
        ② 전제적 스타일
            ㉠ 리더와 집단과의 관계가 수동적이며 주의환기를 요한다.
            ⓒ 노동이동이 많고 냉담하고 공격적이 된다.
            ⓒ 리더가 부재하면 좌절감을 갖는다.
        ③ 자유방임적 스타일
            ㉠ 리더에 무관심하다.
            ⓒ 집단행위에 있어 냉담하거나 초조하다.
            ⓒ 리더의 존재와 부존재에 관계 없다.

(2) PM이론
    ① 리더십의 기능을 성과기능(P)과 유지기능(M)으로 구성된 것으로 본다.
    ② P기능은 집단에서 목표달성이나 과제해결을 지향하는 기능이고, M기능은 집단의 자기보존 내지 집단의 과정 그 자체를 유지·강화하려는 기능이다.

4 리더십의 상황적합이론 20 기출

(1) 피들러의 상황적합이론 18 기출
    ① 리더십과정에 작용(作用)하는 상황적 요소에 따라 그 성과(成果)가 다르게 나타난다는 피들러(F. E. Fiedler)의 이론이다.
    ② 리더십의 결정요인이 리더의 특성에 있는 것이 아니라 리더가 처해 있는 조직적 상황에 있다는 주장이다. 초기의 리더십이론은 리더십을 단지 지도하는 개념으로 보고 지도자에게 편중되어 있었으나, 사회변화 등 시대적인 조류에 따라 구성원과의 협력이란 차원에서 리더십이 조정되고 발전하였다. 이 이론은 각기 다른 상황은 리더십에 있어서 다른 접근방식이 요구된다는 전제 아래 어떤 상황이든 가장 효과적인 리더십을 발휘하기 위하여는 리더의 지위권력, 수행해야 할 과제의 구조와 본질, 리더와 구성원 간의 인간관계 등이 필수적인 요소라고 본다.
    ③ 따라서 일정한 조직적 상황에 있어서 어떠한 지도행동이 적절한가를 규명하여 그것에 알맞은 지도자가 결정되는 것이며, 조직의 성격과 규모에 따라 리더십의 유효성도 다르게 나타나므로 리더십상황이 리더에게 유리하거나 불리한 경우에는 과업지향적 리더가 효과적이고, 상황이 리더에게 유리하지도 불리하지도 않으면 관계지향적 리더가 효과적이라고 하였다. 결국 어떤 상황에서나 가장 효과적인 리더십유형은 없으며 리더십효과는 상황에 적합한 리더십유형을 발휘할 때 높아질 수 있다.

(2) 브룸과 예튼의 규범이론
    ① 의사결정의 3요소
        ㉠ 결정의 질
        ⓒ 결정의 수용도
        ⓒ 결정의 적시성

② 의사결정스타일
- ㉠ A1 : 경영자 혼자서 문제를 해결하고 의사결정한다.
- ㉡ A2 : 경영자는 하급자에게 정보를 요구하지만 의사결정은 혼자서 한다.
- ㉢ C1 : 경영자는 하급자와 문제를 함께 공유하며 정보와 평가를 요청하고 최종적으로 의사결정한다.
- ㉣ C2 : 경영자와 하급자는 문제를 토론하기 위하여 하나의 집단으로서 모이지만 최종의사결정은 경영자가 한다.
- ㉤ C3 : 경영자와 하급자는 문제를 토론하기 위해서 집단으로 만나며 집단적 의사결정이 이루어진다.

(3) 하우스의 경로 – 목표이론 24 기출
① 조직에서 리더는 하급자들이 추구하는 목표에 길잡이가 될 수 있을 때 효과적인 리더라고 할 수 있다.
② 리더십의 스타일
- ㉠ 지시적 리더십 : 계획·조직·통제와 같은 공식적 활동을 강조하는 스타일
- ㉡ 지원적 리더십 : 구성원들 간의 상호 만족스러운 인간관계 발전을 강조하는 스타일
- ㉢ 참여적 리더십 : 하급자와 정부를 공유하는 스타일
- ㉣ 성취지향적 리더십 : 성과 및 목표달성 위주의 스타일

(4) 허시와 블랜차드의 3차원적 유효성 이론
① 리더의 행동을 인간관계 지향 유형과 과업 지향 유형으로 나누고 거기에 상황요인을 추가하여 3차원적 유효성 모형을 제시하고 상황변수로서 특히 부하의 성숙도를 강조하였다.
② 부하의 성숙수준이 증대됨에 따라 리더는 부하의 성숙수준이 중간 정도일 때까지 보다 더 관계지향적인 행동을 취하며 과업지향적인 행동을 덜 취해야 한다고 한다.

(5) 리더십 대체이론
① 상황에 맞는 리더의 행동 유형보다 상황요인 자체가 중요하다고 여기며 리더십의 효과를 떨어뜨리는 구성원, 조직 특성 같은 상황요인을 규명하는 이론이다.
② 상황요인 : 대체물과 중화물
- ㉠ 대체물 : 리더의 행동을 전혀 불필요하거나 쓸모 없는 것으로 만드는 상황요인으로서 그 범위는 부하의 특성, 과업의 특성, 조직의 특성 등이 있다.
- ㉡ 중화물 : 리더의 행동의 유효한 기능을 방해하고 효과를 약화 내지는 중화시키는 상황변수를 가리키는 말이다.

(6) 수직쌍연결이론(VDL)
① 리더와 부하 사이에는 관계가 형성되고 이들 차이가 리더와 부하 양자의 행위와 지각에 강력한 영향력을 미친다. 따라서 리더십연구의 초점이 특정 리더와 부하의 쌍, 즉 수직쌍에 놓여져야 한다는 이론이다.
② 어떤 리더들은 하급자들을 다룸에 있어 공식적 권한에 기초를 둔 방식을 채택하는 경향이 있는데 이 과정을 감독이라고 한다.

③ 리더는 공식적 권한에 의존하지 않고 영향력을 행사하는 방안을 채택할 수 있다. 이를 리더십이라 부르고 감독과 구별하고 있다.
④ 리더는 모든 하급자들을 일관성 있게 똑같이 다루지 않으며 하급자에 대한 취급방식의 차이가 수직쌍관계의 형성에 영향을 미친다는 것이다.
⑤ 수직쌍연결이론 연구에 의하면 리더는 외부그룹과 내부그룹으로 나뉘는데, 외부그룹의 경우 리더가 거의 재량권을 안주고 리더는 권한에 입각한 감독에 의존하고 내부그룹의 경우 리더가 재량권을 주고 내집단이라고 생각하는 구성원들에 의하여 리더십을 발휘한다.

제7절 커뮤니케이션

1 개 설

(1) 커뮤니케이션의 의의
① 언어·몸짓이나 화상(畵像) 등의 물질적 기호를 매개수단으로 하는 정신적·심리적인 전달 교류로서 어원은 라틴어의 '나누다'를 의미하는 'Communicare'이다.
② 근래에는 어떤 사실을 타인에게 전하고 알리는 심리적인 전달의 뜻으로 쓰인다.

(2) 커뮤니케이션의 목적
① 설정된 기업목표의 전파
② 조직의 목표달성을 위한 계획수립
③ 인적 및 물적 자원의 효율적인 조직화
④ 지휘, 지시, 동기부여
⑤ 성과의 통제, 피드백

(3) 커뮤니케이션의 기능
① **명료성의 원칙** : 전달하는 내용을 분명하고 정확하게 이해할 수 있게 해야 한다.
② **일관성의 원칙** : 전달내용은 전후가 일치되어야 한다.
③ **적시성의 원칙** : 필요한 정보는 필요한 시기에 적절히 입수해야 한다.
④ **적정성의 원칙** : 전달하고자 하는 정보의 양과 규모는 적절해야 한다.
⑤ **배포성의 원칙** : 의사전달의 내용은 모든 사람들이 알 수 있도록 공개해야 한다.
⑥ **적응성의 원칙** : 의사소통의 내용이 상황에 따라 융통성과 신축성이 있어야 한다.
⑦ **수용성의 원칙** : 피전달자가 수용할 수 있어야 한다.

2 커뮤니케이션의 과정과 장애요인

(1) 커뮤니케이션의 과정 25 기출
① 부호화(Encoding)
전달자가 아이디어를 전달 가능하고 이해 가능한 형태로 변환시키는 과정이다.
② 매체를 통한 전송(Transmission Through Media Channels)
부호화된 메시지는 의사소통 매체를 통해 수신자에게 전달된다. 전화선, 라디오, TV 시그널, 광섬유 케이블, 우편 등 다양한 매체들이 이용될 수 있으며 매체는 대체로 전달하고자 하는 정보형태에 의해 결정된다.
③ 해독(Decoding)
수신자는 전해진 메시지를 아이디어로 환원하는 해독작업을 수행해야 한다. 해독작업이 정확하게 이루어진다면 아이디어는 전달자가 의도한 대로 전해질 것이다.
④ 피드백(Feedback)
메시지가 해독된 후, 수신자는 메시지를 전달자에게 다시 전달하는데 이를 피드백이라 한다. 전달자는 피드백을 통해 전달하려는 메시지가 전달되었고 의도한 효과를 발휘하였는지 여부를 가늠한다.
⑤ 잡음(Noise)
잡음은 전달과 수신 사이에 발생하여 의사소통의 정확도를 감소시킨다. 여기에는 언어가 갖는 어의상의 문제, 메시지의 의도적 왜곡 등이 있다. 전달자의 부정확한 사상인식, 부적절한 코드화, 수신자의 부정확하거나 왜곡된 해석 등 잡음은 어디에서나 발생하여 의사소통을 왜곡시킬 수 있다.
⑥ 여과(Filtering)
송신자가 어떤 정보를 전달할 때 의도적으로 사실의 일부를 누락시키고, 의도적으로 정보를 조작하여 수신자에게 전달하는 것을 말한다.
⑦ 선택적 지각(Selective Perception)
정보를 전달받는 수신자가 받아들여지는 정보 또는 자극 중 자신의 마음에 맞는 정보 일부만 선택적으로 기억하는 것을 말한다.
⑧ 정보 과부하(Information Overload)
수신자가 받아들일 수 있는 정보량을 초과하면 수신자는 일부 정보를 무시하거나 잊어버릴 수 있다.

(2) 커뮤니케이션의 장애요인
① 송신자와 관련된 장애요인 : 목표의 불명확, 커뮤니케이션 기술의 부족, 신뢰도의 결핍, 대인 간의 감수성 부족, 준거체계의 차이 등
② 수신자와 관련된 장애요인 : 선입견, 평가적 경향, 선택적 경청, 피드백 결핍 등
③ 상황에 관련된 장애요인 : 정보의 과중, 상황에 따른 의미 해석의 문제, 커뮤니케이션의 환경, 시간의 부족, 소음 등
④ 커뮤니케이션의 장애요인 제거 : 피드백, 메시지 사용의 명료성, 표현의 독자성, 말을 강화시키는 행동 등

3 커뮤니케이션의 네트워크

(1) 유 형
① 쇠사슬형(연쇄형) : 대부분 커뮤니케이션이 공식적인 명령계통에 따라 위아래로만 흐르는 고층조직에서 흔히 발견되는 유형
② 수레바퀴형 : 공장종업원들이 한 사람의 감독자에게 보고하는 작업집단에서의 커뮤니케이션 유형
③ 원형 : 부하들이 상호작용할 수 있는 형태로 서열이 없는 태스크포스팀 등에서 나타나며 정보전달이나 문제 해결 등의 속도는 느리지만 비교적 만족도는 높은 유형
④ 완전연결형 : 그레이프바인과 같은 비공식적 커뮤니케이션의 네트워크로 여기에서는 공식적·비공식적 리더가 없고 구성원 누구나 다른 사람들과의 커뮤니케이션을 주도하는 유형
⑤ Y자형 : 커뮤니케이션 네트워크나 Y자를 거꾸로 놓으면 두 사람의 부하가 한 사람의 상사에게 보고하는 커뮤니케이션 유형

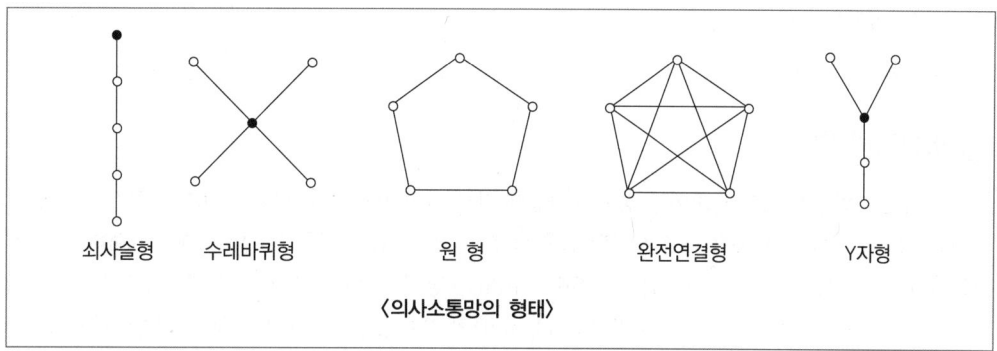

〈의사소통망의 형태〉

(2) 유형분석
① 권한의 집중도는 쇠사슬형이 높고 완전연결형은 매우 낮다.
② 커뮤니케이션의 정확성은 완전연결형이 높다.
③ 의사결정의 속도는 쇠사슬형이 빠르다.

4 조직 내 커뮤니케이션의 유형

(1) 공식적 커뮤니케이션 17 기출
① 하향적 커뮤니케이션 : 상급자로부터 하급자에게로 전달되는 명령이나 지시 등과 같이 위에서 아래로 흐르는 의사소통이다.
② 상향적 커뮤니케이션 : 하급자가 상급자에게 성과를 보고하는 것뿐만 아니라 하급자의 의견이나 태도와 같은 것까지 상위의 계층으로 전달하는 것을 말한다.
③ 수평적 커뮤니케이션 : 조직에서 계층수준이 같은 구성원이나 부서 간의 의사소통을 의미하는 것으로 상호작용적 커뮤니케이션이라고도 한다.
④ 대각적 커뮤니케이션 : 조직 내의 여러 가지 기능과 계층을 가로질러 구성원들 간에 이루어지는 의사소통이다.

⑤ 장 점
ⓐ 의사소통이 확실하고 편리하다.
ⓑ 권위관계를 유지·향상시킬 수 있다.
ⓒ 전달자·수신자의 책임한계가 분명하다.

(2) 비공식적 커뮤니케이션
① 종업원들은 조직도에 의해서 규정된 상대와만 대화를 나누려 하지 않고, 여러 가지 사회적인 욕구와 필요에 의해 직종과 계층을 넘어서 인간적 유대를 갖고 커뮤니케이션을 유지하려 한다.
② 그레이프바인 : 비공식적 커뮤니케이션 혹은 경로를 말한다.
③ 비공식적 커뮤니케이션의 장점
ⓐ 내면적 욕구를 충족시킬 만큼 다양하다.
ⓑ 신속성·융통성·신축성이 있다.
ⓒ 임기응변이 가능하다.

5 조하리의 창

자신을 다른 사람에게 나타내 보이는 정도는 사람에 따라 차이가 있는데, 타인은 나를 비춰주는 사회적 거울(Social Mirror)이라는 말처럼 다른 사람의 반응 속에서 나의 모습을 비춰보는 일은 꽤 중요하다. 자기공개와 피드백의 측면에서 우리의 인간관계를 진단해볼 수 있는 방법이 조하리의 '마음의 창(Johari's window of mind)'이다. 조하리의 창은 심리학자인 Joseph Luft와 Harry Ingham에 의해서 개발되었고 두 사람의 이름을 합성하여 '조하리(Joe + Harry = Johari)의 창'이라고 명명되었다.

① 공개적 영역(Open Area) : 나도 알고 있고 다른 사람에게도 알려져 있는 나에 관한 정보를 의미한다.
② 맹목적 영역(Blind Area) : 이상한 행동습관, 특이한 말버릇, 독특한 성격과 같이 '남들은 알고 있지만 자신은 모르는 자신의 모습' 등을 가리킨다.
③ 숨겨진 영역(Hidden Area) : 나는 알고 있지만 다른 사람에게는 알려지지 않은 정보를 의미한다. 나의 약점이나 비밀처럼 다른 사람에게 숨기는 나의 부분을 뜻한다.
④ 미지의 영역(Unknown Area) : 나도 모르고 다른 사람도 알지 못하는 나의 부분을 의미한다.

제8절 조직문화와 조직개발(OD)

1 조직문화

(1) 조직문화의 의의
① 조직문화란 특정한 인간의 고유한 개성을 형성하는 것과 같이 조직이 주어진 환경에 적응하는 과정에서 조직 고유의 독특한 성격을 형성하는 심리적·행동과학적·사회적·경제적·정치적 등의 다양한 분야에서 나타나는 요소가 가치체계의 일치로 나타나는 결합체라고 할 수 있다.
② 조직문화의 구성요소(7S) : 공유가치, 전략, 구조, 제도, 구성원, 관리기술, 행동관리 스타일

(2) 조직문화형성의 특성
① **개인적 자주성** : 조직에서 개인이 주도권행사를 할 수 있는 책임과 독립성 및 기회 등의 정도
② **구조** : 종업원 행동을 통제하고 감독하는 데 이용되는 직접적인 감독의 한계와 규정 및 규칙 등의 차원
③ **지원** : 관리감독자들이 자신의 종업원을 위해 마련하는 지원이나 조력 또는 온정의 정도
④ **동일감** : 특정 작업집단이나 전문적인 분야에 국한하는 것보다 오히려 전체적인 조직차원에서 조직과 구성원이 갖고 있는 일체감이나 일치성을 의미
⑤ **성과 – 보상** : 종업원의 성과기준에 따라 나타나는 임금의 증대와 승진 등과 같은 조직 내의 보상할당의 정도
⑥ **갈등의 관용** : 동료와 작업집단 간의 관계에서 나타나는 갈등이나 충돌의 정도
⑦ **위험의 관용** : 종업원들이 공격적이고 혁신적이면서 위험을 불사하는 행위를 격려·고려하는 정도

2 조직개발

(1) 조직개발의 개념
① 조직개발이란 기업이 생산능률을 높이기 위하여 기업조직을 개혁하는 일을 말한다.
② 넓은 뜻으로는 조직에 관한 구조와 풍토 양 측면에서 개혁하는 경우이며, 좁은 뜻으로는 조직에 관한 풍토적 측면에서의 변혁만을 말한다. 실제로는 풍토개발과 구조혁신이 함께 이루어지는 경우가 많으나, 이론적으로는 조직풍토 또는 조직문화의 변혁이 조직개발의 주요 내용이다.

(2) 행동변화의 과정(K. Lewin) 19 기출
① **해빙** : 해빙의 목적은 우선 동기를 유발시키고 개인 또는 집단이 변화를 위한 준비를 갖출 수 있게 하기 위한 것이다.
② **변화** : 일단 개인이 변화에 대한 동기부여가 되면서 새로운 행동 패턴을 받아들일 준비를 갖추게 된다.
③ **재동결** : 새로이 획득한 행동이 그 개인의 개성 및 지속성이 있는 중요한 정서관계 속에 정형화된 행동으로 굳어지는 과정이다.

(3) 계획적 변화과정
① 진 단
② 개입행동
③ 조직개발과정의 유지·관리

제9절 조직구조

1 개 설

(1) 조직구조의 의의 및 구성요소
① 조직의 구조란 조직의 목표를 달성하기 위해 조직구성원 및 집단의 행동에 영향을 미치는 직무와 부서의 상대적으로 인정된 프레임워크라고 정의할 수 있다.
② 조직구조의 구성요소
  ㉠ 복잡성 : 조직 내에 존재하는 분화의 정도에 관한 것으로 분할하고 통합시키는 정도를 말한다. 수평적 분화는 동일한 수준에서의 상이한 부서의 수를 의미하고, 수직적 분화는 조직 내의 계층의 수를 말하며, 지역적 분화는 조직의 물리적인 시설과 인력이 지역적으로 분산되어 있는 정도를 말한다.
  ㉡ 공식화 : 조직 내의 직무가 표준화되어 있는 정도로서 정책, 규칙 및 절차가 명문화된 형태로 존재하는 정도를 말한다.
  ㉢ 집권화 : 조직계층 내에 의사결정권이 어디에 존재하느냐에 관한 것으로 의사결정권이 조직 내의 한 지점에 집중되어 있는 정도에 관한 것이다.

(2) 조직구조의 설계요인 16 기출
① 조직설계란 직무와 작업집단을 연결시키는 과정을 포함한 직무와 작업집단의 체계이다.
② 조직구조설계 시 고려하여야 할 사항
  ㉠ 분업 : 전체의 과업을 보다 작은 직무로 어떻게 분할할 것인가 하는 것이다.
  ㉡ 권한의 이양 : 직무에 따라 권한을 어떻게 배분할 것인가의 문제이다.
  ㉢ 부문화 : 직무를 어떻게 집단화해야 하는가에 관한 것으로 직무를 집단화하는 이유는 직무를 조정해야 할 필요성 때문이다.
  ㉣ 통제의 폭 : 조직이 보다 효과적으로 되려면 통제의 폭이 넓어야 하는가 아니면 좁아야 하는가는 기본적으로 관리자가 통제할 수 있는 대인관계의 크기를 결정하는 것이다.

2 경영조직의 기본형태(정태적 조직)

(1) 라인조직(직계조직)
① 개념 : 라인조직이란 기업 조직 내 명령계통이 경영자로부터 각급 관리자를 거쳐 조직말단에 이르기까지 직선적으로 연결되고 그에 의해서 경영의사의 전달과 집행이 이루어지는 조직형태이다.
② 형 태
  ㉠ 오래 전부터 가장 단순한 형태로 시행되었고 특히 지휘·명령계통이 명확한 까닭으로 군대조직에 이용되었다.

ⓒ 직계조직의 각 조직구성원은 한 사람의 직속상위자의 지휘·감독하에 행동하고 그 상위자에 대해서만 책임을 지는 관계에 놓인다. 이러한 관계는 지휘·명령과 책임의 소재를 지극히 명료하게 함으로써 조직의 규율유지를 용이하게 한다.
　　ⓒ 또 이 관계는 절대적인 명령과 복종의 관계를 의미하므로 분업(分業)으로서의 직계조직은 수직적 분업 내지 계층적 분업을 중심으로 하는 조직이다.
　　ⓔ 또한 동일조직 계층에 있는 조직구성원이 상호 독립하여 업무상의 관계를 전혀 갖지 않고 수평적으로는 분업관계가 존재하지 않음을 원칙으로 한다. 그러나 실제에서는 수평적인 분업관계가 전혀 없는 순수직계조직은 거의 볼 수 없으며 통상적으로는 조직의 각 부분이 업무분야별·생산공정별·지역별·제품별 등으로 다른 일들을 분담해서 수행하는 등 부분별 직계조직이 대부분이다.

　③ 특 색
　　⊙ 단순한 지휘·명령계통을 기초로 한 책임·권한관계의 명확성에 있고 그것은 조직규율의 유지, 즉 질서화를 조직의 원칙으로 삼고 있다는 것을 뜻한다.
　　ⓒ 그러나 이 원칙이 현실적으로 이루어지기 위해서는 하나의 조건이 지켜지지 않으면 안 된다. 그것은 한 사람이 직접 유효하게 관리할 수 있는 부하의 일정한 한계가 있으므로 직계조직의 구성에는 이 한계가 지켜져야만 한다. 이 한계를 관리범위 또는 관리한계(Span of Control)라고 한다.
　　ⓒ 관리범위를 넘는 수의 부하를 관리하면 관리의 유효성을 해치게 되어 질서화의 원칙이 무너진다. 또 반대로 적당한 관리범위보다 적은 부하를 가지는 조직을 구성하면, 관리자의 능력이 유휴(遊休)하게 되는데, 결국 이러한 일들이 관리비용의 증대와 관리효과의 저하를 초래하게 된다.

(2) 기능식 조직 10 12 기출
① 기능식 조직이란 라인조직의 단점을 보완하기 위해 과학적 관리법의 창시자인 테일러가 창안한 조직형태로서 이는 라인조직이 수직적 분화를 중시한 데 반해서 수평적 분화관계에 중점을 두고 관리자의 업무를 기능화하여 부문별로 전문적 관리자를 두고 지휘·감독하는 조직형태이다.
② 기능식 조직의 장점
　⊙ 전문지식과 경험이 있는 스태프의 도움으로 효과적인 경영활동이 가능하다.
　ⓒ 감독의 전문화로 고능률을 기대할 수 있다.
　ⓒ 성과에 따른 성과급제도의 실현이 가능하다.
　ⓔ 전문화된 작업성격에 따라 인재발견이 용이하고 전문인을 단기간에 양성할 수 있다.
　ⓜ 라인조직이 유지되고 있으므로 라인의 장점을 지니고 있다.

(3) 라인 – 스태프조직
① 라인 – 스태프조직은 직계조직에 스태프조직을 가미한 조직이다.
② 경영관리 조직의 한 형태로, 직계참모조직(直系參謀組織)이라고도 한다. 직계조직과 참모조직의 단점을 보완하고 장점을 살리기 위한 혼합형태로, 한편으로는 직계조직에 있어서의 지휘·명령의 일원화를 유지하고, 다른 한편으로는 수평적 분화에 따른 책임과 권한을 확립하려는 조직형태이다.

③ 장 점
　　㉠ 전문적인 스태프의 조언으로 효율적인 관리활동을 전개할 수 있다.
　　㉡ 스태프는 연구·분석을 통해 조언하고 있으므로 라인의 관리적 시간을 절약할 수 있다.
　　㉢ 관리통제가 용이하다.
　　㉣ 스태프권한의 축소로 라인의 활동면에서 안정감을 얻는다.

③ 사업부제 10 12 기출

(1) 의 의
① 사업부제란 기업의 조직을 제품별·지역별·시장별 등으로 구분하여 개별적인 경영단위로서의 사업부를 만들고 각 사업부에 대폭적인 자유재량을 주는 분권관리의 한 조직형태이다.
② 종래의 조직은 제조·판매·재무·구매 등의 직능을 구분기준으로 한 직능부제(職能部制)이며, 이 조직으로는 부문에 대하여 전체적인 결정이나 조정의 권한을 줄 수가 없어서 집권관리조직이 된다.
③ 제품별·지역별·시장별로 하면, 제조·판매 등 일련의 생산과정이 부문에 내하여 포괄적으로 주어지기 때문에 분권화가 가능하게 된다. 다만, 사업부는 기업의 일부이므로 자유재량은 전사적(全社的)인 방침이나 목표의 제약 내에서 주어지는 것이며, 일반적으로는 이익목표만을 주고, 이를 달성하기 위한 생산이나 판매의 내용·방법·규모 등이 일임된다.
④ 달성도를 객관적으로 측정하기 위하여 각 사업부는 독립채산제로 하며, 각 사업부 사이의 재화(제품·반제품·부품 등)나 용역의 수급(受給)에는 일반적 거래에서처럼 적절한 대체(對替)가격이 매겨진다. 대체가격은 시가(市價)를 기준으로 하는 것이 원칙이다.
⑤ 사업부제의 존립조건
　　㉠ 다종류 제품의 생산 또는 광범위한 판매지역
　　㉡ 독립된 판매시장 및 안정된 시장
　　㉢ 독립적 계산의 가능성
　　㉣ 사업부 자체의 경영층을 유지할 수 있는 능력

(2) 사업부제의 장점
① 경영의사결정의 합리화
② 생산성 향상에 필요한 의사결정능력 강화
③ 제품의 제조와 판매에 대한 전문화와 분업의 촉진
④ 책임체제와 관리책임자의 업적측정의 명확화
⑤ 실천에 의한 유능한 경영간부의 양성 등

4 동태적 조직

(1) **매트릭스조직** 10 12 13 16 기출
   ① 매트릭스조직이란 종축(列)과 횡축(行)의 두 지휘·명령계통을 설치하고, 이원적 관리에 의해 활동하는 조직으로 행렬식(行列式)조직이라고도 한다.
   ② 재래형 조직은 모두 상하관계의 시점(視點)에 의해 구조화되어 있기 때문에 집권적(集權的)·분권적인 것, 직능별·제품별·지역별인 것 등 모든 조직이 동일하였다. 매트릭스조직은 재래형의 열형태조직에 대한 혁신으로 나타났다. 이 조직은 대부분 직능별(제조·판매·재무·노동 등)을 종축으로 하는 재래형에 제품별 횡축을 첨가하는 형태로 출발한다. 안정된 매트릭스조직에서는 양축의 내용을 업태에 상응하여 자유롭게 설정해도 된다. 이와 같은 매트릭스조직은 환경의 다양화에 대응하기 위해 필요에 따라 생겼으나, 이원적 관리에 따른 조직질서의 혼란이 최대의 문제로 지적된다.
   ③ 매트릭스조직의 장점
      ⊙ 특수사업의 강조
      ⓒ 인력을 융통성 있게 이용
      ⓒ 전문지식이 모든 계획을 위해 공평하게 이용
      ② 인력의 재배치 가능
      ⓜ 특수사업의 필요성과 고객의 욕구에 대한 반응

(2) **프로젝트조직**
   ① 의 의
      ⊙ 프로젝트조직이란 특정한 목표를 달성하기 위하여 일시적으로 조직 내의 인적·물적 자원을 결합하는 조직형태라고 정의할 수 있다.
      ⓒ 프로젝트조직은 태스크포스팀이라고도 하며 동태적 조직의 대표적인 형태이다.
   ② 프로젝트조직의 장점
      ⊙ 인원구성상의 탄력성을 유지할 수 있다.
      ⓒ 목표가 명확하므로 구성원의 프로젝트에 대한 적극적인 참여를 유도할 수 있다.
      ⓒ 조직의 기동성과 환경적응성이 높다.

(3) **네트워크조직** 25 기출
   ① 네트워크조직은 독립된 사업 부서들이 각자의 전문 분야를 추구하면서도 제품을 생산하거나 프로젝트의 수행을 위한 영구적인 관계를 형성하여 상호 협력하는 조직을 말한다.
   ② 외부자원의 효과적 활용을 통하여 환경변화에 보다 신속하고 적절하게 대응할 수 있으며, 전통적인 피라미드 조직의 구조가 아닌 수직적, 수평적, 공간적 신뢰 관계로 연결된 조직을 말한다.
   ③ 네트워크조직의 장점
      ⊙ 단일 요소에만 의존하지 않기 때문에 변수에도 영향을 덜 받는다.
      ⓒ 외부 환경과의 유연한 상호작용 및 다양한 협력 관계를 통해 신속한 문제 해결이 가능하다.
      ⓒ 수평적인 관계를 통해 다양한 창의적인 아이디어 발견 및 조직이 개방화 되면서 관리 능력을 배양할 수 있다.
      ② 조직의 슬림화가 가능하다.
      ⓜ 다양한 분야의 전문가들끼리 교류를 통해 창의적인 아이디어나 획기적인 제품개발이 가능하다.

5 기타 조직

(1) 소사장제
① 동일 사업장 내에서 이루어지는 라인별·생산품목별 도급형태의 생산방식을 의미한다.
② 판매 및 관리권한은 모기업이 맡고 소사장기업은 생산만 전념하는 형태로서 동일한 사업장 내에서의 독립채산적인 도급생산형태를 이루고 있다.

(2) 위원회조직
① 특정한 정책결정이나 과제의 합리적인 해결을 목적으로 각 경영계층에서 관련된 사람을 선출하여 위원으로 임명하고 그 위원들이 모인 집단을 사내에서 공식적인 제도로 인정·활용하는 조직형태이다.
② 보다 합리적인 관리활동이 가능하며, 결정 및 협의과정은 민주적이며 상호보완적이다.
③ 중복을 피하고 핵심적인 내용을 활용할 수 있으며, 다양한 지식과 경험의 교환이 가능하다.

(3) 전략사업단위
① 큰 회사 내에 분리된 작은 사업단위이다.
② 어떤 상품이나 생산라인을 마치 독립된 사업인 것처럼 장려하고 처리하도록 만들어 놓은 것이다.

(4) 품의제도
① 경영관리상의 안건에 관한 문서를 기안자가 작성하여 관계부서의 의견을 물은 다음 상사에게 제출하여 결제를 받게 되는데, 이를 위해 품의서라 불리는 일정의 양식을 사용하며, 미리 규정되어 있는 일정의 절차를 밟은 후 실천에 옮긴다.
② 이 의사결정방법은 하위자로부터 상위자에게 단계적으로 올라가는 보텀 업(Bottom-up)의 형태로, 하위자와 상위자가 일단이 되어 의사결정이 이루어지기 때문에 관계자 전원이 확인하며, 의사결정에 참가한다는 이점이 있다.
③ 반면, 여러 단계를 거쳐 의사결정이 이루어지므로, 비능률적이며 책임소재가 불명확하여 서로 책임을 전가하는 등의 결점이 있다. 또 그것이 관료적인 형식주의의 폐단을 낳기 쉽고, 한편에서는 하위자의 입안이기 때문에 계획의 시야가 좁아진다는 결점도 내포하고 있다. 이에 대한 반성으로, 상위자의 권한을 가능한 한 하위자에게 이양함으로써 품의사항을 감소시키고 업무의 신속화를 기하는 방안이 강구되고 있다.

(5) Spin-out(Spin-off)
① 조직으로부터 원심분리하여 독립화하고 소규모의 조직을 설정하는 것을 뜻한다.
② 독립한 자회사는 독립의 이익센터이며 친회사의 수주는 물론 타사의 수주를 받는 독립채산제에 의해 운영되는데, 회사로 보아서는 일종의 분권화 내지 다각화이다.

제3과목 경영학

CHAPTER 03 적중예상문제

01 조직행동론은 경영자의 어떤 자질을 중심적으로 함양시키는가?

① 개념적 자질
② 인간적 자질
③ 기술적 자질
④ 경험적 자질
⑤ 문제해결 자질

해설
조직행동론의 목적은 더욱 바람직한 성과를 올리기 위하여 사람·구조·기술 및 외부사회시스템의 관계를 개선하려는 데 있고 사람과 조직과의 관계를 효과적으로 원조하려는 데 있다.

02 개인행동에 있어서 B = f(P, E)의 등식에서 P의 역할에 강조를 두는 접근법은?

① 인지적 접근법
② 행동주의적 접근법
③ 정신분석학적 접근법
④ 절충적 접근법
⑤ 이상 모두

해설
B는 행동, P는 개인, E는 환경을 뜻한다. 인지적 접근법은 사고·지식·이해와 같은 정신활동과 태도·신념·기대와 같은 정신적 개념들이 인간행동의 주요한 결정요소라는 주장을 편다.

03 Big 5의 성격에 포함되지 않는 것은?

① 외향성(Extraversion)
② 정서적 안정성(Emotional Stability)
③ 성실성(Conscientiousness)
④ 자존감(Self-esteem)
⑤ 개방성(Openness to Experience)

해설
Big 5의 성격은 크게 외향성, 정서적 안정성, 성실성, 개방성, 우호성으로 구성되어 있다.

정답 01 ② 02 ① 03 ④

04 인간의 행동이 자극과 반응의 연상에 의한 학습으로 연습이나 경험에 의한 행위의 변화를 가져온다는 이론은?

① 인지적 학습이론
② 행태적 학습이론
③ 지각적 학습이론
④ 분석적 학습이론
⑤ 사회학습이론

해설
행태적 학습이론은 자극 – 반응이론이라고도 하는데 이는 인간의 행동이 자극과 반응의 연상에 의한 학습으로 연습이나 경험에 의한 행위의 변화를 가져온다는 이론이다.

05 개인의 태도·지각·성격·동기유발 등을 이해하기 위해 가장 기초가 되는 것은?

① 정 의
② 사 실
③ 성 격
④ 가치관
⑤ 신 념

해설
가치관은 태도보다 좀 더 근본적인 성향으로서 태도·지각·성격 등의 바탕이 되는 특성이다.

06 K. Lewin이 제시하고 있는 태도변화의 과정이 올바르게 연결된 것은?

① 변화 – 재동결 – 해빙
② 해빙 – 변화 – 재동결
③ 재동결 – 해빙 – 변화
④ 해빙 – 재동결 – 변화
⑤ 내면화 – 해빙 – 재동결

해설
레빈(K. Lewin)의 조직변화의 3단계는 '해빙 → 변화 → 재동결'이다.

07 적극적으로 강화를 효과적으로 하기 위해서는 강화의 일정계획이 중요한데 다음 중 가장 효과적인 일정계획은?

① 연속강화법
② 고정간격법
③ 변동간격법
④ 고정비율법
⑤ 변동비율법

해설

강화의 일정계획
- 연속강화법
  종업원들이 정확한 반응을 낼 때마다 강화요인이 연속적으로 뒤따르는 방법
- 부분강화법
  - 고정간격법 : 요구되는 행위가 발생했더라도 앞서의 강화로부터 일정한 시간이 경과한 후에만 강화요인이 주어지는 방법
  - 변동간격법 : 어떤 평균을 기준으로 해서 종업원이 예측하지 못하는 변동적인 시간간격으로 강화요인이 주어지는 방법
  - 고정비율법 : 요구되는 반응의 일정 수가 나오게 되면 보상을 주는 방법
  - 변동비율법 : 일정한 비율을 사용하지 않고 요구되는 반응에 따라 강화가 주어지는 방법

08 매슬로우의 욕구단계설이 조직행동론에서 갖는 의미는?

① 직무환경과 관련된 동기부여에 중점을 두고 있다.
② 기업이 성과를 내기 위해서는 구성원의 성취수준을 향상시켜야 한다는 것이다.
③ 인간의 욕구에 대한 체계적 인식을 최초로 갖게 해주었다는 것이다.
④ 조직에서의 사회적 비교과정에 주의를 기울여야 한다.
⑤ 생리적 욕구의 중요성을 강조하고 있다.

해설

매슬로우의 욕구단계는 생리적 욕구 → 안전욕구 → 소속과 애정욕구 → 존경욕구 → 자아실현욕구인데, 이러한 욕구단계설이 조직행동론에서 갖는 의미는 경영자들로 하여금 인간의 욕구에 대한 체계적 인식을 최초로 갖게 해 주었다는 것이며, 종업원의 욕구수준을 파악하여 하위욕구가 어느 정도 충족된 다음에는 상위욕구를 충족시킬 수 있는 대안을 선택하여 동기부여하는 것이 중요하다.

09 알더퍼의 ERG이론에 대한 내용으로 옳지 않은 것은?

① 매슬로우의 욕구 5단계설과 관련이 있다.
② 1개 이상의 욕구가 동시에 동기부여요인으로 작용한다.
③ 좌절 – 퇴행과정을 제시하였다.
④ 존재욕구는 관계욕구가 중요해지기 전에 충족되어야 한다.
⑤ 존재욕구, 관계욕구, 성장욕구의 세 범주이다.

해설

알더퍼의 ERG이론
- 의 의
  - 알더퍼는 하위욕구와 상위욕구 간의 기본적 구별이 필요하다고 생각하고, 매슬로우의 5단계를 존재욕구, 관계욕구, 성장욕구의 3단계로 구분하였다.
  - ERG이론은 매슬로우의 하위욕구가 충족되어야 상위욕구가 생긴다는 문제점을 보완하기 위하여 여러 가지 욕구가 동시에 일어나는 것을 제시하였다.
  - 매슬로우는 욕구계층에서 낮은 욕구에서 고차원적 욕구로 진전되는 과정만을 강조하고 있으나, 알더퍼는 낮은 욕구로 돌아가는 과정도 있는 것으로 보았다.
  - 매슬로우는 우세한 욕구 한 가지가 다른 욕구를 지배한다고 보았지만, 알더퍼는 한 가지 이상의 욕구가 동시에 작용하는 것으로 보았다.
- 알더퍼 이론과 매슬로우의 이론의 공통점 : 하위욕구가 충족될수록 보다 상위욕구에 대한 욕구가 커진다는 점
- 알더퍼 이론과 매슬로우의 이론의 차이점
  - 좌절·퇴행요소의 추가
  - 한 가지 이상의 욕구가 동시에 작용
  - 보다 높은 단계의 욕구가 행위에 영향력을 행사하기 전에 반드시 하위욕구가 충족되어야 한다는 가정을 배제

10 브룸의 기대이론의 내용이 아닌 것은?

① 경영자는 종업원들이 노력하면 성과가 달성된다는 믿음을 주어야 한다.
② 성과–보상 연결을 분명히 해야 한다.
③ 성과–보상 지각차이가 존재해야 한다.
④ 보상은 종업원에게 가치 있는 것이어야 한다.
⑤ 종업원 역할기대를 분명히 하여야 한다.

해설

브룸의 기대이론에서의 모티베이션의 정도를 크게 하기 위해 경영자가 유념해야 할 점
- 종업원을 동기부여하기 위해서는 기대를 크게 해 주어야 한다.
- 성과와 보상의 연결 정도를 명확히 하고, 증가시켜야 한다.
- 보상에 대한 선호 정도의 증진, 보상이 종업원에게 가치가 있어야 한다.
- 종업원 역할기대를 명확히 하여야 한다.

11 동기부여 이론 중 공정성이론(Equity Theory)에서 불공정성으로 인한 긴장을 해소할 수 있는 방법을 모두 고른 것은?

> ㄱ. 투입의 변경
> ㄴ. 산출의 변경
> ㄷ. 준거대상의 변경
> ㄹ. 현장 또는 조직으로부터 이탈

① ㄱ, ㄴ
② ㄷ, ㄹ
③ ㄱ, ㄴ, ㄷ
④ ㄱ, ㄷ, ㄹ
⑤ ㄱ, ㄴ, ㄷ, ㄹ

해설

아담스의 공정성이론 중 불공정성 해소방법
- 투입의 변경 : 직무에 투입하는 시간, 노력, 기술, 경험 등을 줄임으로써 불공정성을 해소한다.
- 산출의 변경 : 임금인상이나 작업조건의 개선 등을 통해 불공정성을 해소한다.
- 준거대상의 변경 : 자신과 비교대상이 되는 인물, 집단 등을 비슷한 수준의 대상으로 변경하여 불공정성을 해소한다.
- 현장 또는 조직으로부터의 이탈 : 직무환경에 불평등을 느낀 사람은 직무를 전환하거나 조직을 이탈함으로써 불공정성을 해소한다.

12 동기유발이론에 관한 이론은 내용이론과 과정이론 등으로 구분할 수 있는데, 다음 중 내용이론에 해당하지 않는 것은?

① 매슬로우의 욕구계층이론
② 알더퍼의 ERG이론
③ 허즈버그의 2요인이론
④ 맥그리거의 X·Y이론
⑤ 브룸의 기대이론

해설

동기유발의 이론 중 내용이론에는 매슬로우의 욕구5단계론, 알더퍼의 ERG이론, 맥클랜드의 성취동기이론, 맥그리거의 X·Y이론, 허즈버그의 2요인이론 등이 있으며, 과정이론에는 브룸의 기대이론, 아담스의 공정성이론 등이 있다.

13. ERG이론에 대한 설명 중 옳지 않은 것은?

① 알더퍼에 의해 주장된 욕구단계이론이다.
② 상위욕구가 행위에 영향을 미치기 전에 하위욕구가 먼저 충족되어야 한다.
③ 매슬로우의 욕구단계이론이 직면했던 문제점을 극복하고자 제시되었다.
④ 하위욕구가 충족될수록 상위욕구에 대한 욕망이 커진다고 주장하였다.
⑤ 인간의 욕구를 존재욕구, 관계욕구, 성장욕구로 나누었다.

해설

ERG이론은 매슬로우의 하위욕구가 충족되어야 상위욕구가 생긴다는 문제점을 보완하기 위하여 여러 가지 욕구가 동시에 일어나는 것을 제시하였다. 매슬로우는 우세한 욕구 한 가지가 다른 욕구를 지배한다고 보았지만 알더퍼는 한 가지 이상의 욕구가 동시에 작용하는 것으로 보았다.

14. 허즈버그의 2요인이론에 대한 설명으로 틀린 것은?

① 만족요인은 직무의 환경과, 불만족요인은 직무 그 자체와 관련을 갖는다.
② 만족과 불만족이 별개의 차이이고, 각 차원에 작용하는 요인도 별개의 것이다.
③ 만족요인을 동기요인, 불만족요인을 위생요인이라고도 한다.
④ 경영을 염두에 두고 개발된 작업모티베이션에 관한 이론이다.
⑤ 직무의 충실화에 의하여 동기요인을 충족시킨다.

해설

허즈버그의 실증적 연구결과에 의하면 인간이 직무와 관련해서 추구하는 욕구는 크게 두 가지 범주로 나뉘는데, 그 중 한 가지는 동기요인이며 다른 한 가지는 위생요인이다. 동기요인은 직무에 대한 만족을 결정짓는 데 영향을 미치는 요인들로서 직무에 대한 만족을 결정짓는다는 의미에서 이 요인들을 만족요인이라고도 부른다. 또한, 위생요인은 결핍되었을 때 직무에 대한 불만족을 초래하는 요인들로서 직무에 대한 만족을 결정짓는 요인들과는 별개의 요인이므로 이를 불만족요인 또는 유지요인이라고도 부른다.

15. 인간의 행동이 환경적인 결과에 의하여 결정된다는 모티베이션의 접근방법은?

① 내용이론　　　　　　　　　　② 강화이론
③ 성취동기이론　　　　　　　　④ 과정이론
⑤ 기대이론

해설

② 강화이론은 인간내면을 관찰하거나 사고과정을 연구하는 대신 외부환경이 개인에게 초래하는 결과에 초점을 둔다.

16 어떤 한 사람의 성취욕구를 측정하는 데 사용되는 방법은?

① 체크리스트법　　　② 관찰법
③ 면접법　　　　　　④ TAT법
⑤ 브레인스토밍법

해설
TAT법
머레이에 의해 개발된 것으로 조사대상자들에게 여러 가지 해석이 가능한 그림들을 연속적으로 보여주고 이에 관해 일관된 글을 쓰게 하거나 말을 하게 하고 이를 토대로 조사대상자가 갖고 있는 여러 동기들을 분석하는 방법으로, 한 개인이 n-Ach수준을 측정하는 데 있어 주로 투사적 기법의 하나인 TAT법이 이용되었다.

17 일반적으로 집단은 공식집단과 비공식집단으로 분류하는데, 비공식집단에 해당하지 않는 것은?

① 이익집단　　　　　② 우호집단
③ 준거집단　　　　　④ 일차적 집단
⑤ 과업집단

해설
비공식집단은 조직 내 다른 조직구성원과의 관계에서 각자의 욕구를 충족시키려는 자연발생적인 집단으로 공통의 취미니 관심사를 함께 히러는 집단을 들 수 있으며, 공식집단과는 달리 동태적이며 유동적이고 자발적인 집단이다.

18 아이디어를 내어 집단의사결정을 하는 기법으로 구성원 상호 간의 대화나 토론을 거치지 않고 결정하는 기법은?

① 명목집단기법
② 델파이기법
③ 휴릭티스기법
④ 고든기법
⑤ 브레인스토밍법

해설
명목집단기법(NGT)
집단의사결정기법임에도 대화나 토론을 하지 않는다는 점에서 붙인 이름이다. 구성원들이 서로에게 영향을 끼치지 않고 각자 생각하는 좋은 아이디어를 제안하게 한 다음, 그 대안들 속에서 최종적으로 한 가지를 결정하는 방법이다.

정답　16 ④　17 ⑤　18 ①

19 집단응집성의 효과에 대한 설명으로 옳지 않은 것은?

① 집단응집성이 높으면 집단행동에 대하여 열정적이다.
② 집단응집성이 높을수록 커뮤니케이션이 적어진다.
③ 집단응집성이 높은 집단의 구성원들은 그렇지 못한 집단의 구성원들보다 집단압력에 동조할 가능성이 크다.
④ 집단응집성이 높으면 직무만족도도 높은 경향이 있다.
⑤ 집단응집성과 생산성의 관계는 일의적인 것이 아니다.

> **해설**
> 집단응집성이란 집단이 얼마만큼 잘 뭉쳐 있는가의 정도를 말하는데, 집단응집성이 높을수록 커뮤니케이션이 많아진다.

20 집단 발달의 5단계 모형에서 집단구성원들 간에 집단의 목표와 수단에 대한 합의가 이루어지고 응집력이 높아지며 구성원들의 역할과 권한관계가 정해지는 단계는?

① 형성기(Forming)
② 격동기(Storming)
③ 규범기(Norming)
④ 성과기(Performing)
⑤ 해체기(Adjourning)

> **해설**
> ① 형성기(Forming) : 조직의 목적, 구조, 리더십을 정의하는 단계
> ② 격동기(Stroming) : 역할과 규범을 이해하지 못하고 구성원들 간에 갈등이 벌어지는 단계
> ④ 성과기(Performing) : 집단이 완전한 기능을 하는 단계
> ⑤ 해체기(Adjourning) : 과업 실행보다 활동 마무리에 관심을 두는 단계

21 공식집단의 특성에 속하지 않는 것은 무엇인가?

① 권력, 권한, 책임, 의무 등이 비교적 명확하게 규정되어 있다.
② 커뮤니케이션 경로도 비교적 뚜렷하게 되어 있다.
③ 구성원의 직무가 명확하고 집단의 목표나 계층도 잘 규정되어 있다.
④ 공식적인 분화와 통합과정을 거치면서 발전한다.
⑤ 감정의 논리에 의하여 인간적 요소를 가장 잘 수용한다.

> **해설**
> 공식집단은 전체조직의 목표와 관련된 과업을 수행하기 위해서 구성된 집단을 말하는데, 공식집단은 비공식집단에 비하여 권력·권한·책임·의무 등이 명확하게 규정되어 있으며 커뮤니케이션 경로도 뚜렷하다.

22 '조하리 창'의 의미로서 적합하지 않은 것은?

① 관계당사자들이 타인들에게 자신들을 노출하고 그들에게서 피드백을 받을수록 공공영역은 확장된다.
② 공공영역이 넓을수록 참여자들이 서로에 대해 정확한 지각상의 판단을 내릴 수 있는 기회가 적어진다.
③ 기대의 충족은 그들의 신뢰나 영향력을 증진시키고 그들이 상호 만족스러운 관계를 유지하게끔 도와준다.
④ 참여자들이 상호 공공영역을 늘릴 때 허식과 방어적 행위와 같은 것이 감소한다.
⑤ 공공영역, 사적 영역, 맹목영역, 미지영역이 있다.

해설
공공영역이란 개방의 장으로 자신에 대하여 자신도 알고 타인도 알고 있는 부분이므로 이러한 공공영역이 넓어질수록 서로에 대해 정확한 지각상의 판단을 내릴 수 있는 기회가 많아진다.

23 레윈(K. Lewin)의 3단계 변화모형에서 변화과정을 순서대로 나열한 것은?

① 각성(Arousal) → 해빙(Unfreezing) → 변화(Changing)
② 각성(Arousal) → 실행(Commitment) → 재동결(Refreezing)
③ 해빙(Unfreezing) → 변화(Changing) → 재동결(Refreezing)
④ 해빙(Unfreezing) → 실행(Commitment) → 수용(Acceptance)
⑤ 진단(Diagnosis) → 변화(Changing) → 수용(Acceptance)

해설
레윈(K. Lewin)의 3단계 변화모형
해빙(Unfreezing) → 변화(Changing) → 재동결(Refreezing)

24 갈등관리의 기본양식에 속하지 않는 것은?

① 경 쟁
② 공 격
③ 적 응
④ 타 협
⑤ 회 피

해설
갈등관리의 기본양식으로 경쟁, 적응, 타협, 협조, 회피 등의 다섯 가지가 있다.

25 부하를 조직 내부·외부의 변화에 대해 적응력을 높여주고 적응해 나가도록 지원하는 데 중점을 두고 있는 리더십은?

① 참여적 리더십
② 후원적 리더십
③ 지시적 리더십
④ 변형적 리더십
⑤ 인간관계적 리더십

해설
종래의 리더십은 리더의 역할을 어떻게 하면 부하를 목표에 공헌하도록 통제하느냐에 중점을 두고 바라보았다. 그러나 변형적 리더십은 부하를 조직 내부·외부의 변화에 대해 적응력을 높여주고 적응해 나가도록 지원하는 데 중점을 두고 있으며, 리더십을 조직구성원의 태도나 가정들이 변화하도록 중요한 영향을 주고 조직의 목적이나 이념에 헌신하게 하는 과정으로 본다.

26 다음 수직쌍연결이론에 관한 설명 중 적절하지 않은 것은?

① 리더십연구의 초점을 특정 리더와 하급자의 쌍, 즉 수직쌍에 놓았다.
② 어떤 리더들은 하급자들을 다룸에 있어서 공식적 권한에 기초를 둔 방식을 채택하는 경향이 있는데 이 과정을 감독이라 한다.
③ 리더는 공식적 권한에 의존하지 않고 영향력을 행사하는 방안을 채택할 수 있다. 이를 리더십이라고 부르며 감독과도 구별하고 있다.
④ 외집단의 경우 리더가 재량권도 거의 안주고 '빌어온 손' 혹은 '외집단'이라고 생각하는 구성원들로서 리더는 공식적 권한에 입각한 감독에 의존한다.
⑤ 리더는 모든 하급자를 일관성 있게 똑같이 다루려는 경향이 있다고 보았다.

해설
수직쌍연결이론(VDL이론)에서는 일반적으로 모든 부하들을 동일하게 다루지 않으며, 리더와 부하 사이에는 관계가 형성되고 이들 차이가 리더와 부하 양자의 행위와 지각에 강력한 영향력을 미친다고 보았다. 따라서 리더십연구의 초점이 특정 리더와 부하의 쌍, 즉 수직쌍에 놓여져야 한다는 이론이다.

27 단기적으로는 실효를 거두기 어려우나 갈등의 원인에 대한 규명에 있어 장기적으로 효과가 기대되는 전략으로 대면전략이라고도 하는 방법은?

① 협 상
② 회 피
③ 조직구조의 개편
④ 문제해결
⑤ 상위목표의 도달

해설
문제해결은 대면전략이라고도 하는데, 이는 갈등을 빚는 집단들이 얼굴을 맞댄 회의를 통해 갈등을 감소시키려고 하기 때문이다. 회의의 목적은 문제를 확인하고 해결하려는 것이다.

28 조직구성원들이 집단목표를 달성하도록 영향력을 행사하는 능력을 무엇이라고 하는가?

① 권 력
② 모티베이션
③ 매니지먼트
④ 리더십
⑤ 커뮤니케이션

해설
리더십이란 조직구성원들이 집단목표를 달성하기 위해 자발적이고 열성적으로 공헌하도록 그들에게 동기를 부여하는 영향력, 기술 또는 과정이라고 할 수 있다.

29 리더십이론에서 리더의 개인적 특성 또는 성격이 리더십의 성공을 좌우한다는 이론은?

① 특성이론
② 행동이론
③ 상황이론
④ 집단이론
⑤ 과정이론

해설
리더십의 특성이론은 리더십이 어떤 사람은 갖고 또 어떤 사람은 갖지 못한 개인적 특성에서 나타나는 것이라고 가정하고, 리더가 구비하고 있는 공통적인 특성을 규명하는 데 노력을 기울인다. 이 이론에 따르면 리더가 고유한 개인적인 특성만 가지고 있으면 그가 처해 있는 상황이나 환경이 바뀌더라도 항상 리더가 될 수 있다는 것이다.

30 리더십에 관한 이론 중 일본의 미쓰미가 개발한 PM이론에서 P와 M은 무엇을 말하는가?

① 종업원과 직무
② 성과기능과 유지기능
③ 인간과 생산
④ 관계와 과업
⑤ 고려와 구조주도

해설
PM이론에서 P는 성과기능이고, M은 유지기능을 말한다. P기능이란 집단에서 목표달성이나 과제해결을 지향하는 기능이고, M기능은 집단의 자기보존 내지 집단의 과정 그 자체를 유지·강화하려는 기능이다. 여기서 P기능을 실현시키는 리더의 행위, 즉 집단의 목표달성의욕을 촉진시키고 강화하는 행위를 리더십 P행동, M기능을 구현시키려는 행동을 리더십 M행동이라고 부른다.

정답 28 ④ 29 ① 30 ②

31 리더십의 상황적합이론 중 특히 하급자의 성숙도를 강조하는 리더십의 상황모형을 제시하는 이론은?

① 피들러의 상황적합이론
② 브룸과 예튼의 규범이론
③ 하우스의 경로 – 목표이론
④ 허시와 블랜차드의 3차원적 유효성이론
⑤ 브룸과 예튼의 지도자 – 참여이론

해설

허시와 블랜차드의 3차원적 유효성이론은 부하의 성숙수준이 증대됨에 따라 리더는 부하의 성숙수준이 중간 정도일 때까지 보다 더 관계지향적인 행동을 취하며 과업지향적인 행동은 덜 취해야 한다고 본다.

32 하급자들이 추구하는 목표에 길잡이가 될 수 있을 때 효과적인 리더라고 할 수 있다고 하는 리더십 이론은?

① PM이론
② 규범이론
③ 유효성이론
④ 경로 – 목표이론
⑤ 지도자 – 참여이론

해설

하우스의 경로·목표 리더십이론은 집단의 성과가 하급자들에 의해 달성된다고 본다. 그러므로 성과를 낼 수 있는 효과적인 리더란 하급자들이 열심히 일하게끔 영향력을 잘 행사할 수 있는 사람이라는 가정 아래 조직에서의 리더는 하급자들이 추구하는 목표에 길잡이가 될 수 있을 때 효과적인 리더가 될 수 있다는 이론이다.

33 커뮤니케이션의 목적 또는 기능과 가장 거리가 먼 것은?

① 타인에 대한 영향력의 행사
② 감정과 정서의 표현
③ 정보의 교환
④ 조직화에 공헌
⑤ 공식적 조직구조의 강화

해설

커뮤니케이션의 목적과 기능

구 분	내 용
목 적	• 설정된 기업목표의 전파 • 조직의 목표달성을 위한 계획의 수립 • 인적 및 물적 자원의 효율적인 조직화 • 지휘, 지시, 동기부여 • 성과의 통제, 피드백
기 능	• 행동통제 • 동기유발의 촉진 • 사회적 요구의 충족 • 정보전달

31 ④ 32 ④ 33 ⑤

34 공식적 커뮤니케이션의 장점이라고 할 수 없는 것은?

① 의사소통이 확실하며 편리하다.
② 실질적인 의사소통으로 설득력이 강하다.
③ 의사소통에 대한 책임소재가 명백하다.
④ 의사결정에의 활용이 용이하다.
⑤ 책임한계가 명확하다.

해설

공식적 커뮤니케이션의 장단점

장 점	단 점
• 의사소통이 확실하고 편리하다. • 권위관계를 유지·향상시킬 수 있다. • 전달자·수신자의 책임한계가 명확하다.	• 조직 내의 실질적인 의사소통은 완전히 충족시키지 못한다. • 인간의 다양한 내면을 충족시키지 못한다. • 인간 관계적 욕구를 충족시키지 못한다. • 조직을 경직화·엄격화·정태화한다. • 비융통적·획일적 조직을 형성한다.

35 다음 중 그레이프바인(Grapevine)에 대한 설명으로 가장 적합한 것은?

① 미국의 전기통신 네트워크 체계의 한 형태를 말한다.
② 다국적 기업 내에 복잡하게 얽혀 있는 제품판매경로를 말한다.
③ 비공식적 커뮤니케이션 체계 혹은 경로를 의미한다.
④ 관료제하에서의 일의 신속한 진행을 방해하는 원리원칙주의를 의미한다.
⑤ 공식적 커뮤니케이션의 일종이다.

해설

그레이프바인(Grapevine)이란 비공식적 커뮤니케이션 체계 혹은 경로를 말한다. 그레이프바인은 이를 통해 흐르는 정보의 내용이 경영자가 의도했던 것이 아닌 풍문의 형태인 데다가 커뮤니케이션 과정에서 왜곡의 소지가 많아 경영자들에게는 경원시되어 왔다.

36 비공식 커뮤니케이션 체계의 분석기법은?

① 정보센터의 설치   ② 소시오메트리
③ 태도조사   ④ 카운슬링
⑤ 조사연구

해설

소시오메트리란 집단구성원들 간의 호·불호의 관계를 기초로 한 집단의 분석기법이다.

37 다음 중 공식적 커뮤니케이션에 속하지 아니하는 것은?

① 하향적 커뮤니케이션
② 대각선 커뮤니케이션
③ 상향적 커뮤니케이션
④ 그레이프바인
⑤ 수평적 커뮤니케이션

해설

그레이프바인(Grapevine)은 포도넝쿨처럼 얽힌다는 뜻을 가진 용어로, 조직에서 비공식 커뮤니케이션의 일종인데, 인사이동이 임박해서 발생하는 여러 가지 소문, 동료와 상사에 대한 입바른 평가나 불평 등이 그 예이다.

38 공장 종업원들이 한 사람의 감독자에게 보고하는 작업집단에서의 커뮤니케이션 패턴은?

① 완전연결형
② 수레바퀴형
③ Y자형
④ 쇠사슬형
⑤ 원 형

해설

수레바퀴형은 커뮤니케이션에서 특정 개인의 중심도가 가장 높은 네트워크형태이다.

의사전달망(Communication Network)의 유형 및 특성

구 분	수레바퀴형	쇠사슬형 (연쇄형)	원 형	Y자형	완전연결형
신속성	고	중	저	중	고
리더출현확률	고	중	저	중	저
구성원 만족감	저	중	고	중	고
집권화	최 고	중	저	고	최 저
모호한 상황 적응	최 저	저	고	저	고
의사전달의 왜곡	중	최 고	고	중	최 저
형 태					

39 일상적인 과제해결을 하는 데 커뮤니케이션의 성과가 가장 높다고 알려져 있는 커뮤니케이션 네트워크는?

① 수레바퀴형
② 원 형
③ 완전연결형
④ Y자형
⑤ 쇠사슬형

> **해설**
> 쇠사슬형은 대부분 커뮤니케이션의 공식적인 명령계통에 따라 위아래로만 흐르는 조직에서 흔히 발견되는 커뮤니케이션 패턴으로 일상적인 과제를 해결하는 데 유용하다.

40 커뮤니케이션 네트워크형태 중에서 집단의 만족도는 높으나 문제해결의 속도나 정확도가 낮은 형은?

① 원 형
② 완전연결형
③ Y자형
④ 쇠사슬형
⑤ 수레바퀴형

> **해설**
> 원형은 태스크포스나 위원회를 구성하는 사람들 간의 커뮤니케이션을 하는 상호작용패턴을 보여준다.

41 다음 중 효과적인 커뮤니케이션을 방해하는 장애요인으로 볼 수 없는 것은?

① 왜 곡
② 누 락
③ 정보의 과중
④ 수용거부
⑤ 감정이입

> **해설**
> 효과적인 커뮤니케이션을 방해하는 장애요인으로는 크게 왜곡, 누락, 정보의 과중, 수용거부 등이 있다.

42 조직분위기의 개념을 설명한 것으로 옳지 않은 것은?

① 조직분위기는 조직속성과 개인속성으로 구분하여 볼 수 있다.
② 조직분위기는 주관적 척도와 객관적 척도를 사용한다.
③ 조직분위기는 구성원의 만족이나 성과와 같은 변수를 사용한다.
④ 조직분위기는 조직속성이므로 조직구성원의 인식과는 다른 차원이다.
⑤ 조직분위기는 환경·구조·관리 등 상황변수에 대해서는 종속변수가 된다.

> **해설**
> 조직분위기는 내부환경으로 특정 조직과 그 하위시스템에서 인식될 수 있는 속성의 집합을 말한다. 이것은 조직시스템의 본질적인 속성에 대하여 성원들이 가지는 다원적인 인식이다.

정답 39 ⑤ 40 ① 41 ⑤ 42 ④

43 조직은 그 존속과 성장을 위하여 자연적이든 계획적이든 변화를 수반한다. 조직변화 중에서 특히 조직구성원의 인간적 측면에서 변화를 주고자 하는 것이 조직개발이다. 다음 중 과업에 대한 관심과 인간에 대한 관심을 함께 고려하도록 시행하는 조직개발기법은?

① 감수성훈련법
② 그리드 기법
③ 팀구축법
④ 과정자문법
⑤ 대면회합

해설
그리드 기법은 블레이크와 머튼의 리더십이론에서 제기한 생산에 대한 관심과 인간에 대한 관심이 다 같이 높은 리더를 개발시키기 위한 기법이다.

44 전체 조직수준에서의 조직개발방법이 아닌 것은?

① 그리드 기법
② 관리자대면법
③ 시스템 4기법
④ 과정자문법
⑤ 목표관리

해설
④ 집단행동수준의 조직개발방법이다.

45 조직개발의 기본요소로 볼 수 없는 것은?

① 계획된 변화
② 조직유효성의 개선
③ 행동과학의 기초한 지식
④ 감수성 훈련
⑤ 의도적으로 주도하는 계획된 변화

해설
조직개발의 기본적인 핵심은 의도적으로 주도하는 계획된 변화, 조직유효성의 개선, 행동과학에 기초한 지식 등이다.

46 조직이 그 자신을 변화시키면서 조직 내의 모든 종업원들의 학습과 개인적 발전을 촉진시키는 조직은?

① 비공식조직
② 공식조직
③ 리엔지니어링
④ 리스트럭처링
⑤ 학습조직

> **해설**
> 학습조직이란 조직원들이 진실로 원하는 성과를 달성하도록 지속적으로 역량을 확대시키고 새롭게 포용력 있는 사고능력을 함양하며 집중된 열의가 자유롭게 설정되고 학습방법을 서로 공유하면서 지속적으로 배우는 조직이다.

47 외부 컨설턴트의 도움을 받아 한 집단이나 집단 간에 발생하는 과정을 개선하려는 조직개발방법은?

① 팀구축법
② 집단대면법
③ 과정자문법
④ 제3자 조정법
⑤ 설문조사피드백

> **해설**
> 과정자문법이란 외부에 있는 컨설턴트에게 집단이나 집단 간의 문제 해결을 의뢰하는 방법으로, 외부 컨설턴트의 선정이 중요하다.

48 조직의 구조적 변수인 수평적 분화의 척도로서 적합하지 않은 것은?

① 부문의 수
② 상이한 직무의 수
③ 전문화된 과업의 수
④ 조직 내 부서의 계층의 수
⑤ 생산하는 제품의 수

> **해설**
> 수평적 분화란 조직이 여러 상이한 부서나 전문화된 하위단위를 보유하는 정도를 가리키는 것으로 부문화라고도 한다. 따라서 조직 내에 전문적인 지식이나 기술을 필요로 하는 직무의 수가 많으면 많을수록 그 조직의 복잡성은 더욱 더 증대한다고 볼 수 있다. 반면에 수직적 분화는 조직 내의 계층의 수를 말한다.

49 조직구조의 설계 시 고려해야 할 주요 요인과 거리가 먼 것은?

① 분 업
② 권한의 이양
③ 공식화
④ 부문화
⑤ 통제의 폭

> **해설**
> 조직설계란 직무와 작업집단을 연결시키는 과정을 포함한 직무와 작업집단의 체계로서 그 설계 시 분업, 권한의 이양, 분업화, 통제의 폭을 고려해야 한다.

정답 46 ⑤ 47 ③ 48 ④ 49 ③

50 경영조직에 있어서 라인과 스태프를 구별하는 이유를 설명하는 것 중 적당치 않은 것은?

① 책임성을 유지하기 위해서이다.
② 각 조직 간의 권한을 보호하기 위해서이다.
③ 전문화된 협조와 서비스를 제공하기 위해서이다.
④ 적절한 통제와 균형을 유지하기 위해서이다.
⑤ 통제와 조정을 효율적으로 하기 위한 것이다.

해설
라인은 조직목표의 수행에 직접 책임을 지는 것이고, 스태프는 라인을 도와서 조직의 주요 목표를 가장 효과적으로 달성할 수 있도록 하는 것으로 일반적으로 스태프는 권한을 갖지 않는 것으로 되어 있다.

51 다음 중 집권화와 분권화를 구분짓는 개념은?

① 의사결정 권한의 이양 정도
② 과업의 분화 정도
③ 전문화의 정도
④ 관리의 폭
⑤ 조직의 환경

해설
집권화는 조직의 중요한 의사결정이 조직의 상층부에서 이루어지는 것을 말하고, 분권화는 조직의 전반에 걸쳐 의사결정이 대폭 이양되어 있는 상태를 말한다.

52 매트릭스조직의 특성을 설명한 것 중 옳은 것은?

① 특정 프로젝트의 해결을 위해 구성된 조직으로 프로젝트의 완료와 함께 해체되는 조직이다.
② 구성원들은 이중 지휘체계로 인하여 역할이 모호해지고 스트레스가 발생한다는 단점이 있다.
③ 이익중점을 중심으로 구성된 신축성 있는 조직으로 자기통제의 팀워크가 특히 중요한 조직이다.
④ 분업과 위계구조를 강조하며 구성원의 행동이 공식적 규정과 절차에 의존하는 조직이다.
⑤ 다양한 의견을 조정하고 의사결정의 결과에 대한 책임을 분산시킬 필요가 있을 때 흔히 사용되는 조직이다.

해설
매트릭스조직은 조직구성원이 종적으로는 기능부분의 일원이지만 횡적으로는 특정 프로젝트나 실시계획을 위해 형성된 조직의 일원이 되어 양 조직에 동시에 소속된다.

53 매트릭스조직의 장점이 아닌 것은?

① 특수사업을 강조한다.
② 인력이 융통성 있게 이용된다.
③ 전문적 지식이 모든 계획을 위해 공평하게 이용된다.
④ 조직관리비용이 절약된다.
⑤ 인력의 재배치 기능을 하게 된다.

> **해설**
> 매트릭스조직은 역할갈등·역할모호성 및 역할의 과다, 조직관리비용의 증가 등의 단점이 있다.

54 프로젝트조직의 설명으로 옳지 않은 것은?

① 환경변화로 인한 불확실성을 감소시키기 위해 등장한 기술적 의사결정구조이다.
② 신규·혁신적·비상례적 문제달성을 위해 형성된 정태적 조직이다.
③ 계층적 구조라는 성격보다 직무설계의 체계라는 성격이 더 강하다.
④ 특정 목표의 달성을 위한 일시적 조직이다.
⑤ 전문성과 목표달성이 강조된다.

> **해설**
> 프로젝트조직은 태스크포스팀이라고도 하며 동태적 조직의 대표적인 형태이다. 프로젝트조직은 인원구성상의 탄력성을 유지하며, 목표가 명확하므로 구성원의 프로젝트에 대한 적극적인 참여, 조직의 기동성과 환경적응성이 높다는 장점을 가진다.

55 명령일원화의 원리가 가장 잘 지켜져 있는 조직은?

① 직능조직
② 라인조직
③ 기능식 조직
④ 직계참모조직
⑤ 위원회조직

> **해설**
> 명령일원화에 가장 적절한 조직은 라인조직(직계조직)이다.

정답 53 ④ 54 ② 55 ②

56 사업부제조직의 장점이 아닌 것은?

① 사업부 내 관리자와 종업원의 밀접한 상호작용으로 효율이 향상된다.
② 사업부는 이익 및 책임중심점이 되어 경영성과가 향상된다.
③ 사업부 간 연구개발, 회계, 판매, 구매 등의 활동이 조정되어 관리비가 줄어든다.
④ 실천에 의한 유능한 경영자가 양성된다.
⑤ 제품의 제조와 판매에 대한 전문화와 분업이 촉진된다.

> **해설**
> 사업부제는 연구개발, 회계, 판매, 구매 등의 활동이 중복되기 때문에 공통비가 증대되는 단점이 있다.

57 라인조직의 장점으로 틀린 것은?

① 조직구조의 단순성으로 책임과 권한의 한계를 쉽게 이해할 수 있다.
② 명령일원화의 원칙에 따라 통솔력이 있다.
③ 의사결정의 신속성을 기대할 수 있다.
④ 하급자의 평가가 용이하다.
⑤ 부문별 업무 간에 혼란이 적어 효율적이다.

> **해설**
> 라인조직의 단점은 부문별 업무 간에 혼란을 야기할 가능성이 있다는 점인데, 이는 유기적 조정이 불가능하기 때문이다.

58 기능식 조직의 장점이 아닌 것은?

① 전문지식과 경험이 있는 스태프의 도움으로 효과적인 경영활동이 가능하다.
② 감독의 전문화로 고능률을 기대할 수 있다.
③ 명령일원화의 원칙에 따라 통솔력이 있다.
④ 성과에 따른 성과급제도의 실현이 가능하다.
⑤ 전문화된 작업성격에 따라 인재발견이 용이하고 전문인을 단기간에 양성할 수 있다.

> **해설**
> ③ 라인조직의 장점이다.

제3과목 경영학

CHAPTER 04 인적자원관리론

출제 포인트

우리 옛말에 '인사가 만사'라는 말이 있듯이 경영학 중 인적자원관리는 매우 중요하다. CPA 자격시험에서도 출제되는 비중을 보면 결코 다른 단원에 비하여 출제비중이 낮은 것은 아니다. 특히 노사관계의 중요성이 현재 매우 중요한 문제로 등장하고 있기 때문에 보다 주의 깊게 공부할 필요가 있다.

제1절 인적자원관리의 기초

1 인적자원관리의 의의와 목적

(1) 인적자원관리의 의의
기업(조직)의 능동적 구성요소인 인적자원으로서의 종업원의 잠재능력을 최대한으로 발휘하게 하여 그들 스스로가 높은 성과를 달성하도록 하며, 인간으로서의 만족을 얻게 하려는 일련의 체계적인 관리활동을 말한다.

(2) 인적자원관리의 목적
① 기업 경영목적의 효율적인 달성에 기여하는 데 있으며, 성과는 이익·업적·생산성·비용·품질·결근율·이직률 등에 나타난다.
② 종업원 각자의 욕구를 충족시켜줌으로써 기업에의 협동적 의욕을 높이는 것으로, 성과는 사기조사(Morale Survey) 등을 통해 측정할 수 있다.
③ 신체장애인의 고용, 정실주의(情實主義)의 배제, 성별·학력별 차별의 폐지, 지역사회의 복지향상과 같은 사회적 책임의 수행과도 관련을 갖는다.

2 인적자원관리의 기능 11 13 기출

(1) 확보관리
인적자원의 고용관리로서 종업원의 모집, 선발, 배치, 승진, 이동, 이직, 취업규칙, 직무규율 등을 다루는 것을 말한다.

(2) 교육훈련·능력개발관리
종업원에게 기능을 습득시키고 그들의 작업능력을 발휘시키기 위해서는 교육훈련의 실시가 필요하다.

(3) 노동조건관리

작업능률을 높이기 위해서는 직장환경을 개선하여 피로를 감소시키는 것이 중요하며, 노동안정·보건위생 등에 관한 대책, 적정 노동시간의 과학적인 분석과 검토가 필요하다.

(4) 보상관리

임금액, 임금형태, 임금체계, 상여금, 퇴직금 등

(5) 복지후생관리

기업의 사기형성 기능 중시에 따른 제반 내용

(6) 인간관계관리

종업원의 소외감을 해결하여 사기의 향상·유지를 도모하고 제시책의 원활한 운영을 가능케 하기 위하여 행해지는 것이다.

(7) 노사관계관리

노동조합과의 협력관계 형성·유지 노력

③ 인사관리

(1) 인사관리의 환경

① 인사관리의 내부환경 : 노동력구성의 변화, 가치관의 변화, 조직규모의 변화 등
② 인사관리의 외부환경 : 정부개입의 증대, 경제여건의 변화, 노동조합의 발전 등

(2) 인사방침

① 인사방침이란 인사관리활동의 기본원칙 또는 방향을 말한다.
② 인사방침의 요건(J. H. Turner)
  ㉠ 경영철학의 반영
  ㉡ 인사 배경의 이해
  ㉢ 현실적 인사
  ㉣ 공정한 평가
  ㉤ 안정적·지속적

(3) 인사감사

① A 감사 : 인사정책의 경영적 측면을 대상으로 하여 실시되는 감사
② B 감사 : 인사정책의 경제적 측면을 대상으로 하여 실시되는 감사
③ C 감사 : 인사정책을 재해석하여 새로운 인사정책을 수립하는 데 유용한 자료제공 목적의 감사

제2절 직무관련 문제 20 21 기출

1 직무분석

(1) 직무분석의 의의
① 직무에 포함되는 일의 성질이나 직무를 수행하기 위하여 종업원에게 요구되는 적성(適性)에 대한 정보의 수집분석이 이에 해당한다.
② 한 사람의 종업원이 수행하는 일의 전체를 직무라고 하며, 인사관리나 조직관리의 기초를 세우기 위하여 직무의 내용을 분석하는 일을 직무분석이라고 한다.

(2) 직무분석의 목적
① 직무분석은 조직의 합리화를 위한 기초작업이며 업무개선의 기초가 된다.
② 직무분석의 결과는 채용, 배치, 이동, 승진 등의 기준을 만드는 기초가 된다.
③ 직무분석은 인사고과의 기초가 되며 종업원의 훈련 및 개발의 기준이 된다.

(3) 직무분석절차
① 배경정보의 수집
② 분석되어야 할 대표직위의 선정
③ 직무정보의 획득
④ 직무기술서의 작성

> **참고** 직무기술서
> - 의의 : 직무분석의 결과에 따라서 직무의 능률적인 수행을 위하여 직무의 성격, 요구되는 개인의 자질 등 중요한 사항을 기록한 문서이다.
> - 내용 : 인사관리의 기초가 되는 것으로서 직무의 분류, 직무평가와 함께 직무분석에 중요한 자료이다. 일반적으로 직무명칭, 소속직군 및 직종, 직무의 내용, 직무수행에 필요한 원재료·설비·작업도구, 직무수행방법 및 절차, 작업조건(작업집단의 인원수, 상호작용의 정도 등) 등이 기록되며, 직무의 목적과 표준성과(Performance Standard)를 제시함으로써 직무에서 기대되는 결과와 직무수행방법을 간단하게 설명한다.
> - 사무직·기술직·관리직에 모두 적용되어 직무평가와 승진인사의 결정기준으로 사용되며, 경영간부 육성의 기준이 되는 기능도 있으므로 이 경우에는 특히 직위기술서(職位記述書)라고도 한다.

⑤ 직무명세서의 작성

> **참고** **직무명세서**
> - 의의 : 직무분석의 결과를 인사관리의 특정한 목적에 맞도록 세분화시켜서 구체적으로 기술한 문서이다.
> - 내용 : 직무의 특성에 중점을 두어 간략하게 기술된 직무기술서를 기초로 하여 직무의 내용과 직무에 요구되는 자격요건, 즉 인적 특징에 중점을 두어 일정한 형식으로 정리한 문서이다. 주로 모집과 선발에 사용되며 여기에는 직무의 명칭, 소속 및 직종, 교육수준, 기능·기술 수준, 지식, 정신적 특성(창의력·판단력 등), 육체적 능력, 작업경험, 책임 정도 등에 관한 사항이 포함된다.
> - 직무분석의 목적에 따라 고용명세서, 교육훈련용·조직확립용·임금관리용 직무명세서, 작업방법 및 공정개선명세서 등이 있으며, 직무기술서와 더불어 직무개선과 경력계획, 경력상담에 사용된다. 한편, 직무분석의 결과를 문서로 정리·기록하였다는 점에서는 직무기술서와 같으나 직무기술서가 직무내용과 직무요건을 동일한 비중으로 다루고 있는 데 비하여 직무명세서는 직무내용보다는 직무요건에, 그중에서도 인적요건에 큰 비중을 두고 있다는 점에 그 특징이 있다.

(4) 직무정보의 획득방법

① **면접법** : 특정한 상대에게 직접 언어적 자극을 주어 이것에 대한 피면접자의 언어적인 반응을 실마리로 하여 필요한 정보를 얻거나, 피면접자의 마음 속에서 일어나는 효과를 이용하여 치료 또는 설득의 목적을 달성하려는 방법이다.
② **관찰법** : 훈련된 직무분석자가 직무수행자를 직접 집중적으로 관찰함으로써 정보를 수집하는 것이다.
③ **질문지법** : 직무담당자가 직무에 관련된 항목을 체크하거나 평가하도록 하는 것이다.
④ **워크 샘플링** : 전체 작업과정 동안 무작위적인 간격으로 많은 관심을 행하여 직무행동에 관한 정보를 얻는 것을 말한다.
⑤ **중요사건법** : 직무행동 가운데 보다 중요한 혹은 가치 있는 면에 대한 정보를 수집하는 것을 말한다.

(5) 직무분석방법

① **경험법** : 직무분석자가 직무정보를 얻는 가장 좋은 방법으로 그 자신이 직접 업무를 수행해 보는 방법이다.
② **관찰법** : 가장 보편적인 방법 중 하나로 실제로 그 직무에 종사하는 사람의 직무수행상태 및 과정을 분석자가 관찰하여 정보를 수집·정리하는 방법이다.
③ **면접법** : 직무수행기간이 길어 관찰법을 사용할 수 없는 경우 직무담당자와의 대화를 통해 그로부터 직접 직무정보를 얻을 수 있는 방법이다.
④ **실험법** : 직무활동을 과학적으로 파악하기 위하여 전문적·기술적인 방법을 사용하여 측정하는 방법이다.

2 직무평가

(1) 직무평가의 의의
① 직무의 각 분야가 기업 내에서 차지하는 상대적 가치를 결정하는 일을 말한다.
② 직무급에 있어서 직무 간의 임금비율을 정하는 가장 기본적인 절차로서, 각 직무 상호 간의 비교에 의하여 상대가치를 결정하는 일이다. 직무분석에 의해서 내용이 확정된 각 직무에 대하여, 그 내용과 특징, 담당자의 자격요건·책임·숙련도 등에 따라 등급이 정해진다.

(2) 직무평가의 목적 17 기출
① 경영 내 임금관리에 있어서의 공정성에 대한 기초자료가 되며 직무의 상대적인 유용성을 결정한다.
② 동일 시장 내 타 경영자와 비교할 수 있는 임금체계의 설정 및 경영자가 노무비를 보다 정확하게 평가하기 위함이다.
③ 노동조합과의 교섭 시 기초자료가 되며 임금의 기간적 검토에 대하여 일정한 표준이 되기도 한다.

(3) 직무평가의 방법
① 서열법 : 각 직무의 중요도·곤란도·책임도 등을 종합적으로 판단하여 일정한 순서로 늘어놓는다. 서열법은 간단하며 신속하게 등급을 매길 수 있는 장점이 있으나 등급을 매기기 위한 일정한 기준이 없고 비슷한 명칭을 가진 직무 간에 혼란이 야기되기 쉽다는 단점이 있다.
② 분류법 : 직무의 가치를 단계적으로 구분하는 등급표를 만들고 평가직무를 이에 맞는 등급으로 분류한다. 분류법의 장점은 간단하고, 이해하기 쉬우며 그 결과가 비교적 만족할 만하다는 점이다.
③ 요인비교법(要因比較法) : 급여율이 가장 적정하다고 생각되는 직무를 기준직무로 하고 그에 비교해 지식·숙련도 등 제반요인별로 서열을 정한 다음, 평가직무를 비교함으로써 평가직무가 차지할 위치를 정한다. 요인비교법은 평가 요인으로 지적 요건, 신체 요건, 기능 요건, 책임, 작업조건 등을 갖추고 있으며 일단 측정척도를 설정해 놓으면 타직무를 평가하는 데 비교적 용이하게 이용될 수 있다는 장점이 있다.
④ 점수법 : 평가 대상이 되는 직무상호 간 여러 요소를 가려내어 각 요소의 척도에 따라 직무를 평가하는 방법으로 보통 기술(Skill), 노력(Effort), 책임(Responsibility), 작업조건(Working Condition) 등 4항목을 중심으로 각 항목별로 평가점수를 매겨 그 점수의 합계로 가치를 정한다. 평가요소가 공통적이기 때문에 객관적으로 비교할 수 있고 판단의 과오를 최소화할 수 있다. 하지만 직무요소가 증가하고 등급이 다양해지면 합리적인 점수 배정이 어렵고 유사한 직무 간에는 점수를 부여하기 어렵기 때문에 상대적 가치를 쉽게 결정할 수 없으며 제도 개발에 많은 시간과 비용이 든다.

3 직무설계

(1) 직무설계의 의의
① 직무설계란 조직의 목표를 달성하고 직무를 맡고 있는 개인의 욕구를 만족시키기 위한 직무의 내용, 기능, 관계를 결정하는 것을 말한다.
② 직무설계는 직무의 여러 측면, 즉 직무의 내용, 직무의 요건, 요구되는 대인관계, 성과 등과 관계가 있다.

(2) 직무설계의 접근방법
① **전통적 접근방법** : 테일러의 과학적 관리법에 의한 것으로 직무전문화에 따른 직무설계
② **과도기적 접근방법** : 직무순환과 직무확대 고려
③ **현대적 접근방법**
  ㉠ 직무충실 : 허즈버그에 의하면 직무의 내용을 풍부하게 만들어 작업상의 책임을 늘리며 능력을 발휘할 수 있는 여지를 만들고 도전적이고 보람이 있는 일이 되도록 직무를 구성하도록 하는 것을 말한다.
  ㉡ 직무특성이론 : 중요심리상태를 강조한 이론이다.
  ㉢ 사회・기술시스템접근법 : 기술적 하부시스템과 사회적 하부시스템의 공동최적화에 필요한 조건으로 직무의 객관적 특성을 변화시킬 것을 제시하였다.
  ㉣ 팀접근법 : 집단사업의 설계, 집단구성원의 구성, 집단규범 등이 특징이다.
  ㉤ QC 서클 : 한 작업단위의 10명 이내의 종업원들이 자발적으로 정기적으로 모여 제품의 질과 문제점을 분석하고 제안하는 것을 말한다.

제3절 인사고과

1 인사고과

(1) 인사고과의 의의
① 인사고과는 종업원의 능력 및 성과를 측정하는 제도로서, 종업원의 가치를 객관적으로 평가하고 업무수행능력을 개발하여 합리적인 인사관리수행에 필요한 정보를 제공하는 것을 목적으로 한다.
② 인사고과제도를 합리적으로 운영하기 위해서는 업종이나 사용목적, 고과대상자의 직종 등에 따라 알맞은 방식을 선택해야 한다.

(2) 인사고과의 목적
   ① 인력배치 및 이동
   ② 인력개발
   ③ 인력계획 및 기타 인사기능의 타당성을 측정
   ④ 성과측정 및 보상
   ⑤ 조직개발 및 근로의욕의 증진

(3) 인사고과의 방법 10 12 14 16 23 기출
   ① 서열법(Ranking Method) : 성적순위법(成績順位法)이라고도 한다. 직무평가에서 근무성적이나 능력에 대하여 순위로 서열을 매기는 방법으로, 평가요소별로 서열을 정하여 이를 종합하여 평가하는 단순서열법(Straight Ranking Method), 가장 우수하거나 가장 열등(劣等)한 사람을 뽑고 나머지 사람들 중에서 또 우열(優劣)한 사람을 뽑아 나가는 교대서열법(Alterative Ranking Method), 두 사람씩 쌍을 지어 비교하면서 서열을 정하는 쌍대서열법(Paired Comparison Method) 등이 있다. 서열법은 피평가자수가 제한되었을 때 사용할 수 있는 방법이며, 다른 방법에 비하여 간단하다는 장점이 있으나 부서 간 상호비교가 불가능하고 순위가 종업원 간의 실적이나 능력을 일정하게 표시하지 못하며, 고과의 구체적인 기준이 없어 평정결과에 대한 설득력이 부족하다는 단점이 있다.
   ② 평정척도법(Rating Scale Method) : 종업원의 능력, 개인적 특성 및 성과를 평가하기 위하여 사전에 마련된 척도를 근거로 평가요소를 제시하고, 단계별로 차등을 두어 평가하는 전형적인 인사고과의 방법으로, 단계식(段階式)과 도식(圖式)이 있다. 이 방법의 장점에는 각 고과요소를 분석적으로 평정할 수 있고, 각 평정요소에 비중을 두어 균형된 평정가치의 체계를 구성함으로써 평정의 타당성을 증대시킬 수 있으며, 평정의 수량화와 통계적 조정이 가능하다는 점 등이 있다. 그러나 고과요소의 구성과 선정이 어렵고, 고과요소의 비중결정이 어려우며, 각 단계를 수량화하더라도 평정오차를 방지하기가 어렵다는 단점이 있다.
   ③ 대조리스트법(Check List Method) : 성과나 평가특성에 대한 질문을 중심으로 피평가자를 평가하는 방법이다. 고과자가 미리 설정된 평가항목의 일람표에 체크만 하는 프로브스트(Probst) 방법과 체크를 한 후 증거를 제시하는 오드웨이(Ordway) 방법이 있다.
   ④ 강제할당법(Forced Distribution Method) : 전체 평정등급을 나누어 미리 정한 비율에 맞추어 피고과자를 강제로 할당하는 방법으로, 예를 들면 A(10%), B(20%), C(40%), D(20%), E(10%)로 평가를 강제 할당하는 것이다.
   ⑤ 목표관리법(Management by Objective) : 해당 종업원이 직속상사와 협의하여 작업의 목표량을 결정하고, 이에 대한 성과를 함께 측정 또는 고과하는 방법이다. 이는 평가내용을 성과에만 국한시켜 고과의 목적 중 임금의 의사결정에 대한 타당성이 높고, 평가과정에 피고과자인 종업원이 참여기회를 갖게 되며, 목표설정 및 평가과정에 상사와 부하 간의 커뮤니케이션이 활성화되는 특징이 있다.
   ⑥ 평가센터법(Assessment Centers) : 평가전문기관을 만들고 여기에서 다양한 자료를 활용하여 고과하는 방법으로, 특히 하부관리자(下部管理者) 평가에 유용한 방법이다. 다른 고과방법에 비하여 가장 많은 비용과 시간이 소요된다.

⑦ 중요사건서술법(Critical Incident Appraisal) : 기업목표 달성에 영향을 미치는 중요사건을 기록·검토하여 이를 중심으로 피고과자를 평가하는 방법으로, 실시하기가 쉽고 비용도 적게 발생하므로 실용성이 높다.

⑧ 행동기준평가법(Behaviorally Anchored Rating Scales) : 직무수행의 과정과 성과를 동기유발(動機誘發)의 행동과학적 입장에서 평가하는 방법으로서, 평정척도법과 중요사건서술법을 혼합하여 계량적으로 수정한 것이다. 이 방법은 관찰과 보고를 담당할 유능한 고과자를 필요로 하며, 평가방법의 개발이 복잡하고 많은 비용이 발생하기 때문에 소규모의 기업에서는 적용하기가 어렵다.

(4) 인사고과평정상의 오류

① 현혹효과 : 고과자가 피고과자의 어떠한 면을 기준으로 해서 다른 것까지 함께 평가해 버리는 경향을 말한다.
② 과대화 경향 : 피고과자 실제의 능력이나 실적보다 더 높게 평가하는 경향을 말한다.
③ 중심화 경향 : 평가의 결과가 평가상 중간으로 나타나기 쉬운 경향을 말한다.
④ 규칙적 오류 : 가치판단상의 규칙적인 심리적 오류를 말한다.
⑤ 시간적 오류 : 고과자가 피고과자를 평가함에 있어 쉽게 기억할 수 있는 최근의 실적이나 능력 중심으로 평가하려는 데서 생기는 오류를 말한다.
⑥ 대비오류 : 서로 상관관계가 있는 요소 간의 어느 한쪽이 우수하면 다른 요소도 당연히 그럴 것이라고 판단하는 경향을 말한다.
⑦ 주관의 객관화 : 자신의 특성이나 관점을 타인에게 전가하는 경향을 말한다.
⑧ 지각적 방어 : 자기가 지각할 수 있는 사실을 집중적으로 파고들어 가면서도 보고 싶지 않은 것을 외면해 버리는 경향을 말한다.

② 인사고과의 새로운 방향

(1) 다면적 고과 10 기출
상사 이외의 관리자가 복수로 부하를 관찰하여 평정을 다면적으로 실시

(2) 능력개발지향 고과
업적에 바탕을 둔 정확한 능력·적성의 평정

(3) 본인참여의 면접고과
피드백이 이루어질 수 있도록 자기신고, 자기평정 첨가

(4) 직무·업적중시의 고과 및 목적별 고과 경향

제4절 모집·채용관리

1 모 집 11 20 기출

(1) 모집의 의의
① 모집이란 선발을 전제로 하여 양질의 인력을 조직으로 유인하는 과정이라고 볼 수 있다.
② 모집의 효율을 높이도록 모집방침을 수립하여야 한다.

(2) 모집원
① 사내모집원
  ㉠ 기능목록 또는 인력배치표 : 기능목록에서 해당직위에 적합한 인물을 찾아내는 방법이다.
  ㉡ 공개모집제도 : 사보나 사내 게시판을 통해 충원할 직위를 종업원들에게 알려서 관심 있는 사람들이 응모하게 만드는 방법이다.
  ㉢ 장점 : 간편하고 기존 종업원은 그 조직을 이미 알고 있으며 기존 종업원에 대한 고과기록을 보유하고 있다.
② 사외모집원
  ㉠ 광고활동
  ㉡ 직업소개소
  ㉢ 현직종업원에 의한 추천
  ㉣ 노동조합

2 채 용

(1) 의 의
① 채용이란 지원자 가운데서 조직이 필요로 하는 직무에 가장 적합한 자질을 갖추었다고 판단되는 인력을 고용할 것을 결정하는 과정이라고 할 수 있다.
② 채용관리란 채용과정에서 부수적으로 발생하는 제반업무를 합리적이고 효율적인 상태로 처리하는 과정을 말한다.
③ 채용 형태는 공개채용과 비공개채용으로 구분할 수 있다.

(2) 채용방법(도구)
① 시 험
  ㉠ 시험은 선발정보를 얻는 수단으로 중요한 역할을 하는데 응모자에 관한 상황정보를 얻는 중요한 선발도구이며, 많은 조직에서 사용한다.
  ㉡ 시험의 종류는 시험대상에 따라 집단시험과 개별시험이 있으며, 해답방식에 따라 필기시험, 실기시험, 구술시험 등이 있다.
  ㉢ 기타 검사 : 지능검사, 적성검사, 성취도검사, 흥미검사, 인력검사 등이 있다.

② 면 접
- ㉠ 계획면접 : 사전에 면접의 목적, 듣고자 하거나 제공하고자 하는 정보의 종류, 질문의 순서, 면접시간 등을 계획함으로써 면접의 효율을 높이는 면접법으로 채용면접인 경우에 후보자의 제출서류·시험결과 등의 정보를 기초로 해서 질문의 내용이나 순서에 대하여 주도면밀한 계획을 세운 후 면접을 하게 된다.
- ㉡ 비지시적 면접 : 피면접자(被面接者)가 면접자의 사전계획에 의한 질문에 답하는 형식을 취하지 않고 스스로 하고 싶은 말을 자유롭게 할 수 있도록 하는 면접법으로 자기소개와 잡담 등으로 면접이 시작되어 첫 질문이 던져지면 피면접자는 하던 이야기를 계속하는 가운데 질문에 대한 대답을 자유롭게 하도록 한다. 이와 같은 방법을 통해 피면접자의 목표·관심·능력·인간관계 등을 심도 있게 파악할 수 있다.

제5절 승진·이동관리

1 승 진

(1) 승진의 의의

① 승진이란 현재 담당하고 있는 직무보다 책임과 권한이 한층 무거운 상위의 직위로 이동하는 일로서, 상위의 직위로 이동한다는 점에서 동일한 책임과 권한이 다른 직위로 수평적으로 이동하는 배치전환(配置轉換, Transfer)과는 구별된다. 승진에는 권한과 책임의 증대뿐만 아니라 위신의 증대, 급여나 임금의 증가 등이 뒤따르는 것이 보통이다. 따라서 승진은 종업원에게 동기를 부여하여 근로의욕을 증진시키고, 종업원의 잠재능력을 발휘하는 기회를 제공하는 중요한 수단이 된다.

② 기준은 본질적으로 업적 및 성과와 장래에 있어서의 능력발휘에 대한 기대가능성이다. 이러한 기준이 적용됨으로써 비로소 능력주의(能力主義) 내지 실력주의에 따른 인사가 이루어질 수 있다. 승진결정의 기초로는 정실주의(情實主義)·연공주의(年功主義)·학력주의(學力主義)·능력주의 등이 있다.

(2) 승진제도 13 14 24 기출

① **직계승진제도** : 직무주의적 능력주의에 입각하여 직무의 분석·평가·등급 등이 끝나 직위관리체제가 확립되면 그 직무의 자격요건에 비추어 적격자를 선정·승진시키는 방법이다.
② **연공승진제도** : 근무연수, 학력, 경력, 연령 등 종업원의 개인적인 연공과 신분에 따라 자동적으로 승진시키는 제도를 말한다.
③ **자격승진제도** : 연공과 능력, 즉 직무주의와 사람중심주의를 절충시킨 것이다.
④ **대용승진제도** : 승진은 시켜야 하나 담당직책이 없을 경우 인사체증과 사기저하를 방지하기 위해서 직무내용상의 실질적인 승진은 없이 직위심볼상의 형식적인 승진을 하는 경우를 말한다.

⑤ 조직변화승진제도(OC승진제도) : 승진대상은 많으나 승진의 기회가 주어지지 않아서 사기저하 · 이직 등으로 인하여 유능한 인재를 놓칠 가능성이 있을 경우 경영조직을 변화시켜 승진의 기회를 마련하는 제도이다.

2 이 동

(1) 인사이동
① 인사이동이란 기업 내에서 노동력의 효율적 운용을 꾀하기 위하여 종업원의 직무를 변동하는 일로서 넓은 뜻으로는 승진 · 강등 · 직무변경 등을 포함한다.
② 인재활용은 기업경영의 사활이 달린 사안으로, 종신고용제에서는 인사이동이 기업의 생명력을 유지하고, 그 기능을 발휘하기 위하여 필요불가결하다. 적정한 인사이동은 직무분석과 인사고과(人事考課)에 따라 계획적 · 합리적으로 이루어져야 한다.

(2) 인사이동의 원칙
① 적재적소(適材適所)의 실현
② 후계자 육성 및 교육훈련
③ 인심의 일신(一新)과 사기의 앙양
④ 업무내용의 변화에 대응한 인원의 배치
⑤ 신상필벌(信賞必罰)의 정확성

제6절 개발관리

1 교육훈련

(1) 교육훈련의 의의
① 기업이 경영활동의 일환으로 종업원에게 실시하는 훈련을 말한다.
② 종업원의 지식 · 기능 · 자질을 향상시켜 기업의 목적에 부합되는 사고방식이나 행동을 취하도록 하는 데에 그 목적이 있다.

(2) 교육훈련의 목적
① 인재육성을 통한 기술축적
② 커뮤니케이션의 원활화를 통한 조직협력
③ 자기발전의 욕구충족을 통한 동기유발

(3) 교육훈련의 종류
① **계층별 교육** : 근무경력·직위에 따라 그 계층마다 실시된다. 계층은 일반적으로 신입사원 교육, 관리감독자 교육, 경영자 교육 등으로 나눌 수 있다.
② **직능별 교육** : 생산기술 교육, 비즈니스 교육, 세일즈 교육 등으로 크게 나눌 수 있으며, 기업 내 교육의 대부분을 차지한다.

(4) 교육훈련방법 1 : 관리자 교육
① **코칭** : 관리자 개발을 위한 직무상에서의 현직훈련 접근방식이다.
② **경영게임법** : 참가자들의 팀들이 일련의 업무적 혹은 최고경영의사결정을 하도록 요청을 받는데, 이러한 결정들의 상호작용을 계산한다.
③ **사례연구방법** : 사례연구를 통해 이론과 실제를 연결함으로써 문제해결을 시도한다.
④ **회의식 방법** : 토의를 통하여 참가자들이 공통이해를 갖도록 하며 문제를 해결하도록 시도한다.
⑤ **행위모델방법** : 관리자에게 상호 간의 기능에 대한 훈련을 받도록 하는 훈련과정이다.
⑥ **인 바스켓 훈련** : 참가자들은 관리자의 책상 위에서 자주 발생하는 일에 관한 메모, 보고서, 전화 메시지 등과 같은 많은 자료를 받게 되며 이 자료에 포함된 정보에 따라 행동하도록 요구받는다.
⑦ **인턴십** : 학교수업을 통하여 학습한 능력을 현장에서 종합적으로 경험할 수 있다.
⑧ **역할연기법** : 참가자 중에서 실연자를 선출하고 주제에 따르는 역할을 실제로 연출시킴으로써 공명과 체험을 통하여 훈련효과를 높이는 방법이다.
⑨ **프로그램식 학습** : 자동학습기계를 활용하는 학습이다.
⑩ **컴퓨터 보조학습** : 강사의 역할 내지는 훈련과정의 역할을 복합적으로 컴퓨터가 대신하는 훈련방법이다.

(5) 교육훈련방법 2 : 일반종업원 교육 17 기출
① **OJT(현직훈련)** : 직장 내에서의 종업원 교육훈련방법의 하나로, 피교육자인 종업원은 직무에 종사하면서 지도교육을 받게 된다. 따라서 업무수행이 중단되는 일이 없는 것이 그 특색이다. OJT(On-the-Job Training)는 모든 관리자·감독자가 업무수행상의 지휘감독자일 뿐만 아니라 업무수행과정에서 부하직원의 능력향상을 책임지는 교육자이어야 한다는 생각을 기반으로 하여 추진되고 있다. 때문에, 지도자와 피교육자 사이에 친밀감을 조성하며 시간의 낭비가 적고 기업의 필요에 합치되는 교육훈련을 할 수 있다는 등의 장점이 있으나, 반면에 지도자의 높은 자질이 요구되며 교육훈련 내용의 체계화가 어렵다는 등의 난점이 있다. 이에 따라 OJT의 대상은 비교적 하부조직의 직종이 된다.
② **도제훈련** : 작업장에서 감독자의 지도를 받거나 숙련공 또는 선임공원의 작업을 직접 보조하면서 필요한 기능과 지식을 습득하는 것이다.
③ **실습장훈련** : 회사에서 설치한 실습장에서 실습용 설비 등을 이용하여 작업방법을 습득하고 기능훈련을 하는 것이다.

2 직장 외 교육훈련(Off JT)

(1) 의 의
① 경영의 각 계층을 대상으로 직장 밖에서 강의 또는 토의를 통해 실시하는 교육훈련방식이다.
② 직장 내에서 교육훈련을 실시하는 OJT(On-the-Job Training)를 보다 효과적으로 하려는 목적에서 직장 밖에서 집합적으로 10명 안팎의 인원을 모아, 거의 정형적(定型的)으로 실시하는 교육훈련을 말한다.
③ 그 형태에는 여러 가지가 있으나 대표적으로 외부 교육훈련기관에 위탁하는 것, 기업 부설의 연수기관이나 양성소 등에서 집중적으로 실시하는 것, 정기 또는 부정기적으로 강습회나 강연회를 개최하는 것 등이 있다. 또 Off-JT는 대개 경영계층별로 실시되는데 그 종류로는 TWI(Training Within Industry, 기업 내 감독자에 대한 교육훈련), MTP(Management Training Program, 관리자에 대한 교육훈련), CCS(Civil Communication Section, 경영자에 대한 교육훈련) 등이 있다.

(2) Off JT의 실시방법
① **TWI방식** : 제2차 세계대전 중 미국에서 노동력 부족의 보완책 내지는 생산성 향상을 목적으로 전시 노동력위원회 훈련국이 개발한 기업 내 훈련법으로 산업 내 훈련의 약칭이다. 민간기업에서 뿐만 아니라 육·해군 및 정부 각 부처의 훈련계획에도 채용되었으며 감독직·관리직·작업직의 훈련에도 적용되었다. 내용은 ⓐ 부하에게 작업을 가르치는 방법(Job Instruction), ⓑ 작업의 개선방법(Job Method), ⓒ 작업에서의 대인관계(Job Relation) 등 3과정이며 실연이나 실례를 중심으로 일정한 순서를 되풀이함으로써 훈련을 심화하는 데 역점을 둔다.
② **MTP방식** : 기업의 중간관리자에 대한 교육훈련 방식으로 TWI(Training Within Industry, 감독자에 대한 교육훈련)와 마찬가지로 작업지도의 기능, 작업개선의 기능, 현장에서의 인간관계 조정에 관한 기능 등 세 가지를 포함하며 이 외에도 관리원칙의 이해와 관리기능의 습득과 같은 관리자로서의 직책을 수행하는 데 필요한 항목들이 추가되어 있다.
③ **ATP방식(Administration Training Program)** : 최고경영층의 직장 외 교육훈련이다.
④ **OD방식(Organizational Development)** : 조직개발계획을 의미하는 것으로 환경 변화에 적응하기 위해 조직과 구성원의 가치관이나 태도 혹은 신념 등을 변화시키는 교육훈련이다.
⑤ **샌드위치 코스 시스템방식** : 산학협동의 일환으로 기업의 전사적 교육훈련프로그램과 대학 또는 기타 전문교육기관의 교육훈련프로그램을 유기적으로 결합한 방식이다.
⑥ **청년중역제도(복수경영제도)** : 중간 또는 하위 관리자들이 최고경영층의 이사회와 같은 운영위원회를 형성하여 실무운영에 필요한 의사결정을 하고 정책결정도 상위경영층에 건의하는 관리자들의 참여제도이다.
⑦ **멘토 프로그램** : 정신적으로나 업무상으로 의지할 만한 상사의 행동을 신참자들이 배우고 모방하는 것이다.

제7절 경력개발

1 경력관리제도

(1) 의 의
① 경력관리란 조직 구성원은 현재 필요하고 미래를 대비해 갖추어야 할 능력을 개발하고 조직은 그러한 경력개발을 관리하는 것을 말한다.
② 경력계획이란 조직체에서 요구하는 인적자원과 조직구성원이 희망하는 목적을 통합시켜 구성원의 경력진로를 체계적으로 계획·조정하는 인적자원관리과정을 말한다.
③ **경력계획의 목적**: 조직체의 인력수요 시 적시에 충족시키고 조직구성원의 경력희망 욕구를 만족시키기 위함이다.

(2) 경력계획과정
① 구성원의 인적 자료 수집
② 직무분석과 인력개발 및 인력계획
③ 경력기회에 대한 커뮤니케이션
④ 경력상담과 경력목표의 설정
⑤ 능력개발의 필요성 분석
⑥ 경력진로 설정
⑦ 결과분석 및 경력계획 조정

2 경력개발의 실천적 기법

(1) 개별적 기법
① 최고경영자프로그램
② 경영자개발위원회
③ 계획적 경력경로화
④ 중간경력 쇄신
⑤ 예비퇴직 상담

(2) 조직단위 기법
① 직무중심의 경력개발제도
② 평가센터제도
③ 직능자격제도
④ 생애·경력개발제도

제8절 보상관리 14 기출

1 임금

(1) 임금 및 임금관리의 의의
고용자와 피고용자와의 계약에 의하여 성립된 노동용역의 보수이다.

(2) 임금관리의 내용 11 기출
① 임금수준의 관리 : 종업원의 생계비수준, 기업의 지불능력, 사회일반의 임금수준 등을 고려
② 임금체계의 관리 : 필요기준, 담당직무기준, 능력기준, 성과기준 등
③ 임금형태의 관리 : 시간급, 성과급, 추가급제 등

> **참고 임금형태**
> - 시간급제
>   - 단순시간급제 : 1시간당의 임률을 정해 두고 실제의 근로시간을 곱하여 임금을 산정하는 방법으로 가장 간단하고 기본이 된다.
>   - 복률시간급제 : 시간급에 있어서도 작업능률에 따라서 다단계의 시간임률을 설정하는 방식이다.
>   - 계측일급제 : 목적은 복률시간급제와 같으나 시간임률의 설정방법에 차이가 난다.
> - 성과급제
>   - 단순성과급제 : 제품 1개당 또는 작업의 1단위당에 대한 임금단가를 정하고 여기에 실제의 작업성과를 곱하여 임금액을 책정하는 방법이다.
>   - 복률성과급제 : 단일임률을 적용하는 것이 아니라 작업성과의 최저 또는 다과에 따라서 적용임률을 달리 산정할 필요가 있다.
> - 추가급제
>   - 할증급제 : 할증금이란 시간급과 성과급을 절충한 형태로서 일정한 표준을 넘는 노동능률이나 성과를 달성한 경우 종업원에게 지급되는 추가급이 할증의 형태로 되는 것이다.
>   - 상여급제 : 기본급 이외에 특별히 추가로 지급되는 급여이다.
> - 특수임금제
>   - 집단자극제 : 일정한 근로자 집단별로 임금을 산정하여 지급하는 제도이다.
>   - 순응임률제 : 물가변동과 같은 경제적 제조건이 변할 때에는 거기에 순응하여 임금률도 자동적으로 변동·조정되도록 하는 제도로 생계비순응임률제와 이익순응임률제도, 판매가격순응임률제도 등이 있다.
>   - 이익분배제 : 기본보상 이외에 각 영업기마다 결산이익의 일부를 종업원에게 부가적으로 지급하는 제도를 말한다.

2 집단성과급제도 15 기출

(1) 스캔론 플랜
① 스캔론 플랜은 노사위원회제도를 통한 성과활동과 관련된 상호작용적인 배분방법이다.
② 보통 1개월 정도의 일정기간마다 판매가치를 계산하여 이를 노사협력의 결과로 형성된 것으로 보고 임금결정을 할 때 생산의 판매가치에다 표준노동비율을 곱하여 표준노무비용을 계산한다.
③ 종업원 참여(제안제도)와 판매가치기준에 의한 보너스 플랜의 두 가지 특성이 있다.

(2) 럭커 플랜
① 근대적이며 동적인 임금방식으로 경영성과분배의 커다란 지침이 되고 있다.
② 생산가치·부가가치를 산출하고 이에 의해서 임금상수를 산출하여 개인임금을 결정하나, 모든 결정은 노사협력관계를 유지하기 위하여 위원회를 통하여 이루어진다.

(3) 프렌치 시스템
① 공장의 목표를 달성하는 데 있어서 모든 노동자들의 중요성을 강조하고 최적결과를 얻기 위해 노동자들의 노력에 대한 자극을 부여하는 제도이다.
② 스캔론 플랜과 럭커 플랜이 주로 노무비절감에 관심을 두는 데 비하여 프렌치 시스템은 모든 비용의 절약에 노력을 집중시키는 제도이다.

3 복리후생제도 12 기출

(1) 복리후생제도의 의의
복리후생제도는 기업에 있어 온정적·은혜적인 의미에서 사용자의 자유의사에 의한 임의적 제도로서의 성격을 가진 것이었으나 오늘날에 있어서는 국가의 입법에 의하여 강제되는 법정제도로서의 성격을 띠게 되었다.

(2) 임금과 비교한 복리후생의 특징
① 복리후생비의 급부는 임금과 달리 신분기준에 따라 운영되며 기본적으로 집단적 보상의 성격을 갖는다.
② 복리후생비는 필요성의 원칙에 의해서 지급되며 그 용도가 한정되어 있다.
③ 복리후생비는 기대소득이라는 성격을 가지며 다양한 형태로 지급된다.
④ 복리후생비는 종업원의 생활수준을 안정시키는 기능을 가진다.

(3) 복리후생의 원칙
① 적정성의 원칙
② 합리성의 원칙
③ 협력성의 원칙

(4) 카페테리아식 복리후생

기본적으로 각각의 종업원들이 기업이 제공하는 복리후생제도나 시설 중에서 원하는 것을 선택함으로써 자신의 복리후생을 원하는 대로 설계한다는 것이다.

4 최저임금제도

(1) 최저임금제도의 의의

최저임금제도란 국가가 임금액의 최저한도를 결정하고 사용자에게 그 지급을 법적으로 강제하는 제도이다.

(2) 최저임금제도의 목적
① 임금률의 향상
② 임금생활자의 소득 보전
③ 수준 이하의 노동조건이나 빈곤 억제
④ 임금생활자의 노동력 착취 방지
⑤ 소득재분배 실현

(3) 최저임금의 결정방법
① 직접 법률에 의하여 결정하는 방법
② 직종별로 설치되는 임금위원회가 결정하는 방법
③ 기업별로 단일의 임금위원회를 구성하여 결정하는 방법
④ 중재재판소로 하여금 결정시키는 방법
⑤ 특정의 단체협약에 의하여 정해진 최저임금을 법정의 최저임금으로 인정하고 협약당사자는 물론 제3자에게도 적용하는 방법

제9절 유지관리

1 인간관계관리

(1) 인간관계관리의 의의
① 사람들은 일생 대부분을 조직 속에서 보내게 됨에 따라 조직 내에서의 인간관계가 무엇보다도 중요하게 되었다.
② 조직의 규모가 커지고 복잡화됨에 따라 조직구성원 상호 간의 협동관계를 이룩하는 것이 중요한 과제로 대두하게 되었다.
③ 조직이 확보하고 보상하고 개발한 인력을 계속적으로 조직 속에서 머무르게 하고 조직에 공헌하게 하는 활동으로서 인간관계관리가 필요한 것이다.

(2) 인간관계관리의 여러 제도
① 제안제도 : 조직체의 운영이나 작업의 수행에 필요한 여러 가지 개신안을 일반종업원으로 하여금 제안하도록 하고 그것을 심사하여 우수한 제안에 대하여는 적절한 보상을 하는 제도이다.
② 인사상담제도 : 종업원이 혼자 힘으로 해결할 수 없는 어려운 문제를 상담을 통하여 전문적인 조언을 하고 문제해결에 도움을 주는 제도이다.

2 근로시간

(1) 법정근로시간
① 우리나라 근로기준법에 근로시간을 규정하고 있으며 당사자 간의 합의가 있는 경우 연장근무가 가능하지만 연장시간에 제한이 있다.
② 하루 전체의 생활시간을 크게 경영 내 시간과 경영 외 시간으로 구분할 경우 경영 내 시간이 근무시간이 되며 근무시간은 근로시간과 휴식시간으로 구성된다.

(2) 변형근로시간제
① 변형근로시간제는 노동시간의 지속·분배를 기업과 종업원 및 소비자의 수요에 맞추는 제도이다.
② 근로기준법에서 규정한 변형근로시간제는 탄력적 근로시간제와 선택적 근로시간제이다.
③ 근로자 대표와 사용자 대표의 서면합의가 있으면 일정 범위 안에서 근로시간 규제의 적용이 배제된다.
④ 변형근로시간제의 형태
  ㉠ 자유시간근무제 : 미리 정한 시간의 범위에서 근로자에게 자기의 노동시간을 선택하도록 하는 제도
  ㉡ 파트타임 고용과 직무분담제
  ㉢ 집중근무일제
  ㉣ 작업분담제

제10절 노사관계

1 노사관계

(1) 노사관계의 의의
① 노동시장에서 노동력을 제공하여 임금을 지급받는 노동자와 노동력 수요자로서의 사용자가 형성되는 관계이다.
② 단위사업장에서 노동시장을 매개로 하여 개별 노동자와 사용자가 형성하는 관계를 개별적 노사관계라고 하며, 노동자집단과 개별적 사용자 혹은 노동자집단과 사용자집단 간의 관계를 집단적 노사관계라고 한다.

(2) 노사관계의 발달단계
① 제1단계 : 신분적 지배관계
② 제2단계 : 사용자우위단계
③ 제3단계 : 노사대등관계
④ 제4단계 : 경쟁지향적 단계(노사협조단계)

2 노동조합

(1) 노동조합의 의의
① 노동조합은 근로자가 주체가 되어 자주적으로 단결하여 근로조건의 유지·개선 기타 근로자의 경제적·사회적 지위의 향상을 도모함을 목적으로 조직하는 단체 또는 그 연합단체를 말한다.
② 노동조합은 임금 교섭과 더불어 사용자와 근로자의 관계를 상하관계가 아닌 대등관계로 변화시키는 역할을 한다. 노동조합이 통상적 임금교섭 이외에 노동조건의 개선을 위하여서 하는 단체교섭에 사용자의 일방적 지배 완화를 위한 여러 항목이 포함되는 이유는 이 때문인데 여기서 노동조건이란 노동시간·채용조건·고용안정·작업환경 등을 포함하는 개념이다.
③ 노동조합은 역사적 시기·국가·조직범위·이념의 차이에 따라 여러 가지 형태로 나뉜다.

(2) 노동조합의 기능
① **통제기능** : 노동조합이 노동의 독점을 도모하여 수요에 따른 공급을 조절함으로써 적정한 임금 수준을 유지하게 하는 기능이며 이는 단체교섭을 통해 이루어진다. 즉, 사용자들이 노동조합과의 협의 없이는 노동력을 공급받을 수 없게 하는 기능이다.
② **공제기능** : 노동조합이 조합원의 생활을 안정시키기 위하여 착수한 활동 중에서 중요한 것은 공제활동이다.
③ **경영참가기능** : 조합원의 직장을 확보하고 그 생활을 향상시키려는 조직의 노력으로 단순히 임금교섭에서 나아가 고용량이나 임금지불능력에 영향을 줄 수 있는 경영의 모든 분야에 대해서도 단체협약이 체결되고 있다.

(3) 노동조합의 형태
   ① 대표유형 : 산업별 노조
   ② 2대 기본유형 : 산업별 노조와 직업별 노조
   ③ 3대 기본유형 : 산업별 노조, 직업별 노조, 기업별 노조
   ④ 4대 기본유형 : 산업별 노조, 직업별 노조, 기업별 노조, 일반노조

   > **참고** 형태별 노동조합의 내용
   > - 직업별 노동조합 : 동일직종에 종사하는 노동자가 결성하는 조합형태
   > - 산업별 노동조합 : 일정한 산업에 종사하는 노동자를 그 소속 혹은 직업의 구별 여하에도 불구하고 특정 산업의 노동자 전체로서 조직하는 노동조합
   > - 일반노동조합 : 직업 또는 기업의 여하를 불문하고 동일지역에 있는 중소기업을 중심으로 하여 조직되는 조합형태

(4) 노동조합 가입방법 10 11 18 25 기출
   ① 숍제도 : 노동조합이 사용자와 체결하는 노동협약에 종업원 자격과 조합원 자격의 관계를 규정한 조항(Shop Clause)을 삽입하여 조합의 유지・발전을 도모하려는 제도이다.
      ㉠ 오픈 숍 : 종업원 자격과 조합원 자격이 무관한 것, 즉 기업의 종업원이 그 회사에 결성되어 있는 노동조합에 대한 가입 여부를 자유의사로 결정할 수 있는 제도
      ㉡ 조합원 우선 조항 : 채용이나 해고에 있어서 항상 조합원이 유리하게 되는 것
      ㉢ 에이전시 숍 : 비조합원을 위해서도 조합이 단체교섭을 맡는 것(단, 비조합원도 조합비와 동액의 금액을 조합에 납부함)
      ㉣ 유지 숍 : 한 기업 내에 두 개의 조합이 있을 경우, 노사 간 휴전정책의 하나로 그 비율을 유지하는 것
      ㉤ 유니언 숍 : 자유롭게 근로자를 고용할 수 있으나 고용된 근로자는 일정 기간 내에 노동조합에 가입하여 조합원 자격을 가져야 하고 노동조합에 가입하지 않거나 탈퇴 또는 제명된 경우에는 해고하도록 하는 제도
      ㉥ 클로즈드 숍 : 채용도 조합원에 국한하고, 조합을 탈퇴하면 해고하는 것, 즉 어떤 직종(職種)・경영(經營)에서 근로자를 고용할 때, 노동조합원임을 고용조건으로 내세우는 제도
      ㉦ 프레퍼런셜 숍 : 노동조합의 가입과 관련된 제도로 채용에 있어 노동조합원에게 우선순위를 부여하는 제도
   ② 체크 오프제도 : 조합비 일괄공제제도를 말하는 데 조합원 2/3 이상의 동의가 있으면 조합은 세력확보의 수단으로 이 제도를 둘 수 있다.

3 경영참가제도

(1) 경영참가제도의 의의
① 노사관계의 양 측면 중 협력적 측면의 제도가 바로 경영참가제도이다.
② 경영참가제도란 근로자 또는 노동조합이 경영자와 공동으로 기업의 경영관리기능을 담당·수행하는 것을 뜻한다.
③ **경영참가제도의 문제점** : 경영권침해의 문제, 조합약체화의 문제, 노동자의 경영참가능력 문제
④ **협의의 경영참여제도** : 노동자 대표나 노동조합이 경영상의 의사결정에 참여하는 제도로, 나라마다 역사적·사회적 조건의 차이에 따라 여러 가지 형태로 발생하고 있는데, 그 성격에 따라 노사협의회(勞使協議會)와 노사공동결정(勞使共同決定)의 두 가지 형태로 구분된다.
⑤ **광의의 경영참여제도** : 종업원지주제도(從業員持株制度)에 의한 자본참여, 이윤분배제도(利潤分配制度)에 의한 이윤참여도 포함된다. 이 밖에 제안제도나 청년중역회의(靑年重役會議) 등을 통하여 경영참여를 이루어 나가는 경우도 있다.

(2) 경영참가제도의 유형
① 수평적 분류
　㉠ 자본참가제도 : 종업원들로 하여금 자본의 출자자로서 기업경영에 참가시키고자 하는 것이다.
　㉡ 이익참가제도 : 경영의 능률증진에 대해 노동조합이 적극적으로 참가하고 협력한 대가로서 기업이 원료비·임금·이자·감가상각비 등을 계산한 뒤 그 이윤의 일부를 임금 이외의 형태로 근로자에게 분배하는 방식이다.
　㉢ 경영참가제도 : 노사 쌍방에 관계 깊은 사항으로서 보통 단체교섭에서는 취급되지 않는 사항에 대하여 노사가 협력하기 위해 협의하고 결정하는 제도이다.
② 수직적 분류
　㉠ 공동협의모델 : 영·미식 단체교섭유형에서 취하는 방식으로 근로자가 경영에 참여하여 정보제공, 의사교환, 적극적인 문제 제기 등 경영에 영향을 주는 행위는 하지만 최종결정은 어디까지나 경영자들이 취한다.
　㉡ 공동경영모델 : 독일식 공동의사결정유형에서 취하는 방법으로 근로자가 경영에 참여하여 의사교환 및 문제 제기뿐만 아니라 공동결정을 하는 행위까지도 한다.
　㉢ 자치경영모델 : 유고식 자치관리유형 및 이스라엘의 키부츠·모샤브유형에서 취하는 방식으로 근로자가 자치적으로 경영을 담당한다.

4 종업원지주제도

(1) 종업원지주제도의 의의
① 종업원지주제란 기업이 자사 종업원에게 특별한 조건과 방법으로 자사 주식을 분양·소유하게 하는 제도를 말한다.
② 현실적으로 종업원은 취득한 주식을 단기에 매도할 수 없고 우리나라에서는 우리사주조합에 주식을 확정된 가격으로 부여하는 방법을 취한다.

(2) 종업원지주제도의 목적
① 종업원에 대한 근검저축의 장려, 공로에 대한 보수, 자사에의 귀속의식(歸屬意識) 고취, 자사에의 일체감 조성, 자본조달의 새로운 원천(源泉)개발 등에 있다.
② 그러나 자본조달의 원천개발은 부차적인 목적이고, 주목적은 소유참여(所有參與)나 성과참여로써 근로의욕을 높이고, 노사관계의 안정을 꾀하는 데 있다.

(3) 종업원지주제도의 요건
① 회사의 경영방침으로서 종업원에게 자사주를 보유하도록 추진하는 것이다.
② 회사가 특별한 편의를 제공하여야 하나의 제도가 될 수 있다.
③ 자사주의 취득을 목적으로 하는 것이어야 한다.
④ 자사주의 취득과 보유에는 증자 시에 자사주 구입운동과 같은 일시적으로 끝나는 임시적인 것이 있고, 자사주투자회사와 같은 항구적인 것이 있다.

(4) 종업원지주제도의 유형
① 임의주식구입제도 : 종업원이 자기자금에 의해 자사주식을 취득한 것인데, 회사에서는 자금의 분할납입이나 시가보다 저렴한 가격으로 제공하는 등의 특혜를 준다.
② 저축장려제도 : 종업원의 저축의욕을 고취시키는 방법으로 종업원이 매월 자신의 급여액 일부분을 현금 또는 기타 방법으로 일정기간 저축하는 경우 그 저축액에 대해 회사가 일정비율의 자사주를 교부하여 주는 제도이다.
③ 이윤분배제도 : 회사가 실현한 이윤의 일부를 종업원에게 분배하고 이를 공로주 또는 기타 종업원명의 형식으로 적립하여 자사주식을 취득하게 하는 제도이다.

5 단체교섭

(1) 단체교섭의 의의
  ① 단체교섭은 기업에 노동력을 제공하는 근로자 단체인 노동조합과 노동력을 고용하는 입장에 있는 사용자 간에 노동력 거래조건 등을 일괄하여 결정하는 과정을 말한다.
  ② 단체교섭을 하는 경우
    ㉠ 노동조합이 인정되고 처음으로 교섭이 이루어질 때
    ㉡ 구협약이 곧 소멸되거나 효력을 상실했을 때, 또는 아직도 시간적으로 충분한 효력을 가지나 협약내용에 있어 수정이 필요할 때
    ㉢ 협약내용의 해석에 관한 의견의 불일치를 해결하거나 고충 등을 조정할 필요가 있을 때

(2) 단체교섭의 당사자
  ① 노동조합
  ② 사용자
  ③ 단체교섭권자

6 단체협약

(1) 단체협약의 의의
  ① 단체협약이란 노동조합과 사용자 또는 그 단체 사이의 협정으로 체결되는 자치적 노동법규를 말한다.
  ② 단체협약은 일단 성립되고 나면 그것이 법률에 저촉되지 않는 한 취업규칙이나 개별근로계약에 우선히여 획일적인 적용을 보게 되므로 협약작성 시 상당한 규제가 가해지고 있다.

(2) 단체협약의 효력
  ① 단체협약에 정한 기준에 위반되는 근로계약의 부분을 무효로 한다.
  ② 무효로 된 부분은 협약에서 정하는 바에 의한다.
  ③ 근로계약에 규정이 없는 사항은 협약이 정하는 기준에 따른다.

7 부당노동행위

(1) **부당노동행위의 의의**
① 부당노동행위란 근로자의 노동 3권(단결권·단체교섭권·단체행동권)의 행사에 대한 사용자의 방해행위를 말한다.
② 이를 근로자(노동조합)가 자주적으로 방어하기 어려운 경제 현실상 균형 있는 노사관계의 정립을 위하여 국가기관의 적극적인 개입·시정이 요구된다.

(2) **부당노동행위의 종류**
① 불이익대우 : 근로자가 노동조합에 가입 또는 가입하려고 하였거나 노동조합을 조직하려고 하였거나, 기타 노동조합의 업무를 위한 정당한 행위를 한 것을 이유로 그 근로자를 해고하거나 불이익을 주는 행위
② 황견계약 : 근로자가 어느 노동조합에 가입하지 아니할 것 또는 탈퇴할 것을 고용조건으로 하거나 특정한 노동조합의 조합원이 될 것을 고용조건으로 하는 비열계약(卑劣契約 : Yellow-dog Contract)을 맺는 행위(다만, 노동조합이 당해 사업장에 종사하는 근로자의 3분의 2 이상을 대표하고 있을 때에는 근로자가 그 노동조합의 조합원이 될 것을 고용조건으로 하는 단체협약의 체결은 예외로 하며 이 경우 사용자는 근로자가 당해 노동조합에서 제명된 것을 이유로 신분상 불이익한 행위를 할 수 없다)
③ 단체교섭거부 : 노동조합의 대표자 또는 노동조합으로부터 위임을 받은 자와의 단체협약체결, 기타 단체교섭을 정당한 이유 없이 거부하거나 해태하는 행위
④ 지배·개입 및 경비원조 : 근로자가 노동조합을 조직 또는 운영하는 것을 지배하거나 이에 개입하는 행위와 노동조합의 운영비를 원조하는 행위(다만, 근로자가 근로시간 중에 사용자와 협의 또는 교섭하는 것을 사용자가 허용함은 무방하다. 단 근로자의 후생자금 또는 경제상의 불행, 기타 재액의 방지와 구제 등을 위한 기금의 기부 및 최소 규모의 노동조합사무소를 제공하는 행위는 예외이다)
⑤ 보복적 불이익대우 : 근로자가 정당한 단체행동에 참가한 것을 이유로 하거나 노동위원회에 대하여 사용자의 부당노동행위를 신고, 그에 관한 증언을 하거나 기타 행정관청에 증거를 제출한 것을 이유로 그 근로자를 해고하거나 불이익을 주는 행위

8 노동쟁의

(1) **노동쟁의의 의의**
① 노동쟁의는 노동조합과 사용자 또는 사용자단체 간에 임금·근로시간·복지·해고 기타 대우 등 근로조건의 결정에 관한 주장의 불일치로 인하여 발생한 분쟁상태를 말한다. 이 경우 주장의 불일치라 함은 당사자 간에 합의를 위한 노력을 계속하여도 더 이상 자주적 교섭에 의한 합의의 여지가 없는 경우를 말한다.
② 쟁의행위는 파업·태업·직장폐쇄 기타 노동관계 당사자가 그 주장을 관철할 목적으로 행하는 행위와 이에 대항하는 행위로서 업무의 정상적인 운영을 저해하는 행위를 말한다.
③ 업무시간 이후 집회 등 단체교섭 결렬 결과 노동조합이나 사용자가 하는 실력행사도 있다.

(2) 노동쟁의행위의 종류 22 23 기출

① **동맹파업** : 노동조합 및 기타 근로자단체의 통제하에 그 소속원(조합원)이 집단적으로 노무제공을 정지하는 쟁의행위로 가장 순수하고 가장 널리 행하여지는 정형적 쟁의행위
② **불매동맹(보이콧)** : 조합원이나 일반시민에게 직접 쟁의의 상대인 사용자나 그와 거래관계에 있는 제3자의 상품구매를 거부하도록 호소하는 행위
③ **시위(피케팅)** : 파업을 효과적으로 수행하기 위하여 파업불참자들의 사업장 또는 공장의 출입을 감시·저지하거나 파업참여에 협력할 것을 호소하는 쟁의행위
④ **사보타지** : 우리나라에서는 태업과 같은 의미로 쓰이는 것으로 근로자들이 작업장에 임하기는 하지만 일을 게을리 하고 고의로 능률을 떨어뜨려 사용자에게 손해를 입히는 행위
⑤ **생산관리(투쟁)** : 노동조합이 사용자 측을 거부하고 공장의 시설이나 설비, 자재 등을 직접 관리하는 행위
⑥ **태업** : 표면적으로는 작업을 하면서 집단적으로 작업능률을 저하시켜 사용자에게 손해를 주는 쟁의행위, 즉 외관상으로는 작업을 하지만 실제로는 작업을 하지 않거나 고의적으로 완만한 작업 또는 조잡한 작업을 하는 행위
⑦ **직장폐쇄**
  ㉠ 근로자 측의 쟁의행위에 대한 노동조합 및 노동관계조정법상의 보장이 헌법상 노동3권 보장에 따른 법률적 보장이라 한다면 직장폐쇄는 노사 간 교섭력의 균형을 유지하고자 법률이 보장하는 사용자 측의 쟁의행위이다.
  ㉡ 사용자는 노동조합이 쟁의행위를 개시한 이후에만 직장폐쇄를 할 수 있고 직장폐쇄를 할 경우에는 미리 행정관청 및 노동위원회에 각각 신고하여야 한다.
  ㉢ 직장폐쇄의 목적은 업무의 정상적 수행을 방해하여 임금을 지급하지 않는 것으로 근로자 측을 압박하는 것이다.
⑧ **준법투쟁** : 노동조합의 통제하에 노동자들이 집단 휴가 실시, 초과근무 거부, 정시 출·퇴근 등과 같이 법규에 규정된 적법한 권리를 행사하는 방법으로 업무의 능률이나 실적을 떨어뜨려 파업이나 태업과 같은 쟁의행위의 효과를 발생시키는 쟁의행위

(3) 노동쟁의의 조정제도

① **조정** : 분쟁당사자 사이에 제3자가 중개하여 합의를 성립시킴으로써 분쟁의 해결을 도모하는 노동쟁의조정제도 중의 하나로서, 노동위원회에서 구성된 조정위원회가 노동쟁의의 당사자 간에 개입하여 쌍방의 주장을 청취하고, 조정안을 작성하여 그 수락을 권고함으로써 노동쟁의를 해결하려는 제도이다.
② **중재** : 조정과는 달리, 노사의 자주적 해결의 원칙과는 가장 거리가 먼 조정제도이다. 노동조합 및 노동관계조정법은 관계당사자의 합의에 의한 신청이 있을 때 그 절차가 개시되는 임의중재와 노동위원회가 그 직권 또는 행정관청의 요구에 의하여 중재회부결정을 할 때 개시되는 강제중재로 구분한다.
③ **긴급조정** : 노동쟁의행위가 매우 심각한 경우 고용노동부장관의 결정에 따라 중앙노동위원회가 행하는 조정이다. 노동쟁의가 공익사업에서 일어나거나 그 규모와 성질이 중대하여 국가경제를 해치고, 국민의 일상생활을 위태롭게 할 위험이 있을 때 실시된다.

제3과목 경영학

CHAPTER 04 적중예상문제

01 현대 인적자원관리에서 기본목표로 삼고 있는 것은 무엇인가?

① 이윤 및 가치의 극대화
② 조직목표의 강화
③ 능력개발과 근로생활의 질 향상
④ 수익극대화
⑤ 노동생산성의 극대화

해설
인적자원관리는 각 개인이 노동생활을 통하여 자기의 능력을 충분히 발휘하여 최대의 만족을 얻을 수 있도록 하는 것이다.

02 경영자가 인적자원관리와 관련된 의사결정을 내릴 때 유용한 정보를 수집·분류·정리한 시스템은?

① MIS
② AIS
③ PIS
④ POS
⑤ MBO

해설
POS는 인사정보시스템으로 경영정보시스템의 하위시스템으로서 경영자가 인적자원관리와 관련된 의사결정을 내릴 때 유용한 정보를 적시에 제공하는 것이다.

03 인사정책의 경제면을 대상으로 실시되는 인사예산감사는?

① A감사
② B감사
③ C감사
④ D감사
⑤ E감사

해설
A감사는 인사정책의 경영면을 대상으로 하여 실시되는 감사이고, B감사는 인사정책의 경제면을 대상으로 실시되는 인사예산감사이며, C감사는 인사관련 제정책의 실제효과를 대상으로 하여 이를 측정하고 검토하여 당해 연도의 조직균형상태뿐만 아니라 인사정책을 재해석하고 이를 종합·판단하여 새로운 정책을 수립하는 데 유용한 자료를 제공하는 것을 목적으로 하는 감사이다.

01 ③ 02 ④ 03 ② **정답**

04 직무충실화에 대한 설명 중 옳지 않은 것은?

① 직무의 기술수준이 높고 과업종류도 다양하며, 개인에게 자율성이 많이 부여될수록 높은 성과를 얻을 수 있다.
② 사회기술적 접근방법이다.
③ 매슬로우의 욕구단계론, 허즈버그의 2요인이론 등이 이론적 기반이 되고 있다.
④ 직무수행에 있어 개인 간의 차이를 무시한다.
⑤ 직무가 보다 다양하고 흥미 있도록 하고, 직무만족도를 높이기 위하여 수행해야 할 업무와 기술의 수를 증대시킨 것이다.

해설
직무충실화란 수평적으로 직무의 수를 확대하는 것이 아니고, 성취감, 안정감을 높이기 위해 직무를 설계하는 것이며 수직적으로 직무의 수를 확대하는 것이다.

05 직무충실화에 대한 설명으로 옳지 않은 것은?

① 허즈버그의 2요인이론에 바탕을 두고 있는데, 위생요인은 직무충실화에 긍정적인 기여를 하지 못한다.
② 직무충실화를 성공시키기 위한 직무의 요건으로는 Variety, Task Significance, Task Identity, Feedback 등이 있다.
③ 성취감, 안정감 등을 위해서 직무를 재구성하여 직무를 기름지게 만드는 것이다.
④ 수직적으로 직무부하가 아니라 수평적으로 직무의 수를 늘리는 것이다.
⑤ 능력이 충분하고 성취욕구가 강한 사람에게 적합한 모티베이션의 기법이다.

해설
직무충실화는 보다 높은 수준의 직무내용과 기술을 요하는 수직적 직무확대이다.

06 직무분석에 있어서 적절하지 않은 것은?

① 직무에 관한 정보를 가능한 한 구체적인 행동으로 표현하여 직무의 목적과 표준성과를 명백히 하는 것이 바람직하다.
② 직무는 고정되어 있지 않고 항상 변한다.
③ 직무에 관한 연구는 일반적으로 작업자의 의심과 불안감 그리고 저항감을 야기시킨다.
④ 직무에 관한 모든 자료를 수집하는 과정에서 실무자들의 협조를 얻어야 한다.
⑤ 직무분석은 단순한 직무에 관한 자료를 기계적으로 수집·기재하는 것이다.

해설
직무분석은 조직에서의 특정 직무에 관한 정보를 체계적으로 수집하는 방법이다. 즉, 직무분석은 조직에서의 특정 직무의 책임과 의무를 기술하고 분석하며 그 직무의 수행에 요구되는 지식, 기술, 능력을 결정하는 과정이다.

07 직무평가를 하기 위해서 사전에 이루어져야 할 가장 기초적인 작업은 다음 중 어느 것인가?
① 직무설계
② 직무순환
③ 직무분류
④ 직무분석
⑤ 직무확대

해설
직무평가는 직무에 관한 기술을 얻기 위한 직무분석에서 시작하여 일정한 직무 내지 직무의 집단이 지니는 상대적 가치를 결정하기 위하여 고안된 것이다.

08 직무분석의 내용을 설명한 것 중 옳지 않은 것은?
① 특정 직부의 내용과 성질을 체계적으로 조사·연구하여 조직에서의 인간관리에 필요한 직무정보를 제공하는 과정이다.
② 조직이 요구하는 직무수행에 필요한 지식, 능력, 책임 등의 성질과 요건을 명확히 하는 일련의 과정이다.
③ 직무명세서는 직무분석을 통하여 얻은 직무에 관한 여러 자료와 정보를 직무의 특성에 중점을 두고 기록·정리한 문서이고, 직무기술서는 직무명세서에 기초하되 직무의 인적 요건에 비중을 두고 기록한 문서이다.
④ 직무분석이 먼저 이루어지고 다음에 직무평가, 그리고 인사고과의 순서로 진행된다.
⑤ 직무분석의 방법에는 면접법, 관찰법, 질문서법 등이 있다.

해설
직무기술서는 직무분석 후의 여러 자료를 정리한 것이고, 직무명세서는 직무기술서에 기초하여 인적요건에 비중을 두고 정리한 것이다.

09 직무분석의 결과 작성되는 직무기술서에 포함되는 내용으로 적절하지 않은 것은?
① 직무의 요건
② 직무의 명칭
③ 직무의 내용
④ 직무의 개요
⑤ 직무와 직무의 비교

해설
직무기술서는 각 직무를 개별적으로 기술한 것이고, 직무와 직무를 비교하는 것을 직무평가라고 한다.

10 직무분석은 특정 직무의 내용과 성질을 체계적으로 조사·연구하여 조직에서의 인사관리에 필요한 직무정보를 제공하는 과정을 말한다. 직무분석의 방법에 관한 다음 설명 중에서 바르지 못한 것은?

① 직무분석자가 직무정보를 얻는 가장 좋은 방법은 그 자신이 직접 업무를 수행해 보는 경험법이다.
② 가장 보편적인 방법은 실제로 그 직무에 종사하는 사람의 직무수행상태 및 과정을 분석자가 관찰하여 정보를 수집·정리하는 관찰법이다.
③ 직무수행의 기간이 길어 관찰법을 사용할 수 없는 경우에는 직무담당자와의 대화를 통하여 그로부터 직접 직무정보를 얻을 수 있는 면접법을 사용하면 편리하다.
④ 면접담당자가 필요없고, 시간과 노력이 많이 절약되며 해석상의 차이로 인한 오해가 발생할 우려가 가장 적은 것이 질문서방법이다.
⑤ 직무활동을 과학적으로 파악하기 위하여 전문적·기술적인 방법을 사용하여 측정하는 것은 실험법이다.

해설
④ 질문서법의 단점은 질문의 통일된 해석이 어려우며, 질문서 작성이 어렵고 충분한 사실획득이 어렵다는 점이다.

11 직무평가방법 중의 하나인 점수법에 관한 설명으로 옳지 않은 것은?

① 평가의 대상이 되는 직무상호 간의 여러 가지 요소를 가려내어 각 요소의 척도에 따라 직무를 평가하는 방법이다.
② 다른 평가방법에 비해 판단의 과오를 최소화할 수 있다.
③ 직무요소가 증가하고 등급이 다양화되면 합리적인 점수배정이 어렵다.
④ 유사한 직무 간의 상대적 가치를 쉽게 결정할 수 있다.
⑤ 제도개발에 많은 시간과 비용을 필요로 한다.

해설
점수법은 유사한 직무 간에 점수를 부여하기 어렵기 때문에 상대적 가치를 쉽게 결정할 수 없다는 단점이 있다.

12 다음 중 직무를 평가요소별로 분해하지 않고 포괄적으로 평가하는 방법인 것은?

① 서열법
② 점수법
③ 요소비교법
④ 양적 평가법
⑤ 관찰법

해설
서열법이란 평가자가 직무에 대해서 가지고 있는 포괄적인 지식을 구사하여 직무수행에 있어서 요청되는 의무·책임 및 필요조건의 정도의 차이에 따라서 상대적으로 가장 단순하고 가치가 덜 인정되는 직무를 최하위에 배정하고, 반대로 가장 중요하고 가치가 있는 직무를 최상위에 배정하는 방법이다. 즉, 각 직무를 최하에서 최상에 이르기까지 그 중요성에 따라서 등급을 매기는 평가방법이다.

정답 10 ④ 11 ④ 12 ①

13 직무평가의 방법 중 서열법의 단점으로 잘못된 것은?

① 등급을 매기기 위한 일정한 기준이 없다.
② 직무에 대한 기본적 요소를 상세하게 고려하지 않으므로 등급을 매기는 일이 단순하다.
③ 비슷한 명칭을 가진 직무 간에 있어서 혼란이 야기되기 쉽다.
④ 직무의 수가 많아지고 또한 그 내용이 복잡해지면 사용하기 어렵다.
⑤ 복잡하고 등급을 매기기 어렵다.

해설
서열법은 간단하고 등급을 신속하게 매길 수 있다는 장점이 있다.

14 인사고과평정상의 오류로서 고과자가 피고과자의 어떠한 면을 기준으로 해서 다른 것까지 함께 평가해 버리는 경향을 무엇이라고 하는가?

① 현혹효과
② 관대화 경향
③ 중심화 경향
④ 시간적 오류
⑤ 주관의 객관화

해설
현혹효과란 피고과자의 한 가지 장점에 현혹되어 모든 것을 다 좋게 평가하거나, 반대로 한 가지 단점 때문에 모든 것을 나쁘게 평가하는 것을 말한다.

15 조직에서 타인을 평가할 때 흔히 범하기 쉬운 오류에 속하지 않는 것은?

① 자아개념의 달성
② 현혹효과
③ 상동적 태도
④ 선택적 지각
⑤ 주관의 객관화

해설
지각의 오류형태로는 상동적 태도(유형화), 후광효과, 귀인이론, 투사(주관의 객관화), 선택적 지각, 관대화 경향, 중심화 경향, 상관적 편견 등이 있다.

16 타인을 평가할 때 범하기 쉬운 오류의 하나인 현혹효과에 대한 설명으로 옳지 않은 것은?

① 한 분야에 있어서 어떤 사람에 대한 인상이 다른 분야에 있어서의 그 사람에 대한 평가에 영향을 주는 것을 말한다.
② 어떤 사람에 대한 전반적인 인상을, 구체적 특질로 평가하여 일반화시키는 오류를 말한다.
③ 인사고과에 많은 평가기준을 삽입시키면 이러한 오류는 제거된다.
④ 성격적인 특성으로 나타난다.
⑤ 이러한 효과는 특히 충성심·협동심과 같은 도덕적 의미가 함축되어 있는 특질을 평가할 때에 나타난다.

해설
현혹효과는 평가요소를 명확히 하고 평가행동과 연결시킴으로써 어느 정도 제거할 수 있다.

17 평가과정에서 자주 발생하는 오류의 하나로서, '집단으로 여러 사람을 평가할 때 평가결과의 분포가 가운데로 편중되는 경향'을 말하는 것은?

① 귀인이론
② 중심화 경향
③ 상관적 편견
④ 선택적 지각
⑤ 관대화 경향

해설
중심화 경향은 집단으로 여러 사람을 평가할 때 평가결과의 분포가 가운데로 편중되어 있는 경향을 의미한다.

18 평가과정에서의 오류 중 하나로, 특정인에 대한 평가가 그가 속한 사회적 집단에 대한 지각을 기초로 해서 이루어지는 것을 무엇이라고 하는가?

① 상동적 태도
② 현혹효과
③ 주관의 객관화
④ 논리적 오류
⑤ 중심화 경향

해설
상동적 태도(유형화)는 특정인에 대한 평가가 그가 속한 사회적 집단에 대한 지각을 기초로 해서 이루어지는 것을 말한다.

정답 16 ③ 17 ② 18 ①

19 지각의 오류에 있어서 다른 사람이 가진 바람직하거나 바람직하지 못한 특성을 자신의 특성에 비추어 보는 행위를 무엇이라고 하는가?

① 상동성
② 유형화
③ 투 사
④ 선택적 지각
⑤ 상관적 편견

해설

투사(주관의 객관화)는 다른 사람이 가진 바람직하거나 바람직하지 못한 특성을 자신의 특성에 비추어 보는 행위이다.

20 인사고과의 새로운 경향과 관계가 먼 것은?

① 특정 직위와 연관된 평가
② 업적에 바탕을 둔 정확한 능력평점
③ 상향적 소청권 부여와 자기고과의 기회
④ 승진과 임금관리 목적의 고과
⑤ 직무수행의 인간으로서의 가치평가

해설

전통적인 인사고과의 목적이다. 현대의 인사고과에서는 종업원의 업적은 물론 능력, 적성 등의 파악과 평가를 통하여 능력개발과 적재적소의 배치에 연결시키고 있다.

21 개인의 성취의욕과 목표달성 욕구를 자극하는 데 기본을 두고 있는 인사고과방법은?

① 평가센터법
② 목표관리법
③ 행동기준고과법
④ 자기신고법
⑤ 중요사건서술법

해설

목표관리법은 해당 종업원이 직속상사와 협의하여 작업목표량을 결정하고 이에 대한 성과를 부하와 상사가 같이 특정하고 고과하는 방법이다. 종업원은 참여의 기회를 갖게 되고 상사는 지원의 기회를 갖게 된다.

22 주로 중간관리층의 능력평가를 위한 여러 가지 관리능력 테스트를 행하여 평가하는 인사고과방법은?

① 자기신고법
② 중요사건서술법
③ 평가센터법
④ 목표관리법
⑤ 행동기준고과법

해설
평가센터법은 평가를 전문으로 하는 평가센터를 만들고 여기에서 다양한 자료를 활용하여 평가하는 방법으로 하부관리자 평가에 유효한 방법이다.

23 고과자가 자기가 지각할 수 있는 사실은 집중적으로 파고들면서도 보고 싶지 않은 것을 외면해 버리는 경향을 무엇이라고 하는가?

① 관대화 경향
② 중심화 경향
③ 주관의 객관화
④ 지각적 방어
⑤ 체계적 오류

해설
지각적 방어란 자기가 지각할 수 있는 사실을 집중적으로 파고들어 가면서 보고 싶지 않은 것을 외면해 버리는 경향을 말하는데, 이는 평가요소를 광범위하게 정해 놓고 모든 평가요소가 평가에 포함되도록 하면 줄일 수 있는 오류이다.

24 작업은 집단에 의해서 이루어진다는 전제하에 집단을 대상으로 한 작업설계접근법은?

① 팀접근법
② 직무특성이론
③ 사회기술시스템 접근법
④ 직무확대
⑤ 작업전문화접근

해설
개인수준의 직무설계와 달리 집단사업의 설계, 집단구성원의 구성, 집단규범 등이 팀접근법의 특징이 된다. 집단수준의 작업설계는 작업수행을 위한 노력수준, 집단의 지식과 기능, 작업수행에 사용되는 전략의 적절성에 따라 작업집단의 유효성에 영향을 미치게 된다.

정답 22 ③ 23 ④ 24 ①

25 고과자가 피고과자를 평가할 때 쉽게 기억할 수 있는 최근의 실적이나 능력중심으로 평가하려는 데서 생기는 오류를 무엇이라고 하는가?

① 체계적 오류
② 규칙적 오류
③ 대비오류
④ 시간적 오류
⑤ 기술적 오류

해설
인사고과에서 시간적 오류란 고과자가 피고과자를 평가할 때 쉽게 기억할 수 있는 최근의 실적이나 능력을 중심으로 평가하려는 데서 생기는 오류이다.

26 어떤 사람이 어떠한 직무에 대하여 적당한 훈련을 받을 때, 그 직무를 배울 수 있는 능력 또는 잠재적인 능력이 있는지 혹은 없는지를 측정하는 심리검사는?

① 지능검사
② 적성검사
③ 성취도검사
④ 흥미검사
⑤ 인격검사

해설
검사의 종류 및 내용

구 분	내 용
지능검사	추리력, 언어이해력, 수리능력, 기억력, 공간지각능력 등으로 알고 있는 정보의 양, 이해력, 어휘력, 그림배열, 물체조립 등으로 정의하기도 한다.
적성검사	적성은 좀 더 한정적인 능력으로 인식되고 있는 것으로 어떤 사람이 그 직무에 대한 적당한 훈련을 받을 경우 그 직무를 배울 수 있는 능력 또는 잠재적인 능력이 있는지 없는지를 측정한다.
성취도검사	적성검사가 미래에 배울 능력을 측정하는 것임에 반하여 성취도검사는 이미 가지고 있는 능력을 측정한다.
흥미검사	대부분의 사람들은 직무나 과업에 흥미를 가진 사람이 갖지 못한 사람보다 그 직무나 과업을 더 훌륭히 수행한다는 사실을 인정한다.
인성검사	직무성공에 있어서 인성이라고도 하는 인격의 중요성을 부인할 수는 없다.

27 면접자가 일반적이고 광범위한 질문을 하면 이에 대해 응모자가 생각나는 대로 거리낌 없이 자기를 표현케 하는 면접방법은?

① 정형적 면접
② 비지시적 면접
③ 스트레스면접
④ 패널면접
⑤ 집단면접

해설
비지시적 면접은 피면접자인 응모자에게 최대한 의사표시의 자유를 주고 그 가운데서 응모자에 관한 정보를 얻는 방법이다.

28 다수의 면접자가 한 명의 피면접자를 면접평가하는 방법은?

① 정형적 면접
② 비지시적 면접
③ 스트레스면접
④ 패널면접
⑤ 집단면접

해설
패널면접은 다수의 면접자가 한 명의 피면접자를 면접평가하는 방법으로, 면접자가 다수이고 면접이 끝나면 그 피면접자에 대해 서로 의견을 교환하기 때문에 피면접자에 대한 보다 광범위한 조사를 할 수 있다.

29 선발도구가 측정하려는 내용이나 대상을 정확히 측정하고 있는 정도를 무엇이라고 하는가?

① 실용성
② 타당성
③ 신뢰성
④ 객관성
⑤ 정확성

해설
타당성이란 시험이 측정하고자 하는 내용 또는 대상을 정확히 검증하는 정도를 말한다. 즉, 시험에서 우수한 성적을 얻은 사람의 근무성적이 예상대로 우수할 때 그 시험은 타당성이 인정된다.

30 선발도구가 능력측정수단으로서 일관성 있는 측정능력을 가지는 정도를 무엇이라고 하는가?

① 실용성
② 정확성
③ 신뢰성
④ 객관성
⑤ 타당성

해설
선발도구의 신뢰성과 타당성의 요건에는 신뢰성, 타당성, 선발비율이 있는데 신뢰성이란 시험결과의 일관성을 나타낸다.

31 인사이동의 목적에 관한 설명으로 적당하지 않은 것은?

① 후계자를 양성하여 적격자를 계속 공급한다.
② 적재적소에 배치하여 인적자원을 효과적으로 이용한다.
③ 종업원에게 새로운 일의 기회를 제공하여 능력개발을 도모한다.
④ 이동은 승진에 맞게 이루어지므로 승진의욕을 자극하여 사기를 저하시킨다.
⑤ 동일 직위에 장기간 근무하는 것을 피함으로써 타성을 배제한다.

해설
인사이동의 목적에는 적정배치, 인재육성, 공평한 처우 실현, 조직 계획의 변동에 대응 등이 있다.

정답 28 ④ 29 ② 30 ③ 31 ④

32 내부노동시장에서 지원자를 모집하는 내부모집에 관한 설명으로 옳지 않은 것은?

① 외부모집에 비해 비용이 적게 든다.
② 구성원의 사회화 기간을 단축시킬 수 있다.
③ 외부모집에 비해 지원자를 정확하게 평가할 가능성이 높다.
④ 빠르게 변화하는 환경에 적응하는 데 외부모집보다 효과적이다.
⑤ 모집과정에서 탈락한 직원들은 사기가 저하될 수 있다.

> **해설**
> 빠르게 변화하는 환경에 적응하는 데에는 외부모집이 내부모집보다 효과적이다.

33 특정 구성원에 대한 승진의 필요성은 있으나 마땅한 담당직책이 없을 경우 직무내용상의 실질적인 승진 없이 직위명칭 또는 자격호칭 등 형식적 승진을 시키는 것은?

① 자격승진
② 대용승진
③ 역직승진
④ 직계승진
⑤ OC승진

> **해설**
> 대용승진제도란 자격승진제도와 같이 경영 내의 공식적인 자격을 인정하고 거기에 따라 승진시키는 것이 아니라, 승진은 시켜야 하나 담당직책이 없을 경우 인사체증과 사기저하를 방지하기 위해서 직무내용상의 실질적인 승진 없이 직위심볼상의 형식적인 승진을 하는 경우이다.

34 OJT와 관련하여 가장 적절하지 않은 문항은?

① 훈련성과가 작업성과와 직결된다.
② 훈련성과가 직속상사의 능력에 따라 좌우된다.
③ 기초능력의 훈련에 적합한 훈련방법이다.
④ 인사부의 도움을 받아서 계획적으로 실시해야 한다.
⑤ 훈련과 작업이 직접적으로 연관될 수 있다.

> **해설**
> OJT란 감독자가 직접 일하는 과정에서 부하 종업원을 개별적으로 실무 또는 기능에 관하여 훈련시키는 것이다. OJT의 장점으로는 모든 것이 현실적이고, 훈련과 생산이 직결되어 경제적이라는 점이며, OJT의 성과는 지도자의 능력에 따라 크게 좌우된다고 할 수 있다.

32 ④ 33 ② 34 ④ **정답**

35 기능훈련의 방식으로서 작업장에서 감독자의 지도를 받거나 작업을 보조하면서 필요한 기능과 지식을 습득하는 방법을 무엇이라고 하는가?

① 도제훈련
② 프로그램훈련
③ 실습장훈련
④ 직업학교훈련
⑤ 현직훈련

해설
도제훈련이란 특히 수공적인 정교한 기능을 장시일에 걸쳐서 체득하여야 할 작업에 있어서 주로 하는 훈련방식으로, 작업장에서 감독자의 지도를 받거나 숙련공 또는 선임공원의 작업을 직접 보조하면서 필요한 기능과 지식을 습득하는 것이다.

36 Off-JT에 대한 설명으로 적절한 것은?

① 신입사원이 직무를 착수하기 전에 특별한 훈련을 받지 않고 직접 어떤 직무에 배치되어 현장에서 작업을 하는 시간에 훈련을 받는 것이다.
② 신입사원이 기업에 들어오기 이전의 학교나 기타 훈련기관에서 받은 교육을 말하는 것이다.
③ 신입사원이 직무에 착수하기 전에 별도로 현장 밖에서 사전에 직무수행을 위한 훈련을 받는 것이다.
④ 신입사원이 현장에서 작업을 계속하는 도중에 직장이나 고참사원에 의하여 직무훈련을 받는 것이다.
⑤ 신입사원에게 도제훈련을 시키는 것이다.

해설
Off-JT는 직장 내 교육훈련 이외의 모든 교육훈련을 다 포함하므로 그 실시방법은 다양하다.

37 의사결정과 관련된 주요한 부분을 간단한 형식으로 표현함으로써 훈련참가자들이 쉽게 기업상황을 이해하고 의사결정을 할 수 있는 능력을 갖도록 하는 훈련방법은?

① 브레인스토밍
② 프로그램학습
③ 비즈니스 게임
④ 역할연기법
⑤ 감수성 훈련

해설
비즈니스 게임(경영게임법)은 참가자들의 팀들이 일련의 업무적 혹은 최고경영의사결정을 하도록 요청을 받는다. 경영게임에 있어서 참가자들은 제품의 가격, 원재료의 구매, 생산일정계획, 자금대부, 마케팅, 연구개발지출과 같은 문제들에 관한 의사결정을 하도록 요청받는다. 그 팀의 각 참가자가 결정했을 때 모델과 일치하도록 수작업 혹은 컴퓨터를 이용하여 이러한 결정들의 상호작용을 계산한다.

38 관리자의 책상 위에 자주 발생하는 일에 관한 메모, 보고서, 전화, 메시지 등과 같은 업무용 자료를 주고 이 자료에 포함된 정보에 따라 행동하도록 하는 훈련방법은?

① 회의식 방법
② 역할연기법
③ 감수성 훈련
④ 인 바스켓 훈련
⑤ 스킷트

해설

인 바스켓 훈련에서 참가자들은 관리자의 책상 위에서 자주 발생하는 일에 관한 메모, 보고서, 전화, 메시지 등과 같은 많은 업무용 자료를 받게 된다. 참가자는 이 자료에 포함된 정보에 따라 행동하도록 요구된다. 각 개별적 사안에 대한 우선순위를 정하는 것이 먼저 필요한 일이다.

39 경력개발을 위한 제도의 하나로 일정기간 합숙하여 여러 가지 연습, 테스트, 면접, 토의 등을 하면서 훈련받은 평가자에 의하여 종업원의 잠재능력을 소기에 발견하고 육성하여 적재적소에 배치·활용하는 제도는?

① 평가센터제도
② 직무관리제도
③ 자격승진제도
④ 직능자격제도
⑤ 최고경영자프로그램

해설

평가센터제도란 인사고과나 심리테스트의 결점을 보완하고 인간의 능력 및 적성을 종합적·객관적으로 발견하여 육성하기 위해 마련된 제도이다. 일정기간 합숙하며 여러 가지 연습, 테스트, 면접, 토의 등을 하면서 훈련받은 평가자에 의하여 종업원(하부관리자)의 잠재능력을 조기에 발견하고 육성하여 적재적소에 배치시켜 활용하고자 하는 것이다.

40 집단인센티브제도에 대한 아래의 설명 중 옳은 것은?

① 구성원들 사이의 능력과 성과에 큰 차이가 있을 때 적용해야 한다.
② 생산성에 있어서 개인성과급제보다 항상 효과적이다.
③ 조직체 전체 또는 주요 부분을 중심으로 인센티브를 적용하는 조직체인센티브는 집단인센티브의 한 형태이다.
④ 역사적으로 볼 때 인센티브제도는 집단인센티브에서 개인별 인센티브로 점차 확대·발전되어 왔다.
⑤ 자동차 조립라인과 같이 기계화된 작업라인에 의하여 생산량이 조정되는 경우 이 제도를 적용할 수 없다.

해설

① 구성원 간의 능력에 큰 차이가 있으면 능력이 많은 사람은 불만을 갖게 된다.
② 직무의 성격에 따라 다르다.
④ 개인별 인센티브에서 집단별 인센티브로 발전하였다.
⑤ 집단인센티브제도는 단일제품의 대량생산체제에 적합한 제도이다.

41 다음 중 종업원의 생활안정을 위해 가장 바람직한 임금형태는?

① 판매가격순응임률제
② 생계비순응임률제
③ 이익순응임률제
④ 집단자극제
⑤ 이익분배제

> **해설**
> 생계비순응임률제란 물가가 상승할 때에는 일정한 임금만으로 생활을 유지할 수 없으므로 생계비에 순응하여 임률을 자동적으로 변동·조절하는 제도이다.

42 집단성과급제도 중 공장의 목표를 달성하는 데 있어서 모든 노동자들의 중요성을 강조하고 최적의 결과를 얻기 위해 노동자들의 노력에 대한 자극을 부여하려는 제도는?

① 스캔론 플랜
② 럭커 플랜
③ 프렌치 시스템
④ 이익분배시스템
⑤ 판매가격 순응시스템

> **해설**
> 스캔론 플랜과 럭커 플랜은 주로 노무비 절감에 관심을 두는 반면에, 프렌치 시스템은 모든 비용의 절약에 노력을 집중시킨다.

43 성과급제를 설명한 것으로 맞는 것은?

① 노동자가 실시한 작업량에 따라 지급하는 임금제도
② 노동자의 지급요청에 따라 합의하여 결정한 임금제도
③ 업무의 성격에 따라 지급하는 임금제도
④ 노동조합에서 결정한 임금제도
⑤ 작업장의 능력에 따라 결정하는 임금제도

> **해설**
> 성과급제는 노동성과를 측정하여 측정된 성과에 따라 임금을 산정·지급하는 제도이다. 그러므로 이 제도에서 임금은 성과와 비례한다.

정답 41 ② 42 ③ 43 ①

44 다음 중 스캔론 플랜의 특징을 옳게 고른 것은?

┌───┐
│ ㉠ 보너스 플랜   ㉡ 제안제도   │
│ ㉢ 고정처리제도   ㉣ 인사상담제도   │
└───┘

① ㉠
② ㉠, ㉡
③ ㉠, ㉢
④ ㉠, ㉡, ㉣
⑤ ㉠, ㉢, ㉣

해설
스캔론 플랜은 노사의 위원회제도를 통한 종업원의 참여(제안제도)와 판매가치기준에 의한 보너스 플랜의 두 가지 특성이 있다.

45 기업이 제공하는 복리후생제도나 시설 중에서 종업원이 원하는 것을 선택하여 나름대로의 복리후생을 설계할 수 있도록 하는 제도는?

① 럭커 플랜
② 스캔론 플랜
③ 카페테리아식 복리후생
④ 헌터 플랜
⑤ 차별적 성과급

해설
카페테리아식 복리후생제도는 기본적으로 각각의 종업원들이 기업이 제공하는 복리후생제도나 시설 중에서 원하는 것을 선택함으로써 자신의 복지후생을 원하는 대로 설계하는 것이다.

46 제안제도의 목적으로 올바른 것은?

① 책임과 권한의 강화
② 종업원 상호 간의 의견교환
③ 업무연구에 의한 근로의욕의 향상과 인간관계 개선
④ 상여를 통한 실지급여 향상
⑤ 품의제도의 보완

해설
제안제도란 일반 종업원으로 하여금 조직체의 운영이나 작업의 수행에 필요한 여러 가지 개선안을 제안하도록 하고 그것을 심사하여 우수한 제안에 대하여 적정한 보상을 하는 제도이다.

정답 44 ② 45 ③ 46 ③

47 인간관계관리법에 대한 설명 중 틀린 것은?

① 감수성 훈련 : T-group 훈련이다.
② ZD : 전 종업원을 대상으로 한다.
③ 오스본 : 브레인스토밍의 적정인원은 3~5명으로 한다.
④ 소시오메트리는 소집단 연구의 한 기법으로 소집단 구성원의 무관심과 거부유형을 관찰해 인간관계를 관리하는 것이다.
⑤ 사기조사에는 통계조사와 태도조사가 있다.

해설
오스본의 브레인스토밍은 대체로 5~12명 정도가 한 팀이 되어 창의력을 발휘하여 새로운 아이디어를 발상하는 기법이다.

48 노동조합의 일반적 정의로 옳지 않은 것은?

① 노동조합은 근로자의 자주적인 단체이다.
② 노동조합은 근로조건의 유지・개선을 목적으로 하는 단체이다.
③ 노동조합은 근로자의 계속적인 단체이다.
④ 노동조합은 사용자에 대한 압력단체이다.
⑤ 노동조합은 경비의 주된 부분을 사용자로부터 원조받는 단체이다.

해설
노동조합이란 "근로자가 주체가 되어 자주적으로 단결하여 근로조건의 유지・개선 및 기타 경제적・사회적 지위향상을 도모하는 조직체 또는 그 연합체"라고 노동조합 및 노동관계 조정법에 규정하고 있다. 따라서 노동조합은 근로자의 조직적 단결력에 의해 그 이익을 옹호하고, 또 기업에서 근로자의 지위를 향상시키기 위해서 근로자의 자주적 협력에 의하여 결정된 조직이라고 집약할 수 있다.

49 노사관계에 있어서 Check-off란?

① 출근시간을 점검하는 것이다.
② 작업성적을 평가하여 임금결정 시 보완하려는 제도이다.
③ 종합적 근무성적을 인사고과에 반영하는 것이다.
④ 회사급여계산 시 노동조합비를 일괄공제하여 노조에 인도하는 것이다.
⑤ 회사의 노동계약 준수여부를 제도적으로 점검한다.

해설
Check-off는 노동조합의 안정과 독립을 위한 방법으로 조합비를 징수할 때 급여에서 일괄공제하여 조합에 인도하는 제도이다. 조합원의 2/3 이상의 동의가 있으면 조합은 그 세력확보의 수단으로 Check-off의 조항을 둘 수 있다.

50 조합원가입제도 중 채용당시에는 비조합원이라도 일단 채용이 허락된 이후에는 일정한 견습기간이 지나 정식종업원이 되었을 때 반드시 조합에 가입해야 하는 형태는?

① 클로즈드 숍
② 오픈 숍
③ 유니온 숍
④ 에이전시 숍
⑤ 체크 오프

해설
유니온 숍은 클로즈드 숍과 오픈 숍의 중간 형태로서 고용주는 노동조합 이외의 노동자까지도 자유롭게 고용할 수 있으나, 일단 고용된 노동자는 일정기간 내에 조합에 가입해야 하는 제도이다.

51 사보타지란 무엇을 말하는가?

① 태업으로 노동조합이 취하는 일종의 노동쟁의이다.
② 노동쟁의 중 가장 대규모적인 형태이다.
③ 단체 보이콧을 취하는 행동권이다.
④ 일정한 기간 파업상태에 들어가는 것이다.
⑤ 노조의 파업에 대하여 공장문을 닫는 것을 말한다.

해설
사보타지는 우리나라에서는 태업과 같은 의미로 쓰이는 것으로, 근로자들이 작업장에 임하기는 하나 일을 게을리 하고 고의로 능률을 떨어뜨려 사용자에게 손해를 입히는 쟁의행위이다.

52 종업원지주제도에 대한 설명으로 옳지 않은 것은?

① 회사의 경영방침으로 종업원에게 자사주를 보유하게 하는 것이다.
② 현실적으로 종업원은 취득한 주식을 단기에 매도할 수 없다.
③ 안정적인 주주확보와 종업원의 재산형성에 도움이 된다.
④ 협조적인 노사관계 형성과 부의 격차 완화에 기여한다.
⑤ 우리나라에서는 우리사주조합에 주로 주식옵션을 부여하는 방법으로 시행하고 있다.

해설
우리나라에서는 우리사주조합에 주식을 확정된 가격으로 부여하는 방법을 취하고 있다.

CHAPTER 05 마케팅론

> **출제 포인트**
>
> 경영학의 대표적인 단원이다. 다른 단원에 비하여 출제확률이 높으며, 내용도 많고 각종 실전적인 문제와도 부합되는 단원이므로 중요한 단원이다. 특히 마케팅과 관련하여 관리, 정보 및 시장 관련 내용 그리고 촉진전략 및 광고에 대한 깊이 있는 공부가 필요하다.

제1절 마케팅의 기초

1 마케팅의 개념

(1) 마케팅의 의의

① 마케팅이란 생산자가 상품 또는 서비스를 소비자에게 유통시키는 데 관련된 모든 체계적 경영활동을 말하는 것으로 매매 자체만을 가리키는 판매보다 훨씬 넓은 의미를 지니고 있다.

② 마케팅기능 내용은 제품관계·시장거래관계·판매관계·판매촉진관계·종합조정관계로 구별된다.

③ 주요 개념

　㉠ 욕구 : 마케팅에 내재된 가장 기본적인 개념은 인간의 욕구로, 결핍감을 느끼는 상태

　㉡ 욕망 : 문화와 개성에 의해서 만들어진 욕구를 충족시키기 위한 형태

　㉢ 수요 : 욕망이 구매력을 수반할 때 이뤄지는 것

　㉣ 제품 : 인간의 욕구나 욕망을 충족시켜 줄 수 있는 것

　㉤ 교환 : 어떤 사람에게 필요한 것을 주고 그 대가로 자신이 원하는 것을 얻는 행위

　㉥ 거래 : 두 당사자 간에 가치를 매매하는 것으로 형성

　㉦ 시장 : 어떤 제품에 대한 실제적 또는 잠재적 구매자의 집합

　㉧ 마케팅 : 인간의 욕망을 충족시킬 목적으로 이루어지는 교환을 성취하기 위해 시장에서 활동하는 것

(2) 마케팅의 기능 내용

① 제품관계에는 신제품의 개발, 기존제품의 개량, 새 용도의 개발, 포장·디자인의 결정, 낡은 상품의 폐지 등이 있다.

② 시장거래관계에서는 시장조사·수요예측, 판매경로의 설정, 가격정책, 상품의 물리적 취급, 경쟁대책 등이 있다. 판매관계로서는 판매원의 인사관리, 판매활동의 실시, 판매사무의 처리 등이 있다.

③ 판매촉진관계에서는 광고·선전, 각종 판매촉진책의 실시가 있다.
④ 종합조정관계로서 이상의 각종 활동 전체에 관련된 정책, 계획책정, 조직설정, 예산관리의 실시 등이 있다.

(3) **유통경로의 마케팅 기능** : 유통기관이 생산자와 소비자 사이를 연결하여 수행하는 기능
① **소유권이전기능** : 구매자들의 교환을 창조·유지·발전시킴에 따른 기능으로 마케팅이 수행하는 여러 기능 중 가장 기본이 되는 기능
② **물적유통기능** : 제품·원료 유통 시 생산자와 소비자 간 장소·시간의 격리 조절기능
③ **촉진조성기능** : 소유권이전기능과 물적유통기능이 원만하게 수행될 수 있도록 돕는 기능
④ **정보흐름기능** : 생산자와 소비자에게 필요한 정보를 각각 공급하여 거래를 촉진하는 기능
⑤ **대금흐름기능** : 생산자와 소비자가 막힘없이 마케팅 기능을 진행시킬 수 있게 해주는 기능

2 마케팅 관리

(1) **마케팅 관리의 의의** 10 기출
마케팅 관리란 조직의 목표를 달성하기 위한 목적으로 표적 구매자들과의 상호 유익한 교환을 창조·고양 및 유지하기 위하여 고안된 프로그램을 분석·계획 및 통제하는 활동이라고 할 수 있다.

수요상황	과 제	명 칭
부정적 수요(구매기피)	수요의 전환(긍정적 수요로의 전환)	전환적 마케팅
무 수요(기호·관심 ×)	수요의 창조(환경변화·정보유포)	자극적 마케팅
잠재적 수요(부존재·강한 욕구)	수요의 개발(실제수요가 되도록)	개발적 마케팅
감퇴적 수요(하락·침체)	수요의 부활(이전 수준으로)	재마케팅
불규칙적 수요	수요와 공급의 시기 일치화	동시화 마케팅
완전 수요	수요의 유지	유지적 마케팅
초과 수요(수요 > 공급능력)	수요의 감소(일시적·영구적 억제)	역마케팅
불건전한 수요	수요의 파괴	대항적 마케팅

(2) **마케팅 종류** 13 20 기출
① **전환마케팅** : 어떤 제품이나 서비스 또는 조직을 싫어하는 사람들에게 그것을 좋아하도록 태도를 바꾸려고 노력하는 마케팅
② **자극마케팅** : 제품에 대하여 모르거나 관심을 갖고 있지 않는 경우 그 제품에 대한 욕구를 자극하려고 하는 마케팅
③ **개발마케팅** : 고객의 욕구를 파악하고 난 후 그러한 욕구를 충족시킬 수 있는 새로운 제품이나 서비스를 개발하려는 마케팅
④ **재마케팅** : 한 제품이나 서비스에 대한 수요가 안정되어 있거나 감소하는 경우 그 수요를 재현하려는 마케팅
⑤ **동시마케팅** : 제품이나 서비스의 공급능력에 맞추어 수요발생 시기를 조정 내지 변경하려고 하는 마케팅

⑥ 유지마케팅 : 현재의 판매수준을 유지하려고 하는 마케팅
⑦ 디마케팅(역마케팅) : 하나의 제품이나 서비스에 대한 수요를 일시적으로나 영구적으로 감소시키려는 마케팅
⑧ 카운터마케팅 : 건전하지 못한 특정한 제품이나 서비스에 대한 수요나 관심을 없애려는 마케팅
⑨ 심비오틱마케팅 : 두 개 이상의 독립된 기업이 제품개발·시장개척·경로개발·판매원 등 마케팅계획과 자원을 공동으로 추진하고 활용함으로써 기업이 개별적으로 하기 어려운 것을 공동으로 하는 데서 얻는 이익과 마케팅문제를 보다 쉽게 해결하고 마케팅 관리를 효율적으로 수행하기 위한 것으로 급변하는 시장 환경에 대응하기 위한 제휴
⑩ 조직마케팅(기관마케팅) : 특정 기관 또는 조직에 대하여 대중이 지니게 되는 태도나 행위를 창조하거나 유지하며 변경하려는 모든 활동
⑪ 인사마케팅 : 특정 인물에 대한 태도 또는 행위를 창조하거나 유지하며 변경시키려는 모든 활동
⑫ 아이디어마케팅(사회마케팅) : 사회적인 아이디어나 명분·습관 따위를 목표하고 있는 집단들이 수용할 수 있는 프로그램을 기획하고 실행하며 통제하는 것
⑬ 서비스마케팅 : 서비스를 대상으로 하여 이루어지는 마케팅
⑭ 국제마케팅 : 상품수출을 중심으로 하는 수출마케팅은 물론 해외기업에 특허권이나 상표 또는 기술적 지식 등의 사용을 허가해 주는 사용허가계약이나 현지에 기업진출을 통해 현지에서의 자사제품의 생산판매 자체를 확립하는 것과 같은 활동도 포함
⑮ 메가마케팅 : 전통적으로 제품, 가격, 장소(유통), 판촉 등 4P만을 마케팅의 통제가능한 주요 마케팅 전략도구로 인식해 왔으나 영향력, 대중관계, 포장까지도 주요 마케팅전략도구로 취급하는 경향 증가
⑯ 감성마케팅 : 소비자의 감성에 호소하는 마케팅으로 그 기준도 수시로 바뀔 수 있음(다품종 소량생산)
⑰ 그린마케팅 : 사회지향마케팅의 일환으로 소비자와 사회환경개선에 기업이 책임감을 가지고 마케팅 활동을 관리해 가는 과정
⑱ 관계마케팅 : 기업이 고객과 접촉하는 모든 과정이 마케팅이라는 인식으로 기업과 고객과의 계속적인 관계 중시
⑲ 터보마케팅 : 마케팅활동에서 시간의 중요성을 인식하고 이를 경쟁자보다 효과적으로 관리함으로써 경쟁적 이점을 확보하려는 마케팅전략
⑳ 데이터베이스마케팅 : 고객에 관한 데이터베이스를 구축·활용하여 필요한 고객에게 필요한 제품을 판매하는 전략으로 '원 투 원(one-to-one)마케팅'이라고도 한다.
㉑ 스포츠마케팅 : 스포츠 자체의 마케팅과 스포츠를 이용한 마케팅의 분야로 구분된다.

참고 진실의 순간(Moments of Truth) 22 기출

결정적 순간이라고도 하며 고객이 기업의 종업원 또는 특정 자원과 접촉하는 순간의 상황을 말한다. 짧은 순간이지만 고객의 서비스에 대한 인상을 좌우하고 소비자들이 제품 또는 서비스에 접촉하게 되는 극히 짧은 순간 동안이라도 제품과 기업에 대한 좋은 인상을 줄 수 있도록 만드는 마케팅 기법이다.

제2절 마케팅 관리

1 전략적 마케팅계획

(1) 마케팅전략

① 마케팅전략이란 마케팅목표를 달성하기 위해서 다양한 마케팅활동을 통합하는 가장 적합한 방법을 찾아 실천하는 일을 말한다.

② 전략은 장기적이고 전개방법이 혁신적이며 계속적 개선을 노리는 점에서 마케팅전술과 다르다. 전개의 폭은 통합적이어야 하고 반드시 모든 마케팅기능을 가장 적합하게 조정·구성하여야 한다. 이 점에서도 개별기능의 개선을 중요시 하는 전술과 크게 다르다. 동시에 마케팅전략은 전략 찬스를 발견하기 위한 분석, 가장 알맞은 전략의 입안, 조직 전체의 전개라는 3차원(三次元)을 포함한다. 이러한 마케팅전략을 전개하려면 결국 기업의 비(非)마케팅 부문, 즉 인사(人事)·경리 등에도 많은 관련을 가지게 된다.

(2) 포트폴리오계획 10 11 12 13 14 17 20 22 24 25 기출

① 포트폴리오계획 방법 중 대표적인 것이 경영자문회사인 Boston Consulting Group이 수립한 방법이다.

② BCG의 성장-점유 매트릭스 : 수직축인 시장성장률은 제품이 판매되는 시장의 연간 성장률로서 시장매력석도이며, 수평축은 상대적 시장점유율로서 시장에서 기업의 강점을 측정하는 척도이다.

  ㉠ 별(성장사업) : 고점유율·고성장률을 보이는 전략사업단위로 사업의 급격한 성장을 유지하기 위해서 많은 투자가 필요한 전략사업단위이다.

  ㉡ Cash Cow(자금젖소, 수익주종사업) : 저성장·고점유율을 보이는 성공한 사업으로서 기업의 지급비용을 지불하며 또한 투자가 필요한 다른 전략사업단위 등을 지원하는 데 사용할 자금을 창출하는 전략사업단위이다.

  ㉢ 의문표(신규사업) : 고성장·저점유율에 있는 사업단위로서 시장점유율을 증가시키나 성장하기 위하여 많은 자금이 소요되는 전략사업단위이다.

  ㉣ 개(사양사업) : 저성장·저점유율을 보이는 사업단위로서 자체를 유지하기에는 충분한 자금을 창출하지만 상당한 현금창출의 원천이 될 전망이 없는 전략사업단위이다.

[포트폴리오 매트릭스 : 자원배분의 도구]

구 분	높은 성장률	낮은 성장률
강한 시장점유율	별(Star)	자금젖소(Cash Cows)
약한 시장점유율	의문표(Problem Child)	개(Dogs)

(3) 성장전략 수립
  ① 내부성장전략과 외부성장전략
    ㉠ 내부성장전략 : 내부성장전략은 신제품을 자사(自社)의 연구개발 부문에서 개발하고 기업의 기성 판매경로와 경영인재를 이용해서 다변화를 이루어 성장하는 방식이다. 내부성장전략은 현재 가지고 있는 부문과의 사이에 시너지효과가 큰 성장기회에 대하여는 비용과 타이밍의 양면에서 보아 유리한 성장방식이라고 할 수 있다. 그 장점으로는 ⓐ 선발생산자(先發生産者)로서 높은 창업자적 이득을 얻을 수 있고, ⓑ 새로운 기술과 노하우(Know-how)가 사내에 축적되며, ⓒ 사내의 연구개발의욕을 향상시킬 수 있다는 점 등이다.
    ㉡ 외부성장전략 : 기업의 내부자원에 의존하지 않고 외부자원을 이용한 성장전략으로서 이 전략에는 타 회사와의 기술제휴, 개발이 끝난 신제품의 취득, 타 회사의 흡수·합병 등의 방법이 있다. 이 전략의 장점은 ⓐ 신규사업 분야에의 진출에 있어서 리드타임(Lead Time)을 단축할 수 있다는 것, ⓑ 투자비용과 투자 위험을 줄인다는 것, ⓒ 기성제품 분야와 시너지효과(Synergy Effect)를 갖지 않는 비관련 성장분야에 진출할 수 있다는 것 등이다. 반면 이 전략의 단점으로는 ⓐ 자사(自社)개발에 비해 수익성이 낮은 것, ⓑ 사내 연구개발 의욕의 저하를 초래할 염려가 있는 것, ⓒ 합병의 경우에는 인사문제가 복잡하게 되는 것 등이다.
  ② 제품시장 확장그리드를 이용한 시장계획 확인 14 21 24 기출
    ㉠ 시장침투 : 기존시장 + 기존제품의 경우로 어떤 형태로든 제품을 변경시키지 않고 기존고객들에게 보다 많이 판매하도록 하는 전략수립
    ㉡ 시장개척 : 신시장 + 기존제품의 경우로 시장개척의 가능성을 고려하는 전략이 필요함
    ㉢ 제품개발 : 기존시장 + 신제품의 경우로 기존시장에 신제품 또는 수정된 제품을 공급하는 전략이 필요함
    ㉣ 다각화전략 : 신시장 + 신제품의 경우로 기존 제품이나 시장과는 완전히 다른 새로운 사업을 시작하거나 인수하는 전략

2 마케팅관리과정

(1) 표적소비자

현재 및 장래의 시장규모와 그 시장의 상이한 여러 개의 세분시장들을 상세히 예측할 필요가 있다.
  ① **시장세분화** : 시장은 여러 형태의 고객, 제품 및 요구로 형성되어 있으므로 마케팅관리자는 기업의 목표를 달성하는 데 있어 어느 세분시장이 최적의 기회가 될 수 있는가를 결정하여야 한다.
  ② **표적시장의 선정** : 기업은 여러 세분시장에 대해 충분히 검토한 후에 하나 혹은 소수의 세분시장에 진입할 수 있으므로 표적시장선정은 각 세분시장의 매력도를 평가하여 진입할 하나 또는 그 이상의 세분시장을 선정하는 과정이다.
  ③ **시장위치선정** : 자사의 제품이 표적소비자의 마음 속에 경쟁제품과 비교하여 명백하고 독특하게 바람직한 위치를 잡을 수 있도록 하는 활동을 말한다.

(2) 마케팅 믹스 개발 11 18 21 23 기출
　① 마케팅 믹스란 마케팅 목표의 효과적인 달성을 위하여 마케팅활동에서 사용되는 여러 가지 방법을 전체적으로 균형이 잡히도록 조정·구성하는 일이다.
　② 마케팅 믹스를 보다 효과적으로 구성함으로써 소비자의 욕구나 필요를 충족시키며 이익·매출·이미지·사회적 명성·ROI(Return On Investment, 사용자본이익률)와 같은 기업목표를 달성할 수 있게 된다.
　③ 마케팅 믹스 4P와 로터본(Lauterborn)의 4C의 대응 관계

기업관점(4P)	소비자관점(4C)
제품(Product)	고객가치(Customer Value)
가격(Price)	고객부담비용(Customer Cost)
유통(Place)	고객편의성(Customer Convenience)
판매촉진(Promotion)	고객소통(Customer Communication)

(3) 마케팅활동관리
　① 마케팅 분석
　② 마케팅계획의 수립
　③ 마케팅 실행
　④ 마케팅 통제

(4) 풀전략과 푸시전략 19 24 기출
　① **풀전략** : 기업이 자사의 이미지나 상품의 광고를 통해 소비자의 수요를 환기시켜 소비자가 스스로 그 상품을 판매하고 있는 판매점에 오게 해서 지명구매하도록 하는 마케팅전략이다.
　② **푸시전략** : 기업이 소비자에 대한 광고에는 그다지 노력하지 않고 주로 판매원에 의한 인적 판매를 통해 소비자의 수요를 창조하고자 하는 마케팅전략이다.

> 참고 마케팅콘셉트
> - 생산콘셉트 : 소비자는 값이 싼 제품을 찾는다고 가정하고 높은 생산성·유통효율 개선(대량생산·대량유통)으로 제품원가를 절감하여 규모의 경제를 실현해야 한다는 관리 철학
> - 제품콘셉트 : 소비자는 최고의 품질을 찾고 욕구도 다양하므로 그러한 소비자들의 마음을 사로잡을 수 있는 제품을 개발해야 한다는 관리 철학
> - 판매콘셉트 : 소비자가 자사 제품을 더 많이 구매할 수 있도록 광고·판촉행사 등을 진행하고 판매 사원에게 여러 가지 판매 기법을 교육하여 효과적으로 판매 활동을 해야 한다는 관리 철학
> - 마케팅콘셉트 : 소비자가 특정되지 않은 상태에서 무차별적인 광고 등을 통해 판매 활동을 진행하는 것은 효율적이지 않으므로 구매 가능한 소비자 층을 가려서 그들을 만족시켜야 한다는 관리 철학
> - 사회적 마케팅콘셉트 : 개개인의 소비자의 이익만을 생각하는 것이 아니라 소비자가 속한 지역이나 공동체, 나아가서 사회 전체의 이익까지 생각하여 제품을 생산하고 판매활동을 해야 한다는 관리 철학

제3절 마케팅정보시스템과 조사

1 마케팅정보시스템 과정

(1) 마케팅정보욕구의 평가

기업은 관리자들이 갖고 싶어하는 정보가 무엇인지 알기 위해 그들과 대화하여 정보욕구를 평가하여야 한다.

(2) 정보의 개발

내부기록, 마케팅경영정보, 마케팅조사, 정보분석 등을 통해 개발한다.

(3) 정보의 배분

적절한 타이밍에 배분되어야 효과적이다.

2 마케팅조사

(1) 마케팅조사의 의의

① 마케팅조사란 상품 및 마케팅에 관련되는 문제에 대해 객관적이고 정확한 체계적 방법으로 자료를 수집·기록·분석하여 과학적으로 해명하는 일을 말한다.
② 마케팅조사의 내용에는 상품조사·판매조사·소비자조사·광고조사·잠재수요자조사·판로조사 등 가 분야가 포괄된다. 기법(技法)은 시장분석(Market Analysis)·시장실사(Marketing Survey)·시장실험(Test Marketing)의 3단계로 고찰한다.
③ 시장조사는 마케팅활동의 결과에 대한 조사에서 그치는 것이 아니라, 문제해결을 지향하는 의사결정을 위한 기초조사이어야 한다.

(2) 마케팅조사과정

① 문제와 조사목적의 설정
② 정보수집을 위한 계획의 수립
③ 조사계획의 실행-자료의 수집과 분석
④ 조사결과의 해석과 보고

(3) 1차 자료와 2차 자료

① 1차 자료 : 1차 자료란 현재의 특수한 목적을 위해서 수집되는 정보를 말한다.
② 2차 자료 : 다른 목적을 위해 수집된 것으로서 이미 어느 곳인가에 존재하는 정보를 말한다.

(4) 조사방법
   ① **관찰조사** : 관찰조사란 대상이 되는 사물이나 현상을 조직적으로 파악하는 방법으로서 관찰은 자연적 관찰법(Uncontrolled Observation)과 실험적 관찰법(Controlled Observation)으로 구분할 수 있는데, 후자는 일상에서 일어나지 않는 행동을 인위적으로 유발(誘發)하여 조직적·의도적으로 관찰하는 것으로서 실험법이라고도 한다.
   ② **질문조사** : 조사자가 어떤 문제에 관하여 작성한 일련의 질문사항에 대하여 피조사자가 대답을 기술하도록 한 조사방법으로 이 방법은 많은 대상을 단시간에 일제히 조사할 수 있고, 결과도 비교적 신속하게 기계적으로 처리할 수 있다. 따라서 연구에 경험이 적은 초보자들이 연구과제에 대한 해답을 쉽고 빠르게 얻고자 조급하고 불충실한 질문지법을 사용하는 경향이 있어서 흔히 게으름뱅이의 방법(Lazy Man's Way)이라고 부르기도 하지만, 실제로는 신중한 절차를 거쳐 질문지를 잘 만드는 것도 어렵거니와 게으름을 피울 수 있을 정도로 손쉬운 방법도 물론 아니다.
   ③ **실험조사** : 주제에 대하여 서로 비교가 될 집단을 선별하고 그들에게 서로 다른 자극을 제시하고 관련된 요인들은 통제한 후 집단 간 반응의 차이를 점검함으로써 1차 자료를 수집하는 조사방법이다.

(5) 자료의 수집방법 20 23 24 기출
   ① **개인면접법** : 개인면접법은 가정이나 사무실, 거리, 상점가 등에 있는 조사대상자들의 협조를 얻어 그들과의 대화를 통해 정보를 수집하는 방법으로 면접에 협조적이며 회수율이 높고 응답자에게 질문을 정확히 설명할 수 있으며 조사자가 응답자의 기억을 자극할 수 있다. 또한, 중요한 정보의 경우 면접자가 질문사실을 관찰할 수 있는 장점이 있다.
   ② **우편조사법** : 원거리조사·분산조사가 가능하고 부재 시에도 조사가 가능하다. 또한, 회답자가 여유 있게 답할 수 있으며 회답자가 익명으로 솔직한 정보수집이 가능하고 면접자에 의한 압박이나 영향을 받지 않는다.
   ③ **전화조사법** : 전화조사는 비용이 적게 들며 단기간 내에 조사완료가 가능하고 개인면접 기피자에게도 조사할 수 있다.
   ④ **표본조사** : 모집단을 대표할 수 있는 표본을 추출하여 이를 대상으로 조사하는 방법을 말한다.
      ㉠ 확률표본추출 : 확률표본추출은 표본으로 추출될 확률이 알려져 있는 방법을 의미한다. 따라서 표본오차를 알 수 있고 일반화가 가능하며 표본의 대표성이 높다는 장점이 있으나 시간과 비용이 많이 든다는 단점을 가지고 있다. 여기에는 단순무작위 표본추출, 층화 표본추출, 군집 표본추출, 체계적 표본추출법이 있다.
      ㉡ 비확률표본추출 : 비확률표본추출은 모집단으로부터 표본이 추출될 확률이 알려져 있지 않은 것으로 표본추출 시 무작위 선택이 아닌 다른 방법으로 추출하게 된다. 이는 확률표본추출에 비해 시간과 비용이 적게 든다는 장점을 가지고 있으나 표본오차의 추정이 어렵고 일반화가 어렵다는 단점을 내포하고 있다. 여기에는 편의 표본추출, 판단 표본추출, 눈덩이 표본추출, 할당 표본추출법이 있다.

(6) 마케팅조사에 이용되는 척도 25 기출
① 명목척도 : 측정대상이 속한 범주나 종류를 구분하기 위해 부여된 숫자를 통해 대상을 구분하는 척도(예 전화번호, 주소, 주민등록번호 등)
② 서열척도 : 대상의 순위관계를 나타내는 척도(예 성적순서, 브랜드 선호도 등)
③ 간격척도 : 대상의 크기나 순서 간의 차이를 나타낼 수 있는 척도(예 온도, 설문조사 결과 등)
④ 비율척도 : 숫자 간 비율이 산술적 의미를 갖는 척도(예 키, 몸무게, 거리 등)

> **참고** 마케팅의 미시환경과 거시환경 21 기출
> - 미시적 환경 : 기업, 원료공급자, 마케팅 중간상, 고객, 경쟁기업, 공중 등
> - 거시적 환경 : 인구통계적 환경, 경제적 환경, 자연적 환경, 기술적 환경, 정치적 환경, 문화적 환경 등

(7) 소비자행동분석(소비자 구매의사결정과정)
① 문제인식 : 소비자가 자신이 필요하거나 원하는 것과 현재 상태 간의 차이를 인식하는 단계이다. 이 과정에서 동기부여는 매우 중요한 역할을 한다.
② 정보탐색 : 소비자가 문제를 해결하기 위해 필요한 정보를 수집하는 과정이다.
③ 대안평가 : 소비자가 수집한 정보를 바탕으로 여러 가지 대안을 비교 및 평가한다.

제4절 시장세분화·시장표적화 및 시장위치선정

1 시장세분화전략

(1) 시장세분화전략의 의의
① 시장세분화전략이란 가치관의 다양화, 소비의 다양화라는 현대의 마케팅환경에 적응하기 위하여 수요의 이질성을 존중하고 소비자·수요자의 필요와 욕구를 정확하게 충족시킴으로써 경쟁상의 우위를 획득·유지하려는 경쟁전략이다.
② 제품차별화전략이 대량생산이나 대량판매라는 생산자 측 논리에 지배되고 있는 데 반하여, 시장세분화전략은 고객의 필요나 욕구를 중심으로 생각하는 고객지향적인 전략이다. 먼저 다양한 욕구를 가진 고객층과 어느 정도 유사한 욕구를 가진 고객층으로 분류하는 방법이 취해지고 특정 제품에 대한 시장을 구성하는 고객을 어떤 기준에 의해 유형별로 나눈다. 시장의 세분화를 통하여 고객의 욕구를 보다 정확하게 만족시키는 제품을 개발하고, 세분화된 고객의 욕구를 보다 정확하게 충족시키는 광고, 그 밖의 마케팅전략을 전개함에 있어서 경쟁상의 우위에 서려는 것이 시장세분화전략의 기본적인 접근이다.

(2) 시장세분화에서의 마케팅전략
① **시장집중전략** : 시장세분화에 의한 각 세분시장의 수요의 크기, 성장성·수익성을 예측하고 그중에서 가장 유리한 세분시장을 선택하여 시장표적(市場標的)으로 하고, 그것에 대해 제품전략에서 촉진적 전략에 이르는 마케팅전략을 집중해 나간다. 이 전략은 자원이 한정되어 있는 중소기업에서 채택되는 경우가 많다.
② **종합주의전략** : 대기업에서 채택되는 일이 많으며, 각 세분시장을 각기 시장표적으로 하여 각 시장표적의 고객이 정확하게 만족할 제품을 설계·개발하고, 다시 각 시장표적을 향한 촉진적 전략을 전개해 나간다.

(3) 시장세분화의 기준 10 11 15 18 25 기출
① **사회경제적 변수**(예 연령·성별·소득별·가족수별·가족의 라이프 사이클별·직업별·사회계층별 등)
② **지리적 변수**(예 국내 각 지역, 도시와 지방, 해외의 각 시장지역)
③ **심리적 욕구변수**(예 자기현시욕·기호·소비자들의 성격·라이프스타일 등)
④ **구매동기**(예 경제성·품질·안전성·편리성)
⑤ **행동적 변수**(예 소비자가 추구하는 편익·제품에 대한 태도·제품 사용 경험·충성도 등)
⑥ 문제는 시장세분화의 기준에 대해 혁신적 아이디어를 적용하여 잠재적으로 큰 세분시장을 탐구·발견하는 데 있다. 각종 세분화기준 중에서 풍요한 사회일수록 포착하기 힘든 심리적 욕구변수가 중요하다.

(4) 효과적인 시장세분화조건 11 12 15 24 기출
① **측정가능성** : 세분시장의 규모와 구매력을 측정할 수 있는 정도
② **접근가능성** : 세분시장에 접근할 수 있고 그 시장에서 활동할 수 있는 정도
③ **실질성** : 세분시장의 규모가 충분히 크고 이익이 발생할 가능성이 큰 정도
④ **행동가능성** : 특정한 세분시장을 유인하고 그 세분시장에서 효과적인 프로그램을 설계하여 영업활동을 할 수 있는 정도
⑤ **비차별 마케팅** : 기업이 세분시장의 시장특성의 차이를 무시하고 한 가지 제품을 가지고 전체시장에서 영업을 하는 시장영업범위 전략
⑥ **유효 정당성** : 세분화된 시장 사이에 특징·탄력성이 있어야 함
⑦ **신뢰성** : 각 세분화된 시장은 일정기간 일관성 있는 특징을 가지고 있어야 함

(5) 시장세분화의 장점
① 시장의 세분화를 통하여 마케팅기회를 탐지할 수 있다.
② 제품 및 마케팅활동의 목표시장의 요구에 적합하도록 조정할 수 있다.
③ 시장세분화의 반응도에 근거하여 마케팅자원을 보다 효율적으로 배분할 수 있다.
④ 소비자의 다양한 욕구를 충족시켜 매출액의 증대를 꾀할 수 있다.

② 시장표적화

(1) 표적시장의 의의
① 어느 기업이나 그 기업의 특수성, 제품과 시장의 특수성 등으로 인하여 마케팅전략을 선택하는 데 많은 제약을 받게 된다.
② 표적시장이란 일종의 시장영업범위라고 볼 수 있다.

(2) 시장영업범위의 선택이유
① 기업의 자원의 제한성
② 제품의 동질성
③ 제품의 수명주기
④ 시장의 동질성
⑤ 경쟁자들의 마케팅전략

(3) 시장영업범위 선택의 전략
① **비차별화 마케팅**: 대량마케팅이라고도 하는데 기업이 하나의 제품이나 서비스로 시장전체에 진출하여 가능한 한 다수의 고객을 유치하려는 전략으로 시장세분화의 필요성이 없게 된다.
② **차별화 마케팅**: 두 개 혹은 그 이상의 시장부문에 진출할 것을 결정하고 각 시장부문별로 별개의 제품 또는 마케팅 프로그램을 세우는 것으로, 각 시장부문에서 더 많은 판매고와 확고한 위치를 차지하려 하며 시장부문별로 소비자들에게 해당 제품과 회사의 이미지를 강화하려고 하는 전략이다.
③ **집중화 마케팅**: 한 개 또는 몇 개의 시장부문에서 시장점유를 집중하려는 전략으로 이는 기업의 자원이 한정되어 있을 때 이용하는 전략이다.

③ 시장위치선정

(1) 시장위치선정의 의의 10 17 기출
① 특정 제품의 위치란 그 제품의 중요한 속성들이 구매자에 의해서 정의되는 방식, 즉 어떤 제품이 소비자의 마음 속에서 경쟁제품과 비교되어 차지하는 위치를 말한다.
② **제품포지셔닝**: 소비자의 마음 속에 자사제품이나 기업을 표적시장·경쟁·기업 능력과 관련하여 가장 유리한 포지션에 있도록 노력하는 과정이다. 포지션(Position)이란 제품이 소비자들에 의해 지각되는 모습을 말하며, 포지셔닝이란 소비자들의 마음 속에 자사제품의 바람직한 위치를 형성하기 위하여 제품효익을 개발하고 커뮤니케이션하는 활동을 말한다.
③ **제품의 지각도**: 소비자지각의 분포도 내지 지각도를 작성하는 기법으로서 이는 각 상표에 대한 지각과 이상적 상표와의 차이를 나타내는 것이다.

(2) 위치선정전략
　① 제품의 특성
　② 경쟁사와 직접비교
　③ 다른 제품계층 이용

(3) 위치선정전략의 선택과 실행
　① **위치선정과정단계** : 위치를 구축하기 위하여 일련의 가능한 경쟁적 우위를 파악하는 단계 → 올바른 경쟁적 우위를 선택하는 단계 → 선택한 위치를 효과적으로 표적시장에 전달하고 의사소통하는 단계
　② **경쟁적 우위확보** : 기업은 경쟁적 우위를 효과적으로 결합함으로써 경쟁사와 자신을 차별화함

(4) 마케팅형태의 변화과정
　① 대중마케팅
　② 제품다양화마케팅
　③ 표적마케팅

제5절　제품설계

1 제 품

(1) 제품의 정의
　① 제품은 기본적 욕구 또는 욕망을 충족시켜 줄 수 있는 것으로 시장에 출시되어 주의나 획득, 사용 또는 소비의 대상이 될 수 있는 것이다.
　② 제품에는 물리적 대상물, 서비스, 사람, 장소, 조직, 아이디어 등이 포함된다.

(2) 수준별 제품의 분류 **11 18** 기출
　① **핵심제품** : 소비자들이 제품을 구입할 경우 그들이 실제로 구입하고자 하는 핵심적인 이익이나 문제를 해결해 주는 서비스
　② **실제제품** : 소비자들에게 핵심제품의 이익을 전달할 수 있도록 결합되는 제품의 부품, 스타일, 특성, 상표명 및 포장 등 기타 속성
　③ **확장제품** : 핵심제품과 실제제품에 추가하는 서비스와 이익들로서 **품질보증, 애프터서비스, 설치** 등

(3) 내구성 또는 유형성에 의한 분류

① 내구재 : 일반적으로 여러번 사용하여도 소모되지 않는 유형의 제품으로 내구재는 일정기간의 사용에 견디는 것을 확보하기 위해 그 초기에는 일시적으로 거액의 지출을 필요로 하지만, 그 후에는 소액의 유지비 이외에는 지출할 필요가 없는 특징을 가진다.

② 비내구재 : 보통 한 번 또는 두세 번 사용하는 유형제품, 즉 내용(耐用)기간에 따라 경제재(經濟財)를 분류할 때 내용기간이 비교적 단기인 재화를 말하며 주로 1년 미만 제품을 말한다. 의류나 서적 등 비교적 장기간 사용에도 견딜 수 있는 것도 비내구재로 분류한다.

③ 서비스 : 판매할 목적으로 제공되는 활동과 혜택 또는 만족을 말한다.

④ 소비재 : 최종소비자가 개인적 소비를 목적으로 구매하는 제품으로 재화의 생산을 위한 원료로 사용되는 생산재(중간재), 재화의 생산을 위한 설비로 사용되는 자본재 등과 구별된다.

⑤ 생산재 : 생산과정에서 필요로 하는 재화로 인간의 생산활동의 최종적 목적은 소비재를 생산하는 데 있으나 실제로는 이를 위한 원료나 반제품 등 중간생산물과 기계·설비 등의 내구적 생산수단(耐久的 生産手段 : 자본재)이 필요하다. 따라서 넓은 의미에서 생산재라고 할 때는 중간생산물과 자본재를 포함한다.

(4) 소비자의 구매습관에 의한 소비재의 분류 11 16 19 20 기출

① 편의품 : 제품에 대하여 완전한 지식이 있으므로 최소한의 노력으로 적합한 제품을 구매하려는 행동의 특성을 보이는 제품이다. 구매할 필요가 생기면 빠르고 쉽게 구매를 결정하며, 선호하는 상표가 없더라도 기꺼이 다른 상표의 제품으로 대체한다. 또 단위 당 가격이 저렴하고 유행의 영향을 별로 받지 않으며, 상표명에 대한 선호도가 뚜렷하다. 그러므로 편의품을 판매하는 소매점의 특성은 별로 중요하지 않으며, 판로의 수가 많을수록 좋다.

② 선매품 : 제품을 구매하기 전에 가격·품질·형태·욕구 등에 대한 적합성을 충분히 비교하여 선별적으로 구매하는 제품으로 제품에 대한 완전한 지식이 없으므로 구매를 계획하고 실행하는데 많은 시간과 노력을 소비하며, 여러 제품을 비교하여 최종적으로 결정하는 구매행동을 보이는 제품이다. 구매 단가가 높고 구매횟수가 적은 것이 보통이다. 따라서 소매점의 중요성이 높고, 선매품을 취급하는 상점들이 서로 인접해 하나의 상가를 형성하며 발전한다.

③ 전문품 : 상표나 제품의 특징이 뚜렷하여 구매자가 상표 또는 점포의 신용과 명성에 따라 구매하는 제품으로 비교적 가격이 비싸고 특정한 상표만을 수용하려는 상표집착(Brand Insistence)의 구매행동 특성을 나타내는 제품이다. 자동차·피아노·카메라·전자제품 등과 독점성이 강한 디자이너가 만든 고가품의 의류가 여기에 속한다. 구매자가 기술적으로 상품의 질을 판단하기 어려우며, 적은 수의 판매점을 통해 유통되어 제품의 경로는 다소 제한적일 수도 있으나, 빈번하게 구매되는 제품이 아니므로 마진이 높다.

2 개별제품의 결정

(1) 제품속성결정
① **제품품질** : 제품개발 시 표적시장에서 그 제품의 위치를 조성할 수 있는 품질수준을 미리 결정하여야 한다.
② **제품특성** : 제품은 여러 가지 다양한 특성으로 소비자에게 제공된다.
③ **제품디자인** : 제품의 스타일과 기능을 설계하고 또한 매력적인 제품이 되도록 하는 과정이다. 편리성과 안전성에 유의하고 사용과 서비스 비용이 저렴하며 또한 생산과 유통이 간편하고 경제적이 되도록 하는 과정이다.

(2) 상표의사결정
① **상표 관련 주요 용어**
　㉠ 상표 : 사업자가 자기가 취급하는 상품을 타인의 상품과 식별하기 위하여 상품에 사용하는 표지, 즉 상품을 업으로서 생산・제조・가공・증명 또는 판매하는 자가 그 상품을 타업자의 상품과 식별하기 위하여 사용하는 기호・문자・도형 또는 이들을 결합한 것을 말한다.
　㉡ 상표명 : 상표 중 말로 표현될 수 있는 부분을 말한다.
　㉢ 상표마크 : 상표 중 상징, 디자인, 독특한 색상이나 문자와 같이 인식은 되지만 말로 표현될 수 없는 부분을 말한다.
　㉣ 등록상표 : 상표법에 의하여 특허청에 등록된 상표로 상표가 등록되었다는 것을 나타내기 위하여 그 상품의 한쪽에 작게 ⓡ의 기호나 Reg나 TM의 약호를 붙이는 경우도 있다. 상표등록의 출원은 선원등록주의(先願登錄主義)이므로 원칙적으로 먼저 출원한 쪽에 등록이 허가된다. 상표권의 존속기간은 등록일로부터 10년이고, 공익규정(公益規定)에 위반하지 않으면 몇 번이고 10년마다 갱신할 수 있다.
　㉤ 상표권 : 등록상표(登錄商標)를 지정상품(指定商品)에 독점적으로 사용할 수 있는 권리로 상표권은 설정등록(設定登錄)에 의하여 발생하고, 그 존속기간은 설정등록일로부터 10년이며, 갱신등록(更新登錄)의 출원에 의하여 10년마다 갱신할 수 있다.

② **상표주 결정**
　㉠ 제조업자상표 : 특정 제품이나 서비스의 생산자가 창안하여 소유하는 상표
　㉡ 개인상표 : 특정 제품이나 서비스의 판매업자가 창안하여 소유하는 상표

③ **통일상표결정**
　㉠ 개별상표명 : 개별제품마다 상표를 사용하는 것
　㉡ 통일상표명 : 모든 제품에 통일상표명을 부착하는 것
　㉢ 계열별 통일상표 : 제품계열별로 상표를 부여하는 것
　㉣ 상호와 개별상표명의 결합 : 회사의 상호와 제품별 상표를 결합시켜 상표를 부착하는 것

④ **상표관련 기타**
　㉠ 상표확장전략 : 성공한 기존의 상표명을 제품수정이나 신제품 도입 시에 그대로 사용하는 전략
　㉡ 복수상표전략 : 같은 제품군에 둘 이상의 다른 상표를 사용하여 별개 품목으로 구별하는 전략

(3) 포장에 관한 의사결정

① **포장의 의의** : 물품을 수송·보관함에 있어서 가치 및 상태를 보호하기 위하여 적절한 재료나 용기 등을 물품에 시장(施裝)하는 기술 및 상태를 말하는데 이에는 개장(個裝)·내장(內裝)·외장(外裝)의 세 가지가 있다.

② **포장의 기능** : 포장의 기본적인 기능은 포장의 보호성·상품성·편리성·심리성 및 배송성(配送性)에 있다. 종전에는 포장의 기능 및 중요성을 보호성에 두어왔고 또한 그것으로 충분하였으나, 오늘날에는 그것이 더욱 확대되어 판매촉진 기능에 중점을 두고 있다.

③ **포장의 종류**

　㉠ 개장(個裝) : 물품을 직접 싸기 위한 포장으로서 대개는 제조공정의 마지막 단계에서 제품에 시장된다. 이는 단순히 제품의 보호라는 기술적인 요구만을 충족시키는 것이 아니고, 포장재료 또는 용기에 포장된 것이 상점에 진열되어 구매자의 구매의욕을 자극하는 세련된 디자인이라는 시각적인 목적도 지닌다.

　㉡ 내장(內裝) : 개장된 물품을 상자 등과 같은 용기에 넣는 포장으로 포장된 화물의 안쪽에 시장되는 것이다.

　㉢ 외장(外裝) : 수송을 위한 포장으로서 각종 용기에 상품을 넣어 포장하는 것이다.

(4) 제품믹스

① 소비자의 욕구 또는 경쟁자의 활동 등 마케팅 환경요인의 변화에 대응하여 한 기업이 시장에 제공하는 모든 제품의 배합으로 제품계열(Product Line)과 제품품목(Product Item)의 집합을 말한다. 제품계열은 기능·고객·유통경로·가격범위 등이 유사한 제품품목의 집단(예 TV 계열·세탁기 계열)이고, 제품품목은 규격·가격·외양 및 기타 속성이 다른 하나의 제품단위로 제품계열 내의 단위를 말한다.

② 제품믹스는 보통 폭(Width)·깊이(Depth)·길이(Length)·일관성(Consistency) 등 4차원에서 평가되는데, 제품믹스의 폭은 서로 다른 제품계열의 수이며, 제품믹스의 깊이는 각 제품계열 내의 제품품목의 수를 말한다. 이에 비해 제품믹스의 길이란 각 제품계열이 포괄하는 품목의 평균수를 말한다. 제품믹스의 일관성이란 다양한 제품계열들이 최종용도·생산시설·유통경로·기타 측면에서 얼마나 밀접하게 관련되어 있는가 하는 정도를 말한다.

③ 제품믹스를 확대하는 것은 제품믹스의 폭이나 깊이 또는 이들을 함께 늘리는 것으로 제품의 다양화라고 하는데 기업의 성장과 수익을 지속적으로 유지하는 데 필요한 중요한 정책이다. 제품믹스를 축소하는 것은 제품믹스의 폭과 깊이를 축소시키는 것으로 제품계열수와 각 제품계열 내의 제품 항목수를 동시에 감소시키는 정책이다.

④ 최적의 제품믹스(Optimal Product Mix)란 제품의 추가·폐기·수정을 통해 마케팅 목표를 가장 효율적으로 달성하는 상태로 정적인 최적화(Static Product-mix Optimization)와 동적인 최적화(Dynamic Product-mix Optimization)로 구분할 수 있다. 정적인 최적화란 n가지의 가능한 품목들 가운데 일정한 위험수준과 기타 제약조건 아래서 매출액 성장성·안정성·수익성을 최선으로 하는 몇가지의 품목을 선정하는 문제이며 동적인 최적화란 시간의 경과에도 불구하고 최적의 제품믹스 상태를 유지할 수 있도록 현재의 제품믹스에 대해 새로운 품목의 추가, 기존품목의 폐기, 기존품목을 수정하는 문제이다.

(5) OEM
   ① A, B 두 회사가 계약을 맺고 A사가 B사에 자사(自社)상품의 제조를 위탁하여, 그 제품을 A사의 브랜드로 판매하는 생산방식 또는 그 제품의 OEM 생산·OEM 공급이라고도 한다. 전기·정밀기계 제품 등의 분야에서 흔히 볼 수 있는데, 특히 미니컴퓨터, 퍼스널컴퓨터 등의 컴퓨터업계, 스피커 등의 스테레오업계에서 이 방식을 많이 채택하고 있다.
   ② OEM의 효과는 생산하는 기업(공급원)으로서는 공급하는 상대방의 판매력을 이용하여 가득률(稼得率)을 높일 수 있고, 수출상대국의 상표를 이용함으로써 수입억제여론을 완화시키는 효과도 누릴 수 있다. 또한, 공급을 받는 회사로서는 스스로 생산설비를 갖추지 않아도 되므로 생산비용이 절감된다.

제6절 제품계획

1 개 설

(1) 제품계획의 의의 17 기출
   ① 상품계획이라고도 한다. 기업이 판매목표를 효과적으로 실현하기 위하여 소비자의 욕구·구매력 등에 합치되도록 제품의 개발·가격·품질·디자인·포장·상표 등을 기획·결정하는 활동을 말한다.
   ② 제품계획의 실시에 있어서는 ⊙ 시장조사, ⓒ 아이디어의 창출과 평가, 브레인스토밍, 제품계획 체크리스트의 활용, ⓒ 제품 자체의 연구(제품의 시험제작 : 모양·크기·무게·색채 등 디자인, 포장, 제품의 명칭, 표준화의 연구, 특허 및 관계 법규의 연구), ② 판매시기·판매지역의 연구, ◎ 판매수량의 연구, ⓗ 판매가격의 연구, ⊗ 계획의 입안과 통제 등 제반문제를 적정하게 추진해야 한다.

(2) 머천다이징(Merchandising)
   ① 시장조사와 같은 과학적 방법에 의거하여, 수요내용에 적합한 상품 또는 서비스를 알맞은 시기와 장소에서 적정가격으로 유통시키기 위한 일련의 시책이다.
   ② 상품화계획이라고도 하며, 마케팅활동의 하나이다. 이 활동에는 ⊙ 생산 또는 판매할 상품에 관한 결정, 즉 상품의 기능·크기·디자인·포장 등의 제품계획, ⓒ 그 상품의 생산량 또는 판매량, ⓒ 생산시기 또는 판매시기, ② 가격에 관한 결정을 포함한다.

2 신제품 개발

(1) 신제품 개발의 목적
   ① 기업의 성장과 확대를 위함
   ② 경쟁제품의 대비목적
   ③ 소비자에게 품질이 좋은 제품공급
   ④ 새로운 고객의 창조

(2) 신제품 개발의 과정 12 기출
　① 아이디어 발생
　② 아이디어 심사
　③ 사업성 분석
　④ 제품개발
　⑤ 시험판매
　⑥ 생 산
　⑦ 시장반응 검토

3 제품수명주기 12 13 14 19 20 25 기출

(1) 도입기
　① **의의** : 제품이 시장에 도입됨에 따라 판매가 완만한 성장을 하고 있는 기간이다.
　② **특징** : 신제품이 시장에서 구매되기 시작하면 도입기에 접어들게 되는데 제품의 시장도입에는 상당한 시간이 걸리며 판매도 천천히 늘어난다.
　③ **전략** : 마케팅조사 필요, 소비자 정보원 파악 및 역할과 중요성을 인식한다.

(2) 성장기
　① **의의** : 판매성장률이 급격히 증가하고 이익도 상당히 증가하는 기간이다.
　② **특징** : 신제품이 시장의 요구를 충족시키면 판매는 상당히 증대되기 시작한다.
　③ **전략** : 품질개선 및 새로운 제품특성 추가, 진출할 세분시장을 탐색한다.

(3) 성숙기
　① **의의** : 잠재적 구매자들까지 제품을 구매하였기 때문에 판매성장률이 둔화되는 시기이다.
　② **특징** : 판매성장률이 저하되는 시점부터 제품은 상대적으로 성숙기에 접어들게 되며 과잉시설의 문제가 발생하며 경쟁이 격화된다. 그러므로 가격을 조정하게 된다.

(4) 쇠퇴기
　① **의의** : 판매와 이익이 모두 계속 감소하는 시기이다.
　② **특징** : 대다수의 제품이나 상표는 마침내 쇠퇴기로 접어든다.
　③ **전략** : 비용을 현저히 감소시키며, 남아있는 잔존수요로부터 이익을 최대로 얻을 수 있는 마케팅전략 또는 집중전략을 전개한다.

구 분	도입기	성장기	성숙기	쇠퇴기
매출액	저	급속성장	최 대	감 소
이 익	적 자	증 대	고	감 소
고 객	혁신층	조기수용층	중간다수층	지연수용층
경쟁자	소 수	점차 증대	점차감소(최대)	감 소
마케팅목적	제품의 인지, 수요창출	시장점유율 극대화	이익의 극대화, 시장점유율 방어	비용절감, 투자회수
중점활동	제품관리, 1차 수요 자극	촉진관리, 선택적 수요 자극	가격관리, 상표의 경쟁우위 확보	제품철수, 1차 수요 유지
제 품	기본제품 제공	제품확대, 서비스·보증 제공	상품과 모형의 다양화	취약 제품 폐기
가 격	원가가산가격, 상층흡수가격	시장침투가격	경쟁자 대응 가격	가격 인하
유 통	선택적 유통, 좁은 유통커버리지	집약적 유통, 유통커버리지 확대	집약적 유통강화, 유통커버리지 최대화	선택적 유통, 유통경로의 일부폐쇄
광 고	조기수용층, 중간상의 제품인지 형성	대중시장의 인지, 관심 형성	상표차이와 효익 강조	상표충성도 고객 유지
판 촉	강력(시용확보)	감소(수요확대)	증대(상표전환유도)	최 저
시장세분화	무차별	세분화 시작	세분화 극대화	역세분화

제7절 가격결정

1 가격일반

(1) 가격의 의의
① 가격이란 재화의 가치를 화폐 단위로 표시한 것으로 가격의 개념은 교환을 떠나서는 존재할 수가 없다. 일상생활적인 뜻의 가격은 상품 1단위를 구입할 때 지불하는 화폐의 수량으로 표시하는 것이 보통이지만, 넓은 뜻의 가격은 상품 간의 교환비율을 뜻한다. 특히 구별하기 위해 화폐단위로 표시되는 일상생활적인 뜻의 가격을 절대가격(絕對價格)이라고 하고, 상품 간의 교환비율을 나타내는 넓은 뜻의 가격을 상대가격(相對價格)이라 한다.
② 한 사회의 법률, 관습, 제도 등에 의하여 소유와 교환이 허용되는 모든 것에 가격은 존재하며, 상품 간에 일어나는 교환은 그 가격에 따라서 특정한 비율로 이루어진다.

(2) 가격이론
① 가격이론이란 어떤 시장 메커니즘에서 개개의 경제주체가 어떤 원리에 입각하여 행동하는지를 밝히는 이론으로 현대경제학에 속하는 각종 이론의 기초가 된다.
② 일반적으로 시장 메커니즘에의 의존이 가장 중요하며 동시에 시장 메커니즘이 가지는 특성(그 한계도 포함하여)을 밝히고 바람직한 의의를 찾는 일도 가격이론의 역할이다.

2 가격결정

(1) 가격결정의 의의

① 이윤을 목적으로 하는 가격형성의 원리로서 가격형성이라고도 한다. 경제이론상의 가격결정과 실질적인 가격결정, 마케팅에서의 가격결정은 내용이 서로 다르다. 경제학의 가격이론, 즉 한계원리(Marginal Principle)에서는 기업의 주체적인 균형에 있어 가격은 한계적으로 결정된다(한계수입과 한계비용이 같을 때 최대이윤)고 주장한다. 이에 반하여 실질적인 가격결정이라 할 수 있는 풀 코스트 원리(Full-cost Principle)란 실제기업은 가격을 평균적 비용(원가)에 일정한 이윤(마크업)을 더하여 가격을 설정한다는 주장이다.

② 풀 코스트원칙 : 생산물의 비용을 직접재료비·직접노무비·제조간접비·영업비·일반관리비 등을 합산한 것으로 한다는 주장이다. 오늘날의 과점기업(寡占企業)에서는 생산물 1단위당의 주요 비용(원재료비·임금 등의 직접비)을 기초로 하여 거기에 공통비용(감가상각비·이자 등의 간접비)을 충당하기 위하여 일정비율을 곱한 금액을 가산하고 다시 관례적인 비율을 곱한 이윤을 가산한 시점, 즉 풀 코스트(Full Cost)의 수준에서 가격을 결정해야 한다는 원리를 주장하고 있다.

(2) 가격결정에 영향을 미치는 요인

① 내부요인 : 마케팅목표, 마케팅 믹스전략, 원가, 조직의 특성
② 외부요인 : 시장유형별 가격결정
  ㉠ 완전경쟁시장 : 완전경쟁시장이란 시장참가자(市場參加者)가 다수이어서, 수요자 상호 간, 공급자 상호 간 그리고 수요자와 공급자 간의 삼면적(三面的)인 경쟁이 이루어지는 시장을 말한다. 경쟁가격은 완전경쟁시장(完全競爭市場)하에서 수요와 공급이 일치되는 점에서 결정되는 상품의 가격을 말한다.
  ㉡ 독점적 경쟁시장 : 독점적 경쟁시장은 완전경쟁시장과 유사한데, 완전경쟁시장에서 판매하는 제품은 동질적인 데 비해 독점적 경쟁시장에서 판매하는 제품은 차별화되어 있다는 점이 다르다. 같은 제품으로 분류되어도 각각의 제품은 다른 점이 많아서 단일시장가격이 아니라 일정한 범위 내의 가격대로 거래를 하는 시장을 말한다. 이런 상태에서는 공급자가 가격을 올려도 수요자를 모두 잃지는 않기 때문에 독점적 지위를 얼마간 누릴 수 있다. 하지만 수요자를 늘리려면 공급자는 가격인하나 광고 등을 해야 하는 등 경쟁해야 하는 상황이 되므로 공급자는 독점하는 것 같지만, 경쟁자가 있기 때문에 이를 독점적 경쟁시장이라 한다.
  ㉢ 과점시장 : 과점가격이란 시장이 소수의 기업으로 이루어진 과점상태에 있을 경우에 성립되는 가격을 말한다. 과점가격은 평균비용의 전액에 일정한 부가율(附加率)에 의한 이윤을 가산한 것으로 정해지고 있다. 가격의 경쟁이 전혀 없는 것은 아니나, 극히 제한적인 것이기 때문에 과점가격은 대체로 하방경직적(下方硬直的)이다.

② 독점시장 : 독점가격은 독점기업이 독점이윤을 얻기 위하여, 생산물을 시장가격 이상으로 인상하여 판매하는 가격이다. 자유경쟁에서는 자본과 노동이 더 높은 이윤을 찾아서 마음대로 이동하기 때문에 여러 산업부문의 이윤율이 평균화되고, 생산물은 적정수준의 시장가격으로 판매되는 경향을 가지지만, 독점지배하에서는 한 기업이 거대한 고정설비(固定設備)와 기술혁신의 성과를 독차지하고, 이를 이용하여 시장에서 가격경쟁의 승리자가 되며, 그 부문에 대한 신규기업의 진입이 어려워진다. 그리고 그러한 곤란도가 더해질수록 소수기업은 독점이윤을 얻기 위해 가격을 올리거나, 구매자에 따라서 다른 가격으로 판매하는 일이 가능해진다.

(3) 가격결정방법 14 16 17 18 20 21 22 기출

① **원가기준가격결정법** : 원가를 기준으로 하여 가격을 결정하는 방법
  ㉠ 원가가산가격결정법 : 제품의 단위원가에 일정한 고정비율에 따른 금액을 가산하여 가격을 결정하는 방법
  ㉡ 목표가격결정법 : 예측된 표준생산량을 전제로 한 총원가에 대하여 목표이익률을 실현시켜 줄 수 있도록 가격을 결정하는 방법

② **수요기준가격결정법** : 수요의 강도를 기준으로 하여 가격을 결정하는 방법
  ㉠ 원가차별법 : 특정 제품의 고객별·시기별 등 수요의 탄력성을 기준으로 하여 둘 혹은 그 이상의 가격을 결정하는 방법
  ㉡ 명성가격결정법 : 구매자가 가격에 의하여 품질을 평가하는 경향이 강한 비교적 고급품목의 가격을 결정하는 방법
  ㉢ 단수가격결정방법 : 가격이 최하의 가능한 선에서 결정되었다는 인상을 구매자에게 주기 위하여 고의로 단수를 붙여 가격을 결정하는 방법

③ **경쟁기준가격결정법** : 경쟁업자가 결정한 가격을 기준으로 해서 가격을 결정하는 방법
  ㉠ 경쟁대응가격결정법
  ㉡ 경쟁수준 이하의 가격결정방법
  ㉢ 경쟁수준 이상의 가격결정방법

> **참고** 경쟁중심적 가격결정방법
> - 경쟁사 모방가격결정 : 제품의 동질성이 높아서 수요자와 판매자 사이에 형성되는 시장가격 또는 선도기업의 가격에 따를 수밖에 없는 경우에 많이 채택
> - 입찰가격결정 : 두 개 이상의 판매자가 개별적으로 제품 등의 가격을 제안하는 방식

④ **소비자의 심리를 이용한 가격결정법(심리적 가격전략)** : 최종가격의 선정에 있어 가격에 대한 소비자 지각을 반영하는 방법
  ㉠ 단수가격(Odd Pricing) : 상품 판매가격에 구태여 단수를 붙이는 것으로 매가에 대한 고객의 수용도를 높이고자 하는 것이다.
  ㉡ 관습가격(Customary Pricing) : 일용품의 경우처럼 장기간에 걸친 소비자의 수요로 인해 관습적으로 형성되는 가격이다. 소매점에서 포장 과자류 등을 판매할 때 생산원가가 변동되었다고 하더라도 품질이나 수량을 가감하여 종전가격을 그대로 유지하는 것을 관습가격이라 한다.

ⓒ 명성가격(Prestige Pricing) : 소비자가 가격에 의해서 품질을 평가하는 경향이 특히 강하여 비교적 고급품질이 선호되는 상품에 설정되는 가격이다. 상품의 명성에 상응하는 정도로 가격을 설정해야 하기 때문에, 품질보다 다소 높은 가격을 설정하는 것이 보통이다. 가격을 너무 높게 혹은 너무 낮게 설정해도 판매량이 증가되지 않는다.

ⓔ 준거가격(Reference Price) : 소비자가 제품에 대한 가격이 비싼지 싼지를 판단하는 데 기준으로 삼는 가격을 말한다. 외적 준거가격은 제조업체나 유통업체들이 판촉 전략의 일환으로 책정하는 다양한 수단의 비교가격을 말하는 반면, 내적 준거가격은 소비자들의 경험에 의하여 형성되어 소비자의 마음속에 지니고 있는 가격을 말한다.

3 가격정책

(1) 가격정책 일반

① **가격정책 의의** : 기업이 존속하고 발전하기 위해서는 반드시 그 기업이 취급하거나 생산하는 상품을 판매하여 이윤을 얻어야 한다. 그러므로 기업은 이윤을 얻을 수 있는 범위 안에서 적정한 가격을 선택하여야 한다. 이 선택을 어떻게 할 것인지가 기업의 가격정책이다. 기업은 특히 신제품을 개발한 경우, 생산이나 수요의 조건이 크게 변동한 경우에는 여기에 적응하기 위한 가격결정, 곧 가격전략(價格戰略)이 필요하다. 기업의 가격정책은 제품의 한계이윤율과 제품의 품질·서비스·광고·판매촉진·원재료의 구입에도 영향을 끼치는 것으로 중요한 의미를 갖는다.

② **가격전략의 형태(생산과 수요의 조건에 따라)** 16 23 기출
  ㉠ 저가격정책 : 수요의 가격탄력성이 크고, 대량생산으로 생산비용이 절감될 수 있는 경우에 유리하다.
  ㉡ 고가격정책 : 수요의 가격탄력성이 작고, 소량다품종생산(少量多品種生産)인 경우에 유리하다.
  ㉢ 할인가격정책 : 특정 상품에 대하여 제조원가보다 낮은 가격을 매겨 '싸다'는 인상을 고객에게 주어 고객의 구매동기를 자극하고, 제품라인의 총매출액의 증대를 꾀하는 일이다.

상대적 고가전략	대등 가격전략	상대적 저가전략
높지 않은 수요의 탄력성	비탄력적 수요	탄력적 수요
높은 진입 장벽	확고한 원가우위가 없을 경우	원가우위의 확보
규모의 경제 효과 미미	규모의 경제효과가 전혀 없을 경우	많은 경쟁자
고품질로 새로운 소비자층 유인	가격목표가 대등한 경쟁력 확보	본원적인 수요 자극

③ **가격정책의 유형** 10 12 15 기출
  ㉠ 단일가격정책과 탄력가격정책 : 단일가격정책은 동일량의 제품을 동일한 조건으로 구매하는 모든 고객에게 동일한 가격으로 판매하는 가격정책을 말하며, 탄력가격정책은 고객에 따라 동종·동량의 제품을 상이한 가격으로 판매하는 가격정책을 말한다.
  ㉡ 단일제품가격정책과 계열가격정책 : 단일제품가격정책은 각 품목별로 따로 검토하여 가격을 결정하는 정책이며, 계열가격정책은 한 기업의 제품이 단일품목이 아니고 많은 제품계열을 포함하는 경우 규격·품질·기능·스타일 등이 다른 각 제품계열마다 가격을 결정하는 정책이다.

ⓒ 상층흡수가격정책과 침투가격정책 : 상층흡수가격정책은 신제품을 시장에 도입하는 초기에 있어서 먼저 고가격을 설정함으로써 가격에 대하여 민감한 반응을 보이지 않는 고소득자층을 흡수하고, 그 뒤 연속적으로 가격을 인하시킴으로써 저소득계층에도 침투하고자 하는 가격정책이며, 침투가격정책은 신제품을 도입하는 초기에 있어서 저가격을 설정함으로써 신속하게 시장에 침투하여 시장을 확보하고자 하는 가격정책을 말한다.
ⓔ 생산지점가격정책과 인도지점가격정책 : 생산지점가격정책은 판매자가 모든 구매자에 대하여 균일한 공장도가격을 적용하는 정책을 말하며, 인도지점가격정책은 공장도가격에 계산상의 운임을 가산한 금액을 판매가격으로 하는 정책을 말한다.
ⓜ 재판매가격유지정책 : 광고, 기타 판매촉진 등에 의하여 목표가 널리 알려져서 선호되는 상품의 제조업자가 소매상과의 계약에 의하여 자기가 설정한 가격으로 자사제품을 재판매하게 하는 정책을 말한다.

(2) 제품믹스 가격결정전략 13 24 기출

① **제품계열 가격결정법** : 특정 제품계열 내 제품들 간의 원가차이·상이한 특성에 대한 소비자들의 평가정도 및 경쟁사 제품의 가격을 기초로 하여 여러 제품들 산에 가격단계를 설정하는 것
② **선택(옵션)제품 가격결정법** : 주력 제품과 함께 판매하는 선택제품이나 액세서리에 대한 가격결정방법
③ **종속제품 가격결정법** : 주요한 제품과 함께 사용하여야 하는 종속제품에 대한 가격을 결정하는 것
④ **이부 가격결정법** : 서비스가격을 기본 서비스에 대해 고정된 요금과 여러 가지 다양한 서비스의 사용정도에 따라 추가로 가격을 결정하는 방법
⑤ **차별적(Discriminatory) 가격결정법** : 동일한 상품을 구입자에 따라 다른 가격으로 판매하는 방법
⑥ **묶음제품 가격결정법** : 몇 개의 제품을 묶어서 인하된 가격으로 결합된 제품을 제공하는 방법

(3) 가격조정전략

① **할인가격과 공제** : 현금할인, 수량할인, 기능할인, 계절할인, 거래공제, 촉진공제 등
② **차별가격결정** : 고객 차별가격, 제품형태별 차별가격, 장소별 차별가격 등
③ **심리적 가격결정** : 단순히 경제성이 아니라 가격의 심리적 측면을 고려하여 가격을 책정하는 방법으로 그 가격은 그 제품을 대변해 주는 도구로 사용
④ **촉진가격결정** : 단기적으로 판매를 증대시키기 위하여 정가 이하이거나 때로는 원가 이하로 가격을 일시적으로 인하하는 것
⑤ **지리적 가격결정** : 공장인도가격, 균일운송가격, 구역가격, 기점가격, 운송비흡수가격 등

(4) 가격변경전략

① 저가격전략을 하는 경우
  ㉠ 과잉시설이 있고 경제가 불황인 경우
  ㉡ 격심한 가격경쟁에 직면하여 시장점유율이 저하되는 경우
  ㉢ 저원가의 실현으로 시장을 지배하고자 하는 경우
  ㉣ 소비자의 수요를 자극하고자 할 경우
  ㉤ 시장수요가 가격탄력성이 높을 경우

② 고가격전략의 경우
　　㉠ 비용 인플레이션으로 원가가 인상된 경우
　　㉡ 초과수요가 있는 경우
　　㉢ 경쟁우위를 확보하고 있을 경우

제8절　유통경로 및 물류관리

1 유통경로

(1) 유통경로의 의의
① 유통경로란 상품이 생산자로부터 소비자 또는 최종수요자의 손에 이르기까지 거치게 되는 과정이나 통로를 말하는데 사회경제 전체적인 관점에서 유통경로 전체를 파악하면 이는 유통기구와 같아지게 된다.
② 상품은 상거래활동에 매개되어 유통되므로 유통경로는 기본적으로 수요와 공급의 성격에 따라 달라진다. 이에 따르면 ㉠ 소규모 생산·소규모 소비형, ㉡ 소규모 생산·대규모 소비형, ㉢ 대규모 생산·소규모 소비형, ㉣ 대규모 생산·대규모 소비형으로 나눌 수 있다. 유통경로를 규정하는 요인으로는 상품의 종류, 생산지와 소비지의 거리, 경제와 상업의 발전 정도, 상거래 관습, 국내상업 또는 국제무역 여부 등이 있다.
③ 생산자가 중간상인을 이용하는 것은 표적시장에서 재화가 판매될 수 있도록 하는 데 있어 효율성을 보다 더 크게 향상시킬 수 있고, 중간상인들은 생산자가 생산하는 제품의 구색을 소비자가 원하는 구색으로 전환시켜주는 기능을 한다.
④ 유통경로는 경로수준의 수를 기준으로 하여 소비재 마케팅경로를 알 수 있다.

(2) 유통경로의 기능
① 교환프로세스의 촉진
② 상거래의 표준화 향상
③ 제품믹스의 불일치 완화
④ 소비자–판매자 연결
⑤ 고객에 대한 서비스 제공
⑥ 상품의 운반 및 저장

(3) 유통경로의 조직　17　24　기출
① **전통적 유통경로** : 하나 또는 그 이상의 독립적인 생산자와 도매상, 소매상으로 구성되어 있고, 이들 각각 경로시스템 전체의 이윤극대화를 희생하면서까지 자신들의 독자적인 이익극대화를 추구하고 있다.

② **수직적 마케팅 시스템(VMS)** : 생산자와 도매상, 소매상들이 하나의 통일된 시스템을 이룬 유통경로체제로, 경로활동을 통제하고 경로갈등을 해소하기 위해 생겨났고 규모의 경제, 교섭력 및 중복되는 서비스 제거가 목적이며, 경로상의 한 구성원이 다른 구성원들을 모두 소유할 경우도 있다.
　㉠ 회사형 VMS : 하나의 소유권 하에 생산과 유통의 연속적인 단계를 결합시키고 있는 마케팅 시스템
　㉡ 계약형 VMS : 독자적으로 달성할 수 있는 것보다 많은 경제성이나 판매효과를 얻기 위하여 계약을 기초로 통합하고자 하는 생산과 유통의 다른 단계에 있는 독립된 회사들로 구성되어 있다. 이에는 도매상 중심의 임의 연쇄점, 소매상조합, 프랜차이즈조직 등이 있다.
　㉢ 관리형 VMS : 일련의 생산과 유통단계를 조정하는 데 있어서 공동소유권이나 계약관계에 의해서가 아니라 어느 한쪽의 규모와 힘에 의지한다.
③ **수평적 마케팅 시스템** : 새로운 시장기회를 개발하기 위하여 같은 경로단계에 있는 두 개 이상의 개별 조직들이 결합하는 경로조정이다.
④ **복수경로 마케팅** : 한 기업이 하나 또는 그 이상의 고객세분시장에 도달하기 위해 둘 또는 그 이상의 마케팅경로를 이용하는 복수경로 유통구조를 말한다.

(4) 유통경로정책
① **개방적 경로** : 대개의 편의품 생산자들은 개방적 경로방식을 이용하고 있는데 이는 가능한 한 많은 점포에 제품을 공급하는 것이다. 이러한 상품들은 시간과 장소의 효용성을 갖고 있어야 한다.
② **독점적 경로** : 독점적 경로의 극단적인 형태로는 일정한 중간상인들만이 각자의 지역 내에서 독점적인 제품판매권을 부여받는 것이다.
③ **선택적 경로** : 개방적 경로와 독점적 경로의 중간이라고 할 수 있는 것이 선택적 경로이다. 제품을 판매하기 희망하는 모든 중간상인을 이용하는 것은 아니다. 회사는 많은 중간상인과 한계점에 도달한 점포를 대상으로 노력을 분산할 필요 없이 선택된 유통업자들과 원만한 동업관계를 형성함으로써 평균 이상의 성과를 기대할 수 있다.
④ **전속적 경로** : 생산자가 특정 지역 또는 시장에 한하여 독점적 권한을 부여한 중간상인 및 업체에게 판매권한을 부여하여 주로 자사 제품을 유통시키는 전략이다. 전문품의 경우에 많이 활용되는 전략으로 중간상인에 대한 통제가 용이하다.

(5) 중간상(intermediaries) 이용 시 이점 22 기출
① 소비자가 원하는 양 또는 형태로 제품을 공급하는 거래의 경제성
② 소비자가 구매하기 원하는 시간에 공급하는 시간효용
③ 소비자가 편리한 장소에서 구매할 수 있도록 하는 장소효용
④ 소비자가 소유하기 용이하게 하는 신용판매, 할부판매 등의 소유효용

(6) 경로갈등
① **경로갈등의 의의** : 경로갈등이란 경로기관 간의 경로목표에 차이가 있음으로써 발생하는 것으로 판매자와 구매자의 목표에 내재하는 차이의 존재로 인함이다.
② **경로갈등의 원인** : 목표의 비양립성, 활동영역·지위·역할의 불일치, 의사경로의 비적합성, 현실인식의 차이, 이념적인 차이 등이 있다.

③ 경로갈등의 유형
　㉠ 수평적 갈등 : 유통경로상의 동일한 단계에 있는 비슷한 경로기관 사이에 발생하는 갈등
　㉡ 이형태 간 갈등 : 어떤 유통경로의 동일한 단계에 있는 이종의 업태 간에 이루어지는 경쟁
　㉢ 수직적 갈등 : 일정한 경로 내에서 상이한 단계 사이의 경쟁
　㉣ 수직적 가격충돌
　㉤ 비가격적 수직적 충돌
④ 경로갈등의 관리
　㉠ 경로주도기업으로서의 리더십 발휘
　㉡ 숭고한 상위목표 제시
　㉢ 공동의 일의 수행
　㉣ 중재와 조정

2 물류관리

(1) 물류관리의 의의
① 물류관리란 이익을 얻고 고객의 요구에 부응하기 위해 자재나 완제품을 생산지점으로부터 사용 내지 소비지점까지의 물적인 흐름에 대해 계획하고 실행하는 것과 관련되는 활동을 말한다.
② 물류활동은 물적유통믹스를 구성하는데 이에는 주문처리, 재고보유, 보관, 수령과 발송, 외부수송, 포장, 관리 등과 같은 여러 가지 활동이 포함된다.
③ 물적유통이란 일반적으로 포장·하역·수송·보관 및 정보와 같은 여러 활동을 말한다. 제품·재화를 수송하는 데는 포장 → 보관 → 집하(集荷), 적재 → 수송 → 중도적환(中途積換) → 하역, 배달 → 보관 → 개장(開裝)의 여러 과정을 거친다. 어떠한 수송수단을 이용하든 이러한 과정을 거치지 않고는 제품·재화의 이동은 불가능하다. 이러한 이동의 전체를 종합적으로 보는 것이 물적 유통이다.

(2) 물류관리의 목적
① 전체시스템적인 측면을 고려
② 고객에 대한 서비스

(3) 수송방식의 유형
① **단위수송방식** : 다소의 소량 화물을 모아서 일정한 로트로 묶어서 하나의 단위로 수송하는 방식이다. 이러한 단위수송방식은 수송횟수를 감소시켜 비용을 절감한다.
　㉠ 파렛트화 : 하대(河臺) 위에 화물을 적재하여 이동하는 것으로 포크리프트(지게차)를 이용한다.
　㉡ 컨테이너화 : 컨테이너에 화물을 넣어 수송하는 방식이다.
　㉢ 콜드 체인 : 냉동컨테이너 수송방식이다.

② 일괄협동 수송방식 : 하나 이상의 수송수단을 결합하여 연계적으로 수송하는 방식이다.
  ㉠ 피기백방식 : 철도 + 트럭
  ㉡ 피시백방식 : 수로 + 철도
  ㉢ 트레인-십방식 : 수로 + 철도
  ㉣ 에어트럭방식 : 공로 + 트럭

(4) 프랜차이즈 체인
① 상품의 유통·서비스 등에서 프랜차이즈(특권)를 가지는 모기업(프랜차이저)이 체인에 참여하는 독립점[프랜차이지(Franchisee)를 조직하여 형성]이 되는 연쇄기업이다.
② 프랜차이저는 가맹점에 대해 일정지역 내에서의 독점적 영업권을 부여하는 대신 가맹점으로부터 로열티(특약료)를 받고 상품구성이나 점포·광고 등에 관하여 직영점과 똑같이 관리하며 경영지도·판매촉진 등을 담당한다. 투자의 대부분은 가맹점이 부담하기 때문에 프랜차이저는 자기자본의 많은 투하 없이 연쇄조직을 늘려나가며 시장점유율을 확대할 수 있다.

(5) 로지스틱스
① 발생시점으로부터 소비점으로의 제품의 흐름을 관리하는 제활동이 로지스틱스의 핵심내용이다.
② 우리나라의 경우 물류, 화물유통, 종합화물유통 등으로 표현하고 있다.
③ 미국 로지스틱스 학회의 정의 : 완성품을 생산라인의 종점에서부터 소비자에 이르기까지 효과적인 이동과 관련한 광범위한 활동으로서 고객서비스, 수요예측, 유통정보, 재고관리, 주문처리, 공장 및 창고입지 선정, 조달, 포장, 반품취급, 화물수송, 창고 등을 물류의 주요 활동으로 본다.

제9절 촉진전략

1 촉진전략

(1) 촉진의 의의
① 판매촉진이란 상품 수요를 늘려가기 위해 하는 모든 활동을 말한다.
② 촉진의 본질은 정보전달에 있다.

(2) 촉진전략의 유형 17 20 21 22 기출
① **광고** : 기업이나 개인·단체가 상품·서비스·이념·신조·정책 등을 세상에 알려 소기의 목적을 거두기 위해 투자하는 정보활동으로 확인 가능한 광고주에 의해 아이디어, 상품 및 서비스를 유상으로 촉진하는 것을 말한다. 이의 특징은 공공제시성, 광범위한 침투성, 증폭 표현성, 비인적 성격 등이다.
② **판매촉진** : 좁은 의미로는 접객판매와 광고를 종합한 활동을 가리키거나 접객판매와 광고를 지원·보완하는 활동만을 가리킬 때도 있다. 가장 넓은 의미의 판매촉진의 내용은 판매주체의 대외적 세일즈 프로모션과 대내적 세일즈 프로모션으로 나누어진다. 이의 특징으로는 의사소통성, 유인성 등이다.

③ 홍보 : 기업·단체 또는 관공서 등의 조직체가 커뮤니케이션 활동을 통해 스스로의 생각이나 계획·활동·업적 등을 널리 알리는 활동으로 그 목적은 각 조직체에 관한 소비자나 지역주민 또는 일반의 인식이나 이해 또는 신뢰감을 높이고 합리적이고 민주적인 기초 위에 양자의 관계를 원활히 하려는 데 있다. 그것은 사실에 관한 정보의 정확한 전달과 불만·요망 등을 수집하는 것에서부터 시작된다. 이의 특징으로는 고신뢰성, 무방비성 등이 있다.

④ 인적판매
　㉠ 의미 : 판매원이 직접 판매할 목적으로 하나 혹은 그 이상의 고객과 이야기하는 가운데 구두로 제시하는 활동을 말한다.
　㉡ 특징 : 인간적 접촉, 개인적인 깊은 유대, 높은 반응성 등이다.
　㉢ 판매원 : 특정 기업을 위해 잠재고객 발견, 고객과의 의사소통, 서비스 제공, 정보수집 등과 같은 활동을 수행하는 개인으로 직접 판매하는 사람을 말한다.
　㉣ 판매원의 판매과정 : 잠재고객 파악 - 접근준비 - 접근 - 판매제시 - 이견해소
　㉤ 판매원 관리
　　ⓐ 판매원 관리는 판매활동의 분석과 계획, 실시 및 통제의 수행을 말한다.
　　ⓑ 판매원의 목표설정, 판매원전략의 수립, 판매원 모집·선발·훈련·감독 및 평가가 포함된다.

구 분	광 고	인적판매	판매촉진	홍보(PR)
범 위	대 중	개별 고객	대 중	대 중
비 용	보 통	고 가	고 가	무 료
특 성	공중제시성, 침투성, 증폭표현성	인적대면, 교화, 양성, 즉각적 반응, 낭비 최소화	강력한 주의력, 제품비교, 충동구매 유발	진실성, 무방비, 각색 가능
장 점	신속, 메시지 통제가능	정보의 양과 질, 즉각적인 피드백	주의 집중, 즉시적 효과	높은 신뢰도
단 점	효과측정의 어려움, 정보의 양 제한	높은 비용, 느린 촉진 속도	모방이 쉬움	통제 곤란, 간접적 효과
소비자 의사 결정 과정	초 기	후 기	후 기	초 기

2 공중관계와 CIP

(1) 공중관계

① 공중관계란 기업의 다양한 공중과의 건전한 관계를 형성하기 위하여 호의적 공중성을 획득하거나 우호적 기업 이미지를 구축하고 비우호적인 소문, 이야깃거리, 사건 등을 방지하는 활동을 말한다.
② 공중관계의 수단 : 기자회견, 제품홍보, 로비활동, 카운셀링 등이 있다.

(2) CI(기업실체)

① 이념실체(MI) : 기업의 경영이념, 슬로건, 모토 및 사풍 등이 있다.
② 행동실체(BI) : 기업 내외에 있어서의 사원 개개인의 행동은 물론, 기업 전체로서의 행동으로서 이에는 인사, 복리후생, 공해대책, 마케팅, 홍보, 판매촉진 등이 있다.
③ 시각적 실체(VI) : 사명, 사색, 심벌마크, 캐치프레이즈, 광고탑 등이 있다.

(3) CIP

CIP란 기업이 공중에게 송신·전달하는 모든 정보는 통합되어 기업실체에 대응하는 기업이미지가 형성되도록 관리되고 계획되어야 하는데, 이러한 계획을 말한다.

③ 판매촉진예산

(1) 가용자원법
① 판매촉진예산을 수립함에 있어서 가용자원법이란 기업들이 지출할 수 있다고 생각되는 수준에서 촉진예산을 설정하는 것이다.
② 이 방법은 촉진예산이 매출액에 미치는 영향을 완전히 무시하는 것이 특징이다.

(2) 매출액비율법
① 대부분의 기업들이 그들의 실제매출액 또는 예상매출액의 일정비율을 촉진예산으로 결정하는 매출액비율법을 이용하여 촉진예산 총액을 책정하거나 판매가격에 대한 일정비율로 예산을 책정하기도 한다.
② 장점: 촉진예산을 자사의 자금사정에 따라 다르게 책정할 수 있고, 경영자들은 촉진비용 및 판매가격과 단위당 이익과의 관계를 고려할 수 있으며, 기업들 간의 촉진예산으로 책정하는 매출액비율이 유사하기 때문에 경쟁적 안정을 기꺼할 수 있다.
③ 단점: 기회활용에 근거한 예산책정이 아니라 가용자금에 근거한 예산책정을 하게 되며, 판매하락에 대처하기 위한 촉진이나 적극적인 촉진을 할 수 없다.

(3) 경쟁사기준법
① 경쟁사기준법이란 자사의 촉진예산을 경쟁사들이 지출하는 수준에 맞추어 책정하는 방법이다.
② 장점: 경쟁사기준법의 장점은 경쟁사들의 지출수준이 그 산업의 중지(衆智)가 반영되어 있다는 점과, 경쟁사의 지출금액과 균형이 맞게 지출하는 것은 촉진비 과다경쟁을 방지하는 역할을 한다는 점이다.
③ 단점: 예산액을 책정하는 데 해당기업이 가지고 있는 아이디어보다 더 좋은 아이디어를 가지고 있다고 믿을 만한 어떤 근거도 없다는 점과 기업들이 극히 상이하며 또한 각 기업들은 자신의 특이한 촉진욕구를 가지고 있다는 점이다.

(4) 목표과업법
① 촉진예산 책정을 위한 가장 논리적인 방법이다.
② 촉진목표를 규정하고, 그 목표를 달성하기 위해 수행하여야 할 과업을 결정하고 이 과업수행에 소요되는 비용을 추정하며 이러한 비용의 합계가 촉진예산 총액이 된다.
③ 특정 목표를 달성하기 위하여 필요한 특정 과업을 사전에 모두 파악한다는 것이 쉽지 않으므로 가장 시행하기 어려운 방법이기도 하다.

제10절 광고관리

1 광고일반

(1) 광고의 의의

광고란 기업이나 개인·단체가 상품·서비스·이념·신조·정책 등을 세상에 알려 소기의 목적을 거두기 위해 투자하는 정보활동을 말하며 글·그림·음성 등 시청각 매체가 동원된다.

(2) 광고의 다양한 정의

① 미국 마케팅협회 : 1963년에 "광고란 누구인지를 확인할 수 있는 광고주가 하는 일체의 유료형태에 의한 아이디어, 상품 또는 서비스의 비대개인적(非對個人的, Nonpersonal) 정보제공 또는 판촉활동이다"라고 정의한 바 있다.
② 미국 일리노이대학의 S. W. 던 교수 : "광고란 광고 메시지 속에 어떤 형태로든 밝혀지는 기업이나 비영리기관 또는 개인이 여러 매체에 유료로 내는 비대개인적 커뮤니케이션이다"라고 정의하였다.

(3) 광고의사결정과정

① **목표설정** : 커뮤니케이션의 목표, 판매목표
　㉠ 설득광고 : 특정 상표에 대한 선택적 수요를 자극
　㉡ 비교광고 : 특정 상표를 다른 상표들과 직접 또는 간접적으로 비교하는 광고
　㉢ 회상광고 : 소비자들로 하여금 그 제품을 계속해서 생각하도록 하는 광고
② **광고예산의 책정** 15 기출
　㉠ 제품수명주기의 단계 : 신제품일수록 소비자에게 인식시키고 신제품 사용을 유발하기 위해 더 많은 광고예산이 필요
　㉡ 시장점유율 : 일반적으로 시장점유율이 높은 상표일수록 시장점유율이 낮은 상표보다 매출액에 비하여 높은 비율의 광고예산이 필요
　㉢ 경쟁사의 수, 경쟁사의 광고예산 : 경쟁사의 수가 많고 경쟁사가 광고비를 많이 지출할수록 그 상표에 대한 광고예산을 높게 책정
　㉣ 광고의 빈도 : 소비자에게 어떤 메시지를 전달하기 위해서 반복광고가 필요할 경우 광고예산은 증가
　㉤ 제품의 차별화 : 제품계열 내에서 경쟁상표들과 제품특성이 유사할수록 그 제품을 차별화하기 위해서는 더 많은 광고예산이 필요

③ 메시지 결정
  ㉠ 메시지 아이디어의 수집
  ㉡ 메시지 평가와 선정
  ㉢ 메시지의 집행
④ 광고매체 선정
  ㉠ 광고매체 선정의 주요 고려요인 : 광고의 목적, 매체의 발행부수, 메시지의 요구조건, 구매결정의 시기와 장소, 광고매체의 효과, 구매결정의 시기와 장소, 매체에 대한 관습 등
  ㉡ 선정과정 : 도달범위와 빈도 및 효과의 결정, 주요 매체유형의 선정, 구체적 매체수단의 선정, 매체별 광고시기의 결정
⑤ 광고평가
  ㉠ 커뮤니케이션 효과측정 : 광고물이 효과적으로 커뮤니케이션을 하였는가를 조사하는 것으로 광고가 인쇄되어 배포되기 전이나 후에 그리고 방송되기 전이나 후에 할 수도 있다.
  ㉡ 판매효과 조사 : '상표인지도와 상표선호도가 각각 20%와 10%씩 증가될 때 판매는 어느 정도나 증가될 것인가?' 등을 조사하게 되는데 광고의 판매효과는 커뮤니케이션 효과보다 측정하기가 훨씬 어렵다.

2 광고의 유형

(1) 제품광고
  ① 고객이 좋은 제품이미지를 가져 선호하고 구매하여 주도록 제품의 특성이나 판매서비스 등을 고객에게 알리는 광고이다.
  ② 제품광고는 직접 제품의 판매를 촉진하는 것이 목적이다.

(2) 기업광고
  ① 예고기업광고 : 고객의 단골의식, 즉 예고동기를 자극하고자 자사의 우수성을 강조하는 광고이다.
  ② 공중관계 기업광고 : 사회 여론의 바탕이 되는 일반공중이 기업에 대해 호의적인 생각이나 태도를 가져 이들과의 사이에 우호적인 공중관계가 형성되도록 기업이 사회적 책임을 다하고 있거나 혹은 기업이 사회적으로 기여한 바를 중심으로 하는 광고이다.
  ③ 공중봉사 기업광고 : 사회대중에 기업이 사회성 내지 공공성을 인식하고 스스로 하나의 기업시민으로서 공공이익을 위해 봉사하는 광고이다.

(3) 구매시점광고
  ① 판매경로상의 최종단계인 소매점의 점포나 점내에서 구매시점에 놓인 소비자가 구매결정을 하게끔 소구하는 광고이다.
  ② 소비자는 구매상품에 근접해 있으므로 광고의 영향을 쉽게 받을 수 있어서 특히 충동구매가 이루어지는 경우에는 주요한 광고방법이 되고 있다.

3 광고메시지의 형태

(1) 표 제

주의를 환기시키고 관심을 가지도록 함으로써 가장 중심적인 주제가 가장 활기찬 것으로 되도록 사용하는 것이다.

(2) 부표제

표제만으로 메시지의 주의력을 끌기 부족할 경우 표제를 보완하기 위하여 사용된다.

(3) 본 문

광고주가 전달하고자 하는 메시지의 내용을 상세하게 설명하는 부분으로 광고문안의 가장 중요한 요소이다.

(4) 캡 션

사진이나 그림 등의 도안이나 쿠폰 밑에 붙은 설명부분으로서 보통 본문보다 작은 단위의 활자를 사용한다.

(5) 박스 혹은 패널

박스와 패널은 특히 강조할 부분을 박스 안에 넣어 표시하는 설명문이다.

(6) 슬로건

제품 또는 사업에 관하여 그 특징이 되는 점을 간단한 문장으로 만들어 반복사용함으로써 사람들로 하여금 기억하도록 하여 강렬한 인상을 주려고 하는 방법이다.

4 광고매체계획

(1) 매체계획의 의의

① 목표 전략이나 표현 전략과 함께 가장 중요한 계획영역이다.
② 일반적으로 매체계획에 앞서 '어떠한 지역에 거주하는, 어떤 소비자층에 대하여 언제, 어떤 효과를 기대하여 광고활동을 계획화할 것인가'하는 계획조건이 결정된다.
③ 매체계획의 골자는 이와 같은 여러 조건에 맞는 신문·잡지·라디오·텔레비전 등 각 매체의 기능·특성 등을 감안하면서 그 편성의 효과가 최대의 것이 되도록 매체사용안(媒體使用案)을 계획화하는 일이다. 그때 대상으로 하는 소비자층의 설정, 기대하는 효과목표의 결정, 표현 전략 영역에서 본 필수정보량(必須情報量), 매체 안의 반복효과, 매체 사이의 상승효과, 그 밖의 복잡한 요인의 편성효과 등을 고려해야 한다.

(2) 매체력 평가기준
  ① 매체 분포 : 인쇄매체는 서큘레이션(Circulation, 신문·잡지 등의 발행부수), 전파매체의 경우는 청취 또는 시청 세트수(대수)
  ② 매체노출(媒體露出) : 소정매체에 접촉한다고 생각되는 대상자의 총수
  ③ 광고노출 : 소정매체에 게출(揭出) 또는 살포(撒布)한 광고물에 접촉한다고 추산되는 대상자의 수
  ④ 광고지각(廣告知覺) : 특정 매체를 통하여 알린 소정의 광고를 지각하고 있는 대상자의 수
  ⑤ 광고 커뮤니케이션 : 광고 메시지를 이해하고 광고에 의하여 태도를 바꾸며 구매의욕을 갖게 되는 대상자의 수
  ⑥ 판매반응 : 소정의 광고가 판매를 촉진하고 그에 기여하는 정도 등

5 광고효과 측정

(1) 통제실험법
  소비자를 실험집단과 통제집단으로 구분하여 두 집단에 대하여 광고 이전과 이후의 매출실적으로 비교하는 방법이다.

(2) 과거매출액 실적법
  직접적인 매출반응을 기대하는 카탈로그, 소매기관의 바겐세일, 우편판매, 광고 등에 이용되는 방법으로 카탈로그를 통해 제품의 매출실적을 파악하여 광고의 매출효과를 측정하는 방법이다.

(3) 실험계획법
  듀퐁회사에서 사용한 방법으로 시장점유율을 고(高), 평균, 저(低)의 세 개 시장으로 분할하고 광고비는 정상적, 2.5배, 4.5배로 배분하여 광고한 후 광고비의 증가에 따른 매출실적 효과를 측정한 것이다.

제3과목 경영학

CHAPTER 05 적중예상문제

01 마케팅에 대한 설명으로 적절하지 않은 것은?

① 제품을 시장에 판매하여 이윤추구만을 목적으로 한다.
② 두 당사자 간에 가치를 매매하는 거래가 있다.
③ 인간의 욕구와 욕망을 충족시키기 위한 수요가 있다.
④ 소유권과 점유권의 이전에 관한 경영활동이다.
⑤ 소비자에게 최대한의 만족을 주고 이윤도 추구한다.

해설

마케팅이란 개인과 집단이 제품과 가치를 창조하고 타인과 교환함으로써 그들의 욕구와 욕망을 충족시키는 사회적 또는 관리적 과정이라고 볼 수 있다.

02 전사적 마케팅과 가장 밀접한 것은?

① 시장점유율을 극대화하기 위한 것이다.
② 기업의 총매출액을 극대화시키기 위한 것이다.
③ 국내・외의 시장을 총괄하여 마케팅활동을 전개하는 것이다.
④ 기업의 모든 경영활동을 마케팅활동 중심으로 통합하는 것이다.
⑤ 마케팅활동은 사회에 대한 책임을 우선으로 해야 한다는 것이다.

해설

전사적 마케팅이란 마케팅활동이 판매부문에만 국한되어 수행하는 것이 아니라 기업의 모든 활동이 마케팅 기능을 수행하게 된다는 통합적 마케팅과 같은 개념이다.

정답 01 ① 02 ④

03 수요상황에 따른 적절한 마케팅방식으로 전환적 마케팅, 자극적 마케팅, 개발적 마케팅, 재마케팅, 동시화 마케팅, 유지적 마케팅, 역마케팅, 대항적 마케팅 등이 제시되고 있다. 다음 중 수요상황과 마케팅방식을 올바르게 연결한 것은?

① 부정적 수요 – 개발적 마케팅
② 불규칙적 수요 – 동시화 마케팅
③ 완전수요 – 재마케팅
④ 잠재적 수요 – 자극적 마케팅
⑤ 초과수요 – 유지적 마케팅

해설
① 전환적 마케팅, ③ 유지적 마케팅, ④ 개발적 마케팅, ⑤ 디마케팅이다.

04 특정 제품에 대한 불건전한 수요나 관심을 줄이거나 없애려는 과제를 지닌 마케팅은?

① 전환적 마케팅
② 유지적 마케팅
③ 디마케팅
④ 개발적 마케팅
⑤ 카운터 마케팅

해설
카운터 마케팅이란 특정한 제품이나 서비스에 대한 수요나 관심을 없애려는 것이다.

05 마케팅에 관련된 설명으로 적절하지 않은 것은?

① 마케팅 믹스는 목표시장에서 기업의 목적을 달성하기 위하여 통제 가능한 마케팅 변수를 적절하게 배합하는 것이다.
② 선행적 마케팅기능은 생산이 이루어지기 전에 수행되는 마케팅으로 여기에는 마케팅조사활동과 마케팅계획활동이 포함된다.
③ 제품관리는 기업의 마케팅목표를 가장 효과적으로 실현하기 위하여 특정 제품이나 서비스를 적절한 시기와 장소에 적절한 가격과 수량으로 판매하는 데 포함된 계획이나 통제활동이다.
④ 경로, 가격, 판매촉진, 유통관리 활동은 후행적 마케팅기능에 포함된다.
⑤ 디마케팅은 공급이 수요를 초과하는 경우에 자원의 생산적 이용을 유도하기 위하여 적용되는 마케팅과업이다.

해설
디마케팅 전략이란 역마케팅 전략이라고도 하는데 하나의 제품이나 서비스에 대한 수요를 일시적으로나 영구적으로 감소시키려 하는 것이다.

06 소비자의 관여도(Involvement)에 관한 설명으로 옳지 않은 것은?

① 제품에 대한 관심이 많을수록 관여도가 높아진다.
② 제품의 구매가 중요하고 지각된 위험이 높을수록 관여도가 높아진다.
③ 관여도가 높을수록 소비자는 신중하게 의사결정을 하려고 한다.
④ 다양성 추구(Variety Seeking) 구매행동은 관여도가 높을 때 나타날 수 있다.
⑤ 인지부조화 감소(Dissonance Reduction) 구매행동은 관여도가 높을 때 나타날 수 있다.

> **해설**
> 다양성 추구 구매행동은 관여도가 낮을 때 나타난다.

07 마케팅에 관한 설명 중 옳지 않은 것은?

① 수평적 통합 – 관련업종이나 이질업종을 연결하는 전략이다.
② 수직적 통합 – 생산업자가 도매상·소매상을 연결하는 전략이다.
③ 심비오틱 마케팅 – 단기보다는 장기에 적합하다.
④ 디마케팅 – 수요를 일시적 혹은 영구적으로 감소시킨다.
⑤ 사회적 마케팅 – 사회적 이념과 일치해야 한다.

> **해설**
> 심비오틱 마케팅은 두 개 이상의 독립된 기업이 제품개발·시장개발·경로개발·판매원 등 마케팅계획과 자원을 공동으로 추진하고 활용함으로써 기업이 개별적으로 어려운 것을 공동으로 하는 데서 얻는 이익과 마케팅문제를 보다 쉽게 해결하고 마케팅 관리를 효율적으로 수행하기 위한 것으로 급변하는 시장에 대응하기 위한 제휴를 말한다.

08 한 가지 또는 한정된 상품군을 깊게 취급하며 저렴한 가격으로 판매하여 동종의 제품을 취급하는 업태들을 제압하는 소매업태는?

① 편의점
② 상설할인매장
③ 카테고리 킬러
④ 회원제 도매클럽
⑤ 슈퍼마켓

> **해설**
> ③ 한 카테고리의 제품만을 전문적으로 낮은 가격에 판매하는 소매업태이다.

09 소비자는 저가격으로 쉽게 구입할 수 있고, 유용성이 있는 제품을 선호한다는 데 관점을 둔 마케팅의 관리이념은?

① 마케팅콘셉트
② 생산콘셉트
③ 제품콘셉트
④ 판매콘셉트
⑤ 사회적 마케팅콘셉트

해설
생산콘셉트란 소비자가 제품을 구입할 만한 여유가 있고 또한 쉽게 구입할 수 있는 제품을 선호하기 때문에 경영자는 생산성을 높이고 유통효율을 개선시키려는 데 초점을 두어야 한다는 관리철학을 말한다.

10 소비자의 욕구를 확인하고 이에 알맞은 제품을 개발하며 적극적인 광고전략 등에 의해 소비자가 스스로 자사제품을 선택 구매하도록 하는 것과 관련된 마케팅전략은?

① 푸시전략
② 풀전략
③ 머천다이징
④ 선형마케팅
⑤ 고압적 마케팅

해설
풀전략이란 기업이 자사의 이미지나 상품의 광고를 통해 소비자의 수요를 환기시켜 소비자 스스로 하여금 그 상품을 판매하고 있는 판매점에 오게 해서 지명구매하도록 하는 마케팅전략을 뜻한다. 따라서 풀이란 소비자를 그 상품에 끌어 붙인다는 의미의 전략이다.

11 마케팅의 기능 중에서 가장 본질적인 기능은?

① 물적 유통기능
② 소유권 이전기능
③ 마케팅 조성기능
④ 금융기능
⑤ 정보 제공기능

해설
마케팅이 수행하는 여러 기능 중 가장 기본이 되는 것은 역시 구매자들의 교환을 창조·유지·발전시킴에 의한 소유권 이전기능이다.

정답 09 ② 10 ② 11 ②

12 제품의 기술적 특성이 강하거나 제품판매에 전문적 지식이 필요한 경우에 적합한 마케팅 조직은?

① 고객별 판매조직
② 제품별 판매조직
③ 기능별 판매조직
④ 지역별 판매조직
⑤ 상표별 판매조직

> **해설**
> ① 단일 제품이나 소규모의 고객이 전시장에 분산되어 있을 때, ③ 고객의 수는 적으나 규모가 크거나 타입이 현저하게 다른 경우, ④ 수많은 구매자가 전국적으로 널리 분산되어 있을 때 활용한다.

13 제품수명주기에 관한 설명으로 옳지 않은 것은?

① 도입기에는 소비자의 시용구매를 유도하기 위한 많은 노력이 요구된다.
② 도입기에는 적자이거나 이익이 나더라도 매우 낮다.
③ 성장기에는 판매가 급속히 확대되고 경쟁기업들이 진입한다.
④ 성숙기에는 조기수용자(Early Adoptors)의 구매가 시장 확대에 중요하다.
⑤ 쇠퇴기에는 경쟁력이 약한 제품들을 제거한다.

> **해설**
> ④ 조기수용자의 구매가 시장 확대에 중요한 시기는 성장기이다.
> 성숙기
> 잠재적 구매자들까지 제품을 구매하였기 때문에 판매성장률이 둔화되는 시기로 과잉시설의 문제가 발생하며 경쟁이 격화된다. 따라서 가격을 조정하게 된다.

정답 12 ② 13 ④

14 BCG 매트릭스 중 다음에서 설명하는 사업단위는?

> • 낮은 시장점유율과 낮은 시장성장률을 나타낸다.
> • 현금을 창출하지만 이익이 아주 적거나 손실이 발생한다.
> • 시장전망이 밝지 않아 가능한 한 빨리 철수하는 것이 바람직하다.

① Star
② Question Mark
③ Pig
④ Dog
⑤ Cash Cow

해설

BCG의 성장-점유 매트릭스
- 별(Star, 성장사업) : 고점유율·고성장률을 보이는 전략사업단위로 그들의 급격한 성장을 유지하기 위해서 많은 투자가 필요한 전략사업단위이다.
- 자금젖소(Cash Cow, 수익주종사업) : 저성장·고점유율을 보이는 성공한 사업으로서 기업의 지급비용을 지불하며 또한 투자가 필요한 다른 전략사업단위 등을 지원하는 데 사용할 자금을 창출하는 전략사업단위이다.
- 의문표(Question Mark, 신규사업) : 고성장·저점유율에 있는 사업단위로서 시장점유율을 증가시키나 성장하기 위하여 많은 자금이 소요되는 전략사업단위이다.
- 개(Dog, 사양사업) : 저성장·저점유율을 보이는 사업단위로서 자체를 유지하기에는 충분한 자금을 창출하지만 상당한 현금창출의 원천이 될 전망이 없는 전략사업단위이다.

15 술, 담배, 해로운 약품 등 불건전한 수요를 제거하기 위한 마케팅 관리에 해당하는 것은?

① 전환적 마케팅
② 재마케팅
③ 동시화 마케팅
④ 디마케팅
⑤ 카운터 마케팅

해설

마케팅 종류
- 전환적 마케팅 : 어떤 제품이나 서비스 또는 조직을 싫어하는 사람들에게 그것을 좋아하도록 태도를 바꾸려고 노력하는 마케팅
- 재마케팅 : 한 제품이나 서비스에 대한 수요가 안정되어 있거나 감소하는 경우 그 수요를 재현하려는 마케팅
- 동시화 마케팅 : 제품이나 서비스의 공급능력에 맞추어 수요발생 시기를 조정 내지 변경하려고 하는 마케팅
- 디마케팅(역마케팅) : 하나의 제품이나 서비스에 대한 수요를 일시적으로나 영구적으로 감소시키려는 마케팅
- 카운터 마케팅 : 건전하지 못한 특정한 제품이나 서비스에 대한 수요나 관심을 없애려는 마케팅

16 마케팅전략의 기본적인 방법에서 필요하지 않은 요소는?

① 제품분석　　　　　　　　② 판매촉진
③ 자금조달　　　　　　　　④ 판매가격
⑤ 유통관리

해설
마케팅전략의 기본요소를 4P라고 하는데 제품, 가격, 유통, 촉진의 네 가지를 말한다.

17 마케팅활동과 관련된 푸시(Push) 및 풀(Pull)전략에 관한 설명으로 옳지 않은 것은?

① 푸시전략은 생산자가 유통경로를 통하여 소비자에게 제품을 밀어 넣는 방식이다.
② 풀전략은 생산자가 소비자를 대상으로 마케팅활동을 펼쳐 이들이 제품을 구매하도록 유도하는 방식이다.
③ 풀전략이 효과적으로 작용하게 되면 소비자들은 중간상에 가서 자발적으로 제품을 구매하게 된다.
④ 푸시전략에서는 생산자가 중간상을 대상으로 판매촉진과 인적판매 수단을 많이 활용한다.
⑤ A기업이 소비자들을 대상으로 광고를 하여 소비자들이 점포에서 A기업 제품을 주문하도록 유인한다면 이는 푸시전략의 사례에 해당된다.

해설
⑤ 풀전략의 사례에 해당한다.

18 마케팅조사에 관한 설명으로 적절하지 않은 것은?

① 특수한 상황과 관련된 것을 조사하는 것이다.
② 정보의 수집을 위한 방법, 자료수집과정을 관리하고 결과를 분석한다.
③ 마케팅문제를 해결하기 위한 정보를 명시해 준다.
④ 마케팅조사는 계속적으로 운영되는 시스템이다.
⑤ 정보를 통하여 소비자, 고객, 공중 등을 마케팅담당자와 연결하는 기능이다.

해설
마케팅조사는 특수한 상황에 대한 단편적·단속적인 프로젝트를 기준으로 운영된다.

정답　16 ③　17 ⑤　18 ④

19 다음 마케팅환경 중 거시적 환경에 속하지 않는 것은?

① 인구통계
② 경제적 환경
③ 기술적 환경
④ 정치적 환경
⑤ 경쟁자

해설

마케팅환경
마케팅환경이란 환경과 목표고객과의 사이에서 마케팅목표의 실현을 위해 수행되는 마케팅 관리활동에 영향을 미치는 여러 행위주체와 영향요인을 말한다.
- 거시적 환경요소 : 인구통계적 환경, 경제적 환경, 자연적 환경, 기술적 환경, 정치적 환경, 법률적 환경, 문화적 환경
- 미시적 환경요소 : 기업, 원료공급자, 마케팅 중개기관, 고객 및 시장, 경쟁자, 공중

20 시장침투가격결정(Penetration Pricing)에 관한 설명으로 옳지 않은 것은?

① 신제품 출시 때 빠른 시간 내에 매출 및 시장점유율을 확대하고자 하는 경우 적합한 방식이다.
② 경쟁자의 진입을 방지하고자 할 때 효과적인 방식이다.
③ 가격에 민감하지 않은 혁신소비자층(Innovators)을 대상으로 하는 것이 적절하다.
④ 단위당 이익이 낮더라도 대량판매를 통해 높은 총이익을 얻을 수 있을 때 활용할 수 있는 방식이다.
⑤ 대체적으로 소비자들이 가격에 민감할 때 적합한 방식이다.

해설

시장침투가격결정은 신제품을 출시할 때 빠른 시간 내에 매출 및 시장점유율을 확보하기 위해 상품의 가격을 저가로 책정하므로 가격에 민감한 소비자들을 대상으로 하는 것이 적절하다.

21 인지적 부조화설은 무엇을 설명하기 위한 이론인가?

① 구매욕구에 관한 개인차이
② 구매의사결정 시점의 갈등
③ 충동적 구매활동
④ 정보수집 및 분석능력의 한계
⑤ 구매 후 만족

해설

인지적 부조화란 소비자가 선택한 상표에 만족하거나 또는 결점을 발견하고 자신들의 선택에 갈등을 느낄 수도 있다는 것이다. 이와 같은 소비자들은 거의 모든 제품을 구매한 후에도 정도의 차이는 있지만 구매 후 부조화를 느끼게 된다.

22 소비재의 제품유형 중 다음에 해당하는 것은?

> • 제품 구매 시 타 제품과의 비교를 위해 상당한 시간과 노력이 투입된다.
> • 지역별로 소수의 판매점을 통해 유통되는 선택적 유통경로전략이 유리하다.
> • 불특정 다수에 대한 광고와 특정 구매자 집단을 표적으로 하는 인적판매를 활용한다.

① 전문품 ② 소모품
③ 자재와 부품 ④ 선매품
⑤ 편의품

해설

소비재의 분류
- 편의품 : 제품에 대하여 완전한 지식이 있으므로 최소한의 노력으로 적합한 제품을 구매하려는 행동의 특성을 보이는 제품이다. 구매할 필요가 생기면 빠르고 쉽게 구매를 결정하며, 선호하는 상표가 없더라도 기꺼이 다른 상표의 제품으로 대체한다. 또한, 단위당 가격이 저렴하고 유행의 영향을 별로 받지 않으며, 상표명에 대한 선호도가 뚜렷하다. 그러므로 편의품을 판매하는 소매점의 특성은 별로 중요하지 않으며, 판로의 수가 많을수록 좋다.
- 선매품 : 제품을 구매하기 전에 가격·품질·형태·욕구 등에 대한 적합성을 충분히 비교하여 선별적으로 구매하는 제품으로 제품에 대한 완전한 지식이 없으므로 구매를 계획하고 실행하는 데 많은 시간과 노력을 소비하며, 여러 제품을 비교하여 최종적으로 결정하는 구매행동을 보이는 제품이다. 구매단가가 높고 구매횟수가 적은 것이 보통이다. 따라서 소매점의 중요성이 높고, 선매품을 취급하는 상점들이 서로 인접해 하나의 상가를 형성하며 발전한다.
- 전문품 : 상표나 제품의 특징이 뚜렷하여 구매자가 상표 또는 점포의 신용과 명성에 따라 구매하는 제품으로 비교적 가격이 비싸고 특정한 상표만을 수용하려는 상표집착(Brand Insistence)의 구매행동 특성을 나타내는 제품이다. 자동차·피아노·카메라·전자제품 등과 독점성이 강한 디자이너가 만든 고가품의 의류가 여기에 속한다. 구매자가 기술적으로 상품의 질을 판단하기 어려우며, 적은 수의 판매점을 통해 유통되어 제품의 경로는 다소 제한적일 수도 있으나, 빈번하게 구매되는 제품이 아니므로 마진이 높다.

23 시장위치선정에 대한 설명 중 옳지 않은 것은?

① 어떤 세분시장에 진출할 것인가를 결정한 후 위치를 선정한다.
② 소비자의 마음 속에서 경쟁제품과 비교하여 우위에 있는 위치를 선정한다.
③ 선택한 위치를 표적세분시장에 효과적으로 전달한다.
④ 소비자들이 제품을 평가할 때 고려하는 속성 중 모든 제품에 대해 유사하다고 느끼는 속성을 선택한다.
⑤ 소비자의 욕구 및 경쟁자의 전략이 변해감에 따라 위치를 점검하고 수정한다.

해설

소비자가 모든 제품을 유사하다고 느끼는 속성은 인지도상에서 각 제품의 위치가 거의 동일하게 위치된다는 것을 의미하므로 인지도의 차원으로 위치를 선정하는 것은 효과가 없다.

24 시장세분화의 장점이라고 보기 어려운 것은?

① 시장의 세분화를 통하여 마케팅기회를 탐지할 수 있다.
② 제품 및 마케팅활동의 목표시장의 요구에 적합하도록 조정할 수 있다.
③ 규모의 경제가 발생한다.
④ 시장세분화의 반응도에 근거하여 마케팅자원을 보다 효율적으로 배분할 수 있다.
⑤ 소비자의 다양한 욕구를 충족시켜 매출액의 증대를 꾀할 수 있다.

해설
규모의 경제는 생산량이나 판매량의 크기에 따라 나타나는 것이므로 시장세분화와는 관계가 없다. 한정된 시장에서 세분화하면 각 세분시장의 수요가 더 작아지므로 오히려 규모의 경제는 이루기가 어렵다.

25 기업은 효율적으로 마케팅활동을 하기 위하여 여러 가지 특성에 따라 시장을 세분화하고, 알맞은 마케팅전략을 전개한다. 다음 중 목표시장의 선정을 위한 시장세분화의 조건으로 적절하지 못한 것은?

① 측정가능성
② 접근가능성
③ 유효·정당성
④ 실질성
⑤ 공공성

해설
시장세분화의 요건에는 측정가능성, 접근가능성, 실질성, 행동가능성, 신뢰성, 유효성, 정당성 등이 있다.

26 소비자들의 욕구, 선호, 구매관습, 구매행위가 각각 다를 때에 적절한 시장세분화전략은?

① 차별적 마케팅
② 경쟁적 마케팅
③ 집중적 마케팅
④ 시장침투전략
⑤ 집중적 또는 경쟁적 마케팅

해설
차별적 마케팅이란 두 개 혹은 그 이상의 시장부문에 진출할 것을 결정하고, 각 시장부문별로 별개의 제품 또는 마케팅 프로그램을 세우는 것을 말한다.

27 다음 보기 중 시장표적화와 관련하여 옳은 것으로만 나열된 것은?

> ㉠ 차별적 마케팅은 대량생산이나 생산의 표준화에 적절하다.
> ㉡ 비차별적 마케팅은 전체시장을 포괄한다.
> ㉢ 집중적 마케팅은 운영상의 경제성은 높으나 상대적으로 높은 위험성이 있다.

① ㉠, ㉡
② ㉡, ㉢
③ ㉠, ㉢
④ ㉠, ㉡, ㉢
⑤ ㉠

해설
생산의 표준화에 의한 대량생산은 비차별적 마케팅이다. 비차별적 마케팅은 기업이 하나의 제품이나 서비스를 갖고 시장 전체에 진출하여 가능한 한 다수의 고객을 유치하려는 전략을 말하며 대량마케팅이라고도 한다. 그러므로 비차별적 마케팅에서는 시장세분화의 필요성이 없다.

28 대기업들이 간과하고 있거나 무시하고 있는 시장을 중소기업들이 개척하는 전략은?

① 시장세분화전략
② 제품차별화 전략
③ 적소시장전략
④ 가격차별화 전략
⑤ 시장침투전략

해설
적소시장전략이란 거의 모든 산업에는 대기업과 충돌을 피하는 시장 일부에 소규모 기업들이 존재하고 있는데, 이 소규모 기업들은 그들의 전문화를 통하여 효과적으로 활동할 수 있고, 주요 기업들이 간과하고 있거나 무시하고 있는 시장적소를 차지하고 있다. 시장적소화는 소비자의 선호를 구축하여 주요 경쟁자의 공격으로부터 자신을 방어할 수 있도록 한다.

29 최근 동종제품을 생산하는 여러 기업들이 협동상표를 개발하여 사용하는 경우가 늘고 있다. 다음의 설명 중 옳은 것은?

① 협동상표전략을 택하고 있는 경우에도 제품·품질의 통제는 각 기업고유의 관리영역이다.
② 협동상표전략은 중소기업 고유업종으로 지정된 업종만 가능하다.
③ 대기업의 진출에 대항하기 위해 중소기업들이 택할 수 있는 유효한 전략의 하나이다.
④ 협동상표전략은 공예품같이 제품차별성이 큰 경우에 특히 유용하다.
⑤ 협동상표전략은 생산자들이 공동작업장이나 공동생산설비를 갖는 경우에만 채용할 수 있다.

해설
협동상표전략은 두 개 이상의 기업들이 공동으로 개발하여 사용하는 상표를 말하는데, 협동상표는 브랜드자산을 한 기업이 독자적으로 구축하기 어려울 경우 선택하는 것으로 주로 중소기업들이 협동하여 개발한다.

30 마케팅 믹스의 내용 중 옳지 않은 것은?

① 전문품은 상점에 나가기 전에 그 제품이나 내용 등에 대하여 잘 알고 있으며, 구매과정에서 상당한 노력을 한다.
② 마케팅리더는 비공식 마케팅경로에서 중요한 역할을 한다.
③ 수명주기는 도입기, 성장기, 성숙기, 쇠퇴기의 과정을 거치게 되는데 성장·성숙기는 특히 매출액이 증가하는 시기이다.
④ 침투가격은 매출수량이 가격에 민감하게 작용하는 경우에 그 효과가 크다.
⑤ 제품구성이란 유사용도나 특성을 갖는 제품군을 말한다.

해설
제품믹스란 특정 판매업자가 구매자들에게 제공하는 제품계열과 품목들의 집합을 의미하는데, 제품계열은 기능·고객·유통경로·가격범위 등이 유사한 제품품목의 집단(예 TV 계열·세탁기 계열)이고, 제품품목은 규격·가격·외양 및 기타 속성이 다른 하나의 제품단위로 제품계열 내의 단위를 말한다.

31 마케팅결정변수의 효율적인 배합은 마케팅활동의 차이를 고려하여 결정한다. 다음 중 마케팅 믹스의 개발 시 고려하여야 할 사항이 아닌 것은?

① 마케팅활동을 수행하기 위한 자금소날
② 마케팅 믹스를 구성하는 변수들에 배분되는 가중치
③ 개인의 선호도, 창의성, 판단 등
④ 지역별 특징에 따른 차이
⑤ 마케팅활동에 투입되는 총 금액

해설
마케팅활동을 수행하기 위한 자금조달원은 자금조달의 문제와 관련된 것이므로 마케팅 믹스 개발 시 고려요인은 아니다.

32 제품수명주기 중 성숙기의 특징에 해당하는 것은?

① 치열한 경쟁
② 이익률의 증가
③ 판매비의 감소
④ 판매성장률의 증가
⑤ 제품의 인지를 위한 광고

해설
판매성장률이 저하되는 시점부터 상대적으로 성숙기에 접어들게 되므로, 판매성장률이 저하되면 과잉시설문제가 생기며 이 때문에 경쟁이 격화된다. 경쟁업자는 빈번하게 가격을 인하하고 정찰제에 따른 가격설정을 하지 않게 된다.

30 ⑤ 31 ① 32 ① **정답**

33 제품수명주기의 정의를 가장 잘 내린 것은?

① 제품개발에서부터 소비자에게 전달될 때까지의 기간을 말한다.
② 신제품이 시장에 도입되어 쇠퇴할 때까지의 기간을 말한다.
③ 고객이 만족할 때까지 계획에서부터 판매 이후까지도 포함되는 개념이다.
④ 제품개발에서부터 고객의 욕구가 충족될 때까지의 기간을 말한다.
⑤ 제품이 시장에 도입되어 소비자가 제품으로부터 효용을 얻게 될 때까지를 말한다.

> **해설**
> 제품수명주기는 도입기, 성장기, 성숙기 및 쇠퇴기의 4단계로 신제품이 도입되어 쇠퇴할 때까지의 기간을 의미한다.

34 제품수명주기에서 매출액이 급증하며 이익이 발생하기 시작하는 단계는?

① 도입기
② 성장기
③ 성숙기
④ 성장기와 성숙기
⑤ 쇠퇴기

> **해설**
> 성장기는 신제품이 시장의 요구를 충족시키면 판매는 상당히 증대되기 시작한다. 수요가 급격히 증대되도록 이를 환기한 경우 이 기간 동안의 가격은 그 수준을 그대로 유지하거나 약간 낮아진다. 촉진비도 경쟁에 대응하고 시장에 정보를 계속 제공하기 위한 현 수준을 유지하거나 약간 확대되기도 한다.

35 침투가격제도란 무엇을 말하는가?

① 대량구매자에게 할인해 줌으로써 고객확보를 위하여 사용한다.
② 일정기간을 정해 놓고 그 기간에 한하여 염가판매하는 제도이다.
③ 고가격을 통하여 고소득층에 침투하려는 전략이다.
④ 저가격을 통하여 시장을 개발·확보하려는 전략이다.
⑤ 중간가격으로 중산층을 확보하는 전략이다.

> **해설**
> 침투가격정책이란 신제품을 시장에 도입하는 초기에 있어서 저가격을 설정함으로써 신속하게 시장에 침투하여 시장을 확보하고자 하는 정책을 의미한다. 이 정책은 대중적인 제품이나 수요의 가격탄력도가 큰 제품의 경우에 많이 이용된다.

정답 33 ② 34 ② 35 ④

36 제품의 특성과 이에 적합한 판매가격결정의 방식이 서로 적절히 연결되지 않은 것은?

① 경쟁이 심한 제품 – 현행가격채택정책
② 지역에 따라 수요탄력성이 다른 제품 – 차별가격정책
③ 가구·의류 등의 선매품 – 가격층화정책
④ 수요의 탄력성이 높은 제품 – 상층흡수가격정책
⑤ 단위당 생산비가 저렴한 제품 – 시장침투가격정책

> **해설**
> 수요의 가격탄력성이 높은 제품은 침투가격정책을 적용하여야 한다.

37 가격관리와 관련된 설명 중 옳지 않은 것은?

① 명성가격결정법은 가격이 높으면 품질이 좋을 것이라고 느끼는 효과를 이용하여 수요가 많은 수준에서 고급상품의 가격결정에 이용된다.
② 상층흡수가격정책은 신제품을 시장에 도입하는 초기에는 고소득층을 대상으로 높은 가격을 받고 그 뒤 차차 가격을 인하하여 저소득층에 침투하는 것이다.
③ 침투가격정책은 신제품을 도입하는 초기에 저가격을 설정하여 신속하게 시장에 침투하는 전략으로 수요가 가격에 민감하지 않은 제품에 많이 사용된다.
④ 탄력가격정책은 한 기업의 제품이 여러 제품계열을 포함하는 경우 품질, 성능, 스타일에 따라 서로 다른 가격을 결정하는 것이다.
⑤ 촉진가격결정법은 기업이 일시적으로 고객을 유인하기 위하여 특정 품목의 가격을 정가 이하 또는 원가 이하로 결정하는 것이다.

> **해설**
> 침투가격결정법은 수요가 가격에 대하여 민감한 제품(수요의 가격탄력도가 높은 제품)에 많이 사용하는 방법이다.

38 재판매유지가격제도란 무엇을 말하는가?

① 도매가격을 제한하기 위한 것이다.
② 소매가격을 제한하기 위한 것이다.
③ 생산가격을 제한하기 위한 것이다.
④ 거래를 개방하기 위한 것이다.
⑤ 시장가격을 개방하기 위한 것이다.

> **해설**
> 재판매가격유지정책이란 유표품(광고, 기타 판매촉진 등에 의하여 목표가 널리 알려져서 선호되는 상품)의 제조업자가 소매상과의 계약에 의하여 자기가 설정한 가격으로 자사제품을 재판매하게 하는 정책을 말한다. 이와 같은 정책은 유표품이 소매상의 손실유인상품으로 이용되는 것을 방지함으로써 시장안정과 명성의 유지를 도모하고 또한 소매업자에게 일정한 이익 폭을 보증해 주기 위한 목적으로 실시한다.

정답 36 ④ 37 ③ 38 ②

39 상대적인 저가전략이 적합하지 않은 상황은?

① 소비자들이 본원적인 수요를 자극하고자 할 때
② 규모의 경제를 통한 이득이 미미할 때
③ 시장의 형태가 완전경쟁에 근접할 때
④ 원가의 우위를 확보하고 있어 경쟁기업이 우리 가격만큼 낮추기 힘들 때
⑤ 시장수요의 가격탄력성이 높을 때

> **해설**
> 규모의 경제를 통한 이윤이 낮을 때에는 경쟁기업과 같은 수준의 등가전략이 적절하다.

40 유통경로에 대한 설명 중 옳지 않은 것은?

① 유통경로는 생산자로부터 소비자에게 제품이 전달되는 과정이다.
② 유통경로의 구성원들은 재화를 수송·운반하고 저장하며 정보를 수집한다.
③ 유통경로의 길이는 중간상 수준의 수를 말한다.
④ 중간상들은 생산자가 생산한 제품의 구색을 소비자가 원하는 구색으로 전환시켜주는 역할을 한다.
⑤ 유통경로는 서비스나 아이디어의 생산자들에게는 큰 의미가 없다.

> **해설**
> 유통경로는 서비스나 아이디어의 생산자들에게 정보를 원활히 전달할 수 있다.

41 다음 중 물류관리에 대한 설명으로 옳지 않은 것은?

① 물류관리가 발전함에 따라 기업은 직접판매망을 구축하여 소비자에게 전달하는 자기대리점망의 구축을 보편화하게 된다.
② 마케팅활동의 일부로서 판매물류에 한정되었던 물류의 개념이 최근에는 조달물류, 생산물류, 판매물류를 포함하는 로지스틱스의 개념으로 확장되고 있다.
③ 물류관리의 주요 목적으로 물류표준화를 들 수 있는데, 이는 물류의 기계화를 촉진할 뿐만 아니라 물류공동화의 필수조건이다.
④ 물류개념이 확장되는 주요 이유 중 하나로 수요의 다양화와 제품수명주기의 단축을 들 수 있다.
⑤ 물류관리의 주요 목적 중의 하나인 상·물분리란 영업활동과 물류업무를 분리함으로써 업무의 효율성을 높이기 위한 것이다.

> **해설**
> 제조업자가 직접 유통업을 통합하게 되면 전문성이 결여되어 비효율적일 수 있으므로, 물류관리가 발전함에 따라 유통은 전문화된 유통기관이 맡는 것이 경제적이고 능률적이다.

정답 39 ② 40 ⑤ 41 ①

42 수직적 마케팅 시스템에 관한 설명으로 적절하지 않은 것은?

① 생산자와 도매상, 소매상들이 하나의 통일된 시스템을 이룬 유통경로이다.
② 경로상의 한 구성원이 다른 구성원들을 모두 소유할 경우도 있다.
③ 경로활동을 통제하고 경로갈등을 해소하기 위해 생겨났다.
④ 산업재 마케팅의 유통경로의 지배적인 시스템이다.
⑤ 규모의 경제, 교섭력 및 중복되는 서비스 제거가 목적이다.

해설
계약형 마케팅 시스템에 관한 내용이다.

43 유통의 기능이 아닌 것은?

① 소유권이전기능
② 물적유통기능
③ 품질보증기능
④ 촉진조성기능
⑤ 정보흐름기능

해설
유통의 기능은 유통기관이 생산자와 소비자 사이를 연결하여 수행하는 기능으로 제품·원료 등의 물적유통기능, 제품의 소유권이전기능, 대금흐름기능, 정보흐름기능, 촉진조성기능 등이 있다.

44 다음 중 머천다이징에 포함되지 않는 것은?

① 새로운 시장의 개발
② 디자인
③ 진 열
④ 브랜딩
⑤ 포 장

해설
머천다이징이란 상업활동의 객체가 될 상품을 소비자의 수요에 적응시키고자 하는 중간상의 활동 또는 상품화계획이라 한다. 즉, 소비자들로 하여금 그들이 원하는 상품을 원하는 시기에, 원하는 장소에서, 원하는 수량을, 적절한 가격으로 구입할 수 있도록 하는 것을 의미한다.

42 ④ 43 ③ 44 ①

45 인터넷 비즈니스에서 성공한 기업들이 20%의 히트상품보다 80%의 틈새상품을 통해 더 많은 매출을 창출하는 현상과 관련된 용어는?

① 파레토(Pareto) 법칙
② 폭소노미(Folksonomy)
③ 네트워크 효과(Network Effect)
④ 롱테일(Long Tail)
⑤ 확장성(Scalability)

해설

롱테일(Long Tail)
판매곡선 그래프에서 봤을 때 머리부분에서 내려와 길게 끝없이 이어지는 부분을 가리킨다. 하위 80%의 구매자들이 모이면 큰 매출을 창출할 수 있다는 이론으로, 상위 20%가 매출을 좌우한다는 파레토의 법칙과는 반대되는 개념이다.

46 인적판매를 중심으로 제품을 소비자에게까지 밀고 가는 전략은?

① 풀전략
② 푸시전략
③ 마케팅전략
④ 판매정책
⑤ 가격침투전략

해설

푸시전략이란 기업이 소비자에 대한 광고에는 그다지 노력을 기울이지 않고 주로 판매원에 의한 인적판매를 통해 소비자의 수요를 창출하고자 하는 마케팅전략이다.

47 촉진전략에 대한 설명 중 틀린 것은?

① 광고란 광고주에 의한 아이디어, 상품 및 서비스를 비인적 방식에 의해 제시하는 것이다.
② 상품에 따라 촉진믹스의 성격이 달라진다.
③ 불황기에는 촉진활동보다 경로 및 가격설정전략이 중요하다.
④ 마케팅 커뮤니케이션은 기업커뮤니케이션과 연계되어 있다.
⑤ 촉진의 본질은 소비자에 대한 정보의 전달에 있다.

해설

불황기에 경로 및 가격설정전략은 그다지 유효하지 않다.

정답 45 ④ 46 ② 47 ③

48 다음의 광고예산 설정방법 중에서 오늘날 가장 타당하다고 할 수 있는 방법은?

① 경쟁사기준법
② 목표과업법
③ 매출액비율법
④ 지불능력기준법
⑤ 투자수익률법

> **해설**
> 광고예산 설정법 중 목표과업법이 논리적으로 가장 합당한 방법이라고 본다.

49 다음 중 레이아웃에 대한 설명으로 알맞은 것은?

① 문자의 나열
② 광고의 도안 및 문안의 효과적 배분
③ 신문광고의 지면
④ 광고물의 내용
⑤ 광고매체 선정 시 사용되는 개념으로 효과적인 공간

> **해설**
> 레이아웃이란 광고문안 및 도안과 같은 광고구성요소가 완전히 정리된 광고물이 되도록 이를 결합하는 기술 내지 과정을 말한다.

50 광고가 노출, 주의, 인지, 관심, 태도나 행동변화에 미친 효과를 무엇이라고 하는가?

① 영향효과
② 판매효과
③ 커뮤니케이션 효과
④ 인지효과
⑤ 관여효과

> **해설**
> 커뮤니케이션 효과란 광고노출 후 제품에 대한 관심이나 태도, 인지 및 행동에 영향을 주는 것을 말한다.

51 기업의 광고매체전략은 여러 가지 요소들에 의존하여 행해져야 한다. 다음에 열거한 요소 가운데 가급적 고려대상에서 제외하여도 상관없는 것은?

① 광고매체별 비용의 상대적 평가
② 광고매체의 효과성 평가
③ 제품자체의 특성
④ 광고대상들의 매체에 대한 관습
⑤ 광고매체의 수

해설

광고매체의 수는 매체선택 시 고려대상에서 제외되어도 된다. 이 외에 소비자의 구매시기, 장소, 광고매체의 발행부수 등을 고려한다.

52 BCG연구에서 성장률이 낮고 시장점유율이 높은 상태의 사업을 지칭하는 것은?

① 수익주종사업
② 문제사업
③ 사양사업
④ 개발사업
⑤ 성장사업

해설

사업 포트폴리오 매트릭스는 1970년 보스톤 컨설팅 그룹(BCG)에 의하여 개발된 자원배분의 도구로서 전략적 계획수립에 널리 이용되어 왔다. 시장에서 높은 시장경쟁으로 인하여 낮은 성장률을 가지고 있는 성숙기에 처해 있는 경우로서, 이 사업은 시장기반은 잘 형성되어 있으나 원가를 낮추어 생산해야 하는데 이러한 사업을 수익주종사업이라 칭한다.

정답 51 ⑤ 52 ①

CHAPTER 06 재무관리론

> **출제 포인트**
>
> 재무관리는 기업가치의 극대화 목표를 달성하기 위하여 필요한 자금을 조달하고, 조달된 자금을 운용하는 것과 관련된 재무의사결정을 보다 효율적으로 수행하기 위한 이른바 기법을 다룬 학문이다. 재무관리의 개괄적인 이해가 선행된 후 재무관리의 핵심적인 재무의사결정 중 투자결정과 자본조달결정의 심도 있는 학습이 필요하다.

제1절 재무관리와 재무분석

1 재무관리

(1) 재무관리의 의의
① 재무관리란 기업활동 중에서 자본과 직접 또는 간접적으로 관련된 활동을 어떻게 효율적으로 수행하느냐에 관한 학문이라고 볼 수 있다.
② 넓은 의미에서의 재무관리는 기업재무를 포함한 증권시장을 중심으로 유가증권과 관련된 학문적인 분야, 금융기관과 금융제도에 관한 연구 및 국가재정정책이 기업에 미치는 영향 등 광범위한 연구분야를 포함할 수 있다.
③ 좁은 뜻의 재무관리는 필요자본량의 산정, 주식·사채 등의 자본조달방법의 선택, 현금수지나 보관 등에 관한 집행적 재무활동을 대상으로 하는 것으로 기업금융론·경영재무론 등의 이름 아래 전통적으로 연구의 주내용이 되어왔다.

(2) 재무관리의 분야
① 재무계획
  ㉠ 이익계획과 자본구조계획(자금계획)으로 대별된다.
  ㉡ 이익계획은 다시 수익계획과 비용계획으로 나누어지며 예산의 형식으로 부문책임과 결합되어 견적포괄손익계산서로서 회계적으로 표시된다.
  ㉢ 자본구조계획은 고정자본구조계획(설비자본구조계획)과 운전자본구조계획(현금수지계획·현금수지예산)으로 나누어지며 견적재무상태표로서 회계적으로 표시된다.
  ㉣ 매출액 백분율법 : 매출액이 예측되었다면 이를 기초로 하여 미래에 필요한 자금을 예측하는데 가장 간단한 방법은 매출액 백분율법이다.

② 재무조직
  ㉠ 재무조직의 중심과제는 재무관리조직이며 그 전형은 컨트롤러제도(Controller System)에 있다.
  ㉡ 컨트롤러제도
    ⓐ 경영활동에 관한 계수적 자료의 수집·분석·제공을 전담하는 분야를 설치하여 기업경영자의 종합적 관리활동을 보좌하는 제도이다.
    ⓑ 기업회계가 재무회계적 기능에서 관리회계를 포함하는 계수관리적 기능으로 발달함에 따라 재무·회계를 직접 집행하는 라인의 성격을 가진 재무 부문과 계수에 의한 간접 통제를 담당하는 스태프의 성격을 가진 컨트롤러 부문으로 구분되어 후자의 장(長)인 컨트롤러가 경영집행진을 보좌하는 제도, 즉 컨트롤러제도가 도입되었다.
  ㉢ 미국의 기업경영에서 발달한 것으로 현재는 관리회계적 기능과 내부감사기능을 보유하는 경우가 있으며 계수적 관리 방법인 예산제도의 집행에서 특히 중요한 역할을 수행한다.

③ 재무통제
  ㉠ 경영분석·경영비교·예산차이분석에 의해 전개되는데 그 집약적 지표는 자본이익률이다.
  ㉡ ROI 기법
    ⓐ ROI(Retrun Of Investment)란 투자수익률이라고도 하는데 가장 기본이 되는 골자는 비율분석에서 간단히 설명한 총자본이익률을 두 요인으로 나눌 수 있다는 데 있다.
    ⓑ ROI는 매출액이익률과 총자본회전율로 분리될 수 있다.
    ⓒ ROI 기법의 유용성
      ㉮ 활동성 비율인 총자본회전율과 수익성 비율인 매출액이익율을 결합한 것으로서 기업활동의 양 측면을 동시에 분석할 수 있으며 이를 기초로 하여 재무통제를 할 수 있다.
      ㉯ 자본이익률은 기업의 경영자나 종업원의 업적평가 및 통제를 하는 데 있어서 다른 의미로서 정의한 수익률의 개념보다 타당성이 있다.
      ㉰ 각 부서에 종사하는 경영자나 종업원들에게 그들 부서의 업무와 기업목표와의 관계를 명확하게 인식시킴으로써 각 부문활동이 기업의 목표와 직결되도록 한다는 것이다.
      ㉱ ROI 차트를 이용하여 현재 우리나라 기업의 상황에서 최고경영자까지도 이해가 불충분한 재무제표의 재무항목 간의 유기적인 관계를 쉽게 시각화하여 이해할 수 있으며 각 재무항목이 기업의 목표와 어떠한 관계에 있는가를 체계적으로 볼 수 있다.
      ㉲ ROI 기법을 사용하면 기업의 목표인 투자수익률에 예상과는 다른 변화가 발생하였을 때 목표수익률에 변화를 가져오게 한 원인을 쉽게 발견할 수 있다.

(3) 재무관리의 주요 관리원칙
  ① 자본유지의 원칙
  ② 자본증식의 원칙
  ③ 안전성의 원칙
  ④ 유동성의 원칙

② 재무분석 14 기출

(1) 재무비율의 종류 15 18 20 기출

① 유동성 비율
  ㉠ 유동성은 단기부채를 갚을 수 있는 능력, 기업이 현금을 동원할 수 있는 능력을 말한다.
    ※ 유동성 비율 = (유동자산/유동부채) × 100
    ※ 당좌비율 = (당좌자산/유동부채) × 100
  ㉡ 경영분석에 쓰이는 관계비율(關係比率)의 하나로 산성시험비율(酸性試驗比率)이라고도 한다.
  ㉢ 현금·예금·매출채권·시장성 있는 유가증권 등으로 구성된 당좌자산 합계액을 외상매입금·단기차입금 등의 유동부채 합계액으로 나누어서 얻는 비율이다.
  ㉣ 일반적으로 이 비율이 100% 이상이면 좋다고 한다. 당좌자산은 화폐적 자산으로 지체 없이 부채에 대한 지불수단이 될 수 있기 때문이다.

② 부채성 비율
  ㉠ 기업이 타인자본에 의존하는 정도를 나타내는 비율로 '레버리지 비율'이라고도 한다.
  ㉡ 유동성 비율과 함께 재무위험을 측정하는 지표로 활용되며 두 가지 측정 방법이 있다.
    ⓐ 재무상태표를 이용하여 부채의존도를 측정하는 것으로 부채비율·자기자본비율·고정비율 등이 있다.
    ⓑ 포괄손익계산서를 이용하여 타인자본에 의존함으로써 발생하는 재무적 고정비가 영업이익에서 차지하는 비중을 계산하여 부채의존도를 측정하는 것으로 이자보상비율이 있다.
    ※ 부채비율 = (타인자본/자기자본) × 100
    ※ 이자보상비율 = (이자 및 납세 전 이익/이자비용) × 100
  ㉢ 타인자본 의존도가 높은 기업일수록 경기 상황에 따라 세후 순이익의 변동폭이 확대되는 레버리지 효과(Leverage Effect)에 의해 투자위험이 증대하므로 도산의 원인이 되기도 한다.

③ 활동성 비율
  ㉠ 재고자산회전율 = 매출액/재고자산
  ㉡ 매출채권회전율 = 매출액/외상매출금
  ㉢ 고정자산회전율 = 매출액/고정자산
  ㉣ 총자산회전율 = 매출액/총자산

④ 수익성 비율
  ㉠ 총자본이익률 = (총세 전 순이익/총자본) × 100
  ㉡ 매출액순이익률 = (순이익/매출액) × 100
  ㉢ 자기자본이익률 = (순이익/자기자본) × 100

⑤ 생산성 비율
  ㉠ 노동생산성 = 부가가치/종업원 수
  ㉡ 종업원 1인당 매출액 = 매출액/종업원 수

⑥ 기업가치 비율
  ㉠ 주당순이익 = 보통주순이익/유통보통주식 수
  ㉡ 보통주순이익 = 당기순이익 – 우선주배당액
  ㉢ 주가수익율 = 주당주식시가/주당순이익

(2) 비율분석의 문제점
  ① 재무분석의 근본 목적은 기업의 미래상태를 예측하기 위한 것인데 비율분석은 과거의 회계정보에 의존한다.
  ② 비율분석은 재무제표를 중심으로 계산되고 평가되는데 재무제표는 일정시점을 기준으로 작성되므로 회기동안의 계절적 변화가 나타나지 않는다.
  ③ 한 기업의 회계처리는 다른 기업과 동일할 수 없어서 그 상호비교가 곤란하며 대기업이나 중소기업의 회계자료의 신빙성이 문제가 된다.
  ④ 합리적인 경영을 하는 동종산업에 속하는 기업들 사이에도 그 경영방침이나 기업의 성격에 따라 재무비율에는 커다란 차이가 생긴다.

(3) 레버리지 분석 10 15 17 20 25 기출
  ① 영업레버리지
    ㉠ 고정자산 등을 보유함으로써 고정영업비용을 부담하는 것을 말한다.
    ㉡ 매출량의 변화율에 대한 영업이익의 변화율의 비율을 말한다.
    ㉢ 영업레버리지도가 높다는 것은 매출액이 증가하면 영업이익이 급속도로 증가한다는 것을 나타내는 것이며 그 기업의 영업이익이 많다는 것을 나타내는 것은 아니다.
    ㉣ 영업레버리지도는 제품단위당 가격, 제품단위당 변동비, 판매량이 일정한 채 고정비가 증가하면 커지고, 단위당 가격, 변동비, 고정비가 일정한 채 판매량을 증가시킬수록 작아진다.
    ㉤ 영업레버리지도(DOL) = $\dfrac{영업이익의\ 변화율}{매출액의\ 변화율}$
  ② 재무레버리지
    ㉠ 타인자본을 사용함으로써 고정재무비용을 부담하는 것을 말한다.
    ㉡ 부채의존도가 높을수록 고정적인 금융 비용의 부담이 커져서, 영업 이익이 변화할 때 주당 순이익이 그보다 높은 비율로 변화한다.
  ③ 그러므로 레버리지 분석이란 고정자산 등의 사용으로 인한 고정영업비용이나 타인자본의 사용으로 인한 고정금융비용, 기업의 영업이익이나 기업소유주의 이익에 미치는 영향을 분석하는 것을 말한다.

제2절 현대자본시장이론

1 현대자본시장

(1) 자본시장의 의의
   ① 자본시장이란 사업의 창설·확장·개량 등 기업의 투자를 위하여 필요로 하는 자금의 조달이 이루어지는 시장을 말한다.
   ② 기업의 투자자금은 비교적 장기에 걸치는 것이 많기 때문에 장기금융시장이라고하며, 운전자금의 조달을 위한 단기금융 시장인 화폐시장과 구별한다. 그러나 원인 여하를 불문하고 장기의 자금대차가 이루어지는 장소를 자본시장이라고 한다.

(2) 자본시장의 특징
   ① 단기자금의 장기화 : 장기자금 수요자가 단기융자를 연속해서 받음으로써 장기자금화할 수 있다.
   ② 장기지금의 단기화 : 장기지금 공급자도 만일 도중에 자금회수의 필요가 생겼을 경우, 새로 나타난 자금공급자에게 자기의 청구권을 양도하여 만기 전에 대차관계를 해소할 수 있다.

(3) 시장의 구분
   ① 전형적인 자본시장은 주식발행시장과 사채(社債)발행시장으로 나누어지지만, 장기금융기관의 대부시장을 포함하는 경우도 있다. 따라서 자본시장 또는 장기금융시장은 자금공급방식에 따라 장기대부시장과 신증권발행시장 및 기발행증권매매시장(증권유통시장)으로 나누어진다.
   ② 장기대부시장은 금융기관이 저축자로부터 조달한 자금을 장기자금수요자에게 장기대출하는 시장이다. 신증권발행시장 및 기발행증권매매시장은 주식·공사채의 발행·매매를 통해 자금의 수급이 이루어지는 시장으로, 일괄해서 증권시장이라고 한다.

2 자본의 투자가치 관련 이론

(1) 확실성하의 투자가치평가법 11 12 13 14 18 19 20 22 23 기출
   ① 내부수익률법(IRR 법) : 투자에 대한 내부수익률과 요구수익률을 서로 비교하여 투자결정을 하는 방법으로, 내부수익률은 예상된 현금유입과 현금유출의 합계를 서로 같게 만드는 할인율이다. 즉, 순현가를 0으로 만드는 할인율이다. 내부수익률이 요구수익률보다 같거나 클 경우에 투자를 채택하게 되며, 내부수익률이 요구수익률보다 작을 경우에는 투자를 기각하게 된다.
   ② 현재가치법(순현가법, NPV 법) : 장래에 기대되는 세후 소득의 현가합계와 투자비용으로 지출된 지분의 현가합계를 서로 비교하는 방법이다. 순현가가 0 이상인 경우에는 투자를 채택하고, 0보다 작은 경우에는 투자를 기각하게 된다.
   ③ 상호배타적 투자안 평가 시 순현재가치법과 내부수익률법에 의한 평가결과는 서로 다를 수 있다.

(2) 마코비츠의 포트폴리오 이론 10 15 기출

① 개 요
마코비츠는 많은 투자자들이 단지 수익률을 극대화하기 위해 단일 자산에 투자하는 것이 아니라 여러 다른 자산들을 서로 배합하여 분산 투자한다는 사실을 이론적으로 설명하였다.

② 포트폴리오 이론의 가정
㉠ 투자자들은 투자기간 기대할 수 있는 주식들의 수익률에 대한 확률분포를 고려하여 투자를 결정한다.
㉡ 투자자들은 투자대상의 위험을 기대수익률의 분산정도로 계량화하여 측정한다.
㉢ 투자자들의 투자결정은 주식의 기대수익률과 표준편차에 의존한다.
㉣ 투자자들은 위험이 같은 주식들 중에서는 높은 수익률을 기대할 수 있는 주식을 선택하고 같은 기대수익률의 주식들 중에서는 위험이 가장 적은 주식이 선호 대상이다.

③ 포트폴리오 위험
㉠ 체계적 위험 : 분산투자로 인해 제거되지 않는 위험(분산불가능위험) 즉, 시장의 힘에 의해 야기되는 위험을 말한다(예 경기변동, 인플레이션의 심화, 이자율의 변동 등).
㉡ 비체계적 위험 : 분산투자를 통해서 제거가 가능한 위험(분산가능위험) 개별적인 부동산 및 회사와 관련된 특수한 상황으로부터 야기되는 위험을 말한다(예 운영상 위험, 기업 내부 위험 등).

(3) 자본자산 가격결정모형(CAPM) 15 19 22 23 24 기출

① 의 의
투자자산 가격결정모형이란 시장이 균형상태를 이룰 때 자본 – 자산들의 가격이 어떻게 결정되는가를 설명하는 모형이다.

② 기 정
㉠ 모든 투자자들은 마코비츠의 이론대로 자본자산의 기대수익률과 표준편차에 따라 투자를 결정한다.
㉡ 위험이 있는 자산에 투자할 때에는 마코비츠의 효율적 프론티어상에 있는 포트폴리오를 선택한다.
㉢ 무위험자산이 존재하며 모든 투자자들은 위험전무이자율로써 언제나 얼마든지 투자자금을 빌리거나 빌려줄 수 있다.
㉣ 모든 투자자는 각 자본자산의 미래수익률과 위험에 대하여 동일한 예측을 할 수 있다.
㉤ 모든 투자자는 위험에 대하여 회피적이다. 위험회피형 투자자는 위험이 크면 더 많은 보상을 원한다.
㉥ 증권시장의 모든 제도적인 요소에 대한 고려는 무시한다. 즉, 증권시장은 완전시장이며 소득세, 거래비용 등이 없고 이자율의 상승과 물가상승 등도 고려하지 않는다.
㉦ 증권시장은 균형상태이다.

참고

- 기대수익률 = 무위험이자율 + 베타(체계적 위험) × (시장포트폴리오 기대수익률 − 무위험이자율)
- 개별주식의 기대수익률 = (호황 시 수익률 × 호황의 확률) + (불황 시 수익률 × 불황의 확률)
- 위험 1단위당 기대수익률 = 평균수익률/표준편차
- 주식의 현재가치 = $\dfrac{배당금 \times (1 + 성장률)}{요구수익률(할인율) - 성장률}$

제3절 운전자본관리와 자본예산

1 운전자본관리

(1) 자금조달방법

자금조달방법, 즉 헤징방법으로 필요한 단기자금은 단기부채로 조달하고, 장기적으로 필요한 자금은 장기부채로서 조달하는 방법을 말한다.

(2) 매출채권관리 21 기출
① 신용기간 : 매출채권 상환기간을 말한다.
② 신용기준 : 고객에 대한 신용평가를 하는 데에는 전통적으로 고려되는 5C가 있는데 이는 고객의 성격(Character), 고객의 능력(Capacity), 고객의 재무상태(Capital), 고객의 담보능력(Collateral), 기업외적(Condition) 조건 등이다.

2 자본예산

(1) 자본예산의 의의

자본예산이란 기업 및 그 밖의 경제주체가 행하는 자본지출이나 투자에 관한 예산을 말한다. 복식예산제도하에서의 예산의 투자계정(投資計定)이 이에 속한다.

자본지출의 내용에는 시험연구나 연구개발 등의 지출도 포함되나, 가장 대표적인 것이 고정설비에 대한 지출이다. 이 때문에 자본예산을 흔히, 설비예산이라고도 한다. 설비투자 등 자본지출에 이용할 수 있는 자금량에는 제한이 있는 것이 보통이므로 총자금을 효율적으로 배분하기 위한 계획법이 중시된다.

(2) 자본예산의 일반적 과정
① 투자목표의 설정
② 투자목적을 달성하기 위한 투자예산의 선정
③ 각 투자대상자들로부터 기대되는 현금흐름의 측정
④ 현금흐름의 평가(경제성분석)
⑤ 투자의 결정

제4절 배당정책과 자본조달

1 자본구조이론 : 모딜리아니와 밀러의 이론(MM 이론)

(1) 기본가정

① 완전자본시장이 존재한다.

완전자본시장이라는 것은 자본시장의 모든 정보가 완전하며, 증권의 거래비용이 없고, 타인자본을 자유로이 누구나 같은 이자율로 얻을 수 있으며, 모든 기업과 투자자들은 이성적으로 행동하며 자본시장에 대하여 정부나 기타 외부의 간섭이 전혀 없는 자본시장을 말한다.

② 경영위험의 크기에 따라 기업들은 같은 위험집단으로 분류할 수 있다. 즉, 기업들은 동질적으로 분류할 수 있다.

동질적 위험집단의 가정은 경영위험이 동일하고 다만, 재무위험이 다른 기업들이 존재한다는 것이다. 즉, 영업이익흐름의 분포는 동일하지만 자본구조가 다른 기업집단이 있을 수 있다는 것이다.

(2) MM 이론의 명제

① 기업의 가치나 가중자본비용은 자본구조와는 무관하다. 기업의 가치는 자본구조와는 독립적인 관계에 있는 가중자본비용으로 영업이익을 할인하여 얻어진다.

② 보통주의 기대수익률은 부채비율이 증가함에 따라 증가하며, 저렴한 비용으로 부채를 사용하는 이점을 완전히 상쇄한다.

③ 새로운 투자의 거부율, 즉 필수수익률은 투자를 위한 자본조달방법과는 관계가 없다.

2 배당정책 21 기출

(1) 배당정책의 의의

배당정책이란 이익 중에서 어느 정도를 어느 시기에 어떤 형태로 배당하느냐에 대해 기업이 취하는 방법을 말한다. '어느 정도'란 당기처분가능이익금을 배당금과 내부유보로 분할하는 것을 말하는 것으로, 배당성향 또는 내부유보율을 결정하는 일이다. '어떤 형태'란 배당지불의 형태를 말한다. 여기에는 현금배당과 비현금배당이 있는데, 비현금배당에는 현물배당·채권배당·사채배당·주식배당이 있다. 주식배당의 경우 자사(自社)의 신주(新株)를 주주에게 교부함으로써 배당금을 대신하는 방법도 있다. 주식배당은 기업의 이익이 주식배당금만큼 자본금으로 편입되기 때문에 추가로 발행한 주식 수만큼 총 발행 주식 수만 늘어날 뿐 기존주주의 지분율은 그대로 유지되어 실질적인 부의 증가를 가져오지 않는다.

(2) 배당에 관한 제이론
  ① 그라함과 도드의 모형 : 그라함과 도드의 배당이론은 실증적인 연구에 기초를 두고 사채의 이자와 우선주의 배당지급 후의 이익은 보통주 소유주에게 돌아갈 수 있는 이익인데, 현금배당과 유보이익으로 나누어 이것이 주식가격에 미치는 영향을 제시한다.

가정	· 기업의 새로운 투자를 위한 자금조달은 유보이익으로만 조정되며, 외부로부터의 차입은 없다고 가정한다. · 기업의 생명은 영원하다. · 현금흐름(배당과 유보이익)의 할인율은 앞으로 계속 일정하며 새로운 투자에 대한 수익률도 일정하다. · 모든 이익은 배당과 유보이익으로 나누어지며 미래의 배당과 이익은 변화하지 않는다.
문제점	· 기업이 새로운 투자를 하기 위한 자금은 유보이익으로만 조달되는 것은 아니다. · 새로운 투자의 수익률이 일정하다는 가정인데 이는 비현실적이다. · 이자율의 변화, 고객의 심리변화, 사회의 불안정성 등이 모두 영향을 미칠 수 있기 때문에 필수수익률이 불변한다는 가정도 비현실적이다.

  ② 제임스 월터의 모형 : 제임스 월터는 주가를 결정하는 요인을 그라함과 도드의 모형과 같이 배당과 유보이익으로 구분하여 설명한다.
  ③ MM의 고객이론 : MM은 수학적 모형으로 배당이 주가에 영향이 없음을 증명하여 주장한다.

(3) 기업의 배당정책
  ① 배당의 중요성 : 거래의 불확실성 제거, 배당의 정보효과, 현재수입의 선호, 세금과 주식매매의 비용 등이 있다.
  ② 배당결정에 영향을 미치는 요인 : 기업의 유동성, 새로운 투자기회와 성장률, 부채상환의 의무, 기업의 지배성 등이 있다.

3 자본조달

(1) 증권시장

증권시장은 크게 발행시장과 유통시장으로 나눌 수 있다. 발행시장은 회사가 증권을 만들어 처음 투자자에게 팔 때까지의 과정을 말하는 것으로, 이를테면 냉장고와 같은 내구재(耐久財)가 공장에서 출고된 후 첫 소비자에게 팔릴 때까지의 과정에 비유된다.

발행시장에는 구체적인 시설을 갖춘 시장은 없고, 각 증권회사의 인수부(引受部)가 시장을 대신한다. 유통시장은 한번 팔려 나간 냉장고가 중고품으로 다시 매매되는 것에 비유된다. 발행시장을 1차 시장(Primary Market), 유통시장을 2차 시장(Secondary Market)이라고도 한다.

(2) 사채(社債) 시장

사채란 주식회사가 일반 대중에게 자금을 모집하려고 집단적·대량적으로 발행하는 채권으로 회사채(會社債)라고도 한다. 균일한 금액으로 분할된 유통증권이 발행되는데, 이 증권만 가지고 있으면 누구라도 권리행사를 할 수 있도록 법적인 제도가 마련되어 있어서 주식과 더불어 증권시장에서 활발히 매매된다. 사채발행은 발행회사가 직접 살 사람을 찾아서 처분할 수도 있지만(직접 발행), 일반적으로 전문적인 증권회사나 종합금융회사 등 인수업자에게 일정한 보수를 주고 위탁한다(간접 발행).

(3) 보통주와 우선주

① 보통주

이익배당상의 순위에 따라 상대적으로 분류된 주식으로 우선주·후배주(後配株)·혼합주 등과 같은 특별주식에 대립되는 일반적인 주식을 말한다. 보통주는 주식의 일반적인 성격을 지니고 각 주식은 평등의 권리내용을 가진다.

② 우선주

보통주보다 재산적 내용(이익·이자배당·잔여재산의 분배 등)에 있어서 우선적 지위가 인정된 주식이다. 우선배당의 참가방법에도 여러 가지가 있으며, 그 참가방법에 따라 분류하면 다음과 같다.

㉠ 소정비율의 우선배당을 받고도 이익이 남는 경우에 우선주주가 다시 보통주주와 함께 배당에 참가할 수 있는 참가적 우선주

㉡ 소정비율의 우선배당을 받는데 그치는 비참가적 우선주(이익이 많은 경우에는 보통주보다 불리하므로 실제로는 거의 발행하지 않음)

㉢ 당해 영업연도에 소정비율의 우선배당을 받지 못한 경우, 그 미지급 배당액을 다음 영업연도 이후에도 우선하여 보충 배당 받는 누적적 우선주(보증주)

㉣ 당해 영업연도에 우선배당을 받지 못하고 그 미지급 배당액을 다음 영업연도에도 보충 배당받지 못하는 비누적적 우선주 등이 있다.

CHAPTER 06 적중예상문제

01 자본자산결정모형(CAPM)이 취하는 가정으로 볼 수 없는 것은?

① 모든 투자자들은 자본자산의 기대수익률, 분산 등에 대하여 동질적 기대를 한다.
② 무위험자산이 존재하며 투자자들은 무위험이자율로 투자자금을 얼마든지 빌리거나 빌려줄 수 있다.
③ 증권시장은 완전시장이다.
④ 모든 투자자는 위험에 대하여 중립적이다.
⑤ 증권시장은 균형상태이다.

해설
모든 투자자는 위험에 대하여 회피적이다. 위험회피형 투자자는 위험이 크면 더 많은 보상을 원한다.

02 자본자산가격결정모형(CAPM)에 관한 설명으로 옳은 것을 모두 고른 것은?

> ㄱ. 증권시장선(SML)은 위험자산의 총위험과 기대수익률 간의 선형적인 관계를 나타낸다.
> ㄴ. 증권시장선의 균형기대수익률보다 낮은 수익률이 기대되는 자산은 과대평가된 자산이다.
> ㄷ. 무위험자산의 베타는 0이다.
> ㄹ. 증권시장선에 위치한 위험자산과 시장포트폴리오 간의 상관계수는 항상 1이다.

① ㄱ, ㄴ
② ㄴ, ㄷ
③ ㄱ, ㄴ, ㄷ
④ ㄱ, ㄷ, ㄹ
⑤ ㄱ, ㄴ, ㄷ, ㄹ

해설
ㄱ, ㄹ은 자본시장선(CML)에 대한 설명이다.

03 영업레버리지도에 관한 다음 설명 중 가장 옳지 않은 것은?

① 매출량의 변화율에 대한 영업이익의 변화율의 비율을 말하는 것이다.
② 다른 조건이 동일할 때 매출량이 많아지면 영업레버리지도도 커진다.
③ 영업레버리지도가 높다는 것은 매출액이 증가하면 영업이익이 급속도로 증가한다는 것을 나타낸다.
④ 영업레버리지도가 높다는 것이 그 기업의 영업이익이 많다는 것을 나타내는 것은 아니다.
⑤ 영업레버리지란 고정자산 등을 보유함으로써 고정영업비용을 부담하는 것을 말한다.

해설

영업레버리지도는 제품단위당 가격, 제품 단위당 변동비, 판매량이 일정한 채 고정비가 증가하면 커지고, 단위당 가격, 변동비, 고정비가 일정한 채 판매량을 증가시킬수록 작아진다.

04 자본예산에 관한 설명으로 옳지 않은 것은?

① 순현재가치는 현금유입의 현재가치에서 현금유출의 현재가치를 차감한 값이다.
② 상호배타적 투자안 평가 시 순현재가치법과 내부수익률법에 의한 평가결과는 서로 다를 수 있다.
③ 내부수익률법을 이용한 상호배타적 투자안 평가 시 최적의 투자결정은 내부수익률이 가장 큰 투자안을 선택하는 것이다.
④ 수익성지수가 1보다 큰 투자안의 순현재가치는 0보다 크다.
⑤ 회수기간법은 사용하기에 간편하나 현금흐름에 대한 화폐의 시간적 가치를 반영하지 못한다.

해설

상호배타적 투자안 평가 시 내부수익률이 가장 높은 투자안을 최적의 투자안으로 선택하되, 자본비용보다 큰 투자안이어야 한다.

05 채권의 만기수익률(Yield To Maturity)에 관한 설명으로 옳은 것은?

① 액면가(Face Value)보다 높게 발행된 할증채권의 만기수익률은 액면이자율(Coupon Rate)과 같다.
② 만기수익률은 액면이자(Coupon)를 채권가격으로 나누어 구한다.
③ 만기수익률은 채무불이행위험과 무관하다.
④ 만기수익률은 액면가의 현재가치와 채권가격을 일치시키는 할인율을 의미한다.
⑤ 만기수익률이 상승하면 채권가격은 하락한다.

해설

① 액면가보다 높게 발행된 할증채권의 만기수익률은 액면이자율보다 낮다.
② 경상수익률에 대한 설명이다.
③ 채무불이행위험이 높아질수록 만기수익률은 증가한다.
④ 만기수익률은 채권의 미래 현금흐름을 채권의 현재가격으로 일치시키는 할인율을 의미한다.

06 자본자산가격결정모형에 관한 설명으로 틀린 것은?

① 자본자산가격결정모형 투자전략에서는 증권시장보다 높은 기대수익률을 가진 주식을 매도하고, 낮은 기대수익률을 가진 주식을 매수한다.
② 무위험이자율과 시장포트폴리오의 기대수익률이 고정되어 있다면 개별증권의 기대수익률은 β의 함수이다.
③ 자본자산가격결정모형에서는 주식투자위험인 투자수익률의 분산 전체를 주식투자위험으로 보지 않는다.
④ 증권의 기대수익률과 체계적인 위험의 척도인 β는 비례한다.
⑤ 자본자산가격결정모형은 기대수익률과 위험의 관계를 설명하기 위한 것이다.

해설
자본자산가격결정모형에 의한 투자전략에서는 증권시장보다 높은 기대수익률을 가진 주식을 매입하고 낮은 기대수익률을 가진 주식을 매각한다.

07 CAPM의 주요 가정으로 틀린 것은?

① 모든 투자자의 동질적 예상을 가정
② 평균·분산기준에 의한 효율적인 분산투자를 가정
③ 완전경쟁적이고 효율적인 자본시장으로 가정
④ 무위험자산은 존재하지 않는다고 가정
⑤ 증권시장은 완전시장이라고 가정

해설
무위험자산이 존재한다고 가정한다.

08 (주)가맹 주식은 현재 주당 10,000원에 거래되고 있다. 미래 경기 상황에 따른 (주)가맹 주식의 수익률 확률분포가 다음과 같을 때 이 주식의 기대수익률은?

경기 상황	(주)가맹 주식의 수익률	확률
호황	20%	40%
불황	5%	60%

① 10% ② 11%
③ 12% ④ 13%
⑤ 14%

해설
(호황 시 수익률 20% × 호황 확률 40%) + (불황 시 수익률 5% × 불황 확률 60%) = 11%

09 다음 A증권의 평균수익률이 15%, 표준편차가 20%인 경우의 위험 1단위당 기대수익률은?

① 15% ② 25%
③ 35% ④ 50%
⑤ 75%

해설
위험 1단위당 기대수익률 = 평균수익률/표준편차이므로 = 15%/20% = 0.75 = 75%

10 주식 A의 표준편차가 0.1, 주식 B의 표준편차가 0.2, 주식 A, B의 상관계수가 0.4, 포트폴리오의 계수가 1.5일 때 두 주식의 공분산을 구하면?

① 0.2% ② 0.4%
③ 0.6% ④ 0.8%
⑤ 1.0%

해설
공분산 = 주식 A의 표준편차 × 주식 B의 표준편차 × 주식 A, B의 상관계수
= 0.1 × 0.2 × 0.4 = 0.8%

11 자본시장선(CML)에 대한 설명으로 옳지 않은 것은?

① 시장포트폴리오는 증권시장에서 거래되고 있는 모든 증권을 시장가치비율대로 구성하는 포트폴리오이다.
② 자본시장선의 기울기는 위험의 단위당 가격을 가리킨다.
③ 자본시장선은 포트폴리오의 기대수익률과 위험의 측정치인 표준편차 간의 선형관계를 나타낸다.
④ 자본시장선은 무위험자산과 위험자산을 결합하여 포트폴리오를 구성하는 포트폴리오의 경우에 얻을 수 있는 효율적인 투자자산이다.
⑤ 자본시장선에 의하면 보상의 대상이 되는 위험은 체계적 위험일 뿐이다.

해설
⑤ 증권시장선에 대한 설명이다.

12 증권시장선(SML)에 관한 설명으로 옳지 않은 것은?

① 균형시장에서 자산의 체계적 위험(β)과 기대수익률은 선형관계를 갖는다.
② 어떠한 경우에도 과소 또는 과대평가된 증권은 존재할 수 없다.
③ 투자자들에게 중요한 위험은 분산투자에 의해 제거되지 않는 체계적 위험이다.
④ 개별 위험자산의 위험프리미엄은 시장위험프리미엄에 개별 위험자산의 베타(β)를 곱한 것이다.
⑤ 증권시장선상의 개별증권 가격은 증권의 수요와 공급을 일치시키는 균형가격이다.

해설
증권시장선(SML)은 주식을 포함한 모든 자본자산의 균형가격이 어떻게 결정되는가를 설명해주는 가격결정모형이다. 따라서 어떠한 자산이 증권시장선상에 벗어나 있다면 그 자산은 과대 혹은 과소평가된 것으로 볼 수 있다.

13 시장포트폴리오의 기대수익률이 5%, 무위험이자율이 3%, 주식 A의 기대수익률이 8%이다. 증권시장선(SML)이 성립할 때 주식 A의 베타는?

① 0.5
② 1.0
③ 1.5
④ 2.0
⑤ 2.5

해설
기대수익률 = 무위험이자율 + 베타(체계적 위험) × (시장포트폴리오 기대수익률 − 무위험이자율)
8% = 3% + 베타 × (5% − 3%)
8% = 3% + 베타 × 2%
∴ 베타 = 2.5

14 포트폴리오에 관련된 내용으로 옳지 않은 것은?

① 포트폴리오를 구성하는 주식의 수가 많을수록 포트폴리오의 위험이 감소되는 이유는 여러 주식으로부터 예상되는 수익률의 분포 양상이 서로 다르기 때문이다.
② 일반적으로 포트폴리오에 포함된 주식의 종류가 많을수록 총위험은 줄어든다.
③ 완전한 분산투자는 체계적인 위험만 제거할 수 있다.
④ 포트폴리오에 포함되는 주식 간의 상관계수가 +1일 경우 포트폴리오의 위험은 두 주식의 위험을 투자비율에 따라 가중평균한 값이다.
⑤ 무차별효용곡선과 접하는 증권을 최적포트폴리오라고 한다.

해설
완전한 분산투자로 제거될 수 있는 위험은 비체계적 위험이다.

15 채권가격의 변동요인에 대한 설명으로 옳지 않은 것은?

① 채권가격과 채권수익률은 역의 방향으로 움직인다.
② 채권의 만기가 증가할수록 채권가격의 변동성도 커진다.
③ 일정한 수준의 채권수익률 변동에 따른 채권가격의 변화율은 만기까지의 기간에 비례하여 증가하지 않고 체감하면서 증가한다.
④ 채권가격은 채권수익률과 만기뿐만 아니라 채권의 표면이자율의 변동에 의해서도 영향을 받는다.
⑤ 채권가격의 변동은 채권의 만기와 함께 감소한다.

> 해설
> 채권가격은 채권수익률이 증가할 경우 만기까지의 기간이 길어질수록 큰 폭으로 커진다.

16 (주)가맹은 지난 해 말에 주당 1,500원의 현금배당을 실시하였다. 그리고 이 회사 배당금의 성장률은 매년 5%이며 이러한 성장률은 앞으로도 계속 유지될 것으로 기대된다. 이 회사 주식의 요구수익률이 15%라고 할 경우 주식의 현재가치는?

① 15,000원
② 15,750원
③ 16,000원
④ 16,250원
⑤ 16,500원

> 해설
> 주식의 현재가치 = $\dfrac{\text{배당금} \times (1 + \text{성장률})}{\text{요구수익률(할인율)} - \text{성장률}}$ = $\dfrac{1{,}500 \times (1 + 0.05)}{0.15 - 0.05}$ = 15,750원

17 (주)가맹의 영업레버리지도(DOL)가 3이고 매출액증가율이 5% 변동하는 경우, 영업이익 증가율은?

① 1%
② 5%
③ 10%
④ 15%
⑤ 25%

> 해설
> 영업레버리지도(DOL) = $\dfrac{\text{영업이익의 변화율}}{\text{매출액의 변화율}}$, $3 = \dfrac{\text{영업이익의 변화율}}{5\%}$
> ∴ 영업이익 증가율은 15%이다.

정답 15 ⑤ 16 ② 17 ④

18 재무레버리지에서 궁극적인 원인은 어디에 있는가?

① 감가상각비　　　　　　② 제조원가
③ 변동비　　　　　　　　④ 광고비
⑤ 이자비용

해설
재무레버리지에서는 이자비용이 지렛대 작용을 한다.

19 자본이익률이 25%, 매출이익률이 20%일 경우 이 업체의 자본회전율은?

① 0.8회전　　　　　　　② 1.0회전
③ 1.25회전　　　　　　　④ 1.5회전
⑤ 2.0회전

해설
자본회전율 = 매출이익률/자본이익률 = 20%/25% = 0.8회전

20 투자에 대한 일반적 설명 중 옳지 않은 것은?

① 투자란 개인 또는 기관투자가들이 자신이 부담하고자 하는 위험수준에 상응하는 수익을 제공해 주는 실물자산 또는 금융자산을 매입하는 활동을 말한다.
② 투자자들은 투자결정에 있어서 미래의 현금흐름을 파악하여야 한다.
③ 투자자들은 투자의 현재가치가 투자에 소요되는 비용보다 더 클 경우에 그 증권을 선택하게 된다.
④ 투자의 수익은 현금흐름이 확실한 경우와 현금흐름이 불확실한 경우가 있다.
⑤ 현재가치는 과거의 현금흐름을 이자율로 나누어서 구한다.

해설
현재가치는 미래의 현금흐름을 이자율로 나누어서 구하는 것이다.

제3과목 경영학

CHAPTER 07 생산·운영관리론

> **출제 포인트**
>
> 효율성과 생산성은 끊임없이 연구의 대상이 되고 있다. 특히 무조건적인 생산만이 능사가 아니며 요즘은 다품종 소량생산으로의 체제변화 등 여러 경제·사회적 여건의 변화에 따라 계속적인 개념변화가 일어나고 있는 단원인 만큼 각종 이론 및 기술적인 내용 등을 공부하여야 한다.

제1절 생산·운영 일반

1 생산·운영

(1) 생산·운영의 개념
① 생산·운영관리는 기업이 주요 생산제품과 서비스를 창출하는 생산시스템을 설계·운영 및 개선하는 것을 말한다.
② 생산·운영관리는 기업이 계획하고 있는 제품이나 서비스를 생산하기 위하여 소요되는 자원을 관리하는 것을 말한다.
③ 생산·운영관리는 마케팅과 재무관리와 같이 분명히 라인상의 관리책임을 지고 있는 기업의 한 기능적 영역이다.

(2) 생산·운영관리의 의사결정 12 기출
① **전략적 의사결정**: 결정의 폭이 넓으며, 시간 프레임에 있어서 수년 또는 그보다 긴 장기적인 의사결정이다.
② **전술적 의사결정**: 전략적 의사결정하에서 제한된 자원, 즉 물자, 기계, 노동 등을 어떻게 하면 효율적으로 이용하고 계획할 것인가 하는 것이다.
③ **생산·운영계획과 통제 의사결정**: 비교적 범위가 좁고 시간 프레임이 단기적인 생산·운영과 관련되어 있는 의사결정이다.

(3) 생산·운영시스템 20 기출
① 생산·운영관리시스템은 입력 → 생산공정 → 산출의 과정으로 생산시스템을 효과적이고 효율적으로 관리하는 것이다.

② 생산시스템의 변환기능
  ㉠ 물리적 형태 변환
  ㉡ 장소의 변환
  ㉢ 저장 : 시간의 변환
  ㉣ 생리적 변화 : 서비스를 받음으로써 인간이 육체적·심리적으로 만족하는 형태적 변환
③ 생산시스템의 유형
  ㉠ 판매형태에 의한 분류 : 주문생산(개방적·폐쇄적), 계획생산
  ㉡ 품종과 생산량에 의한 분류 : 소품종 다량생산, 중품종 중량생산, 다품종 소량생산
  ㉢ 작업의 연속성에 의한 분류 : 단속생산, 연속생산
  ㉣ 공정수명주기에 의한 분류 : 개별생산(프로젝트생산), 뱃지 생산, 라인 생산, 연속생산
④ 생산관리의 원칙(3S)
  ㉠ 표준화 : 제품이나 서비스의 규격, 품질수준 및 모양 등을 규격화하려는 원칙
  ㉡ 단순화 : 제품이나 서비스의 구성부품이나 품목을 줄이고 작업과정을 간단하게 하는 원칙
  ㉢ 전문화 : 생산작업에서 작업자를 특정의 작업에만 종사하게 함으로써 작업능률을 향상시키려는 원칙
⑤ 생산·운영관리의 발전과정
  ㉠ 테일러의 과학적 관리법(과업관리) : 고임금과 저노무비의 문제, 시간연구와 동작연구 및 작업에 관계되는 제조건의 표준화에 의해 결정
  ㉡ 포드의 이동조립법 : 고임금과 저가격, 컨베이어시스템, 동시관리
  ㉢ 호손의 인간중심적 생산연구
  ㉣ 생산관리의 계량적 접근 : 샘플링 이론, 경영과학
  ㉤ 생산운영관리 및 전략이론 : 생산·운영관리, 스키너의 생산전략이론, 컴퓨터의 생산·운영이론, TQM, JIT 등
⑥ 생산관리의 4대 목표
  ㉠ 비용의 절감 : 재료비, 노무비, 간접비 등 생산원가를 최소화한다.
  ㉡ 품질의 향상 : 경쟁업체의 품질보다 월등히 높고 비싼 가격에도 불구하고 팔릴 수 있을 만큼 충분히 좋은 품질이어야 한다.
  ㉢ 납기일의 준수 : 고객이 원하는 시간과 장소에 제품이나 서비스를 인도하여야 한다.
  ㉣ 유연성의 향상 : 수요의 변동에 따라 생산수량을 신속히 조절할 수 있고, 고객의 변화에 따라 제품 설계변화가 가능해야 한다.

2 생산전략

(1) 생산전략의 의의 및 개념
① 생산전략이란 기업전략과 사업전략에 부합하는 생산부문의 장기적인 목표 또는 생산과업을 설정하고 이를 달성하기 위한 행동대안을 선택한 뒤 주어진 생산자원을 효율적으로 배분하는 것을 말한다.
② 스키너는 기업들이 서로 다른 장점과 약점을 가지고 있으므로 여러 가지 방법으로 자기기업을 경쟁회사와 차별화할 수 있고 어떤 한 기업에서 생산조직의 임무는 자기회사의 경쟁상황과 경쟁전략에 맞추어 우선순위를 일관성 있게 선택함으로써 생산시스템의 모양새를 갖출 수 있는 것이라고 보며 생산전략의 중요성을 제기하였다.
③ 생산전략과 관련 전략
   ㉠ 기업전략 : 기업의 성장을 위하여 참여할 사업의 결정, 추진목표의 설정, 이를 달성하기 위해 자원을 획득하고 배분하는 것
   ㉡ 사업전략 : 각 전략사업단위에 의하여 수행되는 전략으로 기업전략과 연결하여 각 사업의 영역을 구체화하는 것
   ㉢ 기능별 전략 : 마케팅, 조직, 생산, 연구개발, 재무 등과 같은 기업의 각 기능별 분야의 전략

(2) 생산전략의 경쟁요인
① 원가 : 제품의 생산에 투입되는 원가요인은 생산전략의 주요한 경쟁요인이 된다.
② 품질 : 절대적 품질등급과 상대적 품질등급으로 구분된다.
③ 납기 : 고객이 제품을 사용하는 데 필요한 장소와 시점으로 고객의 욕구를 만족시키는 주요한 요인이다.
④ 유연성 : 생산시스템이 외적인 환경 변화에 유연하게 대응할 수 있는 능력을 의미한다. 즉, 고객화와 관련된 제품설계의 변경, 신제품의 신속한 도입과 생산수량변동의 폭, 제품믹스의 폭 등의 유연성을 말한다.

(3) 경쟁 우선순위
① 지배적 경쟁요인 : 최우선으로 추구하는 경쟁요인으로 다른 경쟁요인보다 상대적으로 중요시하는 경쟁요인
② 대등적 경쟁요인 : 산업 내 다른 기업의 경쟁요인과 동등하거나 유사한 수준으로 추구하는 경쟁요인
③ 무관적 경쟁요인 : 산업 내 다른 기업의 경쟁요인과 비교하여 상대적으로 중요시하지 않는 경쟁요인

(4) 집중화 생산
① 생산공장의 각 공정이나 설비에 특정 고객집단을 위한 한정된 생산과업만을 부여하는 것을 말하는데 생산자원을 집중적으로 투입함으로써 경쟁우위를 확보하기 위한 생산전략의 하나이다.
② 제조업에 이러한 전략적 접근을 처음으로 개발한 스키너는 이것을 집중화공장이라고 하였다.
③ PWP(공장 내 공장) : 생산공장에서 규모의 경제를 추구하기 위하여 복잡한 생산시스템을 조그마한 공장 내 공장으로 분할하여 특정 제품을 집중화 생산하는 시스템이다.

제2절 제품의 디자인

1 제품디자인

(1) 제품디자인의 개념
   ① 제품디자인이란 대량생산을 하기 위해 제품을 분석·개발·창조하는 실천을 말한다. 또한, 설계설명서를 결정하는 것으로 설계명세는 제품의 구성요소, 형태, 각 부분의 기능 및 생산과정에 필요한 기술적인 설명을 명시해 놓은 것이다. 이러한 제품디자인은 생산시스템을 설계하는 데 기본이 되는 요인이다.
   ② 공업디자인의 목표는 타당한 가격과 폭넓게 공급할 수 있는 가격으로 생산될 수 있어야 하며 대량으로 투자하여 생산하기 전에 반드시 보장할 만한 형태로 형성되어야 한다.
   ③ 초기 산업시대에서 디자인의 개념은 아주 피상적인 것이어서 대부분의 경우 장식으로 제품의 겉모양을 꾸미거나 기계제품에 미술적인 요소를 응용하는 것에 지나지 않았다. 그러나 오늘날에는 이보다 훨씬 더 제품 그 자체에 밀착되어 디자인에 의하여 제품의 존재가치가 결정되며 인간의 생활을 결정하는 하나의 중요하고 심각한 과제가 되고 있다.

(2) 제품디자인 단계
   ① 예비디자인 : 몇 가지의 디자인을 예비적으로 작성해 보는 것이다.
   ② 최종디자인
      ㉠ 기능디자인 : 제품을 고객이 사용했을 때 유지가능성과 신뢰성을 가지고 제품기능을 정상적으로 수행할 수 있도록 디자인 하는 것이다.
      ㉡ 산업디자인 : 제품이 갖추어야 할 핵심적인 속성이 설계상에 잘 구현되도록 디자인 하는 것이다.
      ㉢ 생산디자인 : 경제적인 생산에 초점을 두는 디자인이다.
   ③ 테스트 및 수정 : 디자인이 완료되면 프로토타입 테스트를 받아야 한다.

(3) 제품디자인의 제기법 16 19 21 기출
   ① 동시공학(동시디자인) : 제품개발에 있어서 제품개발팀, 디자인, 제조, 구매, 마케팅, 납품업자 및 기타 관련부서들이 하나의 팀을 구성하여 각 부분이 서로 제품개발에 대한 정보를 교환하면서 동시에 제품개발작업을 추진하는 것을 말한다.
   ② 모듈러 디자인 : 여러 가지의 서로 다른 제품조립에 널리 사용할 수 있는 기본구성품을 만들고 최종소비자의 기호에 따라 고객이 원하는 대로 조립하여 판매하는 것을 말한다.
   ③ 가치공학(VE) : 구매품을 기능과 가격면에서 조사·분석하여 원가를 인하하고 제품의 가치를 증대시키기 위한 체계적 방법이다.
   ④ 품질기능전개 : 고객이 제시한 요구를 제품디자인이나 생산에 고려하여 기술적 설계명세서에 반영하도록 돕기 위해 개발되었다.

⑤ 컴퓨터 지원 디자인(CAD) : 도면을 제도하고 프로토타입을 작성하는 데 소요되는 시간과 노력을 절약하기 위해서 디자인과정에 컴퓨터를 활용하여 디자인하는 것이다.
⑥ 강건설계 : 제품이 작동환경의 영향을 덜 받도록 기능하는 방법이다.

② 서비스 및 서비스 디자인

(1) 서비스

① 서비스는 시간, 장소, 보고양식 또는 인간심리의 유용성을 높이는 경제적 활동으로 정의할 수 있다.
② 서비스 산업은 1차 산업・2차 산업에 대하여, 이들 산업의 발전을 기초로 하여 서비스를 생산하는 3차 산업을 말한다.
③ 서비스의 특징 21 25 기출
  ㉠ 무형적이며 재판매가 불가능하다.
  ㉡ 소유는 일반적으로 이전되지 않으며 저장할 수 없다.
  ㉢ 생산과 소비를 동시에 하며 같은 장소에서 발생한다.
  ㉣ 서비스는 운송할 수 없으며 구매자가 직접 생산에 참가한다.
  ㉤ 서비스는 대부분 직접적인 접촉이 요구되며 생산과 판매는 기능적으로 분리될 수 없다.
  ㉥ 서비스의 품질은 표준화가 어렵다.
④ 서비스의 분류
  ㉠ 고객접촉도에 의한 분류 : 고접촉 서비스와 저접촉 서비스
  ㉡ 설비중심 서비스와 현장중심 서비스

(2) 서비스 디자인의 접근방법

① 생산라인 접근 : 즉석식품점에서 개발된 것으로 즉석식품이 고객에게 공급되도록 처리하는 것
② 셀프 서비스 접근 : 서비스 과정에 있어 고객의 역할 증대를 서비스 디자인에 초점을 두어 접근하는 방법
③ 개인친절 접근 : 서비스 판매자가 개별적으로 고객과 밀착된 관계를 이루면서 보다 느슨하고 자유로운 서비스 과정에서 고객에게 개인적인 호의와 친절을 베풀어 서비스하는 접근방법

제3절 공정설계

1 공정설계

(1) 공정설계의 개념
   ① 공정이란 원자재를 투입하여 완제품을 산출할 때까지의 변환과정을 의미한다.
   ② 공정의 본질은 변환이며, 이러한 변환에는 화학적 변환, 모양이나 형상을 변형시키는 물리적 변환, 저장에 의한 시간적 변환, 서비스에 의한 심리적·행태적 변환 등이 있다.

(2) 공정설계의 유형 25 기출
   ① **프로젝트공정** : 고객화가 높고 생산수량이 적으며, 많은 생산비용을 투입하고 장기간에 걸쳐 규모가 큰 제품이나 서비스를 생산하는 형태로 생산수량은 하나 또는 두세 개인 것이 특징이다.
   ② **배치공정** : 수량은 평균적이며 비정규적으로 다양하게 들어오는 주문을 받아 한 묶음씩 모둠으로 생산하는 것으로 공정중심의 공정형태이다.
   ③ **라인공정** : 순서대로 부품을 투입하여 제품이나 서비스를 조립하거나 생산하는 공정으로 제품중심에 가까운 공정이다.
   ④ **연속공정** : 생산수량이 아주 많고 표준화가 잘 되어 있으나 고객화는 낮은 공정으로 고도로 자동화되어 있는 공정이다.
   ⑤ **잡숍공정** : 서로 상이한 작업과 상이한 흐름경로로 다양한 품종을 소량 생산하는 형태로 표준화 없이 범용기계를 이용하여 개별화가 요구되는 제품을 생산하는 것이 특징이다.
   ⑥ **주문생산공정** : 고객 주문이 들어온 후에 생산을 시작하는 방식으로 재고 없이 주문 수량에 맞춰 생산하는 것이 특징이다.

(3) 공정설계의 주요 의사결정
   ① **공정선택** : 여러 공정방법 중 가장 최선의 선택은 생산하는 제품과 서비스의 생산량과 고객화의 정도에 따라 결정하는 것을 말한다.
   ② **수직적 통합** : 기업의 자체 생산시스템이 투입하는 원재료에서부터 제품을 생산하여 최종소비자에게 판매하기까지 생산체인을 소유하는 정도를 의미하는데 기업의 생산시스템이 생산체인을 관리하는 정도가 클수록 수직적 통합의 정도가 크다.
   ③ **지원유연성** : 기계설비와 작업자가 고객의 욕구에 대응한 다양한 품종, 수요의 크기에 따른 생산수량, 생산기능 등을 유연하게 수행할 수 있는 용이성이다.
   ④ 고객참여 정도
   ⑤ 자본집약도

(4) 공정분석도표
  ① **공정분석도표** : 공정에 대한 이해를 촉진하고 공정을 개선하기 위하여 생산가공공정을 간결하고 보기 쉽게 나타낸 도표이다.
  ② **조립도표(고진토차트)** : 하나의 제품은 여러 가지 부품으로 구성되어 있는데 이들 부품이 어떤 순서로 조립되는가를 나타내는 공정분석도표로서 조립순서, 부품 간의 상호관계, 자재소요를 알 수 있다.
  ③ **작업공정도표** : 부품이나 자재가 생산공정에 투입되는 지점을 비롯하여 이들을 가공하는 작업과 작업한 것을 검사하는 순서를 도표로 나타낸 것으로서 작업물을 중심으로 작성한다.
  ④ **흐름공정도표** : 공정 중에 발생하는 모든 작업, 운반, 저장, 검사, 정체 등을 특정의 기호를 이용하여 도표화한 것으로 각 활동에 소요되는 소요시간, 운반거리, 횟수 등이 포함되어 있다.

제4절 기술관리 및 생산능력의 계획

1 기술관리

(1) 기술의 분류
  ① **제품기술** : 신제품을 개발하기 위해 기술적인 노력을 하는 것이다. 즉, 신제품을 시장에 도입하기 위해서 개발하는 기술을 말한다.
  ② **공정기술** : 제품이나 서비스를 생산하기 위해 사용되는 설비나 생산공정에 적용되는 기술로 품질과 생산비용 등을 개선하는 데 영향을 주는 기술이다.

(2) 기술혁신
  ① 기술혁신이라는 말은 J. A. 슘페터가 사용한 Neuerung(innovation)의 역어로 쓰이고 있다. 슘페터는 이 말을 기술의 발전뿐만 아니라, 새로운 시장의 개척, 상품공급 방식의 변경 등 경제에 충격을 주어 변동을 야기하고 이것에 의해 동태적(動態的) 이윤을 발생시키는 모든 계기를 뜻하는 것으로 풀이하였다. 이러한 개념은 기술발전의 도입과 그것이 보급되는 과정을 포함하고 있다는 점에서 기술혁신으로 표현할 수 있다.
  ② 기술혁신 부문
    ㉠ **제품혁신** : 제품이 가지고 있는 종래의 특성을 새로운 것으로 바꾸어서 현재의 제품과는 전혀 다른 기능과 속성을 가지고 있는 제품으로 변환시키는 것을 의미한다.
    ㉡ **공정혁신** : 제품이나 서비스의 생산공정상에 있어 새로운 생산방법을 발견하는 것을 말한다.

(3) 자동화

① **자동화의 개념**
- ⊙ 컴퓨터와 각종 계측장비를 이용하여 공장의 생산공정을 자동화한 시스템으로 1980년대부터 사용되기 시작한 용어로서 좁은 의미에서는 제품을 만드는 실제에 있어서 생산공정 또는 계측·제어의 자동화 혹은 설계 자동화 등의 국부적인 자동화를 뜻하고, 넓은 의미로는 제품의 수주에서 출하까지 일체의 생산활동을 효율적, 유기적으로 결합시키는 시스템 기술을 말한다.
- ⓒ 이는 제품의 자동설계, 생산공정의 자동제어, 생산설비의 관리, 장애의 발견과 복구, 품질검사 등 각종 생산과 관련되어 인력으로 행하던 모든 일을 자동으로 처리할 수 있도록 하는 것으로서, 생산성을 향상시키고, 사람의 개입을 최소화하면서 짧은 시간 안에 일정한 품질의 제품을 대량으로 생산할 수 있는 장점을 가진다.

② **자동화의 유형**
- ⊙ 고정화된 자동화 : 가공 또는 조립작업의 순서가 기계설비에 의하여 고정화되어 있는 자동화시스템으로 주로 대량으로 생산하는 공장에서 볼 수 있으며 초기에는 높은 설비투자가 소요되지만 대량생산으로 투자액을 회수할 수 있다.
- ⓒ 프로그램 가능한 자동화 : 생산설비를 프로그램에 의하여 작업을 변경하여 서로 다른 제품의 생산에도 적용할 수 있도록 설계한 것으로 작업순서는 작업들을 읽고 해독할 수 있는 코드화된 한 세트의 지시서인 프로그램에 의하여 통제된다.
- ⓒ 유연자동화 : 생산공정에서 한 제품의 생산을 끝내고 다른 제품의 생산으로 바꿀 때 준비시간을 최대한 절약할 수 있는 시스템으로 다양한 제품을 시간의 낭비 없이 생산을 진행시킬 수 있는 능력을 갖춘 자동화시스템이다.

③ **자동화 생산기술** 16 기출
- ⊙ 수치제어기계 : 숫자·문자 또는 기호에 의하여 가공설비를 통제하는 프로그램이 가능한 자동화 공작기계로 특정 작업을 수행하도록 프로그램하기 위하여 적절한 형태로 코드화되며 작업이 변경되면 프로그램지시서도 변경된다.
- ⓒ 산업용 로봇 : 생산공장에서 작업을 하는 작업자의 특성을 가지고 있는 의인화된 하나의 범용 프로그램이 가능한 기계이다.
- ⓒ 유연생산시스템 : 몇 개의 생산가공 작업장에 자동화된 물자취급 및 저장수단이 상호 연결되어 있고 통합된 컴퓨터시스템으로 생산작업을 통제하는 생산시스템이다. 범위의 경제(다품종을 효율적으로 생산할 수 있는 생산능력을 의미)에 가장 적합한 시스템이며 제조비용은 감소되지만 공정을 자동화하는 데 초기투자비용이 높다.
- ⓔ 컴퓨터 통합생산 : 공장운영의 제기능, 즉 제품의 디자인, 생산계획, 작업통제, 생산과 관련된 관리자료의 처리 등 생산과 관련된 제업무를 컴퓨터 시스템에 의하여 수행하는 자동화된 통합시스템이다.

(4) 연구개발(R&D)

① 기업이 신제품을 개발하는 데 필요한 기술적 연구개발활동을 말한다.
② **연구개발의 단계**
- ⊙ 기초연구 : 순수한 과학에 관한 연구
- ⓒ 응용연구 : 특정의 제품생산기술에 직접 적용하기 위해 수행하는 연구활동

    ⓒ 개발연구 : 제품의 생산기술에 필요한 정보를 수집하는 활동
    ⓔ 적용 : 개발연구에 모형이나 시제품의 설계가 이루어지면 시제품이나 파일럿 모델을 제작하여 시장에 내놓아 평가를 받는 단계
  ③ 연구개발전략
    ㉠ 자체연구개발 : 기업이 자체적으로 연구소를 설립하여 운영하거나 또는 연구부서를 두어 연구개발을 하는 것
    ㉡ 기술도입 : 선도기업이나 외국에서 개발되어 있는 기술, 지식을 특허료 또는 노하우료를 지급하고 받아 들이는 것
    ㉢ 기술제휴 : 기술수준이 낮은 기업이 대기업이나 선진국의 기술적인 도움을 받아 기술수준을 높이기 위해 상호 기술적 제휴를 갖는 것

2 생산능력

(1) 생산능력의 의의
① 일정한 기간에 생산하는 한계능력을 생산능력이라고 할 수 있는데, 이는 단위시간에 생산된 수량으로 나타낸다.
② **설계생산능력** : 설비의 설계명세서에 명시되어 있는 생산능력
③ **유효생산능력** : 제품믹스, 일정계획의 복잡성, 설비의 유지관리, 품질관리요인 등을 고려하여 생산할 수 있는 최대생산량
④ **실제생산량** : 실제로 생산되는 수량

(2) 생산능력의 결정요인
① **설비** : 설계, 공장입지, 설비배치, 환경 등
② **제품과 믹스** : 설계, 제품과 서비스 믹스
③ **생산공정** : 생산수량, 품질
④ **인간** : 작업내용, 작업설계, 교육 및 경험, 모티베이션, 급여, 학습곡선, 결근 및 직무변경
⑤ **생산시스템의 운영** : 일정계획, 품질보증, 설비유지
⑥ **외적요인** : 제품표준규격, 안전규정, 노동조합, 공해기준 등

(3) 생산능력 대안
① **단기적인 측면의 대안** : 잔업, 작업교대조 확대, 하청, 재고확보, 수요량의 조정
② **장기적인 측면의 대안** : 생산능력의 확장규모와 빈도

(4) 생산능력지수
① 생산능력지수란 생산능력의 시간적 변동을 파악하기 위하여 작성되는 지수를 말한다.
② 일반적으로 생산능력을 모든 생산물에 걸쳐서 개별적이고도 종합적으로 측정하는 것은 곤란하므로 생산능력산출이 비교적 용이한 업종과 품목을 대상으로 한다.
③ 생산능력의 조업률(操業率)의 변화를 나타내는 가동률지수(稼動率指數)는 생산력지수에 채용된 품목의 생산지수를 생산능력지수로 나누어 지수화함으로써 얻는다.

③ 종합생산계획 16 기출

(1) 총괄생산계획의 의의
① 총괄생산계획이란 계획과 관련된 자원의 총량을 결정하는 것이다.
② 총괄생산계획의 지침 : 기업전략과의 조화, 정확한 수요예측, 안정된 고용수준, 효과적인 재고관리, 변화에 대한 신축성 등이 있다.
③ 총괄생산계획의 대안 : 고용수준의 조정, 생산율 조정, 재고수준의 변화, 하청계약 등이 있다.

(2) 총괄생산계획의 접근방법
① **도표적 접근방법** : 생산할 제품의 품목수가 적고 생산공정이 단순한 생산계획에 그래프나 표를 이용하여 계획기간의 총생산비용을 최소로 하는 전략이다.
② **수리적 접근방법** : 수리계획법에 의하여 생산계획을 수립하는 것으로 선형계획모형과 수송계획모형이 있다.
③ **휴리스틱 접근방법** : 사고의 기능을 통해 경험을 살려 스스로 해결방안을 모색하면서 전차로 해답에 접근하는 것으로 경영계수이론과 파라메트릭기법이 있다.
④ **컴퓨터 탐색접근법** : 선형결정모형에 생산율과 고용수준을 투입하고 컴퓨터 프로그램에 의하여 최적생산계획을 탐색하는 방법이다.

제5절 입지결정 및 설비배치

1 입지결정 15 기출

(1) 입지결정의 의의
① 입지결정이란 설비입지의 대안들을 마련하고 생산활동을 하는 데 장소적 적합성을 분석·평가하여 하나의 최적입지를 선택하는 것을 말한다.
② 입지결정 시 필요한 특성은 총괄성, 장기성, 지역사회 공해문제, 생산의 현지화 등이다.

(2) 입지결정의 필요성
① 시장확장을 위해서
② 신설비 설립의 경우
③ 자원이 고갈된 경우
④ 공해문제나 지역사회개발에 따라
⑤ 채산성이 없거나 기업의 전략상 시설을 다른 곳으로 옮겨 재배치하여야 하는 경우

(3) 입지결정의 요인 및 절차
① 입지결정의 요인 : 고객과의 접근정도, 환경, 총비용, 사회간접시설, 노동의 질, 공급자, 무역관계, 정치적 위험, 경쟁우위 정도 등
② 입지결정의 절차 : 설비의 생산능력 결정 → 입지대안의 평가요인 결정 → 입지대안의 열거 → 각 대안의 평가 및 최선안의 선택

(4) 입지결정의 대안
① 현재의 생산시설에 확장할 여유공간이 있을 경우의 확장 : 가장 경제적 대안
② 신설비의 추가건설 : 현재의 설비는 그대로 두고 다른 장소에 새로운 시설을 추가로 설립
③ 현재설비를 폐쇄하고 신공장을 설립
④ 하청 : 제품을 생산하는 생산기업에 하청을 주는 것도 설비입지결정을 하지 않고 확장효과를 가져옴

(5) 입지대안의 평가방법
① 총비용비교법 : 입지를 결정하고 해당 입지에 공장을 설립하는 데 소요되는 모든 비용을 계산하여 최소의 비용이 소요되는 입지를 선정하는 것을 말함
② 손익분기도법 : 그래프나 수식으로 분석하는 데 자주 이용됨
③ 요인평정방법(점수법) : 양적으로 측정이 불가능한 요인에 대하여 주관적으로 평가한 자료에 의하여 가중치의 범위를 정해 놓고 각 입지대안에 대한 평정치를 요인별로 종합하여 최적의 입지를 선정하는 방법
④ 수송모델 : 하나 이상의 공급지에서 하나 이상의 수요지에 수송을 할 때 수송문제를 결정하는 모델이므로 기존의 복수공장을 운영하면서 새로운 공장이나 저장소의 입지를 추가하려고 할 때 적용할 수 있는 모델

2 설비배치

(1) 설비배치의 의의
① 설비배치란 원자재를 투입하는 곳으로부터 완제품을 생산하여 출고하는 곳까지의 생산공정 내에서 원료, 완제품 등의 흐름을 가장 적은 비용으로 가장 적절한 양을 처리하기 위하여 가장 적절한 장소에 선정된 기계를 순차적으로 공장 내에 배치하는 것을 말한다.
② 설비배치의 목적은 생산공정의 단순화, 물자취급의 최소화, 공간의 효율적 이용, 작업자의 편리와 만족, 투자의 효율화, 노동의 효율적 이용 등이다.

(2) 설비배치의 유형
① 공정별 배치 : 기능별 배치라고도 하는데 유사한 생산기능을 수행하는 기계와 작업자를 그룹별로 일정한 장소에 배치하는 형태로 제품의 종류가 다양하고 생산수량이 적은 다품종 소량생산에 적합하다.
② 제품별 배치 : 제품생산에 투입되는 작업자나 설비를 제품의 생산 작업순서에 따라 배치하는 형태로, 작업자의 수작업을 최소한으로 줄이기 위하여 컨베이어나 자동화된 기계를 사용하는 공장에서 적용하는데 생산수량이 많고 작업이 단순한 소품종 대량생산에 많이 적용된다.

③ 고정위치형 배치 : 생산하는 장소를 정해 놓고 이곳에 주요 원자재, 부품, 기계 및 작업자를 투입하여 작업을 수행하도록 배치해 놓은 형태로 일반적으로 제품이 매우 크고 중량이 무거운 것을 생산할 때 적용되는 배치형태이다.
④ 혼합형 배치 : 공정별, 제품별, 고정위치형 배치의 유형을 혼합하여 배치하는 경우로 일반적으로 서비스 생산시스템에서 흔히 볼 수 있다.

(3) 배치기법의 개선방법

① 공정별 배치기법의 개선방법 13 16 기출
  ㉠ 집단관리기법(GT) : 집단관리기법의 기본적인 사고방법은 복잡하고 다양한 가공물에 관한 정보를 일정한 분류규칙에 따라 질서정연하게 표기하고 이들 중에서 특정한 목적에 들어 맞는 것을 골라 내어 이것들을 모아 일정한 그룹에 집약시켜 설계, 가공, 조립 등 일련의 생산작업을 합리적으로 배치하고 운영하는 것이다.
  ㉡ 셀룰러 배치 : 가공공정이 유사한 부품의 집합을 부품군 또는 부품가족이라 하며 특정 부품가족을 가공하기 위해서 필요한 기계를 가공순서로 배치한 것을 셀이라고 하는데, 부품가족별로 셀을 구성하여 배치하는 설비배치 또는 배치에 따라 가공하는 생산시스템을 말한다.

② 제품별 배치기법의 개선방법
  ㉠ 라인 밸런싱 : 생산시스템 운영에 있어서 노동과 생산설비를 최대한으로 이용하고 작업자의 유휴시간을 최소로 하기 위한 것으로 작업장의 작업활동을 시간적으로 균형을 이루도록 배분한 것이다.
  ㉡ 사이클 타임 : 어떤 제품을 생산하기 위하여 원료가 투입되어 작업이 시작되면서 생산이 완료될 때까지 각 작업장에서 생산작업을 하는 데 가장 최대로 소요되는 시간을 말한다.
  ㉢ 밸런스 효율 : 각 작업장의 표준작업시간이 균형을 이루도록 한 정도로서 생산작업에 총 투입된 시간에 대한 실제 이용시간의 비율로 나타낸다.

제6절 직무설계 및 작업측정

1 직무설계

(1) 직무설계의 개념
① 생산공정 내에서 개별작업자 또는 일단의 작업자 그룹이 수행하는 작업활동을 구체적으로 명시해주는 기능이다.
② 작업자가 수행하여야 할 직무내용의 결정 + 작업자가 직무를 수행하는 최선의 작업방법을 결정해주는 기능이다.

(2) 직무설계의 접근방법
　① **직무전문화 접근방법** : 직무를 세분화하여 작업자가 작업의 좁은 부분만을 담당하고 작업을 수행하도록 설계(권태감 초래)
　② **사회심리학적 접근방법** : 직무확대(수평적), 직무비옥화(수직적), 직무로테이션
　③ **사회기술적 접근방법** : 작업자와 기계의 상호관련성과 적합도를 고려한 직무설계
　④ **생리적 접근방법** : 작업자가 작업을 수행할 때 작업자에게 미치는 생리적인 영향을 고려하여 직무설계

2 작업방법연구

(1) 작업방법연구 일반
　① 작업방법연구란 직무설계의 거시적 측면에서의 작업방법을 체계적으로 분석하여 개선하는 것을 말한다.
　② 작업방법연구의 절차
　　㉠ 작업방법연구의 대상선택
　　㉡ 현행 및 계획된 방법의 정리
　　㉢ 현행 및 계획된 방법의 분석
　　㉣ 개선할 대안의 모색 및 평가
　　㉤ 최선안의 선택 및 적용

(2) 동작연구
　① 의 의
　　㉠ 동작연구란 작업동작을 최소의 요소단위(要素單位)로 분해하여, 그 각 단위의 변이를 측정해서 표준작업방법을 알아내기 위한 연구이다.
　　㉡ 보통 시간연구와 함께 실시된다.
　　㉢ 각종 작업동작을 몇 가지 요소로 분해하여 헛된 동작을 줄이고, 공구나 설비의 개선과 더불어 최선의 작업 방법을 정하여 불필요한 피로를 줄이고 능률적인 작업을 하려는 것이다.
　　㉣ 표준작업동작은 작업훈련이나 표준작업량 결정 등에 쓰인다.
　　㉤ 표준작업량 산정(算定)은 생산이나 공정 관리상 중요한 의미가 있는 것으로, 최근에는 많은 연구 결과 여러 가지 동작시간 사전결정법이 고안되었다. 즉, 여러 가지 조건하의 요소동작의 표준시간을 미리 연구 결정하여, 그 수치를 사용하여 각종 작업의 표준시간을 산정하는 방법이 발전하였다.
　② **작업측정** : 작업자가 정상적인 조건하에서 어떤 작업을 수행하는 데 소요되는 작업시간을 측정하는 것이며 측정된 시간에 작업자평정치와 여유시간을 고려하여 산정한다.

(3) 시간연구
　① 시간연구의 개념 : 작업자가 도달할 수 있는 1일 작업량을 과업이라 한다. 이 과업의 설정을 위한 과학적 방법을 채택하여 채택된 과업을 노동자의 표준작업량으로 하고, 이 작업량의 도달 여부에 따라 임금이 지급되는 '차별적 고임금(Differential Piece Rate Plan)'을 연상하게 함으로써 노동자를 조정·관리하려는 연구를 말한다.
　② 스톱워치법 : 표준화된 작업을 평균적 노동자에게 수행하게 하고, 그 시간을 스톱워치로 측정하여 표준작업시간을 설정하는 방법으로, 20세기 초의 과학적 관리법 이후 널리 사용되고 있다. 이 방법에서는 작업을 요소작업(要素作業)으로 분석하고, 각 요소작업에 대해 실질시간(實質時間)을 측정하며, 그 합계인 실질작업시간에 적당한 여유시간을 더하여 표준작업시간으로 삼는다. 실질시간의 측정에 합리성을 기하기 위해 여러 관측법이 고안되고 있으며, 피실험자의 특수성을 제거하기 위해 평준화(Leveling)가 실시된다.
　③ WF(작업요소)분석법(Work Factor분석법) : 인간이 하는 작업에는, 그 작업의 구성요소인 동작을 행하는 신체부위, 동작의 크기, 동작을 제약하는 외적(外的) 조건에 따라, 동작의 수행에 소요되는 객관적으로 적정한 시간이 존재한다는 전제에서 비롯된다. 이에 따라 우선 각 요소동작마다 각 신체부위별로 동작시간을 실제 데이터에 의해 제약요인과 관련지어 해석(解析)하고 시간표(예정표)를 만들어 둔다. 이때의 시간은 1분을 1만 WFU로 하는 WFU 단위로 표시된다. 다음으로 실제작업을 구성요소 동작으로 분해하여, 각 요소동작마다 그 크기의 제약조건에 맞는 시간을 시간표에서 찾아내고, 합계로서 표준작업시간을 얻는다.
　④ MTM법(Methods Time Measurement, 시간측정법) : 기본적으로는 WF분석법과 동일한 관점에서 실시되는 것이지만, 시간표에서 각 요소동작을 케이스(작업조건이 주는 곤란성)와 타입(상태·속도 등)에 따라 더 세분화하고, 그 각각에 대하여 동작의 크기(거리·각도)마다 시간치(時間値)를 표시한다. 또 시간치는 1시간을 10만 TMU로 하는 TMU 단위로 나타낸다. 이러한 기초자료는 필름에 담은 실제 작업에서 구해진다. 표준작업시간을 시간표에서 얻은 구성요소 시간의 합성으로서 산출하는 점은 WF분석법과 같다.

(4) 워크 샘플링과 학습곡선
　① 워크 샘플링 : 연속적인 작업을 확률적 표본조사에 의하여 작업시간을 추정하는 방법이다. 그 순서는 '측정할 작업과 목적 정의 → 워크 샘플링하는 작업부서 감독자의 승인 → 최종 측정결과에서 요구되는 정확도 결정 → 측정하는 작업자의 작업 중이나 유휴에 대한 백분율 p를 예비적으로 산정 → 관찰 설계 → 관측하고 관측자료를 수집하고 분석 → 관측자료의 정확도와 정도 검증 → 표준시간 산정'이다.
　② 학습곡선 : 복잡한 학습의 과정을 그림으로 표시하기는 어렵지만 비교적 단순한 학습에서는 학습량, 학습시간, 반응시간, 정밀도, 오류 등을 측도로 하여 행동의 변화를 표시할 수 있다. 이것을 일반적으로 학습곡선이라 하는데 학습의 한계점·반응률(행동변화의 정도), 반응률 변화의 정도 등이 학습 성립의 갖가지 조건에 지배되기 때문에 일정한 형식으로 나타낼 수는 없다.

제7절　수요예측

1 개 설

(1) 수요예측의 개념
① 수요예측이란 수요분석(需要分析)을 기초로 하여 시장조사 등 각종 예측조사 결과를 종합하고 장래의 수요를 예측하는 일을 말한다.
② 수요예측은 단지 일정기간에 있어서의 기업의 전제품 또는 한 제품의 매상 전망, 즉 개별기업의 범위 내에서의 예측에 국한하지 않고 널리 다른 산업과의 관련, 경제 전체의 추세로까지 그 범위를 확대하는 것이 바람직하다. 왜냐하면 수요예측은 현재로부터 장래에 걸친 기업활동을 위한 의사결정의 기초를 구성하기 때문이다.

(2) 수요예측의 목적
① 장기적 측면 : 공정설계, 생산능력 결정 등에 사용
② 단기적 측면 : 생산계획의 수립, 재고통제, 고객서비스 개선 등의 목적

(3) 수요지표
① 선행지표 : 경기동향을 나타내는 각종 경제지표 중 경기의 움직임보다 앞서 움직이는 지표로서 일반적으로 경제 전체의 변동에 앞서 경제활동의 정점 또는 저점(底點)에 도달하는 경제활동의 측도(測度)이다.
② 동행지표 : 사업주기와 일치하는 시기에 변화를 가져오는 외부적 영향요인을 말한다.
③ 후행지표 : 경기동향을 나타내는 각종 경제지표 중에서 전체로서의 경기변동보다는 뒤늦게 변화하는 경제지표이다.

2 수요예측 방법 10 11 12 20 기출

(1) 질적 예측방법 17 기출
① 델파이법 : 관련 전문가들을 한 자리에 모으지 않고 일련의 의견을 질문서에 각자 밝히도록 하여 전체 의견을 평균치와 사분위값으로 나타내는 방법으로 다수의견이나 유력자의 발언으로부터 영향을 배제할 수 있는 방법
② 판매원종합의견법 : 특정 시장에 정통한 판매사원이나 거래처의 의견을 종합하여 수요를 예측하는 방법
③ 경영자판단법 : 예측과 관련 있는 상위 경영자의 의견을 모아 예측하는 방법
④ 위원회합의법 : 위원회를 구성하여 예측하는 방법
⑤ 시장조사법 : 제품이나 서비스를 새로 출시하기에 앞서 소비자의 의견조사 내지 시장조사를 행하여 수요를 예측하는 방법

⑥ 라이프 사이클 유추법 : 전문가의 도움이나 경영자의 경험으로 제품의 라이프 사이클을 판단하여 수요를 예측하는 방법
⑦ 자료유추법 : 신제품을 개발할 때 그와 유사한 기존제품의 과거 자료를 기초로 하여 예측하는 방법

(2) 양적 예측방법 14 16 24 기출

① 시계열예측방법 : 시계열을 따라 제시된 과거자료로부터 그 추세나 경향을 파악하여 장래의 수요를 예측하는 방법이다. 시계열 구성요소로는 추세변동, 순환변동, 계절변동, 우연(임의)변동 등이 있다.
  ㉠ 전기수요법 : 가장 최근의 수요실적을 장래의 수요예측치로 보는 방법
  ㉡ 절반평균법 : 전반기의 중앙시점값과 후반기의 중앙시점값을 연결하여 동적 평균선을 구하는 방법
  ㉢ 이동평균법 : 단순이동평균법은 예측하려는 시계열의 각 기간의 수요치에 대한 값의 비중을 동일하게 고려하여 평균값을 이동시켜 미래의 수요를 예측하는 방법
  ㉣ 가중이동평균법 : 이동평균을 할 때 예측하려는 기간에 가까울수록 보다 더 예측값에 영향을 준다는 가정 아래 시계열의 각 기간에 대한 수요치를 예측기간에 가까운 기간에 더 높은 가중치를 두어 이동평균을 구하는 방법
  ㉤ 지수평활법 : 이동평균에 있어 최근의 자료에 보다 더 높은 가중치를 주고 과거자료의 비중을 평활시키는 이동평균법의 한 형태

② 인과형 예측법
  ㉠ 단순회귀모형 : 회귀한 종속을 의미하는데 단순회귀는 독립변수가 단 하나일 때 예측하는 방법
  ㉡ 다중회귀모형 : 독립변수가 하나 이상일 때 예측하는 방법
  ㉢ 계량경제모형 : 일련의 상호관련된 회귀방정식을 이용하여 경제변수를 대입하여 예측하는 방법
  ㉣ 투입 – 산출모형 : 산업부문의 제품이나 서비스의 투입과 산출의 흐름을 분석하여 수요를 예측하는 방법
  ㉤ 선행지표법 : 예측하고자 하는 수요예측 대상의 선행지표를 이용하여 수요를 예측하는 방법
  ㉥ 의사결정수 모형 : 의사결정수의 모형을 이용하여 예측하는 방법

> **참고** 수요예측 방법 중 정성적 예측법과 정량적 예측법
> - 정성적 예측법 : 경영자판단법, 델파이법, 시장조사법, 판매원종합의견법
> - 정량적 예측법 : 시계열법, 지수평활법, 이동평균법, 의사결정수 모형

제8절 일정계획 및 프로젝트계획

1 일정계획

(1) 일정계획의 의의와 목적
① 일정계획이란 고객의 주문에 대한 납기의 시간적 차원에 맞추어서 제품생산과 서비스를 언제 시작하고 완료하며 생산자원을 어디서 누가 얼마를, 언제 사용할 것인가를 계획하는 것이다.
② 일정계획의 목적은 납기 내에 처리하는 주문의 비율을 높이고 설비 및 작업자의 이용효율을 높이며 재공품 재고, 잔업시간, 재고부족을 감소시킨다.

(2) 일정계획의 유형
① 주간생산계획 : 수요예측과 총괄생산계획을 수립한 뒤 입안되는 계획
② 프로젝트 일정계획
③ 개별주문생산일정계획 : 단속적 생산의 특성으로 고객으로부터 주문을 받아 생산하는 형태(다품종 소량생산)
④ 연속생산일정계획 : 소품종 대량생산

(3) 개별주문생산 일정계획
① 작업의 도착형태와 처리방식
  ㉠ 정태적 방식과 동태적 방식 : 일정기간 주문을 모아서 일정계획을 세우고 뱃지로 처리하며 집행되는 기간에 들어온 주문은 계획에 일체 포함시키지 않는 방법이 정태적 방식이고, 주문이 들어오는 대로 작업을 배징하고 전체 일정도 조정해 나가는 것을 동태직 방식이라 한다.
  ㉡ 기계대수와 종류 : 기계의 종류와 대수가 많을수록 일정계획은 복잡해진다.
  ㉢ 작업자의 수 : 기계대수보다 작업자가 많거나 같을 경우를 기계제약시스템이라 하고, 작업자가 기계대수보다 적을 때는 노동제약시스템이라고 한다.
② 개별주문생산 일정계획시스템
  ㉠ 작업의 흐름형태
  ㉡ 작업할당의 우선순위규칙
  ㉢ 일정계획의 평가 : 작업흐름시간, 총소요시간, 납기준수, 재공품 재고, 자원이용도 등
③ 부하결정 : 이는 공수계획이라고도 하는데 생산작업을 완료하는 데 필요한 소요인원과 기계의 부하를 고려하여 생산능력을 조정하는 것을 말한다.
④ 작업순위결정 : 여러 개의 작업을 단일 기계에서 작업할 때의 경우
  ㉠ 선착순 우선법 : 주문이 들어온 순서에 따라 처리
  ㉡ 최소작업시간 우선법 : 작업시간이 짧은 순서대로 처리
  ㉢ 최소여유시간 우선법 : 여유시간이 짧은 것부터 순서대로 처리
  ㉣ 최소납기일 우선법 : 납기일이 빠른 순서대로 처리
  ㉤ 긴급률 우선법 : 작업을 완료할 수 있는 시간과 납기가 남아있는 시간과의 비율로써 얻는 지수가 적은 값을 가지는 작업부터 처리

(4) 서비스 일정계획
① 고객의 수요조정방법 : 약정, 예약, 주문지체 등
② 인력일정계획 : 순환일정계획, 고정일정계획

2 프로젝트계획

(1) 프로젝트관리의 개념
① 프로젝트를 수행하는 데 있어서 기술, 비용 및 시간의 제약을 극복할 수 있도록 주어진 자원을 계획·지휘 및 통제하는 것을 말한다.
② 프로젝트란 각 부문·사업부·섹션 간에 기술상·관리상 복잡하며 교차적 관계에 있는 개별계획으로 프로젝트 매니저에 의한 조정과 관리가 필요한 것을 말한다.

(2) 프로젝트 주공정 일정계획 10 11 14 기출
그래픽 기법을 이용하여 프로젝트의 일정을 계획하고 통제하는 것을 말한다. 프로젝트관리와 관련되어 있는 요인으로 시간, 비용 및 가용자원의 세 가지가 있다.
① 시간 – 기준모형
㉠ 프로젝트를 계획하고 통제하기 위해 프로젝트의 작업활동을 네트워크로 나타내고 프로젝트를 완료하는 데 가장 긴 주공정 일정을 찾아내는 기법에는 기본적으로 PERT와 CPM이 두 가지가 있다.
㉡ PERT와 CPM의 차이점은 각 작업활동의 활동시간 추정치에 있다.
㉢ PERT는 주로 과거에 경험이 없는 새로운 프로젝트의 계획과 통제에 적용되었고, CPM은 작업활동 시간을 확정적으로 결정하여 프로젝트 일정계획을 수립하였다.

참고	PERT/Time
단계	• 제1단계 : 각 활동 및 단계의 파악 • 제2단계 : 네트워크의 작성 • 제3단계 : 활동시간의 추정 • 제4단계 : 각 단계에서 가장 빨리 작업활동을 완료할 수 있는 시간(TE)을 추정 • 제5단계 : 각 단계에서 가장 늦게 시작할 수 있는 시간(TI)을 추정 • 제6단계 : 각 단계의 여유계산 및 주공정결정
장 점	• PERT/TIME기법은 프로젝트를 완료할 수 있는 기대일자를 제시해준다. • 사업의 일정을 구성하는 각 활동에 대한 가장 빨리 시작할 수 있는 일자와 가장 늦게 시작할 수 있는 일자를 알려준다. • 사업완료일정은 주요한 통제대상이 되는 주공정을 파악하여 관리하는 방법을 제시해줌으로써 완료일을 지킬 수 있다. • 전사업완료일에 영향을 미치지 않는 주공정이 아닌 계획들을 파악함으로써 자원을 효율적으로 배분할 수 있다.

② 시간 – 비용모형
　㉠ 시간-비용모형은 최소의 비용으로 프로젝트를 완료하기 위해 PERT/CPM을 확장한 모형이다.
　㉡ 정상계획 : 작업활동과 관련되어 있는 모든 상황이 정상적인 상태하에서 활동이 이루어지는 계획을 말한다.
　㉢ 긴급계획 : 사업완료기간을 줄이기 위하여 자원을 최대한으로 투입했을 때의 계획을 의미한다.
　㉣ 활동 하나하나에 대한 비용의 현황을 정확히 기록하고 통제하기 위해서는 많은 사무작업이 요구되므로 인건비가 많이 소요되며 비용의 배분문제와 정확한 측정문제가 있다.
③ 자원 – 제약모형
　㉠ 제한된 자원의 범위 내에서 프로젝트를 추진하는 데 적용하는 모형이다.
　㉡ 프로젝트를 처음에서 시작하여 선후관계와 자원제약을 고려하여 가능한 한 많은 활동을 포함시켜 일정계획을 수립하여야 하며, 만약 다수의 활동이 동일한 자원을 요구하게 되면 PERT/CPM방법에 의해 계산된 여유시간이 가장 적은 활동에 우선권을 부여한다.

제9절　재고관리

1　재고일반

(1) 재고의 개념 및 목적
　① 재고란 제품과 서비스를 생산 및 판매하기 위하여 일정한 장소에 저장해 둔 물품을 의미한다.
　② 제품생산에 있어서의 재고는 생산에 필요한 요소들을 포함한다.
　③ 재고의 목적 : 생산작업의 독립성 유지, 수요의 변화에 적응, 생산계획수립의 유연성, 원자재주문기간의 확률적 변동에 대응, 경제적 주문량으로 이익의 증가 등이다.

(2) 재고비용　14　기출
　① 주문비용 : 물품소요에 따라 재고보충을 하거나 신규로 주문할 때 소요되는 비용
　② 준비비용 : 재고물품을 외부에서 구매하지 않고 자체생산공장에서 제작을 하는 경우에는 제조하기 위한 준비가 필요하게 되는데, 이때 소요되는 비용
　③ 재고유지비용 : 재고물품을 창고에 보관하는 데 소요되는 비용
　④ 재고부족비용 : 재고가 부족하여 고객의 주문에 응할 수 없어 발생되는 비용

(3) 재고시스템
① 재고시스템이란 재고로 보유할 물품을 어떻게 유지하고 관리할 것인가에 대한 운영정책들을 제시해 주는 하나의 기틀이 되는데, 물품을 주문하고 입고하는 기능을 가진다.
② **고정 주문량 모형** : 재고운영기간 동안 주문수량을 일정하게 고정시켜 유지하는 것을 기본으로 하는 것이다. EOQ, Q-시스템, ROP(재주문)시스템, 연속검토시스템 등이 있다.
③ **고정 주문기간 모형** : 재고운영기간 동안 주문기간을 일정하게 고정시켜 정기적으로 주문을 하는 것이다. P-모형, 고정간격재주문시스템, 주기적 검토시스템 등이 있다.

(4) 재고유형 19 기출
① **안전재고(완충재고)** : 수요나 생산의 불확실성, 자재조달의 불확실성에 대처하여 보유하는 재고이다. 품절 및 미납주문을 예방함으로써 납기 준수와 고객서비스의 향상이 가능하다.
② **예비재고** : 수요의 상승을 기대하여 의도적으로 사전에 비축하여 대비하는 재고이다.
③ **주기재고** : 재고품목을 주기적으로 일정한 로트단위로 발주하여 발생되는 재고이다. 경제적 구매를 위하여 필요량보다 많은 양을 구입하거나 생산하여 주문, 생산 준비회수를 줄임으로써 주문 및 준비비용을 절감하고자 한다.
④ **수송재고(이동재고, 파이프라인 재고)** : 대금 지급 후에 수송 중에 있는 품목이다. 원거리에서 공급하는 경우 상당한 조달기간이 필요하므로 수송시간의 함수관계에 있다.

2 고정주문량 및 고정주문기간 모형 23 기출

(1) 고정주문량 모형 11 12 19 기출
주문이 이루어져야 할 구체적인 재주문점 R과 주문량의 크기 Q를 결정하기 위해서 사용하는 모형으로 재주문점 R은 실제의 재고수준에서 항상 일정한 수량을 정해 놓는다.
① **경제적 주문량 모형 : EOQ** 14 15 24 기출
  ㉠ 일정기간, 일반적으로 1년 간의 수요를 알고 있는 확실한 상황하에서 최소의 비용을 가져오는 경제적 주문량을 결정하는 것
  ㉡ 수요 : 단위기간 중 수요율은 일정하고 확정적이라고 가정
  ㉢ 재고보충 : 주문량은 일정기간이 지나면 전량 일시 입고되며 재고보충기간, 즉 주문으로부터 조달될 때까지의 시간은 일정하며 확정적이고 단위당 가격도 일정하며 확정적이라고 가정
  ㉣ 비용 : 재고유지비용은 일정하며 확정적이고, 1회의 주문비용은 수량에 관계없이 일정하고 재고부족은 없으며 따라서 재고부족비용은 없다고 가정
  ㉤ 총재고비용 = 재고유지비용 + 주문비용 + 재고부족비용(0)
② **Q-시스템** 24 기출
  ㉠ 시간에 따라 재고를 보충하여야 하는데 시간과 수량의 두 차원을 검토하는 것이다. 보유하고 있는 재고가 독립적 수요에 따라 출고가 발생될 때마다 재고량을 검토하여 재주문할 시점이 되었는지를 판단하는 것이다.
  ㉡ 일정 재고수준에 도달하면 재주문하는 것이므로 재주문점(ROP)시스템이라고도 한다.

(2) 고정주문기간 모형
① 주문기간은 고정되어 있으나 주문량은 재고검토기간의 수요에 따라 결정되므로 주문 때마다 변동된다.
② 고정주문량 모형에서는 주문량이 고정되어 있고 주문기간이 변동하는 것이 고정주문기간 모형과 다른 점이다.
③ 재고품목의 중요도가 높은 경우에는 고정주문기간 모형을 이용하는 것이 바람직하다.
④ P-시스템 : EOQ 모형에서 수요는 확정적인 가정을 완화하여 수요가 불확실한 경우의 재고운영에 적응할 수 있는 시스템이다.

제10절 자재소요계획(MRP) 20 기출

1 개 설

(1) 자재소요계획의 의의
자재소요계획이란 완제품인 독립적인 수요의 예측을 출발점으로 하여 완제품을 조립하는 데 필요한 부품의 종류, 부품의 정확한 소요량, 완제품조립작업을 하는 주생산일정계획에 맞추기 위하여 부품을 언제 확보할 것인가의 시간적인 단계에 대한 종속적 수요를 결정하고 관리하는 것을 말한다.

(2) MRP 시스템의 목적
MRP 시스템이란 주생산일정계획에 따라 완제품의 조립에 필요한 자재나 부품의 주문량, 주문시점 등에 대한 정보를 얻기 위해 총소요량과 실소요량을 결정하는 것이다.

(3) MRP 시스템의 기능
① 재고관리기능 : 적정한 부품의 주문, 소요되는 적정수량의 주문, 적정한 시점에 주문
② 우선순위관리기능 : 적정한 납기순에 따라 주문, 납기일의 엄수
③ 생산능력관리기능 : 완료된 작업부하의 파악, 정확한 가용능력의 파악, 미래의 부하예측

2 자재소요계획 시스템의 유형

(1) MRP 시스템유형 1 : 자재관리를 위한 MRP 시스템 11 12 23 기출
① 주로 자재관리만을 하고 자재관리시스템을 부분품의 적기확보를 목적으로 운영하는 시스템으로 MRP 시스템의 기본적 시스템이다.
② **주생산일정계획(MPS)** : 주생산일정계획은 MRP 시스템을 운영하기 전에 수립하는 완제품에 대한 생산일정과 수량에 관한 종합계획이다.

③ 자재명세서(BOM) : 제품구성파일로 완제품이 어떻게 제작되며 부품과 부품과의 상호관계는 어떠한지 등을 나타내는 자료이다.
④ 재고상황파일(재고기록철) : 품목기본파일로 실소요량을 결정하기 위하여 현재의 재고상황을 개개의 품목에 대하여 정확히 유지하고 있는 것이다.
⑤ 독립적 수요품목의 예측

(2) MRP 시스템유형 2 : 우선순위와 생산능력을 고려한 MRP 시스템
① 생산능력계획은 주일정계획을 기초로 하여 필요한 소요능력을 산출하고 생산라인의 작업부하를 파악하여 가용생산능력을 산정하는 것인데, MRP 시스템은 주일정계획을 가용생산능력에 맞게 조정된 생산계획에 의하여 자재소요계획을 수립하여야 한다.
② 폐쇄순환 MRP 시스템 : 부품의 실소요량을 산출하여 주문할 때 현재의 가용생산능력과 부합하는지를 검토하고 만약 가용생산능력이 부족하면 생산능력이나 주생산일정계획을 조정하는데 이때 생산능력에 맞는 주문계획과 주생산일정계획 상호 간에 피드백이 일어나는 것을 말한다.

제11절 적시생산시스템(JIT) 16 20 23 기출

1 개 설 10 17 기출

(1) JIT의 개념
① JIT는 Just In Time의 약자로 적시생산 시스템, 무재고 시스템이라고도 하는데 이는 인간생활 또는 사회생활에서 낭비를 없앤다는 철학에 근거를 두고 있으며 생산공장에서 꼭 필요한 물품을 꼭 필요한 양만큼, 필요한 장소에서 필요한 시간에 생산하는 것이다.
② JIT의 생산현장에서 없애야 할 낭비의 형태 : 불량품의 낭비, 초과 및 조기달성의 낭비, 재고의 낭비, 운반의 낭비, 가공의 낭비, 동작의 낭비, 대기의 낭비 등 일곱 가지 낭비원인이 있다.

(2) JIT 시스템의 효과
① 궁극적으로 리드타임을 배제하여 재고 때문에 묶이게 될 자금을 절감해 준다.
② 자재의 대기로 인해 생겨날 수 있는 생산의 지연이나 혼란의 배제를 약속하므로 재공품의 재고를 보관하거나 운반하는 데 소요되는 비용을 절감한다.

(3) JIT 시스템의 주요 요인
  ① 5S 운동
    ㉠ 정리(Seiri/Removing Unnecessary)
    ㉡ 정돈(Seidon/Putting Things in order)
    ㉢ 청소(Seisho/Cleaning)
    ㉣ 청결(Seiketsu/Cleanliness)
    ㉤ 습관화(Shukanka)
  ② 풀 시스템
  ③ 소로트 생산 : 필요할 때 필요한 수량만큼 생산하는 것
  ④ 최소의 생산준비 기간
  ⑤ 공급자와 긴밀한 협력관계
  ⑥ 평준화 생산
  ⑦ 다품종소량의 평준화
  ⑧ 다기능공
  ⑨ 자동화

2 간 판

(1) 간판의 의의

간판은 엽서크기의 카드나 전표로서 비닐봉지에 넣어 필요한 작업장이나 거래처에 통보되며 품목현황, 작업지시, 운반내용 등의 정보제공기능과 부품의 품질관리기능을 가지고 있다.

(2) 간판의 종류
  ① 인수간판 : 뒷공정에서 앞공정으로부터 물자를 인수해 갈 때 사용되는 것으로 생산공정의 입구보관소에 보관되어 있어 물자를 담은 상자에 한 개씩 부착되어 있다.
  ② 생산간판 : 실제로 생산공정에서 제품을 생산하는 작업지시명령의 내용이 담겨 있는 간판이다.

> **참고 공급사슬관리(SCM) 23 기출**
> 공급망 전체를 하나의 통합된 개체로 보고, 이를 최적화하고자 하는 경영방식으로써 총체적물류비 감소와 고객서비스 강화를 목적으로 원재료 획득부터 최종상품 소비까지 생산망의 모든 기업들을 전자적인 수단으로 연결하여 자원, 상품, 서비스, 정보의 흐름 전체를 주의 깊게 관리함으로써 수요와 공급의 일치를 최적으로 운영하고 조율하는 관리시스템이다.
> 이러한 SCM이 중요한 이유는 무한경쟁 시대에 기업의 경영 환경이 갈수록 어려워지고 불확실성이 커지고 있는 가운데, 물류관리가 더욱더 주목을 받고 있기 때문인데 특히 오늘날 글로벌 경영에서 성공적인 기업들의 중심에 공급망관리(SCM) 경쟁력이 있다는 사실이 알려지면서, 기업들은 비용을 절감하고 경영의 효율성을 높이는 수단으로서의 SCM에 눈을 돌리고 있다.

> **참고** 국제품질인증제도(ISO 9000/14000)

ISO 9000 시리즈는 ISO(International Standardization Organization)가 인증하는 품질보증에 관한 국제표준으로 제품 자체에 대한 품질을 보증하는 것이 아니라 제품생산과정 등의 프로세스에 대한 신뢰성 여부를 판단하기 위한 기준이다. ISO 14000 시리즈는 환경경영에 대한 국제표준으로 기업이 환경보호 및 환경관리개선을 위한 환경경영체제의 기본 요구사항을 갖추고 규정된 절차에 따라 체계적으로 환경경영을 하고 있음을 인증해주는 제도이다.

대표적인 ISO 규격 종류
- ISO 9001 : 품질경영시스템(9000 시리즈)
- ISO 14001 : 환경경영시스템(14000 시리즈)
- ISO 22000 : 식품안전경영시스템
- ISO 27001 : 정보보안경영시스템(27000 시리즈)
- ISO 13485 : 의료기기품질경영시스템
- ISO 26000 : 사회적 책임경영시스템
- ISO 50001 : 에너지경영시스템
- OHSAS 18001 : 안전보건경영시스템(2016년 ISO 45001로 변경)
- ISO/TS 16949 : 자동차품질경영시스템

제3과목 경영학

CHAPTER 07 적중예상문제

01 범위의 경제에 가장 적합한 시스템은?

① 소품종 대량생산시스템
② 프로젝트형 생산시스템
③ 고정형 자동화시스템
④ 유연생산시스템
⑤ 단속생산시스템

해설
범위의 경제란 다품종을 효율적으로 생산할 수 있는 생산능력을 의미하며 유연생산시스템인 FMS를 들 수 있다.

02 생산의 표준화와 이동조립법(Conveyor Belt)을 도입하여 생산성을 높이고 경영을 합리화하고자 하는 관리기법은?

① 테일러 시스템
② 포드 시스템
③ 간트 차트의 통계적 품질관리
④ 메이나드의 동작연구
⑤ 길브레스의 방법연구

해설
포드의 컨베이어 시스템은 그가 설립한 포드자동차회사에서 T형 자동차를 대량생산하기 위하여 설계한 작업시스템으로 이러한 이동조립법은 생산관리의 원칙인 표준화·단순화·전문화를 적용하였다.

03 집중화생산은 생산자원을 집중적으로 투입함으로써 경쟁우위를 확보하기 위한 것인데, 이러한 집중화생산과 관계가 없는 것은?

① 스키너가 주장하였다.
② 집중화공장이라고도 한다.
③ 생산의 핵심적인 능력이다.
④ 공장 내 공장
⑤ 각 공정에 특정 생산과업만을 부여하는 것이다.

해설
집중화생산은 생산공장의 각 공정이나 설비에 특정 고객집단을 위한 한정된 생산과업만을 부여하는 것으로 생산자원을 집중적으로 투입함으로써 경쟁우위를 확보하기 위한 생산전략의 하나이다. 제조업에 이러한 전략적 접근을 처음으로 개발한 스키너는 이것을 집중화공장이라고 하였다.

정답 01 ④ 02 ② 03 ③

04 제품설계과정에서 활용되는 방법과 이에 관한 설명의 연결이 옳은 것은?

> ㄱ. 가치분석(VA)
> ㄴ. 품질기능전개(QFD)
> ㄷ. 모듈러 설계(Modular Design)

> a. 낮은 부품다양성으로 높은 제품다양성을 추구하는 방법
> b. 제품의 원가대비 기능의 비율을 개선하려는 체계적 노력
> c. 고객의 다양한 요구사항과 제품의 기능적 요소들을 상호 연결

① ㄱ : a, ㄴ : b, ㄷ : c
② ㄱ : a, ㄴ : c, ㄷ : b
③ ㄱ : b, ㄴ : a, ㄷ : c
④ ㄱ : b, ㄴ : c, ㄷ : a
⑤ ㄱ : c, ㄴ : a, ㄷ : b

해설

- 가치분석(VA) : 제품의 원가대비 기능의 비율을 개선하려는 체계적 노력
- 품질기능전개(QFD) : 고객의 다양한 요구사항과 제품의 기능적 요소들을 상호 연결
- 모듈러 설계(Modular Design) : 낮은 부품다양성으로 높은 제품다양성을 추구하는 방법

05 공정선택에 있어서 가장 생산수량이 대량이고 고객화가 낮은 공정은?

① 프로젝트공정
② 뱃지공정
③ 라인공정
④ 연속공정
⑤ 공정중심 생산공정

해설

연속공정은 생산수량이 아주 많고 표준화가 잘 되어 있으나 고객화는 낮은 공정이다.

06 공정중심이 100이고 규격하한과 규격상한이 각각 88과 112이며 표준편차가 4인 공정의 시그마 수준은?

① 1
② 3
③ 4
④ 6
⑤ 10

해설

- 시그마 수준 = $\dfrac{\text{상한규격} - \text{평균}}{\text{표준편차}}$
- $(112 - 100) \div 4 = 3$

04 ④ 05 ④ 06 ②

07 유연생산시스템에 대한 설명 중 옳지 않은 것은?

① 다품종제품의 생산에 적합하다.
② 무인운전을 지향한다.
③ 유연성과 생산성을 동시에 달성할 수 있다.
④ 초기투자설비가 적다.
⑤ 필요량을 가공함으로써 공정품의 재고가 감소한다.

해설

유연생산시스템은 전자수치제어 자동인도차량 및 창고시스템을 도입하여 다양한 제품을 높은 생산성으로 유연하게 제조하려는 것으로, 제조비용은 감소되지만 공정을 자동화하는 초기투자비용이 높다.

08 생산관리의 목표에 해당하지 않는 것은?

① 원가우위
② 고객만족을 통한 순현가 극대화
③ 품질우위
④ 납기준수 및 단축
⑤ 생산시스템 유연성 향상

해설

생산관리의 4대 목표
- 원가우위 : 재료비, 노무비, 간접비 등 생산원가를 최소화한다.
- 품질우위 : 경쟁업체의 품질보다 월등히 높고 비싼 가격에도 불구하고 팔릴 수 있을 만큼 충분히 좋은 품질이어야 한다.
- 납기준수 및 단축 : 고객이 원하는 시간과 장소에 제품이나 서비스를 인도하여야 한다.
- 생산시스템 유연성 향상 : 수요의 변동에 따라 생산수량을 신속히 조절할 수 있고, 고객의 변화에 따라 제품설계변화가 가능해야 한다.

09 공장입지분석방법 중 질적 분석방법으로서 가장 객관적인 것은?

① 점수법
② 총비용최소화법
③ 손익분기도분석
④ 수송법
⑤ 시뮬레이션

해설

점수법은 요인평정방법이라고도 하는데, 양적으로 측정이 불가능한 요인에 대하여 주관적으로 평가한 자료에 의하여 평점이나 가중치의 범위를 정해 놓고 각 입지대안에 대한 평정치를 요인별로 종합하여 최적의 입지를 선정하는 것이다.

정답 07 ④ 08 ② 09 ①

10 라인 밸런싱 문제가 주요 과제가 되는 설비배치방식은?

① 제품별 배치
② 공정별 배치
③ 고정형 배치
④ 혼합형 배치
⑤ 그룹 테크놀로지 배치

해설
제품별 배치에 주요한 것은 공정을 구성하는 작업장 간의 작업시간이 균형을 이루는 것이다. 라인 밸런싱이란 생산시스템운영에 있어 노동과 생산설비를 최대한으로 이용하고 작업자의 유휴시간을 최소로 하기 위한 것으로, 작업장의 작업활동이 시간적으로 균형을 이루도록 배분한 것이다.

11 공정별 배치의 장점은 무엇인가?

① 공정 간 재고품이 적다.
② 공정순서의 변화에 대응하기 쉽다.
③ 대부분의 작업이 전문화되어 능률이 높다.
④ 운반 및 작업자의 보행이 적어진다.
⑤ 숙련된 노동력이 요구된다.

해설
공정별 배치는 다양한 주문에도 대응할 수 있는 생산공정의 융통성이 있으며, 기계공장·작업자의 결근·자재의 부족에도 작업할당의 융통성이 있다.

12 다음 중 집단관리기법(GT)에 대한 설명으로 옳지 않은 것은?

① 가변생산체제의 구축을 위해 반드시 선행되어야 하는 기법이다.
② 다품종 소량생산을 효과적으로 수행하기 위한 기법이다.
③ 생산주기를 단축할 수 있는 기법이다.
④ 설계의 합리화와 설계비의 감소를 이룩할 수 있는 기법이다.
⑤ 유사한 부품을 같이 모아 그룹화하는 기법이다.

해설
집단관리기법은 설비배치와 관련되어 있는 기법으로 FMS에 선행되어야 하는 기법은 아니다.

13 조직의 구매, 인적자원, 생산, 판매, 회계 활동 등에 대한 모든 데이터를 하나의 시스템으로 통합한 것은?

① 경영정보시스템(MIS)
② 그룹의사결정지원시스템(GDSS)
③ 공급사슬관리시스템(SCM)
④ 고객관계관리(CRM)
⑤ 전사적자원관리(ERP)

> **해설**
> 전사적자원관리(ERP)란 기업 내 생산, 물류, 재무, 회계, 영업과 구매, 재고 등 경영활동 프로세스들을 통합적으로 연계해 관리해 주며, 기업에서 발생하는 정보들을 서로 공유하고 새로운 정보의 생성과 빠른 의사결정을 도와주는 시스템이다.

14 생산활동에서 수요예측기법에 관한 설명으로 옳은 것은?

① 델파이법은 공개적으로 진행되며, 과반수로 결정하는 방법이다.
② 전문가패널법은 비공개적으로 진행되며, 만장일치제로 결정하는 방법이다.
③ 추세분석법, 자료유추법 등은 대표적 시계열분석기법에 해당한다.
④ 가중이동평균법은 단순이동평균법에 비해 환경변화를 민감하게 반영하게 된다.
⑤ 지수평활법은 비교적 장기 자료만으로 수요예측이 가능한 정성적기법이다.

> **해설**
> ① 델파이법은 관련 전문가들을 한 자리에 모으지 않고 일련의 의견을 질문서에 각자 밝히도록 하여 전체의견을 나타냄으로써 유력자의 발언으로부터 영향을 배제하는 방법이다.
> ② 전문가패널법(델파이법)은 모든 전문가로부터의 의견을 취합하여 다시 전문가들에게 전달하고, 또 다시 수정된 의견을 취합하는 과정을 반복해 일정한 결론으로 수렴하게 만들도록 한다.
> ③ 추세분석법은 시계열분석기법이나, 자료유추법은 질적 예측방법에 해당한다.
> ⑤ 지수평활법은 이동평균에 있어 최근의 자료에 보다 더 높은 가중치를 주고 과거자료의 비중을 평활시키는 방법으로 시계열분석방법 중 하나이다.

15 생산할 품목수가 적고 생산공정이 단순한 생산계획에 그래프나 표를 이용하여 생산계획을 수립하는 총괄생산계획기법은?

① 도표적 접근방법
② 수리적 접근방법
③ 휴리스틱 접근방법
④ 확률적 접근방법
⑤ 컴퓨터 탐색

> **해설**
> 총괄생산계획의 도표적 접근은 생산할 제품의 품목수가 적고, 생산공정이 단순한 생산계획에 그래프나 표를 이용하여 계획기간의 총생산비용을 최소로 하는 전략대안을 모색하는 기법이다.

정답 13 ⑤ 14 ④ 15 ①

16 재고자산의 관리 등에 대한 설명으로 적절하지 않은 것은?

① ABC 관리법은 재고자산의 부피로서 구분하여 관리하는 기법이다.
② 재고보유량이 가장 적은 재고자산관리기법은 JIT 시스템이다.
③ EOQ, EPQ 모형은 재고관련비용의 최소화를 목적으로 하는 고정주문량 모형에 속한다.
④ MRP 기법은 독립수요품의 재고가 확정되어 있을 때 종속수요품의 재고자산의 관리 및 통제를 위한 기법이다.
⑤ 재고품목의 중요도가 높은 경우에는 고정주문기간 모형을 이용하는 것이 바람직하다.

해설
ABC 관리법은 재고의 금액이나 중요도에 따라 구분하고 차별적으로 관리하는 기법이다.

17 재고관리에 관한 설명으로 옳지 않은 것은?

① 동일 공급자로부터 여러 품목을 납품받는 경우에 고정주문간격 모형이 많이 사용된다.
② 다른 조건이 일정할 때 연간수요가 증가하면 경제적 주문량은 감소한다.
③ 고정주문간격 모형은 주문할 때마다 주문량이 일정하지 않을 수 있다.
④ 고정주문량 모형은 재고수준이 재주문점에 도달하면 주문하고 고정주문간격 모형은 정해진 시기에 주문한다.
⑤ 고정주문량 모형은 주문할 때마다 주문량이 동일하다.

해설
다른 조건이 일정할 때 연간수요가 증가하면 경제적 주문량도 커진다.

18 종속적 수요에 대한 설명으로 적절하지 않은 것은?

① 일반적으로 부품에 대한 수요이다.
② 수요형태가 일괄적이다.
③ 경제적 주문량 모형을 이용하여 최적의 로트 크기를 결정할 수 있다.
④ 간판시스템을 이용할 수 있다.
⑤ 수요예측기법으로 예측하는 것이 아니라 간단한 방법으로 계산한다.

해설
경제적 주문량 모형은 종속적 수요를 관리하는 자재소요계획과는 다른 모형으로 독립적 수요관리에 적용된다.

19 재고유형과 이에 관한 설명이 다음과 같을 때 (A), (B), (C)의 내용으로 옳은 것은?

재고유형	설명
파이프라인 재고	공장, 유통센터, 고객 간에 이동 중인 재고
(A)	경제성을 위해 필요 이상 구입하거나 생산하여 남은 재고
(B)	수요나 생산의 불확실성에 대비하여 보유하는 재고
(C)	향후 급격한 수요증가에 대비하여 사전에 확보한 재고

① A : 주기재고, B : 안전재고, C : 예비재고
② A : 주기재고, B : 대응재고, C : 예비재고
③ A : 주기재고, B : 예비재고, C : 수요재고
④ A : 필요재고, B : 안전재고, C : 예비재고
⑤ A : 필요재고, B : 예비재고, C : 대응재고

해설
- 주기재고 : 경제성을 위해 필요 이상 구입하거나 생산하여 남은 재고
- 안전재고 : 수요나 생산의 불확실성에 대비하여 보유하는 재고
- 예비재고 : 향후 급격한 수요증가에 대비하여 사전에 확보한 재고

20 JIT 및 MRP 시스템에 관한 설명으로 옳은 것은?

① JIT는 재고를 자산으로 인식한다.
② JIT는 계획추진시스템이다.
③ MRP의 관리목표는 재고의 최소화이다.
④ JIT는 생산준비시간과 로트크기를 최소화하고자 한다.
⑤ MRP는 무결점을 지향한다.

해설
① JIT는 재고를 낭비로 인식한다.
② MRP는 계획추진시스템이다.
③ MRP의 목적은 주생산일정계획에 필요한 부품의 양, 그리고 납기를 결정하는 데 있다.
⑤ JIT는 무결점을 지향한다.

정답 19 ① 20 ④

21 공급사슬관리(SCM)에 관한 설명으로 옳지 않은 것은?

① 공급사슬은 제품과 서비스를 생산하여 소비자에게 제공하는 일련의 과정이다.
② 공급사슬관리란 공급사슬의 모든 활동을 조정하고 관리하는 것이다.
③ 공급사슬 성과지표에는 배송성과와 환경성과 등이 있다.
④ 반응적 공급사슬은 수요의 불확실성에 대비하여 재고의 크기와 생산 능력의 위치를 설정함으로써 시장수요에 민감하게 반응하도록 설계하는 것이다.
⑤ 효율적 공급사슬의 목표는 영업비용을 최소화하기 위해 제품의 물류 및 판매시간을 단축하는 데 있다.

해설
효율적 공급사슬의 목표는 물류비용의 절감을 위해 제품의 물류 및 판매시간을 단축하는 데 있다.

부 록

최신기출문제

2025년 제23회 기출문제

배우기만 하고 생각하지 않으면 얻는 것이 없고,
생각만 하고 배우지 않으면 위태롭다.

– 공자 –

2025년 제23회 기출문제

제1과목 경제법

01 독점규제 및 공정거래에 관한 법률상 용어의 정의에 관한 설명으로 옳은 것을 모두 고른 것은?

> ㄱ. "여신"이란 국내외의 금융기관이 하는 대출 및 회사채무의 보증 또는 인수를 말한다.
> ㄴ. "계열회사"란 둘 이상의 회사가 서로 다른 기업집단에 속하는 경우에 이들 각각의 회사를 서로 상대방의 계열회사라 한다.
> ㄷ. "일정한 거래분야"란 거래의 객체별·단계별 또는 지역별로 경쟁관계에 있거나 경쟁관계가 성립될 수 있는 분야를 말한다.
> ㄹ. 제조업을 하는 자는 사업자이며, 이 경우 사업자의 이익을 위한 행위를 하는 대리인은 사업자단체에 관한 규정을 적용할 때에는 사업자로 본다.
> ㅁ. 지점에서 영업 전반을 총괄적으로 처리할 수 있는 지배인은 임원에 해당한다.

① ㄴ, ㄷ
② ㄱ, ㄹ
③ ㄹ, ㅁ
④ ㄱ, ㄴ, ㄹ
⑤ ㄱ, ㄷ, ㅁ

해설

ㄱ. "여신"이란 국내 금융기관이 하는 대출 및 회사채무의 보증 또는 인수를 말한다.
ㄴ. "계열회사"란 둘 이상의 회사가 동일한 기업집단에 속하는 경우에 이들 각각의 회사를 서로 상대방의 계열회사라 한다.
ㅁ. 지배인 등 본점이나 지점의 영업 전반을 총괄적으로 처리할 수 있는 상업사용인은 임원에 해당한다.

정답 01 ②

02 독점규제 및 공정거래에 관한 법률상 역외적용에 관한 설명으로 옳지 않은 것은? (다툼이 있으면 판례에 따름)

① 대법원은 흑연전극봉을 제조·판매하는 외국사업자들의 국외에서의 부당한 공동행위에 대해 역외적용을 인정하였다.
② 외국에서 일어난 경쟁제한행위가 국내시장에 미치는 영향이 직접적이고, 실질적이며, 합리적으로 예견 가능한 경우에 이 법을 적용한다.
③ 공정거래위원회는 비타민 국제카르텔 사건에서 외국 사업자들이 외국에서 행한 가격담합 행위에 대하여 시정명령과 아울러 과징금 납부명령을 내렸다.
④ 이 법의 적용에 의한 규제의 요청에 비하여 외국 법률 등을 존중해야 할 요청이 현저히 우월한 지는 역외적용에 있어서 특별히 고려할 필요는 없다.
⑤ 국외에서 이루어진 행위라도 그 행위가 국내 시장에 영향을 미치는 경우에는 이 법을 적용한다는 명시적 규정이 있다.

해설

④ 국외에서 이루어진 외국 사업자의 행위가 국내시장에 영향을 미치는 경우에는 독점규제 및 공정거래에 관한 법률(이하 '공정거래법'이라 한다) 제2조의2의 요건을 충족하므로, 당해 행위에 대한 외국 법률 또는 외국 정부의 정책이 국내 법률과 달라 외국 법률 등에 따라 허용되는 행위라고 하더라도 그러한 사정만으로 당연히 공정거래법의 적용이 제한된다고 볼 수는 없다. 다만 동일한 행위에 대하여 국내 법률과 외국의 법률 등이 충돌되어 사업자에게 적법한 행위를 선택할 수 없게 하는 정도에 이른다면 그러한 경우에도 국내 법률의 적용만을 강제할 수는 없으므로, 당해 행위에 대하여 공정거래법 적용에 의한 규제의 요청에 비하여 외국 법률 등을 존중해야 할 요청이 현저히 우월한 경우에는 공정거래법의 적용이 제한될 수 있고, 그러한 경우에 해당하는지는 당해 행위가 국내시장에 미치는 영향, 당해 행위에 대한 외국 정부의 관여 정도, 국내 법률과 외국 법률 등이 상충되는 정도, 이로 말미암아 당해 행위에 대하여 국내 법률을 적용할 경우 외국 사업자에게 미치는 불이익 및 외국 정부가 가지는 정당한 이익을 저해하는 정도 등을 종합적으로 고려하여 판단해야 한다(대판 2014.5.16., 2012두13665).

03 독점규제 및 공정거래에 관한 법률 제1조(목적)가 명시적으로 규정하고 있는 것은?

① 국민경제의 균형 있는 발전
② 중소기업의 보호와 육성
③ 사회복지의 증진
④ 적정한 소득의 분배
⑤ 정의로운 시장경제의 달성

해설

목적(독점규제 및 공정거래에 관한 법률 제1조)
이 법은 사업자의 시장지배적 지위의 남용과 과도한 경제력의 집중을 방지하고, 부당한 공동행위 및 불공정거래행위를 규제하여 공정하고 자유로운 경쟁을 촉진함으로써 창의적인 기업활동을 조성하고 소비자를 보호함과 아울러 국민경제의 균형 있는 발전을 도모함을 목적으로 한다.

04 독점규제 및 공정거래에 관한 법률상 시장지배적 사업자의 지위남용 행위 중 부당하게 경쟁사업자를 배제하기 위하여 거래하는 행위에 해당하는 것은?

① 부당하게 거래상대방이 경쟁사업자와 거래하지 않을 것을 조건으로 그 거래상대방과 거래하는 행위
② 정당한 이유 없이 다른 사업자의 상품 또는 용역의 생산·공급·판매에 필수적인 요소의 사용 또는 접근을 거절·중단하거나 제한하는 행위
③ 정당한 이유 없이 유통단계에서 공급부족이 있음에도 불구하고 상품 또는 용역의 공급량을 감소시키는 행위
④ 정당한 이유 없이 최근의 추세에 비추어 상품 또는 용역의 공급량을 현저히 감소시키는 행위
⑤ 정당한 이유 없이 기존 사업자의 계속적인 사업활동에 필요한 권리 등을 매입하는 행위

해설

남용행위의 유형 또는 기준(독점규제 및 공정거래에 관한 법률 시행령 제9조 제5항)
부당하게 경쟁사업자를 배제하기 위하여 거래하는 행위는 다음의 행위로 한다.
- 부당하게 통상거래가격에 비하여 낮은 가격으로 공급하거나 높은 가격으로 구입하여 경쟁사업자를 배제시킬 우려가 있는 행위
- 부당하게 거래상대방이 경쟁사업자와 거래하지 않을 것을 조건으로 그 거래상대방과 거래하는 행위

05 독점규제 및 공정거래에 관한 법률상 시장지배적 사업자의 판단기준으로서 명시적으로 규정하고 있는 것을 모두 고른 것은?

ㄱ. 경쟁사업자의 상대적 규모
ㄴ. 지식재산권의 행사 수준
ㄷ. 진입장벽의 존재 및 정도
ㄹ. 시장점유율
ㅁ. 가격의 남용 정도

① ㄱ, ㄴ, ㄹ
② ㄱ, ㄷ, ㄹ
③ ㄱ, ㄷ, ㅁ
④ ㄴ, ㄹ, ㅁ
⑤ ㄷ, ㄹ, ㅁ

해설

시장지배적 사업자의 정의(독점규제 및 공정거래에 관한 법률 제2조 제3호)
"시장지배적 사업자"란 일정한 거래분야의 공급자나 수요자로서 단독으로 또는 다른 사업자와 함께 상품이나 용역의 가격, 수량, 품질, 그 밖의 거래조건을 결정·유지 또는 변경할 수 있는 시장지위를 가진 사업자를 말한다. 이 경우 시작지배적 사업자를 판단할 때에는 시장점유율, 진입장벽의 존재 및 정도, 경쟁사업자의 상대적 규모 등을 종합적으로 고려한다.

정답 04 ① 05 ②

06 독점규제 및 공정거래에 관한 법률상 시장지배적 사업자의 추정에 관한 설명으로 옳지 않은 것은?

① 일정한 거래분야에서 시장점유율이 30%인 1위 기업이 단독으로 자사 제품의 가격을 인상시킨 경우 시장지배적 사업자로 추정될 수 있다.
② 일정한 거래분야에서 시장점유율이 40%인 1위 기업이 단독으로 자사 제품의 가격을 인상시킨 경우에도 시장지배적 사업자로 추정되지 않을 수 있다.
③ 일정한 거래분야에서 연간 매출액 또는 구매액이 50억 원인 사업자도 시장지배적 사업자로 추정될 수 있다.
④ 일정한 거래분야에서 시장점유율이 10%인 사업자는 각각 50%, 20%의 시장점유율을 가진 2 사업자와 함께 시장지배적 사업자로 추정된다.
⑤ 시장지배적 사업자의 사전지정·고시제도는 현재 폐지되었다.

해설

시장지배적 사업자의 추정(독점규제 및 공정거래에 관한 법률 제6조)
일정한 거래분야에서 시장점유율이 다음의 어느 하나에 해당하는 사업자(일정한 거래분야에서 연간 매출액 또는 구매액이 80억 원 미만인 사업자는 제외한다)는 시장지배적 사업자로 추정한다.
• 하나의 사업자의 시장점유율이 100분의 50 이상
• 셋 이하의 사업자의 시장점유율의 합계가 100분의 75 이상, 이 경우 시장점유율이 100분의 10 미만인 사업자는 제외한다.

07 독점규제 및 공정거래에 관한 법률상 시장지배적 지위를 남용한 사업자에 대하여 명할 수 있는 시정조치의 유형으로 명시하고 있는 것은?

① 주식의 소각
② 사죄광고
③ 가격의 인하
④ 이행강제금의 부과
⑤ 다른 회사와의 합병

해설

시정조치(독점규제 및 공정거래에 관한 법률 제7조 제1항)
공정거래위원회는 남용행위가 있을 때에는 그 시장지배적 사업자에게 가격의 인하, 해당 행위의 중지, 시정명령을 받은 사실의 공표 또는 그 밖에 필요한 시정조치를 명할 수 있다.

08 독점규제 및 공정거래에 관한 법률상 부당한 공동행위에 관한 설명으로 옳지 않은 것은? (다툼이 있으면 판례에 따름)

① 공동행위에 참가한 자 중 한쪽 당사자가 당초의 합의에 따를 의사 없이 진의 아닌 의사표시에 의하여 합의한 경우에도 부당한 공동행위는 성립한다.
② 부당한 공동행위에는 다른 사업자로 하여금 부당한 공동행위를 교사 또는 방조하는 행위도 포함한다.
③ 부당한 공동행위가 성립하기 위해서는 부당하게 경쟁을 제한하는 행위를 하기로 합의한 것만으로 충분하며, 합의에 따른 행위의 일치까지 요하지는 않는다.
④ 사업자 간 낙찰의 비율을 정하는 것은 입찰담합의 유형에 해당한다.
⑤ 부당한 공동행위를 한 사업자에 대해서는 징역형과 벌금형을 병과할 수 있다.

해설
② '다른 사업자로 하여금 부당한 공동행위를 행하도록 하는 행위'는 다른 사업자로 하여금 부당한 공동행위를 하도록 교사하는 행위 또는 이에 준하는 행위를 의미하고, 다른 사업자의 부당한 공동행위를 단순히 방조하는 행위는 여기에 포함되지 않는다고 할 것이다(대판 2009.5.14., 2009두1556).

09 독점규제 및 공정거래에 관한 법률상 부당한 공동행위의 유형으로 명시되어 있지 않은 것은?

① 거래상대방을 제한하는 행위
② 상품의 대금 또는 대가의 지급조건을 정하는 행위
③ 상품의 수송을 제한하는 행위
④ 용역의 거래 시에 그 용역의 규격을 제한하는 행위
⑤ 거래상대방의 사업활동을 부당하게 이용하여 거래하는 행위

해설
부당한 공동행위의 금지(독점규제 및 공정거래에 관한 법률 제40조 제1항)
사업자는 계약·협정·결의 또는 그 밖의 어떠한 방법으로 다른 사업자와 공동으로 부당하게 경쟁을 제한하는 다음의 어느 하나에 해당하는 행위를 할 것을 합의하거나 다른 사업자로 하여금 이를 하도록 하여서는 아니 된다.
• 가격을 결정·유지 또는 변경하는 행위
• 상품 또는 용역의 거래조건이나, 그 대금 또는 대가의 지급조건을 정하는 행위
• 상품의 생산·출고·수송 또는 거래의 제한이나 용역의 거래를 제한하는 행위
• 거래지역 또는 거래상대방을 제한하는 행위
• 생산 또는 용역의 거래를 위한 설비의 신설 또는 증설이나 장비의 도입을 방해하거나 제한하는 행위
• 상품 또는 용역의 생산·거래 시에 그 상품 또는 용역의 종류·규격을 제한하는 행위
• 영업의 주요 부문을 공동으로 수행·관리하거나 수행·관리하기 위한 회사 등을 설립하는 행위
• 입찰 또는 경매를 할 때 낙찰자, 경락자, 입찰가격, 낙찰가격 또는 경락가격, 그 밖에 대통령령으로 정하는 사항을 결정하는 행위
• 그 밖의 행위로서 다른 사업자(그 행위를 한 사업자를 포함)의 사업활동 또는 사업내용을 방해·제한하거나 가격, 생산량, 그 밖에 대통령령으로 정하는 정보를 주고받음으로써 일정 거래분야에서 경쟁을 실질적으로 제한하는 행위

10 독점규제 및 공정거래에 관한 법률상 부당한 공동행위에 관한 설명으로 옳지 않은 것은?

① 공정거래위원회는 부당한 공동행위를 한 사업자에게 해당 행위의 중지를 명할 수 있다.
② 공정거래위원회는 부당한 공동행위를 한 사업자가 합병으로 소멸한 경우에는 합병에 따라 설립된 회사에 대하여 시정조치를 명할 수 있다.
③ 공정거래위원회는 부당한 공동행위를 통하여 소비자에게 피해를 끼친 사업자에게 그 피해를 배상하도록 하는 내용의 동의의결을 할 수 있다.
④ 부당한 공동행위를 행한 사업자가 매출액이 없는 경우에도 과징금을 부과할 수 있다.
⑤ 부당한 공동행위를 할 것을 약정하는 계약 등은 해당 사업자 간에는 그 효력을 무효로 한다.

> **해설**
> ① 독점규제 및 공정거래에 관한 법률 제42조 제1항
> ② 동법 제42조 제2항
> ④ 동법 제50조 제1항
> ⑤ 동법 제40조 제4항

11 독점규제 및 공정거래에 관한 법률상 불공정거래행위에 관한 유형 중 부당염매에 관한 설명으로 옳지 않은 것은?

① 경쟁사업자 배제의 유형 중 하나이다.
② 부당하게 상품을 낮은 가격으로 공급하여 계열회사의 경쟁사업자를 배제시킬 우려가 있는 행위는 부당염매에 해당한다.
③ 자기의 상품을 공급하는 경우에 정당한 이유 없이 그 공급에 소요되는 비용보다 현저히 낮은 가격으로 계속 공급하는 경우는 부당염매에 해당하지 않는다.
④ 부당염매를 한 사업자에게는 대통령령으로 정하는 매출액에 100분의 4를 곱한 금액을 초과하지 않는 범위에서 과징금을 부과할 수 있다.
⑤ 부당염매를 한 사업자가 매출액이 없는 경우에는 10억 원을 초과하지 않는 범위에서 과징금을 부과할 수 있다.

> **해설**
> 부당염매
> 자기의 상품 또는 용역을 공급하는 경우에 정당한 이유 없이 그 공급에 소요되는 비용보다 현저히 낮은 대가로 계속 공급하거나 그 밖에 부당하게 상품 또는 용역을 낮은 대가로 공급하여 자기 또는 계열회사의 경쟁사업자를 배제시킬 우려가 있는 행위를 말한다.

12 독점규제 및 공정거래에 관한 법률상 사업자단체가 공정경쟁규약을 정하여 방지하고자 하는 불공정거래행위 유형에 해당하는 것은?

① 거래지역의 제한
② 배타조건부거래
③ 이익제공강요
④ 판매목표강제
⑤ 부당한 이익에 의한 고객유인

> **해설**
> 부당한 이익에 의한 고객유인(독점규제 및 공정거래에 관한 법률 시행령 별표 2 제4호 가목)
> 정상적인 거래관행에 비추어 부당하거나 과대한 이익을 제공하거나 제공할 제의를 하여 경쟁사업자의 고객을 자기와 거래하도록 유인하는 행위

13 독점규제 및 공정거래에 관한 법률상 불공정거래행위의 금지행위 중 과징금 상한액이 다른 것은?

① 다른 회사에 자금을 상당히 낮거나 높은 대가로 제공 또는 거래하거나 상당한 규모로 제공 또는 거래하는 행위
② 다른 회사에 자산 또는 상품·용역을 상당히 낮거나 높은 대가로 제공 또는 거래하거나 상당한 규모로 제공 또는 거래하는 행위
③ 특수관계인에 인력을 상당히 낮거나 높은 대가로 제공 또는 거래하거나 상당한 규모로 제공 또는 거래하는 행위
④ 다른 사업자의 인력을 부당하게 유인·채용하여 다른 사업자의 사업활동을 상당히 곤란하게 할 정도로 방해하는 행위
⑤ 다른 사업자와 직접 상품·용역을 거래하면 상당히 유리함에도 불구하고 거래상 역할이 없거나 미미(微微)한 다른 회사를 거래단계에 추가하거나 거쳐서 거래하는 행위

> **해설**
> ④ 매출액에 100분의 4를 곱한 금액을 초과하지 아니하는 범위에서 과징금을 부과할 수 있다. 다만, 매출액이 없는 경우 등에는 10억 원을 초과하지 아니하는 범위에서 과징금을 부과할 수 있다(독점규제 및 공정거래에 관한 법률 제50조 제1항).
> ①·②·③·⑤ 매출액에 100분의 10을 곱한 금액을 초과하지 아니하는 범위에서 과징금을 부과할 수 있다. 다만, 매출액이 없는 경우 등에는 40억 원을 초과하지 아니하는 범위에서 부과할 수 있다(동법 제50조 제2항).

14 독점규제 및 공정거래에 관한 법률상 불공정거래행위에 해당하지 않는 것은?

① 부당하게 거래를 거절하는 행위
② 부당하게 거래의 상대방을 차별하여 취급하는 행위
③ 생산 또는 용역의 거래를 위한 설비의 신설 또는 증설이나 장비의 도입을 방해하거나 제한하는 행위
④ 부당하게 경쟁자의 고객을 자기와 거래하도록 강제하는 행위
⑤ 거래의 상대방의 사업활동을 부당하게 구속하는 조건으로 거래하는 행위

> **해설**
>
> 불공정거래행위의 금지(독점규제 및 공정거래에 관한 법률 제45조 제1항)
> 사업자는 다음의 어느 하나에 해당하는 행위로서 공정한 거래를 해칠 우려가 있는 행위를 하거나, 계열회사 또는 다른 사업자로 하여금 이를 하도록 하여서는 아니 된다.
> • 부당하게 거래를 거절하는 행위
> • 부당하게 거래의 상대방을 차별하여 취급하는 행위
> • 부당하게 경쟁자를 배제하는 행위
> • 부당하게 경쟁자의 고객을 자기와 거래하도록 유인하는 행위
> • 부당하게 경쟁자의 고객을 자기와 거래하도록 강제하는 행위
> • 자기의 거래상의 지위를 부당하게 이용하여 상대방과 거래하는 행위
> • 거래의 상대방의 사업활동을 부당하게 구속하는 조건으로 거래하는 행위
> • 부당하게 다른 사업자의 사업활동을 방해하는 행위
> • 부당하게 특수관계인 또는 다른회사를 지원하는 행위
> • 그 밖의 행위로서 공정한 거래를 해칠 우려가 있는 행위

15 독점규제 및 공정거래에 관한 법률상 불공정거래행위 중 거래강제에 해당하는 것은?

① 공동의 거래거절
② 사원판매
③ 거래처 이전 방해
④ 부당고가매입
⑤ 집단적 차별

> **해설**
>
> 거래강제(독점규제 및 공정거래에 관한 법률 시행령 별표 2 제5호)
> 법 제45조 제1항 제5호에 따른 부당하게 경쟁자의 고객을 자기와 거래하도록 강제하는 행위는 다음 각 목의 행위로 한다.
> 가. 끼워팔기
>   거래상대방에게 자기의 상품 또는 용역을 공급하면서 정상적인 거래관행에 비추어 부당하게 다른 상품 또는 용역을 자기 또는 자기가 지정하는 사업자로부터 구입하도록 하는 행위
> 나. 사원판매
>   부당하게 자기 또는 계열회사의 임직원에게 자기 또는 계열회사의 상품이나 용역을 구입 또는 판매하도록 강제하는 행위
> 다. 그 밖의 거래 강제
>   정상적인 거래관행에 비추어 부당한 조건 등 불이익을 거래상대방에게 제시하여 자기 또는 자기가 지정하는 사업자와 거래하도록 강제하는 행위

16 독점규제 및 공정거래에 관한 법률상 재판매가격유지행위에 관한 설명으로 옳지 않은 것은?

① 효율성 증대로 인한 소비자후생 증대효과가 경쟁제한으로 인한 폐해보다 큰 경우 재판매가격유지행위가 허용된다.
② 재판매가격유지행위에 정당한 이유가 있는지는 사업자에게 증명책임이 있다.
③ 「저작권법」상 저작물 중 관계 중앙행정기관의 장과의 협의를 거쳐 공정거래위원회가 고시하는 출판된 저작물인 경우 재판매가격유지행위가 허용된다.
④ 전자출판물은 관계 중앙행정기관의 장과의 협의를 거쳐 공정거래위원회가 고시하는 출판된 저작물에 포함되지 않는다.
⑤ 재판매가격유지행위의 금지규정을 위반한 경우의 과징금 부과기준은 부당하게 거래를 거절하는 행위를 한 경우와 동일하다.

> **해설**
> ④ 전자출판물은 관계 중앙행정기관의 장과의 협의를 거쳐 공정거래위원회가 고시하는 출판된 저작물에 포함된다(독점규제 및 공정거래에 관한 법률 제46조 제2호).

17 독점규제 및 공정거래에 관한 법률상 특수관계인에 대한 부당한 이익제공에 해당하지 않는 것은?

① 정상적인 거래에서 적용되는 조건보다 상당히 유리한 조건으로 거래하는 행위
② 회사가 자신이 지배하고 있는 회사를 통하여 수행할 경우 회사에 상당한 이익이 될 사업기회를 제공하는 행위
③ 특수관계인과 금융상품을 상당히 유리한 조건으로 거래하는 행위
④ 사업능력, 재무상태, 가격 등에 대한 합리적인 고려나 다른 사업자와의 비교 없이 상당한 규모로 거래하는 행위
⑤ 다른 사업자와 직접 상품을 거래하면 상당히 유리함에도 불구하고 특수관계인을 거쳐서 거래하면서 그 특수관계인에 거래상 역할에 비해 과도한 대가를 지급하는 행위

> **해설**
> 특수관계인에 대한 부당한 이익제공(독점규제 및 공정거래에 관한 법률 제47조 제1항)
> • 정상적인 거래에서 적용되거나 적용될 것으로 판단되는 조건보다 상당히 유리한 조건으로 거래하는 행위
> • 회사가 직접 또는 자신이 지배하고 있는 회사를 통하여 수행할 경우 회사에 상당한 이익이 될 사업기회를 제공하는 행위
> • 특수관계인과 현금이나 그 밖의 금융상품을 상당히 유리한 조건으로 거래하는 행위
> • 사업능력, 재무상태, 신용도, 기술력, 품질, 가격 또는 거래조건 등에 대한 합리적인 고려나 다른 사업자와의 비교 없이 상당한 규모로 거래하는 행위

정답 16 ④ 17 ⑤

18 독점규제 및 공정거래에 관한 법률상 사업자단체의 금지행위에 해당하지 않는 것은?

① 거래지역을 제한하는 행위로 부당하게 경쟁을 제한하는 행위
② 일정한 거래분야에서 장래의 사업자 수를 제한하는 행위
③ 구성사업자의 사업 활동을 부당하게 제한하는 행위
④ 사업자에게 재판매가격유지행위를 방조하는 행위
⑤ 시장구조의 조사 및 공표를 하는 행위

해설

사업자단체의 금지행위(독점규제 및 공정거래에 관한 법률 제51조 제1항)
- 법 제40조(부당한 공동행위의 금지) 제1항의 각 호의 행위로 부당하게 경쟁을 제한하는 행위
- 일정한 거래분야에서 현재 또는 장래의 사업자 수를 제한하는 행위
- 구성사업자의 사업내용 또는 활동을 부당하게 제한하는 행위
- 사업자에게 불공정거래행위 또는 재판매가격유지행위를 하게 하거나 이를 방조하는 행위

19 독점규제 및 공정거래에 관한 법률상 사업자단체에 관한 설명으로 옳지 않은 것은?

① 사업자단체란 그 형태가 무엇이든 상관없이 둘 이상의 사업자가 공동의 이익을 증진할 목적으로 조직한 결합체 또는 그 연합체를 말한다.
② 사업자단체를 설립한 경우에는 공정거래위원회에 신고하여야 한다.
③ 공정거래위원회는 사업자단체가 준수하여야 할 지침을 제정·고시할 수 있다.
④ 공정거래위원회는 사업자단체가 준수하여야 할 지침을 제정하려는 경우에는 관계행정기관의 장의 의견을 들어야 한다.
⑤ 공정거래위원회는 사업자단체의 금지행위 규정을 위반하는 행위가 있을 때에는 그 사업자단체에 시정조치를 명할 수 있다.

해설

① 독점규제 및 공정거래에 관한 법률 제2조 제1호
③ 동법 제51조 제3항
④ 동법 제51조 제4항
⑤ 동법 제52조 제1항

20 독점규제 및 공정거래에 관한 법률 제46조(재판매가격유지행위의 금지)를 위반한 사업자에게 공정거래위원회가 명할 수 있는 시정조치로 명시하고 있지 않은 것은?

① 법 위반 사실의 공표
② 재판매가격유지행위의 중지
③ 재발방지를 위한 조치
④ 계약조항의 삭제
⑤ 그 밖에 필요한 시정조치

해설

시정조치(독점규제 및 공정거래에 관한 법률 제49조 제1항)
공정거래위원회는 법률을 위반하는 행위가 있을 때에는 해당 사업자에게 해당 불공정거래행위, 재판매가격유지행위 또는 특수관계인에 대한 부당한 이익제공행위의 중지 및 재발방지를 위한 조치, 해당 보복조치의 금지, 계약조항의 삭제, 시정명령을 받은 사실의 공표, 그 밖에 필요한 시정조치를 명할 수 있다.

21 독점규제 및 공정거래에 관한 법률상 전담기구에 관한 설명으로 옳지 않은 것은?

① 공정거래위원회의 회의는 전원회의와 소회의로 구분한다.
② 공정거래위원회의 위원장, 부위원장 및 다른 위원의 임기는 3년으로 하고, 두 차례까지 연임할 수 있다.
③ 전원회의는 규칙 또는 고시의 제정 또는 변경사항을 심의·의결한다.
④ 공정거래위원회의 위원은 정당에 가입하거나 정치운동에 관여할 수 없다.
⑤ 공정거래위원회는 이 법에 위반되는 사항에 대하여 의결하는 경우에는 그 사항에 관한 심리를 종결하는 날까지 발생한 사실을 기초로 판단한다.

해설

위원의 임기(독점규제 및 공정거래에 관한 법률 제61조)
공정거래위원회의 위원장, 부위원장 및 다른 위원의 임기는 3년으로 하고, 한 차례만 연임할 수 있다.

22 독점규제 및 공정거래에 관한 법률상 공정거래위원회에 관한 설명으로 옳지 않은 것은?

① 공정거래위원회는 국무총리 소속으로 둔다.
② 시장지배적 지위의 남용행위 규제에 관한 사항은 공정거래위원회의 소관사무 중 하나이다.
③ 공정거래위원회는 정부와 외국정부 사이에 체결한 협정에 따라 외국정부의 법 집행을 지원할 수 있다.
④ 정부와 외국정부 사이에 협정이 체결되지 아니한 경우에는 공정거래위원회는 외국정부의 법 집행 요청이 있더라도 지원을 할 수 없다.
⑤ 공정거래위원회는 위원장 1명, 부위원장 1명을 포함하여 9명의 위원으로 구성하며, 그중 4명은 비상임위원으로 한다.

> **해설**
> ④ 공정거래위원회는 정부와 외국정부 사이에 협정이 체결되어 있지 아니한 경우에도 외국정부의 법 집행요청 시 동일하거나 유사한 사항에 관하여 대한민국의 지원요청에 따른다는 요청국의 보증이 있는 경우에는 지원할 수 있다(독점규제 및 공정거래에 관한 법률 제56조 제3항).
> ① 동법 제54조 제1항
> ② 동법 제55조 제1호
> ③ 동법 제56조 제2항
> ④ 동법 제57조 제1항

23 독점규제 및 공정거래에 관한 법률상 조사 등의 절차에 관한 설명으로 옳지 않은 것은?

① 공정거래위원회는 이 법에 위반되는 사항에 대하여 시정조치를 명하거나 과징금을 부과하기 전에 당사자 또는 이해관계인에게 의견을 진술할 기회를 주어야 한다.
② 이 법에 따른 처분에 대하여 불복하는 자는 그 처분의 통지를 받은 날부터 30일 이내에 그 사유를 갖추어 공정거래위원회에 이의신청을 할 수 있다.
③ 전원회의 또는 소회의 의장은 당사자의 증거조사 신청을 채택하지 아니하는 경우 그 이유를 당사자에게 고지하여야 한다.
④ 공정거래위원회는 사건을 심의하기 위하여 필요하면 당사자의 신청으로 증거조사를 할 수 있으나 직권으로 증거조사를 진행할 수는 없다.
⑤ 공정거래위원회는 이의신청에 대하여 부득이한 사정이 없는 경우에는 60일 이내에 재결을 하여야 한다.

> **해설**
> ④ 공정거래위원회는 사건을 심의하기 위하여 필요하면 당사자의 신청이나 직권으로 증거조사를 할 수 있다(독점규제 및 공정거래에 관한 법률 제94조 제1항).
> ① 동법 제90조 제2항
> ② 동법 제96조 제1항
> ③ 동법 제94조 제2항
> ⑤ 동법 제96조 제2항

24 독점규제 및 공정거래에 관한 법률상 동의의결제도에 관한 설명으로 옳지 않은 것은?

① 사업자 또는 사업자단체는 조사나 심의를 받고 있는 행위로 인한 경쟁제한상태 등의 자발적 해소 등을 위하여 동의의결을 하여줄 것을 공정거래위원회에 신청할 수 있다.
② 공정거래위원회는 동의의결을 하는 경우에 동의의결된 시정방안을 이행하지 않으면 이행강제금이 부과·징수될 수 있다는 사실을 구두 또는 서면으로 알려야 한다.
③ 공정거래위원회는 동의의결 이행계획의 이행 여부 점검 및 그 이행에 관련된 자료의 제출요청 업무를 한국공정거래조정원에 위탁한다.
④ 신청인이 동의의결을 신청하는 경우 해당 행위를 특정할 수 있는 사실관계를 기재한 서면으로 하여야 한다.
⑤ 공정거래위원회는 신속한 조치의 필요성 등을 종합적으로 고려하여 동의절차의 개시 여부를 결정하여야 한다.

> **해설**
> ② 공정거래위원회는 동의의결된 시정방안을 이행하지 않으면 이행강제금이 부과·징수될 수 있다는 사실을 서면으로 알려야 한다(독점규제 및 공정거래에 관한 법률 시행령 제79조).
> ① 독점규제 및 공정거래에 관한 법률 제89조 제1항
> ③ 동법 제90조 제7항
> ④ 동법 제89조 제2항
> ⑤ 동법 제90조 제1항

25 독점규제 및 공정거래에 관한 법률상 조사 등의 절차에 관한 설명으로 옳은 것은?

① 공정거래위원회로부터 조사를 받은 경우에 사업자는 변호인으로 하여금 조사 및 심의에 참여하게 할 수 있다.
② 누구든지 이 법에 위반되는 사실을 신고할 수 있고, 이 경우 그 신고는 서면을 통해서만 신고할 수 있다.
③ 공정거래위원회는 이 법 위반행위에 대하여 3년이 지난 경우에는 시정조치를 명하거나 과징금을 부과할 수 없다.
④ 조사공무원은 이 법의 시행을 위하여 필요한 최소한의 범위에서 조사를 하여야 하나, 불가피한 경우에는 다른 목적을 위하여도 조사권을 남용할 수 있다.
⑤ 공정거래위원회는 이 법을 위반한 혐의가 있다고 인정할 때에도 직권으로 조사를 개시할 수 없다.

> **해설**
> ① 독점규제 및 공정거래에 관한 법률 제83조
> ② 누구든지 이 법에 위반되는 사실을 공정거래위원회에 신고할 수 있다(동법 제80조 제2항).
> ③ 공정거래위원회는 기간(조사를 개시한 경우 개시일부터 5년, 개시하지 아니한 경우 위반행위의 종료일부터 7년)이 지난 경우에는 시정조치를 명하거나 과징금을 부과할 수 없다(동법 제80조 제4항).
> ④ 조사공무원은 이 법의 시행을 위하여 필요한 최소한의 범위에서 조사를 하여야 하며, 다른 목적 등을 위하여 조사권을 남용해서는 아니 된다(동법 제84조).
> ⑤ 공정거래위원회는 이 법을 위반한 혐의가 있다고 인정할 때에는 직권으로 필요한 조사를 할 수 있다.

정답 24 ② 25 ①

26 독점규제 및 공정거래에 관한 법률상 과징금 부과 시 고려해야 하는 사항으로 명시된 것을 모두 고른 것은?

> ㄱ. 위반행위의 내용 및 정도
> ㄴ. 국·내외 법인 여부
> ㄷ. 위반행위의 기간 및 횟수
> ㄹ. 사업자의 매출액의 규모
> ㅁ. 위반행위로 취득한 이익의 규모 등

① ㄱ, ㄴ
② ㄱ, ㄴ, ㄷ
③ ㄱ, ㄷ, ㅁ
④ ㄴ, ㄷ, ㄹ
⑤ ㄷ, ㄹ, ㅁ

해설

과징금 부과 시 고려사항(독점규제 및 공정거래에 관한 법률 제102조 제1항)
• 위반행위의 내용 및 정도
• 위반행위의 기간 및 횟수
• 위반행위로 취득한 이익의 규모 등

27 독점규제 및 공정거래에 관한 법률상 손해배상책임에 관한 설명으로 옳은 것은?

① 법원은 이 법 제109조에 따른 손해배상청구의 소가 제기되었을 때 필요한 경우 공정거래위원회에 대하여 해당 사건의 기록의 송부를 요구할 수 있다.
② 사업자 또는 사업자단체는 어떠한 경우에도 이 법 위반행위로 손해를 입은 자에게 손해액 이상의 배상책임을 부담하지 아니한다.
③ 법원은 이 법 제109조 제2항에 따른 배상액을 정할 때에는 위반행위에 따른 벌금 및 과징금을 고려하지 아니한다.
④ 비밀유지명령의 취소신청에 대한 재판에 대해서는 즉시항고를 할 수 없다.
⑤ 사업자 또는 사업자단체는 이 법을 위반하여 피해를 입은 자가 있는 경우, 고의 또는 과실이 없음을 입증한 경우에도 손해배상책임을 부담한다.

해설

② 사업자 또는 사업자단체는 손해를 입은 자가 있는 경우에는 그 자에게 발생한 손해의 3배를 넘지 아니하는 범위에서 손해배상의 책임을 진다. 다만, 사업자 또는 사업자단체가 고의 또는 과실이 없음을 입증한 경우에는 손해배상의 책임을 지지 아니하고, 사업자가 제44조(자진신고자에 대한 감면 등) 제1항 각 호의 어느 하나에 해당하는 경우 그 배상액은 해당 사업자가 부담한 공동행위를 위반하여 손해를 입은 자에게 발생한 손해를 초과해서는 아니 된다(독점규제 및 공정거래에 관한 법률 제109조 제2항).
③ 법원은 배상액을 정할 때에는 고의 또는 손해 발생의 우려를 인식한 정도, 위반행위로 인한 피해 규모, 위반행위로 사업자 또는 사업자단체가 취득한 경제적 이익, 위반행위에 따른 벌금 및 과징금, 위반행위의 기간·횟수 등, 사업자의 재산상태, 사업자 또는 사업자단체의 피해구제 노력의 정도를 고려하여야 한다(동법 제109조 제3항).
④ 비밀유지명령의 취소신청에 대한 재판에 대해서는 즉시항고를 할 수 있다(동법 제113조 제3항).
⑤ 사업자 또는 사업자단체는 이 법을 위반함으로써 피해를 입은 자가 있는 경우에는 해당 피해자에 대하여 손해배상의 책임을 진다. 다만, 사업자 또는 사업자단체가 고의 또는 과실이 없음을 입증한 경우에는 그러하지 아니하다(동법 제109조 제1항).

28 독점규제 및 공정거래에 관한 법률상 적용 제외에 관한 설명으로 옳지 않은 것은?

① 불공정거래행위의 경우에도 이 법에 따라 일정한 요건을 갖추어 설립된 조합의 행위에 대해서는 이 법을 적용하지 아니한다.
② 이 법은 「저작권법」에 따른 권리의 정당한 행사라고 인정되는 행위에 대해서는 적용되지 아니한다.
③ 이 법은 「상표법」에 따른 권리의 정당한 행사라고 인정되는 행위에 대해서는 적용되지 아니한다.
④ 이 법은 「디자인보호법」에 따른 권리의 정당한 행사라고 인정되는 행위에 대해서는 적용되지 아니한다.
⑤ 이 법은 사업자 또는 사업자단체가 다른 법령에 따라 하는 정당한 행위에 대해서는 적용하지 아니한다.

해설

① 이 법의 요건을 갖추어 설립된 조합의 행위에 대해서는 이 법을 적용하지 아니한다. 다만, 불공정거래행위 또는 부당하게 경쟁을 제한하여 가격을 인상하게 되는 경우에는 그러하지 아니하다(독점규제 및 공정거래에 관한 법률 제118조).
②·③·④ 동법 제117조
⑤ 동법 제116조

29 독점규제 및 공정거래에 관한 법률상 공정거래분쟁조정협의회(이하 "협의회"라 함)에 관한 설명으로 옳지 않은 것은?

① 불공정거래행위의 금지를 위반한 혐의가 있는 행위와 관련된 분쟁을 조정하기 위하여 한국공정거래조정원에 협의회를 둔다.
② 협의회의 위원장은 위원 중에서 한국공정거래조정원의 장의 제청으로 공정거래위원회 위원장이 위촉한다.
③ 협의회는 위원장 1명을 포함하여 9명 이내의 위원으로 구성하며, 위원장은 비상임으로 한다.
④ 협의회 위원의 임기는 3년으로 한다.
⑤ 협의회 위원장은 그 직무 외에 영리를 목적으로 하는 업무에 종사하지 못한다.

해설

③ 협의회는 협의회 위원장 1명을 포함하여 9명 이내의 협의회 위원으로 구성하며, 위원장은 상임으로 한다(독점규제 및 공정거래에 관한 법률 제73조 제2항).
① 동법 제73조 제1항
② 동법 제73조 제3항
④ 동법 제73조 제5항
⑤ 동법 제73조 제8항

정답 28 ① 29 ③

30 독점규제 및 공정거래에 관한 법률상 과징금·과태료, 그 밖의 징수금의 결손처분의 사유에 해당하는 사항을 모두 고른 것은?

> ㄱ. 체납처분이 끝나고 체납액에 충당된 배분금액이 체납액을 초과한 경우
> ㄴ. 징수금 등의 징수권에 대한 소멸시효가 완성되지 아니한 경우
> ㄷ. 체납자의 행방이 분명하지 아니하거나 재산이 없다는 것이 판명된 경우
> ㄹ. 체납처분의 목적물인 총재산의 추산가액이 체납처분비에 충당하고 남을 여지가 없음이 확인된 경우

① ㄱ, ㄴ ② ㄱ, ㄷ
③ ㄴ, ㄷ ④ ㄴ, ㄹ
⑤ ㄷ, ㄹ

해설

결손처분의 사유(독점규제 및 공정거래에 관한 법률 제107조 제1항)
- 체납처분이 끝나고 체납액에 충당된 배분금액이 체납액에 미치지 못하는 경우
- 징수금 등의 징수권에 대한 소멸시효가 완성된 경우
- 체납자의 행방이 분명하지 아니하거나 재산이 없다는 것이 판명된 경우
- 체납처분의 목적물인 총재산의 추산가액이 체납처분비에 충당하고 남을 여지가 없음이 확인된 경우
- 체납처분의 목적물인 총재산이 징수금 등보다 우선하는 국세, 지방세, 전세권·질권 또는 저당권으로 담보된 채권 등의 변제에 충당하고 남을 여지가 없음이 확인된 경우
- 징수할 가능성이 없는 경우로서 대통령령으로 정하는 사유에 해당되는 경우

31 약관의 규제에 관한 법률의 내용에 관한 설명으로 옳지 않은 것은?

① 이 법은 사업자가 그 거래상의 지위를 남용하여 불공정한 내용의 약관을 작성하여 거래에 사용하는 것을 방지하여 국민생활을 균형 있게 향상시키는 것을 목적으로 한다.
② "사업자"란 계약의 한쪽 당사자로서 상대 당사자에게 약관을 계약의 내용으로 할 것을 제안하는 자를 말한다.
③ "고객"이란 계약의 한쪽 당사자로서 사업자로부터 약관을 계약의 내용으로 할 것을 제안받은 자를 말한다.
④ 약관에서 정하고 있는 사항에 관하여 사업자와 고객이 약관의 내용과 다르게 합의한 사항이 있더라도 약관의 내용이 우선 적용된다.
⑤ 특정한 거래 분야의 약관에 대하여 다른 법률에 특별한 규정이 있는 경우에는 다른 법률을 우선 적용한다.

해설

④ 약관에서 정하고 있는 사항에 관하여 사업자와 고객이 약관의 내용과 다르게 합의한 사항이 있을 때에는 그 합의 사항은 약관보다 우선한다(약관의 규제에 관한 법률 제4조).
① 동법 제1조
② 동법 제2조 제2호
③ 동법 제2조 제3호
⑤ 동법 제30조 제2항

정답 30 ⑤ 31 ④

32 약관의 규제에 관한 법률상 약관의 통제에 관한 설명으로 옳지 않은 것은? (다툼이 있으면 판례에 따름)

① 약관은 신의성실의 원칙에 따라 공정하게 해석되어야 한다.
② 약관의 뜻이 명백하지 아니한 경우에는 고객에게 유리하게 해석되어야 한다.
③ 약관의 구속력의 근거가 개별적 법률행위에 있으므로 해당 계약 체결의 경위 등을 고려하여 고객에 따라 다르게 해석되어야 한다.
④ 사업자가 약관의 명시·교부의무 및 설명의무를 위반하여 계약을 체결한 경우에는 해당 약관을 계약의 내용으로 주장할 수 없다.
⑤ 사업자의 책임이나 의무를 면제하는 약관의 문언이 불명확한 경우에는 사업자가 그중 최소한의 책임과 의무만을 면제하도록 해석하고 그 이상으로 확장 해석하지 말아야 한다.

해설
③ 약관은 신의성실의 원칙에 따라 공정하게 해석되어야 하며 고객에 따라 다르게 해석되어서는 아니 된다(약관의 규제에 관한 법률 제5조 제1항).
① 동법 제5조 제1항
② 동법 제5조 제2항
④ 동법 제3조 제4항
⑤ 고객에게 불리한 면책조항은 엄격하게 제한적으로 해석되어야 하며, 사업자의 최소한의 책임만을 면제하는 것으로 보아야 한다(대판 2002.4.26., 2000다37524 판결 일부 참조).

33 약관의 규제에 관한 법률상 약관에 해당하는 것을 모두 고른 것은? (다툼이 있으면 판례에 따름)

> ㄱ. 공공사업자의 전기·가스공급규정
> ㄴ. 지방자치단체의 택지공급계약서
> ㄷ. 회사의 정관
> ㄹ. 계약당사자가 개별적인 교섭을 거쳐 기재한 위약금에 관한 조항
> ㅁ. 예탁금 회원제로 운영되는 골프클럽 회원권의 양도·양수절차 조항

① ㄱ, ㄴ, ㅁ
② ㄱ, ㄷ, ㄹ
③ ㄱ, ㄷ, ㅁ
④ ㄴ, ㄷ, ㄹ
⑤ ㄴ, ㄹ, ㅁ

해설
ㄷ. 회사의 정관은 회사와 고객 사이의 계약조건이 아닌 회사 내부의 조직·운영에 관한 규범으로 약관이 될 수 없다.
ㄹ. 약관은 사업자가 계약의 내용으로 삼기 위하여 미리 정한 일정한 형식의 계약조항으로 개별적인 교섭을 거쳐 기재한 조항은 일정한 형식이 아니므로 약관이 될 수 없다.

정답 32 ③ 33 ①

34 약관의 규제에 관한 법률상 약관 분쟁조정협의회(이하 "협의회"라 함)의 집단분쟁조정에 관한 설명으로 옳은 것은?

① 협의회 위원장은 집단분쟁조정의 당사자가 아닌 고객의 그 분쟁조정의 참가 신청을 거절할 수 있다.
② 협의회 위원장은 집단분쟁조정의 당사자 중에서 1인 또는 수인을 대표당사자로 선임할 수 있다.
③ 협의회 위원장은 사업자가 협의회의 집단분쟁조정의 내용을 수락한 경우에는 집단분쟁조정의 당사자가 아닌 자로서 피해를 입은 고객에 대한 보상계획서를 작성하여 협의회에 제출하도록 명령할 수 있다.
④ 집단분쟁조정 절차의 개시 공고는 한국공정거래조정원의 인터넷 홈페이지 및 전국을 보급지역으로 하는 일간신문에 게재하는 방법으로 한다.
⑤ 집단분쟁조정의 기간은 공고가 종료된 날부터 기산한다.

해설
① 협의회는 집단분쟁조정의 당사자가 아닌 고객으로부터 그 분쟁조정의 당사자에 추가로 포함될 수 있도록 하는 신청을 받을 수 있다(약관의 규제에 관한 법률 제28조의2 제3항).
② 협의회는 협의회의 의결로써 집단분쟁조정의 당사자 중에서 공동의 이익을 대표하기에 가장 적합한 1인 또는 수인을 대표당사자로 선임할 수 있다(동법 제28조의2 제4항).
③ 협의회는 사업자가 협의회의 집단분쟁조정의 내용을 수락한 경우에는 집단분쟁조정의 당사자가 아닌 자로서 피해를 입은 고객에 대한 보상계획서를 작성하여 협의회에 제출하도록 권고할 수 있다(동법 제28조의2 제5항).
⑤ 집단분쟁조정의 기간은 공고가 종료된 날의 다음 날부터 기산한다(동법 제28조의2 제7항).

35 약관의 규제에 관한 법률상 500만 원 이하의 과태료 부과기준으로 명시된 것을 모두 고른 것은?

ㄱ. 표준약관과 다른 내용을 약관으로 사용하면서 표준약관 표지를 사용한 자
ㄴ. 공정거래위원회의 약관심사를 위한 조사를 거부·방해 또는 기피한 사업자 또는 사업자단체
ㄷ. 고객에게 약관의 내용을 밝히지 아니하거나 그 약관의 사본을 내주지 아니한 자
ㄹ. 고객에게 약관의 중요한 내용을 설명하지 않은 자
ㅁ. 공정거래위원회로부터 표준약관의 사용을 권장받은 경우 표준약관과 다른 약관을 사용하면서 표준약관과 다르게 정한 주요 내용을 고객이 알기 쉽게 표시하지 아니한 자

① ㄱ, ㄴ, ㄷ
② ㄱ, ㄴ, ㅁ
③ ㄱ, ㄹ, ㅁ
④ ㄴ, ㄷ, ㄹ
⑤ ㄷ, ㄹ, ㅁ

해설
ㄱ·ㄴ. 5천만 원 이하의 과태료(약관의 규제에 관한 법률 제34조 제1항)

정답 34 ④ 35 ⑤

36 약관의 규제에 관한 법률상 약관의 명시·교부 의무가 면제되는 업종에 해당하지 않는 것은?

① 여객운송업
② 금융업
③ 우편업
④ 수도사업
⑤ 공중전화 서비스 제공 통신업

> **해설**
>
> 명시·교부 의무 면제 업종(약관의 규제에 관한 법률 제3조 제2항)
> • 여객운송업
> • 전기·가스 및 수도사업
> • 우편업
> • 공중전화 서비스 제공 통신업

37 약관의 규제에 관한 법률상 약관 분쟁조정협의회가 분쟁조정 신청을 각하하여야 하는 사건으로 명시되지 않은 것은?

① 해당 분쟁조정사항에 대하여 법원에 소를 제기한 사건
② 분쟁조정 신청이 있기 이전에 공정거래위원회가 조사 중인 사건
③ 분쟁조정 신청의 내용이 약관의 해석이나 그 이행을 요구하는 사건
④ 고객과 사업자 간에 분쟁해결이나 피해보상에 관한 합의가 이루어진 사건
⑤ 「중재법」에 따라 중재가 진행 중이거나 신청된 사건

> **해설**
>
> 분쟁조정 신청 각하(약관의 규제에 관한 법률 제27조의2 제3항)
> 협의회는 다음의 어느 하나에 해당하는 사건에 대하여는 조정신청을 각하하여야 한다.
> • 분쟁조정 신청이 있기 이전에 공정거래위원회가 조사 중인 사건
> • 분쟁조정 신청의 내용이 약관의 해석이나 그 이행을 요구하는 사건
> • 약관의 무효판정을 요구하는 사건
> • 그 밖에 분쟁조정에 적합하지 아니한 것으로 대통령령으로 정하는 사건
>   - 고객과 사업자 간에 분쟁해결이나 피해보상에 관한 합의가 이루어진 사건
>   - 「중재법」에 따라 중재가 진행 중이거나 신청된 사건

정답 36 ② 37 ①

38 약관의 규제에 관한 법률상 불공정약관조항의 무효사유에 해당하는 것을 모두 고른 것은?

> ㄱ. 고객에게 주어진 기한의 이익을 상당한 이유 없이 박탈하는 조항
> ㄴ. 고객이 제3자와 계약을 체결하는 것을 부당하게 제한하는 조항
> ㄷ. 사업자가 업무상 알게 된 고객의 비밀을 정당한 이유 없이 누설하는 것을 허용하는 조항
> ㄹ. 법률에 따른 고객의 항변권, 상계권 등의 권리를 상당한 이유 없이 배제하거나 제한하는 조항

① ㄱ, ㄴ ② ㄴ, ㄷ
③ ㄱ, ㄷ, ㄹ ④ ㄴ, ㄷ, ㄹ
⑤ ㄱ, ㄴ, ㄷ, ㄹ

해설

ㄱ. 약관의 규제에 관한 법률 제11조 제2호
ㄴ. 동법 제11조 제3호
ㄷ. 동법 제11조 제4호
ㄹ. 동법 제11조 제1호

39 약관의 규제에 관한 법률상 불공정약관조항에 관한 설명으로 옳지 않은 것은?

① 고객에게 부당하게 과중한 지연 손해금 등의 손해배상 의무를 부담시키는 약관조항은 무효로 한다.
② 소송 제기 등과 관련된 약관의 내용 중 사업자에게 입증책임을 부담시키는 약관조항은 무효로 한다.
③ 고객의 대리인에 의하여 계약이 체결된 경우 고객이 그 의무를 이행하지 아니하는 경우에는 대리인에게 그 의무의 전부 또는 일부를 이행할 책임을 지우는 내용의 약관조항은 무효로 한다.
④ 약관의 전부 또는 일부의 조항이 불공정약관조항에 해당하여 무효인 경우 계약은 나머지 부분만으로 유효하게 존속한다.
⑤ 사업자는 불공정약관조항을 계약의 내용으로 하여서는 아니 된다.

해설

② 소송 제기 등과 관련된 약관의 내용 중 상당한 이유 없이 고객에게 입증책임을 부담시키는 약관조항은 무효로 한다(약관의 규제에 관한 법률 제14조 제2호).
① 동법 제8조
③ 동법 제13조
④ 동법 제16조
⑤ 동법 제17조

40 약관의 규제에 관한 법률상 표준약관에 관한 설명으로 옳지 않은 것은?

① 사업자 및 사업자단체는 일정한 거래 분야에서 표준이 될 약관의 제정·개정안을 마련할 수 있다.
②「소비자기본법」상 등록된 소비자단체는 소비자 피해가 자주 일어나는 거래 분야에서 표준이 될 약관을 제정 또는 개정할 것을 공정거래위원회에 요청할 수 있다.
③ 공정거래위원회는 소비자단체 등의 요청이 있는 경우에 사업자 및 사업자단체에 대하여 표준이 될 약관의 제정·개정안을 마련하여 심사청구할 것을 권고할 수 있다.
④ 사업자 및 사업자단체는 표준약관과 다른 내용을 약관으로 사용하는 경우 표준약관 표지를 사용하여서는 아니 된다.
⑤ 사업자 및 사업자단체가 마련한 표준약관에 대한 심사청구를 받은 공정거래위원회는 심사청구를 받은 날부터 90일 이내에 그 심사결과를 신청인에게 알려야 한다.

해설

⑤ 공정거래위원회는 심사청구를 받았을 때에는 특별한 사유가 있는 경우를 제외하고는 청구를 받은 날부터 60일 이내에 그 심사결과를 심사청구인에게 서면으로 통보하여야 한다(약관의 규제에 관한 법률 시행령 제6조 제2항).
① 약관의 규제에 관한 법률 제19조의3 제1항
② 동법 제19조의3 제2항
③ 동법 제19조의3 제3항
④ 동법 제19조의3 제8항

정답 40 ⑤

제2과목 민 법

41 제한능력자에 관한 설명으로 옳지 않은 것은? (다툼이 있으면 판례에 따름)

① 법인도 성년후견인이 될 수 있으며, 성년후견인은 여러 명일 수 있다.
② 미성년자에게 특정한 영업에 관하여 허락을 한 법정대리인은 그 허락을 취소할 수 있다.
③ 피성년후견인이 속임수로써 법정대리인의 동의가 있는 것으로 믿게 하고 체결한 부동산 매매계약은 제한능력을 이유로 취소할 수 없다.
④ 제한능력을 이유로 법률행위가 취소된 경우, 제한능력자는 선의·악의를 묻지 않고 그 행위로 인하여 받은 이익이 현존하는 한도에서 반환하면 된다.
⑤ 특정한 법률행위를 위하여 특정후견인이 선임되어 법정대리권이 부여된 경우, 피특정후견인은 특정후견인의 동의 없이 스스로 그 법률행위를 할 수 있다.

해설
③ 미성년자나 피한정후견인이 속임수로써 법정대리인의 동의가 있는 것으로 믿게 한 경우 그 행위를 취소할 수 없다(민법 제17조 제2항).

42 사기·강박에 의한 의사표시에 관한 설명으로 옳지 않은 것은? (다툼이 있으면 판례에 따름)

① 사기에 의한 의사표시의 표의자가 제3자에 대하여 그 취소를 주장하려면 스스로 제3자의 악의를 증명하여야 한다.
② 강박의 수단으로 상대방에게 고지하는 해악의 내용이 법질서에 위배된 경우에는 강박행위의 위법성이 인정된다.
③ 어떤 해악의 고지가 아니라 단지 각서에 서명 날인할 것을 강력히 요구한 행위는 강박행위가 아니다.
④ 상대방의 대리인의 사기로 의사표시를 한 자는 상대방이 그 사실을 알았거나 알 수 있었을 경우에 한하여 그 의사표시를 취소할 수 있다.
⑤ 상대방의 기망행위로 동기에 관하여 착오를 일으킨 표의자는 그 법률행위를 사기에 의한 의사표시로서 취소할 수도 있다.

해설
④ 상대방 있는 의사표시에 관하여 제3자가 사기나 강박을 한 경우에는 상대방이 그 사실을 알았거나 알 수 있었을 경우에 한하여 그 의사표시를 취소할 수 있으나, 상대방의 대리인 등 상대방과 동일시할 수 있는 자의 사기나 강박은 제3자의 사기·강박에 해당하지 아니한다(대판 1999.2.23., 98다60828).

43 법률행위의 종류에 관한 연결이 옳지 않은 것은?

① 준물권행위 – 저당권의 설정
② 채권행위 – 임대차계약의 체결
③ 요식행위 – 사단법인의 설립
④ 상대방 없는 단독행위 – 소유권의 포기
⑤ 상대방 있는 단독행위 – 채무의 면제

> **해설**
> ① 저당권의 설정은 물권 설정을 목적으로 하는 계약으로 물권행위에 속한다.

44 민법상 법인에 관한 설명으로 옳은 것은? (다툼이 있으면 판례에 따름)

① 감사의 성명과 주소는 설립등기사항이다.
② 이사가 특정한 행위를 위하여 선임한 대리인은 법인의 대표기관이 아니다.
③ 법인의 청산종결등기가 경료되었다면 청산사무가 종료되지 않았더라도 청산법인은 소멸한다.
④ 재단법인의 기본재산으로 새롭게 편입하는 행위는 주무관청의 허가가 없어도 유효하다.
⑤ 법인과 이사의 이익이 상반되는 사항에 대하여 법원은 이해관계인 또는 검사의 청구로 임시이사를 선임하여야 한다.

> **해설**
> ② 사립학교법 제27조와 민법 제62조를 근거로, 이사는 특정한 행위를 다른 이사에게 대리하게 할 수 있으나, 법인의 제반 사무 처리를 포괄적으로 위임할 수는 없다. 즉, 이사가 선임한 대리인은 특정한 행위에 대해서만 권한을 가지며, 법인의 대표기관으로서의 지위는 갖지 않는다(대판 1989.5.9., 87다카2407).

정답 43 ① 44 ②

45 민법 제35조의 법인의 불법행위책임에 관한 설명으로 옳지 않은 것은? (다툼이 있으면 판례에 따름)

① 대표권이 없는 이사의 행위에 의해서는 법인의 불법행위책임이 성립하지 않는다.
② 대표자의 행위가 직무에 관한 것이 아님을 피해자가 안 경우에는 법인에게 불법행위책임을 물을 수 없다.
③ 대표자의 행위가 외관상, 객관적으로 직무에 관한 행위로 인정되더라도 그 행위가 법령의 규정에 위배된다면 민법 제35조의 직무에 관한 행위로 볼 수 없다.
④ 대표자의 불법행위에 대하여 법인의 불법행위책임이 성립하는 경우에 법인은 민법상 사용자책임을 지지 않는다.
⑤ 대표자가 법인의 목적 범위 외의 행위로 인하여 타인에게 손해를 가한 경우에 대표자는 민법 제750조의 불법행위책임을 진다.

해설
③ 행위의 외형상 법인의 대표자의 직무행위라고 인정할 수 있는 것이라면 설사 그것이 대표자 개인의 사리를 도모하기 위한 것이었거나 혹은 법령의 규정에 위배된 것이었다 하더라도 민법 제35조의 직무에 관한 행위에 해당한다(대판 1969.8.26., 68다2320).

46 민법상 비법인사단에 관한 설명으로 옳지 않은 것은? (다툼이 있으면 판례에 따름)

① 비법인사단을 당사자로 하는 화해조서의 효력은 그 구성원들에게 미치지 않는다.
② 비법인사단이 타인 간의 금전채무를 보증하는 행위는 총유물 그 자체의 관리·처분행위로 볼 수 없다.
③ 비법인사단의 대표자가 권한 없이 행한 총유물의 처분행위에 대하여는 민법 제126조의 표현대리에 관한 규정이 준용된다.
④ 종중을 대표할 권한 없는 자가 종중을 대표하여 소송행위를 하더라도 나중에 총회결의로 그 소송행위를 추인하면 그 행위 시로 소급하여 유효하게 된다.
⑤ 종중총회의 결의방법에 있어 종중규약에 다른 규정이 없는 한, 종원은 서면으로 결의권을 행사할 수 있다.

해설
③ 기독교 단체인 교회에 있어서 교인들의 연보, 헌금 기타 교회의 수입으로 이루어진 재산은 특별한 사정이 없는 한 그 교회 소속 교인들의 총유에 속한다. 따라서 그 재산의 처분은 그 교회의 정관 기타 규약에 의하거나 그것이 없는 경우에는 그 교회 소속 교인들로 구성된 총회의 결의에 따라야 한다. 비법인사단인 교회의 대표자는 총유물인 교회재산의 처분에 관하여 교인총회의 결의를 거치지 아니하고는 이를 대표하여 행할 권한이 없다. 그리고 교회의 대표자가 권한 없이 행한 교회 재산의 처분행위에 대하여는 민법 제126조의 표현대리에 관한 규정이 준용되지 아니한다(대판 2009.2.12., 2006다23312).

47 통정허위표시에 관한 설명으로 옳지 않은 것은? (다툼이 있으면 판례에 따름)

① 통정허위표시의 무효로 대항하기 위한 제3자의 악의에 대해서는 그 허위표시의 무효를 주장하는 자가 증명하여야 한다.
② 가장 소비대차계약상의 지위를 이전받은 자는 통정허위표시의 무효에 대항할 수 있는 제3자에 해당한다.
③ 통정허위표시가 성립하기 위해서는 의사표시자의 진의와 표시의 불일치에 관하여 표의자와 상대방 사이의 합의가 있어야 한다.
④ 채권자취소권의 대상으로 된 채무자의 법률행위가 통정허위표시의 요건을 갖춘 경우에는 무효이다.
⑤ 파산관재인은 파산채권자 모두가 악의로 되지 않는 한, 통정허위표시의 무효로 대항할 수 없는 선의의 제3자에 해당한다.

해설
② 가장 소비대차계약상의 지위를 이전받은 자는 기존 계약의 당사자 지위를 그대로 승계하는 것이므로, 새로운 법률상 이해관계를 맺은 제3자로 볼 수 없어 통정허위표시의 무효를 주장할 수 있다.

48 민법상 물건에 관한 설명으로 옳지 않은 것은? (다툼이 있으면 판례에 따름)

① 법정과실은 수취할 권리의 존속기간일수의 비율로 취득한다.
② 주물을 처분할 때에는 당사자의 특약으로 종물을 제외할 수 있다.
③ 가설건축물은 특별한 사정이 없는 한 토지의 정착물로 볼 수 없다.
④ 주물의 소유자의 사용에 공여되는 물건은 주물 그 자체의 효용과 직접 관계가 없더라도 종물이 된다.
⑤ 주물에 대한 저당권이 설정된 경우, 그 저당권의 효력은 특별한 사정이 없는 한 설정 후의 종물에도 미친다.

해설
④ 저당권의 효력이 미치는 저당부동산의 종물이라 함은 민법 제100조가 규정하는 종물과 같은 의미로서 종물이기 위하여는 주물의 상용에 이바지 되어야 하는 관계가 있어야 하는바 여기에서 주물의 상용에 이바지 한다 함은 주물 그 자체의 경제적 효용을 다하게 하는 작용을 하는 것을 말하는 것으로서 주물의 소유자나 이용자의 상용에 공여되고 있더라도 주물 그 자체의 효용과는 직접 관계없는 물건은 종물이 아니다(대판 1985.3.24., 84다카269).

정답 47 ② 48 ④

49 반사회질서의 법률행위에 해당하는 것은? (다툼이 있으면 판례에 따름)

① 강제집행을 면할 목적으로 부동산에 허위의 저당권설정등기를 하는 행위
② 반사회적 행위에 의해 조성된 비자금을 소극적으로 은닉하기 위해 임치한 행위
③ 보험계약자가 다수의 보험계약을 통하여 보험금을 부정 취득할 목적으로 보험계약을 체결한 행위
④ 양도소득세의 일부를 회피할 목적으로 실제로 거래한 매매대금보다 낮은 금액을 매매대금으로 기재한 행위
⑤ 부첩관계를 해소하면서 첩의 그동안의 희생을 배상하고 장래 생활대책을 위해 금전을 지급하기로 한 약정

해설

③ 보험계약자가 다수의 보험계약을 통하여 보험금을 부정 취득할 목적으로 보험계약을 체결한 경우, 이러한 목적으로 체결된 보험계약에 의하여 보험금을 지급하게 하는 것은 보험계약을 악용하여 부정한 이득을 얻고자 하는 사행심을 조장함으로써 사회적 상당성을 일탈하게 될 뿐만 아니라, 또한 합리적인 위험의 분산이라는 보험제도의 목적을 해치고 위험발생의 우발성을 파괴하며 다수의 선량한 보험가입자들의 희생을 초래하여 보험제도의 근간을 해치게 되므로, 이와 같은 보험계약은 민법 제103조 소정의 선량한 풍속 기타 사회질서에 반하여 무효라고 할 것이다(대판 2000.2.11., 99다49064).

50 불공정한 법률행위에 관한 설명으로 옳지 않은 것은? (다툼이 있으면 판례에 따름)

① 법률행위가 대리인에 의하여 행해진 경우, 궁박은 본인을 기준으로 판단한다.
② 폭리행위의 요건에 대한 증명책임은 그 무효를 주장하는 자에게 있다.
③ 불공정한 법률행위에 해당하여 무효이더라도 무효행위의 전환에 관한 민법 규정이 적용될 수 있다.
④ 부담 없는 증여에서는 불공정한 법률행위에 관한 규정이 적용되지 않는다.
⑤ 급부와 반대급부 사이에 현저한 불균형이 존재하는지는 특별한 사정이 없는 한 변제기를 기준으로 판단하여야 한다.

해설

⑤ 어떠한 법률행위가 불공정한 법률행위에 해당하는지는 법률행위 시를 기준으로 판단하여야 한다(대판 2013.9.26., 2011다53683).

51 대리에 관한 설명으로 옳지 않은 것은? (다툼이 있으면 판례에 따름)

① 본인은 임의대리권의 원인된 법률관계가 종료하기 전에는 수권행위를 철회하여 대리권을 소멸시킬 수 없다.
② 법정대리인은 특별한 사정이 없는 한 그 책임으로 복대리인을 선임할 수 있다.
③ 대리행위의 하자로 인한 취소권은 원칙적으로 본인에게 귀속된다.
④ 부동산 입찰절차에서 동일한 물건에 관하여 1인이 이해관계를 달리하는 2인 이상의 대리인이 된 경우, 그 대리인이 한 입찰행위는 원칙적으로 무효이다.
⑤ 대리인이 여러 명인 때에 법률이나 수권행위로 다른 정함이 없으면 각자 본인을 대리한다.

> **해설**
> ① 대리권의 수여가 본인의 일방적 의사표시에 의해 이루어지기 때문에 본인은 임의대리인에게 수여한 대리권을 언제든지 철회할 수 있다(민법 제128조 참조).

52 甲은 자기 소유의 X토지를 丙에게 매도하기 위하여 乙에게 X의 매매에 관한 대리권을 수여하였고, 乙은 甲을 대리하여 丙과 X에 대해 매매계약을 체결하였다. 이에 관한 설명으로 옳지 않은 것은? (다툼이 있으면 판례에 따름)

① 대리권 수여 후, 甲에 대하여 성년후견이 개시되더라도 乙의 대리권은 소멸하지 않는다.
② 丙이 매매대금의 지급을 지체하더라도 특별한 사정이 없는 한 乙은 이행지체를 이유로 매매계약을 해제할 수 없다.
③ 丙이 채무불이행을 이유로 매매계약을 적법하게 해제한 경우, 乙은 丙에게 원상회복 의무를 부담한다.
④ 甲이 乙에게 매매계약의 체결과 이행에 관하여 포괄적 대리권을 수여한 경우에는 특별한 사정이 없는 한 乙은 매매대금의 지급기일을 연기해 줄 권한을 가진다.
⑤ 乙이 丙으로부터 잔금을 수령하였다면 특별한 사정이 없는 한 乙이 잔금을 甲에게 전달하지 않았더라도 丙의 잔금지급채무는 소멸한다.

> **해설**
> ③ 계약이 적법한 대리인에 의하여 체결된 경우에 대리인은 다른 특별한 사정이 없는 한 본인을 위하여 계약상 급부를 변제로서 수령할 권한도 가진다. 그리고 대리인이 그 권한에 기하여 계약상 급부를 수령한 경우에, 그 법률효과는 계약 자체에서와 마찬가지로 직접 본인에게 귀속되고 대리인에게 돌아가지 아니한다. 따라서 계약상 채무의 불이행을 이유로 계약이 상대방 당사자에 의하여 유효하게 해제되었다면, 해제로 인한 원상회복의무는 대리인이 아니라 계약의 당사자인 본인이 부담한다. 이는 본인이 대리인으로부터 그 수령한 급부를 현실적으로 인도받지 못하였다거나 해제의 원인이 된 계약상 채무의 불이행에 관하여 대리인에게 책임 있는 사유가 있다고 하여도 다른 특별한 사정이 없는 한 마찬가지라고 할 것이다(대판 2011.8.18., 2011다30871).

53 권한을 넘은 표현대리에 관한 설명으로 옳지 않은 것은? (다툼이 있으면 판례에 따름)

① 공법상의 행위에 관한 대리권도 기본대리권이 될 수 있다.
② 부부간의 일상의 가사에 관한 대리권도 기본대리권이 될 수 있다.
③ 상대방의 유권대리 주장에는 표현대리의 주장이 당연히 포함되는 것은 아니다.
④ 대리행위가 강행법규에 위반하여 무효인 경우에는 표현대리의 법리가 적용되지 않는다.
⑤ 표현대리가 성립하여 본인이 이행책임을 부담하는 경우, 상대방에게 과실이 있으면 과실상계의 법리가 적용된다.

해설
⑤ 표현대리행위가 성립하는 경우에 본인은 표현대리행위에 기하여 전적인 책임을 져야 하는 것이고 상대방에게 과실이 있다고 하더라도 과실상계의 법리를 유추적용하여 본인의 책임을 감경할 수 없는 것이다(대판 1994.12.22., 94다24985).

54 법률행위의 무효에 관한 설명으로 옳은 것을 모두 고른 것은? (다툼이 있으면 판례에 따름)

ㄱ. 불공정한 법률행위로서 무효인 경우에는 추인에 의하여 무효인 법률행위가 유효로 될 수 없다.
ㄴ. 무효인 가등기를 유효한 등기로 전용하기로 약정하였더라도 그 가등기가 소급하여 유효한 등기로 되지는 않는다.
ㄷ. 무권대리행위의 추인은 의사표시 전부에 대하여 행하여야 하지만, 상대방의 동의를 얻은 경우에는 그 일부에 대하여 추인할 수도 있다.

① ㄴ
② ㄱ, ㄴ
③ ㄱ, ㄷ
④ ㄴ, ㄷ
⑤ ㄱ, ㄴ, ㄷ

해설
ㄱ. 민법 제104조 참조
ㄴ. 무효인 법률행위는 당사자가 무효임을 알고 추인할 경우 새로운 법률행위를 한 것으로 간주할 뿐이고 소급효가 없는 것이므로 무효인 가등기를 유효한 등기로 전용키로 한 약정은 약정 시점부터 유효하고 이로써 위 가등기가 소급하여 유효한 등기로 전환될 수 없다(대판 1992.5.12., 91다26546).
ㄷ. 무권대리행위의 무권대리인에 의하여 행하여진 불확정한 행위에 관하여 그 행위의 효과를 자기에게 직접 발생케 하는 것을 목적으로 하는 의사표시이며, 무권대리인 또는 상대방의 동의나 승낙을 요하지 않는 단독행위로서 추인은 의사표시의 전부에 대하여 행하여져야 하고, 그 일부에 대하여 추인을 하거나 그 내용을 변경하여 추인을 하였을 경우에는 상대방의 동의를 얻지 못하는 한 무효이다(대판 1982.1.26., 81다카549).

55 소멸시효 중단사유에 해당하지 않는 것은? (다툼이 있으면 판례에 따름)

① 성년후견 개시심판
② 지급명령신청
③ 파산절차의 참가
④ 화해를 위한 소환
⑤ 가압류

해설

① 성년후견 개시심판은 후견을 필요로 하는 사람의 권리능력이나 행위능력을 보완하는 제도로 채권의 행사나 그 보전을 위한 절차로 볼 수 없기 때문에 소멸시효 중단사유에 해당하지 않는다.

56 소멸시효에 관한 설명으로 옳지 않은 것은? (다툼이 있으면 판례에 따름)

① 동시이행항변권이 붙어 있는 채권이라 하더라도 약정한 이행기부터 소멸시효가 진행한다.
② 판결에 의하여 확정된 채권은 단기의 소멸시효에 해당한 것이라도 그 소멸시효는 10년으로 한다.
③ 점유취득시효 완성으로 인한 소유권이전등기청구권은 시효완성자의 점유가 계속되는 한 시효로 소멸하지 않는다.
④ 수급인인 건설회사의 도급인에 대한 공사대금채권은 상거래에 관한 것으로 5년의 단기소멸시효에 걸린다.
⑤ 실제의 소멸시효 기산일과 당사자가 주장하는 기산일이 다른 경우, 법원은 당사자가 주장하는 기산일을 기준으로 삼아야 한다.

해설

④ 도급받은 자, 기사 기타 공사의 설계 또는 감독에 종사하는 자의 공사에 관한 채권은 민법의 단기소멸시효가 우선 적용되어 3년의 단기소멸시효에 걸린다(민법 제163조 제3호).

정답 55 ① 56 ④

57 조건 또는 기한에 관한 설명으로 옳은 것은? (다툼이 있으면 판례에 따름)

① 조건이 선량한 풍속 기타 사회질서에 위반한 경우, 그 조건만 무효이고 법률행위는 유효하다.
② 조건부 법률행위는 조건이 성취되었을 때에 비로소 법률행위가 성립한다.
③ 기한은 채무자의 이익을 위한 것으로 의제되므로 당사자 사이에 기한이익 상실에 관한 특약을 하여도 그 효력이 없다.
④ 기한의 도래가 미정한 권리의무는 일반규정에 의하여 처분하거나 담보로 할 수 없다.
⑤ 당사자가 불확정한 사실이 발생한 때를 이행기한으로 정한 경우에는 그 사실의 발생이 불가능하게 된 때에도 이행기한이 도래한 것으로 보아야 한다.

해설

⑤ 당사자가 불확정한 사실이 발생한 때를 이행기한으로 정한 경우에는 그 사실이 발생한 때는 물론 그 사실의 발생이 불가능하게 된 때에도 이행기한은 도래한 것으로 보아야 한다(대판 2002.3.29., 2001다41766).
① 조건이 선량한 풍속 기타 사회질서에 위반한 것인 때에는 그 법률행위는 무효로 한다(민법 제103조).
② 조건부 법률행위는 조건의 유무와 관계없이 즉시 성립하며 조건이 성취되었을 때 효력이 발생 및 소멸한다(동법 제147조).
③ 기한은 채무자의 이익을 위한 것으로 추정되므로 당사자 사이에 기한이익 상실에 관한 특약을 하는 것도 가능하다(동법 제153조 제1항).
④ 기한의 도래가 미정한 권리의무는 일반규정에 의하여 처분하거나 담보로 할 수 있다(동법 제154조).

58 甲 소유 X토지에 관하여 甲과 乙, 乙과 丙 사이에 순차적으로 매매계약이 체결되고, 甲·乙·丙 사이에 중간생략등기의 합의가 있었다. 이에 관한 설명으로 옳은 것을 모두 고른 것은? (다툼이 있으면 판례에 따름)

> ㄱ. 甲·乙·丙 사이의 중간생략등기에 관한 합의는 이를 금지하는 효력규정에 위반하여 무효이다.
> ㄴ. 丙은 甲에게 직접 소유권이전등기를 청구할 수 있으므로, 乙의 甲에 대한 소유권이전등기청구권은 소멸된다.
> ㄷ. 중간생략등기에 관한 합의 후 甲과 乙이 매매대금을 인상하기로 약정한 경우, 甲은 인상된 매매대금이 지급되지 않았음을 이유로 丙의 소유권이전등기청구를 거절할 수 있다.
> ㄹ. 만약 甲·乙·丙 사이에 중간생략등기의 합의가 없는 경우, 丙이 乙의 甲에 대한 소유권이전등기청구권을 乙로부터 양도받았더라도 그 양도에 甲이 동의하지 않았다면, 丙은 甲을 상대로 채권양도를 원인으로 한 소유권이전등기를 청구할 수 없다.

① ㄱ, ㄴ
② ㄴ, ㄷ
③ ㄷ, ㄹ
④ ㄱ, ㄴ, ㄹ
⑤ ㄴ, ㄷ, ㄹ

해설

ㄱ. 최종 양수인이 중간생략등기의 합의를 이유로 최초 양도인에게 직접 중간생략등기를 청구하기 위하여는 관계 당사자 전원의 의사합치가 필요하지만, 당사자 사이에 적법한 원인행위가 성립되어 일단 중간생략등기가 이루어진 이상 중간생략등기에 관한 합의가 없었다는 이유만으로 중간생략등기가 무효라고 할 수는 없다(대판 1980.2.12., 79다2104).

ㄴ. 중간생략등기의 합의가 있었다 하더라도 이러한 합의는 중간등기를 생략하여도 당사자 사이에 이의가 없겠고 또 그 등기의 효력에 영향을 미치지 않겠다는 의미가 있을 뿐이지 그러한 합의가 있었다 하여 중간매수인의 소유권이전등기청구권이 소멸된다거나 첫 매도인의 그 매수인에 대한 소유권이전등기의무가 소멸되는 것은 아니라 할 것이나(대판 1991.12.13., 91다18316).

59 동산질권에 관한 설명으로 옳지 않은 것은?

① 질권은 선의취득의 대상이 된다.
② 질권은 양도할 수 없는 물건을 목적으로 하지 못한다.
③ 질권자는 채권의 변제를 받기 위하여 질물을 경매할 수 있다.
④ 질권자에게는 정당한 이유가 있더라도 간이변제충당권이 인정되지 않는다.
⑤ 질권은 다른 약정이 없는 한 질물의 하자로 인한 손해배상채권을 담보한다.

해설

④ 질권자에게도 간이변제충당권은 원칙적으로 인정되며 특정한 이유(제3채무자의 이의, 우선변제 순위 등)가 있다면 제한될 수 있다(민법 제338조 제2항).

60 관습법상 법정지상권에 관한 설명으로 옳은 것은? (다툼이 있으면 판례에 따름)

① 관습법상 법정지상권은 설정등기 없이 취득하지 못한다.
② 미등기이거나 무허가인 건물에 대해서는 관습법상 법정지상권이 인정될 수 없다.
③ 관습법상 법정지상권에 대해서는 지상권의 존속기간에 관한 민법 규정이 준용되지 않는다.
④ 관습법상 법정지상권이 성립하기 위해서는 토지와 그 지상건물이 원시적으로 동일인의 소유에 속해야 한다.
⑤ 공유토지 위에 건물을 소유하고 있는 토지 공유자 중 1인이 토지지분만을 매도한 경우에는 관습법상 법정지상권이 성립하지 않는다.

해설

① 관습법상 지상권은 법률행위로 인한 물권의 취득이 아니고 관습법에 의한 부동산물권의 취득이므로 등기를 필요로 하지 아니하고 지상권취득의 효력이 발생하고 이 관습상의 법정지상권은 물권으로서의 효력에 의하여 이를 취득할 당시의 토지소유자나 이로부터 소유권을 전득한 제3자에게 대하여도 등기없이 위 지상권을 주장할 수 있다(대판 1988.9.27., 87다카279).
② 토지와 그 지상의 건물이 동일한 소유자에게 속하였다가 토지 또는 건물이 매매나 기타 원인으로 인하여 양자의 소유자가 다르게 된 때에는 그 건물을 철거하기로 하는 합의가 있었다는 등의 특별한 사정이 없는 한 건물소유자는 토지소유자에 대하여 그 건물을 위한 관습상의 지상권을 취득하게 되고, 그 건물은 반드시 등기가 되어 있어야만 하는 것이 아니고 무허가건물이라고 하여도 상관이 없다(대판 1991.8.13., 91다16631).
③ 법정지상권의 존속기간은 성립 후 그 지상목적물의 종류에 따라 규정하고 있는 민법 제280조 제1항 소정의 각 기간으로 봄이 상당하고 분묘기지권과 같이 그 지상에 건립된 건물이 존속하는 한 법정지상권도 존속하는 것이라고는 할 수 없다(대판 1992.6.9., 92다4857).
④ 동일인의 소유에 속하고 있던 토지와 그 지상건물이 강제경매 또는 국세징수법에 의한 공매 등으로 인하여 소유자가 다르게 된 경우에는 그 건물을 철거한다는 특약이 없는 한 건물소유자는 토지소유자에 대하여 그 건물의 소유를 위한 관습상 법정지상권을 취득한다. 원래 관습상 법정지상권이 성립하려면 토지와 그 지상건물이 애초부터 원시적으로 동일인의 소유에 속하였을 필요는 없고, 그 소유권이 유효하게 변동될 당시에 동일인이 토지와 그 지상건물을 소유하였던 것으로 족하다(대판 2012.12.18., 2010다52140).

61 전세권에 관한 설명으로 옳지 않은 것은?

① 전세권자는 특별한 사정이 없는 한 전세권을 타인에게 담보로 제공할 수 없다.
② 전세권의 양수인은 전세권설정자에 대하여 전세권양도인과 동일한 권리의무가 있다.
③ 전세권의 존속기간은 10년을 넘지 못하고, 약정기간이 10년을 넘으면 10년으로 단축한다.
④ 전세권자는 유익비에 관하여 목적물의 가액 증가가 현존한 경우에 한하여 소유자의 선택에 좇아 그 지출액이나 증가액의 상환을 청구할 수 있다.
⑤ 타인의 토지에 있는 건물에 전세권을 설정한 때에는 전세권의 효력은 그 건물의 소유를 목적으로 한 지상권 또는 임차권에 미친다.

해설

① 전세권자는 전세권을 타인에게 양도 또는 담보로 제공할 수 있고 그 존속기간 내에서 그 목적물을 타인에게 전전세 또는 임대할 수 있다. 그러나 설정행위로 이를 금지한 때에는 그러하지 아니하다(민법 제306조).

60 ⑤ 61 ①

62 甲은 자기 소유 X토지에 대하여 2023.2.10. 乙명의의 1번 근저당권을 설정해주었고, 2023.2.20. 丙명의의 2번 근저당권을 설정해주었다. 甲의 피담보채무 불이행을 이유로 丙이 2024.2.12. X에 대하여 신청한 담보권 실행의 경매절차에서 2025.2.10. 매각허가결정이 내려졌고, 매수인 丁이 2025.3.5. 매각대금을 완납하였다. 이때 乙의 甲에 대한 피담보채권액이 확정되는 시점은? (다툼이 있으면 판례에 따름)

① 2023.2.10.
② 2023.2.20.
③ 2024.2.12.
④ 2025.2.10.
⑤ 2025.3.5.

해설

⑤ 후순위 근저당권자가 경매를 신청한 경우 선순위 근저당권의 피담보채권은, 그 근저당권이 소멸하는 시기, 즉 경락인이 경락대금을 완납한 때에 확정된다고 보아야 한다(대판 1999.9.21., 99다26085).

63 공유에 관한 설명으로 옳은 것은? (다툼이 있으면 판례에 따름)

① 공유물의 관리에 관한 사항은 공유자 인원수의 과반수로써 결정한다.
② 공유물인 나대지에 새로이 건물을 신축하는 행위는 보존행위에 속한다.
③ 공유자가 다른 공유자의 지분권을 대외적으로 주장하는 행위는 보존행위에 속한다.
④ 공유물 분할의 방법에 관하여 협의가 성립되지 아니한 때에는 공유자는 법원에 그 분할을 청구할 수 있다.
⑤ 공유자는 공유물 전부를 지분의 비율로 사용, 수익할 수 있으나 자신의 지분을 처분할 수는 없다.

해설

분할의 방법(민법 제269조)
• 분할의 방법에 관하여 협의가 성립되지 아니한 때에는 공유자는 법원에 그 분할을 청구할 수 있다.
• 현물로 분할할 수 없거나 분할로 인하여 현저히 그 가액이 감손될 염려가 있는 때에는 법원은 물건의 경매를 명할 수 있다.

정답 62 ⑤ 63 ④

64 甲은 乙에 대한 채권에 기하여 乙 소유의 X건물을 점유하면서 유치권을 주장하고 있다. 이에 관한 설명으로 옳은 것을 모두 고른 것은? (다툼에 있으면 판례에 따름)

> ㄱ. 甲은 유치권 행사를 위하여 자신의 점유가 불법행위로 인한 것이 아님을 증명해야 한다.
> ㄴ. 甲이 X에 관한 임대차보증금 반환채권을 피담보채권으로 하여 X를 점유하는 경우, 甲은 유치권을 행사할 수 없다.
> ㄷ. 甲이 유치권을 주장하며 X를 점유하는 동안 乙에 대한 피담보채권의 소멸시효는 중단된다.

① ㄱ
② ㄴ
③ ㄷ
④ ㄱ, ㄴ
⑤ ㄴ, ㄷ

해설

ㄱ. 어떠한 물건을 점유하는 자는 소유의 의사로 선의 평온 및 공연하게 점유한 것으로 추정될 뿐만 아니라 점유자가 점유물에 대하여 행사하는 권리는 적법하게 보유하는 것으로 추정되므로 점유물에 대한 유익비상환청구권을 기초로 하는 유치권의 주장을 배척하려면 적어도 그 점유가 불법행위로 인하여 개시되었거나 유익비지출 당시 이를 점유할 권원이 없음을 알았거나 이를 알지 못함이 중대한 과실에 기인하였다고 인정할만한 사유의 상대방 당사자의 주장입증이 있어야 한다(대판 1966.6.7., 66다600).

ㄷ. 유치권은 소멸시효로 인하여 소멸되는 권리가 아니며 소멸시효에는 영향을 미치지 못한다. 즉, 유치권자가 물건 및 토지를 점유하여도 해당 채권의 소멸시효는 별개로 진행되며, 채권이 소멸시효로 소멸하면 유치권도 소멸한다.
※ 기존의 판결은 유치권의 행사만으로는 소멸시효 중단 효과가 없으므로 공사대금채권이 소멸시효 완성으로 사라지는 것을 방지하기 위해 공사대금채권을 피보전채권으로 하여 압류 등을 진행하여 소멸시효를 중단시켰지만 최근 판결(대판 2024.10.31., 2024다241152)에서 유치권 확인 소송을 통해서도 피담보채권의 소멸시효가 중단될 수 있다고 판결 내렸습니다.

65 甲은 자기 소유의 X주택을 乙에게 매도하고 계약금과 중도금을 지급받았는데, 그 후 丙의 방화로 인해 X가 소실되어 乙에게 소유권을 이전할 수 없게 되었다. 이에 관한 설명으로 옳은 것은? (다툼이 있으면 판례에 따름)

① 甲은 乙에게 잔금의 지급을 청구할 수 있다.
② 乙은 甲에게 계약금 및 중도금의 반환을 청구할 수 있다.
③ 乙은 甲에게 채무불이행을 이유로 매매계약을 해제하고 전보배상을 청구할 수 있다.
④ 乙의 수령지체 중에 X가 소실된 경우라도 甲은 乙에게 매매대금의 지급을 청구할 수 없다.
⑤ 만약 乙이 잔금 전액을 甲에게 지급하더라도 甲이 화재사고로 인해 지급받게 되는 화재보험금에 대해서는 대상청구권을 행사할 수 없다.

해설

① 쌍무계약의 당사자 일방의 채무가 당사자 쌍방의 책임없는 사유로 이행할 수 없게 된 때에는 채무자는 상대방의 이행을 청구하지 못한다(민법 제537조).
③ 채무자가 채무의 내용에 좇은 이행을 하지 아니한 때에는 채권자는 손해배상을 청구할 수 있다. 그러나 채무자의 고의나 과실없이 이행할 수 없게 된 때에는 그러하지 아니한다(동법 제390조).
④ 채권자가 이행을 받을 수 없거나 받지 아니한 때에는 이행의 제공있는 때로부터 지체책임이 있다(동법 제400조).
⑤ 매매의 목적물의 화재로 소실됨으로써 채무자인 매도인의 매매목적물에 대한 인도의무가 이행불능이 되었다면, 채권자인 매수인은 화재사고로 매도인이 지급받게 되는 화재보험금, 화재공제금에 대하여 대상청구권을 행사할 수 있다(대판 2016.10.27., 2013다7769).

66 원칙적으로 동시이행의 관계에 있지 않은 것을 모두 고른 것은? (다툼이 있으면 판례에 따름)

> ㄱ. 매도인의 토지거래 신청절차에 협력할 의무와 매수인의 매매대금 지급의무
> ㄴ. 임차인의 임차목적물 반환의무와 임대인의 권리금 회수방해로 인한 손해배상의무
> ㄷ. 「주택임대차보호법」상 임차권등기명령에 따라 행해진 임차권등기의 말소의무와 임대차보증금 반환의무
> ㄹ. 근저당권 실행을 위한 경매가 무효로 되어 근저당권자인 채권자가 채무자를 대위하여 낙찰자에 대한 소유권이전등기 말소청구권을 행사한 경우, 채권자의 배당금반환채무와 낙찰자의 소유권이전등기 말소의무

① ㄱ, ㄷ
② ㄴ, ㄷ
③ ㄱ, ㄴ, ㄹ
④ ㄴ, ㄷ, ㄹ
⑤ ㄱ, ㄴ, ㄷ, ㄹ

해설

ㄱ. 국토이용관리법상의 토지거래규제구역 내의 토지에 관하여 관할관청의 토지거래허가 없이 매매계약이 체결됨에 따라, 그 매수인이 위 계약을 효력이 있는 것으로 완성시키기 위하여 매도인에 대하여 위 매매계약에 관한 토지거래허가신청절차에 협력할 의무의 이행을 청구하는 경우에 있어, 매수인이 위 계약내용에 따른 매매대금 지급채무를 이행제공하여야 하거나 매도인이 그 대금지급채무의 변제 시까지 위 협력의무의 이행을 거절할 수 있는 것은 아니다(대판 1993.8.27., 93다15366).

ㄴ. 임차인의 임차목적물 반환의무는 임대차계약의 종료에 의하여 발생하나, 임대인의 권리금 회수 방해로 인한 손해배상의무는 상가건물 임대차보호법에서 정한 권리금 회수기회 보호의무 위반을 원인으로 하고 있으므로 양 채무는 동일한 법률요건이 아닌 별개의 원인에 기하여 발생한 것일 뿐 아니라 공평의 관점에서 보더라도 그 사이에 이행상 견련관계를 인정하기 어렵다(대판 2019.7.10., 2018다242727).

ㄷ. 주택임대차보호법 제3조의3 규정에 의한 임차권등기는 이미 임대차계약이 종료하였음에도 임대인이 그 보증금을 반환하지 않는 상태에서 경료되게 되므로, 이미 사실상 이행지체에 빠진 임대인의 임대차보증금의 반환의무와 그에 대응하는 임차인의 권리를 보전하기 위하여 새로이 경료하는 임차권등기에 대한 임차인의 말소의무를 동시이행관계에 있는 것으로 해석할 것은 아니고, 특히 위 임차권등기는 임차인으로 하여금 기왕의 대항력이나 우선변제권을 유지하도록 해 주는 담보적 기능만을 주목적으로 하는 점 등에 비추어 볼 때, 임대인의 임대차보증금의 반환의무가 임차인의 임차권등기 말소의무보다 먼저 이행되어야 할 의무이다(대판 2005.6.9., 2005다4529).

ㄹ. 근저당권 실행을 위한 경매가 무효로 되어 채권자가 채무자를 대위하여 낙찰자에 대한 소유권이전등기 말소청구권을 행사하는 경우, 낙찰자가 부담하는 소유권이전등기 말소의무는 채무자에 대한 것인 반면, 낙찰자의 배당금 반환청구권은 실제 배당금을 수령한 채권자에 대한 채권인바, 채권자가 낙찰자에 대하여 부담하는 배당금 반환채무와 낙찰자가 채무자에 대하여 부담하는 소유권이전등기 말소의무는 서로 이행의 상대방을 달리하는 것으로서, 채권자의 배당금 반환채무가 동시이행의 항변권이 부착된 채 채무자로부터 승계된 채무도 아니므로, 위 두 채무는 동시에 이행되어야 할 관계에 있지 아니하다(대판 2006.9.22., 2006다24049).

정답 66 ⑤

67 민법에서 규정한 전형계약이 아닌 것은?

① 조합계약
② 여행계약
③ 고용계약
④ 소비자계약
⑤ 종신정기금계약

해설
④ 특정한 유형의 계약이 아닌 소비자와 사업자 간의 계약 전체를 포괄하는 개념
① 공동의 목적을 위해 각자가 출자하여 공동사업을 하고, 이익과 손실을 부담하는 계약(민법 제703조 이하 규정)
② 당사자 한쪽이 상대방에게 운송, 숙박, 관광 또는 그 밖의 여행관련 용역을 결합하여 제공하기로 약정하고 상대방이 그 대금을 지급하기로 약정하는 계약(동법 제674조의2 이하 규정)
③ 상대방의 지휘·감독 하에 노무를 제공하고 보수를 받는 계약(동법 제655조 이하 규정)
⑤ 일정한 기간 동안 계속적으로 정기금을 지급하는 계약(동법 제712조 이하 규정)

68 甲은 자기 소유 X토지를 乙에게 매도하는 매매계약을 체결하면서 매매대금을 乙이 丙에게 지급하기로 하는 제3자를 위한 계약을 추가하였고, 이에 丙은 수익의 의사표시를 하였다. 이에 관한 설명으로 옳지 않은 것은? (다툼이 있으면 판례에 따름)

① 甲은 乙에 대하여 丙에게 매매대금을 지급할 것을 요구할 수 있다.
② 乙은 甲과 丙 사이의 법률관계에 기한 항변으로 丙에게 대항하지 못한다.
③ 甲과 乙은 특별한 사정이 없는 한 임의로 丙의 권리를 변경 또는 소멸시키지 못한다.
④ 乙의 귀책사유로 매매대금의 지급이 지체된 경우, 丙은 乙에게 이행을 최고한 후 매매계약을 해제할 수 있다.
⑤ 乙이 丙에게 매매대금을 모두 지급한 후 甲과 乙의 매매계약이 해제되더라도, 특별한 사정이 없는 한 乙은 丙을 상대로 원상회복을 청구할 수 없다.

해설
④ 제3자를 위한 계약의 당사자가 아닌 수익자는 계약의 해제권이나 해제를 원인으로 한 원상회복청구권이 있다고 볼 수 없다(대판 1994.8.12., 92다41559).

69 甲은 자기 소유 X토지를 乙에게 매도한 후, 매매대금을 지급받고 소유권이전등기를 마쳐주었다. 그 후 甲과 乙이 매매계약을 합의해제한 경우, 이에 관한 설명으로 옳지 않은 것은? (다툼이 있으면 판례에 따름)

① 甲과 乙의 합의해제는 묵시적 합의로도 가능하다.
② X에 관한 甲의 원상회복청구권은 등기말소청구권이므로 소멸시효의 대상이 된다.
③ 甲과 乙은 특별한 사정이 없는 한 그 상대방에 대하여 채무불이행을 원인으로 손해배상을 청구할 수 없다.
④ 甲은 별도의 약정이 없는 한 매매대금에 관하여 받은 날로부터 이자를 가산하여 반환할 필요가 없다.
⑤ 甲과 乙이 매매계약을 합의해제한 후 乙이 X를 선의의 丙에게 매도하고 소유권이전등기를 마쳐준 경우, 丙은 제3자로서 보호된다.

해설
② 매매계약이 합의해제된 경우에도 매수인에게 이전되었던 소유권은 당연히 매도인에게 복귀하는 것이므로 합의해제에 따른 매도인의 원상회복청구권은 소유권에 기한 물권적 청구권이라고 할 것이고 이는 소멸시효의 대상이 되지 아니한다(대판 1982.7.27., 80다2968).

70 매매계약에 관한 설명으로 옳지 않은 것은?

① 해약금 약정에 따라 매매계약이 해제된 경우에도 그 해제로 인한 손해배상을 청구할 수 있다.
② 목적물의 인도와 동시에 대금을 지급하는 경우, 매매대금은 인도장소에서 지급하여야 한다.
③ 매매계약에 관한 비용은 당사자 쌍방이 균분하여 부담한다.
④ 매매 목적물에 대하여 권리를 주장하는 자가 있는 경우에도 매도인이 상당한 담보를 제공하였다면 매수인은 대금의 지급을 거절할 수 없다.
⑤ 매매의 당사자 일방에 대한 의무이행의 기한이 있는 때에는 상대방의 의무이행에 대하여도 동일한 기한이 있는 것으로 추정한다.

해설
① 매매의 당사자 일방이 계약당시에 금전 기타 물건을 계약금, 보증금 등의 명목으로 상대방에게 교부한 때에는 당사자간에 다른 약정이 없는 한 당사자의 일방이 이행에 착수할 때까지 교부자는 이를 포기하고 수령자는 그 배액을 상환하여 매매계약을 해제할 수 있다(민법 제565조 제1항).

71 증여에 관한 설명으로 옳은 것은? (다툼이 있으면 판례에 따름)

① 증여계약의 성립에는 상대방의 승낙을 필요로 하지 아니한다.
② 부담부증여에서 수증자가 부담의 이행을 완료한 경우, 증여자의 증여 의무 이행이 완료되지 않았다면 증여자는 특별한 사정이 없는 한 증여계약을 해제할 수 있다.
③ 서면에 의하지 않았음을 이유로 하는 증여계약의 해제권은 형성권으로서 제척기간의 적용을 받는다.
④ 정기의 급여를 목적으로 한 증여는 증여자 또는 수증자의 사망으로 인하여 그 효력을 잃는다.
⑤ 수증자가 직계존속인 증여자에 대하여 범죄행위를 한 경우, 증여자가 용서의 의사를 표시하여도 해제권은 소멸하지 않는다.

해설

① 증여는 당사자 일방이 무상으로 재산을 상대방에 수여하는 의사를 표시하고 상대방이 이를 승낙함으로써 그 효력이 생긴다(민법 제554조).
② 부담부증여계약에서 증여자의 증여 이행이 완료되지 않았더라도 수증자가 부담의 이행을 완료한 경우에는, 그러한 부담이 의례적·명목적인 것에 그치거나 그 이행에 특별한 노력과 비용이 필요하지 않는 등 실질적으로는 부담 없는 증여가 이루어지는 것과 마찬가지라고 볼 만한 특별한 사정이 없는 한, 각 당사자가 서면에 의하지 않은 증여임을 이유로 증여계약의 전부 또는 일부를 해제할 수는 없다고 봄이 타당하다(대판 2022.9.29., 2021다299976).
③ 민법 제555조(서면에 의한 증여)에서 말하는 해제는 일종의 특수한 철회일 뿐 민법 제543조(해지, 해제권) 이하에서 규정한 본래 의미의 해제와는 다르다고 할 것이어서 형성권의 제척기간의 적용을 받지 않는다(대판 2003.4.11., 2003다1755).
⑤ 수증자가 직계존속인 증여자에 대하여 범죄행위를 한 경우 해제권이 생기지만 해제원인있음을 안 날로부터 6월을 경과하거나 증여자가 수증자에 대하여 용서의 의사를 표시한 때에는 소멸한다(동법 제556조 제2항).

72 甲이 乙소유의 X토지 위에 Y건물을 신축하여 소유하고자 乙과 X에 관한 임대차 계약을 체결하였다. 이후 임대차의 종료를 이유로 甲이 乙에게 Y의 매수를 청구하는 경우에 관한 설명으로 옳은 것은? (다툼이 있으면 판례에 따름)

① 甲의 매수청구가 유효하기 위해서는 乙의 승낙이 있어야 한다.
② 특별한 사정이 없는 한, Y가 건축허가를 받은 건물이 아니더라도 매수청구의 대상이 될 수 있다.
③ Y가 X와 丙 소유의 Z토지 위에 걸쳐서 건립된 경우, 甲은 Y 전체에 대한 매수청구를 할 수 있다.
④ 甲과 乙의 임대차계약이 甲의 채무불이행을 이유로 해지되었다 하더라도 甲은 매수청구를 할 수 있다.
⑤ 甲과 乙이 기간의 정함이 없는 임대차계약을 체결한 경우, 乙의 해지통고에 의하여 甲의 임차권이 소멸한 때에는 甲은 매수청구권을 행사할 수 없다.

해설
① 건물매수청구권은 일방적 의사표시에 의해 성립되는 형성권으로서, 상대방의 승낙은 필요없다(민법 제643조 참조).
③ 무릇 건물 소유를 목적으로 하는 토지임대차에 있어서 임차인 소유 건물이 임대인이 임대한 토지 외에 임차인 또는 제3자 소유의 토지 위에 걸쳐서 건립되어 있는 경우에는, 임차지 상에 서 있는 건물 부분 중 구분소유의 객체가 될 수 있는 부분에 한하여 임차인에게 매수청구가 허용된다(대판 1996.3.21., 93다42634).
④ 토지임대차에 있어서 토지임차인의 차임연체 등 채무불이행을 이유로 그 임대차계약이 해지되는 경우, 토지임차인으로서는 토지 임대인에 대하여 그 지상건물의 매수를 청구할 수는 없다(대판 1996.2.27., 95다29345).
⑤ 토지임차인의 지상물매수청구권은 기간의 정함이 없는 임대차에 있어서 임대인에 의한 해지통고에 의하여 그 임차권이 소멸된 경우에도 마찬가지로 인정된다(대판 1995.7.11., 94다34265).

73 도급에 관한 설명으로 옳지 않은 것을 모두 고른 것은? (다툼이 있으면 판례에 따름)

> ㄱ. 수급인이 완성한 목적물에 그의 귀책사유로 인한 하자가 있는 경우, 수급인의 하자담보책임과 채무불이행책임은 경합적으로 인정된다.
> ㄴ. 완성된 목적물의 하자가 중요하지 않으면서 그 보수에 과다한 비용을 요하는 경우, 도급인은 수급인에게 하자보수를 청구할 수 없고 보수에 갈음하는 손해배상을 청구하여야 한다.
> ㄷ. 도급인이 수급인에게 하자보수에 갈음하여 손해배상을 청구하는 경우, 수급인의 손해배상의무와 도급인의 보수지급의무는 특별한 사정이 없는 한 동시이행의 관계에 있다.

① ㄱ
② ㄴ
③ ㄷ
④ ㄱ, ㄴ
⑤ ㄴ, ㄷ

해설
ㄴ. 하자가 중요하지 아니하면서 동시에 그 보수에 과다한 비용을 요하는 경우에는 도급인은 하자보수나 하자보수에 갈음하는 손해배상을 청구할 수 없고 그 하자로 인하여 입은 손해의 배상만을 청구할 수 있는데, 이러한 경우 그 하자로 인하여 입은 통상의 손해는 특별한 사정이 없는 한 수급인이 하자 없이 시공하였을 경우의 목적물의 교환가치와 하자가 있는 현재 상태대로의 교환가치와의 차액이고, 한편 하자가 중요한 경우에는 그 보수에 갈음하는 즉 실제로 보수에 필요한 비용이 손해배상에 포함된다(대판 1998.3.13., 95다30345).

74 위임에 관한 설명으로 옳지 않은 것은? (다툼이 있으면 판례에 따름)

① 무상위임의 경우, 수임인은 위임의 본지에 따라 선량한 관리자의 주의로써 위임사무를 처리하여야 한다.
② 유상위임의 경우, 위임인은 특별한 이유 없이 위임계약을 해지할 수 없다.
③ 수임인이 성년후견 개시의 심판을 받은 경우, 특별한 사정이 없는 한 위임은 종료한다.
④ 수임인이 위임사무의 처리를 위해 필요한 비용을 지출한 때에는 위임인에 대하여 지출한 날 이후의 이자를 청구할 수 있다.
⑤ 당사자 일방이 부득이한 사유없이 상대방의 불리한 시기에 위임계약을 해지한 때에는 그 손해를 배상하여야 한다.

해설
② 위임계약은 각 당사자가 언제든지 해지할 수 있다(민법 제689조 제1항).

75 화해에 관한 설명으로 옳지 않은 것은? (다툼이 있으면 판례에 따름)

① 당사자가 임의로 처분할 수 없는 법률관계에 관한 화해계약은 효력이 없다.
② 화해 당사자의 자격에 착오가 있는 때에는 화해계약을 취소할 수 있다.
③ 화해계약이 사기로 인해 체결된 경우, 이를 이유로 화해계약을 취소할 수 있다.
④ 분쟁의 대상인 법률관계 자체에 관한 착오가 있는 경우, 이를 이유로 화해의 의사표시를 취소할 수 없다.
⑤ 화해계약이 성립되더라도 화해 전 법률관계에 기초한 담보는 특별한 사정이 없는 한 그대로 존속한다.

해설
⑤ 화해계약은 당사자가 상호 양보하여 당사자 간의 분쟁을 종지할 것을 약정하는 것으로, 당사자 일방이 양보한 권리가 소멸되고 상대방이 화해로 인하여 그 권리를 취득하는 효력이 있다. 즉, 화해계약이 성립되면 특별한 사정이 없는 한 그 창설적 효력에 따라 종전의 법률관계를 바탕으로 한 권리의무관계는 소멸하고, 계약 당사자 사이에 종전의 법률관계가 어떠하였는지를 묻지 않고 화해계약에 따라 새로운 법률관계가 생긴다(대판 2020.10.15., 2020다227523).

76 민법상 소비대차에 관한 설명으로 옳은 것은? (다툼이 있으면 판례에 따름)

① 소비대차계약은 요물계약이다.
② 대여금에 대한 이자나 변제기에 대한 합의가 없다면 소비대차는 성립할 수 없다.
③ 이자 있는 소비대차는 특별한 사정이 없는 한 차주가 목적물을 인도받은 때로부터 이자를 계산하여야 한다.
④ 금전대차의 경우에 차주가 약정금액에 갈음하여 유가증권 기타 물건의 인도를 받았더라도 그 인도 시의 가액이 아니라 약정금액을 차용액으로 한다.
⑤ 준소비대차는 구채무가 소비대차인 경우에는 이를 기초로 성립할 수 없다.

해설
① 과거에 소비대차계약은 요물계약으로 규정되었으나 현행 민법에서 낙성계약으로 규정하고 있다.
② 소비대차는 당사자 일방이 금전 기타 대체물의 소유권을 상대방에게 이전할 것을 약정하고 상대방은 그와 같은 종류, 품질 및 수량으로 반환할 것을 약정함으로써 그 효력이 생긴다. 즉, 목적물의 인도와 반환 의사의 합치가 있으면 성립한다(민법 제598조 참조).
④ 금전대차의 경우에 차주가 금전에 갈음하여 유가증권 기타 물건의 인도를 받은 때에는 그 인도 시의 가액으로써 차용액으로 한다(동법 제606조).
⑤ 민법 제605조 소정의 준소비대차는 구채무가 소비대차일 경우에도 성립한다(대판 1994.5.13., 94다8440).

77 사용대차에 관한 설명으로 옳은 것은?

① 사용대차는 낙성·유상계약이다.
② 수인이 공동으로 물건을 차용한 때에는 그 수인은 균등한 비율로 분할된 채권과 채무를 부담한다.
③ 차주는 대주에게 차용물의 통상의 필요비의 상환을 청구할 수 없다.
④ 차주는 대주의 승낙이 없더라도 제3자에게 차용물을 사용·수익하게 할 수 있다.
⑤ 계약 성립 후 아직 대주가 목적물을 인도하기 전이라면 대주는 차주가 입은 손해를 배상하지 않고 언제든지 계약을 해제할 수 있다.

해설
① 사용대차는 낙성·불요식·편무·무상계약이다.
② 수인이 공동하여 물건을 차용한 때에는 연대하여 그 의무를 부담한다(민법 제616조).
④ 차주는 대주의 승낙이 없으면 제3자에게 차용물을 사용·수익하게 하지 못한다(동법 제610조 제2항).
⑤ 민법 제601조(이자없는 소비대차의 당사자는 목적물의 인도전에는 언제든지 계약을 해제할 수 있다. 그러나 상대방에게 생긴 손해가 있는 때에는 이를 배상하여야 한다)의 규정은 사용대차에 준용한다(동법 제612조).

정답 76 ③ 77 ③

78 민법상 토지임차인에게 인정될 수 있는 권리가 아닌 것은?

① 부속물매수청구권
② 계약갱신청구권
③ 차임감액청구권
④ 유익비상환청구권
⑤ 필요비상환청구권

해설
① 부속물매수청구권은 건물 기타 공작물의 임차인에게만 인정되는 권리로 임차인이 건물에 부속시킨 물건에 대해 매수를 청구할 수 있는 권리이다(민법 제646조).

---

79 민법상 임치에 관한 설명으로 옳지 않은 것은?

① 수치인은 임치물을 임치인의 주소지에서 반환하여야 한다.
② 수치인은 임치인의 동의가 없는 한 임치물을 사용할 수 없다.
③ 수치인은 원칙적으로 임치 받은 물건을 스스로 보관하여야 한다.
④ 임치기간의 약정이 있더라도 임치인은 언제든지 계약을 해지할 수 있다.
⑤ 임치기간의 약정이 없는 경우, 수치인은 언제든지 계약을 해지할 수 있다.

해설
① 임치물은 그 보관한 장소에서 반환하여야 한다. 그러나 수치인이 정당한 사유로 인하여 그 물건을 전치한 때에는 현존하는 장소에서 반환할 수 있다(민법 제700조).

---

80 甲과 乙은 공동사업의 경영을 위하여 A조합을 설립하는 계약을 체결하면서 甲은 1억 원을 출자하기로 하고, 乙은 노무만을 제공하기로 하였다. 이에 관한 설명으로 옳지 않은 것은? (다툼이 있으면 판례에 따름)

① A조합의 채무자 丙은 그 채무와 甲에 대한 그의 채권으로 상계하지 못한다.
② 甲이 출자의무를 이행하였더라도 乙의 채무불이행을 이유로 A조합 설립계약을 해제하고 乙을 상대로 원상회복청구권을 행사할 수 없다.
③ A조합의 사업 경영으로 인한 이익을 乙에게는 분배하지 않고 甲에게만 분배하기로 약정한 경우에도 A조합관계는 유효하다.
④ 甲과 乙이 이익분배의 비율만을 정한 경우, 그 비율은 이익과 손실에 공통된 것으로 추정한다.
⑤ 乙이 사망하더라도 특별한 사정이 없는 한 A조합은 해산되지 않는다.

해설
③ 이른바 '내적조합'이라는 일종의 특수한 조합으로 보기 위하여는 당사자의 내부관계에서는 조합관계가 있어야 할 것이고, 내부적인 조합관계가 있다고 하려면 서로 출자하여 공동사업을 경영할 것을 약정하여야 하며, 영리사업을 목적으로 하면서 당사자 중의 일부만이 이익을 분배받고 다른 자는 전혀 이익분배를 받지 않는 경우에는 조합관계(동업관계)라고 할 수 없다(대판 2000.7.7., 98다44666).

제3과목 경영학

81 회계상 거래에 해당하지 않는 것은?

① 10만 원 상당의 원재료를 주문하였다.
② 주거래은행에서 10만 원을 차입하였다.
③ 종업원에게 급여 30만 원을 지급하였다.
④ 폭우로 인해 상품 20만 원이 소실되었다.
⑤ 차입금 이자 5만 원이 발생하였으나 아직 지급하지 않았다.

해설

- 회계상 거래
  자산·부채·자본의 증감, 수익 비용의 발생을 일으키는 경제적 사건을 말한다.
- 회계거래 및 일상거래의 예

회계거래	회계거래 및 일상거래	일상거래
• 재해손실, 도난손실 • 감가상각비 등 계상 • 각종 자산평가손익 • 현금 등 분실 • 토지, 건물 등의 기증	• 상품의 구매 및 판매 • 현금의 대여 및 회수 • 자산의 취득 및 처분 • 현금의 차입 및 상환 • 각종 현금수지활동 등	• 상품의 매매계약, 부동산의 임대차계약, 리스계약 등 단순한 거래계약 • 상품·제품의 주문 • 물건의 보관 • 자산의 담보제공 • 직원채용

82 다음은 (주)가맹의 기말재고자산 관련 자료이다. 저가법에 의한 재고자산평가손실은?

○ 장부상 수량 : 100개
○ 단위당 취득원가 : 100원
○ 실제 수량 : 90개
○ 단위당 순실현가능가치 : 95원

① 450원　　　　② 500원
③ 1,000원　　　④ 1,450원
⑤ 1,500원

해설

저가법
취득원가와 순실현가치 중 가격이 낮은 쪽을 장부가액으로 하는 방법
- 취득원가 : 90 × 100 = 9,000원
- 순실현가능가치 : 90 × 95 = 8,550원
재고자산평가손실 = 취득원가 - 순실현가능가치 = 9,000원 - 8,550원 = 450원

정답　81 ①　82 ①

83 (주)가맹은 20×1년 초 액면금액 1,000원, 만기 3년, 표시이자율 연 8%(이자는 매년 말 지급), 발행당시 유효이자율 연 10%인 사채를 950원에 발행하였다. 사채의 회계처리에 관한 설명으로 옳은 것은? (단, 사채의 회계처리는 유효이자율법을 적용하고, 회계기간은 매년 1월 1일부터 12월 31일까지이다)

① 사채는 할증발행 되었다.
② 20×1년 사채이자비용은 80원이다.
③ 20×1년 말 사채이자 현금지급액은 95원이다.
④ 20×1년 말 사채의 장부금액은 965원이다.
⑤ 20×1년 말 사채발행차금 잔액은 50원이다.

해설

④ 장부금액 = 950+(950 × 10% − 1,000 × 8%) = 965원
① 1,000원인 사채가 950원으로 할인발행 되었다.
② 사채이자비용 = 액면이자 + 사채발행차금상각액 = 80 + 15 = 95원
③ 사채이자 현금시금액은 이자(8%)에 해당하는 80원이다.
⑤ 사채발행차금 = 사채발행차금 − 사채발행차금상각액 = 50 − 15 = 35원

84 (주)가맹은 20×1년 초 기계장치를 10,000원에 취득하였다. 동 기계장치의 내용연수는 4년, 잔존가치는 2,000원으로 추정되고, 감가상각방법은 정액법을 적용한다. (주)가맹이 20×3년 초 동 기계장치를 5,000원에 처분한 경우 인식할 유형자산처분손익은? (단, 회계기간은 매년 1월 1일부터 12월 31일까지이다)

① 처분손실 3,000원   ② 처분손실 1,000원
③ 처분손익 없음   ④ 처분이익 1,000원
⑤ 처분이익 3,000원

해설

- 정액법 = $\dfrac{10,000 - 2,000}{4}$ = 2,000(감가상각비)
- 감가상각누계액 = 취득액 − 감가상각비 = 10,000 −(2,000 × 2) = 6,000원
- 유형자산처분손익 = 장부금액 − 처분금액 = 6,000 − 5,000 = 1,000원

즉, 장부금액상 6,000원인 기계장치를 5,000원에 처분하여 유형자산처분손익은 1,000원 손실이다.

85 유동자산에 해당하지 않는 것은?

① 주거래은행에 예치되어 있는 보통예금
② 만기가 3개월 이내에 도래하는 받을어음
③ 여유자금 활용 목적으로 6개월간 투자한 단기예금
④ 자동차 제조회사가 판매를 목적으로 생산한 자동차
⑤ 임대수익이나 시세차익을 얻기 위하여 보유하고 있는 부동산

> **해설**
> • 유동자산 : 현금이나 현금성자산으로서, 교환이나 부채 상환 목적으로의 사용에 대한 제한기간이 보고기간 후 12개월 이상이 아닌 것
>   예 현금 및 현금성자산[당좌예금, 보통예금, 별단예금, 단기금융상품(정기예금, 정기적금-만기가 3개월 이내)], 단기매매증권, 매출채권(외상매출금, 받을어음) 등
> • 비유동자산 : 유동자산을 제외한 모든 자산
>   예 매매가능증권, 만기보유 증권, 투자부동산, 토지, 건물, 기계장치, 자동차, 영업권, 산업재산권, 저작권, 임차보증금 등

86 간접법에 의한 영업활동 순현금흐름 계산 시 당기순이익에서 차감하는 항목에 해당하는 것은?

① 감가상각비　　　　　　　　　② 매출채권의 감소
③ 매입채무의 증가　　　　　　　④ 재고자산의 증가
⑤ 유형자산처분손실

> **해설**
> 당기순이익
> • 가산조정
>   – 현금의 지출이 없는 비용 등의 가산 : 감가상각비, 사채할인발행차금상각, 사채상환손실 등
>   – 현금의 유입이 없는 수익 등의 차감 : 단기매매증권평가이익, 고정자산처분이익 등
> • 차감조정
>   영업활동으로 인한 자산·부채의 변동 : 재고자산증가, 매입채무증가, 선수금감소 등

정답 85 ⑤ 86 ④

87 (주)가맹의 회계담당자는 20×1년 기말재고자산을 10,000원 만큼 과대계상하는 오류를 범하였다. 이 오류가 (주)가맹의 재무제표에 미치는 영향에 해당하지 않는 것은? (단, 회계기간은 매년 1월 1일부터 12월 31일까지이다.)

① 20×1년 매출원가가 10,000원 과소계상된다.
② 20×1년 당기순이익이 10,000원 과대계상된다.
③ 20×2년 매출원가가 10,000원 과소계상된다.
④ 20×2년 당기순이익이 10,000원 과소계상된다.
⑤ 20×2년 기초재고자산이 10,000원 과대계상된다.

해설

기말재고자산을 과대계상 시 매출원가는 과소계상되며, 매출원가 과소계상 시 당기순이익은 과대계상된다. 따라서 20×1년 매출원가는 10,000원 만큼 과소계상 되었으며, 당기순이익은 10,000원 만큼 과대계상되었다. 또한, 기말재고자산은 다음 년도 기초재고자산을 형성하기 때문에 기초자산이 10,000원 과대계상되었다고 볼 수 있다. 따라서 20×1년 다음 년도인 20×2년 매출원가는 10,000원 과대계상되고 당기순이익은 10,000원 과소계상된다.

88 분개할 때 대변에 기록되는 항목은?

① 선급금의 증가
② 이자수익의 발생
③ 광고선전비의 발생
④ 장기차입금의 감소
⑤ 미지급배당금의 감소

해설

거래의 8요소를 이용한 분개의 예

차 변		대 변	
자산의 증가	원재료 구입, 상품구입, 비품구입	자산의 감소	매출채권회수, 차량매각
부채의 감소	매입채무변제, 차입금상환	부채의 증가	(상품 구입)외상매입금 발생
자본의 감소	출자금반환	자본의 증가	출 자
비용의 발생	복리후생비, 급여지급, 운반비	수익의 발생	상품판매, 이자수익

89 (주)가맹은 20×1년 6월 1일 1년분 임차료 12,000원을 현금으로 지급하고 전액 자산 처리하였다. 20×1년 말 이와 관련한 결산 수정분개가 누락되었다. 결산 수정분개의 누락이 (주)가맹의 재무제표 요소에 미치는 영향으로 옳은 것을 모두 고른 것은?

> ㄱ. 비용이 과소계상된다.　　ㄴ. 부채가 과대계상된다.
> ㄷ. 자산이 과대계상된다.　　ㄹ. 자본이 과소계상된다.

① ㄱ, ㄴ
② ㄱ, ㄷ
③ ㄴ, ㄷ
④ ㄴ, ㄹ
⑤ ㄷ, ㄹ

해설

6월 1일에 1년분 임차료(12,000원)를 현금으로 지급하였고 전액 자산 처리하였지만 그해 말 결산 수정분개가 누락된 것을 통해, 임차료 중 약 7개월 기간에 해당하는 7,000원은 당기 비용으로 처리하여야 한다. 또한, 결산 수정분개가 누락되었기 때문에 자산이 과대계상되고 비용이 과소계상된다.
• 과대계상 : 감가상각비로 기표할 금액을 실제보다 더 높거나 과장되게 부풀려서 수치를 기표하는 것
• 과소계상 : 자산의 가치를 계산을 누락하거나 비용을 적게 표시하는 등의 방법으로 회계 장부에 기록하는 것

90 한국채택국제회계기준 재무보고의 개념체계에서 제시된 재무정보의 보강적 질적 특성에 해당하지 않는 것은?

① 적시성
② 검증가능성
③ 목적적합성
④ 비교가능성
⑤ 이해가능성

해설

재무제표의 질적 특성의 종류
• 근본적 질적 특성
 – 목적적합성
 – 표현충실성
• 보강적 질적 특성
 – 비교가능성
 – 검증가능성
 – 적시성
 – 이해가능성

정답　89 ②　90 ③

91 가격에 관한 설명으로 옳지 않은 것은?

① 유보가격(Reservation Price)이란 소비자가 어떤 제품에 대해 지불할 의사가 있는 최고가격이다.
② 준거가격(Reference Price)이란 소비자들이 제품가격이 비싼지 싼지를 평가할 때 비교기준으로 사용하는 가격이다.
③ 시장침투가격(Penetration Pricing)이란 신제품 도입 초기에 높은 가격을 매겨 시장수익률을 극대화하는 가격결정방식이다.
④ 종속제품가격(Captive-product Pricing)이란 특정제품과 반드시 함께 사용되는 제품에 대해 부과하는 가격결정방식이다.
⑤ 묶음가격(Bundling Pricing)이란 복수의 자사 제품을 묶음으로 저렴하게 제시할 때 사용하는 가격결정방식이다.

해설

시장침투가격(Penetration Pricing)
신제품을 출시할 때 빠른 시간 내에 매출 및 시장점유율을 확보하기 위해 상품의 가격을 저가로 책정하여 점차 가격을 높게 설정하는 하는 가격결정방식이다.

92 고객행동에 의한 시장세분화의 변수가 아닌 것은?

① 사용상황　　　　　　　　② 추구하는 편익
③ 상표충성도　　　　　　　④ 사용빈도
⑤ 라이프스타일

해설

⑤ 라이프스타일은 심리적 욕구변수에 해당한다.

시장세분화의 변수
• 행동적 변수 : 소비자가 추구하는 편익, 제품에 대한 태도, 제품 사용 경험, 충성도, 사용상황 등
• 사회경제적 변수 : 연령, 성별, 소득별, 가족수별, 직업별, 사회계층별, 라이프 사이클별 등
• 지리적 변수 : 국내 각 지역, 도시와 지방, 해외의 각 시장지역 등
• 심리적 욕구변수 : 자기현시욕, 소비자들의 성격, 라이프스타일 등
• 구매동기 : 경제성, 품질, 안전성, 편리성 등

93 소비자의 구매의사결정과정에서 가장 먼저 발생하는 단계는?

① 대안평가 ② 정보탐색
③ 문제인식 ④ 구 매
⑤ 구매 후 행동

해설
구매의사결정과정
문제인식 → 정보탐색 → 대안평가 → 구매결정 → 구매 후 행동

94 브랜드에 관한 설명으로 옳지 않은 것은?

① 브랜드란 자사제품을 식별시키고 경쟁사의 제품으로부터 차별화시킬 목적으로 사용하는 이름, 어구, 기호, 상징 또는 이들의 결합을 말한다.
② 브랜드확장전략이란 한 제품시장에서 성공을 거둔 기존의 브랜드명을 사용하여 다른 제품범주의 신제품에도 사용하는 전략을 말한다.
③ 공동브랜드(Family Brand)란 여러 개별 제품에 동일한 브랜드를 적용하는 것을 말하며, 제품계열단위로 사용되기도 한다.
④ 브랜드 자산의 원천은 브랜드 인지도와 브랜드 이미지이다.
⑤ 라이센스브랜드(License Brand)란 유통업체가 제조업체로부터 공급받는 제품에 사용하는 자체 브랜드를 말한다.

해설
라이센스브랜드(License Brand)
특정 브랜드와의 사업권 계약을 체결하여 해당 브랜드의 상품을 생산, 판매하는 것을 말한다.

95 BCG매트릭스에서 Cash Cow(현금젖소)의 특성에 해당하지 않는 것은?

① 낮은 미래의 성장가능성
② 미래 이익 확대를 위한 자원의 집중 투자
③ 시장점유율을 유지하기 위한 전략 필요
④ 상대적으로 높은 현재의 시장점유율
⑤ 제품수명주기상 성숙기 단계에 위치

해설
② 사업의 급격한 성장을 유지하기 위해 많은 투자가 필요한 별(Star)의 특성에 해당한다.

정답 93 ③ 94 ⑤ 95 ②

96 마케팅에서 커뮤니케이션 반응단계를 순서대로 제시한 것으로 옳은 것은?

① 인지 → 호감 → 지식 → 선호 → 확신 → 구매
② 지식 → 인지 → 선호 → 호감 → 확신 → 구매
③ 호감 → 지식 → 인지 → 선호 → 확신 → 구매
④ 인지 → 지식 → 호감 → 선호 → 확신 → 구매
⑤ 지식 → 인지 → 호감 → 확신 → 선호 → 구매

해설

커뮤니케이션 반응단계
인지(Awareness) → 지식(Knowledge) → 호감(Like) → 선호(Preference) → 확신(Conviction) → 구매(Purchase)

97 유통경로커버리지를 결정할 때 일정한 지역에서 하나의 유통업체만이 자사제품을 독점적으로 취급하도록 하는 전략은?

① 집중적 유통
② 전속적 유통
③ 포괄적 유통
④ 집약적 유통
⑤ 선택적 유통

해설

전속적 유통경로
생산자가 특정 및 일정 지역 또는 시장에 한하여 중간상인, 업체에게 독점적 권한을 부여하여 자사제품을 유통시키는 전략이다.

98 식스시그마의 표준적 접근 방법인 DMAIC방법론에 관한 내용으로 옳지 않은 것은?

① 정의 - 고객의 선호도 파악과 품질핵심요인(CTQ)파악이 중요
② 측정 - 프로세스의 측정방법 및 운영방법 결정
③ 분석 - 프로세스 변동을 야기하는 핵심변수 파악을 통해 결함의 원인을 분석
④ 개선 - 결함의 원인을 제거하기 위해 핵심요인들의 최소 허용치를 규정하고 최소 허용 범위 내에서 시스템이 안정적으로 작동하도록 수정·보완
⑤ 통제 - 개선을 유지할 수 있는 방법 모색

해설

DMAIC 방법론
• 정의(Define) : 고객의 요구사항을 파악하고 프로젝트의 목표, 정의를 설정하는 단계
• 측정(Measure) : 현재 상태 및 문제의 수준을 파악 및 측정하는 단계
• 분석(Analyze) : 수집 및 파악한 데이터를 토대로 문제의 근본 원인을 분석하는 단계
• 개선(Improve) : 문제의 해결을 위한 개선안과 해결책을 도출하는 단계
• 관리(Control) : 개선된 해결책을 유지 및 관리하는 단계

96 ④ 97 ② 98 ④ **정답**

99 제품수명주기의 단계별 광고 및 판촉전략에 관한 설명으로 옳지 않은 것은?

① 도입기에는 중간상판촉을 통해 자사제품의 진열을 유도하는 것이 필요하다.
② 성장기의 마케팅 목표는 브랜드강화를 통해 시장점유율을 빠르게 확대시키는 것이다.
③ 성장기에는 일반소비자층의 시용구매를 확대하기 위해 판매촉진비를 계속 증가시킨다.
④ 성숙기에는 시장 확대를 위해 적극적 브랜드재활성화 전략이 필요하다.
⑤ 쇠퇴기에는 자사브랜드에 대한 만족도를 높이는 것이 중요하므로 판촉비용을 증가시킨다.

해설
⑤ 쇠퇴기에는 판매와 이익이 모두 계속 감소하는 시기로 대다수의 제품이나 상표는 쇠퇴하기 시작한다. 따라서 이 시기의 마케팅목표는 남아있는 제품은 마케팅 비용을 최대한 감소시키고 프로모션, 할인 등의 방법으로 남아있는 제품을 처분하여 이익을 최대로 얻을 수 있는 전략을 진행한다.

100 다음에 해당하는 척도(Scale)는?

- 측정대상들을 상호배타적(Mutually Exclusive)으로 분류하기 위해 임의적으로 숫자를 부여한 척도
- 운동선수의 등번호 등이 해당됨

① 서열척도
② 등간척도
③ 명목척도
④ 비율척도
⑤ 의미차별화척도

해설
③ 명목척도 : 측정대상이 속한 범주나 종류를 구분하기 위해 부여된 숫자를 통해 대상을 구분하는 척도
① 서열척도 : 대상의 순위관계를 나타내는 척도
② 등간척도 : 대상의 크기나 순서 간의 차이를 나타낼 수 있는 척도
④ 비율척도 : 숫자 간 비율이 산술적 의미를 갖는 척도
⑤ 의미차별화척도 : 서로 상반되는 형용사적 표현을 양쪽 끝에 표시하고 적절한 위치에 답하게 하여 응답자의 반응을 알아보려는 척도

101 투자의사결정을 위한 현금흐름 추정의 원칙에 관한 내용으로 옳은 것은?

① 이자비용과 배당금은 현금유출에 포함하지 않는다.
② 감가상각비는 현금유출에 포함한다.
③ 법인세차감전순이익 기준으로 추정한다.
④ 잠식비용(Erosion Cost)은 현금유출에 포함하지 않는다.
⑤ 매몰비용(Sunk Cost)은 현금유출에 포함한다.

해설
② 감가상각비는 현금의 지출이 없는 비용이다.
③ 기업 입장에서 법인세는 현금유출에 해당하므로 현금흐름에서 법인세를 차감하여 추정한다.
④ 잠식비용은 특정 투자안에 투자를 함으로 인해 다른 부분에서 현금유입이 감소하는 비용이며 현금유출에 해당한다.
⑤ 매몰비용은 과거에 지출되었지만 미래의 현금흐름에 영향을 미치지 않아 현금유출에 포함되지 않는다.

102 올해 초 1,000원의 배당금(d0)을 지급한 (주)가맹은 앞으로 이익과 배당금이 매년 10%씩 성장할 것으로 예상되며, 주주들의 요구수익률은 20%이다. 정률성장모형(Constant Growth Model)을 적용할 경우 (주)가맹의 이론적 현재주가(P0)는?

① 1,000원   ② 5,000원
③ 10,000원   ④ 11,000원
⑤ 20,000원

해설
• 올해 초 배당금(1,000원) + 매년 성장률(10%) = 1,100원
• 이론적 현재주가 ÷ (요구수익률 − 성장률) = 1,100원
∴ 이론적 현재주가 = 11,000원

103 자본예산 기법에서 현금흐름할인법(DCF)으로만 짝지어진 것은?

① 회수기간법, 순현가법   ② 회계적이익률법, 내부수익률법
③ 순현가법, 내부수익률법 ④ 내부수익률법, 회수기간법
⑤ 회수기간법, 회계적이익률법

해설
자본예산 기법
• 현금흐름할인법
  − 순현재가치법(순현가법)
  − 내부수익률법
  − 수익성지수법
• 비할인모형
  − 회계적이익률법
  − 회수기간법

101 ① 102 ④ 103 ③

104 제품에 대한 수요 정보가 공급사슬상의 참여자들을 거쳐서 전달될 때마다 계속 증폭·왜곡되어 가는 현상인 채찍효과(Bullwhip Effect)에 대응하기 위한 정보기술은?

① SCM(Supply Chain Management)
② CRM(Customer Relationship Management)
③ MRP(Material Requirement Planning)
④ TPS(Transaction Processing System)
⑤ EOQ(Economic Order Quantity)

해설

① 생산망의 모든 흐름을 주의 깊게 관리하는 공급사슬관리는 수요 정보가 공급사슬상의 참여자들을 거쳐서 전달될 때마다 계속 증폭·왜곡되어 가는 채찍효과에 대응하는 정보기술이다.

공급사슬관리(Supply Chain Management)
공급망 전체를 하나의 통합된 개체로 보고, 이를 최적화하고자 하는 경영방식으로써 총체적물류비 감소와 고객서비스 강화를 목적으로 원재료 획득부터 최종상품 소비까지 생산망의 모든 기업들을 전자적인 수단으로 연결하여 자원, 상품, 서비스, 정보의 흐름 전체를 주의 깊게 관리함으로써 수요와 공급의 일치를 최적으로 운영하고 조율하는 관리시스템이다.

105 배당수준을 나타내는 상대적 척도로 순이익 중에서 배당금으로 지급되는 비율을 측정하는 것은?

① 배당률
② 배당성향
③ 주당배당액
④ 배당수익률
⑤ 유보율

해설

① 주당 액면금액에 대하여 지급되는 배당금의 비율로서 배당금을 액면가로 나눈 값
③ 총 현금 배당액을 유통되는 주식 수로 나눈 것으로 가지고 있는 한 개의 주당 지급되는 현금 배당액
④ 주당배당액을 주식가격으로 나눈 값으로 주주가 해당 주식을 보유하고 있을 때 얻을 수 있는 수익
⑤ 영업활동에서 생긴 이익인 이익잉여금과 자본거래 등 영업활동이 아닌 특수 거래에서 생긴 이익인 자본잉여금을 합한 금액을 납입자본금으로 나눈 비율

106 재무레버리지도(DFL)로 측정하고자 하는 것은?

① 영업이익 변화율에 대한 주당순이익의 변화율
② 매출액 변화율에 대한 영업이익의 변화율
③ 매출액 변화율에 대한 주당순이익의 변화율
④ 영업이익 변화율에 대한 공헌이익의 변화율
⑤ 공헌이익 변화율에 대한 주당순이익의 변화율

해설

재무레버리지 효과
부채의존도가 높을수록 고정적인 금융 비용의 부담이 커져서, 영업이익이 변화할 때 주당순이익이 그보다 높은 비율로 변화하는 효과

107 다음의 자료를 이용하여 계산한 (주)가맹의 가중평균자본비용(WACC)은?

- 자기자본비율 50%
- 세후 타인자본비용 10%
- 무위험이자율 4%, 시장포트폴리오수익률 10%, (주)가맹 주식의 베타계수 2(단, 자기자본비용은 증권시장선(SML)을 이용한다)
- 총자본은 타인자본과 자기자본만으로 구성된다.

① 6% ② 10%
③ 12% ④ 13%
⑤ 16%

해설

- 증권시장선(SML) = 무위험이자율 + [(시장포트폴리오 기대수익률 − 무위험이자율) × 베타계수] = 4 + [(10 − 4) × 2] = 16%
- 가중평균자본비용(WACC) = (자기자본비용 × 자기자본비중) + (타인자본비용 × 타인자본비중) = (16 × 0.5) + (10 × 0.5) = 13%

108 제품과 서비스를 비교할 때 서비스의 특징이 아닌 것은?

① 산출물 형태의 무형성
② 서비스 내용의 이질성
③ 품질 측정의 용이성
④ 재고 보유의 불가능성
⑤ 생산과 소비의 동시성

해설

서비스의 특징
- 무형적이며 재판매가 불가능하다.
- 소유는 일반적으로 이전되지 않으며 저장할 수 없다.
- 생산과 소비를 동시에 하며 같은 장소에서 발생한다.
- 서비스는 운송할 수 없으며 구매자가 직접 생산에 참가한다.
- 서비스는 대부분 직접적인 접촉이 요구되며 생산과 판매는 기능적으로 분리될 수 없다.
- 서비스의 품질은 표준화가 어렵다.

109 생산관리 기법 중 PERT/CPM의 주요 목적은?

① 수요예측
② 재고관리
③ 구매관리
④ 입지선정
⑤ 일정관리

해설

⑤ 생산관리 기법 중 PERT/CPM은 작업의 일정과 순서를 최적화하여 자원의 효율성을 높이고 납기일을 준수하는 스케줄링에 속하는 기법이다.

110 포트폴리오 위험에 관한 설명으로 옳지 않은 것은?

① 구성종목 수가 많을수록 위험은 작아진다.
② 위험은 주식 간 상관계수에 따라 달라진다.
③ 총위험은 체계적 위험과 비체계적 위험으로 구성된다.
④ 체계적 위험은 시장위험이라고도 한다.
⑤ 비체계적 위험은 분산 불가능한 위험이다.

해설

⑤ 비체계적 위험(Unsystematic Risk)은 분산투자를 통해서 제거가 가능한 위험(분산가능위험)으로 개별적인 부동산 및 회사와 관련된 특수한 상황과 관련하여 발생하는 위험으로 포트폴리오를 다양화 및 분산화하여 위험을 줄일 수 있다.

정답 108 ③ 109 ⑤ 110 ⑤

111 블레이크(R. Blake)와 머튼(J. Mouton)의 관리격자이론에서 사람과 생산에 대한 관심이 모두 높은 리더십 유형은?

① 팀 형
② 과업형
③ 중간형
④ 무관심형
⑤ 컨트리클럽형

해설
① 팀형(집단형) : 업적(생산)과 인간 모두에게 관심이 높은 유형
② 과업형 : 오로지 업적(생산)에 대한 관심이 있는 독재형의 유형
③ 중간형(절충형) : 업적(생산)과 인간에 대한 관심이 중간 정도인 유형
④ 무관심형 : 업적(생산)과 인간 어느 쪽에도 관심이 없는 방임주의적인 유형
⑤ 컨트리클럽형(친목형) : 업적(생산)에 대한 관심은 없으나 인간에 대한 관심이 높은 유형

112 네트워크(Network) 조직에 관한 특징으로 옳지 않은 것은?

① 수직적, 수평적, 공간적 신뢰관계로 연결된 조직형태이다.
② 기존 네트워크로부터 행동을 제약받는 압박이 발생할 수 있다.
③ 공장, 유통시설 등에 막대한 투자가 없어도 사업을 할 수 있다.
④ 핵심기능만 보유하고 나머지 기능은 아웃소싱을 할 수 있다.
⑤ 종업원은 기능 관리자와 프로젝트 관리자에게 이중 보고해야 한다.

해설
⑤ 기능 관리자와 프로젝트 관리자에게 이중 보고를 하는 것은 원래의 종적인 계열과 함께 횡적인 팀의 일원으로서 임무를 수행하게 하는 매트릭스(횡렬)조직에 관한 특징이다.

113 인적자원의 내부공급을 예측하는 데 활용할 수 있는 기법으로 옳은 것을 모두 고른 것은?

> ㄱ. 기능목록(Skill inventory)
> ㄴ. 마코브분석(Markov analysis)
> ㄷ. 간트차트(Gantt chart)
> ㄹ. ABC분석(ABC analysis)

① ㄱ, ㄴ
② ㄷ, ㄹ
③ ㄱ, ㄴ, ㄷ
④ ㄱ, ㄷ, ㄹ
⑤ ㄱ, ㄴ, ㄷ, ㄹ

해설
- 기능목록 : 조직 내 직원들이 보유하고 있는 지식, 기술, 경험 등의 정보를 체계적으로 정리한 목록 또는 데이터베이스
- 마코브분석 : 과거 인력 이동 확률을 기반으로 부서 간 이동, 승진, 퇴직 등을 예측하는 확률적 모델

114 기업집중의 형태에 관한 설명으로 옳은 것은?

① 카르텔(Cartel)은 각 가맹기업이 법적, 경제적 독립성을 잃고, 하나의 기업으로 합동한 형태이다.
② 지주회사(Holding Company)는 개인 한 사람이 출자, 경영, 소유 및 지배하고 무한책임을 지는 형태이다.
③ 컨글로머레이트(Conglomerate)는 다른 업종이나 기업 간 주식 매입을 통해 결합한 대기업 형태이다.
④ 콘체른(Konzern)은 동일 업종의 기업들이 법적, 경제적 독립성을 유지하고 기업 간 신사협정으로 담합한 형태이다.
⑤ 트러스트(Trust)는 법적으로 독립성을 유지하지만, 경제적으로 출자관계에 의해 종속된 형태이다.

해설
① 트러스트는 시장지배를 통한 독점이라는 적극적인 목적에서 참가기업이 각자의 독립성을 버리고 합동하는 형태이다.
② 개인기업은 개인 한 사람이 출자, 경영, 소유 및 지배하고 책임을 지는 형태이다.
④ 카르텔은 동일 업종의 기업들이 법률적·경제적 독립성을 유지하면서 기업 간의 협정을 통해 결합하는 연합체 형태이다.
⑤ 콘체른은 법적으로 독립성을 유지하지만 자본결합을 중심으로 한 다각적인 기업결합 형태이다.

115 고용주는 조합원 이외의 근로자까지 자유롭게 고용할 수 있으나 일단 고용된 근로자는 일정기간 내 자동적으로 노동조합에 가입해야 하는 제도는?

① 유니온 숍(Union Shop)
② 클로즈드 숍(Closed Shop)
③ 에이전시 숍(Agency Shop)
④ 프레퍼렌셜 숍(Preferential Shop)
⑤ 오픈 숍(Open Shop)

해설
② 채용도 조합원에 국한하고, 조합을 탈퇴하면 해고하는 제도로 노동조합원임을 고용조건으로 내세우는 제도
③ 비조합원을 위해서도 조합이 교섭을 맡으며, 대신 비조합원도 조합비를 조합에 납부하는 제도
④ 노동조합의 가입과 관련된 제도로 채용에 있어 노동조합원에게 우선순위를 부여하는 제도
⑤ 기업의 종업원이 그 회사에 결성되어 있는 노동조합에 대한 가입 여부를 자유의사로 결정할 수 있는 제도

116 수신자에게 메시지가 호의적으로 보이도록 발신자가 의도적으로 정보를 조작하는 것은?

① 소음(Noise)
② 여과(Filtering)
③ 부호화(Encoding)
④ 선택적 지각(Selective Perception)
⑤ 정보 과부하(Information Overload)

해설
① 전달과 수신 사이에 발생하여 의사소통의 정확성을 감소시키는 것
③ 전달자가 아이디어를 전달 가능하고 이해 가능한 형태로 변환시키는 것
④ 정보를 전달받는 수신자가 받아들여지는 정보 또는 자극 중 자신의 마음에 맞는 정보 일부만 선택적으로 기억하는 것
⑤ 수신자가 받아들일 수 있는 정보량을 초과하면 수신자는 일부 정보를 무시하거나 잊어버리는 것

117 다음에서 설명하고 있는 경력이론은?

- 사람은 자기를 알수록 무엇을 해야 하는 지를 인식하고 점차 한 곳에 정착하게 된다.
- 자신의 관심 영역이 아닌 다른 경력을 선택해도 자신의 관심을 포기하지 않는다.

① 홀(D. Hall)의 경력수명주기 이론
② 샤인(E. Schein)의 경력 닻 이론
③ 홀랜드(J. Holland)의 경력선택 이론
④ 리치(J. Leach)의 경력개발시소 이론
⑤ 레빈슨(D. Levinson)의 생애단계 이론

해설
① 경력단계는 탐색, 확립, 유지, 쇠퇴 순으로 진행된다는 이론
③ 개인의 경력 혹은 직업은 개개인의 성격에 의해 선택된다는 이론
④ 개인과 조직이 경력개발시스템의 두 주체로서 정보교환을 통하여 경력개발을 한다는 이론
⑤ 인간의 생애를 성인 전 단계, 성인 초기단계, 성인 중기단계, 성인 말기단계로 구분하는 이론

118 다음에서 설명하고 있는 생산흐름에 따른 공정유형은?

- 고정경로를 따라 순차적으로 생산이 이루어진다.
- 한 작업장에서 다른 작업장으로 통제된 속도에 맞추어 제품이 생산된다.
- TV, 냉장고 등의 표준화된 제품생산에 활용된다.

① 배치공정(Batch Process)
② 잡숍공정(Job Shop Process)
③ 프로젝트공정(Project Process)
④ 조립라인공정(Assembly Line Process)
⑤ 주문생산공정(Make to Order Process)

해설
① 동일한 제품을 일정 수량만큼 묶어서 생산하는 방식으로 다품종 중, 소량 생산에 적합하다는 것이 특징이다.
② 서로 상이한 작업과 상이한 흐름경로로 다양한 품종을 소량 생산하는 형태로 표준화 없이 범용기계를 이용하여 개별화가 요구되는 제품을 생산하는 것이 특징이다.
③ 고객화가 높고 생산수량이 적으며, 많은 생산비용을 투입하고 장기간에 걸쳐 규모가 큰 제품이나 서비스를 생산하는 형태로 생산수량은 하나 또는 두세 개인 것이 특징이다.
⑤ 고객 주문이 들어온 후에 생산을 시작하는 방식으로 재고 없이 주문 수량에 맞춰 생산하는 것이 특징이다.

119 데이터웨어하우스의 특성으로 옳은 것을 모두 고른 것은?

> ㄱ. 통합성
> ㄴ. 시계열성
> ㄷ. 비휘발성

① ㄱ
② ㄴ
③ ㄱ, ㄷ
④ ㄴ, ㄷ
⑤ ㄱ, ㄴ, ㄷ

해설

데이터웨어하우스의 특성

구 분	내 용
주제 중심성	특정 업무 영역 중심으로 데이터 구성
통합성	여러 출처의 데이터를 일관된 형식으로 정제·통합
시계열성	데이터가 시간에 따라 변화하는 모습 반영
비휘발성	한 번 저장된 데이터는 수정하거나 삭제하지 않고 보관

120 데이터 소스에서 가까운 네트워크 말단의 서버들에게 일부 데이터 처리를 수행토록 하여 클라우드 컴퓨팅 시스템을 최적화하는 방법은?

① 에지 컴퓨팅(Edge Computing)
② 그린 컴퓨팅(Green Computing)
③ 양자 컴퓨팅(Quantum Computing)
④ 온디맨드 컴퓨팅(On-demand Computing)
⑤ 인메모리 컴퓨팅(In-memory Computing)

해설

② 그린 컴퓨팅(Green Computing) : 정보기술 자원을 사용하는 과정에서 에너지 소비와 환경 영향을 최소화하려는 모든 기술적·관리적 노력
③ 양자 컴퓨팅(Quantum Computing) : 양자역학의 원리를 이용해 정보를 처리하는 차세대 컴퓨터 기술
④ 온디맨드 컴퓨팅(On-demand Computing) : 필요할 때 원하는 만큼 컴퓨팅 자원을 사용하는 IT 서비스 모델
⑤ 인메모리 컴퓨팅(In-memory Computing) : 데이터를 디스크가 아닌 메모리에 저장하고 그 위에서 직접 처리하여 데이터 처리 속도를 획기적으로 높이는 기술

2026 시대에듀 가맹거래사 1차 필기 한권합격

개정15판1쇄 발행	2025년 06월 20일(인쇄 2025년 04월 23일)
초 판 발 행	2006년 02월 05일(인쇄 2006년 01월 25일)
발 행 인	박영일
책 임 편 집	이해욱
편 저	김선조・김완중・홍성철
편 집 진 행	노윤재・유형곤
표지디자인	조혜령
편집디자인	김경원・김휘주
발 행 처	(주)시대고시기획
출 판 등 록	제10-1521호
주 소	서울시 마포구 큰우물로 75 [도화동 538 성지 B/D] 9F
전 화	1600-3600
팩 스	02-701-8823
홈 페 이 지	www.sdedu.co.kr
I S B N	979-11-383-9188-7 (13320)
정 가	40,000원

※ 이 책은 저작권법의 보호를 받는 저작물이므로 동영상 제작 및 무단전재와 배포를 금합니다.
※ 잘못된 책은 구입하신 서점에서 바꾸어 드립니다.

소비자전문상담사란?

소비자진문상담사란 소비자관련법과 보호제도를 토대로 물품·용역 등에 관한 소비자의 불만을 상담, 해결하고 물품·서비스 등의 구매·사용·관리방법을 상담하며 모니터링, 시장조사 및 각종 정보를 수집·분석·가공·제공하고 소비자교육용 자료를 수집, 제작, 시행하는 직무를 수행하는 전문가를 말한다.

시대에듀에서 추천합니다.　　　　　　　www.sdedu.co.kr

도서명	규격 / 가격
소비자전문상담사 2급 필기 한권으로 끝내기	190×260 / 37,000원
소비자전문상담사 2급 실기 한권으로 끝내기	190×260 / 30,000원
CS리더스관리사 한권으로 끝내기	190×260 / 36,000원
CS리더스관리사 적중모의고사 900제	190×260 / 29,000원
텔레마케팅관리사 한권으로 끝내기	190×260 / 33,000원
텔레마케팅관리사 1차 필기 단기완성	190×260 / 23,000원
텔레마케팅관리사 1차 필기 기출문제해설	190×260 / 26,000원
텔레마케팅관리사 2차 실기 실무	190×260 / 27,000원

※ 출간 목록 및 가격은 변동될 수 있습니다.

YES24 기준 가맹사업거래상담사 부문

16년 연속 판매량 1위
(시리즈 전체)

2010년부터 2025년까지
16년간 독자들의 꾸준한 선택
지금 직접 확인해 보세요!

- ✓ 2025년 제23회 기출문제 수록!
- ✓ 과목별 출제될 핵심이론만 엄선!
- ✓ 기출부문을 본문에 표기하여 중요한 이론을 한눈에!
- ✓ 이론 학습 후 적중예상문제로 테스트!
- ✓ 따로 이론을 찾아보지 않아도 되는 자세한 해설!

- ✓ 2020~2025년까지 총 6회분의 기출문제 수록!
- ✓ 기출문제 풀이를 통한 최근 시험의 출제 경향 파악 가능!
- ✓ 자세한 해설을 통한 이론 학습 반복의 효과!
- ✓ 판례와 어려운 회계문제 계산식도 문제없는 꼼꼼한 해설!

※ 상기 도서의 이미지 및 세부구성은 변경될 수 있습니다.

시대에듀와 함께
신용관리사
자격시험 합격에 도전하세요!

신용정보협회 주관 및 시행 · 국가공인 자격시험

신용관리사
한권으로 끝내기

- ▶ 최신기출문제 수록
- ▶ '기출' 표시가 짚어주는 출제 포인트
- ▶ 이해력과 실무적응력 향상을 돕는 사례 제시

신용관리사
기출문제해설 한권으로 끝내기

- ▶ 최근 4개년(2024~2021년) 기출문제 수록
- ▶ 최신 법령과 판례를 반영한 명쾌한 해설
- ▶ 체계적인 복습을 돕는 기출문제 OX마무리

※ 도서의 명칭 및 세부구성은 변경될 수 있습니다.